Studien zum ausländischen und internationalen Privatrecht

474

Herausgegeben vom

Max-Planck-Institut für ausländisches
und internationales Privatrecht

Direktoren:

Holger Fleischer, Ralf Michaels und Reinhard Zimmermann

ARTIBUS INGENUIS J·C·B·M· 1·8·0·1

Alexander Arfert

Die Konzerninsolvenz im französischen Recht

Eine Analyse des „Rechts der Unternehmen in Schwierigkeit“ (droit des entreprises en difficulté) aus der Perspektive des deutschen Gesellschafts-, Insolvenz- und Zivilrechts

Mohr Siebeck

Alexander Arfert, geboren 1986; Studium der deutschen und französischen Rechtswissenschaft an der Universität Düsseldorf und der Université de Cergy-Pontoise; 2009 Licence en droit; 2012 Master II im französischen Unternehmensrecht und Erstes Juristisches Staatsexamen; Wissenschaftlicher Mitarbeiter der Professur für Bürgerliches Recht, Zivilverfahrensrecht und Handelsrecht und am Institut für Insolvenz- und Sanierungsrecht der Universität Düsseldorf; Referendariat in Düsseldorf, Singapur und Paris; 2019 Zweites Juristisches Staatsexamen; seit 2019 Rechtsanwalt in Düsseldorf; 2020 Promotion.

D 61. Zugleich Dissertation der Juristischen Fakultät der Heinrich-Heine-Universität Düsseldorf.

ISBN 978-3-16-160124-8 / eISBN 978-3-16-160125-5
DOI 10.1628/978-3-16-160125-5

ISSN 0720-1141 / eISSN 2568-7441
(Studien zum ausländischen und internationalen Privatrecht)

Die Deutsche Nationalbibliothek verzeichnet diese Publikation in der Deutschen Nationalbibliographie; detaillierte bibliographische Daten sind über *http://dnb.dnb.de* abrufbar.

Das Buch wurde von Laupp & Göbel in Gomaringen auf alterungsbeständiges Werkdruckpapier gedruckt und gebunden.

Printed in Germany.

Meinen Eltern

Vorwort

Die vorliegende Arbeit wurde von der Juristischen Fakultät der Heinrich-Heine-Universität Düsseldorf im Sommersemester 2020 als Dissertation angenommen. Die mündliche Prüfung fand am 24. August 2020 statt. Das Manuskript wurde im Oktober 2018 fertiggestellt. Für die Drucklegung wurde eine Aktualisierung der Arbeit vorgenommen. Hierbei konnten Rechtsprechung und Literatur bis Oktober 2019 berücksichtigt werden. Die im Werk zitierte deutsche Kommentarliteratur befindet sich auf dem Stand September 2020. Übersetzungen aus dem Französischen stammen allesamt vom Verfasser.

Mein tiefer Dank gilt an erster Stelle meiner Doktormutter, Frau Professorin *Dr. Nicola Preuß*, die mir über die gesamte Bearbeitungszeit der Arbeit mit Rat und Tat zur Seite stand, mir gleichzeitig aber bei der Wahl des Themas und der Herangehensweise jede erdenkliche Freiheit gelassen hat. Ich hatte das Glück, während eines Großteils der Bearbeitungszeit an ihrem Lehrstuhl tätig sein zu dürfen. An diese Zeit zurückdenkend möchte mich auch bei meinen Lehrstuhlkollegen *Dr. Maximilian Eßer*, *Sören Hollatz*, *Dr. Jana Lind*, *Natalie Spahl* und *Dr. Dominic Weber* für die allzeit gute Stimmung und gute Gespräche rund um die Alt- und Neubauflure bedanken. Besonderer Dank für freundschaftliche Unterstützung und gewinnbringenden fachlichen und persönlichen Austausch auch über die vorliegende Arbeit hinaus gebührt schließlich *Dr. Lisa Burstedde, Frederic Mühlenbruch* und *Dr. Dominik Pietzarka.* Ich blicke mit Freude auf zahlreiche in jeder Hinsicht prägende Forschungsaufenthalte in Frankreich zurück. Herzlich für jederzeit offene Tür und offenes Ohr möchte ich *Clémence Frechin* danken.

Herrn Professor *Dr. Andreas Feuerborn* danke ich für die Erstellung des Zweitgutachtens. Als Programmbeauftragtem des integrierten deutsch-französischen Studienkurses der juristischen Fakultäten der Université de Cergy-Pontoise und der Heinrich-Heine-Universität Düsseldorf kommt Herrn Professor *Feuerborn* zudem ein großer Einfluss auf mein Interesse an Fragen des deutsch-französischen Rechts zu.

Besonderer Dank gilt der Konrad-Adenauer-Stiftung, deren Förderung mich während meiner gesamten Studienzeit begleitete und mir stets neue Horizonte eröffnete. Auch die vorliegende Arbeit wurde durch ein Stipendium der Konrad-Adenauer-Stiftung gefördert. Für die stets exzellente Betreuung möchte ich mich – stellvertretend für alle Referenten und Mitarbeiter der KAS – bei Frau *Dr. Kathrin Menzel* und Herrn *Dr. Gernot Uhl* herzlich bedanken.

Auch dem Freundeskreis der Düsseldorfer Juristischen Fakultät e.V. bin ich zum Dank für die Verleihung des Förderpreises für herausragende Promotionen verpflichtet, welcher die Veröffentlichung dieses Werkes unterstützt hat.

Professor *Dr. Dr. h.c. Holger Fleischer*, LL.M. (Michigan), Professor *Dr. Ralf Michaels*, LL.M. (Cambridge) und Professor *Dr. Dr. h.c. Reinhard Zimmermann* danke ich für die freundliche Aufnahme der Arbeit in die Studien zum ausländischen und internationalen Privatrecht. Den Mitarbeitern des Max-Planck-Instituts für ausländisches und internationales Privatrecht in Hamburg, allen voran Herrn *Dr. Christian Eckl*, sei für die ausgezeichnete Betreuung während der Manuskriptphase gedankt.

Meine Herangehensweise bei der Verfassung der vorliegenden Arbeit war stets von einem Austausch mit Lehre und Praxis an der Schnittstelle zwischen Insolvenz- und Gesellschaftsrecht geprägt. Als überaus gewinnbringend hat sich allen voran die enge Anbindung an das von Frau Professorin *Preuß* gegründete Institut für Insolvenz- und Sanierungsrecht an der Heinrich-Heine-Universität Düsseldorf erwiesen. Viele der in den Institutsveranstaltungen entwickeltem Denkanstöße haben Einzug in diese Arbeit gefunden. Für die Gewährung äußerst interessanter praktischer Perspektiven möchte ich außerdem Frau Rechtsanwältin *Anja Droege Gagnier* und Herrn Rechtsanwalt *J. Ernst Degenhardt* danken.

Wichtige Impulse für meine Arbeit konnte ich auch im Rahmen des von den Herrn Professoren *Dr. Christoph Paulus*, LL.M. (Berkeley) und *Dr. Stephan Madaus* in Berlin organisierten Doktorandenseminars zum Thema „Insolvenz & Restrukturierung“ gewinnen. Ihnen sei in diesem Rahmen für die wertvollen Rückmeldungen zur Themenstellung dieser Arbeit nochmals gedankt.

Großer Dank gilt schließlich *Géraldine Leverd*, die in allen Phasen der Arbeit – und mögen sie manchmal noch so lang erschienen haben – zu mir hielt und den Rücken stärkte. Den größten Dank schulde ich meinen Eltern, auf deren liebevollen Beistand ich in jeder Lebenslage zählen konnte und kann. Ohne Sie wäre diese Arbeit nie entstanden. Ihnen ist sie gewidmet.

Düsseldorf, im Dezember 2021 *Alexander Arfert*

Inhaltsübersicht

Inhaltsverzeichnis

Abkürzungsverzeichnis

a.A.	anderer Ansicht
a.E.	am Ende
a.F.	neue Fassung
ABl.	Amtsblatt
AcP	Archiv für die civilistische Praxis
Act. proc. coll.	Actualité des procédures collectives
ArbRB	Arbeitsrechts-Berater
AktG	Aktiengesetz
AMF	Autorité des marchés financiers (Französische Finanzaufsichtsbehörde)
Anh.	Anhang
Anm.	Anmerkung
Anm. d. Verf.	Anmerkung des Verfassers
AÜG	Arbeitnehmerüberlassungsgesetz
BAG	Bundesarbeitsgericht
BB	Betriebs-Berater
BBodSchG	Gesetz zum Schutz vor schädlichen Bodenveränderungen und zur Sanierung von Altlasten (Bundes-Bodenschutzgesetz)
bearb.	bearbeitet
BeckOK	Beck'scher Online-Kommentar
Bespr.	Besprechung
BetrAVG	Gesetz zur Verbesserung der betrieblichen Altersversorgung
BetrVG	Betriebsverfassungsgesetz
BGB	Bürgerliches Gesetzbuch
BGBl.	Bundesgesetzblatt
BG	Schweizerisches Bundesgericht
BGE	Entscheidungen des Schweizer Bundesgerichts
BGH	Bundesgerichtshof
BGHZ	Entscheidungen des Bundesgerichtshofs in Zivilsachen
BODACC	Bulletin officiel des annonces civiles et commerciales
BT-Drs.	Drucksachen des Deutschen Bundestags
Bull.	Bulletin
Bull. Banque de France	Bulletin de la Banque de France
Bull. civ.	Bulletin des arrêts de la Cour de cassation, Chambres civiles
Bull. Joly ED	Bulletin Joly Entreprises en Difficulté
Bull. Joly Soc.	Bulletin Joly Sociétés
C. civ.	Code civil (Französisches Zivilgesetzbuch)
C. com.	Code de commerce (französisches Handelsgesetzbuch)
C. cons.	Code de la consommation (französisches Verbrauchergesetzbuch)
C. env.	Code de l'environnement (französisches Umweltgesetzbuch)
C. pén.	Code pénal (französisches Strafgesetzbuch)
C. trav.	Code du travail (französisches Arbeitsgesetzbuch)

CA	Cour d'Appel (Appelationsgerichtshof)
Cass. 1e civ.	Première chambre civile de la Cour de cassation (Erste Zivilkammer des französischen Kassationsgerichtshofs)
Cass. 2e civ.	Deuxième chambre civile de la Cour de cassation (Zweite Zivilkammer des französischen Kassationsgerichtshofs)
Cass. 3e civ.	Troisième chambre civile de la Cour de cassation (Dritte Zivilkammer des französischen Kassationsgerichtshofs)
Cass. AP	Assemblée plénière de la Cour de cassation (Vollversammlung des französischen Kassationsgerichtshofs)
Cass. com.	Chambre commerciale de la Cour de cassation (Kammer für Handelssachen des französischen Kassationsgerichtshofs)
Cass. crim.	Chambre criminelle de la Cour de cassation (Strafkammer des Kassationsgerichtshofs)
Cass. req.	Chambre des requêtes de la Cour de cassation (historische Antragskammer des Kassationsgerichtshofs, als Vorgängerin der *chambre commerciale*)
Cass. soc.	Chambre sociale de la Cour de cassation (Sozialkammer des Kassationsgerichtshofs)
CGI	Code général des impôts (Französisches Steuergesetzbuch)
CMF	Code monétaire et financier (Französisches Währungs- und Finanzgesetz)
Cons. const.	Conseil constitutionnel
Constitutions	Revue constitutions
CPC	Code de la procédure civile (Französische Zivilprozessordnung)
D.	Recueil Dalloz
D.P.	Recueil périodique et critique de jurisprudence, de législation et de doctrine Dalloz
D. actualité	Dalloz actualité
D. Affaires	Dalloz Affaires
DDHC	Déclaration des Droits de l'Homme et du Citoyen (Menschen- und Bürgerrechtserklärung von 1789)
Def.	Revue du notariat Defrénois
ders.	derselbe
DH	Recueil hebdomadaire de jurisprudence Dalloz
DNotZ	Deutsche Notar-Zeitschrift
Dr. et patri.	Revue droit et patrimoine
Dr. social	Droit social
Dr. sociétés	Revue droit des sociétés
DZWIR	Deutsche Zeitschrift für Wirtschafts- und Insolvenzrecht
ECFR	European Company and Financial Law Review
EG	Europäische Gemeinschaften
EIRL	Entrepreneur individuel à responsabilité limitée (Einzelunternehmer mit beschränkter Haftung)
EMRK	Europäische Menschenrechtskonvention
Entreprises en difficulté	Droit des entreprises en difficulté (als Buchtitel)
Erg.	Ergebnis
EuGVVO	Verordnung (EG) Nr. 44/2001 des Rates über die gerichtliche Zuständigkeit und die Anerkennung und Vollstreckung von Entscheidungen in Zivil- und Handelssachen
EuInsVO	Verordnung (EG) Nr. 1346/2000 des Rates vom 20.05.2000 über Insolvenzverfahren
EURL	Entreprise unipersonnelle à responsabilité limitée (Einpersonenunternehmen mit beschränkter Haftung)
EuZA	Europäische Zeitschrift für Arbeitsrecht

EuZW	Europäische Zeitschrift für Wirtschaftsrecht
EWG	Europäische Wirtschaftsgemeinschaft
f.	folgende
Fasc.	Fascicule
ff.	die Folgenden
Fn.	Fußnote
Gaz. Pal.	La Gazette du Palais
GesRZ	Der Gesellschafter, Zeitschrift für Gesellschafts- und Unternehmensrecht
GewStG	Gewerbesteuergesetz
GmbHR	GmbH-Rundschau
GWB	Gesetz gegen Wettbewerbsbeschränkungen
GWR	Gesellschafts- und Wirtschaftsrecht
h.M.	herrschende Meinung
HGB	Handelsgesetzbuch
Hrsg.	Herausgeber
hg.	herausgegeben
i.V.m.	in Verbindung mit
INSEE	Institut national de la statistique et des études économiques (Nationales Institut für Statistik und Wirtschaftsstudien)
InsO	Insolvenzordnung
IPRax	Praxis des Internationalen Privat- und Verfahrensrechts
JCl. Com.	JurisClasseur Commercial
JCl. Soc.	JurisClasseur Sociétés Traité
JCl. Trav.	JurisClasseur Travail Traité
JCP	JurisClasseur périodique, La semaine juridique
JCP E	JurisClasseur périodique, La semaine juridique, édition Entreprise
JCP G	JurisClasseur périodique, La semaine juridique, édition Générale
JCP N	JurisClasseur périodique, La semaine juridique Notariale et Immobilière
JCP S	JurisClasseur périodique, La semaine juridique, édition Sociale
JO	Journal officiel (Amtsblatt)
JOAN	Journal officiel de l'Assemblée Nationale (Amtsblatt der Nationalversammlung)
JORF	Journal officiel de la République française (Amtsblatt der französischen Republik)
Kap.	Kapitel
KGaA	Kommanditgesellschaft auf Aktien
KMU	Kleine und mittlere Unternehmen
KSchG	Kündigungsschutzgesetz
KStG	Körperschaftsteuergesetz
KTS	Zeitschrift für Insolvenzrecht
LPA	Les petites affiches
LPF	Livre des procédures fiscales
m.	mit
MüKo	Münchener Kommentar
m.w.N.	mit weiteren Nachweisen
NachhG	Gesetz zur Nachhaftung für Abbau- und Entsorgungskosten im Kernenergiebereich (Nachhaftungsgesetz)
n.F.	neue Fassung
NJW	Neue Juristische Wochenschrift
NJW-RR	Neue Juristische Wochenschrift – Rechtsprechungsreport
Nr.	Nummer
NVwZ	Neue Zeitschrift für Verwaltungsrecht
NZA	Neue Zeitschrift für Arbeitsrecht

NZG	Neue Zeitschrift für Gesellschaftsrecht
NZI	Neue Zeitschrift für Insolvenzrecht
OWiG	Gesetz über Ordnungswidrigkeiten
Procédures	Revue Procédures
RCS	Régistre du commerce et des sociétés
RDT	Revue de droit du travail
Rec. Sirey	Recueil Sirey
RegE	Regierungsentwurf
Rép. civil	Répertoire de droit civil
Rép. commercial	Répertoire de droit commercial
Rép. européen	Répertoire de droit européen
Rép. procédure civile	Répertoire de la procédure civile
Rép. sociétés	Répertoire de droit des sociétés
Rép. travail	Répertoire de droit du travail
Rev. proc. coll.	Revue des procédures collectives
Rev. sociétés	Revue des sociétés
Rev. trav.	Revue de droit du travail
RFH	Reichsfinanzhof
RG	Reichsgericht
RG-Nr.	Numéro de répetroire général (allgemeine Registernummer für instanzgerichtliche Urteile)
RGZ	Entscheidungen des Reichsgerichts in Zivilsachen
RJ com	Revue de jurisprudence commerciale (ancien Journal des agréés)
RJDA	Revue de jurisprudence de droit des affaires
RLDA	Revue Lamy Droit des affaires
Rn.	Randnummer
RNotZ	Rheinische Notar-Zeitschrift
RTD Com.	Revue trimestrielle de droit commercial
S.	Seite
S.	Satz (in Paragraphen- und Artikelbezeichnungen von Gesetzen)
SA	Société anonyme (französische Aktiengesellschaft)
SARL	Société à responsabilité limitée (französische Gesellschaft mit beschränkter Haftung)
SAS	Société par actions simplifiée (französische Aktiengesellschaft in vereinfachter Form)
SASU	Société par actions simplifiée unipersonnelle (französische Einpersonen-Aktiengesellschaft in vereinfachter Form)
SCP	Société civile professionnelle (französische Partnerschaftsgesellschaft)
SE	Societas Europaea
SE-VO	Verordnung (EG) Nr. 2157/2001 des Rates vom 8. Oktober 2001 über das Statut der Europäischen Gesellschaft (SE), ABl. EG Nr. L 294 S. 1.
Sem. Soc. Lamy	Semaine Sociale Lamy
SESSI	Service des études et des statistiques industrielles du Ministère de l'économie, des finances et de l'industrie
SGB III	Sozialgesetzbuch Drittes Buch
SNC	Société en nom collectif (Grundform der französischen Personenhandelsgesellschaft)
Sociétés	Droit des sociétés (als Buchtitel)
suppl.	supplément
u.a.	unter anderem

U.S.C.	Code of Laws of the United States of America
UAbs.	Unterabsatz
UG	Unternehmergesellschaft (haftungsbeschränkt)
Veröffentl.	Veröffentlichung
VersR	Zeitschrift für Versicherungsrecht
vgl.	vergleiche
WuW	Wirtschaft und Wettbewerb
zahlr.	zahlreichen
ZfPW	Zeitschrift für die gesamte Privatrechtswissenschaft
ZGR	Zeitschrift für Unternehmens- und Gesellschaftsrecht
ZHR	Zeitschrift für das gesamte Handels- und Wirtschaftsrecht
ZIP	Zeitschrift für Wirtschaftsrecht
ZRP	Zeitschrift für Rechtspolitik
zust.	zustimmend

Einleitung

„L'effet de toute loi qui touche à la fortune privée est de développer prodigieusement les fourberies de l'esprit."

„Die Wirkung eines jeden Gesetzes, welches das private Vermögen berührt, ist es, des Geistes Hinterlisten ungemein zu erwecken."

Honoré de Balzac, Grandeur et décadence de César Birotteau, 1837.

A. Hintergrund und Relevanz des Themas

Ist ein konzernangehöriges Unternehmen insolvent oder bedarf es der Sanierung, stellen sich komplexe haftungsrechtliche Fragen, die sich um das Rechtsträgerprinzip sowie die Haftungstrennung im Konzern und deren Grenzen im Insolvenzfall ranken. Gegenstand der vorliegenden Untersuchung ist die Analyse der rechtlichen Lösungen, die das französische Recht bei Insolvenz konzernangehöriger Unternehmen bietet, aus der Perspektive des deutschen Juristen. Die Analyse soll deshalb um rechtsvergleichende Anmerkungen ergänzt werden, die Gemeinsamkeiten oder Unterschiede zur deutschen Rechtslage aufzeigen.

I. Die Konzerninsolvenz als weitgehend ungelöstes wirtschaftliches und rechtliches Problem in Deutschland

In Deutschland wird der Konzern durch das kodifizierte Aktienkonzernrecht der §§ 15 ff. sowie der §§ 291 ff. AktG rechtlich anerkannt[1], spezielle konzerninsolvenzrechtliche Regeln suchte man lange Zeit in Deutschland allerdings noch vergebens[2]. In Konzernsachverhalten fallen wirtschaftliche Realität und juristisches Postulat auseinander: Der Konzern als Zusammenschluss mehrerer

[1] Siehe hierzu unten, § 2 B. III.

[2] Zur nunmehr eingeführten prozessualen Teilregelung sogleich unten, 1. Vgl. zu dieser Problematik bereits *Brünkmanns*, in: MüKo-InsO, 3. Auflage, nach § 359, Konzerninsolvenzrecht, Rn. 2 ff.; *Specovius/ von Wilcken*, in: Gottwald/ Haas, Insolvenzrechts-Handbuch, § 95 Rn. 13; *Specovius/ Kuske*, in: Gottwald, Insolvenzrechts-Handbuch, 5. Auflage, § 95 Rn. 5 ff.

rechtlich selbständiger, aber wirtschaftlich verbundener Gesellschaften[3] stellt in wirtschaftlicher Betrachtungsweise in vielen Fällen faktisch ein gemeinsames Unternehmen dar[4]; allen Konzernsachverhalten ist ein Oszillieren zwischen „gegliederte[r] Einheit“ und „verbundene[r] Vielfalt“[5] gemein. Dennoch liegt der rechtlichen Betrachtung der Außenbeziehungen dieses Wirtschaftsgebildes auch heute noch der Grundsatz des Trennungs- und Rechtsträgerprinzips zugrunde, nach welchem nur die Konzernglieder handeln, kontrahieren und haften können, nicht jedoch der Konzern als Gesamtgebilde ohne eigene Rechtspersönlichkeit[6]. Dieses Prinzip hat bei der Insolvenz einer oder mehrerer Konzerngesellschaften weitreichende Konsequenzen. Es gilt nämlich in diesem Fall wegen der mangelnden Insolvenzfähigkeit (§ 11 InsO) des Konzerns nach wie vor der Grundsatz: „Eine juristische Person, eine Insolvenz, ein Verfahren“[7]. Lange Zeit war hiermit zwangsläufig auch eine jeweils gesonderte Berücksichtigung von Gerichtsstand, Verwalterbestellung, Insolvenzgründen und -massen für jede einzelne Konzerngesellschaft verbunden.

Gleichzeitig stellt die Konzerninsolvenz einen „Lackmustest für die Leistungsfähigkeit des Insolvenzrechts“[8] dar, weil hier zwei der wichtigsten Problemkreise aus Insolvenz- und Haftungsrecht aufeinandertreffen. Einerseits ist es das Ziel des Insolvenzverfahrens, die Gläubiger bestmöglich zu befriedigen und hierfür auf jedes mögliche Haftungskapital zuzugreifen – hinzu kommt, laut § 1 InsO jedoch subsidiär, die Möglichkeit einer Sanierung des betroffenen Unternehmens.[9] Andererseits sind Konzerne nicht zuletzt auch Vehikel zur Haftungsabschirmung über Unternehmensbereiche hinweg, und die Haftungserwartungen von Unternehmen wie auch von Gläubigern müssen sich gerade im Ernstfall der Eröffnung eines Insolvenzverfahrens bewähren.

Die Problematik der Konzerninsolvenz lässt sich somit in zwei Teilbereiche aufgliedern[10]: einen prozess- sowie einen materiellrechtlichen.

---

[3] Zur Problematik einer allgemeingültigen Definition des Konzerns bereits *Schmidt*, KTS 2010, 1, 5; zur Konzerndefinition in Frankreich siehe § 1 B. I. 1. b); zum – begrifflich etwas umfassenderen – deutschen Recht § 2 B. III. 3.

[4] Vgl. *Brünkmanns*, in: MüKo-InsO, 3. Auflage, nach § 359, Konzerninsolvenzrecht, Rn. 3; *Thole*, in: Flöther, Handbuch zum Konzerninsolvenzrecht, § 2 Rn. 1.

[5] *Schmidt*, KTS 2010, 1, 10.

[6] Hierzu im deutschen Recht ausführlich unten, § 2 B. II.

[7] Statt vieler *Paulus*, ZGR 2010, 270, 271; *Specovius/ Kuske*, in: Gottwald, Insolvenzrechts-Handbuch, 5. Auflage, § 95 Rn. 5; ähnlich *Hirte*, in: Uhlenbruck, InsO, § 11 Rn. 394; *Schmidt*, KTS 2010, 1, 15; vgl. auch *Specovius/ von Wilcken*, in: Gottwald/ Haas, Insolvenzrechts-Handbuch, § 95 Rn. 13.

[8] *Thole*, in: Flöther, Handbuch zum Konzerninsolvenzrecht, § 2 Rn. 56.

[9] Hierzu unten, § 2 A. I.

[10] So auch *Brünkmanns*, in: MüKo-InsO, 3. Auflage, nach § 359, Konzerninsolvenzrecht, Rn. 2; *Schmidt*, KTS 2010, 1, 7 f., 9.

1. Die Konzerninsolvenz als prozessuales Problem: Eingeschränkte Effizienz von Insolvenzverfahren über einzelne Rechtsträger desselben Konzerns

Zunächst kann gefragt werden, wie die Insolvenzverfahren über mehrere Rechtsträger im Konzern im Hinblick auf die Ziele des § 1 InsO möglichst effizient abgewickelt werden können. Diese Fragestellung hat die Debatte um die Konzerninsolvenz in den letzten Jahren klar beherrscht und ein beachtliches Spektrum an Literatur hervorgebracht[11]. Sie geriet ins Zentrum des Interesses, als sich aufgrund praktischer Erfahrungen herausgestellt hatte, dass nicht nur Tochtergesellschaften, sondern auch ganze Konzerne insolvent werden konnten und die hierfür vorhandenen Lösungsmethoden nicht ausreichten[12]. Die unter diesen Vorzeichen diskutierten Effizienzerwägungen werden allgemein auf die Grundannahme bezogen, das Rechtsträgerprinzip in der Insolvenz führe bei Konzerninsolvenzen nicht zu den effizientesten Ergebnissen[13] – also regelmäßig den Verfahren mit der größtmöglichen Masserealisierung[14]. Geht man von einer insolvenzverfahrensrechtlichen Anknüpfung ausschließlich an den einzelnen Rechtsträger aus, führt dies zu einer für jedes Konzernmitglied abweichenden Festlegung der gerichtlichen Zuständigkeit (§ 3 InsO), was wiederum eine Ernennung unterschiedlicher Verfahrensorgane, allen voran verschiedener Insolvenzverwalter, mit sich brächte. Innerhalb dieser getrennt abgewickelten Verfahren müssten daraufhin jeweils abweichende Liquidations- oder Sanierungsstrategien angestrengt und so Mehrwert und Interesse des Gesamtkonzerns in den Hintergrund gerückt werden. Ebenso könnte sich dann durch eine gegenseitige Haftungsverpflichtung im Konzern – etwa durch konzernrechtliche Ausgleichspflichten[15] oder gemeinsam genutzte Cash-Pools – die Zah-

---

[11] Einen Überblick über in der Literatur diskutierte Abwicklungsmodelle findet sich etwa bei *Brünkmanns*, in: MüKo-InsO, 3. Auflage, nach § 359, Konzerninsolvenzrecht, Rn. 14 ff.; *Eidenmüller/ Frobenius*, ZIP 2013, Beilage Heft 22, 1, 2 ff.; *Thole*, in: Flöther, Handbuch zum Konzerninsolvenzrecht, § 2 Rn. 56 ff., je m.w.N.

[12] *Brünkmanns*, in: MüKo-InsO, 3. Auflage, nach § 359, Konzerninsolvenzrecht, Rn. 2; *Schmidt*, KTS 2010, 1, 8 f.

[13] *Eidenmüller/ Frobenius*, ZIP 2013, Beilage Heft 22, 1, 2. Diese Ergebnisse werden häufig mit dem Begriff der bei der Insolvenzabwicklung zu erreichenden „Pareto-Effizienz" beschrieben, im Rahmen welcher der erreichte Abwicklungsvorteil durch die Belastung anderer Beteiligter, etwa der Konzernglieder, erkauft werden darf; zu diesem Begriff im Rahmen konzerninsolvenzrechtlicher Fragen *Brünkmanns*, in: MüKo-InsO, 3. Auflage, nach § 359, Konzerninsolvenzrecht, Rn. 10; allgemein zur Pareto-Effizienz als dem Insolvenzrecht zugrunde liegende wirtschaftliche Betrachtungsweise *Eidenmüller*, in: MüKo-InsO, Vorbemerkungen vor §§ 217 bis 269, Rn. 22.

[14] Vgl. *Paulus*, ZGR 2010, 270, 280.

[15] Zu diesen im Rahmen der Darstellung konzernrechtlicher Regeln, unten, § 2 B. III. 3. sowie ausführlich unter § 4 E. II. 2.

lungsunfähigkeit einer Konzerngesellschaft auf andere, eigentlich wirtschaftlich gesunde Rechtsträger des Konzerns ausbreiten und so genannte „Domino-Effekte“ erzeugen.[16]

Vor diesem Hintergrund hat sich seit den 1980er-Jahren in Deutschland eine Diskussion über Lösungsansätze für die verfahrensrechtliche Problematik der Konzerninsolvenz entwickelt[17]. Im Laufe der Zeit kristallisierten sich mehrere Lösungswege für die verfahrensrechtlichen Probleme heraus, die in zahlreichen Varianten zu finden sind. Diese lassen sich grob in Konzentrations- und Koordinierungsmodelle einordnen, wobei manche Autoren teils weiter aufgliedern[18]. Konzentrationsmodelle befürworten die Eröffnung grundsätzlich voneinander unabhängiger Verfahren jedoch etwa mit personenidentischen Verfahrensorganen für sämtliche beteiligte Konzerngesellschaften[19]. Koordinierungsmodelle erlauben hingegen weiterhin die Eröffnung von Verfahren an verschiedenen Gerichten und mit nicht personenidentischen Verwaltern, erlegen diesen jedoch Pflichten zur besseren Koordination der Verfahren untereinander auf[20].

Die greifbarste Auswirkung dieser Debatte lag in Deutschland zunächst in einem von der Bundesregierung vorgelegten Gesetzesentwurf vom 30.01.2014, welcher Elemente beider Modelle aufnahm. Der Entwurf ist inzwischen nahezu

---

[16] Zu alledem *Brünkmanns*, in: MüKo-InsO, 3. Auflage, nach § 359, Konzerninsolvenzrecht, Rn. 2; *Specovius/ Kuske*, in: Gottwald, Insolvenzrechts-Handbuch, 5. Auflage, § 95 Rn. 6; zur Frage der Realisierung eines Konzernmehrwerts in der Insolvenz *Vallender/ Deyda*, NZI 2010, 825; zu Fallgestaltungen mit „Domino-Effekten“ *Siemon/ Frind*, NZI 2013, 1 ff.; *Siemon*, NZI 2014, 55 ff.

[17] Erste Vorstöße fanden sich etwa bei *Kübler*, ZGR 1984, 560; *Mertens*, ZGR 1984, 542.

[18] Vgl. *Brünkmanns*, in: MüKo-InsO, 3. Auflage, nach § 359, Konzerninsolvenzrecht, Rn. 14 ff.; *Eidenmüller/ Frobenius*, ZIP 2013, Beilage Heft 22, 1, 2; *Hirte*, in: Uhlenbruck, InsO, § 11 Rn. 394; *Specovius/ Kuske*, in: Gottwald, Insolvenzrechts-Handbuch, 5. Auflage, § 95 Rn. 7; häufig, wie etwa bei *Brünkmanns, Eidenmüller/ Frobenius* sowie *Specovius/ Kuske* wird bei Konzentrationslösungen noch zwischen der reinen Verfahrenszentralisierung und einer „verfahrensmäßigen Konsolidierung“ unterschieden. Zum ebenfalls regelmäßig in diesem Zusammenhang genannten und an der materiellen Frage der Zusammenlegung des jeweiligen Haftungskapitals orientierten Modell der (materiellen) Konsolidierung sogleich unten, 2.

[19] Vgl. *Specovius/ Kuske*, in: Gottwald, Insolvenzrechts-Handbuch, 5. Auflage, § 95 Rn. 7. *Eidenmüller/ Frobenius*, ZIP 2013, Beilage Heft 22, 1, 6 plädieren hingegen für eine „verfahrensmäßige Konsolidierung durch ein [einheitliches, d. Verf.] ‚Gruppeninsolvenzverfahren'“.

[20] Zu Koordinierungsmodellen etwa *Thole*, in: Flöther, Handbuch zum Konzerninsolvenzrecht, § 2 Rn. 60, 67 ff.

unverändert[21] als Gesetz zur Erleichterung der Bewältigung von Konzerninsolvenzen vom 13.04.2017[22] verabschiedet worden und ist am 21.04.2018 in Kraft getreten[23]. Dieses Gesetz dürfte die Debatte um verfahrensrechtliche Aspekte der Konzerninsolvenz wenn nicht beendet, dann zumindest beruhigt haben.

Auch auf internationaler Ebene bricht sich ein „weltweite[r] Ruf nach einem Konzerninsolvenzrecht“[24] Bahn. Auf dieser Ebene haben ähnliche Debatten stattgefunden und zu Ergebnissen geführt. So nahm etwa die Kommission für internationales Handelsrecht der Vereinten Nationen (UNCITRAL) in ihre Gesetzgebungsempfehlungen des *Legislative Guide on Insolvency Law* – Dritter Teil – weitgehende Lösungen zur Konzentration und Koordination von Insolvenzverfahren als Vorschläge zur Verbesserung der Effizienz in nationalen und internationalen Konzerninsolvenzen auf und empfiehlt etwa die Einrichtung einheitlicher Konzerngerichtsstände[25]. Auch die Neufassung der EuInsVO[26], die am 27.06.2017 in Kraft getreten ist[27], enthält für den Fall einer Eröffnung ihres Anwendungsbereichs[28] in ihrem neuen Kapitel V. weitreichende Kooperationspflichten der Verfahrensorgane (Art. 56 ff. der Verordnung) sowie ein eigenes Koordinierungsverfahren (Art. 61 ff. der Verordnung)[29].

2. Die Konzerninsolvenz als materielles Problem: Grenzen des konzernrechtlichen Trennungs- und Rechtsträgerprinzips

Neben dieser prozessrechtlichen Problematik besteht bei Konzerninsolvenzen in den meisten Fällen auch eine nicht weniger bedeutende haftungsrechtliche Komponente[30]. So baut die in Deutschland vorliegende Kodifizierung konzernrechtlicher Schutznormen auf der gesetzgeberischen Überzeugung auf, mit der Konzernierung von Unternehmen sei untrennbar eine dem Konzern anhaftende Gefahr für Eingriffe in beherrschte Gesellschaften verbunden, die sich negativ

---

[21] Eine Übersicht der Änderungen findet sich in Beschlussempfehlung und Bericht des Ausschusses für Recht und Verbraucherschutz (6. Ausschuss), BT-Drs. 18/11436, S. 4 ff.

[22] BGBl. I, S. 866. Zum Inhalt von Entwurf und Gesetz im Vergleich zu französischen Regelungsvorstößen unten, § 2 C. I.

[23] Art. 10 des Gesetzes.

[24] *Schmidt*, KTS 2010, 1, 4.

[25] Zu Genese und Inhalt dieser Empfehlungen ausführlich *Holzer*, ZIP 2011, 1894 ff.; *Paulus*, ZGR 2010, 270, 272 ff.

[26] Verordnung (EU) 2015/848 des Europäischen Parlaments und des Rates vom 20. Mai 2015 über Insolvenzverfahren (Neufassung), ABl. EU, 05.06.2015, L 141/19.

[27] Art. 92 der Verordnung; ausgenommen sind nur einzelne Regeln wie Erstellung eines europäischen Insolvenzregisters.

[28] Vgl. hierzu Art. 1 der Verordnung.

[29] Genauer zu den Änderungen im Bereich der Konzerninsolvenz *Kindler/ Sakka*, EuZW 2015, 460, 464 ff.

[30] Vgl. auch *Brünkmanns*, in: MüKo-InsO, 3. Auflage, nach § 359, Konzerninsolvenzrecht, Rn. 2; *Schmidt*, KTS 2010, 1, 7 f.

für Gläubiger und außenstehende, d.h. nicht herrschende Gesellschafter auswirken könne[31]. Diese Gefahr entsteht in Konzernen, die im deutschen Recht unter anderem über eine mehrheitliche Kapitalbeteiligung an Tochtergesellschaften begründet werden[32], durch verstärkte Eingriffsmöglichkeiten einer beherrschenden Gesellschaft, die ihr insbesondere durch ihre an die Mehrheitsbeteiligung geknüpften Stimmrechte verliehen werden[33]. Nehmen diese Eingriffe etwa die Form von existenzbedrohenden Vermögensverschiebungen oder schädlichen Eingriffen in die Entscheidungssphären von beherrschten Rechtsträgern an, verleihen sie der Konzerninsolvenz ihren zusätzlich zu Fragen einer prozessualen Optimierung[34] innewohnenden materiellen Aspekt. Insbesondere stellt sich in diesem Zusammenhang die Frage, wie gläubigerschädigende Eingriffe in Konzernorganisationen im Falle der Eröffnung eines Insolvenzverfahrens über einen konzernangehörigen Rechtsträger wieder ausgeglichen werden können. Gerade bei der Insolvenz von konzernangehörigen Unternehmen wird diese Fragestellung besonders virulent, zeigt sich doch in diesem Fall, dass etwa die konzernrechtlichen Sonderregeln, die diese Auswirkung eigentlich verhindern sollten, keinen ausreichenden Schutz vermitteln konnten.

Das mit dem kapitalgesellschaftsrechtlichen Trennungsprinzip verbundene Rechtsträgerprinzip im Konzern und die damit einhergehende Haftungsabschirmung von Konzerngesellschaften[35] erscheint etwa in den Fällen nicht als der Weisheit letzter Schluss, in denen sich die „Konzerngefahr" durch schädliche Einflussnahmen materialisiert und die für eine Insolvenz von beherrschten Unternehmen zumindest mitursächlich sind[36]. Gleichzeitig ist die Haftungsabschirmung vielfach ein wichtiger Grund für Unternehmen zur Errichtung von Konzernstrukturen[37]. Es stellt sich die Frage, wie im Falle der Insolvenz von konzernangehörigen Unternehmen andere, vornehmlich das herrschende – Unternehmen des Konzerns bei Überwindung der Rechtsträgergrenzen für eine Haftung herangezogen werden können.

---

[31] Zu diesem „Konzernkonflikt" unten, § 2 B. II.; vgl. hierzu bereits *Emmerich/ Habersack*, Konzernrecht, § 1 Rn. 23 ff.

[32] Zu den Definitionsnormen und Begrifflichkeiten des deutschen Konzernrechts unten, § 2 B. III. 3.

[33] Hierzu im Rahmen der Beschreibung des „Konzernkonflikts" ausführlicher unten, § 2 B. III. 2.

[34] Siehe soeben oben, 1.

[35] Zur Haftungsabschirmung im Konzern etwa *Drygala/ Staake/ Szalai*, Kapitalgesellschaftsrecht, § 10 Rn. 1; *Haas*, in: Gottwald, Insolvenzrechts-Handbuch, 5. Auflage, § 91 Rn. 39; hierzu ausführlich auch unten, § 2 B. II.

[36] Siehe zu alledem im Hinblick auf die Thematik der Durchgriffshaftung auch *Heider*, in: MüKo-AktG, § 1 Rn. 65.

[37] Vgl. zum französischen Recht etwa *Gibirila*, Groupes de sociétés – Présentation, in: JCl. Com., Fasc. 1574, Rn. 4; hierzu auch unten, § 1 B. II. 2.

Solche Wertungsfragen machen nach alledem die zweite, haftungsrechtliche Dimension des Konzerninsolvenzrechts aus. Sie hatten die Debatte um Konzerninsolvenzen ursprünglich bis in die 1990er-Jahre hinein beherrscht[38]. Zu dieser Zeit war die Insolvenz von Gesamtkonzernen noch nicht durch entsprechende Präzedenzfälle in den Fokus der juristischen Fachöffentlichkeit gelangt; von der Konzerninsolvenz bestand daher ein „Schönwetterbild [...], überwiegend durch Tochterinsolvenzen geprägt und damit durch die Frage nach Haftungssegmentierung und Gläubigerschutz [sowie, d. Verf.] ob und unter welchen Voraussetzungen eine Teilinsolvenz im Konzern andere Konzerngesellschaften mit ins Verderben ziehen kann“[39].

Aus der hiermit verbundenen Verschiebung der mit dem Oberbegriff „Konzerninsolvenz“ versehenen Debatte auf Möglichkeiten zur Optimierung konzernweiter Insolvenzverfahren lässt sich allerdings nicht schließen, dass die heutige Diskussion in Rechtsprechung und Literatur Fragen aus diesem Problemkreis gar nicht mehr erörtern würde. Vielmehr wird die Debatte in der deutschen Rechtsliteratur unter nunmehr abweichenden Oberbegriffen wie etwa der Durchgriffshaftung, des qualifiziert faktischen Konzerns oder der existenzvernichtenden Eingriffe fortgesetzt[40]. Auch der Gesetzgeber scheint die Herauslösung materieller Fragestellungen aus dem Themenbereich der Konzerninsolvenzen größtenteils vollzogen zu haben. So lehnt der bereits angesprochene[41] Gesetzesentwurf vom 30.01.2014 zum Konzerninsolvenzrecht die Regelung materieller Fragestellungen in diesem Zusammenhang gänzlich ab und auch das darauf aufbauende Gesetz vom 13.04.2017 verzichtet folgerichtig auf dieselben.[42]

Und doch lässt sich eine enge Verbindung von Haftungssachverhalten und Konzerninsolvenzen unabhängig von terminologischen Übereinkünften nicht leugnen. Denn wie bereits einleitend festgestellt[43], wird eines der wichtigsten Grundprobleme des Konzerns, nämlich das Spannungsfeld zwischen der Beibehaltung des Grundsatzes konzernrechtlicher Haftungstrennung und der ausnahmsweise zugestandenen Anpassung bzw. Aufhebung des Rechtsträgerprinzips zum Schutz externer Interessen gerade in der Insolvenz von Konzernunternehmen besonders virulent.

---

[38] Für diese Debatte kennzeichnend etwa das 1998 erschienene Werk von *Ehricke*, Das abhängige Konzernunternehmen in der Insolvenz.

[39] *Schmidt*, KTS 2010, 1, 8; vgl. auch *Brünkmanns*, in: MüKo-InsO, 3. Auflage, nach § 359, Konzerninsolvenzrecht, Rn. 2.

[40] Vgl. auch *Schmidt*, KTS 2010, 1, 8; zu diesen Rechtsinstituten im Vergleich zu ihren französischen Funktionsäquivalenten jeweils unten, § 4 E.; § 5 A. VI., C. V., D. I. 3., D. II. 1. b), D. II. 2. a) cc).

[41] Siehe soeben oben. 1.

[42] So im RegE, Begründung, S. 17; ausführlicher zum Gesetz und dessen Entwurf unten, § 2 C. I.

[43] Siehe oben unter I.

In diesem Spannungsfeld lassen sich nahezu alle materiellen Probleme der Konzerninsolvenz verorten. Sie fallen besonders ins Gewicht, wenn sich der dem Konzern innewohnende Konflikt zwischen wirtschaftlicher Realität und rechtlichem Postulat in der Insolvenz eines oder mehrerer Konzernunternehmen Bahn bricht. Dieser Konflikt besteht gerade bei stark wirtschaftlich integrierten Konzernen zwischen der rechtlichen Selbständigkeit der Konzernunternehmen und, gegebenenfalls, der Eigenständigkeit der je über die einzelnen Rechtsträger eröffneten Insolvenzverfahren sowie, andererseits, einer zentralen Unternehmenslenkung[44] und kann auch in Haftungssachverhalten mit der Forderung verbunden werden, beide Seiten der Gleichung durch Ausnahmen vom strengen Rechtsträgerprinzip besser in Einklang zu bringen. Es liegt an Gesetzgeber und Rechtsprechung, hier Lösungen zu finden, die die Erwartungen aller Beteiligten berücksichtigen, ohne haftungsrechtliche Grundstrukturen ihrer Auflösung preiszugeben. Hierfür stehen zahlreiche grundsätzliche Lösungsansätze zur Verfügung, welche jedoch nicht in jeder Rechtsordnung vollständig ausgeschöpft werden.

Die am stärksten in das Trennungs- und Rechtsträgerprinzip eingreifende Möglichkeit zur Auflösung des soeben beschriebenen Konflikts im Einzelfall führt zur vollständigen Aufhebung des Grundsatzes der Haftungstrennung im Rahmen eines Insolvenzverfahrens. Dieser Lösungsansatz wird auch „materielle Konsolidierung" oder, nach der im US-amerikanischen Recht verbreiteten Bezeichnung, „*substantive consolidation*" genannt[45]. Im US-amerikanischen Recht wird eine materielle Konsolidierung dann erlaubt, wenn die zusammengeführten Rechtsträger eine „substantielle Identät" *(substantial identity)* aufweisen und die Konsolidierung notwendig erscheint, um einen Schaden abzuhalten oder einen Vorteil zu erreichen[46]. Dieser Ansatz führt zu einer Zusammenlegung aller Haftungsmassen, über deren weitergehende Verwendung daraufhin in einem gemeinsamen Insolvenzverfahren entschieden wird. In Deutschland lehnt ihn die überwiegende Ansicht in der Literatur – zumeist kategorisch – ab[47]. Auch der Regierungsentwurf zum Konzerninsolvenzrecht und

---

[44] Vgl. zu diesem Grundkonflikt auch *Flöther*, in: Flöther, Handbuch zum Konzerninsolvenzrecht, § 1 Rn. 3.

[45] Siehe hierzu *Hirte*, ECFR 2008, 213, 217, 221; *Schmidt*, KTS 2010, 1, 15.

[46] Vgl. *Hirte*, ECFR 2008, 213, 217, 221, m.w.N.

[47] Ablehnend etwa *Flöther*, in: Flöther, Handbuch zum Konzerninsolvenzrecht, § 1 Rn. 4; *Schmidt*, KTS 2010, 1, 13 ff.; *Thole*, in: Flöther, Handbuch zum Konzerninsolvenzrecht, § 2 Rn. 65; allgemein zum Stand der aktuellen Debatte in Deutschland ebenda, Rn. 57 ff, 62 ff.; zu alledem ausführlich unten, § 4 E. I. ff.

das darauf aufbauende Gesetz vom 13.04.2017 schließen jegliche Konsolidierungsansätze als Antwort auf die hierin aufgegriffene Frage nach einem möglichst effizienten wie auch einzelfallgerechten Konzerninsolvenzrecht aus[48].

Scheidet dieser Lösungsansatz damit nach weit überwiegender Ansicht im deutschen Recht aus, können im Einzelfall vorzunehmende Anpassungen des konzernrechtlichen Rechtsträgerprinzips nicht mehr durch seine vollständige Aufhebung, sondern vielmehr durch seine Durchbrechung im Rahmen von besonderen Ausnahmefällen vorbehaltenen Haftungsansprüchen etwa gegen beherrschende Gesellschaften erfolgen. Doch auch diesbezüglich hat der Gesetzgeber eine weitere, diesmal systematische Einordnung vorzunehmen. So können diese Haftungsansprüche sowohl spezifisch insolvenzrechtlich einzuordnen sein, wie auch aus anderen Rechtsgebieten, allen voran des Gesellschafts- und des Bürgerlichen Rechts, „zugeliefert“ werden[49]. Dass im deutschen Recht größtenteils auf spezifisch insolvenzrechtliche Haftungstatbestände verzichtet und damit der zweiten Möglichkeit der Vorzug gegeben wird, vermag im Ergebnis kaum zu erstaunen; geht diese Tatsache doch mit der nicht zuletzt gesetzgeberischen Entscheidung einher, Haftungsfragen, die allen voran bei der Insolvenz von Konzernen und Konzerngesellschaften relevant werden, nicht als Frage eines Konzerninsolvenzrechts im engeren Sinne zu betrachten. Ebenso lässt sich dies wohl auch auf den prozessrechtlichen Schwerpunkt des deutschen Insolvenzrechts zurückführen[50]: So soll das deutsche Insolvenzrecht ausweislich seines insoweit programmatischen § 1 InsO insbesondere ein Verfahren zur bestmöglichen Gläubigerbefriedigung anbieten[51], das die Begründung von Haftungsansprüchen folgerichtig größtenteils anderen Rechtsgebieten überlässt. Die Ausmaße und Begrenzungen des konzernrechtlichen Rechtsträgerprinzips lassen sich in Deutschland daher ausschließlich im Zusammenspiel von insolvenz-, gesellschafts- und allgemein zivilrechtlicher Rechtsgrundlagen erkennen[52]. Von einer durchgängigen Rechtsdogmatik, welche sowohl prozessuale wie auch materielle Probleme der Konzerninsolvenz in Betracht zöge, ist das deutsche Recht hingegen weit entfernt.

---

[48] So im RegE, Begründung, S. 17; hierzu ebenfalls unten § 2 C. I. Wie bereits einleitend festgestellt, wird die Frage der Haftung einzelner Konzerngesellschaften vom Regierungsentwurf und dem darauf aufbauenden Gesetz jeweils ausgeklammert.

[49] So *Schmidt*, KTS 2010, 1, 4.

[50] Hierzu ausführlich unten, § 2 A. II.

[51] Vgl. nur *Pape*, in: Uhlenbruck, InsO, § 1 Rn. 1; auch hierzu unten, § 2 A. II.

[52] Vgl. auch *Schmidt*, KTS 2010, 1, 4.

II. Abweichende systematische Einordnungen und Lösungsansätze in Frankreich

Während in Deutschland Insolvenzfälle von Konzernen wie *Philipp Holzmann*, *Kirch Media*, *Babcock Borsig*, *Arcandor*, *Praktiker* sowie *Air Berlin* und *Unister* die Notwendigkeit von Lösungsmodellen zur effizienteren Abwicklung von Konzerninsolvenzverfahren verdeutlichten[53], wurden große Teile der jüngeren Entwicklung konzerninsolvenzrechtlicher Normen in Frankreich durch die rechtliche Aufarbeitung kaum minder spektakulärer Haftungsfälle bestimmt[54]. Häufig stellten sich hier ähnliche Fragen, die der deutsche Gesetzgeber bereits mit der Einführung konzernrechtlicher Normen zu beantworten versucht hatte. Diese betrafen größtenteils das in Deutschland mit dem Begriff einer „Konzerngefahr“[55] umschriebene Phänomen, nach welchem Gesellschaften mit beherrschender Position von ihren hierdurch erhöhten Eingriffsmöglichkeiten nicht zum Wohle der beherrschten Gesellschaft, sondern vielmehr auf Kosten außenstehender Gesellschafter, ihrer Gläubiger und teils der Allgemeinheit eigennützig Gebrauch zu machen pflegen. Da der französische Gesetzgeber nach langer politischer Diskussion und zahlreichen entsprechenden Vorstößen die Einführung eines kodifizierten, gesellschaftsrechtlich einzuordnenden Konzernrechts zum Ausgleich möglicher Nachteile der Konzernierung endgültig abzulehnen scheint[56], müssen Gesetzgeber und Rechtsprechung andere Methoden finden, um auf Fälle des Missbrauchs faktischer Konzernleitungsmacht zu reagieren, ohne den Konzern als Organisationsform für Unternehmen hierdurch unattraktiv zu machen[57].

---

53 Zur prägenden Natur derartiger Fälle auch *Flöther*, in: Flöther, Handbuch zum Konzerninsolvenzrecht, § 1 Rn. 1; vgl. auch *Eidenmüller*, ZHR 169 (2005), 528, 529; *Schmidt*, KTS 2010, 1, 8 f.

54 So etwa das *Metaleurop*-Verfahren, anhand dessen das Recht der Verfahrenserstreckung seine heutige Form erhielt – hierzu ausführlich unten, § 4 B. II. 2. c) (zur fiktiven juristischen Person), § 4 B. II. 3. b) dd) f. (zur Vermögensvermischung), § 5 A. II. 2. (zur Ausfallhaftung für Managementfehler) –, das *Petroplus*-Verfahren, welches den Gesetzgeber zur Einführung weitreichender Sicherungsmaßnahmen bewegte – siehe insb. unten, § 5 A. II. 2.– oder das *Jungheinrich*-Verfahren, welches die Rechtsprechung zu einer weitreichenden arbeitsrechtlichen Haftung für Muttergesellschaften motivierte, hierzu im Rahmen der Ausführungen zur *théorie du co-employeur* unten, § 5 C. II. f.

55 Zu diesem Begriff und seiner Bedeutung für das deutsche Konzernrecht unten, § 2 B. III.

56 Hierzu auführlich unten, § 1 B. I. 1. Zum ganzen bereits *Urbain-Parleani*, Regards croisés, in: Menjucq/ Fages (Hrsg.), S. 91, 92 (Rn. 3); siehe auch *Merle/ Fauchon*, Sociétés commerciales, Rn. 758.

57 Zur grundsätzlichen Konzernfreundlichkeit als Leitmotiv des französischen Gesellschaftsrechts unten, § 1 B. I. 1.

Die Konzerninsolvenz ist für das französische Recht daher nicht nur ein Objekt insolvenzverfahrensrechtlicher Optimierungsanstrengung[58], sondern auch Schauplatz folgenträchtiger Haftungsauseinandersetzungen. Diese beruhen zunächst, wie auch im deutschen Recht, unter anderem auf dem Heranziehen allgemeiner Regeln etwa des Gesellschafts- oder allgemeinen Zivilrechts, deren zeitliche Anwendung mehr oder weniger zufällig mit der Eröffnung eines Insolvenzverfahrens zusammenfällt. Darüber hinaus weist das französische Recht aber in Abweichung von der deutschen Rechtstradition genuin insolvenz- und teilweise gar konzerninsolvenzrechtlich ausgeprägte Haftungstatbestände auf, die in ihrer Gesamtschau den deutschen Vorschriften des Konzernrechts mit ihren flankierenden allgemeinen Haftungsvorschriften grundsätzlich funktional entsprechen. Hierbei geht das französische Recht über die Form typischer Haftungsklagen hinaus und bietet dem Rechtsanwender mit der so genannten Verfahrenserstreckung *(extension de procédure)* nach Art. L. 621-2 Abs. 2 C. com. sogar die Möglichkeit der in Deutschland größtenteils vehement abgelehnten materiellen Konsolidierung[59]. Doch auch darüber hinaus knüpft das französische Recht bei einer Vielzahl von Haftungsklagen zur Eröffnung des Anwendungsbereichs an die Eröffnung eines der Regelinsolvenzverfahren *(procédures collectives)*[60] an und bietet dem Rechtsanwender damit auch bei der Insolvenz von konzernangehörigen Gesellschaften ein eigenständiges Haftungsregime.

III. Forschungsgegenstand und Begründung einer Gegenüberstellung französischer und deutscher Regelungskomplexe

Dass das deutsche und das französische Recht methodisch, dogmatisch und normativ so unterschiedliche Wege gehen, mag trotz unterschiedlicher Rechtstraditionen aufgrund der geographischen Nähe der beiden Länder und der rechtsvereinheitlichenden Wirkung jahrzehntelanger europäischer Rechtssetzung auf den ersten Blick erstaunen. Doch gerade die materiellrechtliche Seite der Konzerninsolvenz als Haftungsproblematik wurde bei den Harmonisierungsbestrebungen des Unionsrechts bisher ausgespart. So konzentrierten sich die letzten Vorstöße auf den Bereich der prozessrechtlichen Optimierung

---

[58] Spätestens mit dem auch als „Loi Macron" bezeichneten Gesetz Nr. 2015-990 pour la croissance, l'activité et l'égalité des chances économiques, Art. L. 233-I, welches im Insolvenzrecht des *Code de commerce* in Art. L. 662-8 einen zwingenden Konzerngerichtsstand einführte, haben sich bereits früher bestehende Tendenzen hin zu einer vollständigen prozessualen Konsolidierung bei nach französischem Recht abgewickelten Konzerninsolvenzen nunmehr endgültig bestätigt. Hierzu unten, § 1 C. II.

[59] Auf diesen Unterschied zwischen beiden Rechtsordnungen hinweisend *Dammann*, Bull. Joly ED Nr. 2017-3, 175, II. B.

[60] Zu Entwicklung, Systematik und Fortgang dieser Verfahren sogleich unten, § 1 A.

grenzüberschreitender Konzerninsolvenzen[61]. Gleichzeitig konnte jedoch auch im Unionsrecht ein Aufgreifen insolvenzrechtlicher Regelungen beobachtet werden, die bereits in nationalen Rechtsordnungen erprobt worden waren. Jüngstes Beispiel hierfür ist eine am 16.07.2019 in Kraft getretene „Richtlinie über Restrukturierung und Insolvenz“[62], die unter anderem mit einem frühen „Restrukturierungsverfahren“ bereits im französischen Recht bekannte Ansätze vorinsolvenzlicher Sanierungsverfahren[63] aufnahm und ihnen damit unionsweite Bedeutung verschaffen wird.

Für den aus rechtsvergleichender Sicht noch nicht hinreichend bearbeiteten[64] und aufgrund der großen konzeptionellen Unterschiede zwischen deutschem und französischem Recht besonders interessanten Bereich der materiellen Haftungsfragen ergibt sich die in dieser Arbeit zu bearbeitende Grundproblematik, welche, anders ausgedrückt, die Ausmaße der Haftungstrennung in der Insolvenz konzernangehöriger Rechtsträger betrifft. Die Konzernorganisation wird von Unternehmen nicht zuletzt genutzt, um für einzelne Geschäftsbereiche eine Haftungsabschirmung zu erreichen; gerät einer der konzernangehörigen Rechtsträger in wirtschaftliche Schwierigkeiten, muss sich dieses rechtliche Postulat gerade hier besonders behaupten[65]. Gleichzeitig bricht sich in dieser Frage der grundlegende und jedem Konzern innewohnende Gegensatz zwischen Einheit und Vielheit[66], die Imperfektion[67] des Konzerns als nur teilweise

---

[61] So in der Neufassung der EuInsVO nach der Verordnung (EU) 2015/848 des Europäischen Parlaments und des Rates vom 20. Mai 2015 über Insolvenzverfahren (Neufassung), ABl. EU, 05.06.2015, L 141/19. Hierzu bereits oben, I. 2.

[62] Richtlinie (EU) 2019/1023 des Europäischen Parlaments und des Rates vom 20. Juni 2019 über präventive Restrukturierungsrahmen, über Entschuldung und über Tätigkeitsverbote sowie über Maßnahmen zur Steigerung der Effizienz von Restrukturierungs-, Insolvenz- und Entschuldungsverfahren und zur Änderung der Richtlinie (EU) 2017/1132, ABl. EU, 26.06.2019, S. 18; siehe auch unten, § 2 A. III.

[63] Zu den französischen Sanierungs- und Insolvenzverfahren unten, § 1 A.

[64] Bisher erschienene Arbeiten mit teilweise überschneidenden Themenbereichen widmeten sich entweder anderen Fragestellungen, beinhalteten keine rechtsvergleichende Perspektive oder erschienen zu früh, um die weitreichenden jüngsten Entwicklungen des französischen Rechts nachzuvollziehen. Hierzu gehören die Werke von *Zimmermann,* Die Haftung von Geschäftsführern und Gesellschaftern bei Insolvenz der GmbH in Frankreich (erschienen 1971); *Zahn*, Geschäftsleiterhaftung und Gläubigerschutz bei Kapitalgesellschaften in Frankreich: eine rechtsvergleichende Untersuchung (erschienen 1986); *Ehricke*, Das abhängige Konzernunternehmen in der Insolvenz (erschienen 1998); *Rivinius*, Der Konzernkonkurs in Frankreich (erschienen 2000) sowie *Kroh*, Der existenzvernichtende Eingriff (erschienen 2013).

[65] Zur Konzerninsolvenz als „Lackmustest“ daher bereits oben, I.

[66] Vgl. auch *Thole*, in: Flöther, Handbuch zum Konzerninsolvenzrecht, § 1 Rn. 1: „Der Konzern ist mehr Phänomen denn eigenständiges Gebilde. Für ihn ist die Polarität zwischen Einheit des Ganzen und Vielheit der Glieder charakteristisch“.

[67] *Pelletier*, La responsabilité au sein des groupes de sociétés en cas de procédure collective, Rn. 22: „une situation juridiquement imparfaite“.

regelungsfähige und -bedürftige Organisationsform für Unternehmen Bahn. Wie zuverlässig sich die Haftungstrennung bei der Insolvenz von Konzernen in beiden Rechtsordnungen darstellt, welche Ausnahmen beide Rechtsordnungen von diesem Grundsatz erlauben und ob diese Ausnahmen in Grundsatz, Ausmaß und rechtsdogmatischer Begründung zu rechtfertigen sind – diese Fragen soll die hier vorliegende Arbeit zu beantworten versuchen. Die Bearbeitung soll das aus deutscher Sicht nicht hinreichend erforschte, aktuelle französische Recht zum Mittelpunkt haben und die hier vorhandenen Sondertatbestände zu ihrem besseren Verständnis mit rechtsvergleichenden Bezügen in den Kontext des deutschen Rechts stellen, welches Ausnahmetatbestände größtenteils aus allgemeinen Regeln ableitet.

Ausgeklammert bleiben in dieser Darstellung zwar nahestehende, aber nicht zum Kernbereich der Frage der Haftungsbeschränkung im Konzern gehörende Tatbestände. Hierzu gehört die persönliche Haftung des Führungspersonals von konzernangehörigen Gesellschaften und, soweit nicht anderweitig kenntlich gemacht, die Haftung konzernangehöriger Personengesellschaften, auf welche der Grundsatz der Haftungstrennung naturgemäß keine Anwendung findet. Zu Fragen von Betriebsaufspaltungen in Kapital- und Personengesellschaft wird jedoch aufgrund der weiten Konzerndefinition in Frankreich und der hohen praktischen Relevanz solcher Gestaltungen in der französischen Wirtschaftslandschaft dennoch Stellung genommen.

Diese Themenstellung erhält ihre Relevanz gleich unter mehreren Vorzeichen. In den letzten Jahrzehnten hatte sich in vielen Fragen des Unternehmensrechts das Potenzial wirtschaftsrechtlicher Innovation in Europa häufig aus dem angelsächsischen Rechtskreis gespeist[68]. Mit dem bevorstehenden Austritt des Vereinigten Königreichs aus der Europäischen Union könnte sich dieses Bild in Zukunft durchaus anders darstellen. Die beiden wichtigsten Rechtsordnungen Kontinentaleuropas, Deutschlands und Frankreichs, dürften perspektivisch an Bedeutung im unternehmensrechtlichen Bereich deutlich hinzugewinnen und auch für eine zukünftige Rechtsvereinheitlichung im Rahmen des Unionsrechts maßgeblich sein. Dies setzt freilich voraus, dass sich, erstens, in Bezug auf materielle (Haftungs-) Probleme der Konzerninsolvenz ein entsprechendes Bedürfnis rechtsordnungsübergreifender Regelung ergibt und, zweitens, die Grundwertungen der deutschen und der französischen Rechtsordnungen in dieser so wichtigen Materie nicht so weit voneinander entfernt liegen, dass jegliches Einigungspotenzial von Anfang an ausscheidet. Beide Fragen kann nur eine ausführliche Analyse der entsprechenden Rechtsnormen und ihres Kontextes beantworten. Neben dieser eine mögliche *lex ferenda* betreffende Fragestellung lässt sich dem hier behandelten Thema jedoch auch aus Sicht der *lex lata* eine große Relevanz für ein deutschsprachiges Publikum entnehmen:

---

[68] Vgl. mit dieser Bemerkung speziell zu „Anstößen“ für eine Erneuerung des Konzerninsolvenzrechts aus dem englischen Rechtskreis *Paulus*, ZIP 2005, 1948, 1950.

Aufgrund der großen wirtschaftlichen Verflechtungen Deutschlands mit seinem größten Handelspartner in der Europäischen Union[69] haben deutsche Unternehmen ihre hohen Investitionsquoten[70] nicht zuletzt über die Gründung von dort angesiedelten Tochtergesellschaften erreicht. Welche Haftungsrisiken sich möglicherweise aus einer Anwendung französischer Rechtsgrundlagen auch grenzüberschreitend ergeben können und ob diese insgesamt ein Hindernis für grenzüberschreitende Investitionen darstellen können – auch auf diese Fragen kann nur eine ausführliche Darstellung und Analyse aller in Betracht kommender Haftungstatbestände eine Antworten geben. Schließlich eignet sich die hier bearbeitete Themenstellung auch für grundlegende Beobachtungen zu möglichen rechtlichen Auswirkungen wirtschaftlicher Disparitäten der beiden EU-Mitgliedsstaaten auf die Haftungsregeln in der Konzerninsolvenz: So lässt sich die Frage stellen, welche Auswirkungen nicht zuletzt eine höhere Anzahl von Insolvenzfällen in einer der beiden Rechtsordnungen auf die dortigen rechtlichen Debatten und Lösungswege entfaltet.

B. Methodik und Gang der Untersuchung

Die Aufarbeitung der Rechtslage in Frankreich erfolgt aus der Perspektive eines deutschen Juristen und bedient sich dabei in Ansätzen rechtsvergleichender Methodik. Im Grundsatz wird der von *Zweigert* und *Kötz* umfassend beschriebenen Methodik eines Mikrovergleichs im Sinne einer funktionalen Rechtsvergleichung privatrechtlicher Rechtsinstitute[71] gefolgt. Während ein so genannter Makrovergleich ganze Rechtsordnungen und ihre grundlegenden Methoden und Arbeitsweisen einer vergleichenden Betrachtung zuführt[72], konzentriert sich ein Mikrovergleich auf die Untersuchung einzelner Rechtsprobleme und ihrer Lösungen in den einem Vergleich unterzogenen Rechtsordnungen[73]. Ein funktionaler Rechtsvergleich untersucht dieses Problem daraufhin ohne Anschauung konkreter Rechtsbegriffe der jeweiligen Rechtsordnung und fragt nach einer zum Vergleich notwendigen funktionalen Äquivalenz bestimmter Rechtsinstitute vor dem Hintergrund etwa wirtschaftlicher, soziologischer oder politischer Hintergründe[74]. Die Bewertung der gefundenen Unterschiede und

---

[69] Siehe *Statistisches Bundesamt (Destatis)* (Hrsg.), Außenhandel – Rangfolge der Handelspartner im Außenhandel der Bundesrepublik Deutschland (2016), S. 2. Hiernach ist Frankreich knapp hinter der Volksrepublik China Deutschlands zweitgrößter Handelspartner im Hinblick auf das Gesamthandelsvolumen.

[70] Insgesamt stammte 2016 der größte Anteil an Direktinvestitionen in die französische Wirtschaft aus Deutschland, siehe *Business France* (Hrsg.), Rapport sur l'internationalisation de l'économie française – Bilan 2016 des investissements étrangers en France, S. 25.

[71] Hierzu *Zweigert/ Kötz*, Rechtsvergleichung, S. 4 ff., 33 ff.

[72] *Zweigert/ Kötz*, Rechtsvergleichung, S. 4.

[73] Ebenda, S. 4 f.

[74] Vgl. *Zweigert/ Kötz*, Rechtsvergleichung, S. 33 ff., 43.

Gemeinsamkeiten ergibt sich nach dem herkömmlichen Schema[75] aus einer Gegenüberstellung von Länderberichten, welche das gesamte Vergleichsmaterial zunächst vollständig und wertungsfrei aufarbeiten und erst in darauf folgenden, davon unabhängigen Schritten einer wertenden Analyse sowie anschließend einer kritischen Wertung zuführen.

Von diesem Schema wird in der vorliegenden Arbeit aus mehreren Gründen bewusst abgewichen[76]. Zunächst erscheint es notwendig, die dem Thema zugrunde liegenden Grundbegriffe von „Konzern", „Insolvenz" und schließlich der unterschiedlichen Fallgruppen des weitreichenden Begriffs einer „Konzerninsolvenz" für den im französischen Recht unbewanderten Leser zu definieren und die Hintergründe dieser Rechtsordnung in diesen Bereichen genau zu erläutern. Außerdem kann nur so sichergestellt werden, dass ein Rahmen gezogen wird, der von grundsätzlich vergleichbaren Rechtsinstrumenten ausgeht. Gleichzeitig erscheint es entbehrlich, über Aspekte der Vergleichbarkeit und eine Darstellung der Gemeinsamkeiten und Unterschiede hinaus die Grundlagen insbesondere des deutschen Konzern- und Insolvenzrechts vollständig aufzuarbeiten und darzustellen. Letztere dürften einem deutschen Fachpublikum, wenn nicht bereits geläufig, so doch zumindest über in deutscher Sprache vorliegende Gesamtdarstellungen leicht zu erschließen sein. Ebenso orientiert sich diese Arbeit auch für den Aufbau an der Dogmatik des französischen Rechts und geht daher nicht von dem klassischen Modell der Länderberichte aus. Dies lässt sich damit begründen, dass das französische Recht für den hier im Zentrum des Interesses liegenden Bereich der Haftungstatbestände in der Insolvenz über einen reichen Kanon von Sonderregeln verfügt, die ihre größte Relevanz bei der Insolvenz konzernangehöriger Rechtsträger entfalten. Demgegenüber verfügt das deutsche Recht, welches sich Haftungstatbestände in der Insolvenz von Gesellschaften aus anderen Rechtsgebieten „zuliefern"[77] lässt, diesbezüglich über keine umfassende Dogmatik; Vergleichsgegenstände aus dieser Rechtsordnung sind daher jeweils anhand der einzeln und nacheinander darzustellenden Tatbestände des französischen Rechts zu suchen und darzustellen.

Aufgrund dieser Besonderheit des französischen Rechts erscheint es auch gerechtfertigt, dieser Rechtsordnung die weitaus detaillierteren Ausführungen zukommen zu lassen. Nur so lässt sich in angemessener thematischer Konzentration einerseits in der für ein Verständnis der Materie gebotenen Tiefe auf die Grundbegriffe eingehen, andererseits aber auch die in den letzten Jahren äu-

---

[75] Siehe ebenda, S. 42 ff., 46 f.

[76] Auch *Zweigert/ Kötz*, Rechtsvergleichung, S. 42, sehen Abweichungen von diesem Schema aufgrund der Besonderheiten der jeweils analysierten Rechtsprobleme als legitim an.

[77] *Schmidt*, KTS 2010, 1, 4.

ßerst lebhafte Diskussion um die hier darzustellenden Sondertatbestände nachvollziehen. Nur unter diesen Voraussetzungen kann auch das Ziel dieser Arbeit erreicht werden, einen umfassenden Überblick über die Haftungsrisiken zu bieten, die nicht zuletzt deutsche Unternehmen bei der Gründung einer Tochtergesellschaft in Frankreich erwarten[78]. Die rechtsvergleichenden Anmerkungen zum deutschen Recht, welche sich jedem Themenkomplex im französischen Recht anschließen, sollen daraufhin vorrangig der zielgerichteten Einordnung der dortigen Rechtsprobleme für den Leser mit Kenntnissen der deutschen Rechtsordnung dienen und das Verständnis für die komplexe Dogmatik des französischen Rechts erleichtern.

Im Hinblick auf die darüber hinaus von der Arbeit verfolgten Ziele[79] lässt sie sich in die von *Zweigert* und *Kötz* dargestellten Forschungsschwerpunkte einer funktional-rechtsvergleichenden Betrachtung zweier Rechtsordnungen einordnen. So soll sie es einerseits erlauben, die Regeln des deutschen Rechts in Anschauung ausländischer Lösungswege für ähnlich gelagerte Probleme zu hinterfragen und so nicht zuletzt auch auf die weitere Rechtsentwicklung[80] Einfluss zu nehmen. Auch soll sie die Perspektive einer möglichen Rechtsvereinheitlichung[81] überprüfen und die Frage stellen, ob eine solche Vereinheitlichung in Bezug auf die hier identifizierten Rechtsprobleme womöglich zu besseren Lösungen gelangen kann und ob nicht schon völlig unterschiedliche Ansätze und Wertungen der beiden wichtigsten kontinentaleuropäischen Rechtsordnungen einer materiellen Rechtsvereinheitlichung auf europäischer Ebene im Wege stehen.

Aus diesen Erwägungen ergibt sich der Gang der nunmehr vorzunehmenden Untersuchung. Zunächst erfolgt eine ausführliche Darstellung des rechtlichen und wirtschaftlichen Kontexts in Frankreich, in welchem sowohl auf die Grundbegriffe des Insolvenzrechts als auch des Konzerns und der Insolvenz ihm zugehöriger Rechtsträger einzugehen sein wird (§ 1). Daraufhin wird anhand einer Definition dieser Grundbegriffe im deutschen Recht der Vergleichsrahmen zu ziehen sein (§ 2). Außerdem werden schon hier Fallgruppen für Problemstellungen zu bilden sein, die sich im behandelten Themenbereich losgelöst von der Rechtsordnung stellen. Gleichzeitig beschreiben diese als 1. Kapitel der Arbeit zusammengefassten Ausführungen den Grundsatz eines Fortbestehens der Haftungstrennung im Konzern auch bei Eröffnung eines Insolvenzverfahrens in beiden Rechtsordnungen. Da sich die wirkliche „Insolvenzfestigkeit" dieses Grundsatzes jedoch nur anhand der Reichweite der von ihm

[78] Zum Forschungsgegenstand bereits soeben oben, A. III.

[79] Auch hierzu bereits oben, A. III.

[80] Zu dieser Zielrichtung eines Rechtsvergleichs gegenüber nationalen Gesetzgebern *Zweigert/ Kötz*, Rechtsvergleichung, S. 14 ff.

[81] So als Zielvorstellung eines funktionalen Rechtsvergleichs *Zweigert/ Kötz*, Rechtsvergleichung, S. 23 ff.

ermöglichten Ausnahmen in der Insolvenz konzernangehöriger Rechtsträger wirklich bemessen lässt, werden diese im 2. Kapitel der Arbeit (§§ 3 bis 5) auf Grundlage der Dogmatik des französischen Rechts genau zu beleuchten sein. Am Ende der Darstellung jedes Ausnahmetatbestands aus der französischen Rechtsordnung folgen rechtsvergleichende Anmerkungen zu funktional vergleichbaren Regeln des deutschen Rechts. Zum Schluss der Arbeit (§ 6) wird eine zusammenfassende Bewertung unter Beachtung auch der rechtsvergleichenden Perspektive im Hinblick auf die soeben aufgeworfenen Fragestellungen vorgenommen.

Kapitel 1:

Rechtliche und wirtschaftliche Grundlagen: Konzern, Insolvenzrecht, „Konzerninsolvenzrecht" und Grundsatz der Haftungstrennung

Sowohl das französische als auch das deutsche Recht gehen bei der Ausgestaltung der Rechtsbeziehungen zwischen dem Konzern und Dritten sowie der Konzerngesellschaften untereinander von der grundsätzlichen rechtlichen Autonomie der Konzernglieder sowie einer damit korrespondierenden Haftungstrennung aus. In Verbindung mit flankierenden Fragen nach Regelungsdichte, -entwicklung und der tatsächlichen Anwendung dieser Regeln in der Praxis ergibt sich in beiden Rechtsordnungen das Gesamtbild einer komplexen Gemengelage mit zahlreichen Unterschieden im Detail. Gerade deshalb ist eine Darstellung dieser Grundlagen unerlässlich, um sich dem Untersuchungs- und Vergleichsobjekt „Konzern" in sinnvoller Weise zu nähern. Gleiches gilt für die Wertungen der in der jeweiligen Rechtsordnung anwendbaren Insolvenzrechte, die von abweichenden Grundwertungen und Regelungsschwerpunkten geprägt sind.

§ 1 Der französische Regelungskontext

A. Das französische Insolvenzrecht: Entwicklung, Verfahren und Beteiligte

Das französische Recht enthält spezielle, größtenteils insolvenzrechtlich zu qualifizierende Haftungstatbestände, die auch und im Besonderen Konzernsachverhalte betreffen[1]. Das Entstehen dieser Tatbestände, welche im Laufe einer langen und wechselhaften geschichtlichen Entwicklung in das französische Insolvenzrecht eingefügt wurden, ist vor dem Hintergrund der historischen und der sich im Laufe der Zeit nahezu vollständig ins Gegenteil verkehrenden aktuellen Zielsetzungen dieses Rechtsgebiets zu sehen (sogleich I.). Da ihre praktische Umsetzung überwiegend im Rahmen eines Insolvenzverfahrens zu erfolgen hat, wird im Folgenden zum besseren Verständnis auch auf

[1] Hierzu weiter unten, 2. Kapitel.

die Grundsätze, Abläufe und Teilnehmer dieser komplexen Verfahren nach aktuellem Recht einzugehen sein (daraufhin II.).

I. Die historische Entwicklung des französischen Insolvenzrechts und seiner Ziele

Die Ziele des französischen Insolvenzrechts – und mit ihnen die vor diesem Hintergrund entwickelten Verfahren – unterlagen im Laufe der Geschichte dieses Rechtsbereichs einem bemerkenswerten Wandel. Stand zu Beginn dieser Entwicklung die Zahlungsunfähigkeit eines Marktteilnehmers als Störfaktor für das Marktgeschehen und seine „verdiente" Abwicklung und Bestrafung im Vordergrund, erlaubte es die zunehmende Unterscheidung zwischen den Handlungen des Unternehmers und dem Schicksal des Unternehmensträgers, die Sanierung des letzteren zum Hauptziel des neuen Insolvenzrechts zu erheben[2]. Das heutige Insolvenzrecht sieht sich unter der Bezeichnung „Recht der Unternehmen in Schwierigkeit" (*droit des entreprises en difficulté*) nunmehr als ein umfassendes und möglichst frühzeitig nutzbares Instrumentarium zur Lösung von Unternehmenskrisen mit dem Ziel der Erhaltung von Produktionskapazitäten und den damit einhergehenden Arbeitsplätzen[3]. Gleichzeitig lässt sich beobachten, wie durch die vom Gesetzgeber angestrebte Orientierung des Insolvenzrechts an allgemeinen sozialen und volkswirtschaftlichen Interessen[4] die Rolle der staatlichen Institutionen in den Verfahren (Insolvenzgericht, Staatsanwaltschaft) möglicherweise auf Kosten der Gläubiger ausgeweitet worden ist. Auch die Instrumente zur Abwicklung von Konzerninsolvenzen können nur vor diesem Hintergrund zufriedenstellend dargestellt und bewertet werden. Ein Überblick über die Entwicklung von Zielen und Mitteln des französischen Insolvenzrechts steht daher am Anfang der Betrachtung des französischen Rechts.

1. Das repressive droit des faillites des Code de commerce von 1807 und seine historischen Vorgänger

Der im Jahr 1807 verfasste und zum 01.01.1808 in Kraft getretene *Code de commerce* trug in seiner Urfassung die eindeutige Handschrift des damaligen

---

[2] Siehe zu dieser „tiefgreifenden Wandlung" („métamorphose profonde") dieses Rechtsgebiets *Le Corre*, Gaz. Pal., Nr. 2007-202, 3, Rn. 10. Ähnlich *Saint-Alary Houin*, Entreprises en difficulté, Rn. 12 sowie *Guyon*, Droit des affaires, tome 2, Rn. 1007.

[3] Vgl. schon den Titel des Beitrags *Paillusseau*, in: FS-Houin, S. 110, S. 109: „Du droit des faillites au droit des entreprises en difficulté" (Wörtlich: „Vom Recht der Pleiten zum Recht der Unternehmen in Schwierigkeit").

[4] Hierauf hinweisend *Martin/ Vallens*, in: Lamy Commercial, Rn. 2489.

französischen Kaisers *Napoléon I.*[5] Unter dem Eindruck zahlreicher betrügerischer und missbräuchlicher Insolvenzen während der Revolutionszeit sollte die neue Kodifikation des Handelsrechts eine entschiedene Antwort darstellen[6]. Der entsprechende Grundgedanke *Napoléons* zu den später im III. Buch des *Code de commerce* aufgenommenen Regeln zum Insolvenzrecht[7] lässt sich schon anhand des folgenden, programmatischen Vergleichs nachvollziehen: „In jeder Insolvenz", so *Napoléon* im Rahmen der Debatten zum neuen Gesetzbuch[8], sei „der Rumpf einer Straftat zu finden, da ja der Schuldner seinen Gläubigern einen Schaden" zufüge. Zwar sei es „möglich, dass keine Böswilligkeit vorlag, auch wenn dies selten" sei, „aber der Schuldner" werde sich in diesem Falle „rechtfertigen" können. Ebenso ergehe es schließlich auch einem „Kapitän, welcher sein Schiff" verliere, „und sei es durch Schiffbruch": ein solcher gehe ebenso „zunächst ins Gefängnis"; erst wenn man herausfinde, es habe sich „wirklich um einen Unfall gehandelt", könne man „ihn freilassen". Dem Kaufmann, welcher seine Zahlungsverpflichtungen nicht erfüllt, wird nach diesem Gedankengang eine betrügerische Absicht unterstellt, welche er selbst zu widerlegen hat, um teils erheblichen Sanktionen zu entgehen[9].

Diese Sicht *Napoléons* steht in Kontinuität mit einer zeitlich weit zurückreichenden kontinentaleuropäischen Rechtstradition, welche auch Frankreich umfasste[10]: Schon der im *Code de commerce* in Anknüpfung an seine Vorgängerregelungen für die Insolvenz genutzte Begriff *faillite*, welcher vom lateinischen *fallere*, betrügen, abstammt, weist auf den dieser Sachlage zugemessenen vertrauensschädigenden und damit sozial verächtlichen Charakter hin[11]. Aus dieser sozialen Stigmatisierung der Insolvenz heraus versteht sich auch, dass nahezu sämtliche historische Vorgänger des *Code de commerce* eine mehr

---

[5] *Le Corre*, Gaz. Pal., Nr. 2007-202, 3, Rn. 12. S. genauer zur Genese dieses Gesetzbuchs *Le Corre*, Droit et pratique des procédures collectives, Rn. 042.211.

[6] *Guyon*, Droit des affaires, tome 2, Rn. 1009; *Le Corre*, Droit et pratique des procédures collectives, Rn. 042.21; *Martin/ Vallens*, in: Lamy Commercial, Rn. 2491; *Saint-Alary Houin*, Entreprises en difficulté, Rn. 14.

[7] Die offizielle Überschrift des III. Buchs lautete *„Des faillites et des banqueroutes"*.

[8] Zitiert nach *Locré de Roissy*, Législation de la France, Band 11, S. 218: „Dans toute faillite, il y a un corps de délit, puisque le failli fait tort à ses créanciers. Il est possible qu'il n'y ait pas mauvaise intention, quoique ce cas soit rare, mais le failli se jusifiera. [...] un capitaine qui perd son vaisseau, fût ce par un naufrage, se rend d'abord en prison. Si l'on reconnaît que la perte du navire est l'effet d'un accident on met le capitaine en liberté".

[9] Genauer zu diesem Schluss nach der Devise *faillitus, ergo fraudator* und seinem historischen Kontext *Guyon*, Droit des affaires, tome 2, Rn. 1008.

[10] Vgl. *Coquelet*, Entreprises en difficulté, instruments de paiement et de crédit, Rn. 3 ff; *Saint-Alary Houin*, Entreprises en difficulté, Rn. 9 ff.

[11] Siehe etwa *Coquelet*, Entreprises en difficulté, instruments de paiement et de crédit, Rn. 3; *Jacquemont/ Vabres*, Entreprises en difficulté, Rn. 13; *Le Corre*, Gaz. Pal., Nr. 2007-202, 3, Rn. 2; *Martin/ Vallens*, in: Lamy Commercial, Rn. 2490; *Pérochon*, Entreprises en difficulté, Rn. 2; *Soinne/ Kerckhove*, Traité des procédures collectives, Rn. 2.

oder weniger deutlich ausgeprägte Sanktionskomponente[12] aufweisen. So zog etwa schon das im neueren römischen Recht verbreitete Insolvenzverfahren *venditio bonorum* mit der *Infamie* eine nachhaltige soziale Ächtung sowie den weitreichenden Verlust von Bürgerrechten nach sich[13]. Neben dieser Sanktionskomponente verfolgte der Großteil der historischen Insolvenzregeln aber noch ein zweites Ziel, nämlich den Ersatz des durch die Insolvenz entstandenen Schadens in Form einer möglichst weitreichenden Gläubigerbefriedigung[14]. Diese erfolgte bereits bei der *venditio bonorum* im Rahmen eines kollektiven Verfahrens zur Veräußerung und späteren Verteilung des zu einer Masse zusammengefassten Schuldnervermögens unter Aufsicht öffentlicher Stellen[15]. Das römischrechtliche Verfahren stand im Gegensatz zur germanischen Rechtstradition, welche für diese Fälle lange Zeit nur die Einzelvollstreckung mit einer Gläubigerbefriedigung nach dem Prioritätsprinzip kannte[16].

Die Grundlagen der kollektiven Lösung im Rahmen der *venditio bonorum* blieben in Frankreich zumindest in den vom römischen Recht geprägten *pays de droit écrit* bis zu den königlichen Verordnungen des 16. und 17. Jahrhunderts in Kraft[17], von welchen die *Ordonnance sur le commerce de terre* von 1673 besonders erwähnenswert erscheint. Nach dem Wirtschaftsminister *Ludwigs XIV.* auch als *Ordonnance de Colbert* bezeichnet[18], beinhaltete sie in den Titeln IX – XI die erste geschriebene, für ganz Frankreich geltende Regelung eines Insolvenzverfahrens[19]. Im Gegensatz zum römischen Recht[20] waren die hierin enthaltenen Vorschriften im Hinblick auf die schweren Folgen von Zahlungsausfällen der besonders kreditbedürftigen Geschäfte unter Kaufleuten[21]

---

[12] Siehe *Le Corre*, Gaz. Pal., Nr. 2007-202, 3 Rn. 2.

[13] *Jacquemont/ Vabres*, Entreprises en difficulté, Rn. 14; *Saint-Alary Houin*, Entreprises en difficulté, Rn. 9.

[14] *Coquelet*, Entreprises en difficulté, instruments de paiement et de crédit, Rn. 3 f.; *Derrida/ Sortais/ Godé/ Honorat*, Redressement et liquidation judiciaires des entreprises, Rn. 1; *Pérochon*, Entreprises en difficulté, Rn. 2.

[15] Dieser Teil des Verfahrens wurde auch *missio in possessionem* genannt, siehe *Le Corre*, Gaz. Pal., Nr. 2007-202, 3 Rn. 3. Siehe hierzu auch *Coquelet*, Entreprises en difficulté, instruments de paiement et de crédit, Rn. 4; *Saint-Alary Houin*, Entreprises en difficulté, Rn. 9; *Voinot*, Procédures collectives, Rn. 6.

[16] *Le Corre*, Gaz. Pal., Nr. 2007-202, 3, Rn. 4.

[17] Vgl. *Jacquemont/ Vabres*, Entreprises en difficulté, Rn. 14; *Saint-Alary Houin*, Entreprises en difficulté, Rn. 9.

[18] So etwa bei *Jacquemont/ Vabres*, Entreprises en difficulté, Rn. 14; *Le Corre*, Gaz. Pal., Nr. 2007-202, 3, Rn. 7.

[19] Siehe *Le Corre*, Droit et pratique des procédures collectives, Rn. 042.141; *Martin/ Vallens*, in: Lamy Commercial, 2490; *Saint-Alary Houin*, Entreprises en difficulté, Rn. 11.

[20] Die *venditio bonorum* hatte als zivilrechtliche Regelung einen erheblich weiteren Anwendungsbereich, siehe *Jacquemont/ Vabres*, Entreprises en difficulté, Rn. 14; *Saint-Alary Houin*, Entreprises en difficulté, Rn. 9.

[21] So *Pétel*, Procédures collectives, Rn. 3.

als handelsrechtlicher Normenkomplex ausgestaltet[22]. Unter starkem Einfluss des Rechts der norditalienischen Handelsstädte Florenz, Genua und Venedig, in welchen sich bereits seit dem Ende des 15. Jahrhunderts wichtige Grundlagen der neuzeitlichen Insolvenzverfahren herausgebildet hatten[23], verfolgte auch die Ordonnance von 1673 die aus dem römischen Recht bekannten Ziele von Sanktion und Gläubigerbefriedigung weiter[24]. Im Bereich der Gläubigerbefriedigung fanden sich etwa Regeln über die Offenlegungspflicht des Schuldners über sein zu liquidierendes Vermögen, die Erlösverteilung durch einen von den Gläubigern per Mehrheitsentscheid bestellten Verwalter, sowie die Nichtigkeit gläubigerbenachteiligender Handlungen des Schuldners[25]. Ebenso ermöglichte es das so genannte *concordat*, Entscheidungen über das Verfahren und die Verteilung durch vom Richter zu bestätigende Mehrheitsbeschlüsse der Gläubiger zu treffen[26]. Auch konnten Beschlüsse im Rahmen dieses Verfahrens Erleichterungen für den Schuldner beinhalten, was als ein wichtiges historisches Vorbild heutiger Verhandlungslösungen gesehen werden kann[27]. Die Sanktionskomponente war durch eine starke Unterscheidung zwischen ehrlichen und unehrlichen Schuldnern[28] geprägt[29]: ersteren stand etwa die Möglichkeit zu, durch den König im Rahmen so genannter *lettres de répit* bei frühzeitiger Offenlegung der eigenen Verhältnisse[30] einen Zahlungsaufschub zu beantragen und damit eventuell Sanktionen zu entgehen[31]. Unehrliche

---

[22] Dies folgt bereits aus dem offiziellen Titel *Édit du roi servant de règlement pour le commerce des négociants et marchands tant en gros qu'en détail*. Vgl. auch den Wortlaut von Titel IX, Art. 1; Titel X, Art. 1 sowie Titel XI, Art. 3 der Ordonnance, welche sich jeweils auf *négociants* und *marchands* beziehen. Eine Anwendung der Ordonnance von 1673 auf Nichtkaufleute mag aber stattgefunden haben, siehe *Saint-Alary Houin*, Entreprises en difficulté, Rn. 11; *Le Corre*, Droit et pratique des procédures collectives, Rn. 042.141; vgl. zur Einordnung des französischen Insolvenzrechts bzw. seiner Vorgänger als Bereich des Handelsrechts auch *Martin/ Vallens*, in: Lamy Commercial, Rn. 2490 f.

[23] Hierzu genauer *Le Corre*, Gaz. Pal., Nr. 2007-202, 3 Rn. 6 f.; Siehe auch *Delebecque/ Germain/ Ripert/ Roblot*, Traité de droit commercial, Tome 2, Rn. 2792; *Guyon*, Droit des affaires, tome 2, Rn. 1008.

[24] Siehe *Jacquemont/ Vabres*, Entreprises en difficulté, Rn. 14.

[25] Titel XI, Art. 2 f., 9 bzw. 4 der Ordonnance.

[26] Grundzüge dieses Verfahrens finden sich in Titel XI, Art. 5-7 der Ordonnance. Siehe hierzu auch *Saint-Alary Houin*, Entreprises en difficulté, Rn. 11.

[27] So *Le Corre*, Droit et pratique des procédures collectives, Rn. 042.141.

[28] Titel XI, Art. 10 und 11 der Ordonnance führen als unehrliche Schuldner (*banqueroutiers frauduleux*) kennzeichnende Handlungen etwa Mängel bei der Offenlegung des Vermögens an.

[29] Hierzu *Guyon*, Droit des affaires, tome 2, Rn. 1008.

[30] Siehe hierzu Titel IX, Art. 1 der Ordonnance.

[31] Siehe *Guyon*, Droit des affaires, tome 2, Rn. 1008; *Saint-Alary Houin*, Entreprises en difficulté, Rn. 11. Die Einordnung des Schuldners als *banqueroutier frauduleux* schloss einen solchen Vorzug aus, siehe Titel IX, Art. 2 der Ordonnance.

Schuldner konnten hingegen mit schweren Sanktionen bis hin zur Todesstrafe[32] rechnen.

Im Einklang mit dieser repressiven Tradition und, wie bereits ausgeführt, unter dem Eindruck zahlreicher Missbräuche des Insolvenzverfahrens der *Ordonnance de Colbert* brachte auch der erste *Code de commerce* keine Erleichterung der Schuldnersituation mit sich. Aus dem eingangs beschriebenen Denkansatz *Napoléons*, die Herbeiführung einer Insolvenzsituation ohne entsprechende Rechtfertigung durch den Schuldner stelle ein sanktionsbedürftiges Fehlverhalten dar[33], folgten für den Schuldner überaus schwerwiegende Sanktionsandrohungen[34]: der Insolvenzantrag musste durch den Schuldner innerhalb von drei Tagen ab Zahlungsunfähigkeit gestellt werden[35]; wurde diese Frist versäumt, drohte das Gesetz eine Gefängnisstrafe von bis zu zwei Jahren an[36]. Eine verbindliche Rechtsfolge der auf den Antrag folgenden Eröffnung des Verfahrens war außerdem die von Art. 455 des neuen Gesetzbuchs angeordnete Haft des Schuldners[37]. Dieser Rechtsfolge konnte der Schuldner nur dann entgehen, wenn er beweisen konnte, sämtliche Schulden beglichen zu haben[38] und auch keine Verurteilung wegen betrügerischen Bankrotts *(banqueroute frauduleuse*[39]*)* vorlag[40].

Das Verfahren zur Gläubigerbefriedigung war von einer einheitlichen *procédure de faillite*[41] geprägt, welche ein Liquidationsverfahren mit dem alleini-

---

[32] So ausdrücklich vorgesehen in Titel XI, Art. 12 der Ordonnance.

[33] Vgl. *Le Corre*, Droit et pratique des procédures collectives, Rn. 042.211

[34] Siehe *Le Corre*, Gaz. Pal., Nr. 2007-202, 3, Rn. 13.

[35] Art. 440 C. com. von 1807.

[36] Strafbarkeit wegen einfachen Bankrotts (*banqueroute simple*) nach Art. 587 C. com. von 1807.

[37] Der in diesem Sinne unmissverständliche Wortlaut des Art. 455 C. com. von 1807 lautete: „Das Handelsgericht ordnet gleichzeitig [mit der Eröffnung des Verfahrens, d. Verf.] entweder die Einweisung des Insolvenzschuldners in das Schuldnergefängnis, oder die Bewachung seiner Person durch einen Polizei- oder Justizbeamten, oder durch einen Gendarmen an“. („Le tribunal de commerce ordonnera en même temps ou le dépôt de la personne du failli dans la maison d'arrêt pour dettes, ou la garde de sa personne par un officier de police ou de justice, ou par un gendarme.“)

[38] So genanntes *rétablissement personnel*, Art. 604 ff. C. com. von 1807.

[39] Dieser war in Art. 593 ff. C. com. von 1807 etwa für Fälle vorgesehen, in welchen der Insolvenzantrag falsche Angaben enthielt. Der betrügerische Bankrott war gem. Art. 596 C. com. von 1807 i.V.m. Art. 402 C. pén. von 1810 mit Zwangsarbeitsstrafe belegt.

[40] Art. 612 C. com. von 1807.

[41] Siehe Titel I des III. Buchs im C. com. von 1807: „De la faillite“.

gen Ziel der Veräußerung des Schuldnervermögens zu kollektiven Befriedigung der grundsätzlich gleichberechtigten Gläubiger darstellte[42]. Die Veräußerung erfolgte unter der Leitung eines Gläubigervertreters *(syndic*[43]*)* und wurde vom Insolvenzrichter *(juge commissaire*[44]*)* überwacht. Mit dem Eröffnungsurteil *(jugement d'ouverture)* verlor der Insolvenzschuldner jegliche Verfügungsbefugnis über sein Vermögen[45]. Ein Konkordatsverfahren, welches zur Organisation der Verfahrensabwicklung Mehrheitsentscheide der Gläubiger ermöglichte[46] war weiterhin vorgesehen; eine Perspektive für eine Rettung oder Sanierung des Schuldnerunternehmens war hiermit allerdings nicht verbunden[47].

Trotz der weitreichenden Ziele *Napoléons* blieb diese erste post-revolutionäre Verfahrensregelung in ihrer ursprünglichen Form nahezu unangewendet[48]. Insbesondere die weitreichenden Sanktionen und Strafandrohungen führten dazu, dass Schuldner das staatliche Verfahren um jeden Preis vermieden und es vorzogen, hiervon losgelöst außergerichtlich mit den Gläubigern zu verhandeln[49], ihre Insolvenz mit allen Mitteln zu verschleiern[50] oder dem Verfahren gar durch Flucht zu entgehen[51]. Außerdem führte das meist sofortige und vollständige Verschwinden des Schuldnerunternehmens vom Markt zu unvorteilhaften Befriedigungskonditionen für die Gläubiger, welche zudem unter einem langwierigen und formalistischen Verfahren zu leiden hatten[52].

Verbessert wurde diese Situation erst mit dem unter dem Einfluss des liberalen Bürgertums in der Julimonarchie entstandenen Gesetz vom 28.05.1838, das den Automatismus der Sanktionen aufhob und selbige insbesondere beim Abschluss eines Mehrheitskonkordats *(concordat majoritaire)* gänzlich ausschloss[53]. Auch das Verfahren wurde wesentlich effizienter gestaltetet[54]. Mit

---

[42] Siehe *Le Corre*, Droit et pratique des procédures collectives, Rn. 042.211.

[43] Siehe Art. 476 ff. C. com. von 1807 über die vorläufigen *(syndics provisoires)* sowie Art. 514 ff. C. com. von 1807 über die endgültigen Gläubigervertreter *(syndics définitifs)*.

[44] Siehe zu den Zuständigkeiten des *juge commissaire* Art. 458 C. com. von 1807.

[45] Art. 442 C. com. von 1807.

[46] Siehe Art. 519 ff. C. com. von 1807.

[47] *Le Corre*, Droit et pratique des procédures collectives, Rn. 042.211; siehe auch *Pétel*, Procédures collectives, Rn. 7.

[48] Siehe *Le Corre*, Droit et pratique des procédures collectives, Rn. 042.211; *Saint-Alary Houin*, Entreprises en difficulté, Rn. 14.

[49] Siehe *Jacquemont/ Vabres*, Entreprises en difficulté, Rn. 15.

[50] *Pérochon*, Entreprises en difficulté, Rn. 3.

[51] Siehe *Le Corre*, Gaz. Pal., Nr. 2007-202, 3, Rn. 14.

[52] Siehe *Guyon*, Droit des affaires, tome 2, Rn. 1009.

[53] Siehe zu diesem Gesetz genauer *Le Corre*, Droit et pratique des procédures collectives, Rn. 042.311.

[54] Siehe *Guyon*, Droit des affaires, tome 2, Rn. 1010; *Saint-Alary Houin*, Entreprises en difficulté, Rn. 15.

einem Gesetz vom 22.07.1867 wurde schließlich auch die Schuldnerhaft für handelsrechtliche Schulden vollständig abgeschafft[55].

2. Durchgreifen einer differenzierten Beurteilung des vorinsolvenzlichen Schuldnerverhaltens und erste Regeln zum Haftungsdurchgriff auf Gesellschafter

Die hiermit einsetzende gesetzgeberische Tendenz zur Erleichterung der Schuldnersituation in Verbindung mit einer Optimierung der Verfahrensabwicklung führte auch der nächste Reformschritt in Form des Gesetzes vom 04.03.1889 weiter. Zwar blieb die grundlegende Zielsetzung von Sanktion und kollektiver Gläubigerbefriedigung bestehen, die Erweiterung des prozessualen Kanons um das Liquidationsverfahren *liquidation judiciaire* erlaubte aber erstmals auch außerhalb der Sanktionsperspektive eine differenzierende Betrachtung des Schuldnerverhaltens im Vorfeld der Insolvenz[56]. Diese prozessuale Diversifikation stellte eine deutliche Abkehr des Gesetzgebers von der noch unter *Napoléon* vorherrschenden Ansicht dar, jeder Insolvenz sei ein eigenständiger Unrechtsgehalt zuzumessen[57]. Das Aufstreben von Handelsstrukturen in größerem Ausmaß und der damit verbundene Konkurrenzdruck auf die am erstarkten Wettbewerb teilnehmenden Unternehmen hatte vielmehr zu der Einsicht geführt, dass eine Unternehmensinsolvenz auch auf wirtschaftliche Zusammenhänge zurückzuführen sein kann, die über die Macht des einzelnen Schuldners hinausgehen[58]. Das neue Liquidationsverfahren *(liquidation judiciaire)* stand daher solchen Insolvenzschuldnern offen, bei welchen das Gericht keine Schuld an ihrer Situation sehen konnte und die einen entsprechenden Eröffnungsantrag innerhalb von drei Tagen nach der Feststellung ihrer Zahlungsunfähigkeit stellten[59]. Es erlaubte dem Schuldner ein Bemühen um ein Mehrheitskonkordat der Gläubiger, welches entweder die Sanierung und Fortführung seines Unternehmens (sog. *concordat simple*) oder eine vollständige Aufgabe seiner Vermögenswerte in Verbindung mit einer sofortigen Restschuldbefreiung beinhalten konnte (sog. *concordat par abandon d'actif*)[60]. Der Gläu-

---

[55] Für Steuerschulden blieb sie allerdings weiterhin in Kraft, siehe *Le Corre*, Gaz. Pal., Nr. 2007-202, 3, Rn. 16.

[56] Siehe Saint-Alary Houin, Entreprises en difficulté, Rn. 16. Ähnlich Jacquemont/ Vabres, Entreprises en difficulté, Rn. 16.

[57] Hierzu soeben oben, 1.

[58] So *Saint-Alary Houin*, Entreprises en difficulté, Rn. 16. Ähnlich auch *Pérochon*, Entreprises en difficulté, Rn. 4.

[59] Siehe *Le Corre*, Droit et pratique des procédures collectives, Rn. 042.321.

[60] Siehe *Jacquemont/ Vabres*, Entreprises en difficulté, Rn. 16; *Le Corre*, Droit et pratique des procédures collectives, Rn. 042.321; *Saint-Alary Houin*, Entreprises en difficulté, Rn. 16.

bigervertreter *(syndic)* vertrat den Schuldner in diesem Falle nicht, sondern unterstützte ihn bei der Durchführung des Verfahrens[61]. Scheiterte das Mehrheitskonkordat oder wurde dem insolventen Schuldner eine Mitschuld an seiner Situation nachgewiesen, blieb es bei der auch weiterhin als ehrenrührig empfundenen[62] *faillite*, welche eine Sanierung ausschloss und weiterhin den herkömmlichen Regeln entsprechend angewendet wurde[63]. Sowohl rechtstechnisch als auch statistisch blieb die *faillite* allerdings der Regelfall[64]. Ebenso wie die damit einsetzende Mehrzahl der Verfahren, welche ein Grundelement fast aller Folgeregelungen darstellte[65], legte das Gesetz von 1889 mit der Perspektive der Fortführung des insolventen Unternehmens schon früh einen wichtigen Grundstein des heutigen französischen Insolvenzrechts.

Doch die Weiterentwicklung von Handelsstrukturen größeren Ausmaßes hatte aber nicht nur einen erhöhten Konkurrenzdruck für die Marktteilnehmer zur Folge. In der ersten Hälfte des 20. Jahrhunderts war die französische Wirtschaft ebenso von der wachsenden Bedeutung der haftungsbeschränkten Gesellschaftsformen der SA und später auch der SARL[66] geprägt[67]. Deren Vorstände, Geschäftsführer und sonstiges Führungspersonal, denen das französische Recht keine Kaufmannseigenschaft zumaß, unterlagen allerdings zunächst nicht den nur auf den Handelsstand anwendbaren Vorschriften des Insolvenzrechts[68], was zu Missbräuchen dieser Gesellschaftsformen unter Ausnutzung der Rechtspersönlichkeit dieser Gesellschaften einlud[69]. Die Legislativverordung *(décret-loi)* vom 08.08.1935[70] enthielt in ihrem Art. 1 als entsprechende Reaktion eine erste und tatbestandlich sehr weitgehende Grundlage für

---

[61] Hierauf hinweisend *Guyon*, Droit des affaires, tome 2, Rn. 1010.

[62] *Pérochon*, Entreprises en difficulté, Rn. 4.

[63] Siehe *Saint-Alary Houin*, Entreprises en difficulté, Rn. 16.

[64] Siehe *Pérochon*, Entreprises en difficulté, Rn. 4.

[65] Die einzige Ausnahme stellte das Gesetz von 1985 – hierzu sogleich unten, 3. b) – dar, welches in seinem Ziel der Verfahrensvereinheitlichung aber scheiterte. Dies herausstellend auch *Pérochon*, Entreprises en difficulté, Rn. 5. Ebenso („une démarche dualiste") *Coquelet*, Entreprises en difficulté, instruments de paiement et de crédit, Rn. 4.

[66] Die SA wurde erstmals in Art. 19, 29 ff. C. com. von 1807 ausdrücklich geregelt. Ihre Gründung ohne vorherige behördliche Genehmigung wurde ohne Einschränkung durch Art. 21 des Gesetzes vom 24.07.1867 (loi sur les sociétés) ermöglicht. Die Möglichkeit zur Gründung von SARL folgte mit dem Gesetz vom 07.03.1925 (loi sur l'institution des sociétés à responsabilité limitée, JORF, 08.03.1925, S. 2382).

[67] Siehe *Jacquemont/ Vabres*, Entreprises en difficulté, Rn. 17.

[68] Siehe zu dieser Einordnung bereits oben, 1.

[69] Siehe *Guyon*, Droit des affaires, tome 2, Rn. 1011; *Saint-Alary Houin*, Entreprises en difficulté, Rn. 18.

[70] Décret-loi du 8 août 1935 portant application aux gérants et administrateurs de sociétés de la législation de la faillite et de la banqueroute et instituant l'interdiction et la déchéance du droit de gérer et d'administrer une société, Textes officiels des décrets-lois promulgués en exécution de la loi du 8 juin 1935, Fasc. III, S. 135 ff.

einen gesellschaftsrechtlichen Haftungsdurchgriff[71]. Die Vorschrift sieht die Erstreckung des *faillite*-Verfahrens auf „jede Person“ vor, „die unter dem Vorwand“ einer „Gesellschaft“ sowie „unter Verdeckung ihrer Handlungen in ihrem persönlichen Interesse Handelsgeschäfte durchgeführt und über das Gesellschaftsvermögen tatsächlich wie über ihr eigenes verfügt hat“[72]. Bemerkenswert ist diese Regelung auch als erster historischer Vorläufer der heutigen Verfahrenserstreckung nach Art. L. 621-2 Abs. 2 C. com. n.F., welche allerdings zu diesem Zeitpunkt noch nicht die erst später entstandenen Konzerne im Auge haben konnte[73] und im Kontext der nach diesem Recht noch sehr engen Verbindung zwischen dem Schicksal des Unternehmers und seinem Unternehmen[74] zu sehen ist. Die Verfahrenserstreckung wurde in Art. 2 ff. des Décret-loi durch eine Erweiterung der insolvenzrechtlichen Straftatbestände auf das Führungspersonal von SA und SARL flankiert. Die tatbestandlich etwas enger gefasste *action en comblement du passif*[75], welche einen eigenständigen Haftungstatbestand für das Führungspersonal von SA bzw. SARL darstellte, folgte für erstere mit einem Gesetz vom 16.11.1940[76] und wurde auf die Geschäftsführung der SARL durch ein Décret-loi vom 09.08.1953 erweitert[77].

Abgelöst wurde das so modifizierte Gesetz von 1889 erst durch ein *décret* vom 20.05.1955[78], welches die *faillite* zum Ausnahme- und die *règlement judiciaire* genannte Nachfolgeregelung der *liquidation judiciaire* zum Regelfall erklärte, darüber hinaus aber an den ursprünglichen Gegebenheiten nur wenig änderte[79].

---

[71] Vgl. *Guyon*, Droit des affaires, tome 2, Rn. 1011; *Jacquemont/ Vabres*, Entreprises en difficulté, Rn. 17; *Saint-Alary Houin*, Entreprises en difficulté, Rn. 18.

[72] Originaltext des sogleich in Art. 437 C. com damaliger Fassung übernommenen Artikels: „En cas de faillite d'une société, la faillite pourra être déclarée à toute personne qui, sous le couvert de cette société masquant ses agissements a fait dans son intérêt personnel des actes de commerce et disposé en fait des capitaux sociaux comme des siens propres.“

[73] Siehe genauer zur Entwicklung der Verfahrenserstreckung als Mittel zur Abwicklung von Konzerninsolvenzen unten, § 3 A. I. ff.; zur Entstehung erster juristischer Rahmenbedingungen für Konzerne in Frankreich unten, B. I. 2.

[74] Zur Entwicklung der Haftungstatbestände unten, § 3; zur heutigen *responsabilité pour insuffisance d'actif* unten, § 5 A.

[75] Siehe zu ihrer heutigen Nachfolgeregelung unten, § 5 A.

[76] Loi sur les sociétés anonymes, JORF, 26.11.1940, S. 5828.

[77] Siehe hierzu auch *Jacquemont/ Vabres*, Entreprises en difficulté, Rn. 18; *Saint-Alary Houin*, Entreprises en difficulté, Rn. 19.

[78] Décret Nr. 55-583 relatif aux faillites et règlements judiciaires et à la réhabilitation, JORF, 21.05.1955, S. 5086.

[79] Ausführlich zum décret von 1955 *Guyon*, Droit des affaires, tome 2, Rn. 1012; *Le Corre*, Gaz. Pal., Nr. 2007-202, 3, Rn. 19.

3. Der Paradigmenwechsel hin zu einem „Recht der Unternehmen in Schwierigkeit" ab 1967

Diesen insolvenzrechtlichen Vorschriften war allerdings gemeinsam, dass sie Entscheidungen über die Auswahl und den Fortschritt der Verfahren – und damit über die Zukunft der betroffenen Unternehmen – nicht von wirtschaftlichen Kriterien wie etwa einer Fortführungsprognose, sondern von der eher moralisch geprägten Frage der Ehrlichkeit des Schuldners und seiner Verantwortlichkeit für die wirtschaftliche Situation seines Unternehmens abhängig machten[80]. Nach der Rechtslage des *décrets* von 1955 blieb dem Insolvenzgericht bei seiner Entscheidung über das Verfahren nur die Möglichkeit, ehrlichen Schuldnern im Rahmen eines *règlement judiciaire* die Fortführung des Unternehmens zu ermöglichen bzw. unehrlichen Schuldnern mit der Eröffnung der *faillite* das Ende ihrer Unternehmung zu besiegeln[81]. Nur langsam konnte sich die Überzeugung durchsetzen, dass die Wahrscheinlichkeit der Sanierung des Unternehmens und die Bewertung des vorinsolvenzlichen Verhaltens des Unternehmers zwei auch rechtlich voneinander zu trennende Fragestellungen darstellen[82]. Dies wurde insbesondere durch die inzwischen beachtliche Verbreitung von Handelsgesellschaften begünstigt, im Rahmen derer sich diese Trennung am stärksten verdeutlichen ließ[83].

Darüber hinaus fand die Idee einer Sanierungsperspektive vor dem Eintritt der Zahlungsunfähigkeit immer deutlichere Zustimmung; die häufig nur wenig effizienten Verhandlungslösungen in den unterschiedlich ausgeprägten Konkordatsverfahren griffen in den meisten Fällen zu spät ein, um das insolvente Unternehmen und die damit zusammenhängenden Arbeitsplätze und Produktionskapazitäten zu retten[84].

a) Die Unterscheidung der insolvenzrechtlichen Behandlung von Unternehmen und Unternehmer durch das Gesetz vom 13.07.1967

Beide Fragestellungen wurden erstmalig durch das insoweit wegweisende Gesetz vom 13.07.1967[85] in Angriff genommen, welches das Verhalten des Un-

---

[80] *Jacquemont/ Vabres*, Entreprises en difficulté, Rn. 18; *Le Corre*, Gaz. Pal., Nr. 2007-202, 3, Rn. 31. *Pérochon*, Entreprises en difficulté, Rn. 5; vgl. auch *Pétel*, Procédures collectives, Rn. 8.

[81] *Saint-Alary Houin*, Entreprises en difficulté, Rn. 22.

[82] Siehe *Guyon*, Droit des affaires, tome 2, Rn. 1012; *Jacquemont/ Vabres*, Entreprises en difficulté, Rn. 18.

[83] Vgl. *Saint-Alary Houin*, Entreprises en difficulté, Rn. 22

[84] *Guyon*, Droit des affaires, tome 2, Rn. 1012; *Pérochon*, Entreprises en difficulté, Rn. 5.

[85] Gesetz Nr. 67-563 sur le règlement judiciaire la liquidation des biens, la faillite personnelle et les banqueroutes, JORF, 14.07.1967, S. 7059, mit Anwendungsverordnung Nr. 67-1120 vom 22.12.1967.

ternehmers von der insolvenzrechtlichen Behandlung des Unternehmensträgers trennte[86]. Für das Unternehmen stellte es neue Verfahrensinstrumente zur Verfügung; die Frage der Verantwortung des Unternehmers bzw. Führungspersonals insolventer Gesellschaften entschied sich im Rahmen eigener und entsprechend angepasster Sanktionstatbestände[87]. Diese Unterscheidung legte den Grundstein zur Entwicklung des heutigen französischen Insolvenzrechts als „Recht der Unternehmen in Schwierigkeit" *(droit des entreprises en difficulté)* – es entwickelte sich „von einem Recht der Schulden zu einem Recht des Unternehmens"[88].

Konnte das vorinsolvenzliche Verhalten des Unternehmers damit als eigenständige Nebenfrage behandelt werden, ermöglichte dies die volle Konzentration des Insolvenzverfahrens auf die Frage der Fortführungsprognose in Bezug auf den Unternehmensträger[89]: Kam das Gericht nach der Antragstellung durch den Schuldner zu der Auffassung, das Unternehmen sei fortzuführen, ermöglichte es seine Sanierung durch die Eröffnung eines *règlement judiciaire*; erschien ihm diese Lösung als wenig überzeugend, war mit der *liquidation des biens* eine Abwicklungslösung vorzuziehen[90]. Im Rahmen des *règlement judiciaire*[91] konnte der Schuldner selbst einen Vorschlag für ein Konkordat ausarbeiten[92], welches von den in einer Masse zusammengefassten[93] ungesicherten Gläubigern mit qualifizierter Mehrheit anzunehmen[94] und anschließend vom Insolvenzgericht zu bestätigen war[95]. Die Umsetzung des so beschlossenen, mit einem Insolvenzplan vergleichbaren Konkordats erfolgte mit der Unterstützung des Gläubigervertreters *(syndic)*[96]. Für besicherte Gläubiger war die Teilnahme am Konkordat allerdings freiwillig; lehnten sie die Konkordatslösung ab, konnten sie im Ergebnis nach einer einfachen Forderungsanmeldung aus ihren Sicherungsrechten vollstrecken[97]. Die *liquidation des biens*[98] behielt im

---

[86] Siehe *Guyon*, Droit des affaires, tome 2, Rn. 1013.

[87] Siehe *Coquelet*, Entreprises en difficulté, instruments de paiement et de crédit, Rn. 6; *Jacquemont/ Vabres*, Entreprises en difficulté, Rn. 19.

[88] *Le Corre*, Droit et pratique des procédures collectives, Rn. 042.411; *Saint-Alary Houin*, Entreprises en difficulté, Rn. 12.

[89] Siehe *Saint-Alary Houin*, Entreprises en difficulté, Rn. 26.

[90] Diese Weichenstellung legte Art. 7 des Gesetzes von 1967 fest. Ausführlich zu alledem *Jacquemont/ Vabres*, Entreprises en difficulté, Rn. 19.

[91] Gesetz vom 13.07.1967, Art. 67 ff.

[92] Gesetz vom 13.07.1967, Art. 67 Abs. 1.

[93] Gesetz vom 13.07.1967, Art. 13.

[94] Gesetz vom 13.07.1967; Art. 70 Abs. 1.

[95] Gesetz vom 13.07.1967; Art. 72.

[96] Gesetz vom 13.07.1967, Art. 14.

[97] Ausführlich hierzu *Le Corre*, Droit et pratique des procédures collectives, Rn. 042.411; vgl. auch Gesetz vom 13.07.1967, Art. 69, 71.

[98] Gesetz vom 13.07.1967, Art. 80 ff.

Gegensatz zu der für ihre Zeit überaus innovativen Lösung des *règlement judiciaire* die bekannten Züge ihrer Vorgänger; sie stellte weiterhin ein Verfahren zur kollektiven Gläubigerbefriedigung mit Verlust der Verwaltungsbefugnis für den Schuldner und Einzelverwertung seiner Vermögensgegenstände dar[99]. Zu beobachten war in beiden Verfahren eine klare Einflussverschiebung von den Gläubigern hin zum Insolvenzrichter, welcher nunmehr die wichtigsten Weichenstellungen des Verfahrens vornahm[100].

Die klare Orientierung eines Insolvenzrechts im Dienst von sanierungsbedürftigen Unternehmen stellte der Gesetzgeber außerdem durch das im selben Jahr per Ordonnance[101] eingeführte Verfahren zur vorläufigen Verfahrensunterbrechung *(procédure de suspension provisoire des poursuites)* unter Beweis[102]. Dieses Verfahren schloss – zu diesem Zeitpunkt noch begrenzt auf Unternehmen von besonderer volkswirtschaftlicher Bedeutung[103] – eine Verfolgung von Zahlungsansprüchen gegen das noch nicht zahlungsunfähige Unternehmen[104] für einen begrenzten Zeitraum aus, um mit der Unterstützung eines *curateurs* in grundsätzlicher Eigenverwaltung einen Sanierungsplan für das Unternehmen auszuarbeiten[105].

Die nun davon unabhängig gewordene Frage nach Sanktionen für Unternehmer bzw. das Führungspersonal insolventer Gesellschaften griff das Gesetz von 1967 in mehreren, abgestuften Tatbeständen auf[106]. Die vorher als Insolvenzverfahren ausgestaltete *faillite* wurde nun als *faillite personnelle* zu einer berufsrechtlichen Sanktion für Betrugsfälle, welche insbesondere ein umfassendes Berufsverbot für Tätigkeiten der Unternehmensleitung nach sich zog[107]. Daneben blieben die strafrechtlichen Tatbestände des einfachen bzw. betrügerischen Bankrotts (*banqueroute simple* bzw. *frauduleuse*[108]) bestehen. Auch die *action en comblement du passif* sowie Grundsätze der Verfahrenserstreckung waren weiterhin vorgesehen[109].

---

99 Gesetz vom 13.07.1967, Art. 14. Zu alledem auch *Martin/ Vallens*, in: Lamy Commercial, Rn. 2493; *Jacquemont/ Vabres*, Entreprises en difficulté, Rn. 19.

100 Siehe *Pérochon*, Entreprises en difficulté, Rn. 8.

101 Ordonnance Nr. 67-820 vom 23.09.1967 tendant à faciliter le redressement économique et financier de certaines entreprises, JORF, 28.09.1967, S. 9534.

102 Siehe *Jacquemont/ Vabres*, Entreprises en difficulté, Rn. 20.

103 Ordonnance von 1967, Art. 1.

104 Ebenda.

105 Ordonnance von 1967, Art. 23 ff.

106 Gesetz vom 13.07.1967, Art. 99 ff.; 104 ff.

107 Siehe Gesetz vom 13.07.1967, Art. 105. Die entsprechenden Tatbestände fanden sich in Art. 106 f. des Gesetzes.

108 Gesetz vom 13.07.1967, Art. 127 ff. bzw. Art. 129.

109 Gesetz vom 13.07.1967, Art. 101 bzw. Art. 99 f.; siehe genauer zur Entwicklung dieser Tatbestände unten, § 3. A. I.

b) Die Konzentration auf Mittel zur Unternehmenssanierung in den Gesetzen vom 01.03.1984 und 25.01.1985

Doch auch das reformierte Insolvenzrecht von 1967 geriet schnell in die Kritik. Dies war insbesondere auf die wenig überzeugenden Ergebnisse der neuen Verfahren zurückzuführen[110]: während Gläubiger mit Sicherungsrechten durchschnittlich 20 bis 50 Prozent ihrer Forderungen durchsetzen konnten, hatten nur etwa zehn Prozent der ungesicherten Gläubiger überhaupt eine Zahlung auf ihre im Verfahren geltend gemachten Forderungen erhalten[111]. Unternehmenssanierungen im Rahmen des *règlement judiciaire* fanden nur sehr vereinzelt statt[112] und die Perspektive einer nachhaltigen Sanierung war in den meisten Fällen wegen eines verspäteten Eingreifens ihrer Mechanismen im Gesetz eher von theoretischer Natur[113]. Auch das durch die Ordonnance eingeführte vorinsolvenzliche Sanierungsverfahren wurde wegen des engen Anwendungsbereichs kaum angewendet[114]. Für *Paillusseau*[115] waren die damaligen Verfahren daher auf ein Mittel „reduziert [...], um die Rangfolge der mit Vorrechten und Kreditsicherheiten ausgestatteten Gläubiger festzustellen sowie im Falle eines etwaigen Wettstreits bei der Verteilung ihres Erlöses zu schlichten“[116].

Vor dem Hintergrund dieser Kritik hatte die 1981 neu ins Amt gewählte Regierung eine entsprechende Anpassung des Insolvenzrechts von weit über das Prozessrecht hinausreichender Dimension auch als mögliche Reaktion auf die zu diesem Zeitpunkt herrschende wirtschaftliche Krisensituation identifiziert[117]. Die in diesem Zusammenhang entstandene Reform in zwei Gesetzen von 1984[118] und 1985[119] stellte eine tiefgreifende Veränderung des damals geltenden Rechts dar, welche insbesondere aufgrund ihrer Zielsetzung als das

---

[110] Siehe *Coquelet*, Entreprises en difficulté, instruments de paiement et de crédit, Rn. 7; *Jacquemont/ Vabres*, Entreprises en difficulté, Rn. 21; *Martin/ Vallens*, in: Lamy Commercial, Rn. 2494; *Pérochon*, Entreprises en difficulté, Rn. 10.

[111] *Pérochon*, Entreprises en difficulté, Rn. 10 sowie Fn. 19.

[112] *Jacquemont/ Vabres*, Entreprises en difficulté, Rn. 21.

[113] Siehe *Coquelet*, Entreprises en difficulté, instruments de paiement et de crédit, Rn. 6.

[114] *Pérochon*, Entreprises en difficulté, Rn. 10.

[115] in: FS-Houin, S. 109, 111.

[116] „Le droit de la faillite se réduit à la détermination de l'ordre des créanciers privilégiés et titulaires de sûretés et à l'arbitrage de leur concurrence éventuelle dans les distributions“.

[117] Siehe *Jacquemont/ Vabres*, Entreprises en difficulté, Rn. 21.

[118] Gesetz Nr. 84-148 vom 01.03.1984 relative à la prévention et au règlement amiable des difficultés des entreprises, JORF, 02.03.1984, S. 751.

[119] Gesetz Nr. 85-98 vom 28.01.1985 relative au redressement et à la liquidation judiciaires des entreprises, JORF, 28.01.1985, S. 1097.

Fundament des heutigen Insolvenzrechts in Frankreich gelten kann[120]. Die entsprechenden Verfahren sollten erstmals auch im größeren Umfang vor der Zahlungsunfähigkeit eingreifen[121].

Schon Art. 1 des Gesetzes vom 25.01.1985, welcher inhaltlich dem heutigen Art. L. 620-1 Abs. 1 C. com. weitgehend entspricht, ist programmatisch für die Reform und maßgeblich für die weitere Entwicklung des französischen Insolvenzrechts. Er lautet wie folgt: „Eingeführt wird ein Sanierungsverfahren *(procédure de redressement judiciaire)*, welches dafür bestimmt ist, die Fortführung des Unternehmens, die Aufrechterhaltung des Betriebs und der Beschäftigung sowie die Bereinigung der Schulden zu ermöglichen.“[122]. Die Reihenfolge dieser Ziele ist nicht zufällig gewählt und lässt damit eine klare wirtschaftspolitische Priorität der Sanierung des Schuldnerunternehmens, auch zum Nachteil der Gläubiger, erkennen[123].

Das Gesetz von 1985 betrifft die klassischen Insolvenzverfahren, welche nach der Zahlungsunfähigkeit des Unternehmens Anwendung finden[124]. Es wich erstmals und bisher ohne Nachahmung von der seit 1889 bestehenden Differenzierung der Verfahren ab und ersetzte alle bestehenden Verfahrensarten durch das einheitliche Sanierungsverfahren *redressement judiciaire*[125]. Innerhalb dieses Verfahrens waren – nach der Antragstellung durch Schuldner, Gläubiger, Staatsanwalt oder der Eröffnung von Amts wegen[126] – abhängig von der Schuldnersituation mehrere Phasen und Ausgänge möglich[127], über welche das Gericht nach einer obligatorischen Beobachtungsphase von grundsätzlich drei Monaten *(période d'observation*[128]*)* zu entscheiden hatte. Währenddessen wurde das Unternehmen fortgeführt[129]. Die am Ende dieser Beobachtungsphase durch das Gericht zu verfassende „wirtschaftliche und soziale Bilanz“ *(bilan économique et social*[130]*)* sollte dem Gericht eine Fortführungsprognose für das Unternehmen ermöglichen. Hielt es die Fortführung des Unternehmens

---

120 Vgl. etwa *Martin/ Vallens*, in: Lamy Commercial, Rn. 2494.

121 Die im Gesetz von 1984 eingeführten Verfahren griffen allesamt vorinsolvenzlich ein.

122 „Il est institué une procédure de redressement judiciaire destinée à permettre la sauvegarde de l'entreprise, le maintien de l'activité et de l'emploi et l'apurement du passif.“

123 So etwa *Le Corre*, Droit et pratique des procédures collectives, Rn. 042.511; siehe auch *Coquelet*, Entreprises en difficulté, instruments de paiement et de crédit, Rn. 10; *Jacquemont/ Vabres*, Entreprises en difficulté, Rn. 22; *Le Cannu*, LPA, Nr. 2002-7, 43, Rn. 3; *Pérochon*, Entreprises en difficulté, Rn. 12.

124 Siehe Gesetz von 1985, Art. 3 Abs. 1, welcher eine Zahlungsunfähigkeit voraussetzt.

125 Siehe *Coquelet*, Entreprises en difficulté, instruments de paiement et de crédit, Rn. 11; *Pérochon*, Entreprises en difficulté, Rn. 12.

126 Siehe Gesetz von 1985, Art. 3 Abs. 2, Art. 4 Abs. 2 bzw. Abs. 1.

127 Diese werden bereits hierarchisiert in Art. 1 Abs. 2 des Gesetzes von 1985 beschrieben.

128 Gesetz von 1985, Art. 8.

129 Gesetz von 1985, Art. 35.

130 Gesetz von 1985, Art. 8.

für möglich, verabschiedete es einen Sanierungsplan[131] *(plan de redressement)*, welcher entweder als Fortführungsplan *(plan de continuation)* oder als Zessionsplan (*plan de cession*) ausgestaltet sein konnte. Der Sanierungsplan in Form des Fortführungsplans erlaubte die Fortführung des Unternehmens unter gleichbleibendem Träger, während der Zessionsplan eine übertragende Sanierung mit neuem Unternehmensträger mit sich brachte. Erschien die Fortführung unmöglich, kam es zur in das Verfahren integrierten Abwicklung im Rahmen einer *liquidation judiciaire*[132].

Deutlich wird bereits anhand dieses Verfahrensablaufs, welchen Spielraum das Gesetz der richterlichen Entscheidung zumaß: in Abkehr von früher vorherrschenden Konkordatslösungen[133] entschied nun der Insolvenzrichter über die wichtigsten Verfahrensschritte und das endgültige Verfahrensergebnis[134]. Er wurde von einer Kontrollinstanz zum *„juge-manager"*[135]; viele der ehemals richterlichen Kontrollbefugnisse wurden an die Staatsanwaltschaft *(ministère public)* abgegeben[136]. Auch die Funktion des *syndic* verschwand[137]; seine Aufgaben wurden unter dem mit Geschäftsführungsaufgaben betrauten *administrateur* und dem Gläubigervertreter *représentant des créanciers* aufgeteilt[138].

Der für das Gesetz von 1985 charakteristischen Hervorhebung des Sanierungszwecks wurden durch das neue Verfahren die Interessen aller Gläubiger klar untergeordnet[139]. Während die ungesicherten Gläubiger schon im Rahmen der Vorgänger des *redressement judiciaire* äußerst schlecht gestellt waren[140], erfasste das Gesetz von 1985 auch die Vorzugsrechte der Sicherungsgläubiger, welche allen Entscheidungen des Gerichts in Form des *plan de redressement* unterworfen waren[141]. Im Falle einer Verfahrensbeendigung der *liquidation* wegen Vermögensunzulänglichkeit *(clôture pour insuffisance d'actif)* war ihnen ein erneutes Vorgehen gegen den Schuldner aus ihren Sicherungsrechten

---

[131] Siehe Gesetz von 1985, Art. 143 ff.

[132] Siehe Gesetz von 1985, Art. 148 ff.

[133] Auf diesen „Wechsel der Philosophie" („changement de philosophie") hinweisend *Coquelet*, Entreprises en difficulté, instruments de paiement et de crédit, Rn. 13.

[134] Siehe auch *Jacquemont/ Vabres*, Entreprises en difficulté, Rn. 23; *Pérochon*, Entreprises en difficulté, Rn. 14.

[135] *Pérochon*, Entreprises en difficulté, Rn. 14.

[136] Siehe zusammenfassend *Coquelet*, Entreprises en difficulté, instruments de paiement et de crédit, Rn. 14.

[137] Hierauf hinweisend *Pétel*, Procédures collectives, Rn. 16.

[138] Vgl. Gesetz von 1985, Art. 10 Abs. 1.

[139] Siehe *Le Corre*, Droit et pratique des procédures collectives, Rn. 042.511. Für *Pétel*, Procédures collectives, Rn. 17. handelt es sich gar um eine „Aufopferung" („sacrifice") gerade der gesicherten Gläubiger.

[140] Vgl. hierzu nur ihre zu Beginn dieses Abschnitts angeführte Befriedigungsquote nach dem Gesetz von 1967.

[141] Siehe *Pétel*, Procédures collectives, Rn. 17.

versperrt[142]. Art. 40 des Gesetzes ließ ihnen zur Verbesserung der Rettungschancen des Unternehmens in der Befriedigungsreihenfolge zudem alle Gläubiger vorgehen, deren Anspruch nach der Verfahrenseröffnung entstanden war[143].

Die separate Beurteilung der wirtschaftlichen Situation des Unternehmens und des Vorverhaltens von Unternehmer und Führungspersonal wurden beibehalten[144], was insbesondere durch die Möglichkeit der Fortführung des Unternehmens ohne das ursprüngliche Führungspersonal im Rahmen eines *plan de cession* deutlich wird[145].

Eine Perspektive zur vorbeugenden Sanierung sollte durch das Gesetz vom 01.03.1984 geschaffen werden, welches – in Ausweitung der 1967 eingeführten *suspension provisoire des poursuites* – Verhandlungslösungen im Rahmen zweier neu eingeführter Verfahren *(procédure d'alerte* und *procédure de règlement amiable)*[146]. Der umfassende Begriff eines *droit des entreprises en difficulté* erschien durch diese Erweiterung der prozessualen Möglichkeiten für Unternehmen in Krisensituationen besonders gerechtfertigt[147].

c) Verbesserung insbesondere der Stellung der Sicherungsgläubiger durch das Gesetz vom 10.06.1994

Die wirtschaftspolitische Instrumentalisierung des Insolvenzrechts durch die Gesetze von 1984 und besonders von 1985 erschien vielen Beobachtern als zu weitgehend[148]. Der Gesetzgeber sei durch seine Konzentration auf die Rettung des insolventen Unternehmens in nahezu „infantiler" Art einem „Traum über die wirtschaftlichen Tatsachen" unterlegen[149] und habe übersehen, dass Unternehmensgläubiger durch eine zu große Benachteiligung ebenfalls in wirtschaftliche Schwierigkeiten gerieten[150]. Besonders aber seien durch das Gesetz aber die Banken betroffen, welche in der weitgehenden Entwertung ihrer Realsi-

---

142 So ausdrücklich Art. 169 des Gesetzes von 1985.

143 Hierzu *Le Corre*, Gaz. Pal., Nr. 2007-202, 3, Rn. 50: „Im Königreich der [Unternehmens-] Rettung werden die Letzten die Ersten sein." („Au royaume du sauvetage de l'entreprise, les derniers seront les premiers.")"

144 *Jacquemont/ Vabres*, Entreprises en difficulté, Rn. 21; *Pérochon*, Entreprises en difficulté, Rn. 13.

145 *Le Corre*, Droit et pratique des procédures collectives, Rn. 042.511.

146 Hierzu ausführlich *Jacquemont/ Vabres*, Entreprises en difficulté, Rn. 15; *Saint-Alary Houin*, Entreprises en difficulté, Rn. 42 ff.

147 Vgl. *Coquelet*, Entreprises en difficulté, instruments de paiement et de crédit, Rn. 9.

148 Siehe etwa *Frison-Roche*, D. 1994, 17, I.B.1.b). Ebenso *Le Corre*, Droit et pratique des procédures collectives, Rn. 042.521; *Pérochon*, Entreprises en difficulté, Rn. 15.

149 So *Frison-Roche*, D. 1994, 17: „La loi rêve le fait économique. [...] Elle n'est pas loin d'avoir un côté enfantin."

150 *Le Corre*, Droit et pratique des procédures collectives, Rn. 042.521.

cherheiten durch den Art. 40 des Gesetzes von 1985 zumindest ein psychologisches Hindernis für die Vergabe von Krediten hätten sehen können[151]. Auch die praktischen Ergebnisse des Gesetzes erschienen unzureichend, da eine Liquidationsquote von weiterhin etwa 90 Prozent das ursprüngliche Sanierungziel in den Hintergrund treten ließen[152].

Ohne Zielsetzung und Funktionsweise des Gesetzes von 1985 vollständig zu verändern[153], brachte ein Gesetz vom 10.06.1994[154] erste Anpassungen, welche besonders von den Banken als typischen Sicherungsgläubigern angeregt worden waren[155]. Wichtigste Neuerung war eine Änderung des Art. 40 des Gesetzes von 1985, nach welchem nunmehr insbesondere Inhaber von Realsicherheiten wieder absoluten Vorrang bei der Erlösauskehr erhielten[156]. Ebenso trug der Gesetzgeber der wirtschaftlichen Realität eines hohen Liquidationsanteils dadurch Rechnung, dass die *liquidation judiciaire* durch das Gericht auch unmittelbar nach der Eröffnung des Verfahrens – und nicht erst nach einer Observationsphase – angeordnet werden konnte[157]. Insgesamt sollte das Gesetz damit zu einer besseren Vereinbarkeit des weiter fortbestehenden Sanierungsziels mit dem Recht der Gläubiger auf Befriedigung erreichen[158].

Eine tiefgreifende Reform des Insolvenzrechts wurde daraufhin erst im Jahr 2005 in Angriff genommen. Mit einer Diversifizierung der Verfahren und der Stärkung der Mittel zur vorbeugenden Sanierung von Unternehmen bildet sie den Kern des heutigen französischen Insolvenzrechts, welches im Folgenden überblicksartig dargestellt wird.

II. Grundsätze, Verfahrensarten und maßgebliche Verfahrensbeteiligte im aktuellen Insolvenzrecht seit dem Gesetz vom 26.07.2005

1. Reaktion des Gesetzgebers auf anhaltende Kritik und Beibehaltung des Sanierungsziels

Selbst die durch das Gesetz vom 10.06.1994 angepassten Verfahrensregeln konnten die grundlegenden Probleme des größtenteils weiter fortgeltenden

[151] Vgl. *Pétel*, Procédures collectives, 8. Auflage, Rn. 18.
[152] Siehe *Pérochon*, Entreprises en difficulté, Rn. 15.
[153] *Saint-Alary Houin*, Entreprises en difficulté, Rn. 60.
[154] Gesetz Nr. 94-475 relative à la prévention et au traitement des difficultés des entreprises, JORF, 11.06.1994, Nr. 134, S. 8440.
[155] Siehe *Jacquemont/ Vabres*, Entreprises en difficulté, Rn. 23.
[156] Gesetz von 1994, Art. 29.
[157] Gesetz von 1994, Art. 11-II.
[158] *Barbièri*, LPA, Nr. 1996-129, 9, I. B. b).

Rechts von 1985[159] nicht vollständig revidieren. Wie auch schon die Vorgängerregelungen[160] konnte das neue *droit des entreprises en difficulté* die ausdrücklich verfolgten wirtschaftspolitischen Ziele nicht erreichen. Die auch vom reformierten Gesetz nach 1994 weiter in den Mittelpunkt gestellte Sanierungsperspektive war mit den zur Verfügung gestellten Verfahrensinstrumenten nicht zu verwirklichen: Immer noch war für eine überwältigende Mehrheit der Unternehmen die Eröffnung eines Insolvenzverfahrens gleichbedeutend mit seiner Abwicklung[161] und damit seinem Verschwinden vom Markt und dem Abbau der damit verbundenen Arbeitsplätze[162]. So wurde die mit dem Gesetz von 1994 wieder eingeführte Möglichkeit zur sofortigen Abwicklung der Unternehmen *(liquidation judiciaire immédiate)* etwa im Jahr 2003 immer noch in mehr als drei Vierteln aller Fälle genutzt[163]; der Gesamtanteil der im Rahmen von Insolvenzverfahren abgewickelten Unternehmen war entsprechend noch höher[164]. Ebenso blieb es bei der problematischen Kombination aus langwierigen und vergleichsweise ineffizienten Verfahren sowie geringen Befriedigungsquoten auch für Sicherungsgläubiger[165].

Auch die mit dem Gesetz von 1984 eingeführten vorinsolvenzlichen Sanierungsverfahren *procédure d'alerte* und *procédure de règlement amiable*[166] blieben hinter den Erwartungen zurück; insbesondere fehlte in diesen für die Gläubiger freiwilligen Instrumenten für diese der Ansporn zur Teilnahme am entsprechenden Verfahren, was ihre geringe Zahl an Eröffnungen begründen mag[167].

Und doch stand auch in dem nächsten Reformschritt zur Abmilderung dieser Probleme die Konzentration auf Instrumente zur Verbesserung der Sanierungsperspektiven vor der Zahlungsunfähigkeit im Mittelpunkt[168], wie es auch der

---

159 Hierzu soeben oben, I. 3. b) und c). Mit der Ordonnance Nr. 2000-912 vom 18.09.2000 relative à la partie Législative du code de commerce wurden die 1994 geänderten Regelungen lediglich als VI. Buch in den *Code de commerce* aufgenommen. Ausführlich zu dieser Kodifikation *Saint-Alary Houin*, Entreprises en difficulté, Rn. 61.

160 Auf diese Kontinuität der Probleme hinweisend *Saint-Alary Houin*, Entreprises en difficulté, Rn. 71.

161 Siehe *Bonnard*, Entreprises en difficulté, S. 15.

162 Statistische Daten zu den Arbeitsplatzverlusten während des Anwendungszeitraums des reformierten Gesetzes von 1985 finden sich bei *Saint-Alary Houin*, Entreprises en difficulté, Rn. 72.

163 *Coquelet*, Droit et pratique des procédures collectives, Rn. 17; *Saint-Alary Houin*, Entreprises en difficulté, Rn. 75.

164 Siehe *Bonnard*, Entreprises en difficulté, S. 15.

165 Siehe *Saint-Alary Houin*, Entreprises en difficulté, Rn. 73, 76.

166 Hierzu auch oben, I. 3. b).

167 *Jacquemont/ Vabres*, Entreprises en difficulté, Rn. 25.

168 Siehe *Le Corre*, Droit et pratique des procédures collectives, Rn. 042.711; *Pérochon*, Entreprises en difficulté, Rn. 22.

Name des zentralen Gesetzes vom 26.07.2005[169] „zur Rettung der Unternehmen“ *(loi de sauvegarde des entreprises)* vermuten lässt. Trotz einer im Vergleich zu 1985 gegensätzlichen Regierungsmehrheit[170] blieb die Zielvorstellung des Gesetzes weitgehend bestehen, wie es sich auch an der auf das Gesetz von 2005 zurückgehenden heutigen Fassung des programmatischen Art. L. 620-1 Abs. 1 S. 2 C. com. ablesen lässt[171]. Während die Gläubigerbefriedigung in dieser Norm nur an dritter Stelle genannt und auch nicht ausdrücklich als solche bezeichnet wird – vielmehr nutzt der Gesetzgeber den Begriff einer „Bereinigung der Passiva“ *(apurement du passif)* –, kommt es somit auch in der aktuellen Gesetzeslage nach 2005 vornehmlich auf eine Fortführung der wirtschaftlichen Aktivitäten durch eine möglichst umfassende Sanierung des Schuldnerunternehmens sowie eine Beibehaltung der damit verbundenen Arbeitsplätze an. Geändert haben sich im Rahmen dieser Zielvorstellung nur die Mittel, welche noch stärker auf einer möglichst frühzeitigen Sanierungsperspektive im Rahmen der neuen Rettungsverfahren *procédure de conciliation* und *procédure de sauvegarde* sowie der Bereitstellung eines umfassenden und diversifizierten Instrumentariums zur Lösung von Unternehmenskrisen fußen[172].

Zu diesem als „pragmatisch und anpassungsfähig“[173] beschriebenen Ansatz sah sich der französische Gesetzgeber aber nicht nur aufgrund der anhaltenden Kritik am vorherigen Regelungskonzept veranlasst. Auch zunehmende Veränderungen im europäischen Kontext brachten das französische Recht unter Anpassungsdruck: insbesondere die im Jahr 2000 eingeführte EuInsVO[174] und die dort in Art. 3 Abs. 1 stattfindende prozessuale Anknüpfung an den Mittelpunkt der hauptsächlichen Interessen des Schuldners ermöglichte für die Unternehmen in begrenztem Maße eine Wahl des Insolvenzstandorts *(forum shopping)*. Eine unflexible und zu dogmatische Verfahrensregelung wie die von 1985 hätte Frankreich als Insolvenzstandort aber nachdrücklich schädigen[175] und sich auch als hinderlich für internationale Investitionen erweisen können[176].

---

[169] Nr. 2005-845, JORF, 27.07.2005, Nr. 173, S. 12187, mit Anwendungsverordnung (décret d'application) Nr. 2005-1677 vom 28.12.2005; anwendbar auf alle ab dem 01.01.2006 eröffneten Verfahren, siehe Gesetz von 2005, Art. 190.

[170] Hierauf hinweisend *Le Corre*, Droit et pratique des procédures collectives, Rn. 042.711; *Pétel*, Procédures collectives, Rn. 18.

[171] Hierzu bereits oben, I. 3. b).

[172] Siehe *Jacquemont/ Vabres*, Entreprises en difficulté, Rn. 25; zu Systematik und Regelungstechnik der neu eingeführten Verfahren sogleich unten, 2.

[173] *Pérochon*, Entreprises en difficulté, Rn. 22 („pragmatique et souple“).

[174] Verordnung (EG) Nr. 1346/2000 des Rates vom 29. Mai 2000 über Insolvenzverfahren, ABl. EG, 30.06.2000, L 160.

[175] Vgl. *Saint-Alary Houin*, Entreprises en difficulté, Rn. 79.

[176] Hierauf hinweisend *Jacquemont/ Vabres*, Entreprises en difficulté, Rn. 26.

Gewisse Anleihen an US-amerikanischen Verfahrensordnungen sind ebenfalls unabweisbar[177].

Auch die darauffolgenden Anpassungen des Grundgerüsts von 2005 blieben dieser Zielsetzung treu. So brachte eine Ordonnance vom 18.12.2008[178] nach ersten praktischen Erfahrungen bei der Anwendung des Rettungsverfahrens *procédure de sauvegarde* in größeren Unternehmenssanierungen[179] Detailverbesserungen mit sich und erhöhte die Durchlässigkeit zwischen den 2005 eingeführten Verfahren durch klarere Übergangsregeln[180]. Ein Gesetz vom 22.10.2010[181] erlaubte zur weiteren Optimierung der Sanierungsaussichten im Rahmen so genannter *pre-packaged plans* Abweichungen vom Normalfall der *sauvegarde* durch die Einführung eines beschleunigten Verfahrens (*sauvegarde financière accélérée*[182] bzw. neuerdings auch *sauvegarde accélérée*[183]). Diese Anpassungen wurden in der Literatur überwiegend positiv aufgenommen[184]. Intensive Kritik wurde hingegen an den mit einem Gesetz vom 12.03.2012 eingeführten erweiterten Sicherungsmaßnahmen im Rahmen der Haftung des Führungspersonals sowie der Verfahrenserstreckung geübt, auf welche im späteren Verlauf noch genauer einzugehen ist[185].

Auch in den letzten Jahren zeigte sich der französische Gesetzgeber im Hinblick auf die *procédures collectives* weiterhin als äußerst reaktiv[186]. Mit einer Ordonnance vom 12.03.2014[187] erweiterte der Gesetzgeber etwa die Gestaltungsmöglichkeiten von *procédure de conciliation* und beschleunigter Verfahren. Außerdem enthält die Reform weitere Möglichkeiten zur Beteiligung der

---

177 *Le Corre*, Droit et pratique des procédures collectives, Rn. 042.711. *Saint-Alary Houin*, Entreprises en difficulté, Rn. 69; Ein überblicksartiger Vergleich des Gesetzes von 2005 mit dem US-amerikanischen Verfahrensrecht (insbesondere dem Sanierungsfahren nach *Chapter 11* U.S.C. findet sich bei *Lethielleux*, Entreprises en difficulté, S. 43 ff.

178 Nr. 2008-1345 portant réforme du droit des entreprises en difficulté, JORF, 19.12.2008, Nr. 0295 mit Anwendungsverordnung Nr. 2009-160 vom 12.02.2009.

179 So etwa in dem Sanierungsverfahren von *Eurotunnel*, TC Paris, 7 Urteile, 02.08.2006.

180 Hierzu ausführlich *Pérochon*, Entreprises en difficulté, Rn. 29 ff.; *Saint-Alary Houin*, Entreprises en difficulté, Rn. 95 ff.

181 Nr. 2010-1249 (loi de régulation bancaire et financière), JORF, 23.10.2010, Nr. 0247, S. 18984 mit Anwendungsverordnung Nr. 2011-236 vom 03.03.2011.

182 Genauer zu dieser Verfahrensart *Dammann/ Schneider*, D. 2011, 1429.

183 Siehe zu beiden sogleich unten, 2.

184 Zusammenfassend *Saint-Alary Houin*, Entreprises en difficulté, Rn. 103; zweifelnd *Jacquemont/ Vabres*, Entreprises en difficulté, Rn. 29.

185 Siehe hierzu bereits *Droege Gagnier*, NZI 2012, 449; *Saint-Alary Houin*, Entreprises en difficulté, Rn. 108 sowie genauer unten, § 3 A.

186 Eine „legislative Inflation" („inflation législative") bemängelnd sowie ausführlich zu den letzten Reformen *Jacquemont/ Vabres*, Entreprises en difficulté, Rn. 29 f.

187 Ordonnance Nr. 2014-326 portant réforme de la prévention des difficultés des entreprises et des procédures collectives, JORF, 14.03.2014, Nr. 0062, S. 5249.

Anteilsinhaber an der Sanierung des Unternehmens[188]. Eine Ordonnance vom 26.09.2014 nimmt hingegen nur Detailveränderungen der vorherigen Regelung vor[189]. Die legislativen Veränderungen des Jahres 2015 nehmen Anteilseigner bei der Eröffnung einer *procédure collective* noch stärker in die Pflicht[190]. So erlaubt es das auch als *Loi Macron* bekannte Gesetz vom 06.08.2015[191] dem Insolvenzgericht unter anderem, unter bestimmten Voraussetzungen einzelne Anteilsinhaber aus einer Gesellschaft zu entfernen, wenn sie sich weigern, einem Sanierungsplan zuzustimmen. Ein Gesetz vom 18.11.2016 „zur Modernisierung der Justiz im 21. Jahrhundert"[192] berührte das französische Insolvenzrecht nur in geringfügiger Weise und führte insbesondere zu kleineren Anpassungen im Bereich der freiwilligen Verfahren[193]. Eine Ordonnance vom 02.11.2017[194] führt schließlich in einem neuen Titel IX des VI. Buches des *Code de commerce* Anpassungen ein, die durch die Neufassung der EuInsVO[195] notwendig geworden waren[196]

2. Systematik und Regelungstechnik der zunehmend diversifizierten Verfahrensarten

Die Zielvorstellung des Reformgesetzes von 2005 war es, das VI. Buch des *Code de commerce* zu einem „Werkzeugkasten" für Schuldnerunternehmen zu machen, dessen anpassungsfähige Verfahren sie so früh wie möglich ab der Identifizierung einer Unternehmenskrise zur nachhaltigen Lösung derselben einsetzen können[197]. Zentrale Mittel zur Erreichung dieses Ziels waren eine

---

[188] So etwa über die Option so genannter *debt-equity-swaps*, neuer Art. L. 626-3 C. com. Außerdem wird durch einen neuen Art. L. 624-20 C. com. die Wirkung eines Eröffnungsurteils daraufhin erweitert, dass hiermit jegliche Einzahlungspflicht von Stammkapitalbeträgen unmittelbar fälliggestellt wird.

[189] So bereits der Titel der Ordonnance Nr. 2014-1088 complétant l'ordonnance n° 2014-326 du 12 mars 2014 portant réforme de la prévention des difficultés des entreprises et des procédures collectives, JORF, 27.09.2014, Nr. 0224, S. 15725.

[190] Vgl. *Jacquemont/ Vabres*, Entreprises en difficulté, Rn. 30.

[191] Gesetz Nr. 2015-990 pour la croissance, l'activité et l'égalité des chances économiques, JORF, 07.08.2015, Nr. 0181, S. 13537. Zu diesem Gesetz und seinen Auswirkungen auf das französische Insolvenzrecht ausführlich und in deutscher Sprache *Degenhardt*, NZI 2017, 134 ff.

[192] Gesetz Nr. 2016-1547 de modernisation de la justice du XXIe siècle, JORF, 19.11.2016, Nr. 0269, Text 1.

[193] Vgl. *Saint-Alary Houin*, Entreprises en difficulté, Rn. 125.

[194] Ordonnance Nr. 2017-1519 portant adaptation du droit français au règlement (UE) n° 2015/848 du Parlement européen et du Conseil du 20 mai 2015 relatif aux procédures d'insolvabilité, JORF, 03.11.2018, Text 11.

[195] Zu dieser bereits oben, Einleitung, A. I. 1.

[196] Auch hierzu *Saint-Alary Houin*, Entreprises en difficulté, Rn. 125.

[197] *Le Corre*, Droit et pratique des procédures collectives, Rn. 042.711; siehe auch *Pérochon*, Entreprises en difficulté, Rn. 21 sowie oben, 1.

Erhöhung der Anzahl der Verfahrensarten[198] für eine möglichst umfassende Loslösung vom Kriterium der Zahlungsunfähigkeit des Schuldnerunternehmens sowie die Möglichkeit einer einvernehmlichen Verfahrensabwicklung zusammen mit den Gläubigern; alle zur Sanierung einsetzbaren Verfahren sollen nach diesem gesetzgeberischen Konzept sowohl möglichst frühzeitig vor als auch so lange wie möglich nach der Zahlungsunfähigkeit zur Verfügung stehen[199]. Umgekehrt verliert die Zahlungsunfähigkeit in diesem Modell ihren Stellenwert als zentrale Weichenstellung für die Auswahl der jeweils anwendbaren Verfahren[200]. Vielmehr wird es in vielen Fällen grundsätzlich der Entscheidung des Schuldners überlassen, welche Verfahrenslösung er in Bezug auf sein Unternehmen für am angemessensten hält [201].

Von der Entscheidung des Schuldners abhängig ist insbesondere die Auswahl des einzuschlagenden Verfahrenswegs vor der Zahlungsunfähigkeit. Erkennt er für sein Unternehmen eine „erwiesene oder vorhersehbare rechtliche, wirtschaftliche oder finanzielle Schwierigkeit“[202] bzw. „Schwierigkeiten, welche er nicht überwinden kann“[203], hat er die Wahl zwischen der Beantragung eines größtenteils außergerichtlichen Schlichtungsverfahrens (*procédure de conciliation*, Art. L. 611-4 ff. C. com.), Nachfolgerin der *procédure de règlement amiable*[204], mit dem Ziel einer gütlichen und vom Richter anzuerkennenden Einigung nach Verhandlungen mit den Gläubigern[205] und weitgehender Unterstützung eines Schlichters *(conciliateur*[206]*)* sowie dem unter gerichtlicher Aufsicht stehenden Rettungsverfahren (*procédure de sauvegarde*, Art. L. 620-1 ff. C. com). Letzteres stellt das Kernstück der Reform von 2005 dar[207] und vermittelt dem Schuldnerunternehmen als erstes präventives Verfahren[208] den Schutz vor den für das Insolvenzrecht typischen Rechtsfolgen. Hierzu gehören etwa das Erfüllungsverbot für vorinsolvenzliche Forderungen[209], das

---

[198] Siehe *Saint-Alary Houin*, Entreprises en difficulté, Rn. 82.

[199] Siehe *Le Corre*, Droit et pratique des procédures collectives, Rn. 042.711.

[200] Siehe *Pétel*, Procédures collectives, Rn. 18.

[201] *Pérochon*, Entreprises en difficulté, Rn. 26; *Saint-Alary Houin*, Entreprises en difficulté, Rn. 84.

[202] So Art. L. 611-4 C. com. als Eröffnungsvoraussetzung der procédure de conciliation („une difficulté juridique, économique ou financière, avérée ou prévisible“).

[203] Art. L. 620-1 C. com als Eröffnungsvoraussetzung der *procédure de sauvegarde* („difficultés qu'il n'est pas en mesure de surmonter“). Hierzu auch unten, 3 c) aa).

[204] Siehe *Coquelet*, Entreprises en difficulté, instruments de paiement et de crédit, Rn. 18; *Jacquemont/ Vabres*, Entreprises en difficulté, Rn. 27.

[205] Art. L. 611-8-I C. com.

[206] Art. L. 611-6 Abs. 2, 611-7 C. com.

[207] *Le Corre*, Droit et pratique des procédures collectives, Rn. 042.711 („le coeur de la réforme“); *Bauerreis*, in: Handbuch Insolvenzrecht in Europa, Frankreich, Rn. 63. Ähnlich etwa *Coquelet*, Entreprises en difficulté, instruments de paiement et de crédit, Rn. 18.

[208] Siehe *Le Corre*, Droit et pratique des procédures collectives, Rn. 042.711.

[209] Art. L. 622-7-I C. com.

Verbot der Einzelzwangsvollstreckung[210] sowie die Weiterführung laufender Verträge[211]. Gleichzeitig behält der Schuldner seine Verwaltungs- und Verfügungsbefugnis und kann mit Unterstützung eines *administrateurs* den Eintritt einer Zahlungsunfähigkeit möglichst verhindern[212]. Die besondere Relevanz dieses Verfahrens aus Sicht des Gesetzgebers lässt sich daran ablesen, dass die Voraussetzungen und Rechtsfolgen aller gerichtlichen Verfahren grundlegend in Art. L. 620-1 ff. C. com. geregelt werden und die Vorschriften der weiteren Verfahren gegebenenfalls auf diese Regeln zur *sauvegarde* verweisen[213].

Im Bereich der präventiven Sanierungsverfahren geht das aktuelle französische Recht mit der Diversifizierung der Verfahren für unterschiedliche Situationen allerdings noch weiter. Die bereits oben erwähnte[214] *sauvegarde financière accélérée* (heute Art. L. 628-9 f. i.V.m. L. 628-1 ff. C. com.[215]) ermöglicht als Sonderfall der *procédure de sauvegarde*[216] auf Antrag des Schuldners den möglichst raschen gerichtlichen Beschluss eines Rettungsplans[217], den dieser im Rahmen einer *procédure de conciliation* selbst erarbeitet hat (so genannter *pre-packaged plan*[218]). Die *sauvegarde financière accélérée* kann damit ein Mittel sein, um durch den gerichtlichen Planbeschluss Widerstände von Kreditinstituten zu brechen, welche sich einer gütlichen Einigung im Rahmen der vorhergehenden *procédure de conciliation* verschlossen hatten[219]. Die Ordonnance vom 12.03.2014[220] erweitert dieses Instrument über die Anwendung auf Kreditinstitute hinaus auf nahezu alle Arten von Gläubigern, sofern ein vom Schuldner verfasster Rettungsplan seitens der Gläubiger „ausreichend große

---

210 Art. L. 622-21-I C. com.

211 Art. L. 622-13-I C. com. Zum Ablauf des Verfahrens und seiner möglichen Ausgänge sogleich unten, 3.

212 Art. L. 622-1-I und -II C. com. Die Bestellung eines *administrateurs* kann aber auch unterbleiben, siehe Art. L. 621-4 Abs. 4, 627-1 ff. C. com.

213 Siehe für das Sanierungsverfahren *redressement judiciaire* den Verweis des Art. L. 631-7 Abs. 1 C. com. Für das Liquidationsverfahren *liquidation judiciaire* gelten die Sonderregeln der Art. L. 640-1 ff. C. com. Zu dieser Systematik auch *Niggemann*, in: MüKo-InsO, 2. Auflage, Band 3, Anh. Länderbericht Frankreich, Rn. 3.

214 Soeben, 1.

215 Zurückgehend auf ein Gesetz Nr. 2010-1249 de régulation bancaire et financière vom 22.10.2010, JORF, 23.10.2010, Nr. 0247, S. 18984.

216 Siehe *Dammann/ Schneider*, D. 2011, 1429. Art. L. 628-1 Abs. 1 C. com. verweist grundsätzlich auf die Regeln zur *sauvegarde*.

217 Die grundsätzliche Frist beträgt einen Monat ab Antragstellung, Art. L. 628-10 Abs. 2 C. com.

218 *Le Corre*, Droit et pratique des procédures collectives, Rn. 042.871 („pré pack"); *Dammann/ Schneider*, D. 2011, 1429 („prepack").

219 Siehe *Le Corre*, Droit et pratique des procédures collectives, Rn. 042.871.

220 Ordonnance Nr. 2014-326 portant réforme de la prévention des difficultés des entreprises et des procédures collectives, JORF, 14 mars 2014, Nr. 0062, S. 5249; zu dieser allgemein bereits oben, 1.

Unterstützung“ erhalten kann, „um seine Annahme wahrscheinlich werden zu lassen“[221] (so genannte *sauvegarde accélérée*[222]). Daneben ist noch auf die Hilfsmittel der *procédure d'alerte* sowie des *mandat ad hoc* hinzuweisen, welche das präventive Instrumentarium vervollständigen. Das „Warnverfahren“ *procédure d'alerte*[223] ist ein mehrstufiges Verfahren zum Informationsaustausch über „Tatsachen, welche die Fortführung des Betriebs gefährden können“[224], das insbesondere vom Abschlussprüfer *(commissaire aux comptes*[225]*)* ausgelöst werden kann und dessen Folgen bei Nichtbeachtung der Hinweise durch die Unternehmensführung bis hin zu einer entsprechenden Benachrichtigung des zuständigen Handelsgerichts führen kann. Das *mandat ad hoc*[226] hingegen schließt sich häufig an eine *procédure d'alerte* an, indem das Handelsgericht dem krisenbedrohten Unternehmen einen *mandataire* als „Krisenmanager“[227] zur Seite stellt.

Während die *procédure de sauvegarde* ausschließlich als präventives Verfahren ausgestaltet ist[228], besteht eine besondere Innovation des Gesetzes von 2005 in der Möglichkeit, die *procédure de conciliation* auch bis zu 45 Tage nach der Zahlungsunfähigkeit zur Anwendung zu bringen[229]. Wird eine Übereinkunft mit den Gläubigern erreicht, kann damit auch die Eröffnung eines traditionellen Insolvenzverfahrens verhindert werden.[230]

Auch die ordentlichen Insolvenzverfahren wurden durch das Gesetz von 2005 im Rahmen des Sanierungsverfahrens *redressement judiciaire* (Art. L.

---

[221] So der neu gefasste Art. L. 628-1 Abs. 2 C. com.: „Ce projet doit être susceptible de recueillir, de la part des créanciers à l'égard de qui l'ouverture de la procédure produira effet, un soutien suffisamment large pour rendre vraisemblable son adoption”.

[222] Art. L. 628-1 ff. C. com.

[223] Siehe hierzu genauer *Monsèrié-Bon*, Entreprises en difficulté (Détection des difficultés), in: Vogel/ Delpech (Hrsg.), Rép. commercial, Rn. 84 ff.; sowie in deutscher Sprache *Bauerreis*, in: Handbuch Insolvenzrecht in Europa, Frankreich, Rn. 15 ff. Für die SA ist diese Verfahrensart in Art. L. 234-1 C. com. geregelt.

[224] Art. L. 234-1 Abs. 1 C. com.: „…des faits de nature à compromettre la continuité de l'exploitation”.

[225] Dieses Verfahren kommt daher nur bei prüfungspflichtigen Gesellschaftsformen in Betracht. Siehe hierzu ausführlich *Bauerreis*, in: Handbuch Insolvenzrecht in Europa, Frankreich, Rn. 15.

[226] Knapp erwähnt in Art. L. 611-3 C. com.; siehe hierzu ausführlich *Monsèrié-Bon*, Entreprises en difficulté (Mandat ad hoc – Conciliation), in: Vogel/ Delpech (Hrsg.), Rép. commercial, Rn. 10 ff. sowie in deutscher Sprache *Bauerreis*, in: Kindler/ Nachmann (Hrsg.), Handbuch Insolvenzrecht in Europa, Frankreich, Rn. 33 ff.

[227] *Bauerreis*, in: Handbuch Insolvenzrecht in Europa, Frankreich, Rn. 33.

[228] Siehe Art. L. 620-1 Abs. 1 C. com. („sans être en cessation des paiements“).

[229] Art. L. 611-4 C. com.

[230] Hierauf hinweisend *Coquelet*, Entreprises en difficulté, instruments de paiement et de crédit, Rn. 18.

631-1 ff. C. com.) sowie dem erneut selbständig gewordenen Liquidationsverfahren *liquidation judiciaire* (Art. L. 640-1 ff. C. com.) reformiert und stärker miteinander verzahnt. Auch wenn diese Verfahren nach der das vorinsolvenzliche Rettungsverfahren in den Mittelpunkt stellenden Gesetzessystematik nicht mehr als Standardfälle gelten sollen, werden diese Verfahren statistisch gesehen immer noch in der großen Mehrheit der Fälle angewendet[231]. Der Idee des umfassenden „Werkzeugkastens" folgend, gestaltete der Reformgesetzgeber die im Rahmen dieser Verfahren möglichen Rechtsfolgen wesentlich differenzierter[232]. Abhängig von der Fortführungsprognose in Bezug auf das Schuldnerunternehmen herrscht demnach auch im Bereich der unter vollständiger gerichtlicher Leitung stattfindenden Verfahren in Bezug auf ihre Auswahl und etwaige Verfahrenswechsel eine weitreichende Gestaltungsfreiheit[233]: soll der Schuldner die wirtschaftliche Leitung des Unternehmens unter identischem Führungspersonal selbst weiterführen, bietet sich vor der Zahlungsunfähigkeit die *procédure de sauvegarde* bzw. nach Zahlungsunfähigkeit das – diesem sehr ähnliche[234] – *redressement judiciaire* an, welche im Rahmen des zu erarbeitenden *plan de sauvegarde* bzw. *plan de redressement* grundsätzlich nur die Unternehmenssanierung ohne Führungswechsel vorsehen[235]. Die Perspektive einer übertragenden Sanierung unter neuer Unternehmensführung wird vom heutigen französischen Insolvenzrecht hingegen im Grundsatz als Abwicklungslösung verstanden und als möglicher Ausgang einer *liquidation judiciaire* vorgesehen, sofern nach Zahlungsunfähigkeit eine „Sanierung" unter der alten Führung „offensichtlich unmöglich ist"[236]. Auch die Tilgung der Unternehmensschulden durch Abwicklung und gesonderte Veräußerung sämtlicher Aktiva ist ein möglicher Ausgang dieses Verfahrens[237], welcher bei einer

---

231 Im Jahr 2011 wurde die *sauvegarde* in etwa zwei Prozent aller Sanierungs- und Liquidationsverfahren angewendet, vgl. *Pérochon*, Entreprises en difficulté, Rn. 19 mit genauer statistischer Aufstellung.

232 Siehe *Jacquemont/ Vabres*, Entreprises en difficulté, Rn. 27.

233 Siehe ausführlich zu den Möglichkeiten der Verfahrensgestaltung *Coquelet*, Entreprises en difficulté, instruments de paiement et de crédit, Rn. 20; *Pérochon*, Entreprises en difficulté, Rn. 25 ff.

234 Hierauf hinweisend *Bauerreis*, in:Handbuch Insolvenzrecht in Europa, Frankreich, Rn. 63.

235 Stellt sich im Rahmen des *redressement judiciaire* nach Beschluss des *plan de redressement* allerdings die Unmöglichkeit der Sanierung unter der vorhandenen Führung heraus, kann das Insolvenzgericht eine übertragende Sanierung auch im Rahmen dieses Verfahrens anordnen, siehe Art. L. 631-22 C. com.

236 Art. L. 640-1 Abs. 1 C. com: „Il est institué une procédure de liquidation judiciaire ouverte à tout débiteur [...] en cessation des paiements et dont le redressement est manifestement impossible". Die zumindest teilweise übertragende Sanierung wird in Abs. 2 dieser Vorschrift angesprochen und die Rechtsfolgen in Art. L. 642-1 C. com. genauer geregelt. Siehe zur abweichenden Vorgängerregelung oben, I. 3. b).

237 Siehe Art. L. 640-1 Abs. 2, 642-16 ff. C. com.

negativen Fortführungsprognose ausgesprochen wird. Die Besonderheit dieser neuen Abstimmung der Verfahrensarten ist das nahezu durchgängige Vorhandensein einer Fortführungsperspektive – selbst im Abwicklungsverfahren *liquidation judiciaire* durch die hier eingeordnete Möglichkeit einer übertragenden Sanierung[238].

Schließlich erfolgte im Gesetz von 2005 auch eine Neuregelung der Sanktionen gegen das Führungspersonal der Insolvenzschuldner, welche im Verlauf dieser Arbeit genauer erläutert werden[239].

3. Ablauf und Teilnehmer bei Rettungs-, Sanierungs- und Liquidationsverfahren

a) Anwendungsbereich der Verfahren

Die bereits vor dem napoleonischen Recht angelegte Trennung zwischen Unternehmens- und Privatinsolvenzverfahren[240] wird auch vom heutigen französischen Recht beibehalten. Der von den Verfahren des *Code de commerce* umfasste Personenkreis hat sich in den verschiedenen Reformstufen[241] allerdings erheblich vergrößert[242]: Während vor dem Gesetz von 1985 ausschließlich Kaufleute *(commerçants)* einen Antrag auf Eröffnung eines Insolvenzverfahrens stellen konnten[243], ist der Anwendungsbereich im heutigen Art. L. 620-2 Abs. 1 C. com.[244] darüber hinaus grundsätzlich auf alle natürlichen Personen, welche handwerkliche, landwirtschaftliche und freiberufliche Tätigkeiten ausführen, sowie auf sämtliche Formen juristischer Personen des Privatrechts erweitert[245]. Zu diesen gehören demnach Personen- und Kapitalgesellschaften

---

[238] Hierauf hinweisend *Coquelet*, Entreprises en difficulté, instruments de paiement et de crédit, Rn. 20.

[239] Siehe zur Entwicklung dieser Tatbestände unten, § 3.

[240] Bereits die norditalienischen Handelsstädte hatten die Insolvenzverfahren als Sonderrecht der Kaufleute unterschieden; der *Code de commerce* von 1807 behielt diese Begrenzung bei, siehe ausführlich oben, I. 1.

[241] Siehe zur Entwicklung dieses Rechts ausführlich oben, I.

[242] Die einzelnen Erweiterungsschritte zusammenfasend *Pétel*, Procédures collectives, Rn. 19.

[243] Hierzu *Bauerreis*, in: Handbuch Insolvenzrecht in Europa, Frankreich, Rn. 80.

[244] Dieser regelt den Anwendungsbereich des Rettungsverfahrens *procédure de sauvegarde*. Für das Sanierungsverfahren *redressement judiciaire* gilt der inhaltsgleiche Art. L. 631-2 C. com., für das Liquidationsverfahren *liquidation judiciaire* entsprechend Art. L. 640-2 C. com. Genauer zu Einzelfragen *Campana/ Dizel/ Barratin/ Fernandez*, Entreprises en difficulté – Redressement judiciaire (Conditions d'ouverture), in: Vogel/ Delpech (Hrsg.), Rép. commercial, Rn. 5 ff.

[245] Der Originaltext des Art. L. 620-2 Abs. 1 C. com. lautet entsprechend „La procédure de sauvegarde est applicable à toute personne exerçant une activité commerciale ou artisanale, à tout agriculteur, à toute autre personne physique exerçant une activité professionnelle

sowie *Groupements d'intérêt économique (GIE)*[246] ab ihrer Eintragung ins Handels- und Gesellschaftsregister *(RCS)*, nicht jedoch – mangels Rechtspersönlichkeit – Gesellschaften in Gründung *(sociétés en formation)* sowie reine Innengesellschaften *(sociétés en participation)*[247]. Auch Konzerne können (außerhalb des Sonderfalls eines GIE) wegen ihrer fehlenden Rechtspersönlichkeit[248] keinem eigenen Insolvenzverfahren unterworfen sein; vielmehr ist die Situation jeder einzelnen Konzerngesellschaft grundsätzlich gesondert zu betrachten[249] und das dieser Situation entsprechende Verfahren jeweils selbständig zu beantragen[250].

Durch die Vergrößerung des Anwendungsbereichs der Insolvenzverfahren, welche als Reaktion eine erheblich gestiegene Anzahl von Kreditvergaben in allen wirtschaftlichen Bereichen und ein Bedürfnis nach diesen Verfahren auch über den Handel hinaus zu verstehen ist, hat der Gesetzgeber seit der Reform von 2005 nach Ansicht von *Coquelet* ein vollständiges „Recht der geschwächten Unternehmen" geschaffen, welches „unabhängig von der Art ihrer Betätigung oder dem Grad ihrer Schwierigkeiten" eingreifen könne[251].

b) Antragstellung und Eröffnungsgründe

In Bezug auf die Antragstellung und die entsprechend nachzuweisenden Eröffnungsgründe ist zwischen den unterschiedlichen Verfahrensarten zu unterscheiden.

Die Entscheidung für die Beantragung einer *procédure de sauvegarde* liegt entsprechend der Zielsetzung dieses Verfahrens als Hilfsmittel zur präventiven Sanierung[252] beim Schuldner[253]. Gemäß Art. L. 620-1 Abs. 1 C. com hat er

---

indépendante, y compris une profession libérale soumise à un statut législatif ou réglementaire ou dont le titre est protégé, ainsi qu'à toute personne morale de droit privé." Die beiden anderen Insolvenzverfahren haben inhaltsgleiche Regelungen in Art. L. 631-2 Abs. 1 C. com bzw. Art. L. 640-2 Abs. 1 C. com.

[246] Zu dieser besonderen Rechtsform für bestimmte Konzerne sogleich unten, B. I. 1. c) aa) (3).

[247] Siehe *Bauerreis*, in: Kindler/ Nachmann (Hrsg.), Handbuch Insolvenzrecht in Europa, Frankreich, Rn. 84.

[248] Hierzu ausführlich unten, B. I. 2.

[249] Zur Ausnahme der Verfahrenserstreckung nach Art. L. 621-2 Abs. 2 C. com. unten, § 4.

[250] Siehe unten, B. I. 2. b).

[251] *Coquelet*, Entreprises en difficulté, instruments de paiement et de crédit, Rn. 1: „droit des entreprises défaillantes".

[252] *Bauerreis*, in: Handbuch Insolvenzrecht in Europa, Frankreich, Rn. 89.

[253] Siehe Art. L. 620-1 Abs. 1 C. com.: „Il est institué une procédure de sauvegarde ouverte sur demande d'un débiteur mentionné à l'article L. 620-2…"; siehe zu den hiervon umfassten Schuldnern i.S.d. Art. L. 620-2 C. com. soeben oben, a).

nachzuweisen, dass er, „ohne zahlungsunfähig zu sein" „Schwierigkeiten" aufweist, „welche er nicht überwinden kann"[254]. Im Gegensatz zu Art. L. 611-4 C. com. über die Voraussetzungen der Eröffnung des Präventionsverfahrens *procédure de conciliation* beschreibt Art. L. 620-1 Abs. 1 C. com nicht, in welcher Art von „Schwierigkeiten" sich das Unternehmen befinden muss. Es wird aber wie auch in ersterer Regel von einem weiten Verständnis auszugehen sein, welches rechtliche, wirtschaftliche oder finanzielle Schwierigkeiten umfassen kann. In der Praxis dürfte es am häufigsten um Zahlungs- und Finanzierungsschwierigkeiten gehen.[255] Nicht mehr erforderlich ist hingegen nach der letzten Reform dieses Artikels der Beweis einer durch diese Situation hervorgerufenen, drohenden Zahlungsunfähigkeit[256]. Die Beurteilung des Antrags durch das zuständige Gericht[257] erfolgt in Ansehung der konkreten Umstände des Schuldners zum Zeitpunkt der Antragstellung; bei Konzernen kommt es hierbei wie auch bei allen anderen Insolvenzgründen auf die finanzielle Situation einer Muttergesellschaft grundsätzlich nicht an[258].

Beim Sanierungsverfahren *redressement judiciaire* sowie dem Liquidationsverfahren *liquidation judiciaire* wird hingegen im Hinblick auf ihre Einordnung als klassische Insolvenzverfahren weiterhin der Eintritt der Zahlungsunfähigkeit *(cessation des paiements)* vorausgesetzt[259]. Diese liegt nach dem Wortlaut des Gesetzes[260] vor, wenn der Schuldner seine Verbindlichkeiten nicht mit dem ihm zur Verfügung stehenden Vermögen begleichen kann. Konkret bedeutet dies, dass er zu einem bestimmten Zeitpunkt fällige, unbestrittene und auf eine Geldsumme gerichtete Forderungen mit der Gesamtheit seiner liquiden Finanzmittel sowie sofortig in solche konvertierbare sonstige Aktiva nicht erfüllen kann[261]. Die *liquidation judiciaire* ist zu wählen, wenn sich –

---

[254] Art. L. 620-1 Abs. 1 C. com: „...sans être en cessation des paiements, justifie de difficultés qu'il n'est pas en mesure de surmonter". Hierzu bereits oben, 2.

[255] So zu alledem auch *Lienhard*, Procédures collectives, Rn. 52.59.

[256] Zur Diskussion um ein eventuell hierdurch gestiegenes Missbrauchspotenzial der Beantragung dieses verfahrens siehe *Bauerreis*, Handbuch Insolvenzrecht in Europa Frankreich, Rn. 90.

[257] Je nach Art des Schuldners entweder das Handelsgericht (*tribunal de commerce*) oder das Landgericht (*tribunal de grande instance*), Art. L. 621-2 Abs. 1 C. com.

[258] Cass. com. 26.06.2007, Bull. civ. 2007, IV, Nr. 177, Revisionsnummer 06-20820 *(Schlumberger)*, bestätigt durch Cass. com. 08.03.2011 *(Cœur Défense)*, Bull. civ. 2011, IV, Nr. 33, Revisionsnummern 10-13988 ff. Hierauf hinweisend auch *Bauerreis*, in: Handbuch Insolvenzrecht in Europa, Frankreich, Rn. 91. Zu dieser Rechtsprechung im Rahmen der rechtlichen Unabhängigkeit der Konzerngesellschaften im französischen Gesellschaftsrecht auch unten, B. I. 2.

[259] Siehe Art. L. 631-1 C. com. bzw. L. 640-1 C. com.

[260] Art. L. 631-1 Abs. 1 C. com.: „impossibilité de faire face au passif exigible avec son actif disponible".

[261] Siehe zu diesem Begriff ausführlich *Campana/ Dizel/ Barratin/ Fernandez*, Entreprises en difficulté – Redressement judiciaire (Conditions d'ouverture), in: Vogel/ Delpech

zusätzlich zur Zahlungsunfähigkeit – im Rahmen der Fortführungsprognose herausstellt, dass die Sanierung des Unternehmens „offensichtlich unmöglich" ist[262].

Durch die Zahlungsunfähigkeit entsteht für den Schuldner eine sowohl zivilrechtlich[263] als auch teils strafrechtlich[264] bewehrte Pflicht zur Beantragung eines Insolvenzverfahrens innerhalb von 45 Tagen nach Eintritt dieses Zustands[265]. Das Verfahren kann aber auch durch die Staatsanwaltschaft sowie grundsätzlich durch jeden Gläubiger beantragt werden[266]. Die zuvor ebenfalls mögliche Eröffnung des Verfahrens von Amts wegen durch das zuständige Insolvenzgericht[267] wurde vom Verfassungsrat (*Conseil constitutionnel*) aufgrund des möglichen Sanktionscharakters einer solchen Entscheidung und nicht ausreichender prozessualer Garantien für (ex-nunc) nichtig erklärt[268].

Die nach diesen Grundsätzen eröffneten Verfahren können nach der Eröffnung in eine andere Verfahrensart umgewandelt werden: Stellt das Gericht nach Eröffnung eines Rettungsverfahrens die Zahlungsunfähigkeit fest, wandelt es dieses in ein Sanierungsverfahren um[269]. Ebenso ist die Umwandlung in ein Liquidationsverfahren nach Anhörung des Schuldners vorgesehen[270].

(Hrsg.), Rép. commercial, Rn. 336 ff. sowie in deutscher Sprache *Bauerreis*, in: Handbuch Insolvenzrecht in Europa, Frankreich, Rn. 93 ff.

262 Art. L. 640-1 C. com: „dont le redressement est manifestement impossible".

263 Zur etwa möglichen Haftung nach den Grundsätzen der *responsabilité pour insuffisance d'actif* ausführlich unten, § 5 A.

264 Unter Umständen als *banqueroute*, Art. L. 654-1 ff. C. com.

265 Siehe Art. L. 631-4 C. com. Ausnahme hiervon ist die bereits vorherige Beantragung einer *procédure de conciliation.*

266 Art. L. 640-5 Abs. 1 bzw. Abs. 2 C. com.

267 Art. L. 640-5 Abs. 1 C. com. a.F. seit der loi de sauvegarde von 2005.

268 Verletzung des Art. 16 der Menschen- und Bürgerrechtserklärung von 1789, *Conseil constitutionnel*, Entscheidung vom 07.10.2012, Nr. 2012-286 QPC, JORF, 08.12.2012, Nr. 0286, S. 19279.

269 Art. L. 621-12 C. com.

270 Siehe Art. L. 631-7. Die Umwandlung eines Rettungs- in ein Sanierungsverfahren richtet sich nach Art. L. 622-11 C. com.

c) Wichtigste Verfahrensschritte des Rettungs- und Sanierungsverfahrens im Überblick

aa) Eröffnungsurteil und Ernennung der wichtigsten Verfahrensorgane

Auf die Beantragung der Eröffnung eines Verfahrens[271] folgt das in vieler Hinsicht weichenstellende Eröffnungsurteil *(jugement d'ouverture*[272]*)* des jeweils zuständigen Insolvenzgerichts[273].

In diesem Urteil erfolgt die Ernennung der wichtigsten Verfahrensorgane[274]. So bestimmt das Gericht einen Insolvenzrichter *(juge-commissaire*[275]*)*, welcher neben der Beaufsichtigung der anderen Verfahrensorgane im Hinblick auf ein zügiges Verfahren und einen möglichst vollständigen Interessenausgleich[276] insbesondere durch den endgültigen Beschluss des Insolvenzplans[277] auch über einen Gestaltungsauftrag verfügt[278].

Ebenso wird im Rahmen des Eröffnungsurteils der Verwalter *(administrateur judiciaire*[279]*)* ernannt, dessen Funktion im Rettungsverfahren durch die Eigenverwaltung des Schuldners[280] und trotz wichtiger eigener Befugnisse[281]

---

[271] Hierzu soeben oben, b).

[272] Art. L. 621-1 Abs. 1 C. com. (für das *redressement judiciaire* i.V.m. Art. L. 631-7 C. com.).

[273] Abhängig von der Kaufmannseigenschaft des Schuldners ist dies entweder das Handelsgericht (*tribunal de commerce*) oder das Landgericht (*tribunal de grande instance*), Art. L. 621-2 Abs. 1 C. com.

[274] Siehe ausführlich zur Aufgabenverteilung *Pérochon*, Entreprises en difficulté, Rn. 516 ff.

[275] Siehe Art. L. 621-4 Abs. 1 C. com. (für das *redressement judiciaire* i.V.m. Art. L. 631-9 C. com.).

[276] So Art. L. 621-9 C. com. (für das *redressement judiciaire* i.V.m. Art. L. 631-9 C. com.)

[277] Hierzu sogleich unten, cc).

[278] Dieser ist allerdings heute nicht mehr mit der umfassenden Rolle des Insovenzrichters nach der Gesetzeslage von 1985 zu vergleichen, siehe hierzu auch oben, I. 3. b).

[279] Art. L. 621-4 Abs. 3 C. com. (für das *redressement judiciaire* i.V.m. Art. L. 631-9 C. com.). Die Ernennung kann bei kleineren Unternehmen unter bestimmten Voraussetzungen unterbleiben, siehe Art. L. 621-4 Abs. 4 C. com. (für das *redressement judiciaire* i.V.m. Art. L. 631-9 C. com.).

[280] Art. L. 622-1-I C. com (für das *redressement judiciaire* i.V.m. Art. L. 631-14-I C. com.).

[281] Etwa das Erfüllungsverlangen in Bezug auf laufende Verträge (hierzu sogleich unten, bb); Art. L. 622-13-II C. com., für das *redressement judiciaire* i.V.m. Art. L. 631-14-I C. com.) oder die Veräußerung von Sachen, welche mit dinglichen Rechten belastet sind im Gegenzug zur Hinterlegung des Verkauferlöses zugunsten des Sicherungsgläubigers (Art. L. 622-8 C. com., für das *redressement judiciaire* i.V.m. Art. L. 631-14-I C. com.).

eher als überwachend und beratend charakterisiert werden kann[282]. Im Sanierungsverfahren kann der Verwalter durch das Gericht hingegen auch mit weitreichenden Verfügungsbefugnissen ausgestattet werden, welche dann die Eigenverwaltungsrechte des Schuldners verdrängen[283]. Aufgabe des Verwalters ist schließlich die Einsetzung von zwei Gläubigerausschüssen *(comités de créanciers)* bei Schuldnern ab einer bestimmten Unternehmensgröße[284]. Es handelt sich hierbei um je einen Ausschuss von Banken, Kredit- und Finanzierungsinstituten[285] sowie einen Ausschuss, welcher sich aus den „wichtigsten Lieferanten und Dienstleistern"[286] zusammensetzt. Ihre Rolle liegt hauptsächlich in der Prüfung und Bestätigung des Sanierungs- bzw. Insolvenzplans[287].

Der ebenfalls im Eröffnungsurteil ernannte Gläubigervertreter *(mandataire judiciaire)* ist hingegen insbesondere mit der Erstellung eines Gläubigerverzeichnisses sowie der Kommunikation mit den Gläubigern betraut[288].

Die Interessen der Arbeitnehmer werden durch einen Arbeitnehmervertreter *(représentant des salariés)* wahrgenommen, welcher nach Aufforderung im Eröffnungsurteil durch eine Arbeitnehmervertretung, Personalvertreter oder per Mehrheitsentscheid der Arbeitnehmer des Schuldners ernannt bzw. gewählt wird[289].

Ein weiteres Verfahrensorgan ist schließlich die Staatsanwaltschaft *(ministère public)*, welcher seit dem Reformgesetz von 2005 wichtige, vormals dem Insolvenzrichter zugeordnete Kontrollbefugnisse zugestanden wurden, etwa durch ein umfassendes Informationsrecht oder die Möglichkeit zur Einlegung von Rechtsmitteln. Hierin erhielt sie neben dem Insolvenzrichter eine herausgehobene Stellung zur Vertretung von Allgemeinwohlinteressen, die sie

---

282 So auch Art. L. 622-1-I C. com.: „Lorsque le tribunal, en application des dispositions de l'article L. 621-4, désigne un ou plusieurs administrateurs, il les charge ensemble ou séparément de surveiller le débiteur dans sa gestion ou de l'assister pour tous les actes de gestion ou pour certains d'entre eux".

283 Siehe Art. L. 631-14 Abs. 3 C. com.

284 Grundsätzlich ab 150 Arbeitnehmern und mindestens 20 Millionen Euro Umsatz, sofern die Bücher von einem Buchhalter (*expert comptable*) erstellt oder von einem Wirtschaftsprüfer (*commissaire aux comptes*) geprüft worden sind, Art. L. 626-29 Abs. 1 C. com. i.V.m. Art. R. 626-52 C. com. Auf Antrag des Schuldners oder des Verwalters kann der Insovenzrichter die Einsetzung der Gläubigerausschüsse auch unterhalb dieser Werte beschließen, Art. L. 626-29 Abs. 2 C. com.

285 „Sociétés de financement, les établissements de crédit et ceux assimilés", Art. L. 626-30 Abs. 1 C. com.

286 „Les principaux fournisseurs de biens ou de services", Art. L. 626-30 Abs. 1 C. com., ab drei Prozent Anteil der Gesamtpassiva, Art. L. 626-30 Abs. 1 S. 1 C. com.

287 Siehe Art. L 626-30-2 C. com.; hierzu sogleich genauer unten, cc).

288 Siehe Art. L. 622-20 C. com.

289 Siehe Art. L. 621-4 Abs. 2 C. com. (für das *redressement judiciaire* i.V.m. Art. L. 631-9 C. com.).

in zahlreichen Informationsrechten und Rechtsmittelberechtigungen insbesondere im Bereich der insolvenzrechtlichen Sanktionen wahrnimmt[290].

Das Eröffnungsurteil ist dem Schuldner innerhalb von acht Tagen durch den Gerichtsschreiber *(greffier)* zuzustellen[291]. Ebenso hat er dessen Kopie unverzüglich etwa den im Urteil bestimmten Gläubigervertretern sowie der Staatsanwaltschaft zukommen zu lassen[292]. Bei im Handels- und Gesellschaftsregister (RCS) eingetragenen juristischen Personen[293] erfolgt sowohl ein Eintrag in dieses Register als auch im offiziellen Anzeigenblatt für Zivil- und Handelssachen (BODACC)[294].

bb) Beobachtungsphase (période d'observation)

Neben der Ernennung wichtiger Verfahrensorgane leitet das Eröffnungsurteil auch die so genannte Beobachtungsphase *(période d'observation)* ein[295]. Ziel dieses grundsätzlich auf sechs Monate begrenzten Zeitraums[296] ist die Ermöglichung einer Fortführung der wirtschaftlichen Aktivität sowie das Sammeln der notwendigen Informationen zur Erarbeitung einer Lösung im Rahmen eines Rettungs- bzw. Sanierungsplans[297]. Zur Erreichung des Sanierungsziels wird das Unternehmen grundsätzlich in Eigenverwaltung und mit Unterstützung des Verwalters[298] weitergeführt[299]. Eine Ausnahme von der Fortführung durch die Schließung einzelner Unternehmensteile sind in der *procédure de sauvegarde*

---

290 Genaue Aufstellung der Befugnisse und Hintergründe bei *Le Corre*, Droit et pratique des procédures collectives, Rn. 042.711.

291 Für die *procédure de sauvegarde*: Art. R. 621-6 C. com.; für das *redressement judiciaire*: Art. R. 631-12 C. com.

292 Art. R. 621-7 C. com. (für das *redressement judiciaire* i.V.m. Art. R. 631-7 C. com.).

293 Zur Publizität des Urteils in anderen Fällen *Pérochon*, Entreprises en difficulté, Rn. 538 ff.

294 Siehe Art. R. 621-8 C. com. (für das *redressement judiciaire* i.V.m. Art. R. 631-7 C. com.).

295 Art. L. 621-3 C. com. (für das *redressement judiciaire* i.V.m. Art. L. 631-7 Abs. 1 C. com.).

296 Siehe Art. L. 621-3 Abs. 1 C. com. (für das *redressement judiciaire* i.V.m. Art. L. 631-7 Abs. 1 C. com.). Eine einmalige Verlängerung um weitere sechs Monate ist in Ausnahmefällen möglich, siehe Art. L. 621-3 Abs. 1 i.V.m. Art. R. 621-9 C. com. (für das *redressement judiciaire* i.V.m. Art. L. 631-7 Abs. 1 C. com.).

297 Siehe *Monsèrié-Bon*, Entreprises en difficulté (Période d'observation), in: Vogel/ Delpech (Hrsg.), Rép. commercial, Rn. 7. Zur Erarbeitung dieser Pläne durch die Erstellung der so genannten *bilan économique, social et environnemental* sogleich unten, cc).

298 Siehe hierzu bereits oben, aa).

299 Siehe Art. L. 622-9 C. com. (für das *redressement judiciaire* i.V.m. 631-14 Abs. 1 C. com.)

auf Antrag des Schuldners[300], im *redressement judiciaire* durch die maßgeblichen Verfahrensbeteiligten oder von Amts wegen durch das Gericht[301] möglich. Um die Fortführung des Unternehmens trotz seiner wirtschaftlichen Schwierigkeiten zu ermöglichen, beinhalten *sauvegarde* und *redressement* zahlreiche Schuldnerschutzvorschriften, die während der Beobachtungsphase Anwendung finden[302]. Hierzu gehört etwa die Möglichkeit des Verwalters, über die Fortführung oder Kündigung laufender Verträge zu entscheiden, welche von den Gläubigern nicht allein aufgrund der Eröffnung des Verfahrens und des damit verbundenen Zahlungsausfalls verweigert werden darf[303]. Auch eine Fälligstellung von Forderungen durch die Eröffnung des Verfahrens kann von den Gläubigern weder verlangt noch in Verträgen wirksam vereinbart werden[304]. Gleichzeitig gilt sowohl in Bezug auf vor der Eröffnung des Verfahrens begründete Forderungen *(créances nées antérieurement au jugement d'ouverture)* als auch in Bezug nachträglich begründete Forderungen *(créances nées après le jugement d'ouerture)* ein grundsätzliches Befriedigungsverbot[305]. Nachträglich begründete Forderungen, die für den Fortgang des Verfahrens notwendig sind oder die nach der Verfahrenseröffnung, insbesondere nach entsprechender Entscheidung des Verwalters[306], erfolgte Leistungen an den Schuldner betreffen, sind bei ihrer Fälligkeit zu erfüllen[307]. Die sonstigen vom Befriedigungsverbot umfassten Forderungen muss der Schuldner hingegen zur

---

300 Siehe Art. L. 622-10 Abs. 1 C. com.

301 Siehe Art. L. 631-15-II C. com. Den entsprechenden Antrag stellen können nach dieser Vorschrift der Verwalter, der Gläubigervertreter, ein *contrôleur* (welcher kein obligatorisches Verfahrensorgan im eigentlichen Sinne ist, vgl. Art. L. 621-10 Abs. 1 C. com.) oder die Staatsanwaltschaft stellen.

302 Siehe ausführlich zu den Rechtsfolgen der Verfahrenseröffnung *Bauerreis*, in: Handbuch Insolvenzrecht in Europa, Frankreich, Rn. 148 ff. sowie zusammengefasst bei *Niggemann*, in: MüKo-InsO, 2. Auflage, Band 3, Anhang Länderberichte, Frankreich, Rn. 11.

303 Art. L. 622-13-I C. com. (für das *redressement judiciaire* i.V.m. Art. L. 631-14 Abs. 1 C. com.). Die Fortführung kann der Verwalter durch die Erfüllung der vertraglichen Verpflichtungen des Schuldners erreichen, Art. L. 622-13-I C. com. (für das *redressement judiciaire* i.V.m. Art. L. 631-14 Abs. 1 C. com.).

304 Art. L. 622-29 C. com. (für das *redressement judiciaire* i.V.m. Art. L. 631-14 Abs. 1 C. com.).

305 Art. L. 622-7-I S. 1 bzw. S. 2 C. com. (für das *redressement judiciaire* i.V.m. Art. L. 631-14 Abs. 1 C. com.). Gegen vor der Eröffnung des Verfahrens begründete Forderungen kann allerdings weiterhin aufgerechnet werden, sofern beide Forderungen verbunden sind (*créances connexes*, Art. L. 622-7-I S. 1; für das *redressement judiciaire* i.V.m. Art. L. 631-14 Abs. 1 C. com.).

306 Siehe hierzu die soeben erfolgten Ausführungen zu Art. L. 622-13-I C. com.

307 Siehe Art. L. 622-17-I C. com. (für das *redressement judiciaire* i.V.m. Art. L. 631-14 Abs. 1 C. com.).

vom Gläubigervertreter erstellten Forderungstabelle anmelden[308]. Das Befriedigungsverbot wird flankiert von einer Unterbrechung diesbezüglich geführter Gerichtsverfahren – insbesondere auf Geldforderungen[309] – sowie einem allgemeinen Vollstreckungsverbot in das Mobiliar- und Immobiliarvermögen des Schuldners für derartige Urteile[310]. Die Wiederaufnahme der unterbrochenen Verfahren kann nach der Forderungsanmeldung einsetzen, allerdings nur zur Feststellung des Bestehens der Forderung in der vom Gläubiger angegebenen Höhe[311]. Schließlich führt die Vefahrenseröffnung zur Hemmung von mit Rechtsverlust verbundenen Fristabläufen[312] sowie zu einer Unterbrechung eines Großteils der gegen den Schuldner bestehenden Zinsansprüche[313].

cc) Erarbeitung und Beschluss des Rettungs- bzw. Sanierungsplans

Während der Beobachtungsphase erfolgt außerdem die Erarbeitung einer Bilanz der wirtschaftlichen, sozialen und ggfs. auch die Umwelt betreffenden Auswirkungen des Verfahrens durch den Verwalter *(bilan économique, social et environnemental)*[314], welche auch Hinweise zu Ursprung, Schwere und Wesen der unternehmerischen Schwierigkeiten des Schuldners enthält[315] und damit die Grundlage des später zu entwickelnden Rettungs- bzw. Sanierungsplans darstellt[316]. Hierzu melden die Gläubiger ihre Forderungen beim Gläubigervertreter an, welcher die Forderungen prüft, eine Forderungsliste erstellt[317]

---

308 Siehe etwa L. 622-13-I Abs. 2 S. 2 (für das *redressement judiciaire* i.V.m. Art. L. 631-14 Abs. 1 C. com.). Zur Forderungsanmeldung sogleich unten, cc).

309 Art. L. 622-21-I C. com. (für das *redressement judiciaire* i.V.m. Art. L. 631-14 Abs. 1 C. com.).

310 Art. L. 622-21-II C. com. (für das *redressement judiciaire* i.V.m. Art. L. 631-14 Abs. 1 C. com.). Ebenso gilt dies für von Gesetzgeber entsprechend behandelte Eintragungen von Realsicherheiten, Art. L. 622-30 Abs. 1 C. com. (für das *redressement judiciaire* i.V.m. Art. L. 631-14 Abs. 1 C. com.).

311 Art. L. 622-22 Abs. 1 C. com. (für das *redressement judiciaire* i.V.m. Art. L. 631-14 Abs. 1 C. com.).

312 Art. L. 622-21-III C. com. (für das *redressement judiciaire* i.V.m. Art. L. 631-14 Abs. 1 C. com.).

313 Siehe mit entsprechenden Ausnahmen Art. L. 622-28 C. com. (für das *redressement judiciaire* i.V.m. Art. L. 631-14 Abs. 1 C. com.).

314 Siehe Art. L. 623-1 Abs. 1 C. com. (für das *redressement judiciaire* i.V.m. Art. L. 631-18 Abs. 1 C. com.). Die Analyse der Umweltauswirkungen erfolgt nur bei möglicherweise umweltgefährdenden Betrieben, siehe Art. L. 623-1 Abs. 3 C. com. (für das *redressement judiciaire* i.V.m. Art. L. 631-18 Abs. 1 C. com.).

315 Art. L. 623-1 Abs. 2 C. com. (für das *redressement judiciaire* i.V.m. Art. L. 631-18 Abs. 1 C. com.).

316 Siehe Art. L. 626-2 Abs. 1 C. com. (für das *redressement judiciaire* i.V.m. Art. L. 631-19-I C. com.).

317 Art. L. 624-1 Abs. 1 C. com. (für das *redressement judiciaire* i.V.m. Art. L. 631-18 Abs. 1 C. com.).

und den Verwalter über dessen Inhalt informiert[318]. Die Forderungsanmeldungen unterliegen einer Überprüfung des Insolvenzrichters, der auch über die endgültige Wirksamkeit der jeweiligen Anmeldungen zu entscheiden hat[319].

Der Entwurf eines Rettungs- bzw. Sanierungsplans *(plan de sauvegarde bzw. plan de redressement)* erfolgt beim Rettungsverfahren durch den Schuldner, was dem Leitbild eines freiwillig beantragten Verfahrens entspricht, unter Zuhilfenahme des Verwalters[320]. Beim nachinsolvenzlichen und durch eine Antragspflicht flankierten Sanierungsverfahren ist die Kompetenzabstufung dagegen umgekehrt[321]. Inhaltlich enthält der Entwurf ein Konzept zur teilweisen oder vollständigen Fortführung des Unternehmens[322]. Der Ersteller des Plans nimmt in einem beschreibenden Teil zu den prognostizierten Sanierungsaussichten des Unternehmens unter Darlegung der hierfür zur Verfügung stehenden finanziellen Mittel sowie der aktuellen Marktlage in Bezug auf seine wirtschaftliche Aktivität Stellung[323]. Der später anzunehmende Plan kann aber auch direkte Rechtsfolgen nach sich ziehen. Hierzu gehören neben einer Anpassung der Höhe und Rückzahlungsmodalitäten der Schulden durch Zahlungsaufschübe oder -erlasse[324] etwa arbeits- und sozialrechtliche Folgen wie die Stilllegung von Betrieben bzw. der Beschluss von Kündigungen und Sozialplänen[325]. Ebenso kann der Plan die Veräußerung eines Unternehmensteils vorsehen[326]. Aber auch gesellschaftsrechtliche Maßnahmen wie etwa Kapitalmaßnahmen[327] können Teil des Entwurfs sowie des späteren Plans sein[328]. Ent-

---

[318] Vgl. Art. L. 623-3 Abs. 3 C. com. (für das *redressement judiciaire* i.V.m. Art. L. 631-18 Abs. 1 C. com.).

[319] Art. L. 624-2 C. com. (für das *redressement judiciaire* i.V.m. Art. L. 631-18 Abs. 1 C. com.).

[320] Art. L. 626-2 C. com.

[321] Siehe Art. L. 631-19-I Abs. 2 C. com.

[322] Sollte sich eine Fortführung zu diesem Zeitpunkt als unmöglich herausstellen, wird das Verfahren in eine *liquidation judiciaire* umgewandelt.

[323] Art. L. 626-2 Abs. 2 C. com. (für das *redressement judiciaire* i.V.m. Art. L. 631-19-I C. com.).

[324] Siehe Art. L. 626-2 Abs. 3 sowie L. 626-5 Abs. 1 C. com. (für das *redressement judiciaire* i.V.m. Art. L. 631-19-I C. com.).

[325] Art. L. 626-2 Abs. 4 C. com. (für das *redressement judiciaire* i.V.m. Art. L. 631-19-I C. com.).

[326] Art. L. 626-2 Abs. 5 C. com. (für das *redressement judiciaire* i.V.m. Art. L. 631-19-I C. com.).

[327] Diese bleiben allerdings weiterhin vom Beschluss einer Gesellschafter- bzw. Hauptversammlung abhängig, welche alsbald nach dem Beschluss des Plans einzuberufen ist, siehe Art. L. 626-3 C. com. sowie Art. L. 626-15 ff. C. com. (für das *redressement judiciaire* i.V.m. Art. L. 631-19-I C. com.).

[328] Art. L. 626-2 Abs. 2 C. com. (für das *redressement judiciaire* i.V.m. Art. L. 631-19-I C. com.).

hält der Planentwurf Vorschläge zu Zahlungsaufschüben oder -erlassen, unterrichtet der Gläubigervertreter die hiervon betroffenen Gläubiger der Forderungstabelle und holt ihre Zustimmung ein[329]. Im Falle des Bestehens von Gläubigerausschüssen[330] wird dieses Vorgehen für die Mitglieder dieser Ausschüsse durch ein Abstimmungsverfahren rationeller gestaltet, in welchem auch die Ausschussmitglieder eigene Planvorschläge einbringen können[331]. Sie sind in jedem Ausschuss mit einer Zwei-Drittel-Mehrheit der dort jeweils vertretenen Forderungen anzunehmen[332].

Nachdem der Planentwurf dem Gericht zugeleitet wurde, entscheidet es nach Beratung unter Anwesenheit des Schuldners, des Verwalters, des Gläubigervertreters und des Arbeitnehmervertreters sowie unter Berücksichtigung einer Stellungnahme der Staatsanwaltschaft[333]. Sieht das Gericht eine ernsthafte Rettungs- bzw. Sanierungsperspektive, beschließt es den Plan im so genannten *jugement arrêtant le plan*, welches die Beobachtungsphase beendet[334] und die Planbestimmungen rechtsgültig werden lässt[335]. Befugnisse zur Abänderung eines Planvorschlags seitens des Gerichts sieht das Gesetz nicht vor. Zwar muss der Gläubigervertreter alle Gläubiger, welche durch den Plan Zahlungsaufschübe oder -erlasse erleiden, in der Planerstellungsphase um ihre ausdrückliche Zustimmung hierzu bitten[336]; andererseits ist das Gericht an die Zustimmung der Gläubiger nicht unter allen Umständen gebunden. Vielmehr kann es unter Maßgabe der Voraussetzungen des Art. L. 626-18[337] unter bestimmten

[329] Art. L. 626-5 Abs. 2, 4 C. com. (für das *redressement judiciaire* i.V.m. Art. L. 631-19-I C. com.). Eine fehlende Antwort auf eine entsprechende schriftliche Anfrage innerhalb von 30 Tagen gilt in diesem Falle als Zustimmung, siehe Art. L. 626-5 Abs. 2 S. 3 C. com. (für das *redressement judiciaire* i.V.m. Art. L. 631-19-I C. com.).

[330] Siehe hierzu bereits oben, aa).

[331] Siehe Art. L. 626-30-2 C. com. (für das *redressement judiciaire* i.V.m. Art. L. 631-19-I C. com.).

[332] Art. L. 626-30-2 Abs. 4 C. com. (für das *redressement judiciaire* i.V.m. Art. L. 631-19-I C. com.).

[333] Art. L. 626-9 C. com. (für das *redressement judiciaire* i.V.m. Art. L. 631-19-I C. com.).

[334] Siehe Art. L. 626-1 Abs. 1 C. com. (für das *redressement judiciaire* i.V.m. Art. L. 631-19-I C. com.).

[335] Art. L. 626-11 Abs. 1 C. com. (für das *redressement judiciaire* i.V.m. Art. L. 631-19-I C. com.).

[336] Art. L. 626-6 Abs. 2 C. com. (für das *redressement judiciaire* i.V.m. Art. L. 631-19-I C. com.); bei individueller Anfrage in schriftlicher Form gilt eine fehlende Ablehnung innerhalb von 30 Tagen ab Zustellung dieser Anfrage als Zustimmung, siehe Abs. 2 S. 2 dieses Artikels.

[337] Für das *redressement judiciaire* i.V.m. Art. L. 631-19-I C. com.

Voraussetzungen auch Zahlungsaufschübe und -erlasse ohne die Gläubigerzustimmung auferlegen[338].

dd) Rechtsfolgen und Durchführung der Planbestandteile

Die Beobachtungsphase geht damit in einen Zeitraum der Planausführung über[339]. Die Dauer dieses Zeitraums wird vom Gericht festgelegt, darf aber maximal zehn Jahre betragen[340]. Das *jugement arrêtant le plan* hält die von den Gläubigern akzeptierten bzw. ihnen auferlegten Erlasse und Zahlungsaufschübe in seinem Urteil fest. Gläubiger, die einem Erlass nicht zugestimmt haben, dürfen nur mit Zahlungsaufschüben belastet werden, die die Dauer des Plans nicht überschreiten dürfen.[341] Ebenso ernennt das Gericht den Verwalter oder den Gläubigervertreter zum „Planausführungskommissar" *(commissaire à l'exécution du plan)*, welcher die Durchführung der Planbestimmungen überwacht und Abweichungen insbesondere bei der Befriedigung der Gläubiger dem Gericht meldet[342]. Hält der Schuldner die Planbestimmungen während der Ausführungsphase nicht ein, kann das Gericht den Plan durch Urteil auflösen, was zur sofortigen Wiederherstellung aller noch nicht erfüllten Forderungsrechte führt[343]. Ein Grund für die Kündigung des Plans ist auch die erneute oder erstmalige Zahlungsunfähigkeit während der Ausführungsphase, was die Eröffnung eines ggfs. erneuten Sanierungs- bzw. Liquidationsverfahrens zur Folge hat[344]. Wird der Plan während seiner Laufzeit hingegen vollständig umgesetzt, beschließt das Gericht das Verfahren[345] durch einen „Beschluss zum Abschluss" *(ordonnance de clôture*[346]*)*.

---

[338] Ausgenommen sind hiervon die in Art. L. 626-20 C. com. (für das *redressement judiciaire* i.V.m. Art. L. 631-19-I C. com.) genannten Forderungsarten wie etwa solche aus Arbeitsverträgen,

[339] Vgl. Art. L. 626-10 Abs. 1 C. com. (für das *redressement judiciaire* i.V.m. Art. L. 631-19-I C. com.).

[340] Art. L. 626-12 C. com. (für das *redressement judiciaire* i.V.m. Art. L. 631-19-I C. com.).

[341] Siehe zu alledem Art. L. 626-18 C. com. (für das *redressement judiciaire* i.V.m. Art. L. 631-19-I C. com.).

[342] Art. L. 626-25 C. com. (für das *redressement judiciaire* i.V.m. Art. L. 631-19-I C. com.).

[343] Art. L. 626-27-I Abs. 1, 4 C. com. (für das *redressement judiciaire* i.V.m. Art. L. 631-19-I C. com.).

[344] Letzteres nur, wenn die Sanierung des Unternehmens offensichtlich unmöglich *(manifestement impossible)* ist, Art. L. 626-27-I Abs. 3 C. com. (für das *redressement judiciaire* i.V.m. Art. L. 631-19-I C. com.).

[345] Art. L. 626-28 C. com. (für das *redressement judiciaire* i.V.m. Art. L. 631-19-I C. com.).

[346] Zu diesem Begriff *Bauerreis*, in: Handbuch Insolvenzrecht in Europa, Frankreich, Rn. 179.

d) Besonderheiten des Liquidationsverfahrens „liquidation judiciaire"

Das Liquidationsverfahren *liquidation judiciaire* findet Anwendung, wenn sich der Schuldner im Zustand der Zahlungsunfähigkeit befindet[347] und unmittelbar nach Antragstellung bzw. nach Eröffnung etwa eines Sanierungsverfahrens die Möglichkeit einer Sanierung auszuschließen ist[348]. Ziel des Verfahrens ist folgerichtig die Beendigung der wirtschaftlichen Aktivitäten des Schuldnerunternehmens sowie, wenn möglich, die Veräußerung des gesamten Unternehmens bzw. seiner Aktiva[349].

Aus der grundsätzlichen Abwesenheit eines Sanierungsziels[350] ergeben sich einige Änderungen in Bezug auf Ablauf und Rechtswirkungen des Rettungs- oder Sanierungsverfahrens. Der Funktion des Verwalters im Rettungs- und Sanierungsverfahren entspricht die des Liquidators (*liquidateur*), welcher vom Gericht im Eröffnungsurteil benannt wird[351]. Ging dem Liquidationsverfahren ein Rettungs- oder Sanierungsverfahren voraus, hat der Verwalter seine Funktion grundsätzlich als Liquidator fortzuführen[352]. Der Schuldner verliert seine Verwaltungs- und Verfügungsbefugnis, die auf den Liquidator übergeht[353]. Die Aufgabe des Liquidators erschöpft sich grundsätzlich in der Prüfung der angemeldeten Forderungen, der Sicherung und anschließender Auskehr des Unternehmenswerts im Rahmen der Übertragung des Schuldnerunternehmens[354] bzw. der getrennten Veräußerung seiner Aktiva[355]. Ebenso ist kein *bilan économique, social et environnemental* zu erstellen[356]. Daher fällt auch die Beobachtungsphase *(période d'observation)* weg[357]. Trotzdem werden viele der in dieser Phase bei Rettungs- und Sanierungsverfahren geltenden Rechtsfolgen

---

347 Hierzu bereits oben, 2.

348 Art. L. 640-1 Abs. 1. C. com. Zur Abstufung der Verfahren und der Überführung eines Sanierungs- in ein Liquidationsverfahren genauer oben, 2.

349 Siehe Art. L. 640-1 Abs. 2 C. com.

350 Versteht man die Fortführung des Unternehmens unter neuer Führung als Sanierungsperspektive, halten die Art. L. 642-2 ff. C. com jedoch eine entsprechende Möglichkeit bereit.

351 Art. L. 641-1-II C. com.

352 Art. L. 641-1-III C. com.

353 Art. L. 641-9-I C. com.

354 Hierzu genauer Art. L. 642-1 ff. C. com. (so genannte *cession de l'entreprise*)

355 Die Verfahrensregeln zur so genannten *cession des actifs du débiteur* finden sich in Art. L. 642-18 ff. C. com.

356 Dieser wird durch einen Bericht des Liquidators über die wirtschaftliche Situation des Unternehmens ersetzt, siehe Art. L. 641-2 Abs. 2 C. com.

357 Hierauf hinweisend *Bauerreis*, in: Handbuch Insolvenzrecht in Europa, Frankreich, Rn. 145; siehe auch *Monsèrié-Bon*, Entreprises en difficulté (Période d'observation), in: Vogel/ Delpech (Hrsg.), Rép. commercial, Rn. 6.

auch auf den Zeitraum zwischen Eröffnung der Liquidation und der endgültigen Auseinandersetzung über das Schuldnervermögen angewendet[358], um die Sicherung der bestehenden Aktiva zu gewährleisten. Auch die Fortführung des Unternehmens oder bestimmter Teile bis zur Beendigung der Liquidation kann zu diesem Zweck vom Insolvenzgericht angeordnet werden[359]. Das Verfahren endet mit dem Schlussurteil *(jugement de clôture)*[360]. Dieses soll grundsätzlich nach vollständig erfolgter Erlösauskehr[361] an die Gläubiger ausgesprochen werden[362]; weitaus häufiger wird allerdings die Beendigung des Verfahrens wegen unzureichender Masse *(clôture pour insuffisance d'actif*[363]*)* sein. Letztere eröffnet auch die Möglichkeit zur Verfolgung förmlich bestellter oder faktischer Geschäftsführer im Rahmen des Haftungstatbestands der *responsabilité pour insuffisance d'actif*[364].

B. Der französische Konzern in Theorie und Praxis

Konzerne *(groupes de sociétés*[365]*)* stellen in Frankreich ein äußerst vielschichtiges Phänomen dar, welches von einem Auseinanderfallen der wirtschaftlichen und rechtlichen Realität gekennzeichnet ist. Während die Wirtschaft die Vorteile von Konzernen als Organisationsform für Unternehmen zahl- und variantenreich ausnutzt (hierzu unten II.), verzichtet das Wirtschafts- und Gesellschaftsrecht bewusst auf eine vollständige Regelung (sogleich I.). Aus dieser Betrachtung ergibt sich, dass der Konzernbegriff, wie er im Rahmen der vorliegenden Arbeit zugrunde gelegt werden wird, wegen der Vielfältigkeit der möglichen Sachverhalte nur einen Ausschnitt aus einer insgesamt viel weitläufigeren Materie darstellt. Dies kann auch für eine Bezugnahme auf dieses Phänomen im Insolvenzrecht nicht ohne Folgen sein.

---

358 Siehe Art. L. 641-3 C. com. sowie etwa Art. L. 641-11-1 ff. C. com.

359 Dies ist insbesondere der Fall, wenn eine übertragende Sanierung des Unternehmens in Betracht kommt, siehe Art. L. 641-10 Abs. 1 C. com.

360 Siehe Art. L. 643-9 Abs. 2 C. com.

361 Hierzu ausführlich Art. L. 643-1 ff. C. com.

362 Art. L. 643-9 Abs. 2 C. com.

363 Siehe hierzu Art. L. 643-9 Abs. 2 sowie Art. L. 643-11 C. com.

364 Hierzu ausführlich unten, § 5 A.

365 Die wörtliche Übersetzung des Begriffs wäre daher: „Gruppe von Gesellschaften". Siehe zum Konzernbegriff des französischen Rechts unten, I. b).

I. Die rechtliche Dimension des Konzerns im französischen Wirtschafts- und Gesellschaftsrecht

1. Rechtliche Kontur des Konzerns

a) Fehlen eines Konzernrechts im engeren Sinne

„Das französische Recht unterhält mit dem Begriff des Konzerns eine etwas seltsame Beziehung". Diese Formel von *Le Cannu*[366] beschreibt die Suche nach praktikablen Lösungen in einem besonderen Spannungsfeld zwischen Gestaltungswillen und Zurückhaltung des französischen Gesetzgebers im Konzernrecht der letzten Jahrzehnte äußerst treffend.

So wird der Konzern vom französischen Recht zwar als eine ökonomische Realität toleriert und anerkannt, zu einer vollständigen Ausgestaltung dieser Organisationsform im Rahmen einer zusammenhängend kodifizierten und rechtsgebietsübergreifenden Regelung kam es in Frankreich jedoch nie[367]. Das sichtbarste Indiz für die gesetzgeberische Zurückhaltung ist schon das Fehlen einer rechtsgebietsübergreifenden Definition des Begriffs „Konzern" bzw. „Unternehmensgruppe" im französischen Handelsgesetzbuch *Code de commerce*[368]. Wichtigste Folge ist der Grundsatz der juristischen Selbständigkeit der einzelnen Konzerngesellschaften bei gleichzeitig fehlender Anerkennung des Konzerns als rechtsfähiger juristischer Person[369]. Die wirtschaftliche Realität eines Konzerns als Gesamtunternehmen fällt daher mit der juristischen Regelung mehrerer selbstständiger, wenn auch verbundener Einzelgesellschaften auseinander[370].

---

[366] LPA, Nr. 2002-7, 43, Rn. 27: „Le droit français entretient avec la notion de groupe une relation un peu curieuse". Ähnlich formuliert es *Deleneuville*, Rev. Proc. Coll., Nr. 2001-2, 61: „...der Begriff des Konzerns bleibt dem französischen Juristen ein unbekannter. Unbekannt aber nicht vollständig unbeachtet" („...la notion de groupe reste inconnue du juriste français. Inconnue mais pas totalement ignorée").

[367] Siehe *Cozian/ Viandier/ Deboissy*, Sociétés, 29. Auflage, Rn. 1883; *Merle/ Fauchon*, Sociétés commerciales, Rn. 758.

[368] *Urbain-Parleani*, Regards croisés, in: Menjucq/ Fages (Hrsg.), S. 91, 92 (Rn. 4), 93 (Rn. 7); siehe auch *Gibirila*, Groupes de sociétés – Présentation, in: JCl. Com., Fasc. 1574, Rn. 1; *Moulin*, Sociétés et groupes, Rn. 976 ff.; *Vidal*, Sociétés, Rn. 140; zur Konzerndefinition sogleich unten, b).

[369] So ausdrücklich Cass. com. 02.04.1996, Bull. civ. 1996 IV, Nr. 113, S. 94, Revisionsnummer 94-16380 (keine Rechtsfähigkeit des Konzerns; Vertragsschlüsse mit dem Konzern mangels Geschäftsfähikgeit i.S.d. damaligen Art. 1108 C. civ. – heute Art. 1128 Nr. 2 C. civ. – nichtig). Siehe auch *Moulin*, Sociétés et groupes, Rn. 977; krit. bereits *Paillusseau*, JCP G 1971, Etude 2401 bis, Rn. 2 ff. Zu diesem Grundprinzip des französischen Konzernrechts genauer unten, 2.

[370] *Pariente*, Les groupes de sociétés, Rn. 4; *Urbain-Parleani*, Regards croisés, in: Menjucq/ Fages (Hrsg.), S. 93 (Rn. 8); Siehe auch *Paillusseau*, JCP G 1971, Etude 2401 bis, Rn. 2 ff.

Der französische Gesetzgeber konnte sich bisher nicht für die Einführung eines umfassenden Konzernrechts entscheiden. Als „Referenz“[371] für eine solche Regelung der Beziehungen zwischen Konzerngesellschaften galt und gilt in Frankreich das zum 06.09.1965 neu gefasste deutsche Aktiengesetz[372]. Trotz der von französischer Seite sogar geäußerten „Bewunderung“ für die Innovationskraft dieses Gesetzes[373], scheiterten aber bisher alle in Angriff genommenen Versuche[374] der Übertragung der Grundprinzipien des deutschen ins französische Recht[375].

Dieser Verzicht auf ein „Konzernrecht“ im engeren Sinne war das Ergebnis einer bewussten gesetzgeberischen Entscheidung[376]. Grund für diesen im französischen Recht eher untypischen „Minimalismus“ des Gesetzgebers sind und waren Bedenken, eine zu tiefgreifende gesetzliche Ausgestaltung der so vielfältigen Konzernsachverhalte[377] könnte diesem komplexen wirtschaftlichen Phänomen nicht gerecht werden[378]. Die französische Konzeption begünstige vielmehr die Entwicklung von Konzernen und lasse Raum für rechtliche Innovation[379], welche effizienter in den von Einzelproblemen betroffenen Rechtsgebieten durch Sonderregeln und ein ausdifferenziertes Richterrecht erfolgen

---

[371] *Pariente*, Les groupes de sociétés, Rn. 9: „Das Konzernrecht in Deutschland [...] hat das Verdienst, den europäischen Juristen als Referenz zu dienen“ („Le droit des groupes en Allemange [...] a le mérite de servir de référence aux juristes européens“; siehe auch *Germain/ Magnier*, Sociétés commerciales, Rn. 2641.

[372] BGBl. I S. 1089; zur Diskussion um die Einführung eines Konzernrechts in Deutschland unten, § 2 B. III.

[373] „Admiration“, *Paillusseau*, JCP G 1971, Etude 2401 bis, Rn. 8; siehe auch *Vidal*, Sociétés, Rn. 142; skeptischer *Le Cannu/ Dondero*, Sociétés, Rn. 1503.

[374] Debatten bereits in Verbindung mit dem Gesetz Nr. 66-537 vom 24.07.1966 über die Handelsgesellschaften (siehe etwa die Bezugnahme auf das deutsche Recht durch den damaligen Justizminister *Foyer* in den Parlamentsdebatten zu diesem Gesetz, JO Sénat, Sitzungsprotokoll vom 27.04.1966, S. 365; JOAN, Sitzungsprotokoll vom 10.06.1966, S. 1966) sowie in den darauffolgenden Gesetzesvorschlägen Nr. 1055 vom 19.02.1970 (grds. zustimmende Betrachtung *Paillusseau*, JCP G 1971, Etude 2401 bis, Rn. 35 ff.), Nr. 52 vom 02.04.1972 sowie Nr. 522 vom 28.06.1978 („propositions ‚Cousté‘“); daraufhin erneut ab 1996 nach Veröffentlichung von *Marini*, La Modernisation du droit des sociétés : rapport au premier ministre; zweifelnd im Hinblick auf eine Auslegung dieses Berichts als Vorbild für eine am deutschen Recht orientierte Regelung *Couret*, LPA, Nr. 1997-47, 4, Rn. 34 ff.

[375] Zum ganzen ausführlich *Urbain-Parleani*, Regards croisés, in: Menjucq/ Fages (Hrsg.), S. 91, 92 (Rn. 3); siehe auch *Merle/ Fauchon*, Sociétés commerciales, Rn. 758.

[376] Vgl. *Le Cannu/ Dondero*, Sociétés, Rn. 1503; *Lecourt*, Groupe de sociétés, in: Magnier (Hrsg.), Rép. sociétés, Rn. 10.

[377] Zu den in der Praxis häufigsten Ausgestaltungsformen von Konzernen sogleich unten, 3; zur Motivlage von in Konzernform organisieren Unternehmen siehe unten, II.2.

[378] *Le Cannu/ Dondero*, Sociétés, Rn. 1504; *Merle/ Fauchon*, Sociétés commerciales, Rn. 758

[379] Siehe *Moulin*, Sociétés et groupes, Rn. 978.

könne[380]. Aus diesem Grund sei in den meisten Fällen auch von Seiten der Wirtschaft nie eine wirkliche Nachfrage nach einer ausführlichen Regelung entstanden[381]. Im Gegenzug wird das deutsche Konzernrecht teilweise für seine „Schwerfälligkeit“[382] kritisiert: Die für den deutschen Vertragskonzern vorgesehenen Konstitutionsmethoden der Beherrschungs- und Gewinnabführungsverträge (§ 291 Abs. 1 AktG) seien für die in Frankreich häufig genutzten Kooperationsverträge ohne Beherrschung oder Gewinnabführung nicht vielseitig genug und die im deutschen Konzernrecht in §§ 16, 17 Abs. 2, 18 AktG vorherrschende Konzentration auf Mehrheitsbeteiligungen entspreche nicht der in der französischen Industrie beliebten Beteiligungsform einer Vielzahl von Minderheitsbeteiligungen an unterschiedlichen Unternehmen[383].

b) Der Konzernbegriff

Versucht man sich dem Konzern im französischen Recht über eine einheitliche Definition zu nähern, enttäuscht ein Blick in die gesellschaftsrechtliche Literatur auf den ersten Blick. Es wirkt sich hier die soeben beschriebene fragmentarische Regelungstechnik des Gesetzgebers aus, die eine einheitliche Definition des Konzerns erschwert, wenn nicht gar aufgrund der Vielgestaltigkeit der wirtschaftlichen Gestaltungsformen verbundener Unternehmen nahezu unterbindet[384]. Nicht zuletzt wird sogar die Bezeichnung des Konzerns selbst uneinheitlich verwendet: Während im gesellschaftsrechtlichen Kontext eher von „Gesellschaftsgruppen“ *(groupes de sociétés)* die Rede ist, greifen insbesondere das Arbeits- und Sozialrecht eher den Begriff der „Unternehmensgruppe“ *(groupe d'entreprises)* auf[385].

Und doch scheint sich in Literatur und Rechtsprechung ein begrifflicher Minimalkonsens herausgebildet zu haben, welcher größtenteils auf Beobachtungen der wirtschaftlichen Realität von Konzernsachverhalten fußt[386] und daher

---

380 *Lecourt*, Groupe de sociétés, in: Magnier (Hrsg.), Rép. sociétés, Rn. 9; *Urbain-Parleani*, Regards croisés, in: Menjucq/ Fages (Hrsg.), S. 91, 92 (Rn. 4). Wohl im Erg. zustimmend *Pariente*, Les groupes de sociétés, Rn. 3. *Lecourt*, Groupe de sociétés, in: Magnier (Hrsg.), Rép. sociétés, Rn. 10; *Urbain-Parleani*, Regards croisés, in: Menjucq/ Fages (Hrsg.), S. 91, 92, Rn. 4; wohl im Ergebnis zustimmend *Pariente*, Les groupes de sociétés, Rn. 3.

381 Siehe *Couret*, LPA, Nr. 1997-47, 4, Rn. 2.

382 *Marini*, La Modernisation du droit des sociétés, S. 82 („lourdeur“).

383 *Vidal*, Sociétés, Rn. 142; Kritisch zum deutschen Konzernrecht auch *Germain/ Magnier*, Sociétés commerciales, Rn. 2641.

384 Siehe jedoch zu gesetzlich aufgegriffenen Problemen des Konzernrechts sogleich unten, c).

385 *Pariente*, Les groupes de sociétés, Rn. 9.

386 Hierauf hinweisend *Lecourt*, Groupe de sociétés, in: Magnier (Hrsg.), Rép. sociétés, Rn. 10, 11; siehe zu dieser wirtschaftlichen Dimension der Konzerne unten, II.

eher ein Phänomen zusammenfasst[387], als dass er Rechtswirkungen bezwecken könnte. Zur Bestimmung des persönlichen Anwendungsbereichs greifen die gesetzlichen Einzelregelungen jeweils auf eigens definierte Teilbereiche dieses Begriffs zurück[388].

aa) Kriterien für das Vorliegen von Konzernen in Rechtsprechung und Literatur

Alle aus diesen Indizien zusammengesetzten Definitionen stellen für den Konzernbegriff im französischen Recht zumindest drei Hauptkriterien in den Mittelpunkt: so setzt dieser Begriff das Vorhandensein einer Mehrzahl von Gesellschaften voraus, die zwar ihre juristische Unabhängigkeit voneinander bewahren[389], gleichzeitig aber eine Verflechtung durch unterschiedliche Arten von (wirtschaftlichen oder rechtlichen) Bindungen aufweisen[390]. Viele Autoren fügen dieser Definition noch das – auch vom Gesetz aufgegriffene – Kriterium der Beherrschung *(contrôle)*[391] durch eine Muttergesellschaft bzw. aus umgekehrter Sicht die Abhängigkeit *(dépendance)* der Konzerngesellschaften von dieser Konzernmutter hinzu[392] und verengen den Begriff damit auf Unterordnungskonzerne, die sich insbesondere durch Kapitalbeteiligungen ergeben. Andere stellen anstatt einer Beherrschung bzw. Abhängigkeit eher auf eine Verflechtung von wirtschaftlichen Interessen im Rahmen von Unternehmensverträgen oder Beteiligungen an unterschiedlichen Unternehmen und eine daraus folgende Zentralisierung von Entscheidungsmacht im Gesamtunternehmen ab[393]. Insgesamt besteht aber Einigkeit, eine große Bandbreite von unterschiedlichen Verknüpfungssituationen als *groupe de sociétés* zu bezeichnen: von der

---

387 Siehe *Petit*, Sociétés, Rn. 495.

388 Hierzu sogleich unten, bb).

389 Dieses zentrale Wesensmerkmal der Konzerne wird weiter unten, 2., näher erläutert.

390 *Constantin*, Sociétés, S. 332; *Gibirila*, Groupes de sociétés – Présentation, in: JCl. Com., Fasc. 1574, Rn. 1; *Guyon*, Droit des affaires Tome 1, Rn. 580; *Le Cannu/ Dondero*, Sociétés, Rn. 1502; *Lecourt*, Groupe de sociétés, in: Magnier (Hrsg.), Rép. sociétés, Rn. 11; *Lefebvre*, Mémento groupes, Rn. 10; *Magnier*, Sociétés, Rn. 704; *Monsèrié-Bon/ Grosclaude*, Sociétés et groupements, Rn. 1009; *Vidal*, Sociétés, Rn. 140; *Urbain-Parleani*, Regards croisés, in: Menjucq/ Fages (Hrsg.), Rn. 7.

391 Hierzu sogleich unten, bb).

392 *Constantin*, Sociétés, S. 332; *Cozian/ Viandier/ Deboissy*, Sociétés, 29. Auflage, Rn. 1879; *Gibirila*, Groupes de sociétés – Présentation, in: JCl. Com., Fasc. 1574, Rn. 1; *Hillion-Lécuyer*, Groupe de sociétés, in: Dictionnaire permanent Droit des affaires, Rn. 1; *Le Cannu/ Dondero*, Sociétés, Rn. 1502; *Lefebvre*, Mémento groupes, Rn. 10; *Magnier*, Sociétés, Rn. 704; *Monsèrié-Bon/ Grosclaude*, Sociétés et groupements, Rn. 1009; *Urbain-Parleani*, Regards croisés, in: Menjucq/ Fages (Hrsg.), Rn. 7; zweifelnd *Guyon*, Droit des affaires Tome 1, Rn. 580.

393 So etwa *Vidal*, Sociétés, Rn. 140; zustimmend wohl auch *Guyon*, Droit des affaires Tome 1, Rn. 580; beide Kriterien zusammenführend *Moulin*, Sociétés et groupes, Rn. 969.

engen, durch Kapitalbeteiligungen hierarchisch vermittelten Bindung mehrerer Gesellschaften bis hin zu einer vertraglich geregelten Zusammenarbeit in Form des sehr weit gefassten Begriffs des Vertragskonzerns[394].

Da die gesetzlich geregelten Begriffe besonders das Gesellschaftsrecht betreffen und nicht in allen Bereichen auf diese ausdrücklich verwiesen wird[395], musste sich insbesondere die strafrechtliche[396] Rechtsprechung mit einer eigenen Definition des Konzerns behelfen. Die dort im Zusammenhang mit der Anerkennung eines Konzerninteresses im Rahmen des Tatbestands der Veruntreuung von Gesellschaftsvermögen *(abus de biens sociaux)*[397] gefundene Definition setzt für das Vorliegen eines Konzerns voraus, dass die Konzerngesellschaften „durch ein Abhängigkeitsverhältnis verbunden sind, welches sie tatsächlich unter die gemeinsame Beherrschung einer einheitlichen Leitung" stellt[398].

bb) Gesetzlich aufgegriffene Teilaspekte des Konzernbegriffs

Die Überlegungen zum Konzernbegriff in der Literatur wurden in vollständiger Abwesenheit einer gesetzlichen Definition begonnen[399]. Wie es sich auch beim Überblick über gesetzliche Aktivitäten im Bereich des Konzernrechts zeigen wird[400], knüpft immer noch keine dieser Regelungen zur Festlegung ihres persönlichen Anwendungsbereichs an einen einheitlichen Begriff des Konzerns an.

(1) Beherrschung (contrôle, Art. L. 233-3, 233-16 C. com.)

Zentrale Anwendungsvoraussetzung der Mehrzahl dieser Normen ist zumindest im gesellschaftsrechtlichen Bereich[401] vielmehr nahezu ausschließlich der

---

Ausführlich zu unterschiedlichen Anknüpfungspunkten dieser zentralisierten Entscheidungsmacht (*unité de décision*) je nach betroffenem Rechtsgebiet *Gibirila*, Groupes de sociétés – Présentation, in: JCl. Com., Fasc. 1574, Rn. 6 ff.

394 Zu den möglichen Gestaltungsformen von Konzernen nach dieser weiten Definition des französischen Rechts siehe unten, 3.

395 Siehe unten, bb).

396 Siehe hierzu *Cozian/ Viandier/ Deboissy*, Sociétés, Rn. 2081.

397 Hierzu genauer unten, c) ff).

398 Siehe nur Cass. crim. 04.02.1985, Bull. crim. 1985, Nr. 54, Revisionsnummer 84-91581 (*Rozenblum*): „un groupe de sociétés existe dès lors que les sociétés composantes sont unies par un lien de dépendance les mettant, en fait, sous le contrôle d'une direction unique".

399 Siehe *Le Cannu/ Dondero*, Sociétés, Rn. 1511.

400 Siehe unten, c)

401 Zu Anknüpfungskriterien in sonstigen Rechtsgebieten siehe unten, c) cc) ff.

Begriff der Beherrschung *(contrôle)*[402], welcher damit aus der Sicht des Gesetzes das zentrale Wesensmerkmal von verbundenen Gesellschaften darstellt[403]. Hierfür sieht das Gesetz wiederum zwei voneinander abweichende Definitionen vor: Art. L. 233-3 C. com sowie Art. L. 233-16 C. com. Der gesetzlich festgelegte Anwendungsbereich der ersten Definition ist zwar grundsätzlich auf die Bereiche der Informationspflichten sowie der Begrenzung des Haltens eigener Anteile beschränkt[404], während letztere ausdrücklich nur den persönlichen Anwendungsbereich der Konzernrechnungslegung[405] bestimmt[406]. Ihre besondere Relevanz erhalten diese Definitionsnormen allerdings dadurch, dass eine große Anzahl anderer Vorschriften zur Bestimmung des persönlichen Anwendungsbereichs, teils unter leichter Abänderung, auf sie verweist[407]. Art. L. 233-3 C. com. scheint hierbei durch häufigere Inbezugnahme die relevantere Definition zu sein, während Art. L. 233-16 C. com. fast ausschließlich auf das Bilanzrecht beschränkt ist[408]. Die Betrachtung ersterer Norm steht daher auch hier im Mittelpunkt.

Inhaltlich fällt bei beiden Definitionen auf, dass sie, anders als etwa das deutsche Recht mit seiner nicht näher bestimmten Voraussetzung des beherrschenden Einflusses (§ 17 Abs. 1 AktG)[409], genaue und aus dem reinen Gesetzestext heraus nachvollziehbare Voraussetzungen aufstellen[410].

Noch vor dem Aufgreifen des Begriffs der Beherrschung durch den Gesetzestext wurde dieser in der Literatur etwa definiert als „Macht zur Leitung und Weisung innerhalb einer juristisch selbständigen Gesellschaft“[411]. Diese Leitungsmacht kann sowohl über das Führungspersonal (Geschäftsführer bzw. Vorstand) als auch über die Gesellschafter- bzw. Hauptversammlung ausgeübt werden[412].

---

[402] Siehe *Dom*, Rev. sociétés 2002, 1, Rn. 7 sowie *Moulin*, Sociétés et groupes, Rn. 969.

[403] Siehe *Moulin*, Sociétés et groupes, Rn. 970.

[404] Siehe Art. L. 233-3 Abs. 1 C. com.

[405] Siehe Art. L. 233-16-I i.V.m. -II bis -IV C. com.

[406] Siehe zu beiden Bereichen im Überblick unten, c) aa).

[407] So etwa im Bereich des Arbeitsrechts, siehe hierzu unten, c) cc). Eine Aufstellung der Verweise auf die verschiedenen Beherrschungsbegriffe findet sich bei *Dom*, Rev. sociétés 2002, 1, Rn. 8 ff. Kritisch bezüglich der Schlüssigkeit dieser Verweisungen *Urbain-Parleani*, Regards croisés, in: Menjucq/ Fages (Hrsg.), Fn. 16.

[408] *Le Cannu/ Dondero*, Sociétés, Rn. 1511.

[409] Genauer zur Konzerndefinition in Deutschland unten, § 2 B. III. 1., 3.

[410] Auf diesen Unterschied hinweisend *Urbain-Parleani*, Regards croisés, in: Menjucq/ Fages (Hrsg.), Rn. 10.

[411] So etwa *Storck*, Rev. sociétés 1986, 385, 394; *Lecourt*, Groupe de sociétés, in: Magnier (Hrsg.), Rép. sociétés, Rn. 32.

[412] *Le Cannu/ Dondero*, Sociétés, Rn. 1511.

Art. L. 233-3-I C. com. nimmt beide dieser Hypothesen auf: in seinen ersten drei Varianten nimmt die Vorschrift Bezug auf die Machtverteilung in den Entscheidungsgremien der beherrschten Gesellschaft[413], also insbesondere auf die Verteilung der Stimmrechte in der Haupt- bzw. Gesellschafterversammlung (zusammengefasst bezeichnet als *assemblées générales*). Die vierte Variante bezieht sich hingegen auf die Einflussnahme über das Führungspersonal.

Eine Beherrschungssituation besteht hiernach zunächst folgerichtig, wenn eine natürliche oder juristische Person direkt oder indirekt (d.h. über ebenfalls von ihr kontrollierte Gesellschaften, Art. L. 233-4 C. com.) die Mehrheit dieser Stimmrechte hält (Art. L. 233-3-I Nr. 1 C. com., so genannte rechtliche Beherrschung, *contrôle de droit*[414]). Diese Mehrheit kann sich auch aus Vereinbarungen mit anderen Gesellschaftern ergeben, sofern diese nicht gegen das Interesse der Gesellschaft verstoßen (Nr. 2). Es handelt sich hierbei um eine gesetzliche Reaktion auf den zunehmenden Abschluss von Stimmbindungsverträgen, deren Auswirkungen auf die Beherrschungssituation der Vertragsparteien vergleichbar mit dem Grundfall in Nr. 1 sein können[415]. Ausreichend ist aber auch die faktische Möglichkeit, ohne Stimmenmehrheit die Versammlungsentscheidungen zu bestimmen (Nr. 3, so genannte faktische Beherrschung, *contrôle de fait*[416]). Diese Situation ist insbesondere zu erwarten, wenn sich die Gesellschaftsanteile mehrheitlich in Streubesitz befinden[417] und so eine relative Mehrheit für die Bestimmung der Geschicke der Gesellschaft ausreichen kann[418]. Schließlich kann sich der beherrschende Einfluss für eine Gesellschaft auch durch die Befugnis ergeben, als Gesellschafterin bzw. Aktionärin die Mehrheit der Verwaltungs-, Leitungs- oder Überwachungsorgane einer anderen Gesellschaft zu bestimmen oder diese abzuberufen (Nr. 4).

Eine Beweiserleichterung enthält Art. L. 233-3-II C. com. Hiernach wird eine Beherrschung vermutet, wenn eine natürliche oder juristische Person direkt oder indirekt einen Stimmrechtsanteil von mehr als 40 % hält und wenn keinem anderen Gesellschafter oder Aktionär direkt oder indirekt ein höherer Anteil zukommt. Art. L. 233-3-III C. com. stellt schließlich klar, dass die durch eine Beherrschungssituation ausgelösten Pflichten[419] auch einer Mehrzahl von herrschenden Unternehmen zukommen können, wenn sie zur Kontrollübernahme gemeinsam (im Rahmen einer so genannten *action de concert*, Art. L.

---

413 *Le Cannu/ Dondero*, Sociétés, Rn. 1512; *Lecourt*, Groupe de sociétés, in: Magnier (Hrsg.), Rép. sociétés, Rn. 35.

414 *Lecourt*, Groupe de sociétés, in: Magnier (Hrsg.), Rép. sociétés, Rn. 35.

415 Siehe *Petit*, Sociétés, Rn. 501.

416 *Lecourt*, Groupe de sociétés, in: Magnier (Hrsg.), Rép. sociétés, Rn. 35.

417 *Petit*, Sociétés, Rn. 501.

418 Siehe *Moulin*, Sociétés et groupes, Rn. 970.

419 Siehe hierzu unten, c) aa).

233-10 C. com.) handeln und so faktisch auch die Versammlungsentscheidungen bestimmen können[420].

Während die ersten drei Fallgruppen des Art. L. 233-3-I C. com. bereits in der ursprünglichen gesetzlichen Definition der Beherrschung von 1985 zu finden waren[421], zeigte der Gesetzgeber durch die Aufnahme der einer weiteren Kategorie in Nr. 4[422], dass die Definition der faktischen Beherrschung nach der gesetzlichen Konzeption durchaus anpassungsfähig ist. Beide Formen dieser faktischen Beherrschung beweisen außerdem, dass Beherrschungssituationen weit über eine rein mathematische Sicht der Mehrheitsverhältnisse hinaus betrachtet werden – vielmehr stellen diese Definitionen auf die wirklichen Machtverhältnisse in den Versammlungen ab[423]. Trotzdem lässt sich Kritik vernehmen: durch die nahezu ausschließliche Betrachtung dieser Machtverhältnisse sowie der Ernennung der Leitungsorgane fallen Formen der Einflussnahme außerhalb dieser Bereiche nicht unter die Beherrschung im Sinne des Art. L. 233-3-I C. com[424].

Näher an der wirtschaftlichen Realität der Konzerne ist daher für einige[425] die bilanzrechtliche Definition der Beherrschung im Sinne von Art. L. 233-16 C. com. Über den Anwendungsbereich des Art. L. 233-3-I C. com umfasst diese Definition[426] nämlich den Begriff des beherrschenden Einflusses (*influence dominante* Art. L. 233-16-II Nr. 3), welcher ausdrücklich auch Beherrschungssituationen durch Unternehmensverträge beinhaltet[427].

---

420 *Lecourt*, Groupe de sociétés, in: Magnier (Hrsg.), Rép. sociétés, Rn. 35. Genauer zum Hintergrund dieser Vorschrift, die durch das Gesetz Nr. 2001-420 vom 15.05.2001 eingeführt wurde, *Petit*, Sociétés, Rn. 501. Zur *action de concert* in Konzernsachverhalten auch *Lefebvre*, Mémento groupes, Rn. 75.

421 Zur Entwicklung des gesellschaftsrechtlichen Rahmens für c) aa) (1).

422 Eingefügt durch Art. 33-1 des Gesetzes Nr. 2005-842 vom 26.07.2005.

423 Siehe *Lecourt*, Groupe de sociétés, in: Magnier (Hrsg.), Rép. sociétés, Rn. 35; zur tatbestandlichen Überschneidung zwischen dem Begriff der Beherrschung und der aktienrechtlichen *action de concert* in Art. L. 233-3-III ebenda, Rn. 36.

424 Siehe etwa *Cozian/ Viandier/ Deboissy*, Sociétés, 29. Auflage, Rn. 1880; *Le Cannu/ Dondero*, Sociétés, Rn. 1513; *Urbain-Parleani*, Regards croisés, in: Menjucq/ Fages (Hrsg.), Rn. 11.

425 *Cozian/ Viandier/ Deboissy*, Sociétés, 29. Auflage, Rn. 1880; *Urbain-Parleani*, Regards croisés, in: Menjucq/ Fages (Hrsg.), Rn. 11.

426 Kleinere Abweichungen zu Art. L. 233-1-I C. com. ergeben sich unter anderem im Vergleich zu Nr. 4 dieser Vorschrift durch die Anknüpfung nicht nur an die Möglichkeit zur Ernennung des Führungspersonals, sondern das tatsächliche Vorliegen einer solchen Ernennung in zwei aufeinanderfolgenden Kalenderjahren (Art. L. 233-16-II Nr. 2 C. com.).

427 Zur Ausgestaltung dieser Konzernform im französischen Recht siehe unten, dd).

(2) Tochtergesellschaften (filiales, Art L. 233-1 C. com.) und Beteiligungen (participations, Art. L. 233-2 C. com.)

Einen rein quantitativen Ansatz[428] zur Beschreibung von Konzernsachverhalten mit Kapitalbeteiligungen liefern die ältesten konzernrechtlichen Vorschriften des französischen Gesellschaftsrechts[429] in den Definitionen von Tochtergesellschaften (*filiales*, Art. L. 233-1 C. com) und Beteiligungen (*participations*, Art. L. 233-2 C. com.). Hiernach wird eine Gesellschaft zur Tochtergesellschaft, wenn eine andere Gesellschaft mehr als die Hälfte des Kapitals der Ersteren übernommen hat. Die übernehmende Gesellschaft wird zur „Muttergesellschaft" *(société mère*[430]*)*. Von einer Beteiligung ist zu sprechen, sofern die Höhe der Beteiligung zwischen zehn und 50 Prozent liegt. Unter dieser Beteiligungshöhe geht das französische Gesellschaftsecht damit implizit von einer reinen Kapitalanlage *(placement)* aus[431], die keine derart weitreichenden Rechtsfolgen nach sich zieht.

Die Definitionen von Tochtergesellschaften und Beteiligungen sind hauptsächlich für die Festlegung des persönlichen Anwendungsbereichs der konzernrechtlichen Informationspflichten[432] relevant. Darüber hinaus greifen sie aber Begriffe auf, die für die Beziehungen zwischen Gesellschaften im Konzernverbund im Allgemeinen genutzt werden. Insbesondere wird der Begriff der Tochtergesellschaft genutzt, um diese von einer Zweigniederlassung *(succursale)* abzugrenzen[433]: Erstere wird zwar von einer Muttergesellschaft beherrscht, behält jedoch ihre eigene Rechtspersönlichkeit sowie ihr eigenes Vermögen[434], während letztere als vollständig abhängige Einheit keine eigene Rechtspersönlichkeit innehat[435]. Aufgrund der zahlreichen Vorteile eines aus Mutter- und Tochtergesellschaften bestehenden Konzerns wird auch ein großer

[428] So *Merle/ Fauchon*, Sociétés commerciales, Rn. 759.

[429] Eingeführt durch das Gesetz Nr. 66-537 vom 24.07.1966 über Handelsgesellschaften. Zur Entwicklung der gesetzlichen Regeln siehe oben, 1. a) sowie c).

[430] Siehe *Petit*, Sociétés, Rn. 501. Das Gesetz selbst benutzt diesen Ausdruck allerdings nicht.

[431] Siehe *de la Villeguérin* (Hrsg.), Groupe de PME, Revue Fiduciaire Hors-Série 2012-5, Rn. 371.

[432] Siehe *Dondero*, Sociétés, Rn. 1204; hierzu bereits oben a) bb) (a) (b); ausdrücklich sind Art. L. 233-1 und -2 C. com. für das gesamte Kapitel III („Tochtergesellschaften, Beteiligungen und beherrschte Gesellschaften") des Titels III im 2. Buch des C. com. anwendbar. Da aber Art. Art. L. 233-16 C. com. in seiner Definition des Anwendungsbereichs für die Konzernrechnungslegung die Begriffe „Filialen" und „Beteiligungen" nicht aufnimmt und diese außerhalb der Art. L. 233-6 bis -15 C. com. nicht vorkommen, ist der Anwendungsbereich dieser Definitionen entsprechend eingeschränkt.

[433] Siehe *Merle/ Fauchon*, Sociétés commerciales, Rn. 759; *Petit*, Sociétés, Rn. 500

[434] Hierzu genauer unten, 2.

[435] Siehe *Petit*, Sociétés, Rn. 500

Teil der Unternehmensübernahmen in Frankreich im Rahmen von Kapitalübernahmen und nicht durch Verschmelzungen durchgeführt[436].

Die Definitionen der Art. L. 233-1 und -2 C. com. selbst bilden durch ihre ausschließlich an der Höhe der Kapitalbeteiligung orientierte Einteilung nur ein unzureichendes Grundgerüst zur Erfassung von Konzernen[437]. Sieht man mit der französischen Literatur[438] die Möglichkeit der Einflussnahme auf Unternehmensentscheidungen durch Leitungsmacht als das charakteristische Kriterium des Verhältnisses zwischen Mutter- und Tochtergesellschaften an, so scheint der an den Stimmrechten und nicht an der reinen Kapitalbeteiligung orientierte Begriff der Beherrschung aus Art. L. 233-3 bzw. L. 233-16 C. com. stärker der wirtschaftlichen Realität zu entsprechen. Die spätere Einführung dieser Kriterien vermochte es daher, im französischen Recht ein realistischeres Bild des Konzerns zu zeichnen[439]. Dies ist insbesondere der Fall, da die Art. L. 233-1 und -2 C. com. nicht auf die Machtverteilung durch stimmberechtigte Anteile eingeht[440], sondern nahezu ausschließlich auf die reine Kapitalbeteiligung abstellt[441].

(3) Verhältnis der Definitionen zueinander und Zwischenergebnis

Die Begriffe der Beherrschung im Sinne der Art. L. 233-3 bzw. -16 C. com. sowie der Tochtergesellschaft bzw. Beteiligung im Sinne der Art. L. 233-1 und -2 C. com. schließen sich nicht gegenseitig aus. Vielmehr überschneiden sie sich gegenseitig[442]: während Art. L. 233-1 und -2 C. com. ausschließlich auf das Kriterium einer bestimmten Kapitalbeteiligung abstellen, so ist in fast allen Hypothesen der Beherrschung[443] eine solche Beteiligung an der beherrschten Gesellschaft in Form einer Mehrheit im Sinne des Art. L. 233-1 C. com. oder einer Beteiligung im Sinne des Art. L. 233-2 C. com. zumindest

---

[436] Siehe *Merle/ Fauchon*, Sociétés commerciales, Rn. 759. Genauer hierzu unten, II. 2.

[437] Siehe *Petit*, Sociétés, Rn. 499.

[438] Siehe soeben oben, aa).

[439] Siehe *Petit*, Sociétés, Rn. 499.

[440] Dies zu recht kritisierend *Moulin*, Sociétés et groupes, Rn. 973.

[441] Einzige Ausnahme sind die gem. Art. L. 228-35-11 C. com. nicht in die Berechnung der Beteiligungsquoten der Art. L. 233-1 und -2 C. com. einzubeziehenden nicht stimmberechtigten Aktien mit Vorzugsrecht (*actions a dividende prioritaire sans droit de vote*), welche heute allerdings gem. L. 228-29-8 C. com. nicht neu ausgegeben werden dürfen und größtenteils durch die Vorzugsaktien (*actions de préférence*, Art. L. 228-11 ff. C. com.) ersetzt wurden. Für letztere gilt in Bezug auf Art. L. 233-1 und -2 C. com. keine Einschränkung.

[442] Siehe *Petit*, Sociétés, Rn. 500.

[443] Ausnahme ist nur der Begriff des herrschenden Einflusses (*influence dominante*) in Art. L. 233-16-II Nr. 3 C. com, welcher an das Vorhandensein von Unternehmensverträgen anknüpft.

ein Teil der jeweiligen Definition. Die größere Flexibilität des jüngeren Begriffs der Beherrschung durch das Aufgreifen unterschiedlicher Hypothesen sowie die Anknüpfung dieses Begriffs an die Stimmen- und nicht an die reine Kapitalverteilung führen jedoch zu einer realistischeren und weitergehenden Betrachtungsweise des wirtschaftlichen Phänomens der Konzerne[444]. Auch erfasst nur dieser weitergehende Begriff das Vorhandensein einer Beherrschung durch mehrere Gesellschaften, welche gemeinsam eine Stimmenmehrheit halten[445].

Insgesamt umfasst selbst dieses komplexe Geflecht von Definitionen nur einen kleinen Teilbereich der wirtschaftlichen Realität von verbundenen Unternehmen in Frankreich. Der Konzern bleibt damit trotz dieser gesetzlichen Teilregelung ein „Begriff von veränderlicher Geometrie“[446]: während die gesetzliche Definition größtenteils auf Kapitalbindungen und die dadurch begründete Beherrschung einer Mutter- gegenüber ihren Tochtergesellschaften abstellt, umfasst der Konzernbegriff der Literatur darüber hinaus alle sonstigen Formen von wirtschaftlicher oder rechtlicher Verflechtung von rechtlich unabhängigen Unternehmen: rein projektbasierte Kooperationen können ebenso darunter fallen wie etwa Beherrschungssituationen über Unternehmensverträge[447]. Die Zurückhaltung des Gesetzgebers führt in diesen Konstellationen zu einer bewusst gewährten, nahezu grenzenlosen Fülle an Gestaltungsformen[448] und einer besonderen Rolle der Vertragsfreiheit.

c) Gesetzgeberische Aktivität in einzelnen Rechtsbereichen

Aller gesetzgeberischen Sparsamkeit zum Trotz musste sich die französische Rechtsordnung aber auch einer wirtschaftlichen Realität stellen: Der Konzern ist aufgrund seiner zahlreichen Vorteile in der Praxis[449] eine viel genutzte, ge-

---

[444] Siehe *Petit*, Sociétés, Rn. 502.

[445] Siehe Art. L. 233-3-III C. com. Hierzu genauer oben, (1).

[446] *Cozian/ Viandier/ Deboissy*, Sociétés, 29. Auflage, Rn. 1883: „Le groupe est donc une réalité juridique à géométrie variable“.

[447] Letztere werden im Gesetz nur bei Art. L. 233-16 C. com. erwähnt.

[448] Der Versuch einer Typisierung dieser Ausgestaltungsformen findet sich weiter unten, 3.

[449] Hierzu unten, II. 2.

radezu alltägliche Organisationsform für alle Arten und Größen von Unternehmen in Frankreich[450]. In diesem ansonsten von Vertragsfreiheit geprägten Gebiet[451] sah sich der Gesetzgeber daher veranlasst, die daraus folgende Gestaltungsfreiheit der Rechtssubjekte durch Sonderregeln für Konzerne[452] an einigen Stellen einzuschränken, um zumindest Möglichkeiten zum Missbrauch dieser Organisationsform[453] einzudämmen[454]. Auch wenn damit die Referenz des *Code de commerce* die Einzelgesellschaft ist und bleibt[455] und es weiterhin an einem zusammenhängenden Konzernrecht fehlt[456], liegt inzwischen eine Vielzahl von an Einzelproblemen orientierten Sonderregeln in den unterschiedlichsten Bereichen vor, in denen auch auf den Konzern als solchen Bezug genommen wird. Wo ein geschütztes Interesse durch den Konzern als Organisationsform für Unternehmen gefährdet werden kann, greifen diese Sonderregeln[457]; wo der Gesetzgeber (noch) keine Aktivität gezeigt hat, wird bewusst auf ein Eingreifen der Rechtsprechung gesetzt[458].

Auch wenn die französische Literatur dieses fragmentarische Regelungssystem größtenteils positiv einschätzt[459], gibt es auch kritische Stimmen, denen das häufige teils über Rechtsgebiete hinweg wenig koordiniert wirkende Eingreifen als unglücklich erscheint, da es dem Konzern im französischen Recht eine überaus komplexe und unübersichtliche Struktur verleihe[460]. Um die gesetzlichen Konturen des Konzerns als Organisationsform im französischen Recht besser herauszustellen, werden diese im Folgenden nach Rechtsgebieten kurz im Überblick dargestellt.

---

[450] Statistische Daten zur Verwendung dieser Organisationsform werden unten, II. 1., ausgewertet.

[451] Zur entscheidenden Rolle der Vertragsfreiheit im französischen Konzernrecht siehe *Merle/ Fauchon*, Sociétés commerciales, Rn. 752.

[452] Zu dieser Regelungssystematik etwa *Dondero*, Sociétés, Rn. 1202 ff.

[453] Zu diesen Regeln gehören nicht zuletzt auch die Tatbestände, welche hier im 2. Kapitel angesprochen werden.

[454] Vgl. *Lecourt*, Groupe de sociétés, in: Magnier (Hrsg.), Rép. sociétés, Rn. 6 f.

[455] *Guyon*, Droit des affaires Tome 1, Rn. 580: „Der *Code de commerce* gründet auf dem Postulat der Unabhängigkeit der Gesellschaften" („Le Code de commerce est fondé sur le postulat de l'indépendance des sociétés").

[456] So *Cozian/ Viandier/ Deboissy*, Sociétés, 29. Auflage, Rn. 1883.

[457] Vgl. *Monsèrié-Bon/ Grosclaude*, Sociétés et groupements, Rn. 1010, 1076.

[458] Siehe etwa *Lecourt*, Groupe de sociétés, in: Magnier (Hrsg.), Rép. sociétés, Rn. 10; *Urbain-Parleani*, Regards croisés, in: Menjucq/ Fages (Hrsg.), S. 91, 92, Rn. 4.

[459] Siehe soeben 1. a).

[460] *Le Cannu/ Dondero*, Sociétés, Rn. 1503; im Ergebnis zustimmend *Cozian/ Viandier/ Deboissy*, Sociétés, 29. Auflage, Rn. 1883 f.

aa) Gesellschafts- und Bilanzrecht

(1) Überblick

Der *Code de commerce* enthält in seinem Zweiten Buch über Handelsgesellschaften[461] einen Allgemeinen Teil (Titel 3)[462], in welchem das dritte Kapitel den „Filialen, [Unternehmens]-Beteiligungen und beherrschten Gesellschaften“[463] gewidmet ist. Obwohl die von diesen Vorschriften betroffenen Sachverhalte zum größten Teil Konzerne betreffen, wird der korrespondierende Begriff der *„groupe d'entreprises“* vom Gesetzgeber vermieden. Dies vermag wegen des Fehlens einer durchgängigen und rechtsgebietsübergreifenden Definition des Konzerns im französischen Recht kaum zu erstaunen – würde doch die Verwendung des Begriffs gerade auf eine solche Definition hindeuten. Und doch stellen gesellschaftsrechtliche Normen – allen voran die soeben beschriebenen Art. L. 233-1 ff. sowie L. 233-16 C. com. auch in Literatur und Rechtsprechung verwendete Indizien für einen Konzernbegriff dar[464].

(2) Durch den Gesetzgeber aufgegriffene Einzelprobleme

Darüber hinaus regeln die gesellschaftsrechtlichen Normen dieses Kapitels 3 eine Vielzahl von Einzelproblemen, welche sich aus der Existenz von Konzernstrukturen bei französischen Unternehmen ergeben. Es handelt sich hierbei um Mitteilungs- und Informationspflichten bei der Überschreitung von bestimmten Kapitalgrenzen (*notifications et informations,* Art. L. 233-6 bis -15 C. com., wobei weitergehende Pflichten für öffentlich gehandelte Gesellschaften bestehen), der Beschränkung von wechselseitigen Beteiligungen (*participations réciproques*, Art. L. 233-29 bis -31 C. com, welche auch für nicht börsengehandelte Gesellschaften gelten) sowie der Pflicht zur Durchführung öffentlicher Übernahmeangebote für öffentlich gehandelte Gesellschaften (*offres publiques d'acquisition, OPA,* Art. L. 233-32 bis -40 C. com.). Auch das Bilanzrecht wird in diesem Regelungskomplex berücksichtigt: so betreffen Art. L. 233-16 bis -28 C. com. Pflichten zur Konzernrechnungslegung u.a. für im Sinne von Art. L. 233-16 C. com. „beherrschte“ Handelsgesellschaften, ob börsen- oder privatgehandelt. Die oben genannten Definitionen von Filialen und Beteiligungen gelten grundsätzlich nur für diese gesellschafts- und bilanzrechtlichen Normen (Art. L. 233-1, -2 C. com., je 1. Halbsatz). Das Anwendungskriterium der „Beherrschung“ (Art. L. 233-3 C. com) ist für das Bilanzrecht gesondert definiert (Art. L. 233-16 C. com.)[465]. Die Bereiche der öffentlichen Übernahmeangebote sowie der Konzernrechnungslegung stehen unter

---

[461] „Des sociétés commerciales et des groupements d'intérêt économique“.

[462] „Dispositions communes aux diverses sociétés commerciales“.

[463] „Des filiales, des participations et des sociétés contrôlées“.

[464] Hierzu soeben oben, b) bb).

[465] Hierzu soeben oben, b) bb).

großem Einfluss des Europarechts; insbesondere dem Recht der Konzernrechnungslegung liegt ursprünglich ein Umsetzungsauftrag der Siebenten Richtlinie 83/349/EWG[466] zugrunde. Im Wertpapierhandelsrecht kommt bei börsennotierten Gesellschaften etwa der Richtlinie 2007/36/EG[467] besondere Bedeutung zu. Der Einfluss des Europarechts im Hinblick auf die Regelung einzelner Sonderfragen erklärt auch die fragmentarische Regelung in diesem Bereich zumindest teilweise.

(3) Rechtspersönlichkeit der Wirtschaftlichen Interessenvereinigung (GIE)

Dem französischen Gesetzgeber aufgrund seines fragmentarischen Regelungsansatzes im Gesellschaftsrecht eine grundsätzlich ablehnende Position gegenüber Konzernen als Form von Unternehmenskooperation und -konzentration zu unterstellen, wäre allerdings zu einseitig. Vielmehr steht das französische Gesellschaftsrecht unter dem Widerspruch, den Konzern zwar einerseits als solchen abzulehnen, andererseits jedoch konzernartige Strukturen als Mittel der Zusammenarbeit von Unternehmen durch gesetzliche Regeln geschaffen und gefördert zu haben.[468] Bestes Beispiel hierfür ist die Wirtschaftliche Interessenvereinigung (*Groupement d'intérêt économique*, GIE), welcher bereits eine Ordonnance von 1967[469] zugrunde lag und die gleichzeitig das Vorbild für die Europäische Wirtschaftliche Interessenvereinigung (EWIV[470]) darstellte[471].

---

[466] Siebente Richtlinie 83/349/EWG des Rates vom 13.06.1983 aufgrund von Artikel 54 Absatz 3 Buchstabe g) des Vertrages über den konsolidierten Abschluß, Amtsblatt Nr. L 193 vom 18.07.1983 S. 1 ff., umgesetzt durch das Gesetz Nr. 85-11 vom 03.01.1985 relative aux comptes consolidés de certaines sociétés commerciales et entreprises publiques. Inzwischen abgelöst durch Richtlinie 2013/34/EU des Europäischen Parlaments und des Rates vom 26. Juni 2013 über den Jahresabschluss, den konsolidierten Abschluss und damit verbundene Berichte von Unternehmen bestimmter Rechtsformen und zur Änderung der Richtlinie 2006/43/EG des Europäischen Parlaments und des Rates und zur Aufhebung der Richtlinien 78/660/EWG und 83/349/EWG des Rates Text von Bedeutung für den EWR, Amtsblatt Nr. L 182 vom 29.06.2013, S. 19.

[467] Richtlinie 2007/36/EG des Europäischen Parlaments und des Rates vom 11.07.2007 über die Ausübung bestimmter Rechte von Aktionären in börsennotierten Gesellschaften, Amtsblatt Nr. L 184/17 vom 14.07.2007, zuletzt geändert durch Richtlinie 2017/828/EU des Europäischen Parlaments und des Rates vom 17.05.2017 im Hinblick auf die Förderung der langfristigen Mitwirkung der Aktionäre, Amtsblatt Nr. L 132/1 vom 20.05.2017.

[468] Siehe *Lecourt*, Groupe de sociétés, in: Magnier (Hrsg.), Rép. sociétés, Rn. 8.

[469] Verordnung Nr. 67-821 vom 23.09.1967 über Wirtschaftliche Interessenvereinigungen, geändert durch Gesetz Nr. 89-377 vom 13.06.1989; heute: Art. L. 251-1 ff. C. com.

[470] Eingeführt durch Verordnung (EWG) Nr. 2137/85 des Rates vom 25. Juli 1985 über die Schaffung einer Europäischen wirtschaftlichen Interessenvereinigung (EWIV), ABl. EWG Nr. L 199 S. 1.

[471] Siehe *Clavel*, Groupement européen d'intérêt économique, in: Poillot-Peruzzetto/ Simon (Hrsg.), Rép. européen, Rn. 1.

Sie erlaubt es u.a. mehreren unabhängigen Gesellschaften, Teile ihrer wirtschaftlichen Aktivitäten für eine begrenzte Zeit mit dem Ziel der Gewinnaufteilung zusammenzufassen (Art. L. 251-1 C. com.). Zwar ist ihr Anwendungsgebiet durch diese enge Definition äußerst eingeschränkt[472], bemerkenswerterweise wich aber der französische Gesetzgeber durch die Anerkennung einer eigenen Rechtspersönlichkeit (Art. L. 251-4 Abs. 1 C. com. [473]) damit vom Grundsatz der Nichtanerkennung der Rechtspersönlichkeit von Zusammenschlüssen unabhängiger Unternehmen ab. Die Einführung der GIE wird daher teils auch als „erstes Teilstück“[474] eines französischen Konzernrechts eingeschätzt.

bb) Steuerrecht

Auch das französische Steuerrecht greift das wirtschaftliche Phänomen der Konzerne auf, um eine möglichst vollständige Rechtsformneutralität zu erreichen. Es bietet daher zwei mögliche Stufen der steuerlichen Integration von Konzerngesellschaften an: die Vorschriften zur Besteuerung von Muttergesellschaften (*régime des sociétés mères*, Art. 145, 216 CGI), welche eine Doppelbesteuerung von Dividendenausschüttungen an Muttergesellschaften vermeiden sollen, sowie die Regeln einer Gruppenbesteuerung im engeren Sinne (*régime d'intégration fiscale*) mit vollständiger steuerrechtlicher Integration.

cc) Arbeitsrecht

Im Bereich des kollektiven Arbeitsrechts ist besonders auf die Möglichkeit zur Gründung von Arbeitnehmervertretungen auf Konzernebene *(comités de groupe* hinzuweisen, welche die Interessen des Personals auf Konzernebene vertreten (Art. L. 2331-1 ff. C. trav.). Für Unternehmen mit gemeinschaftsweiter Dimension *(entreprises de dimension communautaire)* wurden in Art. L. 2341-1 ff. C. trav. die Maßgaben der Richtlinie 2009/38 EG über Europäische Betriebsräte[475] umgesetzt. Im Individualarbeitsrecht ist als Sonderre-

472 Siehe *Guyon*, Groupement d'intérêt économique, in: Magnier (Hrsg.), Rép. sociétés, Rn. 3.

473 Dieser verleiht dem GIE eine eigene Rechtsfähigkeit ab seiner Eintragung im Handels- und Gesellschaftsregister (*registre du commerce et des sociétés, RCS*).

474 *Lecourt*, Groupe de sociétés, in: Magnier (Hrsg.), Rép. sociétés Rn. 8: „amorce d'un droit des groupes“.

475 Richtlinie 2009/38/EG des Europäischen Parlaments und des Rates vom 06.05.2009 über die Einsetzung eines Europäischen Betriebsrats oder die Schaffung eines Verfahrens zur Unterrichtung und Anhörung der Arbeitnehmer in gemeinschaftsweit operierenden Unternehmen und Unternehmensgruppen, Amtsblatt Nr. L 122/28 vom 16.05.2009.

gelung insbesondere die zur konzernweiten Vergrößerung des Haftungssubstrats bei Kündigungsentschädigungen genutzte *théorie du co-emploi* hervorzuheben, die allerdings allein auf die Rechtsprechung zurückzuführen ist[476].

dd) Recht der Unternehmensfinanzierung

Die fehlende Rechts- und Geschäftsfähigkeit des Konzerns im französischen Recht[477] verhindert auch den Abschluss von wirksamen Verträgen zur Unternehmensfinanzierung. Der Konzern als solcher kann daher weder Bankkonten eröffnen noch die Finanzierung konzernübergreifender Wirtschaftstätigkeiten über Darlehensverträge sichern.[478] Um dieses Problem der Unternehmensfinanzierung zu umgehen, sieht Art. L. 511-7-I Nr. 3 CMF für konzernweite Cash-Pools (*opérations de trésorerie* oder auch *pools de trésorerie*[479]) eine Ausnahme für diese grundsätzlich dem Bankenmonopol für regelmäßige Kreditvergabe (Art. L. 511-5 Abs. 1 CMF) unterworfenen Operationen vor, sofern die beteiligten Unternehmen „untereinander direkte oder indirekte Kapitalbindungen [aufweisen, d. Verf.], welche einem der Unternehmen eine tatsächliche Beherrschung über die anderen verleiht“[480].

ee) Kartellrecht: Fusionskontrolle und rechtsträgerübergreifende Haftung für kartellrechtliche Bußgelder und Schadensersatzklagen

In einer Vielzahl von Fällen ist die Bildung oder Erweiterung eines Konzerns Mittel der Unternehmenskonzentration[481]. Die hierfür notwendigen Transaktionen stehen unter Vorbehalt des nationalen und europäischen Rechts der Fusionskontrolle, welches aufgrund der Ähnlichkeit der Auswirkungen für den Wettbewerb sowohl für Unternehmenszusammenschlüsse durch Verschmelzungen als auch in Form von Konzernbildungen durch Kapitalübernahmen

---

476 Hierzu als Grenze der konzernrechtlichen Haftungstrennung unten, § 5 C.

477 Siehe unten, 2. a).

478 *Lecourt*, Groupe de sociétés, in: Magnier (Hrsg.), Rép. sociétés, Rn. 125; *Moulin*, Sociétés et groupes, Rn. 994.

479 Siehe *Lecourt*, Groupe de sociétés, in: Magnier (Hrsg.), Rép. sociétés, Rn. 128.

480 „...ayant avec elle, directement ou indirectement, des liens de capital conférant à l'une des entreprises liées un pouvoir de contrôle effectif sur les autres.“ Zur Rechtmäßigkeit von Cash-Pooling unter Gesichtspunkten der insolvenzrechtlichen Haftung für Vermögensvermischung s.u., § 4 B. II. 3 b) dd).

481 Siehe unten, II. 2.

Geltung beansprucht[482] (Art. 430-1 ff. C. com.; Art. 1 ff. Verordnung (EG) Nr. 139/2004[483]).

Eine erhebliche Einschränkung der Haftungstrennung im Konzern lässt sich ebenfalls im Bereich des Kartellrechts verorten. So besteht im europäischen Recht ein „extrem weit[er, d. Verf.]“[484] Durchgriffstatbestand für kartellrechtliche Geldbußen etwa nach Art. 101, 102 AEUV i.V.m. Art. 23 Abs. 2 der EG-Verordnung Nr. 1/2003. Die Grundlage der hierdurch ermöglichten gesamtschuldnerischen Konzernhaftung liegt darin, dass das Kartellrecht zur Beschreibung der Adressaten der kartellrechtlichen Regeln sowie der Anspruchsschuldnerschaft für Bußgelder vom wirtschaftlich zu verstehenden Begriff des „Unternehmens“ ausgeht[485]. Dieser umfasst jedes Gesamtunternehmen, welches eine wirtschaftliche Einheit bildet, also „jede eine wirtschaftliche Tätigkeit ausübende Einheit, unabhängig von ihrer Rechtsform und der Art ihrer Finanzierung“[486], und ist daher für Verstöße auch über Rechtsträger hinausgehend auf eine Gesamtheit mehrerer Konzerngesellschaften anwendbar[487]. Die für eine konzernweite Haftungsbegründung notwendige wirtschaftliche Einheit wird insbesondere durch einen „bestimmenden Einfluss“ einer Muttergesellschaft indiziert[488]. Diesbezüglich besteht eine Vermutung für den Fall, dass

---

482 Siehe genauer zur Unterscheidung der beiden Hypothesen *Brun*, Dr. sociétés Nr. 2006-6, étude 13, 1 ff.

483 Verordnung des Rates vom 20. Januar 2004 über die Kontrolle von Unternehmenszusammenschlüssen („EG-Fusionskontrollverordnung“), ABl. EG Nr. L 024 v. 29.01.2004, S. 1 ff.

484 *Meyer-Lindemann*, in: Kersting/ Podszun, Die 9. GWB-Novelle, Kapitel 17, Rn. 42; hierzu als Ausnahmefall zum gesellschaftsrechtlichen Trennungsprinzip im deutschen Recht *Emmerich*, in: Emmerich/ Habersack, Aktien- und GmbH-Konzernrecht, § 302 AktG Rn. 7.

485 Zum kartellrechtlichen Unternehmensbegriff im Bußgeldrecht und der daraus folgenden Haftung etwa *Kersting*, GesRZ 2015, 377 f.; *ders.*, ZHR 182 (2018), 8, 13 ff.; *Meyer-Lindemann*, in: Kersting/ Podszun, Die 9. GWB-Novelle, Kapitel 17, Rn. 24 ff.; *Schmeidler*, D. 2013, 584, I. A.

486 EuGH, ständige Rechtsprechung seit Urt. v. 23.04.1991 – Rs. C-41/90 *(Macrotron)*, Rn. 21.

487 EuGH, ständige Rechtsprechung, siehe etwa Urt. v. 10.09.2009 – Rs. C-97/08 P *(Akzo Nobel)*, Rn. 58; Urt. v. 11.07.2013 – Rs. C-440/11 P *(Stichting)*, Rn. 38; zur dogmatischen Herleitung der Konzernhaftung auf Grundlage eines Kartellverstoßes einer gesamten wirtschaftlichen Einheit *Kersting*, GesRZ 2015, 377, 378; *ders.*, ZHR 182 (2018), 8, 14 ff.

488 Siehe etwa EuG, Urt. v. 02.02.2012, Rs. T-77/08 *(Dow Chemical)*, Rn. 75.

eine Muttergesellschaft 100 %[489] bzw. „fast alle“[490] Anteile der Tochtergesellschaft hält.[491] Im deutschen Recht nimmt nach der am 09.06.2017 in Kraft getretenen 9. GWB-Novelle[492] § 81 Abs. 3a GWB n.F. im Ergebnis auf den Unternehmensbegriff des europäischen Rechts Bezug[493]. Im französischen Recht ergibt sich die Anwendung der oben genannten Regeln einschließlich der Vermutungstatbestände aus der Rechtsprechung des Kassationsgerichtshofs[494].

Im Bereich des Kartellschadensersatzes ergaben sich jüngst Neuregelungen aus der Umsetzung der Kartellschadenersatzrichtlinie[495] in nationales Recht[496]. Hier war auch die Rechtsprechung des EuGH zum Unternehmensbegriff aufgrund Art. 1 Abs. 1 der Richtlinie, welche sowohl „Unternehmen“ als auch ausdrücklich „Unternehmensvereinigungen“ als Anspruchsgegner bezeichnet, in die nationalen Zivilrechtsordnungen der Mitgliedsstaaten zu übertragen[497]. Im deutschen Recht des § 33a GWB n.F. wird der Unternehmensbegriff nicht direkt verwendet, dürfte aber über den im Wege der richtlinienkonformen Auslegung des „Rechtsverletzers“ als Anspruchsverpflichteten Geltung beanspruchen, was zu einer Haftung der Muttergesellschaft auf Schadensersatz für die Kartellverstöße ihrer Tochtergesellschaften führt[498]. Das französische Recht

---

[489] EuGH, Urt. v. 10.0.2009, Rs. C-97/08 P *(Akzo Nobel)*, Rn. 30.

[490] Siehe etwa EuGH, Urt. v. 29.09.2011, Rs. C-521/09 P *(Elf Aquitaine)*, Rn. 63, 95.

[491] Zu alledem *Kersting*, GesRZ 2015, 377, 378.

[492] Neuntes Gesetz zur Änderung des Gesetzes gegen Wettbewerbsbeschränkungen vom 01.06.2017, BGBl. I S. 1416, Art. 1. Zum Inkrafttreten Art. 8 des Gesetzes. § 81 Abs. 3a GWB n.F. verweist für eine Haftbarmachung von „Unternehmensvereinigungen“ im Sinne der Richtlinie auf die Vorschrift des § 30 Abs. 1 OWiG.

[493] Vgl. *Meyer-Lindemann*, in: Kersting/ Podszun, Die 9. GWB-Novelle, Kapitel 17, Rn. 54 ff.; ebenda, Rn. 44 ff. auch ausführlich zum neuen Haftungssystem nach deutschem Recht.

[494] So etwa zur Vermutung beim Halten von 100 % bzw. nahezu allen Anteilen einer Tochtergesellschaft Cass. Com. 18.02.2014, Revisionsnummern 12-27643 ff.; 18.10.2017, Revisionsnummer 16-19120.

[495] Richtlinie 2014/104/EU des Europäischen Parlaments und des Rates vom 26.11.2014 über bestimmte Vorschriften für Schadensersatzklagen nach nationalem Recht wegen Zuwiderhandlungen gegen wettbewerbsrechtliche Bestimmungen der Mitgliedstaaten und der Europäischen Union, ABl. EU, 05.12.2014, L 349/1.

[496] Zum sich hieraus ergebenden neuen deutschen Recht der §§ 33 – 33c GWB ausführlich *Kersting*, in: Kersting/ Podszun, Die 9. GWB-Novelle, Kapitel 7, Rn. 1 ff.; *ders.*, VersR 2017, 581 ff.; *Kersting/ Preuß*, WuW 2016, 394 ff.; zuvor bereits *dies.*, Umsetzung der Kartellschadensersatzrichtlinie (2014/104/EU).

[497] Hierauf hinweisend *Kersting*, WuW 2014, 564, I. 2.; *ders./ Preuß*, WuW 2016, 394, 395.

[498] *Kersting*, in: Kersting/ Podszun, Die 9. GWB-Novelle, Kapitel 7, Rn. 6 ff.; *ders.*, VersR 2017, 581, 583, 584 ff.; *ders./ Preuß*, WuW 2016, 394, 395 f.; jeweils m.w.N. zum Streitstand. *Kersting* befürwortet eine auf das Kartellrecht beschränkte Auslegung der Rechtsverhältnisse des betroffenen Konzerns als eine Außen-GbR, siehe *Kersting*, Der Konzern 2011, 445, 449 ff., 456 ff.; *ders.*, VersR 2017, 581, 584.

hat die Umsetzung der Richtlinie unter anderem durch eine Ergänzung der Art. L. 481-1 ff. *Code de commerce* über eine Ordonnance vom 09.03.2017 durchgeführt[499] und nimmt in diesen Anspruchsnormen wiederum auf den Unternehmensbegriff Bezug.

ff) Strafrecht und wegweisende „Rozenblum"-Entscheidung

Der Wortlaut einiger das Gesellschaftsrecht betreffender Sanktionsnormen des Strafrechts erscheint schwer mit der über die isolierte Gesellschaft hinausgehenden Dimension der Konzerne vereinbar[500]. Besonders auffällig ist dies bei der dem deutschen Untreuetatbestand (§ 266 StGB) ähnlichen[501] Veruntreuung von Gesellschaftsvermögen (*abus de biens sociaux*, Art. L. 241-3 Nr. 4 C. com. für den Geschäftsführer einer *SARL* bzw. Art. L. 242-6 Nr. 3 C. com. für den Vorstandsvorsitzenden *(président)*, ein Vorstandsmitglied *(administrateur)* oder den Generaldirektor *(directeur général)* einer *SA*[502].[503] Dem Wortlaut nach bestraft diese Vorschrift ein Verhalten der genannten Personen, durch welches sie „bösgläubig von Vermögenswerten oder der Kreditwürdigkeit der Gesellschaft für persönliche Zwecke oder zum Vorteil einer anderen Gesellschaft oder eines anderen Unternehmens, an welchem sie ein direktes oder indirektes Interesse haben, einen Gebrauch machen, von dem sie [die Adressaten der Norm, d. Verf.] die Unvereinbarkeit mit dem Zweck derselben [der Gesellschaft, d. Verf.] kennen"[504] mit bis zu fünf Jahren Gefängnis und einer Geldstrafe in Höhe von 375.000 Euro. Typischerweise – wenn auch nicht ausschließlich – handelt es sich bei dem Anwendungsbereich dieser Norm um die

---

[499] Ordonnance *Nr.* 2017-303 relative aux actions en dommages et intérêts du fait des pratiques anticoncurrentielles, JORF, 10.03.2017, Nr. 59; in Kraft getreten am 10.03.2017, Art. 12 der Ordonnance.

[500] Siehe *Petit*, Sociétés, Rn. 520.

[501] Siehe *Bouloc*, Abus de biens sociaux, in: Magnier (Hrsg.), Rép. sociétés, Rn. 12.

[502] Anwendbarkeit auf Führungspersonal der *SAS* über Verweis des Art. L. 244-1 Abs. 1 f. C. com; ebenso anwendbar auf das Führungspersonal der *SCA* über Verweis des Art. L. 243-1 C. com.

[503] Für andere Gesellschaftsformen wie etwa Personengesellschaften können ähnliche Sachverhalte unter Rückgriff auf allgemeinere Tatbestände bestraft werden. Hierzu gehören etwa die (allgemeine) Veruntreuung (*abus de confiance*, Art. 314-1 ff. C. pén.) oder der Betrug (*escroquerie*, Art. 313-1 ff. C. pén.), siehe hierzu etwa *Moulin*, Sociétés et groupes, Rn. 1005.

[504] Wortlaut sowohl von Art. L. 241-3 Nr. 4 als auch von Art. L. 242-6 Nr. 3 C. com: „...de faire, de mauvaise foi, des biens ou du crédit de la société, un usage qu'ils savent contraire à l'intérêt de celle-ci, à des fins personnelles ou pour favoriser une autre société ou entreprise dans laquelle ils sont intéressés directement ou indirectement."

strafrechtlich sanktionierte Seite von Sachverhalten, die auch bei der Konzernhaftung in Unternehmenskrisen relevant werden können[505]: Situationen, in denen das Interesse der geschädigten Gesellschaft und ihrer (Minderheits-) Gesellschafter vollständig hinter dem des Führungspersonals oder einer anderen Gesellschaft zurücksteht und ihre Existenz im Rahmen von Vermögensabflüssen gefährdet wird[506]. Würde man den Wortlaut der Vorschrift unverändert auf Konzernsachverhalte übertragen, wäre allerdings jede Art von Finanzfluss innerhalb des Konzerns einschließlich teils unabdingbarer Vorschüsse zur Verhinderung von Liquiditätsengpässen[507] unmittelbar gegen das Interesse der vom Abfluss betroffenen Konzerngesellschaft gerichtet und daher strafrechtlich relevant. Die Rechtsprechung sah sich daher im *Rozenblum*-Urteil[508] – einer der ersten und wichtigsten grundlegenden Entscheidungen der Rechtsprechung zum konzernrechtlichen Rechtsbereich – zu einer Einschränkung des Tatbestandes der Veruntreuung von Gesellschaftsvermögen gezwungen. Unter drei Voraussetzungen lässt sie das Konzerninteresse dem Einzelinteresse der von einem Vermögensabfluss betroffenen Gesellschaft im Sinne einer Tatbestandseinschränkung überwiegen: dem Vorliegen eines Finanzflusses innerhalb eines Konzerns[509], der Rechtfertigung des Finanzflusses durch ein gemeinsames, u.a. wirtschaftliches, Interesse sowie einer Form des Nachteilsausgleichs[510]. Dieser Entscheidung kann als eine der ersten offiziellen Anerken-

---

505 Diese können zivilrechtlich etwa als „anormaler Finanzfluss“ *(flux financier anormal)* gewertet werden und im Rahmen eines Insolvenzverfahrens eine Verfahrenserstreckung zulasten des Zahlungsempfängers hervorrufen. Hierzu ausführlich unten, § 4 B. II. 3. b).

506 *Petit*, Sociétés, Rn. 520.

507 *Merle/ Fauchon*, Sociétés commerciales, Rn. 801.

508 Cass. crim. 04.02.1985, Bull. crim. 1985, Nr. 54, Revisionsnummer 84-91581 (*Rozenblum*).

509 Zur von der Rechtsprechung genutzten Definition bereits oben, b) aa).

510 Genauer Wortlaut der Entscheidung *Rozenblum:* „um [einer Verurteilung wegen Veruntreuung von Gesellschaftsvermögen, d. Verf.] zu entgehen, muss die finanzielle Hilfe, welche von den rechtlichen oder faktischen Geschäftsführern einer Gesellschaft einer anderen Gesellschaft eines selben Konzerns aufgewendet wurde, an dem sie [die Geschäftsführer, d. Verf.] ein direktes oder indirektes Interesse aufweisen, von einem gemeinsamen wirtschaftlichen, gesellschaftlichen oder finanziellen Interesse aufgezwungen sein, welches in Bezug auf eine für sämtliche Konzernunternehmen gemeinsam entwickelten [wirtschaftlichen, d. Verf.] Politik zu bewerten ist, sofern sie [die Hilfe, d. Verf.] nicht ohne Gegenleistung ist oder die Ausgeglichenheit der Verpflichtungen der jeweils betroffenen Gesellschaften aufhebt sowie die finanziellen Möglichkeiten der Gesellschaft nicht übersteigt, welche die Lasten trägt.“ („...pour échapper aux prévisions des articles 425 (4°) et 437 (3°) de la loi du 24 juillet 1966, le concours financier apporté, par les dirigeants de fait ou de droit d'une société, à une autre entreprise d'un même groupe dans laquelle ils sont intéressés directement ou indirectement, doit être dicté par un intérêt économique, social et financier commun, apprécié au regard d'une politique élaborée pour l'ensemble de ce groupe, et ne doit ni être

nungen der wirtschaftlichen Realität des Konzerns mit eigenen Tatbestandsmerkmalen in einem frühen rechtsgeschichtlichen Stadium eine prägende Wirkung auch für andere Rechtsbereiche attestiert werden.

2. Grundprinzipien des französischen Konzernrechts

Trotz der großen Bandbreite von Konzernsituationen bestehen im französischen Recht bestimmte Grundprinzipien, welche auf alle Konzerne zutreffen. Sie haben ihren Ursprung gerade in der begrenzten rechtlichen Anerkennung dieser Organisationsform und stellen die wichtigste Weichenstellung auch in Bezug auf die Reichweite der konzernrechtlichen Haftungstrennung dar.

a) Der Konzern als Unternehmensform ohne eigene Rechtspersönlichkeit

„Der Konzern ist ein Unternehmen. Er ist keine juristische Person."[511] Diese Beschreibung von *Guyon* steht für die wichtigste Folge der soeben erläuterten, überaus zurückhaltenden Berücksichtigung des Konzerns im französischen Gesellschaftsrecht[512]. Außer im Sonderfall der Wirtschaftlichen Interessenvereinigung (*groupement d'intérêt économique*, GIE, siehe Art. L. 251-4 Abs. 1 C. com.)[513] versagt das französische Recht damit Unternehmenszusammenschlüssen die eigene Rechtspersönlichkeit. So überträgt das Gesetz in Form des Wortlauts der Art. 1842 Abs. 1 C. civ. sowie L. 210-6 Abs. 1 S. 1 C. com.[514] ausdrücklich den Gesellschaften, nicht aber Konzernen – ab ihrer Eintragung im Handels- und Gesellschaftsregister (*registre du commerce et des sociétés*, RCS) – eine eigene Rechtspersönlichkeit[515].

---

démuni de contrepartie ou rompre l'équilibre entre les engagements respectifs des diverses sociétés concernées, ni excéder les possibilités financières de celle qui en a supporté la charge...").

[511] *Guyon*, Droit des affaires Tome 1, Rn. 580: „Le groupe est une entreprise. Ce n'est pas une personne morale." Zustimmend *Lecourt*, Groupe de sociétés, in: Magnier (Hrsg.), Rép. sociétés, Rn. 32.

[512] Siehe oben, 1.

[513] Diese Besonderheit herausstellend etwa *Gibirila*, Groupes de sociétés – Présentation, in: JCl. Com., Fasc. 1574, Rn. 3. Genauer zur rechtlichen Gestaltungsform des *GIE* oben, c) aa) (3).

[514] In Art. 1842 Abs. 1 C. civ heißt es: „Gesellschaften außer der stillen Gesellschaften [...] haben ab ihrer Eintragung Rechtspersönlichkeit" („Les sociétés autres que les sociétés en participation [...] jouissent de la personnalité morale à compter de leur immatriculation."). Art. L. 210-6 Abs. 1 S. 1 C. com. gilt mit nahezu identischem Wortlaut für Handelsgesellschaften. Bei Fragen zu Bestand oder Selbständigkeit von juristischen Personen wird einer dieser beiden Artikel typischerweise von der Rechtsprechung in Bezug genommen, siehe *Aubert/ Piniot*, in: Piniot/ Dumas/ Le Cannu (Hrsg.), FS-Bézard, S. 287. Diese Vorschriften gelten uneingeschränkt für die einzelnen Konzerngesellschaften, siehe unten, b).

[515] Die herausragende Bedeutung dieser Normen als Ausgangspunkt des französischen Konzernrechts heben daher etwa *Le Cannu/ Dondero*, Sociétés, Rn. 1507 hervor.

Eine Ausweitung der Rechtsfolgen dieser beiden Vorschriften auf Konzerne lehnt auch die Rechtsprechung ab. Zwar gestand der Kassationsgerichtshof mit seiner Anerkennung der so genannten *théorie de la réalité technique*[516] in einem Urteil von 1954[517] ein, dass für ihn „die Rechtspersönlichkeit keine Schöpfung des Gesetzes" sei, sondern vielmehr „grundsätzlich jeder Vereinigung" zustehe, der die „Möglichkeit des gemeinsamen Ausdrucks für die Verteidigung eines erlaubten Interesses" zukomme, welches es „aus diesem Grund" verdiene, „rechtlich anerkannt und geschützt zu werden"[518]. Gleichzeitig sei es allerdings eine Aufgabe des Gesetzgebers, dieses Recht auszugestalten – und sei es „implizit" durch die Schaffung „von Einrichtungen durch das Gesetz", um auf den Willen zur Übertragung der Rechtspersönlichkeit hinzuweisen[519]. In diesem Urteil schloss der Gerichtshof etwa aus dem Vorhandensein einer gesetzlichen Gesamtregelung zu Arbeitnehmervertretungen auf Niederlassungsebene (*comités d'établissement*), dass mit dieser Regelung auch die – konkludente – Übertragung einer Rechtspersönlichkeit verbunden sein müsse, um die gesetzlich vorgesehenen Ziele dieser Vertretungsorgane auch praktisch durchsetzen zu können. Auch in späteren Urteilen[520] wurde dieses Erfordernis einer gesetzlichen Regelung, aus welcher sich die Möglichkeit des Ausdrucks gemeinsamer Interessen ergebe, nicht aufgegeben. Gerade aus dem Fehlen einer vollständigen Berücksichtigung des Konzernrechts im französischen Recht konnte und musste die Rechtsprechung daher darauf schließen, dass es zur Übertragung einer eigenen Rechtspersönlichkeit für Konzerne ohne weiteres gesetzgeberisches Einschreiten nicht kommen dürfe.

Kaum erstaunen kann in diesem Zusammenhang, dass der Kassationsgerichtshof das Fehlen der Rechtspersönlichkeit des Konzerns in einem Urteil

---

[516] Wörtlich: „Theorie der technischen Realität" der juristischen Person als Abgrenzung zur *théorie de la fiction*, welche die Gesellschaften als reine Fiktion des Gesetzgebers auffasst und damit zur Anerkennung jeglicher Rechtspersönlichkeit einen in diesem Sinne ausdrücklichen Gesetzeswortlaut voraussetzt. Genauer zu den dogmatischen Hintergründen dieser Theorien *Wicker/ Pagnucco*, Personne morale, in: Savaux (Hrsg.), Rép. civil, Rn. 9 ff.

[517] Cass. com. 28.01.1954, Bull. civ. 1954 II, Nr. 32, S. 20, Revisionsnummer 54-07081.

[518] Ebenda. Originalwortlaut: „...la personnalité civile n'est pas une création de la loi; [...] elle appartient, en principe, à tout groupement pourvu d'une possibilité d'expression collective pour la défense d'intérêts licites, dignes, par suite, d'être juridiquement reconnus et protégés". Siehe zur Entwicklung der Rechtspersönlichkeit im römischen und französischen Recht Paerels, Le dépassement de la personnalité morale, Rn. 2 ff.

[519] Ebenda. Originalwortlaut*:* „...si le législateur a le pouvoir, dans un but de haute police, de priver de la personnalité civile telle catégorie déterminée de groupements, il en reconnaît, au contraire, implicitement mais nécessairement, l'existence en faveur d'organismes créés par la loi elle-même avec mission de gérer certains intérêts collectifs présentant ainsi le caractère de droits susceptibles d'être déduits en justice".

[520] Eine vollständige Rechtsprechungsübersicht seit 1954 findet sich bei *Wicker/ Pagnucco*, Personne morale, in: Savaux (Hrsg.), Rép. civil, Rn. 15.

von 1996[521] auch ausdrücklich bestätigte. Zu der in diesem Urteil gestellten Frage nach der rechtlichen Wirksamkeit der Eröffnung eines Bankkontos im Namen der vereinigten Insolvenzmassen mehrerer Konzernunternehmen durch einen Insolvenzverwalter stellte der Gerichtshof in typischer Knappheit fest:

„Da ein Konzern weder mit einer Rechtspersönlichkeit noch einem Recht zum Abschluss von Verträgen ausgestattet ist, fehlte es an einer der Grundvoraussetzungen für die Wirksamkeit der Eröffnung des Kontos“[522].

Die fehlende Rechtspersönlichkeit bringt für den Konzern als Gesamtunternehmen verschiedenste Rechtsfolgen mit sich, welche vom Kassationsgerichtshof in einer Reihe von Urteilen gegen teils ausscherende Instanzgerichte klargestellt wurden. Schon aus dem soeben angeführten Urteil von 1996[523] ergibt sich zunächst, dass dem Konzern als Unternehmensgebilde ohne Rechtspersönlichkeit auch keine Rechts- und Geschäftsfähigkeit zusteht. Zum rechtsgeschäftlichen Handeln ist ein solches Unternehmen daher auf die Konzerngesellschaften angewiesen, aus denen es sich zusammensetzt[524], da ihm mit der Geschäftsfähigkeit eine persönliche Wirksamkeitsvoraussetzung für Vertragsschlüsse im Sinne des heutigen Art. 1128 Nr. 2 C. civ.[525] fehlt. Auf diesen Artikel bezieht sich der Kassationsgerichtshof in seinem Urteil ausdrücklich, was auch im Hinblick auf die Vorschrift des heutigen Art. 1145 C. civ.[526] folgerichtig erscheint: Letztere gibt ausdrücklich nur Kontrahenten mit eigener Rechtspersönlichkeit das Recht zum Abschluss von Verträgen[527].

Prozessrechtlich kann der Konzern als solcher mangels Parteifähigkeit nicht im Zivilprozess klagen bzw. verurteilt werden. Letzteres machte der Kassati-

---

[521] Cass. com. 02.04.1996, Bull. civ. 1996 IV, Nr. 113, S. 94, Revisionsnummer 94-16380; ähnlich, aber im Hinblick auf die Rechtsfolgen weniger eindeutig auch Cass. com. 20.01.1998, Revisionsnummer 94-21811.

[522] Originalwortlaut des Urteils: „[...] un groupe de sociétés étant dépourvu de la personnalité morale et de la capacité de contracter, l'une des conditions essentielles pour la validité de la convention d'ouverture de compte faisait défaut [...]“.

[523] Cass. com. 02.04.1996, Bull. civ. 1996, IV, Nr. 113, S. 94, Revisionsnummer 94-16380.

[524] Vgl. auch *Gibirila*, Groupes de sociétés – Présentation, in: JCl. Com., Fasc. 1574, Rn. 3; zur herausgehobenen Rolle der einzelnen Konzerngesellschaften als gemeinsame Träger des Konzernvermögens sogleich unten, b).

[525] Zuvor: Art. 1108 Abs. 3 C. civ.; geändert durch Art. 2 der Ordonnance Nr. 2016-131 vom 10.02.2016 portant réforme du droit des contrats, du régime général et de la preuve des obligations, JORF, 11.02.2016, Nr. 26; in Kraft getreten am 01.10.2016, Art. 9 der Ordonnance.

[526] Vor dem 01.10.2016: Art. 1123 C. civ.

[527] Genauer zum Zusammenspiel von Rechtspersönlichkeit juristischer Personen und damaligem Art. 1123 C. civ. *Wicker/ Pagnucco*, Personne morale, in: Savaux (Hrsg.), Rép. civil, Rn. 66.

onsgerichtshof in einem Urteil aus dem Jahr 2011 auch ausdrücklich deutlich[528]. Das dem Urteil des Kassationsgerichtshofs zugrundeliegende Urteil des Appelationsgerichtshofs *(Cour d'appel)* hatte einen Gesamtkonzern zur Zahlung von deliktischem Schadensersatz verurteilt. Dieser Mangel an begrifflicher Präzision – womöglich eine Flüchtigkeit[529] – wurde vom Kassationsgerichtshof entschieden gerügt und sogleich berichtigt. Im Sinne des Art. 32 CPC[530] könne „nur eine Partei mit Rechtspersönlichkeit Beklagte im Verfahren und Gegenstand einer Verurteilung sein"[531], was für den Konzern als solchen demzufolge ausscheidet, da er selbst keine Rechte und Pflichten begründen und damit auch kein eigenes Interesse am Ausgang des Verfahrens haben kann[532]. Letzteres deutet ebenfalls darauf hin, dass der Kassationsgerichtshof dem Konzern eine fehlende Aktivlegitimation in Bezug auf das Klageziel unterstellt. Schließlich kann der Konzern als solcher auch keinen eigenen Satzungssitz haben, an welchen die örtliche Zuständigkeit eines Gerichts anknüpfen könnte[533]. In der Praxis richtet sich der Gerichtsstand daher grundsätzlich nach dem Satzungssitz der ursprünglich beklagten Konzerngesellschaft (siehe Art. 42 Abs. 1 i.V.m. Art. 43 Abs. 3 CPC)[534].

b) Die Konzerngesellschaften als rechtlich selbständige Träger ihrer jeweiligen Gesellschaftsvermögen

Fehlt dem Konzern selbst eine eigene Rechtspersönlichkeit, kommen als Träger von Rechten, Pflichten sowie des jeweiligen Gesellschaftsvermögens nur die Konzerngesellschaften selbst in Frage. Gesellschaftsrechtlich besteht der Konzern damit – wie gesehen – nicht als Gesamtgebilde, sondern vielmehr

---

[528] Cass. com. 15.11.2011, Revisionsnummer 10-21701, m. Anmerkung *Prévost*, Rev. sociétés. 2012, 37.

[529] Dies vermutend *Prévost*, Anmerkung zu Cass. com. 15.11.2011, Revisionsnummer 10-21701, Rev. sociétés. 2012, 37.

[530] „Jeder Antrag, der von einer Person oder gegen eine Person ohne das Recht vor Gericht zu handeln vorgebracht wird, ist unzulässig." („Est irrecevable toute prétention émise par ou contre une personne dépourvue du droit d'agir.")

[531] Originalwortlaut: „seule une partie dotée de la personnalité morale peut être défendeur à une action en justice et faire l'objet d'une condamnation".

[532] So *Prévost*, Anmerkung zu Cass. com. 15.11.2011, Revisionsnummer 10-21701, Rev. sociétés. 2012, 37.

[533] Cass. com. 19 oct. 1993, Bull. civ. 1993 IV, Nr. 346, S. 250, Revisionsnummer 91-13657. Siehe auch *Gibirila*, Groupes de sociétés – Présentation, in: JCl. Com., Fasc. 1574, Rn. 3.

[534] Siehe genauer, auch zu den Ausnahmen von diesem Grundsatz *Lefebvre*, Mémento groupes, Rn. 24710 ff.

durch seine Einzelbestandteile[535]. Dies bedeutet auch, dass die Art. 1842 Abs. 1 C. civ. sowie L. 210-6 Abs. 1 S. 1 C. com.[536] auch für Konzerngesellschaften uneingeschränkte Geltung beanspruchen. Eine Konzerngesellschaft führt wie jede andere eine eigene Bezeichnung, hat einen eigenen Sitz und ein eigenes Vermögen[537]. Für *Le Cannu* und *Dondero*[538] sind diese Vorschriften folgerichtig gar der „Ankerpunkt des Konzernrechts“.

aa) Die rechtliche Selbständigkeit der Konzerngesellschaften in der Rechtsprechung des Kassationsgerichtshofs

Eine Analyse der einschlägigen Rechtsprechung des Kassationsgerichtshofs bestätigt diese Einordnung. Wie schon bei der Klarstellung einer fehlenden Rechtspersönlichkeit des Konzerns[539] sieht sich der Gerichtshof immer wieder veranlasst, gegenteilige Entscheidungen der Instanzgerichte zur Wahrung des Grundsatzes der rechtlichen Selbständigkeit der Konzerngesellschaften entsprechend zu korrigieren. Grundlegend machte der Gerichtshof dies etwa in einem Urteil von 1994[540] deutlich: Auch wenn mehrere Konzerngesellschaften bei der Erfüllung eines Vertrags zusammenarbeiten, sei doch immer nur diejenige Gesellschaft Vertragspartner, mit welcher der Vertrag ausdrücklich geschlossen wurde. Der Appellationsgerichtshof hatte in seinem Urteil aus der Sicht des Kassationsgerichtshofs nicht klar genug deutlich gemacht, dass mit den anderen Konzerngesellschaften keinerlei rechtliche Beziehung begründet worden war[541].

Derartige Korrekturen erfolgen seitens des Kassationsgerichtshofs in Bezug auf diese Grundsätze regelmäßig[542] – und dies auch unter Umständen, in denen

---

535 Siehe etwa *Lecourt*, Groupe de sociétés, in: Magnier (Hrsg.), Rép. sociétés, Rn. 27: „Seine [d.h. des Konzerns] rechtliche Existenz wird nur über die ihn ausmachenden Einzelbestandteile wahrgenommen, also die unterschiedlichen Gesellschaften, welche sein Fleisch bilden“ („Son existence juridique n'est perçue qu'au travers des éléments qui le composent, c'est-à-dire les différentes sociétés qui en constituent la chaire"). Ähnlich *Le Cannu/ Dondero*, Sociétés, Rn. 1507.

536 Zum Anwendungsbereich dieser Vorschriften soeben oben, a).

537 Siehe *Guyon*, Droit des affaires Tome 1, Rn. 614.

538 Sociétés, Rn. 1507: „Le point d'ancrage du droit des groupes de sociétés“.

539 Siehe oben, a).

540 Cass. com. 18.10.1994, Bull. Civ. 1994 IV, Nr. 301, S. 244, Revisionsnummer 92-21199.

541 Zu dieser Analyse auch *Lefebvre*, Mémento groupes, Rn. 105.

542 Siehe schon vor der Entscheidung von 1994 – weniger explizit als dort – bereits Cass. com. 24.05.1982, Revisionsnummer 81-11268; ähnlich daraufhin Cass. com. 13.06.1995, Bull. civ. 1995 IV, Nr. 181, S. 168, Revisionsnummern 94-21003/ 94-21436 (Keine Berücksichtigung der Konzernangehörigkeit von Gesellschaften bei der Berechnung des Quorums von 10% des Gesamtkapitals einer Gesellschaft, welches gem. dem heutigen Art. L. 228-61

die Annäherung der Gesellschaften im Konzernverbund sehr weit vorgeschritten ist. Keine Zweifel an der Beibehaltung der rechtlichen Unabhängigkeit der Konzerngesellschaften kamen dem Kassationsgerichtshof – konsequenterweise und anders als den jeweiligen Instanzgerichten – etwa bei einer identischen Besetzung der Geschäftsführungen mehrerer Konzerngesellschaften[543] oder bei Konzerngesellschaften mit teilweise überschneidender Gesellschafterstruktur und teils identischen Geschäftsadressen, welche die Zugehörigkeit zu einem Konzern auch in ihren jeweiligen Geschäftsbriefköpfen deutlich machten[544]. Auch das Halten einer Kapitalmehrheit in Höhe von 99 % durch eine Muttergesellschaft änderte für den Gerichtshof an dem Grundsatz der rechtlichen Selbständigkeit der Konzerngesellschaften nichts[545]. In der Mehrzahl der genannten Urteile[546] nennt der Kassationsgerichtshof als Rechtsgrundlage direkt Art. 1842 Abs. 1 C. civ. oder Art. L. 210-6 Abs. 1 S. 1 C. com[547] und macht damit die herausragende Bedeutung dieser Vorschriften für das Verständnis des Konzerns im französischen Recht als ein ausschließlich in Form seiner Gesellschaften rechtlich existentes Wesen deutlich.

bb) Folgen für die Rechtsbeziehungen nach außen: der Grundsatz der konzerninternen Haftungstrennung und seine Ausnahmen

Der aus praktischer Sicht wohl folgenschwerste Anlass für die Entscheidungen des Kassationsgerichtshofs zur Selbständigkeit der Konzerngesellschaften ist

Abs. 4 C. com. zu einem Stimmverbot in der Versammlung der Schuldverschreibungsgläubiger führt). Schließlich sogar auch Cass. AP 09.10.2006, Bull. 2006 A.P. Nr. 11, S. 27 (Teil der sog. *Affaire Tapie* um den Verkauf des Unternehmens *Adidas* durch eine Tochtergesellschaft der französischen Bank *Crédit Lyonnais* – kein Anspruch des Geschädigten, *Bernard Tapie*, auf Schadensersatz gegen die Bank *Crédit Lyonnais*, welche nicht direkte Vertragspartnerin war).

[543] Cass. com. 15.10.1974, Bull. civ. 1974 IV, Nr. 248, S. 202, Revisionsnummer 73-12391. Im dort revidierten Urteil hatte der Appellationsgerichtshofs eine Gesellschaft zur Leistung auf einen vertraglichen Gewährleistungsanspruch nur deshalb verurteilt, weil sie denselben Geschäftsführer wie die ursprüngliche Vertragspartnerin des Klägers hatte.

[544] Cass. com. 20.01.1998, Revisionsnummer 94-21811, m. zust. Anm. *Dom*, Bull. Joly soc. Nr. 1998-5, S.474.

[545] Cass. com. 19.04.2005, Bull. civ. 2003 IV, Nr. 3, S. 4, Revisionsnummer 05-10094. Dieses Urteil ist Teil des, weiter unten, § 4 B. II. 2. c) (zur fiktiven juristischen Person); § 4 B. II. 3. b) dd) f. (zur Vermögensvermischung) beschriebenen *Metaleurop*-Prozesses, in welchem die Voraussetzungen einer insolvenzrechtlichen Verfahrenserstreckung erheblich genauer gefasst wurden.

[546] Einzige Ausnahmen: Cass. com. 15.10.1974, Bull. civ. 1974 IV, Nr. 248, S. 202, Revisionsnummer 73-12391; Cass. com. 19.04.2005, Bull. civ. 2003 IV, Nr. 3, S. 4, Revisionsnummer 05-10094.

[547] Bzw. die Vorgängervorschrift des Art. 210-6 Abs. 1 S. 1 C. com., Art. 5 des Gesetzes Nr. 66-537 vom 24.07.1966 über Handelsgesellschaften.

die Geltendmachung eines Zahlungsverlangens gegenüber einer anderen Konzerngesellschaft als der eigentlichen Vertragspartnerin[548] oder, allgemeiner gesprochen, die Haftung für Verbindlichkeiten anderer Konzerngesellschaften. Verweigerte der Kassationsgerichtshof in diesen Fällen mit Hinweis auf die rechtliche Selbständigkeit des jeweiligen Vertragspartners jegliche Haftung, verdeutlichte er gleichzeitig die wichtigste praktische Folge dieses Grundsatzes: die konzerninterne Haftungstrennung[549].

Die weitreichenden Folgen dieses Grundsatzes wurden in der Rechtsprechung des Kassationsgerichtshofs konkretisiert. Zunächst ist dieser nicht nur zwischen Schwestergesellschaften im Konzern, sondern gerade in Holdingstrukturen[550] besonders relevant und gilt ausdrücklich auch für die Beziehung zwischen Mutter- und Tochtergesellschaften. Dies ergibt sich bereits aus einer einfachen Anwendung des Vertragsrechts im *Code civil*. So stellte der Kassationsgerichtshof 2010[551] in ausdrücklicher Anwendung eines der „Grundpfeiler des Vertrags(rechts)“[552], heute Art. 1103 C. civ.[553] (hier i.V.m. Art. 1199 C. civ.[554]), auch für das Außenverhältnis klar: Schließt der Anspruchsteller einen Vertrag mit einer Tochtergesellschaft im Konzernverbund, wird die Muttergesellschaft aufgrund der in diesen Normen vorgeschriebenen relativen Wirkung von vertraglichen Vereinbarungen „nicht Vertragspartei“[555]; eine Haftung gegenüber dem Vertragspartner wird folgerichtig nur gegenüber der Tochtergesellschaft begründet, mit der dieser Vertrag auch geschlossen

---

548 So etwa in Cass. com. 18.10.1994, Bull. Civ. 1994 IV, Nr. 301, S. 244, Revisionsnummer 92-21199 oder in Cass. com. 20.01.1998, Revisionsnummer 94-21811, m. zust. Anm. *Dom*, Bull. Joly soc. Nr. 1998-5, S.474.

549 Siehe zur Haftungstrennung als wirtschaftlichem Vorteil im Sinne einer Risikominimierung auch unten, II. 2.

550 Zu den unterschiedlichen Gestaltungsformen von Konzernen sogleich unten, 3.

551 Cass. com. 14.09.2010, Revisionsnummer 09-14564, Rev. sociétés 2011, 284 m. Anmerkung *Pariente*.

552 *Latina*, Contrat (Généralités), in: Savaux (Hrsg.), Rép. civil, Rn. 114: „...un des [...] piliers du contrat“.

553 Der frühere Art. 1134 Abs. 1 lautete: „Rechtsgültig abgeschlossene Verträge dienen als Gesetz zwischen denen, die sie abgeschlossen haben“ („Les conventions légalement formées tiennent lieu de loi à ceux qui les ont faites.“); der neue Art. 1103 C. civ. ersetzt das Wort „conventions“ durch den gleichbedeutenden, jedoch geläufigeren Begriff „contrats“. Die Änderung erfolgte durch Art. 2 der Ordonnance Nr. 2016-131 vom 10.02.2016 portant réforme du droit des contrats, du régime général et de la preuve des obligations, JORF, 11.02.2016, Nr. 26; in Kraft getreten am 01.10.2016, Art. 9 der Ordonnance.

554 Vor dem 01.10.2016 Art. 1165 C. civ., dessen Halbsatz 1 lautete: „Veträge haben nur zwischen den Vetragsparteien Rechtswirkung“ („Les conventions n'ont d'effet qu'entre les parties contractantes“). Art. 1199 Abs. 1 C. civ. ist inhaltlich gleichbedeutend, jedoch leicht umformuliert.

555 „...la [société mère] n’étant pas partie à cette convention, la [filiale] était débitrice, en tant que signataire [...] des engagements...“.

wurde. Dieser Grundsatz der auf die Parteien begrenzten Entfaltung vertraglicher Rechtswirkungen verbietet es damit, die Muttergesellschaft zur Haftung für einen Vertrag im Außenverhältnis heranzuziehen, welchen sie nie abschloss[556].

Besondere Bedeutung erhält diese Haftungstrennung aber in den Fällen, in welchen eine Inanspruchnahme einer Tochtergesellschaft fehlgeht, also gerade bei – im Folgenden den Mittelpunkt dieser Arbeit darstellenden[557]– Sachverhalten mit Insolvenz einer oder mehrerer Konzerngesellschaften. Der für Konzerne typische Interessenkonflikt wird hier besonders deutlich: trotz ihrer rechtlichen Unabhängigkeit voneinander sind die Konzerngesellschaften in den meisten Fällen durch die Verfolgung gemeinsamer wirtschaftlicher Interessen miteinander verklammert – häufig werden sie aller rechtlichen Unabhängigkeit zum Trotz gar als ein einheitliches Unternehmen wahrgenommen. *Le Cannu* und *Dondero*[558] stellen daher die auch für die vorliegende Arbeit zentrale Frage nach der Rechtfertigung einer vollständigen Haftungstrennung: „Ist es gerechtfertigt, dass der Gläubiger eines Unternehmens aus dem einzigen Grund keine Befriedigung [seiner Ansprüche, d. Verf.] erhalten kann, dass dieses Unternehmen in unterschiedliche Gesellschaften aufgespalten ist und er das Unglück besitzt, Gläubiger einer zahlungsunfähigen Tochtergesellschaft zu sein?“[559]

Für die Rechtsprechung ist auch die grundsätzliche Antwort auf diese Frage eindeutig: Auch in der Insolvenz ist der rechtliche Bezugspunkt für die kollektive Befriedigung der Gläubiger sowie die Eröffnung und Durchführung des Verfahrens die einzelne Konzerngesellschaft. Materiell führt daher – dogmatisch konsequent – auch die Insolvenz einer Konzerngesellschaft grundsätzlich nicht zu einer Haftung der anderen Konzerngesellschaften[560]. Prozessual ist die für die Eröffnung eines Sanierungs- bzw. Liquidationsverfahrens ausschlaggebende Zahlungsunfähigkeit[561] zunächst einzeln bei jeder Konzerngesellschaft

---

[556] So auch Lucas, LPA, Nr. 2001-89, 66, I. B.: „...le principe d'effet relatif des conventions [...] commande que la société mère n'ait pas à souffrir d'une convention à laquelle elle n'est pas partie“. Ausnahmen können sich aber insbesondere unter Anwendung von Rechtsscheingesichtspunkten ergeben, § 5 D. I. 2.

[557] Siehe unten im 2. Kapitel.

[558] Sociétés, Rn. 1508.

[559] „Est-il légitime que le créancier d'une entreprise ne puisse obtenir satisfaction du seul fait que cette entreprise est fractionnée en plusieurs sociétés, et qu'il a le malheur d'avoir pour débiteur une filiale insolvable ?“

[560] Vgl. etwa Cass. com. 13.12.2006, Revisionsnummer 05-18707 sowie, instanzgerichtlich, CA Paris, 04.05.1990, Rev. Sociétés 1990, 449, m. Anm. *Guyon*, welcher darauf hinweist, der Appelationsgerichtshof habe in seinem Urteil „einen unbestrittenen Grundsatz“ („un principe incontesté“) zur Anwendung gebracht.

[561] I.S.d. Art. L. 631-1 Abs. 1 S. 1 bzw. Art. L. 640-1 Abs. 1 C. com.), siehe hierzu oben, A. II. 2.

zu erkennen und eine Verfahrenseröffnung grundsätzlich nur bei den Gesellschaften möglich, die deren Tatbestand erfüllen[562]. Gleiches gilt für die Eröffnungsvoraussetzungen des Rettungsverfahrens: Nach der Rechtsprechung des Kassationsgerichtshofs ist es für den Eröffnungsgrund der „unüberwindbaren Schwierigkeiten"[563] eines konzernangehörigen Schuldners unerheblich, ob die Zugehörigkeit zum Konzern möglicherweise neue Finanzierungsmöglichkeiten erschließen könnte[564].

Allerdings kann die französische Rechtsordnung die soeben gestellte Frage nach der materiellen Rechtfertigung der Anwendung dieser Grundsätze im Konzernkontext nicht übersehen. Dies gilt besonders in Fallkonstellationen, in welchen der Konzern als Gesamtheit oder die Muttergesellschaft eine zur Gläubigerbefriedigung ausreichende Kapitalausstattung aufweist und die Haftungstrennung im Konzern daher willkürlich erscheinen mag[565]. Der Kassationsgerichtshof weist daher in der Mehrzahl der diesen Grundsatz verteidigenden Urteile auf ein Regel-Ausnahme-Verhältnis hin: An der strikten Haftungstrennung sowohl im materiellen als auch im prozessualen Sinne wird nur solange festgehalten, wie die Erfüllung der zur Wiederherstellung der materiellen Gerechtigkeit vorhandenen Ausnahmetatbestände wie etwa der Haftungsklagen nach den Grundsätzen der *responsabilité pour insuffisance d'actif* (Art. L. 651-2 C. com.)[566], der Umwelthaftung aus Art. L. 512-17 C. env.[567], einer zivilrechtlichen Haftung[568] aus Delikt bzw. Rechtsscheinhaftung *(théorie de*

---

[562] In diesem Sinne Cass. com. 03.07.2012 *(Sodimedical)*, Bull. Civ. 2012 IV. Nr. 146, Revisionsnummer 11-18026, m. Anm. *Lienhard*, D. 2012, 2212; zu inzwischen im französischen Recht ermöglichten Konzentrationsmöglichkeiten bei der Konzerninsolvenz jedoch unten, C. II.

[563] I.S.d. Art. L. 620-1 Abs. 1 S. 1 C. com.: „Il est institué une procédure de sauvegarde ouverte sur demande d'un débiteur mentionné à l'article L. 620-2 qui, sans être en cessation des paiements, justifie de difficultés qu'il n'est pas en mesure de surmonter". Ausführlich zu den Voraussetzungen und Zielen des Rettungsverfahrens oben, A. II. 2.

[564] So ausdrücklich Cass. com. 26.06.2007 *(Schlumberger)*, Bull. civ. 2007 IV, Nr. 177, Revisionsnummer 06-20820; bestätigt durch Cass. com. 08.03.2011 *(Cœur Défense)*, Bull. civ. 2011 IV, Nr. 33, Revisionsnummern 10-13988/ 10-13989/ 10-13990.

[565] Aus diesem Grund auf die „Unbequemlichkeit" der soeben beschriebenen Rechtsprechung hinweisend *Lienhard*, Anmerkung zu Cass. com. 03.07.2012 *(Sodimedical)*, Revisionsnummer 11-18026, D. 2012, 2212.

[566] Siehe ausführlich unten, § 5 A.

[567] Siehe unten, § 5 B.

[568] Hierzu unten, § 5 C.

l'apparence) oder schließlich der Erstreckung eines Insolvenzverfahrens (*extension de procédure*, Art. L. 621-2 Abs. 2 C. com.)[569] nicht zweifelsfrei dargelegt werden kann[570].

cc) Folgen für die Ausgestaltung der Rechtsbeziehungen innerhalb des Konzerns

Die soeben beschriebene Haftungstrennung stellt das wesentliche Gestaltungsmerkmal der Rechtsbeziehungen des Konzerns bzw. seiner Gesellschaften zu außenstehenden Gläubigern dar. Aber auch für die Beziehungen der Gesellschaften innerhalb des Konzernverbunds hat ihre rechtliche Selbständigkeit umfangreiche Folgen.

(1) Keine Pflicht zum konzerninternen Verlustausgleich

Besteht nach alledem grundsätzlich keine Außenhaftung einer konzernangehörigen Gesellschaft für durch andere Gesellschaften dieses Verbunds begründete Verbindlichkeiten, so könnte dieser Leitgedanke doch durch konzerninterne Verlustausgleichspflichten zumindest teilweise unterlaufen werden. Solche Ausgleichspflichten bestehen aber im französischen Recht grundsätzlich nicht. So ist etwa eine Muttergesellschaft grundsätzlich nicht dazu verpflichtet, einer Tochtergesellschaft die finanziellen Mittel zur Verfügung zu stellen, die sie zur Erfüllung ihrer Verbindlichkeiten oder die Fortführung ihres wirtschaftlichen Betriebs benötigt[571]. Die Weigerung einer Muttergesellschaft, ihrer insolventen Tochter eine solche finanzielle Unterstützung über etwaige bereits vorher bestehende Ansprüche hinaus zukommen zu lassen, kann daher weder von Seiten des Staates[572] noch der Arbeitnehmer der insolventen Tochtergesellschaft[573]

---

[569] Siehe unten, § 4.

[570] Dieses Verhältnis ausdrücklich betonend etwa Cass. com. 20.01.1998, Revisionsnummer 94-21811; Cass. com. 19.04.2005 *(Metaleurop)*, Revisionsnummer 05-10094, Bull. civ. 2005 IV, S. 95, Nr. 92.

[571] *Cozian/ Viandier/ Deboissy*, Sociétés, 29. Auflage, Rn. 1905; siehe auch *Pelletier*, La responsabilité au sein des groupes de sociétés en cas de procédure collective, Rn. 36. Für *Lucas*, LPA, Nr. 2001-89, 66, Einleitung, handelt es sich bei öffentlich anklingenden Forderungen gegen Aktionäre im Rahmen ihrer „Aktionärspflichten" (*devoir d'actionnaire*) vielmehr um einen inhaltsleeren „Slogan".

[572] Cass. com. 26.03.2008, Revisionsnummer 07-11619, m. Anm. *Francis Lefebrvre* (Hrsg.), RJDA 2008-7, Nr. 804. In diesem Fall hatte die insolvente Tochtergesellschaft eine Mülldeponie betrieben. Die Kosten der Beseitigung der Umweltschäden dieser Deponie wurden von einer staatlichen Behörde ausgelegt, welche bei der Muttergesellschaft – ohne Erfolg – in deliktsrechtlichen Regress ging. Nach heutiger Rechtslage wäre die Haftung der Muttergesellschaft allerdings womöglich über den Umwelthaftungstatbestand des Art. L. 512-17 C. env. (siehe hierzu ausführlich unten, § 5 B.) zu erreichen gewesen.

[573] So in Cass. soc. 28.09.2011, Revisionsnummern 10-12278 ff., m. Anm. *Francis Lefebvre* (Hrsg.), RJDA 2012-1, Nr. 57.

zur Begründung eines deliktischen Schadensersatzanspruchs (heute Art. 1240 C. civ.[574]) gegen die Muttergesellschaft herangezogen werden. Dies ist insbesondere der Fall, wenn die Muttergesellschaft durch diese Unterstützung selbst das Risiko ihrer eigenen Zahlungsunfähigkeit vergrößern würde[575]. Es erscheint insoweit folgerichtig, als Gesellschaften, die durch entsprechende Hilfen selbst an den Rand eines Liquidationsverfahrens gebracht würden, ohnehin keine stabilisierende Funktion im Konzern ausüben könnten[576]. In dieser Konstellation ist für die Leitungsorgane der Muttergesellschaft vielmehr an eine Pflicht zur Restrukturierung bzw. zur Eröffnung eines Insolvenzverfahrens zu denken, um einer persönlichen Haftung für Managementfehler[577] zu entgehen[578]. Auch in diesen Sachverhalten ist aber nicht zu vergessen, dass eine Haftung etwa für ungerechtfertigte Eingriffe in das Gesellschaftsvermögen oder aufgrund der unterschiedlichen Rechtsscheinstatbestände weiterhin infrage kommt[579]. Liegen die entsprechenden Tatbestände allerdings nicht vor, bleibt es diesbezüglich bei der „Splendid Isolation“[580] der Konzerngesellschaften.

(2) Kein rechtswirksames Handeln für andere Konzerngesellschaften ohne besondere Vertretungsmacht

Zwar besteht besonders in Unterordnungskonzernen aus wirtschaftlicher Hinsicht ein etwa durch Stimmrechte vermittelter Einfluss der Mutter- auf ihre Tochtergesellschaften[581]. Die durch diesen Einfluss vermittelte Beherrschung bleibt aus rechtlicher Sicht aber von indirekter Art. Aus diesem Grund kann

---

[574] Zuvor Art. 1382 C. civ., geändert durch Art. 2 der Ordonnance Nr. 2016-131 vom 10.02.2016 portant réforme du droit des contrats, du régime général et de la preuve des obligations, JORF, 11.02.2016, Nr. 26; in Kraft getreten am 01.10.2016, Art. 9 der Ordonnance.

[575] Auch dies war etwa der Fall in in Cass. soc. 28.09.2011, Revisionsnummern 10-12278 ff., m. Anm. *Francis Lefebvre* (Hrsg.), RJDA 2012-1, Nr. 57.

[576] So auch *Pelletier*, La responsabilité au sein des groupes de sociétés en cas de procédure collective, Rn. 36.

[577] So etwa, im Insolvenzzusammenhang, einer Haftung nach den Grundsätzen der *responsabilité pour insuffisance d'actif*, Art. L. 651-1 ff. C. com. Zu dieser genauer unten, § 5 A.

[578] Siehe *Francis Lefebvre* (Hrsg.), Anmerkung zu Cass. soc. 28.09.2011, Revisionsnummern 10-12278 ff., RJDA 2012-1, Nr. 57.

[579] Zu diesen Tatbeständen unten, § 5.

[580] *Guyon*, Droit des affaires Tome 1, Rn. 615: „le splendide isolement des sociétés groupées“.

[581] Dieser Einfluss bildet die Grundlage der gesetzlichen Definitionen der konzernrechtlichen „Beherrschung“, siehe hierzu bereits oben, 1. b) bb); zu Ausgestaltungsmöglichkeiten dieser Abhängigkeitsbeziehungen siehe unten, 3.

eine Konzerngesellschaft – etwa eine Muttergesellschaft – nicht ohne besondere Vertretungsmacht rechtswirksam für eine andere Gesellschaft im Konzernverbund tätig werden[582].

Die Rechtsprechung[583] bestätigt diesen Grundsatz regelmäßig in Bezug auf die Durchführung von Klagen durch eine Muttergesellschaft für ihre Tochtergesellschaften – spiegelbildlich zu den Fällen, in welchen dem Konzern als solchem mangels eigenen Interesses am Verfahrensausgang und der damit fehlenden Aktivlegitimation (siehe Art. 31 CPC) eine Klage für Konzerngesellschaften als unzulässig verworfen wird[584]. Fehlt die Aktivlegitimation dort schon aufgrund der mangelnden Rechtspersönlichkeit des Gesamtkonzerns, wird ihr Fehlen bei Klagen der Mutter- im Namen ihrer Tochtergesellschaften gerade aus der rechtlichen Selbständigkeit der Konzerngesellschaften geschlossen: Wenn der geltend gemachte Anspruch nämlich ausschließlich der betroffenen Konzerngesellschaft zustehen soll, fehlt es der Muttergesellschaft, in ihrer Position als Anteilsinhaberin der Tochtergesellschaft[585], am notwendigen direkten Eigeninteresse am Ausgang des Verfahrens[586]. Das indirekte Interesse der Muttergesellschaft am Verfahrensausgang durch ihre Beherrschungsposition ist jedenfalls nicht ausreichend[587].

Ebenso ist von einer Geltung dieses Grundsatzes im Bereich des rechtsgeschäftlichen Handelns auszugehen: Ohne besondere Vollmacht kann ein Rechtsgeschäft für eine andere Konzerngesellschaft trotz der Zugehörigkeit zum Konzernverbund keine Rechtsfolgen entfalten[588]. Verstöße gegen diesen Grundsatz können vielmehr eine gemeinsame Haftung der in die Geschäftssphäre der anderen Gesellschaft eingreifenden Konzerngesellschaft aus Rechtsscheingesichtspunkten begründen[589].

---

582 *Cozian/ Viandier/ Deboissy*, Sociétés, 29. Auflage, Rn. 1905; *Lefebvre*, Mémento groupes, Rn. 23855; *Le Cannu/ Dondero*, Sociétés, Rn. 1507.

583 Cass. com. 17.12.1991, Revisionsnummer 89-21607, m. Anm. Hannoun, Bull. Joly Soc. 1992, 186; Cass. com. 18.05.1999, Revisionsnummer 96-19235; CA Versailles, 19.02.1998, RG-Nr. 1996-5418, RJDA 1998-6, Nr. 811; CA Versailles. 11.09.2008 RG-Nr. 06-8167, RJDA 2009-3, Nr. 226.

584 Hierzu bereits oben, a).

585 Dies betonend *Hannoun*, Anmerkung zu Cass. com. 17.12.1991, Revisionsnummer 89-21607, Bull. Joly Soc. 1992, 186, Rn. 3.

586 Diese Prozessvoraussetzung einer ausreichenden Aktivlegitimation wird in den Urteilen der französischen Rechtsprechung mit dem Leitsatz „nul ne plaide par procureur“ umschrieben.

587 So *Hannoun*, Anmerkung zu Cass. com. 17.12.1991, Revisionsnummer 89-21607, Bull. Joly Soc. 1992, 186, Rn. 1, 4.

588 Siehe *Le Cannu/ Dondero*, Sociétés, Rn. 1507.

589 Siehe zu dieser Rechtsscheinhaftung unten, § 5 D. I. 2.

(3) Die Konzerngesellschaften als alleinige Träger des Konzernkapitals

Eine im Hinblick auf die Folgen für Insolvenzsachverhalte besonders bedeutende Folge der rechtlichen Selbständigkeit der Konzerngesellschaften betrifft schließlich ihre Funktion als alleinige Träger des aus den jeweiligen Gesellschaftsvermögen der konzernangehörigen Rechtsträger zusammengesetzten Konzernvermögens. *Grelon* und *Dessus-Larrivé* bringen die aus dieser Zuordnung der Gesellschaftsvermögen folgende finanzielle Situation des Gesamtkonzerns auf die treffende Formel: „Das Vermögen des Konzerns ist nicht vorhanden. Es besteht nur aus der buchhalterischen Nebeneinanderstellung oder Verknüpfung der Vermögen der unterschiedlichen Gesellschaften, die den Konzern ausmachen.“[590]. Nicht nur besteht das Vermögen einer Konzerngesellschaft damit getrennt von dem aller anderen verbundenen Gesellschaften; auch eine eventuell hierarchische Aufteilung des Konzerns[591] in Mutter- und Tochtergesellschaften hat keinen Einfluss auf diese eindeutige rechtliche Zuweisung der Vermögen zu den jeweiligen Gesellschaftsvermögen[592].

Dieser Grundsatz ist das Gegenstück zur nach außen gerichteten Haftungstrennung im Konzern[593]: haftet der Verbund als solcher grundsätzlich nicht nach außen, muss im Falle von abhängigen Kapitalgesellschaften zumindest das jeweilige Grund- bzw. Stammkapital *(capital social)* zur Sicherung der Ansprüche der Gesellschaftsgläubiger möglichst umfassend geschützt werden. Nicht umsonst wird dieses Kapital daher in der französischen Literatur häufig als das „Pfand der Gläubiger“ *(gage aux créanciers*[594]*)* bezeichnet. Allerdings hat sich die Bedeutung dieses grundsätzlich durch Einlagen gebildeten Kapitals als Haftungsmasse durch gesetzliche Reformen nicht unwesentlich verringert: Durch den Wegfall des Mindestkapitalerfordernisses bei SARL[595] und SAS[596],

---

[590] *Grelon/ Dessus-Larrivé*, Rev. sociétés 2006, 281, Rn. 5: „Le patrimoine du groupe n'existe pas. Il n'est que la juxtaposition ou la combinaison comptable des patrimoines des diverses sociétés qui composent le groupe.” Ähnlich *Lecourt*, Groupe de sociétés, in: Magnier (Hrsg.), Rép. sociétés, Rn. 12: „Die Einheit ‚Konzern‘ verfügt über so viele Vermögen wie Gesellschaften” („l'entité groupe dispose d'autant de patrimoines que de sociétés“).

[591] Siehe zu den Ausgestaltungsmöglichkeiten von Konzernhierarchien sogleich unten, dd).

[592] *Lefebvre*, Mémento groupes, Rn. 110.

[593] Hierzu soeben oben, bb).

[594] Siehe nur *Goffaux-Callebaut*, Apport, in: Magnier (Hrsg.), Rép. sociétés, Rn. 200, 208.

[595] Seit dem Gesetz Nr. 2003-721 vom 01.08.2003 (loi pour l'initiative économique) sieht Art. L. 233-2 S. 1 C. com. die freie Festsetzung des durch die Höhe der Einlagen definierten Gesellschaftskapitals vor. Art. 1 des Gesetzes beseitigte damit das zuvor geltende Mindestkapitalerfordernis in Höhe von 7.500 EUR.

[596] Art. 59 des Gesetzes Nr. 2008-776 vom 01.09.2008 (loi de modernisation économique, „loi LME“) sieht in einem neu eingefügten Art. L. 227-2 C. com. ebenfalls die freie

die Verringerung desselben bei SA[597] und SCA[598] sowie die Einführung des Gesellschafterbeitrags in Form von Diensten *(apport en industrie*[599]*)* für SARL und SAS wurden die praktischen Hürden zur Gründung von Gesellschaften ohne nennenswertes Kapital deutlich gesenkt[600] – nur in extremen Ausnahmefällen kann eine starke materielle Unterkapitalisierung für Gesellschafter bzw. Muttergesellschaften überhaupt Haftungsfolgen nach sich ziehen[601]. Für Teile der französischen Literatur hat sich die natürliche Zusammensetzung des Haftungskapitals als „Pfand der Gläubiger" durch die Reformen gewandelt: Über das gezeichnete Kapital aus Grund- und Stammkapital hinaus bildet hiernach das gesamte liquidierbare Aktivvermögen *(capitaux propres)* einer Gesellschaft seine faktische Haftungsmasse[602], auf welche sich in Konsequenz auch der Schutzauftrag des Gesetzgebers gegen Eingriffe beziehen muss.

Durch diese Überlegung wird gleichzeitig auch der materielle Schutzbereich der sogleich genauer beschriebenen Haftungsinstrumente bei Konzerninsolvenzen deutlich: gesteht der Gesetzgeber den Konzerngesellschaften – wie

---

Festsetzung der Höhe des Kapitals durch die Satzung der Gesellschaft vor. Zuvor betrug das Mindestkapital 37.000 EUR.

[597] Heute beträgt das Mindestkapital noch 37.000 EUR, Art. L. 224-2 Abs. 1 C. com. Art. 7 des loi de modernisation économique (siehe vorherige Fußnote) hatte diese Anforderung von vormals 225.000 EUR reduziert.

[598] Über den Verweis des Art. L. 226-1 Abs. 2 ist Art. L. 224-2 Abs. 1 C. com. in seiner veränderten Form auch auf die *SCA* anwendbar.

[599] Für *SARL* in Art. L. 223-7 Abs. 2 C. com. seit Gesetz Nr. 2001-420 vom 15.05.2001 (loi relative aux nouvelles régulations économiques, „loi NRE", Art. 124) ermöglicht; seit 01.01.2009 wurde diese Möglichkeit durch Art. L. 227-1 Abs. 4 C. com., welcher auf Art. 59 des Gesetzes Nr. 2008-776 vom 01.09.2008 („loi LME") basiert, auch für die Gesellschaftsform *SAS* eingeführt.

[600] Siehe *Goffaux-Callebaut*, Apport, in: Magnier (Hrsg.), Rép. sociétés, Rn. 210; *Lecourt*, Capital social, in: Magnier (Hrsg.), Rép. sociétés, Rn. 22.

[601] So stellt eine starke materielle Unterkapitalisierung ein Indiz für das Vorliegen einer fiktiven Gesellschaft dar, welche im Sinne von Art. L. 621-2 Abs. 2 C. com. die Erstreckung eines Insolvenzverfahrens rechtfertigen kann – siehe unten, § 4 B. II. 2. c) cc); in Bezug auf eine Haftung von Gesellschaftern nach den Grundsätzen der Ausfallhaftung *responsabilité pour insuffisance d'actif* ist die Rechtsprechung hingegen unklar, siehe unten, § 5 A. III. 1. b) bb).

[602] So argumentierend etwa *Germain/ Magnier*, Bull. Joly Soc., Nr. 2009-12, 1148, II; *Goffaux-Callebaut*, Apport, in: Magnier (Hrsg.), Rép. sociétés, Rn. 218. Ebenso auf die Relevanz des Eigenkapitals, aber auch anderer Unternehmensaktiva wie etwa Kontokorrenteinlagen *(apports en compte courant)* als Haftungsmasse hinweisend *Pelletier*, La responsabilité au sein des groupes de sociétés en cas de procédure collective, Rn. 145. Durch diese finanziellen Mittel, welche einer funktionierenden Gesellschaft zur Verfügung zu stehen haben, wird für diesen Autor (ebenda, Rn. 148) das Risiko eines fehlenden oder reduzierten *capital social* weitgehend aufgefangen: „So wichtig sie auch sein mag ist die Einlage in Grund- bzw. Stammkapital nur ein Finanzierungsmittel unter vielen" („Aussi important soit-il, l'apport en capital n'est qu'un financement parmi d'autres").

soeben in diesem Abschnitt beschrieben – durch das Unterbleiben einer Gesamtregelung einerseits die größtmögliche rechtliche und finanzielle Unabhängigkeit zu, schützt er andererseits und im Gegenzug die Gesellschaften und ihre Gläubiger vor Eingriffen in ihre Vermögenswerte, welche durch die Zugehörigkeit zum Konzern wahrscheinlicher werden[603]. Wie sich allerdings zeigen wird, besteht die Reaktion des Gesetzgebers auf derartige Eingriffe teilweise – etwa in den Fällen der Verfahrenserstreckung wegen Vermögensvermischung – gerade in einer Umkehrung dieses Grundsatzes[604]. Werden Eingriffe in die eigentlich getrennten Gesellschaftsvermögen durch eine andere Gesellschaft im Konzernverbund festgestellt, kann somit die vermögensrechtliche Trennung des Kapitals aufgehoben und etwa auf ein laufendes Insolvenzverfahren erstreckt werden[605].

dd) Zwischenergebnis

Den Ausgangspunkt für ein richtiges Verständnis des französischen Konzernrechts stellt nach alledem nicht der Konzern, sondern stellen die ihm zugehörigen Gesellschaften dar[606]. Der Konzern als solcher ist weder rechts- noch geschäftsfähig, seine Existenz aus rechtlicher Sicht nah an einer – von Gesetz und Rechtsprechung teils durchbrochenen – Fiktion. Innerhalb des Konzernverbunds sind die direkten Einflussmöglichkeiten von einer auf eine andere Konzerngesellschaft ohne gesonderte Abreden außerdem beschränkt. Im Grundsatz kann etwa eine Muttergesellschaft weder ihre Tochter ohne entsprechende Vollmacht vertreten, noch begründen Geschäfte mit einer Tochtergesellschaft Rechtspflichten im Verhältnis zu ihrer Mutter. Die Haftung ist zwischen den Gesellschaften ebenfalls getrennt. Im Gegenzug wird nicht nur das Stamm- bzw. Grundkapital, sondern das gesamte Vermögen einer Konzerngesellschaft vor Eingriffen, die sich aus der Zugehörigkeit zum Konzern leicht ergeben können, möglichst umfassend geschützt.

Doch diese rein rechtliche Betrachtung ist nur die eine Seite der Realität eines Konzernverbunds. Die *de jure* stark ausgeprägte und von der Rechtsprechung scheinbar wirksam verteidigte Selbständigkeit der Konzerngesellschaften führt *de facto* hingegen zu einem deutlichen Widerspruch: Immer häufiger ist in Konzernkonstellationen gerade eine Konzentration der wirtschaftlichen

---

[603] Zu auf dieser Grundlage bestehenden Haftungstatbeständen unten, 2. Kapitel.

[604] So auch *Lefebvre*, Mémento groupes, Rn. 110: „Diese Trennung [der Konzernvermögen...] ist allerdings kein absoluter Grundsatz" („[...] cette dissociation [...] n'est cependant pas un principe absolu"); ähnlich *Grelon/ Dessus-Larrivé*, Rev. sociétés 2006, 281, Rn. 5; *Lucas*, Bull. Joly Soc., Nr. 2010-1, 3.

[605] Hierzu sogleich unten, 2. Kapitel, insb. § 4.

[606] S., wie bereits oben unter (2) (a) zitiert, *Lecourt*, Groupe de sociétés, in: Magnier (Hrsg.), Rép. sociétés, Rn. 28; *Le Cannu/ Dondero*, Sociétés, Rn. 1507.

Leitungsmacht bei der Muttergesellschaft[607] sowie eine weitgehende wirtschaftliche Integration der Konzerngesellschaften zu einem Gesamtunternehmen[608] zu beobachten[609].

Diesem Widerspruch ausgesetzt ist es die Aufgabe des Gesetzgebers, erfolgversprechende Organisationsmodelle für Unternehmen anzubieten, gleichzeitig aber die Interessen insbesondere der Konzernunternehmen sowie ihrer Gläubiger bestmöglich zum Ausgleich zu bringen: Während Konzernunternehmen diese Organisationsform besonders wegen der Flexibilität ihrer Gestaltungsmöglichkeiten und größtmöglicher Haftungssegmentierung wählen[610], dürfen Gläubigern aus der Wahl dieser Gestaltungsform keine übermäßigen Nachteile entstehen[611]. Ob das französische Recht dies trotz des Widerspruchs zwischen rechtlicher Theorie und wirtschaftlicher Praxis zu leisten vermag, wird Gegenstand der weiteren Betrachtung besonders im Hinblick auf Insolvenzsachverhalte sein. Einerseits zeigt sich dort der Widerstreit der Interessen des Konzerns und seiner Gesellschaften mit den Interessen der Gläubiger durch die Zahlungsschwierigkeiten eines Unternehmens naturgemäß am stärksten. Andererseits wirkt sich in diesem Fall der Widerspruch zwischen rechtlicher Selbständigkeit und gemeinsamer wirtschaftlicher Leitung am meisten aus: Nutzt eine Konzerngesellschaft den Grundsatz der konzerninternen Haftungstrennung missbräuchlich, um sich ungerechtfertigte Vorteile im Insolvenzverfahren zu verschaffen, sieht sich der französische Gesetzgeber entsprechend zum Gegensteuern veranlasst[612].

Die soeben erläuterte Grundstruktur von Konzernen und Konzernrecht in Frankreich wird durch solche möglichen Abweichungen jedoch nicht infrage gestellt: Ohne das Vorliegen besonderer Ausnahmetatbestände, welche größtenteils im Missbrauch der juristischen Person oder des Vermögens einer Konzerngesellschaft bzw. des Vertrauens eines Vertragspartners zu suchen sind[613],

---

[607] Siehe *Guyon*, Droit des affaires Tome 1, Rn. 621.

[608] Siehe *Petit*, Sociétés, Rn. 512; *Urbain-Parleani*, Regards croisés, in: Menjucq/ Fages (Hrsg.), Rn. 8.

[609] Zu den gesuchten wirtschaftlichen Vorteilen der Führung eines Gesamtunternehmens in der Form eines Konzerns sogleich unten, II. 2.

[610] *Le Cannu/ Dondero*, Sociétés, Rn. 1506 sehen die weitgehende Beibehaltung dieser Grundsätze daher zu recht als einen der „Schlüssel für den Erfolg der Praxis von Konzernen" („Le maintien de ce principe est probablement une des clefs du succès de la pratique des groupes en France"). Zu weiteren Vorteilen dieser Organisationsform sogleich unten, II. 2.

[611] Siehe zum Interesse der Gläubiger nach der größtmöglichen Haftungssumme im Konzern auch *Guyon*, Droit des affaires Tome 1, Rn. 621.

[612] Siehe auch *Lecourt*, Groupe de sociétés, in: Magnier (Hrsg.), Rép. sociétés, Rn. 29, welcher die Eröffnung eines Insolvenzverfahrens über eine konzernangehörige Gesellschaft aufgrund der damit verbundenen Missbrauchsrisiken als größte „Gefahr für eine Irreleitung" („danger d'un dévoiement du principe") des Grundsatzes der rechtlichen Selbständigkeit derselben auffasst. Ähnlich *Grelon/ Dessus-Larrivé*, Rev. sociétés 2006, 281, Rn. 5.

[613] Hierzu sogleich unten, 2. Kapitel.

sind die Rechtsfolgen eines wirtschaftlichen Zusammenschlusses von Gesellschaften im Konzernverbund mehr als überschaubar[614].

3. Gestaltungsformen und Gründungszenarien von Konzernen im französischen Recht

Die sparsame gesetzliche Regelung für Konzernsachverhalte im französischen Recht wirkt sich schließlich auf die Gestaltungsmöglichkeiten für in Konzernform verfasste Unternehmen aus. Die Bandbreite an Sachverhalten, welche dort unter den Begriff *groupe de sociétés* fallen, entspricht der Gestaltungsfreiheit zur Schaffung von an die wirtschaftlichen Belange der Unternehmen angepassten Strukturen. Gleichzeitig zwingt dies aber auch den Gesetzgeber zur Anpassung: die großen Unterschiede zwischen den einzelnen Konzernformen machen etwa ein tatbestandliches Anknüpfen an den Begriff „Konzern" bzw. *groupe de sociétés* nahezu unmöglich[615].

a) Fehlen eines konzernrechtlichen numerus clausus und weitgehende Gestaltungsfreiheit für Konzernstrukturen

Die geringe Regelungsdichte im französischen Konzernrecht kann für Unternehmen bei der Wahl ihrer Organisationsform den Ausschlag für eine Konzernverfassung geben[616]. Mangels zwingender gesetzlicher Kategorisierungen – die Definitionen der Art. L. 233-1 ff. sowie Art. L. 233-16 C. com. sind diesbezüglich weder bindend noch abschließend[617] – entkommt der Konzern dem im Recht der Einzelgesellschaften vorherrschenden *numerus clausus* der Gesellschaftsformen[618]. Hieraus folgt eine außerordentlich weitgehende Gestaltungsfreiheit für Unternehmen, welche die Verfassung des Konzerns und die

[614] Zu diesem Regel-/ Ausnahmeverhältnis bereits *Cozian/ Viandier/ Deboissy*, Sociétés, Rn. 2057 ff.; *Dom*, Anmerkung zu Cass. com. 20.01.1998, Revisionsnummer 94-21811, Bull. Joly soc. Nr. 1998-5, 474; *Guyon*, Droit des affaires Tome 1, Rn. 613; *Lecourt*, Groupe de sociétés, in: Magnier (Hrsg.), Rép. sociétés, Rn. 14. Die Fälle, in welchen das französische Recht Rechtsfolgen an das Vorliegen von Konzernsachverhalten knüpft, wurden bereits oben unter a) bb) erläutert.

[615] Ein solches geschieht daher auch nur in den wenigsten Fällen, siehe bereits oben, 1. c).

[616] Zu den wirtschaftlichen Erwägungen in Bezug auf die Entscheidung für eine Konzernverfassung siehe unten, II. 2.

[617] Siehe hierzu bereits oben, 1. b) bb).

[618] *Druey*, in: Antaki/ Béguin/ Bouloc (Hrsg.), FS-Guyon, S. 349, 354.

Beziehungen der Konzernunternehmen untereinander bis zur Grenze der konzernspezifischen Ausnahmevorschriften[619] vollständig an ihre Bedürfnisse anpassen können[620]. Dieses Fehlen einer zwingenden Kategorisierung macht den Konzern damit zu einer Organisationsform für Unternehmenszusammenschlüsse von ganz unterschiedlicher Integrationstiefe[621]. Auch führt dies dazu, dass die Ausgestaltung von Konzernstrukturen bei der Mehrzahl der in dieser Form aufgebauten Unternehmen in Frankreich außerordentlich komplex ist – vollständig hierarchische oder eindimensionale Strukturen sind hier eher seltener anzutreffen[622].

Die weitgehende Abwesenheit zwingender Regeln setzt sich auch bei den Organen des Konzerns fort. Mit Ausnahme der arbeitsrechtlichen Verpflichtung zur Schaffung von Arbeitnehmervertretungen auf Konzernebene (*comités de groupe*[623]) ist es etwa einer Muttergesellschaft freigestellt, ihre eigenen Leitungs- und Überwachungsorgane auch für den Gesamtkonzern zuständig zu erklären (so genannte „Leihorgane“ – *organes d'emprunt*)[624] oder etwa durch ihren Verwaltungsrat eigene Leitungsausschüsse (*comités de direction*) für die Belange der Konzerngesellschaften zu gründen[625].

b) Konzerntypen nach Art ihrer Verknüpfung durch Beteiligungen, Verträge oder persönliche Bindungen

Um trotz der Vielfalt der Gestaltungsmöglichkeiten ein überblicksartiges Bild der unterschiedlichen Konzernstrukturen in Frankreich zu erhalten, wird zu einer entsprechenden Kategorisierung meist auf die Art der Bindungen zwischen den Konzerngesellschaften abgestellt. *Guyon*[626] nimmt in diesem Sinne etwa

---

619 Siehe unten, 2. Kap.

620 Siehe *Guyon*, Droit des affaires Tome 1, Rn. 582; *Le Cannu*, LPA, Nr. 2001-89, 43, Rn. 1; *Le Cannu/ Dondero*, Sociétés, Rn. 1517.

621 *Vergeau/ Chabanas*, INSEE Première, November 1997, Nr. 553, S. 2 unterscheiden daher begrifflich zwischen unterschiedlichen Funktionsmodellen, wie etwa der „*entreprise-groupe*“, bei welcher eine Muttergesellschaft wichtigster wirtschaftlicher Akteur bleibt und die Tochtergesellschaften nur eine begrenzte Zuarbeit leisten und der „*groupe d'entreprises*“, bei welcher jede Tochtergesellschaft einen eigenen Unternehmenssektor unterhält. Zu alledem genauer unten, II. 1. b).

622 *Vidal*, Sociétés, Rn. 142 sieht dies im Vergleich zu Deutschland als besonderes „kulturelles Wesensmerkmal“ („trait culturel“) französischer Unternehmen an.

623 Siehe hierzu oben, 1. c) bb).

624 *Le Cannu*, LPA, Nr. 2001-89, 43, Rn. 4 ff. Ebenso *Le Cannu/ Dondero*, Sociétés, Rn. 1559; beide mit vertiefenden Ausführungen zu eventuellen Haftungsproblemen der jeweiligen Gestaltungsform.

625 *Le Cannu*, LPA, Nr. 2001-89, 43, Rn. 21 ff. *Le Cannu/ Dondero*, Sociétés, Rn. 1562.

626 Droit des affaires Tome 1, Rn. 582.

die – keinesfalls trennscharfe[627], aber zum Verständnis der Materie durchaus sinnvolle – Unterscheidung zwischen aus Kapitalbeteiligungen hervorgehenden Finanzkonzernen *(groupes financiers)*, durch Unternehmensverträge begründeten Vertragskonzernen *(groupes contractuels)* sowie den über persönliche Bindungen der wichtigsten Akteure zusammengehaltenen personenbezogenen Konzernen *(groupes personnels)* vor[628]. Dieser Unterscheidung wird zur überblicksartigen Darstellung der Besonderheiten jedes Konzerntyps auch hier gefolgt.

aa) Finanzkonzerne (groupes financiers)

Stellt man auf die gesetzgeberische Aktivität zum Konzernrecht ab, sind die Finanzkonzerne die wohl relevanteste Konzernform. So knüpfen die oben beschriebenen gesetzlichen Grundbegriffe von Beherrschung *(contrôle)*, Tochtergesellschaft *(filiale)*[629] sowie der Großteil der zwingenden gesetzlichen Regeln für Konzerne[630] an eine Kapitalbeteiligung bzw. die hieraus vermittelten Stimmrechte an[631]. Genau diese Beteiligung ist auch das Wesensmerkmal der so genannten Finanzkonzerne (*groupes financiers*)[632]. Wie sich auch aus den Begriffsbestimmungen der Art. L. 233-1 bis -3 bzw. L. 233-16 C. com. ergibt, handelt es sich hierbei größtenteils um klassische Unterordnungssituationen, in welchen eine Muttergesellschaft Kapitalanteile einer oder mehrerer Tochtergesellschaften hält[633].

Innerhalb der Finanzkonzerne lassen sich je nach Betrachtungsweise wiederum unterschiedliche Kategorien bilden, welche zum Verständnis der praktischen Verwendung von Konzernstrukturen hilfreich erscheinen.

---

627 Hierauf ausdrücklich hinweisend *Guyon*, Droit des affaires Tome 1, S. 582; zustimmend *Dondero*, Sociétés, Rn. 1196.

628 Andere, wie etwa *Lecourt*, Groupe de sociétés, in: Magnier (Hrsg.), Rép. sociétés, Rn. 14, sehen die *groupe personnel* nicht als eigene Form des Konzerns und unterscheiden daher nur zwischen den beiden erstgenannten Alternativen. Ebenso *Merle/ Fauchon*, Sociétés commerciales, Rn. 752, 757; im Ergebnis ähnlich *Vidal*, Sociétés, Rn. 151 ff., 158 f.

629 Siehe oben, 1. b) bb).

630 Hierzu oben, 1. c) bb).

631 Ausnahme sind die Regeln zum Wettbewerbsrecht (siehe oben, 1. c) ee), welche einer umfassenderen Definition des Konzerns folgen; siehe *Le Cannu/ Dondero*, Sociétés, Rn. 1544.

632 S. 583. Andere Autoren, wie etwa *Le Cannu/ Dondero*, Sociétés, Rn. 1510 ff. oder *Lecourt*, Groupe de sociétés, in: Magnier (Hrsg.), Rép. sociétés, Rn. 27 ff. stellen zur Definition des Begriffs *groupe financier* direkt auf die Begriffsbestimmungen der Art. L. 233-1 bis -3 bzw. 233-16 C. com. ab.

633 Siehe *Guyon*, Droit des affaires Tome 1, Rn. 583

Zunächst können Finanzkonzerne nach der konzerninternen Aufgabenverteilung in so genannte Industriekonzerne (*groupes industriels*) und Finanzkonzernen mit Holdingstrukturen (*holdings*) unterschieden werden[634].

Im Fall der Industriekonzerne übt auch die Muttergesellschaft eine gewerbliche oder industrielle Tätigkeit aus und erreicht durch den Erwerb von Unternehmensbeteiligungen etwa eine Diversifizierung ihrer unternehmerischen Aktivitäten[635].

Holdingstrukturen zeichnen sich hingegen dadurch aus, dass die ausschließliche Aufgabe der Muttergesellschaft im Halten und Verwalten ihrer Beteiligungen[636] – gegebenenfalls auch von Teilen des Mobiliar- und Immobiliarvermögens[637] – sowie der daraus folgenden Ausübung von Leitungsmacht im Konzern[638] besteht. Der Kassationsgerichtshof[639] sieht die Ausübung von Leitungsmacht durch eine Holdinggesellschaft, welche keinem gesetzlichen Verbot unterliegt, inzwischen als rechtmäßig an.

bb) Vertragskonzerne (groupes contractuels)

Eine Besonderheit des französischen Rechts liegt in der Möglichkeit zum Aufbau von als solchen verstandenen Konzernstrukturen auf der Grundlage rein schuldrechtlicher Verträge[640], welche auch ohne Anwendung gesellschaftsrechtlicher Regeln hergestellt werden können[641]. Diese Vertragstypen sind trotz der ähnlichen Begrifflichkeit keinesfalls mit den wesentlich tiefgreifenderen Unternehmensverträgen des deutschen Konzernrechts vergleichbar[642]. Auch hier sind die Grenzen zwischen den unterschiedlichen Typen mangels

---

[634] Diese Einteilung verwendet etwa *Gibirila*, Groupes de sociétés – Présentation, in: JCl. Com., Fasc. 1574, Rn. 12 ff.

[635] *Gibirila*, Groupes de sociétés – Présentation, in: JCl. Com., Fasc. 1574, Rn. 15; siehe auch *Guyon*, Droit des affaires Tome 1, Rn. 583; *Hillion-Lécuyer*, Groupe de sociétés, in: Dictionnaire permanent Droit des affaires, Rn. 20. Zu weiteren wirtschaftlichen Vorteilen einer solchen Struktur siehe unten, II. 2.

[636] *Gibirila*, Groupes de sociétés – Présentation, in: JCl. Com., Fasc. 1574, Rn. 19; *Guyon*, Droit des affaires Tome 1, Rn. 583; *Le Cannu/ Dondero*, Sociétés, Rn. 1521; *Merle/ Fauchon*, Sociétés commerciales, Rn. 757.

[637] Siehe *Le Cannu/ Dondero*, Sociétés, Rn. 1522.

[638] Hierauf besonders hinweisend *Gibirila*, Groupes de sociétés – Présentation, in: JCl. Com., Fasc. 1574, Rn. 16; *Merle/ Fauchon*, Sociétés commerciales, Rn. 757.

[639] Vgl. Cass. com. 24.02.1987, Bull. civ. 1987 IV, Nr. 54, S. 39, Revisionsnummer 86-14951.

[640] Siehe *Gibirila*, Groupes de sociétés – Présentation, in: JCl. Com., Fasc. 1574, Rn. 23; *Lecourt*, Groupe de sociétés, in: Magnier (Hrsg.), Rép. sociétés, Rn. 18; *Merle/ Fauchon*, Sociétés commerciales, Rn. 752.

[641] Dies unterscheidet diese Vertragskonzerne grundlegend vom deutschen Konzernrecht, wo der Begriff gesellschaftsrechtlich umfasst wird. Siehe hierzu *Urbain-Parleani*, Regards croisés, in: Menjucq/ Fages (Hrsg.), S. 94, Rn. 11; S. 104, Rn. 46.

[642] Hierzu unten, § 2 B. III. 3.

gesetzlicher Regeln fließend[643]; insbesondere können Unternehmensverträge mit der Übernahme von Kapitalbeteiligungen zusammenfallen oder ihnen zuvorkommen[644]. Viele dieser vertraglichen Bindungen von unabhängigen Gesellschaften sind allerdings eher als Alternative zu anderen Kooperationsmodellen wie etwa der soeben angeführten *filiale commune*, der Gründung eines GIE[645] oder einer stillen Beteiligungsgesellschaft (*société en participation*) gedacht[646]. Auch können solche Kooperationen bei anfänglichen unternehmerischen Erfolgen die Gründung einer solchen, festeren Struktur vorsehen[647].

Der Begriff der Vertragskonzerne wird in der französischen Literatur teils sehr weit gefasst – einige Autoren sehen etwa Kooperationsmodelle mit einem gewissen Grad an wirtschaftlicher Abhängigkeit bereits als Konzernform. Zu solchen Modellen gehört etwa die projektbezogene Zusammenarbeit unabhängiger Unternehmen im Rahmen so genannter *contrats d'entreprises pilotes*[648] bzw. *groupements momentanés d'entreprises*[649] wie auch eine längerfristig vereinbarte Zusammenarbeit durch *accords de coopération* oder *Joint Ventures*[650]. Ebenso gehört die Verpachtung[651] eines Handelsunternehmens (*location-gérance du fonds de commerce*[652]) auf Kosten und Risiko des Pächterunternehmens in diese Kategorie. Kennzeichnend für all diese Zusammenschlüsse ist eine grundsätzliche Gleichordnung der teilnehmenden Gesellschaften.

Doch auch wirtschaftliche Unterordnungskonstellationen lassen sich nach französischem Verständnis über Unternehmensverträge und unabhängig von Kapitalübernahmen erreichen. Im Rahmen eines weitgefassten Konzernbegriffs werden hier besonders die Vergabe von Aufträgen an Subunternehmer (*sous-traitance*)[653] unter weitgehender Leitung des Hauptunternehmens sowie

---

[643] Siehe *Guyon*, Droit des affaires Tome 1, Rn. 583.

[644] Siehe *Merle/ Fauchon*, Sociétés commerciales, Rn. 757.

[645] Siehe oben, 1. c) aa) (3).

[646] *Lecourt*, Capital social, in: Magnier (Hrsg.), Rép. sociétés, Rn. 19; *Merle/ Fauchon*, Sociétés commerciales, Rn. 752.

[647] *Merle/ Fauchon*, Sociétés commerciales, Rn. 754.

[648] *Guyon*, Droit des affaires Tome 1, Rn. 589.

[649] *Lecourt*, Capital social, in: Magnier (Hrsg.), Rép. sociétés, Rn. 20; *Magnier*, Sociétés, Rn. 707; *Merle/ Fauchon*, Sociétés commerciales, Rn. 753.

[650] Siehe *Magnier*, Sociétés, Rn. 708; *Merle/ Fauchon*, Sociétés commerciales, Rn. 753 f.

[651] Geregelt in Art. Art. L. 144-1 ff. C. com.

[652] Hierzu genauer *Gibirila*, Groupes de sociétés – Présentation, in: JCl. Com., Fasc. 1574, Rn. 26; *Lecourt*, Groupe de sociétés, in: Magnier (Hrsg.), Rép. sociétés, Rn. 25 f.; *Magnier*, Sociétés, Rn. 709; *Merle/ Fauchon*, Sociétés commerciales, Rn. 756.

[653] Siehe *Gibirila*, Groupes de sociétés – Présentation, in: JCl. Com., Fasc. 1574, Rn. 27; *Lecourt*, Groupe de sociétés, in: Magnier (Hrsg.), Rép. sociétés, Rn. 24; *Magnier*, Sociétés, Rn. 711; *Merle/ Fauchon*, Sociétés commerciales, Rn. 755.

die Teilnahme an Vertriebsnetzen (*accords de distribution*[654]) mit gleichzeitiger Exklusivitätsklausel (*clause d'exclusivité*) in Bezug auf bestimmte Handelswaren[655]. Auch diese Arten von Verträgen werden in der französischen Literatur mit der Gründung von Konzernen in Verbindung gebracht und häufig unter dem Begriff *contrats d'intégration* zusammengefasst[656]. Dies wird auch mit einer faktischen Vergleichbarkeit der wirtschaftlichen Entscheidungseineit im Rahmen dieser Verträge insbesondere mit dem gesetzlichen Begriff der Beherrschung (*contrôle*, Art. L. 233-3 bzw. -16 C. com.[657]) begründet[658].

cc) Personenbezogene Konzernstrukturen (groupes personnels)

Der Begriff *groupe personnel* als eigene Konzernkategorie wird in der französischen Literatur nicht durchgängig verwendet[659]. Wird er gebraucht, besteht hingegen meist Einigkeit, dass es sich hierbei um Gebilde handelt, in welchen die über zugehörige Konzernunternehmen ausgeübte Leitungsmacht nicht durch Kapitalbeteiligungen, sondern durch persönliche Verbindungen zwischen Gesellschaftern bzw. Leitungsorganen vermittelt wird[660]. Diese Form von Verbindung ist häufig bei Familienunternehmen anzutreffen[661], kann aber auch in einer informellen Einflusssphäre von Finanzkonzernen begründet liegen[662].

Ein häufiger Anwendungsfall von personenbezogenen Konzernstrukturen ist in sehr kleinen Unternehmensstrukturen zu finden[663]: im Rahmen solcher Strukturen wird im häufigsten Fall einer Betriebsaufspaltung ein zu verwaltendes Immobilienvermögen in das Eigentum einer bürgerlich-rechtlichen, unbeschränkt haftenden und vollständig von der Holdinggesellschaft gehaltenen

---

[654] *Lecourt*, Groupe de sociétés, in: Magnier (Hrsg.), Rép. sociétés, Rn. 24; *Magnier*, Sociétés, Rn. 710.

[655] Siehe *Guyon*, Droit des affaires, tome 2, Rn. 589.

[656] So etwa bei *Gibirila*, Groupes de sociétés – Présentation, in: JCl. Com., Fasc. 1574, Rn. 27; *Guyon*, Droit des affaires, tome 2, Rn. 589; *Lecourt*, Groupe de sociétés, in: Magnier (Hrsg.), Rép. sociétés, Rn. 24; *Merle/ Fauchon*, Sociétés commerciales, Rn. 755.

[657] Hierzu genauer oben, 1. b) bb) (1).

[658] Siehe *Gibirila*, Groupes de sociétés – Présentation, in: JCl. Com., Fasc. 1574, Rn. 27.

[659] Entsprechende Nachweise oben unter b).

[660] So etwa *Gibirila*, Groupes de sociétés – Présentation, in: JCl. Com., Fasc. 1574, Rn. 17; *Guyon*, Droit des affaires, tome 2, Rn. 588; *Vidal*, Sociétés, Rn. 159; das Phänomen beschreibend, ohne den Begriff zu verwenden *Le Cannu/ Dondero*, Sociétés, Rn. 1547.

[661] Siehe *Guyon*, Droit des affaires, tome 2, Rn. 589; *Le Cannu/ Dondero*, Sociétés, Rn. 1547.

[662] Siehe *Guyon*, Droit des affaires, tome 2, Rn. 589.

[663] Siehe *Gibirila*, Groupes de sociétés – Présentation, in: JCl. Com., Fasc. 1574, Rn. 17; *Guyon*, Droit des affaires Tome 1, Rn. 588. Dies führt u.a. zu einer insgesamt beträchtlichen Anzahl so genannter *microgroupes*, also Kleinstunternehmen, die sich einer Konzernstruktur bedienen, siehe hierzu unten, II. 1. b).

Immobilieninvestitionsgesellschaft (*société civile immobilière*, SCI) übertragen. Diese vermietet oder verpachtet das Objekt dann an eine haftungsbeschränkte Handelsgesellschaft, wie etwa eine SARL oder SAS.[664] Möglich ist auch eine darüber hinausgehende Trennung von Vermögen und wirtschaftlicher Aktivität durch Verpachtung des Handelsunternehmens an eine weitere Kapitalgesellschaft[665]. Diese Aufteilung dient zunächst der Erreichung steuerlicher Vorteile durch die Abschreibungsmöglichkeit des Miet- bzw. Pachtzinses seitens der SARL bzw. SAS sowie eventueller Darlehensrückzahlungen durch die SCI[666]. Ebenso schirmt diese Struktur den Bestand des Immobilienvermögens grundsätzlich vor den operativen Risiken der Handelsgesellschaft ab[667]. Werden, wie es üblicherweise der Fall ist, alle diese Gesellschaften von persönlich miteinander verbundenen Personen gehalten bzw. geleitet, liegt aus diesem Grund eine *groupe personnel* genannte Gleichordnungskonstellation[668] mit der hierfür charakteristischen Ausübung von Konzernleitungsmacht durch persönliche Bindungen[669] vor.

Darüber hinaus sind die Anwendungsfälle von personenbezogenen Konzernen variantenreich, veränderlich und daher unübersichtlich[670]. Dies bereitet auch für die rechtliche Anknüpfung an diesen Konzerntyp einige Probleme. Wie bereits oben gezeigt, umfassen die meisten gesetzlichen Regelungen nahezu ausschließlich die durch Kapitalbeteiligungen begründeten Finanzkonzerne[671]. Die wichtigste Voraussetzung zur Eröffnung des persönlichen Anwendungsbereichs dieser Vorschriften liegt nämlich in der Beherrschung (*contrôle*) durch eine andere Gesellschaft. Eine solche liegt bei personenbezogenen Konzernen, in welchen die Leitungsmacht durch natürliche Personen ausgeübt wird, gerade nicht vor. Trotzdem sind einige im weiten Sinne konzernrechtliche Vorschriften auch auf *groupes personnels* anwendbar, wie etwa

---

664 *Guyon*, Droit des affaires Tome 1, Rn. 581; *Merle/ Fauchon*, Sociétés commerciales, Rn. 757; *Monsèrié-Bon/ Grosclaude*, Sociétés et groupements, Rn. 1015; *Vidal*, Sociétés, Rn. 136.

665 Siehe *Gibirila*, Groupes de sociétés – Présentation, in: JCl. Com., Fasc. 1574, Rn. 17; *Guyon*, Droit des affaires Tome 1, Rn. 588. Siehe zum hieraus entstehenden Vertragskonzern soeben oben, (b).

666 *Lecourt*, Groupe de sociétés, in: Magnier (Hrsg.), Rép. sociétés, Rn. 46; *Monsèrié-Bon/ Grosclaude*, Sociétés et groupements, Rn. 1015.

667 Siehe etwa *Merle/ Fauchon*, Sociétés commerciales, Rn. 757; *Loiseau*, INSEE Première, März 2001, Nr. 764, S. 2. Dies steht allerdings trotzdem unter dem Risiko etwa der Erstreckung eines Insolvenzverfahrens. Siehe hierzu unten, § 4.

668 Siehe *Gibirila*, Groupes de sociétés – Présentation, in: JCl. Com., Fasc. 1574, Rn. 17; *Guyon*, Droit des affaires Tome 1, Rn. 588.

669 *Gibirila*, Groupes de sociétés – Présentation, in: JCl. Com., Fasc. 1574, Rn. 17.

670 Siehe *Gibirila*, Groupes de sociétés – Présentation, in: JCl. Com., Fasc. 1574, Rn. 17; *Guyon*, Droit des affaires Tome 1, Rn. 588.

671 Siehe hierzu oben, aa).

die Pflicht zur Bestätigung von Vertragsschlüssen mit Aktionären durch den Aufsichtsrat einer SA[672].

Die *groupes personnels* sind daher ein sowohl rechtlich als auch wirtschaftlich schwer zu umfassendes Phänomen. Die in ihrem Rahmen ausgeübte Leitungsmacht stellt im Vergleich zu den anderen Konzerntypen die am wenigsten formalisierte Art der Zusammenfassung von wirtschaftlichen Interessen dar. Dies führt dazu, dass manche Stimmen in der Literatur[673] auf ein besonders hohes Missbrauchsrisiko dieser Organisationsform hinweisen, auf welche die französische Rechtspraxis in vielen Fällen reagieren muss. So stellen enge familiäre oder freundschaftliche Bindungen zwischen Gesellschaftern oder Führungspersonal zweier Gesellschaften ein wichtiges Indiz für die *fictivité* einer Gesellschaft im Sinne von Art. L. 621-2 Abs. 2 C. com. dar, was im Ergebnis zur Erstreckung eines Insolvenzverfahrens auf „Hintermänner" führen kann[674]. Ebenso sind *groupes personnels* häufige Anwendungsfälle der *responsabilité pour insuffisance d'actif*, etwa wenn faktische Geschäftsführer ungerechtfertigten Einfluss auf die Gesellschaft nehmen und hierdurch einen Aktivfehlbetrag herbeiführen[675].

4. Zwischenergebnis

Konzerne sind im französischen Recht ein äußerst vielschichtiges Phänomen. Betrachtet und vergleicht man die unterschiedlichen Konzerntypen, die dort in jeweils ganz unterschiedlichen Konstellationen vorkommen, fallen bis auf einige wenige Charakteristika kaum Gemeinsamkeiten auf. Schon der sehr weite Konzernbegriff der Literatur[676] hat dies vorweggenommen und eine genauere Begutachtung seiner praktischen Ausprägungen bestätigt es: Das französische Recht verlangt für das Bestehen eines Konzerns nur eine Vielzahl rechtlich unabhängiger Gesellschaften, die miteinander in verschiedenster Weise verbunden sind. Greift der Gesetzgeber den letzteren Teil dieser Definition mit dem Begriff der Beherrschung *(contrôle)* auf[677], erfasst er nur einen Teil dieser Realität. Fasst man den Begriff der Beherrschung weiter und versteht darunter

---

672 Art. L. 225-38 Abs. 1 C. com. sieht diese Pflicht auch für Aktionäre vor, welche als natürliche Personen mehr als zehn Prozent der Anteile halten. Im Unterschied zu vielen anderen Vorschriften wird damit nicht nur eine Beherrschung (*contrôle*) durch eine andere Gesellschaft umfasst, sondern auch der typische Sachverhalt eines personenbezogenen Konzerns.

673 So ausdrücklich *Le Cannu/ Dondero*, Sociétés, Rn. 1547 ff.; ebenso wohl *Lecourt*, Groupe de sociétés, in: Magnier (Hrsg.), Rép. sociétés, Rn. 16 ohne für die beschriebene Situation jedoch den Begriff *groupe personnel* zu verwenden.

674 Hierzu unten, § 4 B. II. 2. c).

675 Siehe *Gibirila*, Groupes de sociétés – Présentation, in: JCl. Com., Fasc. 1574, Rn. 17; *Guyon*, Droit des affaires, tome 2, Rn. 588. Ausführlich unten, § 5 A.

676 Siehe oben, 1. b) aa).

677 Siehe oben, 1. b) bb) (1).

jede Art von gesellschaftsübergreifender Entscheidungseinheit (von *Gibirila* in diesem Zusammenhang zutreffend als *unité de décision*[678] bezeichnet) oder -zentralisierung, kommt man dem weitreichenden Phänomen des Konzerns entscheidend näher. Wird diese Verschiebung von Leitungsmacht über die Einzelgesellschaft hinaus durch eine Kapitalbeteiligung erreicht, handelt es sich um eine Ausprägung des Finanzkonzerns (*groupe financier*), welcher vom Gesetzgeber am umfassendsten beschrieben und geregelt wurde. Eine solche Verschiebung kann sich aber ebenso bei den vom Gesetz weit weniger berücksichtigten Fallgruppen der Vertragskonzerne (*groupes contractuels*) durch vertragliche Bindungen jeder Art ergeben oder bei personenbezogenen Konzernen (*groupes personnels*) über persönliche Beziehungen hergestellt werden. Die geringe Regelungsdichte in diesem Bereich erlaubt darüber hinaus aber auch Mischformen.

Diese begriffliche Weite trägt zu ebenso wichtigen Konsequenzen bei Regelungen zur Insolvenz von Konzerngesellschaften bei. Rechtsnormen, die derartige Sachverhalte betreffen, können nicht an den hierfür zu unbestimmten Begriff des Konzerns anknüpfen. Vielmehr müssen die als Ausnahmeregeln zum strengen Rechtsträgerprinzip ausgestalteten Vorschriften[679] Einzelfälle aufgreifen, welche von ebendiesem Prinzip ohne entsprechende Rechtfertigung zu stark abweichen. Das Rechtfertigungsbedürfnis etwa für Finanzflüsse zwischen Konzernunternehmen oder für Rechtsformmissbräuche scheint hierbei auch von der Art des Konzerns abzuhängen: während das französische Recht eine tiefe Integration bei entsprechend transparenten Strukturen[680] im Rahmen von Finanzkonzernen nicht verhindern möchte, sieht es bei den informelleren Zusammenschlüssen von Vertrags- und personenbezogenen Konzernen einen weitaus höheren Rechtfertigungsbedarf[681].

II. Die wirtschaftliche Dimension des Konzerns als Organisationsform französischer Unternehmen

Die rechtlich kaum infrage gestellte Selbständigkeit der Konzerngesellschaften und der daraus folgende Widerspruch zwischen juristischer und wirtschaftlicher Realität[682] mag auf den ersten Blick als eine fehlende Anpassung des Rechts an die wirtschaftlichen Gegebenheiten erscheinen. Allerdings macht gerade dieser Grundsatz in Verbindung mit der geringen Anzahl zwingender Regelungen den Konzern zu einer überaus attraktiven Organisationsform für

---

678 Groupes de sociétés – Présentation, in: JCl. Com., Fasc. 1574, Rn. 1.

679 Siehe oben, 2. b) dd).

680 Etwa durch Publizitätspflichten, siehe oben, 1. c) aa) (2).

681 Siehe *Le Cannu/ Dondero*, Sociétés, Rn. 1546 (zu Vertragskonzernen); Rn. 1547 ff. (zu personenbezogenen Konzernen).

682 Siehe hierzu auch oben, I. 2..

französische Unternehmen in ganz unterschiedlichen Situationen. Der statistisch nachweisbare Erfolg dieser Unternehmensform in Frankreich lässt sich auf zahlreiche Vorteile zurückführen, die Unternehmen gerade in einer Aufgliederung in Einzelgesellschaften mit verringerter, nicht aber aufgehobener Selbständigkeit sehen[683].

1. Konzerne in Zahlen und Fakten

a) Wirtschaftliche Bedeutung der Konzerne in Frankreich

In Frankreich waren zum Jahr 2008 nur 5% der zu diesem Zeitpunkt etwa 3,1 Millionen produzierenden Unternehmen[684] Teil eines Unternehmensverbunds[685]. Ende 2009 konnten insgesamt etwa 42.000 Unternehmen gezählt werden, die sich aus voneinander abhängigen juristischen Personen[686] zusammensetzten[687]. Zum Jahr 2011 ist diese Zahl auf etwa 50.000 Unternehmen angestiegen, der Anteil an der Gesamtzahl der Unternehmen jedoch stabil geblieben[688].

Dieser Anteil scheint auf den ersten Blick kaum ins Gewicht zu fallen. Betrachtet man jedoch die von Konzernen ausgehende Relevanz für Arbeitsplätze und Investitionen sowie den Anteil von Konzernkonstellationen ab einer bestimmten Unternehmensgröße, wird deutlich, dass es sich bei Konzernen in der wirtschaftlichen Realität Frankreichs um eine bedeutende, geradezu alltägliche[689] Organisationsform handelt. So beschäftigten am 1. Januar 2008 in der Form eines Konzerns verfasste Unternehmen fast 58% der Arbeitnehmer aller

---

683 Für *Le Cannu/ Dondero*, Sociétés, Rn. 1506 liegt insofern gerade in der Unabhängigkeit der Konzerngesellschaften einer der „Schlüssel zum Erfolg" („une des clefs du succès") der Konzernorganisation in Frankreich.

684 *INSEE*, Tableaux de l'économie française, Edition 2011, S. 146.

685 *Almeras/ Brasseur/ Brunel*, INSEE Résultats, April 2010, Nr. 46 économie, unter Tabelle 5; *INSEE*, Tableaux de l'économie française, Edition 2011, S. 148.

686 *Accardo/ Cordellier*, INSEE Première, März 2013, Nr. 1438, 2. Spalte.

687 Seit dem Dekret Nr. 2008-1354 vom 18. Dezember 2008 kann der nunmehr wirtschaftlich geprägte Begriff eines Unternehmens auch mehrere juristische Personen umfassen, sofern sie gemeinsam eine „organisatorische Einheit" bilden. Die genannten Zahlen beruhen daher in Bezug auf Unternehmensgruppen größtenteils auf Annäherungswerten. Siehe zu diesem Problem *Hecquet*, INSEE Première, November 2010, Nr. 1321, S. 3.

688 Siehe *INSEE*, Tableaux de l'économie française, Edition 2014, S. 150.

689 *Urban*, RTD Com. 2000, 1, Einleitung.

produzierenden Unternehmen in Frankreich[690]. Im Jahr 2006 hatten diese Konzernunternehmen zudem 62 % aller in diesem Jahr getätigten Unternehmensinvestitionen erhalten[691].

b) Relevanz von Konzernstrukturen in sehr großen Unternehmen und in Form von „microgroupes"

Schon dieser bemerkenswerte Gegensatz zwischen Anzahl und gesamtwirtschaftlicher Bedeutung der Konzerne in Frankreich lässt teilweise erahnen, wie die Unternehmen beschaffen sein mögen, die sich für eine Konzernverfassung entschieden haben: Zwar waren am 1. Januar 2008 etwa 95 % aller französischen Konzerne so genannte *microgroupes* mit insgesamt je weniger als 500 Arbeitnehmern und größtenteils weniger als fünf juristischen Personen[692] im Konzernverbund; zum selben Zeitpunkt beschäftigten aber allein die 91 größten Konzerne mit je mehr als 10.000 Arbeitnehmern mehr als 38 % der Gesamtbelegschaft aller französischen Unternehmensgruppen[693]. Ende 2009 waren andererseits 74 % der Arbeitnehmer aller französischen KMU bei konzernunabhängigen Unternehmen angestellt[694].

Musste die Gründung erster Konzerne in Frankreich Ende der 1960er-Jahre noch durch öffentliche Finanzhilfen und steuerliche Besserstellung von staatlicher Seite angeregt werden[695], hat sich diese Organisationsform nach einem exponentiellen Anwachsen der Anzahl von Konzernunternehmen sowie den von ihnen abhängigen Arbeitsplätzen vom Anfang bis zur Mitte der 1990er-Jahre[696] immer stärker durchgesetzt, insbesondere durch den Zusammenschluss aller Arten von Unternehmen zu Konzernen[697]. Diese Dynamik hat sich seitdem fortgesetzt[698] und ging so weit, dass im Jahr 2007 in der Kategorie der

690 Unter Ausnahme der Agrarindustrie, siehe *Almeras/ Brasseur/ Brunel*, INSEE Résultats, April 2010, Nr. 46 économie, unter Tabelle 5; *INSEE*, Tableaux de l'économie française, Edition 2011, S. 148.

691 Ohne Geschäftseinlagen; *Almeras/ Brasseur/ Strauss*, INSEE Résultats, April 2009, Nr. 42 économie, drittletzter Abschnitt.

692 *Loiseau*, INSEE Première, März 2001, Nr. 764, S. 3, mittlere Spalte.

693 *INSEE*, Tableaux de l'économie française, Edition 2011, S. 148.

694 *Accardo/ Cordellier*, INSEE Première, März 2013, Nr. 1438, 2. Spalte.

695 Siehe *Lecourt*, Groupe de sociétés, in: Magnier (Hrsg.), Rép. sociétés, Rn. 2.

696 *Vergeau/ Chabanas*, INSEE Première, November 1997, Nr. 553, 2. und 3. Spalte; siehe auch *Levratto*, RDT 2012, 536, I.

697 *Levratto*, RDT 2012, 536, I; zu Vorteilen eines Unternehmenszusammenschlusses durch Bildung oder Erweiterung eines Konzerns siehe unten, 2.

698 Siehe zur Entwicklung bis 2004 *Nahmias*, Bull. Banque de France, Nr. 2007-159, 23, 24 und 32 sowie hierzu insgesamt *Levratto*, RDT 2012, 536, I.

„großen"[699] und sehr großen Unternehmen ausnahmslos alle in mehr oder weniger komplexen Konzernstrukturen organisiert waren[700]. Gerade die letzten 20 Jahre waren daher, neben der Gründung zahlreicher neuer Unternehmen in Konzernform, von einer „Absorptionsbewegung"[701] mit einer Überführung einer Vielzahl von Unternehmen unterschiedlichster Größe in Konzerne geprägt[702].

Diese Zahlen lassen erkennen, dass Konzerne in Frankreich mehrheitlich ein Phänomen der wirtschaftlichen Extreme darstellen: Ihre größte Anzahl ist bei den *microgroupes*[703] zu finden, gesamtwirtschaftliche Relevanz erhalten sie gerade durch ihren hohen Anteil bei den sehr großen Unternehmen.

Die Hypothese bestätigt sich im Umkehrschluss mit Blick auf die Organisationsformen mittlerer bis großer Unternehmen in den Kategorien von 500 bis unter 2.000 bzw. von 2.000 bis unter 10.000 Arbeitnehmern[704]. Die Anzahl konzernangehöriger Unternehmen in diesen Kategorien am 1. Januar 2008, etwa 1.400 bzw. etwa 400, war nicht ansatzweise mit den zu diesem Zeitpunkt bestehenden, insgesamt knapp 39.000 *microgroupes* vergleichbar[705]. Außerdem beschäftigten die 91 größten Unternehmensgruppen mehr als doppelt so viele Arbeitnehmer als die mittleren und „großen" Konzerne zusammen[706]. Auch wenn diese Zahlen vor dem gesamtwirtschaftlichen Hintergrund der im

---

[699] Unternehmen mit mehr als 5.000 Arbeitnehmern und entweder 1,5 Mrd. EUR Jahresumsatz oder Bilanzsumme über 2,0 Mrd. EUR, siehe Art. 51 des Gesetzes Nr. 2008-776 vom 4. August 2008 (loi de modernisation de l'économie/ Gesetz zur Wirtschaftsmodernisierung") i.V.m. Umkehrschluss aus Art. 3 des Dekrets Nr. 2008-1354 vom 18. Dezember 2008. Darüber hinaus erfolgt im französischen Recht keine offizielle Unterscheidung zwischen „großen" und „sehr großen" Unternehmen. Siehe zum Hintergrund der Neueinteilung *Levratto*, RDT 2012, 536, I.

[700] *Hecquet*, INSEE Première, November 2010, Nr. 1321, S. 3.

[701] *„Mouvement d'absorptions"*, *Levratto*, RDT 2012, 536, I; siehe auch *Nefussi*, INSEE Première, Nr. 2007-1144, S. 1, rechte Spalte .

[702] Hierzu ausführlich *Nefussi*, INSEE Première, Nr. 2007-1144, S. 1 ff; genauer zur Unterscheidung des Ursprungs der Konzernbildung ebenda, S. 2, mittlere Spalte.

[703] Siehe zur zunehmenden Bedeutung von Konzernstrukturen in diesem Bereich *Loiseau*, INSEE Première, März 2001, Nr. 764.

[704] Letztere gehören technisch gesehen bereits zu den „großen" Unternehmen, (siehe die Einteilung zu Beginn dieses Abschnitts oben); das französische Recht versteht unter mittelgroßen Unternehmen (*entreprises de taille intermédiaire, ETI*) offiziell nämlich solche mit weniger als 5.000 Arbeitnehmern und entweder weniger als 1,5 Mrd. EUR oder Bilanzsumme unter 2,0 Mrd. EUR, siehe Art. 51 des Gesetzes Nr. 2008-776 vom 4. August 2008 (loi de modernisation de l'économie) i.V.m. Art. 3 des Dekrets Nr. 2008-1354 vom 18. Dezember 2008.

[705] *INSEE*, Tableaux de l'économie française, Edition 2011, S. 149.

[706] Ebenda.

Vergleich mit Deutschland geringeren Anzahl und Bedeutung mittelgroßer Unternehmen in Frankreich[707] gesehen werden müssen, ist das soeben gefundene Ergebnis in Bezug auf die Verbreitung bzw. Relevanz von Konzernen nach Unternehmensgröße trotz allem eindeutig.

Die Hauptanwendungsfälle für den Konzern als Organisationsform lassen sich je nach „Zielgruppe" deutlich unterscheiden. Ein Blick auf einschlägige Statistiken erlaubt es, auch hier ein relativ differenziertes Bild zu zeichnen.

aa) Die Dominanz von „microgroupes" in der Immobilienverwaltung, bei Familienunternehmen sowie bei Unternehmensübernahmen

Die innerhalb der letzten zehn Jahre exponentiell gestiegene Anzahl von *microgroupes*[708] lässt sich besonders auf ein Modell aus dem Bereich der Immobilienverwaltung[709] und vieler Familienunternehmen[710] zurückführen, welches auch als *groupe personnel* bezeichnet wird und von der Kombination einer Holdingstruktur und der Aufteilung von Immobilieneigentum und wirtschaftlicher Aktivität in unterschiedliche Gesellschaften geprägt ist[711].

bb) Unternehmensgruppen in sehr großen Unternehmen

Bei den sehr großen Unternehmen greifen hingegen gerade solche auf eine Konzernorganisationsform zurück, welche ihre wirtschaftlichen Aktivitäten in kapital- und ressourcenintensiven Bereichen entfalten. Dies lässt sich vor allem anhand der Statistiken von Branchen ablesen, in denen die meisten gruppenangehörigen Unternehmen zu verorten sind. Hierzu gehört hauptsächlich die Schwerindustrie mit besonderer Konzentration von Konzernen im Bereich der Energie- und Automobilwirtschaft, wo Anfang 2008 mehr als ein Viertel der Unternehmen einem Konzern angehörten und diese Konzerne mehr als 90 % der Arbeitnehmer beschäftigten[712]. Die Aktivität von Unternehmensgruppen kennzeichnet aber auch insgesamt den industriellen Sektor Frankreichs: nach einem starken Anstieg der Anzahl von Konzernunternehmen ab Mitte der

---

[707] Hierauf hinweisend *Retailleau/ Kirsch/ Faucheux/ Magné*, Les entreprises de taille intermédiaire au coeur d'une nouvelle dynamique de croissance – Rapport au Premier ministre, S. 27 f., 143 ff.

[708] Siehe *Merle/ Fauchon*, Sociétés commerciales, Rn. 751.

[709] *Guyon*, Droit des affaires Tome 1, Rn. 581; *Levratto*, RDT 2012, 536, II; *Monsèrié-Bon/ Grosclaude*, Sociétés et groupements, Rn. 1015.

[710] *Guyon*, Droit des affaires Tome 1, Rn. 581.

[711] Siehe etwa *Merle/ Fauchon*, Sociétés commerciales, Rn. 757; *Loiseau*, INSEE Première, März 2001, Nr. 764, S. 2. Ausführlich zu dieser beliebten Organisationsform oben, I. 3. a) cc).

[712] *INSEE*, Tableaux de l'économie française, Edition 2011, S. 148.

1990er-Jahre wurden im Jahr 2004 in diesem Bereich mehr als drei Viertel der Wertschöpfung von Konzernunternehmen erwirtschaftet[713].

cc) Konzerne unter staatlichem Einfluss

Auch der direkt oder indirekt an verschiedensten Unternehmen beteiligte französische Staat[714] greift auf die Organisationsform des Konzerns zur Verwaltung eines Teils seiner Beteiligungen zurück. Von den 87 Unternehmen, bei welchen der französische Staat im Jahr 2011 eine direkte Beteiligung von mehr als der Hälfte des jeweiligen Kapitals und damit eine herrschende Position innehatte, waren 54 in Konzernverbünden zusammengefasst[715]. Bei großen Netzanbietern in den Bereichen Post, Telekommunikation, Energie und Verkehr, an denen der Staat Beteiligungen von jeweils unterschiedlicher Höhe hält[716], ist in Frankreich eine fast vollständige Konzentration des jeweiligen Sektors in wenigen Unternehmensgruppen zu beobachten[717]. Auch in diesen besonders kapitalintensiven Branchen scheinen die Unternehmen und der Staat Effizienzgewinne durch eine komplexe Konzernorganisation zu erwarten[718].

dd) Konzerne und ausländische Investoren

Nicht zu unterschätzen ist schließlich die Rolle von Konzernen im Bereich von internationalen Investitionen in Frankreich. Bezogen auf alle dort aktiven Gesellschaften hatten Filialen von ausländischen, mehrheitlich europäischen Unternehmensgruppen 2008 14 % aller Arbeitnehmer beschäftigt, etwa 18 % der Unternehmenswertschöpfung realisiert und fast 15 % aller Bruttosacheinlagen geleistet[719].

c) Zwischenergebnis

Die Auswertung der Unternehmensstatistiken bringt zu Tage: Diese Organisationsform des Konzerns wird in Frankreich von den unterschiedlichsten Unternehmen als passend empfunden. Auch wenn Schwerpunkte des Auftretens von Konzernen bei den sehr kleinen sowie den sehr großen Unternehmen auffallen,

---

713 *Lezec/ Montagnier*, SESSI, Le 4 pages, Nr. 2006-219, 1.

714 Im Überblick zu den wirtschaftlichen Beteiligungen des französischen Staats siehe *Desmond*, INSEE Résultats, Dezember 2012, Nr. 63 économie, *Ministère de l'écononomie et des finances/ Ministère du redressement productif*, L'Etat actionnaire, S. 16.

715 *Desmond*, INSEE Résultats, Dezember 2012, Nr. 63 économie, über Tabelle 3.

716 Hierzu genauer *Ministère de l'écononomie et des finances/ Ministère du redressement productif*, L'Etat actionnaire, S. 16.

717 *Almeras/ Brasseur/ Brunel*, INSEE Résultats, April 2010, Nr. 46 économie, unter Tabelle 5; *INSEE*, Tableaux de l'économie française, Edition 2011, S. 148.

718 Zu den allgemeinen Vorteilen einer Konzernorganisation siehe sogleich unten, 2.

719 *INSEE*, Tableaux de l'économie française, Edition 2011, S. 148 f.

ist der Konzern ein in der gesamten französischen Wirtschaftslandschaft gebräuchliches Phänomen[720]. Die große Bandbreite an völlig unterschiedlichen Konzernsachverhalten hat erhebliche rechtliche Auswirkungen, erschwert sie doch insbesondere das Auffinden eines einheitlichen Konzernbegriffs im französischen Recht[721].

2. *Vorteile der Konzernorganisation aus Sicht der Unternehmen*

Der bereits dargestellte[722] Grundsatz der Unabhängigkeit der Konzernunternehmen hat eine Reihe praktischer Konsequenzen, welche den Konzern als Organisationsform für Unternehmen attraktiv machen können[723] und zum soeben beschriebenen Wachstum ihrer Anzahl maßgeblich beigetragen haben.

Umgekehrt zeigt die Verschiedenartigkeit der Konzerne in Frankreich aber auch, wie anpassungsfähig der Konzern als optimale Organisationsform für ganz unterschiedliche Unternehmenssachverhalte sein kann. Gerade die eingangs erwähnte Zurückhaltung des Gesetzgebers[724] lässt bei der Gestaltung von Konzernen der Vertragsfreiheit einen entscheidenden Rang zukommen[725] – und dies noch viel stärker als bei vom Gesetzgeber vorgeprägten Organisationsformen wie etwa den klassischen Handelsgesellschaften außerhalb von Konzernsachverhalten. Wie es *Druey*[726] daher zutreffend bemerkt, erlaubt es im französischen Recht nur das Ausweichen auf eine Konzernorganisation, den *numerus clausus* des Gesellschaftsrechts zu durchbrechen und wirklich anpassungsfähige Strukturen zu schaffen[727].

Aus betriebswirtschaftlicher Perspektive kann diese Flexibilität den Konzern als Mittel der Wahl für gleich zwei unternehmerische Entwicklungsperspektiven erscheinen lassen: Die Aufnahme von neuen Unternehmen in einen zu schaffenden oder zu vergrößernden Konzernverbund sowie die Dezentralisierung von bestehenden Unternehmensstrukuren ohne eine solche Übernahme.[728] In beiden Fällen kann sich die Gründung eines Konzerns sich also je

---

[720] Im Ergebnis zustimmend *Petit*, Sociétés, Rn. 495; *Pariente*, Les groupes de sociétés, Rn. 4; *Vidal*, Sociétés, Rn. 136.

[721] Hierzu bereits oben, I. 3.

[722] Siehe oben., I. 2.

[723] *Le Cannu/ Dondero*, Sociétés, Rn. 1507 f., hierzu oben, B. I. 1.

[724] Siehe oben I. 1.

[725] *Constantin*, Sociétés, S. 332.

[726] *Druey*, in: Antaki/ Béguin/ Bouloc (Hrsg.), FS-Guyon, S. 349, 354.

[727] Siehe bereits oben, I. 3.

[728] *Vidal*, Sociétés, Rn. 137 f.; siehe auch *Germain/ Magnier*, Sociétés commerciales, Rn. 2014 f.; *Guyon*, Droit des affaires Tome 1, Rn. 581 sowie *Le Cannu/ Dondero*, Sociétés, Rn. 1508. Siehe zur Abgrenzung dieser beiden Sachverhalte etwa *Hillion-Lécuyer*, Groupe de sociétés, in: Dictionnaire permanent Droit des affaires, Rn. 11 ff. sowie *Lefebvre*, Mémento groupes, Rn. 15.

nach wirtschaftlicher Situation aus den unterschiedlichsten Gründen positiv auf das Unternehmenswachstum auswirken.[729]

Bei Unternehmensübernahmen sind dies Faktoren wie etwa eine stärkere Gestaltungsfreiheit für die neu geschaffenen Strukturen sowie eine mögliche Ausnutzung von juristischen, finanziellen und steuerlichen[730] Hebeleffekten, welche den Kapitalaufwand reduzieren können. Die mangels weitreichender gesetzlicher Vorgaben bestehende Gestaltungsfreiheit erlaubt es einem zukünftigen Mutterunternehmen unter Beibehaltung der bestehenden Strukturen – wie etwa bewährter Vertriebsnetze mit entsprechendem Kundenstamm[731] – die Tiefe der geplanten wirtschaftlichen und rechtlichen Beziehungen zur Tochter weitgehend frei zu gestalten und auch im Nachhinein noch an spätere Entwicklungen anzupassen; von Kooperation[732] über Koordination bis hin zur vollständigen wirtschaftlichen Integration ist jede Form der Zusammenarbeit möglich[733]. Hebeleffekte *(effets de levier)* bei der Unternehmensfinanzierung können etwa durch einen so genannten *Leverage Buy Out* oder andere Sonderformen der Eigen- und Fremdfinanzierung bewirkt werden[734].

Bei der Umstrukturierung von bestehenden Unternehmen lässt das französische Recht die Wahl zwischen der Beibehaltung eines einheitlichen Rechtsträgers mit der Eröffnung unselbstständiger Zweigniederlassungen *(succursales*[735]*)* sowie der Neuorganisation als Konzern, zum Beispiel mit einer Holdinggesellschaft, die eine Leitungsmacht über eine oder mehrere rechtlich selbstständige Filialen *(filiales*[736]*)* ausübt[737]. Wird der Wechsel in eine Konzernorganisation vollzogen, stehen häufig Vorteile bei der Unternehmensstrukturierung

---

[729] Für *Gibirila*, Groupes de sociétés – Présentation, in: JCl. Com., Fasc. 1574, Rn. 4c ist diese Rechtsform daher in vielen Fällen ein „Instrument der Vermehrung von Wachstum" – „instrument multiplicateur de croissance" für Unternehmen.

[730] Ausführlich zu steuerrechtlichen Gestaltungsformen *Poracchia/ Merland*, LBO (Acquisition avec effet de levier), in: Magnier (Hrsg.), Rép. sociétés, Rn. 15 ff.; *Vidal*, Sociétés, Rn. 157; *Uettwiller*, Rev. sociétés 1996, 196, Rn. 1 ff.

[731] *Germain/ Magnier*, Sociétés commerciales, Rn. 2015.

[732] Hierzu genauer *Vidal*, Sociétés, Rn. 155.

[733] *Constantin*, Sociétés, S. 332.

[734] Hierzu ausführlich *Germain/ Magnier*, Sociétés commerciales, Rn. 2017; vgl. auch *Hillion-Lécuyer*, Groupe de sociétés, in: Dictionnaire permanent Droit des affaires, Rn. 22; *Moulin*, Fusion, scission et apport partiel d'actif, in: Magnier (Hrsg.), Rép. sociétés, Rn. 1, 7; *Vidal*, Sociétés, Rn. 156 sowie ausführlich *Poracchia/ Merland*, LBO (Acquisition avec effet de levier), in: Magnier (Hrsg.), Rép. sociétés, Rn. 1 ff.

[735] Genauer zu den Begriffen *filiale* und *succursale Gibirila*, Groupes de sociétés – Présentation, in: JCl. Com., Fasc. 1574, Rn. 31 ff.

[736] Siehe zu diesem Begriff oben, I. 1. b) bb) (2)

[737] Siehe *Hillion-Lécuyer*, Groupe de sociétés, in: Dictionnaire permanent Droit des affaires, Rn. 1; *Lefebvre*, Mémento groupes, Rn. 15; *Vidal*, Sociétés, Rn. 138.

im Mittelpunkt, die sowohl eine unternehmensinterne Dezentralisierung, als auch eine Internationalisierung erleichtert[738].

Der vermeintliche Widerspruch des Regelungskonzepts im französischen Konzernrecht, Nebenbereiche ausdrücklich zu regeln, ohne jedoch den Konzern als solchen gesellschaftsrechtlich anzuerkennen[739], setzt sich auch im Bereich des Steuerrechts fort[740]. Über Sonderregeln für Konzernsachverhalte kommt das französische Recht zumindest teilweise zu einer steuerlichen Gleichbehandlung von Konzernen und Einzelunternehmen insbesondere zur Verhinderung einer Besteuerung konzernintern ausgeschütteter Dividenden[741]. So ermöglichen es die Vorschriften zur Besteuerung von Muttergesellschaften *(régime des sociétés mères)* der Art. 145, 216 CGI – als Option[742] – allen körperschaftssteuerpflichtigen *Muttergesellschaften (sociétés mères soumises à l'impôt sur les sociétés)* bei einer seit über zwei Jahren bestehenden Kapitalbeteiligung von mehr als 5 % an einer Gesellschaft (Art. 145 Nr. 1 CGI), bereits bei diesen Filialen angefallene und versteuerte Gewinne zu 95 % steuerfrei als Dividenden an sich ausschütten zu lassen (Art. 216-I CGI).[743] Art. 223 A ff. CGI sehen darüber hinaus mit der, ebenfalls optionalen, Gruppenbesteuerung für Konzerne mit größerer Beteiligungsquote *(régime d'intégration fiscale*[744]*)* eine noch weitergehende Ausnahme vom Grundsatz der steuerlichen Autonomie der Konzerngesellschaften vor. Dieses System erlaubt eine vollständige steuerliche Integration aller körperschaftssteuerpflichten Konzerngesellschaften, die von einer Muttergesellschaft zu mehr als 95 % gehalten werden (Art. 223 A Abs. 1 CGI).[745] Gerade hoch angesetze Beteiligungsquoren dieses letzteren Systems[746] verleiten jedoch häufig zu Missbräuchen in Form einer so genannten „wilden" steuerlichen Konsolidierung *(consolidation fiscale ‚sauvage')*[747].

---

738 Siehe hierzu etwa *Moulin*, Sociétés et groupes, Rn. 974; *Vidal*, Sociétés, Rn. 138.

739 Siehe oben, I. 1.

740 Siehe *Lecourt*, Groupe de sociétés, in: Magnier (Hrsg.), Rép. sociétés, Rn. 13.

741 Siehe *Serlooten*, Groupe de sociétés (Régime fiscal), in: Magnier (Hrsg.), Rép. sociétés, Rn. 7.

742 Siehe *Lefebvre*, Mémento groupes, Rn. 26800 ff.

743 Hierzu genauer und in deutscher Sprache *Wittkowski*, Grenzüberschreitende Verlustverrechnung in Deutschland und Europa, S. 115.

744 Siehe zum Begriff *Moulin*, Sociétés et groupes, Rn. 991.

745 Vgl. genauer *Wittkowski*, Grenzüberschreitende Verlustverrechnung in Deutschland und Europa, S. 120 ff. sowie in französischer Sprache etwa *Lefebvre*, Mémento groupes, Rn. 26800 ff.; *Merle/ Fauchon*, Sociétés commerciales, Rn. 796.

746 Siehe *Cozian*, LPA, Nr. 1994-38, 4.

747 Hierzu *Cozian*, LPA, Nr. 1994-38, 4; *Cozian/ Viandier/ Deboissy*, Sociétés, 29. Auflage, Rn. 1928; *Merle/ Fauchon*, Sociétés commerciales, Rn. 795; *Serlooten*, Groupe de sociétés (Régime fiscal), in: Magnier (Hrsg.), Rép. sociétés, Rn. 10, 70. Diese erfolgt über die Gründung von Personengesellschaften (etwa einer offenen Handelsgesellschaft, *SNC*, oder

Von zentraler Bedeutung sowohl bei der Umwandlung eines Einzelunternehmens in einen Konzern wie auch bei der Gründung eines solchen durch Erwerb eines anderen Unternehmensträgers ist jedoch insbesondere die Risikominimierung durch die im Trennungs- und Rechtsträgerprinzip begründete[748] konzerninterne Haftungssegmentierung[749], welche häufig eine entscheidende Rolle für die Wahl des Konzerns als Organisationsform für Unternehmen darstellt.[750] Gerade im Fall der Insolvenz eines Konzernunternehmens erlaubt es dieser Vorteil nämlich, mit der grundsätzlichen Beschränkung eines Insolvenzverfahren auf den jeweils betroffenen konzernangehörigen Rechtsträger Schutzwälle für die anderen Konzernunternehmen aufzuziehen[751].

Wie allerdings ebenfalls deutlich wird, liegt in der großen unternehmerischen Freiheit häufig auch der Keim ihres Missbrauchs. Es wäre aus der Sicht des französischen Gesetzgebers unbillig, den Konzernen eine vollständige Freiheit zu überlassen, die sie etwa im Insolvenzfall auf Kosten insbesondere ihrer Gläubiger schadlos halten würde. Die im zweiten Teil dieser Arbeit[752] beschriebenen Sonderregeln für Konzerne sind daher auch als Mittel zum Ausgleich der Vorteile zu verstehen, welche das französische Recht den Konzernen im Vergleich zu Einzelgesellschaften einräumt. *Hannoun*[753] sieht die Entwicklung des rechtlichen Rahmens für Konzerne in Frankreich daher zu Recht in einem ständigen Wechselspiel zwischen dem „Schutz externer Interessen" und der „Beförderung des Konzerninteresses".

C. Der Konzern in der Insolvenz: Sonderregeln für die Sanierung und Abwicklung gruppenangehöriger Gesellschaften in Frankreich im Überblick

Während das französische Recht auf der einen Seite weder eine umfassende Konzerndefinition noch ein in sich geschlossenes Konzernrecht aufweist[754], finden sich dort auf der anderen Seite gleichzeitig zahlreiche gesetzliche Regelungskomplexe, die in der Insolvenz konzernangehöriger Unternehmen virulent werden. Manche dieser Regelungen sind explizit auf die Problematik der

---

einer stillen Beteiligungsgesellschaft, *société en participation*), welche selbst nicht steuerpflichtig sind (*principe de transparence fiscale*, Art. 8 CGI), aber eine Pflicht zur Abführung der Einkommenssteuer (*impôt sur le revenu*, *IR*) bei den Gesellschaftern – in diesem Falle der Muttergesellschaft – auslösen.

[748] Hierzu bereits ausführlich oben, I. 2 b).

[749] „Ségmenter les risques", *Dom*, Dr. sociétés Nr. 2012-8, étude 12, Rn. 9.

[750] Siehe nur *Gibirila*, Groupes de sociétés – Présentation, in: JCl. Com., Fasc. 1574, Rn. 4.

[751] Hierzu im Hinblick auf konzerninsolvenzrechtliche Regeln sogleich unten, C. I.

[752] Siehe unten, § 3 ff.

[753] Le droit et les groupes de sociétés, Rn. 104, wo „les intérêts externes" entsprechend „l'intérêt du groupe" gegenübergestellt werden.

[754] Siehe oben, B. I. 1. a) ff.

Konzerninsolvenzen bezogen – allen voran die für diesen Fall neuerdings eingeführten verfahrensrechtlichen Sonderregeln (sogleich II.). Im materiellen Zivil-, Gesellschafts- und Insolvenzrecht bleibt das konzernrechtliche Rechtsträgerprinzip hingegen das grundsätzliche Maß aller Dinge (sogleich I.). Jedoch lassen sich Fallgruppen bilden, in denen das französische Recht aufgrund von als konzernrechtlicher Anomalie verstandenen Situationen unter bestimmten Voraussetzungen Abweichungen von diesem Grundsatz zulässt (hierzu schließlich III.). Zwar knüpfen die entsprechenden Tatbestände in den wenigsten Fällen direkt an das Vorliegen einer Konzerninsolvenz an; häufig liegt jedoch in diesen Sachverhalten ihr Hauptanwendungsbereich.

I. Das konzernrechtliche Rechtsträgerprinzip und der Grundsatz der Haftungstrennung in der Insolvenz von Gruppengesellschaften

Wie bereits im Rahmen der Darstellung der konzernrechtlichen Grundlagen verdeutlicht[755], legen Art. 1842 Abs. 1 C. civ. sowie L. 210-6 Abs. 1 S. 1 C. com. als Grundregeln für die Rechtsbeziehungen im Rahmen eines Konzernverbunds einen besonderen Fokus auf die einzelnen Konzerngesellschaften als selbständige Vermögensträger des an sich rechtlich unselbständigen Konzerns. Im Falle der Insolvenz eines Konzernunternehmens führt dies zur prinzipiellen Anwendung der allgemeinen Regeln des Gesellschafts- und Insolvenzrechts auf die einzelne Konzerngesellschaft[756]. Der wichtigste Ausgangspunkt ist hier die eigene Rechtspersönlichkeit dieser Gesellschaften[757] sowie, spiegelbildlich, die fehlende Rechtspersönlichkeit des Konzerns[758].

Für das Insolvenzverfahren folgt hieraus die Grundregel „eine Konzerngesellschaft – ein Insolvenzverfahren"[759] in Verbindung mit einer Vielzahl unterschiedlicher Möglichkeiten des Verfahrensausgangs für einzelne Konzerngesellschaften[760].

Gesellschaftsrechtlich bedeutet der Grundsatz bei den in größeren Gruppenkonstellationen wohl vorherrschenden *groupes financiers*, die ihre Verflechtung in Kapitalbeteiligungen materialisieren[761], bei Kapitalgesellschaften eine

---

755 Siehe hierzu oben, B. I. 2., insb. a) sowie b) bb) f.

756 So ausdrücklich auch *Roussel Galle/ Cadic/ Bardi-René-Bazin*, Groupe de sociétés, in: Dictionnaire permanent Difficultés des entreprises, Rn. 26.

757 Hierzu bereits oben, B. I. 2. a). Ausführlich zum Begriff der Rechtspersönlichkeit im französischen Recht etwa *Paerels*, Le dépassement de la personnalité morale, Rn. 2 ff.

758 Siehe hierzu oben, B.

759 Hierzu ausführlich oben, B. I. 2. b) bb). Siehe auch bereits *Delebecque/ Germain/ Ripert/ Roblot*, Traité de droit commercial, Tome 2, Rn. 2862-3; *Derrida/ Sortais/ Godé/ Honorat*, Redressement et liquidation judiciaires des entreprises, Rn. 856, m.w.N.

760 Siehe *Pelletier*, La responsabilité au sein des groupes de sociétés en cas de procédure collective, Rn. 32.

761 Siehe zu den unterschiedlichen Konzerntypen oben, B. I. 3 b).

Haftungsbeschränkung auf die Höhe der jeweils erbrachten Einlagen[762]. Auch bei Konzernen wird daher im Normalfall die Höhe des jeweiligen Beteiligungsrisikos der Gesellschafter[763] und damit grundsätzlich auch die Ansprüche möglicher Gläubiger im Insolvenzfall[764] auf die Höhe der Einlagen der Gesellschafter an der jeweiligen konzernangehörigen Gesellschaft begrenzt.

Das Grund- bzw. Stammkapital *(capital social)* der einzelnen Konzerngesellschaften zur Sicherung von Ansprüchen ihrer jeweiligen Vertragspartner[765] spielt hierbei seit der Reduzierung der Grundkapitalanforderungen der meisten Gesellschaftsformen[766] eine immer geringere Rolle. Neben dem Schutz anderer, der Gesellschaft zur Verfügung stehender Kapitalarten wie den *capitaux propres* oder den *apports en compte courant*[767], setzt das französische Recht auch auf die Freiheit potenzieller Gläubiger, über das Haftungskapital der einzelnen Konzerngesellschaft hinausgehende Mittel zur Forderungssicherung zu verlangen. Hierfür bieten sich haftungsstarke Muttergesellschaften als Sicherungsgeber besonders an.[768]

Darüber hinaus besteht im Rahmen des Grundsatzes der konzerninternen Haftungstrennung[769] keine durch die Kapitalbeteiligung oder die reine Konzernzugehörigkeit begründete Beistandspflicht[770]; vielmehr gilt besonders im

---

[762] Siehe *Roussel Galle/ Cadic/ Bardi-René-Bazin*, Groupe de sociétés, in: Dictionnaire permanent Difficultés des entreprises, Rn. 28. Für die SARL als Wesensmerkmal festgelegt in Art. L. 233-1 Abs. 1 C. com: „Die SARL wird gegründet von einer oder mehreren Personen, die für Verluste nur in Höhe ihrer Einlagen einstehen" („La société à responsabilité limitée est instituée par une ou plusieurs personnes qui ne supportent les pertes qu'à concurrence de leurs apports."). Ähnlich lautet in Bezug auf die SA Art. L. 225-1 S. 1 C. com: „Die SA ist die Gesellschaft, deren Kapital in Aktien aufgeteilt ist und die durch von Gesellschaftern gegründet wird, die für Verluste nur in Höhe ihrer Einlagen einstehen" („La société anonyme est la société dont le capital est divisé en actions et qui est constituée entre des associés qui ne supportent les pertes qu'à concurrence de leurs apports"). Für die SAS gilt der inhaltlich deckungsgleiche Art. L. 227-1 Abs. 1 C. com.

[763] Hierauf ausdrücklich hinweisend *Dammann/ Podeur*, RLDA Nr. 2007-16, étude 975, 65. Siehe auch, in deutscher Sprache, *Rivinius*, Konzernkonkurs, S. 38.

[764] Dies betonend *Pelletier*, La responsabilité au sein des groupes de sociétés en cas de procédure collective, Rn. 47.

[765] Genauer zum Vertragsschluss mit Konzerngesellschaften oben, B. I. 3 b) bb).

[766] Zur Reduktion der Kapitalerfordernisse bereits ausführlich oben, B. I. 2. a) cc) (3).

[767] Hierzu ebenfalls oben, B. I. 2. a) cc) (3).

[768] Zu möglichen Ausgestaltungsformen solcher Sicherungsvereinbarungen mit Muttergesellschaften etwa *Lucas*, LPA, Nr. 2001-89, 66, II. B.

[769] Siehe hierzu oben, B. I. 2. b) bb).

[770] Dies hervorhebend *Dammann/ Podeur*, RLDA Nr. 2007-16, étude 975, 65, 66; *Lucas*, LPA, Nr. 2001-89, 66, Einleitung. Hierzu im Hinblick auf Cass. Com. 26.03.2008, Revisionsnummer 07-11619, m. Anm. *Francis Lefebrvre* (Hrsg.), RJDA 2008-7, Nr. 804 bereits oben, B. I. 2. a) cc) (1). Beachte aber die im französischen Recht zwar umstrittene, jedoch nach heutigem Rechtsstand nicht völlig auszuschließende Haftung der Gesellschaftsgründer wegen materieller Unterkapitalisierung in Form der *responsabilité pour insuffisance d'actif,*

Fall von durch Kapitalbindungen konstituierten Finanzkonzernen der vom ehemaligen Vorstandsvorsitzenden des Konzerns *Pernod-Ricard* häufig wiederholte Grundsatz: „Der Aktionär ist nicht dafür da, nach Geld gefragt zu werden; er ist da, damit man es ihm gibt“[771].

Ein Blick in das VI. Buch des *Code de commerce*, welches das dem deutschen Insolvenzrecht entsprechende „Recht der Unternehmen in Schwierigkeit“ *(droit des entreprises en difficulté)* beinhaltet[772], bekräftigt diesen ersten Eindruck: Keine Norm dieses Buches greift explizit ein Tatbestandsmerkmal *„groupe d'entreprises“*, *„groupe de sociétés“* oder einen auch nur ähnlichen Begriff auf[773].

Doch diese Überlegungen stellen nur eine Grundlage für weitergehende Fragen dar. Wenn der Konzern im französischen Gesellschaftsrecht trotz einer fehlenden Gesamtregelung als Teil der wirtschaftlichen Realität akzeptiert ist, haben Gesetzgeber und Rechtsprechung in Einzelfällen Sonderregeln geschaffen, in denen materiell an das Vorhandensein einer Konzerninsolvenz angeknüpft wird[774] und die im Extremfall in bestimmten Fallgruppen auch Ausnahmen vom konzernrechtlichen Rechtsträgerprinzip zulassen[775]. Mit der Eröffnung eines Rettungs-, Sanierungs- oder Liquidationsverfahrens verschieben sich daher die Grenzen dieses Grundsatzes.

II. Die Konzerninsolvenz als verfahrensrechtliches Problem: Vorhandene Lösungsansätze zur Erhöhung der Effizienz von Insolvenzverfahren

Um die Verfahrensabläufe an die wirtschaftliche Verflechtung insolventer Konzernunternehmen anzupassen und so einen für alle Beteiligten günstigeren Verfahrensausgang zu erreichen, kommt es in der Rechtspraxis immer wieder zu Vorstößen für eine Verfahrenskoordination bzw. -konzentration zwischen den nach dem Rechtsträgerprinzip einzeln abzuwickelnden Rechtsträgerinsolvenzverfahren. Damit man zu einer gemeinsamen Abwicklung der Insolvenzverfahren über verschiedene Rechtsträger gelangte, kam es beispielsweise lange Zeit immer wieder zur Anwendung der Verfahrenserstreckung nach

---

welche allerdings keine Nachschusspflichten herbeiführt. Siehe hierzu *Pelletier*, La responsabilité au sein des groupes de sociétés en cas de procédure collective, Rn. 149 ff. sowie unten, § 5 A. III. 1. b) bb).

[771] In dieser Form wird *Patrick Ricard* etwa zitiert von *Leparmentier*, Les entreprises françaises n'utilisent pas la Bourse pour augmenter leurs fonds propres, Le Monde vom 05.02.1997. Ebenso auf diesen Ausspruch und seine Geltung im französischen Konzerninsolvenzrecht hinweisend *Lucas*, LPA, Nr. 2001-89, 66, Einleitung.

[772] Zu diesem Begriff bereits oben, A. I. 3.

[773] Hierauf weisen etwa *Le Cannu*, LPA, Nr. 2002-7, 43, Rn. 28 sowie *Pelletier*, La responsabilité au sein des groupes de sociétés en cas de procédure collective, Rn. 32 zutreffend hin.

[774] Dies insbesondere in prozessualer Hinsicht, siehe sogleich unten, II.

[775] Hierzu im Überblick unten, III.

Art. L. 621-2 Abs. 2 C. com. Ein (Neben-) Effekt der hiermit verbundenen materiellen Konsolidierung der Insolvenzmassen[776] ist nämlich auch eine Konzentration der von der Erstreckung betroffenen Verfahren[777]. Um damit im Ergebnis eine Eröffnung konzernweiter Rettungs-, Sanierungs- oder Liquidationsverfahren unter der Leitung eines gemeinsamen Gerichts und der Mitarbeit derselben Verfahrensorgane zu erwirken, kam es auch zu dem Versuch, die Erstreckung eines Verfahrens durch das Tatbestandsmerkmal der so genannten „Unternehmenseinheit" *(unité d'entreprises)* für prozessuale Zwecke zu instrumentalisieren.[778] In der Rechtsprechung des Kassationsgerichtshofs wurden solche insbesondere instanzgerichtlichen Vorstöße allerdings regelmäßig zurückgedrängt; die Herbeiführung der besonders weitreichenden materiellen Folgen einer Verfahrenserstreckung sieht der Kassationsgerichtshof nicht allein durch das Streben nach höherer Prozessökonomie gerechtfertigt[779].

Doch bietet das französische Recht mit einer gewissen Tradition sowohl richterrechtliche als auch geschriebene Möglichkeiten zur prozessualen Koordination wie auch der Konzentration von Gruppeninsolvenzverfahren an, deren Reichweite sich durch erst kürzlich erfolgte Reformen noch erweitert haben dürfte.

In Anbetracht ursprünglich fehlender gesetzlicher Regeln entwickelte sich zunächst eine Rechtsprechung, die aus dem Vorliegen eines „fiktiven Satzungssitzes" *(siège statutaire fictif)* bei Konzernen eine Abweichung von der Regel der örtlichen Zuständigkeit des Gerichts des Satzungssitzes[780] erlaubt. Hiernach[781] kann eine Konzentration mehrerer Verfahren am Gericht des Satzungssitzes etwa einer Konzernmutter erfolgen, wenn eine ebenfalls einem solchen Verfahren zu unterwerfende Tochtergesellschaft ihren Satzungssitz im Zuständigkeitsbereich eines anderen Gerichts innehat oder dorthin verlegt, obwohl ihre wirtschaftliche Aktivität ausschließlich am Satzungssitz der Muttergesellschaft verrichtet. Erfolgt eine Sitzverlegung daher aus Sicht eines Ge-

---

[776] Hierzu unten, § 4 C. II.

[777] Hierzu unten, § 4 C. I.

[778] Hierzu ausführlich unten, § 4 B. II. 1. c); zur damaligen Motivationslage auch *Soinne/ Kerckhove*, Traité des procédures collectives, Rn. 512.

[779] Siehe hierzu ebenfalls unten, § 4 B. II. 1. c). Zurechtweisungen seitens des Gerichtshofs finden diesbezüglich regelmäßig statt, so zuletzt etwa in Cass. com. 16.12.2014, Revisionsnummer 13-24161, Bull. civ. 2014, IV, Nr. 190, in dem die Instanzgerichte eine Verfahrenserstreckung zur Erreichung eines gemeinsamen Sanierungsverfahrens ausgesprochen hatten, ohne jedoch aus Sicht der *Chambre commerciale* ausreichend darzulegen, welche der Tatbestandsvoraussetzungen des Art. L. 621-2 Abs. 2 C. com. erfüllt gewesen sein sollte.

[780] Diese Zuständigkeitsregel ergibt sich aus dem heutigen Art. R. 600-1 Abs. 1 C. com.

[781] Siehe Cass. com. 08.03.1988, Revisionsnummer 86-19668, Bull. civ. 1988, IV, S. 72, Nr. 103; hierzu auch *Dammann/ Podeur*, RLDA Nr. 2007-16, étude 975, 65, II. B. 1.

richts etwa mit einem Täuschungshintergrund, kann dieser Sitz als fiktiv verworfen und die Zuständigkeit eines anderen Gerichts begründet werden, was zu einer Verfahrensvereinheitlichung führen kann.

Eine weitere Möglichkeit der Verfahrenszentralisierung in Konzernsachverhalten ergibt sich seit längerem auch aus der Regel des heutigen Art. R. 662-7 i.V.m. Art. L. 662-2 C. com.[782] Hiernach kann im Fall einer Konzerninsolvenz und „sofern [...es, d. Verf.] die Interessen des Falls rechtfertigen“[783] ein relativ komplexes[784] Verweisungsverfahren angestrengt werden. Im Rahmen dieses Verfahrens kann der Präsident des zunächst mit dem Verfahrensantrag konfrontierten Gerichts oder die Staatsanwaltschaft durch einen begründeten Antrag eine solche Verweisung zu einem anderen Gericht erwirken. Der Antrag ist an den Ersten Präsidenten *(Premier président)* des im jeweiligen Gerichtsbezirk zuständigen Appellationsgerichtshofs zu richten, wenn beide betroffenen Gerichte sich in diesem Bezirk befinden, bzw. ansonsten an den Ersten Präsidenten des Kassationsgerichtshofs, der innerhalb von zehn Tagen ab Zugang des Antrags eine entsprechende Zuweisungsentscheidung treffen muss.

Aufgrund der hierdurch herbeigeführten Verzögerung einer Zuweisungsentscheidung ist es kaum verwunderlich, dass einige Gerichte in Ermangelung zielführenderer und zügiger anwendbarer Regelungen Mittel zur Verfahrenskonzentration unter Umgehung dieser Problematik zu finden versuchten[785]. Hierzu gehört etwa eine Anwendung des Art. 3 EuInsVO zum COMI in einem Sachverhalt ohne Auslandsbezug, um ein Verfahren über eine Tochtergesellschaft mit Begründung eines COMI am Satzungssitz der Konzernmutter rechtzufertigen[786]. Es erscheint allerdings kaum möglich, dies mit dem 15. Erwägungsgrund der Verordnung, der auf die Geltungsbeschränkung der Verordnung auf die Festlegung einer internationalen Zuständigkeit hinweist, in Einklang zu bringen[787].

---

[782] Eine ähnliche Vorgängerregelung existierte bereits in Art. 3 eines décrets *Nr.* 85-1388 relatif au redressement et à la liquidation judiciaires des entreprises vom 27.12.1985, JORF, 29.12.1985, S. 15281.

[783] Im Originaltext lautet die Passage in Art. R. 662-7 Abs. 1 C. com: „Lorsque les intérêts en présence justifient le renvoi de l'une des procédures...“; zu diesem Verfahren im Kontext der Konzerninsolvenz *Dammann/ Podeur*, RLDA Nr. 2007-16, étude 975, 65, II. B. 1.; *Roussel Galle/ Bourbouloux/ Couturier*, LPA, Nr. 2010-80, Rn. 25 f.

[784] Aus diesem Grunde kritisch und die inzwischen eingetretene Neuregelung fordernd *Roussel Galle/ Bourbouloux/ Couturier*, LPA, Nr. 2010-80, Rn. 25 f.; ebenso noch 2008 auf das Fehlen einer ausreichenden Regelung hinweisend *Demeyre*, D. 2009, 2297.

[785] Vgl. ähnlich, im Ergebnis jedoch kritisch, auch *Roussel Galle/ Bourbouloux/ Couturier*, LPA, Nr. 2010-80, Rn. 25 f.; ebenso kritisch *Dammann/ Podeur*, RLDA Nr. 2007-16, étude 975, 65, II. B. 1.

[786] So in CA Versailles, 11.01.2007, RG-Nr. 06/01087.

[787] *Dammann/ Podeur*, RLDA Nr. 2007-16, étude 975, 65, II. B. 1.

Nach einer vorsichtigen Zwischenregelung durch eine Ordonnance vom 12.03.2014[788], welche erste Konzentrationsansätze in einem neu eingeführten Art. L. 662-8 C. com. niederlegte[789], hat das französische Konzerninsolvenzrecht nun mit dem auch als „*Loi Macron*" bezeichneten Gesetz vom 06.08.2015[790] in einer Erweiterung dieses Artikels nunmehr einen für das französische Recht völlig neuartigen, obligatorischen Gruppengerichtsstand erhalten. Dieser Gerichtsstand findet sich eingebettet in eine Regelung über spezialisierte Insolvenzgerichte für größere Unternehmensinsolvenzen[791]:

Hiernach sind für Rettungs-, Sanierungs- oder Liquidationsverfahren nunmehr diese speziellen Gerichte zuständig, wenn der betroffene Rechtsträger entweder mehr als 250 Arbeitnehmer und einen Nettoumsatz von 20 Millionen Euro pro Jahr aufweist. Liegt dieser Umsatz bei mindestens 40 Millionen Euro, wird die Zuständigkeit allein hierdurch begründet. Liegt eine Beherrschungssituation im Sinne der Art. L. 233-1 oder 233-3 C. com.[792] vor, gelten diese Voraussetzungen für alle Gesellschaften des Konzernverbunds zusammen.

Der neu gefasste Art. L. 662-8 C. com. lautet in seinem ersten Absatz wie folgt:

„Das Gericht ist zuständig für jedes [Rettungs-, Sanierungs- und Liquidations-, d.Verf.] Verfahren in Bezug auf eine Gesellschaft, die eine Inhaber- oder beherrschende Stellung im Sinne der Artikel L. 233-1 und L. 233-3 [C. com., d. Verf.] über eine Gesellschaft innehat, die bereits einem [Rettungs-, Sanierungs- oder Liquidations-, d.Verf.] Verfahren unterworfen ist. Es ist ebenso zuständig für jedes [Rettungs-, Sanierungs- und Liquidations-, d.Verf.] Verfahren in Bezug auf eine Gesellschaft, die von einer Gesellschaft, über die ein [Rettungs-, Sanierungs- oder Liquidations-, d.Verf.] Verfahren läuft, im Sinne der Artikel L. 233-1 und L. 233-3 [C. com., d. Verf.] gehalten oder beherrscht wird."[793]

Diese ausschließliche Zuständigkeit wird damit sowohl für Mutter-, wie auch für Tochtergesellschaften begründet, sobald ein Verfahren über die jeweils andere Gesellschaft bei einem Gericht anhängig ist. Es wird hier auf die

---

788 Ordonnance Nr. 2014-326 portant réforme de la prévention des difficultés des entreprises et des procédures collectives, JORF, 14.03.2014, S. 5249, Nr. 62.

789 Zu diesem Zwischenschritt ausführlicher *Saintourens*, Rev. Proc. Coll., Nr. 2014-2, dossier 16.

790 Gesetz Nr. 2015-990 „pour la croissance, l'activité et l'égalité des chances économiques", Art. 233-I, Anwendbar auf Insolvenzverfahren, die ab dem 01.03.2016 eröffnet worden sind, Art. 233-II des Gesetzes.

791 So der in Art. 231-I des Gesetzes eingeführte Art. L. 721-8 C. com. Zu diesem Gesetz in deutscher Sprache *Degenhardt*, NZI 2017, 134, dort speziell zur Konzerninsolvenz S. 137.

792 Hierzu genauer oben, B. I. 1. b) bb).

793 „Le tribunal est compétent pour connaître de toute procédure concernant une société qui détient ou contrôle, au sens des articles L. 233-1 et L. 233-3, une société pour laquelle une procédure est en cours devant lui. Il est également compétent pour connaître de toute procédure concernant une société qui est détenue ou contrôlée, au sens des articles L. 233-1 et L. 233-3, par une société pour laquelle une procédure est en cours devant lui."

umfassenden Beherrschungskriterien des Art. L. 233-1 und, wichtiger, 233-3 C. com. Bezug genommen, die zahlreiche Situationen umfassen[794]. Absatz 2 dieser neuen Zuständigkeitsregel legt außerdem fest, dass das Gericht personenidentische Verwalter *(administrateur judiciaire)* und Gläubigervertreter *(mandataire judiciaire)* bestellen kann, um so beide Verfahren noch enger miteinander zu verknüpfen. Absatz 3 des Artikels L. 662-8 C. com schlägt daraufhin die Brücke zu den ebenfalls neu eingeführten, spezialisierten Insolvenzgerichten: So muss – in Abweichung zu Absatz 1– jedes Verfahren über eine Tochtergesellschaft, die nach denselben Kriterien durch eine Muttergesellschaft beherrscht wird, an das spezialisierte Insolvenzgericht verwiesen werden, bei dem ein Verfahren über diese Muttergesellschaft bereits anhängig ist.

III. Die Konzerninsolvenz als materiellrechtliches Problem: Ansatzpunkte zur Anpassung und Durchbrechung des Rechtsträgerprinzips im Einzelfall

Das konzernrechtliche Trennungs- und Rechtsträgerprinzip mit seinem insolvenzrechtlichen Ausfluss „eine Konzerngesellschaft – ein Insolvenzverfahren“[795] stößt jedoch an seine Grenzen, sobald es im Rahmen des von einer Gesellschaftsinsolvenz betroffenen Konzerns zu anormalen Verhaltensweisen kommt, die die Anwendung dieses Grundsatzes insbesondere im Hinblick auf seine haftungsbeschränkende Dimension nicht mehr zu rechtfertigen scheinen. Besondere Schwierigkeiten ergeben sich allerdings bei der Frage nach einer Definition eines „normal funktionierenden Konzerns“. Da das französische Recht gerade die Umrisse eines solchen wirtschaftlichen Gebildes nur so grob wie möglich vorzeichnen[796], gleichzeitig das Gründen und Betreiben von Konzernen aber auch nicht behindern möchte[797], können sich die Grenzen der konzernrechtlichen Normalität nur aus solchen Fällen ergeben, in denen der Missbrauch dieser Organisationsform evident erscheint. Nicht umsonst knüpft daher eine Vielzahl von Tatbeständen aus diesem Bereich eines materiellen Konzernhaftungsrechts an das Vorliegen solcher als Anomalie erkannten Fälle an und schafft für diese Anomalien haftungsrechtliche Konsequenzen. Die Durchsicht dieser Tatbestände und ihrer durch die Rechtsprechung geprägten Anwendungsvoraussetzungen lassen mögliche Abweichungen vom Idealbild einer funktionierenden Konzernorganisation in drei allgemeinen Fallgruppen erkennen. Die hier aufgeführten Fallgruppen dienen der Orientierung für die wei-

---

[794] Hierzu bereits oben, insb. B. I. 1. b) bb) (1).

[795] Hierzu soeben oben, I.

[796] Zum bewussten Verzicht auf eine Gesamtregelung des Konzernrechts bereits oben, B. I. 1. a).

[797] Zur grundsätzlichen Konzernfreundlichkeit des französischen Rechts als Motivation für die gesetzgeberische Zurückhaltung ebenda.

ter unten detailliert erarbeiteten Ausnahmetatbeständen zu den bereits dargestellten konzernrechtlichen Grundsätzen[798]. Darüber hinaus ist schließlich noch überblicksartig auf Fallgestaltungen einzugehen, in denen die Überwindung von Rechtsträgergrenzen im Insolvenzverfahren für andere Zwecke als die Reaktion auf schuldnerisches Verhalten eingesetzt wird.

1. Finanzbeziehungen zwischen Konzerngesellschaften

Die erste dieser Fallgruppen betrifft die finanziellen Beziehungen zwischen Konzerngesellschaften. Wenn der gesellschaftsrechtliche Gesetzgeber schon weitgehend auf Mindestkapitalerfordernisse verzichtet[799], so muss er zumindest das in den Rechtsträgern nicht zuletzt als Haftungsgrundlage gebundene Kapital von Eingriffen von Dritten schützen. Aufgrund der durch die enge Verbindung der Konzerngesellschaften gesteigerten Eingriffsmöglichkeiten weisen gerade verbundene Unternehmen hinsichtlich des Abzugs von werthaltigen Vermögensgegenständen von Rechtsträger zu Rechtsträger ein gesteigertes Risiko auf. Derartige Eingriffe und Vermögensverlagerungen sind in Konzernen jedweder Größe und Verzweigung denkbar.

a) Entfernung von Vermögenswerten mit liquidationsgleicher Wirkung: existenzvernichtende Eingriffe

Dieses Risiko kann sich gerade im Konzernbereich zunächst in der Form auswirken, dass die Entfernung von Vermögenswerten etwa aus einer durch Konz ernleitungsmacht beherrschten Gesellschaft zur Vernichtung der wirtschaftlichen Existenz einer (Konzern-) Gesellschaft führt und damit liquidationsgleiche Auwswirkungen nach sich zieht. Derartige Fälle können zum Beispiel, wie im folgenschweren Fall der Insolvenz des Raffinerieunternehmens *Petroplus*[800] durch eine Holdinggesellschaft ausgelöst werden, die einer ihr unterstellten Betriebsgesellschaft Unternehmenswerte in großem Umfang entziehen, so eine Zahlungsunfähigkeit herbeiführen oder verschärfen und damit ein wirtschaftliches Überleben der Tochtergesellschaft unmöglich machen. Ebenso Fälle informeller Liquidationen von Tochtergesellschaften über Vermögensabzüge können als Teil dieser Fallgruppe verstanden werden.

Strafrechtlich können derartige Eingriffe als Veruntreuung von Gesellschaftsmitteln *(abus de biens sociaux*[801]*)* geahndet werden, wobei für Konzerne die Rechtfertigungsmöglichkeit über ein „Konzerninteresse“ *(intérêt de*

---

[798] Hierzu ausführlich unten, Kapitel 2.

[799] Hierzu bereits oben, B. I. 2. b) cc) (3).

[800] Zu diesem Fall und der daraus hervorgehenden Gesetzesüberarbeitung ausführlich unten, § 4 A. III. 3. c) sowie insbesondere § 4 B. III. 6.

[801] Art. L. 241-3 Nr. 4 C. com. bzw. Art. L. 242-6 Nr. 3 C. com.; hierzu bereits oben, B. I. 1. c) ff).

groupe) aus der *Rozenblum*-Rechtsprechung angewendet werden kann[802]. Zivil- und verfahrensrechtlich handelt es sich typischerweise um Anwendungsfälle der Erstreckung insbesondere von Sanierungs- bzw. Liquidationsverfahren (*extension de procédure*, Art. L. 621-2 Abs. 2 C. com.) auf der Grundlage des Tatbestandsmerkmals der Vermögensvermischung *(confusion des patrimoines)* und seinem Unterfall der „anormalen finanziellen Beziehungen" *(relations financières anormales)*[803]. Ebenso kann in diesen Fällen bei Eröffnung eines Liquidationsverfahrens die allgemeine Ausfallhaftung der *responsabilité pour insuffisance d'actif* (Art. L. 651-1 ff. C. com.)[804] zur Anwendung kommen und zwar in Bezug auf eine Muttergesellschaft, insbesondere als faktischer Geschäftsführerin bzw. – bei besonderen Umweltschäden und unter weiteren, engen Voraussetzungen – die konzernrechtliche Umwelthaftung nach Art. L. 512-17 C. env.[805]. Diese Rechtsinstitute sind auf das Liquidationsverfahren begrenzt und setzen ein Hervorrufen bzw. Steigern – das Gesetz nennt den Begriff des „Beitragens" *(contribuer)* – eines Aktivfehlbetrags im Rahmen dieses Verfahrens voraus[806].

b) Sonstige gläubigerschädigende Vermögensverlagerungen ohne ausreichende Gegenleistung

Mit den existenzvernichtenden Eingriffen verwandt, jedoch in Bezug auf die Folgen des Verhaltens einer beherrschenden Gesellschaft weniger qualifiziert, stellt diese Fallgruppe ein in der Rechtsprechung häufig wiederkehrendes Verhaltensmuster in Konzernorganisationen dar. Zwar verlagert eine Gesellschaft auch hier Vermögenswerte aus einer in wirtschaftlichen Schwierigkeiten befindlichen Konzerngesellschaft zu ihren Gunsten – und auf Kosten der Gläubiger im anschließenden Insolvenzverfahren –; anders als bei einem existenzvernichtenden Eingriff kann in dieser Fallgruppe allerdings zumindest nicht nachgewiesen werden, dass die Vermögensverlagerung zur Erfüllung der Voraussetzungen die Eröffnung eines Rettungs-, Sanierungs- oder Liquidationsverfahrens begründet hätte.

Entsprechend weitreichend erscheint das Spektrum der in diesem Bereich diskutierten Fallgruppen; die hier einzuordnenden Fälle reichen von existenzvernichtungsähnlichen Sachverhalten bis hin zu geringwertigen Vermögensverlagerungen an der Grenze zur konzernrechtlichen Normalität, jedoch mit nicht vollständig ausreichender Kompensation durch die hierdurch bereicherte Konzerngesellschaft.

---

[802] Hierzu bereits oben, B. I. 1. c) ff).

[803] Siehe unten, § 4 B. II. 3 b).

[804] Siehe unten, § 5 A.

[805] Siehe unten, § 5 B.

[806] Zu den genauen Voraussetzungen und Rechtsfolgen dieser Haftungsinstrumente unten, § 5 A. III. bzw. B. II.

Die rechtliche Reaktion auf derartige Verhaltensweisen im Konzernsachverhalt kann durch die Anwendung unterschiedlicher Rechtsinstrumente erfolgen. Kommt es zu einer entsprechenden Vermögensverlagerung zwischen dem im Nachhinein festgestellten Zeitpunkt der Zahlungsunfähigkeit *(cessation des paiements)* und dem Zeitpunkt der Verfahrenseröffnung, liegt eine Zahlung im Rahmen des „Verdächtigkeitszeitraums" *(période suspecte)* vor und die Transaktionen können ggfs. nach den Voraussetzungen von Art. L. 632-1 ff. C. com. für nichtig erklärt werden (so genannte *nullités de la période suspecte*) und so wieder dem ursprünglichen Rechtsträger zugeführt werden[807]. Dies gilt nur für das Sanierungs- und das Liquidationsverfahren. Ebenso können insbesondere bei einzelnen nachteiligen Transaktionen ohne ausreichendende Gegenleistung hinreichende Indizien für das Vorliegen einer Schädigungsabsicht im Sinne der so genannten Paulianischen Anfechtungsklage *(action paulienne*, Art. 1341-2 C. civ.) vorliegen, die ebenfalls eine Nichtigerklärung des jeweiligen Geschäfts nach sich ziehen kann[808]. Hauptsächlich fällt diese Fallgruppe aber – ebenso wie die der existenzvernichtenden Eingriffe – unter den Tatbestand der Erstreckung von Rettungs-, Sanierungs- bzw. Liquidationsverfahren (*extension de procédure*, Art. L. 621-2 Abs. 2 C. com.) auf der Grundlage des Tatbestandsmerkmals der „anormalen finanziellen Beziehungen" *(relations financières anormales)*[809]. Auffällig ist diesbezüglich eine Häufung von Rechtsprechung zu Betriebsaufspaltungen in Immobilienverwaltungs- und Betriebsgesellschaft[810].

2. Ausübung von Leitungsmacht

Der Einfluss einer anderen – insbesondere beherrschenden – Konzerngesellschaft kann sich allerdings nicht nur in Form von Vermögensabflüssen materialisieren und so vom Leitbild eines „normal funktionierenden Konzerns" abweichen. Vielmehr ist es häufig das wichtigste Ziel einer Konzernbildung, Einfluss auf die Unternehmensführung auszuüben und so die wirtschaftlichen Aktivitäten der beteiligten Unternehmen zu koordinieren[811]. Doch auch Eingriffen

---

[807] Dieses dem deutschen Anfechtungsrecht ähnliche Rechtsinstitut hat eine eigene, komplexe Dogmatik, die den Rahmen dieser Darstellung sprengen würde. Ihr Anwendungsbereich geht aber wesentlich weniger weit zurück als der des deutschen Anfechtungsrechts, weswegen die praktische Bedeutung dieser Rechtsgrundlage in den hier beschriebenen Fällen gering ist. Eine aktuelle Darstellung in französischer Sprache findet sich etwa bei *Martin-Serf*, Entreprises en difficulté (Nullités de la période suspecte), in: Magnier (Hrsg.), Rép. sociétés, Rn. 1 ff.

[808] Hierzu ausführlich unten, § 5 D. I. 2. b).

[809] Siehe unten, § 4 B. II. 3 b).

[810] Siehe unten, § 4 B. II. 3 b) aa) ff.

[811] Zu den Möglichkeiten und wirtschaftlichen Erwägungen einer solchen Transaktion bereits oben, B. II. 2.

in die Entscheidungssphären der Gesellschaftsorgane beherrschter Gesellschaften setzt das französische Recht strenge Grenzen, die sich in Form von durch Überschreitungen ausgelösten negativen Rechtsfolgen für die einflussnehmende Gesellschaft ausdrücken können.

a) Systematische Eingriffe in die Entscheidungssphären einer Konzerngesellschaft unter Infragestellung der Selbständigkeit der Gesellschaft als solcher

Derartige Eingriffe können zunächst so extrem ausfallen, dass sie die Entscheidungsmacht der beherrschten Gesellschaft nahezu auf null reduzieren und ihre Eigenständigkeit vollständig in Frage stellen. Die faktische Stellung solcher Gesellschaften im wirtschaftlichen Gefüge des Gesamtunternehmens gleicht daher eher der einer Zweigniederlassung *(succursale)* als der von Tochtergesellschaften *(filiale)*[812]. Die Rechtsprechung sieht derartige Fälle als gegeben an, wenn die beherrschte Gesellschaft „jeder Eigenständigkeit der Entscheidungen entbehrt und besonders derjenigen, im Rahmen der Gesetzes- und Satzungsregeln über ihre Auflösung oder ihr Überleben zu entscheiden“[813] und entscheidet typischerweise auf eine Verfahrenserstreckung nach Art. L. 621-2 Abs. 2 C. com. wegen der Gründung einer fiktiven Gesellschaft *(fictivité de la personne morale)* durch die beherrschende Gesellschaft als *maître d'affaire*[814]. Diese Fallgruppe ist besonders häufig in kleineren Unternehmensverbünden zu finden und betrifft häufig auch besonders „künstlich“ erscheinende Betriebsaufspaltungen in Immobilienverwaltungs- und Betriebsgesellschaft.

b) Punktuelle Eingriffe im Interesse einer beherrschenden Gesellschaft mit der Folge einer Unternehmenskrise

Auch in Bezug auf Eingriffe in die Entscheidungssphären von Gesellschaften sind allerdings Abstufungen möglich und nicht nur die vollständige Infragestellung der Selbständigkeit einer beherrschten Gesellschaft kann Anpassungen des strengen Rechtsträgerprinzips nach sich ziehen. Gereichen punktuelle Eingriffe in die Entscheidungssphäre von beherrschten Gesellschaften Letzteren zum Nachteil und mischt sich die beherrschende Gesellschaft durch den Eingriff in einen Kernbereich der Unternehmensführung ein, kann auch dies

---

[812] Zur Abgrenzung dieser Begriffe bereits oben, B. I. 1. b) bb) (2).

[813] So CA Douai, 02.10.2003, RG-Nr. 03-02333, 03-02334 sowie 03-02893, D. 2003, 2571, m. Anm. *Lienhard* im für derartige Fragestellungen besonders relevanten *Metaleurop*-Verfahren: „...une société apparaît fictive lorsqu'elle est dépourvue de toute autonomie décisionnelle et notamment de la faculté de décider, dans le cadre des dispositions légales et statutaires, de sa liquidation ou de sa survie...“; zu diesem Urteil und seiner Bedeutung im Rahmen der Verfahrenserstreckung nach Art. L. 621-2 Abs. 2 C. com. wegen des Tatbestandsmerkmals der *fictivité* unten, § 4 B. II. 2. c) aa).

[814] Siehe auch hierzu unten, § 4 B. II. 2.

eine Stellung als faktische Geschäftsführerin begründen und die Haftungsvoraussetzungen der *responsabilité pour insuffisance d'actif* nach Art. L. 652-1 ff. C. com. bzw. der umweltrechtlichen Konzernhaftung nach Art. L. 512-17 C. env. erfüllen[815]. Beziehen sich die Weisungen auf die Personalverwaltung der beherrschten Gesellschaft, kommt zudem eine Haftung der beherrschenden Gesellschaft für arbeitsrechtliche Verpflichtungen ersterer nach dem kollektiven Begründungsansatz der *théorie du co-emploi* (so genannte *confusion des intérêts, d'activités et de direction*)[816] bzw. eine nach ähnlichen Begründungsansätzen verfolgbare Deliktshaftung[817] in Betracht.

c) Notwendigkeit einer Abgrenzung: Verflechtung und Zentralisierung von Entscheidungsstrukturen

Zwischen diesen häufig klar als Missbräuchen zu identifizierenden Sachverhalten auf der einen Seite bzw. unter minimaler Vereinheitlichung der Entscheidungsstrukturen geführten Konzernen auf der anderen muss also eine Trennlinie verlaufen. Weder kann das – grundsätzlich konzernfreundliche – Gesetz eine bewusste und gegebenenfalls für alle Konzerngesellschaften nützliche Vereinheitlichung und Rationalisierung von Entscheidungsstrukturen verhindern, noch kann es bei aus Sicht einer beherrschten Gesellschaft vornehmlich fremdnützigem „Hineinregieren" in ihre wirtschaftlichen Entscheidungen untätig bleiben. Die Frage nach dem zulässigen Maß einer Ausübung von Konzernleitungsmacht stellt sich unter Berücksichtigung dieses Spannungsfelds bei der Auslegung aller Haftungs- und Durchgriffstatbestände erneut und setzt in jedem Fall eine Gesamtbetrachtung aller finanziellen Verflechtungen und Entscheidungsstrukturen innerhalb des Konzerns voraus. Ein zu enges Verständnis des Handlungsspielraums für Konzerne und eine damit verbundene Vergrößerung der Haftungsrisiken für beherrschende Gesellschaften wurde allerdings trotz zahlreicher in diese Richtung verlaufenden Versuche von Instanzgerichten durch die Rechtsprechung des Kassationsgerichtshofs immer wieder bekämpft[818].

---

815 Siehe unten, § 5 B.

816 Siehe unten, § 5 C.

817 Siehe unten, § 5 C. III. 4. Die *théorie du co-emploi* wird jedoch von der Rechtsprechung inzwischen restriktiver angewendet; siehe hierzu ebenfalls unter § 5 C.

818 Vgl. hierzu exemplarisch nur die Ablehnung des Kriteriums der „Unternehmenseinheit" *(unité d'entreprises)* als Begründungsansatz für eine Verfahrenserstreckung – siehe ausführlich unten, § 4 B. II. 1. c) – sowie die einschränkende Anwendung des Tatbestandsmerkmals der „anormalen finanziellen Beziehungen" im Rahmen des Art. L. 621-2 Abs. 2 C. com. – hierzu unten, § 4 B. II. 3. b) dd) f.

3. *Transparenz der Vermögenszuordnung zwischen konzernangehörigen Rechtsträgern und von Entscheidungsstrukturen*

Die letzte häufig wiederkehrende Fallgruppe vereint Elemente der bereits genannten ersten beiden Konstellationen – Eingriffe in Gesellschaftsvermögen sowie die Entscheidungshoheit von Gesellschaften im Konzernverbund – verlagert aber den Schwerpunkt der Vorwerfbarkeit auf eine – bewusst oder unbewusst herbeigeführte – Verschränkung der Gesellschaftssphären mit negativen Auswirkungen auf die Transparenz der Vermögenszuordnung bzw. der Entscheidungsstrukturen im Konzerngebilde und damit möglichen Auswirkungen auch auf das Gläubigervertrauen. Natürlich sind die Übergänge zu den anderen Begründungshypothesen für Anpassungen des Rechtsträgerprinzips fließend; einige allgemeine Aussagen lassen sich in der Gesamtschau der in diesem Bereich vorhandenen Urteile und Rechtsgrundlagen jedoch bereits an dieser Stelle treffen.

a) Vorsätzliche Gründung von Scheingesellschaften

Denkbar ist es zunächst, dass ein Konzern durch die Gründung einer verbundenen Gesellschaft gebildet bzw. erweitert wird, dies allerdings von Anfang an mit dem Vorsatz geschieht, diese Gründung nur zum Schein durchzuführen. Diese sich durch eine vollständige Fremdbestimmung der gegründeten Gesellschaft auszeichnende Strohmanngründung kann etwa durch eine damit einhergehende Umgehung gesetzlicher Verbote oder den gläubigerschädigenden Entzug von Haftungsmasse aus bereits bestehenden Rechtsträgern motiviert sein[819]. Das französische Recht versteht die Gründung von Scheingesellschaften als ein Fehlen des für den Gesellschaftsvertrag konstitutiven Merkmals des so genannten *affectio societatis* und bezeichnet derartige Gesellschaften als „fiktiv“. Dies führt entweder zur Anwendung der insolvenzrechtlichen Regeln der Verfahrenserstreckung nach Art. L. 621-2 Abs. 2 C. com.[820] oder, je nach im Verfahren gestelltem Antrag, zur Begründung der Rechtsfolgen der zivilrechtlichen *théorie de la fictivité*[821]. Da derartige Fallkonstellationen häufig von einer besonderen Schädigungsabsicht der betroffenen Einzelpersonen getragen werden, sind sie eher in kleinen und wenig verzweigten Unternehmenskonstellationen wie etwa Betriebsaufspaltungen zu erwarten[822].

---

[819] Siehe unten, § 4 B. II. 2. a).

[820] Hierzu unten, § 4 B. II. 2.

[821] Zu diesen Rechtsfolgen und der Abgrenzung beider Rechtsinstitute unten, § 4 B. II. 2. b).

[822] Siehe unten, § 4 B. II. 2. a).

b) Unmöglichkeit buchhalterischer Trennung der Vermögen mehrerer Gesellschaften

Ebenso ist es möglich, dass Gesellschaften zwar mit dem ursprünglichen Willen gegründet worden sind, einen im Grundsatz eigenständigen Rechtsträger zu erschaffen, jedoch die Zuordnung der Vermögensgegenstände zu diesen Rechtsträgern im Laufe des Gesellschaftslebens durch schwere Verstöße gegen buchhalterische Verpflichtungen zunehmend erschwert bzw. unmöglich gemacht wird. Diese Situation entspricht traditionell der einer Vermögensvermischung im engeren Sinne des Art. L. 621-2 Abs. 2 C. com. *(confusion des comptes)* und löst im französischen Recht eine Verfahrenserstreckung nach diesen Vorschriften aus[823]. Sie ist aufgrund der Buchhaltungspflichten größerer Unternehmen ausschließlich in kleineren Unternehmenszusammenschlüssen sowie von Betriebsaufspaltungen zu erwarten, bei denen die Vermögensgrenzen nahezu vollständig aufgehoben sind[824].

c) Anderweitige Vermischungen von Gesellschaftssphären

Auch im Bereich der Unbestimmtheit von Gesellschaftssphären ist mit Grenz- und minderschweren Fällen zu rechnen, die nicht allesamt eine vollständige Abkehr vom Rechtsträgerprinzip zu rechtfertigen vermögen. Das französische Zivilrecht hält zur Behandlung dieser Fälle teils Lösungen etwa in Form einer vertraglichen Anscheinshaftung nach der *théorie de l'apparence* bereit[825]; andere lassen sich im Einzelfall noch als von der Vertragsfreiheit in ihrer Ausprägung der Gestaltungsfreiheit für Konzernbeziehungen gedeckt einschätzen.

4. Anpassung und Aufhebung der Haftungstrennung unabhängig von schädigenden Vorverhalten mit besonderer Zielsetzung im Insolvenzverfahren

Unabhängig von einem schädigenden Vorverhalten des Schuldnerunternehmens kam und kommt es im französischen Recht immer wieder zur Ausnutzung insolvenzrechtlicher Regeln mit Auswirkungen auf die konzerninterne Haftungstrennung für andere Zwecke. Anders als in den zuvor geschilderten Fallgruppen wird hiermit eine Zielsetzung verfolgt, die nicht mit einem direkten Ausgleich für schuldnerisches Verhalten verbunden ist. Diese Fallgruppen gehören nicht ohne Grund zu den Umstrittendsten – ist mit ihnen doch eine gewisse Zweckentfremdung der betroffenen Rechtsinstitute verbunden.

---

[823] Hierzu unten, § 4 B. II 3. a).

[824] Zur praktischen Relevanz diese Fallgruppe ebenda.

[825] Hierzu sowie zu anderen Haftungsansprüchen nach allgemeinem Zivilrecht unten, § 5 D. I.

a) Verfahrenserstreckung zu Verfahrenserleichterung

Wie bereits soeben beschrieben[826], wurde vor dem Hintergrund fehlender Sonderregeln zur prozessualen Vereinheitlichung konzernweiter Insolvenzverfahren die auch materiell wirkende Verfahrenserstreckung mit ebendiesem Ziel der Verfahrenserleichterung eingesetzt. Das hierbei insbesondere von Instanzgerichten eingesetzte Tatbestandsmerkmal einer „Unternehmenseinheit" *(unité d'entreprises)* wurde von vielen Stimmen in Literatur und Rechtspraxis durch seine Konturlosigkeit als deutlich zu weitgehender Eingriff in das Haftungsgefüge von Konzernen bewertet. Auch der Kassationsgerichtshof hat sich dieser Rechtsprechung nie angeschlossen. Mit der Einführung von Regeln zur prozessualen Konzentration von Konzerninsolvenzverfahren[827] dürfte sich diese Zweckentfremdung endgültig erledigt haben.

b) Verfahrenserstreckung zur erleichterten rechtsträgerübergreifenden Sanierung von konzernangehörigen Unternehmen

Eine weiterhin offene Frage ist hingegen, ob sich Rechtsinstitute, die die Haftungstrennung im Konzern einschränken oder überwinden, zugunsten des im französischen Recht immer noch beherrschenden Ziels der Erleichterung einer Sanierung von in wirtschaftlichen Schwierigkeiten befindlichen Unternehmen[828] angewendet werden können. Das wichtigste Beispiel einer gesetzlichen Regelung mit einer solchen Zielsetzung liegt in der vom Gesetzgeber eröffneten Möglichkeit zur rechtsträgerübergreifenden Erstreckung vorinsolvenzlicher Rettungsverfahren *(procédures de sauvegarde)*[829] gemaß Art. L. 621-2 Abs. 2 C. com. In der Praxis kaum als einsetzbar verstanden und von der Literatur als Vermischung dogmatischer Kategorien kritisiert, zeugt diese Regelung trotzdem von der Entschlossenheit des Gesetzgebers, in manchen Fällen die Haftungserwartungen im Konzern zugunsten der Sanierungszielsetzung des französischen Insolvenzrechts zu enttäuschen.

D. Zwischenergebnis

Im Fall der Eröffnung eines Rettungs-, Sanierungs- oder Liquidationsverfahrens über konzernangehörige Rechtsträger gilt in Frankreich der Grundsatz der Trennung der Gesellschaftssphären. Über jeden Rechtsträger wird grundsätzlich ein eigenes und von möglichen anderen im Konzern anhängigen *procédures collectives* unabhängiges Verfahren eröffnet; die Haftungsvermögen der Rechtsträger bleiben entsprechend der Haftungserwartungen der Konzerngründer und des Rechtsverkehrs vorher wie nachher getrennt. Gerade aus dem

[826] Siehe oben, C. II., sowie ausführlich unten, § 4 B. II. 1. c).
[827] Auch hierzu oben, C. II.
[828] Hierzu oben, A. II. 1.
[829] Hierzu ausführlich unten, § 4 B. I. 2. b).

Grund einer hierdurch ermöglichten Errichtung von Schutzwällen gegen eine von anderen konzernangehörigen Rechtsträgern übergreifende Haftung kommt dem Konzern als Organisationsform in der französischen Wirtschaftslandschaft die große Bedeutung zu, die er sowohl in kleinen wie auch in großen Unternehmen genießt. Doch der Konzern, ein im französischen Recht bewusst nicht umfassend definiertes und reguliertes Gebilde, ist von einem Auseinanderfallen dieser rechtlichen Realität einer losen Verbindung unabhängiger Gesellschaften von der wirtschaftlichen Realität eines häufig eng verwobenen Unternehmenszusammenschlusses geprägt. Gerade im Fall der im französischen Recht weit über die reine Zahlungsfähigkeit reichenden Eröffnungshypothesen einer *procédure collective* – angefangen bei reinen „Schwierigkeiten" des Unternehmens – werden die Haftungserwartungen an Konzernunternehmen angesichts der in diesem Fall zumindest möglichen bis wahrscheinlichen Liquidation des Rechtsträgers auf die härteste Probe gestellt. Gleichzeitig erlaubt das französische Recht durch eine Vielzahl von Sonderregeln gerade in dieser Situation die größte Anzahl vom Möglichkeiten zur Überwindung der Haftungstrennung, häufig motiviert durch eine hierdurch ermöglichte Vergrößerung des Haftungssubstrats auf Kosten anderer konzernangehöriger Rechtsträger. Der Grundsatz der konzernrechtlichen Haftungstrennung und seine Ausmaße im Krisenfall lassen sich daher nur durch einen ausführlichen Blick auf seine Ausnahmen genau erfassen. Hieraus ergibt sich auch, dass diese Ausnahmen im Zentrum des zweiten Kapitels dieser Arbeit[830] stehen und dort in ihrer rechtlichen Ausgestaltung und ihrer praktischen Reichweite genauer zu analysieren sind.

§ 2 Strukturelle Gemeinsamkeiten zwischen deutschem und französischem Rechtsrahmen für Konzerne in Krise und Insolvenz

Zunächst jedoch erscheint es hilfreich, die bereits gefundenen Ergebnisse zum Rechtsrahmen im französischen Recht mit denen des deutschen Insolvenz- und Konzernrechts überblicksartig zu vergleichen. Dies bietet sich insbesondere an dieser Stelle an, um als Vergleichsmaßstab Begriffe und Strukturen beider Rechtsordnungen für eine spätere rechtsvergleichende Untersuchung der Tatbestände festzulegen, die eine Überschreitung des Grundsatzes einer konzerninternen Haftungstrennung in Krise und Insolvenz ermöglichen. Auch für das deutsche Recht sind daher die Grundregeln und -begriffe des Insolvenz- und

[830] Siehe unten, §§ 3 ff.

des Konzernrechts kurz darzustellen und der Stand der Diskussion zu Sonderregeln für ein deutsches Konzerninsolvenzrecht überblicksartig und anhand der im vorherigen Abschnitt bearbeiteten Themenschwerpunkte nachzuvollziehen.

A. Ausgangspunkt: die unterschiedliche Zielvorgabe des deutschen Insolvenzrechts im Vergleich zum französischen „Recht der Unternehmen in Schwierigkeit"

Das heute in der InsO niedergelegte deutsche „Insolvenzmodell"[831] weist in seiner Zielsetzung und der daraus folgenden Ausgestaltung der prozessualen und materiellen Einzelregelungen weitreichende Unterschiede im Vergleich zum französischen „Recht der Unternehmen in Schwierigkeit" auf. Diese sind auch aufgrund ihrer Relevanz für rechtsvergleichende Bemerkungen herauszustellen, da sie der Vergleichbarkeit der nach den jeweiligen Regeln behandelten Sachverhalte ihre Grenzen aufzeigen können.

I. Weitgehender Ausschluss wirtschaftspolitischer Instrumentalisierung des deutschen Insolvenzverfahrens

Die wohl wichtigste gesetzgeberische Grundentscheidung, die die beiden Rechtsordnungen im Bereich des Insolvenzrechts unterscheidet, liegt in der durch die in diesem Rechtsgebiet verfolgten Zielsetzungen.

So sieht sich das französische *droit des entreprises en difficulté* spätestens seit seiner Reform des Jahres 1985[832], jedoch insbesondere auch nach seiner im heutigen Artikel L. 620-1 C. com.[833] niedergelegten, aktuellen Zielsetzung als ein Hilfsmittel zur Fortführung und Sanierung eines in wirtschaftlichen Schwierigkeiten befindlichen Unternehmens sowie der Beibehaltung der mit der Fortführung des Unternehmens verbundenen Arbeitsplätze. Es stellt sich vorrangig in den Dienst des Schuldners[834]; die „Bereinigung" *(apurement)* des Schuldenstands wird hingegen als zuletzt genanntes und damit materiell untergeordnetes Nebenziel im Rahmen der allgemeinen wirtschaftspolitischen Ausrichtung dieses Rechtsgebiets betrachtet[835].

Demgegenüber ist eines der wichtigsten historischen Charakteristika des deutschen Insolvenzrechts seine vorrangige Orientierung an den Interessen der Gläubiger[836]. Diese Gläubigerorientierung ist als Grundzug bereits seit dem

---

831 So zuletzt *Paulus*, NZI 2015, 1001.

832 Hierzu ausführlich oben, § 1 A. I. 3. b).

833 Siehe zur Zielsetzung des französischen Rechts oben, § 1 A. II. 1.

834 Die schuldnerzentrierte Zielsetzung des französischen im Vergleich zum deutschen Recht herausstellend auch *Paulus*, NZI 2015, 1001, 1002.

835 Siehe hierzu bereits oben, § 1 A. II. 1.

836 Siehe insb. *Ganter/ Bruns*, in: MüKo-InsO, § 1 Rn. 43 f.; vgl. außerdem *Leithaus*, in: Andres/ Leithaus, InsO, § 1 Rn 1; *Ludwig*, in: Braun, InsO, § 1 Rn. 2; *Madaus*, in: BeckOK

Römischen Recht, dem gemeinsamen Urahn der Insolvenzrechte Deutschlands[837] und Frankreichs[838], bekannt und führte sich auch in der wiederum für das deutsche Recht einflussreichen Regelung des *Code de commerce* von 1807 fort[839]. Nach aktueller Vorstellung sieht sich das deutsche Insolvenzrecht damit – unter Abänderung der ursprünglich repressiven Vorzeichen etwa des *Code de commerce* unter Napoléon – als eine Verfahrensgrundlage zur „Gesamtvollstreckung im Dienste des sozialen Friedens“[840] durch die Verwirklichung der Haftungsansprüche der Gläubiger gegenüber dem Insolvenzschuldner[841].

Grundsätzlich nicht direkt verfolgt werden im Rahmen dieses Gläubigerzentrismus darüber hinausgehende Stakeholderinteressen wie etwa die der von einer Unternehmensinsolvenz betroffenen Arbeitnehmer, sowie generelle wirtschafts-, sozial- oder fiskalpolitische Ziele des Staates bzw. der Allgemeinheit[842]. Dagegen wird häufig die unterstützende Stellung des Insolvenzrechts bei der Durchsetzung von Marktmechanismen hervorgehoben, welche hiernach ohne staatliche Einmischung über das Fortbestehen bzw. die Liquidation von Unternehmensträgern zu entscheiden haben sollen[843]. Dem liegt auch das Postulat zugrunde, die im Insolvenzverfahren zu verteilende Haftungsmasse ändere durch die Insolvenz ihre Bestimmung: Vor einer Insolvenz sei sie allein dem Schuldner, nach einer solchen wiederum durch eine haftungsrechtliche Dimension des Eigentums seinen Gläubigern zugewiesen, da sie gleichsam als Verlängerung ihres Interesses an der Verwirklichung ihrer Ansprüche gegen den Schuldner diene. Politisch motivierte Sonderopfer der Gläubiger durch

---

InsO, § 1 Rn. 22; *Pape*, in: Uhlenbruck, InsO, § 1 Rn. 6; zweifelnd *Paulus*, NZI 2015, 1001, 1006.

[837] Auf diesen Zusammenhang hinweisend *Madaus*, in: BeckOK InsO, § 1 Rn. 2 f.

[838] Siehe zur historischen Entwicklung des französischen Insolvenzrechts oben, § 1 A. I.; zu den Charakteristika des Römischen Rechts dort unter 1.

[839] Dort allerdings im Vergleich zum heutigen Recht unter weit repressiveren Vorzeichen, siehe oben, § 1 A. I. 1.; zur Geschichte des deutschen Insolvenzrechts und Auswirkungen französischer Vorgängerregelungen im Überblick etwa *Schmidt*, in: K. Schmidt, InsO, Einleitung, Rn. 1 ff.; *Stürner*, in: MüKo-InsO, Einleitung, Rn. 25 ff.

[840] So *Pape*, in: Uhlenbruck, InsO, § 1 Rn. 1; *Paulus*, NZI 2015, 1001, 1003 sieht das deutsche Insolvenzrecht folgerichtig in einer „vollstreckungsrechtlichen Herkunft“ verwurzelt.

[841] Vgl. *Pape*, in: Uhlenbruck, InsO, § 1 Rn. 1; *Häsemeyer*, Insolvenzrecht, Rn. 1.13

[842] Siehe etwa *Häsemeyer*, Insolvenzrecht, Rn. 2.20; auch der Gesetzesentwurf der InsO vom 15.04.1992, BT-Drs. 12/2443, betont, das Insolvenzrecht dürfe keine „hoheitliche Wirtschaftsregulierung in Form richterlicher Sozialgestaltung“ betreiben (S. 75) und solle weder versuchen, „das Arbeitsplatzinteresse der Arbeitnehmer gegenüber Rentabilitätsgesichtspunkten durchzusetzen“, noch „mit der Aufgabe einer gesamtwirtschaftlich orientierten – etwa auf Ziele der Industrie-, Regional-, Arbeitsmarkt- oder Stabilitätspolitik gerichteten – Prozeßsteuerung belastet werden“ (S. 76); zu dieser Zielsetzung im Rahmen des Entwurfs auch *Madaus*, in: BeckOK InsO, § 1 Rn. 22.

[843] Siehe ebebnso BT-Drs. 12/2443, S. 76.

staatliche Eingriffe in die Verwertung der Haftungsmasse würden sich hingegen im Hinblick auf Art. 14 GG als verfassungswidrig erweisen, da sie nicht durch die Sozialbindung des Eigentums gedeckt sein könnten.[844] Verfolgte das Insolvenzrecht hingegen – wie das französische Recht[845] – direkt wirtschaftspolitische Zielsetzungen, müsste es sich nach dieser Denklogik vorwerfen lassen, diese Eingriffe mit der Wirkung von Subventionen intransparent aus dem zufällig hierfür herangezogenen und den Gläubigern als Haftungssubstrat zugewiesenen Privatvermögen des Schuldners finanzieren zu wollen[846]. Ein derartiges Vorgehen könne zudem mit dem Gleichheitssatz des Art. 3 Abs. 1 GG in Konflikt geraten. Hiermit würden nämlich von den Insolvenzgläubigern Sonderopfer verlangt, die im Hinblick auf die so verfolgte Verwirklichung von Allgemeinwohlzielen eigentlich durch ebendiese Allgemeinheit – und nicht durch die Insolvenzgläubiger – zu finanzieren seien[847]. Zusammengefasst stellt das deutsche Insolvenzverfahren konzeptionell nach alledem ein Verfahren zur „Haftungsverwirklichung, nicht dagegen ein Umverteilungsverfahren"[848] dar, dessen streng an wirtschaftliche, nicht jedoch an politisch-teleogische Gesichtspunkte anknüpfende Betrachtungsweise nicht nur im Vergleich mit dem französischen Recht, sondern auch im Vergleich mit anderen internationalen Rechtsordnungen einen Sonderfall darstellt[849].

Diese Grundüberlegungen lassen sich insbesondere an der Vorschrift des § 1 S. 1 InsO ablesen. Der Wortlaut dieser Norm lautet:

> „Das Insolvenzverfahren dient dazu, die Gläubiger eines Schuldners gemeinschaftlich zu befriedigen, indem das Vermögen des Schuldners verwertet und der Erlös verteilt oder in einem Insolvenzplan eine abweichende Regelung insbesondere zum Erhalt des Unternehmens getroffen wird."

---

[844] So *Häsemeyer*, Insolvenzrecht, Rn. 1.13, 2.20.

[845] Siehe oben, § 1 A. II. 1.; zum diesem Recht zugrundeliegenden, stakeholderorientierten Ansatz *Madaus*, in: BeckOK InsO, § 1 Rn. 22.8.

[846] *Häsemeyer*, Insolvenzrecht, Rn. 2.19 f.; vgl. auch *Stürner*, in: MüKo-InsO, Einleitung, Rn. 3.

[847] *Häsemeyer*, Insolvenzrecht, Rn. 2.20.; hingegen bei der Differenzierung unter grundrechtlichen Gesichtspunkten auf weite Ausgestaltungsspielräume des Gesetzgebers hinweisend *Stürner*, in: MüKo-InsO, Einleitung, Rn. 95.

[848] *Pape*, in: Uhlenbruck, InsO, § 1 Rn. 1.

[849] Hierauf hinweisend und im folgenden andere Insolvenzmodelle unterscheidend *Madaus*, in: BeckOK InsO, § 1 Rn. 22 ff.; ähnlich im Hinblick auf das Vorliegen einer „klassenlosen" Insolvenz als Alleinstellungsmerkmal des deutschen und österreichischen Insolvenzrechts *Stürner*, in: MüKo-InsO, Einleitung, Rn. 62.

Zwar ist die Idee einer solchen der Insolvenzordnung vorangestellten, „nicht justiziablen“[850] „Präambel“[851] mit einer gerafften Darstellung gesetzgeberischer Zielvorstellungen[852] dem französischen Recht und insbesondere der Vorgängerregel des heutigen Art. L. 620-1 Abs. 1 S. 2 C. com. entlehnt[853], inhaltlich könnten die Unterschiede zwischen diesen beiden Regelungen jedoch kaum größer sein. Die schuldnerorientierte Sicht des Art. L. 620-1 Abs. 1 S. 2 C. com. setzt die Sanierung des in wirtschaftlichen Schwierigkeiten befindlichen Unternehmens als Hauptziel an den Anfang[854]. Demgegenüber bringt § 1 InsO zum Ausdruck, dass die auf diese „Ouvertüre“[855] folgenden Regeln des Insolvenzrechts hauptsächlich der Befriedigung der grundsätzlich gleich zu behandelnden Gläubiger[856] durch das gebundene Schuldnervermögen[857] und seine Liquidation[858] dienen sollen. Aus dem Wortlaut der Vorschrift scheint außerdem hervorzugehen, dass Sanierungslösungen dem Sonderfall eines Insolvenzplanverfahrens vorbehalten sein sollen. Zwar ist dieser Gedankenschritt durch die Möglichkeit übertragender Sanierungen auch im Rahmen eines Regelverfahrens zu relativieren[859] und die Einteilung von Liquidation bzw. Sanierung in Haupt- bzw. Nebenziele des Verfahrens durchaus umstritten[860], aber zumindest an der Intention des Gesetzgebers, die Sanierung nicht zum Hauptziel des Verfahrens zu erheben, kann trotzdem kaum ein Zweifel bestehen[861]. Ebenso geht bereits aus § 1 InsO („Das Insolvenzverfahren...“) hervor, dass der Gesetzgeber von dem Modell eines Einheitsverfahrens ausgeht, welches sich durch verschiedene Verfahrensoptionen wie etwa der Eigenverwaltung (§§ 270 ff. InsO) oder des Insolvenzplans (§ 217 ff. InsO) an die jeweilige

[850] So *Pape*, in: Uhlenbruck, InsO, § 1 Rn. 4; vgl. auch *Leithaus*, in: Andres/ Leithaus, InsO, § 1 Rn. 1; *Ludwig*, in: Braun, InsO, § 1 Rn. 1.

[851] *Madaus*, in: BeckOK InsO, unter § 1.

[852] Siehe zu den Verfahrensfunktionen auch *Madaus*, in: BeckOK InsO, § 1 Rn. 4.

[853] Dies bemerkend *Stürner*, in: MüKo-InsO, Einleitung, Rn. 1.

[854] Hierzu soeben einleitend sowie ausführlich oben, § 1 A. II. 1.

[855] Vgl. *Paulus*, NZI 2015, 1001: „Eingangsparagraphen großer Kodifikationen haben etwas Ouvertürenhaftes an sich“.

[856] Siehe zu diesem Grundsatz der *par condicio creditorum* etwa *Ludwig*, in: Braun, InsO, § 1 Rn. 6; *Madaus*, in: BeckOK InsO, § 1 Rn. 30 ff.; *Schmidt*, in: K. Schmidt, InsO, § 1 Rn 4.

[857] Hierzu ausführlich *Ganter/ Bruns*, in: MüKo-InsO, § 1 Rn. 20 ff.

[858] Siehe etwa *Madaus*, in: BeckOK InsO, § 1 Rn. 4.

[859] Hierauf hinweisend *Ludwig*, in: Braun, InsO, § 1 Rn. 6, 9.

[860] Siehe zum Streitstand *Ganter/ Bruns*, in: MüKo-InsO, § 1 Rn. Rn. 85, m.w.N.

[861] Ähnlich auch *Pape*, in: Uhlenbruck, InsO, § 1 Rn. 1; zweifelnd hingegen und in der aktuellen Lage auf ein praktisches Auseinanderfallen von rechtlichem Postulat und wirtschaftlicher Realität hinweisend *Paulus*, NZI 2015, 1001, 1004.

Situation des Schuldners anpassen lässt[862]. Fragen des Verfahrensfortgangs, die durchzuführenden Verfahrensarten und die wirtschaftliche Zukunft des Schuldners – übertragende oder rechtsträgererhaltende Sanierung bzw. Liquidation – werden in diesem Regelungskonzept größtenteils der Entscheidung der Gläubiger überlassen[863].

Auch diese Eigenheiten des deutschen Insolvenzrechts stehen im Gegensatz zum französischen *droit des entreprises en difficulté*. Dieses sieht sich einerseits als „Werkzeugkasten" *(boîte à outils)*, der zur Sanierung des Schuldnerunternehmens ein breites und immer weiter ausgebautes System unterschiedlicher Verfahrensarten enthält[864]. Zudem ist die Gläubigerautonomie zumindest in den Rettungs-, Sanierungs- und Liquidationsverfahren zugunsten der anderen Verfahrensbeteiligten (Verwalter, Gläubigervertreter und insbesondere Insolvenzgericht) stark reduziert[865].

Auch wenn jüngere Reformschritte – allen voran das ESUG[866] mit seiner schon aus dem Titel des Gesetzes hervorgehenden Zielsetzung der „Erleichterung der Sanierung von Unternehmen" – sowie manche teils abweichende praktische Erfahrungen[867] ein positiveres Licht auf die Sanierungsperspektiven für insolvente Unternehmen nach deutschem Insolvenzrecht werfen mögen, sind die gesetzgeberischen Grundentscheidungen dennoch als ein die jeweiligen Rechtsgebiete entscheidend bestimmendes Faktum hinzunehmen. Dies ist auch im Rahmen einer rechtsvergleichenden Untersuchung in Betracht zu ziehen: der Vergleichsmaßstab in Bezug auf insolvenzrechtliche Regeln muss im

---

862 Siehe zur grundsätzlichen Einheitlichkeit des Verfahrens Einheitsverfahren *Ganter/Bruns*, in: MüKo-InsO, § 1 Rn. 9 ff.; *Madaus*, in: BeckOK InsO, § 1 Rn. 42 ff., *Pape*, in: Uhlenbruck, InsO, § 1 Rn. 4; *Stürner*, in: MüKo-InsO, Einleitung Rn. 6.

863 Zu dieser Gläubigerautonomie als Teil des Grundsatzes der Parteidisposition und ihren praktischen Auswirkungen im Verfahren *Stürner*, in: MüKo-InsO, Einleitung, Rn. 47 ff.; *Madaus*, in: BeckOK InsO, § 1 Rn. 43 betont zudem, dass die Entscheidung über die Sanierung eines Unternehmens im deutschen Insolvenzrecht nie ohne die Zustimmung der Gläubiger erfolgen kann. Im französischen Recht kommt es in vielen Fällen hingegen auf die Entscheidung des Schuldners an, welche Lösung er für sein Unternehmen am passendsten hält, siehe oben, § 1 A. II. 2.

864 Hierzu ebenfalls oben, oben, § 1 A. II. 2.

865 Siehe zur Rolle der einzelnen Verfahrensbeteiligten der französischen Verfahren oben, oben, § 1 A. II. 3.

866 Gesetz zur weiteren Erleichterung der Sanierung von Unternehmen vom 07.12.2011, BGBl. I S. 2582

867 Während *Paulus*, NZI 2015, 1001, 1006 „zumindest bei Unternehmensinsolvenzen [...] den Erhalt von Unternehmen und somit auch die Rettung von Arbeitsplätzen" mehr und mehr im Vordergrund sieht, weist *Stürner*, in: MüKo-InsO, Einleitung, Rn. 45h auf die vergleichsweise geringe Anzahl von Insolvenzplanverfahren seit der Einführung der InsO hin, was die Statistik darüber hinaus nur für Modelle übertragender Sanierungen offenhalten mag.

Rahmen des Verständnisses für das jeweilige Rechtsgebiet entsprechend angepasst werden und Eigenheiten dieser besonderen deutschen „Insolvenzkultur“[868] sind als Kontext auch von konzerninsolvenzrechtlichen Regelungen in jedem Fall zu beachten[869].

II. Der verfahrensrechtliche Schwerpunkt des deutschen Insolvenzrechts im Vergleich zur Verlagerung materieller Haftungsnormen in das französische droit des entreprises en difficulté

Trotz der nach überwiegender Ansicht nur deklaratorischen Bedeutung des § 1 InsO und seines Gegenstücks im französischen Recht, Art. L. 620-1 Abs. 1 S. 2 C. com.[870] wirken sich die darin beschriebenen gesetzgeberischen Grundüberzeugungen bis hin auf die Gestaltungsebene der einzelnen insolvenzrechtlichen Normkomplexe aus[871]. Dies lässt sich nicht zuletzt auch an den gesetzgeberischen Entscheidungen zur Auswahl, Anzahl und Regelungsdichte der in das Insolvenzrecht überführten Fragestellungen ablesen. Obwohl der deutsche Gesetzgeber zum Beispiel mit dem MoMiG[872] wichtige gesellschaftsrechtliche Regeln in den entsprechend erweiterten insolvenzrechtlichen Kanon einfügte[873], ist im deutschen Insolvenzrecht gerade im Vergleich zu seinem französischen Funktionsäquivalent eine besondere gesetzgeberische Zurückhaltung zu beobachten. Diese Zurückhaltung lässt sich auch auf die im Vergleich entsprechend verengte Zielsetzung des deutschen Insolvenzrechts zurückführen, das den Gläubigern grundsätzlich (nur) einen möglichst effizienten Verfahrensrahmen zur Verwirklichung ihrer Haftungsansprüche gegen insolvente Schuldner zu bieten sucht[874], während das französische *droit des entreprises en difficulté* einen ganzheitlicheren, verfahrens- wie auch materiellrechtlichen Ansatz zur Vermeidung und Behandlung von wirtschaftlichen Krisensituationen für Unternehmen sowie, falls nötig, für ihre Sanierung und Abwicklung enthalten möchte[875].

---

[868] Zu diesem Begriff etwa *Vallender*, NZI 2010, 838.

[869] Ausführlicher zu Auswirkungen der unterschiedlichen Konzeptionen auf eine rechtsvergleichende Untersuchung sogleich unten, III.

[870] Hierzu soeben oben, I.

[871] So auch *Paulus*, NZI 2015, 1001, 1002.

[872] Gesetz zur Modernisierung des GmbH-Rechts und zur Bekämpfung von Missbräuchen vom 23.10.2008, BGBl. I S. 2026.

[873] Zu derartigen Verflechtungen durch das Gesetz weiterführend *Schmidt*, in: K. Schmidt, InsO, Einleitung, Rn. 13, 23 f.

[874] Vgl. nur *Pape*, in: Uhlenbruck, InsO, § 1 Rn. 1; hierzu bereits oben, I.

[875] Zu diesem Vergleichsaspekt bereits oben, I; ausführlich zur Zielsetzung des französischen Rechts oben, § 1 A. II. 2. Auf dieses im Unterschied zum französischen Recht vorliegende „zivilprozessuale Vorverständnis“ im deutschen Insolvenzrecht hinweisend auch *Hirte*, in: FS-Schmidt, S. 641.

Aus der weitgehenden Beschränkung des deutschen Rechts auf Fragen der Haftungsverwirklichung und der Gewährleistung eines hierfür angepassten prozessualen Rahmens lässt sich ein weiterer Vergleichsaspekt zum französischen Recht herausarbeiten. Auch das deutsche Insolvenzrecht ist nicht frei von Regelungen, die als materielles Insolvenzrecht zu qualifizieren wären – es handelt sich hierbei um Normen, die in den jeweiligen Regelungskomplexen materielle Rechtsfolgen wie etwa die Herbeiführung oder das Erlöschen von Ansprüchen bewirken[876]. Fremd ist dem deutschen Insolvenzrecht allerdings die Begründung über das Ziel der Haftungsverwirklichung hinausgehender Ansprüche. Da dieses Recht nach herkömmlicher Auslegung hauptsächlich „der Verwirklichung der zivilrechtlichen Haftung des Schuldners gegenüber all seinen Gläubigern“[877] dient, beschränkt sich der durch das Insolvenzrecht ermöglichte Zugriff der Gläubiger ausschließlich auf das Vermögen des dem Verfahren unterworfenen Schuldners[878]. Auch die durch das deutsche Insolvenzrecht eröffnete Möglichkeit einer Begründung materieller Ansprüche gegen Dritte aus dem Anfechtungsrecht (§§ 129 ff. InsO) führt im Ergebnis nicht zu einer anderen Bewertung. Zwar erfolgt hier zum Zeitpunkt ihrer Geltendmachung während eines laufenden Insolvenzverfahrens sehr wohl ein Zugriff auf Drittvermögen, dieser Zugriff führt jedoch im Ergebnis nicht zu einer Erweiterung des eigentlichen persönlichen Haftungskreises, da hiermit lediglich vor dem Verfahren durchgeführte, masseschädigende Vermögensabflüsse aus dem Schuldnervermögen zugunsten der Insolvenzmasse (vgl. § 143 Abs. 1 S. 1 InsO) rückabgewickelt werden sollen[879]. Das deutsche Insolvenzrecht enthält damit keine materiellen Haftungsnormen, die andere Rechtsträger als den Insolvenzschuldner betreffen, sondern beschränkt sich funktional auf die Durchsetzung von in anderen Rechtsgebieten bereits begründeten Ansprüchen, also größtenteils darauf zu regeln „wie man streitet, und nicht, worüber man streitet“[880]. Die Haftung von Geschäftsführern – Teil dieser im Einzelfall in Betracht kommenden Anspruchsgrundlagen –bleibt in dieser Arbeit hingegen im

[876] So etwa die Regeln des Anfechtungsrechts in §§ 129 ff. InsO, deren Rechtsfolge ausweislich des § 143 Abs. 1 S. 1 InsO zum Entstehen eines Rückgewähranspruchs an die Insolvenzmasse führt; zum Begriff des materiellen Insolvenzrechts in Deutschland *Häsemeyer*, Insolvenzrecht, Rn. 3.01 ff.; *Pape*, in: Uhlenbruck, InsO, § 1 Rn. 2; *Schmidt*, in: K. Schmidt, InsO, Einleitung, Rn. 20.

[877] *Madaus*, in: BeckOK InsO, § 1 Rn. 22.2.

[878] § 35 Abs. 1 InsO; zum Schuldnervermögen als (alleinigem) Verfahrensgegenstand auch *Madaus*, in: BeckOK InsO, § 1 Rn. 35 ff.

[879] Vgl. auch *Madaus*, in: BeckOK InsO, § 1 Rn. 36; *Pape*, in: Uhlenbruck, InsO, § 1 Rn. 14.

[880] So, allerdings speziell zur Regelung der §§ 178 f. InsO als Beispiel für das Zusammenspiel zwischen materiellem und prozessualem Insolvenzrecht *Häsemeyer*, Insolvenzrecht, Rn. 3.02.

Hinblick auf den Vergleichsgegenstand des französischen Rechts ausgeklammert.

Diese Weichenstellungen im Zusammenspiel materieller und prozessualer Normen stellen einen gewichtigen Unterschied zum französischen Insolvenzrecht dar. Wie bereits gezeigt, führt der ganzheitliche Ansatz des französischen Rechts zu einer viel weitergehenden Regelung als im deutschen Insolvenzrecht. Dieses ist größtenteils von Vorschriften geprägt, die das Verhältnis zwischen Schuldnern, Gläubigern und zum Teil Dritten mit dem Eintreten der Eröffnungsvoraussetzungen einer *procédure collective* anstelle der allgemeinen Regeln bestimmen. Somit beinhaltet dieser Rechtsbereich ausdrücklich auch an Dritte gerichtete Haftungsnormen, wie etwa die *responsabilité pour insuffisance d'actif*[881] oder die im Ergebnis haftungsgleiche Wirkungen entfaltende Verfahrenserstreckung[882] und geht damit den sonstigen, insbesondere zivilrechtlichen Haftungsansprüchen im Kontext einer Unternehmensinsolvenz zumindest teilweise vor[883].

III. Folgerungen für Vergleiche zwischen französischem und deutschem Recht

Zwischen dem deutschen Insolvenzrecht und dem französischen *droit des entreprises en difficulté* bestehen zahlreiche konzeptionelle Unterschiede, die sich sowohl anhand der verfolgten Zielsetzungen wie auch an der hiermit teils verbundenen Regelungstechnik ablesen lassen. Während das französische Recht einen ganzheitlichen, gläubigerzentrierten Ansatz mit einer Vielzahl möglicher Verfahrensarten verfolgt und sich hauptsächlich der vorbeugenden oder nachinsolvenzlichen Sanierung von Unternehmen verschreibt, steht im deutschen Recht trotz einiger Versuche, es an das französische Modell anzunähern, die gläubigerzentrierte Zielsetzung einer bestmöglichen Befriedigung im Rahmen einer mit prozessualem Schwerpunkt verfassten Insolvenzordnung mit Einheitsverfahren im Vordergrund. Diese Unterschiede müssen im Folgenden berücksichtigt werden.

Zunächst wirkt sich die unterschiedliche Schwerpunktsetzung des deutschen und des französischen Gesetzgebers im Hinblick auf die bei den rechtsvergleichenden Anmerkungen zu verfolgende Methodik aus. Da der InsO (echte) materielle Haftungsnormen auch für Haftungsdurchgriffe, also Rechtsgrundlagen

---

[881] Zu deren Anwendungsfällen in der Konzerninsolvenz bereits oben, § 1 C. III. 1. a) sowie 2. b); ausführlich zu diesem Rechtsinstrument unten, § 5 A.

[882] Zu Anwendungsfällen oben, § 1 C. III. 1. a) f., 2. a) sowie 3. a) f.; ausführlich hierzu unten, § 4.

[883] Siehe zu deren Anwendung oben, § 1 C. III.; ausführlich hierzu unten § 5 B. ff.

zur Begründung von Ansprüchen gegen andere als dem Insolvenzverfahren unterworfene Rechtsträger fehlen[884], besteht zwischen dem Insolvenzrecht auf der einen und dem zivilrechtlichen Haftungsrecht auf der anderen Seite eine „sinnhafte [...] Beziehung“[885]. Zur Herausarbeitung funktional-rechtsvergleichender Überlegungen zu rechtsträgerübergreifenden Haftungsinstrumenten des französischen Rechts muss daher für die Suche nach funktionsäquivalenten Regeln über den engen Bereich der InsO hinaus das gesamte insbesondere zivilrechtliche Haftungsrecht in Betracht gezogen werden.

Doch auch für die Einordnung und Bewertung der im Rechtsvergleich gefundenen Ergebnisse sind die Unterschiede zwischen den Grundzügen des deutschen und französischen Insolvenzrechts von Bedeutung. So sind die rechtskulturellen Umstände zunächst in die Auslegung der zum Vergleich herangezogenen Normen mit einzubeziehen und darauf zu untersuchen, ob trotz der unterschiedlichen Grundzielsetzungen eine funktionale Äquivalenz zwischen diesen Normen hergestellt werden kann. Ebenso stellt das *de lege lata* vorhandene Grundgerüst der beiden Rechtsordnungen den wichtigsten Vergleichsmaßstab für die Überprüfung der Effizienz der in den Vergleich einbezogenen Regelungskomplexe dar; verfolgt der Gesetzgeber ein Ziel nicht oder nicht vorrangig, mag diese Zielsetzung zwar zu hinterfragen sein, dennoch bleibt sie zunächst die Richtschnur, anhand derer sich die gesetzgeberische Entscheidung zur Ausgestaltung der jeweiligen Norm nachvollziehen lässt. Exemplarisch lässt sich für diese entsprechend zu berücksichtigende Zielsetzung etwa feststellen, dass die in Deutschland geführte Diskussion um die Einführung konzerninsolvenzrechtlicher Regeln nahezu ausschließlich in Bezug auf die Frage der Vergrößerung der Haftungsmasse und damit auch der Befriedigungsaussichten für die Gläubiger geführt wurde[886].

Mag diese Überlegung zunächst gegen eine grundsätzliche Vergleichbarkeit der beiden Rechtsordnungen für den hier bearbeiteten Themenbereich sprechen, muss dieser erste Eindruck zumindest teilweise relativiert werden.

Wie bereits soeben erläutert[887], bestehen auch im deutschen Insolvenzrecht Bestrebungen, die Unternehmenssanierung weiter in den Vordergrund zu stellen – die kürzlich mit dem ESUG eingeführten Neuerungen sind hierfür das vorrangige Beispiel. Diese grundlegende Ausrichtung wird nicht zuletzt dadurch unterstützt, dass auch die Europäische Union die Insolvenzrechte der Mitgliedsstaaten etwa durch die Einführung der *procédure de sauvegarde* ähnlicher, vorinsolvenzlicher Sanierungsverfahren stärker auf die Erhaltung von

---

884 Siehe hierzu soeben oben, II.; je nach Betrachtungsweise könnten lediglich Ansprüche aus dem Anfechtungsrecht (§§ 129 ff. InsO) als Durchgriffsansprüche verstanden werden, dies jedoch nur mit Einschränkungen, die ebenda beschrieben werden.

885 *Häsemeyer*, Insolvenzrecht, Rn. 3.02.

886 Vgl. nur *Paulus*, ZGR 2010, 270, 280.

887 Siehe oben, I.

Unternehmensträgern ausrichten möchte. So hat die Europäische Kommission am 21.11.2016 einen Richtlinienvorschlag „über über präventive Restrukturierungsrahmen, die zweite Chance und Maßnahmen zur Steigerung der Effizienz von Restrukturierungs-, Insolvenz- und Entschuldungsverfahren und zur Änderung der Richtlinie 2012/30/EU[888] vorgelegt, der unter anderem (Art. 5 ff.) Regeln zur Einführung „früher Restrukturierungsverfahren“ enthält. Das dort vorgeschlagene Verfahren greift etwa mit der vorübergehenden Aussetzung einzelner Durchsetzungsmaßnahmen (Art. 6 f. des Entwurfs) Rechtsinstitute auf, die das französische Recht bereits seit langer Zeit geprägt haben[889]. Auch das im Entwurf enthaltene Frühwarnsystem (Art. 3 des Entwurfs) lässt eine Orientierung am französischen Konzept des „Werkzeugkastens“ erkennen[890]. Am 01.10.2018 hat wiederum der Europäische Rat einen entsprechenden Richtlinienvorschlag[891] vorgelegt, welcher den Vorschlag der Kommission unter Beibehaltung der Grundstrukturen fortentwickelt. Dieser ist eine am 16.07.2019 in Kraft getretene „Richtlinie über Restrukturierung und Insolvenz“[892] gemündet, die unter anderem mit einem frühen „Restrukturierungsverfahren“ bereits im französischen Recht bekannte Ansätze vorinsolvenzlicher Sanierungsverfahren[893] aufnimmt und ihnen damit unionsweite Bedeutung verschaffen wird. Eine zunehmend größere Ausrichtung auch des deutschen Insolvenzrechts nicht zuletzt an französischrechtlich vorgeprägten Rechtsinstrumenten erscheint in Umsetzung dieser Richtlinie unausweichlich.

Andererseits ist ebenso anzumerken, dass das französische Insolvenzrecht mit dem – statistisch immer noch weit mehrheitlich verbreiteten – Liquidationsverfahren[894] ein Verfahren enthält, das dem deutschen Regelinsolvenzverfahren zumindest von seiner Zielsetzung her ähnlich ist und in welchem rechtsträgerübergreifende Haftungssachverhalte besonders virulent werden[895].

---

[888] COM(2016) 723 final.

[889] Zur Genese der ähnlichen *suspension provisoire des poursuites* oben, § 1 A. I. 3. a).

[890] Zur ähnlichen *procédure d'alerte* im französischen Recht oben, § 1 A. II. 2.

[891] Nr. 12536/18 zu 2016/0359(COD).

[892] Richtlinie (EU) 2019/1023 des Europäischen Parlaments und des Rates vom 20. Juni 2019 über präventive Restrukturierungsrahmen, über Entschuldung und über Tätigkeitsverbote sowie über Maßnahmen zur Steigerung der Effizienz von Restrukturierungs-, Insolvenz- und Entschuldungsverfahren und zur Änderung der Richtlinie (EU) 2017/1132, ABl. EU, 26.06.2019, S. 18; siehe auch unten, § 2 A. III.

[893] Zu den französischen Sanierungs- und Insolvenzverfahren unten, § 1 A.

[894] Zu den im französischen Recht vorgesehenen Verfahrensarten und ihrer praktischen Verbreitung oben, § 1 A. II. 2; zum Liquidationsverfahren im Speziellen, ebenda, 3. c).

[895] So sind einige der wichtigsten der Haftungsgrundlagen im französischen Recht auf den Fall der Eröffnung eines Liquidationsverfahren als prozessuale Eröffnungsvoraussetzung beschränkt, so allen voran die *responsabilité pour insuffisance d'actif* – hierzu unten, § 5 A. II. 1. – aber auch die dieser nachempfundene Umwelthaftung, siehe unten, § 5 B. II. 2.

B. Der Konzern als wirtschaftliches Phänomen und rechtliches Konstrukt

Auch in Bezug auf das Vergleichssubjekt des Konzerns ist zur Sicherstellung einer grundsätzlichen Vergleichbarkeit überblicksartig auf die grundlegenden wirtschaftlichen und rechtlichen Eigenschaften des Konzerns in Deutschland einzugehen.

I. Die hohe praktische Relevanz von Konzernstrukturen in der deutschen Wirtschaftslandschaft

In der französischen Volkswirtschaft sind Konzerne – wie bereits gezeigt[896] – allen voran ein Phänomen der wirtschaftlichen Extreme. Das Konzernmodell als wirtschaftliche Organisationsform wird demnach vornehmlich von kleinen und Kleinstunternehmen in Form von *microgroupes* genutzt, die den zahlenmäßigen Hauptanteil der Konzerne in Frankreich darstellen. Die womöglich größte wirtschaftliche Bedeutung für Konzerne liegt aber auf der anderen Seite des wirtschaftlichen Spektrums. So zeigt sich bei der Analyse der einschlägigen Statistiken, dass nahezu alle der größten französischen Unternehmen eine Form wirtschaftlicher Verflechtung aufweisen und damit dem Konzern – wie auch dem dazugehörigen Konzernrecht – seine herausgehobene gesamtwirtschaftliche Relevanz verleihen.

Um einen einheitlichen Vergleichsrahmen für die wirtschaftliche Tragweite der rechtsvergleichenden Bemerkungen zum deutschen Recht herzustellen, ist der Rang der Konzerne in der deutschen Wirtschaftslandschaft im Vergleich zum französischen Nutzungsmodell in seinen groben Tendenzen auf Abweichungen zu überprüfen.

Für einen derartigen Überblick lassen sich insbesondere die Daten des Statistischen Bundesamts lohnend verwerten, welche etwa auf das Statistische Unternehmensregister sowie teils darüber hinausgehend auf weitere öffentliche und kommerzielle Datensätze zugreifen[897]. Da sich die Ergebnisse je nach zugrunde gelegtem Konzernbegriff unterscheiden können[898], sind sie unter Umständen nicht direkt mit den statistischen Erhebungen aus Frankreich vergleichbar. Dennoch können Sie zumindest grobe Tendenzen in einen Vergleich einfließen lassen.

Aus den Erhebungen ergibt sich für die Bedeutung der Konzerne in der deutschen Wirtschaft ein mit Frankreich durchaus vergleichbares Bild. So gehört

---

[896] Siehe oben, § 1 B. II. 1.

[897] Siehe *Kleber/ Sturm/ Tümmler*, Wirtschaft und Statistik Nr. 2010-6, 527 mit Daten bis zum Jahr 2007; zur Methodik auch *Sturm/ Tümmler/ Opfermann*, Wirtschaft und Statistik Nr. 2009-8, 764 ff.; neuere statistische Daten zum Jahr 2013 finden sich in einer jüngst erschienenen Erhebung des Statistischen Bundesamts: *Sturm/ Redecker*, Wirtschaft und Statistik Nr. 2016-3, 57, 67.

[898] Zu dem durch das Statistische Bundesamt zugrunde gelegten Begriff *Sturm/ Tümmler/ Opfermann*, Wirtschaft und Statistik Nr. 2009-8, 764, 765 ff.

nur eine kleine Minderheit von im statistischen Unternehmensregister eingetragenen Unternehmen einer Unternehmensgruppe an (sieben Prozent im Jahr 2013[899]) bzw. hatte einen dort festgehaltenen Gruppenbezug (7,6 Prozent im Jahr 2007[900]). Dies führte für das Jahr 2013 zu einer Gesamtzahl von etwa 115.000 Unternehmensgruppen[901]. Doch auch in Deutschland tragen diese Einheiten in überwiegendem Maße zum volkswirtschaftlichen Gesamtergebnis bei. So beschäftigen konzernangehörige Unternehmen eine Mehrzahl der sozialversicherungspflichtigen Arbeitnehmer in Deutschland (2013: 64 Prozent[902]; 2007: 53 Prozent[903]) und erwirtschaften die große Mehrheit des Gesamtumsatzes aller eingetragenen Unternehmen (2013: 70 Prozent des nicht konsolidierten Umsatzes aller Einheiten; 2007: 71 Prozent des Umsatzes), wobei teils starke Schwankungen je nach Branchenzugehörigkeit vorhanden sind[904]. Innerhalb der Konzernunternehmen machen gruppenangehörige Unternehmen von geringer Größe die weitgehende Mehrzahl aller vorhandenen Konzernunternehmen aus (2007 hatten 70 Prozent aller Konzerne weniger als 20 Beschäftigte[905]). Demgegenüber liegt die wirtschaftliche Bedeutung der großen und sehr großen Gruppenunternehmen auf der Hand. So erwirtschafteten im Jahr 2013 die 2.600 größten Unternehmensgruppen (d.h. mit über 1.000 Arbeitnehmern) etwa zwei Drittel des Umsatzes und beschäftigten etwa zwei Drittel aller Arbeitnehmer von Konzernunternehmen[906]. Auch die zur französischen Wirtschaftslandschaft gefundene Einordnung des Konzerns gerade als Phänomen der wirtschaftlichen Extreme lässt sich daher im Grundsatz auf Deutschland übertragen.

Gleichzeitig scheint jedoch auch die Bedeutung mittelständischer Konzernstrukturen in Deutschland zuzunehmen. Dies lässt sich auch an der hohen Anzahl von GmbH ablesen, deren Einsatz sich sowohl als Mutter- bzw. Holdinggesellschaft, wie auch als Tochtergesellschaft anbietet. Letzteres wird aufgrund der Weisungsgebundenheit der Geschäftsführer insbesondere in Fällen

---

[899] *Sturm/ Redecker*, Wirtschaft und Statistik Nr. 2016-3, 57, 67.

[900] *Kleber/ Sturm/ Tümmler*, Wirtschaft und Statistik Nr. 2010-6, 527, 533.

[901] *Sturm/ Redecker*, Wirtschaft und Statistik Nr. 2016-3, 57, 67.

[902] Ebenda.

[903] *Kleber/ Sturm/ Tümmler*, Wirtschaft und Statistik Nr. 2010-6, 527, 533.

[904] Hierzu ebenfalls *Kleber/ Sturm/ Tümmler*, Wirtschaft und Statistik Nr. 2010-6, 527, 533, Tab. 6. Dort wird für das Jahr 2007 eine besonders hohe Konzernierungsquote in Formen von rohstoffgewinnendem, Verarbeitungs- sowie Produktionsgewerbe beobachtet (im Bergbau sowie der Gewinnung von Steinen und Erden sind 36 Prozent aller Unternehmen gruppenangehörig; im verarbeitenden Gewerbe 16 Prozent, in Wasser- und Energieversorgung 20 bzw. 16 Prozent), während der Anteil von konzernangehörigen Unternehmen im Dienstleistungsbereich je nach Branche zurückgeht (7 Prozent für freiberufliche, wissenschaftliche und technische Dienstleistungen, 3 Prozent bei der Kategorie „Erziehung und Unterricht, Gesundheits- und Sozialwesen").

[905] *Kleber/ Sturm/ Tümmler*, Wirtschaft und Statistik Nr. 2010-6, 527, 533 f.

[906] *Sturm/ Redecker*, Wirtschaft und Statistik Nr. 2016-3, 57, 67.

zu erwarten sein, in welchen die Muttergesellschaften als Gesellschafter einer Tochtergesellschaft besonders weitreichenden Einfluss ausüben möchten[907].

Ähnlich wie die in Frankreich gängige Unterscheidung zwischen den durch personelle Bindungen zusammengehaltenen *groupes personnels*, den durch Unternehmensverträge verbundenen Vertragskonzernen *(groupes contractuels)* sowie den hauptsächlich durch Kapitalbeteiligungen begründeten Finanzkonzernen *(groupes financiers)*[908] werden auch in Deutschland unterschiedliche Konzerntypen unterschieden. Das aktiengesellschaftliche Konzernrecht sieht als „Konzern" im Sinne des § 18 AktG eine bestimmte Art verbundener Unternehmen an, sofern sie unter einheitlicher Leitung stehen[909]. Dort wird je nach dem Vorliegen einer Abhängigkeit (§ 17 AktG) wiederum zwischen „Unterordnungs-" und „Gleichordnungskonzernen" differenziert[910]. Innerhalb der verbundenen Unternehmen werden daraufhin Regeln zu „Vertragskonzernen" (§§ 291 ff. AktG) „faktischen Konzernen" (§§ 311 ff. AktG – dort wird diese Fallgruppe nur als „Fehlen eines Beherrschungsvetrags bezeichnet) sowie „Eingliederungskonzernen" (§§ 319 ff. AktG) aufgestellt[911]. Funktional wird, dies erinnert besonders an die französischen Bezeichnungen, teils auch eine Unterscheidung zwischen „Unternehmer-Konzernen" und „Kapitalkonzernen" aufgestellt. Diese nicht durch das Gesetz festgelegte Abgrenzung erfolgt nach der Fragc, ob im herrschenden Unternehmen eine bestimmte „Unternehmerpersönlichkeit" die wirtschaftlichen Weichen stellt oder – wie etwa im Falle von Holding-Konstruktionen[912] – die Obergesellschaft nur als reine Investment- bzw. Anlagegesellschaft genutzt wird.[913] Schon diese Vielfältigkeit unterstreicht die große Anpassungsfähigkeit von Konzernen an unterschiedliche wirtschaftliche Sachverhalte, die den Konzern als Organisationsform für Unternehmen auch in Deutschland weiterhin attraktiv erscheinen lässt[914].

---

[907] Siehe zu alledem *Specovius/ Kuske*, in: Gottwald, Insolvenzrechts-Handbuch, 5. Auflage, § 95 Rn. 3. Dort wird geschätzt, dass etwa die Hälfte aller in Deutschland bestehenden GmbH zumindest im Rahmen faktischer Konzerne verbunden seien. *Altmeppen*, in: MüKo-AktG, Einleitung vor § 291, Rn. 20, m.w.N., sieht gar den Schwerpunkt der Verwendung von Konzernstrukturen bei „große[n] und mittlere[n] Unternehmen". Dies lässt sich nach den aktuell erhobenen Zahlen so allerdings kaum aufrecht erhalten.

[908] Zu den Konzerntypen in Frankreich ausführlich oben, § 1 B. I. 3. b).

[909] Zu dieser vom allgemeinen Sprachgebrauch her problematischen Ausdrucksweise sogleich unten, III.

[910] Zu diesen Begriffen etwa *Servatius*, in: Michalski, GmbHG, Systematische Darstellung 4, Konzernrecht, Rn. 19.

[911] Vgl. zu dieser nicht vom Gesetzgeber gebrauchten, dennoch allgemein verwendeten Begrifflichkeit etwa *Kuhlmann/ Ahnis*, Konzern- und Umwandlungsrecht, Rn. 12 ff.

[912] Hierzu etwa *Kuhlmann/ Ahnis*, Konzern- und Umwandlungsrecht, Rn. 37 ff.

[913] *Altmeppen*, in: MüKo-AktG, Einleitung vor § 291, Rn. 20, m.w.N.

[914] Zu weiteren Vorteilen des Konzerns in Deutschland aus Unternehmenssicht sogleich unten, II. Viele der wirtschaftlichen Vorteile und Organisationsmodelle von Konzernen, die von der französischen Wirtschaftswissenschaft identifiziert worden sind – hierzu oben, § 1

II. Das Festhalten am konzernrechtlichen Rechtsträgerprinzip, dem haftungsrechtlichen Trennungsprinzip und dem Grundsatz der privatautonomen Konzerngestaltung

Auch in Bezug auf das konzernrechtliche Rechtsträgerprinzip lassen sich große Ähnlichkeiten zwischen dem deutschen und dem französischen Recht feststellen. Wie bereits in den allgemeinen Grundsätzen zum französischen Konzernrecht beschrieben[915], sind französische Konzerne in Ermangelung eigener Rechtspersönlichkeit selbst weder rechts-, noch geschäfts- oder prozessfähig und benötigen daher zu jedem rechtlich wirksamen Tätigwerden das Zutun der sie ausmachenden Gesellschaften. In den Außen- und Haftungsbeziehungen des Konzerns sieht der Grundsatz der Haftungstrennung im französischen Gesellschafts- und „Konzernrecht" vor, dass jeder Rechtsträger grundsätzlich nur für die durch bzw. für ihn begründeten Verbindlichkeiten mit dem jeweils dort gebundenen Vermögen haftet. Ebenso fehlt es dem Konzern im französischen Recht grundsätzlich an Insolvenzfähigkeit, auch wenn zumindest Regeln prozessualer Koordination und Konzentration das Vorliegen eines Konzernsachverhalts anknüpfen[916]. Innerhalb des Konzerns schließt es im Grundsatz das Vorliegen von Verlustausgleichspflichten zwischen den Rechtsträgern aus und verhindert ein rechtswirksames Handeln einer Konzerngesellschaft für eine andere ohne besondere Vertretungsmacht.

Diese so zusammengefassten Grundsätze gelten größtenteils auch für das deutsche Konzernrecht. Zunächst ist anzumerken, dass dem Konzern trotz seiner grundsätzlichen Anerkennung und Regelung durch das geschriebene (Aktien-)Konzernrecht[917] auch im deutschen Recht keine eigene Rechtspersönlichkeit zukommt[918]. Die einheitliche Konzerndefinition, die sich aus der Definitionsnorm des § 18 AktG in Verbindung mit § 17 AktG ergibt, sieht diese Organisationsform nämlich als „Zusammenfassung mehrerer rechtlich selbständiger Unternehmen unter einheitlicher Leitung"[919]. Wie auch im französischen Recht

B. II. 2. –, gelten ohnehin unabhängig von rechtlichen Unterschieden zwischen den Rechtsordnungen und sind daher ohne weiteres auch auf deutsche Zusammenhänge anwendbar.

915 Siehe oben, § 1 B. I. 2.

916 Siehe o. § 1 C. II.

917 Hierzu als größtem Unterschied zwischen deutschem und französischem Konzernrecht sogleich unten, III.

918 *Kuhlmann/ Ahnis*, Konzern- und Umwandlungsrecht, Rn. 3; *Schmidt*, in: MüKo-HGB, § 1 Rn. 42; *Specovius/ Kuske*, in: Gottwald, Insolvenzrechts-Handbuch, 5. Auflage, § 95 Rn. 2.

919 *Hüffer/ Koch*, AktG, § 18 Rn. 2. Während damit auf die Rechtssubjektsqualität der Konzernmitglieder abgestellt wird, beschreibt dieser Begriff gerade die „Zuordnung der Unternehmen zu verschiedenen Rechtsträgern" – so ebenfalls *Hüffer/ Koch*, AktG, § 18 Rn. 6. Zum Auseinanderfallen des umgangssprachlichen sowie des rechtlichen Konzernbegriffs sogleich auch unten, III.

verleiht das deutsche Recht die Rechtspersönlichkeit damit nur den Gesellschaften als eigentlicher Rechtsträger im Konzern[920]. Es gilt mithin der Grundsatz „rechtliche Vielfalt bei wirtschaftlicher Einheit“[921]

In Verbindung mit den kapitalgesellschaftsrechtlichen Vorschriften zur Haftungsbeschränkung[922] ergibt sich hieraus der auch im Konzern geltende Grundsatz der Haftungstrennung, zumindest sofern der betroffene Konzern auf eine kapitalgesellschaftliche Organisationsstruktur zurückgreift[923]. Für wirtschaftlich aktive Gesellschaften ist Letzteres in Deutschland Regelfall[924]. Beruht die konzernrechtliche Verbindung auf einer Beherrschung durch die Kapitalbeteiligung einer Muttergesellschaft an einer oder mehrerer Tochtergesellschaften[925], hat die beherrschende Mutter eine Stellung als Gesellschafterin an einer Kapitalgesellschaft inne. Als solche kommt auch ihr der aus diesen Grundlagen abgeleitete Grundsatz zugute, dass sich die Haftung auf die Gesellschaft beschränkt und grundsätzlich kein Durchgriff auf die Gesellschafter erfolgt[926]. Dies führt ebenfalls zur grundsätzlichen Abwesenheit einer materiellen Konzernhaftung, im Rahmen welcher generelle Rechtspflichten zur Leistung auf Verbindlichkeiten anderer Konzerngesellschaften begründet würden[927]. Deshalb wird die Konzernstruktur wie in Frankreich auch in Deutschland zur Verringerung von Haftungsrisiken genutzt[928]. Da die Konzernmutter in diesem Fall

[920] Siehe für die für Konzernsachverhalte besonders relevanten Aktiengesellschaften und Gesellschaften mit beschränkter Haftung § 1 Abs. 1 S. 1 AktG bzw. § 13 Abs. 1 GmbHG; vgl. zu alledem auch *Specovius/ Kuske*, in: Gottwald, Insolvenzrechts-Handbuch, 5. Auflage, § 95 Rn. 2; *Specovius/ von Wilcken*, in: Gottwald/ Haas, Insolvenzrechts-Handbuch, § 95 Rn. 7 ff.

[921] *Kuhlmann/ Ahnis*, Konzern- und Umwandlungsrecht, Rn. 3, m.w.N.; *Emmerich/ Habersack*, Konzernrecht, § 4 Rn. 6 ff.; vgl. auch *Schmidt*, Gesellschaftsrecht, § 17 I 2. b).

[922] § 13 Abs. 2 GmbHG lautet: „Für die Verbindlichkeiten der Gesellschaft haftet den Gläubigern derselben nur das Gesellschaftsvermögen“; für die Aktiengesellschaft gilt entsprechend § 1 Abs. 1 S. 2 AktG.

[923] Siehe *Emmerich/ Habersack*, Konzernrecht, § 20 Rn. 25.; *Heider*, in: MüKo-AktG, § 1 Rn. 65; allgemein zum kapitalgesellschaftsrechtlichen Trennungsprinzip etwa *Drygala/ Staake/ Szalai*, Kapitalgesellschaftsrecht, § 10 Rn. 1; *Haas*, in: Gottwald, Insolvenzrechts-Handbuch, 5. Auflage, § 91 Rn. 39.

[924] Vgl. nur *Leistikow*, in: Heussen/ Hamm, Rechtsanwalts-Handbuch, § 44 Rn. 224.

[925] § 18 Abs. 1 S. 3 sieht dies als einen Grundfall der Konzernverbindung an, indem er eine Konzernvermutung für eine Beziehung zwischen abhängigem und herrschendem Unternehmen aufstellt. Nach § 17 Abs. 2 AktG wird eine Abhängigkeitsbeziehung vermutet, wenn ein Unternehmen an einem anderen eine Mehrheitsbeteiligung hält.

[926] Vgl. nur *Emmerich/ Habersack*, Konzernrecht, § 20 Rn. 25.

[927] *Habersack*, in: Emmerich/ Habersack, Aktien- und GmbH-Konzernrecht, § 302 Rn. 6 f. Ausnahmen von diesem Grundsatz können sich jedoch aufgrund besonderer Umstände ergeben. Diese werden je in den rechtsvergleichenden Anmerkungen zu den Tatbeständen in Kapitel 2 untersucht.

[928] Vgl. *Wiedemann*, GmbHR 2011, 1009, 1010.

allerdings nicht nur Gesellschafterin, sondern auch selbst wirtschaftstätige Gesellschaft mit eigenen wirtschaftlichen Interessen ist, besteht im Falle des Konzerns eine besonders ausgeprägte Gefahr von Interessenskonflikten[929]. Nicht zuletzt aus diesem Grund haben sich zahlreiche – freiwillig und unfreiwillig auferlegte – Ausnahmen von diesem Grundsatz der Haftungstrennung etabliert, die trotz der Gesellschafterstellung der Muttergesellschaft Haftungsdurchgriffe auf sie erlauben[930]. Auch hier lässt sich – zumindest in den Grundzügen– eine große Ähnlichkeit mit dem französischen Recht feststellen. Letzteres setzt nämlich in Bezug auf Haftungsfreistellung bzw. haftungsrechtlicher Verpflichtung der Muttergesellschaft in Finanzkonzernen ebenfalls auf ein Regel-Ausnahme-Prinzip[931], welches auch für das deutsche Konzernhaftungsrecht prägend ist[932]. Ein zumindest aus rechtsdogmatischer Sicht ähnliches Bild ergibt sich bei der Frage nach einem obligatorischen konzerninternen Verlustausgleich. Während der Grundsatz rechtlich voneinander unabhängiger Konzerngesellschaften eine derartige Pflicht wie auch im französischen Recht[933] eigentlich ausschließen müsste, sind die diesbezüglich vorhandenen Regeln des (Aktien-) Konzernrechts allerdings durchaus weitreichend und vermögen es bei Vorliegen ihrer Voraussetzungen, diesen Grundsatz ins Gegenteil zu verkehren[934].

Der Konzern selbst ist zudem mangels eigener Rechtsfähigkeit im Zivilprozess auch im deutschen Recht nicht parteifähig[935] und kann nicht selbst, sondern nur über die in ihm zusammengefassten Rechtsträger einem Insolvenzverfahren unterworfen werden[936]. Gerade die fehlende Insolvenzfähigkeit des Konzerns führt – wie auch in Frankreich[937] – zu prozessualen Problemen, wenn der Konzern einer wirtschaftlichen Einheit entspricht. Diese Überlegung steht im Zentrum der Diskussion um deutsche Sonderregeln zum Konzerninsolvenzrecht[938].

---

[929] Vgl. bereits *Heider*, in: MüKo-AktG, § 1 Rn. 65; ausführlich zum konzernrechtlichen Interessensgegensatz als Grunderwägung der konzernrechtlichen Regeln sogleich unten, III.

[930] Hierzu ebenfalls unten, III. sowie genauer zum französischen und deutschen Recht unten, 2. Kapitel.

[931] Siehe sogleich unten, C. II. sowie § 5. A. IV. 1. ff.

[932] So etwa *Emmerich/ Habersack*, Konzernrecht, § 20 Rn. 25.

[933] Siehe oben, § 1 B. I. 2. b) cc) (1).

[934] Auch zu diesen Regeln unten, III sowie § 5. A. IV. 1. ff.; vgl. zu den aktienkonzernrechtlichen Verlustübernahmeregeln bereits *Emmerich/ Habersack*, Konzernrecht, § 20 Rn. 34 ff.

[935] Siehe nur § 50 Abs. 1 ZPO: „Parteifähig ist, wer rechtsfähig ist".

[936] Hierzu *Paulus*, ZGR 2010, 270, 281

[937] Siehe oben, § 1 C. II.

[938] Hierzu sogleich unten, C.

Trotz des Bestehens eines geschriebenen AG-Konzernrechts[939] liegt auch der Bildung und Gestaltung von Konzernstrukturen in Deutschland der Grundsatz der Privatautonomie zugrunde[940]. Aus diesem Grund sind auch die Gestaltungsformen von Konzernen sehr vielfältig. Ähnlich wie im französischen Recht gibt es keinen *numerus clausus* möglicher Konzerngestaltungen[941]; vielmehr sind sowohl in der Anzahl und Größe der von der Konzernorganisation umfassten Rechtsträger wie auch in der Tiefe ihrer Verbindung sämtliche denkbaren Strukturen möglich.[942]

Diese beiden Grundsätze des deutschen Konzernrechts bilden in ihrer Kombination die Hauptvorteile einer solchen Unternehmensorganisation: Zusammengefasst stellen die durch das Trennungsprinzip hervorgerufene Haftungsaufteilung und die mit der privatautonomen Organisation zusammenhängende Anpassungsfähigkeit an wirtschaftliche Rahmenbedingungen ähnlich wie in Frankreich[943] die wichtigsten Gründe zur Gründung von Konzernstrukturen dar.[944]

III. Die Grundsatzentscheidung des deutschen Gesetzgebers für ein geschriebenes AG-Konzernrecht als wichtigster Gegensatz zum französischen Gesellschaftsrecht der Konzerne

Anders im französischen Recht[945] besteht in Deutschland mit den §§ 15–18 sowie §§ 291–328 AktG ein kodifiziertes Aktienkonzernrecht[946].

---

[939] Siehe sogleich unten, III.

[940] Hierauf hinweisend *Specovius/ Kuske*, in: Gottwald, Insolvenzrechts-Handbuch, 5. Auflage, § 95 Rn. 3.

[941] Siehe oben, § 1 B. I. 3. a).

[942] *Specovius/ Kuske*, in: Gottwald, Insolvenzrechts-Handbuch, 5. Auflage, § 95 Rn. 3; genauer zu den unterschiedlichen Arten von Konzernverbindungen zwischen „zentralen und dezentralen“ nach ihrer „Leitungsdichte“ wie auch „horizontal“ bzw. „vertikal“ organisierten Konzernen nach dem Rang der Gesellschaften im Produktionszyklus – auch dies ist den zum französischen Recht beschriebenen Gestaltungsformen sehr ähnlich – *Thole*, in: Flöther, Handbuch zum Konzerninsolvenzrecht, § 2 Rn. 2 ff.

[943] Siehe oben, § 1 B. II. 2.

[944] Siehe *Thole*, in: Flöther, Handbuch zum Konzerninsolvenzrecht, § 2 Rn. 1; kritisch bezüglich des Kriteriums der Haftungsaufteilung zumindest beim Aktienkonzern wegen der zahlreichen Ausgleichsvorschriften des Aktienkonzernrechts *Altmeppen*, in: MüKo-AktG, Einleitung vor § 291, Rn. 24; a.A. *Drygala/ Staake/ Szalai*, Kapitalgesellschaftsrecht, § 29 Rn. 4.

[945] Siehe bereits ausführlich oben, § 1 B. I. 1. a)

[946] Rechtsvergleichend im Überblick auch *Emmerich/ Habersack*, Konzernrecht, § 1 Rn. 42; Auf diesen deutschen „Sonderweg“ hinweisend *Wiedemann*, GmbHR 2011, 1009.

1. Begriff des Konzernrechts

Doch schon diese Begrifflichkeit erscheint auf den ersten Blick „unscharf"[947]. So ist zwar im allgemeinen Sprachgebrauch herkömmlich von den Begriffen „Konzern" bzw. „Konzernrecht" die Rede, während § 18 AktG den Konzern nur als eine Sonderform der in § 15 AktG beschriebenen „verbundenen Unternehmen" unter einheitlicher Leitung darstellt[948]. Als verbundene Unternehmen hingegen sind, allgemeiner, solche Unternehmen zu verstehen, „die zwar rechtlich selbstständig, auf der Grundlage bestimmter gesellschaftsrechtlicher Instrumentarien aber miteinander verbunden sind", wobei der „Erwerb einer Mehrheitsbeteiligung" einer Gesellschaft an einer anderen „paradigmatisch ist"[949]. § 15 AktG verlangt damit zwar eine Abhängigkeit, nicht jedoch eine einheitliche Leitung im Sinne des § 18 AktG, was in der „untechnischen" Bezeichnung des „Konzerns" bzw. des „Konzernrechts" häufig übersehen wird[950]. Für die hier zum „Konzernrecht" angestellten Überlegungen muss aufgrund der Vielgestaltigkeit der konzernrechtlichen Verbindungen[951] dieser weite Begriff angelegt werden[952]. Dies entspricht auch der Wertung des Gesetzgebers, der in den meisten Fällen für die Rechtsfolgen konzernrechtlicher Verbindungen nicht an das Vorliegen eines „Konzerns" im Sinne des § 18 AktG anknüpft, sondern vielmehr das Vorliegen verbundener Unternehmen im Sinne der §§ 15 ff. ausreichen lässt[953].

---

[947] *Emmerich/ Habersack*, Konzernrecht, § 1 Rn. 2; *Habersack*, in: Emmerich/ Habersack, Aktien- und GmbH-Konzernrecht, Einleitung, Rn. 1; zum Konzern und seiner verwandten Definitionen im Sinne einer „terminologischen Kalamität" *Schmidt*, KTS 2010, 1, 5 f.

[948] *Thole*, in: Flöther, Handbuch zum Konzerninsolvenzrecht, § 2 Rn. 10; zur allgemeinen Definition des rechtstechnischen Begriffs „Konzern" im Sinne des § 18 AktG bereits oben, II.

[949] *Habersack*, in: Emmerich/ Habersack, Aktien- und GmbH-Konzernrecht, Einleitung, Rn. 1; ähnlich *Emmerich/ Habersack*, Konzernrecht, § 1 Rn. 2.

[950] *Thole*, in: Flöther, Handbuch zum Konzerninsolvenzrecht, § 2 Rn. 10; ähnlich *Bayer*, in: MüKo-AktG, § 15 Rn. 6; *Kuhlmann/ Ahnis*, Konzern- und Umwandlungsrecht, Rn. 15. Zum Begriff der einheitlichen Leitung im Sinne des § 18 AktG ausführlich ebenfalls bei *Kuhlmann/ Ahnis*, Konzern- und Umwandlungsrecht, Rn. 25 ff.

[951] Siehe oben, II.

[952] Vgl. ebenso treffend *Wackerbarth/ Eisenhardt*, Recht der Kapitalgesellschaften, Rn. 559: „Konzernrecht ist nach dem deutschrechtlichen Ansatz mithin das Sonderrecht der verbundenen Unternehmen (§ 15 AktG)."; eine entsprechende Begrifflichkeit des „Konzernrechts im weiteren Sinne" zugrunde legend auch *Bayer*, in: MüKo-AktG, § 15 Rn. 6; *Hüffer/ Koch*, AktG, § 15 Rn. 2; *Kuhlmann/ Ahnis*, Konzern- und Umwandlungsrecht, Rn. 24.

[953] Einzige Ausnahme im Gesellschaftsrecht sind § 97 Abs. 1 S. 1 AktG sowie § 100 Abs. 2 S. 2 AktG; dies betonend *Thole*, in: Flöther, Handbuch zum Konzerninsolvenzrecht, § 2 Rn. 10; Relevanz erhält der Konzernbegriff des § 18 AktG hingegen teils außerhalb des Gesellschaftsrechts, wie etwa im Recht der Rechnungslegung, im Kartellrecht sowie, insbe-

2. Zielsetzung und Kontext der Entstehung kodifizierter konzernrechtlicher Regeln

Das deutsche Aktienkonzernrecht als gesellschaftsrechtliche Disziplin[954] entstand als Antwort auf eine zunehmende Unternehmenskonzentration in der Form von insbesondere durch Beteiligungsmechanismen verbundenen Konzernen, wobei größere „Konzentrationswellen" das deutsche Wirtschaftsgefüge bereits zwischen 1871 und 1914, nach dem Ersten Weltkrieg sowie in der Zeit nach dem Zweiten Weltkrieg bis in die 1970er-Jahre geprägt hatten[955].

Häufig hatte die Gründung von Unternehmen in Form eines Konzerns bzw. die Umwandlung bestehender Unternehmen in einen solchen[956] vor allem steuerrechtliche Gründe[957]. Um die Möglichkeit einer körperschafts- und gewerbesteuerrechtlichen Organschaft herbeizuführen und damit im Ergebnis die Möglichkeit zu erhalten, Gewinne mit bei anderen Konzerngesellschaften angefallenen Verlusten verrechnen zu können[958], waren etwa bei der Körperschaftsteuer nach der Rechtsprechung des Reichsfinanzhofs[959] einem Vertragskonzern ähnliche Merkmale zu erfüllen. So musste die Organgesellschaft eines „eigenen Willens" entbehren und damit in den Organträger eingegliedert sein und mit letzterem einen schriftlichen Gewinnabführungs- und Beherrschungsvertrag abgeschlossen haben. Die große Anzahl der etwa in den 1970er-Jahren bestehenden Vertragskonzerne lässt sich auf diese Sachlage zurückführen, während die daneben bestehenden, durch die Übernahme einer Kapitalmehr-

---

sondere, im Mitbestimmungsrecht; hierauf hinweisend *Emmerich/ Habersack*, Konzernrecht, § 18 Rn. 1; *Servatius*, in: Michalski, GmbHG, Systematische Darstellung 4, Konzernrecht, Rn. 19.

954 *Emmerich/ Habersack*, Konzernrecht, § 1 Rn. 2; *Servatius*, in: Michalski, GmbHG, Systematische Darstellung 4, Konzernrecht, Rn. 5.

955 Zum wirtschaftsgeschichtlichen Zusammenhang der Entstehung deutschen Konzernrechts ausführlich *Altmeppen*, ZHR 171 (2007), 320, 321 ff.; *Emmerich/ Habersack*, Konzernrecht, § 1 Rn. 5 ff.

956 Allgemein zu Gründungshypothesen für Konzerne *Emmerich/ Habersack*, Konzernrecht, Rn. 20 ff.; zum französischen Recht oben, § 1 B. II. 2.

957 Für *Altmeppen*, in: MüKo-AktG, Einleitung vor § 291, Rn. 10 hat daher das „deutsche Konzernrecht, so wie es im Dritten Buch gestaltet worden ist, [...] seine Grundlagen in der historischen Entwicklung der Konzernpraxis, die wesentlich durch die steuerliche Behandlung der Konzerne beeinflusst wurde"; ähnlich *Emmerich/ Habersack*, Konzernrecht, § 1 Rn. 29: „Der Einfluss des Steuerrechts auf die Entwicklung der Unternehmenskonzentration kann nicht hoch genug eingeschätzt werden."

958 Zu Entwicklung und Vorteilen der Organschaftstheorie in Körperschaft- und Gewerbesteuerrecht *Emmerich/ Habersack*, Konzernrecht, § 1 Rn. 34 ff.

959 RFH 22, 183; 31, 297, 299 sowie zur körperschaftsteuerlichen Organschaft RFH 54, 102; zu alledem auch *Altmeppen*, in: MüKo-AktG, Einleitung vor § 291, Rn. 11. Heute sind die Voraussetzungen der körperschafts- bzw. gewerbesteuerrechtlichen Organschaft in § 14 Abs. 1 KStG bzw. § 2 Abs. 2 S. 2 GewStG geregelt.

heit und anschließender Neubesetzung der Leitungsorgane bei der Tochtergesellschaft und aus abweichenden Gründen eingerichteten faktischen Konzerne nicht von der steuerlichen Privilegierung profitieren konnten[960]. Häufig ist eine Übernahme einer Anteilsmehrheit an einer Gesellschaft und die damit einhergehende Gründung eines faktischen Konzerns auch eine Vorstufe zu einer tieferen wirtschaftlichen Verbindung etwa in Form eines Vertragskonzerns[961].

Die zunehmende Verdichtung der deutschen Konzernlandschaft stellte sich aus gesellschaftsrechtlicher Sicht als problematisch dar, weicht die Zusammenfassung der unternehmerischen Leitungsmacht im Konzern doch gleich in mehrfacher Hinsicht von dem im AktG zugrunde gelegten Idealbild der unabhängigen Publikumsgesellschaft ab[962]. Der durch die Beherrschungssituation hervorgerufene „Konzernkonflikt"[963] lässt sich durch die Gefahr einer Verschiebung der Interessenssphären zulasten einer beherrschten Gesellschaft beschreiben. Diesen Interessenskonflikt kann man nach der in Deutschland vorherrschenden Sichtweise aus der Grundannahme herleiten, dass sich die Interessen von Geschäftsführung, Gesellschaftern und nicht zuletzt auch Gläubigern in einem Gleichlauf befinden. Die Parallelität der Interessen fußt auf der Zielsetzung einer wirtschaftlich erfolgreichen Fortführung der Gesellschaft unter Gewinnerzielung und gleichzeitiger Erhaltung des Grundkapitals, welches zugleich einen integralen Bestandteil des in den Anteilen materialisierten Vermögenswerts der Gesellschafter wie auch eine Haftungsgrundlage für die Gläubiger darstellt.[964] Erreicht eine weitere eigenständig wirtschaftstätige Gesellschaft eine über die reine Kapitalanlage hinausgehende beherrschende Position, verschiebt sich nach herrschender Ansicht das Gleichgewicht zugunsten dieser beherrschenden Gesellschaft: Die Gesellschaftsorgane drohen hiernach zu Erfüllungsgehilfen des Mehrheitsgesellschafters zu werden, der etwa durch risikoreiches oder eigennütziges Wirtschaften mit seinen Entscheidungen der beherrschten Gesellschaft Schaden zufügen oder ihr gar die wirtschaftliche

---

[960] *Altmeppen*, in: MüKo-AktG, Einleitung vor § 291, Rn. 12.

[961] Vgl. nur *Emmerich/ Habersack*, Konzernrecht, § 1 Rn. 22, die zutreffend auf die qualifizierten Mehrheitserfordernisse für den Abschluss von Unternehmensverträgen hinweisen, die die Übernahme einer entsprechenden Kapitalmehrheit zur Grundvoraussetzung einer solchen Verbindung erheben.

[962] Siehe *Emmerich/ Habersack*, Konzernrecht, § 1 Rn. 23 f.; vgl. auch *Kuhlmann/ Ahnis*, Konzern- und Umwandlungsrecht, Rn. 4.

[963] *Bayer*, in: MüKo-AktG, § 15 Rn. 8; zu dieser im deutschen Konzernrecht ganz herrschenden Sichtweise auch *Drygala/ Staake/ Szalai*, Kapitalgesellschaftsrecht, § 29 Rn. 2; *Emmerich/ Habersack*, Konzernrecht, § 1 Rn. 23 ff.; *Heider*, in: MüKo-AktG, § 1 Rn. 65; *Hüffer/ Koch*, AktG, § 15 Rn. 3; *Kuhlmann/ Ahnis*, Konzern- und Umwandlungsrecht, Rn. 1 ff.; *Servatius*, in: Michalski, GmbHG, Systematische Darstellung 4, Konzernrecht, Rn. 1; *Wackerbarth/ Eisenhardt*, Recht der Kapitalgesellschaften, Rn. 558 ff. Zu den Interessensgegensätzen in Konzernen auch *Altmeppen*, ZHR 171 (2007), 320 ff.

[964] Siehe *Drygala/ Staake/ Szalai*, Kapitalgesellschaftsrecht, § 29 Rn. 2; *Emmerich/ Habersack*, Konzernrecht, § 1 Rn. 23.

Existenzgrundlage entziehen könnte[965]. Besonders schutzbedürftig erscheinen daher die Gläubiger und Minderheitsaktionäre der beherrschten Gesellschaft, die durch eine mögliche Verringerung von Vermögensbasis oder Gewinnaussichten eine Reduktion der Haftungsgrundlage bzw. eine Schmälerung der wirtschaftlichen Ergebnisse ihre Interessen an dem Erhalt des Haftungskapitals bzw. der Ausnutzung des Gewinnrechts aus der Mitgliedschaft in der Gesellschaft verletzt sehen könnten[966].

Auf dieser gesetzgeberischen Grundhaltung beruhen die Bemühungen, ein geschriebenes Konzernrecht als Recht der „Gefahrenabwehr"[967] für die besonders schützenswert empfundenen Stakeholder im Gefüge des Konzerns einzuführen. Ein erster Schritt hin zu einer umfassenden konzernrechtlichen Regelung wurde zunächst mit dem Aktiengesetz von 1937[968] getan. Allerdings berührte diese Reform nur Einzelfragen wie etwa die immerhin noch heute geltende Definition verbundener Unternehmen im Sinne des § 15 AktG oder das qualifizierte Mehrheitserfordernis in der Hauptversammlung zum Abschluss von Gewinnabführungs- oder Betriebspachtverträgen[969]. Nach dem Zweiten Weltkrieg erschien die Notwendigkeit der Einführung eines umfassenden, kodifizierten Konzernrechts immer mehr als konsensfähig[970], wobei die rechtspolitische Diskussion den soeben beschriebenen „Konzernkonflikt" und den damit verbundenen Schutzauftrag des Gesetzgebers ins Zentrum des Interesses stellte[971]. Diese Debatte mündete in der Verabschiedung des reformierten Aktiengesetzes von 1965[972]. Die hierin aufgenommene und bis heute im Grundsatz fortgeltende Kodifizierung eines Konzernrechts[973] ist materiell zweigeteilt in Regeln zum „rechtlich verfassten Konzern", also durch konstitutive Rechtsakte begründete Vertrags- und Eingliederungskonzerne (§§ 291 ff. bzw. §§ 319 ff. AktG), sowie den Vorschriften zum Nachteilsausgleich in faktischen Konzernen (§§ 311 ff. AktG). Diese entstehen durch rein tatsächlich vorhandenen

---

[965] Vgl. *Emmerich/ Habersack*, Konzernrecht, § 1 Rn. 25 ff.; *Wilhelm*, Kapitalgesellschaftsrecht, Rn. 1251; weiterführend zu Interessensgegensätzen im Konzern *Altmeppen*, ZHR 171 (2007), 320 ff.

[966] Vgl. *Hüffer/Koch*, AktG, § 15 Rn. 3; *Servatius*, in: Michalski, GmbHG, Systematische Darstellung 4, Konzernrecht, Rn. 2.

[967] *Hüffer/ Koch*, AktG, § 15 Rn. 3; vgl. auch *Wilhelm*, Kapitalgesellschaftsrecht, Rn. 1251.

[968] Gesetz über Aktiengesellschaften und Kommanditgesellschaften auf Aktien vom 30.01.1937, RGBl. I, S. 107.

[969] Siehe *Emmerich/ Habersack*, Konzernrecht, § 1 Rn. 12; vgl. auch *Altmeppen*, in: MüKo-AktG, Einleitung vor § 291, Rn. 14.

[970] Zur damals geführten Diskussion ebenfalls genauer *Altmeppen*, in: MüKo-AktG, Einleitung vor § 291, Rn. 15 ff.

[971] Siehe *Bayer*, in: MüKo-AktG, § 15 Rn. 8, mit Nachweisen.

[972] Aktiengesetz vom 06.09.1965, BGBl. I S. 1089.

[973] Weitere Evolutionsschritte nach 1965 sind etwa bei *Emmerich/ Habersack*, Konzernrecht, § 1 Rn. 14 nachzuvollziehen.

und durch Mehrheitsbeteiligungen indizierten[974] beherrschenden Einfluss eines Unternehmens über ein anderes. Während die Regeln über „rechtlich verfasste Konzerne“ nahezu durchgängig positiv aufgenommen und als Rechtfertigung zur weitgehenden wirtschaftlichen Integration aller Gesellschaften in Vertrags- und Eingliederungskonzernen gesehen wurden, blieb der ohne vertragliche Grundlage auskommende faktische Konzern weiterhin im „rechtlichen Halbdunkel“ und in Einzelfragen stark umstritten.[975]

Eine in den 1970er-Jahren geführte Debatte um ein am Aktienkonzernrecht orientiertes Recht der GmbH-Konzerne[976] führte hingegen zu keinem greifbaren Ergebnis. Vielmehr beließ man es bei einer richterrechtlichen Rechtsschöpfung, welche dem konzernrechtlichen Schutzauftrag in diesem Bereich nunmehr anstelle des Gesetzgebers nachkam.[977]

Den einer Konzernorganisation innewohnenden Interessenskonflikt als an den Gesetzgeber gerichteten Handlungsimperativ zur umfassenden Kodifikation eines Konzernrechts zu verstehen, stellt aus rechtsvergleichender Perspektive weltweit nahezu eine Ausnahmesituation dar. Im internationalen Vergleich der Rechtsordnungen bestehen nur in Portugal, Brasilien, Taiwan, Kroatien und Slowenien vergleichbare Kodifizierungen konzernrechtlicher Regeln[978]. Die meisten anderen Rechtsordnungen greifen hingegen zum Ausgleich konzernrechtlicher Konfliktlagen auf allgemeine Regeln des Zivil- und Gesellschaftsrechts zurück.[979]

Nachdem das deutsche Konzernrecht in Frankreich lange als Vorbild für einen auch dort zeitweise in Diskussion befindlichen Kodifizierungsansatz galt, scheint der Gesetzgeber nunmehr auch dort von einem derartigen Vorhaben endgültig abgesehen zu haben[980]. Die Auseinandersetzung mit dem deutschen

---

[974] Siehe § 17 Abs. 2, Abs. 1, § 16 AktG.

[975] *Altmeppen*, in: MüKo-AktG, Einleitung vor § 291, Rn. 16 f. Zum Inhalt des Konzernrechts sowie insbesondere den konzernrechtlichen Schutz- und Nachteilsausgleichspflichten sogleich unten, 3.

[976] Siehe insbesondere den Regierungsentwurf zu einem GmbHG vom 31.01.1972, BT-Drucks. 7/253.

[977] Hierzu genauer *Emmerich/ Habersack*, Konzernrecht, § 1 Rn. 16; *Wilhelm*, Kapitalgesellschaftsrecht, Rn. 1294. Zum hierdurch gekennzeichneten fragmentarischen Charakter der konzernrechtlichen Vorschriften sowie den richterrechtlichen Auffangregeln insbesondere für GmbH-Konzerne sogleich unten, 3.

[978] Vgl. *Pelletier*, La responsabilité au sein des groupes de sociétés en cas de procédure collective, Rn. 24.

[979] Weiterführend zu alledem *Emmerich/ Habersack*, Konzernrecht, § 1 Rn. 42, mit zahlreichen Nachweisen. Auch im deutschen Recht führt der immer noch fragmentarische Charakter des Konzernrechts in zahlreichen Fällen mit Bezug zu Konzernen zur Anwendung allgemeiner Regeln. Hierzu sogleich unten, 3.

[980] Siehe oben, § 1 B. I. 1. a).

Konzernrecht fällt aus der Sicht der französischen Literatur heutzutage im Ergebnis fast durchgängig ablehnend aus[981]. Kritisiert wird – in vielen Fällen freilich zu pauschal[982] – insbesondere, dass das deutsche Recht durch seine eingeschränkte Definition des Konzerns die Vielgestaltigkeit dieser Organisationsform nicht erfassen könne und durch die hiermit verbundene Beschränkung von Handlungsalternativen für Unternehmen die Flexibilität als größten Vorteil einer solchen Organisation abschwäche. Ebenso wird darauf hingewiesen, dass konzernrechtliche Fragen aufgrund von häufig vorkommenden Wertungsunterschieden im Einzelfall besser einer richterlichen Ermessensentscheidung als einer pauschalen Bewertung des Gesetzgebers zugänglich seien[983]. Auch das französische Recht behilft sich in Fällen, in denen Konzernsachverhalte zu einer strukturellen Benachteiligung einzelner Beteiligter führen können[984], allgemeiner Regeln des Zivil-, Gesellschafts- und Insolvenzrechts[985].

3. Fragmentierung des Konzernbegriffs, Inhalte und Grenzen konzernrechtlicher Rechtssetzung

Der nach einer Begutachtung französischsprachiger Quellen zum deutschen Konzernrecht aufkommende Eindruck, Deutschland verfüge damit ein „einheitliches ‚Privatrecht für die Unternehmensgruppe'" täuscht allerdings[986]. Vielmehr stellt das im Aktiengesetz niedergelegte Konzernrecht eine rein gesellschaftsrechtliche Regelung dar, über welche hinausgehend zahlreiche weitere konzernrechtliche Probleme in anderen Rechtsgebieten thematisiert und geregelt werden.[987] Und selbst für diesen begrenzten gesellschaftsrechtlichen Bereich stellen die aktienrechtlichen Normen keineswegs eine vollständige Kodifizierung aller konzernrechtlichen Probleme dar.

So enthält das Konzernrecht in den §§ 15 ff. AktG zunächst allgemeine Regeln, die rechtsformübergreifend[988] festlegen, was gesellschaftsrechtlich unter „verbundenen Unternehmen" (§ 15 AktG), Anteilsmehrheiten (§ 16 AktG), „abhängigen und herrschenden Unternehmen" (§ 17 AktG), „Konzernen und

---

981 Zu alledem ebenfalls genauer oben, § 1 B. I. 1. a).

982 Siehe auch sogleich unten, 3.

983 Siehe oben, § 1 B. I. 1. a).

984 Vgl. auch die hier vorgenommene Einteilung dieser Regeln in Fallgruppen im Sonderfall einer Konzerninsolvenz, oben, § 1 C. III.

985 Hierzu ausführlich unten, 2. Kapitel.

986 *Kuhlmann/ Ahnis*, Konzern- und Umwandlungsrecht, Rn. 6.

987 Eine vollständige Auflistung dieser Regelungsgebiete findet sich bei *Emmerich/ Habersack*, Konzernrecht, § 1 Rn. 1 ff.

988 Siehe etwa *Emmerich/ Habersack*, Konzernrecht, § 2 Rn. 1, der zusätzlich auch die darauffolgenden §§ 19 – 22 AktG über wechselseitig beteiligte Unternehmen bzw. konzernrechtliche Mitteilungspflichten mit den §§ 15 – 18 AktG zu einem typenübergreifenden „‚allgemeinen Teil' des deutschen Konzernrechts'" zusammenfasst. Vgl. auch *Thole*, in: Flöther, Handbuch zum Konzerninsolvenzrecht, § 2 Rn. 12.

Konzernunternehmen" (§ 18 AktG) sowie schließlich unter „wechselseitigen Beteiligungen" (§ 19 AktG) zu verstehen ist. Diese allgemeinen Definitionsnormen erlauben es – wie auch die Begriffe von „Beherrschung" (*contrôle*, Art. L. 233-3, L. 233-16 C. com), „Tochtergesellschaft" (*filiale*, Art. L. 233-1 C. com.) sowie „Beteiligung" (*participation*, Art. L. 233-2 C. com.) des französischen Rechts[989] – auch auf Normenkomplexe aus anderen Rechtsbereichen und die dort beschriebenen Sachverhalte Bezug zu nehmen. Dem Gesetzgeber wird es so erleichtert, an unterschiedliche Konzentrationsstufen verbundener Unternehmen anzuknüpfen und die für das jeweilige Rechtsgebiet zugeschnittenen Rechtsfolgen anzuordnen. In den häufigsten Fällen kommt es trotz der insoweit missverständlichen Bezeichnung des hier beschriebenen Rechtsgebiets als „Konzernrecht" zu einer gesetzlichen Bezugnahme auf die allgemeinste Definition „verbundener Unternehmen" im Sinne des § 15 AktG[990]. Diese setzt lediglich das Vorhandensein rechtlich selbständiger Unternehmen und je ein weiteres Merkmal der §§ 15–19 AktG bzw. das Vorliegen eines Unternehmensvertrags im Sinne der §§ 291 f. AktG voraus, kann jedoch über die für den Konzern im engeren Sinne typische einheitliche Leitung i.S.d. § 18 AktG weit hinausgehen.[991] Ein wichtiger Ankerpunkt der Definitionsnormen in §§ 15 ff. AktG ist der Begriff des „Unternehmens", der in den meisten – wenn auch nicht allen[992] – Fällen die Voraussetzung des Vorliegens Rechtsfolgen auslösender konzernrechtlicher Verbindungen ist.

Hinzuweisen ist schließlich in Bezug auf die Definitionsnormen des deutschen Rechts noch auf die Tatsache, dass es auch hier – ebenfalls wie im französischen Recht[993] – zu keiner einheitlichen Konzerndefinition gekommen ist. Vielmehr enthalten die Vorschriften zum Bilanzrecht in § 290 Abs. 2 HGB einen dem AktG zwar ähnlichen, keinesfalls jedoch identischen Begriff, der zur Eröffnung des persönlichen Anwendungsbereichs für die Vorschriften zur Konzernrechnungslegung (§§ 290 ff. HGB) verwendet wird. Die Definition reicht weiter als die des § 18 AktG, da sie anstatt einer einheitlichen Leitung

---

[989] Siehe hierzu oben, § 1 B. I. 1. b) bb).

[990] Siehe bereits oben, 2.

[991] Genauer zum Konzernbegriff des AktG und dem Zusammenspiel der zahlreichen Vermutungsregeln *Thole*, in: Flöther, Handbuch zum Konzerninsolvenzrecht, § 2 Rn. 11 ff.

[992] Auf Ausnahmen hinweisend, in denen konzernrechtliche Normen die Unternehmenseigenschaft eines beherrschenden Unternehmens nicht voraussetzen und hieraus auf einen Rückgang der „Überzeugungskraft" des Unternehmensbegriffs schließend *Emmerich/ Habersack*, Konzernrecht, § 2 Rn. 4.

[993] Im französischen Recht wurde der Begriff des Konzerns bzw. der Unternehmensgruppe *(groupe d'entreprises)* im Gegensatz zu Deutschland nicht mit direkten Rechtsfolgen verknüpft. Die funktionsäquivalenten Regeln zu den §§ 15 – 19 AktG sind deshalb die Definitionsnormen zu „Beherrschung" (*contrôle*, Art. L. 233-3, L. 233-16 C. com), „Tochtergesellschaft" (*filiale*, Art. L. 233-1 C. com.) sowie „Beteiligung" (*participation*, Art. L. 233-2 C. com.); siehe hierzu oben, § 1 B. I. 1. b) aa).

parallel zu § 17 AktG bereits die Möglichkeit zur Ausübung eines beherrschenden Einflusses genügen lässt[994]. An letzteren Begriff ist auch die insolvenzrechtliche Definition der „Unternehmensgruppe“ nach § 3e InsO-Entwurf[995] angelehnt[996]. Diese Definition wird auch durch das darauf aufbauenden Gesetz vom 13.04.2017[997] übernommen, jedoch fällt nach § 3e Abs. 2 InsO insbesondere auch die GmbH & Co. KG unter den Begriff der „Unternehmensgruppe“ im Sinne des Gesetzes.

Die materiellen konzernrechtlichen Vorschriften der §§ 291 ff. AktG sind hingegen hauptsächlich der Festlegung von Grenzen der Konzernierung und, unter anderem, dem Ausgleich von möglichen Nachteilen im Sinne des typischen „Konzernkonflikts“ gegenüber der abhängigen Gesellschaft sowie ihren Minderheitsgesellschaftern und Gläubigern gewidmet[998]. Sie sind nach ihrem Wortlaut zunächst nur auf Aktiengesellschaften als abhängige wie auch als herrschende Unternehmen anwendbar[999]. Je nach Typ der Konzernverbindung werden hier Regelungen getroffen, die mögliche Nachteile einer Beherrschungssituation ausgleichen sollen[1000].

Doch wie bereits einleitend festgestellt, enthält selbst die international nahezu einmalige gesellschaftsrechtliche Kodifizierung des Konzernrechts keine umfassende Lösung für sämtliche in diesem Rechtsbereich auftretenden Probleme. Vielmehr setzen die §§ 291 ff. AktG ihren Schwerpunkt auf Ausgleichsregeln zu konzerninternen Konflikten bei bereits bestehenden Konzernen. Eine umfassende „Konzernbildungskontrolle“, die vorbeugende Schutzinstrumente schon bei der Gründung oder Erweiterung eines Konzerns enthalten könnte, beinhaltet das Konzernrecht des Aktiengesetzes nicht.[1001] Ebenso hat das Kon-

---

994 Hierauf hinweisend *Thole*, in: Flöther, Handbuch zum Konzerninsolvenzrecht, § 2 Rn. 19.

995 Entwurf eines Gesetzes zur Erleichterung der Bewältigung von Konzerninsolvenzen, Gesetzesentwurf der Bundesregierung vom 30.01.2014, BT-Drucks. 18/408; zu diesem Entwurf und dem darauf aufbauenden sogleich genauer unten, C. I.

996 Siehe auch hierzu *Thole*, in: Flöther, Handbuch zum Konzerninsolvenzrecht, § 2 Rn. 9 ff., 17 ff., 28 ff.

997 Gesetz zur Erleichterung der Bewältigung von Konzerninsolvenzen, BGBl. I, S. 866.

998 Siehe nur *Habersack*, in: Emmerich/ Habersack, Aktien- und GmbH-Konzernrecht, Einleitung Rn. 11; hierzu auch oben, 2.

999 Vgl. auch *Habersack*, in: Emmerich/ Habersack, Aktien- und GmbH-Konzernrecht, Einleitung Rn. 14.

1000 Ausführlich zu den Ausgleichsnormen als Abweichungen von der konzernrechtlichen Haftungstrennung unten, § 4 E. II. 2.

1001 Hierzu *Habersack*, in: Emmerich/ Habersack, Aktien- und GmbH-Konzernrecht, Einleitung Rn. 11 f.; *Hüffer/ Koch*, AktG, § 15 Rn. 4; beide weisen jedoch zutreffend auf die Rolle der Abschlussregeln für Unternehmensverträge nach §§ 293 ff. AktG hin; beide auch mit Hinweisen zu sonstigen Regeln der Konzernbildungskontrolle aus WpÜG und Rechtsprechung.

zernrecht in den §§ 15 ff. AktG zwar Definitionsnormen über verbundene Unternehmen zum Inhalt, auf welche der Gesetzgeber für die Anordnung von Rechtsfolgen zugreifen kann. Hiermit ist jedoch keine vollständige Kodifikation eines „Konzernorganisationsrechts" verbunden, welches Erscheinungsformen, innere Verfassung und Haftungsbeziehungen von Konzernen ähnlich der gesellschaftsrechtlichen Organisationsvorschriften für Gesellschaften definieren würde[1002].

Eine letzte Einschränkung der Spannweite des materiellen Konzernrechts betrifft schließlich die Haftung für in faktischen Konzernen zugefügte Nachteile. Der Gesetzgeber war bei der Kodifikation des Konzernrechts davon ausgegangen, dass die Konzernierung über Gewinnabführungs- und Beherrschungsverträge den Standardfall darstellen würde. In der Praxis hat sich dies allerdings mehrheitlich nicht durchsetzen können – womöglich insbesondere aufgrund der nach § 293 AktG erforderlichen ¾-Mehrheit zum Abschluss solcher Verträge, die faktisch selten erreicht werden kann. Vielmehr stellen faktische Konzerne in Deutschland die dominierende Form verbundener Unternehmen dar.[1003] Für letztere ist die Regelungsdichte im Vergleich zu Vertrags- und Eingliederungskonzernen allerdings weit geringer und Rückgriffe auf andere Rechtsinstrumente zur Wahrung der im Konzernsachverhalt bedrohten Interessen von Gläubigern und außenstehenden Aktionären im Ergebnis unumgänglich. Dies gilt besonders in dem Fall, in welchem das System des Einzelausgleichs für in Beherrschungssituationen zugefügte Nachteile ausscheidet, weil die Eingriffe – ähnlich wie in Vertragskonzernen durch § 308 AktG legitimiert, im faktischen Konzern jedoch in dieser Intensität ausgeschlossen[1004] – von einer derartigen Häufigkeit und Intensität sind, dass ihre Quantifizierbarkeit für einen durch § 311 AktG vorgeschriebenen Einzelausgleich verloren geht. Diese Problematik ist unter dem Stichwort der sogenannten „qualifizierten Nachteilszufügung" bekannt und deutet auf eine diesbezüglich lückenhafte Rechtsentwicklung im materiellen Recht der faktischen Konzerne hin. Im Ergebnis muss der Rechtsanwender die konzernrechtlichen Vorschriften durch den Rückgriff auf gesellschafts- und allgemein zivilrechtliche Haftungsgrundlagen flankieren, um auch für faktische Konzerne ein mit dem der §§ 291 ff. AktG vergleichbares Schutzniveau zu erreichen.[1005]

[1002] Siehe *Hüffer/ Koch*, AktG, § 15 Rn. 5; differenzierend *Emmerich/ Habersack*, Konzernrecht, § 1 Rn. 18 (kein „bestimmende[r] Einfluss" des „organisationsrechtliche[n] Charakter[s]); beide m.w.N.

[1003] Siehe *Altmeppen*, in: MüKo-AktG, Einleitung vor § 291, Rn. 3 ff.

[1004] Vgl. *Habersack*, in: Emmerich/ Habersack, Aktien- und GmbH-Konzernrecht, Anh. § 317 AktG Rn. 1. Dies gilt ebenso für den Eingliederungskonzern, vgl. ebenda.

[1005] Siehe hierzu unten, § 4 E. II. 2. d). Zur Problematik der qualifizierten Nachteilszufügung bereits *Altmeppen*, in: MüKo-AktG, Anh. 317 AktG Rn. 1 ff.; *Habersack*, in: Emmerich/ Habersack, Aktien- und GmbH-Konzernrecht, Einleitung Rn. 13 sowie ausführlich Anh. § 317 AktG Rn. 1 ff.

Doch auch der persönliche Anwendungsbereich des Konzernrechts umfasst bei weitem nicht das vollständige Spektrum aller auftretenden gesellschaftsrechtlichen Verflechtungen. So sind zwar die Definitionsnormen in §§ 15 bis 19 AktG – wie bereits einleitend beschrieben – rechtsformunabhängig ausgestaltet; der Großteil der materiellen Regeln der §§ 291 ff. AktG betrifft jedoch schon von Wortlaut und Systematik her nur die Aktiengesellschaft als beherrschtes wie auch herrschendes Unternehmen. Besonders für die in Konzernsachverhalten kaum minder beliebte GmbH[1006] sind diese konzernrechtlichen Vorschriften nicht ausdrücklich anwendbar und ein den aktienrechtlichen Regeln entsprechendes GmbH-Konzernrecht hat sich in Deutschland nie entwickelt[1007]. Nach heute in Deutschland ganz herrschender Ansicht sind die Regeln zu Vertragskonzernen größtenteils sowohl auf die beherrschende wie auch auf die beherrschte GmbH anwendbar, wobei Einzelheiten weiterhin umstritten sind[1008]. Für die faktisch beherrschte GmbH haben sich hingegen eigene Regeln entwickelt, die Rechtsprechung und Literatur aus allgemeinen Vorschriften herausgearbeitet haben[1009]. Auch diese Beschränkung zeigt die Grenzen konzernrechtlicher Rechtssetzung im gesellschaftsrechtlichen Bereich anschaulich auf.

Ähnlich wie im französischen Recht[1010] finden sich konzernrelevante Vorschriften auch in Deutschland über das Gesellschaftsrecht hinaus. Viele Parallelen ergeben sich allein schon aus der Tatsache, dass das Recht der Europäischen Union weite Teile auch für Konzerne relevanter Bereiche – wie etwa des Wettbewerbsrechts – ausgestaltet hat[1011]. Aber auch im Steuer-, Arbeits- und Kapitalmarktrecht bestehen wie im französischen Recht Sonderregeln für Konzerne[1012].

In der Gesamtschau lässt sich daher genauso wie in Frankreich festhalten, dass sich trotz größerer Vereinheitlichungstendenzen im in Deutschland geltenden Gesellschaftsrecht keine zusammenhängende Kodifizierung, sondern

---

[1006] Siehe bereits oben, I.

[1007] Hierzu bereits oben, 2.

[1008] So BGH 24.10.1988 – II ZB 7/88, BGHZ 105, 324 („Supermarkt") = NJW 1989, 295, 298 ff.; zu dieser Fragestellung auch *Altmeppen*, in: MüKo-AktG, Einleitung vor § 291, Rn. 25; *Habersack*, in: Emmerich/ Habersack, Aktien- und GmbH-Konzernrecht, Einleitung Rn. 14; *Servatius*, in: Michalski, GmbHG, Systematische Darstellung 4, Konzernrecht, Rn. 25. Diese Rechtsfortbildung wurde schließlich auch vom Gesetzgeber anerkannt, indem er in § 30 Abs. 1 S. 2 GmbHG ausdrücklich auf das Vorliegen von Beherrschungs- und Gewinnabführungsverträgen einging und hieran Rechtsfolgen anknüpfte.

[1009] Hierzu ebenfalls im Überblick sogleich unten, C. II. sowie ausführlich unten, § 4 E. II. 2. ff.; vgl. bereits *Altmeppen*, in: MüKo-AktG, Einleitung vor § 291, Rn. 26; *Habersack*, in: Emmerich/ Habersack, Aktien- und GmbH-Konzernrecht, Einleitung Rn. 14; *Servatius*, in: Michalski, GmbHG, Systematische Darstellung 4, Konzernrecht, Rn. 29.

[1010] Siehe hierzu oben, § 1 B. I. 1. c).

[1011] Siehe oben, § 1 B. I. 1. c) ee).

[1012] Hierzu im detaillierten Überblick *Emmerich/ Habersack*, Konzernrecht, § 1 Rn. 4.

vielmehr ein Geflecht konzernrechtlicher Regeln in unterschiedlichen Rechtsgebieten herausgebildet hat[1013]. Zwar wird die Beziehung des französischen Gesetzgebers zum Konzern wegen des schwierigen Spagats zwischen grundsätzlicher Förderungsbereitschaft von Konzernen und der großen Zurückhaltung bei ihrer rechtlichen Anerkennung als „seltsam“ eingeschätzt[1014] und Deutschland häufig zum Vorbild in der immer wieder aufgekommenen Diskussion um konzernrechtliche Kodifizierungsvorstöße erhoben[1015]. Trotz der im Vergleich weitreichenden aktienrechtlichen Vorschriften in Deutschland seit dem Aktiengesetz von 1965 wäre es aber aufgrund der auch dort auffindbaren Sonderfälle, Regelungslücken und Ausnahmen ebenso zutreffend, den Konzern wie in Frankreich als einen „Begriff von veränderlicher Geometrie“[1016] zu bezeichnen: Ein unter einfacher Beherrschung im Sinne von § 17 AktG zustande gekommener, faktischer GmbH-Konzern folgt nach alledem auch in Deutschland völlig unterschiedlichen Regeln wie etwa ein aus Aktiengesellschaften bestehender Vertrags- oder Eingliederungskonzern im Sinne der § 18 sowie §§ 291 ff. AktG.

Sieht man mit *Pelletier*[1017] den Konzern aufgrund des Auseinanderfallens von wirtschaftlicher und rechtlicher Realitäten (wirtschaftlich: ein Unternehmen – rechtlich: mehrere, wenn auch verbundene, Rechtsträger)[1018] als eine „unvollkommene rechtliche Situation“ an, wäre der Handlungsimperativ für den Gesetzgeber, Recht und Realität im Einzelfall so stimmig wie möglich zu vereinbaren. Hierfür müsse im Konzernrecht eine Haftung beherrschender Gesellschaften mit der Häufigkeit und Tiefe von Eingriffen in Leitungsmacht beherrschter Rechtsträger zusammenfallen, um so die Auswirkungen dieser Eingriffe auf das im Dienste der Gläubiger stehende Haftungskapital auszugleichen. Genau diese Problematik könne aus der Sicht des rechtsvergleichend argumentierenden Autors allerdings weder das deutsche Konzernrecht noch der französische Rückgriff auf allgemeine Regeln – insbesondere des Gesellschafts- und Insolvenzrechts – auflösen. Zwar bestünde mit den Vorschriften zum Vertragskonzern eine Möglichkeit, die vollständige Überschreibung der

---

1013 So bereits einleitend hier unter 3.; vgl. *Kuhlmann/ Ahnis*, Konzern- und Umwandlungsrecht, Rn. 6; zum französischen Recht oben, § 1 B. I. 1. a) und c).

1014 *Le Cannu*, LPA, Nr. 2002-7, 43, Rn. 27: „Le droit français entretient avec la notion de groupe une relation un peu curieuse“; hierzu bereits oben, § 1 B. I. 1. a).

1015 Hierzu ebenfalls oben, § 1 B. I. 1. a).

1016 *Cozian/ Viandier/ Deboissy*, Sociétés, 29. Auflage, Rn. 1883: „Le groupe est donc une réalité juridique à géométrie variable“. Hierzu bereits oben, § 1 B. I. 1. b) bb) (3).

1017 La responsabilité au sein des groupes de sociétés en cas de procédure collective, Rn. 23 – 27.

1018 Ähnlich auch *Thole*, in: Flöther, Handbuch zum Konzerninsolvenzrecht, § 1 Rn. 1: „Der Konzern ist mehr Phänomen denn eigenständiges Gebilde. Für ihn ist die Polarität zwischen Einheit des Ganzen und Vielheit der Glieder charakteristisch“.

Leitungsmacht an ein beherrschendes Unternehmen durch die damit verbundene Verlustübernahme an die wirtschaftlichen Tatsachen anzupassen und die rechtliche Unvollkommenheit so zu überwinden. Doch habe der geringe Zuspruch für Vertragskonzerne in der Praxis gezeigt, dass dieses „deutsche Modell“ im Ergebnis als „Misserfolg“[1019] zu bewerten sei, da sich die Pflicht zur Verlustübernahme aus praktischer Sicht nicht durch die im Vergleich zur faktischen Konzernierung nur leicht erhöhten Eingriffsmöglichkeiten für beherrschende Unternehmen ausgleichen ließe. Gerade im Bereich der faktischen Konzerne, dessen Ausgleichsregeln wie im französischen Recht durch einen Rückgriff auf allgemeine Regeln flankiert werden müssen, lasse dieses „deutsche Modell“ hingegen „genauso zu wünschen übrig wie die französische Regelung“[1020].

Im Ergebnis bleibt zur Lösung des Konflikts zwischen Recht und Realität im Einzelfall doch größtenteils ein Rückgriff auf allgemeine Regelungen notwendig. Nach alledem erscheinen die konzeptionellen Unterschiede trotz der deutschen Besonderheiten nicht gewichtig genug, um einem funktionalen Rechtsvergleich der Regeln im Wege zu stehen, die diese Vereinbarung von Recht und Realität im Einzelfall ermöglichen sollen.

IV. Folgerungen für Vergleiche zwischen französischem und deutschem Recht

Der deutsche Gesetzgeber traf mit seiner Entscheidung, auf den jedem Konzern in unterschiedlichem Maße innewohnenden Grundkonflikt zwischen beherrschendem Unternehmen einerseits und außenstehenden Aktionären und Gläubigern andererseits mit einer aktienrechtlichen Ausgleichsregelung zu reagieren, einen international nicht unumstrittenen, im weltweiten Vergleich jedenfalls aber nahezu einmalig gebliebenen Entschluss. Doch das deutsche „Recht der verbundenen Unternehmen“ spielt seine praktischen Auswirkungen zur besseren Verbindung von wirtschaftlicher Realität und rechtlichem Postulat nur im engen – und in der Praxis wenig relevanten – Bereich der Vertrags- und Eingliederungskonzerne vollständig aus. In der großen Mehrheit der Konzernsachverhalte, die durch faktische Konzerne beherrscht wird, greift das deutsche Recht bei AG und KgaA teilweise, bei allen anderen Gesellschaftsformen vollständig auf allgemeine Regeln und richterrechtliche Rechtsfortbildung zurück, um durch die Konzernverfassung zugefügte Nachteile auszugleichen. Es ist dem französischen Recht, welches diese Nachteile vollständig durch diesen Rückgriff auszugleichen versucht, damit ähnlicher als im ersten Anschein gedacht und ein funktionaler Rechtsvergleich dieses Regelungskomplexes aufgrund seiner weitgehenden Funktionsäquivalenz fraglos möglich.

[1019] Ebenda, Rn. 27: „Echec du droit allemand“.

[1020] Ebenda: „Au final, le modèle allemand laisse autant à désirer que la réglementation française“.

Und auch das Vergleichssubjekt des Konzerns wird in den beiden Rechtsordnungen nicht allzu unterschiedlich beschrieben. Zwar wird dem deutschen Gesetzgeber von französischer Seite teils vorgeworfen, mit den in §§ 15–18 AktG aufgenommenen Definitionsnormen für „verbundene Unternehmen", „in Mehrheitsbesitz stehende Unternehmen und mit Mehrheit beteiligte Unternehmen", „abhängige und herrschende Unternehmen" und schließlich „Konzern und Konzernunternehmen" einem vielschichtigen wirtschaftlichen Phänomen ein rechtliches Korsett anlegen zu wollen, welches ihnen die Flexibilität nimmt, die Gründer einer solchen Organisationsform doch gerade regelmäßig suchten. Doch auch das französische Recht enthält mit den ähnlich wie die §§ 15 ff. AktG von zahlreichen Normen in Bezug genommen die Art. L. 233-1 bis L. 233-3 C. com sowie die Art. L. 233-16 C. com. („Tochtergesellschaften" – *„filiales"*, „Beteiligungen" – *„participations"* und „Beherrschung" – *„contrôle"*) mit Definitionsnormen, die zwar den Begriff „Konzern" oder „Unternehmensgruppe" *(„groupe de sociétés")* als solchen vermeiden, im Ergebnis jedoch auf dasselbe wirtschaftliche Phänomen hinweisen und ein Anknüpfen von Rechtsfolgen an gerade diese Begriffe ermöglichen möchten.

In beiden Rechtsordnungen kann so – unabhängig von gesetzlichen Definitionsnormen – ein gemeinsamer Konzernbegriff im weiteren Sinne gefunden werden, der sowohl in Deutschland wie auch in Frankreich zur untechnischen Beschreibung von Unternehmensgruppen genutzt wird und auch den hier angeführten rechtsvergleichenden Anmerkungen zugrunde gelegt werden kann. Dieser definiert den Konzern als eine Mehrzahl von rechtlich unabhängigen Gesellschaften, die wirtschaftlich durch gesellschaftsrechtliche, persönliche, vertragliche oder sonstige Bindungen zu einem gemeinsamen Unternehmen verflochten sind[1021].

C. Das Konzerninsolvenzrecht als Verfahrensrecht

Betrachtet man die Rechtslage bei der Insolvenz konzernangehöriger Unternehmen, wird ein weiterer Gegensatz zwischen deutschem und französischem

---

[1021] Zu diesem im französischen Recht untechnisch verwendeten Begriff oben, § 1 B. I. 1. a); im deutschen Recht etwas einschränkender, da auf den Regelungsbereich des AktG bezogen, aber dennoch ähnlich etwa *Emmerich/ Habersack*, Konzernrecht, § 1 Rn. 2: „Gegenstand der genannten Vorschriften des AktG sind Unternehmen, die zwar rechtlich selbständig, auf der Grundlage bestimmter gesellschaftsrechtlicher Instrumentarien aber miteinander verbunden sind." Weiter hingegen *Kuhlmann/ Ahnis*, Konzern- und Umwandlungsrecht, Rn. 3, für welche der Konzern „...aus juristisch nach wie vor selbständigen Unternehmen" besteht, „die sich aber innerhalb eines einheitlichen wirtschaftlichen Konzeptes bewegen"; ähnlich auch *Specovius/ Kuske*, in: Gottwald, Insolvenzrechts-Handbuch, 5. Auflage, § 95 Rn. 2: „Ein Konzern – im allgemeinen Sinne – ist ein Zusammenschluss mehrerer Unternehmen zu einer wirtschaftlichen Einheit."

Recht deutlich. Deutschland verfügt über ein kodifiziertes Aktienkonzernrecht[1022] und führte erst kürzlich neue Regeln die Insolvenz konzernangehöriger Rechtsträger ein. Diese stellen jedoch kein vollständiges „Konzerninsolvenzrecht" im ganzheitlichen Sinne dar, sondern betreffen lediglich prozessuale Regeln. In Frankreich besteht hingegen zwar keine konzernrechtliche Kodifizierung[1023], der Gesetzgeber hat sich jedoch schon früher als in Deutschland für die Einführung prozessualer Sonderregeln für Konzerninsolvenzen entschieden[1024] wie auch die Konzerninsolvenz als materielles Problem begriffen und mit teils eigenständigen, teils mit anderen Sachverhalten zusammenfallenden Sonderregeln besetzt[1025].

I. Die Einführung von prozessualen Sonderregeln durch ein „Gesetz zur Erleichterung der Bewältigung von Konzerninsolvenzen" vom 13.04.2017

Auch in Deutschland sind die Probleme von Konzerninsolvenzen schon seit längerem als solche identifiziert worden und eine Diskussion um die Einführung konzerninsolvenzrechtlicher Regeln hat die insolvenzrechtliche Literatur beherrscht[1026]. Die Konzerninsolvenz wird in Deutschland größtenteils als prozessuales Effizienzproblem begriffen, während im Konzern entstehende und bei der Insolvenz von Konzerngesellschaften virulent werdende Haftungssachverhalte nicht zum insolvenzrechtlichen Kanon gehören[1027]. Insbesondere das von seinen Rechtsfolgen weitreichendste materielle Modell für Konzerninsolvenzen, die so genannte materielle Konsolidierung, wird in der deutschen Literatur überwiegend und in vielen Fällen kategorisch abgelehnt[1028].

In diesen Stand der Debatte fügte sich der Regelungsvorschlag ein, mit welchem die Bundesregierung das Problem der Konzerninsolvenzen im deutschen Recht zu berücksichtigen suchte. Der dem inzwischen verabschiedeten Gesetz

---

[1022] Hierzu soeben oben, B. III.

[1023] Siehe oben, § 1 B. I. 1. a) ff.

[1024] Zur Konzerninsolvenz als prozessuales Problem im Allgemeinen bereits oben, Einleitung, A. I. 1.; zum französischen Recht oben, § 1 C.

[1025] Zwar greifen diese Regeln nicht alle an den Begriff einer Konzerninsolvenz an – allen voran, weil das französische Recht bereits den Begriff des Konzerns nicht verbindlich regelt –, die Sonderregeln finden jedoch entweder ausschließlich oder in der Mehrzahl der Fälle zur Haftungsrealisierung bei Konzerninsolvenzen Anwendung. Zur materiellen Seite der Konzerninsolvenz im Allgemeinen bereits oben, Einleitung, A. I. 2.; zum materiellen französischen Konzerninsolvenzrecht und den damit verbundenen Haftungstatbeständen unten, 2. Kapitel.

[1026] Diese Diskussion findet sich zusammengefasst bereits oben, Einleitung, A. I. 1.

[1027] Auch zu dieser Zweiteilung des Problems der Konzerninsolvenz oben, Einleitung, A. I. 1. f.; zu materiellen Fragen der Konzerninsolvenz im deutschen Recht auch sogleich unten, II.

[1028] Siehe oben, Einleitung A. I. 2.

vom 13.04.2017[1029] zugrunde liegende „Entwurf eines Gesetzes zur Erleichterung der Bewältigung von Konzerninsolvenzen“ vom 30.01.2014[1030] sticht durch seine Zurückhaltung hervor. Wie die Bundesregierung in der Begründung ihres Entwurfs deutlich macht, setzt dieser auf „flexible Koordinierungsmechanismen statt Konsolidierungslösungen“[1031]. So möchte man für die Konzerninsolvenz einen „flexiblen rechtlichen Rahmen“ bieten, „der eine dem jeweiligen Einzelfall gerecht werdende Koordinierung der Verfahren“ erlaube“[1032]. Diese Herangehensweise sei der Tatsache geschuldet, dass Konzerne in ihrer Größe sowie auch in ihrer Integrationstiefe ein überaus heterogenes Phänomen darstellten[1033]. Aus diesem Grund werden in der Begründung des Entwurfs sowohl verbindliche Regeln zur Konzentration oder gemeinsamen Abwicklung von Verfahren, wie auch aus Sicht der Bundesregierung zu tiefgreifende Kooperationspflichten abgelehnt[1034]. Eine Konsolidierung der Verfahren könne sich für Konzerne von nur geringer Integrationstiefe als „übermäßig“ herausstellen und hätte auch für wirtschaftlich enger verbundene Konzerne ihren Effizienzvorsprung gegenüber niederschwelligeren Lösungen nicht bewiesen[1035]. Ebenso zurückgewiesen werden Modelle materieller Konsolidierung. Die hiermit verbundene Möglichkeit einer Einbeziehung nicht insolventer Konzernunternehmen[1036] unter Zusammenfassung der Haftungsmassen widerspreche dem konzernrechtlichen Rechtsträgerprinzip und dem damit verbundenen Grundsatz der konzerninternen Haftungstrennung. Außerdem benachteilige sie Gläubiger von solchen Konzerngesellschaften, deren Befriedigungsquoten bei isolierter Abwicklung höher wären als bei ihrer Zusammenfassung[1037]. Hierdurch würden die „Haftungserwartungen“ der Gläubiger „enttäuscht“ und Aufwand und Kosten der Kreditaufnahme durch die damit notwendig werdende konzernweite Berechnung von Ausfallrisiken erhöht[1038]. Das nunmehr verabschiedete „Gesetz zur Erleichterung der Bewältigung von Konzerninsolvenzen“ übernimmt die wesentlichen Inhalte und Wertungen des Entwurfs[1039].

[1029] Gesetz zur Erleichterung der Bewältigung von Konzerninsolvenzen, BGBl. I, S. 866; hierzu bereits oben, Einleitung, A. I. 1.

[1030] BT-Drs. 18/407 (RegE).

[1031] RegE, Begründung, S. 16, Überschrift zu II.

[1032] RegE, Begründung, S. 16.

[1033] Ebenda.

[1034] RegE, Begründung, S. 16 f.

[1035] RegE, Begründung, S. 17.

[1036] Ausdrücklich abgelehnt in RegE, Begründung, S. 17.

[1037] Ebenda.

[1038] Ebenda.

[1039] Die Änderungen im Vergleich zum Entwurf sind minimal. Eine Übersicht dieser Änderungen findet sich in Beschlussempfehlung und Bericht des Ausschusses für Recht und Verbraucherschutz (6. Ausschuss), BT-Drs. 18/11436, S. 4 ff.

Schon vor einer inhaltlichen Analyse von Regierungsentwurf und Gesetz ist es interessant zu beobachten, wie das Argument, den Konzern als vielgestaltiges wirtschaftliches Phänomen nur unzureichend rechtlich umfassen zu können, in Deutschland und Frankreich zu abweichenden gesetzgeberischen Schlussfolgerungen führt. Während in Deutschland die Existenz eines geschriebenen (Aktien-)Konzernrechts mit größtenteils verbindlichen Definitionsnormen und Rechtsfolgen kaum angezweifelt, auf die Einführung strenger konzerninsolvenzrechtlicher Regeln hingegen verzichtet wird, kommt es in Frankreich zur Ablehnung konzernrechtlicher Vorschriften bei gleichzeitiger Einführung und Erweiterung von einschneidenden prozessualen und materiellen Regeln aus dem Bereich des Konzerninsolvenzrechts.

Vergleicht man die prozessualen Sonderregeln, die im französischen Recht schon seit längerem bestehen und zuletzt durch die *Loi Macron* vom 06.08.2015 entscheidend erweitert wurden[1040], mit den durch das deutsche Gesetz herbeigeführten Änderungen, fällt auf, dass der französische Gesetzgeber auf einen wesentlich verbindlicher wirkenden Prozessrahmen für Konzerninsolvenzen gesetzt hat. Stehen die prozessualen Sonderregeln in Deutschland unter dem Leitbild der Freiwilligkeit, sind in Frankreich nahezu alle Vorschriften des Art. L. 662-8 C. com. zwingendes Recht. Dies gilt insbesondere für den in Frankreich nunmehr festgeschriebenen Konzerngerichtsstand für sämtliche Gesellschaften, die unter die weit gefassten Voraussetzungen der Definitionsnormen in Art. L. 233-1 bis -3 C. com. fallen[1041] sowie für die zwingende Verweisung an auf größere Unternehmensinsolvenzen spezialisierte Gerichte[1042]. Die Ernennung personenidentischer Verwalter und Gläubigervertreter für alle konzernangehörigen Gesellschaften nach Art. L. 662-8 Abs. 2 C. com. wird zudem in richterliches Ermessen, nicht jedoch in die Verantwortung sonstiger Verfahrensbeteiligter und ihre Antragsbefugnis gestellt.[1043]

Der deutsche Gesetzesentwurf[1044] und die darauf aufbauende Neuregelung sehen hingegen einen freiwilligen, auf Antrag eines gruppenangehörigen Schuldners nach gerichtlichem Ermessen zu bestimmenden, gemeinsamen „Gruppen-Gerichtsstand“ (§§ 3a ff., 13a InsO n.F.) vor, an welchen nach dessen Festlegung für weitere den Konzern betreffende Verfahren auf Antrag eines gruppenangehörigen Schuldners (§ 3a Abs. 1 InsO n.F.) verwiesen werden

---

[1040] Siehe hierzu oben, § 1 C. II.

[1041] Zu diesem Abs. 1 des Art. L. 662-8 C. com. ebenda.

[1042] So Abs. 3 desselben Artikels.

[1043] Auch hierzu oben, § 1 C. II.

[1044] Zum Inhalt des Entwurfs im Überblick vgl. etwa *Specovius/ Kuske*, in: Gottwald, Insolvenzrechts-Handbuch, 5. Auflage, § 95 Rn. 32 ff. Zum nunmehr verabschiedeten Gesetz *Commandeur/ Römer*, NZG 2017, 776, 778 f.; *Flöther*, in: Flöther, Handbuch zum Konzerninsolvenzrecht, § 1 Rn. 6 ff.; *Specovius/ von Wilcken*, in: Gottwald/ Haas, Insolvenzrechts-Handbuch, § 95 Rn. 24 ff.

kann (§ 3d InsO n.F.). Daneben eröffnet § 56b InsO n.F. die Möglichkeit, personenidentische Verwalter in Abstimmung der unterschiedlichen Insolvenzgerichte zu bestimmen und gibt den Verfahrensbeteiligten in § 269a f. InsO n.F. allgemeine Koordinationsrechte und -pflichten auf, die etwa den Austausch von Informationen von Insolvenzgerichten, Verwaltern und gruppenangehörigen Schuldnern betreffen. Schließlich besteht nach § 269d ff. InsO n.F. die neu eingeführte Möglichkeit der Eröffnung eines zusätzlich zu den Insolvenzverfahren über die Rechtsträger im Konzern zu eröffnenden „Koordinationsverfahrens" mit der Benennung eines „Verfahrenskoordinators"[1045] sowie der Möglichkeit der Verabschiedung eines konzernweiten Koordinationsplans. Hinzuweisen ist darauf, dass der Regierungsentwurf in § 3e InsO n.F. einen eigenen Begriff der „Unternehmensgruppe" definiert, der den Anwendungsbereich der einzuführenden Regeln festlegt. Dieser umfasst rechtlich selbständige Unternehmen mit einem inländischen wirtschaftlichen Interessenmittelpunkt, deren Verbindung entweder durch die Ausübungsmöglichkeit beherrschenden Einflusses oder das Bestehen einer einheitlichen Leitung materialisiert wird. Es wird somit eine Kombination handels- und gesellschaftsrechtlicher Konzernbegriffe geboten, wohl um eine von diesen Begriffen unabhängige Anpassungsfähigkeit der Definition an insolvenzrechtliche Sachverhalte zu gewährleisten.[1046] Das Gesetz umfasst – anders als der Regierungsentwurf – nunmehr auch Gestaltungen wie die insolvente GmbH & Co. KG.

II. Zwischenergebnis und Folgerungen für Vergleiche zwischen französischem und deutschem Recht: Anwendbarkeit allgemeiner Regeln zur Auflösung materieller Konfliktlagen im deutschen Recht

Nach alledem lässt sich zusammenfassend festhalten, dass die Problematik der Konzerninsolvenz in Deutschland nunmehr einer Teilregelung durch originär insolvenzrechtliche Vorschriften zugeführt worden ist. Diese betrifft allerdings nur die prozessuale Problematik der Konzerninsolvenz, bei welcher die Frage nach der effizientesten Verfahrensabwicklung im Zentrum des Interesses steht. Es handelt sich bei dem neuen Gesetz „weniger [um, d. Verf.] ein ‚Konzerninsolvenzrecht', als vielmehr [um, d. Verf.] ein ‚Konzerninsolvenzverfahrensrecht'" behandelt es doch „materiell-rechtliche Fragestellung im Zusammenhang mit der Insolvenz von Unternehmensgruppen gerade nicht"[1047]. Auch die bereits bestehenden insolvenzrechtlichen Regeln sind aufgrund der entsprechenden Zielsetzung des Insolvenzrechts als Verfahrensrecht nur in wenigen Fällen materielle Probleme[1048]. Die bereits in der Einleitung dieser Arbeit[1049] als

---

[1045] Im RegE noch: „Koordinationsverwalter".

[1046] Siehe hierzu genauer *Römermann*, ZRP 2013, 201, 202.

[1047] *Commandeur/ Römer*, NZG 2017, 776

[1048] Siehe oben, A. II.

[1049] Siehe oben, Einleitung, A. I. 2.

solche beschriebene materielle Problematik der Konzerninsolvenz als Haftungsfrage wird im deutschen Recht kaum als spezifisch insolvenzrechtliche Fragestellung verstanden. Passend zur Einordnung des Insolvenzrechts als Verfahrensordnung sind Lösungen zu Fragen der rechtsträgerübergreifenden Haftung in der Insolvenz konzernangehöriger Gesellschaften daher in allgemeinen Regeln zu suchen, die größtenteils auch außerhalb der Insolvenz von Unternehmen eingesetzt werden können. Aus rechtsvergleichender Sicht folgt hieraus in Bezug auf das deutsche Recht, dass hier auch allgemeine Regeln etwa von konzernrechtlichen Ausgleichspflichten, Gesellschafter- oder Durchgriffshaftungstatbeständen und schließlich Tatbeständen der Insolvenzanfechtung berücksichtigt werden müssen[1050], während im französischen Recht spezielle Tatbestände einer rechtsträgerübergreifenden Insolvenzhaftung im Zentrum des Interesses liegen, welche auch einer Anwendung auf Konzerne offenstehen.

[1050] Hierzu unten, § 4 E. II., § 5 A. VI., B. IV., C. V., D. I., II.

Kapitel 2:

Die Überschreitung von Rechtsträgergrenzen in der Insolvenz konzernangehöriger Rechtsträger

Die im ersten Kapitel in ihrem Grundsatz dargestellte Haftungssegmentierung im Konzern und die Begrenzung der Rechtsfolgen eines eröffneten Insolvenzverfahrens auf den jeweils betroffenen konzernangehörigen Rechtsträger stellen die Hauptgründe für den praktischen Erfolg dieser Organsiationsform für Unternehmen dar. Die wirkliche Reichweite dieser konzernrechtlichen Grundprinzipien im jeweiligen Anwendungsfall lässt sich jedoch in jeder Rechtsordnung nur durch die dort jeweils zugelassenen Ausnahmen erfassen.

Das Für und Wider von Abweichungen von der allgemeinen Haftungsordnung in der Insolvenz konzernangehöriger Gesellschaften in der Form eines Übergriffs auf einen oder mehrere andere konzernangehörige Rechtsträger ist genau abzuwägen, denn es sind jeweils gewichtige Interessen betroffen[1].

Für ein Aufrechterhalten der Haftungstrennung im Konzern trotz des Auftretens von wirtschaftlichen Schwierigkeiten oder gar Zahlungsausfällen bei einem seiner Rechtsträger sprechen jeweils die Erwartungen der Konzerngründer an einer Risikominimierung[2] und des Rechtsverkehrs, in welchem etwa die Gläubiger anderer konzernangehöriger Gesellschaften eine Einschränkung des ihnen zustehenden Haftungssubstrats für das Schicksal einer anderen Gesellschaft negativ für ihre jeweilen Befriedigungschancen bewerten. Eine zu weitreichende Infragestellung der Haftungstrennung in einer Rechtsordnung kann somit der Rechtssicherheit abträglich sein und insgesamt die Kreditvergabe in einem Markt erschweren[3]. Auch aus internationaler Sicht ist diese größtenteils gesamtwirtschaftliche Argumentationsweise für eine möglichst weitreichende Beibehaltung der Haftungstrennung im Konzern beachtlich. Wird der Grundsatz nämlich zu stark eingeschränkt, kann dies einen negativen Standortfaktor für Investitionen in den jeweiligen Rechts- und Wirtschaftsstandort darstellen[4].

---

[1] Vgl. hierzu auch *Dammann/ Podeur*, RLDA Nr. 2007-16, étude 975, 65.

[2] Hierzu bereits oben, § 1 B. II. 2.

[3] So auch die in Deutschland vorherrschende Argumentationsweise gegen materielle konzerninsolvenzrechtliche Regeln, allen voran materiellen Konsolidierungslösungen, siehe unten, § 4 E. I.

[4] So insbesondere zur von vielen Seiten als zu weitreichenden Rechtsprechung zur *théorie du co-emploi* unten, § 5 C. IV.

Gleichzeitig kann sich eine uneingeschränkte Aufrechterhaltung der Haftungstrennung jedoch im Einzelfall als ungerecht erweisen. Dies ist besonders der Fall, wenn durch die Verhaltensweise einer beherrschenden Gesellschaft gegenüber einem anderen konzernangehörigen Rechtsträger andere Betroffene geschädigt werden[5] und damit vom Organisationsmodell eines „normal funktionierenden Konzerns" abgewichen wurde.

Das französische Recht sieht in diesem Fall die Anwendung zielgerichteter Ausnahmetatbestände vor, die die Haftungstrennung im Einzelfall entweder anpassen oder völlig aufheben[6] und die größtenteils als insolvenzrechtliche Spezialtatbestände zum Durchgriff etwa auf Gesellschafter ausgestaltet sind. Im Bereich des Konzerns wirkt sich diese Abweichung zumindest bei den *groupes financiers* durch einen Durchgriff auf die als Gesellschafter fungierenden übergeordneten Gesellschaften aus, kann jedoch auch andere Formen annehmen. Die Haftungstrennung weicht gegenüber den Interessen einzelner Gläubiger, einer bestimmten Gläubigergruppe wie etwa der Arbeitnehmer oder schließlich auch des Staates bzw. der Allgemeinheit[7] zurück.

Im aktuellen französischen Recht ist bei den alle Gläubiger einer Gesellschaft, über die ein Rettungs-, Sanierungs- oder Liquidationsverfahren eröffnet wurde, begünstigenden Ausnahmetatbeständen zunächst die Verfahrenserstreckung nach Art. L. 621-2 Abs. 2 C. com.[8] zu nennen. Für den Fall des Vorliegens einer fiktiven Gesellschaft *(fictivité d'une personne morale)* oder einer Vermögensvermischung *(confusion des patrimoines)* wird mit der Verfahrenserstreckung die materielle Konsolidierung einer bereits eröffneten *procédure collective* in Bezug auf einen oder mehrere weitere Rechtsträger ermöglicht und mit einer Zusammenfassung aller Vermögensgegenstände wie auch Verbindlichkeiten verbunden. Die Gläubiger dieser Gesellschaft sehen das Haftungssubstrat hiermit durch das Vermögen des hinzutretenden Rechtsträgers – und auf Kosten der Gläubiger des Letzteren – angereichert. Ebenso gehört zu den alle Gläubiger eines jeweiligen Rechtsträgers begünstigenden Ausnahmetatbeständen die heute so genannte *responsabilité pour insuffisance*

[5] Zu Fallgruppen, in denen derartige Erwägungen besonders virulent werden, oben, § 1 C. III.

[6] *Paerels*, Le dépassement de la personnalité morale, Rn. 8 beschreibt das Regel-/ Ausnahmeverhältnis dieser Tatbestände wie folgt: „Einerseits werden juristische Personen vom französischen Recht anerkannt und besiegelt als von ihren Schöpfern unabhängige Wesen. Andererseits scheint das Gesetz nicht zu zögern, ihre Selbständigkeit bei Gelegenheit zu verwerfen, indem es diejenigen berücksichtigt, aus denen sie bestehen." („D'un côté, les personnes morales sont reconnues et consacrées en droit français, comme étant des êtres juridiques distincts de leurs auteurs. De l'autre, le droit semble ne pas hésiter à faire, de façon occasionnelle, échec à leur autonomie en prenant en considération directe ceux qui la composent.").

[7] So insbesondere bei der Umwelthaftung aus Art. L. 512-17 C. env., hierzu unter § 5 B.

[8] Hierzu unter § 4.

d'actif, die in Art. L. 651-1 ff. C. com. geregelt ist. Sie ist als spezieller deliktischer Haftungstatbestand ausgestaltet, der im Falle eines Liquidationsverfahrens Fehlverhalten von förmlich bestellten oder faktischen Geschäftsführern sanktioniert, die zu einem Aktivfehlbetrag geführt haben. Bei Konzernen kann eine beherrschende Gesellschaft die Rolle des faktischen Geschäftsführers übernehmen und wegen im Rahmen der Beherrschung begangener Managementfehler zu Ausgleichszahlungen zugunsten der Gesellschaft in Anspruch genommen werden.[9] Ebenso lassen sich derartige Haftungsszenarien teilweise auch aus allgemeinen zivilrechtlichen Grundsätzen herleiten[10].

Auch zugunsten der Arbeitnehmer einer insolventen, konzernangehörigen Gesellschaft besteht im französischen Recht ein besonderer Haftungstatbestand gegenüber Muttergesellschaften: Es handelt sich hierbei um die erst kürzlich wieder vielfach eingesetzte, richterrechtliche „Lehre von der Co-Arbeitgeberschaft" *(théorie du co-emploi)*, die insbesondere für arbeitsrechtliche Schadensersatzforderungen einen direkten Durchgriff auf zahlungsfähige Muttergesellschaften erlaubt[11].

Schließlich bildet sich im französischen Recht ein zunehmend gewichtiger Kanon von Durchgriffshaftungstatbeständen zum Schutz von Interessen der Allgemeinheit heraus. Im Zentrum des Interesses steht hier die Haftung von Muttergesellschaften für Umweltschäden, die als deliktsrechtlicher Sondertatbestand erst kürzlich in Art. L. 512-17 C. env. Aufgenommen worden ist[12].

Die Überwindung dieser Haftungsgrenzen im Konzernkontext ist nicht in allen Fällen an eine Gesellschafterstellung gebunden, sodass auch über Finanzkonzerne hinaus Haftungsfälle denkbar sind.

Durchgriffe und Haftungserstreckungen bleiben auch in Krise und Insolvenz an ein besonderes Verhalten der von dieser Erweiterung betroffenen Gesellschaften anknüpfende Ausnahmefälle; eine im Rahmen des wirtschaftlich Vertretbaren organisierte Gruppenaktivität ohne Missbräuche oder als ungerecht verstandene Risikoverteilung führt im Grundsatz zum Fortbestand der strikten Haftungstrennung – auch im Falle von Konzerninsolvenzen[13]. Besonders bei großen Konzerninsolvenzen werden diese Ausnahmefälle auch durch die teils aufgebrachte Reaktion der Öffentlichkeit lautstark gefordert, was manche Verfahrensbeteiligte zu entsprechenden Anträgen verleitet, gerade zur Inanspruchnahme von Muttergesellschaften in Bezug auf zu liquidierende Töchter[14].

---

[9] Hierzu unter § 5 A.

[10] Hierzu unter § 5 D.

[11] Hierzu unter § 5 C. Die *théorie du co-emploi* wird jedoch von der Rechtsprechung inzwischen restriktiver angewendet; siehe hierzu ebenfalls unter § 5 C.

[12] Hierzu unter § 5 B.

[13] Siehe *Dammann/ Podeur*, RLDA Nr. 2007-16, étude 975, 65, 66.

[14] Vgl. etwa *Lebel*, Gaz. Pal., Nr. 2005-309, 3.

Gleichzeitig kann die Vornahme eines Haftungsdurchgriffs und die damit einhergehende Anpassung der juristischen Strukturen an die wirtschaftliche Realität in für Haftungsfälle prädestinierten Insolvenzsachverhalten ein gerechtigkeitsstiftendes Element sein[15] und damit der Konzernrealität besser gerecht werden. In welchen Fällen das französische Recht eine solche Anpassung für angemessen hält und welche Ausprägung das französische Recht damit dem Grundsatz der Haftungstrennung im Konzern letztendlich zubilligt, wird im Folgenden anhand der einzelnen Tatbestände materieller Konzernhaftung in Krise und Insolvenz dargestellt. Direkt im Anschluss an den jeweiligen Tatbestand werden zur besseren Einordnung des Ergebnisses rechtsvergleichende Anmerkungen zu in ähnlichen Fällen anwendbaren Regeln des deutschen Rechts angefügt.

---

[15] So heißt es etwa von Seiten des französischen Justizministeriums als Begründung der Ordonnance Nr. 2014-326 vom 12.03.2014 – *Ministère de la justice*, JORF, 14.03.2014, Text 2, S. 57, IV-4: „Die Erfassung der wirtschaftlichen Realität des Unternehmens ist von größter Wichtigkeit." („L'appréhension de la réalité économique de l'entreprise est une première nécessité."). Zum Hintergrund der hiermit begründeten Maßnahmen unten, § 4 A. III. 3. e) sowie § 4 B. I. 2. b).

§ 3 Gemeinsame Entwicklung und spätere Diversifikation der Haftungsgrundlagen in der materiellen Konzerninsolvenz

Bevor die einzelnen Haftungstatbestände genauer betrachtet werden, scheint jedoch ein Blick in ihre gemeinsame Entwicklungsgeschichte sinnvoll, die von einer langen Tradition in Rechtsprechung und Gesetzgebung geprägt ist. Auf diese Rechtsentwicklung lassen sich zahlreiche Eigenheiten des französischen Haftungsrechts für Konzerngesellschaften in der Insolvenz zurückführen.

A. Richterrechtliche Tradition der Haftungsdurchgriffe im Kontext von Gesellschaftsinsolvenzen

Unterschiedliche Formen einer Durchgriffshaftung stehen in Frankreich als Tatbestände zur Überwindung der gesellschaftsrechtlichen Haftungsbegrenzung in einer langen Rechtsprechungstradition[16]. Schon die ersten Ansätze richterlicher Rechtsschöpfung in diesem Bereich waren insolvenzrechtlich qualifiziert. Sie betrafen Vorgänger der heutigen Verfahrenserstreckung[17] von juristischen auf natürliche Personen[18], was schon der historisch gesehen späteren Entwicklung von Konzernen nennenswerter Größe geschuldet ist[19]. Erst nach und nach wurde die Verfahrenserstreckung auch im Rahmen von Konzerninsolvenzen zur Erstreckung eines Verfahrens von einer auf eine andere juristische Person zur Anwendung gebracht[20] und gemeinsam mit weiteren Haftungstatbeständen differenziert angewendet.

Das traditionsreichste Rechtsinstrument ist hierbei die Verfahrenserstreckung *(extension de procédure*, heute Art. L. 621-2 Abs. 2 C. com.[21]. Die beiden heute anwendbaren Alternativen dieses Tatbestands, fiktive juristische Person *(fictivité d'une personne morale)* sowie Vermögensvermischung *(confusion des patrimoines)*[22] entstanden nicht gleichzeitig; vielmehr betrafen erste Urteile mit verfahrenserstreckender Rechtsfolge Fälle von Scheingesellschaften[23]. Die Rechtsfolgen in diesen ersten Verfahren waren mit denen der heutigen Verfahrenserstreckung nicht vergleichbar; vielmehr können sie auch als

[16] Siehe zur Entwicklung dieses Rechtsinstituts auch *Paerels*, Le dépassement de la personnalité morale, Rn. 41 ff. sowie, in deutscher Sprache, *Rivinius*, Konzernkonkurs, S. 43 ff.

[17] Zu dieser ausführlich unten, § 4.

[18] *Rivinius*, Konzernkonkurs, S. 45.

[19] Zur wirtschaftlichen Entwicklung der Konzerne in Frankreich oben, § 1 B. II.

[20] Siehe *Rivinius*, Konzernkonkurs, S. 39.

[21] Hierzu sogleich unten, § 4.

[22] Zu diesen Tatbestandsmerkmalen unten, § 4 B.

[23] Siehe *Pelletier*, La responsabilité au sein des groupes de sociétés en cas de procédure collective, Rn. 52, Fn. 26.

die Grundlage anderer Tatbestände rechtsträgerübergreifender Haftung wie etwa der *responsabilité pour insuffisance d'actif*[24] verstanden werden.

I. Rechtssache Mary-Raynaud: Grundlage des Kriteriums der fictivité und erste Ansätze einer Durchgriffshaftung auf das Führungspersonal einer Gesellschaft

Der Hintergrund erster gerichtlicher Entscheidungen lag im begrenzten persönlichen Anwendungsbereich der Insolvenzverfahren als Sonderrecht der Kaufleute, welcher noch heute im Grundsatz aufrechterhalten wird[25]. Handelten Gesellschafter oder Geschäftsleiter einer Kapitalgesellschaft durch eine solche im persönlichen Interesse, ermöglichte nur ein durch Verfahrenserstreckung ausgelöstes, gemeinsames Insolvenzverfahren *(faillite commune)* die Anwendung der insolvenzrechtlichen Regeln auf diese so genannten „faktischen Kaufleute" *(commerçants de fait)*, da Gesellschafter oder das Führungspersonal selbst keine Kaufmannseigenschaft inne hatten[26]. Spätere Fälle von Konzerninsolvenzen, die sich aus der *faillite commune* mehrerer juristischer Personen ergaben, führten Verfahrenserstreckungen daraufhin auch unabhängig von einer derartigen Zielsetzung durch, da Handelsgesellschaften im französischen Recht schon seit ihrem Aufkommen als Formkaufleute einzustufen waren und der heutige Anwendungsbereich seit dem Gesetz vom 13.07.1967[27] sämtliche juristischen Personen des Privatrechts umfasst[28].

In diesem Zusammenhang ist auch das erste nennenswerte verfahrenserstreckende Urteil des Kassationsgerichtshofs zu sehen – die im Jahr 1908 von der *Chambre des requètes* des Kassationsgerichtshofs entschiedene Rechtssache *Mary-Raynaud*[29]. Ohne diesen nach aktuellem Recht gängigen Begriff zu verwenden, greift es einen im heutigen Sinne typischen Fall der *fictivité* einer SA auf und überträgt die Rechtsfolgen eines über diese Gesellschaft eröffneten *faillite*-Verfahrens auf ihren Direktor[30] *(directeur)*[31].

---

[24] Hierzu unten, § 5 A.

[25] Zum Anwendungsbereich und dessen historischer Entwicklung oben, § 1 A. I. 1. sowie II. 3. a). Vgl. auch *Saint-Alary Houin*, Entreprises en difficulté, Rn. 445.

[26] Siehe *Rivinius*, Konzernkonkurs, S. 39.

[27] Zu diesem Gesetz genauer oben, § 1 A. 1. 3. a).

[28] Hierauf hinweisend *Rivinius*, Konzernkonkurs, S. 39.

[29] Cass. req. 29.06.1908 (*Mary-Raynaud C. Maillard ès qualités*), D. 1910, 1. Teil, S. 30, m. Anm. *Percerou.*

[30] Dieser ist am ehesten mit dem deutschen Vorstandsvorsitzenden einer AG zu vergleichen, da sein Zuständigkeitsbereich die wichtigsten operativen Aufgaben sowie die Vertretung der Gesellschaft nach außen umfasst, vgl. zum heutigen Recht Art. L. 225-56-I C. com.

[31] Die grundlegende Bedeutung dieses Urteils ohne vergleichbare historische Vorgänger betonen etwa *Paerels*, Le dépassement de la personnalité morale, Rn. 41, Fn. 254; *Pelletier*, La responsabilité au sein des groupes de sociétés en cas de procédure collective, Rn. 52, Fn. 26; *Voinot*, Procédures collectives, Rn, 240, Fn 77 sowie *Rivinius*, Konzernkonkurs, S.46 f.

Seine Erörterung des vor dem Appellationsgerichtshof Paris erstmals aufgeworfenen Rechtsproblems[32] leitet der Gerichtshof vom damals anwendbaren Art. 437 C. com. in der Fassung des Gesetzes vom 04.07.1889[33] ab, der zu diesem Zeitpunkt unter anderem den Anwendungsbereich der *faillite*-Verfahren definierte: „Jeder Kaufmann, der seine Zahlungen einstellt, ist im Zustand der *faillite*“[34]. Neben der Beschreibung eines Tatbestands der Zahlungsunfähigkeit weist diese Vorschrift demnach auf die notwendige Kaufmannseigenschaft des Schuldners zur Anwendung des Verfahrens hin. Um eine Anwendung des *faillite*-Verfahrens – und die damit einhergehende Zuständigkeit der *Chambre des requêtes* – zu begründen, führt der Gerichtshof daraufhin gewohnt knapp, aber nicht weniger eindeutig aus: „...Mary-Raynaud, Direktor der SA ‚*Le Crédit international*' hatte sich nicht darauf beschränkt, die Tätigkeiten eines Direktors dieser Gesellschaft auszuführen, sondern [...] in Wirklichkeit verdeckten die Geschäfte der Gesellschaft seine eigenen, [sodass, Anm. d. Verf.] sich die Gesellschaft, in deren Namen er Handels- und Börsengeschäfte für sich selbst abschloss, [in Wirklichkeit, Anm. d. Verf.] auf seine Person beschränkte“[35]. Für den Kassationsgerichtshof stand unter diesen Umständen fest, dass die Vorinstanz den Direktor ohne Art. 437 C. com. a.F. zu verletzen „als Kaufmann einstufen und das Urteil beibehalten“ konnte, „welches ihn einem *faillite*-Verfahren unterwarf“[36].

Die Kaufmannseigenschaft des Direktors konnte im Rahmen der von der *Chambre des requètes* wohl ohne ihre ausdrückliche Erwähnung angewendeten Scheingeschäftslehre (*theórie de la simulation*)[37] auf diesen Hintermann

---

Die Zurechnung der Kaufmannseigenschaft einer Handelsgesellschaft auf ihr Personal stellt ebenfalls den Hintergrund eines nachfolgenden Urteils Cass. req. 09.07.1928 (*Boulvert C. Poisson-Bosse*) DH 1928, 397 f. dar. In diesem Urteil wird allerdings ausschließlich die Kaufmannseigenschaft eines im eigenen Sinne handelnden Vertreters (*mandataire*) übertragen, um ein eigenes *faillite*-Verfahren über selbigen zu eröffnen. Zu einer Beteiligung der ursprünglich insolventen Gesellschaft an diesem Verfahren oder gar seiner Erstreckung kommt es hingegen nicht.

[32] CA Paris, 29.05.1907.

[33] Zu diesem Gesetz und seinen Zielsetzungen oben, § 1 A. I. 2.

[34] „Tout commerçant qui cesse ses paiements est en état de faillte.“

[35] Gekürzter Originalwortlaut: „... Mary-Raynaud, directeur de la société anonyme „le Crédit international“, ne s'était pas borné à remplir les fonctions de directeur de cette Société, mais [...] en réalité les opérations sociales masquaient ses opérations personnelles, [...] il résumait en sa seule personne la société sous le couvert de laquelle il se livrait à des opérations de commerce et de bourse pour son propre compte“.

[36] „...l'arrêt attaqué a pu, sans violer les textes susvisés, considérer Mary-Raynaud comme commerçant et maintenir le jugement qui l'avait déclaré en état de faillite.“

[37] Zu dieser als Grundlage auch des heutigen Tatbestands der *fictivité* genauer unten, § 4 B. II. 2. b).

übertragen werden[38]. Dies geschah zusammen mit der Anwendung sämtlicher anderer Rechtsfolgen der eigentlich gewollten bzw. verschleierten Geschäfte auf den Hintermann, was den Zustand der Zahlungsunfähigkeit mit einschloss. Da der fiktiven Gesellschaft nach konsequenter Anwendung der Scheingeschäftslehre jede reale Struktur fehlt, wird allerdings kein gemeinsames Verfahren gebildet; vielmehr findet eine Übertragung des über die Gesellschaft zu eröffnenden *faillite*-Verfahrens auf den Direktor statt[39].

Dieser erste historische Ansatz einer Verfahrenserstreckung bzw. -verlagerung trotz grundsätzlicher gesellschaftsrechtlicher Haftungsbeschränkung ist damit Vorgänger gleich mehrerer auch für Konzerninsolvenzen relevanter Nachfolgeinstitute, für welche der Kassationsgerichtshof mit dieser Entscheidung in Ermangelung geschriebener Regeln[40] eine Grundlage herstellte. Die Ähnlichkeit mit der heutigen Verfahrenserstreckung nach Art. L. 621-2 Abs. 2 C. com. ergibt sich vornehmlich aus dem Tatbestand der Scheingesellschaft in der Alternative der *fictivité de la personne morale*, die typischerweise Strohmanngründungen umfasst[41]. Im Unterschied zur heutigen Verfahrenserstreckung betraf die Entscheidung *Mary-Raynaud* allerdings den *directeur* in seiner Stellung als Geschäftsleiter und nicht etwa als Gesellschafter[42]. Sie ist damit in der Rechtsfolge eher vergleichbar mit der heutigen insolvenzrechtlichen Ausfallhaftung (faktischer oder bestellter) Geschäftsführer für Pflichtverletz-

---

[38] Siehe *Percerou*, Anmerkung zu Cass. req. 29.06.1908 (Mary-Raynaud C. Maillard ès qualités), D. 1910, 1. Teil, S. 30, sowie *Rivinius*, Konzernkonkurs, S. 46, welcher jedoch darauf hinweist, dass diese Eigenschaft zumindest für die hier durch den *directeur* durchgeführten Handels- und Börsengeschäfte (heute als *actes de commerce* in Art. L. 110-1 f. C. com. verzeichnet) aufgrund des damaligen Art. 1 Code de commerce (heute Art. L. 121-1 C. com.) auch ohne Rückgriff auf diese Lehre möglich gewesen wäre. Allerdings sei die Übertragung der Kaufmannseigenschaft durch die *théorie de la simulation* von einzelnen Handelsgeschäften unabhängig und damit wesentlich umfassender.

[39] Siehe *Rivinius*, Konzernkonkurs, S. 47; vgl. zu den Rechtsfolgen der Anwendung der *théorie de la simulation* auch *Percerou*, Anmerkung zu Cass. req. 29.06.1908 (Mary-Raynaud C. Maillard ès qualités), D. 1910, 1. Teil, S. 30.

[40] Siehe *Jacquemont*, Sauvegarde, redressement et liquidations judiciaires – Exploitation en commun et confusion des patrimoines, in: JCl. Com., Fasc. 2165, Rn. 1.

[41] Zu den materiellen Voraussetzungen der heutigen Verfahrenserstreckung sogleich unten, § 4 B. II.

[42] Zu den Rechtsfolgen der heutigen Verfahrenserstreckung unten, § 4 C.

ungen nach Art. L. 651-1 ff. C. com. *(responsabilité pour insuffisance d'actif)*[43] sowie der inzwischen abgeschafften[44] Haftung für ungerechtfertigte Geschäftsführereingriffe nach Art. L. 624-5 C. com. a.F. (so genannte unechte Verfahrenserstreckung, *fausse extension*[45])[46].

II. Rechtssache Vidal: erste Ansätze des Tatbestands einer Vermögensvermischung und echter Verfahrenserstreckung

Die im Urteil *Mary-Raynaud* angewendete Scheingeschäftslehre vermochte es jedoch noch nicht, Lösungen für Fälle herzuleiten, in denen die Voraussetzungen zur Gründung einer real existierenden Gesellschaft durchaus vorlagen, die wirksam gegründete Gesellschaft jedoch im Interesse eines Hintermanns missbraucht wurde[47]. An einen solchen Sachverhalt knüpfte etwa 25 Jahre später die Rechtssache *Vidal*[48] an.

Der Sachverhalt erinnert zunächst an die Strohmanngründung in der Rechtssache *Mary-Raynaud*: nach der Eröffnung eines *faillite*-Verfahrens über eine SA[49] hatte der nunmehr zuständige Gläubigervertreter *(syndic*[50]*)* ein gemeinsames Insolvenzverfahren *(faillite commune)* über die Gesellschaft sowie ein Verwaltungsratsmitglied *(directeur)* beantragt und durch den zuständigen Appelationsgerichtshof[51] zugesprochen bekommen. Dieser hatte sich in Ermangelung geschriebener Rechtsgrundlagen auf ein vom Kassationsgerichtshof nicht

[43] Zur responsabilité pour insuffisance d'actif ausführlich unten, § 5 A.

[44] Art. 192, Gesetz Nr. 2005-845 vom 26.07.2005.

[45] Zu diesem Begriff etwa *Derrida*, in: Centre du droit de l'entreprise de Montpellier (Hrsg.), FS-Cabrillac, S. 687, Fn. 1; siehe sogleich auch unten, B.

[46] Zum entsprechend abweichenden persönlichen Anwendungsbereich der heutigen Verfahrenserstreckung sogleich unten, § 4 B. I. 1. Auf die unterschiedliche Rechtsfolge im Vergleich zu Art. L. 621-2 Abs. 2 C. com. weist auch *Saint-Alary Houin*, Entreprises en difficulté, Rn. 445 hin.

[47] Siehe *Rivinius*, Konzernkonkurs, S. 47. Eine solche Situation lag allerdings auch bereits in der Rechtssache *Boulvert C. Poisson-Bosse* (Cass. req. 09.07.1928, DH 1928, 397 f. –hierzu auch oben, I. –) zugrunde, in welcher die *Chambre des requêtes* allerdings nur die Kaufmannseigenschaft auf einen bereits insolventen Vertreters (*mandataire*) einer wirksam gegründeten und weiterhin bestehenden Handelsgesellschaft überträgt und keine Verfahrenserstreckung im eigentlichen vornimmt, sondern –wie in der Rechtssache *Mary-Raynaud*– wieder die Scheingeschäftslehre zur Anwendung zu bringen scheint.

[48] Cass. req. 09.02.1932 (*Vidal C. Benoist ès qualités*), DH 1932, S. 162.

[49] Anwendbar war zu diesem Zeitpunkt grundsätzlich immer noch das Gesetz von 1889, siehe soeben I. sowie genauer § 1 A. I. 2. Auch hier wurde u.a. die Verletzung des bereits in der Rechtssache *Mary-Raynaud* angesprochenen Art. 437 C. com. gerügt, was von einer entsprechenden Rechtsprechungskontinuität zeugt.

[50] Zu dessen Rolle unter dem Gesetz von 1889 ebenfalls oben, § 1 A. I. 2.

[51] CA Paris, 09.01.1930.

weiter überprüftes[52] Indizienbündel gestützt, um das bereits bestehende *faillite*-Verfahren auf den *directeur* materiell zu erstrecken.

Da die SA mangels ausreichender Hinweise auf eine entsprechend lautenden Zweck seitens der Beteiligten nicht als fiktiv und unwirksam verstanden werden konnte[53], kam es in diesem Urteil zu einer wirklichen Erweiterung eines bereits eröffneten Verfahrens. Der Appellationsgerichtshof sprach damit wohl erstmalig die Rechtsfolge aus, mit dem *directeur* eine weitere Person und ihr Vermögen in das bestehende Verfahren einzubeziehen[54]. Die hierfür festgehaltenen Indizien erinnern allerdings zumindest teilweise an die in der Rechtssache *Mary-Raynaud* zum Beweis einer reinen Strohmanngesellschaft *(société de façade*[55]*)* herangezogenen, wie etwa die Kontrolle und Auswahl des sonstigen Führungspersonals der Gesellschaft, die Abwicklung persönlicher Geschäfte mit den Mitteln der Gesellschaft oder die Ausnutzung ihres Namens für eigene betrügerische Zwecke des *administrateurs*[56]. Gleichzeitig wendet das Gericht aber erstmals auch Elemente des heutigen Tatbestands der Vermögensvermischung an. So hält der Appelationsgerichtshof etwa fest, dass der *administrateur* frei über das Gesellschaftskapital verfügte oder erhöhte Vergütungen zwischen ihm und anderen natürlichen und juristischen Personen aufgeteilt worden waren, ohne dass entsprechende Ansprüche bestanden hätten[57]. Zusammengefasst wurden diese Indizien durch das Kriterium der *maîtrise d'affaire*[58], welches teils als unselbständiger Vorgänger der heutigen Tatbestandsmerkmale verstanden[59], teils aber auch als eigener, unabhängiger Tatbestand gesehen wird[60].

---

[52] Dies im Gegensatz zur heutigen Rechtsprechung, welche die Indizien zur Verfahrenserstreckung vollständig überprüft, siehe unten, § 4 B. II. 1. a).

[53] Ähnlich beschreibt es auch die *Chambre des requêtes* im genannten Urteil selbst: „[...] die Gesellschaft hatte eine eigene Existenz und einen ordnungsgemäßen Anschein" („[...] la société eût une existence propre et une apparence régulière").

[54] Zu diesem Ergebnis kommt auch *Rivinius*, Konzernkonkurs, S. 28.

[55] Dieser Begriff wird sogar vom Appelationsgerichtshof zur Beschreibung der von ihm begutachteten Konstellation genutzt.

[56] So der vom Kassationsgerichtshof wiedergegebene Inhalt des Appelationsurteils: „Vidal [...] masquait ses agissements et ses fraudes, [...] il avait la haute main sur les administrateurs qu'il choisissait, [...] il réalisait ses opérations avec les fonds de la banque, c'est-à-dire des clients".

[57] „[...] il a disposé des capitaux sociaux comme des siens propres, [...] des bonifications élevées ont été réparties entre lui et diverses personnes ou sociétés, qui ne paraissent avoir aucun titre à l'octroi de ces générosités".

[58] So auch die Chambre des requêtes in der Rechtssache Vidal: „Vidal n'en était pas moins son maître".

[59] So im Ergebnis wohl *Rivinius*, Konzernkonkurs, S. 48.

[60] Siehe etwa *Paerels*, Le dépassement de la personnalité morale, Rn. 41, Fn. 254.

Jedenfalls wird aus der Beschreibung dieser ersten verfahrenserstreckenden Entscheidungen aber deutlich, dass die Tatbestandsmerkmale der *faillite commune* mehrerer Personen zu diesem Zeitpunkt weit von einer klaren Kategorisierung entfernt waren; vielmehr bot sich das Bild einer Gemengelage, in welcher die Indizien von Scheingesellschaft oder Vermögensvermischung sowie der Rechtsfolgen einer Verfahrensverlagerung oder -erstreckung bzw. einer Durchgriffshaftung flexibel zur Herstellung einzelfallgerechter Lösungen zur Anwendung gebracht werden konnten. Aus dieser Situation ergab sich auch, dass die Eigenständigkeit der beiden Tatbestandsmerkmale von *fictivité* und *confusion des patrimoines* bis zur Einführung der heute vorliegenden gesetzlichen Regelung überaus umstritten waren[61].

B. Erste gesetzliche Anerkennung von Verfahrenserstreckungen und Tatbeständen einer Durchgriffshaftung

Auf der Grundlage der Urteile in den Rechtssachen *Mary-Raynaud* sowie *Vidal* entwickelte sich eine ständige Rechtsprechung des Kassationsgerichtshofs, der die oben genannten Kriterien flexibel und größtenteils ohne Hinweis auf gesetzliche Regelungen zu Verfahrenserstreckungen auf das Führungspersonal von Handelsgesellschaften ausnutzte[62].

Unübersichtlich wird die historische rechtliche Situation allerdings dadurch, dass auch der Gesetzgeber nach und nach geschriebene Regeln einführte, in denen er unterschiedliche Arten von Verfahrenserstreckungen und Durchgriffshaftungstatbestände zu regeln versuchte, ohne jedoch das Richterrecht verdrängen oder in seiner führenden Rolle einholen zu können[63].

Unklarheiten bestanden in dieser Gemengelage zu unterschiedlichen Fragen. So blieb anfangs sowohl beim Richterrecht als auch den gesetzlichen Vorschriften unklar, ob die teilweise hieraus entstandenen Tatbestände eine „echte“ Verfahrenserweiterung (heute *„extension véritable“*[64] genannt) unter Anwendung sämtlicher Rechtswirkungen eines bereits eröffneten Verfahrens auf eine andere Person nach sich zogen oder vielmehr nur die Eröffnung eines

---

[61] Siehe m.w.N. bereits *Rivinius*, Konzernkonkurs, S.49 f. Zur erst nach dem neu gefassten Art. L. 621-1 Abs. 2 C. com. geklärten Frage nach der Selbständigkeit eines der beiden Tatbestandsmerkmale auch unten, § 4 B. II. 1. b).

[62] Zu dieser sowie zur weiteren Entwicklung der „echten“ Verfahrenserstreckungen in der Rechtsprechung des Kassationsgerichtshofs sogleich unten, C. Siehe bereits *Paerels*, Le dépassement de la personnalité morale, Rn. 41, m. zahlr. Nachweisen.

[63] Siehe *Guyon*, Droit des affaires, tome 2, Rn. 1371.

[64] Den Begriff verwenden in diesem Zusammenhang etwa *Barbièri*, LPA, Nr. 1996-129, 9, I. B.; *Derrida/ Sortais/ Godé/ Honorat*, Redressement et liquidation judiciaires des entreprises, Rn. 585, *Le Corre*, Bull. Joly Soc., Nr. 2009-12, 1137, Rn. 4 und *Vallansan*, RLDA Nr. 2005-80, suppl., S. 12, II. A („véritable extension“). Die genaue Bezeichnung steht nicht vollständig fest; gebräuchlich (siehe etwa *Le Corre-Broly/ Le Corre*, Droit du commerce et des affaires : Droit des entreprises en difficulté, Rn. 58 f.) ist etwa auch „vraie extension“.

unabhängigen Insolvenzverfahrens über das Vermögen des Vorstands bzw. Geschäftsführers zur Folge haben sollten[65] (heute so genannte „unechte" Verfahrenserstreckung oder *„fausse extension"*[66]). Auch wurde von Seiten der Rechtsprechung nicht in jedem Fall deutlich, welches Verhältnis ihre richterrechtlichen Ansätze zu den später hinzugetretenen Tatbeständen des geschriebenen Rechts haben sollten[67]. Als erwiesen gilt aber wohl, dass, sofern sie vorlagen, „unechte" Verfahrenserstreckungen stärker von einem Sanktions- bzw. deliktsrechtlichen Charakter geprägt waren als die tatbestandlich eher wirtschaftlichen Kriterien folgende und von den Begriffen einer Pflichtverletzung bzw. eines Verschuldens[68] losgelöste „echte" Verfahrenserstreckung[69].

Als erster gesetzlicher Tatbestand mit Durchbrechung der gesellschaftsrechtlichen Haftungsbeschränkung[70] ist zunächst Art. 1 des Dekretgesetzes *(decrét-loi)* vom 08.08.1935[71] zu nennen, welcher in Art. 437 C. com. um einen neuen Absatz 4 erweiterte. Später wurde die Vorschrift ohne materielle Änderung in Art. 446 C. com. überführt[72]. Die Regel war ursprünglich als gesetzliche Anerkennung der ersten Rechtsprechung zur Verfahrenserstreckung[73] gedacht gewesen[74]. Auf den ersten Blick erscheint die tatbestandliche Nähe zum Wortlaut der Urteile *Mary-Raynaud* sowie *Vidal* durchaus greifbar. So

---

[65] Siehe *Rivinius*, Konzernkonkurs, S. 53, zu der in diesem Zusammenhang teils auch von der Rechtsprechung verwendeten, widersprüchlichen Terminologie *Jacquemont*, Sauvegarde, redressement et liquidations judiciaires – Exploitation en commun et confusion des patrimoines, in: JCl. Com., Fasc. 2165, Rn. 5.

[66] Den Begriff verwenden in diesem Zusammenhang etwa *Le Corre*, Droit et pratique des procédures collectives, Rn. 213.091; *Le Corre-Broly/ Le Corre*, Droit du commerce et des affaires : Droit des entreprises en difficulté, Rn. 57 sowie *Vallansan*, RLDA Nr. 2005-80, suppl., S. 12, II. B. *Derrida/ Sortais/ Godé/ Honorat*, Redressement et liquidation judiciaires des entreprises, Rn. 64, Fn. 314 wählen hingegen die Bezeichnung „simili extension".

[67] Siehe ausführlich und m.w.N. *Rivinius*, Konzernkonkurs, S. 54 ff.

[68] Im Französischen einheitlich als *faute* bezeichnet.

[69] *Soinne/ Kerckhove*, Traité des procédures collectives, Rn. 221; siehe auch *Lienhard*, Procédures collectives, Rn. 64.11.

[70] So *Guyon*, Droit des affaires, tome 2, Rn. 1370.

[71] Décret-loi portant application aux gérants et administrateurs de sociétés de la législation de la faillite et de la banqueroute et instituant l'interdiction et la déchéance du droit de gérer et d'administrer une société, JORF, 09.08.1935, S. 8682 f.

[72] So geschehen durch Art. 10, décret Nr. 55-583 vom 29.05.1955 relatif aux faillites et règlements judiciaires et à la réhabilitation in Verbindung mit der späteren Art. 1, Ordonnance Nr. 58-1209 vom 23.12.1958 sur les banqueroutes et autres infractions en matière de faillites, JORF, 24.12.1958, S. 11765.

[73] Hierzu soeben oben, A.

[74] So wird es im zugehörigen *rapport*, formuliert, welcher Art. 1 des décret-loi als aus dieser Rechtsprechung „herauskristallisiert" ansieht, siehe *Présidence du conseil, ministère des affaires étrangères* (Hrsg.), Rapport décrets pris en vue de la protection de l'épargne, JORF, 09.08.1935, S. 8682, Nr. 1. Den gewünschten Zusammenhang mit der Rechtsprechung betont auch *Rivinius*, Konzernkonkurs, S. 51 f.

gibt dieser eine ins Ermessen des Gerichts gestellte Möglichkeit[75] zur Eröffnung eines gemeinsamen *faillite*-Verfahrens *(faillite commune)* zwischen einer Gesellschaft und „jeder Person“ vor, „die unter dem Deckmantel dieser Gesellschaft und einer Verschleierung ihrer Machenschaften in ihrem eigenen Interesse Handelsgeschäfte durchgeführt und über das Gesellschaftsvermögen in Wahrheit wie über ihr eigenes verfügt hat“[76].

Die wirkliche Zielrichtung dieses Gesetzes, nämlich besonders Geschäftsführer und Vorstände von der Haftung zu umfassen, wird aus der Bezeichnung des Décret-loi deutlich, welches ausdrücklich auf diese („gérants et administrateurs“) abstellt. Außerdem lässt sich die im Deliktsrecht zu verortende Zielsetzung dieser Vorschrift im Kontext der sonstigen Regelungen des Décret-loi erfassen: die Norm, 22 Artikel lang, beschäftigt sich nach dem oben zitierten Art. 1 ausschließlich mit der persönlichen – straf- und deliktsrechtlichen – Sanktion der vom Tatbestand umfassten und dort auch als solchen bezeichneten *gérants* und *administrateurs*. Unklar bleibt bei diesem Gesetz jedoch noch, welche Rechtsfolgen der *faillite commune* genau zuzumessen sind[77], weshalb es trotz der Nähe zum Deliktsrecht auch als Vorgängerregelung zu den späteren Grundlagen der Verfahrenserstreckung verstanden werden kann.

C. Differenzierung der Haftungsgrundlagen nach Rechtsfolgen seit dem Gesetz vom 16.11.1940

Eine sowohl die jeweiligen Tatbestände als auch die Rechtsfolgen betreffende Differenzierung in unterschiedliche Haftungsgrundlagen lässt sich erst in der weiteren Entwicklung der Gesetzgebung beobachten. Diesen Haftungsnormen ist zwar gemein, dass sie Formen einer persönlichen Haftung von Geschäftsleitern und/ oder Gesellschaftern beinhalten, eine Abstufung und Unterscheidung lässt sich aber insbesondere anhand der Schwere ihrer Rechtsfolgen anstellen[78]. So entwickelten sich in der Folge des Décret-loi von 1935 bei ähnlichen tatbestandlichen Situationen einerseits deliktsähnliche Sanktionstatbestände sowie, andererseits, „unechte“ Verfahrenserstreckungen[79]. Die „echte“

---

[75] Dies ergibt sich schon aus dem Wortlaut der Norm („kann“, „peut“), siehe auch *Rivinius*, Konzernkonkurs, S. 52.

[76] „En cas de faillite d’une société, la faillite pourra être déclarée commune à toute personne qui, sous le couvert de cette société masquant ses agissements, a fait dans son intérêt personnel des actes de commerce et disposé en fait des capitaux sociaux comme des siens propres“.

[77] Hierauf weist auch *Rivinius*, Konzernkonkurs, S. 52 hin.

[78] Vgl. *Guyon*, Droit des affaires, tome 2, Rn. 1370.

[79] Zu dieser Unterscheidung bereits oben, B. Allgemein zu den „unechten“ Verfahrenserstreckungen auch *Saint-Alary Houin*, Entreprises en difficulté, Rn. 445.

Verfahrenserstreckung blieb daneben weiterhin als unabhängiges Richterrecht bestehen[80].

I. Deliktsrechtliche Geschäftsführerhaftung als Vorgängerin der heutigen responsabilité pour insuffisance d'actif

Insbesondere die Rechtsfolge des Décret-loi von 1935[81] erwies sich mit der vorgesehenen *faillite commune* zwischen Gesellschaft und Hintermann nämlich als zu starr und folgenträchtig[82], um sich zu mehr als einer Ausnahmevorschrift zu entwickeln[83]. Der Gesetzgeber sah sich mit dem Gesetz vom 16.11.1940 über die SA[84] daher veranlasst, eine weitere Haftungsgrundlage einzuführen. Anstatt durch Verfahrenserstreckung erfolgt die Haftung des Führungspersonals einer SA hier durch eine verschärfte deliktsrechtliche Haftung für Managementfehler, die ohne Eröffnung eines Insolvenzverfahrens über den verurteilten Geschäftsführer zu einem Ersatz der im Insolvenzverfahren über die Gesellschaft nicht getilgten Schulden führt[85]. Dieser Tatbestand war zunächst als Erweiterung der bereits zuvor existierenden Haftungsgrundlagen für das Führungspersonal von Kapitalgesellschaften gedacht, deren Managementfehler sich im Falle der Eröffnung eines Insolvenzverfahrens über die von ihnen geleitete Gesellschaft als nicht ausreichend erwiesen[86]. Dies betraf insbesondere den Beweis der Kausalität zwischen den Managementfehlern und dem bei den Gläubigern eingetretenen Schaden.[87] Die im französischen Recht bestehende Entschlossenheit zur Beibehaltung und Fortentwicklung dieser verschärften Zivilhaftung zeigte sich bereits mit einem *décret* vom 09.08.1953[88], in dem ihr Tatbestand auf die Geschäftsführer *(gérants)* einer SARL erweitert

[80] Diese Rechtsprechung liegt der heutigen Regelung zur Verfahrenserstreckung zugrunde und wird daher gesondert unten, § 4 A. I. 3. betrachtet. Zur Konkurrenz zwischen historischem Gesetzes- und Richterrecht auch *Rivinius*, Konzernkonkurs, S. 53.

[81] Siehe oben, B.

[82] *Guyon*, Droit des affaires, tome 2, Rn. 1371.

[83] Die seltene praktische Anwendung dieser Norm betonen auch *Guyon*, Droit des affaires, tome 2, Rn. 1371 sowie *Rivinius*, Konzernkonkurs, S. 53.

[84] JORF, 26.11.1940, S. 5828; der Haftungstatbestand befindet sich in Art. 4 Abs. 4 des Gesetzes.

[85] So zusammenfassend *Guyon*, Droit des affaires, tome 2, Rn. 1371.

[86] Siehe zu alledem *Jacquemont/ Vabres*, Entreprises en difficulté, Rn. 1065; zur Abgrenzung der Tatbestände von der *responsabilité pour insuffisance d'actif* bei bestelltem Führungspersonal ebenda, Rn. 1108.

[87] Nach heutigem Recht wären hier besonders Art. L. 233-22 C. com. für den *gérant* einer SARL sowie Art. L. 225-251 C. com. für die Mitglieder des Verwaltungsrats *(administrateurs)* einer SA zu nennen.

[88] Vgl. hierzu *Guyon*, Droit des affaires, tome 2, Rn. 1371

wurde. Mit dem Gesetz vom 13.06.1967[89] wurde der Tatbestand erweitert und mit einer Vermutung in Bezug auf das Bestehen eines Managementfehlers versehen[90]. Außerdem findet sich in dieser Gesetzesfassung erstmals ein Hinweis auf die Möglichkeit zur Betroffenheit von faktischen Geschäftsführern[91]. Auch wenn der Gesetzgeber mit dieser Erweiterung immer noch eher natürliche Personen mit Einfluss auf das bestellte Leitungspersonal der Gesellschaft im Blick gehabt haben wird, liegt hierin der Grundstein für die heutige Verwendung des Nachfolgetatbestands zur Haftung von beherrschenden Gesellschaften im Konzernverbund[92]. Der darauffolgende Art. 180 des Gesetzes vom 25.01.1985[93] übernahm die Grundsätze sowie große Teile des Wortlauts der Vorgängerregelung und beschrieb die Rechtsfolgen der Haftungsklage genauer, indem er die durch die Klagen eingenommenen Beträge dem Gesellschaftsvermögen zuschlug.

All diese Normen bilden die Grundlage der heutigen *responsabilité pour insuffisance d'actif* der Art. L. 651-1 ff. C. com., welche vor der Einführung dieser offiziellen Bezeichnung als *action en comblement du passif* bekannt war[94].

II. Unechte Verfahrenserstreckung als Sanktion für Einmischungen in Gesellschaftsbelange („extension-sanction")

Daneben entstanden in der Weiterentwicklung des geschriebenen Rechts wiederum zwei Arten von unechten Verfahrenserstreckungen mit der Rechtsfolge der Eröffnung eines separaten Insolvenzverfahrens über das Vermögen des Geschäftsführers.

Tatbestandlich steht besonders die als Sanktion für bestimmte Einmischungen in das Ermessen des Gerichts gestellte Verfahrenserstreckung *„extension-*

---

89 Art. 99 des Gesetzes Nr. 67-563 sur le règlement judiciaire, la liquidation des biens, la faillite personnelle et les banqueroutes vom 13.06.1967.

90 In Art. 99 Abs. 4 des Gesetzes heißt es entsprechend: „Um ihre Haftung auszuschließen müssen die betroffenen Leiter beweisen, dass sie in Bezug auf die Unternehmensführung ihre gesamte Aktivität und die notwendige Sorgfalt eingesetzt haben" („Pour dégager leur responsabilité, les dirigeants impliqués doivent faire preuve qu'ils ont apporté à la gestion des affaires sociales toute l'activité et la diligence nécessaires").

91 Art. 99 Abs. 1 des Gesetzes nennt als Betroffene dementsprechend „tous les dirigeants sociaux, de droit ou de fait".

92 Zu diesem Anwendungsfall der heutigen *responsabilité pour insuffisance d'actif* ausführlich unten, § 5 A. I. ff.

93 Gesetze Nr. 85-98 relative au redressement et à la liquidation judiciaires des entreprises, durch Ordonnance Nr. 2000-912 vom 18.09.2000 kodifiziert in Art. L. 624-3 C. com.

94 Siehe zu Fragen der Bezeichnung nur *Le Corre*, Droit et pratique des procédures collectives, Rn. 922.091; vgl. auch *Pétel*, Procédures collectives, Rn. 417; zu diesem Tatbestand und seiner Entwicklung nach der loi de sauvegarde von 2005 unten, § 4 A.

sanction“[95] in der Tradition des Décret-loi von 1935. Hierfür stellte sie einzeln aufgezählte Einmischungshandlungen von bestellten oder faktischen Geschäftsführern *(dirigeants de fait* bzw. *de droit)* unabhängig vom Vorliegen einer Pflichtverletzung oder eines Verschuldens[96] unter die mögliche Sanktion der Eröffnung eines eigenen Insolvenzverfahrens über das Vermögen des Geschäftsführers. In mehreren Evolutionsschritten reicherte der Gesetzgeber die in diesem Tatbestand einzeln aufgezählten und mit der Sanktion belegten Verhaltensweisen um zusätzliche Hypothesen an.

Der erste diesbezügliche Reformschritt nach dem Décret-loi von 1935 liegt im Art. 101 des Gesetzes von 1967[97]. Neben den inhaltlich übernommenen ersten beiden Tatbestandsvarianten der Vorgängervorschrift[98] kommt mit der „missbräuchlichen Fortführung eines verlustreichen Betriebs“ im Interesse des Geschäftsführers, „die nur zur Zahlungsunfähigkeit der juristischen Person führen konnte“[99], eine weitere Variante hinzu. Bemerkenswert ist eine bereits in dieser Vorschrift zu erkennende Abkehr von der Grundlage der *société fictive*, welche den Vorgängerregeln sowohl des Richter- als auch des geschriebenen Rechts zugrunde gelegen hatte[100]: Einerseits erscheint die neu hinzugekommene Tatbestandsvariante nicht mit dem Vorliegen einer Scheingesellschaft vereinbar, da sie eine real existierende Gesellschaft voraussetzt; andererseits stellt Art. 101 des Gesetzes von 1967 erstmals klar, dass kein gemeinsames Insolvenzverfahren im Sinne einer „echten“ Verfahrenserstreckung, sondern ein gesondertes Insolvenzverfahren über das Vermögen des Geschäftsführers[101] zu eröffnen ist (so genannte „unechte“ Verfahrenserstreckung,

---

95 Der Begriff wird aufgrund des Sanktionscharakters dieser Tatbestände für die entsprechend verurteilten Hintermänner und in Abgrenzung zu den anderen Verfahrenserstreckungen gewählt, auch wenn das Gesetz ihn nicht ausdrücklich verwendet, siehe etwa *Fortis*, Entreprises en difficulté (Responsabilités et sanctions), in: Vogel/ Delpech (Hrsg.), Rép. commercial, Rn. 55.

96 Auf diese Besonderheit zu Art. L. 624-2 C. com. a.F. hinweisend *Guyon*, Droit des affaires, tome 2, Rn. 1402. Dies unterscheidet die *extension-sanction* auch von der eine schuldhafte Pflichtverletzung voraussetzenden *responsabilité pour insuffisance d'actif* bzw. ihren Vorgängern, siehe *Fortis*, Entreprises en difficulté (Responsabilités et sanctions), in: Vogel/ Delpech (Hrsg.), Rép. commercial, Rn. 56.

97 Gesetz Nr. 67-563 sur le règlement judiciaire, la liquidation des biens, la faillite personnelle et les banqueroutes vom 13.06.1967. Hierzu auch *Fortis*, Entreprises en difficulté (Responsabilités et sanctions), in: Vogel/ Delpech (Hrsg.), Rép. commercial, Rn. 56; *Rivinius*, Konzernkonkurs, S. 54 f.

98 Siehe soeben oben, I.

99 „...poursuivi abusivement, dans son intérêt personnel une exploitation déficitaire qui ne pouvait conduire qu'à la cessation des paiements de la personne morale“.

100 Siehe oben, A. I. ff.

101 Der Wortlaut des Gesetzes umschreibt den persönlichen Anwendungsbereich und Rechtsfolgen vor der Aufzählung der Tatbestandshypothesen wie folgt: „En cas de règle-

„fausse extension“[102]).[103] Deutlich wurde aber erneut, dass bei der Eröffnung eines Insolvenzverfahrens durch eine *fausse extension* kein weiterer Eröffnungsgrund vorliegen musste; die herkömmlichen Eröffnungsgründe wurden damit überlagert. Diese Entwicklung führte im Ergebnis auch zu einer selbständigen Rechtsprechung, die ein gesondertes Konzept nach eigenen Kriterien entwickeln sollte[104].

Durch das Hinzufügen drei weiterer Tatbestandshypothesen rückte der Gesetzgeber mit Art. 182 des Gesetzes von 1985[105] daraufhin noch weiter von der ursprünglichen Zielsetzung von Rechtsprechung und Vorgängerregelungen ab[106] und ließ einen selbständigen Sanktionstatbestand für eine Vielzahl unterschiedlicher Handlungen entstehen, die Eingriffe in die Souveränität von Gesellschaften durch bestellte oder faktische Geschäftsführer darstellen. Hinzugefügt wurde etwa der dem Tatbestand der Vermögensvermischung[107] ähnliche Tatbestand einer interessenwidrigen Verwendung der Aktiva oder der Kreditwürdigkeit der Gesellschaft zur Erreichung persönlicher Ziele bzw. der Ziele von anderen juristischen Personen, an denen der Geschäftsführer ein persönliches Interesse hat[108]. Ebenso belegt dieser erweiterte Tatbestand besondere Verhaltensweisen mit der soeben beschriebenen Sanktion, die eine fehler- oder lückenhafte Buchhaltung zur Folge haben[109]. Schließlich vervollständigt eine

---

ment judiciaire ou de liquidation des biens d'une personne morale, peut être déclaré personnellement en règlement judiciaire ou liquidation des biens tout dirigeant de droit ou de fait, apparent ou occulte, rémunéré ou non, qui a...“. Dies bemerkt zutreffend auch *Rivinius*, Konzernkonkurs, S. 53.

[102] Vgl. etwa *Le Corre*, Entreprises en difficulté, S. 31 sowie soeben oben, I.

[103] *Rivinius*, Konzernkonkurs, S. 54.

[104] Zum Verhältnis dieser Rechtsprechung zum geschriebenen Recht sogleich unten, III.

[105] Gesetz Nr. 85-98 vom 25.01.1985 relative au redressement et à la liquidation judiciaires des entreprises. Die weiterhin alternativen Tatbestandsvarianten der Vorgängerregelung blieben auch hier bestehen. Ausführlich zur Haftungsordnung dieses Gesetzes in deutscher Sprache *Ehricke*, Das abhängige Konzernunternehmen in der Insolvenz, S. 555 ff.

[106] *Fortis*, Entreprises en difficulté (Responsabilités et sanctions), in: Vogel/ Delpech (Hrsg.), Rép. commercial, Rn. 56.

[107] Zu dieser unten, § 4 B. II. 3.

[108] Originalwortlaut von Nr. 3 des Art. 182 des Gesetzes von 1985: „Avoir fait des biens ou du crédit de la personne morale un usage contraire à l'intérêt de celle-ci à des fins personnelles ou pour favoriser une autre personne morale ou entreprise dans laquelle il était intéressé directement ou indirectement“.

[109] Hierzu gehören das Erstellen einer fiktiven Buchhaltung, das Verschwindenlassen entsprechender Belege, das vollständige Unterlassen einer ordnungsgemäßen Buchhaltung (Nr. 5) bzw. eine grobe Missachtung der gesetzlichen Buchhaltungsregeln (Nr. 7). Originalwortlaut von Nr. 5 des Art. 182 des Gesetzes von 1985: „Avoir tenu une comptabilité fictive ou fait disparaître des documents comptables de la personne morale ou s'être abstenu de tenir toute comptabilité conforme aux règles légales“. *Nr.* 7 kam durch ein Gesetz Nr. 94-475 vom 10.06.1994 relative à la prévention et au traitement des difficultés des entreprises hinzu und

Variante zur betrügerischen Veruntreuung oder Verschleierung von Gesellschaftsaktiva bzw. der betrügerischen Erhöhung der Passiva den ergänzten Tatbestand[110]. Auch diese Tatbestandsvarianten weisen Überschneidungen mit anderen Rechtsinstituten auf; so stellen sie – besonders schwere – Ausschnitte von Handlungskomplexen dar, die zu einer „echten" Verfahrenserstreckung wegen *fictivité* oder Vermögensvermischung führen können. Außerdem lassen sich die neu hinzugekommenen Varianten auch als Managementfehler qualifizieren, was sie wiederum in die Nähe der *responsabilité pour insuffisance d'actif* und ihrer Vorgänger rückt[111]. Eine Überschneidung besteht schließlich mit dem strafrechtlichen Tatbestand der Veruntreuung von Gesellschaftsmitteln *(abus de biens sociaux*[112]). Die *„extension-sanction"* wurde schließlich in Art. L. 624-5 C. com. kodifiziert[113], bevor sie – zusammen mit allen anderen „unechten" Verfahrenserstreckungen – durch die *loi de sauvegarde* von 2005 vollständig aufgehoben wurden[114].

III. Unechte Verfahrenserstreckung auf Gesellschafter von Gesellschaften mit unbeschränkter Haftung (so genannte „extension automatique")

Die zweite Fallgruppe gesetzlich geregelter, unechter Verfahrenserstreckungen war hingegen dem Ermessen des Richters entzogen[115]. Vielmehr sahen mehrere aufeinanderfolgende gesetzliche Regelungen[116] für Gesellschafter von Gesellschaften ohne Haftungsbeschränkung eine automatische Eröffnung eines gesonderten Insolvenzverfahrens über ihr Vermögen vor (*extension aux associés*

lautet: „Avoir tenu une comptabilité manifestement incomplète ou irrégulière au regard des dispositions légales".

[110] Originalwortlaut von Nr. 6 des Art. 182 des Gesetzes von 1985: „Avoir détourné ou dissimulé tout ou partie de l'actif ou frauduleusement augmenté le passif de la personne morale".

[111] Hierauf hinweisend *Fortis*, Entreprises en difficulté (Responsabilités et sanctions), in: Vogel/ Delpech (Hrsg.), Rép. commercial, Rn. 56.

[112] Art. L. 241-3 Nr. 4 C. com. bzw. Art. L. 242-6 Nr. 3 C. com.; hierzu bereits oben, § 1 B. I. 1. c) ff). Genauer zu tatbestandlichen Überschneidungen mit dem Strafrecht etwa *Guyon*, Droit des affaires, tome 2, Rn. 1402 sowie, aktueller, *Fortis*, Entreprises en difficulté (Responsabilités et sanctions), in: Vogel/ Delpech (Hrsg.), Rép. commercial, Rn. 57, 59.

[113] Erfolgt durch Ordonnance *Nr.* 2000-912 vom 18.09.2000 relative à la partie Législative du code de commerce. Zur ersatzlosen Aufhebung der unechten Verfahrenserstreckungen durch die loi de sauvegarde von 2005 sogleich unten, IV.

[114] Genauer zu Hintergründen und Folgen der Aufhebung aller „unechten" Verfahrenserstreckungen sogleich unten, IV.

[115] Auf dieses Unterscheidungskriterium zur „extension-sanction" hinweisend *Guyon*, Droit des affaires, tome 2, Rn. 1395.

[116] Eine Regelung erfolgte bei nahezu gleichbleibendem Inhalt je in Art. 97 des Gesetzes von 1967, Art. 178 des Gesetzes von 1985 sowie im späteren Art. L. 624-1 C. com.

tenus indéfiniment et solidairement du passif oder kurz *„extension automatique“*[117]). Auch diese stellte aufgrund der grundsätzlichen Unabhängigkeit der Verfahren über das Vermögen von Gesellschaft bzw. Gesellschaftern[118] keine „echte“ Verfahrenserstreckung dar[119].

Diese zweite Form der „unechten“ Verfahrenserstreckung betraf damit sämtliche Gesellschafter der Personenhandelsgesellschaft SNC, Komplementäre[120] der einfachen Kommanditgesellschaft SCS sowie der Kommanditgesellschaft auf Aktien SCA, der einer Partnerschaftsgesellschaft ähnlichen SCP[121] sowie – aus konzernrechtlicher Sicht besonders relevant – sämtlicher Mitglieder der wirtschaftlichen Interessenvereinigung GIE[122].[123] Ausgeschlossen waren hingegen Gesellschafter bzw. Aktionäre von haftungsbeschränkten Gesellschaften, allen voran SARL und SA[124]. Auch wenn die Bezeichnung anderes vermuten lässt, war zur Eröffnung des Verfahrens über die Gesellschafter je ein eigenes Eröffnungsurteil notwendig, welches jedoch ohne den gesonderten Beweis einer Zahlungsunfähigkeit möglich war[125].

Die *extension automatique* geht auf eine lange Tradition in der Rechtsprechung zurück, welche eng mit dem Verständnis der Gesellschafterhaftung bei Gesellschaften mit unbegrenzter Haftung zusammenhängt. Da nach damaligem

---

[117] So bezeichnet etwa von *Coquelet*, Entreprises en difficulté, instruments de paiement et de crédit, Rn. 105.

[118] CA Paris, 24.03.1992, RG-Nr.: 91/1585791/17597. Ausführlich zu den Rechtsfolgen *Delebecque/ Germain/ Ripert/ Roblot*, Traité de droit commercial, Tome 2, Rn. 2868; *Lucas*, LPA, Nr. 2002-7, 7, Rn. 25 ff.; *Guyon*, Droit des affaires, tome 2, Rn. 1404.

[119] Für *Lucas*, LPA, Nr. 2002-7, 7, Rn. 25 handelt es sich daher gar „nicht um eine Verfahrenserstreckung“ („Il ne s'agit pas ici d'une hypothèse d'extension de procédure.“).

[120] Siehe *Campana/ Dizel/ Barratin/ Fernandez*, Entreprises en difficulté – Redressement judiciaire (Conditions d'ouverture), in: Vogel/ Delpech (Hrsg.), Rép. commercial, Rn. 91; *Guyon*, Droit des affaires, tome 2, Rn. 1397.

[121] Siehe *Campana/ Dizel/ Barratin/ Fernandez*, Entreprises en difficulté – Redressement judiciaire (Conditions d'ouverture), in: Vogel/ Delpech (Hrsg.), Rép. commercial, Rn. 93; *Delebecque/ Germain/ Ripert/ Roblot*, Traité de droit commercial, Tome 2, Rn. 2867; *Gibirila*, Entreprises en difficulté, Rn. 215.

[122] Diese sind nämlich ausschließlich juristische Personen. Siehe zu dieser Gesellschaftsform bereits oben, § 1 B. I. 1. c) aa) (3).

[123] Siehe *Delebecque/ Germain/ Ripert/ Roblot*, Traité de droit commercial, Tome 2, Rn. 2866 f.; *de Juglart/ Ippolito/ Kerckhove*, Traité de droit commercial, Tome 6, Rn. 220; beide m.w.N.

[124] Siehe *Campana/ Dizel/ Barratin/ Fernandez*, Entreprises en difficulté – Redressement judiciaire (Conditions d'ouverture), in: Vogel/ Delpech (Hrsg.), Rép. commercial, Rn. 88; *Delebecque/ Germain/ Ripert/ Roblot*, Traité de droit commercial, Tome 2, Rn. 2866.

[125] In diesem Sinne Cass. com. 11.12.2001, Revisionsnummer: 99-11339.

wie auch heutigem Recht diese Gesellschafter gesamtschuldnerisch und unbegrenzt für Gesellschaftsschulden haften[126], schlossen sowohl Rechtsprechung[127] als auch große Teile der Literatur[128] allein hieraus, dass die Insolvenz der Gesellschaft *ipso facto* auch die Zahlungsunfähigkeit aller persönlich haftenden Gesellschafter nach sich ziehen müsse. Um eine gewisse Flexibilität zu ermöglichen, waren jedoch Verfahrensart und -ausgang von der persönlichen Situation des Gesellschafters abhängig[129]. Diese Lösung fand sich daraufhin auch in der ersten gesetzlichen Anerkennung dieses Grundsatzes in Art. 97 des

---

[126] Siehe exemplarisch etwa für die SNC heute Art. L. 221-1 Abs. 1 C. com: „Die Gesellschafter der Personenhandelsgesellschaft haben alle die Kaufmannseigenschaft inne und haften unbegrenzt und gesamtschuldnerisch für die Gesellschaftsschulden" („Les associés en nom collectif ont tous la qualité de commerçant et répondent indéfiniment et solidairement des dettes sociales.").

[127] Siehe bereits Cass. req. 17.04.1861, zit. nach *Bravard-Veyrières/ Demangeat*, Traité de droit commercial, S. 678: „Der Gesellschafter der Personenhandelsgesellschaft, direkt und gesamtschuldnerisch haftbar für alle Verpflichtungen der Gesellschaft, ist selbst im Zustand der Zahlungsunfähigkeit, sobald er die Gesellschaftsschulden nicht mehr bedient, die die seinen sind" („L'associé en nom collectif, directement et solidairement tenu de tous les engagements de la société, est personnellement en état de cessation de paiements dès l'instant qu'il laisse en souffrance les dettes sociales, qui sont les siennes").

[128] Dies war allerdings durchaus umstritten; eine andere Ansicht sprach sich für eine genauere Prüfung der Zahlungsunfähigkeit bei jedem Gesellschafter aus, die gesamtschuldnerische Haftung der Gesellschafter beziehe sich auf die *Schulden* der Gesellschaft, nicht die Gesellschaft selbst. Die herrschende Meinung, hier dargestellt nach *Bravard-Veyrières/ Demangeat*, Traité de droit commercial, S. 678, argumentierte jedoch wie folgt: „[...] die Gesellschafter der Personenhandelsgesellschaft sind unbegrenzt haftbar für alle Verpflichtungen der Gesellschaft [...]. Daher sind alle Gesellschaftsschulden gleichzeitig die Schulden der Gesellschafter: Daher kann die Gesellschaft nicht ihre Zahlungen einstellen, ohne dass wir zu dem Schluss kommen, dass jeder Gesellschafter sich im Zustand der Zahlungsunfähigkeit befindet: Daher erklärt das Urteil, welches die *faillite* der juristischen Person Gesellschaft erklärt, zwangsläufig auch die *faillite* jedes haftenden Gesellschafters" („[...] les associés en nom sont tenus indéfiniment de tous les engagements de la société [...]. Donc les dettes sociales sont en même temps les dettes des associés : donc la société ne peut pas cesser ses paiements sans que nous soyons fondés à dire de chaque associé qu'il est en état de cessation des paiements : donc enfin le jugement qui déclare la faillite de l'être moral société déclare nécessairement la faillite de chacun des associés responsables"); siehe auch, mit zahlreichen Nachweisen zum damaligen Streitstand, *Duvivier*, De la faillite des sociétés, S. 53 ff.

[129] Siehe *Delebecque/ Germain/ Ripert/ Roblot*, Traité de droit commercial, Tome 2, Rn. 2868, m.w.N.

Gesetzes von 1967[130] sowie in den nur an den Kontext neu eingeführter Verfahrensarten angepassten Nachfolgeregelungen[131] wieder[132].

Anhand dieser logischen Herleitung lässt sich auch erklären, warum die Rechtsprechung[133] die *extension automatique* – im Gegensatz zur schon namentlich abweichenden *extension-sanction*[134] – nicht als Sanktion auffasste[135] und daher in den Automatismus keine Verhältnismäßigkeitserwägungen mit einfließen ließ.

Für die ohnehin zwingend als Kaufleute zu qualifizierenden Gesellschafter etwa von SNC oder SCS[136] bringt eine *extension automatique* allerdings nur eine geringe Veränderung ihres gemeinrechtlichen *status quo* im Falle der Insolvenz der Gesellschaft mit sich[137]; die einzige Veränderung liegt für sie in dem mit der automatischen Verfahrenserstreckung verbundenen Verzicht auf den Beweis ihrer eigenen Zahlungsunfähigkeit zur Eröffnung eines entsprechenden Verfahrens[138]. Bei Gesellschaftsformen, deren Mitgliedern keine Kaufmannseigenschaft zugemessen wird (insbesondere GIE und SCP), war die *extension automatique* für diese Mitglieder allerdings die einzige Möglichkeit,

---

[130] Gesetz Nr. 67-563 sur le règlement judiciaire, la liquidation des biens, la faillite personnelle et les banqueroutes vom 13.06.1967.

[131] Art. 178 des Gesetzes Nr. 85-98 vom 25.01.1985 relative au redressement et à la liquidation judiciaires des entreprises; seit Ordonnance Nr. 2000-912 vom 18.09. 2000 relative à la partie Législative du code de commerce kodifiziert Art. L. 624-1 C. com. a.F. Letzterer lautete bis zur loi de sauvegarde: „Das Urteil, welches die Eröffnung eines Sanierungs- oder Liquidationsverfahrens über eine juristische Person ausspricht, hat Wirkung für alle Personen, die Mitglieder oder Gesellschafter der juristischen Person und unbegrenzt sowie gesamtschuldnerisch für die Verbindlichkeiten der Gesellschaft haften. Das Gericht eröffnet je nach Fall über jede von ihnen ein Sanierungs- oder Liquidationsverfahren" („Le jugement qui ouvre le redressement ou la liquidation judiciaires de la personne morale produit ses effets à l'égard de toutes les personnes membres ou associées de la personne morale et indéfiniment et solidairement responsables du passif social. Le tribunal ouvre à l'égard de chacune d'elles une procédure de redressement judiciaire ou de liquidation judiciaire selon le cas.").

[132] Die Unabhängigkeit der unterschiedlichen Verfahren betont zu Art. 178 des Gesetzes von 1985 etwa CA Paris, 24.03.1992, RG-Nr. 91/1585791/17597.

[133] In Bezug auf Art. 6 Abs. 1 EMRK entschieden durch CA Paris, 08.09.2000, D. 2002, S. 76, Anm. *Sortais*.

[134] Zu dieser soeben oben, II.; auf diesen Unterschied hinweisend *Sortais*, Anmerkung zu CA Paris, 08.09.2000, D. 2002, 76.

[135] Zust. auch *Guyon*, Droit des affaires, tome 2, Rn. 1395.

[136] Siehe im heutigen Recht etwa Art. L. 221-1 Abs. 1 1. HS: „Die Gesellschafter der Personenhandelsgesellschaft haben alle die Kaufmannseigenschaft inne" – „Les associés en nom collectif ont tous la qualité de commerçant".

[137] Siehe *Gibirila*, Entreprises en difficulté, Rn. 215.

[138] Dies bemerkend *Lienhard*, Procédures collectives, Rn. 131.12.

ein handelsrechtliches Insolvenzverfahren über ihr Vermögen durchführen zu können[139].

Auch die *extension automatique* wurde jedoch trotz ihrer langjährigen Befürwortung durch Rechtsprechung und Literatur schließlich im Zuge der Abschaffung aller *fausses extensions* durch die *loi de sauvegarde* ersatzlos aufgehoben[140].

IV. Schrittweise Aufhebung der unechten Verfahrenserstreckungen und ihrer Tatbestandsvarianten bis 2008

Das heutige französische Recht hat in Bezug auf die Verfahrenserstreckungen für eine wesentlich übersichtlichere Rechtslage gesorgt[141]. Gleichzeitig mit der vollständigen gesetzlichen Anerkennung der „echten" Verfahrenserstreckung in Art. L. 621-2 Abs. 2 C. com.[142] hob die *loi de sauvegarde* von 2005[143] nämlich wie bereits erwähnt sämtliche „unechten" Verfahrenserstreckungen auf.

Der wichtigste Grund für diesen im Hinblick auf die lange Tradition dieser Regeln ambitionierten Schritt war die durch das Gesetz von 2005 nahezu vollendete Entwicklung des französischen Insolvenzrechts zu einem möglichst nach wirtschaftlichen Kriterien aufgestellten „Recht der Unternehmen in Schwierigkeit" *(doit des entreprises en difficulté)*[144]. Notwendig für ein solches Insolvenzrecht im Dienste der Erhaltung von Unternehmenswerten[145] war aus Sicht des französischen Gesetzgebers eine Trennung der insolvenzrechtlichen Behandlung von Unternehmen und seinem Führungspersonal[146] sowie eine

---

[139] *Guyon*, Droit des affaires, tome 2, Rn. 1397; vgl. auch *Gibirila*, Entreprises en difficulté, Rn. 215; *Lucas*, LPA, Nr. 2002-7, 7, Rn. 23. Dies anstatt der möglichen Eröffnung eines Privatinsolvenzverfahrens (*procédure de surendettement du particulier*, Art. L. 331-1 ff. C. cons.). Ausführlich zum Anwendungsbereich der Verfahren oben, § 1 A. II. 3 a).

[140] Zur Aufhebung der „unechten" Verfahrenserstreckungen sogleich unten, IV. Siehe bereits *Lienhard*, Procédures collectives, Rn. 131.11 f.

[141] *Coquelet*, Entreprises en difficulté, instruments de paiement et de crédit, Rn. 105 („toilettage"); *Saint-Alary Houin*, Entreprises en difficulté, Rn. 445.

[142] Zur Entwicklung der „echten" Verfahrenserstreckung und deren gesetzlicher Anerkennung sogleich unten, § 4 A. II. 2.

[143] Gesetz Nr. 2005-845 vom 26.07.2005 (loi de sauvegarde des entreprises); zu diesem genauer oben, § 1 A. II.

[144] Zu dieser Entwicklung seit dem Gesetz vom 13.07.1967 ausführlich oben, § 1 A. I. 3. a).

[145] Diese Zielsetzung der Aufhebung aller „unechter" Verfahrenserstreckungen sieht etwa *Legros*, Dr. sociétés Nr. 2006-1, étude 2, Rn. 5.

[146] Siehe schon den Gesetzesvorschlag zur loi de sauvegarde Nr. 1596 vom 12.05.2004, Gesetzesbegründung, S. 17: „Es gilt nun, die Trennung des Schicksals des Menschen von dem des Unternehmens zu trennen, wie es 1967 begonnen wurde" („Il convient là d'achever la séparation du sort de l'homme de celui de l'entreprise, engagée en 1967").

Auswahl jeweils situationsangepasster Verfahren nur nach wirtschaftlichen Kriterien und ohne jeglichen Bezug auf Sanktionserwägungen[147].

Sollte diesem Zusammenhang die Anwendungsperspektive vorinsolvenzlicher Verfahren wie der *procédure de sauvegarde* so weit wie möglich erhalten und gleichzeitig einer Zahlungsunfähigkeit von Schuldnern durch dieses Verfahren vorgebeugt werden, konnte etwa die ohne Prüfung der Zahlungsunfähigkeit ausgesprochene *extension automatique* auf Gesellschafter von Gesellschaften ohne Haftungsbeschränkungen kaum in das neue Konzept passen – schließlich wäre es damit nicht auszuschließen gewesen, eine wirtschaftlich gesunde Person einem Sanierungs- oder gar Liquidationsverfahren zu unterziehen[148].

Die Rechtsfolge der Eröffnung eines Verfahrens nach dem Gesetz von 2005[149] über eine Gesellschaft ohne Haftungsbeschränkung liegt daher folgerichtig in der Anwendung der allgemeinen insolvenzrechtlichen Regeln[150]: Handelt es sich bei den Gesellschaftern oder Mitgliedern der insolventen Gesellschaft um Kaufleute und kann ihre Zahlungsunfähigkeit nachgewiesen werden, bleibt es auch für sie – je nach Fortführungsprognose[151] – bei der Eröffnung eines eigenen Sanierungs- oder Liquidationsverfahrens über ihr Vermögen. Liegt, auch wenn dies aufgrund der persönlichen Haftung für die Gesellschaftsschulden selten sein mag[152], keine Zahlungsunfähigkeit vor, kann etwa ein Rettungsverfahren eröffnet werden. Wird ein solches Verfahren von keiner der antragsberechtigten Personen beantragt oder fällt der Gesellschafter nicht selbst in den persönlichen Anwendungsbereich der Art. L. 621-1 ff. C.com.[153],

---

147 *Lienhard*, Procédures collectives, Rn. 64.11.

148 *Legros*, Dr. sociétés Nr. 2006-1, étude 2, Rn. 5; vgl. auch *Lienhard*, Procédures collectives, Rn. 131.12.

149 Das Gesetz gilt für alle ab dem 01.01.2006 eröffneten Verfahren, Art. 190, Gesetz Nr. 2005-845. Zu Sonderproblemen des Übergangsrechts genauer *Legros*, Dr. sociétés Nr. 2006-1, étude 2, Rn. 12 f., *Fortis*, Entreprises en difficulté (Responsabilités et sanctions), in: Vogel/ Delpech (Hrsg.), Rép. commercial, actualité, Rn. 2-6-1; *Vincenti*, LPA, Nr. 2006-35, 52 sowie, allgemein, *Lienhard*, Sauvegarde des entreprises en difficulté, Rn. 106.

150 Siehe *Gibirila*, Entreprises en difficulté, Rn. 215 sowie mit genauerer Darstellung der hieraus erwachsenden besonderen Probleme *Lienhard*, Procédures collectives, Rn. 131.12.

151 Zur Auswahl der Verfahrensarten nach der loi de sauvegarde ausführlich oben, § 1 A. II. 2.

152 Hierauf hinweisend *Lienhard*, Procédures collectives, Rn. 131.12: „Wenn die juristische Person zahlungsunfähig ist, werden in Wirklichkeit und in den meisten Fällen auch die natürlichen Personen, welche unbegrenzt und gesamtschuldnerisch haften, ebenfalls zahlungsunfähig sein" („En réalité, le plus souvent, si la personne morale est en état de cessation des paiements, les personnes physiques indéfiniment et solidairement responsables le seront aussi").

153 Siehe allerdings zum im reformierten Recht wesentlich vergrößerten persönlichen Anwendungsbereich der Verfahren oben, § 1 A. II. 3) a).

kommt es allerdings nach dem neuen Recht nicht zur Eröffnung eines Verfahrens nach dem VI. Buch des *Code de commerce* und die Gesellschaftsgläubiger behalten ihr Recht auf individuelle Inanspruchnahme des Schuldners[154]. Um Missbräuche dieser „lockeren Hand des Gesetzgebers“[155] zu vermeiden, wurden dem Insolvenzgericht der juristischen Person allerdings umfassende Informationsrechte sowie die Möglichkeit zur Anordnung von Sicherungsmaßnahmen über das Vermögen der Gesellschafter zugesprochen[156].

Doch auch die *extension-sanction* erschien mit den Zielsetzungen des neuen Rechts kaum vereinbar. Da sich die Eröffnung der in der *loi de sauvegarde* vorgesehenen Verfahren grundsätzlich werterhaltend auswirken – sogar das Liquidationsverfahren enthält eine Möglichkeit zur übertragenden Sanierung[157] – und möglichst jeden rufschädigenden Anschein verlieren soll, konnte dessen Eröffnung nicht mehr durch den Gesetzgeber in Verbindung mit sanktionsbedürftigen Tatbeständen gebracht werden[158]. Sofern sie je durch die Tatbestände der *extension-sanction* verfolgt worden war[159], erscheint eine präventive Wirkung dieser Sanktionstatbestände durch das neue Recht außerdem kaum darstellbar: Da die neuen Verfahren grundsätzlich die Zielrichtung verfolgen, die durch den Unternehmer geschaffenen wirtschaftlichen Werte zu bewahren, schützen sie ihn durch unterschiedlichste Maßnahmen vor einem möglicherweise fatalen Zugriff der Gläubiger[160]. Es wäre daher nicht auszuschließen, wenn nicht gar eigentlich im Sinne des Reformgesetzgebers gewesen, dass die als Sanktion gedachte Verfahrenserstreckung durch ihre möglicherweise

---

154 Siehe *Gibirila*, Entreprises en difficulté, Rn. 215.

155 *Lienhard*, Procédures collectives, Rn. 131.11: „Le législateur de 2005 avait incontestablement la main plus légère que ses prédécesseurs quant aux incidences sur leurs dirigeants et associés des procédures frappant les personnes morales“.

156 Art. L. 651-4 C. com. n.F.; hierzu genauer *Legros*, Dr. sociétés Nr. 2006-1, étude 2, Rn. 11. Die Sicherungsmaßnahmen wurden 2012 durch die umstrittene, sog. „loi Petroplus“ nochmals verschärft, hierzu ausführlich unten, § 4 B. III. 6.; siehe bereits *Fortis*, Entreprises en difficulté (Responsabilités et sanctions), in: Vogel/ Delpech (Hrsg.), Rép. commercial, actualité, Rn. 2-19.

157 Siehe bereits oben, § 1 A. II. 2. sowie A. II. 3. c).

158 Siehe etwa Gesetzesvorschlag zur loi de sauvegarde Nr. 1596 vom 12.05.2004, Gesetzesbegründung, S. 17: „Während es möglich erscheint, dass ein Insolvenz- oder Sanierungsverfahren dann eröffnet wird, wenn die Zahlungsunfähigkeit unmittelbar droht oder vorhersehbar ist, stellt sich dies anders dar, wenn sie von diesem Kriterium unabhängig wird und zu einer Sanktion, welche paradoxerweise über ein wirtschaftlich gesundes Unternehmen ausgesprochen wird“ („S'il est concevable que la procédure collective soit ouverte lorsque la cessation des paiements est imminente ou prévisible, il n'en va pas de même lorsqu'elle s'en détache résolument, et devient une sanction pouvant paradoxalement être prononcée à l'égard d'une entreprise économiquement saine“).

159 Zu dieser möglichen Zielsetzung bereits oben, II.

160 Siehe zu den auch schuldnerschützenden Rechtsfolgen der Verfahren nach dem Gesetz von 2005 oben, § 1 A. II. 3. c) dd).

positive Wirkung für den Fortbestand des Schuldnerunternehmens sich selbst *ad absurdum* geführt hätte[161].

Große Teile des Tatbestands der ehemaligen *extension-sanction*[162] wurden durch die *loi de sauvegarde* aufgrund dieser Überlegungen in eine bezüglich der Rechtsfolge mit der *responsabilité pour insuffisance d'actif*[163] vergleichbare „Gesellschaftsschuldenpflicht" als verschärfter Deliktshaftung (*obligation aux dettes sociales,* Art. L. 652-1 C. com. a.F.) überführt[164]. Hiernach konnte das Insolvenzgericht im Falle der Eröffnung eines Liquidationsverfahrens[165] dem „faktischen oder bestellten Geschäftsführer einer juristischen Person die gesamte Schuld oder Teile derer auferlegen, wenn bewiesen ist, dass dieser Geschäftsführer durch eine der hier aufgeführten Rechtsverletzungen *(fautes)* zur Zahlungsunfähigkeit beigetragen hat"[166]. Im Unterschied zur *responsabilité pour insuffisance d'actif* musste bei der *obligation aux dettes sociales* die genannte Rechtsverletzung zur Zahlungsunfähigkeit und nicht, wie bei ersterer, zu einem Aktivfehlbetrag geführt haben[167].

Doch die *obligation aux dettes sociales* hatte nur einen sehr begrenzten Anwendungszeitraum. Sie wurde nämlich nach nur knapp drei Jahren des Einsatzes mit gleichzeitigem Aufkommen zahlreicher Einzelprobleme[168] wiederum durch die Ordonnance von 2008[169] aufgehoben. Nach der Verordnungsbegründung[170] hatte sich in der Praxis gezeigt, dass die tatbestandlichen Doppelungen mit der *responsabilité pour insuffisance d'actif* zu zahlreich gewesen waren. Dies entsprach auch einer in der Literatur weit verbreiteten Ansicht, die das

---

161 Hierauf zutreffend hinweisend *Legros*, Dr. sociétés Nr. 2006-1, étude 2, Rn. 15.

162 Mit Ausnahme der beiden Fallgruppen, die Buchhaltungsfehler betrafen; dies bemerkend *Fortis*, Entreprises en difficulté (Responsabilités et sanctions), in: Vogel/ Delpech (Hrsg.), Rép. commercial, Rn. 56; hierzu bereits oben, B.

163 Zu diesem deliktsähnlichen Tatbestand ausführlich unten, § 5 A.

164 Siehe etwa *Lienhard*, Sauvegarde des entreprises en difficulté, Rn. 105.

165 Dies im Unterschied zur *responsabilité pour insuffisance d'actif*, die für alle Verfahren des VI. Buchs des *Code de commerce* gültig ist.

166 „Au cours d'une procédure de liquidation judiciaire, le tribunal peut décider de mettre à la charge de l'un des dirigeants de droit ou de fait d'une personne morale la totalité ou une partie des dettes de cette dernière lorsqu'il est établi, à l'encontre de ce dirigeant, que l'une des fautes ci-après a contribué à la cessation des paiements".

167 Dies bemerkend *Fortis*, Entreprises en difficulté (Responsabilités et sanctions), in: Vogel/ Delpech (Hrsg.), Rép. commercial, Rn. 56.

168 *Lienhard*, Procédures collectives, Rn. 131.13 sowie genauer insbesondere zu Abgrenzung Abgrenzungsschwierigkeiten zur *responsabilité pour insuffisance d'actif* ebenda, Rn. 132.12. Letzteres Problem thematisiert ausführlich auch *Roussel Galle*, LPA, Nr. 2008-239, 80, Rn. 15.

169 Art. 133, Ordonnance Nr. 2008-1345 vom 18.12.2008.

170 *Ministère de la justice* (Hrsg.), Ordonnance Nr. 2008-1345 vom 18.12.2008, Rapport au Président de la République, Kapitel V. Ebenfalls zu den entsprechenden Hintergründen *Mascala*, Dr. et patri. 2009, 187, I. C.

Vorhandensein zweier sehr ähnlicher Haftungstatbestände als unnötig kompliziert und problembehaftet kritisiert hatte[171].

Seit 2008 sind die Tatbestände der *obligation aux dettes sociales* in der – für juristische Personen und Konzernsachverhalte nur über das Führungspersonal relevante – persönlichen Sanktion der *faillite personnelle* untergebracht[172], welche mit einem umfassenden Verbot zur Leitung von Gesellschaften und Unternehmen verbunden ist[173]. Diese Neueinordnung ist insoweit zu begrüßen, als dass sie als konsequenteste Umsetzung der Konzentration auf wirtschaftliche Kriterien im Bereich der Insolvenz- und Sanierungsverfahren erscheint. Die *responsabilité pour insuffisance d'actif* bleibt als Auffangtatbestand ohnehin bestehen.

V. Zwischenergebnis

Die durch die *loi de sauvegarde* von 2005 sowie die Ordonnance von 2008 herbeigeführte Rechtslage schafft im Bereich der rechtsträgerübergreifenden und auch im Falle von bei Konzerninsolvenzen anwendbaren Haftungstatbeständen eine vorher kaum dagewesene Übersichtlichkeit. Nach der Aufhebung aller Tatbestände der „unechten" Verfahrenserstreckungen bleiben nach aktuellem Recht hauptsächlich die erstmals gesetzlich anerkannte „echte" Verfahrenserstreckung sowie, gleichsam als Generalklausel für Schadensersatz wegen Aktivfehlbeträgen, die verschärfte Deliktshaftung der *responsabilité pour insuffisance d'actif* übrig. Daneben haben sich weitere Sondertatbestände für bestimmte Arten von Schulden oder Gläubigern neben der Anwendung allgemeiner zivilrechtlicher Regeln herausgebildet. Nähere Erläuterungen zur Fortentwicklung dieser Tatbestände finden sich bei der genaueren Darstellung der einzelnen Haftungsgrundlagen.

---

171 So etwa *Monsèrié-Bon/ Saint-Alary Houin*, D. 2008, 941, III.; *Montéran*, Gaz. Pal., Nr. 2008-24, 3, f.; *Roussel Galle*, LPA, Nr. 2008-239, 80, Rn. 16; zustimmend wohl auch *Lienhard*, Procédures collectives, Rn. 133.13.

172 Art. L. 653-4 C. com.

173 Art. L. 653-2 C. com.

§ 4 Die Verfahrenserstreckung (*extension de procédure*) wegen Vermögensvermischung und Fiktivität von Gesellschaften nach Art. L. 621-2 Abs. 2 C. com.

Die Verfahrenserstreckung *(extension de procédure)* eines Rettungs-, Sanierungs- oder Liquidationsverfahrens[174] auf eine andere Person, heute vorgesehen in Art. L. 621-2 Abs. 2 C. com.[175], kann mit der durch sie bewirkten Aufhebung der Haftungsbarrieren zwischen den von ihr betroffenen Rechtsträgern als der weitreichendste Tatbestand einer Insolvenzhaftung im französischen Recht bezeichnet werden[176]. Die Verfahrenserstreckung findet auch im Bereich der Konzerne regelmäßige Anwendung[177] und kehrt in diesem Fall den Grundsatz der konzerninternen Haftungstrennung vollständig ins Gegenteil um. Sie wird damit zu einem Instrument materieller Konzernhaftung in Unternehmenskrise und -insolvenz.

A. Einführung

I. Grundlagen, Zielsetzung und dogmatische Rechtfertigung der Verfahrenserstreckung

Die grundlegende Zielsetzung dieses Rechtsinstituts wurde kürzlich durch den Kassationsgerichtshof erneut bestätigt, als er über die Verweisung einer Normenkontrollbeschwerde (*question prioritaire de constitutionnalité*, QPC) über Art. L. 621-2 Abs. 2 C. com. an den Verfassungsrat *(Conseil constitutionnel)* zu entscheiden hatte – und eine Verweisung mangels ernsthafter Bedenken an der Verfassungsmäßigkeit dieser Regelung ablehnte[178]. Nach der Vorstellung des Kassationsgerichtshofs wird mit der Verfahrenserstreckung das Ziel verfolgt, „das Vermögen von Personen wiederherzustellen, die die ihnen zukom-

---

[174] Genauer zu den einzelnen Verfahrensarten und ihren Zielsetzungen oben, § 1 A. II.

[175] Für das Sanierungsverfahren *redressement judiciaire* anwendbar über Verweis in Art. L. 631-7 C. com.; für das Liquidationsverfahren *liquidation judiciaire* über entsprechenden Verweis in Art. L. 641-1-I Abs. 1 C. com. Von der Nennung dieser Verweisnormen wird im Folgenden bei der Beschreibung von Tatbestand und Rechtsfolgen der Verfahrenserstreckung aus Gründen besserer Lesbarkeit abgesehen.

[176] So etwa *Dammann/ Podeur*, RLDA Nr. 2007-16, étude 975, 65, 67: „Une mesure [...] radicale". Ähnlich *Tricot*, in: Ministère de la justice (Hrsg.), Rapp. annuel Cour de cassation 1997, 165.

[177] Vgl. *Saint-Alary Houin*, in: FS-Merle, S. 637.

[178] Cass. com. 08.10.2012, Revisionsnummer 12-40058, Rev. sociétés 2012, 728. Genauer zu diesem Verfahren sogleich unten, III. 3. d).

mende Rechtspersönlichkeit durch die Vermischung ihrer Güter oder die Gründung einer Scheingesellschaft missbraucht haben“[179]. Der Kassationsgerichtshof betont damit, dass die Verfahrenserstreckung nach französischem Verständnis als Reaktion auf Strukturen von Rechtsträgern oder Verhaltensweisen ihres Leitungspersonals zu verstehen ist, die von der als normal verstandenen Situation entweder in Bezug auf die Realität des Gesellschaftszwecks oder die Vermögensverteilung abweichen[180] und durch die vollständig rechtsträgerübergreifende Abwicklung einer *procédure collective* rückgängig zu machen ist [181]. Gleichzeitig wird dem Begriff des „Missbrauchs“ auch ein vertrauens- und damit drittschädigender Charakter in Bezug auf das Haftungssubstrat der betroffenen Gesellschaft zugewiesen[182]. Diese als Rückkehr zur wirtschaftlichen bzw. gesellschaftsrechtlichen Normalität verstandene Wiederherstellung erfolgt bei Art. L. 621-2 Abs. 2 C. com. im Rahmen einer rein insolvenzrechtlichen Lösung. Sie liegt in der Erstreckung eines bereits eröffneten Rettungs-, Sanierungs- oder Liquidationsverfahrens auf eine andere Person, welche selbst

[179] Originaltext der Entscheidung: „…de reconstituer le patrimoine de personnes qui ont abusé de la personnalité juridique dont elles jouissent soit en mélangeant leurs biens, soit en ne constituant qu'une apparence de société“.

[180] Zum Hintergrund der darauf aufbauenden Tatbestandsalternativen sogleich unten, B. II. 1. a) sowie b).

[181] So beschreibt es auch *Grelon/ Dessus-Larrivé*, Rev. sociétés 2006, 281, Rn. 2: „Dieses Verfahren […] erlaubt es, durch die reine Begutachtung der Vermögenssituation des Schuldners Vermögensgegenstände aufzufgreifen, welche künstlich aus seinem Vermögen ausgeschlossen worden sind.“ („Cette procédure […] permet, par la constatation de la seule situation patrimoniale du débiteur, d'appréhender des actifs artificiellement exclus de son patrimoine“). Ähnlich auch *Lucas*, LPA, Nr. 2001-89, 66, I. B. 1. b): „Die Sanktion für die geringe Rücksicht auf die Rechtspersönlichkeit […] besteht genau darin, die Rechtspersönlichkeit der betroffenen Gesellschaften zu übergehen. Der Gesellschaft, die die Grenze zwischen den unterschiedlichen Vermögen nicht beachtet hat, wird das Recht genommen, hinter dieser Grenze Zuflucht zu suchen.“ („La sanction du peu d'égards pour la personnalité morale […] va consister précisément à ignorer la personnalité morale des sociétés visées. La société qui n'a pas respecté la frontière des différents patrimoines va être privée du droit de se réfugier derrière cette frontière“).

[182] So etwa bei *Aubert/ Piniot*, in: Piniot/ Dumas/ Le Cannu (Hrsg.), FS-Bézard, S. 287, 292: „Dieses Gebilde [...] wurde aus dem Bedürfnis des Richters heraus geboren, im Interesse der Gläubiger die Personen einem selben Insolvenzverfahren zu unterwerfen, die unter dem trügerischen Eindruck einer Gesellschaft selbige führen oder die unter dem Anschein unabhängiger Vermögen selbige durch eine durch eine Verflechtung von Elementen aus Aktiva und Passiva vermischt haben.“ („Cette construction [...] est née de a nécessité pour le juge dans l'intêret des créanciers de soumettre à la même procédure collective, les personnes qui, sous l'apparence trompeuse d'une société dirigent l'entreprise ou qui, sous l'apparence de patrimoines distincts, les ont confondus par une imbrication des éléments d'actif et de passif.“).

keinen Eröffnungsgrund – insbesondere also die Zahlungsunfähigkeit[183] – aufweist[184].

Der im französischen Recht getroffene Schluss von gesellschaftsrechtlichen Missbräuchen auf insolvenzrechtlichen Ausgleich ist nicht weltweit einzigartig; auch etwa das US-amerikanische Insolvenzrecht hält mit der sog. *substantive consolidation* ein Instrument der Ausweitung von Insolvenz- und Sanierungsverfahren vor, welches der französischen *extension de procédure* nicht nur in Bezug auf seine Zielsetzung, sondern sogar in Tatbestand und Rechtsfolgen sehr ähnlich ist[185].

Ein anderer Erklärungs- und Rechtfertigungsansatz der Verfahrenserstreckung[186] sieht die Grundlage dieses Instruments hingegen in der genuin insolvenzrechtlichen Fragestellung der eigentumsrechtlichen Zuordnung der Haftungsmasse im Insolvenzverfahren. Gestehe man dem Schuldner durch die Eröffnung eines Rettungs-, Sanierungs- oder Liquidationsverfahren das Recht zu, seine Gläubiger nicht oder nicht fristgemäß zu befriedigen, geschehe dies im Gegenzug zu einer vollständigen Verwertungsmöglichkeit der vom Schuldner kontrollierten Aktiva. Zwar falle die Gesamtheit der vom Schuldner kontrollierten Gegenstände im Falle der Insolvenz einer Gesellschaft mit den im Eigentum dieser Gesellschaft stehenden Aktiva zusammen. In Ausnahmefällen – und gerade im Kontext einer wirtschaftlichen Bindung zu einer anderen Gesellschaft im Rahmen von Konzernsachverhalten – könne diese Zuordnung bei Durchbrechungen der Gesellschaftssphären aber auch aufgehoben sein. Das hierdurch entstandene „faktische Eigentum" *(„patrimoine de fait")* der die Leitungsmacht ausübenden Gesellschaft etwa über eine beherrschte Tochterge-

---

[183] Zu sonstigen Eröffnungsgründen im französischen Insolvenzrecht siehe oben, § 1 A. II. 2.

[184] Hierauf hinweisend *Bonnard*, Entreprises en difficulté, S. 53; *Coquelet*, Entreprises en difficulté, instruments de paiement et de crédit, Rn. 105; *Delebecque*, Rev. Proc. Coll., Nr. 1998-2, 129, 131; *Pétel*, Procédures collectives, Rn. 86; *Salgado*, Entreprises en difficulté, S. 77, 78. Ähnlich *Voinot*, Procédures collectives, Rn. 240. Für den Fall der fiktiven juristischen Person – hierzu sogleich unten, B. II. 2. – ausdrücklich bestätigt durch Cass. com. 23.10.1995, Revisionsnummer 93-20469: „Der Appellationsgerichtshof war nicht zur Prüfung verpflichtet, ob sie [die der Verfahrenserstreckung unterliegenden Gesellschaft, Anm. d. Verf.] selbst zahlungsunfähig war" („...la cour d'appel, [...] n'avait pas à rechercher si celle-ci était personnellement en état de cessation des paiements").

[185] Ein entsprechender Vergleich der beiden Rechtsinstitute mit genauer Darstellung von rechtlicher Grundlage, Tatbestand und Rechtsfolgen der *substantive consolidation* findet sich bei *Vamparys*, 2006-4, 437. Die Ähnlichkeit ebenfalls betonend *Le Corre*, Droit et pratique des procédures collectives, Rn. 213.091.

[186] So vertreten von *Pelletier*, La responsabilité au sein des groupes de sociétés en cas de procédure collective, Rn. 51.

sellschaft gelte es durch die Konsolidierung beider Haftungsmassen auszugleichen[187]. Kaum zu erklären vermag dieser Ansatz für sich genommen allerdings, wieso der gesuchte Ausgleich etwa durch die Erstreckung eines Insolvenzverfahrens auf eine finanziell gesunde, aber „faktisches Eigentum" ausübende Muttergesellschaft stattfinden muss.

Auch wenn weder Gesetzgeber noch Rechtsprechung dies ausdrücklich bestätigen, kommt der Verfahrenserstreckung zumindest reflexhaft als ein Sanktionstatbestand für Rechtsmissbräuche[188] auch eine generalpräventive Wirkung zu[189]. Da die Rechtsfolgen der Verfahrenserstreckung[190] in Bezug auf die konzerninterne Haftungstrennung die denkbar einschneidendste Haftungsvariante darstellen, wird jeder verantwortungsvolle Unternehmensführer die Erfüllung ihrer Tatbestandsmerkmale so weit wie möglich verhindern wollen.[191]

Unabhängig von dem ihr zugrundeliegenden Erklärungsansatz ist die Verfahrenserstreckung in Frankreich geltendes Recht. Der heutige Art. L. 621-2 Abs. 2 C. com. griff mit seiner Einführung durch das Reformgesetz von 2005[192] eine lange richterrechtliche Entwicklung auf[193]. Der Artikel ist für ein derart folgenschweres Rechtsinstrument auffällig knapp gefasst. Er lässt über die Aufzählung der Antragsteller und der beiden Tatbestandshypothesen – Vermögensvermischung und fiktive juristische Person[194]– hinaus Raum für weitreichende richterliche Ausgestaltung unter Fortschreibung der bisherigen

---

[187] Pelletier formuliert es im französischsprachigen Original wie folgt: „Le débiteur a le droit de ne pas payer ses dettes s'il engage tous les biens sur lesquels il dispose d'un pouvoir absolu. Théoriquement, l'autonomie patrimoniale coïncide avec l'autonomie juridique. Les droits des créanciers s'arrêtent aux biens dont est propriétaire leur débiteur. Cela étant, la pratique nécessite parfois d'aller plus loin. La société en difficulté a pu exercer une propriété de fait. La procédure collective ne peut l'ignorer au motif que le débiteur n'est pas titré. Le groupe de sociétés favorise ce genre de pratiques. Les solidarités y sont plus fortes qu'ailleurs et les patrimoines plus poreux"; Hervorhebung durch den Verfasser.

[188] *Saint-Alary Houin*, Entreprises en difficulté, Rn. 445: „...fondamentalement une action sanctionnatrice de l'abus ou de la fraude commise".

[189] So ebenfalls *Pelletier*, La responsabilité au sein des groupes de sociétés en cas de procédure collective, Rn. 50.

[190] Hierzu unten, C.

[191] *Pelletier*, La responsabilité au sein des groupes de sociétés en cas de procédure collective, Rn. 50.

[192] Gesetz Nr. 2005-845 vom 26.07.2005. Allgemein zu Zielsetzungen, Inhalten und Regelungskonzept dieses Gesetzes auch oben, § 1 A. II.

[193] Zur Entwicklung der Verfahrenserstreckung sogleich unten, III. 1.

[194] Zu diesen Tatbestandsmerkmalen ausführlich unten, B. II.

Rechtsprechung[195]. Die Vorschrift lautet in ihrer zuletzt im Jahr 2014[196] geänderten Fassung:

„Auf Antrag des Verwalters, des Gläubigervertreters, des Gläubigers oder der Staatsanwaltschaft kann das eröffnete Verfahren auf eine oder mehrere andere Personen erstreckt werden im Fall einer Vermischung ihres Vermögens mit dem des Schuldners oder der Fiktivität der juristischen Person."[197]

II. Anwendung der Verfahrenserstreckung bei der Insolvenz von Konzerngesellschaften

Die in diesem Artikel bezeichneten, von der Erstreckung betroffenen „Personen" können sowohl natürliche als auch juristische sein[198]; der Anwendungsfall der Verfahrenserstreckung als Regelungs- und Sanktionsinstrument im Sachverhalt einer Konzerninsolvenz ergibt sich aus der Erstreckung des Verfahrens von einer Konzerngesellschaft auf eine oder mehrere andere.[199] Dies gilt insbesondere für den Tatbestand der Vermögensvermischung[200], dessen Hauptanwendungsfall die Konzerninsolvenz ist[201]. Aber auch die andere Tatbestandsalternative, die „fiktive juristische Person", findet in selteneren Ausnahmefällen im Rahmen von Konzerninsolvenzen Anwendung, sofern ein Teil eines Konzerngebildes als Scheingesellschaft identifiziert werden kann[202]. In

---

[195] Siehe *Lienhard/ Pisoni*, Code des procédures collectives, Anm. Art. L. 621-2 C. com., III. A.

[196] Die Ordonnance *Nr.* 2014-326 vom 12.03.2014 fügte als weitere Antragsteller den Gläubiger und die Staatsanwaltschaft hinzu. Zu Hintergründen und Folgen dieser Entscheidung sogleich unten, III. 3. e) sowie B. I. 2. b).

[197] Im französischen Original lautet die Vorschrift nunmehr: „A la demande de l'administrateur, du mandataire judiciaire, du débiteur ou du ministère public, la procédure ouverte peut être étendue à une ou plusieurs autres personnes en cas de confusion de leur patrimoine avec celui du débiteur ou de fictivité de la personne morale."

[198] Genauer zum persönlichen Anwendungsbereich der Verfahrenserstreckung sogleich unten, B. I. 1.

[199] Siehe *Aubert/ Piniot*, in: Piniot/ Dumas/ Le Cannu (Hrsg.), FS-Bézard, S. 287; *Gibirila*, Entreprises en difficulté, Rn. 217; vgl. auch *Voinot*, Procédures collectives, Rn. 242; *Saint-Alary Houin*, Entreprises en difficulté, Rn. 445. Eine direkte Inbezugnahme auf ein Tatbestandsmerkmal des „Konzerns" würde aufgrund der fehlenden rechtlich einheitlichen Definition bzw. der daraus folgenden Vielgestaltigkeit der französischen Konzerne (hierzu bereits oben, § 1 B. I. 1. b)) wohl ohnehin nicht gelingen. Zur Verfahrenserstreckung im allgemeinen in deutscher Sprache auch *Kroh*, Der existenzvernichtende Eingriff, S. 274 ff.

[200] Zu den Tatbestandsmerkmalen der Verfahrenserstreckung, Vermögensvermischung und fiktive juristische Person, sogleich unten, B. II.

[201] Vgl. *Bonnard*, Entreprises en difficulté, S. 54; *Deleneuville*, Rev. Proc. Coll., Nr. 2001-2, 61, 62; *Pétel*, Procédures collectives, Rn. 91, sowie, ähnlich *Saint-Alary Houin*, Entreprises en difficulté, Rn. 445.

[202] In französischer Sprache ist in diesem Zusammenhang die bildhaftere Bezeichnung „société de façade" („Fassadengesellschaft") gebräuchlich, siehe etwa *Daigre*, Entreprises

beiden Fällen stellt die Verfahrenserstreckung ein Mittel dar, um „die wahren Inhaber der Leitungsmacht und ihr Vermögen“ anstatt eine von vielen Konzerngesellschaften im Rahmen der Insolvenz anzugreifen[203] und insbesondere in Fällen von Muttergesellschaften einzusetzen, die ihre Tochtergesellschaften *(filiales)* wie unselbständige Zweigniederlassungen *(succursales)* behandeln[204].

Wird die Verfahrenserstreckung im Kontext einer Konzerninsolvenz zur Anwendung gebracht, führt sie zu einer „Ansteckung“ einer oder mehrerer anderer Konzerngesellschaften – häufig, aber nicht ausschließlich der Konzernmutter[205] – mit dem über eine andere Gesellschaft des Verbunds eröffneten Verfahren[206]. Kommt es zu dieser weitreichenden Rechtsfolge, wird der eingangs beschriebene Grundsatz der Selbständigkeit der Konzerngesellschaften und Vermögenstrennung im Konzern[207] damit für die Dauer des erstreckten Verfahrens[208] vollständig außer Kraft gesetzt[209]. Gleichzeitig werden sämtliche Rechtsfolgen des bereits eröffneten Verfahrens – sowohl in Bezug auf das Verfahren als auch die Aktiva und Passiva – auf den in das Verfahren eintretenden Schuldner angewendet[210].

Die Folgen sind drastisch, besonders für die Gläubiger der damit zwangsläufig ins Verfahren einbezogenen Konzerngesellschaft[211]: Durch das Erstreckungsurteil[212] wird ihnen eine Stellung als Gläubiger einer grundsätzlich zahlungsfähigen und womöglich gut beleumundeten Gesellschaft entzogen und – sofern keine weiteren Sicherungsmittel vorliegen – durch die Position eines

---

en difficulté – Redressement judiciaire (Personnes morales et dirigeants), in: Rép. sociétés, Rn. 76; *Le Corre*, Droit et pratique des procédures collectives, Rn. 213.111. Siehe zur *fictivité* als auf Konzerne anwendbaren Tatbestand auch *Deleneuville*, Rev. Proc. Coll., Nr. 2001-2, 61, 62. Zu diesem Begriff mit Fallbeispielen auch unten, B. II. 2.

203 *Delebecque*, Rev. Proc. Coll., Nr. 1998-2, 129, 131. Auch aus rechtsvergleichender Perspektive zustimmend *Vallens*, L'insolvabilité des entreprises en droit comparé, S. 93.

204 Dies betonend *Guyon*, Droit des affaires, tome 2, Rn. 1405; zu den Begriffen *filiale* und *succursale* bereits oben, § 1 B. I. 1. b) bb) (2).

205 Siehe etwa *Delebecque*, Rev. Proc. Coll., Nr. 1998-2, 129, 131; *Rivinius*, Konzernkonkurs, S. 170.

206 „Contagion“, *Dammann/ Podeur*, RLDA Nr. 2007-16, étude 975, 65.

207 Siehe hierzu oben, § 1 B. I. 2. b) aa) sowie soeben einleitend unter A.

208 Zur zeitlichen Geltung der Verfahrenserstreckung sogleich unten, C. III. 1.

209 Dies betonend *Grelon/ Dessus-Larrivé*, Rev. sociétés 2006, 281, Rn. 2. Vgl. auch *Aubert/ Piniot*, in: Piniot/ Dumas/ Le Cannu (Hrsg.), FS-Bézard, S. 287.

210 Siehe *Pétel*, Procédures collectives, Rn. 86 sowie, ähnlich, *Jacquemont/ Vabres*, Entreprises en difficulté, Rn. 169. Die Rechtsfolgen der Verfahrenserstreckung werden sogleich ausführlich unter 3. erläutert.

211 Für *Le Cannu*, LPA, Nr. 2002-7, 43, Rn. 36 handelt es sich aufgrund der enttäuschten Haftungserwartungen für die Gläubiger gar um eine „entsetzliche Situation“ („une situation épouvantable“).

212 Zu dessen Form unten, B. III. 4.

ungesicherten Insolvenzgläubigers in einer Konkurrenzsituation mit den Gläubigern einer anderen Gesellschaft ersetzt[213]. Sie müssen gegebenenfalls einen Zahlungsausfall erleiden, welcher in ihrer Position vor der Erstreckung womöglich kaum zu erwarten war[214]. Gleichzeitig bietet sich auch die Chance einer Vergrößerung der Gesamthaftungsmasse um die Aktiva der in das Verfahren einbezogenen Gesellschaft[215], was für die Gläubiger des dem ursprünglichen Verfahren unterworfenen Rechtsträgers – abhängig von den jeweiligen Vermögensverhältnissen – eine wesentliche Verbesserung ihrer Situation darstellen kann. Nach französischem Verständnis wird diesen Gläubigern bei korrekter Anwendung der Verfahrenserstreckung allerdings nur das ihm ohnehin zustehende, aber durch Missbräuche des Schuldners verringerte oder ganz abhanden gekommene Haftungssubstrat wiederhergestellt[216] .

Welche Auswirkungen die Verfahrenserstreckung auf die am erstreckten Verfahren beteiligten Konzerngesellschaften hat, hängt allerdings maßgeblich von der Art des gemeinsam durchgeführten Verfahrens ab. Wie bereits bei der Erläuterung des mit Reform von 2005 zu einem „Werkzeugkasten" für vor- oder nachinsolvenzliche Unternehmenskrisen aller Art ausgebauten „Recht der Unternehmen in Schwierigkeit" *(droit des entreprises en difficulté)* deutlich gemacht wurde[217], sind sowohl die Zielsetzungen als auch die Lösungswege des Rettungs-, Sanierungs- und Liquidationsverfahrens überaus verschiedenartig. Begreift man die Verfahrenserstreckung als Sanktionsmittel[218], mag etwa ihre in Art. L. 621-2 Abs. 2 C. com. vorgesehene Anwendbarkeit auf das vom

---

[213] Hierauf hinweisend *Dammann/ Podeur*, RLDA Nr. 2007-16, étude 975, 65, 67. Siehe auch *Delebecque*, Rev. Proc. Coll., Nr. 1998-2, 129, 131; *Pelletier*, La responsabilité au sein des groupes de sociétés en cas de procédure collective, Rn. 29.

[214] Auf die schädigenden Auswirkungen auf die Gläubiger der die Verfahrenserstreckung erleidenden Gesellschaft ebenfalls hinweisend *Pelletier*, La responsabilité au sein des groupes de sociétés en cas de procédure collective, Rn. 49, Fn. 22.

[215] Siehe *Barbièri*, LPA, Nr. 1996-129, 9; *Delebecque*, Rev. Proc. Coll., Nr. 1998-2, 129, 131.

[216] In der Beschreibung des 2005 neu eingeführten Art. L. 621-2 Abs. 2 fasst etwa *Hyest*, Rapport Sénat Nr. 335, loi de sauvegarde, S. 159 die Zielsetzung des Gesetzes in diesem Belang wie folgt zusammen: „Die Möglichkeiten zur Erstreckung wegen Vermögensvermischung und Fiktivität der juristischen Person haben das Ziel, die Haftungsmasse der Gläubiger wiederherzustellen, da diese unter Scheingeschäften des Gläubigers mit dem Ziel, einige seiner Vermögensgegenstände vor den Wirkungen der Eröffnung eines Verfahrens zu schützen, leiden konnten" („Les possibilités d'extension pour confusion de patrimoine ou fictivité de la personne morale ont pour but de rétablir le gage des créanciers, ceux-ci pouvant souffrir de simulations du débiteur destinées à protéger certains de ses biens des conséquences de l'ouverture de la procédure.").

[217] Siehe oben, § 1 A. II. 2.

[218] So etwa *Aubert/ Piniot*, in: Piniot/ Dumas/ Le Cannu (Hrsg.), FS-Bézard, S. 287: „Die Sanktion für einen falschen Gebrauch der Rechtspersönlichkeit" („La sanction d'un mauvais usage de la personnalité morale").

Schuldner freiwillig beantragte Rettungsverfahren zunächst widersprüchlich erscheinen[219]. Die erst mit der Ordonnance von 2014[220] neu eingeführte Möglichkeit, auch die Verfahrenserstreckung durch den Schuldner beantragen zu lassen, könnte ihr jedoch darüber hinaus wieder eine Dimension als Instrument einer nachhaltigen und integrierten Sanierung von wirtschaftlich angeschlagenen Konzernen zukommen lassen[221]. Nicht zu vernachlässigen wäre aber auch im Falle der Erstreckung etwa eines in Eigenverwaltung geführten Rettungsverfahrens das Risiko eines gerichtlich angeordneten Übergangs in ein Liquidationsverfahren[222] mit gleichzeitiger Abgabe der Verwaltungs- und Verfügungsbefugnis an den Liquidator[223], welches den Fortbestand aller am Verfahren beteiligten Unternehmen bedrohen würde.

Insgesamt lässt sich aber schon aus dem hier einleitend Beschriebenen ableiten, dass das Instrument der Verfahrenserstreckung mit weitreichenden Abweichungen vom konzernrechtlichen *status quo* nicht alltäglich sein kann. So würde die ursprünglichen Intention des Gesetzgebers, die Entwicklung des Konzerns als Organisationsform für Unternehmen durch ein „minimalinvasives" Konzernrecht so wenig wie möglich zu behindern[224], durch eine zu weit verbreitete Anwendung insolvenzrechtlicher Konsolidierungsregeln ins Gegenteil verkehrt[225]. Einer derartigen Versuchung gilt es gerade aufgrund der weitreichenden Folgen einer solchen Konsolidierung für die Gläubiger zu widerstehen[226]. Wie sich zeigen wird, kommt die Rechtsprechung durch eine zunehmend einschränkende Auslegung der in Art. L. 621-2 Abs. 2 C. com. nunmehr festgeschriebenen Tatbestandsmerkmale[227] aus französischer Sicht größtenteils zu tragfähigen Kompromissen[228]. Gleichzeitig folgt sie aber weiterhin der nunmehr auch vom Gesetzgeber ausdrücklich unterstützen Begrenzung der

---

219 Dieser durch das Gesetz von 2005 herbeigeführte und durch die Beibehaltung dieser Möglichkeit in der Ordonnance von 2008 noch verstärkte Zielkonflikt wird in der Literatur kontrovers diskutiert und weiter unten, 3. a) sowie 3. e), näher erläutert. Siehe zum Streitstand bereits *Le Corre*, La réforme du droit des entreprises en difficulté, Rn. 215.1; *Lienhard/ Pisoni*, Code des procédures collectives, Anm. Art. L. 621-2 C. com., III. B.

220 Ordonnance *Nr.* 2014-326 vom 12.03.2014.

221 Siehe etwa *Pérochon*, Entreprises en difficulté, Rn. 334. Hierzu sogleich unten, B. I. 2. b).

222 Hierzu bereits oben, § 1 A. II. 3. a).

223 Ausführlich zu den Besonderheiten des Liquidationsverfahrens oben, § 1 A. II. 3. c).

224 Siehe zu dieser gesetzgeberischen Intention bereits oben, § 1 B. I. 1. a). Zum Verhältnis insolvenz- und gesellschaftsrechtlicher Regeln und deren Konflikten auch *Le Cannu*, LPA, Nr. 2002-7, 43, Rn. 5.

225 Vgl. auch *Delebecque*, Rev. Proc. Coll., Nr. 1998-2, 129, 133.

226 Dies mit ähnlicher Schlussfolgerung fordernd *Grelon/ Dessus-Larrivé*, Rev. sociétés 2006, 281, Rn. 5.

227 Siehe hierzu sogleich unten, B. II.

228 Zur Gesamtbewertung unten, 4. Kritisch hingegen etwa *Pelletier*, La responsabilité au sein des groupes de sociétés en cas de procédure collective, Rn. 29 f.

Vorteile einer konzerninternen Haftungstrennung: „eine Mutter- kann ihre Tochtergesellschaft nicht nach Belieben so behandeln, als käme ihr keine eigene Rechtspersönlichkeit zu, sich dann aber auf ihre Selbständigkeit berufen, weil ihr eigenes Interesse es verlangt.“[229]

III. Weiterentwicklung des Instituts der Verfahrenserstreckung seit der Differenzierung der Haftungsgrundlagen

Wie bereits beschrieben[230], liegt zahlreichen aktuellen Tatbeständen, die einen Haftungsdurchgriff in Konzernsachverhalten erlauben, eine gemeinsam verlaufende Regelungshistorie zugrunde. Dieser kommt gerade für die seit 2005 in Art. L. 621-2 Abs. 2 C. com. geregelte Verfahrenserstreckung weiterhin eine gewichtige Bedeutung zu, weil der Gesetzgeber durch die Aufnahme dieses Instruments in den Kanon gesetzlicher Regeln keinen Bruch mit der historischen Rechtsprechung bezweckte. Vielmehr sollte der Rechtsprechung unter Beibehaltung der Kontinutität mit bereits entwickelten Lösungen weiterhin eine weitreichende Kompetenz zu einer Ausgestaltung der Regeln zur Verfahrenserstreckung zugestanden werden[231] – dies insbesondere, weil zuvor angestellte Eindämmungsversuche seitens des Gesetzgebers durch immer neue Sonderregelungen gerichtlich weitestgehend ignoriert worden waren.

1. Ursprünglich richterrechtliche Ausgestaltung der „echten“ Verfahrenserstreckung und Misserfolg erster gesetzgeberischer Kodifikationstrengungen

Neben den ab 1940 entwickelten gesetzlichen Haftungstatbeständen[232] blieb die „echte“ Verfahrenserstreckung auf richterrechtlicher Grundlage weiterhin von großer Relevanz. Die heute aufgehobenen „unechten“ Verfahrenserstreckungen[233] bildeten die wichtigsten Fälle von Eingriffen in die Selbständigkeit von juristischen Personen nämlich nur unzureichend ab[234]. Dies mag ein Erklärungsansatz dafür sein, dass die Rechtsprechung das von ihr entwickelte Richterrecht zu den „echten“ Verfahrenserstreckungen teils unabhängig von, teils

---

[229] Die Situation so zusammenfassend *Lucas*, LPA Nr 2001-89, 66, I. B.: „Une société mère ne peut, lorsque cela l'arrange traiter sa filiale comme si elle n'avait pas de personnalité propre, puis se prévaloir de son autonomie parce que son intérêt le demande“.

[230] Siehe oben unter § 3.

[231] Hierzu sogleich unten, 2. b).

[232] Hierzu ebenfalls oben, § 3.

[233] Siehe oben, § 3 C. II. ff.

[234] *Guyon*, Droit des affaires, tome 2, Rn. 1401 beschreibt den Stand des Gesetzes von 1985 daher als von der „Unzulänglichkeit der gesetzlichen Grundlagen“ („insuffisance des textes légaux“) geprägt.

unter Erweiterung der gesetzgeberischen Ansätze[235] fortschrieb und weiterentwickelte. Die von der Rechtsprechung entwickelten Kriterien der *fictivité* und – später[236] – der Vermögensvermischung waren den gesetzlichen Tatbeständen unter Betrachtung ihrer praktischen Bedeutung sogar nahezu durchgängig weit voraus[237]. Gemeinsam war allen Grundlagen der Verfahrenserstreckung lediglich, dass sie eine Eröffnung bzw. Erweiterung eines Insolvenzverfahrens ohne (erneuten) Beweis eines Insolvenzgrundes ermöglichten[238].

Schon die ersten Versuche eines gesetzgeberischen Aufgreifens der Tatbestände aus den Urteilen *Mary-Raynaud*[239] und *Vidal*[240] in Art. 437 Abs. 4 bzw. Art. 446 C. com[241] waren nicht vom erwarteten Erfolg einer auch aus der Sicht der Rechtsprechung erschöpfenden Regelung gekrönt[242]. Während die geschriebenen Regeln etwa des Décret-loi von 1935 aufgrund ihrer für eine Sanktionsnorm drastischen Rechtsfolgen sowie der praktisch schwer zu erfüllenden Haftungsvoraussetzungen kaum praktische Anwendung fanden[243], bot die Rechtsprechung das Bild einer komplexen Gemengelage: teils wurden etwa

---

235 Auf eine strenge Unterscheidung der „echten" Verfahrenserstreckungen der Rechtsprechung und der gesetzlichen, „unechten" Verfahrenserstreckungen als voneinander unabhängigen Rechtsgrundlagen weisen etwa hin *de Juglart/ Ippolito/ Kerckhove*, Traité de droit commercial, Tome 6, Rn. 221; *Robine*, L'extension de la procédure de redressement ou de liquidation judiciaire, in: de Vauplane/ Daigre (Hrsg.), Rn. 2; *Saint-Alary Houin*, Entreprises en difficulté, Rn. 445; *Soinne/ Kerckhove*, Traité des procédures collectives, Rn. 511. *Jacquemont*, Sauvegarde, redressement et liquidations judiciaires – Exploitation en commun et confusion des patrimoines, in: JCl. Com., Fasc. 2165, Rn. 5 will den Begriff der Verfahrenserstreckung (*extension de procédure*) sogar ausschließlich für das zunächst richterrechtliche Rechtsinstitut verwendet wissen.

236 Eine erste echte Verfahrenserstreckung auf Grundlage einer Vermögensvermischung zwischen einer SARL und einem Gesellschafter wurde vom Handelsgericht Épernay im Jahr 1951 in Bezug auf eine Champagnerkellerei ausgesprochen: TC Épernay *(Consorts Fayet)*, 11.05.1951, D. 1951, J 481 f. Der Begriff wurde daraufhin insbesondere durch den Appellationsgerichtshof Paris weiterentwickelt. Zur Genese des Begriffs ausführlich *Beaubrun*, RJ com 1980, 41, 43 f.; vgl. auch *Gisserot*, RTD Com. 1979, 49 ff.

237 So *Rivinius*, Konzernkonkurs, S. 53; die seltene Anwendung etwa des Art. 101 des Gesetzes von 1967 belegen etwa die Statistiken bei *Zahn*, Geschäftsleiterhaftung und Gläubigerschutz, Rn. 65 ff.

238 Siehe *Tricot*, Rapp. annuel Cour de cassation 1997, in: Ministère de la justice (Hrsg.), S. 166; *Rivinius*, Konzernkonkurs, S. 55, m.w.N.

239 Siehe oben, § 3 A. I.

240 Siehe oben, § 3 A. II.

241 Zu diesen aus dem Décret-loi vom 08.08.1935 entstandenen Tatbeständen ausführlich oben, § 3 B. f.

242 Siehe *Rivinius*, Konzernkonkurs, S. 52, der bemerkt, dass sich aus dieser gesetzlichen Grundlage nicht wie bezweckt ein vollständiges Konzept der Verfahrenserstreckungen herausbilden konnte; ebenso *Zahn*, Geschäftsleiterhaftung und Gläubigerschutz, S. 78 f., 163.

243 Siehe *Guyon*, Droit des affaires, tome 2, Rn. 1371.

Art. 437 Abs. 4 bzw. Art. 446 C. com. zitiert, jedoch allgemeine Regeln angewendet, teils wurden Verfahrenserstreckungen ohne Hinweis auf die genauen Rechtsfolgen und Rechtsgrundlagen nach den bereits in den oben genannten Urteilen angesprochenen, allgemeinen Regeln von *fictivité* und „Fassadengesellschaft", – auch unter Zuhilfenahme des Kriteriums einer Vermögensvermischung – durchgeführt[244]. Immer stärker schien dabei deutlich zu werden, dass der Gesetzgeber die Kriterien der Rechtsprechung nicht in seiner Gänze aufnehmen konnte, sondern vielmehr eine eigene, selbständige Form der Verfahrenserstreckung geschaffen hatte[245].

Nachdem der Gesetzgeber mit Art. 101 des Gesetzes von 1967 klargestellt hatte, dass er in der gesetzlichen Lösung im Sinne einer „unechten" Verfahrenserstreckung von der Eröffnung mehrerer unabhängiger Verfahren ausging[246], bekräftigten erste darauffolgende Urteile eine strikte Trennung dieser gesetzlichen Tatbestände von der weiterhin daneben bestehenden „echten" Verfahrenserstreckung". Besonders deutlich wurde dies in einem Urteil der *Chambre commerciale* desselben Jahres[247], in dem die Entscheidung eines Appellationsgerichtshofs bestätigt wurde, eine Verfahrenserstreckung nach allgemeinen Regeln vorzunehmen, obwohl die Voraussetzungen des damaligen Art. 446 C. com. nicht vorgelegen hatten. Ebenso klar war die Abweichung vom Gesetz in Bezug auf die Rechtsfolgen: der Kassationsgerichtshof verband in seinem Urteil beide Verfahren und bildete ausdrücklich „eine einzige Masse mit Aktiva und Passiva" der betroffenen Schuldner[248].

Die gesetzgeberische Strategie, sämtliche Verfahrenserstreckungen der Rechtsprechung in gesetzliche Tatbestände zu überführen, war damit vorerst gescheitert[249]. Der wohl entscheidende Grund für diesen gesetzgeberischen Misserfolg kann in der engen tatbestandlichen Beschränkung der als Sanktionstatbestände konzipierten[250] gesetzlichen Verfahrenserstreckungen gesehen

---

[244] Siehe *Delebecque/ Germain/ Ripert/ Roblot*, Traité de droit commercial, Tome 2, Rn. 2862 sowie ausführlich und mit zahlreichen Nachweisen *Rivinius*, Konzernkonkurs, S. 48 f. 52 f.; 54 f.

[245] *Zahn*, Geschäftsleiterhaftung und Gläubigerschutz, S. 79, m.w.N. zum damaligen Streitstand.

[246] Siehe oben, § 3 C. II.

[247] Cass. com. 09.10.1967, Revisionsnummer: 65-14376; ähnlich, wenn auch weniger deutlich auch 07.06.1971, Revisionsnummer: 70-11228.

[248] Originalwortlaut: „...de façon à joindre les deux faillites et à constituer une seule masse active et passive".

[249] Zu diesem Ergebnis kommt *Rivinius*, Konzernkonkurs, S. 52; vgl. auch *Zahn*, Geschäftsleiterhaftung und Gläubigerschutz, S. 163.

[250] Siehe *Guyon*, Droit des affaires, tome 2, Rn. 1399.

werden. Diese Tatbestände[251] umfassten größtenteils Einzelfälle von Geschäftsführungsfehlern[252], ohne jedoch ein ausreichend differenziertes Haftungskonzept zu erschaffen. Für sanktionsbedürftige Handlungen, wie etwa Strohmanngründungen, die über die vom Gesetzgeber aufgegriffenen Einzelfälle hinausgingen, blieb der Rechtsprechung daher nur der Rückgriff auf allgemeine zivilrechtliche Tatbestände[253], zu denen auch die Lehre der Scheingesellschaft und die hierauf aufbauende *fictivité* gehörte[254]. Da sich das Gesetz von 1967[255] durch seinen Aufbau und seine inhaltliche Schwerpunktsetzung von den der *fictivité* häufig zugrunde liegenden Fällen von Strohmanngründungen weit entfernt hatte[256], konnte damit eine Einstufung als umfassende Regelung auch für diese Fälle nicht mehr als zwingend erscheinen. Somit blieb für die Rechtsprechung[257] in der Folge ein großer dogmatischer Freiraum für eine „Renaissance" der Verfahrenserstreckung „nach allgemeinen Grundsätzen"[258]. Hauptanwendungsfälle dieser Verfahrenserstreckungen waren insbesondere eng verbundene Konzernstrukturen sowie natürliche Personen, die Gesellschaften ausschließlich zur Haftungsbeschränkung nutzten[259], ohne jedoch unter einen der gesetzlichen Tatbestände zu fallen.

Hatte sich damit die *fictivité* als selbständiger Tatbestand einer Verfahrenserstreckung etabliert, war die Bedeutung der Vermögensvermischung wesentlich unklarer: Während manche hierin nur ein Indiz für das Vorliegen einer *fictivité* sahen[260], kam diesem Kriterium insbesondere in der Rechtsprechung

---

251 Hierzu oben, § 3 C. II.

252 *Guyon*, Droit des affaires, tome 2, Rn. 1402.

253 Vgl. auch *Rivinius*, Konzernkonkurs, S. 52 sowie S. 54 zur Abgrenzung der Tatbestände des Gesetzes von 1967 und der Rechtsprechung zur *fictivité*.

254 Zum dogmatischen Hintergrund der *fictivité* B. II. 2. b); zusammenfassend bereits *Zahn*, Geschäftsleiterhaftung und Gläubigerschutz, S. 163 ff.

255 Hierzu oben, § 3 C. II.

256 Zutreffend bemerkt etwa *Zahn*, Geschäftsleiterhaftung und Gläubigerschutz, S. 83, dass viele der neu eingeführten Fälle nur bei real existierenden Gesellschaften sinnvoll zur Anwendung kommen konnten; ebenso *Rivinius*, Konzernkonkurs, S.54.

257 Siehe beispielhaft Cass. com. 28.03.1977, Revisionsnummer: 75-12489; 05.05.1980, Revisionsnummer: 78-10474, welche die oben beschriebene Rechtsprechung (Cass. com. 09.10.1967, Revisionsnummer: 65-14376) im Sinne einer eigenständigen Verfahrenserstreckung auf Basis des Richterrechts bestätigen.

258 *Zahn*, Geschäftsleiterhaftung und Gläubigerschutz, S.83, m.w.N.

259 Vgl. *Jacquemont*, Sauvegarde, redressement et liquidations judiciaires – Exploitation en commun et confusion des patrimoines, in: JCl. Com., Fasc. 2165, Rn. 1.

260 Ausführlich, mit Nachweisen zum damaligen Streitstand *Zahn*, Geschäftsleiterhaftung und Gläubigerschutz, S. 167 ff; siehe auch *Rivinius*, Konzernkonkurs, S.4, 54 f. sowie, zu späteren Kontroversen vor der Einführung der loi de sauvegarde von 2005 *Jacquemont*, Sauvegarde, redressement et liquidations judiciaires – Exploitation en commun et confusion des patrimoines, in: JCl. Com., Fasc. 2165, Rn. 37; siehe zu alledem auch *Derrida/ Sortais/ Godé/ Honorat*, Redressement et liquidation judiciaires des entreprises, Rn. 64; *Robine*,

des Pariser Appellationsgerichtshofs[261] eine besondere Bedeutung zu. Dies führte den Gerichtshof schließlich sogar zur Durchführung einer Verfahrenserstreckung auf der alleinigen Grundlage der Vermögensvermischung[262]. Zwar hatte zu diesem Zeitpunkt auch der Kassationsgerichtshof[263] bereits ähnlich entschieden; endgültig beigelegt wurde der Streit um die Selbständigkeit dieses Tatbestandsmerkmals allerdings erst durch die vom Gesetzgeber vollzogene, klare Unterscheidung der beiden Tatbestände im Gesetz von 2005[264].

2. Gesetzliche Aufnahme der Rechtsprechung zugunsten eines selbständigen Eröffnungsgrunds der „echten" Verfahrenserstreckung

Das aktuelle Recht der Verfahrenserstreckungen fußt auf einer schließlich erfolgten gesetzlichen Anerkennung der Rechtsprechung zu *fictivité* und Vermögensvermischung. Vollzogen wurde diese allerdings eher zögerlich und in zwei, zwanzig Jahre auseinanderliegenden gesetzgeberischen Schritten.

a) Art. 7 Abs. 1 des Gesetzes vom 25.01.1985

Als erste gesetzgeberische Anerkennung der langen Rechtsprechungstradition „echter" Verfahrenserstreckungen wird Art. 7 Abs. 1 des Gesetzes vom 25.01.1985[265] verstanden, welcher in Art L. 621-5 Abs. 1 C. com. überging[266]. Schon der Wortlaut des ersten Satzes weist darauf hin, dass es sich bei dieser neu eingeführten Regel eigentlich ausschließlich um eine Kompetenznorm handeln müsste[267]: „Das zuständige Gericht [für die Verfahrenseröffnung,

---

L'extension de la procédure de redressement ou de liquidation judiciaire, in: de Vauplane/Daigre (Hrsg.), Rn. 1 sowie Fn. 9; *Soinne*, LPA, Nr. 1998-70, S. 22 ff.; alle m.w.N.

261 Ausführliche Nachweise bei *Rivinius*, Konzernkonkurs, S. 50, Fn. 112 sowie bei *Zahn*, Geschäftsleiterhaftung und Gläubigerschutz, S. 168, Fn. 38.

262 CA Paris 14.06.1982, Banque 1982, 1142 ff.

263 15.03.1982, Revisionsnummer: 81-10187: der Gerichtshof bestätigt hier das Urteil des Appelationsgerichtshofs Nîmes, das eine Verfahrenserstreckung ausschließlich aufgrund einer Vermögensvermischung ausgesprochen hatte, als „schon aus diesem Grund rechtlich begründet" („[...] par ce seul motif, légalement justifié"); zur Bedeutung dieses Urteils ebenfalls *Zahn*, Geschäftsleiterhaftung und Gläubigerschutz, S. 168 f.

264 Hierzu sogleich, 2.

265 Gesetz Nr. 85-98 relative au redressement et à la liquidation judiciaires des entreprises, JORF, 28.01.1985, S. 1097; genauer zu Zweck und Regelungskontext dieses Gesetzes oben, § 1 A. I. 3. b).

266 Kodifiziert durch Ordonnance Nr. 2000-912 vom 18.09.2000 relative à la partie législative du code de commerce. In Art. L. 621-5 Abs.1 wurde S. 1 aus der Vorgängernorm lediglich in zwei Sätze aufgeteilt.

267 Siehe etwa *Lienhard/ Pisoni*, Code des procédures collectives, Anm. Art. L. 621-2 C. com, III. A.

d.Verf.] ist das Handelsgericht, wenn der Schuldner Kaufmann oder im Handwerksregister eingetragen ist; das Landgericht *(tribunal de grande instance)* ist zuständig in den anderen Fällen“[268].

Der die Verfahrenserstreckung betreffende Satz 2 lautet daraufhin lakonisch: „Wenn sich herausstellt, dass das eröffnete Verfahren auf eine oder mehrere andere Personen erstreckt werden muss, bleibt das ursprünglich angerufene Gericht zuständig“[269].

Doch das „fabelhafte Schicksal“[270] dieser Regelung ging weit über dasjenige einer reinen Kompetenznorm hinaus. Zwar stellte ihr Wortlaut nicht ausdrücklich klar, ob sich die Zuständigkeitsregel auf die gesetzlichen Verfahrenserstreckungen[271] oder das vom Kassationsgerichtshof entwickelte Richterrecht[272] beziehen sollte. Allerdings ließ sich aus dem Vorliegen einer schon länger bestehenden Sonderregelung für die „unechten“ bzw. gesetzlichen Verfahrenserstreckungen[273] der Schluss ziehen, dass der Gesetzgeber mit dem neuen Art. 7 des Gesetzes von 1985 zumindest implizit auch auf das Richterrecht Bezug nehmen wollte[274]. Die Rechtsprechung nahm diesen als Vorlage des Gesetzgebers dankend auf und wertete ihn als offizielle Bestätigung ihres zuvor entwi-

---

[268] „Le tribunal compétent est le tribunal de commerce si le débiteur est commerçant ou artisan; le tribunal de grande instance est compétent dans les autres cas."

[269] „S'il se révèle que la procédure ouverte doit être étendue à une ou plusieurs autres personnes, le tribunal initialement saisi reste compétent."

[270] So der Untertitel des Aufsatzes von *Deleneuville*, Rev. Proc. Coll., Nr. 2002-3, 157: *„Critères de la confusion de patrimoines entre sociétés commerciales et personnes physiques, ou le fabuleux destin de l'article L. 621-5 du Code de commerce"*

[271] Hierzu oben, § 3 B. sowie C. II. f.

[272] Hierzu soeben oben, 1.

[273] Art. 163, décret Nr. 85-1388 vom 27.12.1985 relatif au redressement et à la liquidation judiciaries des entreprises lautete zu Art. 7 des Gesetzes von 1985 sinngleich: „Das zuständige Gericht, um in den Fällen der Artikel 180, 181 und 182 des Gesetzes vom 25. Januar 1985 zu entscheiden, ist dasjenige, welches das Sanierungsverfahren über die juristische Person eröffnet hat“ („Le tribunal compétent pour statuer dans les cas prévus aux articles 180, 181 et 182 de la loi du 25 janvier 1985 est celui qui a prononcé le redressement judiciaire de la personne morale“). Es nahm hiermit die bereits in Art. 97 des décrets Nr. 67-1120 vom 22.12.1967 sur le règlement judiciaire, la liquidation des biens et la faillite personnelle gleich formulierte Lösung wieder auf; vgl. auch *Derrida/ Sortais/ Godé/ Honorat*, Redressement et liquidation judiciaires des entreprises, Rn. 587.

[274] *Rivinius*, Konzernkonkurs, S. 57; siehe auch *Derrida/ Sortais/ Godé/ Honorat*, Redressement et liquidation judiciaires des entreprises, Rn. 64 und 587.

ckelten Richterrechts. Art. 7 Abs. 1 S. 2 bzw. Art. L. 621-5 S. 3 C. com. wurden daher fortan zur „künstlichen Rechtsgrundlage“[275] für Verfahrenserstreckungen wegen *fictivité* und Vermögensvermischung. Die in diesem Sinne typischerweise von der Rechtsprechung[276] gebrauchte Formel[277] lautete:

„[...] Artikel 7 des Gesetzes vom 25. Januar 1985 [...] betrifft nicht nur die Erstreckung eines über eine juristische Person eröffneten Verfahrens auf das Führungspersonal von Gesellschaften in den vom Artikel 182 dieses Gesetzes betroffenen Gesellschaften, sondern auch die Erstreckung, die auf das Vorhandensein einer Vermögensvermischung abstellt[278].“

Trotz der weitreichenden Rechtsfolgen dieser „echten“ Verfahrenserstreckungen konnten durch diese schwache Rechtsgrundlage bei weitem nicht alle Unsicherheiten in Bezug auf die Weiterentwicklung von *fictivité* und Vermögensvermischung beseitigt werden[279].

b) Art. L. 621-2 Abs. 2 C. com. seit der loi de sauvegarde von 2005

Erst die *loi de sauvegarde* vom 26.07.2005[280] schaffte zwanzig Jahre nach dem Gesetz von 1985 echte Klarheit über die Intentionen des Gesetzgebers. Es nahm die ursprünglich richterrechtlich entwickelten Kriterien von *fictivité* und Vermögensvermischung als gleichberechtigte Tatbestandsalternativen in einem neu gefassten Art. L. 621-2 Abs. 2 S. 1 C. com.[281] auf und gab ihnen somit

---

[275] *Jacquemont*, Sauvegarde, redressement et liquidations judiciaires – Exploitation en commun et confusion des patrimoines, in: JCl. Com., Fasc. 2165, Rn. 2: *„La jurisprudence s'est alors fondée artificiellement sur ce texte[...]”*; *Saint-Alary Houin*, Entreprises en difficulté, Rn. 445: „Ce fondement était artificiel car cet article ne réglait qu'une question de compétence territoriale“; ähnlich *Le Corre*, Droit et pratique des procédures collectives, Rn. 213.091: „Tatsächlich konnte die Rechtfertigung dieser Erstreckungen vor dem Eingreifen des Gesetzes vom 26.07.2005 nur über den Umweg einer Verfahrensregel gefunden werden, welche die Zuständigkeit des über ein Insolvenzverfahren angerufenen Gerichts bestimmte“ („Ce n'est qu'au détour d'une règle procédurale fixant la compétence du tribunal saisi d'une procédure collective [...] que la justification de ces extensions pouvait être trouvée dans les textes, avant l'intervention de la loi du 26 juillet 2005“).

[276] Siehe beispielhaft Cass. com. 01.12.1992, Revisionsnummer: 90-20423, Bull. Civ. 1992, IV, Nr. 377, 267.

[277] Vgl. *Jacquemont*, Sauvegarde, redressement et liquidations judiciaires – Exploitation en commun et confusion des patrimoines, in: JCl. Com., Fasc. 2165; Rn. 2.

[278] „[...] l'article 7 de la loi du 25 janvier 1985 [...], concerne non seulement l'extension aux dirigeants sociaux de la procédure collective ouverte à l'égard de la personne morale dans les cas visés par l'article 182 de cette loi, mais également l'extension fondée sur l'existence d'une confusion des patrimoines”.

[279] Vgl. *Jacquemont*, Sauvegarde, redressement et liquidations judiciaires – Exploitation en commun et confusion des patrimoines, in: JCl. Com., Fasc. 2165, Rn. 2.

[280] Genauer zu diesem Gesetz Nr. 2005-845 oben, § 1 A. II.

[281] Für das *redressement judiciaire* i.V.m. Art. L. 631-7 C. com; für die *liquidation judiciaire* i.V.m. Art. L. 641-1 C. com. Der Wortlaut des Artikels wurde bereits einleitend erwähnt, s.o. a) Wortlaut s.o.

erstmals in der langen Geschichte der Verfahrenserstreckungen eine Rechtsgrundlage, die ohne größere dogmatische Zweifel auskommen sollte. Die Bedeutung dieser „echten" Verfahrenserstreckung wurde in dem neuen Regelungsgefüge ferner noch gesteigert, da das neue *droit des entreprises en difficulté*[282] mit seinem Ziel einer gesonderten insolvenzrechtlichen Behandlung von Unternehmen und Führungspersonal[283] *fictivité* und Vermögensvermischung zu den einzig verbliebenen Tatbeständen für Verfahrenserstreckungen gemacht hatte[284]. Die Erstreckung nach Art. L. 621-2 Abs. 2 S. 1 C. com. wurde damit zu einem gesetzlichen Eröffnungsgrund für Rettungs-, Sanierungs- und Liquidationsverfahren[285]. Die Kompetenzregelung der Vorgängernorm des Art. 7 Abs. 1 des Gesetzes von 1985[286], nach der das ursprünglich angerufene Gericht auch nach der Verfahrenserstreckung seine Zuständigkeit behält, bleibt im neu gefassten Art. L. 621-2 Abs. 2 S. 2 bestehen.

Die vom Gesetzgeber verfolgte Absicht war es, die nunmehr einzig verbliebenen Verfahrenserstreckungen auf eine sichere Rechtsgrundlage zu stellen. Gleichzeitig sollte die Rechtsprechung in ihrem lang andauernden Streben unterstützt werden, die beiden Tatbestände als rechtlich selbständige Grundlage für solche Erstreckungen zu etablieren.[287] Eine materielle Änderung der bereits bestehenden richterrechtlichen Regelungen hatte der Gesetzgeber von 2005 hiermit allerdings nicht im Sinn; die bereits vor dem Inkrafttreten der *loi de sauvegarde*[288] ergangene Rechtsprechung bleibt gerade angesichts des Fehlens

---

[282] Zu diesem Begriff und dessen Zielsetzung ausführlich oben, § 1 A. II.

[283] Hierzu bereits oben, § 3 C. IV.

[284] Hierzu oben, § 3 C. IV.; den Zusammenhang zwischen beiden stellt her etwa *Lienhard*, Procédures collectives, Rn. 64.11

[285] Siehe etwa *Campana/ Dizel/ Barratin/ Fernandez*, Entreprises en difficulté – Redressement judiciaire (Conditions d'ouverture), in: Vogel/ Delpech (Hrsg.), Rép. commercial, Rn. 236; *Vallansan/ Cagnoli/ Fin-Langer*, Difficultés des entreprises, Art. L. 621-2, vor Nr. I. Zu den weiteren Eröffnungsgründen im französischen Insolvenzrecht oben, § 1 A. II. 2. Die Einführung einer Verfahrenserstreckung im vorinsolvenzlichen Rettungsverfahren durch das Gesetz von 2005 wurde und wird kontrovers diskutiert; siehe ausführlich unten, B. I. 2. b) sowie bereits im Überblick *Pérochon*, Entreprises en difficulté, Rn. 334.

[286] Siehe soeben oben, a).

[287] Siehe *Hyest*, Rapport Sénat Nr. 335, loi de sauvegarde, S. 159: „Nr. 2 [des Art. L. 621-2 betreffenden Art. 16 der loi de sauvegarde] würde einen neuen Absatz in Art. L. 621-2 des neuen *Code de commerce* einfügen, um die richterrechtlichen Konstruktionen, die die Erstreckung des Verfahrens im Falle von Vermögensvermischung und fiktiver, dem Verfahren unterworfener juristischer Person, gesetzgeberisch zu sanktionieren („Le 2° insèrerait un nouvel alinéa au sein de l'article L. 621-2 nouveau du code de commerce afin de consacrer, au niveau législatif, les constructions jurisprudentielles permettant l'extension de la procédure en cas de confusion de patrimoine ou en cas de fictivité de la personne morale faisant l'objet de la procédure").

[288] Der Großteil des Gesetzes trat zum 01.01.2006 in Kraft, siehe Art. 190, Gesetz Nr. 2005-845 vom 26.07.2005.

einer gesetzlichen Definition der Tatbestandsalternativen damit eine Referenz für alle seitdem ergangenen Urteile[289]. Einzig die eher in der Literatur diskutierte Frage nach der Selbständigkeit der Vermögensvermischung als Verfahrenserstreckungsgrund[290] wurde durch die alternative Formulierung der Tatbestandsalternativen in Art. L. 621-2 Abs. 2 S. 1 C. com. unmissverständlich beantwortet[291].

3. Die Entwicklung der Verfahrenserstreckung seit 2005: rege Anwendung in der Praxis und erste gesetzgeberische Reformanstrengungen

Sowohl unter der Geltung des Gesetzes von 1985 als auch unter Anwendung des neuen Art. L. 621-2 Abs. 2 C. com. wurde die Verfahrenserstreckung zu einem im französischen Recht kaum zu ersetzenden Mittel zur Bewältigung von Konzerninsolvenzen. Diese hohe Bedeutung ist insbesondere auf ihren praktischen Vorteil zurückzuführen, sowohl prozessual als auch materiell einheitliche Lösungen für Konzerne herbeiführen zu können. Die Praxis verleitete manche Instanzgerichte allerdings zu einem allzu leichtfertigen Umgang mit diesem Instrument, welcher die schweren Folgen einermateriellen Konsolidierung für die Selbständigkeit juristischer Personen[292] kaum zu berücksichtigen vermochte [293]. Besonders häufig anzutreffen war aber auch die Erstreckung eines über Konzerngesellschaften eröffneten Verfahrens auf eine Holdinggesellschaft im Hinblick auf eine Vergrößerung des Haftungssubstrats[294]. Noch vor Inkrafttreten des Gesetzes von 2005 beendete der Kassationsgerichtshof diese

[289] Bei *Hyest*, Rapport Sénat Nr. 335, loi de sauvegarde, S. 159 heißt es hierzu: „Da die hier besprochene Anordnung die beiden Hypothesen der Verfahrenserstreckung nicht definiert, würden die von der Rechtsprechung herausgearbeiteten Definitionskriterien beibehalten.“ („La présente disposition ne définissant pas ces deux hypothèses d'extension de procédure, les critères de définition dégagés par la jurisprudence seraient conservés“); siehe auch *Jacquemont*, Sauvegarde, redressement et liquidations judiciaires – Exploitation en commun et confusion des patrimoines, in: JCl. Com., Fasc. 2165, Rn. 2; *Lienhard/ Pisoni*, Code des procédures collectives, Art. L. 621-2 C. com., III. A.; *Pelletier*, La responsabilité au sein des groupes de sociétés en cas de procédure collective, Rn. 22.

[290] Hierzu bereits oben, I.

[291] Vgl. *Pelletier*, La responsabilité au sein des groupes de sociétés en cas de procédure collective, Rn. 22; *Saint-Alary Houin*, Entreprises en difficulté, Rn. 445.

[292] Vgl. hierzu *Jacquemont*, Sauvegarde, redressement et liquidations judiciaires – Exploitation en commun et confusion des patrimoines, in: JCl. Com., Fasc. 2165, Rn. 1.

[293] Zum hiermit in Verbindung stehenden Prüfungsmaßstab des Kassationsgerichtshofs für das Vorliegen eines Tatbestandsmerkmals der Verfahrenserstreckung ausführlich unten, B. II. Vgl. bereits *Saint-Alary Houin*, Entreprises en difficulté, Rn. 445. Die inzwischen erfolgte Einführung von prozessualen Verweisungsmöglichkeiten in Verbindung mit einem Gruppengerichtsstand hat sich hier allerdings positiv auswirken können, siehe oben, § 1 C. II. sowie bereits *Soinne/ Kerckhove*, Traité des procédures collectives, Rn. 514.

[294] Vgl. bereits *Lienhard*, Procédures collectives, Rn. 64.14.

Praxis durch die Einführung einer extensiven Kontrolle von instanzgerichtlichen Urteilen, die im Kontext von Konzernen etwa eine Vermögensvermischung bejaht hatten[295]. Besonders prominent wurde diese strenge Eingrenzung der Tatbestände durch den Kassationsgerichtshof im bekannten Metaleurop-Verfahren[296] aus dem Jahr 2005 bekräftigt.

Neben dieser wichtigen Entwicklung in der Rechtsprechung hat allerdings auch der Gesetzgeber die Bedeutung des Rechtsinstituts der Verfahrenserstreckungen durch seine – für das *droit des entreprises en difficulté* typische[297] – hohe Reaktivität in diesem Bereich noch unterstrichen. Die zahlreichen Anpassungen nach Inkrafttreten der *loi de sauvegarde* können aufgrund ihrer schnellen Abfolge leicht unübersichtlich werden und sind teilweise als Reaktionen auf einzelne Prozesse zu verstehen[298]. Die entsprechenden Entwicklungen werden zum besseren Verständnis vor der ausführlichen Beschreibung von Voraussetzungen und Rechtsfolgen der Verfahrenserstreckung kurz im Überblick dargestellt.

a) Ordonnance vom 18.12.2008: verfahrensrechtliche Grundlagen und Beibehaltung der Erstreckung von Rettungsverfahren

Nach dem historischen Schritt einer gesetzlichen Anerkennung der Verfahrenserstreckung kam es knapp drei Jahre nach Inkrafttreten des Gesetzes zu

---

[295] Siehe *Jacquemont*, Sauvegarde, redressement et liquidations judiciaires – Exploitation en commun et confusion des patrimoines, in: JCl. Com., Fasc. 2165, Rn. 4.

[296] Insbesondere Cass. com. 19.04.2005, Revisionsnummer: 05-10094, Bull. civ. 2005, IV, Nr. 92, S. 95. Zu diesem Verfahren ausführlich im Rahmen der Erläuterung des Tatbestands der Vermögensvermischung, unten B. II. 3.

[297] Diesbezüglich kritisch *Le Corre*, Gaz. Pal., Nr. 2013-274, 3.

[298] Für *Teboul*, LPA, Nr. 2014-15, 6, Einleitung, geht durch die schnelle Abfolge der Änderungen im jüngeren französischen Insolvenzrecht nicht nur die Übersichtlichkeit auch in Bezug auf vom Gesetzgeber verfolgte Ziele, sondern auch die Glaubwürdigkeit des gesamten Regelungskomplexes verloren. Er merkt daher kritisch an: „[...] diese Art des Gesetzerlassens schadet der Glaubwürdigkeit unserer Regelung über Unternehmen in Schwierigkeit stark, da durch das viele mehr oder weniger uneinheitliche Hinzufügen der Sinn des Gesetzes schwerlich fassbar, ja schwer verständlich wird. Außerdem begründet diese Art des Gesetzerlassens durch aufeinanderfolgende, kleine Änderungen eine rechtliche Unsicherheit, die Gefahr läuft, in einer Blockade bei Unternehmensführern zu münden, die von der Anrufung des Gerichts abgeschreckt werden“ („[...] cette façon de légiférer nuit fortement à la crédibilité de notre dispositif sur les entreprises en difficulté, dès lors qu'à force d'ajouts plus ou moins hétéroclites, l'esprit de la loi devient difficilement perceptible, voire compréhensible. De plus, cette façon de légiférer par touches successives crée une insécurité juridique qui risque de déboucher sur un blocage des dirigeants d'entreprise dissuadés de recourir à l'intervention du tribunal [...]“.

ersten Anpassungen, die die Erstreckung verfahrensrechtlich genauer einkleideten. Eine Ordonnance vom 18.12.2008[299] ergänzte hierzu Art. L. 621-2 Abs. 2 durch einen Halbsatz zu den möglichen Antragstellern[300]. Hiernach kann eine Erstreckung auf Antrag von Verwalter, Gläubigervertreter oder Staatsanwaltschaft erfolgen, aber auch durch das Insolvenzgericht von Amts wegen ausgesprochen werden[301]. Ein durch die Ordonnance neu gefasster Art. L. 661-1 Nr. 3 C. com stellte zudem klar, dass gegen die Entscheidung zur Erstreckung eines Rettungs-, Sanierungs- oder Liquidationsverfahrens die Rechtsmittel der Berufung beim Appelations- (*appel*) sowie der Revision beim Kassationsgerichtshof (*pourvoi en cassation*) offen stehen. Die Rechtsmittel können von allen betroffenen Schuldnern sowie dem Gläubigervertreter, dem Liquidator, dem Verwalter sowie der Staatsanwaltschaft eingelegt werden[302].

Doch der womöglich wichtigere Beitrag der Ordonnance von 2008 war ihrem Wortlaut gar nicht zu entnehmen, sondern ergab sich vielmehr aus der Beibehaltung von Art. Art. L. 621-2 Abs. 2 C. com. als solchem. War die in der *loi de sauvegarde* von 2005 vorgeschriebene Anwendbarkeit der Verfahrenserstreckung auf das Rettungsverfahren[303] in der Literatur aufgrund ihrer abschreckenden Wirkung zur Beantragung dieses freiwilligen Verfahrens[304] umstritten[305], machte der unveränderte Verbleib der Verfahrenserstreckung in Titel II. des VI. Buchs des *Code de commerce* die Zielsetzung des Gesetzgebers

---

[299] Ordonnance Nr. 2008-1345 portant réforme du droit des entreprises en difficulté, JORF, 19.12.2008, S. 19462, Nr. 29; vgl. den Inhalt zusammenfassend auch *Jacquemont*, Sauvegarde, redressement et liquidations judiciaires – Exploitation en commun et confusion des patrimoines, in: JCl. Com., Fasc. 2165, Rn. 2.

[300] Hierzu genauer unten, B. III. 1.

[301] Der so ergänzte Art. L. 621-2 Abs. 2 C. com. lautete in der Fassung der Ordonnance: „A la demande de l'administrateur, du mandataire judiciaire, du ministère public ou d'office, la procédure ouverte peut être étendue à une ou plusieurs autres personnes en cas de confusion de leur patrimoine avec celui du débiteur ou de fictivité de la personne morale. A cette fin, le tribunal ayant ouvert la procédure initiale reste compétent".

[302] Der diesbezügliche Wortlaut des Art. L. 661-1 C. com. lautet seit der Ordonnance von 2008: „Sont susceptibles d'appel ou de pourvoi en cassation: [...] 3° Les décisions statuant sur l'extension d'une procédure de sauvegarde, de redressement judiciaire ou de liquidation judiciaire de la part du débiteur soumis à la procédure, du débiteur visé par l'extension, du mandataire judiciaire ou du liquidateur, de l'administrateur et du ministère public".

[303] Diese ergab sich bereits aus der systematischen Stellung des Art. L. 621-2 Abs. 2 C. com. in Titel II. des VI. Buches über das Rettungsverfahren.

[304] Vgl. nur *Lienhard/ Pisoni*, Code des procédures collectives, Art. L. 621-2 C. com, III. B.

[305] Ausführlich zu dieser Thematik beim materiellen Anwendungsbereich der Verfahrenserstreckung, siehe unten, B. I. 2.

deutlich, es bei diesem erweiterten materiellen Anwendungsbereich zu belassen[306].

Die Ordonnance von 2008 wurde durch eine Anwendungsverordnung vom 12.02.2009[307] ergänzt, die in einem neuen Art. R. 621-8-1 C. com. genauere Angaben zu den formellen Voraussetzungen eines Antrags auf Verfahrenserstreckung machte[308].

b) Einführung eines eigenen Erstreckungstatbestands für den Einzelunternehmer mit beschränkter Haftung (EIRL) durch die Ordonnance vom 09.12.2010

Eine weitere Anpassung erfuhr Art. L. Art. L. 621-2 Abs. 2 C. com.-2 C. com. im Hinblick auf die Einführung einer Haftungsbeschränkung durch Vermögensseparierung für Einzelunternehmer (so genannter *entrepreneur individuel à responsabilité limitée*, EIRL). Diese durch das Gesetz vom 15.06.2010[309] ohne historisches Vorbild geschaffene Form der Haftungsbeschränkung ermöglicht es einem Einzelunternehmer, sein privates von dem geschäftlich genutzten Vermögen auch ohne die Gründung einer Kapitalgesellschaft zu trennen und so vom Zugriff seiner geschäftlichen Gläubiger abzuschirmen[310]. Es handelte sich um eine für das französische Recht „revolutionäre“[311] Abkehr von der lange Zeit vorherrschenden Theorie der Vermögenseinheit[312] mit dem Ziel, den Einzelunternehmer vor einer Inanspruchnahme über sein geschäftliches Vermögen hinaus zu schützen[313]. Im Gegenzug erlaubt es Art. L. 621-2 Abs. 3 C. com. seit einer Ordonnance vom 09.12.2010[314] im Falle einer Ver-

---

306 Siehe bereits *Lienhard*, Procédures collectives, Rn. 64.25; *Vallansan/ Cagnoli/ Fin-Langer*, Difficultés des entreprises, Art. L. 621-2 C. com., vor I.; kritisch *Demeyre*, D. 2009, 2297.

307 Décret Nr. 2009-160 pris pour l'application de l'ordonnance n° 2008-1345 du 18 décembre 2008 portant réforme du droit des entreprises en difficulté, JORF, 13.02.2009, S. 2596, Nr. 13.

308 Hierzu genauer unten, B. III. 2.

309 Gesetz Nr. 2010-658 relative à l'entrepreneur individuel à responsabilité limitée, JORF, 16.06.2010, S. 10984, Nr. 1.

310 Siehe den durch das Gesetz eingeführten Art. L. 526-6 Abs. 1 C. com: „Tout entrepreneur individuel peut affecter à son activité professionnelle un patrimoine séparé de son patrimoine personnel, sans création d'une personne morale“.

311 *Houtcieff*, Entreprise individuelle à responsabilité limitée (EIRL), in: Vogel/ Delpech (Hrsg.), Rép. Commercial, Rn. 1.

312 Ebenda, Rn. 1, 3 ff.

313 Ebenda, Rn. 7.

314 Ordonnance Nr. 2010-1512 portant adaptation du droit des entreprises en difficulté et des procédures de traitement des situations de surendettement à l'entrepreneur individuel à responsabilité limitée, JORF, 10.12.2010, S. 21617, Nr. 10.

mögensvermischung oder des Verstoßes gegen bestimmte Geschäftsführungspflichten[315] eine der Verfahrenserstreckung nachempfundene „Vermögensvereinigung“ *(réunion des patrimoines)*[316].

c) Neue, umstrittene Sicherungsmaßnahmen durch das Gesetz vom 12.03.2012 („loi Petroplus“)

Möglicherweise zu weit ging der Gesetzgeber allerdings mit einer daraufhin erfolgten Erweiterung der Befugnisse von Gerichten, die über eine Verfahrenserstreckung oder den Fall einer *responsabilité pour insuffisance d'actif* zu entscheiden haben[317]. In einem wohl auf das Insolvenzverfahren des Raffineriekonzerns *Petroplus* maßgeschneiderten Gesetz[318] vom 12.03.2012[319] gibt der hierdurch eingefügte Art. L. Art. L. 621-2 Abs. 2 C. com.-2 Abs. 4 dem Gerichtspräsidenten das Recht „zur Anwendung des zweiten und dritten Absatzes dieses Artikels [...] jede zweckdienliche Sicherungsmaßnahme über die Vermögensgüter des Gegners eines Verfahrens aus einem dieser Absätze auf Antrag des Verwalters, des Gläubigervertreters, der Staatsanwaltschaft oder von Amts wegen anzuordnen“[320]. Die ursprüngliche Zielsetzung dieser Regel war es, Vermögensabflüssen aus der in das Verfahren einzubeziehenden Gesellschaft vor Ausspruch des Erstreckungsurteils wirksam entgegenzuwirken[321] und so die „Ausplünderung von Unternehmen in Schwierigkeit“[322] zu vermeiden. Da die weitgehende Formulierung dieser Regel im Ergebnis wohl

---

[315] Hierzu genauer *Houtcieff*, Entreprise individuelle à responsabilité limitée (EIRL), in: Vogel/ Delpech (Hrsg.), Rép. commercial, Rn. 37; *Saintourens*, Rev. Proc. Coll., Nr. 2011-2, 106.

[316] Siehe im Überblick auch *Coquelet*, Entreprises en difficulté, instruments de paiement et de crédit, Rn. 109.

[317] Siehe zur Problematik unten, B. III. 6.; äußerst kritisch etwa *Droege Gagnier*, NZI 2012, 449.

[318] Vgl. bereits *Le Corre*, Rev. sociétés 2012, 412; zur Entstehungsgeschichte auch unten, B. III. 6.

[319] Gesetz Nr. 2012-346 relative aux mesures conservatoires en matière de procédures de sauvegarde, de redressement judiciaire ou de liquidation judiciaire et aux biens qui en font l'objet, JORF, 13.03.2012, S. 4497, Nr. 3.

[320] „Pour l'application des deuxième et troisième alinéas du présent article, le président du tribunal peut ordonner toute mesure conservatoire utile à l'égard des biens du défendeur à l'action mentionnée à ces mêmes alinéas, à la demande de l'administrateur, du mandataire judiciaire, du ministère public ou d'office“.

[321] Siehe etwa *Jacquemont/ Vabres*, Entreprises en difficulté, Rn. 171.

[322] So der die damalige emotionale Aufladung des Themas gut zusammenfassende Titel des Aufsatzes von *Roussel Galle*, JCP E 2012, 192: „Das Gesetz vom 12. März 2012: Stopp der Ausplünderung von Unternehmen in Schwierigkeit!“ („La loi du 12 mars 2012 : halte au pillage des entreprises en difficulté !“).

eine ungerechtfertigte Enteignungswirkung hätte entfalten können[323], wurden die Rechtsfolgen der Sicherungsmaßnahmen in einer Anwendungsverordnung vom 27.10.2012[324] wesentlich eingeschränkt[325].

d) Bestätigung der Verfassungsmäßigkeit der Verfahrenserstreckung durch Beschluss des Kassationsgerichtshofs vom 08.10.2012

Wie bereits einleitend beschrieben[326], bestanden aufgrund ihrer einschneidenden Rechtsfolgen durchaus Zweifel an der Verfassungsmäßigkeit der Verfahrenserstreckung und ihrer neuen gesetzlichen Grundlage in Bezug auf die verfassungsrechtlichen Grundrechtsgarantien. In einer Entscheidung vom 08.10.2012[327] verweigerte der Kassationsgerichtshof einer entsprechenden Argumentation allerdings die Gefolgschaft und lehnte die Verweisung eines Normenkontrollantrags über Artikel L. 621-2 Abs. 2 C. com an den Verfassungsrat ab.

Die Möglichkeit zum direkten Vorgehen gegen bereits in Kraft getretenes Gesetzesrecht ist in Frankreich noch relativ jung; erst seit dem 01.03.2010 ermöglichte das Inkrafttreten[328] eines neuen Art. 61-1 der französischen Verfassung von 1958[329] unter der Bezeichnung *Question prioritaire de constitutionnalité (QPC)* individuelle Normenkontrollanträge beim Verfassungsrat[330]. Voraussetzung ist ausweislich des Wortlauts des Art. 61-1 Abs. 1 der Verfassung von 1958, dass die Verfassungswidrigkeit der betroffenen Norm aufgrund eines Verstoßes gegen verfassungsmäßig garantierte Grundrechte während eines bereits vor einem Instanzgericht anhängigen Verfahrens gerügt wird. Dem Verfassungsrat wird der gestellte Normenkontrollantrag allerdings erst durch Verweisung durch das jeweils höchste Gericht des betroffenen Gerichtszugs

---

323 Hierauf hinweisend *Droege Gagnier*, NZI 2012, 449, ausführlicher sogleich unten, B. III. 6.

324 Décret Nr. 2012-1190, relative aux mesures conservatoires en matière de sauvegarde, de redressement judiciaire ou de liquidation judiciaire et aux biens qui en font l'objet, JORF, 27.10.2012, S. 16719, Nr. 12.

325 Siehe bereits *Legros*, Dr. sociétés Nr. 2012-1, comm. 13 sowie auch hierzu unten, B. III. 6.

326 Siehe oben, A.

327 Revisionsnummer 12-40058 QPC.

328 Das Datum des Inkrafttretens war festgelegt in Art. 5 des loi organique *Nr.* 2009-1523 vom 10.12.2009 relative à l'application de l'article 61-1 de la Constitution, JORF, 11.12.2009, S. 21379, Nr. 1.

329 Dieser geht zurück auf Art. 29 des Verfassungsgesetzes (loi constitutionnelle) Nr. 2008-724 vom 24.07.2008 de modernisation des institutions de la Ve République, JORF, 24.07.2008, S. 11890, Nr. 2.

330 Siehe zu Grundlagen und Entwicklung des Rechtsinstituts *QPC* etwa *Deharo*, Question prioritaire de constitutionnalité (QPC), in: Guinchard (Hrsg.), Rép. procédure civile, Rn. 1 ff.

(Kassationsgerichtshof bei zivil- oder *Conseil d'Etat* bei verwaltungsrechtlichen Streitigkeiten) vorgelegt.[331] Diese Verweisung erfolgt unter drei kumulativen Voraussetzungen[332]: Die gerügte Norm muss auf den betroffenen Rechtsstreit anwendbar sein, der Verfassungsrat darf sie nicht unter identischen Voraussetzungen bereits für verfassungsgemäß erklärt haben und die Fragestellung muss als „ernsthaft" bewertet werden können[333].

Doch gerade diese Ernsthaftigkeit spricht die *Chambre commerciale* des Kassationsgerichtshofs dem Antrag bereits ab. Dieser hatte seine Argumentation gegen Art. L. 621-2 Abs. 2 C. com. gleich auf zwei Argumente gestellt:

Einerseits sah der Antragsteller in der durch Art. L. 621-2 Abs. 2 C. com. ermöglichten Erstreckung eines Liquidationsverfahrens auf eine zahlungsfähige Gesellschaft eine Verletzung des Eigentumsgrundrechts sowie des Grundrechts auf unternehmerische Freiheit (Art. 2, 4 und 17 DDHC) für diese Gesellschaft und ihre Gesellschafter. Der Kassationsgerichtshof merkt diesbezüglich zunächst an, dass die mit der Eröffnung eines Liquidationsverfahrens verbundenen Einschränkungen der Dispositionsfreiheit über die Güter des Schuldners[334] nicht als Enteignung bzw. vollständige Aufhebung der unternehmerischen Freiheit zu verstehen seien. Einschränkungen dieser Grundrechte durch die Verfahrenserstreckung seien jedenfalls – so fasst es der Kassationsgerichtshof lakonisch zusammen – durch ein Gemeinwohlinteresse gerechtfertigt. Dieses liege bereits in der Zielsetzung der Verfahrenserstreckung, die gläubigerschädigenden Vorverhalten (Herbeiführung einer Vermögensvermischung oder Gründung einer fiktiven Gesellschaft) durch die mit einer Erstreckung verbundene Vergrößerung der Haftungsmasse rückgängig zu machen suche[335].

---

[331] Der Originalwortlaut des Art. 61-1 Abs. 1 der französischen Verfassung von 1958 lautet entsprechend: „Lorsque, à l'occasion d'une instance en cours devant une juridiction, il est soutenu qu'une disposition législative porte atteinte aux droits et libertés que la Constitution garantit, le Conseil constitutionnel peut être saisi de cette question sur renvoi du Conseil d'État ou de la Cour de cassation qui se prononce dans un délai déterminé".

[332] Diese Voraussetzungen zählt Art. 23-2 der Ordonnance *Nr.* 58-1067 vom 07.10.1958 portant loi organique sur le Conseil constitutionnel seit seiner Änderung durch das loi organique *Nr.* 2009-1523 vom 10.12.2009 auf.

[333] Art. 23-3 der Ordonnance Nr. 58-1067 lautet: „La juridiction statue sans délai par une décision motivée sur la transmission de la question prioritaire de constitutionnalité au Conseil d'Etat ou à la Cour de cassation. Il est procédé à cette transmission si les conditions suivantes sont remplies : 1° La disposition contestée est applicable au litige ou à la procédure, ou constitue le fondement des poursuites; 2° Elle n'a pas déjà été déclarée conforme à la Constitution dans les motifs et le dispositif d'une décision du Conseil constitutionnel, sauf changement des circonstances; 3° La question n'est pas dépourvue de caractère sérieux".

[334] Siehe zu den Rechtsfolgen eines Liquidationsverfahrens oben, § 1 A. II. 3. d).

[335] Siehe Bereits einleitend oben, A. Der Originalwortlaut dieses Entscheidungsteils lautet: „Attendu, d'autre part, que la disposition invoquée qui prive, dans les deux cas qu'elle prévoit, le débiteur en liquidation judiciaire de l'administration et de la disposition de ses biens, sans toutefois le dessaisir de son droit de propriété sur ceux-ci ni des droits et actions

Zudem seien etwaige Einschränkungen der genannten Grundrechte im Hinblick auf dieses Ziel verhältnismäßig und zwar sowohl durch die weitgehenden, mit der Verfahrenserstreckung verbundenen prozessualen Garantien[336] wie auch die nunmehr wohl allgemein akzeptierte einschränkende Auslegung[337] dieses Tatbestands.[338]

Andererseits wird die vom Antragsteller gerügte Verletzung des von Art. 16 DDHC garantierten Einspruchsrechts gegen richterliche Entscheidungen durch das Fehlen eines solchen für die Aktionäre der in das Verfahren einbezogenen Gesellschaft vom Kassationsgerichtshof bereits aus prozessualen Gründen verworfen. Da die Rechtsmittel seit der Ordonnance vom 18.12.2008[339] gesondert in Art. L. 661-1 Nr. 3 C. com. geregelt wurden, hätte die gestellte Frage sich auch auf diesen Artikel beziehen müssen[340]. Unabhängig von dieser formalistischen Argumentation des Gerichtshofs stehen Rechtsmittel nach aktuell geltendem Recht tatsächlich nur den voll für Gesellschaftsschulden haftenden Gesellschaftern zu, nicht jedoch Aktionären[341].

Der Kassationsgerichtshof bestätigt damit die langjährige Rechtspraxis der Verfahrenserstreckung, ohne auch nur Zweifel an der Verfassungsmäßigkeit zu erlauben. Dies macht schon seine prozessuale Entscheidung deutlich, den Prüfungsantrag gerade aus Mangel an Ernsthaftigkeit zu verwerfen und eine ausführliche Prüfung durch den Verfassungsrat damit zu verhindern. Welche genauen Überlegungen auf die Verhältnismäßigkeitsprüfung der *Chambre commerciale* über die reine Zielsetzung der Verfahrenserstreckung hinaus Einfluss genommen haben, lässt sich aus der – für solche Entscheidungen typischerweise knappen – Formulierung der Entscheidungsformel nicht entnehmen. Obwohl eine solch pauschale Beurteilung der Verhältnismäßigkeit der

---

attachés à sa personne, est justifiée par l'intérêt général, dès lors qu'elle a pour but de rétablir le gage des créanciers compromis par la confusion de patrimoine ou la fictivité de la personne morale".

336 Zu diesen genauer unten, III.

337 Siehe bereits einleitend oben, A. sowie ausführlich unten, B. II. 2 und 3. Hierauf hinweisend auch *Roussel Galle*, Rev. sociétés 2012, 728.

338 „[...] que les restrictions aux conditions d'exercice du droit de propriété et à la liberté d'entreprendre qui peuvent résulter de ce texte ne constituent pas pour autant une atteinte disproportionnée au regard du but poursuivi qui est de reconstituer le patrimoine de personnes qui ont abusé de la personnalité juridique dont elles jouissent soit en mélangeant leurs biens, soit en ne constituant qu'une apparence de société, et dès lors que le prononcé de la mesure d'extension par le juge est entouré de garanties de fond et de procédure".

339 Siehe hierzu soeben oben, a).

340 Vgl. auch *Legros*, Anmerkung zu Cass. com. 08.10.2012, Revisionsnummer 12-40058, QPC, Dr. sociétés Nr. 2013-3, 53; ähnlich *Roussel Galle*, Rev. sociétés 2012, 728.

341 Siehe *Legros*, Anmerkung zu Cass. com. 08.10.2012, Revisionsnummer 12-40058, QPC, Dr. sociétés Nr. 2013-3, 53; ausführlich zu Rechtsbehelfen gegen das Erstreckungsurteil unten, B. III. 5.

überaus folgenreichen Verfahrenserstreckung für zahlungsfähige Gesellschaften kaum Genüge zu tun vermag, scheint der Gerichtshof die Zukunft eines von ihm in langer Tradition entwickelten und gerade erst auch durch den Gesetzgeber aufgenommenen Rechtsinstruments nicht durch eine ausführliche Prüfung durch den Verfassungsrat gefährden zu wollen. Insofern war die Entscheidung des Gerichtshofs – auch im Hinblick auf die im Bereich des Insolvenzrechts überaus strenge Verweisungspraxis der obersten Gerichte[342] – „sehr vorhersehbar“[343]. Auch wenn die inzwischen engere Auslegung insbesondere des Tatbestands der Vermögensvermischung im Kontext von Konzerninsolvenzen[344] sowie die prozessualen Garantien Missbräuchen der Verfahrenserstreckung vorbeugen können, bleibt es damit bei einer durchaus weitreichenden Freiheit der Richter, dieses Instrument zu nutzen. Der Fortbestand der Verfahrenserstreckung erscheint nach dieser Entscheidung im französischen Recht zumindest bis auf Weiteres gesichert.

e) Anpassung der Antragsbefugnisse durch die Ordonnance vom 12.03.2014 im Hinblick auf die Erstreckung des vorinsolvenzlichen Rettungsverfahrens

Die jüngste Neuerung in Bezug auf Art. L. 621-2 C. com. durch die Ordonnance vom 13.04.2014[345] markiert den vorerst letzten Schritt der sukzessive erfolgten, kleineren gesetzgeberischen Anpassungen. Die Reform ändert insbesondere die Befugnis zur Stellung eines Antrags auf Verfahrenserstreckung[346]. Während die Möglichkeit zu einer vom zuständigen Gericht angeordneten Verfahrenserstreckung von Amts wegen wegfällt, erhält neuerdings auch der Schuldner eines Rettungs-, Sanierungs- oder Liquidationsverfahrens das Recht zur Beantragung einer Verfahrenserstreckung. Außerdem verschiebt die Anwendungsverordnung der Ordonnance[347] den vorher zweiten Satz des Art. L. 621-2 Abs. 2 C. com. über die Beibehaltung der Zuständigkeit des verfahrenserstreckenden Gerichts nach Art R. 621-8-1 C. com. Die Änderung in

---

[342] Bis 2011 wurde etwa nur eine *QPC* in diesem Rechtsbereich überhaupt an den Verfassungsrat weitergeleitet; die große Mehrheit wurde schon vom Kassationsgerichtshof bzw. *Conseil d'Etat* verworfen, siehe *Roussel Galle*, LPA, Nr. 2011-194, 66, Rn. 3.

[343] „très prévisible“, *Lienhard/ Pisoni*, Code des procédures collectives, Art. L. 621-2 C. com., III. B.

[344] Hierzu sogleich unten im Rahmen der Tatbestandsvoraussetzungen, B. II. 2. f.

[345] Ordonnance Nr. 2014-326 portant réforme de la prévention des difficultés des entreprises et des procédures collectives, JORF, 14.03.2014, S. 5249, Nr. 3, in Kraft seit 01.07.2014, siehe Art. 116 Abs. 1 der Ordonnance.

[346] Ebenso hob sie aus verfassungsrechtlichen Gründen nahezu sämtliche Befugnisse zur Verfahrenseröffnung von Amts wegen auf; hierzu genauer *Saintourens*, Rev. Proc. Coll., Nr. 2014-2, dossier 16, Rn. 5 ff.

[347] Décret Nr. 2014-736 vom 30.06.2014 pris pour l'application de l'ordonnance n° 2014-326 du 12 mars 2014 portant réforme de la prévention des difficultés des entreprises et des procédures collectives, JORF, 01.07.2014, S. 10834, Nr. 9.

Bezug auf die Antragsteller ist im Zusammenhang mit einer Kontroverse um die Zielsetzung der Verfahrenserstreckung im vorinsolvenzlichen und freiwillig durch den Schuldner zu beantragenden Rettungsverfahren[348] zu sehen. Das neu hinzugekommene Antragsrecht des Schuldners bei gleichzeitiger Abschaffung der Erstreckung von Amts wegen soll gerade im Hinblick auf das Sanierungsverfahren widersprüchliche Ergebnisse vermeiden.[349]

B. Voraussetzungen der Verfahrenserstreckung

Die Verfahrenserstreckung stellt im französischen Recht die folgenschwerste Ausnahme vom Grundsatz der konzerninternen Haftungstrennung dar[350]. Die Tragweite ihrer Voraussetzungen ist sowohl in Bezug auf ihren Anwendungsbereich als auch die haftungsauslösenden Tatbestände daher von entscheidender Bedeutung für die Reichweite dieses Grundsatzes. Es kann daher kaum erstaunen, dass sich über die hierdurch festgelegte praktische Reichweite der Verfahrenserstreckung in Rechtsprechung und Literatur zum französischen *droit des entreprises en difficulté* eine äußerst leb- und wechselhafte Diskussion ergibt, die bis heute anzudauern scheint. Diese Diskussion bewegt sich zwischen den zwei Extremen einer Ausweitung bzw. einer Einschränkung der Verfahrenserstreckung, einer das Gesamtunternehmen sowie einer den Konzern in seiner gesellschaftsrechtlich begründeten Vielheit ins Zentrum stellenden Sichtweise. Die Frage ist mit großen gesamtwirtschaftlichen Folgen verbunden und stellt einen der wichtigsten Schauplätze der französischen Rechtslehre dar, in denen sich das Auseinanderfallen wirtschaftlicher und rechtlicher Realität in Konzernsachverhalten auswirkt.

I. Der weitreichende persönliche und materielle Anwendungsbereich der Verfahrenserstreckung

Im Rahmen dieser Diskussion hat sich der persönliche und auch der materielle Anwendungsbereich der Verfahrenserstreckung auch nach der Einführung des Art. L. 621-2 Abs. 2 C. com. immer weiter vergrößert.

1. Persönlicher Anwendungsbereich der Verfahrenserstreckung

Der Wortlaut des Art. L. 621-2 Abs. 2 S. 1 C. com. hält die Beschreibung des persönlichen Anwendungsbereichs der Verfahrenserstreckung sehr allgemein.

---

[348] Genauer zum Rettungsverfahren im Allgemeinen oben, § 1 A. II. 1. ff.; zu dieser Problematik im Hinblick auf das Rettungsverfahren sogleich unten, B. I. 2. b).

[349] Vgl. schon *Lienhard*, Procédures collectives., Rn. 64.12; ausführlich zu dieser Problematik sogleich unten, B. I. 2.

[350] Zu den Rechtsfolgen der Verfahrenserstreckung sogleich unten, C.

Dort heißt es lediglich: „...das eröffnete Verfahren kann auf eine oder mehrere Personen erstreckt werden...“[351].

Diese Formulierung führt zu einer äußerst vielfältigen Anwendungsperspektive des Artikels, der damit eine Verfahrenserstreckung von und auf alle natürlichen und juristischen Personen in allen denkbaren Konstellationen ermöglicht[352]. Die Zielperson einer Verfahrenserstreckung muss weder selbst die persönlichen Anwendungsvoraussetzungen der Verfahren des VI. Buches des *Code de Commerce* (Art. L. 620-2 C. com.) erfüllen[353] noch (drohend) zahlungsunfähig sein[354]. Lediglich der Tatbestand der fiktiven juristischen Person setzt schon begrifflich das Vorhandensein einer solchen Scheingesellschaft voraus[355]; da Hintermänner einer solchen Gesellschaft regelmäßig natürliche Personen sein können, ist der Anwendungsbereich diesbezüglich aber nicht eingeschränkt und eine Verfahrenserstreckung von einer juristischen auf eine natürliche Person wegen dieses Grundes ohne weiteres denkbar[356].

Die Verfahrenserstreckung zwischen mehreren natürlichen Personen betrifft hauptsächlich Fälle, in denen mehrere Personen im Rahmen ihrer gemeinsamen wirtschaftlichen Tätigkeit durch eine enge Zusammenarbeit[357] die Voraussetzungen einer Vermögensvermischung erfüllen. Dies betrifft häufig, aber

---

351 *„...la procédure ouverte peut être étendue à une ou plusieurs autres personnes...“.*

352 Siehe *Gibirila*, Entreprises en difficulté, Rn. 218; *Jacquemont*, Sauvegarde, redressement et liquidations judiciaires – Exploitation en commun et confusion des patrimoines, in: JCl. Com., Fasc. 2165, Rn. 22 ff.; *Salgado*, Entreprises en difficulté, S. 78; *Voinot*, Procédures collectives, Rn. 242; vgl. auch *Vallansan/ Cagnoli/ Fin-Langer*, Difficultés des entreprises, Art. L. 621-2 C. com, I. Auf den Sonderfall des Erstreckungstatbestands für den Einzelunternehmer mit beschränkter Haftung *(EIRL)* nach Art. L. 621-2 Abs. 3 C. com. wird hier mangels Anwendungshypothesen im Kontext von Konzerninsolvenzen nicht eingegangen; hierzu jedoch im Überblick oben, A. III. 3. b).

353 *Jacquemont*, Sauvegarde, redressement et liquidations judiciaires – Exploitation en commun et confusion des patrimoines, in: JCl. Com., Fasc. 2165, Rn. 31 f. m. zahlreichen Nachweisen; *Vallansan*, RLDA Nr. 2005-80, suppl., S. 12, II; zum persönlichen Anwendungsbereich der Verfahren oben, § 1 A. II. 3. a). Das zu erstreckende Verfahren muss allerdings im Rahmen des Art. L. 620-2 C. com. gelegen haben, siehe *Gibirila*, Entreprises en difficulté, Rn. 218.

354 Cass. com. 24.10.1995; vgl. auch *Gibirila*, Entreprises en difficulté, Rn. 218; *Vallansan*, RLDA Nr. 2005-80, suppl., S. 12, II. Zu dieser Besonderheit der „echten“ Verfahrenserstreckung auch oben, A. I.

355 Hierauf hinweisend etwa *Coquelet*, Entreprises en difficulté, instruments de paiement et de crédit, Rn. 111; *Le Corre-Broly/ Le Corre*, Droit des Entreprises en difficulté, S. 45; *Salgado*, Entreprises en difficulté, S. 77. Zu den genaueren Tatbestandsvoraussetzungen der *fictivité* sogleich unten, II. 2.

356 Siehe nur Cass. com. 02.07.2013, Revisionsnummer 12-23743.

357 Diese Zusammenarbeit kann, auch unbewusst, etwa in Form einer faktischen Gesellschaft (*société créée de fait*) erfolgen, im Rahmen derer eine Vermögensvermischung mit den Gesellschaftern festgestellt werden kann, vgl. *Jacquemont*, Sauvegarde, redressement et

nicht ausschließlich, im gemeinsamen Familienbetrieb zusammenarbeitende Ehepaare, bei denen über das Vermögen eines – unbeschränkt haftenden[358] – Ehepartners ein Rettungs-, Sanierungs- oder Liquidationsverfahren eröffnet wird.[359] War die Anwendung des Kriteriums der Vermögensvermischung zwischen zwei natürlichen Personen im Hinblick auf den Grundsatz der an die Rechtspersönlichkeit anknüpfenden Vermögenseinheit („eine Person – ein Vermögen“[360]) lange Zeit umstritten[361], wird dieses Tatbestandsmerkmal heute spätestens seit einer Klarstellung des Kassationsgerichtshofs[362] ohne weiteres auch in diesen Sachverhalten angewendet.

Wichtigster Anwendungsfall der Verfahrenserstreckung ist aber der Konzernsachverhalt, in welchem sich eine gemeinsame Verfahrensabwicklung aus der Erstreckung des Verfahrens von einer Gesellschaft auf eine andere im Konzernverbund ergibt[363]. Für die Konzerninsolvenz ist der Tatbestand der Vermögensvermischung von besonderer Relevanz[364], aber auch die *fictivité* kann in seltenen Fällen eine Verfahrenserstreckung im Bereich der Konzerne rechtfertigen[365]. Nur unter bestimmten Voraussetzungen kann die Verfahrenserstreckung allerdings auch ausländische (Konzern-) Gesellschaften umfassen[366].

Doch auch über den Konzernsachverhalt hinaus finden Verfahrenserstreckungen zwischen juristischen Personen statt, wie etwa zwischen zwei ohne

---

liquidations judiciaires – Exploitation en commun et confusion des patrimoines, in: JCl. Com., Fasc. 2165, Rn. 30.

358 Zur Ausnahme der auch für diese Konstellationen gedachten Form des Sondereigentums der *EIRL* oben, A. III. 3. b).

359 Siehe hierzu etwa *Jacquemont*, Sauvegarde, redressement et liquidations judiciaires – Exploitation en commun et confusion des patrimoines, in: JCl. Com., Fasc. 2165, Rn. 30, m. zahlreichen Nachweisen; vgl. auch *Gibirila*, Entreprises en difficulté, Rn. 18 sowie zur Rechtslage vor der loi de sauvegarde *Cabrillac*, in: Université de Nice (Hrsg.), FS-Honorat, S. 81 ff.; *Vallansan*, RLDA Nr. 2005-80, suppl., S. 12, II. A.

360 Vgl. hierzu etwa *Delebecque*, Rev. Proc. Coll., Nr. 1998-2, 129, Rn. 2.

361 S., m.w.N. zum damaligen Streitstand, *Deleneuville*, Rev. Proc. Coll., Nr. 2002-3, 157, I. A.

362 Cass. com. 10.07.2001, Revisionsnummer 98-20657.

363 Siehe *Aubert/ Piniot*, in: Piniot/ Dumas/ Le Cannu (Hrsg.), FS-Bézard, S. 287; vgl. auch *Voinot*, Procédures collectives, Rn. 242. Zur Bedeutung der Verfahrenserstreckung im Konzernkontext ausführlich bereits oben, A. II.

364 Vgl. *Bonnard*, Entreprises en difficulté, S. 54; *Deleneuville*, Rev. Proc. Coll., Nr. 2001-2, 61, 62; *Jacquemont*, Sauvegarde, redressement et liquidations judiciaires – Exploitation en commun et confusion des patrimoines, in: JCl. Com., Fasc. 2165, Rn. 21; *Pétel*, Procédures collectives, Rn. 91; *Rivinius*, Konzernkonkurs, S. 107 sowie ähnlich *Saint-Alary Houin*, Entreprises en difficulté, Rn. 445.

365 Siehe etwa *Deleneuville*, Rev. Proc. Coll., Nr. 2001-2, 61, 62; *Lucas*, LPA, Nr. 2001-89, 66, B. I. a).

366 Zur internationalen Dimension der Verfahrenserstreckung unten 3. e)

gemeinsame Leitung agierenden Vereinen, die im Hinblick auf ähnliche Zwecke ungerechtfertigte Vermögensverschiebungen durchgeführt hatten[367]. Mangels einer feststehenden gesetzlichen Definition des Konzernbegriffs im französischen Recht[368] sind die Übergänge allerdings fließend und es findet keine direkte Anknüpfung an einen solchen Begriff für die Bestimmung der Tatbestandsvoraussetzungen einer Verfahrenserstreckung statt[369].

2. Materieller Anwendungsbereich der Verfahrenserstreckung auf alle Insolvenz- und Sanierungsverfahren im engeren Sinne und daraus folgende Zielsetzungen

Auch der materielle Anwendungsbereich des Art. L. 621-2 S. 1 C. com. ist in Bezug auf die erstreckbaren Verfahrensarten äußerst weit gefasst. Welche Verfahren jeweils umfasst sind, ergibt sich aus dem für das VI. Buch des *Code de commerce* üblichen Verweisungssystem[370]. Dieses geht – der statistischen Realität entgegen [371] – vom Rettungsverfahren als Grundform der *procédures collectives* aus und weist nur für dieses eine vollständige Regelung auf. Für das Sanierungs- und Liquidationsverfahren wird hingegen größtenteils auf die Regeln des Rettungsverfahrens verwiesen und Abweichungen hiervon gesondert beschrieben.

Entsprechend dieser Systematik gilt die Formulierung in Art. L. 621-2 Abs. 2 S. 1 C. com. „...das eröffnete Verfahren kann [...] erstreckt werden...“[372] aufgrund ihrer Zuordnung zum Titel II. des VI. Buches („Über das Rettungsverfahren“ bzw. „De la sauvegarde“) zunächst nur für das Rettungsverfahren. Für das Sanierungsverfahren wird Art. L. 621-2 Abs. 2 S. 1 C. com. allerdings in der Verweisnorm des Art. L. 631-7 C. com. für anwendbar erklärt; gleiches gilt für das Liquidationsverfahren, für welches ein Verweis in Art. L. 641-1-I Abs. 1 C. com. vorgenommen wird[373].

---

[367] So in Cass. com. 05.07.2005, Revisionsnummer 02-10233, Bull. civ. 2005, IV, Nr. 149, S. 161; auf dieses Beispiel hinweisend *Gibirila*, Entreprises en difficulté, Rn. 218.

[368] Zum Konzernbegriff im französischen Recht ausführlich oben, § 1 B. I. 1.

[369] Siehe bereits oben, II. Vielmehr wird das Vorhandensein von Konzernstrukturen als Rechtfertigungsgrund für im Kontext von Konzernen normale Vermögensverschiebungen gewertet und ein strengerer Maßstab insbesondere bei der Feststellung der Vermögensvermischung angelegt, siehe unten, II. 3. b) dd).

[370] Zur Regelungstechnik im VI. Buch bereits oben, § 1 A. II. 2.

[371] Siehe ebenda.

[372] „...la procédure ouverte peut être étendue...“.

[373] Vgl. zum Regelungskomplex der Verfahrenserstreckung seit dem Gesetz von 2005 auch *Jacquemont*, Sauvegarde, redressement et liquidations judiciaires – Exploitation en commun et confusion des patrimoines, in: JCl. Com., Fasc. 2165, Rn. 2.

a) Zielsetzung der Verfahrenserstreckung in den nachinsolvenzlichen Sanierungs- und Liquidationsverfahren: Ausgleich von Vermögensverschiebungen und Haftungsdurchgriff auf Muttergesellschaften

So einheitlich diese Rechtslage erscheinen mag, so unterschiedlich sind jedoch die jeweils mit einer Verfahrenserstreckung verfolgten Zielsetzungen. Diese sind nämlich weitgehend abhängig von der gewählten Verfahrensart[374]. Die Verfahrenserstreckung war vor ihrer gesetzlichen Anerkennung im Jahre 2005 unstreitig auf die zu diesem Zeitpunkt bestehenden Sanierungs- und Liquidationsverfahren mit dem Ziel anwendbar, Strohmanngründungen und ungerechtfertigte Vermögensverschiebungen zulasten der Gläubiger rückgängig zu machen und auszugleichen[375] bzw. mit einer zivilrechtlichen Sanktion zu belegen und im Kontext von Konzernen Haftungsdurchgriffe auf Muttergesellschaften zu erlauben.[376]

b) Die Verfahrenserstreckung im vorinsolvenzlichen Rettungsverfahren als Instrument der nachhaltigen Sanierung von Gesamtkonzernen auf Schuldnerantrag

Gleichzeitig mit der gesetzlichen Anerkennung der Verfahrenserstreckung durch die *loi de sauvegarde* wurde allerdings auch das freiwillig durch den Schuldner zu beantragende Rettungsverfahren eingeführt, das dem Gesetz seinen Namen gab. Die mit diesem Verfahren verbundene Zielsetzung einer erleichterten Restrukturierung[377] erschien in Verbindung mit der ursprünglichen

---

[374] *Voinot*, Procédures collectives, Rn. 242.

[375] Zur historischen Entwicklung oben, A. III.; vgl. bereits *Hyest*, Rapport Sénat Nr. 335, loi de sauvegarde, S. 159; siehe auch *Lécuyer/ Lucas*, LPA, Nr. 2006-28, 4, Art. L. 621-2.

[376] Siehe oben, A. I. vgl. auch *Gibirila*, Entreprises en difficulté, Rn. 215; *Lécuyer/ Lucas*, LPA, Nr. 2006-28, 4, Art. L. 621-2; *Voinot*, Procédures collectives, Rn. 242; differenzierend *Roussel Galle*, LPA, Nr. 2008-257, 3, Rn. 18, für welchen Art. L. 621-2 Abs. 2 C. com. keinen Sanktionstatbestand darstellt, vom Schuldner aber häufig so verstanden werde. *Barbièri*, LPA, Nr. 1996-129, 9, I. B. a) sah in Bezug auf die Rechtslage vor der loi de sauvegarde wegen der in die Vergangenheit gerichteten Tatbestandsmerkmale der Verfahrenserstreckung diese herkömmliche Zielsetzung als die einzig denkbare an: „Insgesamt ist die Erstreckung in die Vergangenheit gewandt; sie hat weder Bestimmung, Schwierigkeiten von Unternehmen aufzuarbeiten, noch ihre ‚Rettung' zu gewährleisten: Die auf die Zukunft der Unternehmen zielenden rechtlichen Bestimmungen (‚Sanierung', ‚Fortführung' sind für sie ungeeignet" („En somme, l'extension est tournée vers le passé; elle n'a aucune vocation à traiter les difficultés des entreprises ni à assurer leur ‚sauvetage': les dispositions légales visant l'avenir des entreprises en difficulté (‚redressement', ‚continuation') lui sont inadaptées").

[377] Siehe Art. L. 620-1 Abs. 1 S. 2 C. com.: „Dieses Verfahren [das Rettungsverfahren, d. Verf.] ist dafür bestimmt, die Umstrukturierung des Unternehmens zu erleichtern, um die Fortführung der wirtschaftlichen Aktivität, die Beibehaltung der Arbeitsplätze und die Begleichung der Schulden zu ermöglichen" („Cette procédure est destinée à faciliter la réorganisation de l'entreprise afin de permettre la poursuite de l'activité économique, le maintien

Sanktionslogik der Verfahrenserstreckung zunächst als eine Typenvermischung[378]. Als Kern dieses „Konflikt[s] der Denklehren“[379] wurde insbesondere ausgemacht, dass eine Verfahrenserstreckung aufgrund der zu erwartenden negativen Folgen für den Schuldner grundsätzlich gegen seinen Willen geschehe[380]. Da der Gesetzgeber eine Begründung für die Einführung der Erstreckung auch im Rettungsverfahren zunächst schuldig blieb[381] und die Reformen der *loi de sauvegarde* äußerst umfangreich waren[382], hätte man bei der systematischen Einordnung der Verfahrenserstreckung im Rettungsverfahren gar von einem Redaktionsversehen ausgehen können[383].

Diese Einschätzung erwies sich jedoch spätestens mit der Ordonnance von 2008[384] als überholt. Diese beinhaltete eine erste Revision des VI. Buchs des *Code de commerce* nach der *loi de sauvegarde* und ergänzte auch Art. L. 621-2 Abs. 2[385]. Zunächst war erwartet worden und in Vorentwürfen auch vorgesehen, dass die Verfahrenserstreckung für das Rettungsverfahren ersatzlos gestrichen und in den Bereich von Sanierungs- und Liquidationsverfahren verschoben werde[386]. In der endgültigen Fassung der Ordonnance wurden diese

---

de l'emploi et l'apurement du passif“); zur Zielsetzung der Verfahren genauer oben, § 1 A. II. 1. ff.

378 Siehe etwa *Le Corre*, La réforme du droit des entreprises en difficulté, Rn. 215.1; *Lienhard*, Procédures collectives, Rn. 64.12; *Lucas*, LPA, Nr. 2007-119, 60, I. B.; *Jacquemont*, Sauvegarde, redressement et liquidations judiciaires – Exploitation en commun et confusion des patrimoines, in: JCl. Com., Fasc. 2165, Rn. 2; *ders.*, Entreprises en difficulté, Rn. 186; für *Coquelet*, Entreprises en difficulté, instruments de paiement et de crédit, Rn. 106 ist die vom Gesetzgeber geschaffene Situation zumindest „erstaunlich“ („surprenante“).

379 „conflit des logiques“.

380 So *Lécuyer/ Lucas*, LPA, Nr. 2006-28, 4, Art. L. 621-2.

381 Vgl. nur *Hyest*, Rapport Sénat Nr. 335, loi de sauvegarde, S. 158 f., in der auf den materiellen Anwendungsbereich der Verfahrenserstreckung nicht eingegangen wird.

382 Siehe oben, § 1 A. II.

383 So beschreibt es etwa *Demeyre*, D. 2009, 2297; im Hinblick auf die Perspektive einer vereinfachten Konzernsanierung war die Einschätzung von *Chaput*, JCP G 2005, I 184, Rn. 31 hingegen bereits 2005 eher positiv, weshalb dieser wohl von einer bewussten Änderung ausging.

384 Ordonnance Nr. 2008-1345 portant réforme du droit des entreprises en difficulté vom 18.12.2009, JORF, 19.12.2008, S. 19462, Nr. 29. Zu dieser genauer oben, A. III. 3. a).

385 Siehe oben, A. III. 3. a).

386 Vgl. *Demeyre*, D. 2009, 2297; *Le Corre*, La réforme du droit des entreprises en difficulté, Rn. 215.1; *Lienhard*, Procédures collectives, Rn. 64.12; *Lienhard/ Pisoni*, Code des procédures collectives, Art. L. 621-2 C. com., III. B.; *Roussel Galle*, LPA, Nr. 2008-257, 3, Rn. 18; *Soinne*, Rev. Proc. Coll., Nr. 2008-2, étude 16, Rn. 16; *Vallansan/ Cagnoli/ Fin-Langer*, Difficultés des entreprises, Art. L. 621-2 C. com., vor I. Die Verfahrenserstreckung sollte in einen neu zu fassenden Art. L. 631-7 Abs. 2 C. com. überführt und vom Liquidationsverfahren per Verweis in Bezug genommen werden.

Erwartungen allerdings enttäuscht; die systematische Stellung der Verfahrenserstreckung blieb unverändert. Die Reaktion der juristischen Literatur auf diese überraschend klare Entscheidung des Gesetzgebers für ein Fortbestehen der Verfahrenserstreckung im Rettungsverfahren[387] war nahezu durchweg negativ[388]. Vorgeworfen wurde diesem nicht nur – wie bereits angemerkt – die Unvereinbarkeit des Sanierungsziels im Rettungsverfahrens mit dem Sanktionscharakter der Verfahrenserstreckung zu übersehen[389]. Vielmehr habe der Gesetzgeber durch die Beibehaltung der Verfahrenserstreckung im Rettungsverfahren die Attraktivität dieses Verfahrens für Schuldner, dessen Durchführung doch gerade von der Beantragung des Schuldners abhängig sei, erheblich reduziert [390]. Durch die fehlende Befugnis zur Einreichung eines Antrags auf Verfahrenserstreckung entgleite dem Schuldner nach der Beantragung des Verfahrens nämlich jegliche Kontrolle über die möglicherweise betroffenen Rechtsträger des Verfahrens[391] . Sollten die Anpassungen der Ordonnance von

[387] Siehe *Lienhard/ Pisoni*, Code des procédures collectives, Art. L. 621-2 C. com., III. B., die zudem den Begriff des „Gesetzgebers" sogar in Anführungszeichen setzen – wohl, um den aus ihrer Sicht negativen Einfluss weitgehend administrativer Gesetzgebung in diesem Bereich zu bemängeln.

[388] Siehe etwa *Demeyre*, D. 2009, 2297; *Gibirila*, Entreprises en difficulté, Rn. 219; *Jacquemont*, Sauvegarde, redressement et liquidations judiciaires – Exploitation en commun et confusion des patrimoines, in: JCl. Com., Fasc. 2165, Rn. 2; *Le Corre*, La réforme du droit des entreprises en difficulté, Rn. 215.1; *ders.*, Gaz. Pal., Nr. 2013-274, 3; *Lienhard/ Pisoni*, Code des procédures collectives, Art. L. 621-2 C. com., III. B.; *Monsèrié-Bon/ Saint-Alary Houin*, D. 2008, 941, II; *Soinne*, Rev. Proc. Coll., Nr. 2008-2, étude 16, Rn. 16; *Vallansan/ Cagnoli/ Fin-Langer*, Difficultés des entreprises, Art. L. 621-2 C. com., vor I.; vgl. auch *Saint-Alary Houin*, Entreprises en difficulté, Rn. 445; auch nach der Ordonnance von 2014 weiterhin kritisch *Firley*, Rev. Proc. Coll., Nr. 2014-3, étude 13, Rn. 5; a.A. *Roussel Galle*, LPA, Nr. 2008-257, 3, Rn. 18 im Sinne einer Gleichbehandlung zwischen vor- und nachinsolvenzlichen Verfahren.

[389] Ebenda, mit Ausnahme der Gegenansicht.

[390] *Le Corre*, La réforme du droit des entreprises en difficulté, Rn. 215.1; *Vallansan/ Cagnoli/ Fin-Langer*, Difficultés des entreprises, Art. L. 621-2 C. com., vor I; vgl. bereits zur loi de sauvegarde *Lécuyer/ Lucas*, LPA, Nr. 2006-28, 4, Art. L. 621-2; siehe auch *Lienhard*, Procédures collectives, Rn. 64.12.

[391] *Gibirila*, Entreprises en difficulté, Rn. 219; *Lienhard/ Pisoni*, Code des procédures collectives, Art. L. 621-2 C. com., III. B.; vgl. auch *Vallansan/ Cagnoli/ Fin-Langer*, Difficultés des entreprises, Art. L. 621-2 C. com., vor I.; ähnlich *Le Corre*, La réforme du droit des entreprises en difficulté, Rn. 215.1.

2008 gerade die Anzahl der Eröffnungsanträge der Rettungsverfahren erhöhen[392], führe die durch das Erstreckungsrisiko begründete Abschreckung der Schuldner gerade dieses Ziel *ad absurdum*[393].

Zumindest dem letzten Vorwurf wollte der Gesetzgeber durch die Ordonnance vom 12.03.2014[394] begegnen, indem er dem Schuldner nun die Möglichkeit zur Beantragung der Verfahrenserstreckung überträgt und sie dem Gericht im Gegenzug entzog.

Die Aufhebung der Verfahrenserstreckung von Amts wegen kann als Reaktion auf die Kritik verstanden werden, gerade für den Fall des Rettungsverfahrens ein unüberschaubares Risiko entstehen zu lassen[395]. Zwar mag die Effektivität dieses Lösungsansatzes dadurch geschmälert werden, dass die Antragsbefugnis der anderen Verfahrensbeteiligten – allen voran der Staatsanwaltschaft und des Gläubigervertreters – weiterhin bestehen bleibt[396]. Zumindest einer möglicherweise ohne Vorankündigung auftretenden Verfahrenserstreckung durch das Gericht wird so allerdings wirksam vorgebeugt.

Die Begründung dieser Ordonnance[397] definiert zudem erstmals eine Zielvorstellung der Verfahrenserstreckung, die im Konzernkontext über die Logik einer reinen Sanktion und des Schadensausgleichs für Gläubiger hinausgeht. So soll gerade die neuerdings ermöglichte Beantragung einer Verfahrenserstreckung durch den Schuldner selbigem die Möglichkeit geben, auf die wirtschaftliche Realität eines Konzerns als Gesamtunternehmen zu reagieren und dieser im Rahmen eines einzigen Verfahrens mit einheitlicher gerichtlicher Zuständigkeit gerecht zu werden[398]. Gerade für den Fall der Durchführung eines

---

[392] So formuliert Art. 74-I Nr. 2 des Habilitationsgesetzes Nr. 2008-776 vom 04.08.2008 *de modernisation de l'économie*, JORF, 05.08.2008, 12471, Nr. 1 als Ziel für die kommende Ordonnance, „das Rettungsverfahren attraktiver zu gestalten“ („rendre la procédure de sauvegarde plus attractive“); ausführlich zu diesem Ziel *Roussel Galle*, LPA, Nr. 2008-257, 3, Rn. 12 ff.

[393] Siehe *Lienhard*, Procédures collectives, Rn. 64.12.; *Lienhard/ Pisoni*, Code des procédures collectives, Art. L. 621-2 C. com., III. B.; *Monsèrié-Bon/ Saint-Alary Houin*, D. 2008, 941, II.

[394] Ordonnance Nr. 2014-326 portant réforme de la prévention des difficultés des entreprises et des procédures collectives, zu dieser bereits oben, A. III. 3. e).

[395] So versteht es *Teboul*, LPA, Nr. 2014-15, 6, II.; der Bericht nennt für diese Maßnahme keine genaue Begründung.

[396] Genauer zu den Antragsberechtigten unten, B. III. 1.

[397] *Ministère de la justice*, JORF, 14.03.2014, Text 2, S. 57, IV-4.

[398] Der Bericht führt hierzu aus: „Die Erfassung der wirtschaftlichen Realität des Unternehmens ist von größter Wichtigkeit. Um hierauf eine Antwort zu finden, erkennt die Ordonnance dem Schuldner das Recht zur Beantragung der Erstreckung eines gegen ihn eröffneten Verfahrens auf eine andere Rechtsperson zu [...]“ („L'appréhension de la réalité économique de l'entreprise est une première nécessité. C'est pour y répondre que l'ordonnance reconnaît au débiteur la qualité pour demander l'extension d'une procédure ouverte à son égard à une autre personne juridique [...]“). Kritisch in Bezug auf die Rechtslage vor der

Rettungsverfahrens könnte das Hinzukommen weiterer Vermögensgegenstände durch die Verfahrenserstreckung die Chancen eines erfolgreichen Rettungsplans erhöhen – zumindest sofern die materiellen Voraussetzungen eines Erstreckungstatbestands wirklich vorliegen[399].

Gerade dies ist jedoch beim vorinsolvenzlichen Rettungsverfahren zweifelhaft, da die beiden Tatbestandsvoraussetzungen des Art. L. 621-2 Abs. 2. C. com.[400] nur begrenzt mit der typischen Situation dieses Verfahrenstyps in Einklang zu bringen sind[401]. Das durch das Vorliegen einer Scheingesellschaft begründete Merkmal der *fictivité* würde im Kontext einer die Eröffnung des Rettungsverfahrens beantragenden Mutter- oder Konzerngesellschaft schon bei der internen Prüfung der Antragstellung zur Sprache kommen müssen und auch vom Gericht bei der Prüfung des ausführlich zu begründenden Antrags[402] bemerkt werden. Es ist nur schwer vorstellbar, dass ein Gericht, das über einen solchen Antrag zu entscheiden hat, einer Konzerngesellschaft das Privileg eines Rettungsverfahrens zubilligt, obwohl es sich durch die Konstituierung einer Scheingesellschaft zumindest in der Nähe eines rechtsmissbräuchlichen Verhaltens bewegt hat.[403]

Doch auch das Merkmal der Vermögensvermischung dürfte nach seinem heutigen Zuschnitt nur in wenigen Fällen eine Verfahrenserstreckung mit Sanierungsabsicht rechtfertigen. Bleibt es bei der strengen Rechtsprechung, die insbesondere das Tatbestandsmerkmal der Vermögensvermischung im Kontext von Konzernen besonders streng auslegt[404], wird auch deswegen die Rolle der Verfahrenserstreckung zur Konzernsanierung in Zukunft – wie bereits heute – von eher geringer Bedeutung sein[405]. Ob sich die vom Kassationsge-

---

Ordonnance etwa *Le Corre*, La réforme du droit des entreprises en difficulté, Rn. 215.1.; diesen Zweck bereits zur vorherigen Rechtslage betonend *Roussel Galle*, LPA, Nr. 2008-257, 3, Rn. 18.

399 *Saintourens*, Rev. Proc. Coll., Nr. 2014-2, dossier 16, Rn. 10.

400 Siehe ausführlich unten, II.

401 *Pétel*, Procédures collectives, Rn. 86, Fn. 2.

402 Der Schuldner hat zur Beantragung eines Rettungsverfahrens ein ausführliches „dossier" zusammenzustellen, das dem Gericht bei der Entscheidungsfindung über die Eröffnung eines solchen Verfahrens helfen soll. Die entsprechenden Voraussetzungen finden sich in Art. R. 621-1 C. com. Gemäß Art. R. 621-3 C. com. besteht außerdem die Möglichkeit, einen Richter mit der Verfassung eines ausführlichen Berichts zu beauftragen, der zur finanziellen, wirtschaftlichen und sozialen Situation des antragstellenden Schuldners Stellung nimmt.

403 So *Demeyre*, D. 2009, 2297, I. A.; vgl. auch *Jacquemont/ Vabres*, Entreprises en difficulté, Rn. 173.

404 Hierzu ebenso unten, II.

405 Zweifelnd deshalb auch *Jacquemont/ Vabres*, Entreprises en difficulté, Rn. 169. Auch *Lienhard/ Pisoni*, Code des procédures collectives, Art. L. 621-2 C. com., III. B. sehen die Erstreckung eines Rettungsverfahren nur als „vielleicht theoretische Möglichkeit" an, die

richtshof diesbezüglich angelegten materiellen Kriterien bei einem Schuldnerantrag auf Verfahrenserstreckung bzw. allgemein beim Rettungsverfahren ändern werden, ist noch nicht abzusehen[406]. Die bei der Beurteilung der Verfassungsmäßigkeit des Art. L. 621-2 Abs. 2 C. com. durch den Gerichtshof selbst auferlegte Einschränkung, diesbezüglich bestünden nur soweit keine Bedenken, sofern die Verfahrenserstreckung mit ausreichenden „prozessualen und materiellen Garantien“ ausgestattet sei[407], spricht jedenfalls gegen eine mögliche neue Nachgiebigkeit bei der Beurteilung der Kriterien. Andererseits wird aber auch darüber spekuliert, dass der „Öffnung“ der Verfahrenserstreckung in Bezug auf die Antragstellung durch den Schuldner eine ebensolche im Rahmen der Beurteilung der Tatbestandsvoraussetzungen folgen müsste, um dem offensichtlich geäußerten Willen des Gesetzgebers besser zu entsprechen[408].

Würde die jetzige, strenge Rechtsprechung beibehalten, dürfte auch das Vorliegen der Voraussetzungen von *fictivité* und Vermögensvermischung meistens offensichtlich sein und damit schnell durch Verwalter, Gläubigervertreter oder Staatsanwaltschaft erkannt werden. Zumal auch diese gerade in solch klaren Fällen kaum mit der Beantragung einer Verfahrenserstreckung zögern dürften, würde dies die praktische Bedeutung des neuen Schuldnerantragsrechts zusätzlich verringern und auf Fälle reduzieren, in denen die anderen Verfahrensbeteiligten durch fahrlässige Untätigkeit auffallen.[409]

„jedenfalls, wie es scheint, fast nie angewandt wurde“ („...cette faculté, peut-être théorique [...] en tout cas, semble-t-il quasiment jamais appliquée“).

[406] Für *Demeyre*, D. 2009, 2297, I. B. müsste sich der Zuschnitt des Tatbestandsmerkmals im Rahmen einer Anwendung auf nicht zahlungsunfähige Gesellschaften („sociétés *in bonis*“) ohnehin wandeln, da sich die geschichtliche Entwicklung dieses Merkmals ausschließlich zur Rückführung ungerechtfertigter Vermögensverschiebungen bei zahlungsunfähigen Schuldnern abgespielt habe und daher mit der diesem Zustand „eng verbunden“ („étroitement lié“) sei; zustimmend diesbezüglich *Jacquemont/ Vabres*, Entreprises en difficulté, Rn. 169.

[407] Siehe oben, A. III. 3. d).

[408] So *Favario*, Anmerkung zu Cass. com. 11.02.2014, Revisionsnummer 13-12270, Bull. Joly ED, Nr. 2014-1, 16. In Bezug auf die kommentierte Entscheidung – siehe zu dieser auch unten, II. 3. b) aa) –, die vor Inkrafttreten der Ordonnance von 2014 strenge Kriterien für das Vorliegen einer Vermögensvermischung anlegte, kommentiert dieser: „Es wäre paradox, wenn der Gesetzgeber die Wege der Verfahrenserstreckung ‚öffnet‘, und dass der Kassationsgerichtshof gleichzeitig eine strenge Beurteilung der Vermögensvermischung ‚bestätigt‘. Wohnen wir nicht einem Zusammenstoß zweier Denklehren bei?“ („Il serait [...] paradoxal que le législateur ‚ouvre‘ les voies de l’extension de procédure et, que dans le même temps, la Cour de cassation ‚officialise‘ une appréciation stricte de la confusion des patrimoines. N’assiste-t-on pas à un télescopage de deux logiques ?“).

[409] *Firley*, Rev. Proc. Coll., Nr. 2014-3, étude 13, Rn. 5.

Eine häufigere Anwendung der Verfahrenserstreckung im Zusammenhang mit der Sanierung von Konzernen kann damit nach der momentanen Rechtslage zwar nicht ausgeschlossen werden, erscheint jedoch in der Praxis eher als unwahrscheinlich. Doch auch über die Zweckmäßigkeit der Anwendung solcher Konzepte zur Konzernsanierung lässt sich trefflich streiten. Zwar kann eine Verfahrenserstreckung der wirtschaftlichen Realität eines zu sanierenden Gesamtkonzerns durchaus näher kommen und so zumindest theoretisch auch ganzheitliche und nachhaltige Sanierungskonzepte ermöglichen[410]. Prophezeit wurde etwa, die freiwillige Erstreckung eines Rettungsverfahrens wegen Vermögensvermischung könnte sich über den Sanktionscharakter hinaus zu einer „dem Konzern zur Verfügung gestellte[n] Waffe zur Erreichung einer umfassend koordinierten Rettung“ entwickeln[411]. Die Verfahrenserstreckung beim Rettungsverfahren wäre jedoch bei einer häufigen praktischen Anwendung im Hinblick auf erhöhte Sanierungschancen für Konzerne durch die hiermit verbundenen Opfer der Gläubiger der in das Verfahren einbezogenen Gesellschaft wohl unverhältnismäßig teuer erkauft[412]. Immerhin würde die Erstreckung eines Sanierungsverfahrens im Konzernkontext unter den nach dem heutigen Recht geltenden Voraussetzungen rechtsmissbräuchlichen Verhaltens oder ungerechtfertigter Finanzflüsse auf den ersten Blick wertungswidersprüchlich mit den schuldnerschützenden Rechtsfolgen dieses Verfahrens „belohnen“, ohne dass die von Art. L. Art. L. 621-1 Abs. 1 C. com. geforderten Eröffnungsvoraussetzungen bei allen Konzerngesellschaften vorliegen müssten[413]. Gerade

---

[410] Siehe *Saintourens*, Rev. Proc. Coll., Nr. 2014-2, dossier 16, Rn. 10; *Voinot*, Procédures collectives, Rn. 242 sowie, bereits zur Rechtslage nach Einführung der loi de sauvegarde von 2005 *Chaput*, JCP G 2005, I 184, Rn. 31; vgl. auch *Lienhard/ Pisoni*, Code des procédures collectives, Art. L. 621-2 C. com., III. B.

[411] So ebenfalls bereits im Jahre 2005 *Chaput*, JCP G 2005, I 184, Rn. 31: „...une arme à la disposition du groupe pour mettre en place un sauvetage globalement coordonné“. *Chaput* sieht in der Anerkennung der Verfahrenserstreckung sogar „Den Embryo eines Konzernrechts“ („l'embryon d'un droit des groupes“).

[412] So auch *Firley*, Rev. Proc. Coll., Nr. 2014-3, étude 13, Rn. 4. Zu den Rechtsfolgen der Verfahrenserstreckung sogleich unten, C.

[413] Siehe hierzu *Demeyre*, D. 2009, 2297, II. A f.; vgl. auch *Lienhard*, Procédures collectives, Rn. 64.12.; *Lienhard/ Pisoni*, Code des procédures collectives, Art. L. 621-2 C. com., III. B.; *Le Corre*, La réforme du droit des entreprises en difficulté, Rn. 215.1 deutet hierdurch einen Verstoß gegen den Grundsatz „nemo auditur propriam turpitudinem allegans“ an, welcher es verbietet, sich auf sein eigenes rechtswidriges Verhalten zu berufen. Auf einen möglichen Verstoß gegen diesen Grundsatz weist auch *Firley*, Rev. Proc. Coll., Nr. 2014-3, étude 13, Rn. 5 hin. In der Begründung der Ordonnance von 2014 (*Ministère de la justice*, JORF, 14.03.2014, Text 2, S. 57, IV-4) wird zwar darauf hingewiesen, dass der Grundsatz auch auf Anträge des Schuldners Anwendung zu finden hat; wie *Firley* aber richtig bemerkt, hat dieser im Wortlaut des neuen Art. L. 621-2 Abs. 2 C. com. keinen Niederschlag gefunden. A.A. in Bezug auf die negative Bewertung *Roussel Galle*, LPA, Nr. 2008-257, 3, Rn. 18 im Sinne einer Gleichbehandlung zwischen vor- und nachinsolvenzlichen Verfahren; ebenso *Roussel*

die kürzlich erfolgte Einführung weitreichender Koordinations- und Konzentrationslösungen im französischen Recht[414] lässt die materielle Konsolidierung als Sanierungswerkzeug aus gesamtwirtschaftlicher Sicht wesentlich unattraktiver erscheinen, erlauben diese doch eine wesentlich zielgerichtetere und für Gläubiger weniger folgenschwere Möglichkeit einer Anpassung der rechtlichen an die wirtschaftliche Realität der Konzerne.

II. Materielle Voraussetzungen der Verfahrenserstreckung

Seit der *loi de sauvegarde* von 2005 formuliert der neu geschaffene[415] Art. L. 621-2 Abs. 2 S. 1 C. com. erstmals die materiellen Voraussetzungen, die zur Begründung einer Verfahrenserstreckung vorliegen müssen.
Die vom Gesetzgeber gewählte Formulierung ist allerdings weiterhin durchaus knapp gefasst und beschränkt sich auf die Aufzählung zweier Tatbestandsmerkmale:

> „...das eröffnete Verfahren kann auf eine oder mehrere andere Personen erstreckt werden im Falle der Vermischung ihres Vermögens mit dem des Schuldners oder der ‚Fiktivität' *(fictivité*[416]*)* der juristischen Person."[417]

Trotz dieser kurzen Formulierung lassen sich aus der neuen Vorschrift wichtige Rückschlüsse auf die Intentionen des Gesetzgebers im Hinblick auf die Weitergeltung früherer Rechtsprechung[418], der Ausschließlichkeit dieser Merkmale[419] sowie ihr Verhältnis zueinander[420] ziehen.

Galle/ Bourbouloux/ Couturier, LPA, Nr. 2010-80, Rn. 15 im Hinblick auf die Nachteile des Rettungsverfahrens für den Schuldner, die eine missbräuchliche Verwendung der Verfahrenserstreckung zum „marginalen" Problem werden ließen.

[414] Hierzu oben, § 1 C. II.

[415] Siehe hierzu oben, A. III. 2. d).

[416] Auch für französische Muttersprachler klingt dieser Begriff bisweilen gewöhnungsbedürftig; er wird nahezu ausschließlich in diesem Kontext benutzt und ist auch nicht im Wörterbuch der französischen Allgemeinsprache zu finden. *Deleneuville*, Rev. Proc. Coll., Nr. 1999-2/3, 63, Rn. 1 interpretiert die Wortschöpfung der Rechtsprechung dahingehend, dass der Begriff auf die Ausschließlichkeit der Rechtsfolgen im Rahmen des Insolvenzrechts hindeuten soll und keine darüberhinausgehende Wertung über das Gesellschaftskonstrukt als „Fiktion" („fiction") beinhalten soll. Um dieser begrifflichen Besonderheit Rechnung zu tragen, wird die Bezeichnung der *fictivité* in dieser Arbeit nicht übersetzt. Zum Fehlen gesellschaftsrechtlicher Rechtsfolgen einer Verfahrenserstreckung auch unten, C. III. 2; zum gesellschaftsrechtlichen Begriff der *fictivité* hingegen unten, II. 2. b).

[417] „...la procédure ouverte peut être étendue à une ou plusieurs autres personnes en cas de confusion de leur patrimoine avec celui du débiteur ou de fictivité de la personne morale".

[418] Siehe sogleich unten, 1. a).

[419] Siehe unten, 1. c).

[420] Hierzu sogleich unten, 1. b).

Schon auf den ersten Blick fällt allerdings die klare gesetzliche Beschränkung auf zwei Tatbestandsmerkmale auf: fiktive juristische Person („Fiktivität" – *fictivité*)[421] und Vermögensvermischung *(confusion des patrimoines)*[422].

Nachdem die Selbständigkeit der beiden Merkmale früher umstritten war, schreibt der Gesetzgeber nun eine klare Abgrenzung derselben vor[423]. Im Hinblick auf die wichtigste Zielsetzung der Verfahrenserstreckung, Missbräuche zulasten der Gläubiger durch eine Vergrößerung der Haftungsmasse sowie eine realistischere Umfassung der wirtschaftlichen Strukturen zu ermöglichen[424], lässt sich die Abgrenzung nach der Art des rückgängig zu machenden Schuldnerverhaltens in Bezug auf die Haftungsmasse treffen. Die *fictivité* greift hierbei sehr frühzeitig ein: Stellt sich die Gesellschaft von Anfang an als fiktiv dar, wurde auch die Haftungstrennung mit dem Hintermann nur unter Rechtsmissbrauch erreicht[425] und ist nach französischem Verständnis durch die Verfahrenserstreckung der wirtschaftlichen Realität anzupassen. Doch auch bei wirksam errichteten Gesellschaften findet die Verfahrenserstreckung einen Anknüpfungspunkt: Das Tatbestandsmerkmal der Vermögensvermischung betrifft Gesellschaften, die trotz ihrer Wirksamkeit zu enge oder nach Art und Umfang ungerechtfertigte Finanzbeziehungen aufweisen, sodass eine Haftungstrennung in zu großem Widerspruch zur wirtschaftlichen Realität stünde.[426] Prägnant bringt es etwa *Barbieri*[427] auf die folgende Abgrenzungsformel: „Alles in allem betrifft die Vermögensvermischung voneinander unabhängige Vermögen, deren Massen sich jedoch übergangsweise überschnitten haben, während der Schleier der *fictivité* die Einheit eines arglistig aufgeteilten Vermögens umhüllt"[428]. So greift der Tatbestand der *fictivité* eher zum Ausgleich einer fehlerhaften Gesellschaftsgründung ein, während die Vermögensvermischung an Funktionsstörungen bestehender Gesellschaften anknüpft[429].

---

421 Auf dieses Tatbestandsmerkmal wird unten, 2., eingegangen.

422 Ausführlich zu diesem Tatbestandsmerkmal unten, 3.

423 Auch hierzu sogleich unten, 1. b).

424 Hierzu bereits oben, A. II.

425 *Barbièri*, LPA, Nr. 1996-129, 9, I. A. sieht daher beim Merkmal der *fictivité* eine Nähe zu Betrug und Täuschung („fraude").

426 Diese zutreffende Abgrenzung findet sich etwa in der Dissertation von *Pelletier*, La responsabilité au sein des groupes de sociétés en cas de procédure collective, Rn. 52; ähnlich etwa *Le Corre*, Droit et pratique des procédures collectives, Rn. 213.211; *Saint-Alary Houin*, Entreprises en difficulté, Rn. 448 sowie, bereits zur Rechtslage vor der loi de sauvegarde, *Vaillant*, D. Affaires Nr. 1999-146, 154; vgl., wenn auch kritisch, *Vallansan*, RLDA Nr. 2005-80, suppl., S. 12, II. A.

427 LPA, Nr. 1996-129, 9, I. A.

428 „En somme, la confusion concerne des patrimoines distincts, mais dont les masses ont été provisoirement imbriquées, alors que le voile de la fictivité recouvre l'unicité d'un patrimoine artificieusement démembré".

429 *Gibirila*, Entreprises en difficulté, Rn. 216; *Jacquemont/ Vabres*, Entreprises en difficulté, Rn. 173.

1. Zwei gesetzliche Tatbestandsalternativen seit der loi de sauvegarde

Zwar war es lediglich das Ziel der Einführung des Art. L. 621-2 Abs. 2 C. com, die im Rahmen einer langen Rechtsprechungsentwicklung herausgearbeiteten Kriterien für eine Verfahrenserstreckung gesetzlich zu untermauern[430]. Trotzdem konnten durch die klare Beschränkung auf zwei Tatbestandsmerkmale auch zuvor streitige Einzelfragen bereinigt werden.

a) Gesetzgeberischer Verzicht auf eine Legaldefinition und Fortgeltung der Rechtsprechung zu fictivité und Vermögensvermischung

Der Wortlaut des neuen Artikels führt die beiden alternativen Voraussetzungen der Verfahrenserstreckung zwar an, liefert aber keine Legaldefinition. In Verbindung mit der Zielsetzung, auf die bestehende Rechtsprechungstradition zu den „echten" Verfahrenserstreckungen aufzubauen, konnte die Intention des Gesetzgebers nur dahingehend gedeutet werden, an gerade diese Tradition anknüpfen zu wollen[431]. Eine darüber hinausgehende rechtsändernde Wirkung schien der Gesetzgeber der *loi de sauvegarde* besonders aufgrund der seit Jahren weitgehend stabilen Ergebnisse der Rechtsprechung[432] nicht für nötig gehalten zu haben.[433]

Die wichtigste Konsequenz hieraus liegt in der Fortgeltung sämtlicher Rechtsprechung zu *fictivité* und Vermögensvermischung, die nicht im Widerspruch zur heutigen Norm steht[434]. Da dies bei den wenigsten ehemals richterrechtlichen Regeln der Fall ist, muss auch bei der folgenden Beschreibung der materiellen Voraussetzungen einer Verfahrenserstreckung keine grundsätzliche Unterscheidung zwischen Urteilen unter Anwendung des Richter- oder Gesetzesrechts ergehen.

---

[430] Siehe *Hyest*, Rapport Sénat Nr. 335, loi de sauvegarde, S. 159; ausführlich zu der Zielsetzung des Gesetzes in Bezug auf die Verfahrenserstreckung oben, A. III. 2. b).

[431] Siehe etwa *Jacquemont/ Vabres*, Entreprises en difficulté, Rn. 173 f.

[432] Aus diesem Grund hielt der Kassationsgerichtshof bei der Prüfung der Verfassungsmäßigkeit von Art. L. 621-2 Abs. 2 C. com. u.a. die „materiellen Garantien", die den Tatbestand einer Verfahrenserstreckung betreffen, für ausreichend; zu dieser Entscheidung Cass. com. Revisionsnummer 12-40058 QPC oben, A. III. 3. d).

[433] So etwa *Lécuyer/ Lucas*, LPA, Nr. 2006-28, 4, Art. L. 621-2.

[434] So formuliert es auch *Hyest*, Rapport Sénat Nr. 335, loi de sauvegarde, S. 159: „Die von der Rechtsprechung herausgearbeiteten Definitionsmerkmale werden erhalten bleiben („...les critères de définition dégagés par la jurisprudence seraient conservés"); *Coquelet*, Entreprises en difficulté, instruments de paiement et de crédit, Rn. 107; *Jacquemont*, Sauvegarde, redressement et liquidations judiciaires – Exploitation en commun et confusion des patrimoines, in: JCl. Com., Fasc. 2165, Rn. 4; *ders.*, Entreprises en difficulté, Rn. 192; *Le Corre*, Droit et pratique des procédures collectives, Rn. 213.211; *Pelletier*, La responsabilité au sein des groupes de sociétés en cas de procédure collective, Rn. 22; ähnlich *Salgado*, Entreprises en difficulté, S. 78.

b) Selbständigkeit beider Tatbestandsalternativen und wachsende praktische Bedeutung der Vermögensvermischung

Wie bereits weiter oben beschrieben[435], wurden die Tatbestände von *fictivité* und Vermögensvermischung in der Rechtsprechung nicht immer deutlich unterschieden[436]. Diese Sachlage ließ auch in der vor der *loi de sauvegarde* erschienenen Literatur Unklarheit in Bezug auf die Selbständigkeit der beiden Erstreckungsgründe aufkommen. Insbesondere war umstritten, ob die Vermögensvermischung für den wesentlich traditionsreicheren Begriff der Scheingesellschaft *(fictivité)*[437] nur Indizcharakter innehatte oder ob Verfahrenserstreckungen etwa auch ohne den Beweis eines von Anfang an fehlenden *affectio societatis*[438] möglich seien[439]. Vertieft wurde die Unklarheit dadurch, dass die Rechtsfolgen beider Begriffe auch bei einer genaueren Unterscheidung nicht voneinander abgewichen wären und das Unterbleiben einer solchen Differenzierung in der Rechtsprechungspraxis für den jeweiligen Einzelfall damit weitgehend folgenlos geblieben wäre[440]. Der Kern des Problems lag in der Einschätzung der Relevanz eines selbständig bestehenden Eigentums: zwar ermögliche das Gesetz teilweise Abweichungen vom Grundsatz der Vermögenseinheit („eine Person – ein Vermögen“[441]), indem es die Aufspaltung des Vermögens einer Person erlaube[442]; ein Fall der Vermögensvermischung, in der –

---

[435] Hierzu oben, A. III. 1. ff.

[436] Siehe auch *Rivinius*, Konzernkonkurs, S. 42.

[437] Siehe zur Entwicklung des Begriffs oben, § 3 A. sowie § 4 A. III. 1. ff.

[438] Genauer zu Begriff und Voraussetzungen der *fictivité* unten, 2.

[439] Siehe mit Nachweisen zum Streitstand etwa *Jacquemont*, Sauvegarde, redressement et liquidations judiciaires – Exploitation en commun et confusion des patrimoines, in: JCl. Com., Fasc. 2165, Rn. 37 sowie ausführlich *Rivinius*, Konzernkonkurs, S. 49 f., 106.

[440] Hierauf hinweisend *Barbièri*, LPA, Nr. 1996-129, 9, I. A., der allerdings gleichzeitig im Falle der Vermögensvermischung aufgrund der nicht in Zweifel gesetzten Eigenständigkeit der Rechtsträger unterschiedliche Ergebnisse in Form von unterschiedlichen Insolvenz- bzw. Sanierungsplänen erlauben möchte, ebenda, I. B. b); ebenso *Derrida/ Sortais/ Godé/ Honorat*, Redressement et liquidation judiciaires des entreprises, Rn. 585. Diese differenzierende Betrachtung hat sich nicht durchgesetzt, siehe Cass. com. 17.02.1998, Revisionsnummer 97-13098; 23.06.1998, Revisionsnummer 95-18766 (Verbot der Ernennung unterschiedlicher Verwalter) sowie unten, 3. b). Dieser Rechtsprechung zustimmend *Jacquemont*, Sauvegarde, redressement et liquidations judiciaires – Exploitation en commun et confusion des patrimoines, in: JCl. Com., Fasc. 2165, Rn. 38; im Ergebnis ablehnend *Derrida*, in: Centre du droit de l’entreprise de Montpellier (Hrsg.), FS-Cabrillac, S. 687, 693.

[441] Siehe hierzu auch *Delebecque*, Rev. Proc. Coll., Nr. 1998-2, 129, Rn. 2; *Derrida*, in: Centre du droit de l’entreprise de Montpellier (Hrsg.), FS-Cabrillac, S. 687, 690.

[442] Zuletzt hat sich diese Ausnahme etwa durch das betriebliche Sondervermögen des Einzelunternehmers (*EIRL*) materialisiert. Hierzu genauer oben, A. III. 3. b).

umgekehrt – zwei Personen über ein Vermögen verfügen, sei ohne die rechtsmissbrauchsähnliche Situation der *fictivité* aber nicht vorstellbar[443]. Die Rechtsprechung sprach sich trotz anfänglicher Unklarheiten im Detail[444] schließlich für eine Unterscheidung der beiden Merkmale aus[445]. Sie erkannte damit die Vermögensvermischung im Ergebnis als Erstreckungsgrund *sui generis* an, was eine selbständige Fortentwicklung dieses Tatbestands im Kontext ihres Hauptanwendungsfelds der Konzerninsolvenz ermöglichte[446].

Durch die klare Nebeneinanderstellung von *fictivité* „oder" Vermögensvermischung als gleichberechtigte Tatbestandsmerkmale folgte der Gesetzgeber der *loi de sauvegarde* indirekt der oben genannten Rechtsprechung und beseitigte so zumindest über die formelle Trennung der beiden Merkmale letzte Unklarheit[447]; beide Alternativen stehen im neuen Art. L. 621-2 Abs. 2 C. com.

---

[443] So argumentiert etwa *Delebecque*, Rev. Proc. Coll., Nr. 1998-2, 129, Rn. 10; im Ergebnis zustimmend *Soinne*, LPA, Nr. 1998-70, S. 22; a.A. die damals herrschende Ansicht, nach der durchaus Situationen einer Vermögensvermischung vorstellbar seien, *Barbièri*, LPA, Nr. 1996-129, 9, I. A.; *Derrida*, in: Centre du droit de l'entreprise de Montpellier (Hrsg.), FS-Cabrillac, S. 687, 690; *ders./ Sortais/ Godé/ Honorat*, Redressement et liquidation judiciaires des entreprises, Rn. 585; *Vaillant*, D. Affaires Nr. 1999-146, 154; zustimmend auch *Gibirila*, Entreprises en difficulté, Rn. 216; *Jacquemont*, Sauvegarde, redressement et liquidations judiciaires – Exploitation en commun et confusion des patrimoines, in: JCl. Com., Fasc. 2165, Rn. 38; *Jeantin/ Le Cannu*, Entreprises en difficulté, Rn. 233. Gegen die erstgenannte Ansicht kann außerdem eingewandt werden, dass nicht jede Vermögensvermischung zur vollständigen Aufhebung der Eigentumsgrenzen führen muss.

[444] Die diesbezügliche Unklarheit einzelner Urteile von Instanzgerichten und Kassationsgerichtshof kritisierend *Barbièri*, LPA, Nr. 1996-129, 9, I. A., m. zahlr. Nachw. aus der Rechtsprechung.

[445] Die Fälle, in denen der Kassationsgerichtshof trennscharf zwischen den beiden Voraussetzungen unterschied, sind zahlreich; siehe etwa Cass. com. 08.02.1994, Revisionsnummer 91-15844; 25.06.1996, Revisionsnummer 93-11264 (Überprüfung einer verfahrenserstreckenden Entscheidung anhand der Tatbestandsmerkmale von „*fictivité* oder Vermögensvermischung"); 20.01.1998, Revisionsnummer 95-17044 (Verfahrenserstreckung auch nur auf der Grundlage einer Vermögensvermischung für möglich erachtet); 02.02.1999, Revisionsnummer 96-13678 (Verfahrenserstreckung auf ausschließlicher Grundlage der Vermögensvermischung ausdrücklich bestätigt); zustimmend *Barbièri*, LPA, Nr. 1996-129, 9, I. A., B.; insgesamt ablehnend *Delebecque*, Rev. Proc. Coll., Nr. 1998-2, 129, Rn. 10. Vgl. m.w.N. zur Entwicklung der Rechtsprechung *Jacquemont*, Sauvegarde, redressement et liquidations judiciaires – Exploitation en commun et confusion des patrimoines, in: JCl. Com., Fasc. 2165, Rn. 37; *Rivinius*, Konzernkonkurs, S. 106.

[446] So *Rivinius*, Konzernkonkurs, S. 106.

[447] *Jacquemont*, Sauvegarde, redressement et liquidations judiciaires – Exploitation en commun et confusion des patrimoines, in: JCl. Com., Fasc. 2165, Rn. 37; krit. hingegen immer noch *Reille*, La notion de confusion des patrimoines, Rn. 409, 412 ff., die jedoch ebenso zugibt, diese herkömmliche Vorstellung der *fictivité* sei inzwischen „nahezu einstimmig anerkannt" („quasi unanimement admise").

gleichberechtigt nebeneinander.[448] Dies erlaubt eine grundsätzliche Unterscheidung der beiden Alternativen, deren Eingriffe in andere juristische Personen sich durch unterschiedliche Zielrichtungen auszeichnen: juristische Selbständigkeit bei der *fictivité* und vermögensrechtliche Selbständigkeit bei der Vermögensvermischung[449]. Auch ist es nach der vom Gesetzgeber zugrunde gelegten Ansicht damit nach heutigem Recht ohne weiteres möglich, Verfahrenserstreckungen wegen Vermögensvermischung ohne das Vorliegen einer fiktiven Gesellschaft auszusprechen. Solche Fälle können zwischen zwei natürlichen Personen[450] vorliegen, aber auch bei wirksam und mit *affectio societatis* gegründeten und weiter fortbestehenden Gesellschaften, bei denen etwa ein betrügerisch und unter Verdeckung seiner wahren Absichten handelnder Geschäftsführer oder Gesellschafter sein persönliches Vermögen mit dem der Gesellschaft vermischt.[451] Umgekehrt sind damit aber auch Verfahrenserstreckungen auf Grundlage der *fictivité* möglich, ohne dass eine Vermögensvermischung ergebende Finanzflüsse bewiesen werden konnten[452].

Die anhand rein objektiver Kriterien leichter festzustellende Vermögensvermischung hat der – zumindest auch – auf den subjektiven Begriff der *affectio societatis* abstellenden fiktiven Gesellschaft[453] in der heutigen Rechtspraxis al-

---

448 Siehe auch *Lécuyer/ Lucas*, LPA, Nr. 2006-28, 4, Art. L. 621-2; *Pelletier*, La responsabilité au sein des groupes de sociétés en cas de procédure collective, Rn. 22; *Saint-Alary Houin*, Entreprises en difficulté, Rn. 447.

449 Siehe zur heute anerkannten Abgrenzung oben, a); vgl. zusammenfassend auch *Coquelet*, Entreprises en difficulté, instruments de paiement et de crédit, Rn. 110 f.

450 Eine Verfahrenserstreckung wegen einer fiktiven juristischen Person ist schon begrifflich nicht denkbar; die Anwendbarkeit des Tatbestands der Vermögensvermischung auf diese Sachverhalte war allerdings ebenfalls umstritten, siehe zu beidem oben, I. 1.

451 Diese Fallgruppen beschreiben etwa *Jacquemont*, Sauvegarde, redressement et liquidations judiciaires – Exploitation en commun et confusion des patrimoines, in: JCl. Com., Fasc. 2165, Rn. 38; *Vaillant*, D. Affaires Nr. 1999-146, 154.

452 Hierzu ebenfalls *Jacquemont*, Sauvegarde, redressement et liquidations judiciaires – Exploitation en commun et confusion des patrimoines, in: JCl. Com., Fasc. 2165, Rn. 38 sowie *Saint-Alary Houin*, Entreprises en difficulté, Rn. 448; *Gibirila*, Entreprises en difficulté, Rn. 216. Für *Vaillant*, D. Affaires Nr. 1999-146, 154 ist es sogar die Zielsetzung der an einer fiktiven Gesellschaft Beteiligten, illegitime Finanzflüsse zu verschleiern. Auch der Kassationsgerichtshof hat Verfahrenserstreckungen regelmäßig auf die alleinige Grundlage der historisch älteren Fallgruppe der fiktiven juristischen Person gestellt, so etwa in Cass. com. 30.10.1967, Bull. civ. 1967, III, Nr. 346 (dort allerdings noch als „Fassadengesellschaft“, „société de façade“ bezeichnet); 07.03.1972, Revisionsnummer 69-13451, Bull. civ. 1972, III, Nr. 84 (ebenso bezeichnet); 29.05.1990, Revisionsnummer 88-16816.

453 Siehe sogleich unten, 2. a) und b); auf Probleme beim Beweis dieses subjektiven Kriteriums hinweisend *Reille*, La notion de confusion des patrimoines, Rn. 415.

lerdings den Rang des wichtigsten Tatbestandsmerkmals für Verfahrenserstreckungen abgelaufen[454]. Erstreckungen aufgrund von *fictivité* kommen gerade deshalb heute nur noch selten vor[455].

Trotz des nunmehr durch den Gesetzgeber festgelegten Abgrenzungsgebots der beiden Merkmale bestehen allerdings die schon seit langem vorhandenen Unklarheiten[456] im Einzelfall teils weiterhin. Einerseits können beide Merkmale nebeneinander vorliegen, sodass etwa das Vorliegen einer Vermögensvermischung durchaus auf eine darüber hinaus bestehende Scheingesellschaft hindeuten kann, was eine Prüfung beider Kriterien notwendig macht[457]. Andererseits – und einer klaren Abgrenzung wesentlich abträglicher – wird das Vorliegen eines Merkmals teils durch Kriterien des anderen beschrieben. Ob diese Praxis insbesondere der Instanzgerichte auch noch unter dem klaren Wortlaut des Art. L. 621-2 Abs. 2 C. com. weitergeführt werden wird, bleibt abzuwarten.[458]

---

[454] Vgl. *Vallansan*, RLDA Nr. 2005-80, suppl., S. 12, II. A.; *Vallansan/ Cagnoli/ Fin-Langer*, Difficultés des entreprises, Art. L. 621-2 C. com., III.; dort wird allerdings behauptet, eine Verfahrenserstreckung sei bisher nie auf der ausschließlichen Grundlage der *fictivité* erfolgt, was die soeben genannten Quellen zur *fictivité* ohne Vermögensvermischung (allen voran Cass. com. 29.05.1990, Revisionsnummer 88-16816) allerdings widerlegen.

[455] *Le Corre*, Droit et pratique des procédures collectives, Rn. 213.091. Zu Anwendungsfällen der *fictivité* sogleich unten, bb).

[456] Zu früheren Abgrenzungsschwierigkeiten ausführlich *Rivinius*, Konzernkonkurs, S. 71 ff.

[457] Hierauf hinweisend *Reille*, La notion de confusion des patrimoines, Rn. 478; *Saint-Alary Houin*, in: FS-Jeantin, S. 453, 456 f.; vgl. auch *Gibirila*, Entreprises en difficulté, Rn. 216 sowie *Rivinius*, Konzernkonkurs, S. 71, m.w.N., daraufhin jedoch einschränkend, S. 72. Zahlreiche Hinweise zu Fällen der Begründung einer *fictivité* durch Vermögensvermischung finden sich bei *Martin-Serf*, Consentement des parties – Sociétés fictives et frauduleuses, in: JCl. Soc. traité, Fasc. 7-40, Rn. 25.

[458] Siehe zu dieser Problematik etwa *Le Corre*, Droit et pratique des procédures collectives, Rn. 213.091 mit Hinweis auf das kurz vor der loi de sauvegarde ergangene Urteil CA Paris, 22.03.2005, RG-Nr. 2004-13841 (zu dieser wohl noch im Grenzbereich der beiden Tatbestandsalternativen liegenden Entscheidung auch unten im Rahmen der Voraussetzungen der *fictivité*, 2. a)); äußerst kritisch in Bezug auf diese Praxis *Reille*, La notion de confusion des patrimoines, Rn. 415 ff., die etwa die Heranziehung von Merkmalen der Vermögensvermischung zur Begründung einer *fictivité* als „erratisch" („erratique") bezeichnet, in ihren ausführlichen Erläuterungen aber auch nahezu ausschließlich Rechtsprechung zitiert, die vor dem Bekanntwerden des Wortlauts des neuen Art. L. 621-2 Abs. 2 C. com. ergangen war. Weitere Nachweise zu dieser Problematik auch zum gesellschaftsrechtlichen Begriff der *fictivité* bei *Martin-Serf*, Consentement des parties – Sociétés fictives et frauduleuses, in: JCl. Soc. traité, Fasc. 7-40, Rn. 25, 37, ebenfalls allerdings nur mit Nachweisen vor der loi de sauvegarde.

Wegen dieser dogmatischen Probleme sowie der geringen praktischen Bedeutung dieser Tatbestandsalternative wird teilweise vorgeschlagen, die *fictivité* als Tatbestand vollständig zu streichen[459] bzw. das Haftungskonzept eher auf der Grundlage eines ggfs. umfassender zu formulierenden Tatbestandsmerkmals der Vermögensvermischung aufzubauen[460]. Aufgrund des klaren Wortlauts des heutigen Art. L. 621-2 Abs. 2 C. com. würden solche Anpassungen aber einer Gesetzesänderung bedürfen. Im Sinne einer möglichst rechtssicheren Anwendung dieser neuen Vorschrift wäre zumindest eine stärkere Orientierung an der hinter der Einführung dieses Artikels stehenden Abgrenzung der beiden Alternativen aber bereits ein großer Fortschritt.

c) Ausschluss einer Begründungshypothese der „Unternehmenseinheit" zur „echten" Verfahrenserstreckung

Die Beschränkung auf zwei gesetzliche Tatbestandsmerkmale bestätigte noch eine weitere Rechtsprechung des Kassationsgerichtshofs in einer zuvor hoch umstrittenen Streitfrage. Da das französische Recht vor einem Gesetz vom 10.06.1994[461] – wie auch immer noch das heutige deutsche Recht[462] – über keinerlei geschriebene Möglichkeiten einer konzernweiten Verfahrenskonzentration verfügte[463], nutzten zahlreiche Instanzgerichte[464] eine Form der Verfahrenserstreckung als Grundlage für konzernweite Verfahrenserstreckungen

[459] So etwa *Vallansan*, RLDA Nr. 2005-80, suppl., S. 12, II. A.

[460] So schlägt etwa *Robine*, L'extension de la procédure de redressement ou de liquidation judiciaire, in: de Vauplane/ Daigre (Hrsg.), S. 325, 333 ff, Rn. 10 ff; einen Haftungstatbestand auf der Grundlage der Gesamtschuld vor; für eine Überarbeitung des Begriffs der Vermögensvermischung auch *Reille*, La notion de confusion des patrimoines, S. 517 ff., die für ein einziges Kriterium der „Unbestimmbarkeit der Vermögenskonsistenz" („indéterminabilité de la consistance patrimoniale") plädiert.

[461] Gesetz Nr. 94-475 relative à la prévention et au traitement des difficultés des entreprises, JORF, 11.06.1994, S. 8440. Zu diesem Gesetz genauer oben, § 1 A. I. 3. c).

[462] Hierzu bereits oben, Einleitung, A. I. 1. sowie § 2 C. I.

[463] Zu den heute möglichen Instrumenten prozessualer Koordination und Konzentration in der Konzerninsolvenz, die erst vor kurzem reformiert wurden, oben, § 1 C. II. Eine Verbindung zum Fehlen solcher Regeln und diesbezüglich ausbrechender Instanzgerichte ziehen etwa *Soinne/ Kerckhove*, Traité des procédures collectives, Rn. 512.

[464] Besonders bekannt ist der Fall *AMREP*, TC Paris 04.06.1984, *JCP* 1984, II, 20273; zu diesen und anderen Anwendungsfällen der *unité d'entreprise* etwa *Daigre*, Entreprises en difficulté – Redressement judiciaire (Personnes morales et dirigeants), in: Rép. sociétés, Rn. 123; *Rivinius*, Konzernkonkurs, S. 154 ff.; siehe auch *Derrida*, in: FS-Derruppé, S. 29, 33 f.

und Insolvenzpläne[465] und „bequeme Lösung“[466] für konzernweite Sanierungen. Da die herkömmlichen Merkmale der „echten“ Verfahrenserstreckung, fiktive juristische Person und Verfahrenserstreckung, schon begrifflich einem Missbrauch dieser Organisationsform zu nahe stehen[467] und streng genommen in „einfachen“ Konzernsachverhalten kaum Anwendung finden können[468], wurde hierfür ein weiteres Kriterium eingeführt. Es handelte sich um die durch eine für Konzerne mit hoher Integrationsstufe typische Aufgabenverteilung und enge Zusammenarbeit zwischen den Konzerngesellschaften charakterisierte, so genannte „Unternehmenseinheit“ *(unité d'entreprise)*[469]. Der Begriff ist nicht zufällig an das Arbeitsrecht angelehnt[470] und deutet auf eine insolvenzrechtliche Anknüpfung an die wirtschaftliche Realität des Unternehmens – und nicht etwa, wie die herkömmlichen Merkmale, an den rein juristischen, „engen und abstrakten Begriff der Gesellschaft“[471] – hin[472]. Für die Instanzgerichte war es eine zusätzliche Motivation, dass der Gesetzgeber des Reformgesetzes von 1985 gerade die Unternehmenssanierung zum wichtigsten Ziel des französischen Insolvenzrechts ausgerufen hatte[473]. Neben der Rechtsfolge einer „echten“ Verfahrenserstreckung[474] nutzten die Instanzgerichte den Begriff der Unternehmenseinheit ebenso zur Konzentration von bereits eröffneten Verfahren[475]. Letztlich lag diesem Vorstreben der Gerichte auch die Überlegung

[465] *Daigre*, Entreprises en difficulté – Redressement judiciaire (Personnes morales et dirigeants), in: Rép. sociétés, Rn. 125; *Soinne/ Kerckhove*, Traité des procédures collectives, Rn. 512.

[466] *Rivinius*, Konzernkonkurs, S. 159.

[467] Vgl. *Rivinius*, Konzernkonkurs, S. 162.

[468] Vgl. beispielhaft *Derrida*, in: FS-Derruppé, S. 29.

[469] Genauer zum Tatbestand *Daigre*, Entreprises en difficulté – Redressement judiciaire (Personnes morales et dirigeants), in: Rép. sociétés, Rn. 123; *Derrida*, in: FS-Derruppé, S. 29, 30, m.w.N. aus der Rechtsprechung.

[470] Vgl. *Daigre*, Entreprises en difficulté – Redressement judiciaire (Personnes morales et dirigeants), in: Rép. sociétés, Rn. 123; *Derrida*, in: FS-Derruppé, S. 29, 34; *Soinne/ Kerckhove*, Traité des procédures collectives, Rn. 512; *Rivinius*, Konzernkonkurs, S. 159; *Vallansan*, RLDA Nr. 2005-80, suppl., S. 12, II. A. Zur arbeitsrechtleichen *théorie du coemploi* unten, § 5 C.

[471] *Daigre*, Entreprises en difficulté – Redressement judiciaire (Personnes morales et dirigeants), in: Rép. sociétés, Rn. 121.

[472] Dies bemerken *Daigre*, Entreprises en difficulté – Redressement judiciaire (Personnes morales et dirigeants), in: Rép. sociétés, Rn. 121, 123; *Soinne/ Kerckhove*, Traité des procédures collectives, Rn. 512; *Vallansan*, RLDA Nr. 2005-80, suppl., S. 12, II. A.; zu arbeitsrechtlichen Ausnahmen von der konzerninternen Haftungstrennung unten, § 5 C.

[473] *Daigre*, Entreprises en difficulté – Redressement judiciaire (Personnes morales et dirigeants), in: Rép. sociétés, Rn. 121.

[474] So etwa im oben beschriebenen Fall *AMREP*, TC Paris 04.06.1984, *JCP* 1984, II, 20273.

[475] Siehe *Derrida/ Sortais/ Godé/ Honorat*, Redressement et liquidation judiciaires des entreprises, Rn. 586; *Rivinius*, Konzernkonkurs, S. 160 ff.; beide mit Nachweisen aus der

zugrunde, bei zu einheitlichen Unternehmen zusammengewachsenen Konzernen realistischerweise nur eine einheitliche Lösung im Insolvenzverfahren anwenden zu können[476].

Diese Anknüpfung an das Unternehmen ist allerdings für das französische Insolvenzrecht trotz seiner offiziellen Bezeichnung als „Recht der Unternehmen in Schwierigkeit" gerade untypisch[477]. Da es sich bei der Verfahrenserstreckung um die materielle Konsolidierung mehrerer Haftungsmassen unter Zusammenfassung der Verfahren handelt, die nicht zuletzt auf Kosten einzelner Gläubigergruppen erfolgt, erscheint die Verwendung dieses Rechtsinstruments mit dem alleinigen Ziel einer prozessualen Vereinfachung im Hinblick auf ihre weiteren Folgen als exzessiv[478]. Schließlich – und vornehmlich – hätte diese Rechtsprechung im Ergebnis zur Anerkennung einer materiellen Konzerninsolvenz geführt, da allein das Vorliegen eines Konzerns von hinreichender Integrationsstufe eine vollständig gemeinsame Abwicklung des Insolvenzverfahrens zur Folge gehabt hätte[479]. Dies hätte einen nahezu vollständigen

---

Rechtsprechung; diesbezüglich den Instanzgerichten zustimmend *Derrida*, in: FS-Derruppé, S. 29, 32 f., ebenso mit zahlr. Nachweisen aus der Rechtsprechung.

476 Siehe *Derrida*, in: FS-Derruppé, S. 29.

477 Der abstrakte Begriff „entreprise" wird im VI. Buch außer für die Überschrift und strafrechtliche Vorschriften nicht verwendet, auch wenn das Gesetz von 1985 diese eigentlich ins Zentrum des Interesses gestellt hatte; vgl. zu letzterem *Daigre*, Entreprises en difficulté – Redressement judiciaire (Personnes morales et dirigeants), in: Rép. sociétés, Rn. 121

478 *Rivinius*, Konzernkonkurs, S. 163; vgl. zu den Rechtsfolgen für die Gläubiger auch *Derrida*, in: FS-Derruppé, S. 29, 30. Auch im deutschen Recht werden die einschneidenden Folgen materieller Konsolidierungslösungen gegen ihre Einführung ins Feld geführt, hierzu unten, E. I.

479 Siehe *Rivinius*, Konzernkonkurs, S. 163, der darauf hinweist, eine solche „Verfahrensvereinheitlichung" würde „den Konzern trotz fehlender Rechtspersönlichkeit faktisch konkursfähig" machen würde. Ebenso *Derrida*, in: FS-Derruppé, S. 29, 35 f., der sich eine entsprechende Formulierung des CA Montpellier, 10.03.1987, zu eigen macht: „das dem Bestehen eines Konzerns eigene Vorliegen einer Gemeinschaft untrennbarer Interessen, das einer wirtschaftlichen Einheit, darf bei Nichtvorliegen einer Vermögensvermischung oder *fictivité* von Tochtergesellschaften keinen eigenständigen Grund zur Erstreckung eines Sanierungsverfahrens darstellen; [...] die Feststellung einer Interessengemeinschaft würde gar zur Verneinung des Konzernbegriffs führen" („l'existence d'une communauté d'intérêts indissociables propre à l'existence d'un groupe, celle de l'unité sur le plan économique, ne sauraient [sic, d. Verf.] constituer une cause autonome d'extension d'une procédure de redressement judiciaire à défaut de confusion des patrimoines ou de fictivité des filiales; [...] la constatation d'une communauté d'intérêts conduirait à la négation même de la notion de groupe").

Bruch mit seit Jahren anerkannten Grundsätzen des Konzernrechts dargestellt[480]. Einen rechtlich derart weitreichenden Bruch mit hergebrachten Prinzipien des Gesellschaftsrechts „durch die Hintertür" einer richterrechtlichen Regelung zum Insolvenzrecht zu vollziehen, stieß auch in der Rechtslehre auf großes Unbehagen[481] – immerhin ist es eine Entscheidung des Gesetzgebers, dem Konzern selbst keine eigene Rechtspersönlichkeit zuzuschreiben, die für die Eröffnung einer *procédure collective* allerdings unerlässlich wäre[482]. Dies erkannte auch der Kassationsgerichtshof und verbat schließlich jegliche Verfahrenserstreckung auf anderer Tatbestandsgrundlage als den bereits bekannten Ausnahmefällen von *fictivité* und Vermögensvermischung[483]. Ausbrechende Instanzgerichte bleiben seitdem Einzelfälle[484] und auch der Kassationsgerichtshof hat seit der Einführung des Art. L. 621-2 Abs. 2 C. com. mit seinen zwei Tatbestandsalternativen nochmals ausdrücklich bekräftigt, dass nur diese – und nicht das Merkmal der Unternehmenseinheit – zur Verfahrenserstreckung herangezogen werden können[485].

Und doch setzen sich gleich mehrere Elemente der bereits zur Unternehmenseinheit geführten Debatte an systematisch anderer Stelle fort. So knüpfte gerade der Gesetzgeber mit der durch die Ordonnance von 2014 verfolgten Zielsetzung einer „besseren Anpassung an die unternehmerische Realität" und der nunmehr ermöglichten Antragstellung des Schuldners zur Erstreckung –

---

480 Hierzu bereits ausführlich oben, § 1 B. I. 1. a) sowie I. 2. Diese Folge ansprechend etwa *Soinne/ Kerckhove*, Traité des procédures collectives, Rn. 512. Die Folgen einer solchen Überschreitung der Grenzen richterrechtlicher Rechtssetzung in Bezug auf gesellschaftsrechtliche Grundsätze werden dort anhand eines kritisierten Urteils dargestellt. So formulierte CA Agen, 06.04.1987, zit. nach *Soinne/ Kerckhove*, etwa in völliger Abkehr von allgemein bekannten Prinzipien des Konzernrechts: „Da der Konzern trotz des Schweigens der [Gesetzes-, d. Verf.] Texte einhellig anerkannt wird, muss er [sic, d.h. das Vorliegen eines solchen] Rechtsfolgen hervorbringen" („le groupe étant, malgré le silence des textes, unanimement reconnu, il doit produire des effets juridiques").

481 Ablehnend daher etwa *Derrida/ Sortais/ Godé/ Honorat*, Redressement et liquidation judiciaires des entreprises, Rn. 586; *Derrida*, in: FS-Derruppé, S. 29, 31, 35; *Soinne/ Kerckhove*, Traité des procédures collectives, Rn. 512, m.w.N.

482 *Derrida*, in: FS-Derruppé, S. 29, 35; zur Ausnahme des *GIE* oben, § 1 B. I. 1. c) aa) (3).

483 Zunächst implizit – vgl. für eine ausführliche Analyse der Entscheidung *Rivinius*, Konzernkonkurs, S. 157 f.; kritisch *Derrida*, in: FS-Derruppé, S. 29, 33 – Cass. com. 08.11.1988, Revisionsnummer 87-11233; daraufhin deutlich in Cass. com. 09.04.1991, Revisionsnummer 89-17525, Bull. civ. 1991, IV, S. 92, Nr. 128, zu diesem Urteil ebenfalls *Rivinius*, Konzernkonkurs, S. 163 f.

484 Vgl. *Jacquemont*, Sauvegarde, redressement et liquidations judiciaires – Exploitation en commun et confusion des patrimoines, in: JCl. Com., Fasc. 2165, Rn. 10, m. ausführlichen Nachweisen.

485 Cass. com. 16.12.2014, Revisionsnummer 13-24161, Bull. civ. 2014, IV, Nr. 190; hierzu auch *Jacquemont/ Vabres*, Entreprises en difficulté, Rn. 173.

insbesondere von Sanierungsverfahren[486] – an die Lösungen an, die bereits die Theorie von der Unternehmenseinheit zur Konzernsanierung entwickelt hatte[487]. Dies geschieht allerdings unter strikter Anwendung der hergebrachten Tatbestandsalternativen – mit zur Zeit noch unklaren Folgen für die zukünftige Rechtsanwendung[488]. Andererseits setzte sich die einschränkende Rechtsprechung des Kassationsgerichtshofs gegen eine zu weitgehende Anwendung der Verfahrenserstreckung, insbesondere bei gewöhnlichen Konzernsachverhalten ohne Missbräuche, im Rahmen der einschränkenden *Metaleurop*-Rechtsprechung zur Vermögensvermischung fort[489].

2. Fiktive juristische Person (fictivité de la personne morale)

Die fiktive juristische Person *(fictivité de la personne morale)*[490] ist der ältere der beiden in Art. L. 621-2 Abs. 2 C. com. vorgesehenen Erstreckungsgründe[491]. Aus der historischen Entwicklung dieses Merkmals ergibt sich auch, warum der Gesetzgeber keinerlei Kriterien für das Vorliegen des Tatbe-

---

[486] Siehe die bereits zitierte Begründung der Ordonnance Nr. 2014-326 vom 12.03.2014 – *Ministère de la justice*, JORF, 14.03.2014, Text 2, S. 57, IV-4: „Die Erfassung der wirtschaftlichen Realität des Unternehmens ist von größter Wichtigkeit.“ *(„L'appréhension de la réalité économique de l'entreprise est une première nécessité.")*. Zum Hintergrund der hiermit begründeten Maßnahmen oben, B. I. 2. b).

[487] Auf eine gewisse Kontinuität der Diskussion weist auch *Saint-Alary Houin*, in: FS-Merle, S. 637, 646 hin: „Aber, wenn die Unternehmenseinheit auch beim Konzern nicht der Grund einer Erstreckung sein sollte, kann sie ihr Ergebnis erklären: die Herstellung einer gemeinsamen Masse. Es geht um die Wiederherstellung der arglistig zergliederten Unternehmenseinheit für die Dauer des Verfahrens“ („Mais, si l'unité d'entreprise ne saurait être, dans un groupe de sociétés, la cause de l'extension, elle peut en expliquer le résultat: la constitution d'une masse commune de biens. Il s'agit de reconstituer, le temps de la procédure, l'unicité de l'entreprise frauduleusement décomposée“). Für *Vallansan*, RLDA Nr. 2005-80, suppl., S. 12, II. A. ist die Unternehmenseinheit zwar kein Tatbestandsmerkmal der Verfahrenserstreckung (mehr), sondern nunmehr die direkte Folge einer Erstreckung wegen Vermögensvermischung, da die Gesellschaften zumindest im Rahmen des Verfahrens wie ein einheitliches Unternehmen behandelt würden: „L'unité d'entreprise n'est pas un critère de la confusion des patrimoines, mais une conséquence“.

[488] Siehe hierzu oben, B. I. 2. b).

[489] Zu dieser sogleich im Rahmen der Erläuterung des heutigen Begriffs der Vermögensvermischung unten, II. 3. b) dd) für *Jacquemont*, Sauvegarde, redressement et liquidations judiciaires – Exploitation en commun et confusion des patrimoines, in: JCl. Com., Fasc. 2165, Rn. 7 ff. sind die Fragestellungen trotz der leicht unterschiedlichen systematischen Einordnung wohl identisch. *Derrida/ Sortais/ Godé/ Honorat*, Redressement et liquidation judiciaires des entreprises, Rn. 586 verstanden in der Debatte um die *unité d'entreprise* selbige hingegen als einen im Falle seiner Anerkennung eigenständigen Insolvenzgrund.

[490] Zum Tatbestand und dessen Entwicklung bis zum Haftungsregime von 1985 *Ehricke*, Das abhängige Konzernunternehmen in der Insolvenz, S. 566 ff.

[491] Siehe oben, A. III. 1. ff.

stands nennt, sondern die zahlreich vorhandenen Begründungsansätze für dieses Merkmal in Literatur und Rechtsprechung ausreichen lässt[492]. Entsprechend schwierig gestaltet sich dadurch aber auch die Entwicklung einer einheitlichen und umfassenden Definition des Begriffs[493]. Dies wird dadurch noch verstärkt, dass auch die Rechtsprechung ihre Einzelfallentscheidungen anstatt auf eine solche Definition lieber auf eine situationsgebundene Gesamtbetrachtung stützt, welches sich zwar als besonders flexibel, jedoch wenig rechtssicher erweist[494].

Die vorhandenen Versuche einer umfassenden Definition der *fictivité* stammen daher nahezu ausschließlich aus der Literatur. Dort scheint es – wie bereits eingangs in der Abgrenzung der beiden Tatbestandsmerkmale beschrieben – zumindest weitgehend als gesichert, dass die *fictivité* eher die Fehlerhaftigkeit des Zustandekommens der Gesellschaft betrifft, während die Vermögensvermischung als Reaktion auf Funktionsfehler einer wirksam gegründeten Gesellschaft verstanden werden kann[495]. In den meisten Definitionen der Literatur wird auch der schon im Zusammenhang mit der Rechtssache *Vidal* und den darauf folgenden gesetzlichen Regelungen[496] verwendete Begriff der Strohmann- bzw. „Fassadengesellschaft" *(société de façade)* genutzt[497]. Wie sich

---

[492] Siehe oben, A. III. 1.

[493] *Reille*, La notion de confusion des patrimoines, Rn. 410 weist etwa darauf hin, dass es kaum möglich sei, alle Begründungshypothesen und Sachverhalte auch nur in einer erschöpfenden Liste zusammenzufassen; krit. in Bezug auf die Unklarheit dieses Tatbestands und gegen die Aufnahme dieser Hypothese in der loi de sauvegarde daher *Vallansan*, RLDA Nr. 2005-80, suppl., S. 12, II. A.; ähnlich wohl *Pérochon*, Entreprises en difficulté, Rn. 337. Auch *Saint-Alary Houin*, Entreprises en difficulté, Rn. 448 bezeichnet den Tatbestand in seiner Anwendung als „häufig sehr kasuistisch" („souvent très casuistique"); vgl. auch *Jacquemont/ Vabres*, Entreprises en difficulté, Rn. 175; *Jeantin/ Le Cannu*, Entreprises en difficulté, Rn. 232: „Der Begriff der *fictivité* einer juristischen Person erscheint nicht vollkommen gefestigt („La notion de fictivité d'une personne morale ne paraît pas parfaitement stabilisée").

[494] Hierzu ausführlich unten, c), vgl. schon *Le Corre*, Droit et pratique des procédures collectives, Rn. 213.111.

[495] Siehe oben, II. sowie etwa *Jacquemont/ Vabres*, Entreprises en difficulté, Rn. 173; ähnlich *Delebecque/ Germain/ Ripert/ Roblot*, Traité de droit commercial, Tome 2, Rn. 2862-1; *Pelletier*, La responsabilité au sein des groupes de sociétés en cas de procédure collective, Rn. 52, 67; *Reille*, La notion de confusion des patrimoines, Rn. 410; hiervon abweichend und anders differenzierend *Lienhard*, Procédures collectives, Rn. 64.15. Dieser Konstruktionsfehler der Gesellschaft führt bei Beantragung einer Verfahrenserstreckung allerdings – für manche systemwidrig – nicht zur Nichtigkeit der Gesellschaft, siehe unten, d).

[496] Siehe oben, § 3 A. II. ff.

[497] So bei *Coquelet*, Entreprises en difficulté, instruments de paiement et de crédit, Rn. 111; *Delebecque*, Rev. Proc. Coll., Nr. 1998-2, 129, Rn. 6; *Le Corre*, Droit et pratique des procédures collectives, Rn. 213.111; *Lienhard*, Procédures collectives, Rn. 64.15; *Pelletier*, La responsabilité au sein des groupes de sociétés en cas de procédure collective,

schon aus dem Begriff des „Strohmanns" schließen lässt, erfolgt die Gründung der fiktiven Gesellschaft im Interesse eines „Hintermanns"[498]; *Saint-Alary-Houin* bietet daher folgende Definition an: „Die *fictivité* ist die Ausnutzung der juristischen Person im Interesse einer anderen juristischen Person"[499]. Hinzuweisen ist jedoch darauf, dass dieser „Hintermann" dem entgegen nicht nur eine juristische, sondern durchaus auch eine natürliche Person sein kann[500]. Auf den Hintermann, dessen Interessen für die Gründung einer Strohmanngesellschaft im Einzelfall sehr verschieden sein können[501], wird das ursprünglich über die fiktive Gesellschaft eröffnete Verfahren daraufhin erstreckt[502]. In jedem Fall wird durch die so grob zu umreißende Situation der *fictivité* in fremdnütziger Weise „die Einrichtung der juristischen Rechtspersönlichkeit[503] veruntreut"[504], indem „ein juristisches Wesen mit anderem Ziel erschaffen wird als einem solchen, das das Gesetz für solche Gründungen erlaubt"[505]. Da im französischen Recht bei der Eintragung von Gesellschaften etwa im RCS und

---

Rn. 54, Fn. 29, m.w.N.; *Pérochon*, Entreprises en difficulté, Rn. 337; *Pétel*, Procédures collectives, Rn. 87; *Saint-Alary Houin*, Entreprises en difficulté, Rn. 448. Auch die Rechtsprechung nutzt diesen Begriff, früher sogar anstatt desjenigen der *fictivité*, siehe etwa Cass. com. 30.10.1967, Bull. civ. 1967, III, Nr. 346. Andere in diesem Zusammenhang genutzte Bezeichnungen sind ebenso bildhaft: „Attrappe" („leurre") oder – auch im Deutschen verständlich – „trompe-l'œil", siehe zu beiden *Pérochon*, Entreprises en difficulté, Rn. 337.

498 Das typische Vorhandensein eines „maître d'affaire" betont auch die Rechtsprechung, siehe etwa Cass. com. 19.02.2002, Revisionsnummer 98-20578, Bull. civ. 2002, IV, S. 34, Nr. 33; siehe aus der Literatur etwa *Barbièri*, LPA, Nr. 1996-129, 9, I. A. beschreibt die fiktive Gesellschaft daher als „einfache Abschirmung mit dem Ziel des Verbergens [...] einer in Wirklichkeit vorhandenen Beherrschung eines Geschäfts („simple écran destiné à cacher, [...], la maîtrise réelle d'une ‚affaire'"); siehe auch *Lienhard*, Procédures collectives, Rn. 64.15: „...die Personen, die behaupten, Gesellschafter zu sein, sind nur Strohmänner oder Komparsen des wirklich Beherrschenden" („...les personnes qui se présentent comme des associés ne sont que des prête-noms ou les comparses du véritable maître de l'affaire"); hierauf ebenso abstellend *Rivinius*, Konzernkonkurs, S. 76.

499 *Saint-Alary Houin*, Entreprises en difficulté, Rn. 448: *„La fictivité est l'utilisation de la personnalité juridique dans l'intérêt d'une autre société".*

500 Siehe *Le Corre*, Droit et pratique des procédures collectives, Rn. 213.111.

501 Hierzu sogleich unten, a).

502 Zu den umstrittenen Rechtsfolgen der *fictivité* sogleich unten, d).

503 Gemeint ist: das Institut der Rechtspersönlichkeit als solcher.

504 *Reille*, La notion de confusion des patrimoines, Rn. 410: „...la fictivité est [...] un détournement de l'institution de la personnalité morale"; ähnlich *Saint-Alary Houin*, Entreprises en difficulté, Rn. 448: „Es handelt sich um die von Anfang an bestehende Negation der Rechtspersönlichkeit" („C'est une négation ab initio de la personnalité morale").

505 So beschreibt es ebenso *Reille*, La notion de confusion des patrimoines, Rn. 410: „Ainsi, dans la très grande majorité des cas, la fictivité peut se résumer au fait pour les associés d'avoir créé un être moral dans un autre but que celui pour lequel la loi a autorisé une telle création".

der daraus folgenden Übertragung der Rechtspersönlichkeit[506] keine materielle Überprüfung der Gründungsvoraussetzungen angestellt wird, muss die entsprechende Reaktion der Rechtsordnung auf derartige Missbräuche bei einer nachträglichen Feststellung ihres Vorliegens erfolgen[507].

a) Grundlagen, Motive und praktische Relevanz in Konzernsachverhalten

Bereits die soeben genannten Definitionsvorschläge deuten darauf hin, dass die *fictivité* in der Rechtspraxis kein alltägliches Phänomen darstellt. Vielmehr stellt sie heutzutage einen Ausnahmefall[508] für nicht selten dem Betrug nahestehende Extremfälle[509] dar. Die geringe praktische Bedeutung bei Konzerninsolvenzen lässt sich auch mit Beweisschwierigkeiten begründen: Da bei der *fictivité* vornehmlich an einen von Anfang an fehlenden Willen zur Begründung einer Gesellschaft *(affectio societatis)* angeknüpft wird[510], handelt es sich vornehmlich um subjektive Maßstäbe, die dem Beweis wesentlich schwerer zugänglich sind als die größtenteils objektiven Kriterien der Vermögensvermischung[511].

In der jüngeren Rechtsanwendung wird eine Verfahrenserstreckung wegen *fictivité* daher vornehmlich in kleinen und wenig verzweigten Unternehmenskonstellationen ausgesprochen[512]. Im Falle einer juristischen Person als „Hintermann" bleibt sie – zumindest theoretisch – aber durchaus noch ein Mittel zur Haftungserstreckung im Rahmen einer Konzerninsolvenz. Kommt sie vor, handelt es sich meistens um fiktive Tochtergesellschaften, wobei auch eine Erstreckung auf Holding- bzw. sonstige Muttergesellschaften oder zwischen

---

[506] Hierzu bereits oben, § 1 B. I. 2. a).

[507] Hierauf zutreffend hinweisend *Pelletier*, La responsabilité au sein des groupes de sociétés en cas de procédure collective, Rn. 46.

[508] Zur Abstufung in der praktischen Relevanz der beiden Tatbestandsalternativen bereits oben, II. 1.; den besonderen Ausnahmecharakter des Missbrauchstatbestands der *fictivité* betonen etwa *Daigre*, Entreprises en difficulté – Redressement judiciaire (Personnes morales et dirigeants), in: Rép. sociétés, Rn. 8; *Le Corre*, Droit et pratique des procédures collectives, Rn. 213.091; *Vallansan*, RLDA Nr. 2005-80, suppl., S. 12, II. A.

[509] So *Coquelet*, Entreprises en difficulté, instruments de paiement et de crédit, Rn. 110; *Rivinius*, Konzernkonkurs, S. 77; zu möglichen strafrechtlichen Folgen der Gründung einer Strohmanngesellschaft insbesondere als Betrug i.S.d. Art. 313-1 C. pén. *Martin-Serf*, Consentement des parties – Sociétés fictives et frauduleuses, in: JCl. Soc. traité, Fasc. 7-40, Rn. 163 ff.

[510] Hierzu sogleich unten, b); siehe bereits *Pelletier*, La responsabilité au sein des groupes de sociétés en cas de procédure collective, Rn 67; *Saint-Alary Houin*, Entreprises en difficulté, Rn. 448.

[511] Siehe *Reille*, La notion de confusion des patrimoines, Rn. 410. Die Rechtsprechung behilft sich durch ein Bündel objektiver Indizien, welches nach ihrer Ansicht auf Willensmängel im Gesellschaftsvertrag hindeuten kann, siehe hierzu unten, c).

[512] *Guyon*, Droit des affaires, tome 2, Rn. 1405; vgl. auch *Gibirila*, Entreprises en difficulté, Rn. 223.

Tochtergesellschaften denkbar sind[513]. In größeren Konzernen sind rechtsmissbräuchliche Sachverhalte von ausreichender Qualität schon wegen der Aufteilung von Entscheidungskompetenzen auf mehrere unterschiedliche Organe allerdings kaum noch vorstellbar[514]. Außerhalb von Konzernen liegt ein weiterhin relevantes Anwendungsfeld der *fictivité* in der Erstreckung eines Verfahrens auf natürliche Personen, die eine vollständig weisungsgebundene Gesellschaft zu missbräuchlichen Zwecken gegründet haben[515].

Die Hintergründe und Zielsetzungen solcher Strohmanngründungen sind in beiden Fällen äußerst vielfältig, was eine erschöpfende Aufzählung nahezu unmöglich macht[516].

Die wohl am häufigsten mit dem Begriff der *fictivité* in Verbindung gebrachten Fälle betreffen aber solche, in denen das Haftungssubstrat einer Person oder Gesellschaft durch Auslagerung von Vermögenswerten in Scheingesellschaften verkleinert wurde[517]. Gerade dies ist auch in Konzernen durch die gezielte Gründung von vermögenstragenden Tochtergesellschaften eine beliebte Praxis[518] und kann auch Relevanz bei mit Schädigungsabsicht erfolgender Aufspaltung einer Gesellschaft in vermögende SCI und haftungsbeschränkte SARL entfalten[519]. Mit entsprechender Absicht zur Gläubigerschädigung können aber auch gezielte Umverteilungen von Unternehmenspassiva

---

513 *Rivinius*, Konzernkonkurs, S. 78.

514 Auch *Lucas*, LPA, Nr. 2001-89, 66, I. B. 1) a) kommt zu dem Ergebnis, dass eine Verfahrenserstreckung wegen *fictivité* besonders bei Tochtergesellschaften zur Erstreckung des Verfahrens auf eine Muttergesellschaft nur äußerst selten vorkommt. In der weitreichenden Insolvenz des *Metaleurop*-Konzerns wurde die *fictivité* zwar teils als Anknüpfungspunkt genannt, schließlich aber verworfen, siehe ausführlich unten, c) sowie 3. a).

515 Siehe etwa *Gibirila*, Entreprises en difficulté, Rn. 223.

516 Vgl. *Reille*, La notion de confusion des patrimoines, Rn. 410; ausführlich auch über die Fälle des Art. L. 621-2 Abs. 2 C. com. hinaus *Martin-Serf*, Consentement des parties – Sociétés fictives et frauduleuses, in: JCl. Soc. traité, Fasc. 7-40, Rn. 31 ff.

517 Siehe z.B. *Gibirila*, Entreprises en difficulté, Rn. 223, der zur Illustration eines typischen Sachverhalts auf das Urteil CA Chambéry, 18.12.2007, RG-Nr. 07-017586 verweist. Ein überschuldeter Handwerker hatte zusammen mit seiner Ehefrau und seinem Sohn eine offensichtlich nur zum Schein bestehende Gesellschaft gegründet, um seine Aktiva vor einem über seine Person drohenden Insolvenzverfahren in (trügerische) Sicherheit zu bringen. Siehe zu dieser Fallgruppe weiterhin *Calendini*, Rev. Proc. Coll., Nr. 1994-3, 369, Rn. 4; *Martin-Serf*, Consentement des parties – Sociétés fictives et frauduleuses, in: JCl. Soc. traité, Fasc. 7-40, Rn. 54, 57; *Reille*, La notion de confusion des patrimoines, Rn. 410 mit zahlreichen Nachweisen aus der Rechtsprechung; vgl. auch *Coquelet*, Entreprises en difficulté, instruments de paiement et de crédit, Rn. 111; *Jeantin/ Le Cannu*, Entreprises en difficulté, Rn. 232; *Ophèle*, Simulation, in: Savaux (Hrsg.), Rép. civil, Rn. 17.

518 *Martin-Serf*, Consentement des parties – Sociétés fictives et frauduleuses, in: JCl. Soc. traité, Fasc. 7-40, Rn. 57, m.w.N.

519 Zur Aufspaltung der Gesellschaft in SCI und Handelsgesellschaft als Konzernform oben, § 1 B. I. 1. 3. b) cc); eine solche Aufteilung der Vermögensmassen stellt nach Ansicht des Kassationsgerichtshofs nicht schon grundsätzlich einen Sachverhalt der *fictivité* dar,

oder gar besonders verlustreichen Sparten[520] auf nur zu diesem Zweck gegründete Gesellschaften erfolgen[521]. Die Nähe zum Tatbestand der Vermögensvermischung ist in diesen Fällen greifbar und eine Abgrenzung im Detail aufgrund der relativen Konturlosigkeit des *fictivité*-Tatbestands auch heute noch schwer zu bewerkstelligen[522].

Die schwierige Abgrenzung der beiden Tatbestandsmerkmale zeigt sich etwa in einem Urteil des Appellationsgerichtshofs Paris vom 22.03.2005[523]. Der Fall betraf die Erstreckung des Verfahrens auf eine natürliche Person, in welcher als Grund für die Erstreckung das Vorliegen von eigentlich für den Tatbestand einer Vermögensvermischung typischen „anormalen Finanzflüssen" („flux anormaux de trésorerie") angeführt wurden, die Gesellschaft gleichzeitig mit dem einzigen Ziel gegründet wurde, einzelne Vermögensgegenstände dem Haftungssubstrat der Gläubiger zu entziehen. Die Verfahrenserstreckung wurde allerdings auf der alleinigen Grundlage der *fictivité* ausgesprochen.[524]

Auch im Hinblick auf die Intention des *sauvegarde*-Gesetzgebers, beide Tatbestandsalternativen als selbständige Erstreckungsgründe zu festigen, wäre eine konsequente Einordnung solcher Vermögensverschiebungen als Vermögensvermischung nur folgerichtig. Dies scheint in jüngeren Entscheidungen

---

siehe Cass. com. 25.06.1996, Revisionsnummer 93-11264, Bull. civ. 1996, IV, S. 162, Nr. 190; 29.02.2002, Revisionsnummer 99-20800; auch hier müssen wohl besondere Umstände, wie etwa die Absicht zur Gläubigerschädigung, hinzutreten, um eine Vermögensvermischung wegen *fictivité* zu rechtfertigen; hierzu *Le Corre*, Droit et pratique des procédures collectives, Rn. 213.091; *Rivinius*, Konzernkonkurs, S. 78 f.; beide m.w.N.

[520] In diesen Fällen ist die Grenze zwischen einer freien unternehmensstrategischen Entscheidung und der Gründung einer fiktiven Gesellschaft allerdings schwer zu ziehen. *Pelletier*, La responsabilité au sein des groupes de sociétés en cas de procédure collective, Rn. 58 sah eine Überschreitung in der Auslagerung eines mit zukünftigen Umweltschäden belasteten Betriebs möglicherweise bereits als überschritten an. Diese Ansicht bezog sich auf das bekannte Metaleurop-Verfahren (u.a. Cass. com. 19.04.2005, Revisionsnummer 05-10094, Bull. civ, 2005, IV, S. 95, Nr. 92 – zu diesem Verfahren ausführlich im Rahmen der Erläuterung der Vermögensvermischung, unten cc)). In dem genannten Urteil wurde die *fictivité* allerdings durch den Kassationsgerichtshof nicht weiter erläutert, sicher auch weil sich keine Anhaltspunkte für eine zum Zeitpunkt der Ausgliederung vorhandene gläubigerschädigende Absicht finden ließen. Zur besonderen Problematik einer Konzernhaftung im Umweltrecht unten, § 5 B.

[521] *Martin-Serf*, Consentement des parties – Sociétés fictives et frauduleuses, in: JCl. Soc. traité, Fasc. 7-40, Rn. 53; *Pelletier*, La responsabilité au sein des groupes de sociétés en cas de procédure collective, Rn. 55 f., m.w.N. aus der Rechtsprechung; *Reille*, La notion de confusion des patrimoines, Rn. 410.

[522] *Reille*, La notion de confusion des patrimoines, Rn. 410.

[523] RG-Nr. 2004-13841; hierzu auch *Le Corre*, Droit et pratique des procédures collectives, Rn. 213.091.

[524] Zur Nähe der beiden Tatbestände zueinander auch bereits *Delebecque*, Rev. Proc. Coll., Nr. 1998-2, 129, Rn. 7.

auch der Kassationsgerichtshof in dieser Form zu verstehen, wenn er klar zum Tatbestand der Vermögensvermischung gehörende Merkmale als ungeeignet für die Begründung einer *fictivité* bezeichnet[525]. Selbständige Bedeutung mag die *fictivité* nach dieser Einteilung allenfalls in solchen (Ausnahme-) Fällen erhalten, in denen der Missbrauch der Rechtsform vorsätzlich und mit gläubigerschädigender Absicht geschehen ist und die gleichzeitig eine Vermögensvermischung herbeiführenden Umstände allein schon hierdurch in den Hintergrund treten[526].

Ähnlich lag es auch in der bereits soeben genannten Entscheidung des Appellationsgerichtshofs Paris vom 22.03.2005[527]: die hier vorhandene betrügerische Absicht führte zu einer im Ergebnis vertretbaren Einordnung als *fictivité*.

Die Abwesenheit einer *affectio societatis*[528] wird in diesen Fällen durch die Ablehnung des unternehmerischen Risikos durch die Hintermänner materialisiert[529].

Nimmt man die Abgrenzung in Bezug auf Vermögensverschiebungen in dieser Weise vor, ähnelt diese Fallgruppe damit auch anderen für den Tatbestand der *fictivité* relevanten Beweggründen, die durch rechtsmissbräuchliche – wenn nicht sogar betrügerische – Züge auszeichnen. Zu nennen sind in diesem Zusammenhang etwa die Gesellschaftsgründung mit dem alleinigen Zweck der Umgehung von Berufsverboten oder sonstigen Beschränkungen der Ausübung gewerblicher Tätigkeiten, wie beispielsweise der Geheimhaltung von Geschäftsbeziehungen. [530]

Ähnlich wie bei der Verfahrenserstreckung wegen Vermögensvermischung gilt aber auch bei der *fictivité* das Gebot, für gewöhnliche und ohne Missbräuche entstandene Konzernorganisationen nicht durch eine zu weite Auslegung der Voraussetzungen eine materielle Konzernhaftung zum Normalfall zu er-

---

[525] *Le Corre*, Droit et pratique des procédures collectives, Rn. 213.091 versteht so etwa das Urteil Cass. com. 08.07.2003, Revisionsnummer 01-15676.

[526] *Rivinius*, Konzernkonkurs, S. 77 beschreibt das Verhältnis der beiden Tatbestände im Rahmen der Rechtslage vor der loi de sauvegarde mit Nachweisen aus der Rechtsprechung und dem Hinweis, im Gegensatz zur *fictivité* komme eine Vermögensvermischung ohne ein voluntatives Element aus. Auf die Relevanz einer betrügerischen Absicht auch im reformierten Recht weist *Coquelet*, Entreprises en difficulté, instruments de paiement et de crédit, Rn. 110 hin. Vgl. zu unterschiedlichen Ausgestaltungen betrügerischer Gesellschaftsgründungen schließlich *Martin-Serf*, Consentement des parties – Sociétés fictives et frauduleuses, in: JCl. Soc. traité, Fasc. 7-40, Rn. 52 ff. Die Nähe von *fictivité* und Betrug sieht schließlich auch *Saint-Alary Houin*, in: FS-Merle, S. 637, 646.

[527] RG-Nr. 2004-13841.

[528] Zu diesem Begriff sogleich unten, b).

[529] So *Comanges*, Bull. Joly Soc., Nr. 2003-1, 12, Rn. 18: „Le défaut d'affectio societatis se réfère au refus de l'acceptation du risque commercial."

[530] Zu alledem m.w.N. *Reille*, La notion de confusion des patrimoines, Rn. 410; vgl. zu möglichen Zielsetzungen auch *Delebecque*, Rev. Proc. Coll., Nr. 1998-2, 129, Rn. 111.

klären und so das aus der Rechtspersönlichkeit der Konzerngesellschaften folgende Gebot der Haftungstrennung faktisch außer Kraft zu setzen[531]. Ähnliche Erwägungen hatten zuvor bereits zur Ablehnung der Unternehmenseinheit *(unité d'entreprise)* als Verfahrenserstreckungsgrund geführt[532]. Insbesondere ist daher aus der Zugehörigkeit zum Konzern keine Vermutung für das Vorliegen einer fiktiven Gesellschaft zu schließen[533]. Die sich hieraus ergebende enge Auslegung des Tatbestands der *fictivité* reduziert die praktische Relevanz dieses Tatbestands für Konzernsachverhalte noch weitergehend.

b) Dogmatischer Hintergrund der Scheingeschäftslehre: Fehlen der Wirksamkeitsvoraussetzungen eines Gesellschaftsvertrags i.S.d. Art. 1832 C. civ.

Die *fictivité* wird häufig als Anwendungsfall der Scheingeschäftslehre *(théorie de la simulation)* bezeichnet[534]. Dieser in Art. 1201 C. civ.[535] niedergelegte Grundsatz ist auch dem deutschen Zivilrecht nicht unbekannt[536] und ist sowohl in Voraussetzungen als auch Rechtsfolgen im französischen Recht ähnlich ausgestaltet[537]. Art. 1201 C. civ. verwendet den Begriff der *simulation* nicht, sondern bezeichnet die umfasste Sachlage als *contre-lettre*[538]. Das dogmatische Konzept der *fictivité* lässt sich jedoch zumindest nicht vollständig mit einer *contre-lettre* i.S.v. heute Art. 1201 C. civ. beschreiben[539]: Die Beteiligten versuchen mit der Gründung einer Scheingesellschaft nicht, wie in Art. 1201

---

[531] Siehe bereits *Martin-Serf*, Consentement des parties – Sociétés fictives et frauduleuses, in: JCl. Soc. traité, Fasc. 7-40, Rn. 176. Zu den Auswirkungen einer Konzernzugehörigkeit auf die für die Feststellung einer fiktiven Gesellschaft zugrunde gelegten Indizien sogleich unten, c) bb); zur entsprechend einschränkenden Rechtsprechung im Falle der Vermögensvermischung weiter unten, 3. b) dd).

[532] Siehe hierzu oben, 1. c).

[533] *Campana/ Dizel/ Barratin/ Fernandez*, Entreprises en difficulté – Redressement judiciaire (Conditions d'ouverture), in: Vogel/ Delpech (Hrsg.), Rép. commercial, Rn. 241; *Delebecque*, Rev. Proc. Coll., Nr. 1998-2, 129, Rn. 6; vgl. auch Cass. com. 19.03.1996, Revisionsnummer 94-10838, Bull. civ. 1996, IV, S. 74, Nr. 89.

[534] So etwa bei *Bonnard*, Entreprises en difficulté, S. 54; *Delebecque*, Rev. Proc. Coll., Nr. 1998-2, 129, Rn. 6; Rn. 223; *Le Corre*, Droit et pratique des procédures collectives, Rn. 213.111; *Salgado*, Entreprises en difficulté, S. 77; weitere Nachweise bei *Reille*, La notion de confusion des patrimoines, Rn. 410, Fn. 1091.

[535] Zuvor Art. 1321 C. civ., geändert durch Art. 2 der Ordonnance Nr. 2016-131 vom 10.02.2016 portant réforme du droit des contrats, du régime général et de la preuve des obligations, JORF, 11.02.2016, Nr. 26; in Kraft getreten am 01.10.2016, Art. 9 der Ordonnance.

[536] Er ist dort in § 117 BGB niedergelegt.

[537] Siehe rechtsvergleichend *Ophèle*, Simulation, in: Savaux (Hrsg.), Rép. civil, Rn. 5.

[538] Bei *Fleck*, Wörterbuch Recht, wird dieser Begriff u.a. mit „Vereinbarung, Geheimabsprache" übersetzt.

[539] Ablehnend daher *Daigre*, Entreprises en difficulté – Redressement judiciaire (Personnes morales et dirigeants), in: Rép. sociétés, Rn. 80: „alles spricht dagegen" („tout s'y

C. civ., das Vorhandensein eines anderen Vertragstyps zu verschleiern; vielmehr geht es dem Grunde nach um die Verdeckung eines nicht vorhandenen Rechtsbindungswillens in Bezug auf den Gesellschaftsvertrag durch den Aufbau fiktiver gesellschaftlicher Strukturen[540].

Eine fiktive Gesellschaft im Sinne des Art. L. 621-2 Abs. 2 C. com. entsteht daher nach allgemeiner Ansicht, sobald eine der Wirksamkeitsvoraussetzungen des Gesellschaftsvertrags nicht vorliegt[541]. Der fehlende Realitätsgehalt der vertraglichen Grundlage wird bei der fiktiven Gesellschaft entsprechend durch die Vorspiegelung funktionsfähiger gesellschaftlicher Strukturen deutlich[542].

Die Merkmale einer wirksamen Gesellschaft sind im französischen Recht für die Grundform der *société civile* in Art. 1832 C. civ. niedergelegt; der Gesellschaftsvertrag wird hiernach durch die Vertragsparteien im Hinblick auf die Realisierung von Gewinnen durch die Leistung einer Einlage unter Aufteilung der Verluste[543] geschlossen, was gleichermaßen den *essentialia negotii* des Gesellschaftsvertrags entspricht[544]. Eine weitere Voraussetzung – als die wohl

---

oppose"); kritisch *Martin-Serf*, Consentement des parties – Sociétés fictives et frauduleuses, in: JCl. Soc. traité, Fasc. 7-40, Rn. 41; *Reille*, La notion de confusion des patrimoines, Rn. 410; *Rivinius*, Konzernkonkurs, S. 59.

540 Siehe etwa *Martin-Serf*, Consentement des parties – Sociétés fictives et frauduleuses, in: JCl. Soc. traité, Fasc. 7-40, Rn. 4.

541 *Derrida*, in: Centre du droit de l'entreprise de Montpellier (Hrsg.), FS-Cabrillac, S. 687; *Delebecque*, Rev. Proc. Coll., Nr. 1998-2, 129, Rn. 6; *Gibirila*, Entreprises en difficulté, Rn. 224; ; *Jacquemont/ Vabres*, Entreprises en difficulté, Rn. 175; *Lienhard*, Procédures collectives, Rn. 64.15; *Lucas*, LPA, Nr. 2001-89, 66, I. B. 1. a); *Martin-Serf*, Consentement des parties – Sociétés fictives et frauduleuses, in: JCl. Soc. traité, Fasc. 7-40, Rn. 4; *Reille*, La notion de confusion des patrimoines, Rn. 410, m.w.N.; vgl. auch *Cutajar*, Bull. Joly Soc., Nr. 1999-11, 1057, I.

542 Vgl. *Rivinius*, Konzernkonkurs, S. 59, der das Vorhandensein einer fiktiven Gesellschaft mit einem Auseinanderfallen eines wirklich vorhandenen „institutionellen Aspekt[s]" und einem fehlenden „vertragliche[n] Aspekt" beschreibt; ähnlich *Martin-Serf*, Consentement des parties – Sociétés fictives et frauduleuses, in: JCl. Soc. traité, Fasc. 7-40, Rn. 4.

543 Art. 1832 C. civ. lautet in Abs. 1: „Die Gesellschaft wird von zwei oder mehr Personen gegründet, die durch einen Vertrag beschließen, zu einem gemeinsamen Unternehmen Güter oder ihre Dienste, Wissen oder Können (*industrie*) beizutragen im Hinblick darauf, den Gewinn aufzuteilen oder eine Einsparung auszunutzen, die sich hieraus ergeben können wird." („La société est instituée par deux ou plusieurs personnes qui conviennent par un contrat d'affecter à une entreprise commune des biens ou leur industrie en vue de partager le bénéfice ou de profiter de l'économie qui pourra en résulter."). Nachdem Abs. 2 die grundsätzliche Möglichkeit von Einpersonengesellschaften erwähnt, wird in Abs. 3 hinzugefügt: „Die Gesellschafter verpflichten sich, ihren Beitrag zu Verlusten zu leisten" („Les associés s'engagent à contribuer aux pertes"*)*.

544 Vgl. auch *Martin-Serf*, Consentement des parties – Sociétés fictives et frauduleuses, in: JCl. Soc. traité, Fasc. 7-40, Rn. 4, der im Zusammenhang mit der *fictivité* auf das Fehlen der „éléments essentiels" des Gesellschaftsvertrags hinweist.

wichtigste bezeichnet, da sie alle anderen umfasst[545] – liegt auf der subjektiven Seite: Die ohnehin notwendige Willenseinigung beim Vertragsschluss erhält beim Abschluss eines Gesellschaftsvertrags die besondere Dimension der so genannten *affectio societatis*, die demnach als ungeschriebene Voraussetzung des Vertragsschlusses hinzutritt[546]. Die genauen Umrisse dieses Begriffs sind schwer zu fassen; zumindest beinhaltet er jedoch eine Willenseinigung in Bezug auf die Vertragsinhalte des Gesellschaftsvertrags und sein Inhalt passt sich an die Form der gegründeten Gesellschaft an[547]. In der Rechtsprechung wird der *affectio societatis* definiert als Zustand, in dem der einzelne Gesellschafter „tatsächlich am Betrieb mitarbeitet, im gemeinsamen Interesse und gleichberechtigt mit de[n] Gesellschafter[n], während er in demselben Geiste an den Verlusten teilnimmt" [548]. Wie sich aus dieser Formulierung erkennen lässt, geht auch diese Definition qualitativ kaum über einen subjektiven Erklärungstatbestand bei der Willenseinigung der Parteien des Gesellschaftsvertrags hinaus.

Im Gegensatz zum reinen Rechtsbindungswillen bei Vertragsschluss hat die *affectio societatis* allerdings darüber hinaus eine zeitliche Komponente: Zwar muss diese als subjektive Wirksamkeitsvoraussetzung des Gesellschaftsvertrags bereits bei Vertragsschluss vorliegen[549], gleichzeitig muss sie jedoch nach

---

[545] So etwa *Reille*, La notion de confusion des patrimoines, Rn. 410; vgl. auch *Cutajar*, Bull. Joly Soc., Nr. 1999-11, 1057, II, die zu dem Schluss gelangt: „Das Kriterium der *fictivité* liegt in der Abwesenheit der *affectio societatis*" („Le critère de la fictivité réside dans l'absence d'affectio societatis.").

[546] Vgl. nur *Saintourens*, Société civile, in: Magnier (Hrsg.), Rép. sociétés, Rn. 24 f.; zum Begriff *affectio societatis* auch *Serlooten*, in: Antaki/ Béguin/ Bouloc (Hrsg.), FS-Guyon, S. 1007 ff.

[547] Zu Unklarheiten in Bezug auf die Konturen des Begriffs *affectio societatis Rivinius*, Konzernkonkurs, S. 83. Schon das Fehlen einer Übersetzung des lateinischen Ausdrucks deutet auf das Fehlen eines verständlicheren juristischen Begriffs hin, ebenda sowie *Daigre*, LPA, Nr. 1998-102, 5, Rn. 1. Zu den historischen Wurzeln dieses Begriffs im römischen Recht *Reboul*, Rev. sociétés 2012, 728, Rn. 1; ebenda, Rn. 2 wird auch die Ähnlichkeit zum allgemeinen Begriff der Willenseinigung mit folgender Formel herausgestellt: „Die *affectio societatis* ist eine Zustimmung [zum Vertragsschluss, d. Verf.] mit besonderer Absicht" („l'affectio societatis est un consentement à intention particulière").

[548] Cass. com. 03.06.1986, Revisionsnummer 85-12118, Bull. civ. 1986, IV, S. 98, Nr. 116: „M. Y... avait collaboré de façon effective à l'exploitation [...] dans un intérêt commun et sur un pied d'égalité avec son associé aux bénéfices tout en participant dans le même esprit aux pertes"; zu dieser Entscheidung auch Martin-Serf, Consentement des parties – Sociétés fictives et frauduleuses, in: JCl. Soc. traité, Fasc. 7-40, Rn. 8; Reboul, Rev. sociétés 2012, 728, Rn. 14; Rivinius, Konzernkonkurs, S. 83.

[549] So bezeichnet der Kassationsgerichtshof die *affectio societatis* regelmäßig als eine der „Wirksamkeitsvoraussetzungen der Gesellschaft", deren Vorliegen „zum Zeitpunkt ihrer Gründung" zu beurteilen seien („conditions de validité de la société [qui, d. Verf.] devait s'apprécier lors de la création"), siehe etwa Cass. 1e civ. 24.10.1978, Revisionsnummer 77-13884, Bull. civ. 1978, I, S. 245, Nr. 318; Cass. com. 12.10.1993, Revisionsnummer

wohl herrschender Ansicht auch während der gesamten Fortdauer der Gesellschaft aufrechterhalten werden, um die Gesellschaft nicht fiktiv werden zu lassen[550]. Mit dieser Ansicht lässt sich die *affectio societatis* somit auch als andauernder Wille der Gesellschafter verstehen, einen Beitrag zu einer normal funktionierenden Gesellschaft zu leisten[551]. Ebenso wird die Stoßrichtung dieses Merkmals deutlicher, wenn man die *affectio societatis* mit der in Frankreich herrschenden *théorie de la réalité technique* als Rechtfertigungsansatz der Übertragung einer Rechtspersönlichkeit an Gesellschaften[552] verbindet. Hiernach kann diese Übertragung nur durch ein eigenes Interesse der Gesellschaft gerechtfertigt werden, welches über dasjenige der Gesellschafter hinausgeht. Fehlt ein solches Interesse und verfolgt die Gesellschaft ausschließlich die Belange eines *maître d'affaire*, fehlt es ihr auch am *affectio societatis*[553].

Insgesamt wird nach alledem die vollständige und allgemein anerkannte Voraussetzung der *fictivité* als eine Kombination aus Einigungsmangel und – materiell zumindest teilweise darüber hinausgehender – *affectio societatis* ausgeführt: im Falle der *fictivité* fehlt eine Wirksamkeitsvoraussetzung des Gesellschaftsvertrags, was zur Abwesenheit der *affectio societatis* führt[554].

91-13966, Bull. civ. 1993, IV, S. 237, Nr. 330; auch auf diese Rechtsprechung gehen *Martin-Serf*, Consentement des parties – Sociétés fictives et frauduleuses, in: JCl. Soc. traité, Fasc. 7-40, Rn. 9; *Rivinius*, Konzernkonkurs, S. 83, je m.w.N. genauer ein.

[550] Cass. 1e civ, 20.11.2001, Revisionsnummer 99-13985, Bull. civ. 2001, I, S. 181, Nr. 286; *Martin-Serf*, Consentement des parties – Sociétés fictives et frauduleuses, in: JCl. Soc. traité, Fasc. 7-40, Rn. 9; *Reboul*, Rev. sociétés 2012, 728, Rn. 2. A.A. mit Hinweis auf Art. 1844-5 C. civ auch *Rivinius*, Konzernkonkurs, S. 61. Die Rechtsprechung behilft sich häufig mit dem Gedankenschluss, dass spätere Verwerfungen zwischen den Gesellschaftern als Hinweis für eine bereits von Anfang fehlende *affectio societatis* herangezogen werden können, so etwa vorgebracht im bereits soeben bereits zitierten Urteil Cass. com. 12.10.1993, Revisionsnummer 91-13966, Bull. civ. 1993, IV, S. 237, Nr. 330 oder auch im *Metaleurop*-Verfahren, CA Douai, 02.10.2003, RG-Nr. 03-02333, 03-02334 sowie 03-02893, D. 2003, 2571, m. Anm. *Lienhard*. Zur Problematik des Beweises einer fehlenden *affectio societatis* sogleich auch unten, c).

[551] Ähnlich im Hinblick auf diese zeitliche Komponente der *affectio societatis Reboul*, Rev. sociétés 2012, 728, Rn. 2.

[552] Hierzu bereits oben, § 1 B. I. 2. a).

[553] Siehe zu dieser Überlegung *Comanges*, Bull. Joly Soc., Nr. 2003-1, 12, Rn. 8.

[554] So übereinstimmend *Derrida*, in: Centre du droit de l'entreprise de Montpellier (Hrsg.), FS-Cabrillac, S. 687; *Delebecque*, Rev. Proc. Coll., Nr. 1998-2, 129, Rn. 6; *Gibirila*, Entreprises en difficulté, Rn. 224; ; *Jacquemont/ Vabres*, Entreprises en difficulté, Rn. 175; *Lienhard*, Procédures collectives, Rn. 64.15; *Lucas*, LPA, Nr. 2001-89, 66, I. B. 1. a); *Martin-Serf*, Consentement des parties – Sociétés fictives et frauduleuses, in: JCl. Soc. traité, Fasc. 7-40, Rn. 4; *Reille*, La notion de confusion des patrimoines, Rn. 410, m.w.N.; vgl. auch *Cutajar*, Bull. Joly Soc., Nr. 1999-11, 1057, I. Ähnlich auch Cass. com. 03.02.1998, Revisionsnummer 95-21174, Bull. civ. 1998, IV, S. 43, Nr. 54.

c) Beweis des Vorliegens fiktiver Gesellschaften

Nachdem diese allgemeine Ansicht die Grundlage der *fictivité* stark auf die subjektive Seite verschiebt, ist es Aufgabe der Rechtsprechung, auch in der Praxis entsprechend anwendbare Maßstäbe herauszuarbeiten. Grundsätzlich ist der Beweis des Vorliegens einer fiktiven Gesellschaft demjenigen auferlegt, der sich auf dieses Merkmal bezieht[555]. Da die subjektiven Kriterien einer wirksamen Willenseinigung in Bezug auf die Merkmale des Art. 1832 C. civ. sowie auf einen anfänglich bestehenden – bzw. möglicherweise später weggefallenen – *affectio societatis* in der Praxis kaum dem direkten Beweis zugänglich sind[556], zeigt die Rechtsprechung Pragmatismus. So geht sie davon aus, durch nachträglich hervorgetretene Indizien auf die ursprüngliche Realität der Willenseinigung oder des *affectio societatis* schließen zu können. Eine typische Formulierung in diesem Sinne lautet etwa: „...die *fictivité* einer Gesellschaft, die zum Zeitpunkt ihrer Gründung zu beurteilen ist, kann anhand von nach ihrer Bildung [aufgetretener, d.Verf.] Tatsachen festgestellt werden...“[557].

Gleichzeitig entschärft die Rechtsprechung durch dieses Postulat die Fragestellung, ob der *affectio societatis* auch nach der Gesellschaftsgründung noch wegfallen kann, indem sie auch nachträglich gefundene Hinweise zeitlich an die Gesellschaftsgründung anknüpfen lässt[558] . In Entscheidungen zur *fictivité* werden daraufhin Überlegungen zur Scheingeschäftslehre, dem Nichtvorliegen der Voraussetzungen des Art. 1832 C. civ. bzw. sogar des *affectio societatis* gar nicht erst angestellt und nur geprüft, ob solche dem Beweis zugänglichen Tatsachen im konkreten Fall für eine fiktive Gesellschaft sprechen[559]. Andere

---

[555] *Lienhard*, Anmerkung zu CA Douai, 02.10.2003, D. 2003, 2571; *Pétel*, Procédures collectives, Rn. 87.

[556] Siehe hierzu *Rivinius*, Konzernkonkurs, S. 60 mit Hinweis auf Cass. 3e civ. 22.06.1976, Revisionsnummer 74-10119, in dem die Scheingesellschafter ihren fehlenden *affectio societatis* offen zugegeben hatten; vgl. auch *Martin-Serf*, Consentement des parties – Sociétés fictives et frauduleuses, in: JCl. Soc. traité, Fasc. 7-40, Rn. 8; *Reille*, La notion de confusion des patrimoines, Rn. 415; alle m.w.N.

[557] So heißt es zum Beispiel im aus dem für die Voraussetzungen der Verfahrenserstreckung besonders prägenden *Metaleurop*-Verfahren hervorgegangenen Urteil CA Douai, 02.10.2003, RG-Nr. 03-02333, 03-02334 sowie 03-02893, D. 2003, 2571, m. Anm. *Lienhard*: „...la fictivité d'une société, qui doit s'apprécier à la date de sa création, peut être révélée par des faits postérieurs à sa constitution...“. Ähnlich auch bei Cass. com. 12.10.1993, Revisionsnummer 91-13966, Bull. civ. 1993, IV, S. 237, Nr. 330 – zu beiden Entscheidungen auch oben, b) bb) –; 13.10.1998, Revisionsnummer 96-10293; vgl. auch *Lienhard*, Procédures collectives, Rn. 64.15; *Martin-Serf*, Consentement des parties – Sociétés fictives et frauduleuses, in: JCl. Soc. traité, Fasc. 7-40, Rn. 105; zur Rechtslage vor dem *Metaleurop*-Verfahren *Rivinius*, Konzernkonkurs, S. 62.

[558] Zu dieser umstrittenen Problematik soeben oben, b) bb).

[559] So geschehen etwa in Cass. com. 25.11.1997, Revisionsnummer 95-17864; 14.10.1997, Revisionsnummer 95-12619; 27.10.1998, Revisionsnummer 96-13277, Bull. civ. 1998, IV, S. 219, Nr. 265; 19.02.2002, Revisionsnummer 98-20578, Bull. civ. 2002, IV,

Urteile nennen das dogmatische Fundament der *fictivité* hingegen durchaus, stützen sich dann aber im Sinne der soeben genannten Entscheidungsformel auf Tatsachen aus der Funktionsweise der Gesellschaft[560].

aa) Fehlende Autonomie von Gesellschaften

Die hierbei angestellten Überlegungen betreffen größtenteils die Frage nach einer fehlenden Autonomie der betroffenen Gesellschaft, welche nahezu vollständig an einen Hintermann abgetreten sein muss.

Von besonderer Relevanz für die Entwicklung eines entsprechenden Maßstabs war das *Metaleurop*-Verfahren[561]. Dort verklagten die Gläubigervertreter des Gießereiunternehmens *Metaleurop Nord SAS* im strukturschwachen Nordfrankreich[562] die mit mehr als 99 Prozent am Kapital dieser Gesellschaft beteiligte Konzernmutter *Metaleurop SA* zur Erstreckung des über die SAS eröffneten Insolvenzverfahrens[563]. Dies geschah insbesondere auch, um Rückbau und Entgiftung des Komplexes zu ermöglichen, der durch die Veräußerung der verbliebenen Unternehmensaktiva der SAS nicht allein finanzierbar war und nur durch einen Rückgriff auf das Vermögen der Muttergesellschaft erreichbar

---

S. 34, Nr. 33 (mit Hinweis immerhin auf das aus der Sicht des Gerichtshofs notwendige Vorliegen eines *maître d'affaire*). Dieses Vorgehen beschreibt *Rivinius*, Konzernkonkurs, S. 62 als typisch. *Martin-Serf*, Consentement des parties – Sociétés fictives et frauduleuses, in: JCl. Soc. traité, Fasc. 7-40, Rn. 27 bemerkt hierzu: „Die Richter nehmen diesbezüglich eher eine empirische Haltung an als sich auf ein Merkmal einzuschränken" („Les juges adoptent en la matière une attitude empirique plutôt qu'un critère précis auquel ils se tiendraient").

560 So in Cass. com. 03.02.1998, Revisionsnummer 95-21174; Bull. civ. 1998, IV, S. 43, Nr. 54; 09.06.2009, Revisionsnummer 07-20937; CA Paris, 01.07.2005 RG-Nr. 2005-05274; CA Chambéry, 18.12.2007, RG-Nr. 07/17586; siehe auch Cass. com. 11.03.2008, Revisionsnummer 06-19968, wo auf das notwendige Bestehen einer „Absicht" der Beteiligten Bezug genommen wird, „sich als Gesellschafter zu verstehen", was als klarer Hinweis auf das Kriterium einer *affectio societatis* verstanden werden kann; siehe zu derartigen Entscheidungen auch *Le Corre*, Droit et pratique des procédures collectives, Rn. 231.111 f..

561 Hier betroffen CA Douai, 02.10.2003, RG-Nr. 03-02333, 03-02334 sowie 03-02893, D. 2003, 2571, m. Anm. *Lienhard*; der komplexe Rechtsstreit war auch für die Voraussetzungen der Vermögensvermischung prägend, hierzu weiter unten, cc).

562 Siehe zu weiteren Hintergründen des Verfahrens auch *Lienhard*, Anmerkung zu CA Douai, 02.10.2003, D. 2003, 2571; *Robine*, L'extension de la procédure de redressement ou de liquidation judiciaire, in: de Vauplane/ Daigre (Hrsg.), S. 325, 327 f., Rn. 3.

563 Daneben wurde noch die Verfahrenserstreckung auf die Schwestergesellschaft *SAS Metaleuropcommercial* beantragt, zu der der Gerichtshof im hier vorliegenden Urteil nur sehr begrenzt Stellung nahm.

schien[564]. Diese Problematik hatte das Verfahren über breite Medienberichterstattung einer breiten Öffentlichkeit bekannt gemacht[565]. Die in der Gesellschaft *Metaleurop SAS* zusammengeführten Aufgaben hatten zudem nahezu die gesamte umweltgefährdende Aktivität des Konzerns umfasst[566]. Die Vorinstanz hatte eine Verfahrenserstreckung noch abgelehnt[567]. Geltend gemacht wurde vor dem Appellationsgerichtshof die *fictivité* dieser Tochtergesellschaft sowie, hilfsweise, eine Vermögensvermischung mit der Muttergesellschaft. Um die Situation sachgerecht beurteilen zu können, entwickelte der Appelationsgerichtshof Douai in seinem Urteil vom 02.10.2003 folgende Formel, die heute vielfach als Referenz genannt wird[568]:

> „...eine Gesellschaft erscheint fiktiv, sobald sie jeder Eigenständigkeit der Entscheidungen entbehrt und besonders derjenigen, im Rahmen der Gesetzes- und Satzungsregeln über ihre Auflösung oder ihr Überleben zu entscheiden, wobei diese Möglichkeit in Wirklichkeit dem Hintermann *(maître d'affaire)* zukommt“[569].

Im Grunde nähert sich die Rechtsprechung über das Fehlen jeglicher Autonomie indirekt wieder der Grundlage des *affectio societatis* an: Verfolgt die Gesellschaft ausschließlich übergeordnete Interessen des *maître d'affaire*, bleibt

---

[564] Siehe *Lienhard*, Anmerkung zu CA Douai, 02.10.2003, D. 2003, 2571.

[565] Ebenda. Seit diesem medienträchtigen Verfahren wird im französischen Recht auch über umweltrechtliche Insolvenzhaftungstatbestände nachgedacht, hierzu unten, VI.

[566] Siehe *Pelletier*, La responsabilité au sein des groupes de sociétés en cas de procédure collective, Rn. 58.

[567] TGI Béthune, 11.04.2003, Nr. 2003/000661.

[568] Siehe etwa *Le Corre*, Etude: L'ouverture des procédures par extension, in: Le Corre (Hrsg.), Lexbase encyclopédie, 2.2; *Pelletier*, La responsabilité au sein des groupes de sociétés en cas de procédure collective, Rn. 62; *Pérochon*, Entreprises en difficulté, Rn. 337; *Saint-Alary Houin*, in: FS-Merle, S. 637, 640; *Salgado*, Entreprises en difficulté, S. 77.

[569] „...une société apparaît fictive lorsqu'elle est dépourvue de toute autonomie décisionnelle et notamment de la faculté de décider, dans le cadre des dispositions légales et statutaires, de sa liquidation ou de sa survie, cette faculté appartenant en fait au véritable maître de l'affaire“. Auch in vorherigen Entscheidungen wurde regelmäßig an das Fehlen eigener Entscheidungskompetenzen angeknüpft, diese allerdings noch nicht auf das Bestehen oder Nichtbestehen der Gesellschaft bezogen, so etwa Cass. Com. 28.10.1989, Revisionsnummer 88-16082; 21.11.1995, Revisionsnummer 93-20054; zur Aufhebung der Entscheidungsautonomie der Gesellschaft als zentralem Kriterium der fictivité auch *Comanges*, Bull. Joly Soc., Nr. 2003-1, 12, Rn 6; *Daigre*, Entreprises en difficulté – Redressement judiciaire (Personnes morales et dirigeants), in: Rép. sociétés, Rn. 83; *Delebecque*, Rev. Proc. Coll., Nr. 1998-2, 129, Rn. 6; Zum Tatbestand und dessen Entwicklung bis zum Haftungsregime von 1985 *Ehricke*, Das abhängige Konzernunternehmen in der Insolvenz, S. 568 ff.; Rivinius, Konzernkonkurs, S. 63.

für eine Verfolgung eigener Zwecke der Gesellschaftsgründer kein Raum mehr[570].

bb) Besonderer Maßstab für fiktive Konzerngesellschaften

Für Konzerngesellschaften beinhaltet der Tatbestand der *fictivité* zusätzlich zu diesem bereits überaus restriktiven Maßstab noch weitere Besonderheiten. Ähnlich wie in der für Konzernsituationen weitaus relevanteren Tatbestandsalternative der Vermögensvermischung[571] möchte die Rechtsprechung die Erwartungen des Rechts- sowie besonders des Kreditverkehrs in Bezug auf die dort vorhandene Haftungstrennung[572] normal operierender Konzerne nicht über eine zu weitreichende Definition der *fictivité* enttäuschen[573]. Nahezu selbstverständlich erscheint in diesem Zusammenhang die Feststellung, dass die alleinige Zugehörigkeit zum Konzern die *fictivité* etwa der Tochtergesellschaft nicht begründen kann[574]. Vielmehr ist eine gewisse Abhängigkeit von Konzerngesellschaften durch die Einbindung in gemeinsame Organisationsstrukturen, konzerninterne Abläufe und sogar teils identisch besetzter Leitungsorgane gerade ein Wesensmerkmal normal funktionierender Konzerne, das bei Finanzkonzernen *(groupes financiers)* zusätzlich durch die Kapitalbeteiligung etwa einer Muttergesellschaft materialisiert wird[575]. Konzerngesell-

---

[570] *Comanges*, Bull. Joly Soc., Nr. 2003-1, 12, Rn 6; vgl. in Bezug auf Konzerngesellschaften auch *Martin-Serf*, Consentement des parties – Sociétés fictives et frauduleuses, in: JCl. Soc. traité, Fasc. 7-40, Rn. 32; *Rivinius*, Konzernkonkurs, S. 64, m.w.N.

[571] Hierzu sogleich unten, 3.

[572] Zur Haftungstrennung im Konzern und den daran angelehnten Haftungserwartungen des Rechtsverkehrs oben, § 1 B. I. 2. b) aa) ff.

[573] Dies betont auch *Rivinius*, Konzernkonkurs, S. 64. Ähnliche Argumente wurden von der damals herrschenden Ansicht zur Ablehnung der „Unternehmenseinheit" *(unité d'entreprise)* als Erstreckungsgrund angewendet, siehe bereits oben, 1. c).

[574] Siehe *Campana/ Dizel/ Barratin/ Fernandez*, Entreprises en difficulté – Redressement judiciaire (Conditions d'ouverture), in: Vogel/ Delpech (Hrsg.), Rép. commercial, Rn. 241; *Rivinius*, Konzernkonkurs, S. 64; vgl. auch *Delebecque*, Rev. Proc. Coll., Nr. 1998-2, 129, Rn. 6.

[575] Hierauf geht auch der Appellationsgerichtshof Douai im oben beschriebenen *Metaleurop*-Verfahren, CA Douai, 02.10.2003, RG-Nr. 03-02333, 03-02334 sowie 03-02893, D. 2003, 2571, m. Anm. *Lienhard*, ein: „...eine reine wirtschaftliche Abhängigkeit von Gesellschaften eines Konzerns, von welchem einzelne Aufgaben, insbesondere in Bezug auf Buchhaltung und Verwaltung zentralisiert werden, um sie zu optimieren oder zu harmonisieren, kann keine Verfahrenserstreckung gegen eine von ihnen rechtfertigen; [...] gleiches gilt für die Identität des Führungspersonals" („...la seule interdépendance économique des sociétés d'un groupe, dont certaines fonctions, notamment comptables ou administratives, sont centralisées afin de les optimiser ou de les harmoniser, ne peut fonder l'extension de la procédure collective ouverte à l'encontre de l'une d'elles ; [...] il en est de même de l'identité des dirigeants"). Erstaunlicherweise bringt der Gerichtshof in diesem Zusammenhang ebenso

schaften werden daher nach Ansicht der Rechtsprechung erst zu fiktiven Strohmanngesellschaften, wenn sie – entsprechend dem allgemeinen Kriterium – alle Eigenständigkeit verloren haben und – zusätzlich hierzu – die Ausübung der die Autonomielosigkeit begründenden Leitungsmacht einer anderen Gesellschaft das jedem Konzern innewohnende Maß überschreitet bzw. der Konzerngesellschaft die für ihre Selbständigkeit wesentlichen Zuständigkeiten aberkannt werden[576]. Eine Muttergesellschaft wird somit umgekehrt erst zum *maître d'affaire*, wenn sie das Gesellschaftsinteresse einer Tochter systematisch verletzt[577]. Auszuschließen ist die *fictivité* hingegen, wenn die Form des Zusammenschlusses trotz engster Bindungen als „classique"[578], bezeichnet werden kann[579]. Schon aus diesem Grund kommt eine *fictivité* bei der beliebten Aufspaltung von Unternehmen in SCI und SARL[580] trotz enger persönlicher und wirtschaftlicher Verknüpfung der Gesellschaften nur in seltenen, offensichtlichen Missbrauchsfällen zur Gläubigerschädigung vor[581].

---

eine Anwendung des Maßstabs eines „Konzerninteresses" („intérêt de groupe") ins Spiel, welcher seit dem Urteil im Fall *Rozenblum* eher unter strafrechtlichen Gesichtspunkten Anwendung findet – hierzu oben, § 1 B. I. 1. c) ff); überrascht daher auch *Lienhard*, Anmerkung zu CA Douai, 02.10.2003, D. 2003, 2571. Siehe zum ganzen auch *Martin-Serf*, Consentement des parties – Sociétés fictives et frauduleuses, in: JCl. Soc. traité, Fasc. 7-40, Rn. 32; *Pelletier*, La responsabilité au sein des groupes de sociétés en cas de procédure collective, Rn. 64. Zu unterschiedlichen Arten der Konzernbildung oben, § 1 B. I. 3.; zu *groupes financiers* dort, aa).

576 So formuliert es der Appellationsgerichtshof Douai im selben Urteil: „...allerdings darf die Zusammenlegung von Mitteln sowie die Unterordnung der Gesellschaftsinteressen unter die des Konzerns nicht dasjenige Maß einer Organisation überschreiten, das einer solchen wirtschaftlichen Gesamtheit innewohnt, und [...] die Gesellschaften müssen die für die Beibehaltung ihrer Selbständigkeit wesentlichen Aufgaben beibehalten" („...cependant [...] la mise en commun des moyens et la subordination à celui du groupe des intérêts des sociétés le composant ne doit pas dépasser le degré d'organisation inhérent à un tel ensemble économique et [...] les sociétés contrôlées doivent conserver la maîtrise des fonctions essentielles à leur autonomie"); siehe zu diesem Kriterium auch *Le Corre*, Droit et pratique des procédures collectives, Rn. 213.111; *Pelletier*, La responsabilité au sein des groupes de sociétés en cas de procédure collective, Rn. 65.

577 So eine zu befürwortende, einschränkende Auffassung der *Metaleurop*-Rechtsprechung von *Pelletier*, La responsabilité au sein des groupes de sociétés en cas de procédure collective, Rn. 62: „La fictivité s'arrête aux cas de violation systématique de l'intérêt social".

578 Etwa: „bewährt und bekannt".

579 Cass. com. 28.06.1994, Revisionsnummer 91-22293.

580 Zu diesen „microgroupes" und ihren Vorteilen und Anwendungsfällen oben, § 1 B. II. 1. b) aa).

581 Siehe bereits *Le Corre*, Etude: L'ouverture des procédures par extension, in: Le Corre (Hrsg.), Lexbase encyclopédie, 2.2 mit zahlreichen Nachweisen aus der Rechtsprechung; Beispiele von Missbrauchsfällen finden sich bei *Martin-Serf*, Consentement des parties – Sociétés fictives et frauduleuses, in: JCl. Soc. traité, Fasc. 7-40, Rn. 39.

cc) Situationsgebundene Gesamtbetrachtung durch die Rechtsprechung

Um eine derart qualifizierte Form der Beherrschung durch einen Dritten nachweisen zu können, müssen in allen Fällen gleich mehrere Kriterien im Sinne einer situationsgebundenen Gesamtbetrachtung *(faisceau d'indices)* erfüllt sein, bevor von einer ausreichenden Unterwerfung der Gesellschaft gesprochen werden kann[582]. Ob entsprechende Indizien vorliegen, geht meist aus einem durch das Gericht in Auftrag gegebenen Gutachten hervor[583]; die Gewichtung der schließlich offengelegten Gesichtspunkte unterliegt daraufhin im Einzelfall der Beurteilung der Gerichte im Hinblick etwa auf die wirtschaftlichen Aktivitäten der Gesellschaft sowie ihres vertraglich festgelegten Zwecks[584]. Bei Konzerngesellschaften, bei denen zusätzlich überprüft wird, ob der Gesellschaft die „für ihre Selbständigkeit wesentlichen Zuständigkeiten" belassen wurden[585], müssen diese Faktoren auch bei der Beurteilung der „Wesentlichkeit" mit einbezogen werden[586].

Die Anwendung der so umschriebenen Maßstäbe variiert in der Praxis von Fall zu Fall[587]. Einige Leitlinien lassen sich jedoch zumindest exemplarisch

---

[582] Siehe *Coquelet*, Entreprises en difficulté, instruments de paiement et de crédit, Rn. 111; *Pétel*, Procédures collectives, Rn. 87; *Reille*, La notion de confusion des patrimoines, Rn. 415; vgl. auch *Rivinius*, Konzernkonkurs, S. 63.

[583] So *Le Corre*, Droit et pratique des procédures collectives, Rn. 213.111 f. Auch im oben genannten *Metaleurop*-Urteil (CA Douai, 02.10.2003, RG-Nr. 03-02333, 03-02334 sowie 03-02893, D. 2003, 2571, m. Anm. *Lienhard*) war die Beauftragung eines Gutachtens die unmittelbare Rechtsfolge. Dieses sollte nach der Maßgabe des Gerichts näher beleuchten, ob die Tochtergesellschaft über die notwendigen Mittel zur Verfolgung ihres Satzungszwecks verfügte, welche Aufgaben im Alltag der Gesellschaft regelmäßig auszuführen waren und wer die Entscheidungsgewalt über ihre Ausführung innehatte und – wohl für die Frage des Vorliegens einer Vermögensvermischung – wie die konzerninternen Finanzflüsse ausgestaltet waren. Der Kassationsgerichtshof, der ein späteres Urteil des Appellationsgerichtshofs Douai (16.12.2004, D. 2005, 216) kassierte, ging später nahezu ausschließlich auf das Kriterium der Vermögensvermischung ein. Dieses Urteil wird daher sogleich in diesem Rahmen besprochen, siehe unten, 3. a).

[584] Der Appellationsgerichtshof Douai (CA Douai, 02.10.2003, RG-Nr. 03-02333, 03-02334 sowie 03-02893, D. 2003, 2571, m. Anm. *Lienhard*) formuliert in Bezug auf den Beweis einer fehlenden Entscheidungsfreiheit zur Fortführung der Gesellschaft treffend: „Die Wirklichkeit dieses gleichwesentlichen Vorrechts der juristischen Person muss anhand des konkreten Einzelfalls unter Berücksichtigung der Besonderheiten der Aktivität und des Gesellschaftszwecks beurteilt werden" („...la réalité de cette prérogative consubstantielle à la personnalité morale [...] doit être appréciée in concreto, en tenant compte des spécificités de l'activité et de l'objet social"); vgl. auch *Reille*, La notion de confusion des patrimoines, Rn. 415.

[585] Siehe soeben oben, bb).

[586] Auch dies betont der Appellationsgerichtshof Douai im oben genannten Urteil: „...en identifiant les fonctions de l'entité qui apparaissent à cet égard essentielles".

[587] *Lienhard*, Anmerkung zu CA Douai, 02.10.2003, D. 2003, 2571.

nachzeichnen, wobei aktuelle Fälle wegen der immer häufigeren Anwendung der Vermögensvermischung als einfacher zu beweisendem Ausgangspunkt sehr selten geworden sind[588].

Im Wesentlichen lassen sich die von der Rechtsprechung zum Nachweis der *fictivité* herangezogenen Indizien in zwei Kategorien einteilen: die Besetzung der wichtigsten Organe bzw. Gremien betreffende, organbezogene Merkmale sowie die wirkliche Aktivität der Gesellschaft beschreibende, funktionale Merkmale (*indices organiques* bzw. *fonctionnels*)[589].

Zu den „organischen" Merkmalen gehören etwa familiäre bzw. freundschaftliche Beziehungen zwischen „Hintermännern" und Gesellschaftern bzw. Führungspersonal einer Gesellschaft[590], eine weitgehend parallele Besetzung von Gremien bei Konzerngesellschaften[591] sowie ähnliche oder gleiche Firmenbezeichnungen im Konzernverbund oder ein identischer Gesellschaftssitz[592]. Das alleinige Vorliegen solcher Kriterien ist allerdings für den Beweis einer fiktiven Strohmanngesellschaft nicht ausreichend[593]. Dies lässt sich damit

---

588 Zur praktischen Relevanz der *fictivité* bereits oben, a). Dies gilt insbesondere für fiktive Gesellschaft als Verfahrenserstreckungsgrund. Die sogleich genannten Entscheidungen betreffen sowohl diese als auch die mit gleichen Kriterien bezeichnete, gesellschaftsrechtliche *fictivité*.

589 Diese Einteilung wird etwa von *Reille*, La notion de confusion des patrimoines, Rn. 415 sowie *Rivinius*, Konzernkonkurs, S. 63 ff. vorgenommen; beide mit m.w.N. aus der Rechtsprechung zu allen sogleich genannten Indiziengruppen.

590 Als Indiz und Ausgangspunkt einer genaueren Betrachtung festgehalten etwa in Cass. com. 07.03.1972, Revisionsnummer 69-13451, Bull. civ. 1972, S. 81, Nr. 84; 11.06.1974, Revisionsnummer 72-14677, Bull. civ. 1974, S. 151, Nr. 188. Als alleiniges Merkmal nicht als ausreichend bezeichnet in Cass. com. 21.12.1982, Jurisdata Nr. 1982-799405. Siehe zu diesem Merkmal auch *Daigre*, Entreprises en difficulté – Redressement judiciaire (Personnes morales et dirigeants), in: Rép. sociétés, Rn. 82; *Martin-Serf*, Consentement des parties – Sociétés fictives et frauduleuses, in: JCl. Soc. traité, Fasc. 7-40, Rn. 30; *Reille*, La notion de confusion des patrimoines, Rn. 415; *Rivinius*, Konzernkonkurs, S. 65.

591 So als Indiz herangezogen etwa in Cass. com. 28.11.1989, Revisionsnummer 88-16082. Siehe hierzu auch *Reille*, La notion de confusion des patrimoines, Rn. 415; *Rivinius*, Konzernkonkurs, S. 65.

592 So etwa in Cass. com. 27-10-1998, Revisionsnummer 96-13277, Bull. civ. 1998, IV, S. 219, Nr. 265, dort allerdings als nicht ausreichend zum Beweis einer fiktiven Gesellschaft bezeichnet. Siehe auch *Daigre*, Entreprises en difficulté – Redressement judiciaire (Personnes morales et dirigeants), in: Rép. sociétés, Rn. 80; *Martin-Serf*, Consentement des parties – Sociétés fictives et frauduleuses, in: JCl. Soc. traité, Fasc. 7-40, Rn. 36; *Pétel*, Procédures collectives, Rn. 87; *Reille*, La notion de confusion des patrimoines, Rn. 415; *Rivinius*, Konzernkonkurs, S. 66.

593 Vgl. schon die oben genannte Entscheidung Cass. com. 27.10.1998, Revisionsnummer 96-13277, Bull. civ. 1998, IV, S. 219, Nr. 265 sowie *Daigre*, Entreprises en difficulté – Redressement judiciaire (Personnes morales et dirigeants), in: Rép. sociétés, Rn. 82; *Gibirila*, Entreprises en difficulté, Rn. 223; *Rivinius*, Konzernkonkurs, S. 66; vgl. auch *Reille*, La notion de confusion des patrimoines, Rn. 412.

erklären, dass der von der Rechtsprechung angelegte Maßstab der Autonomie der betroffenen Gesellschaft nicht allein anhand dieser formellen Kriterien erschöpfend prüfen lässt[594]. Ihr Vorliegen kann daher – je nach Einzelfall – höchstens Indizcharakter für eine daraufhin durch weitere Kriterien zu beweisende fehlende Autonomie der Gesellschaft haben[595], wie die hervorgehobenen Ähnlichkeiten zwischen unterschiedlichen Gesellschaften aber auch einen reinen Zufall darstellen können[596].

Andere dieser „Indizien" stellen sogar eine in Konzernsachverhalten völlig gängige Praxis dar, wie etwa die Domizilierung mehrerer Konzerngesellschaften unter einer Adresse[597]. Im Fall [598] des Vorliegens eines alleinigen Gesellschafters bzw. einer so genannten *„filiale à 100 %"*[599] müssen hingegen die Wertungen des Gesetzgebers berücksichtigt werden, der Einpersonengesellschaften unter bestimmten Voraussetzungen für rechtmäßig erklärt[600]. Werden die betriebliche und private Sphäre des einzigen Gesellschafters hinreichend getrennt, besteht allein aufgrund des Fehlens mehrerer Gesellschafter daher noch kein Grund, am wirklichen Bestehen eines *affectio societatis* zu zweifeln[601]. Gleiches gilt grundsätzlich, wenn zwar eine Mehrheit von Gesellschaftern vorliegt, eine Person allerdings weit überwiegend am Gesellschaftskapital

---

594 *Daigre*, Entreprises en difficulté – Redressement judiciaire (Personnes morales et dirigeants), in: Rép. sociétés, Rn. 82; *Rivinius*, Konzernkonkurs, S. 66.

595 *Rivinius*, Konzernkonkurs, S. 66.

596 *Daigre*, Entreprises en difficulté – Redressement judiciaire (Personnes morales et dirigeants), in: Rép. sociétés, Rn. 82.

597 Hierauf hinweisend *Rivinius*, Konzernkonkurs, S. 66 f.

598 Siehe zu dieser Fallgruppe auch Rivinius, S. 85, *Martin-Serf*, Consentement des parties – Sociétés fictives et frauduleuses, in: JCl. Soc. traité, Fasc. 7-40, Rn. 27.

599 Zu diesem Begriff und der Abgrenzung zu Gesellschaftstypen wie SASU oder EURL *Martin-Serf*, Consentement des parties – Sociétés fictives et frauduleuses, in: JCl. Soc. traité, Fasc. 7-40, Rn. 34.

600 Mit dem Gesetz vom 11.06.1985 (Nr. 85-697 relative à l'entreprise unipersonnelle à responsabilité limitée et à l'exploitation agricole à responsabilité limitée, JORF, 12.07.1985, S. 7862) wurde zunächst die Möglichkeit geschaffen, durch einseitige Willenserklärungen Ein-Personen-SARL zu gründen, die den Namen EURL erhielten. Zwar kann hier nicht von einem *affectio societatis* im engeren Sinn gesprochen werden; verhält sich der einzige Gesellschafter allerdings analog zu einem SARL-Gesellschafter, entsteht hieraus keine fiktive Gesellschaft. Das Gesetz vom 12.07.1999 (Nr. 99-587 sur l'innovation et la recherche, JORF, 13.07.1999, S. 10396) erweiterte die Möglichkeiten zur Einpersonengesellschaft auf die SA in Form der SASU. Beide gesetzgeberische Maßnahmen entstanden mit der Zielvorstellung, eine Alternative zur fiktiven Einpersonengesellschaft anzubieten. Zu alledem ausführlich *Martin-Serf*, Consentement des parties – Sociétés fictives et frauduleuses, in: JCl. Soc. traité, Fasc. 7-40, Rn. 11 ff.

601 Siehe auch *Rivinius*, Konzernkonkurs, S. 85 ff., m.w.N.

beteiligt ist. Dies kann allenfalls als erstes Indiz den Ausgangspunkt einer weitergehenden Überprüfung darstellen.[602]

Weit größere Relevanz kommt nach dem Maßstab der Rechtsprechung daher den „funktionalen“ Kriterien zu, deren Abwesenheit sich direkt negativ auf den Grad der einer Gesellschaft überlassenen Autonomie auswirkt[603]. Fiktive Gesellschaften sind daher vielfach durch die „Abwesenheit jedweden Gesellschaftslebens“ *(absence de toute vie sociale)* gekennzeichnet, halten keine Gesellschafterversammlungen ab und auch ihre anderen Organe treten nicht aktiv in Erscheinung.[604]. Wichtige Hinweise für die *fictivité* sind auch das Fehlen nennenswerter, vom Hintermann ablösbarer geschäftlicher Aktivitäten[605] sowie eine offensichtliche materielle Unterkapitalisierung[606]. In vielen Fällen

---

[602] So als Indiz herangezogen etwa in Cass. com. 11.06.1974, Revisionsnummer 72-14677, Bull. civ. 1974, S. 151, Nr. 188; hierzu *Martin-Serf*, Consentement des parties – Sociétés fictives et frauduleuses, in: JCl. Soc. traité, Fasc. 7-40, Rn. 34; *Rivinius*, Konzernkonkurs, S. 64 f., der auf das Fehlen eines Verbots beherrschender Stellungen im französischen Recht hinweist.

[603] *Daigre*, Entreprises en difficulté – Redressement judiciaire (Personnes morales et dirigeants), in: Rép. sociétés, Rn. 82; *Rivinius*, Konzernkonkurs, S. 66 f.; besonders auf entsprechende Kriterien abstellend auch *Coquelet*, Entreprises en difficulté, instruments de paiement et de crédit, Rn. 110 f.; *Le Corre-Broly/ Le Corre*, Droit des Entreprises en difficulté, S. 45; *Pétel*, Procédures collectives, Rn. 87. Siehe als kürzlich ergangenes Beispiel aus der Rechtsprechung etwa Cass. com. 03.06.2008, Revisionsnummer 07-11697, wo eine gesellschaftsrechtliche *fictivité* ausschließlich anhand funktionaler Kriterien ausgesprochen wurde.

[604] Die Beispiele aus der Rechtsprechung sind zahlreich, siehe nur Cass. com. 21.05.1963, Bull. civ. 1963, III, Nr. 245; 30.10.1967, Bull. civ. 1967, III, Nr. 346; Cass. 3e civ. 10.10.2007, Revisionsnummer 05-18076; Cass. com. 09.06.2009, Revisionsnummer 07-20937; auf dieses Kriterium gehen ebenfalls ein *Coquelet*, Entreprises en difficulté, instruments de paiement et de crédit, Rn. 110 f.; *Guyon*, Droit des affaires, tome 2, Rn. 1405; *Le Corre-Broly/ Le Corre*, Droit des Entreprises en difficulté, S. 45; *Martin-Serf*, Consentement des parties – Sociétés fictives et frauduleuses, in: JCl. Soc. traité, Fasc. 7-40, Rn. 24, m.w.N.; *Pétel*, Procédures collectives, Rn. 87; *Reille*, La notion de confusion des patrimoines, Rn. 415; *Rivinius*, Konzernkonkurs, S. 66; vgl. auch *Daigre*, Entreprises en difficulté – Redressement judiciaire (Personnes morales et dirigeants), in: Rép. sociétés, Rn. 82.

[605] Hierzu im bereits oben genannten Urteil Cass. com. 03.06.2008, Revisionsnummer 07-1169; siehe weiterhin etwa *Guyon*, Droit des affaires, tome 2, Rn. 1405; *Jacquemont*, Sauvegarde, redressement et liquidations judiciaires – Exploitation en commun et confusion des patrimoines, in: JCl. Com., Fasc. 2165, Rn. 39; *Le Corre-Broly/ Le Corre*, Droit des Entreprises en difficulté, S. 45; *Pétel*, Procédures collectives, Rn. 87; *Rivinius*, Konzernkonkurs, S. 66, m.w.N.

[606] Dies war ebenso ein Kriterium der Gesamtbetrachtung im Urteil Cass. com. 03.06.2008, Revisionsnummer 07-1169; es wurde festgehalten, dass die Gesellschaft uunter anderem aufgrund ihrer sehr geringen Kapitalausstattung keine ernsthafte Verfolgung ihres Gesellschaftszwecks betreiben konnte; auch im Metaleurop-Urteil, (CA Douai, 02.10.2003, RG-Nr. 03-02333, 03-02334 sowie 03-02893, D. 2003, 2571, m. Anm. *Lienhard*) wird leicht

deutet auch die Auslagerung unrentabler Geschäftszweige in Erwartung eines Insolvenzverfahrens auf die Gründung einer fiktiven Gesellschaft mit der Absicht einer Verringerung der Haftungsmasse und ohne entsprechenden *affectio societatis* hin[607]. Schließlich kann auch eine Vermögensvermischung für den Beweis einer *fictivité* herangezogen werden, was allerdings nach der hier vertretenen, überzeugenderen Ansicht ausgeschlossen werden sollte[608].

Die durch die Rechtsprechung vorgenommene Gesamtbetrachtung aller im Prozess erwiesenen Kriterien erschwert vorhersehbare Ergebnisse im Einzelfall[609]. Während das Vorliegen eines oder nur weniger sowohl „funktionaler" wie auch „organischer" Kriterien für die vollständige Autonomielosigkeit als nicht ausreichend bezeichnet werden kann[610], vermag eine Kombination mehrerer Elemente für den Beweis einer fiktiven Gesellschaft aus der Sicht eines Gerichts ausreichend zu sein[611]. Werden andererseits Hinweise auf ein auch

---

einschränkend festgehalten: „...auch wenn die Unzulänglichkeit des Eigenkapitals einen Antrag auf Verfahrenserstreckung nicht allein rechtfertigen kann, hatte die Tochtergesellschaft [im vorliegenden Fall, d. Verf.] keine ausreichende finanzielle Selbständigkeit, die es ihr ermöglicht hätte, den Bedürfnissen ihres Betriebs zu genügen..." („...même si l'insuffisance de capitaux propres ne peut justifier à elle seule une demande en extension, la filiale ne disposait pas d'une autonomie financière lui permettant de faire face aux besoins de son activité..."); zu diesem Kriterium auch *Pelletier*, La responsabilité au sein des groupes de sociétés en cas de procédure collective, Rn. 62.

[607] So etwa in Cass. com. 23.01.1963, Bull. civ. 1963, III, Nr. 57; 03.10.1989, Revisionsnummer 88-14394, Bull. civ. 1989, IV, S. 160, Nr. 240; 19.11.1996, Revisionsnummer 94-21524; siehe hierzu auch *Pelletier*, La responsabilité au sein des groupes de sociétés en cas de procédure collective, Rn. 57, 61; *Reille*, La notion de confusion des patrimoines, Rn. 415; vgl. auch *Comanges*, Bull. Joly Soc., Nr. 2003-1, 12, Rn. 1.

[608] Siehe die Nachweise bei *Martin-Serf*, Consentement des parties – Sociétés fictives et frauduleuses, in: JCl. Soc. traité, Fasc. 7-40, Rn. 37; zur Problematik bereits oben unter a); ebenso kritisch *Reille*, La notion de confusion des patrimoines, Rn. 417 ff.

[609] Vgl. *Comanges*, Bull. Joly Soc., Nr. 2003-1, 12, Rn. 1: „Die *fictivité* umkleidet sich mit einer Umwölkung, die ihrem mysteriösen Erscheinungsbild entspricht. In der Tat zeichnet sich dieser Begriff durch seinen Vorbehalt gegen eine Definition aus." („La fictivité se drape d'une nébulosité inhérente à son aspect mystérieux. En effet, cette notion se distingue par sa réticence à la définition.")

[610] So etwa im bereits oben erwähnten Urteil, Cass. com. 21.12.1982, Jurisdata Nr. 1982-799405, in dem das alleinige Vorliegen familiärer Beziehungen zwischen zwei Gesellschaften als nicht ausreichend bezeichnet wurde.

[611] *Reille*, La notion de confusion des patrimoines, Rn. 415; so auch in den bereits oben erwähnten Urteilen Cass. com. 28.11.1989, Revisionsnummer 88-16082 sowie Cass. com. 03.06.2008, Revisionsnummer 07-11697. Im ersten Fall verlangte der Kassationsgerichtshof zur Bejahung einer fiktiven Gesellschaft mit der Muttergesellschaft gleich besetzte Führungsorgane, eine parallele Eigentümerstruktur, derselben Adresse und demselben Kundenstand sowie eine Ausnutzungsabsicht der Gesellschaft für über ihren Zweck hinausgehende Ziele; im zweiten Fall ließ er eine materielle Unterkapitalisierung in Verbindung mit einer nur kurzen wirtschaftlichen Betätigung mit geringem Umsatz sowie einer aus den Gesamtumständen des Falls geschlossenen Absicht auf Gläubigerschädigung genügen.

nur teilweise funktionierendes Gesellschaftsleben gefunden, scheint eine Verfahrenserstreckung wegen *fictivité* nahezu ausgeschlossen[612].

d) Unterscheidung zwischen gesellschafts- und insolvenzrechtlicher fictivité

Der Begriff der *société fictive* ist kein spezifisch Insolvenzrechtlicher. Auch das Gesellschaftsrecht kennt die *fictivité*; die Voraussetzungen – allen voran das Fehlen einer Wirksamkeitsvoraussetzung des Gesellschaftsvertrags i.S.v. Art. 1832 C. civ., sind dieselben[613]. Die zivilrechtliche Grundlage der *simulation*[614] bestimmt die prozessualen Voraussetzungen der anzustrengenden *action en déclaration de simulation*, welche jeder Dritte mit ausreichendem rechtlichen Interesse gerichtlich beantragen kann[615]. Auch der gesellschaftsrechtliche Begriff ist durch eine ausführliche Rechtsprechung ausgeformt worden[616], taucht jedoch im Gegensatz zur *fictivité* als Insolvenzeröffnungsgrund nicht direkt im Gesetz auf[617]. Wie soeben bereits erläutert[618], ist das Hauptmerkmal einer fiktiven Gesellschaft das Fehlen einer Wirksamkeitsvoraussetzung des Gesellschaftsvertrags i.S.v. Art. 1832 C. civ. bzw. des dazugehörigen, subjektiven Merkmals der *affectio societatis*. Versteht man die *fictivité* in dieser Form, liegt ihre Rechtsfolge in der Nichtigkeit *(nullité)* der Gesellschaft nach Art. 1844-10 Abs. 1 C. civ., welcher als Nichtigkeitsgrund unter anderem Verstöße gegen Art. 1832 C. civ. nennt[619].

---

612 *Le Corre*, Droit et pratique des procédures collectives, Rn. 213.112 mit Hinweis auf CA Paris, 01.07.2005, RG-Nr. 2005/05274.

613 Siehe etwa Cass. com. 15.07.2007, Revisionsnummer 06-14262, Bull. civ. 2007, IV, Nr. 132; dort hatte die gesellschaftsrechtliche Nichtigkeit der Gesellschaft allerdings steuerrechtliche Auswirkungen; ein rein zivilrechtlicher Fall betraf kürzlich Cass. com. 09.06.2009, Revisionsnummer 07-20937, Anm. *Mathey*, Rev. sociétés 2009, 781. Bei der soeben erfolgten Beschreibung der Merkmale einer fiktiven Gesellschaft – siehe oben, c) – wurden daher Nachweise sowohl für den insolvenz-, wie auch den gesellschaftsrechtlichen Begriff verwendet. Zur Abgrenzung ausführlich *Comanges*, Bull. Joly Soc., Nr. 2003-1, 12, Rn. 6 ff.

614 Siehe hierzu oben, b).

615 Zu den prozessualen Gegebenheiten sowie dem Sonderfall einer bei nachgewiesenem Täuschungsinteresse ermöglichten *action en déclaration de fraude Martin-Serf*, Consentement des parties – Sociétés fictives et frauduleuses, in: JCl. Soc. traité, Fasc. 7-40, Rn. 81 ff. sowie Rn. 129 ff.

616 Siehe zur Vielzahl der Fallgestaltungen mit ausführlichen Hinweisen zur Rechtsprechung *Martin-Serf*, Consentement des parties – Sociétés fictives et frauduleuses, in: JCl. Soc. traité, Fasc. 7-40, Rn. 6 ff.

617 *Comanges*, Bull. Joly Soc., Nr. 2003-1, 12, Rn. 4; vgl. auch *Rivinius*, Konzernkonkurs, S. 89; *Saint-Alary Houin*, in: FS-Merle, S. 637, 640.

618 Siehe oben, b).

619 Zu diesem Gedankenschluss *Mathey*, Anmerkung zu Cass. com. 09.06.2009, Revisionsnummer 07-20937, Rn. 5.

Lange Zeit war allerdings umstritten, ob das Fehlen der *affectio societatis* anstatt der Nichtigkeit vielmehr zur Nichtexistenz *(inexistence)* der Gesellschaft führt[620]. Der Unterschied dieser Rechtsgrundlagen liegt in den Rechtsfolgen: Während die Nichtexistenz zu einer Aufhebung aller durch die unwirksame Gesellschaft durchgeführten Rechtsakte *ex-tunc* führt, sehen die in Art. 1844-15 ff. C. civ. sowie Art. L. 235-10 ff. C. com. niedergelegten Rechtsfolgen der Nichtigkeit nur *ex-nunc* vor und verbinden sie mit entsprechenden Regeln zur Gesellschaftsabwicklung[621]. Seit der *Lumale*-Entscheidung des Kassationsgerichtshofs vom 16.06.1992[622], in welcher der Gerichtshof in einer steuerrechtlichen Streitigkeit[623] klar zugunsten der Rechtsfolge der Nichtigkeit *ex-nunc* entschied, gilt dieser Streit allerdings als größtenteils beigelegt[624].

Diese Rechtsfolgen würden für eine Verfahrenserstreckung allerdings zu äußerst problematischen Ergebnissen führen. Die *fictivité* nach gesellschaftsrechtlichem Verständnis erscheint nämlich als kaum vereinbar mit der Richtlinie 2017/1132/EU[625], deren Art. 11 für die Nichtigkeit von Gesellschaften einen abschließenden Katalog von Gründen beinhaltet, der keine Fallgruppe für Scheingesellschaften umfasst[626]. Die wohl einzige Möglichkeit, die Ausweitung eines solchen Vorwurfs auf die insolvenzrechtliche *fictivité* zu vermeiden, ergriff der Kassationsgerichtshof im *GPI*-Urteil vom 19.02.2002[627]. Die Kläger waren gegen die Erstreckung eines Liquidationsverfahrens gegen ihre Person wegen der Gründung einer fiktiven Gesellschaft mit dem Argument vorgegangen, das Erstreckungsurteil habe gegen Art. 11 der Richtlinie 68/151/EWG

---

620 Ausführlich zum historischen Streitstand etwa *Martin-Serf*, Consentement des parties – Sociétés fictives et frauduleuses, in: JCl. Soc. traité, Fasc. 7-40, Rn. 114 ff; *Rivinius*, Konzernkonkurs, S. 89 ff.

621 Hierzu ausführlich *Martin-Serf*, Consentement des parties – Sociétés fictives et frauduleuses, in: JCl. Soc. traité, Fasc. 7-40, Rn. 119 ff.; *Rivinius*, Konzernkonkurs, S. 89 ff.

622 Revisionsnummer 90-17237, Bull. civ. 1992, IV, S. 169, Nr. 243.

623 Zum Hintergrund der Entscheidung auch *Rivinius*, Konzernkonkurs, S. 94.

624 Die Entscheidung wurde veröffentlicht in Cass. com. 22.06.1999, Revisionsnummer 98-13611, Bull. civ. 1998, IV, S. 113, Nr. 136. S. zudem etwa *Comanges*, Bull. Joly Soc., Nr. 2003-1, 12, Rn. 7: „Das positive Recht sieht die [gesellschaftsrechtliche, d. Verf.] *fictivité* als Fall der Nichtigkeit an" („Le droit positif considère que la fictivité est un cas de nullité").

625 Richtlinie (EU) 2017/1132 des Europäischen Parlaments und des Rates vom 14. Juni 2017 über bestimmte Aspekte des Gesellschaftsrechts, ABl. Nr. L 169 vom 30.06.2017, 46 ff.

626 Die gesellschaftsrechtliche *fictivité* für europarechtswidrig halten etwa *Comanges*, Bull. Joly Soc., Nr. 2003-1, 12, Rn. 9; *Martin-Serf*, Consentement des parties – Sociétés fictives et frauduleuses, in: JCl. Soc. traité, Fasc. 7-40, Rn. 128; *Mathey*, Anmerkung zu Cass. com. 09.06.2009, Revisionsnummer 07-20937, Rn. 5; vgl. auch *Rivinius*, Konzernkonkurs, S. 92 ff.; *Saint-Alary Houin*, in: FS-Merle, S. 637, 640.

627 Revisionsnummer 98-20579.

verstoßen, welchen die französischen Gerichte zumindest bei der Auslegung des nationalen Rechts hätten berücksichtigen müssen. Der Kassationsgerichtshof wies diese Argumentation mit der folgenden Formel ab: „...der Appellationsgerichtshof, der nicht mit einem Antrag auf Nichtigkeit der Gesellschaft GPI befasst worden war, hat nur die *fictivité* derselben festgestellt und entschieden, [...] das zuvor eröffnete Insolvenzverfahren zu erstrecken“[628].

Diese äußerst pragmatische Argumentationsweise des Gerichtshofs[629] bestätigt die klare Abgrenzung der gesellschafts- und insolvenzrechtlichen *fictivité* als grundverschiedene Rechtsinstitute[630]. Sie umgeht gleichzeitig die europarechtliche Problematik, indem sie die Rechtsfolgen stark eingrenzt[631]: Das gesellschaftsrechtliche Schicksal der in ein Insolvenzverfahren einbezogenen, fiktiven Gesellschaft bleibt unangetastet, die Rechtsfolge der insolvenzrechtlichen *fictivité* auf die Verfahrenserstreckung beschränkt[632]. Auch rein praktische Gründe dürften für eine solche Lösung gesprochen haben, die im Übrigen durch den Wortlaut des neuen Art. L. 621-2 Abs. 2 C. com. bekräftigt wird: Da die Rechtsfolgen einer Verfahrenserstreckung nahezu ausschließlich die Vergangenheit betreffen[633], würde eine Nichtigkeit mit ihren Rechtsfolgen *ex-nunc* nicht zur Rechtsfolge einer „echten“ Verfahrenserstreckung führen, sondern eher zu einer „unechten“ Erstreckung mit der Eröffnung eines gesonderten Verfahrens über Hintermann bzw. fiktive Gesellschaft[634].

Kritisch hinterfragt werden muss an der Argumentation des Gerichtshofs allerdings, dass der Ausgang des Verfahrens damit in der Hand des Antragstellers liegt, der grundsätzlich frei entscheiden kann, ob er einen Antrag auf Verfahrenserstreckung oder Nichtigkeit der Gesellschaft stellt[635], wobei der An-

---

[628] „...la cour d'appel, qui n'était pas saisie d'une demande de nullité de la société GPI, a seulement constaté la fictivité de celle-ci et décidé, [...] d'étendre [...] la procédure collective précédemment ouverte“

[629] So *Saint-Alary Houin*, in: FS-Merle, S. 637, 640.

[630] Siehe etwa *Saint-Alary Houin*, in: FS-Merle, S. 637, 639: „une action spécifique“; ähnlich *Comanges*, Bull. Joly Soc., Nr. 2003-1, 12, Rn. 3 ff.

[631] *Le Corre*, Droit et pratique des procédures collectives, Rn. 213.111; zustimmend *Saint-Alary Houin*, in: FS-Merle, S. 637, 640; siehe vorher bereits *Rivinius*, Konzernkonkurs, S. 100.

[632] *Saint-Alary Houin*, in: FS-Merle, S. 637, 640; bereits zur Rechtslage vor dem *GPI*-Urteil *Lucas*, LPA, Nr. 2001-89, 66, I. B. 1. a).

[633] Hierzu sogleich unten, 3.

[634] Siehe etwa *Comanges*, Bull. Joly Soc., Nr. 2003-1, 12, Rn. 14; ; *Jacquemont/ Vabres*, Entreprises en difficulté, Rn. 174; *Robine*, in: de Vauplane/ Daigre (Hrsg.), FS-AEDBF-France, S. 325, 331; *Saint-Alary Houin*, in: FS-Merle, S. 637, 640.

[635] Dies bemerkt *Robine*, in: de Vauplane/ Daigre (Hrsg.), FS-AEDBF-France, S. 325, 331.

trag auf Verfahrenserstreckung auf den Verfahrensbeteiligten und – neuerdings[636]– den Schuldner selbst beschränkt ist[637]. Trennscharf unterschieden werden könnte allerdings danach, ob über eine der beteiligten Personen ein Rettungs-, Sanierungs- oder Liquidationsverfahren eröffnet worden ist[638]. Kaum zu übersehen ist aber die ebenso kritisierte Vermischung gesellschaftsrechtlicher Voraussetzungen und insolvenzrechtlicher Rechtsfolgen, die sich angesichts des weitreichenden Tatbestands der Vermögensvermischung kaum noch rechtfertigen lassen[639].

3. Vermögensvermischung (confusion des patrimoines)

Anders als die seltener vorkommende Alternative *fictivité* stellt das Tatbestandsmerkmal der Vermögensvermischung des Art. L. 621-2 Abs. 2 C. com. *(confusion des patrimoines)*[640] die gesellschaftsrechtliche Realität der Gesellschaften nicht in Frage[641]. Ohne auf ein täuschendes Verhalten der Gesellschaftsgründer abstellen zu müssen, genügt beim Tatbestand der Vermögensvermischung der Beweis einer künstlichen Verteilung von Vermögen über einen Rechtsträger hinaus[642], die eine für rechtlich unabhängige Gesellschaften exzessive finanzielle Durchlässigkeit dieser Rechtsträger mit sich bringt[643]. Im Hinblick auf die identische Rechtsfolge stellt die Vermögensvermischung im Gegensatz zur *fictivité* gleichzeitig „sowohl einen Grund für als auch eine Folge der Verfahrenserstreckung“[644] dar. Im wichtigsten praktischen Fall der Vermögensvermischung wegen anormaler finanzieller Beziehungen *(relations*

---

[636] Siehe oben, A. III. 3. e).

[637] Hierauf hinweisend *Saint-Alary Houin*, in: FS-Merle, S. 637, 640.

[638] So *Robine*, in: de Vauplane/ Daigre (Hrsg.), FS-AEDBF-France, S. 325, 331.

[639] So *Vallansan*, RLDA Nr. 2005-80, suppl., S. 12, II. A; kritisch aufgrund der Beibehaltung der *fictivité* als Verfahrenserstreckungsgrund auch *Reille*, La notion de confusion des patrimoines, Rn. 416 ff.

[640] Zum Tatbestand und dessen Entwicklung bis zum Haftungsregime von 1985 *Ehricke*, Das abhängige Konzernunternehmen in der Insolvenz, S. 571 ff.

[641] Siehe *Le Corre-Broly/ Le Corre*, Droit des Entreprises en difficulté, S. 45 sowie *Le Corre*, Droit et pratique des procédures collectives, Rn. 213.211: „Contrairement à la fictivité, les personnes morales sont ici biens réelles“; ähnlich *Lienhard*, Procédures collectives, Rn. 64.14; *Pétel*, Procédures collectives, Rn. 89. Zur Abgrenzung der beiden Tatbestandsmerkmale oben, 2. c) aa).

[642] So *Grelon/ Dessus-Larrivé*, Rev. sociétés 2006, 281, Rn. 2.

[643] Siehe *Le Corre-Broly/ Le Corre*, Droit des Entreprises en difficulté, S. 45 sowie *Le Corre*, Droit et pratique des procédures collectives, Rn. 213.211: „sie [die Gesellschaften, d.Verf.] zeigen nicht die Dichtigkeit von Strukturen auf, die ein eigenes Leben aufweisen“ („...elles ne présentent pas l’étanchéité requise de strucutres ayant une vie propre“).

[644] *Jacquemont*, Sauvegarde, redressement et liquidations judiciaires – Exploitation en commun et confusion des patrimoines, in: JCl. Com., Fasc. 2165, Rn. 5: „la confusion des patrimoines est à la fois une cause et une conséquence de l'extension d'une procédure collective“.

financières anormales[645]) werden die Aktiva einer juristischen Person durch ihre Übertragung auf eine andere ohne entsprechende Rechtfertigung oder Gegenleistung gläubigerschädigend geschmälert; zum Ausgleich erfolgt daraufhin eine Einbeziehung aller Vermögensgegenstände des hierdurch begünstigten Rechtsträgers in ein gemeinsames Insolvenzverfahren im Interesse der Gläubiger des geschädigten Rechtsträgers[646].

Da Überlegungen in Bezug auf die finanzielle Unabhängigkeit von Gesellschaften am häufigsten in Konzernsachverhalten angestellt werden, sind diese auch das Hauptanwendungsfeld der Vermögensvermischung[647]; ihre durch die Rechtsprechung entwickelten Voraussetzungen wurden hauptsächlich anhand solcher Konstellationen entwickelt[648].

Obwohl Art. L. 621-2 Abs. 2 C. com. die Vermögensvermischung als Verfahrenserstreckungsgrund ausdrücklich nennt[649], macht diese Vorschrift keine Angaben zu den näheren Voraussetzungen oder einer genaueren Definition. Aufgrund eines Richterrechts, welches inzwischen in Bezug auf die Tatbestandsmerkmale der Vermögensvermischung yals relativ konstant beschrieben werden kann, halten viele die heutige Rechtslage trotz der Abwesenheit genauer formulierter gesetzlicher Regeln für verhältnismäßig rechtssicher.[650] Da die Rechtsfolge der Vermögensvermischung mit der Erstreckung des Verfahrens unter gleichzeitiger Zusammenlegung der Haftungsmassen[651] allerdings in Bezug auf den in das Verfahren neu einbezogenen Rechtsträger eine besonders ausgeprägte gläubigergefährdende Tendenz aufweist, muss sie gerade bei Konzernen behutsam angewendet werden[652]. Der inzwischen durch den Kassati-

---

645 Zu diesem Tatbestandsmerkmal sogleich unten, b).

646 So etwa *Le Corre*, Droit et pratique des procédures collectives, Rn. 213.211; vgl. auch *Lienhard*, Procédures collectives, Rn. 64.14; *Pétel*, Procédures collectives, Rn. 89.

647 *Grelon/ Dessus-Larrivé*, Rev. sociétés 2006, 281, Rn. 2; *Le Corre*, Droit et pratique des procédures collectives, Rn. 213.211; vgl. auch *Rivinius*, Konzernkonkurs, S. 107.

648 *Rivinius*, Konzernkonkurs, S. 107.

649 Zu Genese und Wortlaut dieses Artikels bereits oben, A. III. 2. b) ff.

650 Jacquemont, Sauvegarde, redressement et liquidations judiciaires – Exploitation en commun et confusion des patrimoines, in: JCl. Com., Fasc. 2165, Rn. 4, 6; vgl. auch Coquelet, Entreprises en difficulté, instruments de paiement et de crédit, Rn, 107; *Pétel*, in: FS-Merle, S. 578, 578. *Roussel Galle/ Bourbouloux/ Couturier*, LPA, Nr. 2010-80, Rn. 6; a.A. noch im Jahr 1991 *Hannoun*, Le droit et les groupes de sociétés, Rn. 370: „Die Vermögensvermischung ist ein Begriff ohne Merkmal und ohne Grundlage" („La confusion des patrimoines est une notion sans critère et sans fondement").

651 Hierzu sogleich unten, C.

652 Hierzu bereits einleitend oben, A. II. Siehe etwa *Dammann/ Podeur*, RLDA Nr. 2007-16, étude 975, 65, 67: („Über eine derart radikale Maßnahme darf nur mit der größten Zurückhaltung entschieden werden" („Une mesure aussi radicale ne saurait être décidée qu'avec la plus grande circonspection"); ähnlich *Delmotte*, RJDA 2006, 549, Rn. 8.

onsgerichtshof herausgearbeitete Kompromiss einer einschränkenden Auslegung der Vermögensvermischung in Konzernsachverhalten[653] führt indes wiederum zu schwer vorhersehbaren Ergebnissen[654] und birgt gerade in diesem Kontext zahlreiche neue Schwierigkeiten[655].

Das traditionelle Richterrecht der Vermögensvermischung setzt für das Vorliegen einer Vermögensvermischung eine durch die Unmöglichkeit buchhalterischer Trennung von Vermögensgegenständen unterschiedlicher Rechtsträger charakterisierte Vermögensvermischung im engeren Sinne *(confusion des comptes)* oder die besonders Vermögensverschiebungen ohne Gegenleistung umfassenden anormalen finanziellen Beziehungen *(relations financières anormales)* voraus[656]. Zwar wird in der französischen Literatur über die Zusammenfassung aller Indizien unter dem Begriff der „Unbestimmbarkeit des Vermögensgefüges" („indéterminabilité de la consistance patrimoniale") diskutiert, welcher eine unauflösliche Vermischung der Vermögen unterschiedlicher Rechtsträger voraussetzt[657]; der Begriff wird allerdings insbesondere in Bezug auf das heutige Kriterium der anormalen finanziellen Beziehungen für zu eng gehalten und hat auch noch keinen Einzug in die Rechtsprechung von Kassationsgerichtshof und Instanzgerichten gefunden[658].

---

653 Hierzu sogleich unten, b) dd).

654 Zu den sich hieraus ergebenden neuen Konturen der Vermögensvermischung bei Konzernen sogleich unten, c).

655 Vgl. *Delmotte*, RJDA 2006, 549, Rn. 11: „le concept de confusion des patrimoines s'avère difficile à manier en présence [...] d'un groupe de sociétés"; ähnlich *Grelon/ Dessus-Larrivé*, Rev. sociétés 2006, 281, Rn. 6.

656 Siehe ausdrücklich Cass. com. 04.07.2000, Revisionsnummer 98-12117, Bull. civ. 2000, IV, S. 125, Nr. 138; zur Bedeutung dieses Urteils *Reille*, La notion de confusion des patrimoines, Rn. 65, zur Unterscheidung der beiden Kriterien als geltendes Recht ebenda, Rn. 79; siehe auch *Delmotte*, RJDA 2006, 549, Rn. 4; *Derrida*, in: Centre du droit de l'entreprise de Montpellier (Hrsg.), FS-Cabrillac, S. 687, 688 ff.; *Grelon/ Dessus-Larrivé*, Rev. sociétés 2006, 281, Rn. 6; *Jacquemont*, Sauvegarde, redressement et liquidations judiciaires – Exploitation en commun et confusion des patrimoines, in: JCl. Com., Fasc. 2165, Rn. 13; *Lienhard*, Procédures collectives, 64.14; *Roussel Galle/ Bourbouloux/ Couturier*, LPA, Nr. 2010-80, Rn. 8; *Tricot*, in: Ministère de la justice (Hrsg.), Rapp. annuel Cour de cassation 1997, S. 165, 168.

657 Dieser Begriff wurde erarbeitet einer der Dissertation von *Reille*, La notion de confusion des patrimoines, Rn. 588 ff.; zust. *Pérochon*, Entreprises en difficulté, Rn. 336, Fn. 181.

658 Ablehnend daher etwa *Le Corre*, Droit et pratique des procédures collectives, Rn. 213.212; vgl. zum begrenzten praktischen Einfluss der Definition von *Reille* auch *Jacquemont*, Sauvegarde, redressement et liquidations judiciaires – Exploitation en commun et confusion des patrimoines, in: JCl. Com., Fasc. 2165, Rn. 11. Zumindest in einem – im Ergebnis abgelehnten – Revisionsgrund erwähnt in Cass. com. 31.01.2012, Revisionsnummer 09-71906. *Pérochon*, Entreprises en difficulté, Rn. 336, Fn. 181 weist außerdem auf Cass. com. 08.07.2014, Revisionsnummer 12-26703 hin, aus dem sie eine ablehnende Haltung der Rechtsprechung in Bezug auf die Vereinigung beider Indizien schließt: Der Gerichtshof stellt fest, dass ein Fehlen einer Vermögensvermischung im engeren Sinne nicht als Beweis

a) Vermögensvermischung im engeren Sinne (confusion des comptes)

Die Vermögensvermischung im engeren Sinne *(confusion des comptes)* betrifft besonders pathologische Vermögensaufteilungen zwischen Rechtsträgern, was sie in der Praxis wenig gebräuchlich, ihr offensichtliches Vorliegen gleichzeitig jedoch eher einfach beweisbar macht[659]. Die Schwere der aufgedeckten Tatsachen weist vielfach auf eine gleichzeitig bestehende *fictivité* der Gesellschaft hin[660].

Typischerweise werden als Indizien dieses Zustandes angeführt eine „allgemeine Unordnung der Bücher" *(désordre généralisé des comptes*[661]*)* sowie, insbesondere, ein Zustand der „Verflechtung von Aktiva und Passiva" *(imbrication des éléments d'actif et de passif*[662]*)* mehrerer Rechtsträger. Dies führt zu einer faktischen Unmöglichkeit, die einer Insolvenzmasse unterfallenden Vermögensgegenstände einem Rechtsträger zuzuordnen[663]. Es liegt in diesen seltenen und von großer buchhalterischer Nachlässigkeit geprägten Fällen[664] also eine buchstäbliche Vermischung der Vermögen vor.

---

für die Abwesenheit anormaler finanzieller Beziehungen herangezogen werden kann; dies, so *Pérochon*, könne nur im Fall zweier unterschiedlicher Kriterien einen Sinn ergeben; ähnlich *Le Corre*, Droit et pratique des procédures collectives, Rn. 213.212.

659 *Grelon/ Dessus-Larrivé*, Rev. sociétés 2006, 281, Rn. 6; vgl. auch *Jacquemont*, Sauvegarde, redressement et liquidations judiciaires – Exploitation en commun et confusion des patrimoines, in: JCl. Com., Fasc. 2165, Rn. 14; zur seltenen praktischen Anwendung des Kriteriums auch *Reille*, La notion de confusion des patrimoines, Rn. 84.

660 So *Jacquemont*, Sauvegarde, redressement et liquidations judiciaires – Exploitation en commun et confusion des patrimoines, in: JCl. Com., Fasc. 2165, Rn. 14. Zur *fictivité* oben, 2.

661 Cass. com. 24.10.1995, Revisionsnummer 93-11322; ähnlich („imbrication comptable et commerciale") Cass. com. 03.04.2001, Revisionsnummer 98-12676; *Delmotte*, RJDA 2006, 549, Rn. 4; vgl. auch *Tricot*, in: Ministère de la justice (Hrsg.), Rapp. annuel Cour de cassation 1997, S. 165, 169.

662 Cass. com. 24.10.1995, Revisionsnummer 93-11322 (dort wörtlich: „unentwirrbare Verflechtung", „imbrication inextricable"); 19.02.2013, Revisionsnummern 12-11546, 12-20935; *Coquelet*, Entreprises en difficulté, instruments de paiement et de crédit, Rn. 107; *Delmotte*, RJDA 2006, 549, Rn. 4; *Grelon/ Dessus-Larrivé*, Rev. sociétés 2006, 281, Rn. 6; *Le Corre*, Droit et pratique des procédures collectives, Rn. 213.221; *Pérochon*, Entreprises en difficulté, Rn. 336; *Pétel*, Procédures collectives, Rn. 89; weitere Entscheidungsformeln der Instanzgerichte finden sich bei *Jacquemont*, Sauvegarde, redressement et liquidations judiciaires – Exploitation en commun et confusion des patrimoines, in: JCl. Com., Fasc. 2165, Rn. 13. In Cass. Com. 02.11.2016, Revisionsnummer 15-13006, wurde dieses Kriterium einer „imbrication inextricable" jedoch nicht als zwingend für das Vorliegen einer Vermögensvermischung erklärt; dies als Schritt zu einer offeneren Auslegung des Tatbestands erkennend *Dammann*, Bull. Joly ED, Nr. 2017-3, 175, I. E. 1.

663 *Pérochon*, Entreprises en difficulté, Rn. 336; *Pétel*, Procédures collectives, Rn. 89.

664 Hierauf hinweisend *Jacquemont*, Sauvegarde, redressement et liquidations judiciaires – Exploitation en commun et confusion des patrimoines, in: JCl. Com., Fasc. 2165, Rn. 13; *Tricot*, in: Ministère de la justice (Hrsg.), Rapp. annuel Cour de cassation 1997, S. 165, 170.

Die Vermögensvermischung im engeren Sinne betraf ursprünglich größtenteils natürliche Personen, die gemeinsam ein Handelsgeschäft oder eine Handelsgesellschaft betrieben (so genannte *exploitation en commun*[665]), ihre Vermögensgegenstände bilanziell jedoch nicht oder nur unzureichend abgrenzten[666]. Da die Vermögensvermischung im engeren Sinne schwere buchhalterische Defizite voraussetzt, welche in größeren Unternehmensverbänden kaum zu erwarten sind, liegen die seltenen Beispiele für ihre Anwendung bei Konzernen meistens kleineren *groupes personnels*[667] bzw. Betriebsaufspaltungen, die einer *exploitation en commun* strukturell ähneln.

Als typisch bezeichnet[668] werden kann etwa ein vor dem Kassationsgerichtshof am 03.04.2001[669] entschiedener Fall. Der Gerichtshof bestätigt hier eine Verfahrenserstreckung wegen Vermögensvermischung im engeren Sinne zwischen einer EURL und einer SARL mit je identischem Geschäftsführer-Gesellschafter, wobei erstere ein im Eigentum der letzteren stehendes Altenheim betrieb. Die Tatsacheninstanzen hatten festgestellt, dass Zahlungen ohne erkennbare Regelmäßigkeit und je nach Liquiditätssituation je von EURL oder SARL getätigt worden und Rechnungen persönlich an den Geschäftsführer-Gesellschafter adressiert worden waren, ohne dass letzterer eine buchhalterische Trennung zwischen den Operationen der unterschiedlichen Rechtsträger vorgenommen hatte.

Auch bei *groupes personnels* in der klassischen Aufspaltung in SCI und Gesellschaft mit Gewerbebetrieb[670] kommt die Vermögensvermischung im engeren Sinne vor, allerdings auch hier nur in pathologischen Sonderfällen wie etwa

---

[665] Zum Begriff und seiner noch heute vorhandenen Relevanz bei der Verfahrenserstreckung wegen Vermögensvermischung zwischen natürlichen Personen ausführlich und m.w.N. *Jacquemont*, Sauvegarde, redressement et liquidations judiciaires – Exploitation en commun et confusion des patrimoines, in: JCl. Com., Fasc. 2165, Rn. 30, 41 f.

[666] *Derrida*, in: Centre du droit de l'entreprise de Montpellier (Hrsg.), FS-Cabrillac, S. 687, 690 f. Derartige Fälle treten auch heute noch auf, so etwa bei einem als Familienbetrieb in Verbindung mit einer SCI geführten Weinguts in Cass. com. 04.07.2000, Revisionsnummer 96-20086.

[667] Zu diesem Begriff, der nach der weiten Konzerndefinition im französischen Recht Sachverhalte umfasst, in denen Gesellschaften nicht wie Finanzkonzerne *(groupes financiers)* durch Kapitalbeteiligungen, sondern durch die persönliche Bindung an eine natürliche Person zusammengehalten werden, oben, § 1 B. I. 3. b) cc). *Reille*, La notion de confusion des patrimoines, Rn. 84, 85 sieht in der zunehmenden Verwendung korrekter buchhalterischer Techniken einen wichtigen Grund für die sich stetig verringernde praktische Bedeutung der Vermögensvermischung im engeren Sinne; ähnlich bereits *Daigre*, LPA, Nr. 1998-102, 5, B. II.

[668] So etwa bei *Delmotte*, RJDA 2006, 549, Rn. 5 sowie *Le Corre*, Droit et pratique des procédures collectives, Rn. 213.221.

[669] Revisionsnummer 98-16070.

[670] Hierzu ebenfalls oben als Unterfall der *groupes personnels*, § 1 B. I. 3. b) cc) sowie als wirtschaftlich wichtigster Fall einer *microgroupe*, § 1 B. II. 1. b) (aa).

dem Fehlen jeglicher Buchhaltung bei der SCI, was auf eine vollständig gemeinsame Betriebsführung hindeutete[671]. Ausgeschlossen ist die Vermögensvermischung im engeren Sinne hingegen, wenn auch nur mit Schwierigkeiten eine Zuordnung der Vermögensgegenstände zum jeweiligen Rechtsträger möglich ist[672].

b) Anormale finanzielle Beziehungen (relations financières anormales)

Eine weitaus größere praktische Bedeutung[673] insbesondere auch für Konzerne[674] kommt für die Verfahrenserstreckung wegen einer Vermögensvermischung jedoch dem Anhaltspunkt der anormalen finanziellen Beziehungen *(relations financières anormales)* zu. Während die Rechtsprechung im Bereich der Vermögensvermischung im engeren Sinne über lange Zeit hinweg konstant war, hat sich die Rechtsprechung zu den anormalen finanziellen Beziehungen in den letzten beiden Jahrzehnt teils grundlegend gewandelt; der Begriff selbst wurde erst Anfang der 1990er-Jahre durch den Kassationsgerichtshof als selbständiges Kriterium herausgearbeitet[675], hat sich seitdem jedoch mit einer „beeindruckenden" Anzahl von höchstrichterlichen Entscheidungen als wichtigstes Merkmal der Vermögensvermischung etabliert[676].

Dem Grundsatz nach umfasst dieses Tatbestandsmerkmal Fallgruppen, in denen die Verfahrenserstreckung als Ausgleich für ungerechtfertigte Vermögensabflüsse von einem auf einen anderen, in das Insolvenzverfahren einbezogenen Rechtsträger erfolgen soll[677]. Schon weil solche Finanzflüsse nicht in jedem Fall so offensichtlich sind wie etwa eine buchhalterische Gemengelage

---

[671] So etwa in Cass. com. 16.02.1999, Revisionsnummer 96-10087, hierzu auch *Delmotte*, RJDA 2006, 549, Rn. 5; *Le Corre*, Droit et pratique des procédures collectives, Rn. 213.221.

[672] Cass. com. 08.01.2002, Revisionsnummer 98-23177; siehe auch *Le Corre*, Droit et pratique des procédures collectives, Rn. 213.221.

[673] Siehe etwa *Pérochon*, Entreprises en difficulté, Rn. 336: „le [...] critère [...] qui tend à devenir dominant"; vgl. auch *Grelon/ Dessus-Larrivé*, Rev. sociétés 2006, 281, Rn. 6; *Jacquemont*, Sauvegarde, redressement et liquidations judiciaires – Exploitation en commun et confusion des patrimoines, in: JCl. Com., Fasc. 2165, Rn. 22: „critère essentiel de la confusion des patrimoines".

[674] Siehe *Jacquemont*, Sauvegarde, redressement et liquidations judiciaires – Exploitation en commun et confusion des patrimoines, in: JCl. Com., Fasc. 2165, Rn. 22.

[675] Vgl. ausführlich zur Entwicklung der Rechtsprechung *Reille*, La notion de confusion des patrimoines, Rn. 39, 45 ff. Dieser Wandel hat sich auch bei der Definition der „Anomalie" *(caractère anormal* oder *anormalité)* von Finanzflüssen innerhalb von Finanzkonzernen ausgewirkt; hierzu sogleich ausführlich unten, c).

[676] Ebenda, Rn. 58; dort wird die Ausnutzung dieser Unschärfe durch die Gerichte für einen Erfolgsfaktor dieses Kriteriums gehalten und auf die „beeindruckende" Anzahl höchstrichterlicher Entscheidungen zu diesem Merkmal hingewiesen: „Le nombre des décisions de la Haute juridiction intervenant sur cette seule qualification devient impressionant".

[677] *Le Corre-Broly/ Le Corre*, Droit des Entreprises en difficulté, S. 46.

der Vermögensvermischung im engeren Sinne, erscheint die Definition der anormalen finanziellen Beziehungen deutlich unschärfer als die der ersteren[678].

Die stetige Weiterentwicklung der Rechtsprechung im Bereich der anormalen finanziellen Beziehungen lässt sich bereits an der Begrifflichkeit festmachen: Während nach der Verselbständigung des Begriffs in den 1990er-Jahren von „anormalen Finanzflüssen" (*flux financiers anormaux*[679]) die Rede war, verdeutlicht der seit 2002 vom Kassationsgerichtshof verwendete Begriff der „anormalen finanziellen Beziehungen" (*relations financières anormales*[680]), dass der Vermögensabfluss als ein umfassender Begriff zu verstehen ist, der weit über die direkte Übertragung von Vermögensgegenständen von Rechtsträger zu Rechtsträger ohne entsprechende Rechtfertigung hinausgeht und auch durch reine Untätigkeit etwa bei der Geltendmachung von Forderungen verwirklicht werden kann[681].

Hierunter werden mithin Fälle subsumiert, in denen ein Rechtsträger, über den ein Insolvenz- oder Sanierungsverfahren eröffnet wurde, sich zugunsten einer in das Verfahren einzubeziehenden anderen Person durch Vermögensabflüsse ohne ausreichende Gegenleistung verarmt[682]. Nach heutigem Verständnis setzen anormale finanzielle Beziehungen daher „Vermögensverschiebun-

678 Vgl. *Reille*, La notion de confusion des patrimoines, Rn. 39, 85, die gerade die Ausnutzung dieser Unschärfe durch die Gerichte für einen Erfolgsfaktor dieses Kriteriums hält.

679 Siehe bereits Cass. com. 12.02.1985, Revisionsnummer 83-17384 Bull. civ. 1985, IV, S. 46, Nr. 54, ohne den Begriff ausdrücklich zu verwenden; sowie etwa Cass. com. 02.02.1999, Revisionsnummer 95-22013; vgl. auch *Jacquemont*, Sauvegarde, redressement et liquidations judiciaires – Exploitation en commun et confusion des patrimoines, in: JCl. Com., Fasc. 2165, Rn. 15.

680 Die ersten Entscheidungen, die den Begriff verwendeten, waren Cass. com. 05.03.2002, Revisionsnummer 99-13302; 03.04.2002, Revisionsnummer 99-12008; 07.01.2003, Revisionsnummer 00-13192, Bull. civ. 2003, IV, S. 4, Nr. 3.

681 Siehe etwa *Delmotte*, RJDA 2006, 549, Rn. 6; *Grelon/ Dessus-Larrivé*, Rev. sociétés 2006, 281, Rn. 9 f.; *Jacquemont*, Sauvegarde, redressement et liquidations judiciaires – Exploitation en commun et confusion des patrimoines, in: JCl. Com., Fasc. 2165, Rn. 15 m. zahlr. Nachweisen; *Le Corre*, Droit et pratique des procédures collectives, Rn. 213.231; *Le Corre-Broly/ Le Corre*, Droit du commerce et des affaires : Droit des entreprises en difficulté, Rn. 61; *Pérochon*, Entreprises en difficulté, Rn. 336 und Fn. 183 *Saint-Alary Houin*, Entreprises en difficulté, Rn. 447. *Reille*, La notion de confusion des patrimoines, Rn. 92 ff. zeigt aber, dass die Rechtsprechung bereits vor dieser begrifflichen Änderung den Begriff der *flux* im weiten Sinne verstanden hatte und auch etwa finanzielle Schädigungen eines Rechtsträgers durch sein Unterlassen in den Tatbestand integrierte. Auch die vor 2002 ergangene Rechtsprechung behält daher ihre Gültigkeit.

682 Vgl. nur *Deleneuville*, Rev. Proc. Coll., Nr. 2002-3, 157, V. B.

gen" voraus, „die durch positives Tun oder Unterlassen" sowie „ohne Rechtfertigung herbeigeführt worden sind" und „die ein bedeutsames Ungleichgewicht der Vermögen verursacht haben"[683].

Hieraus ergeben sich gleich mehrere Tatbestandsmerkmale, die in einen objektiven Tatbestand – Übertragung von Vermögenswerten ohne ausreichende Gegenleistung und mit bedeutsamem Ungleichgewicht der Vermögen – und einen subjektiven Tatbestand – der fehlenden Rechtfertigung dieser Übertragung durch die Interessen des abgebenden Rechtsträgers – eingeteilt werden können[684].

aa) Objektive Merkmale: Vermögensvermischung durch Übertragung von Vermögenswerten ohne hinreichenden Ausgleich

Da auch das Merkmal der anormalen finanziellen Beziehungen durch den Gesetzeswortlaut des Art. L. 621-2 Abs. 2 C. com. an die Tatbestandsbezeichnung der „Vermögensvermischung" gebunden ist, sind seine objektiven Voraussetzungen auch an diesem Wortlaut zu messen. Im Gegensatz zur eher formell anhand buchhalterischer Kriterien zu identifizierenden Vermögensvermischung im engeren Sinne kann das Merkmal der anormalen finanziellen Beziehungen als materielle Verflechtung *(imbrication matérielle*[685]*)* der Vermögen verstanden werden, die objektiv durch die Verschiebung von Vermögenswerten von einem auf einen anderen Rechtsträger begründet wird, ohne dass diese vollständig ausgeglichen werden[686]. Anders ausgedrückt führt damit die Verwirklichung zweier Voraussetzungen zur Erfüllung des objektiven Tatbestands anormaler finanzieller Beziehungen: Die Herbeiführung einer Mischung der Vermögensgegenstände *(mélange patrimonial)* durch ihre Übertragung von Rechtsträger zu Rechtsträger sowie ein dadurch herbeigeführtes, bedeutsames Ungleichgewicht der Vermögenslage *(déséquilibre patrimonial significatif)*,

---

683 So die umfassende Definition von *Pérochon*, Entreprises en difficulté, Rn. 336: „...il correspond à des transferts patrimoniaux effectués par action ou abstention, mais, en toute hypothèse, sans justification, ayant entraîné un déséquilibre patrimonial significatif..."; ähnlich *Pétel*, Procédures collectives, Rn. 89.

684 Diese systematische Darstellung folgt der Einteilung von *Reille*, La notion de confusion des patrimoines, Rn. 88 ff.; zust. *Le Corre*, Droit et pratique des procédures collectives, Rn. 213.231.

685 *Reille*, La notion de confusion des patrimoines, Rn. 112, weiter erläuternd auch unter Rn. 136.

686 So bereits in der oben genannten Definition von *Pérochon*, Entreprises en difficulté, Rn. 336; vgl. auch *Coquelet*, Entreprises en difficulté, instruments de paiement et de crédit, Rn. 107; *Pelletier*, La responsabilité au sein des groupes de sociétés en cas de procédure collective, Rn. 69; *Pétel*, Procédures collectives, Rn. 89.

welches mit dem Fehlen eines finanziellen Ausgleichs beschrieben werden kann[687].

Die erste Voraussetzung, die Mischung der Vermögensgegenstände, *mélange patrimonial*, lässt sich am besten als der der materiellen Vermögensvermischung zugrundeliegende Vermögensabfluss des insolventen oder insolvenzbedrohten Rechtsträgers beschreiben[688]. Bei diesem Merkmal wird auch die soeben dargestellte Veränderung in der Terminologie zwischen *flux financiers* bzw. *relations financières* besonders relevant[689]. Wie die Rechtsprechung deutlich gemacht hat, kann dieser Vermögensabfluss zunächst dem klassischen Bild eines *flux financier anormal* entsprechen, indem Vermögensgegenstände von einem auf einen anderen Rechtsträger übertragen werden[690]. Es kann sich hierbei sowohl um körperliche Gegenstände bzw. Geldbeträge – häufig in Form von Vorschüssen oder Darlehen –[691], wie auch um Forderungsrechte[692] oder sogar Gebrauchsvorteile[693] handeln[694]. Auch sachbezogene Aufwendungen auf fremde Sachen fallen unter den Tatbestand[695]. Der spätestens durch die Verwendung des Begriffs *relations financières anormales* deutlich gewordenen weiten Auslegung dieser Voraussetzung folgend, kann die Vermögensre-

---

687 *Le Corre*, Droit et pratique des procédures collectives, Rn. 213.231; *Reille*, La notion de confusion des patrimoines, Rn. 89 ff., 115 ff.

688 *Reille*, La notion de confusion des patrimoines, Rn. 89 ff.; zustimmend *Le Corre*, Droit et pratique des procédures collectives, Rn. 213.231.

689 Siehe soeben einleitend unter b).

690 Siehe etwa Cass. com. 27.10.1998, Revisionsnummer 96-16429; vgl. auch *Grelon/ Dessus-Larrivé*, Rev. sociétés 2006, 281, Rn. 8; *Pérochon*, Entreprises en difficulté, Rn. 336.

691 Hierzu *Reille*, La notion de confusion des patrimoines, Rn. 94 f., die als Beispiele etwa die Übertragung des Eigentums an Lagervorräten Produktionsmitteln oder Immobilien ohne Gegenleistung durch einen insolvenzbedrohten Rechtsträger an einen anderen nennt. Siehe auch bereits *Tricot*, in: Ministère de la justice (Hrsg.), Rapp. annuel Cour de cassation 1997, S. 165, 170 mit Hinweis auf Cass. com. 14.10.1997, Revisionsnummern 95-13780, 95-17116.

692 So im soeben genannten Urteil Cass. com. 27.10.1998, Revisionsnummer 96-16429, in welchem ein größerer Geldbetrag per Scheck von einer kürzlich insolventen Gesellschaft auf eine andere übertragen wurde.

693 So etwa die mehrmonatige Überlassung eines Geschäftsraums ohne die Zahlung von Mietzinsen oder Nebenkosten in Cass. com. 15.02.2005, Revisionsnummer 03-13224.

694 Diese Fallgestaltungen sind besonders häufig bei Betriebsaufspaltungen zwischen SCI und Betriebsgesellschaft zu beobachten – hierzu sogleich ausführlich am Ende dieses Absatzes; siehe bereits *Jacquemont*, Sauvegarde, redressement et liquidations judiciaires – Exploitation en commun et confusion des patrimoines, in: JCl. Com., Fasc. 2165, Rn. 22.

695 Typischerweise in Form von Renovierungsarbeiten durch die Betriebsgesellschaft an einer im Eigentum einer SCI stehenden Immobilie; so etwa in Cass. com. 26.05.2010, Revisionsnummer 09-66615; zu dieser Fallgruppe auch *Reille*, La notion de confusion des patrimoines, Rn. 95.

duktion des Rechtsträgers aber auch auf andere Weise als durch die Übertragung von werthaltigen Sachen oder Rechten geschehen[696], etwa durch das Unterlassen der Geltendmachung einer bestehenden Forderung[697] oder dem Geschehenlassen einer solchen Geltendmachung durch einen anderen Rechtsträger[698]. Schließlich kann der Vermögensabfluss auch durch die aktive Erfüllung von Verbindlichkeiten einer anderen Person[699] stattfinden; solche Finanzoperationen werden in einer Fallgruppe von „Transfers von Verbindlichkeiten" *(transfert d'éléments passifs* bzw. *transfert de passif*[700]*)* zusammengefasst.

Die zweite objektive Voraussetzung – das Ungleichgewicht der Vermögenslagen *(déséquilibre patrimonial)* – betrifft das Verhalten des bei Feststellung der Vermögensvermischung in das Verfahren einzubeziehenden Rechtsträgers. Damit die materielle Vermögensvermischung auf Seiten des ursprünglich verfahrensunterworfenen Rechtsträgers auch wirklich mit einer Reduzierung seiner Haftungsmasse verbunden ist, muss der Antragsteller hier spiegelbildlich zur ersten Voraussetzung des Vermögensabflusses beweisen, dass dieser nicht durch eine ausreichende Gegenleistung des anderen Rechtsträgers ausgeglichen worden ist.[701] Diese Voraussetzung wird regelmäßig von der Rechtsprechung als notwendig angesehen; das Bestehen auf dieser Voraussetzung wird regelmäßig durch einen Hinweis auf die fehlende Gegenleistung bei finanziellen Verschiebungen angezeigt[702]. Wie das Ausbleiben einer ausreichenden Gegenleistung für einen Ausschluss dieses Kriteriums beschaffen sein muss, wird

---

696 Siehe soeben einleitend unter b); zu den Auswirkungen dieser neuen Terminologie am überzeugendsten *Reille*, La notion de confusion des patrimoines, Rn. 92 ff.

697 Siehe etwa Cass. com. 09.05.1995, Revisionsnummer 93-11404; 02.06.2004, Revisionsnummer 01-13406 (dort handelte es sich um Forderungen in Bezug auf Werkverträge, wieder im Bereich einer Betriebsaufspaltung zwischen SCI und Betriebsgesellschaften); hierzu etwa *Deleneuville*, Rev. Proc. Coll., Nr. 2002-3, 157, V. B. sowie ausführlich und m.w.N. *Reille*, La notion de confusion des patrimoines, Rn. 96.

698 Hierzu ebenfalls *Reille*, La notion de confusion des patrimoines, Rn. 96.

699 Siehe etwa Cass. com. 17.03.1998, Revisionsnummer 96-10224 (dort ließ sich eine SARL zur Zahlung einer von der SCI geschuldeten Schuld verurteilen); hierzu auch *Deleneuville*, Rev. Proc. Coll., Nr. 2002-3, 157, V. B; *Le Corre*, Droit et pratique des procédures collectives, Rn. 213.241; *Reille*, La notion de confusion des patrimoines, Rn. 98 f., beide m.w.N.

700 *Le Corre*, Droit et pratique des procédures collectives, Rn. 213.231; *Reille*, La notion de confusion des patrimoines, Rn. 98 ff.

701 *Reille*, La notion de confusion des patrimoines, Rn. 115 f.; vgl. auch *Le Corre*, Droit et pratique des procédures collectives, Rn. 213.231.

702 Siehe etwa Cass. com. 08.10.1996, Revisionsnummer 94-18874 („ohne jegliche Gegenleistung", „sans aucune contrepartie"); 04.07.2000, Revisionsnummer 97-15156 („Zurverfügungstellung... ohne Gegenleistung", „mis... à disposition sans contrepartie"); 05.07.2005, Bull. civ. 2005, IV, S. 161, Nr. 149, Revisionsnummer 02-10233 („ohne finan-

derweil uneinheitlich beurteilt. Während eine Ansicht davon ausgeht, dass ein Ungleichgewicht der Vermögenslagen nur bei einer endgültig verlorenen Möglichkeit zur Geltendmachung einer Gegenforderung möglich ist[703], kann die Voraussetzung nach der überzeugenden – und auch wohl überwiegenden – Meinung auch dann bereits vorliegen, wenn eine Gegenleistung zum Zeitpunkt des Erstreckungsurteils nicht erfolgt, ihre Geltendmachung rechtlich jedoch noch möglich gewesen wäre[704].

Da im Handelsverkehr geschäftliche Vorgänge ohne Gegenleistung nur im Ausnahmefall vorkommen[705], begründet das Fehlen eines Ausgleichs eine implizite Vermutung für die subjektive Voraussetzung der *anormalité*[706]. Das Fehlen eines Ausgleichs ist hingegen – entgegen einer teils vertretenen Ansicht[707] – nicht mit dem subjektiven Merkmal der *anormalité* gleichzusetzen, da ersteres im Gegensatz zu letzterem rein objektiv und rechnerisch anhand des Marktwerts der Transaktion zu bestimmen ist, während die *anormalité* zur Rechtfertigung auch im engen Sinne betrachtet einseitiger Rechtsgeschäfte ein subjektiv von den Parteien erkanntes, potentielles bzw. indirektes Interesse an dem Geschäft gelten lässt[708]. Würde man die beiden Begriffe bedeutungsgleich verstehen, wäre jede Vermögensverschiebung ohne Gegenleistung hingegen im Grundsatz eine anormale finanzielle Beziehung[709].

---

zielle Gegenleistung", „sans contrepartie financière") sowie die zahlreichen weiteren Nachweise bei Nachweise bei *Reille*, La notion de confusion des patrimoines, Rn. 117, Fn. 327 und 329.

703 *Deleneuville*, Rev. Proc. Coll., Nr. 1999-2/3, 63, Rn. 8.

704 So in Cass. com. 07.01.2003, Bull. civ. 2003, IV, S. 4, Nr. 3, Revisionsnummer 00-13192; ausführlich zum Ganzen *Reille*, La notion de confusion des patrimoines, Rn. 124.

705 Treffend, wenn auch bewusst leicht überzeichnet, beschreibt diesen Zusammenhang *Pelletier*, La responsabilité au sein des groupes de sociétés en cas de procédure collective, Rn. 69: „Sobald die Gesellschaft eine Gewinnerzielungsabsicht hat, ist kein Rechtsgeschäft ohne Gegenleistung in ihrem Interesse" („Dès lors que la société poursuit un but lucratif, aucun acte à titre gratuit n'est dans son intérêt"); ähnlich *Reille*, La notion de confusion des patrimoines, Rn. 117.

706 Siehe *Jacquemont*, Sauvegarde, redressement et liquidations judiciaires – Exploitation en commun et confusion des patrimoines, in: JCl. Com., Fasc. 2165, Rn. 17; Ähnliches lässt sich aus den in der letzten Fußnote zitierten Ausführungen von *Pelletier*, La responsabilité au sein des groupes de sociétés en cas de procédure collective, Rn. 69, schließen; zu diesem subjektiven Kriterium sogleich unten, cc).

707 Unklar diesbezüglich etwa *Jacquemont*, Sauvegarde, redressement et liquidations judiciaires – Exploitation en commun et confusion des patrimoines, in: JCl. Com., Fasc. 2165, Rn. 17; auf die Problematik des „mehrdeutigen" Begriffs der *anormalité* hinweisend *Grelon/ Dessus-Larrivé*, Rev. sociétés 2006, 281, Rn. 12.

708 So überzeugend *Reille*, La notion de confusion des patrimoines, Rn. 117 sowie Rn. 140.

709 Ebenda.

Um die folgenreiche Entscheidung einer Verfahrenserstreckung[710] rechtfertigen zu können, fügt die Rechtsprechung regelmäßig eine zusätzliche einschränkende Voraussetzung hinzu. Häufig wird deshalb verlangt, die finanziellen Verschiebungen müssten auf die Ausübung eines „systematischen Willens" („volonté systématique") zurückzuführen sein[711]. Aus dieser Bezeichnung auf das Vorhandensein eines zusätzlichen subjektiven Tatbestandsmerkmals zu schließen, ginge jedoch zu weit: Nachdem auch der Kassationsgerichtshof dieses Merkmal erstmals in einem Urteil von 2014[712] verwendete, scheint damit in der Tradition mit der bisher ergangenen Rechtsprechung[713] eher auf ein objektiv zu bewertendes Bedeutsamkeitskriterium in Bezug auf die anderen objektiven Merkmale der anormalen finanziellen Beziehungen angespielt zu werden[714]. Folgerichtig erscheint es, dieses Merkmal mit *Reille*[715] so zu verstehen, dass das festgestellte Ungleichgewicht der Vermögenslagen durch den unausgeglichenen Vermögensfluss von bedeutsamer Natur sein muss (so genannter *déséquilibre patrimonial significatif*). Dieses Merkmal kann entweder durch häufig wiederkehrende[716] und miteinander verknüpfte[717] Vermögensabflüsse oder aber durch eine einmalige, jedoch besonders werthaltige und dadurch signifikant erscheinende Vermögensverschiebung ohne ausreichende Gegenleistung[718] ausgelöst werden. Zweifel an dem Kriterium eines

---

[710] Siehe bereits einleitend oben, A. I. f. sowie zu Rechtsfolgen unten, C.

[711] So zunächst *Tricot*, in: Ministère de la justice (Hrsg.), Rapp. annuel Cour de cassation 1997, S. 165, 170; schließlich aufgenommen durch den Kassationsgerichtshof in Cass. com. 11.02.2014, Revisionsnummer 13-12270 m. Bespr. *Favario,* Bull. Joly ED Nr. 2014-1, 147; ebenso *Delmotte*, RJDA 2006, 549, Rn. 9; *Grelon/ Dessus-Larrivé*, Rev. sociétés 2006, 281, Rn. 12; *Jacquemont*, Sauvegarde, redressement et liquidations judiciaires – Exploitation en commun et confusion des patrimoines, in: JCl. Com., Fasc. 2165, Rn. 16.

[712] So im Ergebnis auch *Favario,* Bull. Joly ED Nr. 2014-1, 147, Rn. 1.

[713] Siehe zuletzt Cass. com. 19.02.2013, Revisionsnummer 12-11546, auf welches auch *Favorio* hinweist, sowie die zahlreichen Nachweise bei *Reille*, La notion de confusion des patrimoines, Rn. 130 ff.

[714] So *Favario,* Bull. Joly ED Nr. 2014-1, 147, Rn. 1; im Ergebnis zustimmend bereits vor diesem Urteil *Reille*, La notion de confusion des patrimoines, Rn. 130; vgl. auch *Pérochon*, Entreprises en difficulté, Rn. 338.

[715] La notion de confusion des patrimoines, Rn. 130 ff.

[716] Mangels einer solchen bedeutsamen Natur der Vermögensflüsse abgelehnt in Cass. com. 19.02.2013, Revisionsnummer 12-11546; siehe auch *Reille*, La notion de confusion des patrimoines, Rn. 131; ähnlich *Le Corre*, Droit et pratique des procédures collectives, Rn. 213.231.

[717] Hierauf hinweisend *Pelletier*, La responsabilité au sein des groupes de sociétés en cas de procédure collective, Rn. 78 f.

[718] Aus diesem Grund abgelehnte Erstreckung etwa in Cass. com. 05.10.2010, Revisionsnummer 09-16562; vgl. auch hierzu *Reille*, La notion de confusion des patrimoines, Rn. 131 sowie *Le Corre*, Droit et pratique des procédures collectives, Rn. 213.231.

„systematischen Willens" ließ der Kassationsgerichtshof zudem jüngst aufkommen, als er in einem Urteil vom 27.09.2016[719] die Vermögensvermischung einer Handelsgesellschaft mit einer SCI gerade nicht hierauf, sondern auf das Vorhandensein von „finanziellen Beziehungen" stützte, „welche unvereinbar mit normalen gegenseitigen finanziellen Verpflichtungen"[720] sind[721].

Der von *Reille* vorgeschlagenen Einschränkung ist zuzustimmen[722]. Würden einzelne bzw. unbedeutende Vermögensverschiebungen ohne Ausgleich für das Vorliegen anormaler finanzieller Beziehungen ausreichen, wäre auch die Begrenzung des Wortlauts von Art. L. 621-2 Abs. 2 C. com. schwer einzuhalten, der ausdrücklich eine „Vermögensvermischung" *(confusion des patrimoines)* voraussetzt. Nur in solchen Fällen ist eher auf die Haftung faktischer Geschäftsführer *(responsabilité pour insuffisance d'actif)* zurückzugreifen[723].

bb) Anwendungsbeispiele der Merkmale des objektiven Tatbestands

Das wohl wichtigste praktische Anwendungsbeispiel dieses Tatbestands liegt in den aus SCI und Betriebsgesellschaft zusammengesetzten *groupes personnels* bzw. *microgroupes*[724]. Anhand dieser häufig vorkommenden Konstellationen lassen sich auch die Tatbestandsmerkmale des objektiven Tatbestands einer Vermögensvermischung am besten beispielhaft verdeutlichen. Da es sich bei dem Modell von SCI und Betriebsgesellschaft (in den meisten Fällen in der Form einer SARL oder SA[725]) um wirtschaftlich besonders eng verbundene Gesellschaften – *de facto* nahezu vollständig einheitliche Unternehmen – handelt, bei denen die gewissermaßen „künstliche"[726] Betriebsaufspaltung nahezu ausschließlich zum Schutz des in die SCI ausgelagerten Immobilienvermögens

---

719 Revisionsnummer 14-29278.

720 „...relations financières incompatibles avec des obligations contractuelles réciproques normales"

721 *Dammann,* Bull. Joly ED, Nr. 2017-03, 175, II. A. erblickt hierin gar eine mögliche Abkehr vom letzgenannten Kriterium im Sinne einer allgemein liberaleren Handhabung der *relations financières anormales.*

722 Ähnlich inzwischen *Dammann,* Bull. Joly ED, Nr. 2017-03, 175, II. A.

723 Dies hat der Kassationsgerichtshof insbesondere für Finanzkonzerne in einem *obiter dictum* zum Metaleurop-Urteil klargestellt, hierzu sogleich unten, c); vgl. bereits *Pelletier*, La responsabilité au sein des groupes de sociétés en cas de procédure collective, Rn. 79 ff.

724 Siehe etwa *Barbièri*, LPA, Nr. 1996-129, 9, II. A.; *Cutajar*, Bull. Joly Soc., Nr. 1999-11, 1057, Einleitung; *Jeantin/ Le Cannu*, Entreprises en difficulté, Rn. 233; *Pelletier*, La responsabilité au sein des groupes de sociétés en cas de procédure collective, Rn. 81; siehe auch die zahlreichen Beispiele bei *Le Corre*, Droit et pratique des procédures collectives, Rn. 213.231 f. sowie *Tricot*, in: Ministère de la justice (Hrsg.), Rapp. annuel Cour de cassation 1997, S. 165, 170 f. Zu dieser Betriebsform und ihrer hohen Relevanz im französischen Wirtschaftsgefüge bereits oben, § 1 B. II. 1. b) aa).

725 Siehe *Cutajar*, Bull. Joly Soc., Nr. 1999-11, 1057, Einleitung.

726 *Barbièri*, LPA, Nr. 1996-129, 9, II. A: „le patrimoine artificiellement démembré".

erfolgt[727], verwenden die verantwortlichen Leitungsorgane häufig nur eine geringe Sorgfalt bei der praktischen Trennung der Vermögensmassen[728]. Eine Verfahrenserstreckung zwischen beiden Gesellschaften wird daher häufig im Sinne der Gläubiger der Betriebsgesellschaft beantragt, die entsprechende Mängel zur Erhöhung der Haftungsmasse nutzen und nicht nur auf das in der SCI gebundene Immobilienvermögen, sondern auch auf die persönliche Vermögensmasse ihrer Gesellschafter zugreifen möchten[729]. Führen nicht bereits Unsorgfältigkeiten bei der Buchführung zu einer Vermögensvermischung im engeren Sinne[730], können auch noch materielle Verstöße gegen die Eigenständigkeit der beiden Gesellschaften die Schwelle einer Vermögensvermischung überschreiten[731].

Die grundlegende Stoßrichtung der Rechtsprechung geht jedoch auch im Bereich der Betriebsaufspaltung hin zu einer grundsätzlich vorhandenen Toleranz, die sicherlich auch dem wirtschaftlichen Erfolg dieses rechtlichen Kunstgriffs[732] geschuldet ist. Dies wurde spätestens mit einem richtungweisenden Urteil des Kassationsgerichtshofs vom 28.06.1994[733] deutlich. In dem typischen Fall einer Betriebsaufspaltung zwischen einer SCI, welche ihr Immobilienvermögen per Darlehen finanzierte und die Zahlung der Darlehensvaluta durch die Erlöse eines Leihpachtvertrags *(convention de crédit-bail immobilier)* mit einer im Eigentum derselben Gesellschafter stehenden SCI bestritt, die die Immobilie wiederum gewerblich nutzte, konnten die Gerichte über diese Aufspaltung hinaus keine Unregelmäßigkeiten feststellen. Der Kassationsgerichtshof bestätigte daraufhin das Urteil des Appelationsgerichtshofs, das eine Verfahrenserstreckung mangels des Vorliegens „anormaler Finanzflüsse" abgelehnt hatte. Vielmehr erklärte der Gerichtshof, aus einer „Gesamtbetrachtung des Gebildes" aus SCI und SARL ergebe sich ein „grundsätzlich üblicher rechtlicher und wirtschaftlicher Aufbau", dessen Vorliegen alleine noch keine

---

[727] *Barbièri*, LPA, Nr. 1996-129, 9, II. A.; *Cutajar*, Bull. Joly Soc., Nr. 1999-11, 1057, Einleitung; *Pelletier*, La responsabilité au sein des groupes de sociétés en cas de procédure collective, Rn. 81.

[728] *Pelletier*, La responsabilité au sein des groupes de sociétés en cas de procédure collective, Rn. 81.

[729] Auf diese Konsequenz der Art. 1857 und 1858 C. civ. hinweisend, die bei Zivilgesellschaften eine unbeschränkte persönliche Haftung der Gesellschafter vorsehen, *Barbièri*, LPA, Nr. 1996-129, 9, II. A.

[730] Hierzu bereits oben, a).

[731] Vgl. bereits *Tricot*, in: Ministère de la justice (Hrsg.), Rapp. annuel Cour de cassation 1997, S. 165, 167.

[732] Siehe oben, § 1 B. II. 1. b) aa) ff.

[733] Revisionsnummer 91-22293; hierzu auch *Cutajar*, Bull. Joly Soc., Nr. 1999-11, 1057, Einleitung sowie *Tricot*, in: Ministère de la justice (Hrsg.), Rapp. annuel Cour de cassation 1997, S. 165, 168.

Verfahrenserstreckung wegen Vermögensvermischung rechtfertigen könne[734]. Diese Grundhaltung hat der Kassationsgerichtshof seitdem klar bestätigt[735] und damit das reine Vorliegen einer Betriebsaufspaltung von dem grundsätzlichen Verdacht anormaler finanzieller Beziehungen befreit[736].

Nur im Fall eines Vorliegens der soeben genannten Voraussetzungen von *flux* bzw. *relations financières anormales*, die über das bloße Vorliegen einer Betriebsaufspaltung hinaus die Unabhängigkeit der Gesellschaftsvermögen missachten, kommt es nach der heutigen Rechtslage noch regelmäßig zu Verfahrenserstreckungen[737]. Anhand typischer Beispielsfälle aus diesem Bereich lässt sich ein guter Überblick gewinnen, welche Strenge die Rechtsprechung bei der Gewichtung der einzelnen objektiven Tatbestandsmerkmale zur Anwendung bringt. Der Kassationsgerichtshof beschränkt sich hier nahezu ausschließlich auf die objektiven Merkmale der anormalen finanziellen Beziehungen und vermutet das subjektive Merkmal der *anormalité* wie soeben beschrieben[738]:

---

[734] Die Entscheidungsformel lautet im Originalwortlaut: „...la cour d'appel [...], a retenu que l'opération envisagée dans son ensemble constituait un montage juridique et financier classique en son principe, [...]; que, [...], écartant la confusion des patrimoines [...] des sociétés en cause, la cour d'appel a légalement justifié sa décision“.

[735] So etwa in der Entscheidung Cass. com. 14.03.1995, Revisionsnummer 92-11470, Bull. civ. 1995, IV, S. 74, Nr. 82, die im Gegensatz zum oben beschriebenen Urteil von 1994 die erste im *Bulletin* aufgenommene Entscheidung in diesem Sinne darstellte.

[736] So auch *Pérochon*, Entreprises en difficulté, Rn. 336; siehe ebenfalls *Cutajar*, Bull. Joly Soc., Nr. 1999-11, 1057, II.

[737] Treffend formuliert es diesbezüglich *Cutajar*, Bull. Joly Soc., Nr. 1999-11, 1057, II mit Hinweis auf eine ältere Formel von *Cabrillac* und *Pétel*: „Andererseits liegt eine Vermögensvermischung vor, die eine Erstreckung des über die eine oder die andere Gesellschaft eröffneten Insolvenzverfahrens rechtfertigt, sofern eine konkrete Begutachtung der Umstände ergibt, dass die zwischen der SCI und der Betriebsgesellschaft herbeigeführte Güteraufteilung nicht beachtet wurde und zwar ‚in einer Weise, die eine der Gesellschaften dieses Gebildes durch Handlungen ohne Gegenleistung verarmen lässt, welche nicht in einem sicheren Gegenanspruch gegen die andere Gesellschaft münden'“ („En revanche, lorsque de l'analyse in concreto de la situation, il ressort que le cloisonnement édifié entre la SCI et la société d'exploitation n'est pas respecté, ‚au point d'appauvrir l'une des sociétés issues du montage par des opérations sans contrepartie qui ne débouchent pas sur une créance de remboursement certaine et liquide contre une autre société', il y aura confusion des patrimoines justifiant [...] l'extension de la procédure collective ouverte à l'encontre de l'une ou l'autre des sociétés.“); vgl. auch *Gibirila*, Entreprises en difficulté, Rn. 221; *Pelletier*, La responsabilité au sein des groupes de sociétés en cas de procédure collective, Rn. 81.

[738] Siehe oben, aa).

Am 24.11.1998 hatte der Kassationsgerichtshof etwa über eine Rechtssache[739] zu entscheiden, in der eine typische Konstellation einer Betriebsaufspaltung mit Insolvenz der Betriebsgesellschaft zu beobachten war. Der Gesellschafter der Betriebsgesellschaft, die die Rechtsform einer SA aufwies, hatte eine SCI gegründet, um ein Grundstück zu erwerben und dieses der SA über einen Erbbauvertrag *(bail à construction)* zur Verfügung zu stellen. Die Finanzierung des Grundstückskaufpreises war jedoch über ein Darlehen der SA erfolgt, welche außerdem noch vor dem Abschluss des Erbbauvertrags begonnen hatte, Arbeiten an dem im Eigentum der SCI stehenden Grundstück zu ihren Gunsten auszuführen. Darüber hinaus hatte die SA der SCI Vorschüsse *(avances financières)* zugestanden, um notwendige Versicherungen über das Grundstück abschließen zu können. Nach Eröffnung eines Liquidationsverfahrens über die SA beantragte ihr Liquidator die Verfahrenserstreckung auf die SCI. Die Instanzgerichte gaben dieser Entscheidung statt und wurden vom Kassationsgerichtshof hierin bestätigt. All die genannten Zugeständnisse der SA an die SCI führten im Ergebnis zu einer Immobilienfinanzierung eines fremden Rechtsträgers bei gleichzeitiger Reduzierung des Haftungssubstrats bei der Betriebsgesellschaft. Diese Form der Finanzierung wertete der Gerichtshof in einer Gesamtschau als Vermögensabfluss ohne ausreichende Gegenleistung und sah damit alle Voraussetzungen der *flux financiers anormaux* als gegeben an.

Auch wenn die Rechtsprechung das Konstrukt einer Betriebsaufspaltung damit grundsätzlich nicht infrage stellt, zeigt sie durch derartige Entscheidungen klare Grenzen einer ordnungsgemäßen Unternehmensfinanzierung auf. Die Ausgliederung des Immobilienvermögens bringt zwangsläufig eine Reduktion des Haftungssubstrats für die Gläubiger der im regelmäßigen Geschäftsverkehr stehenden Betriebsgesellschaft mit sich; darüber hinaus ist die finanzielle Eigenständigkeit dieser Gesellschaft hingegen vollständig zu bewahren. Über diese Auslagerung hinausgehende Verringerungen des Haftungssubstrats der Betriebsgesellschaft durch die finanzielle Unterstützung der SCI ohne ausreichende Gegenleistung werden durch die Zusammenlegung der Haftungsmassen ausgeglichen.

Doch auch Vermögensflüsse durch die SCI zur Unterstützung einer angeschlagenen Betriebsgesellschaft können den objektiven Tatbestand der *relations financières anormales* erfüllen[740].

---

[739] Revisionsnummer 94-2106, hierzu auch *Cutajar*, Bull. Joly Soc., Nr. 1999-11, 1057, I, die über die Vermögensvermischung hinaus auch die Frage nach dem Vorliegen einer fiktiven Gesellschaft hinsichtlich der SCI stellt.

[740] Siehe auch hierzu *Pelletier*, La responsabilité au sein des groupes de sociétés en cas de procédure collective, Rn. 81 sowie *Gibirila*, Entreprises en difficulté, Rn. 221; *Le Corre*, Droit et pratique des procédures collectives, Rn. 213.241; *Lienhard*, Procédures collectives, Rn. 64.14.

Noch kritischer wird die Situation, wenn Finanzflüsse in beide Richtungen erfolgen und die wirtschaftliche Situation aller beteiligten Unternehmen sich dadurch weit von der den Gläubigern präsentierten Realität entfernt. Derartige Unregelmäßigkeiten kommen häufiger bei der Nutzung, Instandhaltung und Renovierung der im Eigentum der SCI stehenden Immobilie durch eine Betriebsgesellschaft vor[741]. Als typisch kann etwa der dem Urteil des Kassationsgerichtshofs vom 26.05.2010[742] zugrundeliegende Fall bezeichnet werden. Auch hier wurde das über die Betriebsgesellschaft – in diesem Fall eine SARL – eröffnete Liquidationsverfahren auf die mit dieser durch eine teilweise deckungsgleiche Gesellschafterstruktur eng verbundenen SCI erstreckt und das entsprechende Urteil durch den Appellationsgerichtshof bestätigt. Die SCI hatte der SARL die in ihrem Eigentum stehende Immobilie zum Betrieb einer Gaststätte vermietet und sich im Rahmen dieses Mietvertrags ein Recht zur Übernahme sämtlicher sachbezogener Aufwendungen auf das Mietobjekt einräumen lassen. Die SARL nahm daraufhin Kosten in Höhe von nahezu 360.000 Euro auf sich, um die Gaststätte mit einer neuen Innenausstattung zu versehen. Diese Investitionen überforderten die SARL vollständig, was ein Ausbleiben weiterer Mietzahlungen an die SCI nach sich zog. Letztere ließ in der Folge Mietrückstände in Höhe von knapp 48.000 Euro aufkommen, ohne von der Sonderkündigungsklausel im Mietvertrag Gebrauch zu machen. Aus Sicht des Kassationsgerichtshofs habe es sich um von beidseitigem „kollusiven" Verhalten der beiden Parteien gesteuerte Finanzflüsse gehalten, die die Zahlungsunfähigkeit der SARL durch die fehlende Einforderung der Mietzinsen verzögerte und die SCI gleichzeitig auf Kosten der Gläubiger der SARL um den Wert der Instandsetzungsarbeiten bereicherte. Aus diesem Grund sah der Gerichtshof die Voraussetzungen einer Verfahrenserstreckung wegen *relations financières anormales* in diesem Fall als begründet an.

Weitere typische Fälle dieser aufgrund der zahlreichen Urteile kaum vollständig zu überblickenden Rechtsprechung[743] sind etwa die Überlassung von Arbeitnehmern an die andere Gesellschaft der *microgroupe* oder der Übertragung des Eigentums etwa an für den Geschäftsbetrieb der SARL notwendigen Gegenständen, sofern kein entsprechend ausreichender finanzieller Ausgleich erfolgt[744].

---

[741] Siehe auch die zahlreichen Beispiele bei *Pelletier*, La responsabilité au sein des groupes de sociétés en cas de procédure collective, Rn. 81, insb. Fn. 136.

[742] Revisionsnummer 09-66615; ähnliche Sachverhalte wurden auch in anderen Urteilen ebenso behandelt, siehe etwa Cass. com. 07.01.2003, Revisionsnummer 00-13192, Bull. civ. 2003, IV, S. 4, Nr. 3; 08.01.2013, Revisionsnummer 11-30640 sowie zuletzt Cass. com. 13.01.2014, Revisionsnummer 13-22293.

[743] Siehe nur *Reille*, La notion de confusion des patrimoines, Rn. 92.

[744] Zu alledem mit zahlreichen Beispielen ebenda, Rn. 93.

Das wichtigste Unterscheidungsmerkmal zwischen einer rechtmäßigen Betriebsaufspaltung in SCI und Betriebsgesellschaft und einer Vermögensvermischung liegt daher nach alledem deutlich erkennbar in der Beachtung der Haftungstrennung und der daraus folgenden finanziellen Unabhängigkeit der beiden Gesellschaften durch die Gesellschafter bzw. Geschäftsführer[745]. Vieles hängt hier von der Betrachtung des Einzelfalls ab; das zusätzliche Merkmal der *volonté systématique* bzw. eines *déséquilibre patrimonial significatif* verlangt im Ergebnis häufig eine Kombination mehrerer Missbrauchselemente[746].

cc) Subjektives Merkmal: Fehlen einer Rechtfertigung für Vermögensabflüsse ohne ausreichende Gegenleistung – „caractère anormal"

Auch wenn die anormalen finanziellen Beziehungen *(relations financières anormales)* ohne die Verwirklichung ihres durch Vermögensverschiebungen ohne ausreichende Gegenleistung gekennzeichneten objektiven Tatbestands nicht denkbar sind, liegt der wohl wichtigste Teil der Argumentation im Einzelfall häufig im subjektiven Bereich des insolventen Rechtsträgers. Die Anomalie *(caractère anormal* oder *anormalité)* des Vermögensabflusses wird aus diesem Grund nicht selten als ein zentrales Merkmal des Tatbestands beschrieben[747]. Gleichzeitig ist die Frage nach der Anomalie auch Kern der sogleich beschriebenen Rechtsprechung des Kassationsgerichtshofs zur einschränkenden Auslegung der Verfahrenserstreckungen insbesondere bei Finanzkonzernen[748].

Entgegen einer vorschnell erscheinenden Ansicht, die dieses Merkmal ausschließlich auf das Vorhandensein einer ausreichenden Gegenleistung reduzieren will, geht das Merkmal des *caractère anormal* wesentlich darüber hinaus. Zwar ist es aufgrund der Ungewöhnlichkeit einseitiger Rechtsgeschäfte im Handelsverkehr zutreffend, dass das Fehlen einer ausreichenden Gegenleistung eine widerlegbare Vermutung für eine auch subjektiv bestehende Anomalie eines Vermögensabflusses begründet; die Rechtfertigung für solche Abflüsse ohne ausreichende Gegenleistungen kann jedoch auch auf andere Weise

---

745 *Lienhard*, Procédures collectives, Rn. 64.14.

746 Vgl. etwa *Vallansan/ Cagnoli/ Fin-Langer*, Difficultés des entreprises, Art. L. 621-2 C. com., II.

747 Siehe etwa *Reille*, La notion de confusion des patrimoines, Rn. 137: „Der heutige Begriff der Vermögensvermischung nimmt um einen bedeutenden Bestandteil Form an: die Anomalie der unterhaltenen Beziehungen" („C'est autour d'un élément majeur que s'élabore l'actuelle notion de confusion des patrimoines: l'anormalité des relations entretenues"); ähnlich *Grelon/ Dessus-Larrivé*, Rev. sociétés 2006, 281, Rn. 6.

748 Hierzu sogleich unten, dd).

erbracht werden.[749] Zugestimmt werden kann daher der Analyse von *Reille*[750], für welche die Anomalie weitergehend als das „Fehlen einer Rechtfertigung des verarmenden Vermögensflusses“ beschrieben werden kann. Wegen der Vermutungswirkung der fehlenden Gegenleistung erschöpft sich in einer Vielzahl der Fälle die Prüfung allerdings schon anhand dieses Punktes[751].

Wie die Rechtfertigung allerdings darüber hinaus konkret zu erfolgen hat, scheint einer Einzelfallbetrachtung der Rechtsprechung unterworfen, was eine allgemeingültige systematische Darstellung ihrer Voraussetzungen nahezu ausschließt[752]. Ausführliche und nach Voraussetzungen geordnete Erläuterungen der Rechtfertigungsmerkmale sind über die Ausführungen von *Reille*[753] hinaus kaum zu erlangen. Unter diesem Vorbehalt lassen sich aber zumindest die grundlegenden Prüfungsschritte darstellen, die bei der Rechtsprechung zur Beurteilung der Anomalie der finanziellen Beziehungen grundsätzlich Berücksichtigung finden.

Dreh- und Angelpunkt der Prüfung der Anomalität ist zunächst das Vorhandensein und ggfs. der Inhalt einer vertraglichen Beziehung zwischen den Rechtsträgern[754] bzw. eines darüber hinausgehenden Anspruchs auf die Leistung etwa aus Deliktsrecht oder sonstiger gesetzlicher Anspruchsgrundlagen[755]. Dies ist allerdings nicht in der Weise zu verstehen, dass etwa das alleinige Vorhandensein eines Rechtsgrunds im bereicherungsrechtlichen Sinne eine Rechtfertigung auch im Ergebnis völlig unausgeglichener Finanzflüsse darstellen könnte[756]. Vielmehr ist das Fehlen eines formellen rechtlichen Grun-

---

749 Hierzu bereits oben, aa); siehe auch *Reille*, La notion de confusion des patrimoines, Rn. 140.

750 Ebenda, Rn. 141: „une absence de justification du flux patrimonial appauvrissant“.

751 So sieht es auch *Pelletier*, La responsabilité au sein des groupes de sociétés en cas de procédure collective, Rn. 69.

752 So etwa *Pérochon*, Entreprises en difficulté, Rn. 336, die zum Verständnis der *anormalité* empfiehlt, „sich vor jeglicher Systematisierung zu hüten“ („...se garder de toute systématisation“).

753 La notion de confusion des patrimoines, Rn. 136 ff.

754 Vgl. *Deleneuville*, Rev. Proc. Coll., Nr. 2002-3, 157, V. B.; *Le Corre*, Droit et pratique des procédures collectives, Rn. 213.231; *Pérochon*, Entreprises en difficulté, Rn. 336; *Reille*, La notion de confusion des patrimoines, Rn. 142 ff.

755 *Reille*, La notion de confusion des patrimoines, Rn. 142.

756 Diesbezüglich insgesamt zu weitgehend jedoch *Deleneuville*, Rev. Proc. Coll., Nr. 2002-3, 157, V. B.: „In jedem denkbaren Fall hat der Antrag auf Erstreckung keine Chance auf Erfolg, wenn ein Vertrag redlich erfüllt wird“ („Dans tous les cas de figure, l'action en extension n'a aucune chance d'aboutir en présence d'un contrat loyalement appliqué par les parties“) – das Ergebnis hängt hier davon ab, was genau unter „redlich“ zu verstehen ist.

des für den Vermögensabfluss bereits grundsätzlich *ipso facto* mit dem Ausschluss einer Rechtfertigung sowie einer Bejahung der Anomalie verbunden[757]. Dies gilt sowohl für Fälle, in denen überhaupt keine schlüssige rechtliche Erklärung in Bezug auf die Vermögensverschiebung vorgebracht werden kann[758] als auch in solchen Sachverhalten, in denen eine vertragliche Grundlage zwar grundsätzlich vorliegt, ihr Inhalt jedoch überschritten wird oder ihr Vorhandensein sich im Ergebnis nur als scheinbar herausstellt[759].

Diese erste Rechtfertigungshürde wird jedoch in den meisten Fällen durch das einfache Abschließen einer vertraglichen Grundlage für den Vermögensabfluss überwunden[760]. Doch der reine Abschluss eines Vertrags schützt nicht vor vermögensrechtlicher Anomalie; „vielmehr kann der Vertrag selbst die Quelle der *anormalité* darstellen", wie es *Pérochon*[761] zutreffend formuliert. Dies ist der Fall, wenn die Gerichte in einem zweiten Schritt zur Überprüfung einer subjektiv-materiell verstandenen Form der Anomalie übergehen. Diese beinhaltet die Frage, ob der im objektiven Tatbestand festgestellte Vermögensabfluss im subjektiv verstandenen Interesse des Rechtsträgers war, welcher durch selbigen an Haftungsmasse eingebüßt hat, den aber über die direkte Gegenleistung hinaus verständliche und diesen Abfluss rechtfertigende Motive geleitet haben können[762]. Dieses von der Rechtsprechung überprüfte rechtfertigende Interesse hängt notwendigerweise vom jeweils begutachteten Einzelfall ab. Außerhalb des Sonderfalls größerer und arbeitsteilig aufgebauter Finanzkonzerne, in dem dieses Interesse eine eigene Interpretation erhält[763], betreffen die meisten Anwendungsfälle in der Rechtsprechung tiefergehende Analysen der insbesondere mietvertraglichen Beziehungen im Falle der Betriebsaufspaltung

---

757 *Reille*, La notion de confusion des patrimoines, Rn. 142 ff., die auch auf die folgenden Urteile hinweist; siehe auch *Le Corre*, Droit et pratique des procédures collectives, Rn. 213.231; *Pérochon*, Entreprises en difficulté, Rn. 336.

758 So etwa in Cass. com. 27.10.1998, Revisionsnummer 96-16429; auf diese Fallgruppe bezieht sich auch *Tricot*, in: Ministère de la justice (Hrsg.), Rapp. annuel Cour de cassation 1997, S. 165, 169 f. mit Hinweis auf Cass. com. 01.10.1997, Revisionsnummer 95-14408, wo der Vermögensfluss von den Parteien nicht erklärt und ebenso wenig in der Buchhaltung nachvollzogen werden konnte.

759 Siehe etwa Cass. com. 17.07.2001, Revisionsnummer 00-12396; auf diese Fallgruppe dürfte sich auch *Deleneuville*, Rev. Proc. Coll., Nr. 2002-3, 157, V. B. in dem soeben angeführten Zitat berufen; zu alledem auch *Reille*, La notion de confusion des patrimoines, Rn. 146.

760 Vgl. *Reille*, La notion de confusion des patrimoines, Rn. 146.

761 Entreprises en difficulté, Rn. 336: „...le contrat pouvant au contraire être la source même de l'anomalie".

762 Vgl. *Le Corre*, Droit et pratique des procédures collectives, Rn. 213.231; *Pérochon*, Entreprises en difficulté, Rn. 336; *Reille*, La notion de confusion des patrimoines, Rn. 146; ähnlich, wenn auch nicht ganz deckungsgleich in Bezug auf Finanzkonzerne *Pelletier*, La responsabilité au sein des groupes de sociétés en cas de procédure collective, Rn. 69 ff.

763 Siehe sogleich unten, dd).

zwischen SCI und Betriebsgesellschaft[764]. *Reille*[765] sieht diese subjektive *anormalité* in zwei unterschiedlichen Fallgruppen verwirklicht: Einerseits weisen die Gerichte häufig auf den für die jeweilige rechtliche Situation atypischen Charakter der Beziehungen hin, der sich insbesondere durch eine auffällige Unausgeglichenheit des Leistungsgefüges oder durch eine negative praktische Abweichung von einer selbst nicht in diesem Sinne atypischen Vertragsgestaltung auszeichnet und aus diesem Grunde nicht als ausreichendes Interesse der anderen Vertragspartei an dem objektiv verarmenden Vermögensfluss geltend gemacht werden kann. Andererseits kann nach *Reille*[766] aber auch die Suche nach weitergehenden, indirekten oder immateriellen Vorteilen als vom Gericht zu überprüfende Rechtfertigung angebracht werden. Liegt aber auch eine solche nicht vor oder ist sie aus Sicht des Gerichts keine ausreichende Begründung für den Abfluss, verweigert die Rechtsprechung in diesem letzten Prüfungsschritt eine Rechtfertigung.

Ein typisches Beispiel für eine solche Art der Argumentation, die viele der soeben genannten Kriterien eines Rechtfertigungsgesuchs durch mittelbare Vorteile miteinander vereint, kann in einem Urteil des Kassationsgerichtshofs vom 08.01.2013[767] gesehen werden. In einer klassischen Betriebsaufspaltung zwischen SCI mit Immobilieneigentum, die mit einer Betriebsgesellschaft in Form einer SARL neben persönlichen Bindungen der Gesellschafter auch über einen Mietvertrag verbunden war, hatte die SARL sieben Jahre lang keinen Mietzins gezahlt und Mietschulden in Höhe von knapp 350.000 Euro aufkommen lassen. Der Kassationsgerichtshof bestätigte die Entscheidung der Instanzgerichte zur Erstreckung des über die SCI eröffneten Liquidationsverfahrens wegen Vermögensvermischung und bezeichnete den dadurch generierten Vermögensabfluss von der SARL an die SCI im Ergebnis als „anormal". Die SARL hatte argumentiert, die SCI habe sich zwar um den ausstehenden Betrag verarmt; dies sei jedoch im Streben nach indirekten Vorteilen geschehen, die sich aus dem gesamten vertraglichen Gefüge zwischen den beiden Gesellschaften ergeben hätten. Gerade diese gesuchten Vorteile für die SCI konnte der Kassationsgerichtshof bei der inhaltlichen Analyse des Vertragsinhalts jedoch nicht erkennen. Neben für die SARL überaus vorteilhaften Klauseln in Bezug auf das Ausbleiben von Mieterhöhungen sei es die einzige Verpflichtung der

---

764 So ausdrücklich *Pérochon*, Entreprises en difficulté, Rn. 336; Ähnliches ergibt sich auch aus den in die ausführliche Rechtsprechungsanalyse bei *Reille*, La notion de confusion des patrimoines, Rn. 146 ff. aufgenommenen Einzelfälle. Zur Betriebsaufspaltung und der Erfüllung des objektiven Tatbestands der Vermögensvermischung bereits oben, bb).

765 La notion de confusion des patrimoines, Rn. 146 ff.

766 Ebenda, Rn. 152 ff.; ähnlich *Pelletier*, La responsabilité au sein des groupes de sociétés en cas de procédure collective, Rn. 69 ff.

767 Revisionsnummer 11-30640.

Mieterin gewesen, den Mietzins zu zahlen, wenn es ihr ihre wirtschaftlichen Ergebnisse erlaubten.

dd) Restriktive Auslegung des Tatbestands bei Insolvenzen von Konzerngesellschaften in großen Konzernorganisationen und Finanzkonzernen (groupes financiers) – die Metaleurop-Rechtsprechung und ihre Nachfolger

Die Rechtsprechung verdeutlicht damit in aller Klarheit, dass die Unterstützung einer anderen Gesellschaft etwa im Rahmen einer kleineren *groupe personnelle* auf Kosten der Gläubiger einer anderen Gesellschaft kein jedenfalls billigenswertes Motiv für Finanzabflüsse von Rechtsträger zu Rechtsträger darstellt. Anders scheint die Lage jedoch bei größeren, meist arbeitsteilig organisierten und häufig durch Kapitalbeteiligungen und Holding-Strukturen verbundenen Konzernen (insbesondere so genannter *groupes financiers*[768]) zu sein[769]. Auch wenn das französische Recht diese in vielen Bereichen eher stillschweigend toleriert als vollständig regelt, erkennt es doch eine „Interessengemeinschaft" („communauté des intérêts"[770]) von Gesellschaften eines einheitlichen Konzerns an.

Vor dieser teils in beredtem Schweigen, teils in konkreten Regelungen manifestierten Grundentscheidung des französischen Gesetzgebers kann sich auch die Rechtsprechung bei der Anwendung des Tatbestands der Vermögensvermischung nicht verschließen. Wie bereits weiter oben erläutert, hatte der Kassationsgerichtshof die systematische Ausweitung der Verfahrenserstreckung auf integrierte Konzerne, die eine so genannte Unternehmenseinheit *(unité d'entreprise)* darstellten, bereits klar abgelehnt und eine Konzentration auf die hergebrachten Tatbestandsalternativen des Richterrechts angemahnt; das Insolvenzrecht sollte aus Sicht des Gerichts nicht dafür missbraucht werden, „durch die Hintertür" einer extensiven Anwendung der Verfahrenserstreckung die gesellschaftsrechtliche Maxime der konzerninternen Haftungstrennung ins Gegenteil zu verkehren[771]. Die Übernahme nur der beiden herkömmlichen Tatbestandsalternativen in der gesetzlichen Regelung des Art. L. 621-2 Abs. 2

[768] Zur Kategorisierung der einzelnen Konzerntypen im französischen Recht oben, § 1 B. I. 3. Diese werden aufgrund ihrer für den Konzern typischen Aufbau auch synonym mit dem Begriff *groupe de sociétés* verwendet, siehe etwa *Gibirila*, Def., Nr. 2005-23, 1932.

[769] Siehe hierzu bereits *Jacquemont*, Sauvegarde, redressement et liquidations judiciaires – Exploitation en commun et confusion des patrimoines, in: JCl. Com., Fasc. 2165, Rn. 22 ff.

[770] *Pelletier*, La responsabilité au sein des groupes de sociétés en cas de procédure collective, Rn. 70. Zur rechtlichen Dimension der Konzerne und der grundsätzlich konzernfreundlichen Absicht des französischen Gesetzgebers ausführlich oben, § 1 B. I. 1 f.

[771] Hierzu einleitend auch oben, A. II.

C. com.[772] gab dem Gerichtshof diesbezüglich Recht. Auch wenn Instanzgerichte es aufgrund der einfachen Möglichkeit zur Durchführung konzernweiter Insolvenzverfahren immer wieder anders sehen wollten[773], war bereits zu diesem Zeitpunkt klar, dass das alleinige Vorliegen enger Beziehungen zwischen mehreren juristischen Personen oder die reine Zugehörigkeit zu einer Konzernstruktur nicht ausreichen darf, um eine Verfahrenserstreckung zu rechtfertigen[774].

Doch selbst unter dieser Maßgabe war es den Instanzgerichten nicht unmöglich, die Verfahrenserstreckung bei Konzernen auch durch die herkömmlichen Tatbestandsalternativen unter ähnlicher Motivation in Konzernsachverhalten zu einer weitreichenden Anwendung zu bringen: Eine weite Auslegung der bekannten Kriterien war zwar „diplomatischer", führte aber im Ergebnis zu ähnlichen Ergebnissen wie die offene Verwendung des Begriffs *„unité d'entreprise"*[775]. Die Antwort des Kassationsgerichtshofs auf solche Vorstöße lag in einer sich stets verschärfenden Kontrolle solcher instanzgerichtlichen Entscheidungen – zunächst im Hinblick auf die Prüfungsintensität und später auch hinsichtlich des Prüfungsmaßstabs[776].

Nahezu parallel zur Ablehnung des Kriteriums einer Unternehmenseinheit gab der Kassationsgerichtshof zunächst eine zuvor lange Zeit kultivierte Rechtsprechung auf, die den Instanzgerichten freie Hand bei der Anwendung der damals vollständig richterrechtlichen Tatbestände der Verfahrenserstreckung gab[777]. Schon das *Vidal*-Urteil[778], welches als erstes Anwendungsbeispiel einer Rechtsprechung zur Vermögensvermischung gilt[779], kann als Beginn dieser Entscheidungspraxis gesehen werden. Dort heißt es im entscheidenden Abschnitt zur Würdigung der durch den Appellationsgerichtshof erhobenen Tatsachen:

---

[772] Zu dessen Genese oben, § 3 sowie insbesondere § 4 A. III. 2. b).

[773] Fälle ausbrechender Instanzgerichte finden sich oben unter 1. c).

[774] Siehe etwa *Gibirila*, Def., Nr. 2005-23, 1932, II; ; *Jacquemont/ Vabres*, Entreprises en difficulté, Rn. 178; *Lebel*, Gaz. Pal., Nr. 2005-309, 3, I. A.; *Robine/ Marotte*, Rev. sociétés 2005, 897, Rn. 1, 12.

[775] Hierzu ausführlich *Reille*, La notion de confusion des patrimoines, Rn. 42 ff., insb. Rn. 43 („...d'autres juridictions, moins audacieuses, ou plus diplomates...").

[776] Siehe zu dieser Entwicklung auch *Delmotte*, RJDA 2006, 549, Rn. 8; *Derrida*, in: Centre du droit de l'entreprise de Montpellier (Hrsg.), FS-Cabrillac, S. 687, 688; *Reille*, La notion de confusion des patrimoines, Rn. 41 ff.; vgl. auch *Jacquemont*, Sauvegarde, redressement et liquidations judiciaires – Exploitation en commun et confusion des patrimoines, in: JCl. Com., Fasc. 2165, Rn. 4;

[777] Den Abschluss dieser Entwicklung verdeutlicht Kassationsrichter *(conseiller) Tricot* in seinem 1997 erschienenen Bericht zur Rechtsprechung des Gerichtshofs im Bereich der Vermögensvermischung, in: Ministère de la justice (Hrsg.), Rapp. annuel Cour de cassation 1997, S. 165.

[778] Cass. req. 09.02.1932 (*Vidal C. Benoist ès qualités*), DH 1932, 162.

[779] Siehe hierzu oben, § 3 A. II.

„...aus diesen Erklärungen und Feststellungen, die sich der Überprüfung des Kassationsgerichtshofs entziehen, hat der Appellationsgerichtshof zu Recht geschlossen, dass...“[780].

Spätere Urteile wiesen traditionell folgende Entscheidungsformel auf, um eine nähere Prüfung des Tatbestands auszuschließen und den Tatrichtern *(juges du fond)* diese aus damaliger Sicht als Frage der freien Beweiswürdigung zu qualifizierenden Entscheidung zu überlassen:

„...in Ausübung seiner Befugnis zur freien Würdigung der Beweise, die ihm unterbreitet worden sind, hat der Appellationsgerichtshof die Vermischung, die zwischen den Vermögen von ... und ... vorlag, festgestellt...“[781]

Aufgrund der oben genannten Erwägungen einer ausufernden Anwendung der Verfahrenserstreckung begann daraufhin eine „Jagd“[782] auf instanzgerichtliche Entscheidungen, die die Verfahrenserstreckung ohne ausreichende tatbestandliche Grundlage aussprachen. Erschien dem Kassationsgerichtshof der durch das Instanzgericht festgehaltene Tatbestand als nicht schwerwiegend genug, zögerte er ab etwa der Mitte der 1990er-Jahre nicht mehr, diese mit Hinweis auf „ungeeignete Beweggründe“ *(motifs impropres)* oder andere ähnliche Formulierungen aufzuheben[783]. Ausbrechende Gerichte wurden seitdem konsequent durch eine immer mehr auch auf die materielle Definition der Tatbestände Einfluss nehmende Rechtsprechung des Kassationsgerichtshofs in die Schranken gewiesen[784].

---

[780] „...de ces déclarations et constatations, qui échappent au contrôle de la Cour de cassation, la cour d’appel a déduit à bon droit que...“.

[781] So formuliert etwa in Cass. com. 25.06.1979, Revisionsnummer 78-12901, Bull. civ. 1979, Nr. 212: ...c’est dans l’exercice de son pouvoir souverain d’appréciation des éléments de preuve qui lui étaient soumis [...] que la cour d’appel a relevé [...] la confusion qui existait entre le patrimoine de [...] et celui de [...]“; vgl. zu dieser Rechtsprechung auch Delmotte, RJDA 2006, 549, Rn. 8; Derrida, in: Centre du droit de l’entreprise de Montpellier (Hrsg.), FS-Cabrillac, S. 687, 688.

[782] *Reille*, La notion de confusion des patrimoines, Rn. 59: „la chasse aux décisions prononçant l’extension sur des motifs impropres à établir la confusion“; siehe ebenfalls dort für zahlreiche weitere Nachweise aus dieser Rechtsprechung.

[783] Siehe insbesondere Cass. com. 25.06.1996, Revisionsnummer 93-11264, Bull. civ. 1996, IV, S. 162, Nr. 190 zur Vermögensvermischung sowie Cass. com. 25.11.1997, Revisionsnummer 95-17864 und 27.10.1998, Revisionsnummer 96-13277, Bull. civ. 1998, IV, S. 219, Nr. 265 zur *fictivité*; zu dieser Rechtsprechung auch *Derrida*, in: Centre du droit de l’entreprise de Montpellier (Hrsg.), FS-Cabrillac, S. 687, 688. Die Entscheidungen in diesem Zeitraum betrafen allerdings nicht nur arbeitsteilig organisierte Konzerne.

[784] Zu dieser Entwicklung mit ausführlichen Nachweisen *Reille*, La notion de confusion des patrimoines, Rn. 60 ff.

Vor diesem Hintergrund ist das etwa zehn Jahre später im vielbeachteten und nicht zuletzt aufgrund der Umweltproblematik weithin bekannt gewordenen Metaleurop-Verfahren[785] ergangene Urteil des Kassationsgerichtshofs vom 19.04.2005[786] zu verstehen. Dieses Urteil, welches die möglichen volkswirtschaftlichen Schäden der Haftungssegmentierung im Konzern einer breiten Öffentlichkeit deutlich machte, musste wirtschaftsethische Fragestellungen mit der reinen juristischen Problematik auf besondere Weise verbinden[787]. In der öffentlichen Wahrnehmung kam nämlich das Gefühl auf, die Muttergesellschaft habe sich durch die Auslagerung ihrer umweltschädlichen Aktivitäten auf eine Tochtergesellschaft von ihrer umweltrechtlichen Haftung auf Kosten der Allgemeinheit befreien wollen[788]. Doch auch im Rahmen seiner Bedeutung für die Fortentwicklung des Richterrechts kann es nicht unterschätzt werden, da es zum ersten Mal ausdrückliche Sonderregeln für Konzerne bei der Anwendung des Tatbestands der Vermögensvermischung aufstellte[789].

Nachdem der Appellationsgerichtshof Douai in seiner Entscheidung vom 02.10.2003 noch ein Gutachten zu den finanziellen Beziehungen insbesondere zwischen der Mutter- und Holdinggesellschaft Metaleurop SA und der Tochtergesellschaft Metaleurop Nord SAS angefordert hatte[790], hob dieser Gerichtshof das Urteil der Vorinstanz[791] mit Urteil vom 16.12.2004[792] teilweise auf und

---

[785] Siehe bereits zum ersten Teil dieses Verfahrens, welches sich in der zweiten Instanz vor dem Appellationsgerichtshof Douai zunächst eher auf die Frage des Vorliegens einer *fictivité* konzentrierte, oben 2. c) aa).

[786] Cass. com, 19.04.2005, Revisionsnummer 05-10094, Bull. civ. 2005 IV, S. 95, Nr. 92. Die hohe Tragweite dieses Urteils lässt sich auch an der hohen Anzahl der Urteilsbesprechungen ablesen, die nahezu alle auf die große Bedeutung dieser Entscheidung hinweisen, siehe etwa *Bouru/ Menjucq*, JCP G Nr. 2005-26, II, S. 10088; *Gibirila*, Def., Nr. 2005-23, 1932; *Lebel*, Gaz. Pal., Nr. 2005-309, 3; *Lienhard*, D. 2005, 1225; *Robine*, Gaz. Pal., Nr. 2006-173, 39; *Robine/ Marotte*, Rev. sociétés 2005, 897; *Rolland*, JCP E Nr. 2005-20, S. 721; *Saint-Alary Houin*, Bull. Joly Soc., Nr. 2005-6, 690.

[787] So *Lienhard*, D. 2005, 122; die hohe rechtspolitische Bedeutung der Umweltproblematik in Verbindung mit anderen Stakeholder-Interessen betonen auch *Bouru/ Menjucq*, JCP G Nr. 2005-26, II, S. 10088; *Rolland*, JCP E Nr. 2005-20, S. 721, Rn. 15 *Saint-Alary Houin*, Bull. Joly Soc., Nr. 2005-6, 690, Rn. 2.

[788] *Robine/ Marotte*, Rev. sociétés 2005, 897, Rn. 4. Genau diese Absicht, die wenn überhaupt eher eine *fictivité* der Tochtergesellschaft begründet hätte, schließt der CA Douai in seinem Urteil vom 16.12.2004, RG-Nr. 03/02333, 03/02334, 03/02893, m. Anm. *Lienhard*, Gaz. Pal., Nr. 2006-173, 39, ausdrücklich aus.

[789] So explizit *Bouru/ Menjucq*, JCP G Nr. 2005-26, II, S. 10088; vgl. auch *Reille*, La notion de confusion des patrimoines, Rn. 166 f.

[790] CA Douai, 02.10.2003, RG-Nr. 03/02333, 03/02334, 03/02893, D. 2003, 2571.

[791] TGI Béthune, 11.04.2003, Nr. 2003/000661.

[792] CA Douai, 16.12.2004, RG-Nr. 03/02333, 03/02334, 03/02893, m. Anm. *Lienhard*, Gaz. Pal., Nr. 2006-173, 39; zu dieser Entscheidung sowie den faktischen Grundlagen des Falls bereits oben, 2. c) aa).

ordnete die Erstreckung des über die Tochtergesellschaft eröffneten Liquidationsverfahrens auf die Konzernmutter an. In seiner stark durch die Umstände des Einzelfalls und im Hinblick auf das zuvor angeforderte Gutachten orientierten Entscheidung[793] lehnte der Appellationsgerichtshof zunächst eine *fictivité* der SAS ab, da sie ausweislich des Gutachtens über eine reale wirtschaftliche Aktivität verfügte[794], und führte anschließend zur Vermögensvermischung aus:

„...die Verbindung dieser Bestandteile [des Gutachtens, d. Verf.] ist hinreichend bestimmt, um zu bestätigen, dass die finanziellen Beziehungen zwischen den Gesellschaften Metaleurop SA und Metaleurop Nord anormal geworden sind, nachdem sich die Gesellschaft in Noyelles Godault [die Tochtergesellschaft Metaleurop SAS, d. Verf.] in einer überaus deutlichen Lage einer Abhängigkeit im Hinblick auf ihre Finanzen und ihre Entscheidungen befand, ohne dass es notwendig wäre zu ergründen, ob erstere, deren Erträge entscheidend von den Abgaben der letzteren abhingen, aus dieser Vermischung einen Nutzen gezogen hatte.“[795]

Um die Verfahrenserstreckung zu rechtfertigen, stützte sich der Appellationsgerichtshof damit auf die zweite Fallgruppe der Vermögensvermischung, die anormalen finanziellen Beziehungen. Diese sah der Gerichtshof dadurch verwirklicht, dass es zwischen der Mutter- und der zu 99 Prozent in ihrem Eigentum stehenden Tochtergesellschaft einen regen Austausch von Personal und Finanzmitteln gegeben hatte, welche zu einer starken wirtschaftlichen Abhängigkeit beider Gesellschaften voneinander geführt hatten. Einerseits war festgestellt worden, dass die SA Abflüsse aus ihrem Haftungsvermögen insbesondere durch Langzeitdarlehen an die SAS sowie für letztere vorteilhafte Anpassungen im konzernweiten Cash-Pool-System in Form von Vorschüssen mit einer Stundung von Fälligkeitsdaten sowie langen Rückzahlungsfristen zu verzeichnen hatte. Zum Zeitpunkt der ersten Fälligkeit eines der Rückzahlungsansprüche war dieser außerdem zunächst nicht geltend gemacht worden. Die Grundlagen des Cash-Pool-Systems waren allerdings in konzernweiten Verträgen niedergelegt wurden. Nahezu alle dieser Maßnahmen waren von der SA mit dem Ziel verfolgt worden, ihre auch für die konzernweiten Aktivitäten wichtige Tochtergesellschaft vor einer Zahlungsunfähigkeit zu bewahren. Nach den Feststellungen des Appellationsgerichtshofs ging dies so weit, dass das wirtschaftliche Überleben der SAS nur noch von der Bereitschaft der SA

793 So *Lienhard*, Gaz. Pal., Nr. 2006-173, 39.

794 Zum hier vorliegenden Einzelfall genauer *Saint-Alary Houin*, Bull. Joly Soc., Nr. 2005-6, 690, Rn. 3 f.

795 „...la conjonction de ces éléments est suffisamment déterminante, alors que la société de Noyelles Godault se trouvait dans une situation de dépendance décisionnelle et financière particulièrement marquée, pour affirmer que les relations financières entre les sociétés Metaleurop SA et Metaleurop Nord sont devenues anormales, sans qu'il soit nécessaire de rechercher si la première, dont les produits dépendaient en grande partie des redevances de la seconde, avait tiré profit de cette confusion...“

abhing, ihrer Tochtergesellschaft Kredite und Vorschüsse zu gewähren. Andererseits gingen auch von der SAS geldwerte Vorteile an die SA aus, dies insbesondere in Form der Bezahlung von Arbeitnehmern und Führungspersonal, die sowohl für die SAS als auch die SA tätig geworden waren[796].

Angesichts der soeben beschriebenen Linie der Rechtsprechung des Kassationsgerichtshofs, der eine gegen- oder einseitige wirtschaftliche Abhängigkeit von Gesellschaften als Verfahrenserstreckungsgrund seit langem abgelehnt hatte und auch die Tatbestandsmerkmale der Vermögensvermischung in diesem Sinne ausgelegt wissen wollte, erscheint die Entscheidung des Appellationsgerichtshofs Douai vorsichtig ausgedrückt durchaus „unorthodox“[797].

Die Entscheidung des Kassationsgerichtshofs vom 19.04.2005 erfolgte nach Revisionseinlegung durch den *mandataire ad hoc* der inzwischen ebenfalls zahlungsunfähigen Muttergesellschaft. Sie ist auf den ersten Blick daher kaum erstaunlich – vielmehr könnte dahinter zunächst eine reine Einzelfallentscheidung zur Bekräftigung einer bereits lange bekannten Rechtsprechung vermutet werden[798]. Im Entscheidungssatz heißt es in Bezug auf die Begründung der Vorinstanz:

> „...indem er sich mit diesen Gründen entschieden hat, die nicht geeignet sind zu begründen, worin bei einem Konzern die von ihm festgestellten *Cash-Pooling-* und Wechselverträge, der Austausch von Personal und Vorschüssen von der Muttergesellschaft zu anormalen finanziellen Beziehungen im Sinne einer Vermögensvermischung liegen, hat der Appellationsgerichtshof, der nicht auf der Grundlage des Artikels L. 624-3 *Code de commerce* befand, seiner Entscheidung keine Rechtsgrundlage verliehen“[799].

Bemerkenswert ist hingegen die erst auf den zweiten Blick auffallende Argumentation des Kassationsgerichtshofs, der die ihm in diesem Fall zukommende

---

[796] Eine ausführliche Zusammenfassung der Rechtsbeziehungen zwischen SAS und SA findet sich bei *Lebel*, Gaz. Pal., Nr. 2005-309, 3, I. B.

[797] *Lienhard*, Gaz. Pal., Nr. 2006-173, 39; auf den Zusammenhang mit der vorherigen Rechtsprechung hinweisend auch *Lebel*, Gaz. Pal., Nr. 2005-309, 3, I. A.; *Saint-Alary Houin*, Bull. Joly Soc., Nr. 2005-6, 690, I. B., Rn. 8; *Teboul*, LPA, Nr. 2005-157, 3, I. *Robine/ Marotte*, Rev. sociétés 2005, 897, Rn. 9 und auch *Rolland*, JCP E Nr. 2005-20, S. 721, Rn. 11 stören sich insbesondere am vom Appellationsgerichtshof herangezogenen Argument der finanziellen Abhängigkeit der SAS, welche allenfalls auf die hier abgelehnte *ficitivité* hätte hinweisen können.

[798] *Lienhard*, Gaz. Pal., Nr. 2006-173, 39; ähnlich *Teboul*, LPA, Nr. 2005-157, 3, I.

[799] „..en se déterminant par de tels motifs impropres à caractériser en quoi, dans un groupe de sociétés, les conventions de gestion de trésorerie et de change, les échanges de personnel et les avances de fonds par la société-mère, qu'elle a constatés, révélaient des relations financières anormales constitutives d'une confusion du patrimoine de la société-mère avec celui de sa filiale, la cour d'appel, qui ne statuait pas sur le fondement de l'article L. 624-3 du code de commerce, n'a pas donné de base légale à sa décision“.

Aufmerksamkeit nutzte, um wichtige Anpassungen des materiellen Konzernhaftungsrechts vorzunehmen[800]. Während die aus der Entscheidung zu ziehenden Schlüsse auf neue Verhaltensmaximen für Konzerne, die einer Verfahrenserstreckung entgehen möchten, noch heute durchaus kontrovers diskutiert werden[801], stellt schon die Begründung des Kassationsgerichtshofs einen wichtigen Baustein zum besseren Verständnis des Tatbestands der Vermögensvermischung dar:

Versteht man die oben beschriebene Situation anhand des bereits erläuterten Tatbestands der anormalen finanziellen Beziehungen[802], sind die von der SA ihrer Tochtergesellschaft zur Verfügung gestellten Vorteile Abflüsse aus ihrem Haftungsvermögen, für die keine direkte Gegenleistung der Begünstigten zu verzeichnen war[803]. Dies gilt insbesondere für die Zahlungsaufschübe der Mutter- an die Tochtergesellschaft[804]. Auch der systematische Charakter dieser Beziehung war sowohl wegen der Höhe als auch der Anzahl der Abflüsse kaum zu bezweifeln. Nachdem der objektive Tatbestand dieses Merkmals als erfüllt angesehen werden konnte, kam es für die rechtliche Würdigung des Falls entscheidend auf die Frage des subjektiven Tatbestands – des so genannten caractère anormal – der finanziellen Abflüsse an[805].

Für ebendiesen Tatbestand führt der Kassationsgerichtshof im Metaleurop-Urteil nach der herrschenden Auslegung des Urteils erstmals Sonderregeln für integrativ als einheitliche Unternehmen geführte Konzerne ein: Während Abflüsse von finanziellen Werten und Cash-Pool-Vereinbarungen, der Austausch von Personal oder zur Stützung des Unternehmens gezahlte Vorschüsse bei Gesellschaften als Einzelunternehmen mangels ausreichenden Interesses des vorteilsgewährenden Rechtsträgers anormal wären, sind solche Operationen im Rahmen rechtsgültiger vertraglicher Vereinbarungen für Konzerngesellschaften nach der neuen Rechtsprechung als gerechtfertigt bzw. „normal" oder gar systeminhärent zu verstehen.[806] Der Tatbestand der *anomalie* verändert

[800] So bewerten es unter anderem *Bouru/ Menjucq*, JCP G Nr. 2005-26, II, S. 10088; *Jacquemont*, Sauvegarde, redressement et liquidations judiciaires – Exploitation en commun et confusion des patrimoines, in: JCl. Com., Fasc. 2165, Rn. 22; *Pelletier*, La responsabilité au sein des groupes de sociétés en cas de procédure collective, Rn. 73; *Reille*, La notion de confusion des patrimoines, Rn. 166 f.; *Robine/ Marotte*, Rev. sociétés 2005, 897, Rn. 3.

[801] Hierzu sogleich unten, c).

[802] Hierzu soeben oben, aa) bis cc).

[803] Die Subsumtion ist bewusst schematisch gehalten und lässt zur besseren Verständlichkeit die festgestellten Irregularitäten, die der SA zugute kamen, außer Betracht. Diese waren im Übrigen nicht direkt miteinander verknüpft.

[804] Vgl. *Robine/ Marotte*, Rev. sociétés 2005, 897, Rn. 11.

[805] Anhand dieses Merkmals erläutert daher auch *Reille*, La notion de confusion des patrimoines, Rn. 166 f. die Fallkonstellation des *Metaleurop*-Urteils.

[806] Dies schließen zutreffend aus dem Entscheidungssatz des Urteils *Bouru/ Menjucq*, JCP G Nr. 2005-26, II, S. 10088; *Robine*, Gaz. Pal., Nr. 2006-173, 39; *Robine/ Marotte*, Rev.

sich nach dieser Ansicht entsprechend beim Vorliegen von Konzerngesellschaften[807].

Die dahinter stehendenden Gedankenschlüsse des Gerichtshofs erschienen sowohl im Hinblick auf seine vorherigen Entscheidungen und den normativen Kontext der Konzernbeziehungen im französischen Recht nahezu als zwingend[808]: In Bezug auf die Cash-Pool-Vereinbarungen hatte der Gesetzgeber eine solche Wertung bereits in Art. L. 511-5 sowie 511-7-3 CMF vorgegeben[809]; hätte der Gerichtshof die unter den dort genannten Voraussetzungen bankenrechtlich legitimierten Cash-Pool-Vereinbarungen unter insolvenzhaftungsrechtlichen Gesichtspunkten für „anormal" erklärt, hätte er sich zu dieser Wertung im Widerspruch befunden[810]. Darüber hinaus sind solche teils filialbegünstigenden Vereinbarungen für integrierte Konzerne eine gängige Praxis[811], die der Kassationsgerichtshof in diesem Urteil nicht als solche in Frage stellen konnte oder wollte. In Bezug auf die anderen genannten Vorgänge, die für integrierte Konzernunternehmen die praktische Regel darstellen[812], wäre es höchst unverständlich gewesen, diesen – trotz der grundsätzlichen Konzernfreundlichkeit insbesondere des französischen Gesellschaftsrechts und der Beständigkeit des Grundsatzes der konzerninternen Haftungstrennung[813] – ihre insolvenzhaftungsrechtliche Legitimation abzusprechen[814]. Insgesamt handelt es sich somit um eine zwar aus rechtlicher Sicht aufgrund ihrer großen Klarheit

---

sociétés 2005, 897, Rn. 2, 12 ff.; *Saint-Alary Houin*, Bull. Joly Soc., Nr. 2005-6, 690, I. B., Rn. 7; *Pelletier*, La responsabilité au sein des groupes de sociétés en cas de procédure collective, Rn. 73; *Reille*, La notion de confusion des patrimoines, Rn. 167; implizit sehr ähnlich *Gibirila*, Def., Nr. 2005-23, 1932, II; zurückhaltender *Lienhard*, Gaz. Pal., Nr. 2006-173, 39; unzutreffend, da unter Nichtbeachtung des Kriteriums der anormalen finanziellen Beziehungen auf das Fehlen einer Vermögensvermischung im engeren Sinne abstellend *Lebel*, Gaz. Pal., Nr. 2005-309, 3, I. B.

807 Hierzu sogleich auch unten, c).

808 Zustimmend auch *Bouru/ Menjucq*, JCP G Nr. 2005-26, II, S. 10088, 2; *Lienhard*, Gaz. Pal., Nr. 2006-173, 39.

809 Zu diesen Sonderregeln für die Zulässigkeit von Cash-Pools bereits oben, § 1 B. I. 1. c) dd).

810 Vgl. auch *Bouru/ Menjucq*, JCP G Nr. 2005-26, II, S. 10088, 2; *Gibirila*, Def., Nr. 2005-23, 1932, II.

811 *Gibirila*, Def., Nr. 2005-23, 1932, II.; vgl. auch *Rolland*, JCP E Nr. 2005-20, S. 721, Rn. 9; *Saint-Alary Houin*, Bull. Joly Soc., Nr. 2005-6, 690, I. B., Rn. 7 ff.; zu sonstigen typischen Vertragstypen zwischen Konzerngesellschaften ausführlich *Teboul*, LPA, Nr. 2005-157, 3, III sowie zum Fall *Metaleurop*, ebenda, V.

812 Vgl. ebenso *Gibirila*, Def., Nr. 2005-23, 1932, II., *Saint-Alary Houin*, Bull. Joly Soc., Nr. 2005-6, 690, I. B., Rn. 7 ff.

813 Siehe oben, § 1 B. I. 2.; so ist es gerade die Intention des Gesetzgebers gewesen, mit der geringen Regelungsdichte des Konzernrechts die Entwicklung von Konzernorganisationen in allen ihren Formen zu unterstützen. Hierauf im Zusammenhang mit dem Urteil hinweisend *Lienhard*, Gaz. Pal., Nr. 2006-173, 39.

814 Ähnlich *Bouru/ Menjucq*, JCP G Nr. 2005-26, II, S. 10088, 2.

innovative, gleichzeitig jedoch um eine in der Sache vorhersehbare Entscheidung[815].

Scheint mit diesem Urteil damit festzustehen, dass die Voraussetzungen der Vermögensvermischung zwischen Konzerngesellschaften restriktiver auszulegen sind als beim Vorliegen von Einzelgesellschaften[816], ist die konkrete rechtstechnische Durchführung dieser restriktiven Auslegung und die zur Vermeidung von Vermögensvermischungen bei Konzernen noch immer umstritten[817]. Zwar setzte der Gerichtshof damit seinen „Rechtmäßigkeitsfilter“[818] in Bezug auf integrative Konzerne mit grundsätzlicher Milde ein; von nicht zu unterschätzender Bedeutung für das weiter bestehende Gefüge der Haftungsnormen in Konzernsachverhalten ist aber der Hinweis desselben Gerichtshofs – ein kurzes aber bedeutungsschweres *obiter dictum*[819] im Nebensatz der Urteilsformel – auf einen trotz der Ablehnung einer Vermögensvermischung vorstellbaren Alternativweg der Haftung der Muttergesellschaft als faktische Geschäftsführerin im Rahmen der *responsabilité pour insuffisance d'actif*[820].

Die herausgehobene Bedeutung des *Metaleurop*-Urteils wird durch die nachfolgende Rechtsprechung, die die hier vom Kassationsgerichtshof herausgearbeiteten Kriterien und Hierarchien der Tatbestände regelmäßig anwendet, nur noch unterstrichen.

Ein erster Hinweis auf das Fortdauern dieser Rechtsprechung liegt im kurz nach dem *Metaleurop*-Verfahren gesprochenen Urteil des Kassationsgerichtshofs in der Sache *AOM Air Liberté*[821]. Ein Sanierungsverfahren über mehrere

---

[815] So auch *Lienhard*, Gaz. Pal., Nr. 2006-173, 39.

[816] So ausdrücklich *Robine*, Gaz. Pal., Nr. 2006-173, 39; *Saint-Alary Houin*, Bull. Joly Soc., Nr. 2005-6, 690, I. B., Rn. 7; weitere Nachweise soeben.

[817] Hierzu sogleich unten, c).

[818] *Saint-Alary Houin*, Bull. Joly Soc., Nr. 2005-6, 690, Rn. 1: „filtre de la régularité des comportements et des montages juridiques“.

[819] So *Robine*, Gaz. Pal., Nr. 2006-173, 39; *Robine/ Marotte*, Rev. sociétés 2005, 897, Rn. 14; *Rolland*, JCP E Nr. 2005-20, S. 721, Rn. 12.

[820] Dies ergibt sich unter anderem aus der Urteilsformulierung „der nicht auf der Grundlage des Artikels L. 624-3 *Code de commerce* befand...“, in dem zum Urteilszeitpunkt diese Haftungsform niedergelegt war. Auf diesen wichtigen Zusammenhang hinweisend auch *Bouru/ Menjucq*, JCP G Nr. 2005-26, II, S. 10088, 3; *Gibirila*, Def., Nr. 2005-23, 1932, III; *Lebel*, Gaz. Pal., Nr. 2005-309, 3, II; *Lienhard*, Gaz. Pal., Nr. 2006-173, 39; *Saint-Alary Houin*, Bull. Joly Soc., Nr. 2005-6, 690, II; genauer hierzu sowie zu den Folgen für das heutige Haftungsgefüge sogleich unten, c).

[821] Cass. com. 10.01.2006, Revisionsnummer 04-18917, m. Bespr. *Roussel Galle*, Rev. sociétés 2006, 629. Als Anwendungsfall der *Metaleurop*-Grundsätze kennzeichnen dieses Urteil etwa *Delmotte*, RJDA 2006, 549 („wie ein Echo auf die Lösung aus dem [...] *Metaleurop*-Verfahren“, „comme un écho à la solution [...] dans l'affaire Métaleurop“); *Pelletier*, La responsabilité au sein des groupes de sociétés en cas de procédure collective, Rn. 74; *Roussel Galle*, Rev. sociétés 2006, 629, Rn. 9; einen ähnlichen Zusammenhang herstellend *Reille*, La notion de confusion des patrimoines, Rn. 166.

Gesellschaften des Luftfahrtkonzerns *AOM Air Liberté* endete in einer übertragenden Sanierung in Form eines *plan de cession* an die Gesellschaft *Holco SAS*. Nachdem daraufhin insbesondere über die Betriebsgesellschaft *AOM Air Liberté* ein Liquidationsverfahren eröffnet worden war, beantragten die Liquidatoren die Erstreckung des Verfahrens auf die Übernahmeholding *Holco SAS*. Dies begründeten sie mit einer angeblichen Vermögensvermischung in Form von anormalen finanziellen Beziehungen. Hierfür waren geldwerte Abflüsse in beide Richtungen angeführt worden. Die neue Muttergesellschaft hatte gegenüber der Betriebsgesellschaft etwa unter dem Vorbehalt einer Besserungsklausel auf Forderungen verzichtet und erbrachte Leistungen nicht in Rechnung gestellt. Die Betriebsgesellschaft hatte hingegen zunächst entgegen anderslautender vertraglicher Vereinbarungen Bankgebühren übernommen und musste beträchtliche Teile der Kosten für nicht eingelöste Flugtickets übernehmen. Nachdem der Appellationsgerichtshof Paris[822] diese Erstreckung abgelehnt hatte, legte sie Revision beim Kassationsgerichtshof ein, der nunmehr eine Gelegenheit hatte, die kurz zuvor im *Metaleurop*-Urteil festgelegten Grundsätze zu bestätigen. Eine weitreichende Erläuterung war aufgrund des großen Nachhalls dieser Entscheidung kaum notwendig gewesen; vielmehr beließ es der Gerichtshof dabei, die für Konzerne typischen Verflechtungen[823] als ungeeignet für das Vorliegen anormaler finanzieller Beziehungen zu bezeichnen.

c) Zwischenergebnis: Umrisse eines modernen Begriffs der Vermögensvermischung bei Konzernen und Handlungsmaximen zur Haftungsvermeidung

aa) Restriktive Auslegung aller Tatbestandsmerkmale des Art. L. 621-2 Abs. 2 C. com.

Die neuen Leitlinien des *Metaleurop*-Urteils haben es allzu deutlich gemacht: die einstigen Bemühungen von Verfahrensbeteiligten, die die Verfahrenserstreckung gefolgt von bereitwilligen Instanzgerichten als komfortables Werkzeug vereinfachter Konzerninsolvenzverfahren mit durch das Vermögen einer anderen Gesellschaft erhöhten Masse zu nutzen, sind wohl endgültig Rechtsgeschichte[824]; die Beteiligten sind grundsätzlich auf die Anwendung der nunmehr hinreichend vorhandenen Möglichkeiten zur Verfahrenskonzentration und -koordination angewiesen[825], die eine materielle Konsolidierung der Haftungsmassen jedoch ausschließen. Doch die enge Verbindung von Gesellschaften in Konzernverbünden macht Finanzflüsse zwischen den Rechtsträgern unausweichlich und die missbräuchliche Verwendung derselben ungleich

822 CA Paris, 07.09.2004, RG-Nr. 2003/2183.

823 Vgl. auch *Grelon/ Dessus-Larrivé*, Rev. sociétés 2006, 281, Rn. 15.

824 So auch *Pétel*, in: FS-Merle, S. 577.

825 Siehe oben, § 1 C. II.

wahrscheinlicher[826]. Dass allein solche Finanzflüsse nicht ausreichen dürfen, um eine Vermögensvermischung auszulösen, erscheint allgemein anerkannt, würde sonst doch das reguläre Funktionieren von Konzernen nahezu unmöglich gemacht[827] und die konzerninterne Haftungstrennung als Grundsatz[828] weitgehend außer Kraft gesetzt. Die restriktive Auslegung des Tatbestands der anormalen finanziellen Beziehungen *(relations financières anormales)*, dem im Konzernbereich relevantesten Merkmal, durch den Kassationsgerichtshof bei integrierten Konzernunternehmen kann daher im Grundsatz nicht überraschen[829].

Dieselbe Tendenz einer restriktiven Auslegung des Art. L. 621-2 Abs. 2 C. com. zeigt sich auch bei den anderen möglichen Tatbestandshypothesen dieser Norm, der Vermögensvermischung im engeren Sinne *(confusion des comptes)* sowie der *fictivité*, welche beide bei außergewöhnliche Missbrauchsfälle größtenteils in kleineren, wenig verzweigten *groupes personnels*, Betriebsaufspaltungen und ähnlichen Gestaltungen aufzufinden sind.

Gerade bei großen, arbeitsteilig organisierten Konzernstrukturen und *groupes financiers* waren jedoch von der Rechtsprechung öffentlichkeitswirksame und programmatische Leitentscheidungen zu erwarten, die zugunsten einer Stärkung der konzerninternen Haftungstrennung bzw. einer Schwächung der Durchlässigkeit der Vermögen unterschiedlicher Rechtsträger im Konzern ausgegangen sind.

Von dieser kaum zu bestreitenden Wertung spätestens seit dem *Metaleurop*-Verfahren ausgehend, besteht jedoch weiterhin Unklarheit über zwei daraus resultierende, verbundene Problemkreise mit Folgefragen: Zunächst wird der Inhalt der Urteilsformel des *Metaleurop*-Urteils[830] und die damit zusammenhängende rechtstechnische Umsetzung der dort vorgenommenen einschränkenden Auslegung der Vermögensvermischung uneinheitlich interpretiert. Ebenso besteht immer noch keine vollständige Einigkeit über die aus dieser Frage resultierenden Verhaltensmaximen für Konzerngesellschaften, die ihre Haftungsrisiken auf ein Minimum reduzieren möchten. Kombiniert zeigen beide Problemkreise allerdings auf, welch weitreichende Folgen diese Rechtsprechung auf das Haftungsgefüge für französische Konzerne mit sich bringt.

---

826 *Jacquemont*, Sauvegarde, redressement et liquidations judiciaires – Exploitation en commun et confusion des patrimoines, in: JCl. Com., Fasc. 2165, Rn. 22; *Lucas*, LPA, Nr. 2001-89, 66, I. B.1.b.

827 Dies ergibt sich im Ergebnis schon aus der Rechtsprechung vor *Metaleurop* – hierzu oben, b) dd) –, die dort nur bekräftigt wurde. Siehe exemplarisch bereits *Lucas*, LPA, Nr. 2001-89, 66, I. B.1.b.

828 Siehe oben, § 1 C. I.

829 Hierzu soeben oben, b) dd).

830 Hierzu ebenfalls oben, b) dd).

bb) Unklarheit hinsichtlich der Tragweite der Urteilsformel des „Metaleurop"-Urteils

Die herrschende Meinung in der französischen Literatur sieht die Umsetzung der einschränkenden Anwendung des Tatbestands der anormalen finanziellen Beziehungen *(relations financières anormales)* auf Konzerngesellschaften im Zusammenhang mit dem Merkmal des *„caractère anormal"* einer Vermögensverschiebung[831]. Dieses Merkmal sieht eine Rechtfertigung des Abflusses von Vermögensgütern insbesondere durch die Verfolgung materieller Vorteile beim durch den Abfluss verarmten Rechtsträger vor[832]. Vereinfacht gesprochen kann in diesem Sinne die Zugehörigkeit zum Konzernverbund als möglicher Rechtfertigungsgrund für ansonsten „anormale" Vermögensabflüsse gesehen werden.[833] An welche tatbestandlichen Elemente für diese Rechtfertigung allerdings anzuknüpfen ist, kann der typisch knapp gehaltenen Urteilsformel des Kassationsgerichtshofs im *Metaleurop*-Urteil nicht entnommen werden. Die schwierige Frage nach einer Grenzziehung zwischen normalen und anormalen Beziehungen von Konzerngesellschaften[834] führt in Bezug auf dieses Merkmal zu unterschiedlichen Ansichten, die insgesamt in zwei gegenläufigen Ansätzen zusammengefasst werden können.

Eine Literaturansicht[835] legt die *Metaleurop*-Rechtsprechung extensiv aus und sieht in der Urteilsformel des Kassationsgerichtshofs eine allgemeine Rechtfertigung der finanziellen Beziehungen innerhalb von Konzernen. Dies führt zu einer völligen Umgestaltung des Merkmals der *anormalité* beim Vorliegen eines Konzerns. Anormal könne nur sein, was in Konzernsachverhalten

---

[831] Siehe etwa *Bouru/ Menjucq*, JCP G Nr. 2005-26, II, S. 10088; *Grelon/ Dessus-Larrivé*, Rev. sociétés 2006, 281, Rn. 21 ff.; *Le Corre*, Droit et pratique des procédures collectives, Rn. 213.211, 213.215; *Robine*, Gaz. Pal., Nr. 2006-173, 39; *Robine/ Marotte*, Rev. sociétés 2005, 897, Rn. 2, 12 ff.; *Saint-Alary Houin*, Bull. Joly Soc., Nr. 2005-6, 690, I. B., Rn. 7; *Pelletier*, La responsabilité au sein des groupes de sociétés en cas de procédure collective, Rn. 73; *Reille*, La notion de confusion des patrimoines, Rn. 167; implizit sehr ähnlich *Gibirila*, Def., Nr. 2005-23, 1932, II; *Jacquemont*, Sauvegarde, redressement et liquidations judiciaires – Exploitation en commun et confusion des patrimoines, in: JCl. Com., Fasc. 2165, Rn. 24; ebenso zu Holdingmodellen *Monsèrié-Bon*, Rev. Proc. Coll., Nr. 2013-3, dossier 15, Rn. 20; insgesamt zurückhaltender *Lienhard*, Gaz. Pal., Nr. 2006-173, 39; a.A. wohl *Lebel*, Gaz. Pal., Nr. 2005-309, 3, I. B. Hierzu ebenfalls bereits oben, b) dd).

[832] Hierzu ausführlich oben, b) cc).

[833] So ausdrücklich *Le Corre*, Droit et pratique des procédures collectives, Rn. 213.215.

[834] So formuliert es *Teboul*, LPA, Nr. 2005-157, 3, V.

[835] *Grelon/ Dessus-Larrivé*, Rev. sociétés 2006, 281, Rn. 21 ff.; trotz Vorbehalten zustimmend *Roussel Galle*, Rev. sociétés 2006, 629, Rn. 11 f.; im Ergebnis unklar, aber für Finanzkonzerne ebenfalls auf Organisationsmodelle abstellend *Jacquemont*, Sauvegarde, redressement et liquidations judiciaires – Exploitation en commun et confusion des patrimoines, in: JCl. Com., Fasc. 2165, Rn. 24.

nicht als herkömmliches Organisationsmodell *(conformité au modèle d'organisation du groupe*[836]*)* verstanden werden kann. Würden bestimmte Arten von Finanzflüssen in Konzernen hingegen im Rahmen eines normalen Organisationsmodells regelmäßig genutzt, könne schon deshalb von einer anormalen finanziellen Beziehung, die eine Verfahrenserstreckung begründen würde, nicht mehr die Rede sein. Für diesen eher quantitativ argumentierenden Ansatz könnte man mit dem „normalen Organisationsmodell" ein vordergründig einfach verständliches Orientierungsmerkmal anführen. Mit *Pelletier*[837] ist jedoch dagegen einzuwenden, dass eine einseitig gläubigerschädliche Vorgehensweise von Konzernen nach dieser Ansicht dadurch gerechtfertigt würde, dass sie von zahlreichen Gruppen praktisch umgesetzt würde; letztere würden damit „ihre eigene Norm" entwickeln, die sich der materiellen Überprüfung durch Gerichte im Ergebnis entziehen würde.

Die – wiederum in unterschiedlichen Abstufungen vorkommende – herrschende Meinung[838] belässt es aus diesen Gründen bei der Frage nach dem rechtfertigenden Interesse des den Vermögensabfluss auslösenden Rechtsträgers und knüpft lediglich an eine nachsichtigere Auslegung eines grundsätzlich wie auch in anderen Fällen anzuwendenden Merkmals der *anormalité* an. Ausgangspunkt dieser Überlegung ist das in Art. 1832 C. civ. Niedergelegte Ziel einer Gesellschaft, einen gemeinsamen Vorteil zu verfolgen[839]. Verfolgt die Gesellschaft diesen Vorteil nicht durchgängig, sieht das französische Recht genau hierin eine Gläubigerschädigung, die Forderungsinhabern einen „anormalen", da über das eigene Geschäftsrisiko einer insolvenzbedrohten Gesellschaft hinausgehenden Schaden *(préjudice anormal)* zufügt. Genau dieser durch anormale Finanzflüsse herbeigeführte Schaden ist durch die Erstreckung des Verfahrens auf den begünstigten Rechtsträger auszugleichen[840]. Doch der Gleichklang der Interessen im Konzernverbund kann diese Tektonik verschieben: Vielmehr kann es gerade ein vollständig interessengeleitetes Verhalten eines beherrschenden Rechtsträgers darstellen, etwa eine für den gesamten Betriebsablauf unersetzliche Konzerngesellschaft durch Vorschüsse, Kredite oder

---

[836] *Grelon/ Dessus-Larrivé*, Rev. sociétés 2006, 281, Rn. 21 f.

[837] La responsabilité au sein de groupes d'entreprises en cas de procédure collective, Rn. 71.

[838] Siehe etwa *Pelletier*, La responsabilité au sein des groupes de sociétés en cas de procédure collective, Rn. 72 ff.; *Reille*, La notion de confusion des patrimoines, Rn. 167; *Teboul*, LPA, Nr. 2005-157, 3, V.; *Robine/ Marotte*, Rev. sociétés 2005, 897, Rn. 12; *Rolland*, JCP E Nr. 2005-20, S. 721, Rn. 9.

[839] *Teboul*, LPA, Nr. 2005-157, 3, III. Zu dieser Vorschrift in Bezug auf die damit zusammenhängende *affectio societatis* oben, 2. b).

[840] *Rolland*, JCP E Nr. 2005-20, S. 721, Rn. 9; ähnlich, wenn auch mit leicht anderer Begründung *Le Corre*, Droit et pratique des procédures collectives, Rn. 213.211.

sonstige Zahlungen zu stützen oder ihre Finanzflüsse durch *Cash-Pool* Vereinbarungen zu rationalisieren[841]. Solange die Gesellschaft widerspruchsfrei darlegen und ggfs. nachweisen kann, dass sie durch den Vermögensabfluss zumindest auch ihren eigenen Vorteil verfolgte – und dieser kann bei Konzerngesellschaften auch von indirekter Natur sein, wenn sich der Vorteil aus der Zugehörigkeit zu einem funktionsfähigen Konzern ergibt –, ist dieser Abfluss im Sinne dieser überzeugenden Ansicht nicht als „anormal" zu bezeichnen und damit gerechtfertigt. Anders ausgedrückt kann es nicht gegen das wohlverstandene Eigeninteresse einer Gesellschaft verstoßen, durch die Unterstützung eines anderen Rechtsträgers Verluste minimieren zu wollen[842].

Diese Argumentation zur Rechtfertigung von finanziellen Abflüssen wird häufig in die Nähe zur strafrechtlichen *Rozenblum*-Rechtsprechung gerückt, in welcher die *Chambre criminelle* des Kassationsgerichtshofs zur strafrechtlichen Beurteilung ähnlicher Zahlungen in Konzernsachverhalten ein eigenes Konzerninteresse *(intérêt de groupe)* postulierte[843], das das von der Einzelgesellschaft verfolgte Interesse überlagern könnte. Teilweise wird in der *Metaleurop*-Rechtsprechung gar eine Anerkennung eines gesellschaftsrechtlichen Konzerninteresses gesehen[844]. Auch wenn eine Ähnlichkeit der Argumentationsweisen nicht zu verleugnen ist[845], kann letzterem nicht zugestimmt werden[846]. Der Appellationsgerichtshof Douai hatte in seiner Entscheidung vom 02.10.2003 genau diese Argumentation ins Feld geführt[847], wurde aber vom Kassationsgerichtshof nicht hierin bestätigt[848]. Ebenso sieht die „minimalinvasive" Regelung des französischen Konzernrechts[849] eine solche Änderung des

---

841 *Pelletier*, La responsabilité au sein des groupes de sociétés en cas de procédure collective, Rn. 70; sehr ähnlich *Reille*, La notion de confusion des patrimoines, Rn. 166.

842 *Teboul*, LPA, Nr. 2005-157, 3, III; vgl. auch *Delmotte*, RJDA 2006, 549, Rn. 13.

843 Siehe etwa *Pelletier*, La responsabilité au sein des groupes de sociétés en cas de procédure collective, Rn. 70; *Reille*, La notion de confusion des patrimoines, Rn. 166 f.; *Teboul*, LPA, Nr. 2005-157, 3, II; vgl. auch *Robine/ Marotte*, Rev. sociétés 2005, 897, Rn. 12. Zur *Rozenblum*-Rechtsprechung ausführlich oben, § 1 B. I. 1. c) ff).

844 So wohl *Le Corre*, Droit et pratique des procédures collectives, Rn. 213.215, der eine Rechtfertigung von Finanzflüssen mit einem nicht weiter definierten „Konzerninteresse" *(intérêt de groupe)* ins Spiel bringt.

845 Vgl. auch *Pelletier*, La responsabilité au sein des groupes de sociétés en cas de procédure collective, Rn. 70; *Reille*, La notion de confusion des patrimoines, Rn. 166 f.; *Teboul*, LPA, Nr. 2005-157, 3, II.

846 Im Ergebnis ebenso *Reille*, La notion de confusion des patrimoines, Rn. 166. *Pelletier*, La responsabilité au sein des groupes de sociétés en cas de procédure collective, Rn. 72 weist nur darauf hin, dass sich bisher keine Entscheidung des Kassationsgerichtshofs in diesem Sinne präzise ausdrücken musste.

847 Zu dieser Entscheidung bereits oben, 2. c) aa).

848 Hierauf weisen zutreffend *Grelon/ Dessus-Larrivé*, Rev. sociétés 2006, 281, Rn. 22 hin.

849 Zu dieser Regelungsphilosophie oben, § 1 B. I. 1. b).

Kerninhalts von Art. 1832 C. civ. nicht vor. Über die oben genannte Argumentationsschiene lässt sich die notwendige einschränkende Auslegung der Vermögensvermischung bei Konzernen aber auch im Einklang mit der Fortgeltung dieser Grundnorm im Konzernrecht ohne weiteres in Übereinstimmung bringen.

cc) Neugestaltung des Haftungsgefüges in der Insolvenz konzernangehöriger Rechtsträger

Aus dieser im Ergebnis anwendbaren negativen Formulierung vermag sich allerdings noch nicht direkt zu ergeben, auf welches Haftungsgefüge sich Konzerne nach *Metaleurop* einzustellen haben und welche Verhaltensweisen die Haftung ihrer Gesellschaften möglichst ausschließen können. Als nahezu selbstverständlich erscheint zunächst die konzernfreundliche Tendenz dieser Rechtsprechung. Konzerne können nach dem heutigen französischen Haftungsrecht mithin davon ausgehen, dass die alleinige Zugehörigkeit einer Gesellschaft zu einem Konzern keine Verfahrenserstreckung wegen Vermögensvermischung auslöst und auch die Unterstützung einer anderen Konzerngesellschaft durch die soeben genannten Grundsätze in den meisten Fällen gerechtfertigt werden kann[850]. Wann eine Rechtfertigung in diesen und anderen Sachverhalten allerdings genau angenommen wird, ist Sache des Einzelfalls und kann nur in groben Leitlinien umrissen werden[851].

Für eine Verfahrenserstreckung wegen Vermögensvermischung ist nach dem oben Beschriebenen in jedem Fall darzulegen, dass die Anomalie einer Vermögensverschiebung von Rechtsträger zu Rechtsträger über dasjenige hinausgeht, was schlüssig durch die Zugehörigkeit des Rechtsträgers zum Konzern gerechtfertigt werden kann[852]. Im Falle einer Unterstützung angeschlagener Konzerngesellschaften würde eine solche Rechtfertigung etwa fehlgehen, wenn Vermögensflüsse einem Rechtsträger zukommen, dessen Rettung praktisch unmöglich erscheint[853]. In diesem Fall kann sich die Gesellschaft, die den finanziellen Nachteil erfahren hat, nämlich nicht darauf berufen, Schaden von sich selbst abwenden zu wollen. Besonderes Augenmerk wird für die Anwendung der Verfahrenserstreckung auf Konzerne auch auf den systematischen

---

850 Siehe etwa *Delmotte*, RJDA 2006, 549, Rn. 13.

851 *Teboul*, LPA, Nr. 2005-157, 3, VII; vgl. auch *Jacquemont*, Sauvegarde, redressement et liquidations judiciaires – Exploitation en commun et confusion des patrimoines, in: JCl. Com., Fasc. 2165, Rn. 24.

852 So zutreffend *Lecourt*, Groupe de sociétés, in: Magnier (Hrsg.), Rép. sociétés, Rn. 193; ähnlich *Robine/ Marotte*, Rev. sociétés 2005, 897, Rn. 13.

853 *Teboul*, LPA, Nr. 2005-157, 3, III.

Charakter der finanziellen Verschiebungen gelegt[854], um die folgenschweren Rechtsfolgen der Verfahrenserstreckung rechtfertigen zu können. Erst wenn die Abflüsse – insbesondere durch ihre Verknüpfung oder Planmäßigkeit – eine „institutionalisierte" Veranlagung innehaben, erscheint die Überschreitung der Gesellschaftssphäre erheblich genug, um die Haftungstrennung für das eröffnete Verfahren ganz aufzugeben[855]. Einzelne, gar „improvisiert"[856] wirkende Verhaltensweisen etwa einer Muttergesellschaft, die anstelle ihrer Töchter für letztere finanziell abträgliche Entscheidungen trifft, sind hingegen besser im Rahmen der entsprechend punktuell wirkenden *responsabilité pour insuffisance d'actif* aufgehoben, wie es der Kassationsgerichtshof in seinem *obiter dictum* des *Metaleurop*-Urteils klarstellte.[857] Nahezu ausgeschlossen werden kann eine Haftung hingegen im Falle von Verschiebungen, die einen wirksamen und materiell ausgeglichenen vertraglichen[858] oder – im Falle von *Cash Pools* – den gesetzlichen Rahmen des Art. L. 511-7 CMF nicht überschreiten und gleichzeitig anhand der Buchführung genau nachvollzogen werden können[859].

Ein jüngeres Urteil des Kassationsgerichtshofs vom 16.12.2014[860] bestätigt diese Lesart der Rechtsprechung seit *Metaleurop*. Dort wird es aus Sicht des Gerichtshofs in einem arbeitsteilig organisierten Finanzkonzern im Sinne des

---

[854] Zu dieser Voraussetzung einer *systématicité* im Allgemeinen bereits oben, b) aa). So zutreffend *Lecourt*, Groupe de sociétés, in: Magnier (Hrsg.), Rép. sociétés, Rn. 193; *Pelletier*, La responsabilité au sein des groupes de sociétés en cas de procédure collective, Rn. 76 ff.

[855] So in Bezug auf das *Metaleurop*-Urteil und das Nichtvorliegen eines „excès de pouvoirs" „institutionnalisé" *Pelletier*, La responsabilité au sein des groupes de sociétés en cas de procédure collective, Rn. 80.

[856] „détournements impovisés": *Pelletier*, La responsabilité au sein des groupes de sociétés en cas de procédure collective, Rn. 80.

[857] Siehe etwa *Delmotte*, RJDA 2006, 549, Rn. 13, *Pelletier*, La responsabilité au sein des groupes de sociétés en cas de procédure collective, Rn. 76.

[858] Vgl. *Pelletier*, La responsabilité au sein des groupes de sociétés en cas de procédure collective, Rn. 78 sowie Fn. 126, der zur Heraushebung der Relevanz einer vertraglichen Grundlage auf ein Urteil des Kassationsgerichtshofs vom 16.06.2009, Revisionsnummer 08-15883, hinweist. Dort hatte der Kassationsgerichtshof einer Verfahrenserstreckung wegen einer Vermögensvermischung in ihrer Ausprägung der anormalen finanziellen Beziehungen zugestimmt, nachdem sich herausgestellt hatte, dass die Finanzflüsse den Rahmen der vertraglichen Beziehungen zwischen den betroffenen Konzerngesellschaften bei weitem überstiegen.

[859] *Jacquemont/ Vabres*, Entreprises en difficulté, Rn. 178. Auf die Wesentlichkeit der buchhalterischen Nachvollziehbarkeit hinweisend *Le Corre-Broly/ Le Corre*, Droit du commerce et des affaires : Droit des entreprises en difficulté, Rn. 60. Zu den Voraussetzungen des Art. L. 511-7 CMF auch *Pelletier*, La responsabilité au sein des groupes de sociétés en cas de procédure collective, Rn. 70.

[860] Cass. com. 16.12.2014, Revisionsnummer 13-24161, Bull. civ. 2014, IV, Nr. 190; hierzu auch *Cozian/ Viandier/ Deboissy*, Sociétés, 29. Auflage, Rn. 1916.

Art. L. 621-2 Abs. 2 C. com. für eine Verfahrenserstreckung nicht für ausreichend erachtet, wenn eine *Cash-Pooling*-Vereinbarung vorliegt und auf Grundlage dieser Zuwendungen an die Muttergesellschaft erfolgt sind, wobei daneben auch noch gemeinsame wirtschaftliche Aktivitäten und ein konzernweiter Eröffnungsantrag für ein Schlichtungsverfahren *(procédure de conciliation*[861]*)* vorlagen.

Dieses Ergebnis erlaubt eine praktisch sachgerechte Abstufung der Haftungstatbestände: Einzelne Verstöße, die eine Konzerngesellschaft über Gebühr belasten, fallen nunmehr größtenteils unter die *responsabilité pour insuffisance d'actif*; für schwere und systematische Verletzungen der vermögensrechtlichen Eigenständigkeit der Konzerngesellschaften, die den Ausnahmefall darstellen sollten, steht weiterhin die Verfahrenserstreckung wegen Vermögensvermischung als Korrektiv zur Verfügung.[862] Diese strenge Maßgabe – insbesondere zur einschränkenden Auslegung der Vermögensvermischung bei arbeitsteilig organisierten Konzernen – hat sich in jüngeren Urteilen des Kassationsgerichtshofs weiterhin bestätigt und darf momentan als geltendes Recht verstanden werden[863].

---

[861] Zu dieser Verfahrensart oben, § 1 A. II. 2.

[862] Vgl. Rn. 15; *Saint-Alary Houin*, Bull. Joly Soc., Nr. 2005-6, 690, Rn. 10. Eine ähnliche Abstufung findet sich bei *Pelletier*, La responsabilité au sein des groupes de sociétés en cas de procédure collective, Rn. 68; *Lecourt*, Groupe de sociétés, in: Magnier (Hrsg.), Rép. sociétés, Rn. 193; *Roussel Galle*, Rev. sociétés 2006, 629, Rn. 11 f. Auch, *Dammann/ Podeur*, RLDA Nr. 2007-16, étude 975, 65, 68 betonen den Ausnahmecharakter der Verfahrenserstreckung. Eine Fortgeltung der Verfahrenserstreckung wegen Vermögensvermischung auch bei Konzernen wird in der Literatur auch nicht ernsthaft bestritten, siehe nur *Jacquemont*, Sauvegarde, redressement et liquidations judiciaires – Exploitation en commun et confusion des patrimoines, in: JCl. Com., Fasc. 2165, Rn. 24; *Robine/ Marotte*, Rev. sociétés 2005, 897, Rn. 13.

[863] Zuletzt sah der Kassationsgerichtshof einen solchen Extremfall etwa im bereits oben erwähnten Urteil Cass. com. 16.06.2009, Revisionsnummer 08-15883 vorliegen; abgelehnt hatte er eine Verfahrenserstreckung im Konzernkontext hingegen zuletzt in dem soeben bereits angeführten Urteil Cass. com. 16.12.2014, Revisionsnummer 13-24161, in dem die Vorinstanzen erneut stark auf wirtschaftliche Kriterien abzustellen schienen. Jedoch weist *Dammann,* Bull. Joly ED, Nr. 2017-03, 175, I. E. 1. f. auf eine womöglich jüngst liberalere Rechtsprechungstendenz zumindest bei der Vermögensvermischung hin, wobei die genannten Beispiele kleinere wirtschaftliche Einheiten betrafen, insbesondere Fälle von Erstreckungen zwischen SCI und Betriebsgesellschaft. Ein Teil dieser Tendenz wird dort in dem Urteil Cass. Com. 27.09.2016, Revisionsnummer 14-29278, gesehen, in welchem der Gerichtshof zur Bestätigung des Vorliegens von „anormalen finanziellen Beziehungen" nicht auf das Kriterium des „systematischen Willens" („volonté systématique") abstellte – hierzu bereits oben, b) bb). Ein weiteres Indiz sieht der Autor in einem Urteil Cass. com. 16.06.2015, Revisionsnummer 14-10187, in dem der Gerichtshof das eine Erhöhung der Passivbeträge zulasten der Gläubiger nicht mehr zur Voraussetzung der *relations financières anormales* erhob (zur noch vom anders verstandenen Zielsetzung des Verfassungsrats oben, A. III. 3. d).). Ein Urteil Cass. com. 02.11.2016, Revisionsnummer 15-13006, hielt zur Verwirklichung

III. Prozessuale Besonderheiten der Verfahrenserstreckung

Die prozessuale Seite des Antrags auf Verfahrenserstreckung gemäß Art. L. 621-2 Abs. 2 C. com. weist im Vergleich zu einem einfachen Antrag auf Eröffnung eines Rettungs-, Sanierungs- oder Liquidationsverfahrens[864] gleich mehrere Besonderheiten auf, die eine gesonderte Beschreibung desselben notwendig erscheinen lassen. Dies ist insbesondere darauf zurückzuführen, dass ein entsprechender Antrag bereits ein eröffnetes und zu erstreckendes Verfahren voraussetzt und dass nicht die Verfahrenseröffnungs-, sondern die Verfahrenserstreckungsgründe von der beweisbelasteten und antragsbefugen Partei darzulegen und zu beweisen sind.[865]

1. Antragsbefugnis

Die Frage der Antragsbefugnis zur Verfahrenserstreckung hat erst mit der Ordonnance vom 18.12.2008[866] eine schriftliche Regelung in Art. L. 621-2 Abs. 2 C. com. erhalten, was zahlreiche praktische Probleme auflösen konnte[867]. Die aktuelle Fassung des Halbsatzes über mögliche Antragsteller ergibt sich aus einer Ordonnance vom 12.03.2014[868]. Nach der ersten Regelung von 2008 waren als wichtigste Prozessparteien antragsbefugt der Verwalter *(administrateur)*, der Gläubigervertreter *(mandataire de justice)* und die Staatsanwaltschaft *(ministère public)*. Ebenso konnte das Verfahren von Amts wegen eröffnet werden. Die Ordonnance von 2014 ersetzte die Eröffnungsmöglichkeit von Amts wegen [869] durch eine Antragsbefugnis des Schuldners. Dieses auf den ersten Blick für einen zumindest teilweise als Sanktionsnorm zu verstehenden Tatbestand widersprüchliche Antragsrecht ist im Zusammenhang mit der Möglichkeit zu sehen, auch das vorinsolvenzliche Rettungsverfahren zu erstrecken. Die praktischen Folgen dieses gesetzgeberischen Signals sind zwar noch nicht

---

einer Vermögensvermischung weder eine mit der Vermischung einhergehende „Verarmung" („appauvrissement") einer Gesellschaft noch eine „unentwirrbare Verflechtung" der Vermögensmassen („imbrication inextricable") für nötig.

[864] Zum allgemeinen Verfahrensablauf der Verfahren oben, § 1 A. II. 3.

[865] Vgl. zu diesen Besonderheiten *Jacquemont*, Sauvegarde, redressement et liquidations judiciaires – Exploitation en commun et confusion des patrimoines, in: JCl. Com., Fasc. 2165, Rn. 45.

[866] Ordonnance Nr. 2008-1345 portant réforme du droit des entreprises en difficulté, JORF, 19.12.2008, S. 19462, Nr. 29; zu dieser bereits oben, A. III. 3. a).

[867] Solche Probleme beschreibt etwa noch *Barbièri*, LPA, Nr. 1996-129, 9, I. B. a)

[868] Ordonnance Nr. 2014-326 portant réforme de la prévention des difficultés des entreprises et des procédures collectives, JORF, 14.03.2014, S. 5249, Nr. 3, in Kraft seit 01.07.2014, siehe Art. 116 Abs. 1 der Ordonnance; zu alledem bereits oben, A. III. 3. e).

[869] Diese stieß teils auf verfassungsrechtliche Bedenken, siehe etwa *Voinot*, Procédures collectives, Rn. 245.

gänzlich abzusehen, dürften sich nach aller Wahrscheinlichkeit jedoch in Grenzen halten.[870]

Keine Antragsbefugnis kommt hingegen dem einzelnen Gläubiger zu[871], was durchaus im Einklang mit der wenig bedeutsamen Rolle des Einzelgläubigers in den französischen *procédures collectives* steht[872]. Allerdings erlaubt es die Rechtsprechung seit kurzem, einem als *contrôleur* ernannten Einzelgläubiger nach den Voraussetzungen des Art. L. 622-20 C. com. ausnahmsweise und im Falle der Untätigkeit des Gläubigervertreters, einen entsprechenden Antrag auf Verfahrenserstreckung einzubringen[873].

2. Zuständiges Gericht, Form und Zeitraum der Antragstellung

Die gesetzliche Regelung der Verfahrenserstreckung hatte ihren Ursprung in einer reinen Kompetenzregel[874]. Dies ist auch der Grund für die heutige systematische Stellung der Verfahrenserstreckung in der Kompetenznorm des Art. L. 621-2 C. com. Das für einen Antrag auf Verfahrenserstreckung zuständige Gericht findet sich nunmehr in Abs. 5 S. 1 dieses Artikels. Dieser ist hiernach bei dem Gericht einzubringen, welches das zu erstreckende Rettungs-, Sanierungs- oder Liquidationsverfahren Verfahren eröffnet hat[875]. Diese Regel weicht damit von den allgemeinen Zuständigkeitsregeln für Insolvenzgerichte ab[876] und erlaubt eine Zentralisierung mehrerer Verfahren an einem Gerichtsstandort. Problematisch erscheint neben dieser einfachen Regel hingegen die internationale Zuständigkeit, die insbesondere die Frage einer Anwendung der Verfahrenserstreckung auf internationale Konzerne aufwirft und als Fragestellung gesondert zu behandeln ist[877].

Auch die Form der Antragstellung ergibt sich inzwischen aus dem geschriebenen Recht, namentlich aus einem durch zwei jüngere Rechtsverordnungen eingeführten bzw. erweiterten Art. R. 621-8-1 C. com[878]. Nach Abs. 1 dieses

---

[870] Zu dieser Problematik ausführlich oben, I. 2. b).

[871] Hierauf hinweisend *Coquelet*, Entreprises en difficulté, instruments de paiement et de crédit, Rn. 114.

[872] Hierzu bereits oben, § 1 A. II.

[873] Cour de cassation, avis, 03.06.2013, Revisionsnummer 13-70003, Bull. civ. 2013, Avis, Nr. 9.

[874] Siehe oben, § 3 A. I.

[875] In Art. L. 621-2 Abs. 2 S. 2 C. com. heißt es: „A cette fin, le tribunal ayant ouvert la procédure initiale reste compétent."

[876] Dies bemerkend *Coquelet*, Entreprises en difficulté, instruments de paiement et de crédit, Rn. 117.

[877] Hierzu unten, C. V.

[878] Dieser geht zurück auf Art. 16 der Rechtsverordnung (décret) Nr. 2009-160 vom 12.02.2009 pris pour l'application de l'ordonnance n° 2008-1345 du 18 décembre 2008 portant réforme du droit des entreprises en difficulté et modifiant les procédures de saisie immobilière et de distribution du prix d'un immeuble, JORF, 13.02.2009, S. 2596, Nr. 13 und

Artikels haben für die Form des Antrags die Vorschriften über die Einreichung eines Antrags im Klageverfahren *(assignation)* im Sinne der Art. 54 ff. CPC Geltung[879]. Der Antrag ist gegen den bzw. die Rechtsträger zu richten, die nach dem Antrag in das bereits laufende Verfahren einbezogen werden sollen[880]. Er kann nach der neuesten Rechtsprechung mit anderen Anträgen, etwa auf Haftung als faktischer Geschäftsführer oder auf Leistung, verknüpft werden[881]. Diese Verknüpfung, insbesondere der Anträge auf Verfahrenserstreckung und *responsabilité pour insuffisance d'actif*, kann im Rahmen des Haftungsgefüges für Konzerngesellschaften seit der einschränkenden *Metaleurop*-Rechtsprechung[882] zur Vermeidung von Fristversäumnissen im Falle eines erfolglosen Antrags auf Verfahrenserstreckung sachgerecht erscheinen.

Für den Antrag auf Verfahrenserstreckung sieht das Gesetz grundsätzlich keine feste Frist vor[883]. Trotzdem muss ein Antrag auf Verfahrenserstreckung möglichst zügig eingereicht werden, um noch praktische Relevanz zu haben[884]. Zeitliche Beschränkungen eines solchen Antrags ergeben sich nämlich trotzdem aus dem Fortschritt des zu erstreckenden Verfahrens: Ist dieses Verfahren in einem Stadium angelangt, in dem eine Einbeziehung eines weiteren Rechtsträgers bereits mit Rechtskraft versehene Verfahrensergebnisse über die Zukunft des betroffenen Unternehmens infrage zu stellen vermag, verbietet sich aus Sicht der Rechtsprechung eine solche Erstreckung[885]. Aus diesem Grund

---

wurde erweitert durch ein décret Nr. 2014-736 vom 30.06.2014 pris pour l'application de l'ordonnance n° 2014-326 du 12 mars 2014 portant réforme de la prévention des difficultés des entreprises et des procédures collectives, JORF, 01.07.2014, S. 10834, Nr. 9.

879 Im Falle der Beantragung der Erstreckung durch die Staatsanwaltschaft *(ministère public)* gelten zusätzlich die Voraussetzungen des Art. R. 631-4 C. com.

880 *Gibirila*, Entreprises en difficulté, Rn. 224.

881 Cass. com. 09.07.2013, Revisionsnummer 12-16635, Bull. civ. 2013, IV, Nr. 119; siehe zur vorherigen Rechtsprechung *Jacquemont*, Sauvegarde, redressement et liquidations judiciaires – Exploitation en commun et confusion des patrimoines, in: JCl. Com., Fasc. 2165, Rn. 50, welcher die mögliche Verknüpfung unterschiedlicher Anträge auch aus der neuen Fassung des Art. R. 621-8-1 C. com. ableitet; zweifelnd *Le Corre*, Droit et pratique des procédures collectives, Rn. 64.21.

882 Hierzu oben, II. 3. c) f.

883 *Jacquemont/ Vabres*, Entreprises en difficulté, Rn. 173; *Jacquemont*, Sauvegarde, redressement et liquidations judiciaires – Exploitation en commun et confusion des patrimoines, in: JCl. Com., Fasc. 2165, Rn. 51. *Jacquemont* schlägt aber in dieser aufgrund des fehlenden praktischen Interesses einer so spät eintretenden Verfahrenserstreckung praktisch kaum je relevanten Frage die Anwendung der allgemeinen Verjährungsfrist *(prescription de droit commun)* vor.

884 *Jacquemont/ Vabres*, Entreprises en difficulté, Rn. 181.

885 Siehe *Le Corre*, Droit et pratique des procédures collectives, Rn. 213.341; *Jacquemont*, Sauvegarde, redressement et liquidations judiciaires – Exploitation en commun et confusion des patrimoines, in: JCl. Com., Fasc. 2165, Rn. 52; *Saint-Alary Houin*, Entreprises en difficulté, Rn. 453.

ist ein Antrag auf Verfahrenserstreckung nach dem Kassationsgerichtshof unzulässig *(irrecevable)*, wenn ein Sanierungsverfahren durch einen Sanierungsplan in Form eines *plan de redressement* wie auch eines *plan de cession* beendet worden ist[886]. Gleiches dürfte für das Rettungsverfahren gelten, welches ebenso durch die richterliche Bestätigung des Plans abgeschlossen wird[887]. Im Fall der beantragten Erstreckung eines Liquidationsverfahrens wird ein entsprechender Antrag unzulässig, wenn das Verfahren etwa wegen Massearmut oder auf andere in den Art. L. 643-9 ff. C. com genannten Wegen durch richterliche Entscheidung rechtskräftig beendet wird[888]. Aus rein praktischen Gründen ist eine Verfahrenserstreckung bei der äußerst schnell zu rechtskräftigen Ergebnissen führenden *sauvegarde financière accélérée* nahezu undenkbar[889].

3. Darlegungs- und Beweislast und vor Gericht verwertbare Tatsachenelemente

Die Darlegungs- und Beweislast für die Tatbestandsmerkmale des Art. L. 621-2 Abs. 2 C. com. liegt beim Antragsteller [890]. Hinzuweisen ist aber im Bereich der die Vermögensvermischung charakterisierenden anormalen finanziellen Beziehungen auf eine implizit gewährte Beweiserleichterung: Wenn einem anderen Rechtsträger ein objektiver vermögenswerter Vorteil gewährt wird, ohne dass dieser einen ausreichenden direkten Ausgleich oder Ausgleichsanspruch nach sich zieht, vollzieht die Rechtsprechung in Bezug auf das

---

[886] Eindeutig in diesem Sinne etwa Cass. com. 18.01.2005, Revisionsnummer 03-18264; 16.10.2012, Revisionsnummern 11-23086, 11-23324, Bull. civ. 2005, IV, Nr. 185.

[887] Siehe *Jacquemont*, Sauvegarde, redressement et liquidations judiciaires – Exploitation en commun et confusion des patrimoines, in: JCl. Com., Fasc. 2165, Rn. 52; *Saint-Alary Houin*, Entreprises en difficulté, Rn. 453. Zum Ablauf dieses Verfahrenstyps oben, § 1 A. II. 3. b).

[888] Siehe insbesondere Cass. com. 11.07.1995, Revisionsnummer 93-15525, Bull. civ. 1995, IV, S. 194, Nr. 208. Der Gerichtshof weist allerdings darauf hin, dass eine Wiedereröffnung des Verfahrens nach dem heutigen Art. L. 643-13 C. com. (zur Zeit des Urteils Art. 170 des Gesetzes vom 25.01.1985) auch zum Wiederaufleben eines Antragsrechts nach dem heutigen Art. L. 621-2 Abs. 2 C. com. führt. Art. L. 643-13 sieht eine Wiederaufnahme des Liquidationsverfahrens insbesondere für den Grund vor, dass bei einer Beendigung des Verfahrens wegen Massearmut *(clôture pour insuffisance d'actif)* im Nachhinein bekannt wird, dass weitere Vermögensgegenstände oder Ansprüche zur Massevergrößerung zur Verfügung stehen.

[889] So *Jacquemont*, Sauvegarde, redressement et liquidations judiciaires – Exploitation en commun et confusion des patrimoines, in: JCl. Com., Fasc. 2165, Rn. 52. Zu diesem Verfahrenstyp oben, § 1 A. II. 1. f.

[890] *Le Corre*, Droit et pratique des procédures collectives, Rn. 213.321; *Gibirila*, Entreprises en difficulté, Rn. 224; *Pétel*, Procédures collectives, Rn. 87, 89; *Salgado*, Entreprises en difficulté, S. 79.

subjektive Kriterium der *anormalité* eine faktische Beweislastumkehr zugunsten des Antragstellers[891].

Das Gericht darf bei seiner Bewertung der Sachlage nur solche Tatsachen einfließen lassen, die vor der Eröffnung des zu erstreckenden Verfahrens eingetreten sind[892]; werden durch den Antragsteller Tatsachen vorgebracht, die sowohl vor als auch nach der Eröffnung dieses Verfahrens liegen, muss das Gericht seine Entscheidung ausschließlich unter Berücksichtigung der vorherig eingetretenen Beweiselemente treffen[893]. Im Falle der eine Vermögensvermischung charakterisierenden anormalen finanziellen Beziehungen kommt es für die subjektive Bewertung der Vorteile auf eine Prognoseentscheidung des die Vermögensverschiebung initiierenden Rechtsträgers an. Diese ist anhand der Sachlage zur Zeit der Vornahme der Vermögensverschiebung gerichtlich zu bewerten.[894]

4. Entscheidung des Gerichts und Publizität des Erstreckungsurteils

Auch die verfahrensrechtlichen Maßgaben für die jeweils vom Gericht zu treffende Entscheidung haben ihre momentane Form durch die zwei Ordonnances vom 18.12.2008 und vom 12.03.2014 mit ihren jeweiligen Anwendungsverordnungen als eine zumindest teilweise geschriebene Regelung erhalten[895].

Nach Eingang des zulässigen Antrags auf Verfahrenserstreckung hat das Gericht die von der möglichen Erstreckung betroffene Partei vorzuladen und anzuhören. Ohne die Erfüllung dieser Voraussetzung kann kein rechtmäßiges Erstreckungsurteil ergehen.[896] Auch der dem zu erstreckenden Verfahren unterworfene Schuldner ist entsprechend zu hören, selbst wenn er sein Recht auf Eigenverwaltung aufgrund der Eröffnung eines Liquidationsverfahrens grundsätzlich verloren hat[897]. Handelt es sich bei einem der von Antrag oder Verfahren betroffenen Rechtsträgern um einen Berufsträger eines freien Berufs oder eines sonstigen rechtlich geschützten Berufszweigs, sind seit der Ordonnance

---

[891] Hierzu ausführlich oben, II. 3. b) aa) sowie aus dem Gesichtspunkt der Beweislast *Reille*, La notion de confusion des patrimoines, Rn. 172 f.

[892] Siehe etwa Cass. com. 28.11.2000, Revisionsnummer 98-10083, Bull. civ. 2000, IV, S. 163, Nr. 187; 09.02.2010, Revisionsnummer 08-21271; 16.10.2012, Revisionsnummer 11-23036.

[893] Cass. com. 13.03.2007, Revisionsnummer 05-15833; siehe hierzu sowie zu allen Beweisfragen auch *Le Corre*, Droit et pratique des procédures collectives, Rn. 213.341.

[894] Dies schließt *Reille*, La notion de confusion des patrimoines, Rn. 169 f. insbesondere aus der Entscheidung Cass. com. 07.01.2003, Revisionsnummer 00-13192, Bull. civ. 2003, IV, S. 4, Nr. 3.

[895] Zu diesem Rechtsrahmen bereits oben, 1. und 2. Zum vorherigen bzw. Übergangsrecht ausführlich *Le Corre*, Droit et pratique des procédures collectives, Rn. 213.321 ff.

[896] Cass. com. 21.02.2012, Revisionsnummer 11-13513; vgl. auch *Le Corre*, Droit et pratique des procédures collectives, Rn. 213.331 ff.

[897] *Le Corre*, Droit et pratique des procédures collectives, Rn. 213.331 ff.

vom 12.03.2014 ausweislich des neuen Art. L. 621-2 Abs. 4 S. 2 C. com. weitere Anhörungen der Berufsvereinigungen vorgesehen.

Das Gericht entscheidet über die Verfahrenserstreckung durch Urteil[898]. Trotz der diesbezüglich widersprüchlichen Formulierung des Art. L. 621-2 Abs. 2 C. com.[899] handelt es sich um eine gebundene Entscheidung; sofern es das Vorliegen zumindest einer der beiden materiellen Voraussetzungen einer Verfahrenserstreckung festgestellt hat, ist das Gericht zur Aussprache eines entsprechenden Urteils verpflichtet[900].

Wurde ein Erstreckungsurteil ausgesprochen, folgen die zu ergreifenden Publizitätsmaßnahmen dem Art. R. 621-8-1 Abs. 2 ff. C. com[901]. Die Entscheidung ist allen von der Erstreckung betroffenen Rechtsträgern innerhalb von 8 Tagen durch den Gerichtsschreiber *(greffier)* kenntlich zu machen[902]. Ebenso ist anderen Verfahrensbeteiligten (insbesondere dem Gläubigervertreter und der Staatsanwaltschaft) eine Ausfertigung des Urteils zuzustellen[903]. Die sonstigen Publizitätsvorschriften sind identisch mit denen eines Eröffnungsurteils eines Rettungs-, Sanierungs- oder Liquidationsverfahrens[904].

5. Rechtsbehelfe

Die gegen ein Erstreckungsurteil einzulegenden Rechtsbehelfe ergeben sich seit der Ordonnance vom 18.12.2008[905] eindeutig aus Art. L. 661-1-I Nr. 3 C. com.[906] Hiernach sind gegen das Erstreckungsurteil unabhängig von der Art des erstreckten Verfahrens sowohl die Rechtsbehelfe der Berufung *(appel)* wie auch der Revision *(pourvoi en cassation)* eröffnet. Die Behelfe können ausweislich dieser Vorschrift vom ursprünglich dem Verfahren unterworfenen Schuldner, dem neu in das Verfahren einbezogenen Rechtsträger, dem Gläubi-

---

[898] Vgl. Art. R. 621-8-1 Abs. 4 S. 1 C. com.: „Le jugement qui prononce l'extension...".

[899] Dort heißt es in Bezug auf die Entscheidung zur Verfahrenserstreckung „kann" („peut").

[900] *Jacquemont*, Sauvegarde, redressement et liquidations judiciaires – Exploitation en commun et confusion des patrimoines, in: JCl. Com., Fasc. 2165, Rn. 57 mit zahlreichen Nachweisen zur Rechtsprechung vor dem Gesetz von 2005, die auch heute nicht infrage gestellt worden ist.

[901] Auf die anderen Verfahrensarten über Art. R. 631-7 bzw. Art. 66 der Anwendungsverordnung der Ordonnance vom 18.12.2008 anwendbar.

[902] Art. R. 621-8-1 Abs. 2 S. 1 C. com.

[903] Art. R. 621-8-1 Abs. 2 S. 2 i.V.m Art. R. 621-7 C. com.

[904] Art. R. 621-8-1 Abs. 3 S. 1 i.V.m Art. R. 628-1 C. com.

[905] Zu dieser Rechtsgrundlage bereits oben, 1., 2. und 3.

[906] Ausführlich zu rechtlichen Problemen vor Inkrafttreten dieser Norm sowie solchen des Übergangsrechts *Le Corre*, Droit et pratique des procédures collectives, Rn. 213.351 ff. Zur Genese des neuen geschriebenen Rechts etwa *Lienhard/ Pisoni*, Code des procédures collectives, Anmerkung Art. L. 621-2 C. com., III. A.

gervertreter oder Liquidator, dem Verwalter sowie der Staatsanwaltschaft eingelegt werden. Wie bereits weiter oben erläutert[907], misst sich der Kassationsgerichtshof inzwischen auch bei der Revision ein weitgehendes Prüfungsrecht in Bezug auf das Vorliegen der Voraussetzungen des Art. L. 621-2 Abs. 2 C. com. im Einzelfall zu. Die Frist zur Einlegung der Berufung ergibt sich aus Art. R. 661-3 C. com und beträgt sechs Tage ab dem Zeitpunkt der Kenntnis des Urteils[908]. Sowohl ein Erstreckungsurteil als auch ein solches, das die Verfahrenserstreckung ablehnt, sind gemäß Art. L. 661-2 C. com dem Drittwiderspruch *(tierce-opposition)* zugänglich, sofern ein entsprechendes Interesse glaubhaft gemacht werden kann.

6. Sicherungsmaßnahmen nach der umstrittenen „Loi Petroplus" vom 12.03.2012

a) Hintergrund: Verhinderung von Vermögensverschiebungen vor Eintritt der Rechtskraft eines Erstreckungsurteils

Eine der wichtigsten Zielsetzungen der Verfahrenserstreckung liegt in der Erfassung von Unternehmensaktiva, die dem ursprünglich verfahrensunterworfenen Rechtsträger zustünden, ihm jedoch ungerechtfertigt, „künstlich", entzogen wurden. Die Rechtsfolgen der Erstreckung mit der damit einhergehenden Zusammenfassung der Vermögensgegenstände aller dem gemeinsamen Verfahren unterworfenen Rechtsträger[909] dient der Rückführung der entzogenen Gegenstände an ihren ursprünglich zugewiesenen Bestimmungsort.[910] Dieses Ziel kann aber nur wirksam verfolgt werden, wenn bis zum Zeitpunkt der Rechtskraft dieses Urteils weitere Vermögensverschiebungen von Rechtsträger zu Rechtsträger bzw. anderen Dritten verhindert werden können. Dies ist der Hintergrund der durch ein Gesetz vom 12.03.2012[911] eingeführten Sicherungsmaßnahmen, die der Gerichtspräsident nunmehr auf Antrag des Verwalters, des Gläubigervertreters, der Staatsanwaltschaft oder von Amts wegen gegenüber einem Rechtsträger aussprechen darf, über den ein Antrag auf Verfahrenserstreckung anhängig ist.[912]

---

[907] Siehe oben, II. 3. b) dd).

[908] Zu den Publizitätsmaßnahmen soeben oben, 4.

[909] Zu dieser Rechtsfolge sogleich unten, C.

[910] So bereits oben, A.

[911] Gesetz Nr. 2012-346 relative aux mesures conservatoires en matière de procédures de sauvegarde, de redressement judiciaire ou de liquidation judiciaire et aux biens qui en font l'objet, JORF, 13.03.2012, S. 4497, Nr. 3.

[912] *Jacquemont/ Vabres*, Entreprises en difficulté, Rn. 171; ähnlich auch *Le Corre*, Droit et pratique des procédures collectives, Rn. 213.361 f.; siehe insbesondere auch die Gesetzesbegründung von der Abgeordneten *Guégot*, Rapport Assemblée nationale Nr. 4411, loi Petroplus, S. 7 ff.

So folgerichtig diese Rechtfertigung des neuen Art. L. 621-2 Abs. 4 C. com.[913] erscheinen mag, so „schockierend“[914] erscheint ihre Umsetzung sowohl in Bezug auf den Entstehungsprozess als auch die weitreichenden Möglichkeiten des Gerichts. Es zeigt sich hier, wie das ohnehin traditionell auch wirtschaftspolitische Zwecke verfolgende französische „Recht der Unternehmen in Schwierigkeit“[915] bei einer entsprechenden politischen Dynamik zu praktisch überschießenden Ergebnissen führen kann[916]. Diese lassen sich anhand des Entstehungsprozesses dieses Gesetzes besser nachvollziehen[917].

Über die im Eigentum der schweizerischen Muttergesellschaften *Petroplus Holdings AG* und *Petroplus Marketing AG* stehende Ölraffinerie in *Petroplus Raffinage Petit-Couronne SAS* war – neben anderen Tochtergesellschaften – im Januar 2012 aufgrund ihrer Zahlungsunfähigkeit vor dem Handelsgericht Rouen ein Sanierungsverfahren eröffnet worden. Wenige Stunden vor der Stellung des Eröffnungsantrags hatte die Muttergesellschaft über ihre Banken nahezu sämtliche Geldbestände der Raffinerie abgezogen. Die Gesetzesbegründung nennt für den Vermögensabfluss eine Höhe von 171 Millionen Euro. Gleichzeitig lagerten auf dem Raffineriegelände Rohöhlvorräte im Wert von etwa 200 Millionen Euro, die im Eigentum einer der Muttergesellschaften standen und – je nach Sichtweise – als Grundlage für eine Haftung dieser Muttergesellschaft bzw. als „Kriegskasse“ insbesondere der Arbeitnehmer[918] infrage kamen. Unabweisbar war nämlich die wirtschaftsethische Problematik, die auch diesem Großverfahren zugrunde lag[919]: Durch die finanziellen Verschiebungen waren weder die Sanierung der Tochtergesellschaft noch die Finanzie-

---

[913] Zum genauen Wortlaut bereits oben, A. III. 3. c).

[914] „choquantes“, so *Le Corre*, Droit et pratique des procédures collectives, Rn. 213.368. Überaus kritisch auch *Droege Gagnier*, NZI 2012, 449 ff.; *Le Corre*, Rev. sociétés 2012, 412, Rn. 8 ff.

[915] Siehe zu dieser bereits seit langem bestehenden Zielsetzung oben, § 1 A. I. 3.

[916] Auch die Gesetzesbegründung, *Guégot*, Rapport Assemblée nationale Nr. 4411, loi Petroplus, S. 9, sieht das Gesetz von der typischen wirtschaftspolitischen Zielsetzung geleitet: „Die hier verfolgte Zielsetzung reiht sich in eine ganzheitliche Politik ein, die gegen die Deindustrialisierung kämpft, die unser Land erfasst hat“ („La démarche entreprise ici s'inscrit dans une politique plus globale visant à lutter contre la désindustrialisation qui touche notre pays“).

[917] Diesen Kontext beschreibt etwa die Gesetzesbegründung, siehe *Guégot*, Rapport Assemblée nationale Nr. 4411, loi Petroplus, S. 7 ff.; siehe auch *Lienhard*, Procédures collectives, Rn. 115.14; *Roussel Galle*, JCP E 2012, 192; in deutscher Sprache und sehr ausführlich auf die Begleitumstände eingehend auch *Droege Gagnier*, NZI 2012, 449 f.; hierzu ebenso in deutscher Sprache *Hübler*, NZI 2013, 124, 128.

[918] So *Droege Gagnier*, NZI 2012, 449.

[919] Auf ein „moralisch verwerfliches“ Verhalten der Muttergesellschaften hinweisend *Le Corre*, Droit et pratique des procédures collectives, Rn. 213.361.

rung eines Sozialplans, geschweige denn eine Kostenbeteiligung an den umweltrechtlichen Ansprüchen möglich, die aufgrund der umweltschädlichen Aktivitäten der Raffinerie entstanden waren.

Eine Ähnlichkeit zum *Metaleurop*-Verfahren des Jahres 2005 ist nicht nur in dieser Hinsicht erkennbar. Hatte der Kassationsgerichtshof in letzterem Verfahren trotz einer ähnlichen Problematik größtmögliche Umsicht bewiesen[920], griff nun der Gesetzgeber in das noch laufende Verfahren ein. Der politische Kontext begünstigte in diesem Zusammenhang besonders radikale Maßnahmen im Sinne eines stark durch seine Begleitumstände geprägten Gesetzes *(loi de circonstance*[921]*)*. Verschärfende Umstände waren gleich mehrfach vorhanden und schienen sich gegenseitig zu verstärken. Zunächst war das *Petroplus*-Verfahren Ausweis von zahlreichen großen Unternehmensinsolvenzen, die gerade in den wirtschaftlich schwachen Regionen Nordfrankreichs – in denen auch die Raffinerie *Petit-Couronne* lag – das Gefühl eines allgemeinen wirtschaftlichen Niedergangs verstärkten. Zudem fiel das auch deswegen in den Medien viel beachtete Verfahren in den Präsidentschaftswahlkampf 2012, sodass sich Politiker sämtlicher Couleur zum Handeln veranlasst sahen.[922] Dies erklärt auch, warum das Gesetz in einer „Rekordzeit von nur drei Wochen“[923] das parlamentarische Verfahren nach einstimmiger Annahme in beiden Kammern durchlaufen hatte. Der Zuschnitt des Gesetzes auf den hier vorliegenden Einzelfall lässt sich auch daran erkennen, dass sein Art. 6 es auf alle Rettungs-, Sanierungs- und Liquidationsverfahren für anwendbar erklärte, die zum Zeitpunkt seiner Veröffentlichung bereits anhängig waren[924]. Die „Eile“[925] des Gesetzgebers in Verbindung mit der politischen Instrumentalisierung ist wohl auch für die zahlreichen technischen Mängel des angenommenen Entwurfs verantwortlich. Im *Petroplus*-Verfahren war die Einreichung eines Antrags auf Verfahrenserstreckung zudem bereits angekündigt worden[926].

---

920 Zur einschränkenden Auslegung der Verfahrenserstreckung in diesem Verfahren oben, II. 3. b) dd).

921 So *Jacquemont*, Sauvegarde, redressement et liquidations judiciaires – Exploitation en commun et confusion des patrimoines, in: JCl. Com., Fasc. 2165, Rn. 56; *Roussel Galle*, JCP E 2012, 192. Bildhafter drückt es *Le Corre*, Rev. sociétés 2012, 412, Rn. 1 aus: „...man hat das Gefühl, einem Western beizuwohnen, in dem der französische Gesetzgeber die Rolle des Sherriffs einnimmt“ („...on a l'impression d'assister à un western, dans lequel le législateur français jouerait le rôle de sheriff“).

922 Hierzu ausführlich *Droege Gagnier*, NZI 2012, 449 f.

923 *Hübler*, NZI 2013, 124, 128.

924 Hierauf kritisch hinweisend *Droege Gagnier*, NZI 2012, 449, 452; ähnlich *Le Corre*, Rev. sociétés 2012, 412, Rn. 2; *Lienhard*, Procédures collectives, Rn. 115.14; *Roussel Galle*, JCP E 2012, 192.

925 „hâte“, *Le Corre*, Rev. sociétés 2012, 412, Rn. 3, der im Folgenden auf die technischen Mängel des Gesetzes eingeht.

926 *Droege Gagnier*, NZI 2012, 449, 451.

Auch bereits vor dem Inkrafttreten dieses Gesetzes sah das französische Insolvenzrecht die Möglichkeit zum Ausspruch von Sicherungsmaßnahmen vor. Diese waren jedoch auf die Haftung faktischer Geschäftsführer im Rahmen der *responsabilité pour insuffisance d'actif* begrenzt, die seit der Ordonnance vom 18.12.2008 nur noch im Bereich der Liquidationsverfahren Anwendung findet[927].

b) Rechtsfolgen der gesetzlichen Regelung

Das neue Gesetz geht allerdings sowohl in seinem Anwendungsbereich als auch in Bezug auf die ermöglichten Maßnahmen weit darüber hinaus. Der durch das Gesetz hinzugefügte Abs. 4 des Art. L. 621-2 C. com. erweitert zunächst den Anwendungsbereich auf alle Verfahrensarten und erstmals auch auf den Beklagten einer Verfahrenserstreckung. Der ebenso hinzugefügte Art. L. 631-10-1 C. com. führt dieselben Möglichkeiten für zivilrechtliche Haftungsklagen im Kontext von Sanierungsverfahren[928] ein[929] und der neu gefasste Art. L. 651-4 C. com. erweitert die bereits existierenden Befugnisse bei der *responsabilité pour insuffisance d'actif* im Liquidationsverfahren[930]. Bei den vom Gerichtspräsidenten in diesen Fällen ausgesprochenen Sicherungsmaßnahmen ist in der Praxis mit einer vorläufigen Beschlagnahme von vermögenswerten Gegenständen zu rechnen[931]. Bemerkenswert ist hierbei aber, dass es sich nicht um Gegenstände eines bereits verurteilten Schuldners, etwa während der Wartezeit auf die Rechtskraft des Urteils, sondern um einen nur potenziellen Schuldner handelt, gegen den nur eine entsprechende Klage auf Verfahrenserstreckung oder Haftung anhängig, ein Vorliegen des Tatbestands aber keinesfalls erwiesen ist[932].

Dies erscheint im Hinblick auf den ebenfalls neu eingeführten Art. L. 663-1-1 C. com. besonders problematisch: Für Gegenstände, deren Erhaltung oder Lagerung Kosten verursacht oder die verderblich sind, kann der Insolvenzrichter hiernach den Verwalter, den Gläubigervertreter oder den Liquidator beauftragen, den Wert der vorläufig gesicherten Vermögenswerte durch

[927] Zu diesem Tatbestand sogleich unten, § 5 A.. Auf den Kontext hinweisend *Droege Gagnier*, NZI 2012, 449, 450; *Roussel Galle*, JCP E 2012, 192, Nr. 1. Die betroffene Vorschrift ist Art. L. 651-4 C. com.

[928] Hierzu unten, § 5 A. I. 3.

[929] Vgl. *Lienhard*, Procédures collectives, Rn. 115.15; *Roussel Galle*, JCP E 2012, 192, Nr. 1 – vom Gesetzeswortlaut könnte man an die *responsabilité pour insuffisance d'actif* denken, die allerdings auf das Liquidationsverfahren begrenzt ist.

[930] Das Gesetz sieht in Art. L. 631-10-2 und R. 631-7-1 C. com. zusätzlich eine Information der Arbeitnehmer

[931] *Droege Gagnier*, NZI 2012, 449, 451; vgl. auch *Lienhard*, Procédures collectives, Rn. 115.15.

[932] *Le Corre*, Droit et pratique des procédures collectives, Rn. 213.367 f.; siehe auch *Droege Gagnier*, NZI 2012, 449, 452.

Veräußerung zu realisieren. Der Insolvenzrichter *(juge commissaire)* entscheidet hier selbst über die Durchführung der Veräußerung, den zu erzielenden Preis sowie die praktischen Gegebenheiten derselben. Eingenommene Geldsummen sind auf der staatlichen *Caisse des dépôts et des consignations* einzuzahlen.[933] Eine Rückerstattung des Betrags ist insbesondere für den Fall vorgesehen, dass die Haftungs- oder Erstreckungsklage keinen Erfolg hat[934]. Diese Möglichkeit stellt ein Novum im französischen Recht der Sicherungsmaßnahmen dar[935]. Auch hier ist eine Orientierung an den Voraussetzungen des *Petroplus*-Verfahrens nicht von der Hand zu weisen: Die als Sicherheit vorgesehenen Ölreserven der Muttergesellschaft galten als verderblich[936]. Der Wortlaut dieses Absatzes ist allerdings so weit gefasst, dass sich die Veräußerung der Sicherungsgüter in der Mehrzahl der Fälle rechtfertigen lassen dürfte[937].

Noch darüber hinaus geht der zweite Absatz desselben Artikels. Ebenfalls in klarer Anlehnung an das *Petroplus*-Verfahren erlaubt dieser die Nutzung des Erlöses für während des Verfahrens entstandene Kosten, die die befugten Prozessorgane für den laufenden Betrieb herbeigeführt haben und insbesondere, um arbeits- und umweltrechtlichen Verpflichtungen nachzukommen, sofern die Mittel des insolventen Rechtsträgers hierfür nicht ausreichen[938]. Nach einhelliger Kritik[939] an dieser Vorschrift wurde zumindest der zweite Absatz dieses Artikels durch die Ordonnance vom 12.03.2014[940] „diskret, aber weise“[941] ersatzlos gestrichen. Eine Veräußerung bleibt somit möglich, nicht jedoch die

933 Der Originalwortlaut des Abs. 1 des Artikels lautet: „Lorsque les mesures conservatoires ordonnées en application des articles L. 621-2, L. 631-10-1 et L. 651-4 portent sur des biens dont la conservation ou la détention génère des frais ou qui sont susceptibles de dépérissement, le juge-commissaire peut autoriser, aux prix et conditions qu'il détermine, l'administrateur, s'il a été nommé, le mandataire judiciaire ou le liquidateur à les céder. Les sommes provenant de cette cession sont immédiatement versées en compte de dépôt à la Caisse des dépôts et consignations.“

934 Siehe *Lienhard*, Procédures collectives, Rn. 115.18.

935 Vgl. *Roussel Galle*, JCP E 2012, 192, Nr. 2.

936 Siehe *Droege Gagnier*, NZI 2012, 449, 452.

937 So *Roussel-Galle*, Rev. Proc. Coll., Nr. 2012-6, étude 40, Rn. 10.

938 Der Originalwortlaut des Abs. 2 der ursprünglichen Fassung des Artikels lautet: „Le juge-commissaire peut autoriser l'affectation des sommes provenant de cette cession au paiement des frais engagés par l'administrateur, le mandataire judiciaire ou le liquidateur pour les besoins de la gestion des affaires du propriétaire de ces biens, y compris pour assurer le respect des obligations sociales et environnementales résultant de la propriété de ces biens, si les fonds disponibles du débiteur n'y suffisent pas.“

939 Siehe nur *Droege Gagnier*, NZI 2012, 449, 452 f.; *Lienhard*, Procédures collectives, Rn. 115.18; *Roussel Galle*, JCP E 2012, 192, Nr. 2. Eine Übersicht der zahlreichen und einhellig kritischen Stimmen findet sich bei *Rolland*, Procédures, Nr. 2013-1, 1.

940 Ordonnance Nr. 2014-326 portant réforme de la prévention des difficultés des entreprises et des procédures collectives, JORF, 14 mars 2014, Nr. 0062, S. 5249, Art. 95.

941 „discrètement mais sagement“, *Lienhard*, Procédures collectives, Rn. 115.18.

vorzeitige Verwendung des Erlöses für angefallene Kosten. Eine Anwendungsverordnung vom 28.10.2012[942] begrenzt neben einer Präzisierung einiger Verfahrensregeln[943] den Wert der zu sichernden Gegenstände. Ein neuer Art. R. 621-8-2 C. com. bestimmt für eine Sicherungsmaßnahme im Rahmen der Verfahrenserstreckung, dass sich der Wert der zu sichernden Vermögensgegenstände grundsätzlich an der Gesamthöhe der angemeldeten Forderungen zu orientieren hat. Bei den Haftungsklagen wird dieser Wert durch die Höhe der geltend gemachten Forderungen begrenzt[944]. Es scheint, dass die Anwendungsverordnung die zu erwartenden negativen Folgen der *loi Petroplus* nach einer gewissen Bedenkzeit und dem Abklingen des medialen Interesses an diesem besonderen Verfahren so weit wie möglich abzufedern suchten[945].

c) Kritik

Trotzdem behalten die wichtigsten Kritikpunkte an diesem Regelwerk ihre Gültigkeit[946]. Zunächst ist darauf hinzuweisen, dass der Beklagte des Haftungs- bzw. Erstreckungsantrags nicht rechtskräftig verurteilt ist, seine Beteiligung am in der Klage vorgetragenen Sachverhalt nur anhand der Schilderungen der Klage vermutet werden kann und das Vorhandensein der zu sichernden Schuld zum Zeitpunkt des Eintretens der Sicherungsmaßnahmen nicht bewiesen ist[947]. Trotz dieser eigentlich entsprechende Rücksicht auf das Eigentum des Beklagten fordernden Sachlage können die wirtschaftlichen Folgen für diesen verheerend sein: Insbesondere im Falle ihrer Veräußerung werden die Aktiva des betroffenen Unternehmens ihrer wirtschaftlichen Zielsetzung entzogen; im schlimmsten Falle kann dies wiederum die Zahlungsunfähigkeit eines weiteren

---

[942] Décret Nr. 2012-1190, relative aux mesures conservatoires en matière de sauvegarde, de redressement judiciaire ou de liquidation judiciaire et aux biens qui en font l'objet, JORF, 27.10.2012, S. 16719, Nr. 12. Vgl. auch Cagnoli, Act. proc. coll., Nr. 2012-18, alerte 272; Henry, Rev. sociétés 2012, 726; *Hübler*, NZI 2013, 124, 128; *Legros*, Dr. sociétés Nr. 2012-1, comm. 13; *Rolland*, Procédures, Nr. 2013-1, 1; *Roussel-Galle*, Rev. Proc. Coll., Nr. 2012-6, étude 40.

[943] Hierzu ausführlich *Legros*, Dr. sociétés Nr. 2012-1, comm. 13; für Regelungslücken wird seit der Verordnung auf die allgemeinen Regeln des CPC verwiesen.

[944] So Art. R. 631-14-1 bzw. Art. R. 651-5 Abs. 3 C. com.

[945] Siehe auch *Cagnoli*, Act. proc. coll., Nr. 2012-18, alerte 272, Nr. 3.

[946] Der etwa aus Sicht von *Droege Gagnier*, NZI 2012, 449, 452 am stärksten kritisierte und mit einer ungerechtfertigten „Enteignung" des Dritten ohne rechtskräftiges Urteil gleichgesetzte Ansatz der Begleichung von arbeits- und unweltrechtlichen Ansprüchen aus dem Veräußerungserlös wurde allerdings durch die Ordonnance vom 12.03.2014 aufgehoben.

[947] Auf diesen Zusammenhang hinweisend etwa *Le Corre*, Droit et pratique des procédures collectives, Rn. 213.367 f. sowie *ders.*, Rev. sociétés 2012, 412, Rn. 12.

Rechtsträgers nach sich ziehen, wodurch auch im Hinblick auf das Sanierungsziel des französischen Insolvenzrechts nichts gewonnen scheint[948]. Diese Problematik gilt nicht nur für die vom Gesetz eigentlich anvisierten Muttergesellschaften in großen Unternehmensgruppen[949], sondern auch für kleinere Unternehmensformen wie etwa die Betriebsaufspaltung von SCI und Betriebsgesellschaft[950]. Da der Dritte nicht rechtskräftig verurteilt ist, führt das Gesetz durch solche der Tragweite einer Verurteilung bzw. „Enteignung“[951] sehr nahe kommenden Maßnahmen nahezu zu einer „Schuldvermutung“[952], die mit dem Eigentumsgrundrecht aus Art. 1 des Zusatzprotokolls Nr. 1 der EMRK sowie Art. 2 und 17 DDHC nur schwer vereinbar erscheint.[953] Das einzige dem Betroffenen zur Verfügung stehende effektive Mittel eines Amtshaftungsanspruchs gegen die Verfahrensbeteiligten scheint nicht auszureichen, um die wirtschaftlichen Folgen eines möglicherweise jahrelangen Rechtsstreits mit unsicherem Ausgang ausgleichen zu können[954]. Schließlich ergibt sich ein Widerspruch aus der Art der von den Sicherungsmaßnahmen umfassten Anspruchsgrundlagen: Anders als es die mit offensichtlicher Eile formulierte Gesetzesbegründung unterstellen mag, handelt es sich bei der Verfahrenserstreckung im Gegensatz zur *responsabilité pour insuffisance d'actif* gerade nicht um einen Schadensersatzanspruch[955]. Wie auch die mit der Ordonnance von 2014 eingeführte Möglichkeit eines Schuldnerantrags zur Verfahrenserstreckung[956] gezeigt hat, geht es aus Sicht des französischen Rechts bei der Verfahrenserstreckung vielmehr um die Anpassung der rechtlichen an die wirtschaftliche Realität. Die *loi Petroplus* steht von ihrem Ansatz her in diametralem Gegensatz zu diesem Verständnis einer auch im positiven Sinne anwendbaren Verfahrenserstreckung und macht daneben auch das durch Schuldnerantrag zu eröffnende Rettungsverfahren durch mögliche unerwartete Ergebnisse

948 Vgl. etwa *Lienhard*, Procédures collectives, Rn. 115.18.

949 Siehe nur die Gesetzesbegründung, *Guégot*, Rapport Assemblée nationale Nr. 4411, loi Petroplus, S. 7 ff.

950 Wohl anders als ursprünglich erwartet, lassen sich die neuen Sicherungsmaßnahmen ohne weiteres auch auf diese „kleineren“ Verfahren anwenden – der Wortlaut des Gesetzes ist nicht auf große Konzerne beschränkt, siehe auch *Lienhard*, Procédures collectives, Rn. 115.18; *Rolland*, Procédures, Nr. 2013-1, 1.

951 *Droege Gagnier*, NZI 2012, 449, 452

952 „présomption de responsabilité“, *Lienhard*, Procédures collectives, Rn. 115.18.

953 Auf grundrechtliche Probleme hinweisend etwa *Droege Gagnier*, NZI 2012, 449, 452; *Le Corre*, Rev. sociétés 2012, 412, Rn. 14; *Roussel Galle*, JCP E 2012, 192, Nr. 2.

954 Vgl. *Droege Gagnier*, NZI 2012, 449, 453; *Lienhard*, Procédures collectives, Rn. 115.18.

955 So *Le Corre*, Rev. sociétés 2012, 412, Rn. 3.

956 Siehe bereits oben, A. III. 3. e).

für Konzerne wesentlich unattraktiver.[957] Handelt es sich zudem um internationale Konzerne, kann außerdem an der Wirksamkeit der dort vorgesehenen Maßnahmen gezweifelt werden, da die Hürden für eine Inbezugnahme von Auslandsgesellschaften sehr hoch sind[958].

Auch wenn das Gesetz zum heutigen Zeitpunkt noch keine Anwendung erfahren hat – auch in der *Petroplus*-Insolvenz kam es nicht zu einer Durchführung der Sicherungsmaßnahmen – und es nicht klar ist, ob es jemals zu einer solchen kommen wird, deckt diese neue Facette des französischen Konzerninsolvenzrechts eine wichtige Schwäche des wirtschaftspolitischen Ansatzes des französischen „Rechts der Unternehmen in Schwierigkeit" auf: die im Einzelfall mit fragwürdigen Ergebnissen verbundene Möglichkeit einer Instrumentalisierung von Verfahrensregeln zu verfahrensfremden, wirtschaftspolitischen Zwecken. Ob der Hintergrund der einstimmig an dem Gesetzeswerk geäußerten Kritik auch sein Fortbestehen infrage stellt, bleibt abzuwarten. Da eine Vorlage beim Verfassungsrat vor der Verkündung des Gesetzes nach Art. 61 Abs. 2 der französischen Verfassung nicht erfolgte[959], bliebe zu einer verfassungsrechtlichen Überprüfung nur noch eine Normenkontrolle (QPC) nach Art. 61-1 der französischen Verfassung übrig. Eine solche setzt jedoch die tatsächliche Anwendung des Gesetzes im gerichtlichen Verfahren sowie eine Verweisung durch den Kassationsgerichtshof voraus[960]. Zwei Szenarien erscheinen zum heutigen Zeitpunkt hinreichend wahrscheinlich: Entweder die Gerichtspräsidenten der Handelsgerichte schrecken vor einer Anwendung der Sicherungsmaßnahmen aus Rücksicht auf das Eigentum der Beklagten zurück und die *loi Petroplus* bleibt aus praktischer Sicht eine – wenn auch gefürchtete – „Karteileiche" oder eine ihrer ersten Anwendungen führt zur Verweisung an den Verfassungsrat. Dieser könnte die Debatte um die Zweckmäßigkeit der umstrittenen Regeln neu entfachen und damit endgültig beenden.

C. Rechtsfolgen der Verfahrenserstreckung

Bei den Rechtsfolgen der Verfahrenserstreckung zeigt sich erneut die historische Entwicklung dieses Instruments als ursprünglich richterrechtlicher Tatbestand[961]. Mit der Aufnahme der Verfahrenserstreckung in Art. L. 621-2 Abs. 2

---

957 All dies kritisch beobachtend *Roussel Galle*, JCP E 2012, 192, Nr. 2.

958 *Lienhard*, Procédures collectives, Rn. 115.15; zur entsprechenden europarechtlichen Problematik unten, C. V.

959 Dieser erlaubt die Überprüfung der Verfassungsmäßigkeit eines Parlamentsgesetzes vor seiner Verkündung, sofern sie durch den Staatspräsidenten, den Premierminister, den Präsidenten einer der Parlamentskammern oder durch 60 Mitglieder einer dieser Kammern beantragt wird.

960 Zu diesem Verfahren bereits oben, A. III. 3. d).

961 Siehe oben, A. III. 1.

C. com. verließ sich der Gesetzgeber nämlich einmal mehr auf die in der Rechtsprechung bereits herausgearbeiteten Grundsätze und verzichtete nahezu vollständig auf eine ausführliche schriftliche Niederlegung der Rechtsfolgen. Auch heute noch liegt diesen Rechtsfolgen nahezu ausschließlich Richterrecht zugrunde[962].

Die in diesem Richterrecht entwickelten Regeln wirken sich auf zwei Ebenen aus: Verfahrensrechtlich bringt die Verfahrenserstreckung die Einheit aller betroffenen Verfahren vor einem Gericht mit sich; materiellrechtlich werden die Vermögens- bzw. Haftungsmassen aller betroffenen Rechtsträger zu einer gemeinsamen Masse zusammengefasst, ohne dass die gesellschaftsrechtliche Struktur dieser Rechtsträger jedoch nachhaltig aufgehoben würde. Schwierige Einzelprobleme ergeben sich in Bezug auf die Beziehungen dieser Masse zu den Gläubigern.[963] Insbesondere lässt sich feststellen, dass die Rechtsfolgen häufig zu einer Ungleichbehandlung der Gläubigergruppen je nach Rechtsträger führen: Während die Dynamik einer Verfahrenserstreckung in den meisten Fällen den Gläubigern des ursprünglich verfahrensunterworfenen Rechtsträgers durch die Vergrößerung der Gesamthaftungsmasse zugute kommt, haben die Gläubiger des oder der neu hinzugetretenen Insolvenzschuldner unter den Folgen eines Insolvenzverfahrens zu leiden, obwohl sich ihr Schuldner nicht zwangsläufig zahlungsunfähig oder in wirtschaftlichen Schwierigkeiten befand[964].

I. Verfahrensrechtliche Einheit aller betroffenen Insolvenzverfahren und gemeinsamer Zeitpunkt insbesondere der Zahlungsunfähigkeit

Wird eine Verfahrenserstreckung ausgesprochen, kommt es durch das Erstreckungsurteil zur Eröffnung eines einheitlichen Verfahrens über alle betroffenen Rechtsträger[965]. Hierbei ist es, wie der Begriff der „Erstreckung" *(extension)* nahelegt, das ursprünglich eröffnete Verfahren, welches auf die im Rahmen der Erstreckungsklage[966] betroffenen Rechtsträger ausgeweitet wird[967].

---

962 Vgl. etwa *Saint-Alary Houin*, in: FS-Merle, S. 637, 643.

963 Die Rechtsfolgen insgesamt so zusammenfassend auch *Saint-Alary Houin*, Entreprises en difficulté, Rn. 456.

964 Vgl. etwa *Pérochon*, Entreprises en difficulté, Rn. 338.

965 Cass. com. 17.02.1998, Revisionsnummer 97-13098, Bull. civ. 1998, IV, S. 58, Nr. 75; 28.05.2002, Revisionsnummer 98-14759; 30.06.2009, Revisionsnummer 08-15715, alle zum Fall einer Verfahrenserstreckung wegen Vermögensvermischung; *Gibirila*, Entreprises en difficulté, Rn. 228; *Le Corre*, Droit et pratique des procédures collectives, Rn. 213.421; *Lienhard*, Procédures collectives, Rn. 64.24; *Saint-Alary Houin*, Entreprises en difficulté, Rn. 456.

966 Zu den prozessualen Voraussetzungen dieser Klage oben, III. 2. ff.

967 *Gibirila*, Entreprises en difficulté, Rn. 227; *Jacquemont*, Sauvegarde, redressement et liquidations judiciaires – Exploitation en commun et confusion des patrimoines, in: JCl. Com., Fasc. 2165, Rn. 62.

Wie es Art. L. 621-2 Abs. 2 S. 2 C. com. bestimmt, behält das für das ursprüngliche Verfahren zuständige Gericht seine Zuständigkeit, auch wenn weitere verfahrensunterworfene Personen hinzukommen[968]. Dies ist mit einer erheblichen prozessualen Erleichterung verbunden, gerade auch bei Konzernen, die so einer gemeinsamen Lösung zugeführt werden können[969]. Andererseits lässt sich diese Möglichkeit auch durch die nunmehr vorhandenen prozessualen Sonderregeln für Konzerninsolvenzen[970] erreichen, ohne die weitreichenden, darüber hinausgehenden materiellen Rechtsfolgen einer Verfahrenserstreckung mit sich zu bringen[971].

Die prozessuale Einheit der Verfahren wirkt sich auch auf den Zeitpunkt der festgestellten Zahlungsunfähigkeit aus. Hier wird das Datum des bereits laufenden und auf den oder die anderen Rechtsträger erstreckten Verfahrens festgehalten[972]. Auch dies hat – im Falle der Konzerninsolvenz für viele Verfahrensbeteiligte verlockende[973] – prozessuale Vereinfachungen in Bezug auf den zu erbringenden Beweis zur Folge. Grundsätzlich ist es nämlich nicht mehr erforderlich, die Zahlungsunfähigkeit des oder der einbezogenen Rechtsträger erneut darzulegen und zu beweisen[974]. Nur im Falle eines Antrags auf Verschiebung des festgestellten Zeitpunkts der Zahlungsunfähigkeit *(demande en report de la date de cessation des paiements,* Art. L. 631-8 Abs. 2 C. com.) sind seitens des Gerichts neue Erkundungen anzustellen. Da die Haftungsmassen aller beteiligten Rechtsträger sowohl in Bezug auf Aktiva wie auch auf Passiva zusammengefasst werden[975], ist die Neubewertung in diesem Falle in Bezug auf die neue Gesamtlage vorzunehmen[976]. Diese gemeinsame Analyse

---

968 Auch hierzu bereits oben, B. III. 2.

969 So *Jacquemont*, Sauvegarde, redressement et liquidations judiciaires – Exploitation en commun et confusion des patrimoines, in: JCl. Com., Fasc. 2165, Rn. 62, 64.

970 Hierzu oben, § 1 C. II.

971 Ebenso in diesem Zusammenhang auf eine rücksichtsvolle Anwendung der Verfahrenserstreckung hinweisend *Dammann/ Podeur*, RLDA Nr. 2007-16, étude 975, 65, I. B. 5.

972 Cass. com. 17.12.2003, Revisionsnummer 02-16029; *Saint-Alary Houin*, Entreprises en difficulté, Rn. 456.

973 Zu hierdurch begründetem Missbrauch der Verfahrenserstreckung zur Verfahrenserleichterung bereits oben, B. II. 1. c).

974 Zur Verfahrenserstreckung wegen Vermögensvermischung Cass. com. 11.10.1994, Revisionsnummer 90-14457; zur *fictivité* Cass. com. 24.10.1995, Revisionsnummer 93-20469; siehe auch *Jacquemont*, Sauvegarde, redressement et liquidations judiciaires – Exploitation en commun et confusion des patrimoines, in: JCl. Com., Fasc. 2165, Rn. 63 f.

975 Hierzu sogleich unten, II. 1.

976 Cass. com. 07.01.2003, Revisionsnummer 99-16204, Bull. civ. 2003, IV, S. 5, Nr. 4; 07.01.2003, Revisionsnummer 00-15316, Bull. civ. 2003, IV, S. 5, Nr. 4; *Gibirila*, Entreprises en difficulté, Rn. 231. Zu damit verbundenen Problemen in Bezug auf Anfechtungen in der achtzehnmonatigen Wohlverhaltensperiode vor dem Zeitpunkt der Zahlungsunfähigkeit *(nullités de la période suspecte) Le Corre*, Droit et pratique des procédures collectives, Rn. 213.411.

für alle Rechtsträger mit dem Risiko, einen – isoliert betrachtet – zahlungsfähigen Schuldner in ein Insolvenzverfahren einzubeziehen, wird damit gerechtfertigt, dass die Trennung dieser Rechtsträger aufgrund des mit der Verwirklichung eines der Tatbestände des Art. L. 621-2 Abs. 2 C. com. zusammenhängenden Missbrauchs der Rechtspersönlichkeit ohnehin als „virtuell“ zu verstehen ist[977]. Schwieriger wird diese Bewertung, wenn eine Verfahrenserstreckung von einem Rechtsträger ausgehen soll, über den bereits ein vorinsolvenzliches Rettungsverfahren eröffnet worden ist, welches keine Zahlungsunfähigkeit voraussetzt. In diesem Fall erscheint es wegen des bereits in großen Teilen feststehenden Ergebnisses[978] ausgeschlossen, das Verfahren auf einen Rechtsträger zu erstrecken, der bereits einem Liquidationsverfahren unterliegt; ist der in das Verfahren einzubeziehende Rechtsträger allerdings einem Sanierungsverfahren unterworfen, bedarf die Wahl der künftig gemeinsamen Verfahrensart einer Neubewertung der Zahlungsunfähigkeit aller nun im Verfahren befindlichen Rechtsträger[979].

Eine weitere logische Folge der Erstreckung des ursprünglichen Verfahrens auf andere Rechtsträger liegt in der Anwendung identischer Rechtsgrundlagen für das einheitliche Verfahren. Kommt es nach der Eröffnung des ersten Verfahrens zu einer Gesetzesänderung, behält das in diesem Verfahren anwendbare Gesetz auch für die neu hinzutretenden Rechtsträger seine Gültigkeit.[980] Ebenso bleiben die übrigen Verfahrensbeteiligten und -organe des ursprünglichen Verfahrens – wie etwa Verwalter oder Gläubigervertreter – bestehen[981]; letztere erhalten auch nur ein einziges Honorar[982].

II. Gemeinsame Masse und einheitliches Verfahrensergebnis

Mit einem gemeinsamen Verfahren gehen auch gemeinsame Verfahrensergebnisse einher, die sich in einem gemeinsamen Sanierungs- oder Insolvenzplan wiederfinden. Ebenso kommt es zu einer Konsolidierung aller Vermögensmassen und Verbindlichkeiten der von einer Verfahrenserstreckung betroffenen Rechtsträger.

---

[977] Vgl. etwa *Jacquemont*, Sauvegarde, redressement et liquidations judiciaires – Exploitation en commun et confusion des patrimoines, in: JCl. Com., Fasc. 2165, Rn. 64.

[978] Zur entsprechenden zeitlichen Begrenzung eines Erstreckungsantrags oben, B. III. 2.

[979] So *Le Corre*, Droit et pratique des procédures collectives, Rn. 213.211 und 213.411; ähnlich *Jacquemont*, Sauvegarde, redressement et liquidations judiciaires – Exploitation en commun et confusion des patrimoines, in: JCl. Com., Fasc. 2165, Rn. 65.

[980] Dies war zuletzt insbesondere durch die neuen Regeln des Gesetzes vom 26.07.2005 problematisch geworden. Siehe Cass. com. 21.09.2010, Revisionsnummer 09-69109, Bull. civ. 2010, IV, Nr. 141; *Le Corre*, Droit et pratique des procédures collectives, Rn. 213.421; *Pérochon*, Entreprises en difficulté, Rn. 340; *Saint-Alary Houin*, Entreprises en difficulté, Rn. 456.

[981] Siehe *Le Corre*, Droit et pratique des procédures collectives, Rn. 213.421.

[982] *Saint-Alary Houin*, in: FS-Merle, S. 637, 644.

1. Zusammenfassung der Vermögen und Verbindlichkeiten aller betroffenen Gesellschaften

Wie bereits angedeutet, hat die vereinheitlichende Wirkung der Verfahrenserstreckung auch materiellrechtliche Konsequenzen. Zugunsten der Gläubiger des ursprünglichen Schuldners und zum Leidwesen der Gläubiger des neu hinzukommenden Rechtsträgers[983] kommt es zur vollständigen Zusammenfassung aller Vermögens- und Schuldbestandteile aller im Einheitsverfahren befindlicher Schuldner[984]. Insbesondere bei der Verfahrenserstreckung wegen Vermögensvermischung wird diese Vereinheitlichung als „notwendige Gegenmaßnahme" für künstlich getrennte Vermögensmassen gesehen, die dem Gericht die durch die Vermischung müßig gewordene Zuordnung von Vermögensgegenständen zu den unterschiedlichen Rechtsträgern abnehme[985]. Ebenso erlaubt diese Zusammenfassung eine Gesamtbetrachtung der wirtschaftlichen Lage des Gesamtunternehmens, die beispielsweise auch in Bezug auf die fortzuführenden vertraglichen Beziehungen (*contrats nécessaires au maintien d'activité*, Art. L. 642-7 C. com.) besser an die ökonomische Realität des integrierten Unternehmens angepasste Lösungen erlaubt[986]. Im praktisch äußerst relevanten Bereich der Betriebsaufspaltung in SCI und Betriebsgesellschaft[987] führt die Zusammenfassung der Aktiva aus praktischer Sicht vornehmlich zur Integration des eigentlich durch diese Betriebsform isolierten Immobiliarvermögens[988]. Im Rahmen etwa eines Liquidationsverfahrens ist der Liquidator in jedem Fall verpflichtet, das gesamte Vermögen ohne Ansehen der Rechtsträger

---

983 Hierzu bereits oben, I.; zur Rechtsstellung der Gläubiger auch unten, IV.

984 Cass. com. 30.06.2009, Revisionsnummer 08-15715; genauer zur Zusammenfassung der Vermögens- und Schuldbestandteile Cass. com. 09.11.2988, Revisionsnummer 87-11233 (zur *fictivité*); 17.02.1998, Revisionsnummer 97-13098, Bull. civ. 1998, IV, Nr. 58 (zur Vermögensvermischung); zu alledem auch *Le Corre*, Droit et pratique des procédures collectives, Rn. 213.422; *Jacquemont*, Sauvegarde, redressement et liquidations judiciaires – Exploitation en commun et confusion des patrimoines, in: JCl. Com., Fasc. 2165, Rn. 70 ff.

985 So *Jacquemont*, Sauvegarde, redressement et liquidations judiciaires – Exploitation en commun et confusion des patrimoines, in: JCl. Com., Fasc. 2165, Rn. 70: „...la parade nécessaire à la constatation de la séparation artificielle des patrimoines servant de fondement à l'extension de procédure".

986 Auch hierauf hinweisend *Jacquemont*, Sauvegarde, redressement et liquidations judiciaires – Exploitation en commun et confusion des patrimoines, in: JCl. Com., Fasc. 2165, Rn. 70. Dies geschieht natürlich auf Kosten der Gläubiger der hinzutretenden Gesellschaft, siehe unten, IV.

987 Zum besonders häufigen Vorkommen dieser *microgroupes* bereits oben, § 1 B. II. 1. b) bb).

988 Vgl. *Le Corre*, Droit et pratique des procédures collectives, Rn. 213.422.

zu verwerten[989]. Es stellt für ihn keine Pflichtverletzung dar, wenn er hierfür die Rechtskraft des Erstreckungsurteils nicht abwartet[990].

Rechtlich gesehen handelt es sich bei der Zusammenfassung der Vermögensgegenstände nicht um eine Eigentumsübertragung von Rechtsträger zu Rechtsträger bzw. in die gemeinsam gebildete Masse hinein. Dies konnte der Kassationsgerichtshof anhand eines Verfahrens klarstellen, in dem über die Folgen einer erfolgreichen Beendigung eines wegen Vermögensvermischung erstreckten Sanierungsverfahrens zwischen einer SCI und einer SARL zu entscheiden war[991]. Nachdem die gemeinsamen Verbindlichkeiten durch die Veräußerung des Immobiliarvermögens bereinigt worden waren, stellte der Gerichtshof fest, dass nach dem Abschluss des Verfahrens kein Miteigentum *(indivision)* der am Verfahren beteiligten Rechtsträger entstanden sei und ein entsprechender Antrag auf Aufhebung der Miteigentümergemeinschaft *(action en partage de l'indivision)* ins Leere laufe. Freilich lässt der Gerichtshof damit weiterhin offen, welche Rechtslage in Bezug auf die Vermögensbestandteile der betroffenen Rechtsträger während eines gemeinsam abgewickelten Verfahrens zutreffend ist[992]. In diesem Zusammenhang ist auch zu beachten, dass die Rechtspersönlichkeit der betroffenen Personen ebenfalls nicht berührt wird[993]. Ausgeschlossen werden kann wohl die Hypothese einer durch das Erstreckungsurteil *ipso facto* entstehenden Gesellschaft *(société créée de fait)* mit einer entsprechenden Verpflichtung der Gläubiger zur Teilung der angefallenen Verluste. Einer solchen würde nämlich das Wesensmerkmal einer Willenseinigung und des daraus folgenden *affectio societatis* fehlen[994]. Vorgeschlagen wird im Hinblick auf diese widersprüchlich erscheinende Situation etwa eine Beurteilung nach der Rechtsscheinhaftung *(théorie de l'apparence)*, wonach die Gläubiger bei Vorliegen der Voraussetzungen des Art. L. 621-2

---

989 Ebenda.

990 So Cass. com. 28.01.2014, Revisionsnummer 12-20059; hierzu auch *Le Corre*, Droit et pratique des procédures collectives, Rn. 213.422. Eine solche Pflichtverletzung kann sich nach diesem Urteil aber aus den Begleitumständen der Veräußerung ergeben.

991 Cass. com. 30.06.2009, Revisionsnummer 08-15715; hierzu auch *Jacquemont*, Sauvegarde, redressement et liquidations judiciaires – Exploitation en commun et confusion des patrimoines, in: JCl. Com., Fasc. 2165, Rn. 71; *Pétel*, in: FS-Merle, S. 577, 582 f.; *Saint-Alary Houin*, Entreprises en difficulté, Rn. 456.

992 Hierauf hinweisend etwa *Saint-Alary Houin*, Entreprises en difficulté, Rn. 456; *dies.*, in: FS-Merle, S. 637, 642.

993 Auch dies stellt der Kassationsgerichtshof in seinem Urteil vom 30.06.2009, Revisionsnummer 08-15715, klar. Hierzu sogleich unten, c) bb).

994 So zutreffend *Pétel*, in: FS-Merle, S. 577, 583. Auch der Kassationsgerichtshof stellt in seinem Urteil Cass. com. 30.06.2009, Revisionsnummer 08-15715 fest, dass die dem gemeinsamen Verfahren unterworfenen Gesellschaften keine eigene Rechtspersönlichkeit erhalten, siehe auch unten, 2. Zur Voraussetzung des *affectio societatis* zur wirksamen Gesellschaftsgründung bereits oben, B. II. 2. b).

Abs. 2 C. com. berechtigt an das Vorhandensein einer einzigen Vermögensmasse glauben durften[995]. Ohne eine Bestätigung seitens der Rechtsprechung wird man es aber bei dem Zwischenergebnis belassen müssen, dass es sich im Hinblick auf die sachenrechtliche Beurteilung der durch die Verfahrenserstreckung hervorgerufenen Situation um einen vorübergehend angelegten Zustand *sui generis* handelt[996]. Nach dem Ende dieses vorübergehenden Zustands mit der Beendigung des Verfahrens wird diese Vermögensbindung aufgehoben, die übriggebliebenen Vermögensgegenstände gehen wieder in die volle Verfügungsgewalt ihrer ursprünglichen Eigentümer über und Sachfrüchte sowie Wertsteigerungen fallen diesen ebenfalls zu[997].

Doch nicht nur die Vermögenswerte, sondern auch die Verbindlichkeiten der betroffenen Rechtsträger werden bei der Verfahrenserstreckung zusammengefasst *(réunion des passifs).* So wird jeder der Rechtsträger Schuldner aller der im gemeinsamen Verfahren zusammengefassten Verbindlichkeiten, die sich praktisch zu seinen ursprünglichen Verbindlichkeiten addieren. Sofern nicht gleichzeitig ein Anwachsen der Vermögensmasse eintritt, verschärft sich damit die Situation der verfahrensunterworfenen Parteien beträchtlich. [998] Mit dieser Verschärfung einher gehen Einschränkungen der Möglichkeit zum gerichtlichen Vorgehen gegen die nun ebenfalls vom Verfahren betroffenen Rechtsträger. So hält die Rechtsprechung gewissermaßen im Widerspruch zum Grundsatz der Beibehaltung der jeweils eigenen Rechtspersönlichkeit der Verfahrensbeteiligten[999] eine Zivilklage der einen gegen die andere verfahrensunterworfene Person mangels unterscheidbarer Interessen für unzulässig[1000]. Die Literatur sieht darüber hinaus die gegenseitigen Forderungen auch materiell wegen Konfusion als erloschen an[1001]. Hieraus kann auch geschlossen werden, dass gegenseitige Forderungen einer Aufrechnung unterliegen können[1002].

---

[995] So *Saint-Alary Houin*, Entreprises en difficulté, Rn. 456.

[996] So im Ergebnis auch *Saint-Alary Houin*, in: FS-Merle, S. 637, 642. Für *Pétel*, in: FS-Merle, S. 577, 583 ist von einer „vorübergehenden Zusammenfassung der Vermögens- und Schuldgegenstände durch richterliche Entscheidung“ auszugehen, die nur erfolge, „um die Durchführung der Operationen im Rahmen eines Insolvenzverfahrens zu gewährleisten“ („...un regroupement temporaire d'actifs et de dettes de plusieurs personnes, sur décision judiciaire, en vue de procéder aux opérations de la procédure collective“).

[997] *Pétel*, in: FS-Merle, S. 577.

[998] Siehe zu alledem *Jacquemont*, Sauvegarde, redressement et liquidations judiciaires – Exploitation en commun et confusion des patrimoines, in: JCl. Com., Fasc. 2165, Rn. 72.

[999] Siehe sogleich unten, III. 2.

[1000] Cass. com. 06.07.2010, Revisionsnummer 09-15066, hierzu auch *Jacquemont*, Sauvegarde, redressement et liquidations judiciaires – Exploitation en commun et confusion des patrimoines, in: JCl. Com., Fasc. 2165, Rn. 72.

[1001] So etwa *Gibirila*, Entreprises en difficulté, Rn. 232; *Jacquemont*, Sauvegarde, redressement et liquidations judiciaires – Exploitation en commun et confusion des patrimoines, in: JCl. Com., Fasc. 2165, Rn. 72; *Pétel*, in: FS-Merle, S. 577, 584.

[1002] So ebenfalls *Gibirila*, Entreprises en difficulté, Rn. 232.

Ebenso erlöschen mit dem Erstreckungsurteil gegenseitig versprochene Personalsicherheiten wie etwa Bürgschaften und dies ebenfalls durch Konfusion[1003].

2. Gemeinsamer Verfahrensausgang mit begrenzter Anpassungsfähigkeit an wirtschaftliche Besonderheiten einzelner Konzerngesellschaften

Wie nach alledem deutlich geworden ist, wird die Verfahrenserstreckung rechtstechnisch durch eine Erweiterung eines bereits bestehenden Verfahrens auf einen oder mehrere Rechtsträger erreicht, wobei die prozessualen Rechtsfolgen des zuerst eröffneten Verfahrens auf die neu hinzutretenden Rechtsträger ausgeweitet werden. Da dies grundsätzlich auch für die Verfahrensart gilt, steht den Gerichten – nach eventueller Neueinschätzung der Gesamtvermögenslage[1004] – kein Unterscheidungsrecht in Bezug auf die für die neu hinzutretenden Schuldner anzuwendende Verfahrensart mehr zu und auch das für alle diese Rechtsträger gemeinsame Verfahrensergebnis muss von dieser Verfahrensart umfasst sein. Dies stellte der Kassationsgerichtshof in einem Urteil vom 17.02.1998[1005] klar, nachdem der Appellationsgerichtshof Paris in einem auf mehrere Konzernunternehmen erstreckten Sanierungsverfahren dazu übergegangen war, die wirtschaftliche Situation der Konzernunternehmen gesondert zu begutachten und einen Teil des Konzerns im Rahmen eines Sanierungsplans übertragend zu sanieren, einen anderen Teil jedoch den Rechtswirkungen eines Liquidationsverfahrens zu unterwerfen. Aus der Sicht des Kassationsgerichtshofs umfasste das zunächst eröffnete Sanierungsverfahren nun auch die neuen Schuldnergesellschaften und alle Rechtsfolgen mussten sich daher auch im Rahmen dieser Verfahrensart bewegen.

Dieser zunächst starr wirkende Lösungsansatz erscheint insbesondere in Bezug auf Konzerne bedauernswert, in denen unterschiedliche Teile des gemeinsamen Unternehmens von unterschiedlicher wirtschaftlicher Gesundheit sind. Es scheint sich auf den ersten Blick das Risiko zu ergeben, wirtschaftlich kaum angeschlagene Gesellschaften, die etwa einem bereits laufenden Liquidations-

[1003] Cass. com. 17.02.2009, Revisionsnummer 07-16558, Bull. civ. 2009, IV, Nr. 23, welcher hier ausdrücklich von Konfusion spricht; hierzu ebenfalls *Jacquemont*, Sauvegarde, redressement et liquidations judiciaires – Exploitation en commun et confusion des patrimoines, in: JCl. Com., Fasc. 2165, Rn. 72.

[1004] Hierzu soeben oben, 1.

[1005] Revisionsnummer 97-13098, Bull. civ. 1998, IV, S. 58, Nr. 75; hierzu sowie der gesamten Problematik auch *Jacquemont*, Sauvegarde, redressement et liquidations judiciaires – Exploitation en commun et confusion des patrimoines, in: JCl. Com., Fasc. 2165, Rn. 67 f.; *Pétel*, in: FS-Merle, S. 577; *Saint-Alary Houin*, Entreprises en difficulté, Rn. 456.

verfahren unterworfen werden, einer Sanierungslösung zu entziehen, wirtschaftliche Werte aus dogmatischen Gründen zu vernichten[1006] und damit schließlich auch gegen die Zielsetzung des französischen „Rechts der Unternehmen in Schwierigkeit“[1007] zu verstoßen. Dies wird allerdings durch eine pragmatische Haltung der Rechtsprechung verhindert[1008]. Der Kassationsgerichtshof erlaubt es nämlich – im Rahmen des von der jeweiligen Verfahrensart Vorgesehenen – abweichende Rechtsfolgen für unterschiedliche Rechtsträger auszusprechen[1009]. Bei einem durch einen Sanierungsplan *(plan de redressement)* abgeschlossenen Sanierungsverfahren kann dieser Plan etwa rechtsträgerübergreifende Teilzessionen von ganzen Betriebsbereichen mit sich bringen, während nicht in den Plan integrierte Bereiche liquidiert werden können[1010]. Auf diese Weise erlaubt es die Rechtsprechung, an die jeweilige wirtschaftliche Integrationstiefe von Konzernen angepasste Lösungen zu finden: Lässt sich ein Konzern als gesamte wirtschaftliche Einheit etwa übertragend sanieren, wird dieser Schritt durch die im Rahmen der Verfahrenserstreckung erfolgte Vereinheitlichung des Verfahrens und der Vermögen sowie der Erarbeitung eines gemeinsamen Sanierungsplans *(plan de redressement global*[1011]*)* so erheblich vereinfacht. Auch rechtsträgerübergreifende Sanierungen ohne Wechsel der Eigentümerstruktur werden hierdurch in Anpassung an die wirtschaftliche Realität ermöglicht. Müssen einzelne Rechtsträger aus dem Konzern für eine wirksame Sanierung herausgelöst werden, ist auch dies selbst im Rahmen eines Liquidationsverfahrens noch ohne weiteres möglich.[1012] Wird ein Sanierungsplan hingegen etwa wegen Nichtbefolgung der hierin vorgeschriebenen Verpflichtungen gekündigt, gilt auch diese Kündigung in Bezug auf alle dem Verfahren unterworfenen Rechtsträger[1013]. Liegt der Grund der Kündigung aber in der erneuten Zahlungsunfähigkeit eines Rechtsträgers, ist

---

[1006] Vgl. mit diesem Argument, allerdings mit der daraus folgenden Forderung vollständig abweichender Lösungen *Derrida*, in: Centre du droit de l'entreprise de Montpellier (Hrsg.), FS-Cabrillac, S. 687, 694.

[1007] Zu dieser Zielsetzung oben, § 1 A. II. 1.

[1008] So *Saint-Alary Houin*, Entreprises en difficulté, Rn. 456.

[1009] Siehe insbesondere Cass. com. 07.01.2003, Revisionsnummern 00-15316, 00-16122, Bull. civ. 2003, IV, S. 2, Nr. 2.

[1010] So war es etwa im vorgenannten Urteil Cass. com. 07.01.2003 der Fall.

[1011] *Pétel*, in: FS-Merle, S. 577, 579.

[1012] Vgl. zu all diesen rechtsträgerübergreifenden Lösungsmöglichkeiten *Jacquemont*, Sauvegarde, redressement et liquidations judiciaires – Exploitation en commun et confusion des patrimoines, in: JCl. Com., Fasc. 2165, Rn. 68; ausführlich auch *Pétel*, in: FS-Merle, S. 577, 579 ff.

[1013] Cass. com. 23.07.1998, Revisionsnummer 96-19997; 17.09.2013, Revisionsnummer 12-17657; so auch *Pétel*, in: FS-Merle, S. 577

das daraufhin neu zu eröffnende Verfahren allerdings nicht zwangsläufig gemeinsam und eine erneute Prüfung der Voraussetzungen einer Verfahrenserstreckung hat zu erfolgen[1014].

In Bezug auf ein zu erstreckendes Liquidationsverfahren hat sich die Lage in Bezug auf die Fortsetzungsaussichten einzelner dem Verfahren unterworfener Unternehmensteile inzwischen dadurch entschärft, dass auch dieses Verfahren bis kurz vor seinem Ausgang weiterhin die Option einer übertragenden Sanierung offen hält, die somit im erstreckten Liquidationsverfahren auf sanierungsfähige Rechtsträger angewendet werden kann[1015]. Werden diese weitgehenden Sanierungsinstrumente richtig angewendet, erscheint die Verfahrenserstreckung insbesondere im Fall der Vermögensvermischung bei Konzernen durchaus zu einem „Instrument einer nach rationellen Methoden organisierten Rettung des Konzerns“[1016] werden zu können – freilich in der Regel auf Kosten einzelner Gläubiger.

III. Grenzen der Vereinheitlichung von Verfahren und Massen

Trotz dieser weitreichenden Rechtsfolgen setzt die Rechtsprechung der Vereinheitlichung von Verfahren und Massen durchaus Grenzen. Diese betreffen insbesondere die Rückwirkung des Erstreckungsurteils sowie das Fortbestehen der vom gemeinsamen Verfahren betroffenen Rechtsträger.

1. Fehlende Rückwirkung des Erstreckungsurteils

Nähme man die Einheit aller Insolvenzverfahren und die damit verbundene Ausstrahlungswirkung des erstreckten Verfahrens auf alle anderen Rechtsträger wörtlich, so würden die hierdurch bewirkten Rechtsfolgen ab dem Zeitpunkt des ersten Eröffnungsurteils bzw. des der darin festgehaltenen Zahlungsunfähigkeit eintreten. Sieht das Verfahren eine Beschränkung bzw. eine Aufhebung der Verfügungsgewalt[1017] über das eigene Vermögen vor, so würde

---

[1014] Cass. com. 15.03.2005, Revisionsnummer 03-17738; Siehe hierzu auch *Pérochon*, Entreprises en difficulté, Rn. 337.

[1015] Auf diese seit der Loi de sauvegarde von 2005 in den Art. L. 642-1 ff. C. com gegebene Möglichkeit hinweisend *Jacquemont*, Sauvegarde, redressement et liquidations judiciaires – Exploitation en commun et confusion des patrimoines, in: JCl. Com., Fasc. 2165, Rn. 67

[1016] So *Pétel*, in: FS-Merle, S. 577, 580: „...l'instrument d'un sauvetage du groupe organisé selon des modalités rationnelles“.

[1017] Solche Beschränkungen können sich im Sanierungs- und Liquidationsverfahren zugunsten des Verwalters bzw. Liquidators ergeben, siehe hierzu genauer oben, § 1 A. II. 3. b) aa) bzw. c).

nämlich auch diese Einschränkung von dem im ersten Eröffnungsurteil festgelegten Zeitpunkt abhängen.[1018] Gleiches würde für das mit jedem Verfahren verbundenen Verbot der Geltendmachung von Einzelansprüchen gelten[1019]. Dies würde auch die Wirksamkeit der vertraglichen Beziehungen der in das Verfahren einbezogenen Personen betreffen – und das rückwirkend ab dem Zeitpunkt des ursprünglichen Erstreckungsurteils. Die hiermit verbundene Problematik der Rechtssicherheit in Bezug auf die vertraglichen Beziehungen der nachträglich in das Verfahren eingebundenen Person und ihrer Vertragspartner liegt auf der Hand.[1020] Wohl aus diesem Grund entschied der Kassationsgerichtshof, dass dem Erstreckungsurteil in Bezug auf die später in das Verfahren eintretenden Rechtsträger keine Rückwirkung zukommt[1021]. Schon vorher hatte der Gerichtshof entschieden, dass ein Zahlungsanspruch gegenüber einer die Verfahrenserstreckung erleidenden Gesellschaft, der nach dem ersten Eröffnungsurteil, jedoch vor dem Erstreckungsurteil begründet wurde, trotz der Verfahrenserstreckung weiterhin geltend gemacht werden kann[1022]. Für derartige Ansprüche könne das Verbot der Verfolgung von Einzelansprüchen aus dem Eröffnungsurteil noch nicht ausgeübt werden[1023]. Insbesondere Dritte betreffende Rechtsfolgen erlangen damit erst durch das Erstreckungsurteil Wirkung, welches damit in Bezug auf den in das Verfahren einbezogenen Rechtsträger die zahlreichen Wirkungen eines Eröffnungsurteils hat[1024]. Dies führt auch zu einem eigenständigen Beginn der Frist zur Forderungsanmeldung mit der Veröffentlichung dieses Urteils, sodass für einen Gläubiger, dessen Anmeldung in Bezug auf einen der Rechtsträger verfristet ist, die Anmeldung für den neu in das Verfahren einbezogenen Rechtsträger aber Gültigkeit aufweist[1025].

Andererseits führt diese der Rechtssicherheit geschuldete Rechtsprechung zu Widersprüchen: Da, wie bereits angeführt, der Zeitpunkt der Zahlungsunfähigkeit sowie das anwendbare Gesetz grundsätzlich gemeinsam anhand des

---

[1018] Siehe *Jacquemont*, Sauvegarde, redressement et liquidations judiciaires – Exploitation en commun et confusion des patrimoines, in: JCl. Com., Fasc. 2165, Rn. 69.

[1019] Hierauf hinweisend *Pérochon*, Entreprises en difficulté, Rn. 342.

[1020] So ebenfalls *Jacquemont*, Sauvegarde, redressement et liquidations judiciaires – Exploitation en commun et confusion des patrimoines, in: JCl. Com., Fasc. 2165, Rn. 69.

[1021] Cass. com. 28.09.2004, Revisionsnummer 02-12552, Bull. civ. 2004, IV, S. 191, Nr. 170; 07.04.2009, Revisionsnummer 07-16061.

[1022] Cass. com. 16.06.2004, Revisionsnummer 01-17234, Bull. civ. 2004, IV, S. 131, Nr. 128.

[1023] Cass. com. 28.09.2004, Revisionsnummer 02-12552, Bull. civ. 2004, IV, S. 191, Nr. 170.

[1024] Siehe *Pérochon*, Entreprises en difficulté, Rn. 342.

[1025] Cass. com. 11.12.2001, Revisionsnummer 98-22643; hierzu auch *Pérochon*, Entreprises en difficulté, Rn. 342. Trotzdem ist ein Gläubiger im Rahmen einer Verfahrenserstreckung nicht zur mehrfachen Forderungsanmeldung verpflichtet, hierzu sogleich unten, IV.

ersten Verfahrens zu bestimmen ist[1026], kommt es insgesamt, trotz des Wunsches nach Vereinheitlichung der Verfahren, in Bezug auf die Rechtsfolgen zu einer komplexen Gemengelage[1027]. Eine Vereinfachung wird – wie bereits gezeigt[1028] – daher noch am ehesten in Bezug auf die zusammengelegten Vermögen der betroffenen Rechtsträger erreicht.

2. Beibehaltung der gesellschaftsrechtlichen Struktur von Gesellschaften und Konzernen

Wie bereits eingangs dargestellt, ist die Verfahrenserstreckung als prozessuales Instrument nicht nur auf juristische Personen beschränkt; auch natürliche Personen können Teil eines erstreckten Insolvenzverfahrens sein[1029]. Mangels einer Unterscheidung der Personenkategorien in Art. L. 621-2 Abs. 2 C. com. gilt dies sowohl für natürliche als auch für juristische Personen mit grundsätzlich identischen Voraussetzungen wie auch Rechtsfolgen. Da der Verlust der Rechtspersönlichkeit durch eine Verfahrenserstreckung für eine natürliche Person kaum vorstellbar erscheint, muss dasselbe auch für juristische Personen gelten[1030]. Auch die Rechtspersönlichkeit von juristischen Personen bleibt somit trotz der Zusammenfassung der Vermögensmassen vollständig erhalten[1031].

Diese Entscheidung ist ein wichtiger Bestandteil des Verständnisses der Rechtsfolgen der Verfahrenserstreckung als nur vorübergehende Ausnahme des Grundsatzes der rechtlichen Selbständigkeit von Konzernunternehmen[1032] für die Dauer eines erstreckten Insolvenzverfahrens. Auch ein zweites wichti-

---

[1026] Hierzu oben, I.

[1027] Kritisch in Bezug auf ebendiese Komplexität *Saint-Alary Houin*, in: FS-Merle, S. 637, 643.

[1028] Siehe oben. I; jedoch auch hier auf Widersprüche hinweisend *Saint-Alary Houin*, in: FS-Merle, S. 637, 644 f.

[1029] Siehe zum persönlichen Anwendungsbereich der Verfahrenserstreckung oben, B. I. 1.

[1030] So argumentierend *Derrida*, in: Centre du droit de l'entreprise de Montpellier (Hrsg.), FS-Cabrillac, S. 687, 691 f.; *Jacquemont*, Sauvegarde, redressement et liquidations judiciaires – Exploitation en commun et confusion des patrimoines, in: JCl. Com., Fasc. 2165, Rn. 73; *Pétel*, in: FS-Merle, S. 577, 578.

[1031] Cass. com. 30.06.2009, Revisionsnummer 08-15715; *Derrida*, in: Centre du droit de l'entreprise de Montpellier (Hrsg.), FS-Cabrillac, S. 687, 691 f.; *Jacquemont*, Sauvegarde, redressement et liquidations judiciaires – Exploitation en commun et confusion des patrimoines, in: JCl. Com., Fasc. 2165, Rn. 73; *Le Corre*, Droit et pratique des procédures collectives, Rn. 213.442; *Saint-Alary Houin*, Entreprises en difficulté, Rn. 457. Für die *fictivité*, die ausschließlich juristische Personen betrifft, ist diese Rechtsfolge hingegen umstritten, da der Begriff auch als gesellschaftsrechtlicher existiert, siehe ausführlich oben, B. II. 2. d).

[1032] Hierzu bereits oben, § 1 B. I. 2. b). Eine derartige Definition der Rechtsfolgen findet sich etwa bei *Pétel*, in: FS-Merle, S. 577, 583.

ges Prinzip des französischen Konzernrechts wird durch die Verfahrenserstreckung nicht grundsätzlich angetastet: Zwar erleichtert das gemeinsam abgewickelte Verfahren das Erarbeiten gemeinsamer, konzernweiter Sanierungs- und Liquidationslösungen[1033], jedoch erhalten auch die hierunter zusammengefassten (Konzern-) Gesellschaften keine gemeinsame Rechtspersönlichkeit[1034]. Auch der Grundsatz der fehlenden Rechtspersönlichkeit des Gesamtkonzerns[1035] bleibt damit trotz der Verfahrenserstreckung gewahrt. Ebenso werden aufgrund dieser Einschränkung andere Begrenzungen der Rechtsfolgen einer Verfahrenserstreckung verständlicher, so etwa die fehlende Rückwirkung des Erstreckungsurteils[1036] oder die Rückführung des jeweiligen Eigentums an die einem gemeinsamen Verfahren unterworfenen Rechtsträger[1037].

Zahlreiche weitere praktische Folgen[1038] ergeben sich aus dieser Beibehaltung der Rechtspersönlichkeiten. Dies betrifft etwa Fälle von Haftungsklagen. So kann die Haftung eines bestellten oder faktischen Geschäftsführers einer juristischen Person *(responsabilité pour insuffisance d'actif*[1039]*)* trotz einer Verfahrenserstreckung nur in Bezug auf die Gesellschaft geltend gemacht werden, für welche der Haftende eine solche Position innehat. Eine Erweiterung der Haftung auf andere Rechtsträger wird durch eine Verfahrenserstreckung nicht herbeigeführt.[1040] Auf die Komplexität des hieraus entstehenden Haftungsgefüges weist schließlich ein Urteil des Appellationsgerichtshofs Paris hin[1041]. Dort hatte der Gerichtshof entschieden, dass trotz der Zusammenfassung aller Verbindlichkeiten der dem Verfahren unterworfenen Gesellschaften, Masseschulden *(créances postérieures)* auch im Falle einer Verfahrenserstreckung nur gegen die jeweilige Vertragspartei geltend machen zu können.

[1033] Hierzu soeben oben, II.

[1034] Cass. com. 30.06.2009, Revisionsnummer 08-15715; hierauf ebenso hinweisend *Jeantin/ Le Cannu*, Entreprises en difficulté, Rn. 235; *Le Corre*, Droit et pratique des procédures collectives, Rn. 213.442; zur Ablehnung einer faktischen Gesellschaft der beteiligten Personen ebenfalls oben, II. 1.

[1035] Hierzu bereits oben, § 1 B. I. 2. a).

[1036] Hierzu soeben oben, 1.

[1037] Hierzu oben, II. 1. Diesen Schluss zieht in Bezug auf beide auch *Jacquemont/ Vabres*, Entreprises en difficulté, Rn. 180; ähnlich *Le Corre*, Droit et pratique des procédures collectives, Rn. 213.442 f.

[1038] Hierzu ausführlich *Jacquemont*, Sauvegarde, redressement et liquidations judiciaires – Exploitation en commun et confusion des patrimoines, in: JCl. Com., Fasc. 2165, Rn. 73; *Le Corre*, Droit et pratique des procédures collectives, Rn. 213.443.

[1039] Bzw. eines ihrer Vorgänger; zu diesem Rechtsinstrument unten, § 5 A.

[1040] Cass. com. 23.05.2000, Revisionsnummer 97-21080, Bull civ. 2000, IV, Nr. 141; 30.10.2007, Revisionsnummer 06-14672; siehe auch die weiteren Nachweise bei *Le Corre*, Droit et pratique des procédures collectives, Rn. 213.443.

[1041] CA Paris, 25.02.2004, RG-Nr. 2002/02629; kritisch hierzu *Jacquemont*, Sauvegarde, redressement et liquidations judiciaires – Exploitation en commun et confusion des patrimoines, in: JCl. Com., Fasc. 2165, Rn. 73.

IV. Rechtsfolgen für Dritte: Besonderheiten im Verhältnis zu Gläubigern und Auswirkungen auf Kreditsicherheiten

Wie bereits soeben beschrieben[1042], ändern sich durch eine Verfahrenserstreckung und die damit bewirkte Zusammenfassung aller Vermögensmassen zum Zwecke der Durchführung des gemeinsamen Verfahrens gerade die Haftungsbeziehungen von Konzernen zu Dritten. Werden im Konzern Insolvenzverfahren über Mutter- und Tochtergesellschaften durch die Erstreckung gemeinsam abgewickelt, entsteht durch die zusammengefasste Haftungsmasse eine neue Konkurrenz zwischen den zusammengeführten Gläubigergruppen, die durch die neue Situation je nach Ausgangslage benachteiligt bzw. bevorteilt werden: Während die Gläubiger der wirtschaftlich geschwächten und ursprünglich dem Verfahren unterworfenen Konzerngesellschaft durch die Vergrößerung der Haftungsmasse ihre Befriedigungschancen wesentlich erhöhen, erleiden die Gläubiger einer wirtschaftlich gesunden und trotzdem in das Verfahren einbezogenen Gesellschaft alle mit dem Insolvenz- oder Sanierungsverfahren verbundenen Nachteile[1043]. Letzteres gilt sogar für Gläubiger, die sich in völliger Unkenntnis der zur Verfahrenserstreckung führenden Umstände befanden; einen Schutz des Vertrauens in Bezug auf die Abwesenheit eines Tatbestandsmerkmals des Art. L. 621-2 Abs. 2 C. com. räumt die Rechtsprechung nicht ein[1044].

Prozessual wirkt sich die Verfahrenserstreckung für die Gläubiger besonders auf die Forderungsanmeldung *(déclaration des créances)* aus. Da das erstreckte Verfahren sich auf eine gemeinsame Vermögensmasse bezieht, ist diese Forderungsanmeldung beim gemeinsamen Gläubigervertreter *(mandataire judiciaire)* durchzuführen und grundsätzlich gegenüber der gesamten Masse und allen Rechtsträgern gültig[1045]. Für Konzerne bedeutet dies eine Vereinfachung des Forderungsanmeldungsverfahrens, da die Forderungen unabhängig von der als Schuldner auftretenden Konzerngesellschaft angemeldet

---

1042 Siehe oben einleitend unter C. sowie C. I.

1043 Zu den Rechtsfolgen der Insolvenzverfahren oben, § 1 A. II. 3. b) dd) f.

1044 Zu alledem *Gibirila*, Entreprises en difficulté, Rn. 232; *Saint-Alary Houin*, Entreprises en difficulté, Rn. 459; *Jacquemont*, Sauvegarde, redressement et liquidations judiciaires – Exploitation en commun et confusion des patrimoines, in: JCl. Com., Fasc. 2165, Rn. 75; dort wird auch auf das Urteil Cass. com. 01.10.1997, Revisionsnummer 95-11210 hingewiesen, in dem der Gerichtshof die Berufung auf eine Gutgläubigkeit verweigert habe.

1045 Dies wurde ebenfalls im Urteil Cass. com. 01.10.1997, Revisionsnummer 95-11210 entschieden.

werden können[1046]. Dies unterliegt allerdings der – in Bezug auf die Zusammenfassung der Verbindlichkeiten widersprüchlich erscheinenden[1047] – Einschränkung, dass die Anmeldung nach dem Erstreckungsurteil erfolgt ist; bereits vor dem Erstreckungsurteil angemeldete Forderungen erhalten keine automatische Gültigkeit für alle später im Rahmen einer Verfahrenserstreckung hinzukommenden Rechtsträger[1048]. Ist der Gläubiger ein in das Verfahren einbezogener Rechtsträger, erlischt die entsprechende Schuld durch Konfusion[1049]; dies gilt ebenso für Bürgschaftsschulden zwischen diesen Rechtsträgern[1050].

Auch für Kreditsicherheiten und Sicherungsgläubiger hat eine Verfahrenserstreckung – zum Teil schwere – Folgen. Bei Realsicherheiten muss zwischen allgemeinen und speziellen Sicherheiten unterschieden werden[1051]. Bezieht sich eine Realsicherheit auf einen bestimmten Vermögensgegenstand (wie etwa bei Hypotheken oder Pfandrechten), so bleibt sie auch nach einer Verfahrenserstreckung auf diesen Gegenstand beschränkt[1052]. Allgemeine Vorteilsrechte *(privilèges généraux)* in Bezug auf eines der Vermögen werden hingegen auf das durch eine Verfahrenserstreckung gebildete Gesamtvermögen erstreckt und steigern ihren Wert[1053]. Bei den Personalsicherheiten, allen voran der Bürgschaft *(cautionnement)* bleibt es bei der Geltung des Art. 2292 C. civ, welcher für die Wirksamkeit der Bürgschaft die ausdrückliche Zustimmung des Bürgen und den Ausschluss einer Bürgschaftsvermutung festschreibt. Diesen strengen Maßstab hat auch der Kassationsgerichtshof anzuwenden, weshalb nach seiner Rechtsprechung Bürgschaftsverpflichtungen durch eine Verfahrenserstreckung nicht ausgeweitet werden[1054]. Dies wird, wie auch im vom

---

[1046] Vgl. *Saint-Alary Houin*, Entreprises en difficulté, Rn. 459.

[1047] Kritisch auch *Jacquemont*, Sauvegarde, redressement et liquidations judiciaires – Exploitation en commun et confusion des patrimoines, in: JCl. Com., Fasc. 2165, Rn. 75.

[1048] Cass. com. 19.02.2002, Revisionsnummer 98-22011, Bull. civ. 2002, IV, S. 34, Nr. 34.

[1049] Hierzu bereits oben, II. 1.

[1050] Cass. com. 17.02.2009, Revisionsnummer 07-16558, Bull. civ. 2009, IV, Nr. 23.

[1051] S., wie auch zum Rest, *Jacquemont*, Sauvegarde, redressement et liquidations judiciaires – Exploitation en commun et confusion des patrimoines, in: JCl. Com., Fasc. 2165, Rn. 78; *Saint-Alary Houin*, Entreprises en difficulté, Rn. 459.

[1052] Vgl. Cass. com. 16.12.1964, Bull. civ. 1964, III, Nr. 562.

[1053] Diese in Cass. com. 06.02.1997, Revisionsnummer 93-10333, Bull. civ. 1996, IV, S. 27, Nr. 35 für Art. 182 des Gesetzes vom 25.01.1985 festgelegte Entscheidung dürfte auch auf die Verfahrenserstreckung anzuwenden sein, vgl. *Jacquemont*, Sauvegarde, redressement et liquidations judiciaires – Exploitation en commun et confusion des patrimoines, in: JCl. Com., Fasc. 2165, Rn. 78; *Saint-Alary Houin*, Entreprises en difficulté, Rn. 459.

[1054] Cass. com. 25.11.1997, Revisionsnummer 95-15496, Bull. civ. 1997, IV, S. 258, Nr. 300.

Kassationsgerichtshof begutachteten Fall, besonders relevant, wenn eine Mutter- oder Holdinggesellschaft für eine ihrer Tochtergesellschaften bürgt und ein gemeinsames Verfahren über mehrere Tochtergesellschaften eröffnet wird.

V. Unionsrechtliche Eingrenzung der Anwendung der Verfahrenserstreckung auf internationale Konzerne – der Fall „Rastelli“

Einige der symbolträchtigsten Anwendungsfälle einer Verfahrenserstreckung zur Vergrößerung der Haftungsmasse bei Konzernen hatten, wie etwa im Falle des *Petroplus*-Verfahrens, einen Bezug zu Konzerngesellschaften im Ausland. Besonders relevant wird ein solcher Auslandsbezug, wenn die Verfahrenserstreckung zur Einbeziehung etwa einer Auslandsholding in ein einheitliches Verfahren nach französischem Recht stattfinden soll[1055]. Zumindest im Geltungsbereich der EuInsVO wurde diese Frage kürzlich aufgegriffen und einer – restriktiven – Regelung zugeführt[1056].

Die Problematik wurde zunächst vom Kassationsgerichtshof in einem Vorabentscheidungsersuchen vom 13.04.2010[1057] als solche identifiziert. Das erstinstanzlich zuständige Handelsgericht Marseille hatte über die Gesellschaft *Médiasucre International* ein Liquidationsverfahren eröffnet. Der zuständige Liquidator war im Rahmen dieses Verfahrens gegen die italienische Gesellschaft *Rastelli* zur Erstreckung dieses Verfahrens auf die Letztere vorgegangen, da zwischen beiden Gesellschaften eine Vermögensvermischung vorgelegen habe. Das Handelsgericht Marseille hatte sich wegen des ausländischen Sitzes der Gesellschaft *Rastelli* und der Abwesenheit von Zweigniederlassungen in Frankreich allerdings im Hinblick auf Art. 3 Abs. 1 EuInsVO für unzuständig erklärt. Nach einer diesbezüglich eingelegten Zuständigkeitsbeschwerde *(contredit)* erklärte der Appellationsgerichtshof Aix-en-Provence das Handelsgericht wiederum für zuständig und berief sich auf die Kompetenzregel des damaligen Art. L. 621-2 Abs. 2 S. 2 C. com. (heute Art. Art. L. 621-2 Abs. 5 C. com.), nach welcher im Falle einer Verfahrenserstreckung das für

[1055] Im *Petroplus*-Verfahren sollte unter anderem etwa die schweizerische Holdinggesellschaft *Petroplus Holdings AG* in das Verfahren einbezogen werden. Da das Verfahren allerdings nicht durch ein abschließendes Urteil beendet wurde, stellte sich die Frage der internationalen Zuständigkeit hier nicht mehr vor Gericht; siehe zu alledem bereits oben, B. III. 6.

[1056] Zu diesem Verfahren ausführlich etwa *Vallansan*, Act. proc. coll., Nr. 2012-1, alerte 17; siehe auch *Jacquemont*, Sauvegarde, redressement et liquidations judiciaires – Exploitation en commun et confusion des patrimoines, in: JCl. Com., Fasc. 2165, Rn. 55. Im Rastelli-Urteil eine grundsätzliche Skepsis des Gerichtshofs gegenüber rechtsträgerübergreifender Haftung in der Insolvenz konzernangehöriger Gesellschaften erblickend *Dammann,* Bull. Joly ED Nr. 2017-3, 175, II. B.

[1057] Revisionsnummer 09-12642, Bull. civ. 2010, IV, Nr. 81.

das zu erstreckende Verfahren ursprünglich angerufene Gericht seine Zuständigkeit beibehält[1058].

Gegen diese Entscheidung ging die italienische Gesellschaft *Rastelli* beim Kassationsgerichtshof vor. Der Gerichtshof hielt es für statthaft, dem EuGH zwei aus diesem Verfahren entstandene Rechtsfragen zur Vorabentscheidung vorzulegen. Die erste Frage nahm die beiden unterschiedlichen Ansichten der Instanzgerichte auf: Kann das Gericht nur aufgrund der Feststellung einer Vermögensvermischung die Fortschreibung seiner örtlichen Zuständigkeit aus nationalem Recht auch im Hinblick auf einen Rechtsträger mit Sitz im EU-Ausland durchsetzen? Hintergrund dieser Frage sind vom Gerichtshof im Vorlagebeschluss geäußerte Bedenken in Bezug auf die rechtliche Einordnung der Verfahrenserstreckung wegen Vermögensvermischung nach Art. L. 621-2 Abs. 2 C. com. im Hinblick auf die EuInsVO. Konkret geht es um zwei mögliche Einordnungsvarianten dieses Rechtsinstituts hinsichtlich Art. 3 Abs. 1 EuInsVO, welcher in Satz 1 für die örtliche Zuständigkeit der Gerichte europäischer Staaten an den Mittelpunkt der wirtschaftlichen Interessen des Schuldners (COMI) anknüpft und in Satz 2 für Gesellschaften und juristische Personen eine Vermutung des COMI an deren Satzungssitz aufstellt:

Einerseits könne man die Verfahrenserstreckung aufgrund ihrer Rechtswirkungen auf den in das Verfahren einbezogenen Rechtsträger als Eröffnung eines eigenständigen Verfahrens werten, sodass nach den Maßgaben des *Eurofood*-Urteils des EuGH vom 02.05.2006[1059] für jeden Rechtsträger eine eigene Anknüpfung durch Art. 3 Abs. 1 EuInsVO nach COMI notwendig wäre, die eine grundsätzlich ausschließliche Zuständigkeit der örtlichen Gerichtsbarkeit nach sich zieht.

Andererseits könnten Verfahrenserstreckungen wegen Vermögensvermischung mit dem Urteil des EuGH in der Rechtssache *Deko Marty Belgium* vom 12.02.2009[1060] als Verfahren zu verstehen sein, welche, so die Formel des EuGH[1061], „unmittelbar aus diesem [dem ursprünglichen, d. Verf.] Verfahren hervorgehen und in engem Zusammenhang mit diesem stehen“ und damit keine selbständige Eröffnung eines Insolvenzverfahrens darstellen. Diese Annexkompetenz ist heute materiell unverändert in Art. 6 Abs. 1 EuInsVO kodifiziert[1062]. Das Vorliegen der Voraussetzungen der Annexkompetenz hatte der EuGH in Bezug auf Anfechtungsklagen nach deutschem Recht bejaht und zur praktischen Wirksamkeit des Art. 3 Abs. 1 EuInsVO eine fortlaufende Zuständigkeit des Gerichts des ersten Verfahrens vorgesehen – und das unabhängig von einer möglicherweise abweichenden Zuständigkeit nach dem Kriterium

---

[1058] Hierzu ausführlich oben, B. III 2.

[1059] EuGH, Urt. v. 02.05.2006 – Rs. C-341/04, ZIP 2006, 907 ff.

[1060] EuGH, Urt. v. 12.02.2009 – Rs. C-339/07, ZIP 2009, 427 ff.

[1061] Dort in Rn. 21.

[1062] Vgl. *Legrand*, LPA, Nr. 2015-16, 8, II.

des COMI im Sinne des Art. 3 Abs. 1 EuInsVO. Ein derartiges Verständnis würde der nationalen französischen Kompetenzregelung des heutigen Art. L. 621-2 Abs. 5 C. com. am nächsten kommen, der Verfahrenserstreckung auch international Geltung verschaffen und wurde aus diesem Grund auch von Seiten der französischen Regierung vor dem EuGH vertreten. Für den Fall, dass der EuGH der ersten Auslegungsmöglichkeit folge, stellte der Kassationsgerichtshof die zusätzliche Frage, ob sich die damit anwendbare Vermutungswirkung des Art. 3 Abs. 1 S. 2 EuInsVO allein durch die Feststellung einer Vermögensvermischung zwischen französischem und ausländischem Rechtsträger widerlegen ließe.

Der EuGH nahm zu beiden Fragen eine im Ergebnis restriktive Einordnung vor[1063]. In seinem *Rastelli*-Urteil vom 15.12.2011[1064] lehnte er zunächst die von der französischen Regierung vertretene Position ab, eine Verfahrenserstreckung könne als unmittelbar aus dem ursprünglichen Insolvenzverfahren hervorgehend zu verstehen sein. Vielmehr entspreche aufgrund der rechtlichen Verschiedenheit zwischen dem ursprünglichen und dem später in das Verfahren einbezogenen Rechtsträger die Wirkung der Verfahrenserstreckung für letzteren einem eigenständigen Eröffnungsurteil[1065]. Dies entspreche auch der Einordnung des französischen Rechts, das zwar eine gemeinsame Verfahrensabwicklung vornähmc, nicht jedoch eine rechtliche Zusammenführung der Rechtsträger[1066]. Folgte man der anderen Ansicht, würde man daher im Ergebnis das in Art. 3 Abs. 1 EuInsVO festgelegte COMI-Kriterium umgehen und das Risiko von innereuropäischen Kompetenzkonflikten erhöhen[1067]. Hiernach kommt es daher zur Anwendung des Art. 3 Abs. 1 EuInsVO und insbesondere seiner Vermutung für den COMI am Satzungssitz einer juristischen Person in seinem Satz 2. Auch die zweite Frage des Kassationsgerichtshofs wird negativ beurteilt. Nach Ansicht des Gerichtshofs könne die alleinige Feststellung einer Vermögensvermischung nicht zur Widerlegung der Vermutung herangezogen werden. Vielmehr sei der Begriff des COMI im Einklang mit der *Eurofood*- und *Interedil*-Rechtsprechung[1068] ein selbständiger und durch wertende Gesamtbetrachtung des Einzelfalls zu ermittelnder Begriff, der damit unabhängig von den Voraussetzungen des französischen Rechts für das Vorhandensein einer Verfahrenserstreckung zu bewerten sei[1069]. Schließlich seien die Begriffe auch nicht völlig deckungsgleich; so sei es etwa möglich, dass trotz einer Ver-

---

1063 Ähnliche Einschätzung auch bei *Vallansan*, Act. proc. coll., Nr. 2012-1, alerte 17, 3.

1064 EuGH, Urt. v. 15.12.2011 – Rs. C-191/10, ZIP 2012, 183 ff.

1065 Rn. 23 des Urteils.

1066 Rn. 24 des Urteils, hierzu auch oben, C. III. 2.

1067 Rn. 28 des Urteils.

1068 EuGH, Urt. v. 20.10.2011 – Rs. C-396/09, ZIP 2011, 2153 ff.

1069 Vgl. Rn. 31 f. des *Rastelli*-Urteils.

mögensvermischung weiterhin Schwerpunkte wirtschaftlicher Aktivität in beiden Staaten zu finden seien, was eine Widerlegung der Vermutung des Art. 3 Abs. 2 S. 2 EuInsVO ausschließen würde[1070].

Für die Entwicklung der Rechtsprechung zur Verfahrenserstreckung wegen Vermögensvermischung stellt dieses Urteil einen herben Rückschlag dar – internationale Konzernstrukturen werden nur noch unter größten Schwierigkeiten von diesem Tatbestand zu erfassen sein[1071]. In der *Eurofood*-Rechtsprechung wurde zur Widerlegung der Vermutung des Art. 3 Abs. 1 S. 2 EuInsVO etwa auf den Extremfall hingewiesen, dass am Unternehmenssitz keine wirtschaftliche Aktivität stattfinde. Über solche Fälle hinaus führt das *Rastelli*-Urteil in Bezug auf die Risiken einer Verfahrenserstreckung zu einer nicht unerheblichen Ungleichbehandlung zwischen französischen Inlands- und europäischen Auslandsgesellschaften. Es wäre daher nicht verwunderlich, wenn das Urteil zu einer weiteren Verschiebung des Haftungsschwerpunkts auf andere Tatbestände führen würde.[1072] Im internationalen Kontext scheint das Urteil mit der Zielsetzung einer verstärkten Rechtssicherheit für derartig operierende Konzerne die Hypothese grenzüberschreitender Verfahrenserstreckungen „vollständig marginalisiert" zu haben[1073]. Dem *Rastelli*-Urteil könnte nach alledem eine ähnliche Relevanz zukommen wie dem *Metaleurop*-Urteil von 2005, in dem der Kassationsgerichtshof den Fokus für kleinere Unregelmäßigkeiten im Konzernbereich klar auf die *responsabilité pour insuffisance d'actif* verlagerte[1074]. Der Kassationsgerichtshof wandte die Rechtsprechung des EuGH im *Rastelli*-Verfahren jedenfalls pflichtschuldig an und gab der Vorinstanz eine ausführliche Prüfung der Gegebenheiten auf, die im konkreten Fall zur Widerlegung der Vermutung des Art. 3 Abs. 1 S. 2 EuInsVO führen könnten[1075].

D. Zwischenergebnis

Die Verfahrenserstreckung, wohl der insolvenzrechtliche Haftungstatbestand des französischen Rechts mit der längsten Tradition in Rechtsprechung und Rechtslehre, lässt in ihrer praktischen Anwendung zumindest des letzten Jahrzehnts eine klare Richtung erkennen – die Tendenz ihrer abnehmenden Relevanz insbesondere in Konzernsachverhalten. Das an symbolischer Bedeutung nicht zu unterschätzende und nicht zuletzt für den Bedeutungsverlust des französischen Industriestandorts wichtige *Metaleurop*-Verfahren hat die langsam

---

1070 Rn. 38 des Urteils.

1071 Ähnlich *Vallansan*, Act. proc. coll., Nr. 2012-1, alerte 17, 3.

1072 Zu beiden Gedanken ebenfalls *Vallansan*, Act. proc. coll., Nr. 2012-1, alerte 17, 3.

1073 So die Einschätzung von *Cuisinier*, Rev. Proc. Coll., Nr. 2013-6, dossier 54, Rn. 11.

1074 Zu dem in dieser Form zu verstehenden *obiter dictum* oben, 2. b) cc) (2) (d) sowie (3).

1075 Cass. com. 10.05.2012, Revisionsnummer 09-12642, Bull. civ. 2012, IV, Nr. 97.

aber zunehmend deutlich vorgenommene Anpassung des Richterrechts zur Verfahrenserstreckung nach Art. L. 621-2 Abs. 2 C. com. besonders anschaulich werden lassen. In jedem der Einzelverfahren dieses Komplexes betonte der Kassationsgerichtshof – wo nötig auch unter Zurechtweisung anders urteilender Instanzgerichte und unabhängig von der Auswahl der Tatbestandsgrundlage der angestrebten Verfahrenserstreckung – eine neue Leitlinie zur Bekräftigung des Grundsatzes der konzerninternen Haftungstrennung: Keinem „normal funktionierenden" Konzern soll dieses risikominimierende Privileg als größter praktischer Vorteil der Konzernorganisation ohne gewichtige Missbräuche im Einzelfall durch die konzerngesellschaftsübergreifende Aussprache der Verfahrenserstreckung entzogen werden. Für das Merkmal der fiktiven Gesellschaft, der *fictivité*, bedeutet das in größeren (Finanz-) Konzernen, dass dieses auf Fälle reduziert wird, in denen ein Rechtsträger jegliche Eigenständigkeit verloren hat und die Ausübung der die Autonomielosigkeit begründenden Leitungsmacht einer anderen Gesellschaft das jedem Konzern innewohnende Maß überschreitet. Die Vermögensvermischung *(confusion des patrimoines)* in ihrer Ausprägung als Tatbestand der durch unausgeglichene und ungerechtfertigte Finanzflüsse von Rechtsträger zu Rechtsträger begründeten „anormalen finanziellen Beziehungen" *(relations financières anormales)* wird ebenfalls nur noch dann angenommen, wenn klare Missbräuche vorliegen; alltägliche Vermögensflüsse zwischen Konzerngesellschaften sollen nicht mit dem Risiko einer eventuellen Verfahrenserstreckung belegt werden. Die Vermögensvermischung im engeren Sinne *(confusion des comptes)*, die eine vollständige buchhalterische Verstrickung mehrerer Rechtsträger voraussetzt, war schon zuvor nur besonderen Ausnahmefällen vorbehalten gewesen. Die französische Rechtsprechung bevorzugt in weniger schwer gelagerten Missbrauchsfällen nunmehr zielgenauere Haftungsklagen, die einzelne gläubigerschädigende Verhaltensweisen rückgängig zu machen suchen, ohne die Haftungstrennung im Konzern vollständig aufzuheben.

Der gesamtwirtschaftlichen Bedeutung einer Haftungssegmentierung in integrierten Konzernen konnte sich der Kassationsgerichtshof damit nicht verschließen; ein Restrisiko, zumindest jedoch ein ernstzunehmendes Drohpotenzial in Verhandlungen – etwa um den Inhalt von Insolvenzplänen – verbleibt jedoch auch in diesen Sachverhalten. Ihren größten Anwendungsbereich behält die Verfahrenserstreckung allerdings auch weiterhin in kleineren Konzernen und konzernähnlichen Gebilden wie *groupes personnels* und Betriebsaufspaltungen. Diesen kommt im Einzelfall ein höheres Missbrauchspotenzial zu; entsprechende gläubigerschädigende Verhaltensweisen werden von der Rechtsprechung immer noch regelmäßig mit der Erstreckung eines Rettungs-, Sanierungs-, insbesondere jedoch Liquidationsverfahrens von Rechtsträger zu Rechtsträger geahndet.

Hält das französische Recht damit trotz der einschneidenden Folgen für einzelne Gläubigergruppen an der Verfahrenserstreckung fest, stellt sich vor einer abschließenden Bewertung dieses Rechtsinstruments[1076] und seiner Auswirkungen zunächst die Frage, wie eine Rechtsordnung auf ähnlich gelagerte Gläubigerbeeinträchtigungen reagiert, die nicht über die Möglichkeit zur Erweiterung der Rechtsfolgen von Insolvenzverfahren verfügt. Die konzeptionellen Unterschiede zwischen dem französischen und dem deutschen Recht sind hier besonders erheblich, die rechtlichen Bewertungen einzelner Sachverhalte durch Rechtspraxis wie auch Rechtslehre teils völlig gegensätzlich.

E. Rechtsvergleichende Anmerkungen zum deutschen Recht

I. Mehrheitliche Ablehnung von materiellen Konsolidierungsmodellen

Die Debatte um die Einführung konzerninsolvenzrechtlicher Regeln in Deutschland konzentriert sich hauptsächlich auf die Frage nach einer effizienteren prozessualen Abwicklung dieser Problematik und klammert Fragen der Haftung durch eine Überschreitung von Rechtsträgergrenzen in Konzernsachverhalten größtenteils aus[1077]. Über die Frage einer möglichen Einführung von materiellen Konsolidierungslösungen besonders für Gesamtkonzerne[1078] wird allerdings in diesen Zusammenhang häufig diskutiert – sie wird teils sogar als „die streitigste Frage der Konzerninsolvenz“[1079] bezeichnet – im weit überwiegenden Teil der Literatur jedoch nur, um diese Art der Verfahrensabwicklung entschieden abzulehnen[1080].

[1076] Siehe unten, F.

[1077] Hierzu bereits oben, Einleitung, A. I.

[1078] So auch die Definition der „substanziellen Konsolidierung“ bei *Eidenmüller/ Frobenius*, ZIP 2013, Beilage Heft 22, 1, 3, nach welchen diese darauf abziele, „eine [gesamte, d. Verf.] Gruppe wie einen einheitlichen Rechtsträger abzuwickeln“. Nach dieser Definition würde im Ergebnis der Gesamtkonzern für ein insolvenzfähiges Subjekt gehalten. *Eidenmüller*, ZHR 169 (2005), 528, 531 f. unterscheidet hingegen einerseits Modelle, in denen bei Insolvenz eines Unternehmensträgers alle Konzerngesellschaften in ein konsolidiertes Verfahren übernommen werden und, andererseits, solche, in denen nur bereits insolvente Rechtsträger des Konzerns einem Insolvenzverfahren unterworfen werden können.

[1079] *Hirte*, in: FS-Schmidt, S. 641, 644.

[1080] *Eidenmüller*, ZHR 169 (2005), 528, 531 f.; *ders./ Frobenius*, ZIP 2013, Beilage Heft 22, 1, 3; *Flöther*, in: Flöther, Handbuch zum Konzerninsolvenzrecht, § 1 Rn. 4; *Schmidt*, KTS 2010, 1, 13 ff.; *ders.*, ZIP 2012, 1053, 1056; *Sester*, ZIP 2005, 2099 ff.; *Thole*, in: Flöther, Handbuch zum Konzerninsolvenzrecht, § 2 Rn. 65; kritisch auch *Holzer*, ZIP 2011, 1894, 1898; offener hingegen *Hirte*, ECFR 2008, 213, 221 ff.; *ders.*, in: FS-Schmidt, S. 641, 645 ff.; *Paulus*, ZIP 2005, 1948, 1952 ff. sowie *ders.*, ZGR 2010, 270, 293 f., dort (S. 292) ausdrücklich auch als Möglichkeit „zur Optimierung der mit dem Verfahren angestrebten Ziele“ erwogen; rechtsvergleichend mit dem französischen Recht als aus deutscher Sicht „mit dem Grundsatz der Eigenständigkeit der juristischen Person unvereinbar“ („...contraire au principe de l’autonomie de la personne morale“) *Dammann,* Bull. Joly ED Nr. 2017-3, 175, II. B.

In diesem Zusammenhang werden zahlreiche Argumente gegen die Verfahrensvereinheitlichung im Konzern unter gleichzeitigem Zusammenschluss von Schulden und Massegegenständen aller beteiligten Rechtsträger angeführt. Zunächst wird darauf hingewiesen, dass die mit der materiellen Konsolidierung verbundene Vereinheitlichung der Haftungsmassen den Erwartungen der Gläubiger widerspreche. Da im Recht der Kapitalgesellschaften für Konzernsachverhalte das Trennungs- und Rechtsträgerprinzip als „grundsätzliche Wertentscheidung des deutschen Wirtschaftsrechts“[1081] gelte, entspreche es auch der Erwartung der Gläubiger, mit einem bestimmten Rechtsträger zu kontrahieren und diesen allein für die in dieser Sonderbeziehung entstandenen Schulden haften zu lassen. Mangels vollständiger materieller Konzernhaftungstatbestände erwarteten es die Gläubiger hingegen nicht, dass ihre Haftungsmasse durch die Haftung für die Schulden für andere Rechtsträger im Konzern womöglich aufgezehrt würde.[1082] In diesem Zusammenhang wird auch darauf hingewiesen, dass eine materielle Konsolidierung mit der Folge der Einbeziehung nicht zahlungsunfähiger Rechtsträger in ein Insolvenzverfahren gegenüber den Gläubigern dieses Unternehmens im Hinblick auf die Eigentumsgarantie des Art. 14 GG kaum zu rechtfertigen sein könne[1083]. Ähnliche Überlegungen werden auch zur Verfahrenserstreckung im französischen Recht angestellt, wo in der Literatur ebenfalls auf die enttäuschten Haftungserwartungen der Gläubiger von in das Verfahren einbezogenen Gesellschaften eingegangen wird[1084]. Dies wird allerdings – wohl aufgrund der strengen Beschränkung auf Ausnahmefälle – hingenommen und auch die Verfassungsmäßigkeit dieses Rechtsinstruments wird nicht ernsthaft in Frage gestellt[1085].

In der rechtspolitischen Debatte in Deutschland werden jedoch noch weitere Argumente angesprochen. So führe die materielle Konsolidierung zu ebenfalls dem Rechtsträgerprinzip widersprechenden Umverteilungseffekten. Sind alle in das Verfahren einbezogenen Rechtsträger insolvent, finden solche Effekte

---

[1081] *Sester*, ZIP 2005, 2099, 2100.

[1082] *Eidenmüller*, ZHR 169 (2005), 528, 532; *Sester*, ZIP 2005, 2099, 2100; *Thole*, in: Flöther, Handbuch zum Konzerninsolvenzrecht, § 2 Rn. 64.

[1083] *Holzer*, ZIP 2011, 1894, 1898.

[1084] Hierzu bereits oben, A. II.

[1085] So bestätigte der Kassationsgerichtshof in einer Entscheidung vom 08.10.2012, Revisionsnummer 12-40058 QPC, mit dem Beschluss, einen entsprechenden Prüfungsantrag in Bezug auf Art. L. 621-2 Abs. 2 C. com. nicht an den Verfassungsrat zu verweisen indirekt die Verfassungsmäßigkeit dieser Norm. Hierzu ausführlich oben, A. III. 3. d). Kritisch wegen der Eigenschaft der Verfahrenserstreckung als „furchterregende Waffe von außergewöhnlicher Schwere“ („...une arme redoutable d'une exceptionnelle gravité“) inzwischen *Dammann,* Bull. Joly ED Nr. 2017-3, 175; dort wird aufgrund des Postulats des Verfassungsrats, die Verfahrenserstreckung als Instrument zur Wiederauffüllung von etwa durch die Vermögensvermischung beeinträchtigten Vermögenswerten zu verstehen, eine Beschränkung des Tatbestands auf gerade diese Fälle befürwortet.

zwischen Gläubigern von Gesellschaften mit vergleichsweise werthaltigen Vermögensobjekten und niedrigen Verbindlichkeiten sowie solchen in diesbezüglich prekärerer Lage statt[1086]. Werden sogar nicht insolvente Rechtsträger in ein laufendes Insolvenzverfahren aufgenommen, können sich diese Effekte im Einzelfall noch verstärken: Während die Gläubiger des insolventen Rechtsträgers durch die Vergrößerung des Haftungssubstrats womöglich grundlos übervorteilt würden, erhielten die Gläubiger des nicht insolventen Rechtsträgers unvermittelt den Status eines – im schlimmsten Falle ungesicherten – Insolvenzgläubigers.[1087] Werde eine Regelung mit dieser Folge in eine Rechtsordnung übernommen, müsse diese Eventualität bei der vorinsolvenzlichen Risikobewertung beim Kontrahieren und besonders der Kreditvergabe in eine Gesamtkalkulation mit einbezogen werden, da sich das Kreditrisiko bei vollständiger Aufhebung von Rechtsträgergrenzen um das Ausfallrisiko anderer Konzerngesellschaften erhöhe. Dies führe zu weiteren Hindernissen im Rechtsverkehr sowie einer Verteuerung von Kreditkosten bzw. einer Erschwerung der Kreditvergabe sowie, im Ergebnis, zu einer Erhöhung der Wahrscheinlichkeit von Insolvenzen im Allgemeinen.[1088] Schließlich erhöhe die Einführung materieller Konsolidierungslösungen auch das Risiko von so genannten *rent seeking investments*, in denen die Gläubiger und Schuldner je nach ihrer Position versuchen, die Einleitung eines Insolvenzverfahrens schneller auszulösen bzw. zu verzögern, um von den Effekten einer materiellen Konsolidierung zu profitieren bzw. diese aufzuschieben[1089]. Alles in allem würde, so die Ansicht der Kritiker, durch die teilweise oder vollständige Aufhebung des Rechtsträgerprinzips damit „in Bezug auf ein zentrales zivilrechtliches Rechtsinstitut eine unerträgliche Rechtsunsicherheit geschaffen“[1090].

Auch die Bundesregierung hat sich dieser Argumentationsweise angeschlossen und lehnt eine Einführung materieller Konsolidierungslösungen im Gesetzesentwurf zum Konzerninsolvenzrecht ebenso kategorisch ab[1091]. Das inzwischen beschlossene Gesetz vom 13.04.2017 beinhaltet folgerichtig ebenfalls keinerlei Instrumente einer materiellen Konsolidierung.[1092]

1086 *Sester*, ZIP 2005, 2099, 2100; *Thole*, in: Flöther, Handbuch zum Konzerninsolvenzrecht, § 2 Rn. 64.

1087 Kritisch in Bezug auf diese Fallgruppe aufgrund des faktischen Entzugs von Haftungsmasse *Holzer*, ZIP 2011, 1894, 1898. Zu Umverteilungseffekten auch im Regierungsentwurf zum Konzerninsolvenzrecht (RegE), BT-Drs. 18/407, Begründung S. 17.

1088 *Sester*, ZIP 2005, 2099, 2100; *Thole*, in: Flöther, Handbuch zum Konzerninsolvenzrecht, § 2 Rn. 64; vgl. auch *Eidenmüller*, ZHR 169 (2005), 528, 532.

1089 *Eidenmüller*, ZHR 169 (2005), 528, 532; *Thole*, in: Flöther, Handbuch zum Konzerninsolvenzrecht, § 2 Rn. 64.

1090 *Sester*, ZIP 2005, 2099, 2101.

1091 RegE, Begründung, S. 16 f.

1092 Hierzu bereits oben, § 2 C. I.

II. Rückgriff auf allgemeine Regeln als Reaktion auf ungerechtfertigte Vermögensverlagerungen, fiktive Gesellschaften und buchhalterische Konfusion in Konzernen

Ein letztes Argument der Gegner einer Einführung materieller Konsolidierungslösungen im deutschen Recht für Ausnahmefälle, wie sie das französische Recht sowie auch die Regelungsvorschläge der UNCITRAL[1093] vorsehen, liegt in einem fehlenden Bedürfnis nach derartigen Regeln. Die seltenen Fälle von Vermögensvermischungen oder betrugsähnlichen Sachverhalten seien in der Praxis zu selten, um nur hierfür das Rechtsträgerprinzip über Gebühr auszusetzen und die bestehenden, größtenteils richterrechtlichen Lösungen für solche Fälle zudem ausreichend[1094]. Nicht zuletzt um dieses Argument in eine rechtsvergleichende Perspektive zu setzen, liegt es nahe, überblicksartig festzustellen, welche Tatbestände im deutschen Recht in den Fallgruppen der im französischen Recht bestehenden *extension de procédure* anzuwenden wären und welche Rechtsfolgen ihre Anwendung nach sich zieht.

1. Überblick und Anmerkungen zur Vergleichbarkeit der Sachverhalte

a) Die Verfahrenserstreckung im französischen Recht als Sammeltatbestand für unterschiedliche Sachverhaltskonstellationen

Die Verfahrenserstreckung des französischen Rechts betrifft eine Vielzahl von Sachverhalten, die über ihre Rechtsfolge eines gemeinsam durchgeführten Insolvenzverfahrens und ihre Relevanz für Konzernsachverhalte hinaus sehr verschiedenartige Tatbestände aufweisen. Soll eine funktional-rechtsvergleichende Gegenüberstellung mit dem deutschen Recht auch nur überblicksweise stattfinden, müssen die unterschiedlichen Tatbestandsvarianten des Art. L. 621-2 Abs. 2 C. com. als einzelne Fallgruppen verstanden und auch als solche verglichen werden. Die Tatbestandsmerkmale der Verfahrenserstreckung lassen sich als jeweils besonders qualifizierte Ausprägungen in alle drei der eingangs festgelegten Problemschwerpunkte der materiellen Konzerninsolvenz einordnen[1095]; sie berühren damit – allgemein ausgedrückt – Fragen von Finanzbeziehungen zwischen Konzerngesellschaften, die Ausübung von Leitungsmacht sowie die Transparenz der Vermögenszuordnung innerhalb des Konzerns. So wird zunächst die Gründung und Aufrechterhaltung von Scheingesellschaften als Verstoß gegen die Transparenz der Vermögenszuordnung

---

[1093] Vgl. hierzu bereits oben, Einleitung, I. 1.

[1094] So argumentieren *Eidenmüller/ Frobenius*, ZIP 2013, Beilage Heft 22, 1, 3; *Schmidt*, ZIP 2012, 1053, 1056 sowie *Thole*, in: Flöther, Handbuch zum Konzerninsolvenzrecht, § 2 Rn. 65; ähnlich *Sester*, ZIP 2005, 2099, 2101.

[1095] Zur Einteilung aller in dieser Arbeit angesprochener Tatbestände des französischen Rechts zur Überwindung von Rechtsträgergrenzen in Konzernen bereits oben, § 1 C. III.

gewertet, welcher, so die im französischen Recht vertretene Ansicht, einen ausreichenden Grund darstellt, als so genannte *fictivité* ein Rettungs-, Sanierungs- oder Liquidationsverfahren auf den Hintermann zu erstrecken[1096]. Weiterhin sieht das französische Recht eine Verfahrenserstreckung als gerechtfertigt an, wenn unzureichende Sorgfalt bei der Buchführung einer Gesellschaft die Zuordnung einzelner Aktiv- und Passivgegenstände zum jeweiligen (Konzern-) Rechtsträger unmöglich werden lässt. Diese buchhalterische Konfusion *(confusion des comptes)* wird als Tatbestand der Vermögensvermischung *(confusion des patrimoines)* im engeren Sinne des Art. L. 621-2 Abs. 2 C. com. aufgefasst[1097]. Die am häufigsten auftretende und gleichzeitig wohl dogmatisch wie auch rechtspraktisch komplexeste Tatbestandsvariante der Verfahrenserstreckung liegt schließlich in den ebenfalls an den Tatbestand der Vermögensvermischung angeknüpften anormalen finanziellen Beziehungen *(relations financières anormales)*[1098]. Diese zeichnen sich durch systematische und tiefgreifende Verletzungen der vom konzernrechtlichen Rechtsträgerprinzip ausgehenden Vermögensbindung der Konzerngesellschaften durch ungerechtfertigte Vermögensabflüsse von Rechtsträger zu Rechtsträger aus[1099].

b) Die Verfahrenserstreckung als eng ausgelegter Ausnahmetatbestand

Zu beachten ist bei jeder der Tatbestandsvarianten, dass diese – nicht zuletzt aufgrund der weitreichenden Auswirkungen eines Erstreckungsurteils in der Rechtspraxis – zumindest bei Finanzkonzernen als besondere Ausnahmefälle verstanden werden und die Tatbestände einer entsprechend einschränkenden Auslegung durch die Rechtsprechung unterliegen[1100]. Die Gründung von Scheingesellschaften sowie die buchhalterische Konfusion sind außerdem nahezu ausschließlich in kleineren Konzernorganisationen wie etwa Betriebsaufspaltungen oder *groupes personnels* denkbar[1101]. Im Falle der *fictivité* sind Verletzungen der Eigenständigkeit beherrschter Gesellschaften von hinreichendem Ausmaß bei größeren Konzernorganisationen – schon wegen der Kompetenzaufteilung auf verschiedene Organe – ohne ein entsprechend kollusives

---

[1096] Zum französischen Recht oben, B. II. 2.; unter rechtsvergleichenden Gesichtspunkten sogleich unten, 4.

[1097] Hierzu im französischen Recht oben, B. II. 3. a); zur vergleichbaren Durchgriffshaftung wegen Vermögensvermischung im deutschen Recht unten, 3.

[1098] Siehe hierzu ausführlich oben, B. II. 3. b) f.; zu vergleichbaren Tatbeständen im deutschen Recht unten, 5.

[1099] Zur vermögensrechtlichen Ausgestaltung des Rechtsträgerprinzips in französischen Konzernen oben, § 1 B. I. 2. b); zur ähnlichen Regelung des deutschen Rechts oben, § 2 B. II.

[1100] Siehe insbesondere zu dem zuvor regelmäßig auch in größeren Finanzkonzernen angewendeten Merkmal der anormalen finanziellen Beziehungen oben, B. II. 3. b) dd) f.

[1101] So in Bezug auf die *fictivité* als Erstreckungsgrund oben, B. II. 2. a) sowie die *confusion des comptes* oben, B. II. 3. a).

Zusammenwirken kaum vorstellbar; Ähnliches gilt für die durch buchhalterische Konfusion begründete Vermögensvermischung im engeren Sinn *(confusion des comptes)*, die in größeren Rechtsgebilden durch tiefgreifendere Buchhaltungspflichten hinreichend eingedämmt werden sollte[1102]. Als Reaktion auf geringfügigere Verstöße, etwa gegen gesellschafts- und konzernrechtliche Grundsätze durch beherrschende Gesellschaften, sieht das französische Recht hingegen den Rückgriff auf besondere und allgemeine zivilrechtliche Haftungsklagen vor[1103]. Hieraus folgt für die Aufteilung der an den für das französische Recht relevanten Fallgruppen orientierten rechtsvergleichenden Anmerkungen zum deutschen Recht, dass auch die zum Vergleich herangezogenen Tatbestände qualifizierte, also systematische, besonders folgenschwere Rechtsverletzungen durch beherrschende Unternehmen zur Grundlage haben oder sich durch sonstige Gründe als Ausnahmefälle einordnen lassen.

c) Rechtliche Besonderheiten in Deutschland und anzulegender Vergleichsmaßstab

Schließlich ist darauf hinzuweisen, dass die – bereits erläuterten[1104] – Eigenheiten des deutschen Rechts einen nicht zu unterschätzenden Einfluss auf das funktionale Zusammenspiel der einzelnen Haftungsnormen haben. Allen voran führt das Bestehen eines kodifizierten Aktienkonzernrechts zu einer Anpassung des Rechtsrahmens für Konzerngesellschaften, der die sanktionsfreien Gestaltungsmöglichkeiten für Konzerne erweitert, teils jedoch eigene Ausgleichs- und Haftungsregeln vorhält[1105]. Wie bereits einleitend festgestellt, werden zudem die bei einer Insolvenz konzernangehöriger Gesellschaften auftretenden materiellen Konfliktlagen in Deutschland größtenteils durch allgemeine Regeln aufgelöst, die aufgrund der entsprechenden Schwerpunktsetzung des deutschen Insolvenzrechts mehrheitlich außerhalb dieses Rechtsgebiets zu verorten sind[1106]. Auch diese konzeptionelle Entscheidung der deutschen Rechtsordnung ist in die rechtsvergleichenden Betrachtungen mit einzubeziehen.

[1102] Siehe jeweils ebenda.

[1103] Zu diesen Haftungsklagen unten, § 5; dieses vom Kassationsgerichtshof mitentwickelte, abgestufte Haftungskonzept wird besonders aus der Rechtsprechung zum Merkmal der anormalen finanziellen Beziehungen deutlich, hierzu oben, B. II. 3. c). Kritisch bezüglich möglicher jüngerer Tendenzen einer „Banalisierung" der Anwendung der Verfahrenserstreckung wegen Vermögensvermischung zuletzt auch *Dammann,* Bull. Joly ED Nr. 2017-3, 175, I. E., II.

[1104] Siehe oben, § 2.

[1105] Siehe daher sogleich unten, 2.

[1106] Siehe oben, § 2 C. II.; zur verfahrensrechtlichen Schwerpunktsetzung des deutschen Insolvenzrechts oben, § 2 A. II.; eine wichtige Ausnahme stellt das auch in Konzernsachverhalten angewendete Anfechtungsrecht dar, hierzu im Überblick unten, § 5 D. I. 2.

Wichtigstes Vergleichskriterium muss es hierbei sein, ob die deutsche Rechtsordnung auf die hier angesprochenen Fallgruppen des französischen Rechts mit einer Durchbrechung des konzernrechtlichen Trennungsprinzips reagiert und, wenn dies der Fall ist, wie diese in ihren Rechtsfolgen ausgestaltet werden.

Da das deutsche Recht auf materielle Konsolidierungslösungen *de lege lata* und, so die herrschende Meinung, auch *de lege ferenda* verzichtet[1107], muss die Ausgestaltung von Tatbeständen zur Überwindung von Rechtsträgergrenzen im Konzernsachverhalt über alternative Regeln erfolgen. Soll über die daneben stets mögliche Organhaftung natürlicher Personen hinaus[1108] auch auf andere konzernangehörige juristische Personen zurückgegriffen werden, müssen sich die Lösungen in einem Spektrum zwischen direkter und unbegrenzter Außenhaftung für die Ansprüche von Dritten sowie einem punktuellen und konzerninternen Nachteilsausgleich bewegen.[1109] Der in diesem Zusammenhang relevante Begriff einer „Durchgriffshaftung" als Ausnahmefall zum auch im Konzern geltenden Trennungsprinzip wird in der Literatur uneinheitlich verwendet[1110]. Teilweise werden hierunter sämtliche – auch eigenständige – Anspruchsgrundlagen gefasst, welche allgemein zu einer Haftung von Anteilsinhabern von Kapitalgesellschaften führen können[1111]. Begrifflich klarer, und deshalb auch für eine rechtsvergleichende Analyse angemessener, erscheint jedoch der Definitionsansatz, der das Vorliegen einer (echten) Durchgriffshaftung nur in solchen Fällen als gegeben ansieht, in denen Anteilsinhaber ohne das Vorhandensein besonderer Verpflichtungsgründe für Gesellschaftsschulden aufkommen müssen[1112].

1107 Hierzu soeben oben, I.

1108 Diese Haftungstatbestände betreffen nicht das Problemfeld dieser Arbeit, die ausgehend von der Schwerpunktsetzung des französischen Rechts die Haftung juristischer Personen analysiert; im Überblick und zur Vollständigkeit als Vergleichspunkt zur Haftungsklage nach Art. L. 651-1 ff. C. com. jedoch unten, § 5 A. VI. 1.

1109 Vgl. mit ähnlichen Erwägungen zu Lösungsmöglichkeiten der Problematik des qualifiziert faktischen Konzerns etwa *Drygala/ Staake/ Szalai*, Kapitalgesellschaftsrecht, § 31 Rn. 49.

1110 Zum Streitstand mit weiteren Nachweisen *Bitter*, in: Scholz, GmbhG, § 13 Rn. 73; *Heider*, in: MüKo-AktG, § 1 Rn. 63; *Lieder*, in: Michalski, GmbHG, § 13 Rn. 339 ff.

1111 Vgl. die Nachweise bei *Heider*, in: MüKo-AktG, § 1 Rn. 63; nach dem Vorliegen eines eigenständigen Verpflichtungsgrunds des Gesellschafters zwischen „echter" und „unechter" Durchgriffshaftung unterscheidend etwa *Bitter*, in: Scholz, GmbhG, § 13 Rn. 73.

1112 So etwa *Heider*, in: MüKo-AktG, § 1 Rn. 63; *Verse*, in: Henssler/ Strohn, Gesellschaftsrecht, § 13 GmbHG Rn. 35; ähnlich auch BGH 29.01.1969 – I ZR 18/67, NJW 1969, 285, 288, welcher beim Vorliegen besonderer Verpflichtungsgründe kein „Durchgriffsproblem" erkennen will. Kritisch zu dieser Terminologie *Lieder*, in: Michalski, GmbHG, § 13 Rn. 340 f.

2. Ausgleichspflichten, Grenzziehungen und Rechtfertigungsmöglichkeiten für Eingriffe durch das deutsche Konzernrecht

Im Rahmen dieses so eingegrenzten Begriffs- und Lösungsspektrums ist eine Besonderheit des deutschen Rechts von Bedeutung, deren Wirkung auf das gesamte Haftungsgefüge nicht zu unterschätzen ist. Eine Anwendung der konzernrechtlichen Regeln in §§ 291 ff. AktG[1113] kann den Rückgriff auf sonstige Haftungsnormen gleich auf doppeltem Wege versperren bzw. unnötig werden lassen. So rechtfertigt der Abschluss eines Beherrschungs- oder Eingliederungsvertrags (§ 291 f. AktG bzw. § 319 f. AktG) einerseits aufgrund der hiermit verbundenen Ausgleichspflichten auch qualifizierte Eingriffe in Form von nachteiligen Weisungen in Bezug auf entsprechend beherrschte Gesellschaften; die konzernrechtlichen Vorschriften der §§ 308 bzw. 323 AktG wirken entsprechend als „Ermächtigungsgrundlage“ für diese „qualifizierte[n] Nachteilszufügungen“[1114]. Andererseits können ebendiese Regeln des Einzel- und Gesamtausgleichs schon ausreichend sein, um die Zufügung punktueller Nachteile für konzernangehörige Gesellschaften ohne Rückgriff auf Tatbestände wie etwa einer Durchgriffshaftung abgelten zu können.

Die Tragweite der jeweils gerechtfertigten Weisungen sowie, im Gegenzug, die praktische Effektivität der Ausgleichsnormen schwankt jedoch in Abhängigkeit von der im Einzelfall vorliegenden Art des jeweiligen Konzerns und der Rechtsform der betroffenen Gesellschaften[1115].

a) Eingliederungskonzerne

Am geringsten dürfte die Notwendigkeit zum Rückgriff auf andere Rechtsgrundlagen zu Nachteilsausgleich und Haftungsdurchgriff im – in der Praxis selten vorkommenden[1116] – Fall eines Eingliederungskonzerns (§ 18 Abs. 1 S. 2, §§ 319 ff. AktG) sein. Im Gegenzug zu den weitreichenden Weisungsbefugnissen der Hauptgesellschaft (§§ 323 f. AktG), die sich auch auf das Bestehen des Haftungskapitals der eingegliederten Gesellschaft beziehen kann, bestimmt § 322 AktG eine gesamtschuldnerische Haftung der Hauptgesellschaft

---

[1113] Zum deutschen Konzernrecht im Überblick bereits oben, § 2 B. III. 3.

[1114] *Specovius/ Kuske*, in: Gottwald, Insolvenzrechts-Handbuch, 5. Auflage, § 95 Rn. 25; vgl. umgekehrt zum Fehlen einer solchen Konzernleitungsmacht bei faktischen Konzernen *Habersack*, in: Emmerich/ Habersack, Aktien- und GmbH-Konzernrecht, Einleitung, Rn. 6.

[1115] In der Praxis sind Durchgriffsfälle nach dem heutigen deutschen Recht nahezu ausschließlich bei GmbH denkbar; sämtliche höchstrichterlichen Entscheidungen zu diesem Thema beziehen sich auf diese Gesellschaftsform, vgl. *Bachmann*, in: Hirte/ Mülbert/ Roth, AktG, § 1 Rn. 84.

[1116] Vgl. *Altmeppen*, in: MüKo-AktG, Einleitung vor § 291, Rn. 8; *Stollwerck/ Schulze Steinen*, in: Schwerdtfeger, Gesellschaftsrecht, Anhang 2 AktG Rn. 61; *Wilhelm*, Kapitalgesellschaftsrecht, Rn. 1285; *Ziemons*, in: Schmidt/ Lutter, AktG, § 319 Rn. 2. Zum Eingliederungskonzern bereits oben, § 2 III. 3.

für alle vor und nach der Eingliederung eingegangenen Verpflichtungen der eingegliederten Gesellschaft[1117]. § 322 Abs. 1 AktG stellt den einzigen im Konzernrecht geregelten Fall einer „echten" Durchgriffshaftung[1118] dar[1119]. Die Norm gilt ausdrücklich nur für Aktiengesellschaften, ist aber im Wege der Analogie auch auf beherrschte wie auch beherrschende GmbH anwendbar[1120].

b) Vertragskonzerne

Auf den ersten Blick ähnlich klar erscheint die Situation im Hinblick auf die Regeln zum Nachteilsausgleich bei Vertragskonzernen im Sinne der §§ 291 ff. AktG, deren Regeln ausdrücklich auf Aktiengesellschaften, sofern passend, jedoch nach ganz herrschender Meinung auch auf herrschende und beherrschte GmbH entsprechend anwendbar sind[1121]. Im Falle des Vorliegens eines Beherrschungs- bzw. Gewinnabführungsvertrags wird die herrschende Gesellschaft des hieraus entstandenen Vertragskonzerns (§ 18 Abs. 1 S. 2 AktG) dazu ermächtigt, dem Vorstand hinsichtlich der Leitung der Gesellschaft Weisungen zu erteilen (§ 308 Abs. 1 S. 1 AktG). Diese können für das beherrschte Unternehmen auch nachteilig ausfallen, sofern der Unternehmensvertrag nichts Gegenteiliges vorsieht und die Weisung „den Belangen des herrschenden Unternehmens oder der mit ihm und der Gesellschaft konzernverbundenen Unternehmen" dient (§ 308 Abs. 1 S. 2 AktG). Ebenso werden in § 291 Abs. 3 AktG als so genanntes „Konzernprivileg" Vermögensabflüsse im Rahmen eines Unternehmensvertrags im Hinblick auf die Kapitalerhaltungsvorschriften der §§ 57, 58 und 60 AktG gerechtfertigt[1122]. Bemerkenswert erscheint aus rechtsvergleichender Perspektive bereits der letzte Teil des § 308 Abs. 1 S. 2 AktG, der auf ein die Belange der beherrschten Gesellschaft hinausgehendes „Konzerninteresse" als Rechtfertigung einer nachteiligen Weisung abstellt. Dem lässt sich im französischen Recht die ursprünglich strafrechtliche, jedoch auch darüber hinaus als Orientierungshilfe für das sonstige französische „Konzernrecht"[1123] und die entsprechenden Haftungsvorschriften prägende *Rozenblum*-

---

[1117] Zum so beschriebenen Zweck der Regelung *Habersack*, in: Emmerich/ Habersack, Aktien- und GmbH-Konzernrecht, § 322 Rn. 1; *Singhof*, in: Spindler/ Stilz, AktG, § 322 Rn. 1; *Hüffer/ Koch*, AktG, § 322 Rn. 1.

[1118] Zum hier angelegten Verständnis dieses Begriffs soeben bereits oben, 1. c).

[1119] So *Heider*, in: MüKo-AktG, § 1 Rn. 65.

[1120] Hierzu bereits oben, § 2 III. 3.

[1121] Hierzu ebenfalls oben, § 2 III. 3.

[1122] Siehe zu diesem Begriff ausführlicher *Fleischer*, in: Schmidt/ Lutter, AktG, § 57 Rn. 35 ff.; *Paschos*, in: Henssler/ Strohn, Gesellschaftsrecht, § 291 AktG Rn. 3; *Veil*, in: Spindler/ Stilz, AktG, § 291 Rn. 71 ff.

[1123] Zur Abwesenheit eines geschriebenen Konzernrechts und der entsprechenden Zurückhaltung des französischen Gesetzgebers oben, § 1 B. I. 1. a).

Formel[1124] gegenüberstellen. Diese stellt für eine Rechtfertigung von für eine beherrschte Gesellschaft nachteiligen Weisungen ab auf ein *gemeinsames* Konzerninteresse der beherrschten wie auch der herrschenden Gesellschaft sowie eine Form von Nachteilsausgleich. Der Unterschied, dass es bei der Formel des § 308 Abs. 1 S. 2 AktG nicht auf einen *gemeinsam* verfolgten Vorteil ankommt, lässt sich einerseits aus der bereits erfolgten formellen Legitimation von Weisungen im Rahmen des mit entsprechenden Mehrheitserfordernissen seitens der beherrschten Gesellschaft abzuschließenden Unternehmensvertrags[1125] erklären. Andererseits stellen die §§ 300 ff. AktG im Gegenzug zu den Eingriffsrechten von herrschenden Gesellschaften – und analog zur Forderung der *Rozenblum*-Formel – Ausgleichsansprüche zugunsten der durch die Konzernierung möglicherweise beeinträchtigten Gesellschaft auf[1126]. So hat die beherrschende Gesellschaft als anderer Teil eines bestehenden Beherrschungs- oder Gewinnabführungsvertrags nach § 302 Abs. 1 AktG einen etwaigen Jahresfehlbetrag bei der beherrschten Gesellschaft grundsätzlich auszugleichen. Hierbei handelt es sich um einen Innenhaftungsanspruch der beherrschten gegenüber der herrschenden Gesellschaft[1127]. Sollte die beherrschte Gesellschaft zahlungsunfähig werden, kann der Insolvenzverwalter einen eventuell entstandenen Fehlbetrag für das vergangene Geschäftsjahr sowie einen Teilbetrag für das laufende Geschäftsjahr geltend machen. Wird die herrschende Gesellschaft zahlungsunfähig, ist der Ausgleichsbetrag nur als Insolvenzforderung anzumelden. Ist allerdings kein Fehlbetrag entstanden, bleibt es beim Grundsatz der Vermögenstrennung. In keinem Fall stellt daher das Vorliegen eines Vertragskonzerns das konzernrechtliche Trennungs- und Rechtsträgerprinzip vom Grundsatz her in Frage.[1128]

[1124] Hierzu oben, § 1 B. I. 1. c) ff); zur Heranziehung von Merkmalen dieser Formel auch im Bereich der Verfahrenserstreckung oben, B. II. 2. c) bb) *(fictivité)* sowie B. II. 3. c) (Vermögensvermischung).

[1125] Hierzu bereits oben, § 2 III. 3.

[1126] Hierzu im Überblick auch bereits oben, § 2 III. 3. Die Begründung für das Vorhandensein insbesondere der Ausgleichsregelung in § 302 Abs. 1 AktG wird größtenteils als Folge des „Konzernprivilegs" in § 291 Abs. 3 AktG und damit im Grundsatz als Kapitalerhaltungsvorschrift gesehen. Dennoch wird § 302 AktG teils ebenso als eine Ausgleichsform zu den weitreichenden Eingriffsmöglichkeiten im Rahmen von Vertragskonzernen und ihren möglichen negativen Folgen für beherrschte Gesellschaften gesehen. Zum Begründungsstand m.w.N. *Emmerich*, in: Emmerich/ Habersack, Aktien- und GmbH-Konzernrecht, § 302 Rn. 3 f.

[1127] *Hüffer/ Koch*, AktG, § 302 Rn. 5; *Veil*, in: Spindler/ Stilz, AktG, § 302 Rn. 25 ff.; *Müller*, in: Wachter, AktG, § 302 Rn. 10.

[1128] Zu alledem *Specovius/ Kuske*, in: Gottwald, Insolvenzrechts-Handbuch, 5. Auflage, § 95 Rn. 14, 20; vgl. auch *Emmerich*, in: Emmerich/ Habersack, Aktien- und GmbH-Konzernrecht, § 302 Rn. 43 f.; *Hüffer/ Koch*, AktG, § 302 Rn. 18; *Stephan*, in: Schmidt/ Lutter, AktG, § 302 Rn. 58; jedoch auf eine im Ergebnis wirtschaftlich mit dem Eingliederungskonzern vergleichbare Lage hinweisend *Bachmann*, in: Hirte/ Mülbert/ Roth, AktG, § 1 Rn. 72.

An die Stelle dieses Anspruchs auf Verlustausgleich tritt für die Zeit nach der Beendigung des Beherrschungs- oder Gewinnabführungsvertrags nach § 303 Abs. 1 AktG eine Pflicht zur entsprechenden Sicherheitsleistung. Flankiert werden diese Ansprüche unter anderem durch einen Schadensersatzanspruch gegen gesetzliche Vertreter des herrschenden Unternehmens in Bezug auf die Einhaltung ihrer Sorgfaltspflicht bei der Erteilung ihrer Weisungen (§ 309 Abs. 2 S. 1 i.V.m. Abs. 1 AktG), welcher auch durch Gläubiger der beherrschten Gesellschaft geltend gemacht werden kann, sollten letztere bei dieser keine Befriedigung erhalten können. Bei all diesen Ansprüchen handelt es sich jedoch – im Gegensatz zu § 322 Abs. 1 AktG – nicht um Fälle einer Durchgriffshaftung im eigentlichen Sinn, da keiner von ihnen eine unmittelbare, gesamtschuldnerische Haftung des herrschenden Unternehmens gegenüber Gläubigern der beherrschten Gesellschaft vorsieht.[1129] Sie sind daher aus haftungsrechtlicher Sicht „weniger wert“ als etwa eine an § 128 HGB orientierte, uneingeschränkte und persönliche Haftung der herrschenden Gesellschaft[1130]: Im Falle der Insolvenz der beherrschten Gesellschaft fällt nämlich etwa der Anspruch aus § 302 AktG in ihre Insolvenzmasse (§ 35 InsO) und ist deshalb den Gläubigern nur indirekt über eine Geltendmachung durch den Verwalter zugänglich[1131]. Der Anspruch auf Sicherheitsleistung ist außerdem nach neuerer Rechtsprechung des BGH[1132] in Bezug auf Drittgläubigerforderungen zeitlich begrenzt. Er kommt für Verbindlichkeiten, die bis zur Bekanntmachung der Eintragung der Beendigung des Beherrschungs- oder Gewinnabführungsvertrags begründet worden sind nur noch dann in Betracht, wenn diese Verbindlichkeiten vor Ablauf von fünf Jahren nach Bekanntmachung des Vertrags fällig werden.

Deutlich wird schon hier, dass gerade der Verlustausgleichsanspruch des § 302 AktG die Auslösung der Insolvenz einer beherrschten Gesellschaft auch durch eine für sie womöglich nachteilige Integration in einen Konzern gerade

---

[1129] Siehe *Heider*, in: MüKo-AktG, § 1 Rn. 66; insbesondere zur § 302 AktG als Innenhaftungstatbestand auch *Emmerich*, in: Emmerich/ Habersack, Aktien- und GmbH-Konzernrecht, § 302 Rn. 5; *Hüffer/ Koch*, AktG, § 302 Rn. 5; *Stollwerck/ Schulze Steinen*, in: Schwerdtfeger, Gesellschaftsrecht, Anhang 2 AktG Rn. 99; *Veil*, in: Spindler/ Stilz, AktG, § 302 Rn. 26.

[1130] *Drygala/ Staake/ Szalai*, Kapitalgesellschaftsrecht, § 32 Rn. 33; *Veil*, in: Spindler/ Stilz, AktG, § 302 Rn. 25; zum letzten verbliebenen an § 128 HGB orientierten Haftungstatbestand der Vermögensvermischung sogleich unten, 3.

[1131] *Emmerich*, in: Emmerich/ Habersack, Aktien- und GmbH-Konzernrecht, § 302 Rn. 43; *Hüffer/ Koch*, AktG, § 302 Rn. 16; *Veil*, in: Spindler/ Stilz, AktG, § 302 Rn. 25; siehe zu weiteren materiellen Problemen des § 302 AktG bei der Insolvenz des beherrschten Unternehmens *Specovius/ Kuske*, in: Gottwald, Insolvenzrechts-Handbuch, 5. Auflage, § 95 Rn. 13 ff.

[1132] BGH 07.10.2014 – II ZR 361/13, DNotZ 2015, 153, 154 ff.

verhindern soll. Im Gegensatz zum französischen Recht, welches missbräuchliches Verhalten gegenüber beherrschten Gesellschaften nicht zuletzt durch die Schärfe der etwaigen Sanktionen im Falle einer Insolvenz zu verhindern sucht[1133], scheint das deutsche Recht gerade mit der Auferlegung von Ausgleichspflichten einen präventiv orientierten Regelungsansatz zu verfolgen. Und dennoch ist die soeben nachgezeichnete Ausgleichsregelung keinesfalls umfassend genug, um einen Rückgriff auf weiterführende Ausgleichs- und Haftungsregeln unnötig zu machen. Zwar beinhalten die §§ 302 f. AktG, ihre praktische Anwendung vorausgesetzt, im Grundsatz ein umfassendes System zum Ausgleich von Eingriffen auf das Haftungssubstrat von beherrschten Gesellschaften. Lücken weist das Schutzsystem insbesondere dann auf, wenn der Ausgleichsanspruch des § 302 AktG aufgrund von Zahlungsschwierigkeiten der beherrschenden Gesellschaft voraussichtlich nicht einbringlich sein wird und wenn eine nachteilige Weisung sich als so weitreichend darstellt, dass sie für die beherrschte Gesellschaft existenzvernichtende Wirkungen entfaltet. Für diese Fälle wird zwar eine – schadenersatzbewehrte – Begrenzung des Weisungsrechts des § 308 AktG gefordert[1134]; eine Entfaltung der negativen Wirkungen auf die beherrschte Gesellschaft vermag dies jedoch im Einzelfall kaum zu verhindern.

c) Faktische Konzerne

Die wichtigste Einschränkung der Ausgleichsmechanismen für Vertragskonzerne ist jedoch rein rechtspraktischer Natur, setzt seine Anwendung doch zuallererst das Vorhandensein eines Vertragskonzerns durch den Abschluss eines Beherrschungs- bzw. Gewinnabführungsvertrags voraus. Ergibt sich eigentlich aus der Gesetzessystematik, dass der Vertragskonzern vom Gesetzgeber als Standard- und Mehrheitsfall gesehen werden sollte – die spärlich gesäten Regeln zum faktischen Konzern werden in den §§ 311 ff. AktG unter dem Titel „Schranken des Einflusses" dem ausführlichen Normenkomplex zu Vertragskonzernen in den §§ 291 ff. AktG nachgestellt –, verhält sich die Realität jedoch in anderer Weise. Die große Mehrheit aller Konzernorganisationen verzichtet nämlich auf jede Art von Unternehmensvertrag und bildet größtenteils

---

[1133] Eine generalpräventive Wirkung etwa der Verfahrenserstreckung im französischen Recht mag nur ein Reflex der aus Sicht der Unternehmen weitreichend erscheinenden Rechtsfolgen sein, doch prominente Stimmen in der französischen Literatur messen der Verfahrenserstreckung neben ihrer Hauptzielsetzung einer „Zusammenführung von wirtschaftlicher und juristischer Realität" zumindest einen faktischen Sanktionscharakter zu. Dieser sollte seine abschreckende Wirkung in der Praxis auch nicht verfehlen. Zu alledem oben, § 4 A. I.

[1134] Zu alledem m.w.N. *Drygala/ Staake/ Szalai*, Kapitalgesellschaftsrecht, § 32 Rn. 33; ablehnend in Bezug auf existenzvernichtende Weisungen *Veil*, in: Spindler/ Stilz, AktG, § 308 Rn. 31.

aufgrund von Beteiligungen begründete faktische Konzerne (§ 18 Abs. 1 S. 3 i.V.m. § 17 Abs. 1 AktG), und dies mit steigender Tendenz.[1135]

Für diesen Großteil der Konzernsachverhalte reduziert sich die gesetzliche Regelungsdichte allerdings merklich und auch ein umfassendes System zum Nachteilsausgleich nach dem Vorbild der §§ 300 ff. AktG existiert in §§ 311 ff. AktG nicht[1136]. Lediglich in § 311 AktG selbst lassen sich entsprechend grundlegende Richtlinienentscheidungen des Gesetzgebers erkennen. Im Gegensatz zu § 308 AktG bzw. § 322 AktG, welche eine Legitimation auch nachteiliger Weisungen an beherrschte Gesellschaften zum Grundsatz erheben[1137], verbietet § 311 Abs. 1 AktG selbige, „es sei denn, daß die Nachteile ausgeglichen werden", was nach dieser Vorschrift bis zum Ende des laufenden Geschäftsjahrs geschehen muss. Nach weit überwiegender Auffassung besteht aus diesem Grund im faktischen Konzern – trotz seiner grundsätzlichen Anerkennung – keine eigene Konzernleitungsmacht und kein daraus hervorgehendes Weisungsrecht[1138]. Entscheidet sich ein Unternehmen, eine Unternehmensgruppe unter einheitlicher Leitung als faktischen Konzern zu führen, können zwar einzelne nachteilige Weisungen durch einen Nachteilsausgleich im Sinne des § 311 Abs. 1 i.V.m. Abs. 2 AktG gerechtfertigt werden[1139]; mangels eigens begründeter Leitungsmacht ist es aber darüber hinaus zu einer „dezentralen Konzernführung" gezwungen[1140].

Die Pflicht der herrschenden Gesellschaft zum Nachteilsausgleich ist durch § 317 Abs. 1 AktG schadenersatzbewehrt. Es handelt sich hierbei um einen Anspruch der beherrschten gegenüber der herrschenden Gesellschaft, den Schaden zu ersetzen, der daraus entstanden ist, dass ein Nachteilsausgleich nicht in der von § 311 AktG vorgeschriebenen Form erfolgt ist, sofern eine Entlastung nach § 317 Abs. 2 AktG nicht gelingt[1141]. Der Anspruch folgt aus

---

[1135] *Emmerich*, in: Emmerich/ Habersack, Aktien- und GmbH-Konzernrecht, § 291 Rn. 5 f.; siehe auch *Langenbucher*, in: Schmidt/ Lutter, AktG, § 291 Rn. 2; zur Konzernbildung als Prozess, in welchem entgegen der Systematik des Gesetzes die faktische der vertraglichen Konzernierung zeitlich vorangehe *Lutter/ Timm*, NJW 1982, 409, 413.

[1136] Zum Regelungskomplex der faktischen Konzerne auch bereits oben, § 2 III. 3.

[1137] Hierzu soeben oben, a) bzw. b).

[1138] *Altmeppen*, in: MüKo-AktG, 4. Auflage, § 311 Rn. 403; *Bayer*, in: MüKo-AktG, § 18 Rn. 10; *Bödecker*, in: Henssler/ Strohn, Gesellschaftsrecht, § 311 AktG Rn. 1; *Habersack*, in: Emmerich/ Habersack, Aktien- und GmbH-Konzernrecht, § 311 Rn. 10; *Hüffer/ Koch*, AktG, § 302 Rn. 5; *Vetter*, in: Schmidt/ Lutter, AktG, § 311 Rn. 7.

[1139] *Habersack*, in: Emmerich/ Habersack, Aktien- und GmbH-Konzernrecht, § 311 Rn. 5.

[1140] Ebenda, Rn. 8; siehe dort auch Rn. 9 f.; a.A. *Altmeppen*, in: MüKo-AktG, § 311 Rn. 405; zu daraus ableitbaren Leitungspflichten von Konzernvorständen *Fleischer*, in: Spindler/ Stilz, AktG, § 76 Rn. 85.

[1141] *Bödecker*, in: Henssler/ Strohn, Gesellschaftsrecht, § 317 AktG Rn. 2, 4; *Hüffer/ Koch*, AktG, § 317 Rn. 4, 6; *Müller*, in: Spindler/ Stilz, AktG, § 317 Rn. 4 f.

einem Innenhaftungstatbestand auf Schadensersatz, der damit, obwohl eine direkte Haftung des beherrschenden Rechtsträgers vorgesehen ist, keine Form der „echten" Durchgriffshaftung etwa auf Muttergesellschaften darstellt[1142]. Gerät die beherrschte Gesellschaft in die Insolvenz, sind die Forderungen vom Insolvenzverwalter geltend zu machen (§ 317 Abs. 4 AktG i.V.m. § 309 Abs. 4 S. 5 AktG). Sie sind im Falle der Insolvenz der beherrschenden Gesellschaft einfache Insolvenzforderungen, was ihre Erfüllung im Einzelfall weniger wahrscheinlich erscheinen lässt.[1143] In der Praxis findet die Vorschrift unter anderem wegen des mit Beweisproblemen verbundenen Kostenrisikos einer Geltendmachung nur selten Anwendung[1144].

d) „Qualifiziert faktische Konzerne"

Doch das vom Gesetzgeber anstatt eines vollständigen Verlustausgleichs wie etwa bei §§ 302 ff. AktG eingeführte System eines Einzelausgleichs bei faktischen Konzernen weist bedeutende Schutzlücken auf. Zunächst ist nach weit überwiegender Ansicht anerkannt, dass eine Anwendung der § 311 bis 318 AktG auf die beherrschte GmbH anders als die Vorschriften zu Vertrags- und Eingliederungskonzern nicht erfolgen kann[1145]. Dies wird mit strukturellen Unterschieden zwischen GmbH und AG begründet, wobei die in der GmbH bestehende Treuepflicht der Gesellschafter gegenüber der Gesellschaft Schädigungen letzterer ausschließe, selbst wenn diese im weiteren Verlauf des Geschäftsjahrs ausgeglichen würden. Ebenso zeige die Organverfassung mit einer weisungsgebundenen Geschäftsführung und ohne obligatorischem Aufsichtsrat, dass mit dem Abhängigkeitsbericht (§§ 312 ff. AktG) ein wichtiger Teil der Regeln zum faktischen AG-Konzern nicht auf die GmbH als beherrschte Gesellschaft übertragen werden könne.[1146] Ebenfalls zeigt die Einzelausgleichspflicht im Recht der faktischen AG-Konzerne ihre Grenzen, wenn die der beherrschten Gesellschaft zugefügten Nachteile nicht quantifizierbar und damit in Art oder Ausmaß als so weitreichend zu verstehen sind, dass ihre Fol-

---

[1142] Zum Begriff der „echten" Durchgriffshaftung oben, 1. c); zur Rolle des § 317 AktG in der Diskussion um Lösungsmöglichkeiten zum Problem des „qualifiziert faktischen Konzerns" sogleich unten, d); zu Rechtsfolgen und Geltendmachung des § 317 AktG etwa *Altmeppen*, in: MüKo-AktG, § 317 Rn. 32 ff., 50 ff.

[1143] *Specovius/ Kuske*, in: Gottwald, Insolvenzrechts-Handbuch, 5. Auflage, § 95 Rn. 23.

[1144] *Goertz/ Leuering*, in: Hölters, AktG, § 317 Rn. 4.

[1145] Zur Abwesenheit eines geschriebenen GmbH-Konzernrechts oben § 2 B. III. 2.

[1146] Siehe bereits BGH 05.06.1975 – II ZR 23/74, BGHZ 65, 15, 18 f. *(ITT)*; BGH 16.09.1985 – II ZR 275/84, BGHZ 95, 330, 340 *(Autokran)*; BGH 17.09.2001 – II ZR 178/99, BGHZ 149, 10, 16 *(Bremer Vulkan)*. Hierzu außerdem mit zahlreichen Nachweisen aus der Literatur *Habersack*, in: Emmerich/ Habersack, Aktien- und GmbH-Konzernrecht, Anhang § 318 Rn. 6; *Heider*, in: MüKo-AktG, § 1 Rn. 69; *Hirte*, Kapitalgesellschaftsrecht, Rn. 8.147 f.; *Hüffer/ Koch*, AktG, § 311 Rn. 53.

gen durch einen Einzelausgleich im Sinne des § 311 Abs. 1 AktG nicht rückgängig zu machen sind.[1147] Würde es in diesen bei einer Anwendung der §§ 311, 317 AktG bleiben, käme es für beherrschende Gesellschaften, die das Gebot zur „dezentralen Konzernführung“[1148] im faktischen Konzern missachten, zu einer ungerechtfertigten Privilegierung im Vergleich zu Gesellschaften, die entsprechende Weisungen durch den Abschluss von Unternehmensverträgen legitimieren und im Gegenzug die Haftungsfolgen der §§ 302 ff. AktG für sich akzeptieren[1149].

Im Bereich der faktischen Konzerne ist die Stellung der GmbH im Regelfall die einer Tochtergesellschaft, die – etwa zur gesellschaftsrechtlichen und haftungsisolierenden Ausgliederung eines Betriebsteils – im Alleinbesitz einer Muttergesellschaft steht. Die Fragestellungen mit besonderer Relevanz für beherrschte GmbH beziehen sich daher eher weniger auf den Minderheiten-, sondern in den meisten Fällen ausschließlich auf den Gläubigerschutz[1150].

aa) Beherrschte GmbH

Beide soeben angesprochenen Probleme wurden zusammengenommen unter dem in Teilen noch heute kontrovers diskutierten Themenbereich der „qualifizierten Nachteilszufügung“ diskutiert; die Rechtsentwicklung erfolgte in Ermangelung geschriebener Regeln größtenteils anhand von Entscheidungen zur beherrschten GmbH.[1151] Erste Lösungen des Problems bei der faktisch beherrschten GmbH wurden auf der Grundlage der Treuepflicht von GmbH-Gesellschaftern gesucht, welche auch eine beherrschende Gesellschaft als Anteilsinhaberin trafen. Im *ITT*-Urteil des Bundesgerichtshofs vom 05.06.1975[1152] wurde ein Verstoß gegen die Treuepflicht durch eine Muttergesellschaft fest-

---

[1147] *Specovius/ Kuske*, in: Gottwald, Insolvenzrechts-Handbuch, 5. Auflage, § 95 Rn. 22; *Habersack*, in: Emmerich/ Habersack, Aktien- und GmbH-Konzernrecht, § 311 Rn. 9; *Hüffer/ Koch*, AktG, § 311 Rn. 42; *Müller*, in: Spindler/ Stilz, AktG, § 311 Rn. 52; siehe zum Begriff auch BGH29.03.1993 – II ZR 265/91, NJW 1993, 1200, 1203.

[1148] Hierzu soeben oben, c).

[1149] *Habersack*, in: Emmerich/ Habersack, Aktien- und GmbH-Konzernrecht, Anhang § 317 Rn. 1; zur durch das Weisungsrecht nach § 37 GmbHG vermittelten Möglichkeit, eine GmbH als Konzernbaustein wie eine „Betriebsabteilung“ zu führen allerdings *Lutter/ Hommelhoff*, in: Lutter/ Hommelhoff, GmbhG, Anhang § 13 Rn. 2.

[1150] *Lutter/ Hommelhoff*, in: Lutter/ Hommelhoff, GmbhG, Anhang § 13 Rn. 1 f., 13 ff., 41a.

[1151] Zur Entwicklung der Rechtsprechung auch *Altmeppen*, in: MüKo-AktG, Anhang § 317 Rn. 1 ff.; *Emmerich*, in: Scholz, GmbhG, Anhang § 13 Rn. 91 ff., 120 ff.; *Habersack*, in: Emmerich/ Habersack, Aktien- und GmbH-Konzernrecht, Anhang § 317 Rn. 1 ff.; *Kroh*, Der existenzvernichtende Eingriff, S. 14 ff.; *Lutter/ Hommelhoff*, in: Lutter/ Hommelhoff, GmbhG, § 13 Rn. 25 ff.

[1152] BGH 29.11.1956 – II ZR 156/55, BGHZ 22, 226, 230 f.

gestellt, die eine Tochtergesellschaft zum Abschluss von nachteiligen Verträgen mit einer anderen Konzerngesellschaft veranlasst hatte, und der Tochtergesellschaft auf dieser Grundlage ein Schadensersatzanspruch zugestanden[1153]. Dieses Urteil weist auch auf die Tradition in der reichsgerichtlichen Rechtsprechung zur Einmann-GmbH[1154] hin, in welcher, so die Auslegung des BGH im *ITT*-Urteil, „die juristische Person und ihr Alleingesellschafter dann als eine Einheit behandelt werden müsse, wenn die Wirklichkeiten des Lebens, die wirtschaftlichen Bedürfnisse und die Macht der Tatsachen es dem Richter gebieten, die personen- und vermögensrechtliche Selbständigkeit der GmbH und ihres alleinigen Gesellschafters hintanzusetzen“[1155]. Das auch im französischen Recht[1156] angeführte Ziel einer „Vereinbarung von rechtlicher und wirtschaftlicher Realität“ wird hier unter anderen rechtlichen Vorzeichen auch in der Rechtsprechung des Bundesgerichtshofs mehr als deutlich.

Die darauffolgenden Entscheidungen in diesem Bereich schrieben die Rechtsentwicklung unter veränderten Begleitumständen fort; sie stellten die Haftung der beherrschenden Gesellschaft jedoch auf die abweichende dogmatische Grundlage eines so genannten „qualifiziert-faktischen Konzerns“[1157]. Eine analoge Anwendung der Ausgleichstatbestände von §§ 302, 303 AktG[1158] komme auf dieser Grundlage, wie sich aus einer Zusammenschau der *Autokran-*, *Tiefbau-* und *Video*-Urteile des BGH vom 16.09.1985 bzw. 20.02.1989 sowie 23.09.1991[1159] ergibt, dann in Frage, wenn von der Pflicht zur dezentralen Konzernführung abgewichen worden sei und „das herrschende Unternehmen die Geschäfte der abhängigen GmbH dauernd und umfassend geführt“[1160]

1153 Hierzu genauer *Ehricke*, Das abhängige Konzernunternehmen in der Insolvenz, S. 392 ff.

1154 So insbesondere RG 19.05.1930, RGZ 129, 50, 53 f.; siehe auch bereits ähnlich RG 22.06.1920, RGZ 99, 232, 234. Zur Historie der Durchgriffshaftung in der Rechtsprechung des Reichsgerichts auch *Altmeppen*, in: MüKo-AktG, Anhang § 317 Rn. 1.

1155 Diese Formulierung entstammt größtenteils aus der bereits zitierten Entscheidung RG 19.05.1930, RGZ 129, 50, 53 f.

1156 Siehe oben, A. II.

1157 Siehe auch zu dieser Entwicklung *Altmeppen*, in: MüKo-AktG, Anhang § 317 Rn. 2 ff.; *Emmerich*, in: Scholz, GmbhG, Anhang § 13 Rn. 94; *Habersack*, in: Emmerich/ Habersack, Aktien- und GmbH-Konzernrecht, Anhang § 317 Rn. 3 f.; *Lutter/ Hommelhoff*, in: Lutter/ Hommelhoff, GmbhG, § 13 Rn. 26 f.; ebenfalls hierzu *Hirte*, Kapitalgesellschaftsrecht, Rn. 8.152 ff; *Wiedemann*, GmbHR 2011, 1009, 1011 ff.

1158 Zu diesen Tatbeständen des Vertragskonzerns soeben oben, b).

1159 BGH 02.07.1985 – X ZR 77/84, BGHZ 95, 339 ff., 345 ff. *(Autokran)*; BGH 20.02.1989 – II ZR 167/88, BGHZ 107, 7, 15 ff. *(Tiefbau)*, BGH 23.09.1991 – II ZR 135/90, BGHZ 115, 187, 189, 192 ff. *(Video)*. Die Voraussetzungen des Tatbestands wurden vom BGH in diesen Urteilen jeweils weiterentwickelt.

1160 BGH 23.09.1991 – II ZR 135/90, BGHZ 115, 187, 193; nahezu wortgleich bereits BGH 02.07.1985 – X ZR 77/84, BGHZ 95, 330, 344; BGH 20.02.1989 – II ZR 167/88, BGHZ 107, 7, 17.

habe. In diesem Fall könne vermutet werden, dass eine Nachteilszufügung zu entstandenen Verlusten geführt habe, was von der beherrschenden Gesellschaft zu widerlegen war, um eine Haftung auszuschließen. Das kurz darauf folgende *TBB*-Urteil[1161] des BGH vom 29.03.1993 änderte allerdings die Grundlage der vorherigen, auf intensiver Beherrschung fußenden Analogietatbestände. Zwar wurde formell noch eine Analogie zu den Regeln des Vertragskonzerns herangezogen, die Voraussetzung für eine solche wurde jedoch von einem Beherrschungs- in einen Missbrauchstatbestand, von einer Zustands- in eine Verhaltenshaftung übertragen[1162]. So kommt es nach dem *TBB*-Urteil für eine Analogie darauf an, ob die Behandlung der beherrschten Gesellschaft einen „objektiven Mißbrauch der Stellung des herrschenden Gesellschafters“ darstelle, welcher durch Maßnahmen gekennzeichnet sei, die einem Einzelausgleich nicht mehr zugänglich seien[1163]. Hiermit war der Übergang von einer konzern- zu einer allgemein beteiligungsrechtlichen Haftungsgrundlage vorgezeichnet, wenn nicht sogar materiell bereits vollzogen.[1164] Endgültig aufgegeben wurden jegliche konzernspezifische Haftungsgrundlagen bei der qualifizierten Nachteilszufügung von beherrschten GmbH durch den BGH mit den Urteilen *Bremer Vulkan* vom 17.09.2001[1165] und *KBV* vom 24.06.2002[1166]. Das in diesen Urteilen festgelegte Haftungskonzept sah nämlich, so im *KBV*-Urteil klargestellt, eine (echte) Durchgriffshaftung wegen Rechtsmissbrauchs vor[1167]. Doch auch diese Außenhaftung wurde inzwischen mit der heute noch gültigen *Trihotel*-Rechtsprechung des BGH vom 16.07.2007[1168] mit einer Innenhaftung für existenzvernichtende Eingriffe ersetzt. Diese hat jedoch keine spezifisch konzernrechtliche Grundlage mehr und wird deswegen im Rahmen eines gesonderten Vergleichspunkts mit dem französischen Recht erläutert[1169].

[1161] BGH 29.03.1993 – II ZR 265/91; BGHZ 122, 123.

[1162] *Heider*, in: MüKo-AktG, § 1 Rn. 69.

[1163] BGH 29.03.1993 – II ZR 265/91, BGHZ 122, 123, 130.

[1164] Zur damals erfolgten dogmatischen Einordnung m.w.N. *Altmeppen*, in: MüKo-AktG, Anhang § 317 Rn. 3 f.; *Habersack*, in: Emmerich/ Habersack, Aktien- und GmbH-Konzernrecht, Anhang § 317 Rn. 4.

[1165] BGH 17.09.2001 – II ZR 178/99, BGHZ 149, 10, 15 f. *(Bremer Vulkan)*.

[1166] BGH 24.06.2002 – II ZR 300/00, BGHZ 151, 181 *(KBV)*.

[1167] BGH 24.06.2002 – II ZR 300/00, BGHZ 151, 181, 186 ff. Zu alledem ebenfalls *Altmeppen*, in: MüKo-AktG, Anhang § 317 Rn. 5 f.; *Emmerich*, in: Scholz, GmbhG, Anhang § 13 Rn. 120 ff.; *Habersack*, in: Emmerich/ Habersack, Aktien- und GmbH-Konzernrecht, Anhang § 317 Rn. 4.

[1168] BGH 16.07.2007 – II ZR 3/04, BGHZ 173, 246, 252 ff. *(Trihotel)*; seitdem bestätigt in BGH 28.04.2008 – II ZR 264/06, BGHZ 176, 204, 209 ff. *(Gamma)*; BGH 09.02.2009 – II ZR 292/07, BGHZ 179, 344, 349 ff. *(Sanitary)*; BGH 23.04.2012 – II ZR 252/10, BGHZ 193, 96, 99 ff.; BGH 21.02.2013 – IX ZR 52/10, ZIP 2013, 894, 895 ff.

[1169] Sogleich unten, 5.

bb) Beherrschte AG

Hat der BGH damit zumindest für die beherrschte GmbH wohl „endgültig ‚Abschied' vom ‚qualifiziert faktischen Konzern' genommen"[1170], ist die Anwendung der ursprünglich zur GmbH entwickelten[1171] Regeln zu dieser Rechtsfigur auf faktisch beherrschte Aktiengesellschaften immer noch umstritten[1172]. Mangels praktischer Anwendungsfälle besteht hierzu keine Rechtsprechung, die eine entsprechende Entscheidung zur Rücknahme der Regeln auch für Aktiengesellschaften hätte bestätigen können[1173]. Teils[1174] wird weiterhin davon ausgegangen, die Rechtsprechung des BGH zu existenzvernichtenden Eingriffen bei GmbH sei für Aktiengesellschaften nicht verbindlich, weshalb für die Regeln zum qualifiziert-faktischen Konzern bei dieser Gesellschaftsform Fortgeltung zu beanspruchen sei. Zur Begründung wird unter anderem auf eine fehlende Vergleichbarkeit von AG- und GmbH-Sachverhalten hingewiesen, wobei insbesondere das fehlende Weisungsrecht der Anteilsinhaber gegenüber dem Vorstand bei der AG in den Vordergrund gerückt wird.[1175] Eine andere, überzeugende Ansicht[1176] verneint hingegen die Notwendigkeit einer Anwendung dieser Regeln auf die Aktiengesellschaft. Es sei nicht ersichtlich, warum in Bezug auf ein für die faktisch beherrschte GmbH entwickeltes und für ebendiese ausdrücklich aufgegebenes Rechtsinstitut für eine andere Gesellschaftsform weiterhin Anspruch auf Anwendung erhoben werden könne[1177]. Vielmehr müssten in diesem Falle bereits bestehende Regeln wie etwa die Haftung aus

---

[1170] *Altmeppen*, in: Roth/ Altmeppen, GmbHG, Anhang § 13 Rn. 161; zu inzwischen wieder zunehmenden Bestrebungen in der Literatur betreffend eine analoge Anwendung von §§ 311, 317 AktG auf GmbH allerdings ebenda, Anhang § 13 Rn. 166 ff. Auch der BGH (06.12.2001 – VII ZR 183/00, NJW 2002, 520, 521) betonte im Nachklang zum „Bremer Vulkan"-Urteil ausdrücklich, letztere Entscheidung habe zu einer Aufgabe der Rechtsprechung zum qualifiziert faktischen Konzern geführt.

[1171] Siehe soeben oben, aa).

[1172] Ausführliche Nachweise zum Streitstand etwa bei *Hüffer/ Koch*, AktG, § 1 Rn. 29; *Rothley*, in: Wachter, AktG, § 311 Rn. 2.

[1173] *Altmeppen*, in: MüKo-AktG, Anhang § 317 Rn. 9 mutmaßt zum Fehlen von Rechtsprechung, die „zunächst heftig kritisierten §§ 311 ff." AktG funktionierten „in der Praxis offenbar so gut, dass die Gerichte kaum mit Haftungsfällen nach §§ 311, 317 [AktG, d. Verf.] befasst" würden; ähnlich *Hüffer/ Koch*, AktG, § 1 Rn. 29.

[1174] Vgl. nur OLG Köln 15.01.2009 – 18 U 205/07, ZIP 2009, 1469, 1471 f.; *Habersack*, in: Emmerich/ Habersack, Aktien- und GmbH-Konzernrecht, Anhang § 317 Rn. 5 f., 7 ff., m.w.N.

[1175] *Habersack*, in: Emmerich/ Habersack, Aktien- und GmbH-Konzernrecht, Anhang § 317 Rn. 5.

[1176] OLG Stuttgart 30.05.2007 – 20 U 12/06, ZIP 2007, 1210, 1213; *Altmeppen*, in: MüKo-AktG, Anhang § 317 Rn. 11 ff.; *Hüffer/ Koch*, AktG, § 1 Rn. 29, *Rothley*, in: Wachter, AktG, § 311 Rn. 2, alle m.w.N.; siehe auch *Heider*, in: MüKo-AktG, § 1 Rn. 69.

[1177] *Altmeppen*, in: MüKo-AktG, Anhang § 317 Rn. 13 f.

§ 117 AktG sowie allen voran § 317 AktG[1178] angewendet werden. Im Bedarfsfall könnten bei dessen Anwendung die Regeln für den Schadensbeweis einer an die erschwerten Beweisbedingungen bei qualifizierten, d.h. einem Einzelausgleich nicht zugänglichen Nachteilszufügungen angepasst werden.[1179] Nach dieser Ansicht besteht damit bei faktisch beherrschten Aktiengesellschaften weder Raum für eine Anwendung der Regeln des „qualifiziert-faktischen Konzerns" noch der Existenzvernichtungshaftung für GmbH-Konzerne. Vielmehr wird das bereits bestehende Ausgleichssystem für faktische Konzerne über die Beweiserleichterung bei § 317 AktG so entschieden erweitert, dass seine Anwendung – auch bei qualifizierten Nachteilszufügungen – ein ausreichendes Schutzniveau erreichen sollte. Auch darüber hinaus ist für die rechtsvergleichende Betrachtung von Relevanz, dass die meisten über die soeben genannten konzernrechtlichen Rechtsinstitute hinaus existierenden Durchgriffshaftungsinstrumente für die AG praktisch so gut wie keine Anwendung finden[1180].

cc) Exkurs: Frühere Lehre einer Durchgriffshaftung wegen enger Konzernverflechtungen in faktischen Konzernen – Parallelen mit der französischen Rechtsprechung zur unité d'entreprises

Im Rahmen der damit inzwischen wohl überholten Rechtsprechung zum qualifiziert faktischen Konzern wurden in der Literatur gleich mehrere Fallgruppen vertreten, in denen eine Durchgriffshaftung auf beherrschende Unternehmen über das Erfolgen qualifizierter Nachteilszufügungen hinaus bereits durch die erhöhte Intensität einer im Einzelfall erfolgten Ausübung konzernrechtlicher Leitungsmacht ausgelöst werden sollte. Hierzu gehörten etwa das Vorliegen einer „qualifizierten Leitungsstruktur" faktisch beherrschter Gesellschaften, personeller Verflechtungen in der Konzern- und Gesellschaftsleitung oder die Ausgliederung essentieller Funktionen eines einheitlichen Unternehmens auf andere Konzerngesellschaften. Nachdem die Rechtsprechung zum qualifiziert faktischen Konzern nach überzeugender Ansicht heute keine Geltung mehr beansprucht[1181], haben sich all diese früher vertretenen Fallgruppen im heute geltenden Recht überholt.[1182] Den Konzernen wird damit heute eine große Freiheit eingeräumt, auch tiefgreifende Unternehmenskonzentrationen in dieser Rechtsform auszugestalten. Ein Auseinanderfallen wirtschaftlicher und rechtlicher Realität, welches für Konzernsituationen charakteristisch

---

[1178] Zu diesem bereits oben, c).

[1179] Für eine Möglichkeit zur Schadenspauschalierung im Sinne eines Ausgleichs von Jahresverlusten über die Beweisregel des § 287 ZPO *Altmeppen*, in: MüKo-AktG, Anhang § 317 Rn. 22; *Hüffer/ Koch*, AktG, § 317 Rn. 9a; *Rothley*, in: Wachter, AktG, § 311 Rn. 2.

[1180] Vgl. nur *Bachmann*, in: Hirte/ Mülbert/ Roth, AktG, § 1 Rn. 94.

[1181] Siehe soeben oben, aa) f.

[1182] Zu alledem genauer und m.w.N. *Altmeppen*, in: MüKo-AktG, Anhang § 317 Rn. 38 ff.

ist[1183], wird auch in der deutschen Rechtsordnung toleriert und ohne das Vorliegen besonderer Rechtsgründe im Ausnahmefall nicht durch eine Durchbrechung des Rechtsträgerprinzips geahndet.

Festzuhalten ist diese interessante Entwicklung trotz ihrer im heute geltenden Recht nicht mehr vorhandenen praktischen Relevanz, weil sie eine wichtige Parallele zur Rechtsentwicklung im französischen Recht darstellt. So sieht sich auch das französische Recht als grundsätzlich konzernfreundlich an[1184] und verlangt für die Durchbrechung des auch dort geltenden Rechtsträgerprinzips besondere Gründe im Ausnahmefall[1185]. Insbesondere wurde die teils in Instanzgerichten immer wieder aufkommende Anwendung der Fallgruppe einer so genannten „Unternehmenseinheit" („unité d'entreprises") zur Begründung einer materiellen Konzernhaftung durch systematische Verfahrenserstreckungen bei intensiver Beherrschung von Tochtergesellschaften vom Kassationsgerichtshof als Angriff auf das Rechtsträgerprinzip gesehen und immer wieder abgelehnt[1186]. Trotz der systematisch unterschiedlichen rechtlichen Ausgestaltungen lässt sich auch hier feststellen, dass die Grundlagen des Trennungs- und Rechtsträgerprinzips sowie einer grundsätzlichen Konzernfreundlichkeit in beiden Rechtsordnungen sehr ähnlich eingeschätzt werden.

f) Rechtsvergleichende Einordnung und Zwischenergebnis

Das Bestehen eines kodifizierten Aktienkonzernrechts stellt einen der wichtigsten Unterschiede zwischen dem deutschen und französischen Gesellschaftsrecht dar[1187]. Die Auswirkungen auf eine gerade bei Konzerninsolvenzen relevante Haftung von beherrschenden Gesellschaften für besonders qualifizierte Eingriffe in die Entscheidungs- und Vermögenssphären beherrschter Gesellschaften sind hierbei nicht zu unterschätzen. Das deutsche Recht bietet herrschenden Gesellschaften mit der Dreiteilung in Eingliederungskonzerne, Vertragskonzerne und faktische Konzerne auf den ersten Blick eine schlüssige Orientierungsmöglichkeit an, welche Art und welches Ausmaß von Eingriffen in beherrschte Gesellschaften zu rechtfertigen sind. Größere Komplikationen – und hierauf aufbauende Meinungsstreitigkeiten – werden erst ausgelöst, wenn diese Grundsätze nicht der vom Gesetzgeber vorgesehenen praktischen Handhabung entsprechen. Allen voran hatte der konzernrechtliche Gesetzgeber offensichtlich nicht mit der faktischen Konzernierung, die im Sinne des

---

[1183] Zu diesem in der französischen Literatur bei *Pelletier*, La responsabilité au sein des groupes de sociétés en cas de procédure collective, Rn. 23 – 27 als „unvollkommenen rechtlichen Situation" bezeichneten Merkmal bereits oben, § 1 B., § 2 B. II. 3. sowie in der Einleitung unter A.I.

[1184] Siehe oben, § 1 B. I. 1.

[1185] Siehe oben, § 1 B. I. 2., insb. a) sowie b) bb) f. und C. I.

[1186] Siehe oben, § 4 B. II. 1. c).

[1187] Hierzu bereits oben, § 2 B. III.

§ 311 AktG nur begrenzte Eingriffsmöglichkeiten schafft, als hauptsächlich genutzter Konzernform gerechnet.

So stellen sich bei Eingliederungs- und Vertragskonzernen auch aus rechtsvergleichender Perspektive die wenigsten Fragen. Kommen sie zur Anwendung, sorgen die sie betreffenden Regeln für einen größtenteils effektiven Nachteilsausgleich bei weitreichenden Eingriffsbefugnissen für beherrschende Gesellschaften. Wo die französische Literatur mangelnde Flexibilität kritisiert[1188], lässt sich aus deutscher Sicht mit dem Vorteil einer erhöhten Rechtssicherheit für die Konzerngesellschaften wie auch die Gläubiger und die außenstehenden Gesellschafter entgegnen. Doch die relativ geringe Verbreitung dieser Konzernformen führt in Deutschland zu erheblichen dogmatischen wie rechtspraktischen Problemen, die bis heute nicht vollständig gelöst sind und ebendieser Rechtssicherheit in ihrem Anwendungsbereich entgegenstehen. Gerade bei faktischen Konzernen konnte für die Problematik der „qualifizierten“, also nicht im Sinne des § 311 AktG für einen entsprechenden Ausgleich quantifizierbaren Nachteilszufügung keine unumstrittene Lösung gefunden werden. Die deutsche Rechtsprechung erscheint zum Thema des faktischen GmbH-Konzerns allerdings kaum weniger unbeständig als die französischen Entscheidungsketten zur *extension de procédure* und ihrem Tatbestand der Vermögensvermischung[1189], auch wenn sie mit der inzwischen vertretenen Lösung der – noch genauer zu begutachtenden – „existenzvernichtenden Eingriffe“[1190] eine gewisse Vorhersehbarkeit erreicht hat. Für faktische Aktienkonzerne ist die Lage allerdings weiterhin unübersichtlich, wenngleich die hier vertretene Lösung über § 317 AktG mit Anpassungen in den Schadensbeweisanforderungen tragfähige Lösungen mit einem ausreichenden Schutzniveau anzubieten vermag.

Gemeinsam sind dem französischen und dem deutschen Recht vor allem der Ausnahmecharakter von Haftungs- bzw. Erstreckungsfällen bei qualifizierten Nachteilszufügungen. Gerade bei faktischen Aktienkonzernen zeugt die Abwesenheit einschlägiger Rechtsprechung hiervon. Die weiteren Darstellungen zu funktional-rechtsvergleichenden Aspekten der ebenfalls durch qualifizierte Nachteilszufügungen ausgelösten Verfahrenserstreckung können sich daher weitgehend auf die im geschriebenen Konzernrecht nicht mit letzter Sicherheit gelösten Probleme – insbesondere des faktischen GmbH-Konzerns – beschränken. Darüber hinaus können die konzeptionellen Unterschiede zwischen deutschem und französischen Konzernrecht mit ihren Vor- und Nachteilen nur im Zusammenhang und als Teil der jeweiligen Rechtsgeschichte und Rechtskultur gesehen werden.

[1188] Siehe oben, § 1 B I. 1. a).

[1189] Siehe oben, § 4 B. II. 3. b), insb. dd) f.

[1190] Hierzu sogleich unten, 5. b).

3. Unmöglichkeit buchhalterischer Trennung zwischen Konzerngesellschaften

a) Vergleichsgegenstand im französischen Recht: Verfahrenserstreckung nach Art. L. 621-2 Abs. 2 C. com. wegen Vermögensvermischung im engeren Sinne (confusion des comptes)

Die Unmöglichkeit buchhalterischer Trennung zwischen (Konzern-) Gesellschaften[1191] stellt eine der drei Fallgruppen dar, die im französischen Recht eine Verfahrenserstreckung nach Art. L. 621-2 Abs. 2 C. com. als Vermögensvermischung *(confusion des patrimoines)* im engeren Sinne *(confusion des comptes)* rechtfertigen[1192]. Die Rechtsprechung stellt für die Bejahung der Tatbestandsvoraussetzungen hohe Hürden auf. So muss entweder eine „allgemeine Unordnung der Bücher" *(désordre généralisé des comptes)* oder ein Zustand der „Verflechtung von Aktiva und Passiva" *(imbrication des éléments d'actif et de passif)* unterschiedlicher Rechtsträger zu einer Unmöglichkeit führen, diese Bilanzgegenstände einem bestimmten Rechtsträger zuordnen zu können. In der Rechtspraxis ist die *confusion des comptes* ein äußerst selten vorkommender Ausnahmetatbestand, welcher schwere buchhalterische Missstände voraussetzt und nahezu ausschließlich bei kleineren und häufig aus Einmanngesellschaften bestehenden *groupes personnels*[1193] oder Betriebsaufspaltungen vorkommt. Nicht ausreichend ist es nämlich für die Erfüllung der Tatbestandsvoraussetzungen, wenn die Bücher der betroffenen Rechtsträger zwar fehlerbehaftet, eine Zuordnung der Vermögensgegenstände und Verbindlichkeiten aber weiterhin möglich ist.[1194]

b) Vergleich mit dem deutschen Rechtsinstitut der Durchgriffshaftung wegen Vermögensvermischung

Auch das deutsche Recht kennt einen Tatbestand der Vermögensvermischung. Diesem liegt jedoch, wie systematisch zu erwarten[1195], kein insolvenzrechtlicher Regelungskomplex zugrunde. Vielmehr handelt es sich nach herrschender

---

[1191] Die Verfahrenserstreckung ist tatbestandlich nicht ausdrücklich auf Konzernsachverhalte beschränkt, findet hier jedoch einen wichtigen Anwendungsbereich. Hierzu oben, A. II.

[1192] Die *confusion des comptes* (wörtlich: „Kontenverwirrung") – zu dieser und allen hier zusammengefassten Fragestellungen ausführlich oben, B. II. 3. a) – ist einer der zwei Unterfälle der gesetzlich vorgesehenen Fallgruppe der Vermögensvermischung *(confusion des partrimoines)*. Der andere gesetzliche Unterfall der Vermögensvermischung, die so genannten *relations financières anormales* (anormale finanzielle Beziehungen) werden sogleich rechtsvergleichend unter 5. begutachtet.

[1193] Zu diesem Konzerntyp oben, § 1 B. 3. b) cc).

[1194] Zu alledem bereits oben, B. II. 3. a).

[1195] Siehe zum begrenzten Regelungsbereich des deutschen Insolvenzrechts oben, § 2 A. II.; zu konzeptionellen Besonderheiten mit Einfluss auf eine rechtsvergleichende Betrachtung oben, II. 1. c).

Meinung in Rechtsprechung und Literatur um den letzten verbliebenen Tatbestand[1196] einer echten Durchgriffshaftung[1197]. Die dogmatische Herleitung der Durchgriffshaftung wird – zusammen mit ihrer Rechtsgrundlage – unterschiedlich beurteilt[1198]. Die Rechtsprechung des BGH folgt ausdrücklich keiner der diesbezüglich vertretenen Lehren und konzentrierte sich in der Vergangenheit auf ein Herausarbeiten von Fallgruppen, welche aus Sicht des Gerichtshofs eine Durchgriffshaftung rechtfertigen[1199], heute jedoch größtenteils in andere Haftungsformen überführt worden sind[1200]. Betont wird in entsprechenden Entscheidungen in Bezug auf GmbH jedoch, dass diese mit dem Verlust des Haftungsprivilegs der Gesellschafter nach § 13 Abs. 2 GmbHG in Verbindung zu bringen seien[1201].

1196 Dies ist spätestens seit der Entscheidung des BGH der Fall, existenzvernichtende Eingriffe als Fall einer Innenhaftung im Sinne von § 826 BGB anzuerkennen und die Rechtsprechung zum qualifiziert faktischen Konzern aufzugeben. Hierzu bereits oben, 2. d) sowie sogleich unten, 5. Zu weiteren, umstrittenen Fallgruppen einer Durchgriffshaftung und ihrer Integration in andere Tatbestände auch *Lieder*, in: Michalski, GmbHG, § 13 Rn. 395 ff.

1197 Eine solche Haftung für den Fall der Vermögensvermischung anerkennend BGH 13.04.1994 – II ZR 16/93, NJW 1994, 1801 f.; 14.11.2005 – II ZR 178/03, NJW 2006, 1344, 1346 f.; nach BGH 16.07.2007 – II ZR 3/04, NJW 2007, 2689, 2691 f. *(Trihotel)*, BGH 07.01.2008 – II ZR 314/05, NZG 2008, 187, 188 ausdrücklich weitergeltend nach dem Wechsel zum Haftungskonzept der Existenzvernichtungshaftung; zum größtenteils zustimmenden Meinungsbild in der Literatur je m.w.N. *Altmeppen*, in: Roth/ Altmeppen, GmbHG, § 13 Rn. 136; *Bachmann*, in: Hirte/ Mülbert/ Roth, AktG, § 1 Rn. 99; *Heider*, in: MüKo-AktG, § 1 Rn. 71; mit Hinweis auf im Einzelfall bestehende, begriffliche Unklarheiten *Bitter*, in: Scholz, GmbhG, § 13 Rn. 131 ff.; für die AG §§ 57 und 62 AktG für ausreichend erachtend *Hüffer/ Koch*, AktG, § 1 Rn. 20; ablehnend gegenüber einer Durchgriffshaftung hingegen *Ehricke*, AcP 199 (1999), 257, 289 ff.

1198 Ausführlich zum Streitstand zwischen „Missbrauchslehren“, die einen allgemeinen Missbrauch der Rechtspersönlichkeit der juristischen Person zur Grundlage haben, den „Normzwecklehren“, die von einer teleologischen Reduktion der haftungsbeschränkenden Regeln wie etwa § 13 Abs. 2 GmbHG ausgehen und den „Normanwendungslehren“, die einen separaten Tatbestand der Durchgriffshaftung im engeren Sinn ablehnen *Bachmann*, in: Hirte/ Mülbert/ Roth, AktG, § 1 Rn. 85 ff.; *Bitter*, in: Scholz, GmbhG, § 13 Rn. 110 ff.; *Kübler/ Assmann*, Gesellschaftsrecht, S. 366 ff.; *Michalski/ Funke*, in: Michalski, GmbHG, 2. Auflage 2010, § 13 Rn. 339 ff, 343 ff.

1199 *Hüffer/ Koch*, AktG, § 1 Rn. 17; genauer zu Begründungsansätzen in der Rechtsprechung *Lieder*, in: Michalski, GmbHG, § 13 Rn. 387 ff.

1200 Vgl. insbesondere die Entwicklung in der Existenzvernichtungshaftung, siehe bereits oben, 2. d) sowie unten, 5.

1201 So etwa in BGH 14.11.2005 – II ZR 178/03, NJW 2006, 1344, 1346.

aa) Tatbestand

Die Tatbestandsmerkmale der Durchgriffshaftung wegen Vermögensvermischung sind denen des französischen Tatbestands sehr ähnlich. Die Rechtsprechung[1202] sieht eine Aufhebung der Haftungsbeschränkung für Gesellschafter dann als gerechtfertigt an, „wenn die Abgrenzung zwischen Gesellschafts- und Privatvermögen durch eine undurchsichtige Buchführung oder auf andere Weise verschleiert worden ist und deshalb die Kapitalerhaltungsvorschriften, deren Einhaltung ein unverzichtbarer Ausgleich für die Haftungsbeschränkung auf das Gesellschaftsvermögen […] ist, nicht funktionieren können". Als Begründung für das Bestehen dieser Haftungsform wird darauf hingewiesen, dass die Kapitalerhaltungsvorschriften für Kapitalgesellschaften im Falle einer Vermischung des Gesellschaftsvermögens mit dem eines anderen Rechtsträgers nicht mehr wirksam durchgreifen könnten[1203]. Dieser von der Rechtsprechung angeführte Begründungsansatz lässt sich als vermögensrechtlicher Ausschnitt aus dem Telos der französischen Verfahrenserstreckung verstehen, mit welcher, wesentlich allgemeiner, die Rückgängigmachung bzw. der Ausgleich schwerwiegender vermögens- und gesellschaftsrechtlicher Anomalien durch das Insolvenzverfahren verfolgt wird[1204].

Die Hürden für das Vorliegen einer Vermögensvermischung sind – ebenso wie im französischen Recht – hoch angelegt[1205]. So muss laut der Rechtsprechung des BGH, und ebenso ähnlich wie nach den Vorgaben des Kassationsgerichtshofs, bewiesen werden, dass eine Überprüfung der Verwendung des Haftungsvermögens einer Gesellschaft unmöglich gemacht wurde[1206], was insbesondere durch die vollständige Abwesenheit einer Buchführung indiziert sei[1207]. Hieraus muss sich aus Sicht des BGH eine „Unkontrollierbarkeit der Zahlungsvorgänge" ergeben, die dazu führt, „dass die Vermögensmassen der Gesellschaft und des Gesellschafters nicht mehr unterschieden werden können"[1208]. Betont wird in der Rechtsprechung außerdem, dass es sich bei der Durchgriffshaftung wegen Vermögensvermischung um eine Verhaltenshaftung wegen Rechtsformmissbrauchs handelt[1209], sodass die Haftung nur solche Mehrheits- oder Alleingesellschafter betrifft, denen eine Verantwortlichkeit für die die Vermögensvermischung begründenden Umstände nachgewiesen

---

1202 So ebenfalls in BGH 14.11.2005 – II ZR 178/03, NJW 2006, 1344, 1346.

1203 Vgl. auch *Heider*, in: MüKo-AktG, § 1 Rn. 70.

1204 Siehe oben, A. I.

1205 So zum deutschen Recht *Lieder*, in: Michalski, GmbHG, § 13 Rn. 397; *Verse*, in: Henssler/ Strohn, Gesellschaftsrecht, § 13 GmbHG Rn. 38.

1206 BGH 16.09.1985 – II ZR 275/84, NJW 1986, 188, 189; 14.11.2005 – II ZR 178/03, NJW 2006, 1344, 1346.

1207 BGH NJW 1994, 1801, 1802; 14.11.2005 – II ZR 178/03, NJW 2006, 1344, 1346.

1208 BGH 14.11.2005 – II ZR 178/03, NJW 2006, 1344, 1346.

1209 BGH 14.11.2005 – II ZR 178/03, NJW 2006, 1344, 1346 f.

werden kann[1210]. In den seltenen Ausnahmefällen, in denen ein solcher Tatbestand in der Praxis vorgefunden werden kann, dürfte er in Einpersonen- oder sonstigen Gesellschaften mit personalistischer Struktur auftreten[1211]. Da besonders GmbH im faktischen Konzern häufig im Alleinbesitz einer Holding- bzw. Muttergesellschaft stehen[1212], kann in derartigen Konstellationen der Hauptanwendungsbereich für Konzerne gesehen werden. Auch im französischen Recht ist die Vermögensvermischung im engeren Sinn eher bei kleineren Gesellschaften bzw. Konzerngebilden mit sehr übersichtlichen Gesellschafterverhältnissen anzutreffen. Zwar ist theoretisch auch ein Zugriff auf die Aktionäre einer AG denkbar, wegen des in § 57 Abs. 1 S. 1 AktG festgelegten und in § 62 Abs. 1 S. 1 durch eine Rückgewährpflicht flankierten Verbots der Einlagenrückgewähr allerdings – wenn überhaupt – nur im Ausnahmefall notwendig[1213].

Im französischen Recht wurde bei der Verfahrenserstreckung wegen Vermögensvermischung im engeren Sinn hingegen bisher nicht auf subjektive Merkmale verwiesen[1214]. Nach heutigem Stand wäre dieser Tatbestand im Gegensatz zum deutschen Recht damit als eine Art der Zustandshaftung einzuordnen. Eine letzte tatbestandliche Gemeinsamkeit mit dem französischen Recht liegt bei der Durchgriffshaftung wegen Vermögensvermischung in der mehrheitlichen Ablehnung einer Haftungsbegründung durch eine so genannte „Sphärenvermischung“. Zwar wurde diese durch ein geschlossenes Auftreten

---

[1210] BGH 14.11.2005 – II ZR 178/03, NJW 2006, 1344, 1347.

[1211] Vgl. *Solveen*, in: Hölters, AktG, § 1 Rn. 12.

[1212] *Lutter/ Hommelhoff*, in: Lutter/ Hommelhoff, GmbhG, Anhang § 13 Rn. 1; *Wiedemann*, GmbHR 2011, 1009, 1010.

[1213] *Hüffer/ Koch*, AktG, § 1 Rn. 20; *Heider*, in: MüKo-AktG, § 1 Rn. 72 ff. Letzterer weist außerdem noch auf das nach § 37 GmbHG bei der GmbH im Unterschied zur AG bestehende Weisungsrecht der GmbH-Gesellschafter gegenüber der Geschäftsführung hin, welche eine Verantwortlichkeit der Gesellschafter für die Vermögensvermischung bei der GmbH wahrscheinlicher werden lässt. Aus diesem Grund werden dort insbesondere die „Einflussnahme auf den Vorstand“ sowie „kollusive Abreden“ mit demselben als typische Fallgruppen dieser Haftung bei der AG identifiziert. Zur praktischen Anwendung in Aktiengesellschaften auch *Fock*, in: Spindler/ Stilz, AktG, § 1 Rn. 58; *Solveen*, in: Hölters, AktG, § 1 Rn. 12.

[1214] Die Überlegungen zu einem „systematischen Willen“ in Bezug auf Tatbestandsmerkmale *(volonté systématique)* sind vereinzelt eher im Bereich der anormalen finanziellen Beziehungen *(relations financières anormales)* zu finden gewesen, sind aber auch dort nach überzeugenderer Ansicht nicht als echter subjektiver Tatbestand zu verstehen; hierzu oben, A. II. 3. b) aa). Ein Merkmal der *relations financières anormales*, welches aus subjektiver Sicht zu begutachten ist, liegt hingegen in der Rechtfertigung von Finanzflüssen (ihr so genannter *caractère anormal*); hierzu oben, A. II. 3. b) cc). Ein direktes Übertragungspotenzial dieses Merkmals auf die hier verglichene Vermögensvermischung im engeren Sinne *(confusion des comptes)* lässt sich auf Anhieb nicht erkennen. Endgültige Sicherheit über das Fehlen eines subjektiven Merkmals könnte sich allerdings nur aus einem eindeutigen höchstinstanzlichen Urteil ergeben, welches aufgrund der seltenen praktischen Anwendung dieses Merkmals kaum bald zu erwarten ist.

mehrerer Gesellschaften als Einheit gekennzeichnete Fallgruppe im deutschen Recht früher teils als weiterer Begründungsansatz für eine Durchgriffshaftung aufgefasst; heute wird allerdings in Fällen, in denen eine Zuordnung von Vermögensgegenständen zu unterschiedlichen Rechtsträgern zwar erschwert, aber dennoch möglich ist, eine Durchgriffshaftung bzw. Verfahrenserstreckung abgelehnt.[1215]

bb) Rechtsfolgen

Anders als im französischen Recht kommt es nach dem Haftungsmodell des BGH allerdings nicht zu einer Verfahrenserstreckung im Sinne einer materiellen Konsolidierung von Insolvenzmasssen und auch zu keiner Konzentration von Insolvenzverfahren[1216]. Die vom BGH ausgesprochene Durchgriffshaftung erlaubt es in diesen Fällen hingegen, analog der Außenhaftung von Gesellschaftern offener Handelsgesellschaften (§ 128 f. HGB) auf für die Vermögensvermischung verantwortliche Gesellschafter einer GmbH gesamtschuldnerisch zurückzugreifen[1217]. Die Haftung kann sich vom Umfang her auch auf einzelne Vermögensgegenstände beziehen, die dem Tatbestand der Vermögensvermischung zwischen unterschiedlichen Rechtsträgern unterfallen[1218]. In der Insolvenz sind die Ansprüche nach § 93 InsO vom Insolvenzverwalter geltend zu machen[1219] – die Verfahrenserstreckung wegen Vermögensvermischung im französischen Recht lässt dagegen eine Mehrzahl von Antragstellern zu, darunter auch den Verwalter *(administrateur judiciaire)*, nicht jedoch den Antrag einzelner Gläubiger[1220].

c) Rechtsvergleichende Bewertung

Die weitgehend übereinstimmenden Tatbestandsvoraussetzungen der Durchgriffshaftung wegen Vermögensvermischung bzw. der Verfahrenserstreckung nach Art. L. 621-2 Abs. 2 C. com. wegen selbiger im engeren Sinne *(confusion*

1215 Zum deutschen Recht: zustimmend zu einer Durchgriffshaftung in diesen Fällen noch BGH 26.11.1957 – VIII ZR 301/56, WM 1958, 460, 462; heute jedoch ablehnend BGH 12.11.1984 – II ZR 250/83, NJW 1985, 740; zu alledem m.w.N. *Verse*, in: Henssler/ Strohn, Gesellschaftsrecht, § 13 GmbHG Rn. 41; siehe auch *Fock*, in: Spindler/ Stilz, AktG, § 1 Rn. 57; *Heider*, in: MüKo-AktG, § 1 Rn. 72; ablehnend *Ehricke*, AcP 199 (1999)), 257, 299 ff. Zu hiermit in Verbindung stehenden Fragen im Bereich der Anscheinshaftung unten, § 5 D. II. 2. a) cc).

1216 Zur mehrheitlichen Ablehnung der materiellen Konsolidierung in Deutschland bereits oben, I.

1217 So ausdrücklich BGH NJW 2006, 1344, 1345 f.

1218 *Bitter*, in: Scholz, GmbhG, § 13 Rn. 135; *Lieder*, in: Michalski, GmbHG, § 13 Rn. 400.

1219 BGH 14.11.2005 – II ZR 178/03, NJW 2006, 1344, 1345.

1220 Siehe oben, B. III. 1.

des comptes) laden trotz ihrer seltenen Anwendung in der Praxis besonders zu einer rechtsvergleichenden Bewertung ein, weil sie dem in beiden Rechtsordnungen in nahezu identischer Weise erkanntem Rechtsproblem mit jeweils abweichenden Lösungsansätzen folgen.

aa) Vorteil der deutschen Lösung: Höhere Flexibilität

Die durch eine Vermögensvermischung ausgelöste Außenhaftung der für sie verantwortlichen Gesellschafter analog § 128 HGB im deutschen Recht ist die wohl folgenschwerste Art der Gesellschafterhaftung von Kapitalgesellschaften, die diese Rechtsordnung aufweist[1221] – auch wenn sie hinsichtlich ihrer Auswirkungen hinter der mit noch drastischeren Konsequenzen verbundenen Verfahrenserstreckung des französischen Rechts[1222] zurückbleibt. Im Falle der Insolvenz eines beherrschten Rechtsträgers[1223] stellen sich die praktischen Auswirkungen einer Durchgriffshaftung anders dar als die einer Verfahrenserstreckung. Für die Lösung des deutschen Rechts spricht ihre gleich in mehrfacher Hinsicht vorhandene Anpassungsfähigkeit an die Gegebenheiten des einzelnen Sachverhalts. Besteht eine vollständige Vermögensvermischung einer insolventen Kapitalgesellschaft etwa mit ihrer Muttergesellschaft als – häufig alleiniger – Anteilsinhaberin, kann diese im Rahmen einer Durchgriffshaftung direkt für sämtliche Forderungen der Gläubiger in Anspruch genommen werden und muss für diese haften, wobei die Inanspruchnahme in der Praxis nach § 93 InsO durch den Insolvenzverwalter der beherrschten Gesellschaft erfolgt[1224]. Ist die beherrschende Gesellschaft, mit der die Vermögen vermischt wurden, in der Lage die Forderungen zu begleichen, trägt sie über diese Inanspruchnahme hinaus keine weiteren Konsequenzen. Muss über sie, wie es in den meisten Fällen aufgrund der für die Erfüllung des Tatbestands notwendigen buchhalterischen Verflechtungen zu erwarten sein wird, ebenso ein Insolvenzverfahren eröffnet werden, ist dieses nach von der beherrschten Gesellschaft grundsätzlich unabhängigen Voraussetzungen zu eröffnen und durchzuführen.[1225] Flexibler als nach der Lösung des französischen Rechts gestaltet

---

[1221] Siehe bereits oben im Vergleich zu einer Innenhaftung beim Thema der Vertragskonzerne, 2. b).

[1222] Zu den Rechtsfolgen der Verfahrenserstreckung im französischen Recht bereits oben, C.; zur ablehnenden Haltung der deutschen Literatur in Bezug auf diese Rechtsfolge oben, I.

[1223] Beide Tatbestände sind keine Spezialregeln für Konzernsachverhalte, doch die Verfahrenserstreckung setzt begriffsnotwendig die Eröffnung einer *procédure collective* voraus; zur Systematik dieser Verfahren im französischen Recht oben, § 1 A. II.

[1224] Siehe hierzu soeben oben, b).

[1225] Siehe zur Anfechtung im Rahmen einer Doppelinsolvenz auch BGH, 09.10.2008 – IX ZR 138/06, BGHZ 178, 171. Hiernach steht im Fall einer Doppelinsolvenz von Gesellschaft und persönlich haftendem Gesellschafter das Recht zur Insolvenzanfechtung dem Insich schließlich auch die Anwendung der Durchgriffshaftung als Reaktion auf nur teilweise vorhandene Vermögensvermischungen, da sich die Haftung auch auf einzelne Vermögensgegenstände beziehen kann, deren buchhalterische Trennung unmöglich ist.

bb) Vorteil der französischen Lösung: Gesteigerte Verfahrenseffizienz

Demgegenüber besteht im französischen Recht als Reaktion auf Vermögensvermischungen keinerlei Spielraum – liegt eine solche vor, kommt es zwangsläufig zur Verfahrenserstreckung. Diese Erstreckung kann nicht teilweise erfolgen und die Verfahren über die einbezogenen Rechtsträger verlaufen daraufhin in jedem Fall gemeinsam[1226]. Hiermit ist freilich eine größere Einschränkung des Trennungs- und Rechtsträgerprinzips als durch eine Durchgriffshaftung verbunden, da sie im Ergebnis auch nicht insolventen Unternehmensträgern die Durchführung etwa eines Liquidationsverfahrens auferlegen kann. Und dennoch lassen sich für die Verfahrenserstreckung als Reaktion auf Vermögensvermischungen im Konzern durchaus plausible Rechtfertigungsansätze finden. Vor allem ist im Hinblick auf den Anwendungsbereich der Verfahrenserstreckung wegen Vermögensvermischung an eine durch die Durchführung eines einheitlichen Insolvenzverfahrens gesteigerte Verfahrenseffizienz zu denken. Da die Vermögensvermischung nahezu ausschließlich in äußerst übersichtlichen, kleinen Einpersonengesellschaften und bei Konzernen in so genannten *groupes personnels*[1227] sowie Betriebsaufspaltungen auftritt und die im Insolvenzverfahren zu verteilenden Vermögensgegenstände begriffsnotwendig über die Rechtsträger hinweg aufgeteilt sind, stellt sich in diesen Fällen durchaus die Frage nach der praktischen Sinnhaftigkeit der Durchführung getrennter Insolvenzverfahren. Auch wenn die in der deutschen Literatur genannten Bedenken gegen materielle Konsolidierungslösungen in die Gesamtbewertung einfließen müssen, erscheinen sie in dieser Fallgruppe jedoch aufgrund der drängenden Effizienzerwägungen am wenigsten zwingend. Schließlich lässt sich noch hinzufügen, dass Frankreich nicht die einzige europäische Rechtsordnung ist, die den Gedanken höherer Verfahrenseffizienz bei Vermögensvermischungen für eine Konsolidierung von Verfahren heranzieht. Auch beispielsweise das spanische Recht kennt die Möglichkeit, bei prozessual koordinierten Insolvenzverfahren etwa über konzernangehörige Gesellschaften das Prinzip der grundsätzlichen rechtsträgerbezogenen Trennung der Vermögensgegenstände außer Kraft zu setzen, wenn eine Vermögensvermischung die

---

solvenzverwalter über das Vermögen des Gesellschafters zu, der von dem Gesellschaftsgläubiger in Anspruch genommen worden ist. Der Anfechtungszeitraum errechnet sich in diesem Fall nach dem früher gestellten Insolvenzantrag.

1226 Zu den Rechtsfolgen der Verfahrenserstreckung oben, C.

1227 Zu diesen kleinen, durch persönliche Beziehungen geprägten Konzerngebilden oben, § 1 B. I. 3. b) bb).

Zuordnung von Aktiva und Passiva zu einzelnen Unternehmensträgern ausnahmsweise unmöglich werden lässt[1228]. Die Erwägung einer erhöhten Verfahrenseffizienz erscheint auch hier besonders greifbar.

Darüber hinausgehende Aspekte wie etwa die Frage einer generalpräventiven Wirkung in Bezug auf Vermögensvermischungen oder die damit verbundenen Einschränkungen für die Wirksamkeit des konzernrechtlichen Rechtsträgerprinzips sind hingegen eher rechtspolitischer und -kultureller Natur. Der französische Gesetzgeber und die französische Rechtsprechung sehen etwa präventive Wirkungen der Verfahrenserstreckung zumindest nicht ausdrücklich als Ziel dieses Rechtsinstruments an, auch wenn entsprechende Reflexwirkungen nicht von der Hand zu weisen sind[1229]. Auch muss die Verfahrenserstreckung im französischen Recht im systematischen Kontext der flankierenden Regelungen gesehen werden, die dem Rechtsanwender eine große Bandbreite an Handlungsoptionen verleihen, wenn die Rechtsfolge der Erstreckung exzessiv oder ihre Voraussetzungen als nicht beweisbar erscheint[1230].

Zwar sind alle diese Fragen rechtspolitischer Natur und wären deshalb auch im deutschen Recht nur *de lege ferenda* zu beantworten, jedoch erscheint gerade die Vermögensvermischung als ein Tatbestand, in dem eine Verfahrenserstreckung – besonders aus den bereits angesprochenen Effizienzerwägungen – auch im Vergleich zur deutschen Durchgriffshaftung die geringsten dogmatischen Rechtfertigungsprobleme aufwirft.

4. Gründung und Unterhaltung von Scheingesellschaften

a) Vergleichsgegenstand im französischen Recht: Verfahrenserstreckung nach Art. L. 621-2 Abs. 2 C. com. wegen fiktiver juristischer Personen (fictivité d'une personne morale)

Die Gründung von Scheingesellschaften wird im französischen Recht unter den Tatbestand der *„fictivité"* gefasst[1231]. Auch wenn dieser Tatbestand wohl auf einer einheitlichen Definition fußt, unterfällt er dennoch zwei unterschied-

---

[1228] Das spanische Konkursgesetz *(Ley Concursal) Nr.* 22/2003 vom 09.07.2003 sieht in Art. 25 die Möglichkeit koordinierter Konkursverfahren unter anderem für Konzerne vor (so genannte *concursos conexos*). Nach Art. 25-ter Abs. 1 des Gesetzes finden die koordinierten Verfahren grundsätzlich „ohne Massekonsolidierung" („sin consolidación de las masas") statt; nach Abs. 2 kann eine solche jedoch im Falle einer Vermögensvermischung („confusión de patrimonios") stattfinden, wenn es „unmöglich ist, die Berechtigung an Aktiva und Passiva abzugrenzen, ohne einen ungerechtfertigten Aufwand oder eine ungerechtfertigte Verzögerung hervorzurufen" („cuando […] no sea posible deslindar la titularidad de activos y pasivos sin incurrir en un gasto o en una demora injustificados").

[1229] Siehe bereits oben, A. I.

[1230] Zu den hier besonders in Frage kommenden Haftungsklagen sogleich unten, § 5.

[1231] Zur *fictivité* und allen hier zusammengefassten Fragestellungen oben, B. II. 2.

lichen rechtlichen Kategorien. Einerseits kann die fiktive Gesellschaft, ein entsprechender Feststellungsantrag *(action en déclaration de la simulation)* vorausgesetzt, zivilrechtlich im Anwendungsfall der Scheingeschäftslehre *(théorie de la simulation)* rückwirkend für nichtig erklärt werden; andererseits ist sie ein gesetzliches Tatbestandsmerkmal der Verfahrenserstreckung nach Art. L. 621-2 Abs. 2 *Code de commerce.*

Der Tatbestand gilt als verwirklicht, wenn den Gesellschaftern das anfängliche und fortbestehende Fehlen eines so genannten *affectio societatis* als subjektivem Tatbestand in Bezug auf die Gründungsvoraussetzungen einer Gesellschaft nachgewiesen werden kann. Die Hintergründe solcher Verhaltensweisen sind vielfältig, aber durchweg von einem Willen zum Missbrauch der Rechtsform für eigennützige Zwecke der dahinterstehenden Rechtsträger motiviert. So wurden Gesellschaften von der französischen Rechtsprechung etwa in Fällen für fiktiv erkannt, in denen Vermögenswerte in Scheingesellschaften unter Verringerung des den Gläubigern zur Verfügung stehenden Haftungskapitals vorsätzlich ausgelagert, Betriebsteile in entsprechender Absicht auf Scheingesellschaften abgespalten oder Verbindlichkeiten bzw. verlustträchtige Unternehmungen auf nur zu diesem Zweck gegründete Rechtsträger verschoben werden. Es versteht sich, dass es sich auch hierbei um besondere Ausnahmefälle handelt, deren praktisches Auftreten als selten eingestuft werden kann[1232]. Gerade in Konzernsachverhalten kommen sie nur ganz vereinzelt vor und wenn, dann – ebenso wie die Vermögensvermischung im engeren Sinne[1233] – nahezu ausschließlich in kleinen, übersichtlichen Konzernstrukturen etwa in Handwerks- und Agrarbetrieben, *groupes personnels* sowie Betriebsaufspaltungen.

Der Beweis eines Vorliegens fiktiver Gesellschaften wird durch Indizien erbracht, die von einer völligen Unselbständigkeit des abhängigen Rechtsträgers zeugen und die keine von dem dahinterstehenden Rechtsträger ablösbare Wirtschaftstätigkeit aufweisen. Auch extreme Fälle materieller Unterkapitalisierung, die eine eigene Aktivität der Gesellschaft als unmöglich erscheinen lassen, stellen ein Indiz für die *fictivité* dar, können jedoch keinen alleinigen Begründungsansatz für eine Verfahrenserstreckung auf dieser Grundlage darstellen. Die französische Rechtsprechung fasst die Voraussetzungen für das Vorliegen fiktiver Gesellschaften in Konzernsachverhalten strenger auf als bei Einzelgesellschaften. So betont der Kassationsgerichtshof, dass Eingriffe in die Entscheidungssphären von beherrschten Gesellschaften über das bei Konzernen typischerweise anzutreffende „Normalmaß" hinausgehen müssen, um für den Beweis einer fiktiven Gesellschaft in Frage zu kommen.

1232 Vgl. auch *Dammann,* Bull. Joly ED Nr. 2017-3, 175, I. B.

1233 Hierzu rechtsvergleichend soeben oben, 3.

b) Vergleich mit deutschen Rechtsinstituten des allgemeinen Zivilrechts

aa) Abweichende Prämissen durch das Bestehen umfangreicherer „vorsorgender" Regelungen im deutschen Gesellschafts- und Konzernrecht

Gerade der zuletzt beschriebene Gedanke der französischen Rechtsprechung, ein „Normalmaß" an Einflussnahmen durch beherrschende Gesellschaften zu akzeptieren, erinnert an ähnliche Prämissen, die durch die Regeln des deutschen Aktienkonzernrechts aufgestellt werden[1234]. Wie sich im französischen Recht nicht nur beim Tatbestand der fiktiven Gesellschaft, sondern auch bei der Einschränkung des Tatbestands der anormalen finanziellen Beziehungen *(relations financières anormales)* erkennen lässt, werden auch dort ebenfalls sanktionslose Freiräume für Eingriffe in Beherrschungssituationen für notwendig gehalten. Der größte methodisch-systematische Unterschied zwischen dem deutschen und dem französischen Recht, welches über kein kodifiziertes Konzernrecht verfügt, liegt in der Form dieser Grenzziehungen. Während das deutsche Recht in den §§ 291 ff., 311 ff. AktG zumindest teilweise[1235] ausdrücklich vorschreibt, welche Inhalte und Grenzen der Einflussnahme je nach Konzerntyp zulässig sind, muss das französische Recht die Entwicklung solcher Grenzen mangels eigener Regeln auf die Sanktionsebene verschieben. In diesem Sinne ist das Absehen von einer Sanktion wie der Verfahrenserstreckung durchaus mit einer konzernrechtlichen Rechtfertigung solcher Einflussnahmen funktionsäquivalent.

Wichtig festzuhalten ist aus rechtsvergleichender Perspektive außerdem, dass das deutsche Konzernrecht sich auch inhaltlich auf die Möglichkeiten von beherrschenden Unternehmen auswirkt, um Weisungen auf beherrschte Rechtsträger zu rechtfertigen. So ermöglicht etwa das Vorhandensein von Vertrags- oder Eingliederungskonzernen im Ergebnis weitaus größere Eingriffe – bis hin zu einer Reduktion der Eigenständigkeit einer Gesellschaft auf nahezu Null – als es das französische Recht im Rahmen der Auslegung der Verfahrenserstreckung wie auch seines darüber hinausgehenden, gestaffelten Sanktionsarsenals[1236] erlauben würde[1237].

Ebenso hinzuweisen ist in diesem Zusammenhang auf einen weiteren konzeptionellen Unterschied zwischen deutschem und französischen Kapitalgesellschaftsrecht, der die jeweils tolerierten gesellschaftsrechtlichen Grenzüber-

---

[1234] Hierzu oben, 2.

[1235] Zu trotzdem bestehenden Problemen in der Interpretation dieser Normen bereits oben, 2.

[1236] Zu über den Extremfall der Verfahrenserstreckung hinausgehenden Möglichkeiten für die Reaktion auf Verhaltensweisen von beherrschenden Gesellschaften in Form von Haftungsklagen sogleich unten, § 5.

[1237] Zu dieser Auswirkung des deutschen Konzernrechts auch oben, 2.

schreitungen im Konzern gleichermaßen beeinflussen dürfte. Diese Abweichung liegt in dem Bestehen nennenswerter Mindestkapitalerfordernisse bei deutschen Kapitalgesellschaften. So liegt das Mindestkapital der in Deutschland gebräuchlichsten Kapitalgesellschaften mit einem zur Gründung erforderlichen Stammkapital von 25.000 Euro bei der GmbH (§ 5 Abs. 1 GmbHG) bzw. einem Grundkapital von 50.000 Euro bei AG und KGaA (§ 7 AktG, bei der KGaA in Verbindung mit § 278 Abs. 3 AktG. Einzige Ausnahme ist hiervon im deutschen Recht die Gesellschaftsform der UG, welche ein Mindestkapital von nur einem Euro verlangt (§ 5a Abs. 1 i.V.m. § 5 Abs. 2 S. 1 GmbHG), jedoch gleichzeitig etwa strengere Rückstellungsregeln vorsieht (§ 5a Abs. 3 S. 1 GmbHG). In Frankreich ist hingegen bei SARL und SAS ein entsprechendes Erfordernis entfallen und bei SA und SCA hat eine Reduktion auf 37.000 Euro stattgefunden[1238]. Lediglich die SE, welche auf unionsrechtlicher Rechtsgrundlage fußt, weist je ein Mindestkapitalerfordernis von 120.000 Euro auf (Art. 4 Abs. 2 und 3 SE-VO)[1239]. Da in Deutschland gerade GmbH als Tochtergesellschaften im Konzern besonders beliebt sind[1240], stellt dies einen praktisch äußerst relevanten Unterschied dar. Darüber hinaus ist in Frankreich eine deutliche Tendenz zur Erleichterung der Gründung von Kapitalgesellschaften etwa durch die Erlaubnis von Gesellschafterbeiträgen in Form von Diensten *(apports en industrie)* zu verzeichnen[1241], welche in Deutschland in dieser Form nicht zu erkennen ist. Neben seiner zunehmend untergeordneten Rolle als Haftungssubstrat hat das Mindestkapital in Deutschland – mit Ausnahme des Sonderfalls der UG – vor allem seine Funktion als „Seriositätsschwelle" zum Haftungsprivileg bei Kapitalgesellschaften behalten[1242]. Der hierdurch – je nach Rechtsform – deutlich erhöhte Aufwand zur Gründung von haftungsbeschränkten Gesellschaften kann damit schon ein erstes wirksames Mittel sein, die Gründung fiktiver Gesellschaften bereits im Vorfeld zu erschweren. Dies dürfte insbesondere der Fall sein, wenn man – wie in Frankreich – davon ausgeht, dass die Gründung fiktiver Gesellschaften besonders im Kontext kleiner und wenig verzweigter Unternehmensstrukturen vorkommen sollte. All dies führt dazu, dass der französische Gesetzgeber, um einen zumindest annähernd gleichwertigen Schutz von Gesellschaftsgläubigern und Rechtsverkehr

---

[1238] Hierzu bereits oben, § 1 B. I. 2. b) cc) (3).

[1239] Für die SA geht das französische Recht allerdings über die in der Zweiten Gesellschaftsrechtsrichtlinie (Richtlinie 2012/30/EU des Europäischen Parlaments und des Rates vom 25. Oktober 2012, ABl. EU L. 315/74) geforderte Summe von 25.000 Euro (Art. 6 Abs. 1 der Richtlinie) hinaus. Diese Richtlinie bezieht sich allerdings in Frankreich auch nur auf die SA (Art. 1 Abs. 1 UAbs. 1 i.V.m. Anhang I).

[1240] Zur praktischen Relevanz konzernangehöriger GmbH als Tochtergesellschaften *Lutter/ Hommelhoff*, in: Lutter/ Hommelhoff, GmbhG, Anhang § 13 Rn. 1.

[1241] Weiter hierzu ebenfalls oben, § 1 B. I. 2. b) cc) (3).

[1242] So zur GmbH *Schäfer*, in: Henssler/ Strohn, Gesellschaftsrecht, § 5 GmbHG Rn. 3; zur AG *Hüffer/ Koch*, AktG, § 7 Rn. 2; *Mock*, in: Hirte/ Mülbert/ Roth, AktG, § 7 Rn. 34.

vor der Gründung fiktiver Gesellschaften herzustellen, auf andere, gegebenenfalls stärker durchgreifende Sanktionsmittel für diese Fälle zurückgreifen muss.

Doch trotz dieser grundlegend unterschiedlichen Weichenstellungen im deutschen Recht lassen sich auch hier spezielle Rechtsinstrumente auffinden, die die im französischen Recht zur *fictivité* identifizierten Problemstellungen aufgreifen, um eigene Lösungsansätze zu entwickeln.

bb) Vergleich mit dem Begriff der Scheingesellschaft

Während der Begriff der *fictivité* im französischen Recht neben seiner insolvenzrechtlichen auch eine allgemein zivilrechtliche Bedeutung hat, ist das hiermit vergleichbare Rechtsinstitut der „Scheingesellschaft" im deutschen Recht ausschließlich mit zivilrechtlichen Fragestellungen verbunden.

(1) Praktisch selten eingesetzter, jedoch dogmatisch überzeugenderer Ansatz des deutschen Rechts

Das Vorhandensein einer Scheingesellschaft wird im deutschen Recht dann angenommen, wenn ein Gesellschaftsvertrag nicht oder nur zum Schein abgeschlossen wurde, nach außen jedoch zurechenbar der Eindruck erweckt wird, eine Gesellschaft bestünde wirklich[1243]. Dieser Fall ist von dem Vorliegen einer so genannten fehlerhaften Gesellschaft zu unterscheiden: Diese ist durch eine Situation gekennzeichnet, in der die Gesellschaftsgründer die Errichtung einer Gesellschaft eigentlich gewollt, jedoch aus Rechtsgründen in nichtiger oder anfechtbarer Weise abgeschlossen haben. Das deutsche Recht sieht unter diesen Voraussetzungen zwar weiterhin eine Nichtigkeit der Gesellschaft vor, wickelt diese jedoch nur *ex-nunc* ab, sofern sie tatsächlich in Verzug gesetzt worden ist.[1244] Bei der Scheingesellschaft verhält sich die Sachlage in umgekehrter Weise. Hier ist bei den Gesellschaftsgründern eine Errichtung subjektiv nicht gewünscht, objektiv erscheint es im Rechtsverkehr jedoch so, als wäre dies der Fall gewesen, etwa aus Gründen der Verschleierung der tatsächlichen Rechtsverhältnisse[1245]. Die Rechtsprechung grenzt beide Sachverhalte streng vonei-

---

[1243] *Roth*, in: Baumbach/ Hopt, HGB, § 105 Rn. 98; *Schmidt*, in: MüKo-HGB, § 105 Rn. 258; siehe auch *Haas*, in: Röhricht/ Graf von Westphalen/ Haas, HGB, § 105 Rn. 54 ff.

[1244] Siehe bereits BGH 24.10.1951 – II ZR 18/51, NJW 1952, 97; zu dieser Rechtsfigur m.w.N. *Kindler*, in: Koller/ Kindler/ Roth/ Drüen, HGB, § 105 Rn. 26 f.; *Schäfer*, in: MüKo-BGB, § 705 Rn. 333 ff.

[1245] Dieses Beispiel aufgreifend BGH NJW 1953, 1220.

nander ab. Anders als bei der fehlerhaften Gesellschaft wird das wirksame Zustandekommen einer Gesellschaft hier nämlich vollständig verneint[1246]. Auf die Rechtsverhältnisse zwischen den Gesellschaftern findet nach der Regel des § 117 Abs. 2 BGB für Scheingeschäfte das tatsächlich Gewollte Anwendung[1247]. Der Verbund als solcher ist jedoch nicht existent und damit auch nicht nach § 11 InsO insolvenzfähig[1248]. Im Außenverhältnis kann es bei Setzung des entsprechenden Rechtsscheins auch zu einer direkten Haftung der Gesellschafter nach § 128 HGB kommen[1249]. Die Fälle sind in der Praxis wohl noch seltener anzutreffen als Fälle von *fictivité* und scheinen den Schwerpunkt ihrer materiellen Anwendung bei Personenhandelsgesellschaften zu haben[1250]. Sollte, was zumindest theoretisch denkbar erscheint, eine Anwendung im Konzernsachverhalt mit Kapitalgesellschaften stattfinden, wäre eine Haftung beherrschender Gesellschaften als „Anteilsinhaber" der nicht existenten Gesellschaft nach alledem aber zumindest vom Grundsatz her nicht ausgeschlossen.

Im Gegensatz zum französischen Recht mit seinen zwei abweichenden und schwer voneinander abgrenzbaren Rechtsfolgen zum nahezu deckungsgleichen Tatbestand einer Schein- bzw. fiktiven Gesellschaft ist die Reaktion des deutschen Rechts damit wesentlich eindeutiger. Hier führt die Anwendung der Grundsätze der fiktiven Gesellschaft zu ihrer Negation, *ex-tunc*.

(2) Widersprüchlichkeit des französischen Rechts im Hinblick auf die Rechtsfolgen der „fictivité"

Wird in Frankreich ein Antrag auf Feststellung einer zivilrechtlich zu beurteilenden *fictivité* gestellt, ist die Gesellschaft nach herrschender Meinung hingegen nur *ex-nunc* abzuwickeln und Dritten steht ein Wahlrecht zu, sich auf den Rechtsschein einer bestehenden Gesellschaft zu berufen oder auf die Hintermänner zuzugreifen. Besteht der Antragsgegenstand hingegen in einer Verfahrenserstreckung, wird die Existenz der Gesellschaft nach den allgemeinen Regeln über die Rechtsfolgen dieses Instruments nicht in Frage gestellt und das

---

[1246] BGH 21.05.1953 – III ZR 215/52, NJW 1953, 1220; vgl. zum Grundsatz auch BGH 17.10.1989 – XI ZR 158/88, NJW 1990, 827, 828 f. (Rechtsschein des Eintritts in eine Steuerberatersozietät); 13.09.2011 – VI ZR 229/09, NZG 2011, 1225, 1226 (Generalvollmachtsmissbrauch bei Errichtung einer Gesellschaft).

[1247] *Hirte*, in: Uhlenbruck, InsO, § 11 Rn. 239; vgl. auch *Westermann*, in: Erman, BGB, § 705 Rn. 82.

[1248] *Hirte*, in: Uhlenbruck, InsO, § 11 Rn. 239; *Schmidt*, in: MüKo-HGB, § 105 Rn. 258; Anhang § 158 Rn. 4.

[1249] *Roth*, in: Baumbach/ Hopt, HGB, § 128 Rn. 5; *Schmidt*, in: MüKo-HGB, § 123 Rn. 21; vgl. auch BGH 03.05.2007 – IX ZR 218/05, NJW 2007, 2490, in welchem eine Haftung einer Rechtsanwaltssozietät für das Verhalten eines „Scheinsozius" mit einer Anwendung von § 128 HGB begründet wurde.

[1250] Vgl. *Roth*, in: Baumbach/ Hopt, HGB, § 105 Rn. 98.

über die fiktive Gesellschaft eröffnete Verfahren auf die Hintermänner erstreckt. Diese Widersprüchlichkeit hat in der französischen Lieratur nicht ohne Grund für Irritationen gesorgt, lassen sich durch sie doch die Rechtsfolgen im Ergebnis durch die Art des Antrags steuern.[1251]

(3) Kritische Bewertung und Erklärungsansatz durch Besonderheit des „Kaufmannskonkurses" im französischen Rechts

Das Tatbestandsmerkmal der *fictivité* als Auslöser einer Verfahrenserstreckung ist insgesamt kritisch zu bewerten. Bereits in der französischen Literatur ist dieses Merkmal trotz seiner mit der *loi de sauvegarde* aus dem Jahr 2005 erfolgten Aufnahme in den gesetzlichen Tatbestand des Art. L. 621-2 Abs. 2 C. com. auch dort das wohl Umstrittenste – gewichtige Stimmen in der französischen Literatur fordern gar seine Abschaffung zugunsten eines einheitlichen Tatbestands der Vermögensvermischung[1252].

Auch aus rechtsvergleichender Perspektive lässt sich diese kritische Einschätzung grundsätzlich teilen. Bewertet man eine Gesellschaft als „fiktiv" bzw., so der deutsche Begriff, als Scheingesellschaft, handelt es sich in Wirklichkeit um eine Anwendung von Rechtsscheingesichtspunkten. In Deutschland kommt es hierbei zu einer Durchgriffshaftung auf die Gesellschafter in Anwendung von § 128 HGB und der nur zum Schein gegründete Verband wird als rechtliches Nullum betrachtet. Ruft der Durchgriff auf die Gründer ihre Zahlungsunfähigkeit hervor, kann allein über sie ein Insolvenzverfahren eröffnet werden. Die Verfahrenserstreckung auf Grundlage der *fictivité* im französischen Recht geht diesen „Umweg" über die Verwirklichung eines Insolvenzgrunds beim *maître d'affaire* nicht und kommt, einen entsprechend lautenden Antrag vorausgesetzt, zu einer direkten Erstreckung der bereits über die fiktive Gesellschaft eröffneten *procédure collective*. Im Ergebnis gesteht das französische Recht damit dem nur zum Schein gegründeten Verbund durch die Erstreckung des über ihn eröffneten Verfahrens indirekt eine Insolvenzfähigkeit zu, die ihm – so zumindest nach den im deutschen Recht angestrengten Überlegungen – eigentlich nicht zustehen dürfte.

Zumindest der dogmatische Hintergrund dieser nach wie vor bestehenden Problematik lässt sich jedoch besser nachvollziehen, wenn man sich einer Besonderheit des französischen Insolvenzrechts gewahr wird, welche bereits die *Mary-Raynaud-Entscheidung* von 1908[1253] entscheidend motiviert hatte[1254]. Diese liegt in der systematischen Einordnung der französischen *procédures*

[1251] Siehe oben, B. II. 2. d).

[1252] *Reille*, La notion de confusion des patrimoines, S. 517 ff.; *Vallansan*, RLDA Nr. 2005-80, suppl., S. 12, II. A.; hierzu bereits oben, A. II. 1. b).

[1253] Cass. req. 29.06.1908 (*Mary-Raynaud C. Maillard ès qualités*), D. 1910, 1. Teil, S. 30, m. Anm. *Percerou*.

[1254] Hierzu ausführlich oben, § 3 A. I.

collectives und ihrer Vorgänger als Sonderrecht der Kaufleute. Da natürlichen Personen als Gesellschafter einer Kapitalgesellschaft im französischen Recht keine Kaufmannseigenschaft zukommt, stellt die Verfahrenserstreckung auch noch heute die einzige Möglichkeit dar, ein Insolvenzverfahren auch über ihr Vermögen eröffnen zu können[1255]. Diese Problematik stellt sich bei einer Verfahrenserstreckung auf juristische Personen freilich nicht.

cc) Anmerkung zu den Fallgruppen materieller Unterkapitalisierung und „Aschenputtelgesellschaft" im deutschen Recht

Über die Rechtsfigur der Scheingesellschaft hinaus wird in beiden Rechtsordnungen auch die verwandte Fragestellung einer materiellen Unterkapitalisierung von (Konzern-) Rechtsträgern als problematisch erkannt. Da eine materielle Unterkapitalisierung nach der französischen Rechtsprechung grundsätzlich nicht als alleiniges Indiz für das Vorliegen eines fiktiven Rechtsträgers herangezogen werden kann[1256] und die wichtigsten dogmatischen Streitpunkte zu diesem Rechtsproblem sich im französischen Haftungsrecht der *responsabilité pour insuffisance d'actif* niederschlagen, werden die rechtsvergleichenden Anmerkungen zum deutschen Recht der materiellen Unterkapitalisierung und der so genannten „Aschenputtelgesellschaft" dort[1257] zusammengefasst dargestellt.

5. Systematische, missbräuchliche Vermögensverlagerungen mit Existenzbedrohung beherrschter Gesellschaften

a) Vergleichsgegenstand im französischen Recht: Verfahrenserstreckung nach Art. L. 621-2 Abs. 2 C. com. wegen anormaler finanzieller Beziehungen (relations financières anormales)

Die Verfahrenserstreckung wegen anormaler finanzieller Beziehungen *(relations financières anormales)*[1258] ist die in neuerer Zeit am häufigsten in Konzernsachverhalten angewendete Tatbestandsvariante des Art. L. 621-2 Abs. 2 C. com. Die Dogmatik dieses Tatbestands ist äußerst komplex und von einer längeren Rechtsprechungsentwicklung in Einzelfällen geprägt. Sie ist durch ein auch im Konzern anzutreffendes Geflecht von Tatbestandsvoraussetzungen charakterisiert, welche je nach Einzelfall unterschiedlich gewichtet werden können. Allgemein kann der Tatbestand in solchen Fällen als erfüllt angesehen

---

[1255] Zu dieser Rechtsfolge *Campana/ Dizel/ Barratin/ Fernandez*, Entreprises en difficulté – Redressement judiciaire (Conditions d'ouverture), in: Vogel/ Delpech (Hrsg.), Rép. commercial, Rn. 88.

[1256] Siehe hierzu oben, § 4 B. II. 2. c) cc).

[1257] Unten, § 5 A. VI. 2. b).

[1258] Hierzu ausführlich oben, B. II. 3. b).

werden, in denen ein Rechtsträger seine Vermögensmasse zugunsten eines Anderen durch Abflüsse aus derselben ohne ausreichende Gegenleistung schmälert. Nahezu alle Fälle anormaler finanzieller Beziehungen sind von „Vermögensverschiebungen" geprägt, „die durch positives Tun oder Unterlassen" sowie „ohne Rechtfertigung herbeigeführt worden sind" und „die ein bedeutsames Ungleichgewicht der Vermögen verursacht haben"[1259].

Die Verfahrenserstreckung wegen anormaler finanzieller Beziehungen erfährt jedoch aufgrund ihrer gravierenden Rechtsfolgen für in das Verfahren einbezogene Rechtsträger gleich zwei bedeutende Einschränkungen. Einerseits muss der Wert der Vermögensverschiebungen einzeln oder zusammengefasst so bedeutsam sein, dass er zu einem „Ungleichgewicht" zwischen den Vermögensmassen der betroffenen Rechtsträger führt, um den Begriff der „Vermögensvermischung" zumindest in einem weiten Sinne zu rechtfertigen. Diese Einschränkung betrifft sämtliche Fälle von möglichen anormalen finanziellen Beziehungen. Für integrativ geführte (Finanz-) Konzerne kommt seit der *Metaleurop*-Rechtsprechung des Kassationsgerichtshofs[1260] andererseits noch eine weitere Einschränkung hinzu. Hiernach kann die Voraussetzung der aus subjektiver Sicht zu beurteilenden „Anomalie" *(caractère anormal)* der Vermögensverschiebungen auszuschließen sein, wenn sie ein für solche Konzerne typisches Normalmaß an Nachteilszufügungen nicht in planmäßiger Weise überschreiten. Beide Einschränkungen wurden als Stärkung des konzernrechtlichen Trennungs- und Rechtsträgerprinzips im französischen Recht verstanden. Sie waren außerdem notwendig, um die Verfahrenserstreckung wegen anormaler finanzieller Beziehungen von der sich tatbestandlich teils überschneidenden Haftungsklage der *responsabilité pour insuffisance d'actif*[1261] abzugrenzen. In nunmehr von einer Verfahrenserstreckung ausgeschlossenen Sachverhalten wird somit durchaus eine Haftung nach dieser Klage ermöglicht.

Praktisch ist die Verfahrenserstreckung wegen anormaler finanzieller Beziehungen heute größtenteils in Betriebsaufspaltungen anzutreffen[1262]; vor der *Metaleurop*-Rechtsprechung verblieb für sie auch ein durchaus weitreichender Anwendungsbereich in größeren Konzernen. Dieser Anwendungsbereich dürfte sich hierfür seitdem auf absolute Ausnahme- und Missbrauchsfälle reduzieren lassen.

[1259] So die umfassende Definition von *Pérochon*, Entreprises en difficulté, Rn. 336: „...il correspond à des transferts patrimoniaux effectués par action ou abstention, mais, en toute hypothèse, sans justification, ayant entraîné un déséquilibre patrimonial significatif..."; ähnlich *Pétel*, Procédures collectives, Rn. 89. Zu alledem bereits oben, B. II. 3. b).

[1260] Hierzu ausführlich oben, B. II. 3. b) dd) f.

[1261] Zu dieser unter rechtsvergleichenden Gesichtspunkten unten, § 5 A. VI.

[1262] Siehe zu dieser Fallgruppe im Rahmen der *relations financières anormales* oben, B. II. 3. b) bb).

b) Vergleich mit dem deutschen Rechtsinstitut der Existenzvernichtungshaftung

aa) Funktionale Überschneidungen mit anderen Rechtsinstituten

Trotz der tatbestandlichen Überschneidungen zwischen Verfahrenserstreckung wegen anormaler finanzieller Beziehungen (Art. L. 621-2 Abs. 2 C. com.) und *responsabilité pour insuffisance d'actif* (Art. L. 651-1 ff. C. com.) für beherrschende Gesellschaften als faktische Geschäftsführer[1263] werden die rechtsvergleichenden Überlegungen hier der Übersichtlichkeit halber direkt in Bezug zu den einzelnen Tatbeständen des französischen Rechts dargestellt, welche eine Überschreitung von Rechtsträgergrenzen in der Konzerninsolvenz erlauben. Die beiden Rechtsinstrumente ähneln sich in funktioneller Hinsicht, da sie beide an Vermögensabflüsse zugunsten anderer Rechtsträger anknüpfen[1264]. Die Unterscheidung zwischen beiden Rechtsgrundlagen erfolgt, wie bereits einleitend festgestellt[1265], unter anderem anhand der Schwere der festgestellten Verstöße: Sind diese nicht grob oder systematisch genug, um eine Verfahrenserstreckung etwa gegenüber einer beherrschenden Gesellschaft zu rechtfertigen, prüfen französische Richter im Normalfall ebenso, ob diese nicht als faktische Geschäftsführerin nach Art. L. 651-1 ff. C. com. für eventuell vorhandene Massefehlbeträge haftbar gemacht werden kann. Im deutschen Recht existiert hingegen kein der Verfahrenserstreckung entsprechender Tatbestand[1266] für schwerste Verstöße gegen die vermögensrechtliche Integrität von Rechtsträgern. Aufgrund dieses großen konzeptionellen Unterschieds zwischen den beiden Rechtsordnungen erscheint es an dieser Stelle sachgerecht, die im deutschen Recht für solche schweren Verstöße vorgesehenen Regeln sowohl der Verfahrenserstreckung wegen anormaler finanzieller Beziehungen als auch der *responsabilité pour insuffisance d'actif* gegenüberzustellen[1267].

1263 Hierzu unten § 5 A.

1264 Die *responsabilité pour insuffisance d'actif* erlaubt allerdings im Rahmen ihres als Generalklausel gefassetn Begriffs des Managementfehlers *(faute de gestion)* zur Begründung des Tatbestands weit darüber hinausgehende, das Vermögen der Gesellschaft beeinträchtigende Handlungen. Hierzu ausführlich unten, § 5 A. III. 1. b) bb).

1265 Siehe soeben oben, a).

1266 Zur Ablehnung materieller Konsolidierungslösungen im deutschen Recht bereits oben, I.

1267 Weitere rechtsvergleichende Anmerkungen zur *responsabilité pour insuffisance d'actif* unten § 5 A. VI.

bb) Darstellung der Existenzvernichtungshaftung auf Grundlage von § 826 BGB seit dem Trihotel-Urteil des BGH vom 16.07.2007 – Unterschiede und Gemeinsamkeiten

Wie auch bei den anderen rechtsträgerübergreifenden Haftungstatbeständen, die im französischen Recht größtenteils insolvenzspezifisch ausgerichtet sind, haben sich für ähnliche Tatbestände im deutschen Recht auf allgemeineren Regeln fußende Haftungsgrundlagen entwickelt. Die Fallgruppe schwerer Verstöße gegen die vermögensrechtliche Selbständigkeit von (Konzern-) Gesellschaften stellt diesbezüglich keinen Ausnahmefall dar. Allerdings war die Problematik „existenzvernichtender Eingriffe", so die deutsche Bezeichnung der Problematik, mangels eindeutiger gesetzlicher Regeln einer wechselhaften Rechtsprechungsentwicklung unterworfen, bevor sie den heute geltenden Lösungsweg erreichen konnte[1268].In seiner *Trihotel*-Entscheidung vom 26.06.2007[1269] kam der BGH zum heute geltenden Haftungskonzept der Haftung für existenzvernichtende Eingriffe auf der tatbestandlichen Grundlage von § 826 BGB[1270].

(1) Telos und Voraussetzungen

Diese Haftungsgrundlage hat sich von ihrer ursprünglich konzernrechtlichen Prägung nunmehr vollständig abgelöst, auch wenn die Schädigung von Gesellschaften gerade bei in Konzernorganisationen beherrschten Rechtsträgern besonders häufig vorkommen[1271]. Ebenso hat die Veränderung der dogmatischen Grundlage zur Folge, dass sie sich im Grundsatz auf GmbH als geschädigte Rechtsträger beschränkt: Nach der überzeugenden Ansicht finden weder Regeln zum qualifiziert-faktischen Konzern noch der Existenzvernichtungshaftung Anwendung auf die Aktiengesellschaft. Vielmehr sind derartige Sachverhalte bei Aktiengesellschaften über eine Anwendung der konzernrechtlichen Ausgleichsnorm des § 317 AktG gegebenenfalls unter Gewährung von Beweiserleichterungen zum Vorliegen eines Schadens zu lösen.[1272] Dieses Auseinanderfallen des persönlichen Anwendungsbereichs der Regeln in Bezug auf

---

[1268] Zu dieser bereits oben, 2. d).

[1269] 16.07.2007 – II ZR 3/04, NJW 2007, 2689; seitdem bestätigt in BGH 28.04.2008 – II ZR 264/06, BGHZ 176, 204, 209 ff. *(Gamma)*; BGH 09.02.2009 – II ZR 292/07, BGHZ 179, 344, 349 ff. *(Sanitary)*; BGH 23.04.2012 – II ZR 252/10, BGHZ 193, 96, 99 ff.; BGH 21.02.2013 – IX ZR 52/10, ZIP 2013, 894, 895 ff.

[1270] BGH 16.07.2007 – II ZR 3/04, NJW 2007, 2689, 2691. Zur systematischen Einordnung als Fallgruppe von § 826 BGB *Kroh*, Der existenzvernichtende Eingriff, S. 29 ff.; ausführlich zu Voraussetzungen und Rechtsfolgen dieser neuen Haftungsgrundlage ebenda, S. 62 ff.

[1271] *Altmeppen*, in: Roth/ Altmeppen, GmbHG, Anhang § 13 Rn. 165.

[1272] Zu alledem oben, 2. d) bb).

die geschädigte Gesellschaft stellt einen wichtigen Unterschied zum französischen Recht der Verfahrenserstreckung dar, die als insolvenzrechtliches Instrument sämtliche Gesellschaftsformen betreffen kann.

Doch auch darüber hinaus fallen bei näherer Betrachtung der Existenzvernichtungshaftung nach dem *Trihotel*-Urteil weitreichende Unterschiede in gesetzgeberischen Zielen wie auch ihrer Umsetzung auf.

Zwar verfolgt der BGH mit diesem Haftungsinstitut ein mit dem der Verfahrenserstreckung wegen *relations financières anormales* im Grundsatz vergleichbares Ziel, nämlich eine „Ausplünderung" von Gesellschaften zu verhindern und eine über die Kapitalschutzregeln in §§ 30, 31 GmbHG hinausgehende „Entnahmesperre" für das der Haftung dienende Kapital der GmbH einzurichten[1273]. Darüber hinaus werden die Unterschiede zwischen den beiden Regelungen aber schon in der Definition der Haftungsgrundsätze deutlich. So stellt die Haftung für existenzvernichtende Eingriffe nach den im *Trihotel*-Urteil entwickelten Leitlinien eine „Verantwortlichkeit des Gesellschafters im Falle kompensationsloser, zur Insolvenz führender – oder diese vertiefender – Eingriffe in das auch als Haftungsfonds für die Gläubiger dienende Gesellschaftsvermögen"[1274] dar. Mithin handelt es sich – ähnlich wie der französische Haftungstatbestand der *responsabilité pour insuffisance d'actif*[1275] – um eine Haftung wegen der Verletzung einer „als Verhaltenspflicht auferlegte(n) Rücksichtnahmepflicht als das systemimmanente normative Korrelat der Instrumentalisierung der GmbH als haftungsbegrenzende Institution"[1276]. Aufgrund ihrer Einordnung als Fallgruppe der Deliktshaftung für vorsätzliche sittenwidrige Schädigungen – auch aus Sicht des BGH trotz dieser Anknüpfung ein Fall richterlicher Rechtsfortbildung[1277] –, setzt der Tatbestand neben der Entnahme von Vermögensgegenständen aus dem Haftungskapital durch Gesellschafter auch mindestens einen Eventualvorsatz in Bezug auf die Tatsachen voraus, welche einen sittenwidrigen Eingriff begründen. Die Sittenwidrigkeit werde wiederum dadurch begründet, dass es auf die Gläubigerschädigung angekommen sei oder, wenn dies eine „voraussehbare Folge des Eingriffs" sei, welche der Handelnde „billigend in Kauf genommen" habe[1278].

1273 BGH 16.07.2007 – II ZR 3/04, NJW 2007, 2689, 2690, 2692. Wie der BGH ebenda klarstellt, wird die vorher beschriebene Subsidiarität des Tatbestands gegenüber §§ 30, 31 GmbHG ausdrücklich aufgegeben. Zu diesen Kapitalschutzregeln im Überblick unten, § 5 D. I. 3. a).; ausführlich zu den Wechselwirkungen zwischen GmbH-Kapitalschutz und Existenzvernichtungshaftung *Kroh*, Der existenzvernichtende Eingriff, S. 29 ff.

1274 BGH 16.07.2007 – II ZR 3/04, NJW 2007, 2689, 2691.

1275 Siehe unten, § 5 A.

1276 BGH 16.07.2007 – II ZR 3/04, NJW 2007, 2689, 2691; dort wird allerdings auch betont, dass dieser Grundsatz bereits für Vorgängerregeln galt.

1277 BGH 16.07.2007 – II ZR 3/04, NJW 2007, 2689, 2691.

1278 BGH 16.07.2007 – II ZR 3/04, NJW 2007, 2689, 2692.

Obwohl auch die Verfahrenserstreckung wegen anormaler finanzieller Beziehungen die etwa einem beherrschenden Unternehmen zurechenbare Vornahme unausgeglichener Eingriffe in das Gesellschaftsvermögen eines anderen Rechtsträgers voraussetzt, weichen doch die sonstigen teleologischen Überlegungen wie auch die Voraussetzungen stark voneinander ab. So hat sich der Tatbestand der *relations financières anormales* aus dem der Vermögensvermischung entwickelt, unter welchen dieser auch nach der Einführung des Art. L. 621-2 Abs. 2 C. com. weiterhin subsumiert wird. Nach wie vor sind „anormale finanzielle Beziehungen" im französischen Recht daher als Vermögensvermischung im weiten Sinne zu verstehen. Der BGH unterscheidet im *Trihotel*-Urteil hingegen ausdrücklich zwischen Existenzvernichtungshaftung und Vermögensvermischung[1279], auch wenn dieser Durchgriffshaftungstatbestand im deutschen Recht ohnehin in einem wesentlich engeren Sinne verstanden wird[1280]. Aus diesem Grunde ist die Verfahrenserstreckung wegen anormaler finanzieller Beziehungen konzeptionell viel weniger am Vorliegen eines konkreten Schadens der betroffenen Gesellschaft orientiert, sondern vielmehr an einer Auffüllung der Haftungsreserven zugunsten der durch die Finanzflüsse geschädigten Gläubiger. Obwohl gewisse subjektive Anhaltspunkte auch bei der Verfahrenserstreckung wegen anormaler finanzieller Beziehungen berücksichtigt werden – so ergibt sich die Möglichkeit zur Rechtfertigung der Finanzflüsse aus einer subjektiven Perspektive –, handelt es sich im Ergebnis doch viel eher um eine Zustands- bzw. Verursachungshaftung[1281] für eine Situation „materieller Verflechtung" *(imbrication matérielle)*. Es werden weder ein Verschulden im engeren Sinne noch eine Kausalität der Entnahme von Vermögensgegenständen für die Zahlungsunfähigkeit des betroffenen Rechtsträgers verlangt. Auch dies lässt die Existenzvernichtungshaftung eher als Verwandte der *responsabilité pour insuffisance d'actif* erscheinen als ein mit der Verfahrenserstreckung vergleichbares Rechtsinstrument.

(2) Rechtsfolgen und Geltendmachung von Haftungsansprüchen

Die wohl wichtigste Neuerung im *Trihotel*-Urteil im Vergleich zu vorherigen Lösungen der Rechtsprechung[1282] lag in der Ausgestaltung der Rechtsfolgen der Existenzvernichtungshaftung. So schloss der BGH für diesen Fall eine direkte, Dritten zustehende Durchgriffshaftung aus und führte vielmehr das Konzept einer Innenhaftung der betroffenen Gesellschaft gegenüber den die Schädigung zurechenbar verursachenden Gesellschaftern ein. Dies wird dadurch

---

[1279] BGH 16.07.2007 – II ZR 3/04, NJW 2007, 2689, 2691.

[1280] Hierzu bereits oben, 3. b).

[1281] Eine solche wird vom BGH ausdrücklich abgelehnt, da sie über das Ziel einer Lückenschließung für die in §§ 30, 31 GmbHG auftretende Schutzlücke hinausgehen würde, BGH 16.07.2007 – II ZR 3/04, NJW 2007, 2689, 2692 f.

[1282] Zu diesen bereits oben, 2. d).

begründet, dass es sich bei der Existenzvernichtungshaftung um eine Ergänzung der Kapitalschutznormen in §§ 30, 31 GmbHG handele[1283] und die Gesellschaft selbst als Geschädigte des Eingriffs zu sehen sei, während die Gläubiger nur eine indirekte Schädigung über sich ergehen zu lassen hätten[1284]. Ein im Sinne der Existenzvernichtungshaftung ausgleichsfähiger Schaden liege außerdem nur dann vor, wenn eine Rückgewähr der entnommenen Beträge nach § 31 GmbHG eine Insolvenz nicht beseitigen könne[1285]. Innerhalb eines Insolvenzverfahrens könne der der insolventen Gesellschaft zustehende Anspruch durch den Insolvenzverwalter zugunsten der Masse geltend gemacht werden; außerhalb eines Insolvenzverfahrens müssten einzelne Gläubiger hingegen den „Umweg" über einen Titel gegen die Gesellschaft und eine Pfändung und Überweisung des Haftungsanspruchs gegenüber den betroffenen Gesellschaftern gehen. Ähnlich wie bei §§ 30, 31 GmbHG stehe dem einzelnen Gläubiger darüber hinaus keine eigene Forderungszuständigkeit zu, was mit dem für die GmbH in § 13 Abs. 2 GmbHG zugrunde gelegten Trennungsprinzip begründet wird.[1286]

Auch diesbezüglich werden die konzeptionellen Unterscheide zwischen Existenzvernichtungshaftung und Verfahrenserstreckung wegen anormaler finanzieller Beziehungen deutlich. So handelt es sich bei der Verfahrenserstreckung im Gegensatz zur *responsabilité pour insuffisance d'actif* gerade nicht um einen Schadensersatzanspruch. Die Lösung über die Rechtsfolge einer Erstreckung eines laufenden Rettungs-, Sanierungs- bzw. Liquidationsverfahrens bedarf keines Schadensbeweises; sie soll vielmehr möglicherweise auf Gläubigerseite durch die Vermögensabflüsse aufgetretenen Schäden im Rahmen einer pauschal ergehenden Rechtsfolge ausgleichen und etwa eine masselose oder -arme Insolvenz zugunsten der Gläubiger verhindern. Auch die Verfahrenserstreckung, die an die Eröffnung eines entsprechenden Verfahrens gebunden ist, kann jedoch nicht durch einen einzelnen Gläubiger beantragt werden, sondern nur von Verfahrensorganen und dem Gläubiger selbst[1287].

c) Rechtsvergleichende Bewertung

Eine rechtsvergleichende Analyse der beiden Rechtsinstitute Existenzvernichtungshaftung und Verfahrenserstreckung wegen anormaler finanzieller Beziehungen zeugt von der im Bereich des Abzugs von Vermögenswerten aus

---

[1283] BGH 16.07.2007 – II ZR 3/04, NJW 2007, 2689, 2692 f.; hierzu systematisch auch ausführlich zu den Wechselwirkungen zwischen GmbH-Kapitalschutz und Existenzvernichtungshaftung *Kroh*, Der existenzvernichtende Eingriff, S. 29 ff., 45 ff.

[1284] Ebenda.

[1285] BGH 16.07.2007 – II ZR 3/04, NJW 2007, 2689, 2691.

[1286] BGH 16.07.2007 – II ZR 3/04, NJW 2007, 2689, 2693.

[1287] S., auch zu den seltenen Ausnahmen von diesem Grundsatz oben, B. III. 1.

Rechtsträgern grundlegend unterschiedlichen Schwerpunktsetzung im deutschen und französischen Recht. Die Grundsatzentscheidung der jeweiligen Rechtsordnung liegt in der Auswahl der zu diesem – in beiden Ländern als sanktionsbedürftig erkannten und ähnlich definierten – Tatbestand passenden Rechtsfolgen. Da das deutsche Recht Verfahrenserstreckungen aus grundsätzlichen Erwägungen ablehnt, bleiben als weniger einschneidende Möglichkeiten zur Überwindung des Rechtsräger- und Trennungsprinzips[1288] sowohl eine direkte Außenhaftung der Gesellschafter gegenüber Gläubigern als auch eine Innenhaftung derselben gegenüber der Gesellschaft. Beide Möglichkeiten wurden vom BGH in der lang andauernden Rechtsprechungsentwicklung in Erwägung gezogen[1289]. Durchgesetzt hat sich mit dem *Trihotel*-Urteil und seinen Nachfolgern die zweite Option. Dies kann ebenfalls als eine Weichenstellung zugunsten des auch im *Trihotel*-Urteil erwähnten Grundsatzes der Haftungstrennung bzw. des Rechtsträgerprinzips[1290] verstanden werden. Sowohl die Einordnung als Verhaltenshaftung als Fallgruppe des § 826 BGB mit Vorsatz- und Sittenwidrigkeitserfordernis als auch die Verlagerung in einen Innenhaftungstatbestand lassen die Existenzvernichtungshaftung im deutschen GmbH-Recht als vergleichsweise gesellschafterfreundlich erscheinen.

Die einzige konzeptionelle Gemeinsamkeit der beiden verglichenen Rechtsinstrumente liegt somit in ihrer herausragenden Stellung als schwerstmöglichem Eingriff in das Trennungs- bzw. Rechtsträgerprinzip für den Fall ungerechtfertigter Vermögensverschiebungen zu den mit der Sanktion belegten Gesellschaftern – dies allerdings unter den soeben beschriebenen, grundverschiedenen Vorzeichen.

Das französische Recht hält über diese folgenschwerste Haftungsmethode hinaus allerdings noch weitere Möglichkeiten des Zugriffs auf beherrschende Gesellschaften bereit, die etwa mit der *responsabilité pour insuffisance d'actif* für weniger intensive Fälle immer noch eine Außenhaftung vorsehen[1291]; die Innenhaftung der BGH-Rechtsprechung zu existenzvernichtenden Eingriffen stellt hingegen bereits das *summum* im Haftungsarsenal des deutschen Rechts dar[1292]. Aus alledem ergibt sich ein wesentlich erhöhter Schutz des Rechtsträger- und Trennungsprinzips im deutschen bzw., umgekehrt, ein wesentlich größeres Haftungsrisiko für extreme Missbrauchsfälle im französischen Recht.

[1288] Zum Spektrum der Möglichkeiten zur Überwindung oder Anpassung von Rechtsträgerprinzip und Haftungstrennung in Konzernsachverhalten bereits oben, E. II. 1. c).

[1289] Siehe oben, 2. d).

[1290] Siehe BGH 16.07.2007 – II ZR 3/04, NJW 2007, 2689, 2693.

[1291] Hierzu rechtsvergleichend unter § 5. A. VI.

[1292] Abgesehen von der nach richtiger Ansicht als Außenhaftung zu qualifizierenden Haftung für materielle Unterkapitalisierungen, die jedoch vom Grundsatz her umstritten ist – siehe unten, § 5 A. VI. 2. b) – und der äußerst selten vorkommenden Durchgriffshaftung wegen Vermögensvermischungen, siehe oben, 3. b).

Auch hier können allerdings die bereits erwähnten[1293] Erwägungen zu einem Zusammenspiel mit vorinsolvenzlichen bzw. haftungsfremden Regeln im deutschen Recht hier zu einer leicht relativierten Sicht beitragen; die grundsätzliche Weichenstellung des deutschen Rechts zugunsten einer Zurückdrängung von Durchgriffshaftungstatbeständen bleibt aber offensichtlich. Das französische Recht setzt hingegen auch hier stärker auf eine mögliche Sanktion von Fehlverhalten und, nicht zuletzt, einen entsprechenden Abschreckungseffekt, um das Gesellschaftsvermögen vor Eingriffen zu schützen.

Interessant ist es schließlich noch festzustellen, dass das französische Recht trotz der großen konzeptionellen Unterschiede im Rahmen der Auslegung der Voraussetzungen des Art. L. 621-2 Abs. 2 C. com. Wertungen berücksichtigt hat, die auch dem deutschen Konzernrecht zueigen sind. So lässt sich aus der Einschränkung des Tatbestands der *relations financières anormales* in der *Metaleurop*-Rechtsprechung eine Toleranz gegenüber vordergründig als Nachteilszufügungen verstandenen Verhaltensweisen ersehen, die im Konzernbereich typisch sind – sofern für die geschädigte Konzerngesellschaft ein eigenes Interesse an der Handlung einer beherrschenden Gesellschaft ersichtlich wird. Zwar kommt es im französischen Recht auch hier nicht zu einem einklagbaren Anspruch auf Nachteilsausgleich; dennoch wurden ähnliche Wertungen wie in §§ 301 ff. AktG im Grundsatz übertragen.

F. Gesamtbewertung der Verfahrenserstreckung und ihrer Anwendungsperspektiven

Sowohl in Deutschland als auch in Frankreich kommt man trotz großer Unterschiede im Detail zu einer identischen Schlussfolgerung: Die „Insolvenz des Konzerns als solchem [...] gibt [...es] nicht“[1294]. Weder erlaubt das konzerninsolvenzrechtlich zurückhaltend eingestellte deutsche Recht Abweichungen von § 11 InsO, noch verleiht das französische Recht durch die Verfahrenserstreckung nach Art. L. 621-2 Abs. 2 C. com. Konzernen eine eigene Insolvenzfähigkeit. Die Regeln der Verfahrenserstreckung dienen im französischen Recht vielmehr zwei unabhängig voneinander erreichbaren Zielen: Zunächst und vornehmlich werden sie als Instrument einer Haftungsrealisierung in Fällen gesellschaftsrechtlicher Anomalien verwendet; darüber hinaus möchte sie der Gesetzgeber aber auch mehr und mehr im Sinne einer größeren Verfahrenseffizienz insbesondere bei Sanierungsfällen eingesetzt sehen.

[1293] Siehe oben II. 2.

[1294] *Hirte*, in: FS-Schmidt, S. 641, 642.

I. Bewertung des Französischen Rechts der Verfahrenserstreckung in ihrem heutigen Entwicklungsstand

1. Zielsetzungen und Rechtfertigungsansätze für das Bestehen einer Verfahrenserstreckung im französischen Recht als Bewertungsmaßstab

Wie schon einleitend herausgearbeitet, handelt es sich bei der Verfahrenserstreckung um einen Tatbestand, der sich zunächst durch richterliche Rechtsfortbildung, dann jedoch zunehmend durch gesetzgeberische Interventionen fortentwickelt hat. Jedoch bereits an der geringen Detailtiefe der heutigen Rechtsgrundlage des Art. L. 621-2 Abs. 2 C. com lässt sich ablesen und durch einen Blick auf die Regelungshistorie bekräftigen, dass es der Gesetzgeber hierin bei einer Bestätigung des in jahrzentelanger Rechtsfortbildung entwickelten Richterrechts belässt. Diese Form der Rechtsentwicklung erschwert die Suche nach einer eindeutigen Zielsetzung dieses Rechtsinstruments, anhand derer eine Bewertung der Verfahrenserstreckung und ihrer rechtlichen sowie praktischen Auswirkungen erfolgen könnte: Die inzwischen zahlreich vorhandenen Begründungsansätze für die Entstehung und weitere Fortgeltung dieses Instituts bis ins aktuell geltende *droit des entreprises en difficulté* können nicht darüber hinwegtäuschen, dass sie sich auf ein in seinen Grundzügen etwa ein Jahrhundert altes Instrument beziehen, dessen in den *Mary-Raynaud-* und *Vidal-*Entscheidungen des Kassationsgerichtsofs[1295] gelegenen Ursprünge eher in der Zielsetzung einer sachgemäßen Bewältigung von Einzelfällen als der Herausbildung einer strengen dogmatischen Grundlage zu suchen sind. Nicht einfacher machen es dabei die notorisch knapp gehaltenen Urteilsgründe von Entscheidungen des Kassationsgerichtshofs.

a) Wiederherstellung von Rechtsträgervermögen bei Missbräuchen der Rechtspersönlichkeit im Interesse der Gesamtheit der Gläubiger

Die – nachträglich erfolgten – Erklärungsversuche des Kassationsgerichtshofs[1296] zeugen von wohlwollendem Pragmatismus, der sich mit dem in Frankreich allgemein bestehenden Konsens deckt, Wirksamkeit und Verfassungsgemäßheit der Verfahrenserstreckung nicht ernsthaft in Zweifel zu stellen: Um die durch eine Verfahrenserstreckung erfolgenden, teils erheblichen Grundrechtseingriffe zu rechtfertigen, weist der Gerichtshof auf den aus seiner Sicht legitimen Zweck hin, im Falle von Missbräuchen der Rechtspersönlichkeit zu einer Wiederherstellung des Vermögens beizutragen[1297]. Die Verfahrenserstreckung dient nach diesem Erklärungsansatz der Rückführung von entzogenen Vermögensgegenständen als den Gläubigern zustehendes Haftungskapital,

---

[1295] Siehe oben, § 3 A.

[1296] Hierzu oben, A. I.

[1297] So in Cass. com. 08.10.2012, Revisionsnummer 12-40058, Rev. sociétés 2012, 728.

welches zur erfolgreichen Durchführung eines Rettungs-, Sanierungs- und insbesondere Liquidationsverfahrens vonnöten ist. Nach dieser Denklogik vollzieht die Verfahrenserstreckung im Ergebnis in Bezug auf die Ausmaße der *procédure collective* nur das nach, was ohnehin durch die Erfüllung der sie auslösenden Tatbestandsmerkmale faktisch herbeigeführt worden ist. Sie erfolge damit, so der Kassationsgerichtshof bereits in einer früheren Entscheidung, „im Interesse der Gesamtheit der Gläubiger“[1298] – zumindest der Gläubiger des durch die Erfüllung eines der Tatbestandsmerkmale geschädigten Rechtsträgers. Angewendet auf den Konzern lässt sich aus dieser Warte argumentieren: „Die Vervielfältigung der juristischen Personen [durch die Gründung von Konzernen, d. Verf.] sowie die beschränkte Haftung des Gesellschafters verschieben den Großteil des unternehmerischen Risikos auf die Gläubiger. Diese Belastung nötigt dazu, sie besser zu schützen. Die Sanktion liegt in der Aufhebung der Haftungsbeschränkung. Der Konzern muss das Risiko tragen, das der Gläubiger nicht hätte erfahren dürfen.“[1299] Die Verfahrenserstreckung wird damit als ein Tatbestand verstanden, der gegen das Interesse der Gläubiger eines Rechtsträgers gerichtete Vermögensverschiebungen rückgängig macht und so die ursprüngliche Vermögensbindung des Haftungskapitals wiederherstellt.

b) Fehlender Gutglaubensschutz und Konsequenzen für Gläubiger einbezogener Rechtsträger

Dieser Begründungsansatz lässt freilich eine wichtige Interessengruppe außen vor: die Gläubiger des die schädigende Handlung ausübenden Rechtsträgers, der in das Verfahren einbezogen wird, womöglich ohne sich selbst in wirtschaftlichen Schwierigkeiten zu befinden. Mangels jeglicher Form von Gutglaubensschutz[1300] befinden sich diese Gläubiger in einer „grauenvollen Situation“: „Obwohl sie volles Vertrauen in ihren Schuldner hatten“ konkurrieren sie nunmehr mit den Gläubigern eines im schlimmsten Falle liquidationswürdigen Rechtsträgers, „nahezu von einem auf den anderen Tag, ohne, in manchen Fällen, die notwendigen Maßnahmen treffen zu können, die eine normale

---

[1298] Cass. com. 16.03.1999, Revisionsnummer 96-19537, Bull. civ. 1999, IV, S. 55, Nr. 67: „...action exercée au nom et dans l'intérêt de l'ensemble des créanciers“.

[1299] So *Pelletier*, La responsabilité au sein des groupes de sociétés en cas de procédure collective, Rn. 40: „La multiplication des personnes morales ainsi que la responsabilité limitée de l'associé transfèrent aux créanciers l'essentiel du risque d'entreprise. Cette exposition contraint à les protéger davantage. La sanction réside dans la levée du voile social. Le groupe doit supporter le risque que le créancier n'aurait pas dû connaître.“

[1300] Hierauf hinweisend und m.w.N. *Jacquemont*, Sauvegarde, redressement et liquidations judiciaires – Exploitation en commun et confusion des patrimoines, in: JCl. Com., Fasc. 2165, Rn. 75.

Vorsicht verlangen würde".[1301] Zwar mag es auf den ersten Blick folgerichtig erscheinen, in der gemeinsamen Abwicklung eines Rettungs-, Sanierungs-, oder Liquidationsverfahrens unter gemeinsamer Verwertung der Vermögen eine reine Reaktion auf die künstlich erscheinende Trennung von Rechtsträgern, ihrer Interessenssphären oder Vermögensmassen zu erkennen[1302]; warum aus diesem Grund jedoch gerade die Gläubiger von wirtschaftlich gesunden Rechtsträgern zu leiden haben, „warum...gute Unternehmen töten, um sie [gemeinsam, d.Verf.] mit schlechten behandeln zu können?"[1303] – auf diese Fragen vermag die konventionelle Rechtfertigung einer Verfahrenserstreckung im französischen Recht nicht zu antworten.

c) Weitere mögliche Zielsetzungen: Sanktion und erhöhte Verfahrenseffizienz

Nicht von der Hand zu weisen sind daher weitere, zumindest implizit mit der Verfahrenserstreckung verfolgbare Zielsetzungen, die ihr langjähriges Fortbestehen im französischen Recht ebenfalls erklären können. Allen voran ist hier an das ernst zu nehmende Potenzial der Verfahrenserstreckung als zivilrechtliche Sanktion zu denken. Zwar wird dies weder von Seiten des Gesetzgebers noch der Rechtsprechung heute noch offiziell anerkannt – war es doch gerade die Intention des Gesetzgebers, die hiermit verbundene Typenvermischung durch insolvenzrechtliche Sanktionstatbestände wie der inzwischen aufgehobenen[1304] „unechten Verfahrenserstreckungen" und der *extensions-sanctions* abzuschaffen und das „Recht der Unternehmen in Schwierigkeit" im engeren Sinn nur noch an wirtschaftliche Kriterien anknüpfen zu lassen. Doch muss die drohende Schwere der Rechtsfolgen gerade für den in das Verfahren einbezogenen Rechtsträger – etwa Mutter- oder Holdinggesellschaften – geradezu zwangsläufig zu vorauseilendem Gehorsam führen. Die Verfahrenserstreckung bleibt damit (auch) eine „Sanktionsklage"[1305]. Sie „überträgt nicht nur die Tat-

[1301] *Le Cannu*, LPA, Nr. 2002-7, 43, Rn. 36: „Alors qu'ils avaient parfaitement confiance en leur débiteur, ils se trouvent dans une situation épouvantable, presque du jour au lendemain, sans avoir pu, dans certains cas, prendre les mesures qu'une prudence normale impose."

[1302] So im Hinblick auf die Verfahrenserstreckung wegen Vermögensvermischung . *Jacquemont*, Sauvegarde, redressement et liquidations judiciaires – Exploitation en commun et confusion des patrimoines, in: JCl. Com., Fasc. 2165, Rn. 71: „...das notwendige Gegenmittel zur Feststellung der künstlichen Trennung der Vermögen als Grundlage der Verfahrenserstreckung" („...la parade nécessaire à la constatation de la séparation artificielle des patrimoines servant de fondement à l'extension de procédure").

[1303] *Le Cannu*, LPA, Nr. 2002-7, 43, Rn. 36: „Pourquoi tuer de bonnes entreprises pour pouvoir les traiter avec des mauvaises ?"

[1304] Hierzu oben, § 3 C. II. bis IV.

[1305] *Saint-Alary Houin*, Entreprises en difficulté, Rn. 460: „une action sanctionnatrice".

sache auf das Recht, sie schreckt davon ab, Aktiva willkürlich zwischen Gesellschaften des Konzerns zu verteilen"[1306]. Ihre nicht zuletzt generalpräventive Wirkung ist damit trotz allem klar zu erkennen.

Eine schließlich zumindest historisch von größerer Relevanz erscheinende Zielsetzung der Verfahrenserstreckung ist die einer Erhöhung der Verfahrenseffizienz[1307]. So ermöglicht es Art. L. 621-2 Abs. 2 C. com. durch seine Anwendung auf miteinander faktisch verwobene Rechtsträger und Konzerne, Rettungs-, Sanierungs- oder Liquidationsverfahren über die Schuldner gemeinsam abzuwickeln, die die Tatbestandsvoraussetzungen erfüllen. Wie es die inzwischen vom Kassationsgerichtshof klar abgelehnte Rechtsprechung zur „Unternehmenseinheit" *(unité d'entreprises)*[1308] gezeigt hat, kann die Verfahrenserstreckung allerdings aufgrund ihrer weitreichenden Folgen nicht ausschließlich – und aus Sicht des Kassationsgerichshofs in diesem Falle missbräuchlich – mit dem Ziel eingesetzt werden, aus Gründen der vereinfachten Verfahrensabwicklung über mehrere Rechtsträger eine Erstreckung auszusprechen. Zudem hat die Einführung von weitreichenden Pflichten zur Verfahrenskonzentration[1309] den Beteiligten häufig den Grund zum Rückgriff auf dieses auch mit vielfach ungewollten materiellen Folgen verbundene Rechtsinstitut genommen.

2. Bewertung der eine Verfahrenserstreckung auslösenden Tatbestandsmerkmale

Da die unterschiedlichen Tatbestandsmerkmale der Verfahrenserstreckung stark voneinander abweichende Sachverhalte regeln, kann eine Überprüfung der Schlüssigkeit des jeweiligen Begründungsansatzes nur für jedes Merkmal gesondert erfolgen.

a) Zum Merkmal der fictivité

Am schwersten fällt es in diesem Zusammenhang, für das Fortbestehen des Erstreckungstatbestands einer fiktiven Gesellschaft *(fictivité d'une personne*

[1306] *Pelletier*, La responsabilité au sein des groupes de sociétés en cas de procédure collective, Rn. 50: „L'extension ne calque pas seulement le fait sur le droit, elle dissuade de répartir arbitrairement les actifs entre sociétés du groupe."

[1307] Vgl. etwa *Soinne/ Kerckhove*, Traité des procédures collectives, Rn. 512; dort wird allerdings gleichzeitig darauf hingewiesen, dass prozessuale Hilfsmittel diese Zielsetzung mehr und mehr zurückdrängen.

[1308] Hierzu oben, B. II. c).

[1309] Siehe oben, § 1 C. II.

morale) zu streiten[1310]. Als ältester Erstreckungstatbestand ist dieser von den größten Widersprüchen sowohl in seinem rechtlichen Grundgerüst als auch in der praktischen Anwendung geprägt. Nimmt man den Kassationsgerichtshof in seiner Rechtfertigung der Verfassungskonformität der Verfahrenserstreckung beim Wort, soll mit diesem Tatbestandsmerkmal auf den gläubigergefährdenden Missbrauch der Rechtspersönlichkeit reagiert und die durch die Gründung einer Scheingesellschaft hervorgerufenen Konsequenzen durch die Erstreckung einer *procédure collective* rückgängig gemacht werden. Schon hierin lässt sich ein logischer Widerspruch erkennen. Möchte der Gerichtshof die Realität – das Vorliegen einer Scheingesellschaft im Dienste eines Hintermanns – an das Recht anpassen, müsste er folgerichtig auch die Nichtigkeit rechtlichen Gebildes rechtlich nachvollziehen. Stattdessen geschieht durch die Aussprache der Verfahrenserstreckung im Ergebnis ausgerechnet das Gegenteil: Dadurch, dass die Rechtsfolge der Erstreckung in der Durchführung eines gemeinsamen Verfahrens über fiktiven Rechtsträger und Hintermann besteht, erkennt die Rechtsprechung der Scheingesellschaft die ihr zugrundeliegende Fiktion rechtlich an und verleiht ihr damit eine Rechtswirkung, die ihr eigentlich nicht zustehen dürfte[1311]. Genau diese rechtliche Wirksamkeit wird der Gesellschaft allerdings gerade dann abgesprochen, wenn es zur Anwendung der gesellschaftsrechtlichen Spielart der *fictivité* kommt – ein typenvermischender Widerspruch, der nach momentan wohl geltendem Recht allein durch die Art der Antragstellung gesteuert werden kann. Es drängt sich der Verdacht auf, dass die insolvenzrechtliche *ficitivé* im Sinne von Art. L. 621-2 Abs. 2 C. com. nicht zuletzt deshalb weiterhin rege Anwendung findet, weil durch sie der Widerspruch des gesellschaftsrechtlichen Begriffs mit der Richtlinie 2017/1132/EU[1312] überwunden und das Fehlen geeigneterer Tatbestände im französischen Gesellschaftsrecht durch eine insolvenzrechtliche Lösung ausgeglichen werden kann. Dies erklärt auch den Inhalt der bereits erwähnten Urteilsformel im *GPI*-Urteil des Kassationsgerichtshofs vom 19.02.2002[1313], in der eine Antwort auf die Frage der Richtlinienkonformität der *fictivité* im Fall eines Antrags nach Art. L. 621-2 Abs. 2 C. com mit Hinweis auf die Eigenständigkeit dieses insolvenzrechtlichen Rechtsinstituts verweigert wurde.[1314]

[1310] Für eine Aufhebung dieses Tatbestandsmerkmals auch *Reille*, La notion de confusion des patrimoines, Rn. 416 ff.; *Vallansan*, RLDA Nr. 2005-80, suppl., S. 12, II. A. Zur kritischen Beurteilung dieses Merkmals und der in der französischen Literatur vorkommenden Kritikpunkte oben, B. II. 2. d).

[1311] Vgl. *Saint-Alary Houin*, in: FS-Merle, S. 637, 640.

[1312] Richtlinie (EU) 2017/1132 des Europäischen Parlaments und des Rates vom 14. Juni 2017 über bestimmte Aspekte des Gesellschaftsrechts, ABl. Nr. L 169 vom 30.06.2017, S. 46 ff.

[1313] Revisionsnummer 98-20579.

[1314] Vgl. zu alledem auch *Saint-Alary Houin*, in: FS-Merle, S. 637, 639 ff. sowie bereits oben, B. II. 2. d).

Ebenso wird durch ein Festhalten am Tatbestand der *fictivité* die Frage umgangen, welche Lösung im Falle der Nichtigkeit der Gesellschaft für Gesellschafter als natürliche Personen anwendbar wäre, die von der „Kaufmannsinsolvenz" des französischen Rechts eigentlich nicht umfasst wären[1315].

Als widerspruchsfreie Rechtfertigung der Anwendung einer Verfahrenserstreckung wegen *fictivité* bleibt damit für Situationen, in denen die sie begründenden führenden Umstände nicht gleichzeitig auch eine Vermögensvermischung bedingen[1316], nur eine abstrakte Gläubigergefährdung durch die Gründung einer Scheingesellschaft übrig. Allein dies erscheint jedoch aufgrund der zu großen und weiter fortbestehenden Widersprüche nicht überzeugend. Den Tatbestand der Verfahrenserstreckung auf eine rein vermögensrechtliche Grundlage zu stellen und Fragen des Missbrauchs der Rechtspersönlichkeit anderweitig ihrer gerechten Rechtsfolge zuzuführen, wäre daher eine dogmatisch nachvollziehbarere und vorzugswürdige Lösung für das französische Recht[1317].

b) Zum Merkmal der Vermögensvermischung (confusion des patrimoines)

Im durch Fragen einer rechtsträgerübergreifenden Verteilung von Vermögensgegenständen dominierten Tatbestand der Vermögensvermischung *(confusion des patrimoines)* haben sich in der Rechtsprechung wiederum zwei als von einander unabhängig behandelte Untertatbestände herausgebildet: die Vermögensvermischung im engeren Sinne *(confusion des comptes)* sowie die „anormalen finanziellen Beziehungen" *(relations financières anormales)*[1318]. Diese folgen derart unterschiedlichen Voraussetzungen und praktischen Anwendungsfällen, dass sie auch unabhängig voneinander zu bewerten sind.

aa) Vermögensvermischung im engeren Sinne (confusion des comptes)

Die Vermögensvermischung im engeren Sinne *(confusion des comptes)* ist das Merkmal, in welchem die Verfahrenserstreckung ihrem Grundzweck der Rückführung von Vermögensgütern im Interesse einer möglichst großen Anzahl von Gläubigern am nächsten kommt. Sind die Vermögensmassen etwa aufgrund einer fehlerhaften Buchführung vollständig miteinander verschränkt, dürfte eine Durchführung mehrerer Verfahren, in denen über die zukünftige Verwertung ebendieser Massen entschieden wird, ohnehin kaum einen Sinn ergeben und eine gemeinsame Abwicklung der Verfahren im Regelfall auch im Interesse der Gläubiger des in das Verfahren einbezogenen Rechtsträgers sein. Hier

---

1315 Hierzu bereits oben E. II. 4. c).

1316 Solche fehlenden Schnittmengen zwischen den Begriffen untersucht *Reille*, La notion de confusion des patrimoines, Rn. 411.

1317 So im Ergebnis auch *Reille*, La notion de confusion des patrimoines, Rn. 416 ff.; *Vallansan*, RLDA Nr. 2005-80, suppl., S. 12, II. A.

1318 Siehe oben, B. II. 3.

kommt auch der Vorteil einer erhöhten Verfahrenseffizienz vollständig zum Tragen: Wo eine Zuordnung der Vermögensgegenstände unmöglich oder nur mit unverhältnismäßigem Aufwand möglich erscheint – die größte Anzahl der Anwendungsfälle liegt ohnehin in kleineren Rechtsgestaltungen wie *groupes personnels* oder Betriebsaufspaltungen –, ist es folgerichtig, dem zuständigen Gericht nicht die Eröffnung und Durchführung mehrerer Verfahren zumuten zu müssen. Lediglich für den Fall, in dem die buchhalterische Konfusion nur Teile der jeweiligen Vermögensgegenstände betrifft, ist die Lösung einer zwangsläufig vollständigen Verfahrenserstreckung wenig trennscharf. Auf grobe Ungerechtigkeiten lässt sich hier aber durch die Möglichkeit reagieren, hiervon betroffene Planbestandteile in Bezug auf unterschiedliche Rechtsträger voneinander abweichend auszugestalten[1319]. Auch eine eventuelle Versuchung des betroffenen Gerichts, missbräuchlich auf eine Verfahrenserstreckung zur Verfahrensvereinfachung zurückzugreifen wird seit dem Wegfall der Möglichkeit einer Erstreckung von Amts wegen[1320] wirksam zurückgedrängt.

bb) Anormale finanzielle Beziehungen (relations financières anormales)

Die zweite Spielart der Vermögensvermischung, die „anormalen finanziellen Beziehungen" *(relations financières anormales)* werden an diesen Tatbestand über das Postulat einer „materiellen Verflechtung" *(imbrication matérielle)* der Vermögensmassen angeknüpft[1321]. Diese Verflechtung soll sich aus nicht hinreichend ausgegeglichenen und materiell ungerechtfertigten Vermögensflüssen von Rechtsträger zu Rechtsträger ergeben. Die gerichtlichen Spielräume sind hier wesentlich größer als bei der Vermögensvermischung im engeren Sinne – genauso wie die Möglichkeiten zum Missbrauch dieses Rechtsinstruments zu verfahrensfremden oder gläubigerschädigenden Zwecken: Weder muss die Vermögensverschiebung kausal für die Erfüllung der Eröffnungsvoraussetzungen eines Rettungs-, Sanierungs- oder Liquidationsverfahren sein, noch muss der Beweis eines konkreten Schadens geführt werden.

Die Rechtfertigung eines Rückgriffs auf dieses Tatbestandsmerkmal kann daher nur an den Gegebenheiten des jeweiligen Einzelfalls zu messen sein. Allgemein lässt sich jedoch feststellen, dass dieser Tatbestand, soll er einer möglichst effektiven Haftungsrealisierung im Interessse aller Gläubiger dienen, in seiner praktischen Anwendung so eingeschränkt wie möglich bleiben muss. Gerade bei Betriebsaufspaltungen – immer noch dem Hauptanwendungsfall der *relations financières anormales* – kann die Erstreckung jedoch durchaus im Interesse aller Gläubiger erfolgen. Etwa beim Rückgriff auf die

---

1319 Siehe oben, C. II. 2.
1320 Hierzu oben, A. III. 3. e) sowie B. III. 1.
1321 Siehe oben, B. II. 3. b) aa).

klassische Aufspaltung aus SCI und haftungsbeschränkter Betriebsgesellschaft[1322] kommt es vor, dass letzterer sämtliche Vermögensgegenstände entzogen werden, gleichzeitig jedoch nahezu alle Schulden gegenüber Dritten von dieser Betriebsgesellschaft zu schultern sind. In dieser Konstellation können die Gläubigervertreter *(mandataires judiciaires)* dem Mandat ihrer Gläubiger nur wirksam nachkommen, wenn ihnen durch einen Antrag auf Verfahrenserstreckung der Zugriff auch auf das (Immobiliar-) Vermögen der SCI erlaubt wird.[1323] Bei größeren, integrativ geführten Konzernen, ist das Missbrauchsrisiko der Verfahrenserstreckung wegen anormaler finanzieller Beziehungen zulasten der Gläubiger des einbezogenen Rechtsträgers jedoch ungleich höher. Ob und wie eine wirksame und für alle Gläubigergruppen effiziente Haftungsrealisierung dadurch erreicht werden kann, auf die Verschiebung einzelner Vermögensgüter durch eine vollständige Erstreckung einer *procédure collective* auf einen womöglich wirtschaftlich gesunden Rechtsträger zu reagieren, erscheint äußerst zweifelhaft. Der Kassationsgerichtshof hat daher im *Metaleurop*-Verfahren[1324] aus gutem Grund deutlich gemacht, dass eine Verfahrenserstreckung mit dieser Intention nur dann möglich sein darf, wenn qualifizierte Voraussetzungen für eine besonders tiefe „materielle Verflechtung" sprechen. Doch auch dieser Begriff bleibt dehnbar und die Gefahr einer Einbeziehung in Insolvenzverfahren für wirtschaftlich gesunde Rechtsträger besteht weiterhin.

Dass der Gerichtshof in diesen Fällen trotz der Bedenken nicht vollständig von einer Anwendung dieses Tatbestandsmerkmals abgekommen ist, lässt sich auch durch den faktisch immer noch vorhandenen generalpräventiven Effekt der Verfahrenserstreckung erklären. Die Verfahrenserstreckung hat in diesen Fallgestaltungen eine etwa mit dem deutschen Konzernrecht vergleichbare gläubigerschützende Funktion in Bezug auf die Integrität des Haftungsvermögens konzernangehöriger Rechtsträger. Riskiert eine Muttergesellschaft durch einen fehlenden Ausgleich oder eine fehlende Rechtfertigung von konzerninternen Vermögenstransfers tatsächlich womöglich die Zukunft des Gesamtunternehmens, dürfte die abschreckende Wirkung immens sein. Diese indirekt gläubigerschützende Funktion kehrt sich freilich ins Gegenteil um, sofern die Sanktion wirklich in die Praxis umgesetzt wird und die Gläubiger einer wirtschaftlich gesunden, beherrschenden Gesellschaft im schlimmsten Fall die Folgen eines Liquidationsverfahrens über ihren Schuldner zu tragen haben[1325]. Würde diese Form der Verfahrenserstreckung zu weit ausgelegt, hätte man es tatsächlich mit einer Form zivilrechtlicher Generalprävention zulasten Dritter zu tun. Bleibt sie, wie es der Kassationsgerichtshof seit *Metaleurop* regelmäßig

---

1322 Siehe hierzu oben, B. II. 3. b) bb) f.

1323 So *Le Corre*, D. 2002, 1122.

1324 Hierzu oben, B. II. 3. b) cc) f.

1325 Vgl. *Saint-Alary Houin*, Entreprises en difficulté, Rn. 460.

anmahnt[1326], die große Ausnahme, ist dieses potenzielle Sonderopfer aus französischer Sicht jedoch gerechtfertigt, um Konzernen zum Schutz von Gläubigern nicht einen starren Organisationsrahmen – etwa des dort kritisch beurteilten deutschen Konzernrechts[1327] – aufbürden zu müssen. Fehlende konkrete Anhaltspunkte, mit denen eine Verfahrenserstreckung im Konzern vermieden werden kann, sind bewusst Teil dieses Systems[1328], welches die Flexibilität über die Rechtssicherheit stellt.

Schließlich sollte der Gedanke nicht unterschlagen werden, dass die Möglichkeit einer Verfahrenserstreckung insbesondere wegen anormaler finanzieller Beziehungen auch die Verhandlungspositionen der *Stakeholder* in einer Konzerninsolvenz beeinflusst, die einen entsprechenden Erstreckungsantrag stellen oder auf seine Stellung hinwirken können. Dies scheint in bestimmten Situationen im Sinne des französischen Gesetzebers zu sein, der das „Recht der Unternehmen in Schwierigkeit" bewusst – und manchmal über Gebühr – als ganzheitliches wirtschaftspolitisches Instrumentarium[1329] ausnutzt. Besonders deutlich hat sich dieser bisweilen überbordende Eifer des Gesetzgebers anhand seiner vielfach kritisierten Entschlossenheit gezeigt, das *Petroplus*-Verfahren zu einem für Arbeitnehmer- und Umweltinteressen vertretbaren Ergebnis zu führen – und sei es auf Kosten eines Eingriffs in ein laufendes Verfahren durch die rückwirkende Einführung drastischer Sicherungsmaßnahmen für den Fall einer Verfahrenserstreckung[1330]. Es ist gut vorstellbar, dass dieses Gesetz nicht nur im Falle seiner praktischen Anwendung den Ausgang dieses Verfahrens beeinflussen sollte. Ebenso erscheint es plausibel, dass auch der Inhalt der gütlichen Einigung, die den Ausgang dieses Verfahrens letztendlich bestimmt hat, unter dem Eindruck einer möglichen Stellung eines Antrags auf Verfahrenserstreckung und aller für die Konzernmutter damit in Verbindung stehenden Folgen gestanden hat. Auch wenn die größten Kritikpunkte der *loi Petroplus* inzwischen revidiert worden sind, stellt die Möglichkeit der Stellung eines Antrags auf Verfahrenserstreckung in entsprechenden Verhandlungen über Eröffnung oder Fortgang eines Rettungs-, Sanierungs-, oder Liquidationsverfahrens einen nicht zu unterschätzenden Verhandlungsposten etwa gegenüber beherrschenden Gesellschaften dar. Die einschränkende Rechtsprechung des Kassationsgerichtshofs in Bezug auf die materiellen Voraussetzungen eines solchen Antrags vermag dies nicht zu verhindern: Einerseits bestehen auch nach heute geltendem Recht noch folgenschwere Möglichkeiten zur Aussprache von Sicherungsmaßnahmen gegenüber dem möglichen Ziel eines solchen Antrags, andererseits sind die Folgen einer Verfahrenserstreckung selbst bei einer nur

---

[1326] Siehe oben, B. II. 3. b) cc) f.
[1327] Hierzu oben, § 1 B. I.
[1328] Siehe jedoch zu groben Anhaltspunkten oben, B. II. 3. c).
[1329] Siehe oben, § 1 A. II. 1.
[1330] Zu diesem Zusammenhang oben, B. III. 6.

geringen Erfolgschance so drastisch, dass sie noch immer in entsprechenden Verhandlungen ernstgenommen werden müssen.

3. Untauglichkeit der heutigen Verfahrenserstreckung als Hilfsmittel zur nachhaltigen Sanierung von Konzerngesellschaften

Lassen sich somit zumindest für manche Ausprägungen der Verfahrenserstreckung in der Systematik des französischen „Rechts der Unternehmen in Schwierigkeit" nachvollziehbare dogmatische wie auch rechtspraktische Rechtfertigungsansätze finden, kann die Umsetzung der vom Gesetzgeber nach eigener Aussage verfolgten Zielsetzung einer Verfahrenserstreckung zur erleichterten rechtsträgerübergreifenden Sanierung im Ergebnis nicht überzeugen. Diese mit dem allgemeinen Zweck des *droit des entreprises en difficulté* zusammenhängende[1331] Perspektive wurde durch den Gesetzgeber selbst mit der Verfahrenserstreckung verknüpft, als er dieses Instrument zunächst für das vorinsolvenzliche Rettungsverfahren einführte und daraufhin durch ein Antragsrecht durch den Schuldner untermauerte[1332].

Gerade in dem nach Art. L. 621-2 Abs. 2 C. com. ausschließlich möglichen Anknüpfen an die Tatbestandsmerkmale von *fictivité* und beiden Spielarten der Vermögensvermischung – letztere seit *Metaleurop* bei Konzernen ohnehin auf besondere Ausnahmefälle reduziert – liegt jedoch das große dogmatische Problem von Sanierungslösungen durch materielle Konsolidierung. Wie bereits oben[1333] ausführlich erläutert, passen diese im Grundsatz als Sanktionstatbestände ausgelegten Merkmale nicht auf eine für den Schuldner günstige und womöglich durch ihn zu beantragende Sanierungslösung. Wie es *Barbièri* schon 1996 zutreffend formulierte, ist „die Erstreckung insgesamt in die Vergangenheit gerichtet; sie eignet sich nicht, um Schwierigkeiten von Unternehmen zu behandeln noch ihre ‚Rettung' zu gewährleisten: Die rechtlichen Anordnungen im Hinblick auf die Zukunft von Unternehmen in Schwierigkeit – ‚Sanierung', ‚Fortführung' – sind nicht an sie angepasst"[1334]. Im Gegenteil machen sie durch das Risiko einer „Ansteckung" wirtschaftlich gesunder Rechtsträger und der damit unsicheren Verfahrensbandbreite den Rückgriff gerade auf das möglichst frühzeitig zu beantragende Rettungsverfahren wesentlich unattraktiver und konterkarieren damit im Ergebnis den wichtigsten Zweck der *loi de sauvegarde*[1335].

1331 Siehe oben, § 1 A. II. 1.

1332 Hierzu bereits ausführlich oben, B. I. 2. b).

1333 B. I. 2. b).

1334 *Barbièri*, LPA, Nr. 1996-129, 9, I. B.: „En somme, l'extension est tournée vers le passé ; elle n'a aucune vocation à traiter les difficultés des entreprises ni à assurer leur ‚sauvetage': les dispositions légales visant l'avenir des entreprises en difficulté – ‚redressement', ‚continuation'– lui sont inadaptées."

1335 So auch *Roussel Galle/ Bourbouloux/ Couturier*, LPA, Nr. 2010-80, Rn. 12.

Wenn der französische Gesetzgeber die Vorteile materieller Konsolidierungslösungen im Einzelfall zur nachhaltigen Sanierung von Konzerngesellschaften ausnutzen möchte, kann dies nach alledem nur über die Einführung eines gesonderten Tatbestands oder eine Änderung der Tatbestandsmerkmale des Art. L. 621-2 Abs. 2 C. com. geschehen. Eine Aufhebung des ohnehin nicht mehr zeitgemäßen Merkmals der *fictivité*[1336] könnte hierfür ein erster Schritt sein; eine Entkopplung der Tatbestände der Vermögensvermischung von jeglicher Sanktionslogik ein weiterer. Eine noch konsequentere, jedoch gleichzeitig wesentlich radikalere Lösung könnte, so wird es teilweise vorgeschlagen[1337], im Rahmen eines neuen Tatbestands – zumindest in Ausnahmefällen – vom Rechtsträgerprinzip losgelöst auf den genauer zu definierenden Begriff des „Unternehmens" abstellen. Dies würde aber die momentane Systematik des französischen Insolvenzrechts trotz seiner Bezeichnung auf ein völlig neues dogmatisches Fundament stellen. Bis dahin können jedoch zumindest Effizienzprobleme bei Konzerninsolvenzen auch durch die weitreichenden prozessualen Hilfsmittel des französischen Konzerninsolvenzrechts[1338] gelöst und so auf die nachhaltige Sanierung von konzernangehörigen Rechtsträgern hingewirkt werden.

4. Zurückdrängung der Verfahrenserstreckung in Konzernen zugunsten zielgenauerer Haftungsformen

Das französische Recht bewegt sich mit der Verfahrenserstreckung nach alledem auf einem schmalen Grat. Wie soeben dargestellt, erfüllt sie – je nach angewandtem Merkmal – nicht ohne weiteres durch andere Tatbestände ersetzbare insolvenz- und gesellschaftsrechtliche Funktionen und trägt so nicht zuletzt zur Stärkung des Trennungs- und Rechtsträgerprinzips sowie zum Schutz der Gläubiger bei. Gerade ihre nicht zu unterschätzende verhaltenssteuernde Wirkung wirkt im französischen Rechtsgefüge, um die Folgen einer Konzernbildung für Gläubiger und schließlich auch die Allgemeinheit abzufedern. Wie es sich auch beim so wegweisenden *Metaleurop*-Verfahren gezeigt hat, mussten die Gerichte in diesem Fall nicht nur die Interessen aller Gläubiger, sondern auch die von Arbeitnehmern und Staat berücksichtigen, welche durch die Schließung des Betriebs auf die Finanzierung von Sozialpänen bzw. umweltrechtlicher Rückbaukosten angewiesen waren.

„Die Schwierigkeit ist es also", so beschreibt es *Jacquemont*[1339], „die Spreu vom Weizen zu trennen" und die Verfahrenserstreckung nicht so systematisch

---

1336 Hierzu soeben kritisch oben, 2.

1337 *Saint-Alary Houin*, in: FS-Merle, S. 637, Rn. 20.

1338 Siehe oben, § 1 C. II.

1339 *Jacquemont*, Sauvegarde, redressement et liquidations judiciaires – Exploitation en commun et confusion des patrimoines, in: JCl. Com., Fasc. 2165, Rn. 1: „La difficulté est

anzuwenden, dass sie das Trennungs- und Rechtsträgerprinzip in französischen Konzernen auf diese Weise wieder infrage stellen würde.

Fände eine Verfahrenserstreckung im Konzern nämlich regelmäßig aus leichtfertig gewählten Gründen statt, würde dies in der Tat das Vertrauen des Rechtsverkehrs in die Integrität der Vermögensbarrieren zwischen Rechtsträgern, welches dieses Rechtsinstitut eigentlich stärken soll, nahezu irreparabel beschädigen. Nicht überraschen kann es daher, dass im Vorfeld des Falls *Metaleurop* Konzerne sowohl französische wie auch ausländische Investoren besorgt waren, der Kassationsgerichtshof könnte über zu große Kompromisse in Bezug auf das Trennungsprinzip die Konkurrenzfähigkeit des Rechts- und Unternehmensstandorts Frankreich beeinträchtigen und die Sicherheit der bereits erfolgten Investitionen infrage stellen[1340]. Dass es hingegen zu einer einschränkenden Rechtsprechung kam, die die Verfahrenserstreckung wegen Vermögensvermischung aus dem Bereich größerer Finanzkonzerne deutlich zurückdrängte, dürfte diesbezüglich zu einiger Beruhigung beigetragen haben.

Diese Tendenz der Rechtsprechung zu dem praktisch wichtigsten Kriterium der „anormalen finanziellen Beziehungen" ist zu begrüßen. Nachdem auch die anderen Tatbestandsmerkmale nur noch in absoluten Ausnahmefällen zur Anwendung kommen, gelingt es der Rechtsprechung nunmehr, die unterschiedlichen Haftungstatbestände in eine nachvollziehbare, nach Schwere der Rechtsfolgen geordnete Hierarchie zu gliedern. In dieser stellt die Verfahrenserstreckung eine nur bei besonders schweren Verstößen gegen die Autonomie von Entscheidungen oder Vermögen einzelner Rechtsträger einzusetzende Maximalsanktion dar. Für alle anderen Fälle sind hingegen – so ist das *obiter dictum* im *Metaleurop*-Urteil zu verstehen[1341] – zielgenauere, da auf einzelne Vermögensteile oder -gegenstände beschränkte Haftungsklagen anzustrengen[1342]. Dies ist aus wirtschaftlicher Sicht einleuchtend. Wie soeben bereits hervorgehoben[1343], ist eine Verfahrenserstreckung insbesondere dann nicht mit einem Sonderopfer von Gläubigern eines der Rechtsträger im gemeinsam abzuwickelnden Verfahren verbunden, wenn die Vermögensgegenstände keinem dieser Rechtsträger eindeutig zugeordnet werden können und daher ohnehin nicht zielgenau und rechtsträgerbezogen verwertet werden könnten. In nahezu allen anderen denkbaren Fallgestaltungen ist die Verfahrenserstreckung jedoch mit

---

alors de séparer le bon grain de l'ivraie, en ne condamnant pas systématiquement les montages au point de réduire considérablement la portée tout d'abord de la personnalité morale, construction pourtant essentielle de la vie des affaires…". Kritisch in Bezug auf eine sich womöglich in jüngster Zeit andeutende liberalere Haltung der Rechtsprechung und für eine weiterhin einschränkende Auslegung insbesondere des Kriteriums der *relations financières anormales Dammann,* Bull. Joly ED Nr. 2017-3, 175, I. E. 1.f., II.

1340 Vgl. *Robine/ Marotte*, Rev. sociétés 2005, 897, Rn. 4.

1341 Siehe oben, B. II. 3. b) bb) f.

1342 Zu diesen ausführlich sogleich unten, § 5.

1343 Siehe oben, 2.

einer Vernichtung oder Wertminderung von Wirtschaftsgütern bei wirtschaftlich gesunden Unternehmen oder Forderungen ursprünglich außenstehender Gläubiger verknüpft[1344]. Gerade dies kann bei Haftungsklagen, die grundsätzlich an den Beweis mehr oder weniger konkret zu bezeichnenden Schadens anknüpfen, nicht geschehen.

Ein weiterer Grund, warum der häufigere Rückgriff auf zielgerichtete Haftungsklagen gegenüber Konzerngesellschaften zur Vergrößerung des Haftungssubstrats auch aus Sicht der Gerichte zu praxisgerechteren Lösungen führen dürfte, liegt in der fehlenden Anwendungsperspektive der Verfahrenserstreckung im EU-Ausland. Wie sich aus dem *Rastelli*-Urteil des EuGH[1345] ergeben hat, kommt eine Einbeziehung von EU-Auslandsmuttergesellschaften – wenn überhaupt – nur in absoluten Ausnahmefällen in Betracht. Anderes kann für Haftungsklagen gegen solche Gesellschaften gelten, wenn sie die Voraussetzungen der jeweiligen Klage etwa durch den Abzug von Vermögenswerten zu ihren Gunsten im Einzelfall erfüllen[1346].

Für französische Gesellschaften, die in Konzernen beherrschende Positionen einnehmen, bedeutet diese Rechtsprechung eine faktische Ungleichbe

Verfahrenserstreckung auch in Zukunft ausgesetzt sind[1347]. Dem Anreiz für Mutter- oder Holdinggesellschaften, das Zugriffsrisiko durch eine Sitzverlegung zumindest zu reduzieren[1348], könnte der Gesetzgeber nur durch weitere Einschränkungen der Verfahrenserstreckung im Konzernkontext entgegentreten[1349], die momentan jedoch nicht in Sicht sind.

II. Rechtsvergleichende Perspektive: Konvergenzpotenziale trotz grundlegend unterschiedlicher dogmatischer Weichenstellungen

1. Gegensätzliche Einschätzungen zur grundsätzlichen Zweckmäßigkeit materieller Konsolidierungslösungen

Betrachtet man diese Ergebnisse aus einer rechtsvergleichenden Perspektive mit dem deutschen Recht, fallen gleich zu Beginn die grundlegend voneinander abweichenden Literaturansichten zu materiellen Konsolidierungslösungen

---

[1344] Vgl. ähnlich auch *Coquelet*, Entreprises en difficulté, instruments de paiement et de crédit, Rn. 119.

[1345] Hierzu ausführlich oben, C. V.

[1346] Hierzu bei den einzelnen Haftungsklagen unten, § 5.

[1347] Zu jüngsten Entwicklungen, die womöglich auf eine größere Offenheit der Rechtsprechung für Verfahrenserstreckungen wegen anormaler finanzieller Beziehungen hindeutet, oben, B. II. 3. c) cc) sowie *Dammann*, Bull. Joly Soc. Nr. 2017-3 S. 175.

[1348] Wie bereits oben unter C. V. beschrieben, kann die anwendbare Zuständigkeitsvermutung am Satzungssitz nach Art. 3 Abs. 1 S. 2 EuInsVO weiterhin widerlegt werden.

[1349] Ähnlich *Dammann,* Bull. Joly ED Nr. 2017-3, 175, II. C.; dort wird etwa eine Annäherung des Tatbestands an die in § 5 dieser Arbeit beschriebenen Haftungssachverhalte bzw. eine Anknüpfung an arglistiges Schuldnerverhalten vorgeschlagen.

in beiden Ländern auf. Während man die Verfahrenserstreckung in der französischen Literatur zwar teils in Bezug auf Einzelprobleme kritisiert und ihre Einschränkung bei Konzernen befürwortet, wird die Notwendigkeit ihres grundsätzlichen Fortbestehens nicht ernsthaft in Frage gestellt. Ganz anders sieht es die ganz herrschende Meinung in Deutschland, die materiell-rechtsträgerübergreifenden Lösungen im Allgemeinen äußerst ablehnend gegenübersteht[1350]. Die Verfahrenserstreckung baut im französischen Recht auf einer langen Tradition in der Rechtsprechung auf, die seit der *loi de sauvegarde* mit ihren beiden Tatbestandsalternativen eindeutig Teil des kodifizierten *droit des entreprises en difficulté* geworden ist. Als schärfste – wenn auch nicht als solche bezeichnete – Sanktion ist gleichzeitig ihr Potenzial als Hilfsmittel zur „Anpassung der rechtlichen an die wirtschaftliche Realität" bei Konzernen in Frankreich weitgehend unumstritten. Doch auch über diese starke Verankerung in der französischen Insolvenzrechtskultur hinaus drängt sich die Frage auf, aus welchem Grund das deutsche und das französische Recht – Rechte zweier Nachbarstaaten, die einer jahrzehntelangen rechtsvereinheitlichenden Wirkung des Europarechts unterlegen haben – und die zugehörigen Rechtslehren sich gerade in dieser Frage so diametral unversöhnlich gegenüber stehen. Ebenso soll der Rechtsvergleich auch vor dem Hintergrund einer möglichen zukünftigen europäischen Rechtsvereinheitlichung zumindest ein Potenzial dogmatischer Annäherung zwischen beiden Rechtsordnungen ausloten.

Zur genauen begrifflichen Einordnung der Diskussionsgrundlage in der deutschen Rechtslehre ist jedoch festzuhalten, dass die französische Verfahrenserstreckung nach Art. L. 621-2 Abs. 2 C. com. nicht etwa dem Gesamtkonzern für die Zwecke des Insolvenzverfahrens die Wirkungen einer eigenen Rechtspersönlichkeit verleiht[1351] und damit das Trennungs- und Rechtsträgerprinzip nicht völlig außer Kraft setzt (in englischer Sprache auch als *„lifting of the corporate veil"* bezeichnet). Vielmehr betrifft die Verfahrenserstreckung im französischen Recht lediglich einen Rechtsträger, der die Eröffnungsvoraussetzungen eines Rettungs-, Sanierungs- oder Liquidationsverfahrens erfüllt sowie einen oder mehrere andere Rechtsträger, die nach Art. L. 621-2 Abs. 2 C. com. als „fiktiv" bezeichnet werden oder sich im Zustand einer Vermögensvermischung mit ersterem befinden. Der *corporate veil* wird daher nicht völlig aufgehoben, sondern lediglich an einer bestimmten Stelle „durchstoßen" (englisch *„piercing the corporate veil")*.[1352] Außerdem erlaubt es das französische Recht nicht – wie etwa das US-amerikanische – Verfahrenserstreckungen rein aus Billigkeitsgesichtspunkten auszusprechen[1353], sondern ist

---

1350 Siehe bereits oben, E. I.

1351 So wird es höchstens *de lege ferenda* teils vorgeschlagen, vgl. *Saint-Alary Houin*, in: FS-Merle, S. 637, Rn. 20; hierzu soeben oben, I. 3.

1352 Hierauf hinweisend auch *Hirte*, ECFR 2008, 213, 222.

1353 Zum US-amerikanischen Recht bereits oben, Einleitung, I. 2.

vielmehr an die streng auszulegenden, gesetzlichen Voraussetzungen des Art. L. 621-2 Abs. 2 C. com. gebunden. Im Spektrum der theoretisch denkbaren Anpassungen des Trennungs- und Rechtsträgerprinzips in der Insolvenz von konzernangehörigen Rechtsträgern kommt der Verfahrenserstreckung im französischen Recht daher nicht die höchstmögliche Eingriffsintensität zu. Dies ist gerade bei der Betrachtung von deutschen Literaturquellen, die sich häufig mit der US-amerikanischen *substantive consolidation* als Prototyp aller materiellen Konsolidierungslösungen beschäftigen, zu beachten[1354].

2. Abweichende Prioritäten bei der rechtlichen Reaktion auf als sanktionswürdig erkannte Sachverhalte

Bemerkenswert ist jedoch, dass sämtliche der tatbestandlichen Verhaltensweisen des Art. L. 621-2 Abs. 2 C. com. auch im deutschen Recht als schwerwiegend genug aufgefasst werden, um allein oder in Verbindung mit anderen Tatsachen eine rechtliche Sanktion hervorzurufen und zumindest die gläubigerschädigenden Auswirkungen dieser Handlungen rückgängig zu machen. Doch hierin erschöpfen sich die dogmatischen Gemeinsamkeiten zwischen deutschem und französischem Recht weitestgehend.

Im französischen Recht sind die Unmöglichkeit einer buchhalterischen Trennung zwischen Rechtsträgern, die Gründung und Aufrechterhaltung von Scheingesellschaften sowie systematische, existenzbedrohende Vermögensverlagerungen alle Teil des insoweit als Sammeltatbestand ausgestalteten und insolvenzrechtlich zu qualifizierenden Art. L. 621-2 Abs. 2 C. com. Im deutschen Recht kommt es hingegen – in Bezug auf die Tatbestandsmerkmale in obiger Reihenfolge – zu einer Anwendung sich teilweise überlagernder Tatbestände von Durchgriffs-, bzw. Rechtsscheinshaftung sowie, im Fall der existenzbedrohenden Vermögensverlagerungen, zu einer Innenhaftung nach § 317 bzw. § 117 AktG bei Aktiengesellschaften oder zur Innenhaftung nach § 826 BGB nach den Rechtsprechungsgrundsätzen der Existenzvernichtungshaftung[1355].

Auf einer Skala der möglichen Durchbrechungen des Trennungs- und Rechtsträgerprinzips im Konzern können die in den jeweiligen Rechtsordnungen angeordneten Rechtsfolgen nach Eingriffsintensität wie folgt eingestuft werden: Die größte Eingriffsintensität liegt in der Verfahrenserstreckung, die die Haftungstrennung zwischen den konzernangehörigen Rechtsträgern vollständig aufhebt und sämtliche Forderungen und Vermögensgegenstände einer gemeinsamen Abwicklung zuführt. Die Durchgriffshaftung erlaubt es hingegen, das Trennungsprinzip nur für einzelne Forderungen zu durchbrechen und

[1354] Vgl. etwa *Eidenmüller*, ZHR 169 (2005), 528, 531, der gerade unter diesen Voraussetzungen das „extremste" Modell einer materiellen Konsolidierung einordnet.

[1355] Zu alledem oben, E. II. 2. ff.

den Gläubigern, direkt auf Gesellschafter bzw. beherrschende Gesellschaften zuzugreifen. Von weit geringerer Eingriffsintensität sind hingegen die Rechtsfolgen einer Innenhaftung, die lediglich eine Ausgleichsforderung zwischen den Gesellschaften begründet[1356]. Auf dieser Skala werden die Grundsatzentscheidungen aus beiden Rechtsordnungen mehr als deutlich. In sämtlichen der genannten Fälle kommt es im französischen Recht zum stärksten Eingriff in das Trennungsprinzip, während sich die Lösungen des deutschen Rechts zwischen der zweiten und der dritten Stufe bewegen.

Die Unterschiede zwischen dem deutschen und dem französischen Recht liegen aber nicht nur in der Eingriffsintensität, sondern auch in der rechtstechnischen Ausgestaltung gläubigerschützender Normenkomplexe. Einerseits fällt hier auf, dass die insolvenzrechtlichen Regeln beider Länder ihrem jeweiligen Gestaltungsauftrag auch in diesem Bereich treu bleiben. So finden sich in den qualifizierten Haftungstatbeständen keinerlei insolvenzrechtlich anzuknüpfende Tatbestände[1357]; vielmehr bleibt es auch hier dabei, dass das deutsche Insolvenzrecht als grundsätzlich prozessrechtliche Regelung[1358] die Begründung materieller Ansprüche – insofern konsequent – allgemeinen zivil- und gesellschaftsrechtlichen Anspruchsgrundlagen überlässt. Das französische *droit des entreprises en difficulté* lässt hingegen auf die Verfahrenserstreckung hin sowohl prozess- als auch zivil- und gesellschaftsrechtliche Rechtsfolgen zu. Auch dies passt zum ganzheitlicheren Ansatz dieses Rechtsbereichs[1359] im Vergleich zum deutschen Recht.

Schließlich erreichen die beiden Rechtsordnungen ihr mit diesen Regeln verfolgtes Ziel einer Erhöhung des Gläubigerschutzes methodisch auf völlig unterschiedlichen Wegen. Wie bereits eingehend erläutert, verzichtet das französische Recht auf ein geschriebenes Konzernrecht und lässt damit Unternehmen äußerst weitreichende Freiheiten bei der Gestaltung ihrer Rechtsbeziehungen innerhalb des Konzerns[1360]. Für eine erhöhte Flexibilität bei der Errichtung entsprechender Strukturen sorgen auch die im Vergleich zum deutschen Recht geringeren Mindestkapitalanforderungen zur Gründung von Kapitalgesellschaften.[1361] Im Gegenzug muss das französische Recht für gläubigerschüt-

---

[1356] Zu diesem Maßstab für den hier durchgeführten Rechtsvergleich bereits oben, E. II. 2. c).

[1357] Zur jedoch ebenfalls äußerst relevanten Insolvenzanfechtung unten, § 5 D. I. 3.

[1358] Siehe oben, § 2 A. I. f. Auf diesen Zusammenhang ebenfalls aus rechtsvergleichender Perspektive hinweisend *Hirte*, in: Bitter/ Lutter/ Priester/ Schön/ Ulmer (Hrsg.), FS-Schmidt, S. 641.

[1359] Vgl. oben, § 1 A. II.

[1360] Siehe oben, § 1 B. I. 1. a).

[1361] Zu alledem oben, E. II. 4. b) aa).

zende Wirkungen auf die verhaltenssteuernde Wirkung der besonders erheblichen Sanktion der Verfahrenserstreckung[1362] setzen, die die Bewertung der Zulässigkeit von Rechtshandlungen und Leitungsstrukturen im Konzern erst nach der Eröffnung eines Rettungs-, Sanierungs- oder Liquidationsverfahrens beantworten kann. In einem größtenteils richterrechtlich geprägten Regelungsumfeld kann dies freilich nur durch Einbußen bei der Rechtssicherheit ermöglicht werden. Gerade diese wird hingegen im deutschen Recht wiederum auf Kosten der Flexibilität zur Gründung und Aufrechterhaltung von Gesellschafts- und Konzernstrukturen bestärkt. Das deutsche Recht stützt sich im Ergebnis auf ein Zusammenwirken vorinsolvenzlicher Regeln zur Handlungssteuerung und nachinsolvenzlicher Haftungstatbestände[1363]. Die Notwendigkeit, diesen Tatbeständen eine wirksame generalpräventive Wirkung zuzumessen wird durch diese Kombination reduziert; die Rechtsfolgen einer Haftung können ohne Einbußen im Schutzniveau geringer ausfallen.

Im deutschen Recht können insgesamt trotz des Fehlens einer Verfahrenserstreckung keine größeren Lücken im Schutz der Gläubiger vor den im Tatbestand des Art. L. 621-2 Abs. 2 C. com. bezeichneten Handlungen festgestellt werden; die Einführung einer solchen würde im Ergebnis weder zur Rechtssystematik noch zur Methodik eines Zusammenspiels vor- und nachinsolvenzlicher Schutznormen passen.

3. Enge Spielräume für einen dogmatischen Brückenschlag

Und doch stellt sich gerade im Hinblick auf eventuelle zukünftige Annäherungsversuche nicht zuletzt im europäischen Recht die Frage, ob sich in engen Bahnen Spielräume für dogmatisch übereinstimmende Bewertungen finden lassen.

a) Prägung der richterrechtlichen Rechtsgrundlagen durch Einzelfälle

Hierzu lässt sich zunächst anmerken, dass weite Teile der Rechtsgestaltung und -fortbildung in beiden Rechtsordnungen dem Richterrecht überlassen worden sind und gesetzgeberische Entscheidungen entweder gar nicht oder nur zur Bestätigung der in der Rechtsprechung gefundenen Ergebnisse erfolgten. Im französischen Recht der Verfahrenserstreckung zieht sich diese Form der Rechtsfortbildung durch die gesamte Regelungshistorie bis hin zur Einführung des Art. L. 621-2 Abs. 2 C. com., dessen Einzelheiten mit Ausschluss der prozessualen Grundlagen dieses Rechtsinstruments immer noch größtenteils durch richterliche Einzelentscheidungen mit Symbolcharakter geprägt werden. Im deutschen Recht lässt sich Ähnliches beispielsweise für den Bereich der

---

[1362] Zu dieser oben, I. 1.

[1363] Siehe oben, E. II. 4. b) aa).

Durchgriffshaftung wegen Vermögensvermischung oder der Haftung für existenzvernichtende Eingriffe bei GmbH erkennen. Letztere wird zwar formell an den Tatbestand der Deliktshaftung angeknüpft, ist jedoch trotzdem in ihrer konkreten Ausgestaltung von richterrechtlicher Natur.

Diese Rechtsinstitute des deutschen Rechts haben sich gerade dort entwickelt, wo die geschriebenen Regeln des Gesellschafts- und – im Speziellen – des (Aktien-) Konzernrechts größere Schutzlücken hinterließen. Die Rechtsentwicklung war und ist sowohl in Frankreich als auch in Deutschland erheblich von den Einzelfällen geprägt, die den jeweiligen Entwicklungsstufen der betroffenen Rechtsgebiete ihre heutige Form gegeben haben. In Frankreich lassen sich diese nahezu über ein Jahrhundert von *Mary-Raynaud* bis *Metaleurop* und *AOM Air-Liberté* nachzeichnen; in Deutschland ist gerade im Bereich der Existenzvernichtungshaftung und ihrer Vorgänger an Verfahren wie *ITT, Autokran, Tiefbau* sowie daraufhin *Bremer Vulkan, KBV* und zuletzt *Trihotel* zu denken. Diese Einzelfälle sind gerade im französischen Recht immer auch als Ausweis der wirtschaftlichen Entwicklung zu erkennen; die Gerichte nutzten die ihnen nicht zuletzt durch die entsprechenden Zielvorgaben des *droit des entreprises en difficulté* gelassenen Spielräume immer wieder, um die gesamtwirtschaftlichen Probleme – etwa eines Bedeutungsrückgangs des Industriestandorts Frankreich und zunehmender regionaler Disparität – anhand des jeweiligen Einzelfalls abzufedern. Es kann nicht erstaunen, dass etwa im Fall *Metaleurop*, der sämtliche dieser Merkmale des wirtschaftlichen Kontexts umfasst, die den praktischen Konzequenzen des Einzelfalls meist schon räumlich näher gelegenen Instanzgerichte für eine weitreichendere Handhabung des Tatbestands der Verfahrenserstreckung plädierten, um die Möglichkeiten einer Vergrößerung der Haftungsmasse zugunsten der Arbeitnehmer- und Umweltinteressen auszunutzen. Erst der Kassationsgerichtshof hinderte sie an diesem Vorgehen. Unterschiedliche wirtschaftliche Ausgangssituationen und geringere Spielräume für richterliche Rechtsfortbildung im Insolvenzrecht können daher auch einen Faktor darstellen, warum das französische Recht so grundlegend vom deutschen Recht abweichende Entscheidungen in diesem Bereich getroffen hat. Soweit richterrechtliche Prägungen betroffen sind, lässt sich zumindest festhalten, dass keine der beiden Rechtsordnungen es sich bisher zugetraut hat, die genaue Reichweite des Trennungs- und Rechtsträgerprinzips in der Insolvenz konzernangehöriger Unternehmen anhand von geschriebenen Regeln auszugestalten.

b) Argumente für materielle Konsolidierungslösungen in der deutschen Rechtslehre

Außerdem wird die Ablehnung in Bezug auf materielle Konsolidierungslösungen im deutschen Recht zwar weit mehrheitlich, nicht jedoch einstimmig geäußert. So lassen sich durchaus auch hier vereinzelt[1364] Stimmen finden, die für diese Lösungen in bestimmten Sachverhalten und zumindest perspektivisch und *de lege ferenda* plädieren.

Hierfür wird argumentiert, das deutsche System des Gläubigerschutzes im Gesellschafts- und Konzernrecht versage in der Praxis häufig deshalb, weil innerhalb von Konzernen in der Praxis häufig Vermögenstransfers stattfänden, die einer Kontrolle der Gläubiger entzogen seien und nicht einem – wie jedoch im Konzernrecht teilweise vorgesehenen – hinreichenden Ausgleich zugeführt würden. Dies führe dazu, dass die jeweilige wirtschaftliche Situation der einzelnen Konzerngesellschaften zum gegebenen Zeitpunkt eher dem Zufall als der konkreten Lage einer vom Insolvenzverfahren betroffenen Gesellschaft geschuldet sei.[1365] Nicht zuletzt aus diesem Grund beziehe sich das mit der Verkehrsanschauung zusammenhängende Gläubigervertrauen nicht selten auf den Gesamtkonzern und nicht auf die einzelne Gesellschaft; eine Zusammenfassung der Haftungsmassen für den Fall der Insolvenz vollziehe dann nur diese Verkehrsanschauung nach[1366]. Außerdem gäbe es Fälle, in denen durch die Zusammenführung von künstlich getrennten Unternehmensaktiva bei integrativ geführten Konzernen der Fortführungs- bzw. Liquidationswert deutlich erhöht werden könne, da dieses Ganze den Wert der Summe seiner Teile deutlich übersteige[1367] und die Kosten durch die geringere Anzahl an Verfahren insgesamt niedriger gehalten werden könnten[1368].

[1364] So insbesondere *Paulus*, ZIP 2005, 1948, 1953 ff.; *ders.*, ZGR 2010, 270, 291 f.; *Hirte*, ECFR 2008, 213, 220 ff.; *ders.*, in: Bitter/ Lutter/ Priester/ Schön/ Ulmer (Hrsg.), FS-Schmidt, S. 641, 644 lehnt zwar eine vollständige materielle Konsolidierung ab, möchte nach einer möglichen Zusammenfassung der Haftungsmassen jedoch über die Anwendung der Regeln zur Verwertung von Absonderungsrechten Abstufungen ermöglichen.

[1365] *Hirte*, ECFR 2008, 213, 222 f.; *ders.*, in: Bitter/ Lutter/ Priester/ Schön/ Ulmer (Hrsg.), FS-Schmidt, S. 641, 645; *Paulus*, ZIP 2005, 1948, 1953. A.A. mit Hinweis auf die Praxis des Abschlusses so genannter *financial* bzw. *information covenants Sester*, ZIP 2005, 2099, 2101.

[1366] *Hirte*, ECFR 2008, 213, 222 f.; *ders.*, in: Bitter/ Lutter/ Priester/ Schön/ Ulmer (Hrsg.), FS-Schmidt, S. 641, 645; *Paulus*, ZIP 2005, 1948, 1953 f.; *ders.*, ZGR 2010, 270, 291 f.

[1367] *Hirte*, ECFR 2008, 213, 222 f.; *ders.*, in: Bitter/ Lutter/ Priester/ Schön/ Ulmer (Hrsg.), FS-Schmidt, S. 641, 645; *Paulus*, ZIP 2005, 1948, 1950, 1953 f. hält die materielle Konsolidierung hingegen in Liquidationsfällen für unnötig, in denen alle Rechtsträger zu liquidieren sind.

[1368] *Hirte*, ECFR 2008, 213, 223.

Andererseits könne das Argument einer Missachtung des Trennungs- und Rechtsträgerprinzips durch eine mit der materiellen Konsolidierung ausgelösten Finanzierung von Insolvenzgläubigerforderungen durch fremde Rechtsträger nicht ohne weitere Reflexion übernommen werden: So erlaubten die besonders weitreichenden Anfechtungsregeln der §§ 130 ff. InsO[1369] funktional gesehen ebenfalls „nichts Geringeres als Masseanreicherung mit Hilfe fremden Vermögens“[1370]. Andererseits könnten Bedenken hinsichtlich der Angemessenheit einer materiellen Konsolidierung dadurch beschränkt werden, wenn sie als Alternative zur „echten“ Durchgriffshaftung gesehen bzw. auf solche Tatbestände beschränkt bliebe. In der Erfüllung der Voraussetzungen eines Durchgriffshaftungstatbestands läge dann gewissermaßen die materiellrechtliche Rechtfertigung der materiellen Konsolidierung[1371]. Schließlich könnten Fälle auftreten, in welchen eine Vermögensvermischung es ohnehin unmöglich mache, auf Rechtsträgergrenzen Rücksicht zu nehmen, da diese bereits durch die betroffenen Gesellschaften unbeachtet gelassen blieben[1372].

Aus diesen Argumenten schließt etwa *Paulus*, dass eine materielle Konsolidierung in Fällen einer untrennbaren Vermögensvermischung, bei durch entsprechendem Auftreten des Konzerns gerechtfertigtem, besonderen Gläubigervertrauen oder, schließlich, durch eine besondere „funktionale Abstimmung“ der Gesellschaften mit Hinblick auf ein besonderes Kongruenzpotenzial bei Sanierungsfällen gerechtfertigt sei[1373]. Diese Lösung sei aber nur als eine weitere Möglichkeit für Gerichte zu sehen, die nicht zwingend, sondern vielmehr zur „Optimierung der mit dem Verfahren angestrebten Ziele“ einsetzbar wäre[1374].

Aus diesen Argumenten lässt sich herauslesen, dass die – auch hier schon insgesamt positiv aufgenommene[1375] – Verfahrenserstreckung wegen Vermögensvermischung im engeren Sinne den Tatbestand mit dem höchsten Kongruenzpotenzial darstellt[1376]. Es handelt sich hierbei um einen Tatbestand, der bereits heute als Einziger im deutschen Recht eine echte Durchgriffshaftung rechtfertigt und damit dem materiellen Ergebnis einer Verfahrenserstreckung

---

1369 Hierzu unten, § 5 D. I. 3. b).

1370 *Paulus*, ZIP 2005, 1948, 1953 f.

1371 Vgl. *Hirte*, in: Bitter/ Lutter/ Priester/ Schön/ Ulmer (Hrsg.), FS-Schmidt, S. 641, 645.

1372 *Paulus*, ZIP 2005, 1948, 1954.

1373 *Paulus*, ZIP 2005, 1948, 1953 ff.

1374 *Paulus*, ZGR 2010, 270, 292.

1375 Siehe oben, I. 2.

1376 Im Grundsatz der Möglichkeit einer Einführung zustimmend, kritisch jedoch in Bezug auf die Notwendigkeit einer solchen im Hinblick auf die voraussichtliche praktische Anwendung nur auf „kleine, chaotisch geführte Einheiten“, bei denen bestehende Rechnungslegungsvorschriften ausreichten *Schmidt*, ZIP 2012, 1053, Fn. 23.

schon heute am nächsten käme. Darüber hinaus würde ein entsprechender Erstreckungstatbestand aber noch die bereits erwähnten[1377] verfahrensvereinfachenden Wirkungen entfalten, insbesondere, wenn man ihn – wie im spanischen Recht[1378] – als Verfahrensoption für das Gericht ausgestaltet.

Darüber hinaus gehen etwa die Vorschläge von *Paulus* bereits über das hinaus, was das heutige französische Recht für Verfahrenserstreckung in integriert geführten Konzernen ermöglicht. Weder erlaubt diese im Ergebnis eine Insolvenzfähigkeit von Gesamtkonzernen[1379], noch die (ausdrückliche) Berücksichtigung von Zweckmäßigkeits- oder Wirtschaftlichkeitsaspekten – man erinnere sich an die Debatte zur im Ergebnis abgelehnten „Unternehmenseinheit" *(unité d'entreprises)*[1380]. Auch an Gesichtspunkte einer Vertrauenshaftung knüpft das französische Recht im Rahmen von Art. L. 621-2 Abs. 2 C. com. nicht an; hierfür besteht die Lösung vielmehr in der Anwendung eigener zivilrechtlicher Vertrauenshaftungstatbestände wie der *théorie de l'apparence*[1381]. In Anbetracht dieser Einschränkungen wird wiederum deutlich, wie stark das französische Recht den Sanktionsaspekt in die verbliebenen Tatbestände der Verfahrenserstreckung einfließen lässt.

Zumindest zeigt sich jedoch trotz aller konzeptionellen Unterschiede, dass auch in der deutschen Rechtslehre der Verfahrenserstreckung ähnliche Tatbestände nicht einstimmig als wesensfremd begriffen werden. Einer Diskussion über die Zweckmäßigkeit materieller Konsolidierungsmodelle muss sich das deutsche Recht auch im Rahmen zukünftiger Harmonisierungsbestrebungen – mit den entsprechenden Einschränkungen insbesondere grundrechtlicher Natur[1382] – zumindest nicht vollständig verschließen.

§ 5 Rechtsträgerübergreifende Zivilhaftungstatbestände und -klagen in der Insolvenz konzernangehöriger Rechtsträger

Zwar bleibt die Verfahrenserstreckung wegen ihrer herausragenden Stellung als größtmögliche Einschränkung des kapitalgesellschaftlichen Trennungs- wie auch des konzernrechtlichen Rechtsträgerprinzips im Zentrum des Interesses vieler Urteile und rechtswissenschaftlicher Abhandlungen in Frankreich. Gleichzeitig wird sie aber auch immer noch als die wohl größte Haftungsbe-

---

1377 Ebenda.

1378 Siehe oben, § 4 E. II. 2. a)

1379 So jedoch *Paulus*, ZIP 2005, 1948, 1954 f.

1380 Siehe oben, B. II. 1. c)

1381 Hierzu unten, § 5 D. II. 1. a)

1382 Zu Bedenken in Bezug auf die Eigentumsgarantie des Art. 14 GG bereits oben, E. I.

drohung für in der Form von Konzernen organisierten Unternehmen wahrgenommen[1383]. Darüberhinausgehend haben wesentlich zielgerichteter wirkende allgemein zivilrechtliche Haftungsklagen eine wachsende Bedeutung in einem zunehmend differenzierten Kanon der Haftungsnormen erhalten. Wurden etwa die Vorgänger der heutigen *responsabilité pour insuffisance d'actif* (inzwischen Art. L. 651-1 ff. C. com[1384]) als zivilrechtliche Haftungsklage gegen bestellte und faktische Geschäftsführer für Managementfehler im Kontext von Insolvenzverfahren[1385] im Vergleich zur Verfahrenserstreckung in der Praxis noch sehr wenig eingesetzt[1386], konnte in den letzten Jahren die Herausbildung eines ganzen Geflechts der konzernrelevanten Haftungsnormen beobachtet werden. Die Bestätigung dieser Entwicklung durch die Rechtsprechung lässt sich spätestens anhand des *Metaleurop*-Urteils des Kassationsgerichtshofs vom 19.04.2005 mit zugehörigem *obiter dictum* nachvollziehen. Mit der hierin festgelegten tatbestandlichen Einschränkung der Verfahrenserstreckung wegen Vermögensvermischung im Konzernbereich bei gleichzeitiger Befürwortung der Haftungsklage nach *responsabilité pour insuffisance d'actif* ließ der Gerichtshof erstmals im damals vorliegenden Fall[1387] eine an die Schwere des Verstoßes gegen die Eigenständigkeit einer konzernangehörigen Gesellschaft anknüpfende Verwendung der unterschiedlichen Tatbestände erkennen. So steht zu erwarten, dass die Verfahrenserstreckung als Mittel zur Anpassung von ursprünglich auseinanderfallender wirtschaftlicher Realität eines vollständig integrierten Konzerns und der juristischen Fiktion unabhängiger Gesellschaften[1388] mit ihren umfassenden Rechtsfolgen nur noch für besonders schwere Eingriffe in diese Unabhängigkeit reserviert bleibt. Für punktuellere Eingriffe bleiben hingegen die zivilrechtlichen Haftungsklagen übrig, die sich im Falle einer Haftung von anderen Konzernunternehmen als eine Haftung für faktische Geschäftsführer ausprägt[1389].[1390] Daneben hat sich durch die Ordonnance vom 13.04.2014 mit dem neu eingeführten Antragsrecht des Schuldners

---

1383 Vgl. auch *Saint-Alary Houin*, in: FS-Merle, S. 637.

1384 Zur Genese dieses Haftungstatbestands oben insbesondere unter § 3 C. I. sowie sogleich unten, A. I.

1385 Vgl. zur Einordnung des Vorgängertatbestands *action en comblement du passif* auch *Sortais*, in: Piniot/ Dumas/ Le Cannu (Hrsg.), FS-Bézard, S. 321

1386 So die im Jahr 2000 erschienene Einschätzung von *Rivinius*, Konzernkonkurs, S. 40, 214 f.

1387 Zu alledem ausführlich oben, § 4 B. II. 3. b) dd) f.

1388 Zu dieser Einordnung, die einer Kategorisierung als deliktische Haftungsnorm entgegensteht, oben unter § 4 A. sowie § 4 B. I. 2.

1389 Zur Figur des faktischen Geschäftsführers sogleich unten, A. II. 2.

1390 Ähnlich zu alledem auch *Dammann/ Podeur*, RLDA Nr. 2007-16, étude 975, 65, Nr. 5.

gezeigt, dass der Verfahrenserstreckung besonders im Rettungsverfahren weiterhin eine zunehmende Sanierungszielsetzung zugrunde liegt[1391], die bei den als reine Sanktionsnormen ausgestalteten Haftungsklagen nicht zu erkennen ist.

Welche der Haftungsklagen im Einzelfall anzustrengen ist, hängt teils von ihrem persönlichen und materiellen Anwendungsbereich, teils von dem mit der Klage auszugleichendem Schaden, teils von der Person des Antragstellers ab.

A. Die deliktische Ausfallhaftung für Managementfehler bei Aktivfehlbeträgen (responsabilité pour insuffisance d'actif) nach Art. L. 651-1 ff. C. com. in der Insolvenz konzernangehöriger Rechtsträger

Die *responsabilité pour insuffisance d'actif* – wörtlich übersetzt: „Haftung für [eine] Unzulänglichkeit der Aktiva" – ist eine besondere Form der Deliktshaftung[1392]. Sie wird gleichzeitig als eine Form der insolvenzrechtlichen Sanktion verstanden, die das Vermögen der in Anspruch Genommenen betrifft *(sanction patrimoniale)*[1393]. Streitig ist es bis heute, ob sie als solche weiterhin eine gesonderte Straffunktion für Fehlverhalten in dem zu einem Liquidationsverfahren führenden Sachverhalt behält oder ob sich ihre Zielsetzung vollständig auf den Ersatz des hieraus entstandenen Gläubigerschadens beschränkt[1394]. Ihre Anwendung geht weit über den Bereich der Insolvenz von Konzerngesellschaften hinaus. Im Grundsatz handelt es sich nämlich um eine Haftungsklage zur Inanspruchnahme des – grundsätzlich von einer Haftung ausgeschlossenen – Führungspersonals von (Kapital-) Gesellschaften für den besonderen Fall der Eröffnung eines Liquidationsverfahrens, für den sie eine verschärfte Haftung vorsieht[1395]. Ihr Einsatz in der rechtsträgerübergreifenden Haftung von Konzerngesellschaften kann durch den (seltenen) Rückgriff auf juristische Personen als bestellte Geschäftsführer oder – häufiger – durch eine Haftung von beherrschenden Gesellschaften als faktische Geschäftsführer erreicht werden[1396].

[1391] Hierzu bereits ausführlich oben, § 4 B. I. 2. b) sowie zur Ordonnance auch § 4 A. III. 3. e). Zur Untauglichkeit der aktuellen Verfahrenserstreckung zur Erreichung dieses Ziels oben, § 4 F. I. 3.

[1392] *Le Corre*, Droit et pratique des procédures collectives, Rn. 921.091; *Pétel*, Procédures collectives, Rn. 418.

[1393] Sie reiht sich damit in einen weitergehenden Sanktionskanon aus berufs- bzw. strafrechtlichen Sanktionen *(sanctions professionelles* bzw. *pénales)* ein; zu dieser systematischen Einordnung *Coquelet*, Entreprises en difficulté, instruments de paiement et de crédit, Rn. 544.

[1394] Für eine Doppelzielsetzung etwa *Pétel*, Procédures collectives, Rn. 417; für eine reine Ersatzfunktion *Le Corre*, Droit et pratique des procédures collectives, Rn. 922.111.

[1395] Vgl. *Pétel*, Procédures collectives, Rn. 417 f.

[1396] Hierzu sogleich unten, A. II. 2. Allgemein zur *responsabilité pour insuffisance d'actif* in deutscher Sprache auch *Kroh*, Der existenzvernichtende Eingriff, S. 248 ff.

Gerade für bestellte Geschäftsführer als natürliche Personen stellt die *responsabilité pour insuffisance d'actif* eine schwere Haftungsbedrohung dar, obwohl ihre praktische Anwendung lange Zeit äußerst selten geblieben ist. In jüngerer Zeit zeigt sich aber eine erhöhte Offenheit zur Anwendung dieser Haftungsklage, da sie es erlaubt, das Haftungssubstrat liquidationsreifer Gesellschaften zugunsten der Gläubiger aufzufüllen.[1397] Seit den durch das *Metaleurop*-Urteil aus dem Jahr 2005 hervorgerufenen Verschiebungen im Haftungsgefüge zulasten der Verfahrenserstreckung nach Art. L. 621-2 Abs. 2 C. com. kann auch in der Konzernhaftung mit einem gesteigerten Interesse an dieser Haftungsklage gerechnet werden[1398].

Die Anspruchsgrundlage für die *responsabilité pour insuffisance d'actif* liegt in Art. L. 651-2 Abs. 1 C. com. Dieser lautet in seiner aktuellen Form:

„Wenn das Liquidationsverfahren über eine juristische Person einen Aktivfehlbetrag erscheinen lässt, kann das Gericht im Fall eines Managementfehlers, der zu diesem Aktivfehlbetrag beigetragen hat, entscheiden, dass die Höhe dieses Aktivfehlbetrags ganz oder teilweise von den bestellten oder faktischen Geschäftsführern oder von einzelnen unter ihnen, die zu dem Managementfehler beigetragen haben, zu tragen sein wird. Im Fall einer Mehrzahl von Geschäftsführern kann das Gericht sie durch begründete Entscheidung für gesamtschuldnerisch haftbar erklären. Jedoch kann die Haftung nach *responsabilité pour insuffisance d'actif* nicht für den Fall einer einfachen Nachlässigkeit des bestellten oder faktischen Geschäftsführers ausgesprochen werden[1399]."

Unter einem Aktivfehlbetrag *(insuffisance d'actif)* im Sinne dieser Vorschrift ist eine Abweichung zwischen dem Nominalwert der im Verfahren nach ihrer Anmeldung festgestellten und als solchen zugelassenen Gläubigerforderungen sowie den an die Gläubiger auskehrbaren Quotenerlösen aus der Veräußerung der im Gesellschaftsvermögen stehenden Aktiva zu verstehen[1400].

[1397] *Saint-Alary Houin*, Entreprises en difficulté, Rn. 1438.

[1398] Hierzu bereits einleitend unter § 5 sowie oben, § 4 B. II. 3. c) cc).

[1399] „Lorsque la liquidation judiciaire d'une personne morale fait apparaître une insuffisance d'actif, le tribunal peut, en cas de faute de gestion ayant contribué à cette insuffisance d'actif, décider que le montant de cette insuffisance d'actif sera supporté, en tout ou en partie, par tous les dirigeants de droit ou de fait, ou par certains d'entre eux, ayant contribué à la faute de gestion. En cas de pluralité de dirigeants, le tribunal peut, par décision motivée, les déclarer solidairement responsables. Toutefois, en cas de simple négligence du dirigeant de droit ou de fait dans la gestion de la société, sa responsabilité au titre de l'insuffisance d'actif ne peut être engagée."

[1400] Siehe etwa *Fortis*, Entreprises en difficulté (Responsabilités et sanctions), in: Vogel/ Delpech (Hrsg.), Rép. commercial, Rn. 25; *Le Corre-Broly/ Le Corre*, Droit des Entreprises en difficulté, S. 206; *Le Corre,* Droit et pratique des procédures collectives, Rn. 922.311. Zum Aktivfehlbetrag sogleich unten, III. 1. a).

I. Beschränkung, Reform und Weiterentwicklung der insolvenzspezifischen Haftungsklagen seit der loi de sauvegarde von 2005

Trotz ihrer im Vergleich zur Verfahrenserstreckung lange Zeit untergeordneten praktischen Bedeutung in Konzernkonstellationen[1401] gehen auch die insolvenzspezifischen und deliktsrechtlich geprägten Haftungsklagen auf eine lange Regelungshistorie zurück[1402]. Seit der *loi de sauvegarde* lässt sich aber eine anhaltende Tendenz zur Vereinfachung und Eingrenzung dieser Sanktions- und Haftungsnormen feststellen, um das Verständnis des französischen Insolvenzrechts als wirtschaftsrechtlichem „Werkzeugkasten" noch zu verstärken[1403]. Dies hatte insbesondere zur Folge, dass die Tatbestände der neben den Vorgängern der heutigen *responsabilité pour insuffisance d'actif* bestehenden *fausses extensions* zunächst mit der *loi de sauvegarde* in die mit milderen Rechtsfolgen versehenen und neu geschaffenen *obligation aux dettes sociales* (Art. L. 652-1 ff. C. com. a.F.) überführt und durch die Ordonnance vom 18.12.2008[1404] vollständig aufgehoben wurden.[1405] Hierdurch wurde die durch die *loi de sauvegarde* erstmals offiziell als solche benannte *responsabilité pour insuffisance d'actif*[1406] für den Bereich der Konzernhaftung zum wichtigsten Auffangtatbestand für Fälle, in denen es für die Verwirklichung der beiden Hypothesen der Verfahrenserstreckung nach Art. L. 621-2 Abs. 2 C. com.[1407] nicht ausreicht bzw. eine zielgenauere Haftung von faktischen Geschäftsführern gesucht wird.

1. Erste Anpassungen des Gesetzeswerks durch administrative und legislative Rechtssetzung

Doch auch die Regeln der *responsabilité pour insuffisance d'actif* in Art. L. 651-1 ff. C. com. haben sich seit der *loi de sauvegarde* weiterentwickelt, wenn auch eher in Detailfragen[1408]. Eine erste Revision von Einzelproblemen der *responsabilité pour insuffisance d'actif* fand sich in der Ordonnance vom 18.12.2008. Die wichtigste Klarstellung der Ordonnance im Hinblick auf den gesetzgeberischen Willen zur fortdauernden Privilegierung des Rettungs- und

---

[1401] So etwa *Rivinius*, Konzernkonkurs, S. 40, 214 f.; hierzu bereits einleitend unter III.

[1402] Zu dieser ausführlich oben, § 3 B f.

[1403] Siehe zu dieser Zielsetzung nur *Mascala*, Dr. et patri. 2009, 187, Einleitung; zur Idee des „Werkzeugkastens" und der entsprechenden Maßnahmen des Gesetzgebers oben, § 1 A. I. 3. sowie A. II.

[1404] Art. 133, Ordonnance Nr. 2008-1345.

[1405] Siehe hierzu ausführlich oben, § 3 C. IV.

[1406] Vorher war dieses Rechtsinstitut eher als *action en comblement du passif* bekannt gewesen, siehe oben, § 3 C. I.; etwa *Le Corre*, Droit et pratique des procédures collectives, Titel 920, belässt es hingegen bei der alten Bezeichnung.

[1407] Siehe zu dieser oben, § 4.

[1408] Zu diesen Änderungen im Überblick *Mascala*, Dr. et patri. 2009, 187, I. B.

Sanierungsverfahrens im Vergleich zum Liquidationsverfahren hinsichtlich einer möglichst frühzeitigen Sanierung von Unternehmen[1409] bestand in der Neufassung des materiellen Anwendungsbereichs der Haftungsklage. Dieser wurde in Art. L. 652-1 Abs. 1 C. com. ausdrücklich auf das Liquidationsverfahren beschränkt. In der zuvor gültigen Fassung nach der *loi de sauvegarde*[1410] war die Eröffnung eines Liquidationsverfahrens eine Anwendungsalternative neben der Auflösung eines Rettungs- oder Sanierungsplans (*résolution d'un plan de sauvegarde* bzw. *de redressement*) gewesen[1411]. Eine Beschränkung auf die nunmehr allein gültige erste Alternative erschien gleich aus zwei Gründen sinnvoll: Einerseits mündete eine Planauflösung nach dem vorher gültigen Recht zwangsläufig in der Liquidation des Rechtsträgers; die beiden Alternativen des Anwendungsbereichs waren somit im Ergebnis redundant[1412]. Nachdem die Ordonnance von 2008 jedoch sogar nach der Planauflösung einen Übergang in eine Sanierungsalternative vorsah, musste der materielle Anwendungsbereich einer weiterhin auf die Liquidation beschränkten *responsabilité pour insuffisance d'actif* entsprechend angepasst werden[1413]. Andererseits stand zu befürchten, dass allein die Fortgeltung des alten Wortlauts dieser im Vergleich zum allgemeinen Deliktsrecht verschärften Haftung auch für Sanierungs- und Rettungsverfahren die Attraktivität der präventiv orientierten Verfahren herabsetzen könnte[1414]. Mit der jetzigen Formulierung ist die Absicht des Gesetzgebers, die Anwendbarkeit der verschärften Haftung auf das Liquidationsverfahren zu beschränken, aber erneut unterstrichen worden[1415]. Neben dieser wichtigen Begrenzung des Anwendungsbereichs schloss der neu gefasste Art. L. 651-2 C. com. in einem neuen Abs. 3 S. 2 im Rahmen der *responsabilité pour insuffisance d'actif* verurteilte Geschäftsführer, die gleichzeitig Gesellschaftsgläubiger sind, von der Verteilung des entsprechenden Erlöses

---

[1409] Zu dieser allgemeinen Zielsetzung der loi de sauvegarde oben, § 1 A. I. 3 sowie II.; speziell zur Reform des Rechts der *responsabilité pour insuffisance d'actif* *Le Corre*, Droit et pratique des procédures collectives, Rn. 922.091; *Mascala*, Dr. et patri. 2009, 187, Einleitung sowie I. B.

[1410] Diese war vom 01.01.2006 bis zum 15.02.2009 in Kraft.

[1411] Der entsprechende Abs. 1 S. 1 des Artikels lautete in dieser Fassung: „Lorsque la résolution d'un plan de sauvegarde ou de redressement judiciaire ou la liquidation judiciaire d'une personne morale fait apparaître une insuffisance d'actif, le tribunal peut, en cas de faute de gestion ayant contribué à cette insuffisance d'actif, décider que les dettes de la personne morale seront supportées, en tout ou partie, par tous les dirigeants de droit ou de fait ou par certains d'entre eux, ayant contribué à la faute de gestion."

[1412] Hierauf hinweisend *Saint-Alary Houin*, Entreprises en difficulté, Rn. 1439, Fn. 9.

[1413] So erläuternd *Mascala*, Dr. et patri. 2009, 187, I. B. 1; *Le Corre*, Droit et pratique des procédures collectives, Rn. 922.091 weist allerdings zutreffend auf den Ausnahmecharakter einer solchen anschließenden Sanierung hin.

[1414] *Le Corre*, Droit et pratique des procédures collectives, Rn. 922.091.

[1415] So im Ergebnis auch *Mascala*, Dr. et patri. 2009, 187, I. B. 1. Genauer zum Anwendungsbereich der *responsabilité pour insuffisance d'actif* sogleich unten, II.

aus, um diesbezüglich widersprüchliche Ergebnisse zu verhindern. Daneben schließt die Ordonnance durch eine genauere Fassung der Rechtsfolgen vorher bestehende Verständnislücken in Bezug auf die Schadensdefinition[1416] und ein durch die Durchführungsverordnung vom 12.02.2009[1417] eingefügter Art. R. 651-2 C. com. vervollständigte die prozessualen Voraussetzungen der Haftungsklage[1418].

Ähnlich wie die Verfahrenserstreckung[1419] wurde auch die *responsabilité pour insuffisance d'actif* durch die Ordonnance vom 09.12.2010[1420] auf das Sondervermögen des Einzelunternehmers mit beschränkter Haftung (EIRL) angewendet. Hierfür fügte die Ordonnance zu Art. L. 651-2 einen neuen Absatz 2 hinzu, der für den Fall einer Liquidation des Betriebsvermögens des Einzelunternehmers auf den ersten Absatz verweist.[1421]

Die letzte Anpassung des Gesetzeskanons bestätigt die nunmehr insgesamt haftungserleichternde Tendenz in Bezug auf die Insolvenzhaftung. Mit einem Gesetz vom 09.12.2016[1422] wurde der Begriff des Managementfehlers in einem neu eingefügten Art. L. 651-2 Abs. 1 S. 3 C. com. für die Zwecke der Anwendung der *responsabilité pour insuffisance d'actif* eingeschränkt[1423]. Nunmehr kann eine solche Haftung nur dann ausgesprochen werden, wenn dem betroffenen Geschäftsführer mehr als nur eine „einfache Nachlässigkeit" *(simple négligence)* nachgewiesen werden kann. Nach der jüngsten Rechtsprechung des Kassationsgerichtshofs[1424] ist diese Regel auf alle zum Zeitpunkt des Inkrafttreten der Vorschrift laufenden Verfahren direkt anwendbar.

2. Bestätigung der Verfassungsmäßigkeit der Rechtsfolgen des Haftungstatbestands

Auch in Bezug auf die Frage der Verfassungsmäßigkeit bestehen Parallelen zur Verfahrenserstreckung. Bei letzterer wurde die Vereinbarkeit der *responsabilité pour insuffisance d'actif* mit der DDHC im Rahmen eines Normenkontrollantrags (QPC) durch den Kassationsgerichtshof geprüft, bejaht und eine

---

1416 Hierzu weiter unten, IV.; siehe bereits *Mascala*, Dr. et patri. 2009, 187, I. B. 1.

1417 Art. 109, décret Nr. 2009-160 vom 12.02.2009 pris pour l'application de l'ordonnance n° 2008-1345 du 18 décembre 2008 portant réforme du droit des entreprises en difficulté et modifiant les procédures de saisie immobilière et de distribution du prix d'un immeuble.

1418 Zu diesen Voraussetzungen unten, III. 2.

1419 Hierzu – wie auch zur Vermögensform der EIRL selbst – genauer oben, § 4 A. III. 3. b).

1420 Art. 6 der Ordonnance *Nr.* 2010-1512, in Kraft seit 11.12.2010.

1421 Hierzu überblicksartig *Le Corre*, Droit et pratique des procédures collectives, Rn. 922.091.

1422 Gesetz Nr. 2016-1691 relative à la transparence, à la lutte contre la corruption et à la modernisation de la vie économique, JORF, 10.12.2016, Nr. 0287, Text Nr. 2.

1423 Art. 146 des Gesetzes, zum 11.12.2016 in Kraft getreten.

1424 Cass. com. 05.09.2018, Revisionsnummer 17-15031.

Verweisung an den Verfassungsrat *(Conseil constitutionnel)* entsprechend verweigert[1425]. Für die *responsabilité pour insuffisance d'actif* konnte die Verfassungsmäßigkeit dieser Klage nach Verweisung an den Verfassungsrat sogar von dieser obersten Stelle klargestellt werden.

In der zugrundeliegenden Verweisungsentscheidung des Kassationsgerichtshofs[1426] wurde die Rechtsfolge der Haftungsklage nach Art. L. 652-1 Abs. 1 C. com. kritisiert, nach welcher das Für und Wider einer Verurteilung einzelner Geschäftsführer wie auch die Höhe des Schadensersatzes trotz Vorliegens der Haftungsvoraussetzungen im Ermessen des Gerichts steht und diesbezüglich kein Erfordernis einer entsprechenden Begründung vorliegt[1427]. Hierin sah der Antragsteller eine Verletzung des in Art. 4 DDHC verankerten Grundsatzes der persönlichen Haftung *(principe de la responsabilité du fait personnel)* sowie des Grundsatzes der Gleichheit vor dem Gesetz aus Art. 6 DDHC gegenüber den Geschädigten wie auch den verurteilten Geschäftsführern im Hinblick auf eine möglicherweise fehlende Verurteilung anderer Geschäftsführer, die ebenfalls den Haftungstatbestand verwirklicht haben. Dass der Kassationsgerichtshof die Verweisung dieses lange erprobten Sanktionstatbestands erlaubte, konnte man durchaus als Paradigmenwechsel seitens des höchsten Gerichts interpretieren, welches die bereits vorher durch den Gesetzgeber angestoßene Beschränkung der Haftungstatbestände nun fast bis zu ihrer vollständigen Neutralisierung hätte weiterführen können[1428].

Doch der Verfassungsrat erklärte in seiner nur wenig später veröffentlichten Entscheidung das Regelwerk für verfassungsgemäß und trat den geäußerten Zweifeln entgegen[1429]. Hierfür zieht er die richterrechtlichen Bindungen heran, denen die Tatrichter bei einer Verurteilung nach Art L. 652-1 Abs. 1 C. com. unterlägen. Nach Ansicht des Verfassungsrats müssten die Richter bei der Entscheidung über eine Verurteilung und ihre Höhe ungeschriebene Bindungen an die Schwere der begangenen Fehler sowie deren Anzahl beachten und außerdem die wirtschaftliche Situation des liquidierten Unternehmens wie auch die Risikoabwägung des betroffenen Geschäftsführers in die Entscheidung einbeziehen. Die darüber hinaus verbleibenden Beeinträchtigungen der genannten verfassungsmäßigen Rechte sieht der Verfassungsrat durch die Intention des Gesetzgebers gerechtfertigt, die Gründung und Entwicklung von Unternehmen

---

[1425] Zur Verfassungsmäßigkeit der Verfahrenserstreckung und dem QPC-Verfahren im Allgemeinen oben, § 4 A. III. 3. d).

[1426] Cass. 2e Civ. 27.06.2014, Revisionsnummer 13-27317, D. 2014, 1446; m. Bespr. *Saintourens*, Act. proc. coll., Nr. 2014-09, repère 249.

[1427] Zu den Rechtsfolgen der *responsabilité pour insuffisance d'actif* sogleich unten, IV.

[1428] Vgl. *Saintourens*, Act. proc. coll., Nr. 2014-09, repère 249.

[1429] Cons. const. Entscheidung Nr. 2014-415 QPC, JORF, 28.09.2014, S. 15790, Nr. 49; m. Bespr. *Saintourens*, Act. proc. coll., Nr. 2014-11, repère 311.

zu unterstützen. Auch in diesem Bezug wird die nun auch von Seiten des Verfassungsrats bestätigte wirtschaftspolitische Zielsetzung des französischen Insolvenzrechts deutlich, die sich im hier vorliegenden Fall durch die Möglichkeit des Richters äußert, aufgrund von wirtschaftlichen Erwägungen von einer Verurteilung abzusehen[1430]. Und doch mahnt der Verfassungsrat mit seiner Entscheidung umsichtige und zielgerichtete Anwendung des richterlichen Ermessens bei einer Verurteilung an. Zwar war auf eine solche Rechtsanwendung bereits eindeutig aus dem Wortlaut zu schließen – sollte dies jedoch zuvor bei einzelnen Tatrichtern nicht der Fall gewesen sein, wird die Beachtung der genannten Zweckbindung des Ermessensspielraums mit dem Urteil nochmals angemahnt[1431].

3. Neue Ausprägung der Haftungsklagen für das Sanierungsverfahren seit Inkrafttreten der loi Petroplus vom 12.03.2012

Auch wenn die Intention des Gesetzgebers, eine verschärfte Geschäftsführerhaftung auf das Liquidationsverfahren zu beschränken, immer wieder deutlich geworden ist[1432], kamen in Bezug auf die Fortgeltung dieses Motivs zuletzt Zweifel auf. Diese wurden gesät, als das hochumstrittene, stark durch besondere Umstände geprägte und in deutlich abgekürztem Verfahren entstandene Gesetze „*loi Petroplus*“[1433] in Art. L. 631-10-1 C. com. folgende Rechtsgrundlage für Sicherungsmaßnahmen einführte:

> „Auf Antrag des Verwalters oder des Gläubigervertreters kann der Gerichtspräsident jede sachdienliche Sicherungsmaßnahme in Bezug auf die Aktiva des bestellten oder faktischen Geschäftsführers anordnen, über den der Verwalter oder der Gläubigervertreter eine Haftungsklage eingelegt hat, die auf einen Fehler gestützt wird, der zur Zahlungsunfähigkeit des Schuldners beigetragen hat[1434].“

[1430] Siehe auch *Saintourens*, Act. proc. coll., Nr. 2014-11, repère 311, 1.

[1431] Ähnlich auch *Saintourens*, Act. proc. coll., Nr. 2014-11, repère 311, 2. Zur Frage der Ermessensanwendung sogleich unten, IV.

[1432] Zuletzt durch die Anpassung des Wortlauts von Art. L. 651-2 Abs. 1 C. com. durch die Ordonnance von 2008, siehe oben, 1.

[1433] Gesetz Nr. 2012-346 vom 12.03.2012 relative aux mesures conservatoires en matière de procédures de sauvegarde, de redressement judiciaire ou de liquidation judiciaire et aux biens qui en font l'objet, hierzu ausführlich oben, § 4 A. III. 3. c) sowie § 4 B. III. 6.

[1434] „A la demande de l'administrateur ou du mandataire judiciaire, le président du tribunal saisi peut ordonner toute mesure conservatoire utile à l'égard des biens du dirigeant de droit ou de fait à l'encontre duquel l'administrateur ou le mandataire judiciaire a introduit une action en responsabilité fondée sur une faute ayant contribué à la cessation des paiements du débiteur.“

Gerade im Hinblick auf die besonderen Begleitumstände des Gesetzes[1435] sowie die vorher konstante Zurückdrängung der verschärften Haftungsgrundlagen aus dem Bereich des Sanierungsverfahrens hätte dieser Wortlaut zunächst ein gesetzgeberisches Versehen nahelegen können. Immerhin schien die Formulierung zu unterstellen, dass die Haftung für „Fehler, die zur Zahlungsunfähigkeit des Schuldners beigetragen" haben, als Haftungstatbestand bereits bestehe, wobei der neue Art. L. 631-10-1 C. com. für diesen Fall zusätzlich die Möglichkeit von Sicherungsmaßnahmen hinzugefügt hätte. Doch ein derartiger Haftungstatbestand, noch dazu im systematisch einzig anwendbaren dritten Titel des 9. Buchs des *Code de commerce* über das Sanierungsverfahren, ließ sich nicht auffinden.[1436] Auch die Hypothese, der Gesetzgeber habe sich für die Sicherungsmaßnahmen auf den allgemeinen deliktsrechtlichen Haftungstatbestand des heutigen Art. 1240 C. civ.[1437] bezogen[1438], war schnell zu revidieren: Wird im allgemeinen Deliktsrecht der vollständige Kausalitätsbeweis zwischen Fehler *(faute)* und daraus entstandenem Schaden *(préjudice)* vorausgesetzt, beinhaltet die von Art. L. 631-10-1 C. com. in Bezug genommene Haftungsklage diesbezüglich eine Beweiserleichterung bzw. Haftungsverschärfung. So wird dort zur Bejahung eines Anspruchs nur vorausgesetzt, dass das Verhalten des Geschäftsführers „zur Zahlungsunfähigkeit des Schuldners beigetragen" hat.[1439]

Mithin musste sich die erstaunliche Erkenntnis durchsetzen, dass die ohnehin bereits umstrittene *loi Petroplus* – unabhängig vom ursprünglichen Grad gesetzgeberischer Planung – einen eigenen, auf das Sanierungsverfahren anwendbaren und der *responsabilité pour insuffisance d'actif* nachgebildeten Haftungstatbestand eingeführt hatte[1440]. Parallel zu letzterer umfasst diese auch

---

[1435] Das Gesetz kommmt aufgrund seiner Genese einem Einzelfallgesetz sehr nah und enthielt nicht zuletzt in seiner Gesetzesbegründung materielle Fehler, siehe oben, § 4 B. III. 6.

[1436] Siehe *Le Corre*, Droit et pratique des procédures collectives, Rn. 926.091.

[1437] Zuvor Art. 1382 C. civ., geändert durch Art. 2 der Ordonnance Nr. 2016-131 vom 10.02.2016 portant réforme du droit des contrats, du régime général et de la preuve des obligations, JORF, 11.02.2016, Nr. 26; in Kraft getreten am 01.10.2016, Art. 9 der Ordonnance.

[1438] So im Ergebnis, wenn auch selbst Zweifel ausdrückend, wohl *Saint-Alary Houin*, in: FS-Merle, S. 637; ebenso eine reine Bezugnahme der allgemeinen delikts- und gesellschaftsrechtlichen Haftungsregel vermutend *Pérochon*, Entreprises en difficulté, Rn. 1674.

[1439] Aus diesem Grund einen Bezug auf Art. 1382 C. civ. ausschließend *Roussel Galle*, Rev. Proc. Coll., Nr. 2012-3, étude 16, Rn. 15 f.; zur Kausalität auch *Le Corre*, Droit et pratique des procédures collectives, Rn. 926.211.

[1440] Im Ergebnis ebenso davon ausgehend *Le Corre*, Droit et pratique des procédures collectives, Rn. 926.09, der sich gleichzeitig über diesen „Rückschritt" („retour en arrière") des Gesetzgebers erstaunt zeigt – ebenda, Rn. 926.221; *Roussel Galle*, Rev. Proc. Coll., Nr. 2012-3, étude 16, Rn. 14 ff., der in der Folge von einer möglichen Rückkehr der Sanktionen in den nicht-liquidativen Verfahren spricht (siehe ebenda, Überschrift 1: „Le retour des ‚sanctions' en sauvegarde et en redressement judiciaire?"). A.A. wohl *Saint-Alary Houin*,

als *„responsabilité pour contribution à la cessation des paiements“*[1441] bezeichnete Haftungsklage sowohl bestellte als auch faktische Geschäftsführer und kann damit auch in der Konzernhaftung eine Rolle spielen[1442]. Aufgrund ihrer systematischen Stellung im dritten Titel des 9. Buchs des *Code de commerce* bleibt die Klage aber auf Situationen beschränkt, in denen ein Sanierungsverfahren eröffnet worden ist[1443]. Weitere Unterschiede zur *responsabilité pour insuffisance d'actif* liegen im wesentlich weiteren Begriff des haftungsauslösenden Fehlers[1444] sowie in einem abweichenden Bezugspunkt der im Vergleich zu Art. 1240 C. civ.[1445] erweiterten Kausalität: Während Art. L. 651-2 Abs. 1 S. 1 C. com. einen Beitrag des Managementfehlers zum Aktivfehlbetrag voraussetzt[1446], muss der Fehler in Art. L. 631-10-1 C. com. zur Zahlungsunfähigkeit beigetragen haben[1447].

Diese noch junge Haftungsgrundlage hat bis heute wohl noch keine praktische Anwendung finden können, sodass die Unklarheiten über ihre Stellung im Haftungskonzept noch nicht beseitigt werden konnten. Eine zukünftige Relevanz dieser Klage – und mit ihr die Auswirkungen der mit ihr in Verbindung stehenden Widersprüche[1448] und Unklarheiten – erscheint darüber hinaus durchaus zweifelhaft: Aus praktischer Sicht ist zunächst das Zeitfenster, in dem die Klage wirksam erhoben werden kann, sehr schmal – ein entsprechender Antrag müsste gleichsam präventiv, äußerst zügig nach der Eröffnung des Sanierungsverfahrens geschehen[1449], wobei eine mögliche Beteiligung des Klagegegners zu diesem Zeitpunkt noch nicht feststehen muss. Aus dogmatischer Sicht wurden außerdem Vorbehalte gegenüber der Möglichkeit eines Schadensbeweises geäußert: Da ein Sanierungsverfahren entweder mit einem von

---

in: FS-Merle, S. 637, die, wie soeben angedeutet, zweifelnd von einer Öffnung des Anwendungsbereichs des Art. 1382 C. civ. im Falle eines Sanierungsverfahrens ausgeht.

[1441] So die Überschrift bei *Le Corre*, Droit et pratique des procédures collectives, Kap. 926; ähnlich *Roussel Galle*, Rev. Proc. Coll., Nr. 2012-3, étude 16, Rn. 16.

[1442] Zum insoweit synonymen Begriff der *responsabilité pour insuffisance d'actif* – vgl. *Le Corre*, Droit et pratique des procédures collectives, Rn. 926.111 – sogleich unten, II. 2.

[1443] Vgl., auch zu entsprechenden Problemen bei der Umwandlung in ein Liquidationsverfahren, *Le Corre*, Droit et pratique des procédures collectives, Rn. 926.121.

[1444] Die *responsabilité pour insuffisance d'actif* setzt einen – engeren – Managementfehler voraus, während Art. L. 631-10-1 C. com. jede Art von Fehler ausreichen lässt; dies bemerkend *Le Corre*, Droit et pratique des procédures collectives, Rn. 926.211.

[1445] Zuvor Art. 1382 C. civ.

[1446] Zu diesem Erfordernis genauer unten, III. 1.

[1447] Auf diesen Unterschied hinweisend *Le Corre*, Droit et pratique des procédures collectives, Rn. 926.211; *Roussel Galle*, Rev. Proc. Coll., Nr. 2012-3, étude 16, Rn. 15.

[1448] Äußerst kritisch auch *Le Corre*, Droit et pratique des procédures collectives, Rn. 926.221.

[1449] So *Roussel Galle*, Rev. Proc. Coll., Nr. 2012-3, étude 16, Rn. 17.

den Gläubigern angenommenen Sanierungsplan beendet wird[1450] oder in ein Liquidationsverfahren übergeht, würden etwaige Verluste bei den Gläubigern nur mit deren Zustimmung erfolgen. Aus diesem Grund könnte man das Vorliegen eines kausalen Schadens verneinen. Käme es ansonsten zur Eröffnung eines anschließenden Liquidationsverfahrens, müsste hingegen direkt eine Klage auf Grundlage der *responsabilité pour insuffisance d'actif* eingereicht werden.[1451] Hingewiesen werden muss jedoch auf den Zusammenhang, dass die Zustimmung der Gläubiger möglicherweise in vielen Fällen auch den besonderen Umständen des Verfahrens geschuldet ist und daher die Eröffnung des Verfahrens – zumindest indirekt – für ihre Verluste verantwortlich gemacht werden kann[1452].

Es bleibt nach all diesen Unklarheiten zu hoffen, dass entweder die Rechtsprechung in einem Grundsatzurteil die Konturen dieser eilig und mit zweifelhafter Motivation ins Gesetz eingefügten Norm definiert oder dass der Gesetzgeber den hieraus erwachsenden Problemen eine Aufhebung des Artikels folgen lässt.

II. Anwendungsbereich

Der Anwendungsbereich der verschärften *responsabilité pour insuffisance d'actif* ist gleich in zweierlei Hinsicht begrenzt: Einerseits kann die Haftungsklage nur aus einem Liquidationsverfahren heraus eingereicht werden, in welchem ein Aktivfehlbetrag aufgetreten ist. Andererseits sind die Haftungsadressaten nur bestellte oder faktische Geschäftsführer einer Gesellschaft des Privatrechts[1453]. Für den Bereich der Konzernhaftung beschränkt sich die *responsabilité pour insuffisance d'actif* damit nahezu ausschließlich auf die Hypothese einer anderen Konzerngesellschaft – vornehmlich einer Gesellschaft in beherrschender Position – als faktischer Geschäftsführerin.

[1450] Das Gericht kann im Falle eines fehlenden Einverständnisses der Gläubiger mit dem Plan verbundene Erlasse oder Zahlungsaufschübe in Grenzen selbst beschließen, siehe hierzu oben, § 1 A. II. 3. b) cc).

[1451] Auf diese Inkonsistenz hinweisend *Le Corre*, Droit et pratique des procédures collectives, Rn. 926.221.

[1452] So zum vorherigen Anwendungsbereich der *responsabilité pour insuffisance d'actif* *Pétel*, Procédures collectives, Rn. 420.

[1453] Bzw. neuerdings nach Art. L. 651-2 Abs. 2 C. com. auch einer EIRL, hierzu bereits oben, I. 1.

1. Abschließender materieller Anwendungsbereich: Beschränkung auf das Liquidationsverfahren mit Aktivfehlbetrag und Konkurrenz zu anderen Haftungsmechanismen

Nachdem die Ordonnance vom 18.12.2008 die Anwendung der *responsabilité pour insuffisance d'actif* im Falle der Auflösung eines Sanierungsplans aufgehoben hatte[1454], ist der materielle Anwendungsbereich dieser Haftungsklage nunmehr ganz auf Fälle beschränkt, in denen die von den Anspruchsgegnern geleitete Gesellschaft einem Liquidationsverfahren unterworfen ist[1455]. Der Hintergrund dieser Einschränkung liegt – wie so häufig – in der wirtschaftspolitischen Zielsetzung des französischen „Rechts der Unternehmen in Schwierigkeit": So sollen Geschäftsführer von Unternehmen privilegiert werden, in denen ein Verfahren ausweislich der nicht einsetzenden Liquidation zur erfolgreichen Sanierung und der damit verbundenen Beibehaltung der Arbeitsplätze geführt hat. Eine solche Privilegierung besteht in der nahezu vollständigen Abwesenheit zivilrechtlicher Sanktionen – und dies trotz des eventuellen Vorhandenseins von Managementfehlern, die etwa eine Zahlungsunfähigkeit und das damit verbundene Verfahren erst ausgelöst haben mögen.[1456]

Dieser Hintergrund wirkt sich auf die Konkurrenz zu anderen Haftungstatbeständen aus, die ausweislich ihrer Tatbestandsvoraussetzungen eigentlich parallel Anwendung finden müssten. Diese – zumindest theoretisch von ihrem Wortlaut her – ebenfalls anwendbaren Anspruchsgrundlagen wären insbesondere die allgemeine Deliktshaftung nach heutigem Art. 1240 C. civ.[1457] sowie die – für die Konzernhaftung kaum direkt relevante, da auf bestellte Geschäftsführer beschränkte – Geschäftsführerhaftung nach Art. L 223-22 C. com. für die SARL bzw. Art. L. 225-251 für die SA[1458]. Unter Berücksichtigung der oben genannten Grundsätze hat die Rechtsprechung hier relativ klare Konkurrenzregeln entwickelt. So stellt die *responsabilité pour insuffisance d'actif* in Bezug auf die bestellten und faktischen Geschäftsführer einer juristischen Person die einzig anwendbare und im Namen der betroffenen Gesellschaft zu beantragende zivilrechtliche Haftungsklage dar, wenn ein Liquidationsverfahren

---

[1454] Zu dieser Entwicklung bereits oben, I. 1.

[1455] So geht es auch aus Art. L. 652-1 Abs. 1 S. 1 C. com. hervor.

[1456] Siehe etwa *Coquelet*, Entreprises en difficulté, instruments de paiement et de crédit, Rn. 548; ähnlich *Jacquemont/ Vabres*, Entreprises en difficulté, Rn. 1063, 1065; *Pérochon*, Entreprises en difficulté, Rn. 1667.

[1457] Zuvor Art. 1382 C. civ., geändert durch Art. 2 der Ordonnance Nr. 2016-131 vom 10.02.2016 portant réforme du droit des contrats, du régime général et de la preuve des obligations, JORF, 11.02.2016, Nr. 26; in Kraft getreten am 01.10.2016, Art. 9 der Ordonnance.

[1458] Siehe zu Fragen dieser Konkurrenz auch *Jacquemont/ Vabres*, Entreprises en difficulté, Rn. 1066 f.; *Le Corre*, Droit et pratique des procédures collectives, Rn. 922.121; *Pérochon*, Entreprises en difficulté, Rn. 1674.

zu einem Aktivfehlbetrag geführt hat. Sie ist damit in diesen Fällen als *lex specialis* zu den soeben genannten allgemeinen Haftungsinstrumenten zu verstehen und die Haftungsklage – etwa eines einzelnen Gläubigers gegen einen faktischen oder bestellten Geschäftsführer zum Ausgleich seiner durch die Zahlungsunfähigkeit entstandenen Schäden – ist in diesen Fällen grundsätzlich unzulässig.[1459]

Diese Formulierung lässt aber gleichzeitig darauf schließen, dass zu dieser Konkurrenzregel Ausnahmen vorliegen. So bleibt eine Haftungsklage nach allgemeinen Regeln aufgrund der Beschränkung der *responsabilité pour insuffisance d'actif* auf bereits eröffnete Liquidationsverfahren weiterhin möglich, sofern sie gegen die Geschäftsführer vor dem Eröffnungsurteil eingelegt wurde[1460]. Andererseits betrifft die Haftungsklage nur Managementfehler, die vor der Eröffnung des Verfahrens erfolgt sind und so zum Aktivfehlbetrag beigetragen haben; der Ausgleich eines nach dem Eröffnungsurteil durch Managementfehler entstandenen Schadens kann daher nicht über Art. L. 651-2 C. com. geltend gemacht werden[1461]. Ebenso bleiben die allgemeinen Regeln aufgrund des auch diesbezüglich eingeschränkten Anwendungsbereichs der *responsabilité pour insuffisance d'actif* anwendbar, wenn kein Aktivfehlbetrag dargelegt bzw. festgestellt wurde[1462]. Haben die Voraussetzungen einer solchen Haftungsklage vorgelegen, wurde eine solche aber nicht wirksam und fristgerecht beantragt, sperrt dies auch einen späteren Rückgriff auf die allgemeinen Haftungsregeln[1463]. Eine Haftungsklage nach allgemeinen Regeln, die von einer Zivilpartei zusätzlich zu einer Klage vor einem Strafgericht wegen eines eine Strafnorm verletzenden Managementfehlers geführt wird, kann allerdings trotz des Vorliegens der Voraussetzungen des Art. L. 651-2 C. com. wirksam erhoben werden[1464].

Für die Verfahrensarten des Rettungs- und Sanierungsverfahrens gilt die verschärfte Haftung des Art. L. 651-2 C. com. nicht – schließlich ist es auch ihr Zweck, einen durch Managementfehler mitverursachten Aktivfehlbetrag auszugleichen, welcher bei diesen Verfahrensarten bereits denklogisch nicht

---

1459 Siehe etwa Cass. com. 28.02.1995, Revisionsnummer 92-17329, Bull. civ. 1995, IV, S. 57, Nr. 60; 11.04.1995, Revisionsnummer 92-17013; 20.06.1995, Revisionsnummer 93-12810, Bull. civ, 1995, IV, S. 173, Nr. 187; 26.05.1999, Revisionsnummer 96-16126; 19.11.2013, Revisionsnummer 12-16099, Bull. civ. 2013, IV, Nr. 170.

1460 Cass. com. 10.02.2009, Revisionsnummer 07-20445, Bull. civ. 2009, IV, Nr. 21.

1461 Cass. com. 13.03.2000, Revisionsnummer 97-17753, Bull. civ. 2000, IV, S. 51, Nr. 59 zur Vorgängerregelung. In diesem Fall müssen aber die restriktiven Voraussetzungen des „ablösbaren Fehlers“ *(faute détachable)* zum direkten Rückgriff auf den Geschäftsführer vereint sein; vgl. bereits *Le Corre*, Droit et pratique des procédures collectives, Rn. 922.131.

1462 Cass. com. 28.03.2000, Revisionsnummer 97-11533, Bull. civ. 2000, IV, S. 58, Nr. 70; 28.05.2002, Revisionsnummer 98-20333.

1463 Siehe hierzu etwa *Voinot*, Procédures collectives, Rn. 886.

1464 Cass. Crim. 29.10.1996, Revisionsnummer 95-84354.

vorliegen kann[1465]. Dort ist eine Anwendung etwa der Deliktshaftung auch durch die Verfahrensorgane als Klage der vom Verfahren betroffenen Gesellschaft wohl nicht gesperrt[1466] – wenn sich auch der Beweis der Haftungsvoraussetzungen als überaus schwierig erweisen dürfte[1467]. Zweifel bestehen an der grundsätzlichen Anwendbarkeit des Deliktsrechts allerdings durch den mit der *loi Petroplus* eingeführten Art. L. 631-10-1 C. com., dessen systematische Einordnung weiterhin umstritten ist[1468], der aber durchaus ebenso einen Spezialtatbestand zu den allgemeinen Regeln darstellen könnte und dessen alleinige Anwendbarkeit im Falle des Vorliegens seiner Voraussetzungen im Sanierungsverfahren in Ermangelung einschlägiger Rechtsprechung zumindest nicht ausgeschlossen werden kann.

Schließlich können andere Sondertatbestände neben der *responsabilité pour insuffisance d'actif* zur Anwendung kommen. Dies gilt einerseits für die Steuerhaftung der Geschäftsführer nach Art. L. 267 LPF, sofern die Steuerbehörde nicht die vollständige Begleichung der Steuerschuld der Gesellschaft verzeichnen konnte. Anders als bei der Haftung nach Art. L. 651-2 C. com. kommen die Ergebnisse im Rahmen von Art. L. 267 LPF direkt dem Fiskus zugute, während die der *responsabilité pour insuffisance d'actif* allen Gläubigern im Rahmen der Liquidationsauskehr zugewiesen werden. [1469] Andererseits kann auch die Umwelthaftung für Muttergesellschaften nach Art. L. 512-17 C. env.[1470] neben der Haftungsklage nach Art. L. 651-2 C. com. weiterhin angewendet werden, da sie sowohl in Bezug auf die auszugleichenden Schäden wie auch die Haftungsadressaten spezieller ist.

Bei der *responsabilité pour insuffisance d'actif* handelt es sich ausweislich ihrer Rechtsfolgen um eine Haftungsklage, die zunächst zugunsten der Gesellschaft – bzw. über die spätere Liquidationsauskehr zugunsten der Gesamtheit ihrer Gläubiger – angestrengt werden kann[1471]. Eine Durchgriffshaftung einzelner Gläubiger oder Gesellschafter gegen Geschäftsführer, die nicht vom gegenüber der Gesellschaft vorliegenden Verbot der Verfolgung von Einzelansprüchen *(arrêt des poursuites)* umfasst sind, kann allerdings nach den allgemeinen Regeln des Gesellschafts- oder Deliktsrechts durch Dritte wie etwa Gläubiger oder Gesellschafter geschehen[1472].

[1465] Allerdings können die Planbeteiligten durch die Umstände von Zugeständnissen überzeugt werden; zu diesbezüglich geäußerten Problemen mit der Schadensdefinition bereits oben, I. 3.

[1466] So *Voinot*, Procédures collectives, Rn. 887.

[1467] Hierzu auch unten, IV.

[1468] Hierzu oben, I. 3.

[1469] Siehe zu alledem etwa *Jacquemont/ Vabres*, Entreprises en difficulté, Rn. 1069.

[1470] Hierzu sogleich unten, B.

[1471] Siehe hierzu unten, IV.

[1472] Siehe etwa *Voinot*, Procédures collectives, Rn. 887.

2. Persönlicher Anwendungsbereich bei Konzernen: die beherrschende Gesellschaft als Geschäftsführerin

Nach dem Wortlaut des Art. L. 651-2 Abs. 1 S. 1 C. com. umfasst die *responsabilité pour insuffisance d'actif* sowohl bestellte als auch faktische Geschäftsführer *(dirigeants de droit* bzw. *dirigeants de fait)*. Als *dirigeants de droit* versteht das französische Gesellschaftsrecht solche Personen, die ordnungsgemäß als gesetzlich vorgeschriebene Organe einer juristischen Person bestellt worden sind und eine Leitungsfunktion ausüben[1473]. Hierzu gehören etwa bei einer SA – abhängig von ihrem Leitungsmodell – der Vorsitzende und die Mitglieder des Verwaltungsrats *(président du conseil d'administration* bzw. *administrateurs)*, der Generaldirektor und seine Stellvertreter *(directeur général* bzw. *directeurs généraux délégués)* bzw. die Vorstandsmitglieder *(membres du directoire)*, mangels echter Leitungsbefugnisse nicht jedoch die Mitglieder des Aufsichtsrats *(membres du conseil de surveillance)*[1474].

Manche Gesellschaftsformen wie SA und SAS, nicht jedoch die SARL, erlauben es, juristische Personen in ausgewählten Leitungspositionen einzusetzen[1475]. Aus diesem Grund wäre es bei diesen Gesellschaftsformen in Konzernsituationen zumindest theoretisch möglich, etwa eine Gesellschaft in beherrschender Position direkt als Leitungsorgan zu benennen – in der Praxis ist eine solche Konstellation allerdings nur im Ausnahmefall zu erwarten[1476]. Eine Analyse von Haftungssituationen in Konzernsachverhalten kann sich daher aus rechtspraktischen Gründen auf die Beschreibung von Fällen der Haftung von faktischen Geschäftsführern konzentrieren[1477].

[1473] *Fortis*, Entreprises en difficulté (Responsabilités et sanctions), in: Vogel/ Delpech (Hrsg.), Rép. commercial, Rn. 9.

[1474] Ebenda.

[1475] Siehe für die SA Art. L. 225-20 Abs. 1 S. 1 C. com. *(administrateur)*, für die SAS Art. L. 227-7 C. com. *(président* oder *dirigeant)*. Die Vorschriften schreiben gleichzeitig vor, dass die juristische Person einen ständigen Vertreter benennen muss, der dieselben Verpflichtungen und Haftungsrisiken innehat, als wenn er persönlich als Leitungsorgan eingesetzt wäre (siehe für die SA Art. L. 225-20 Abs. 1 S. 2 C. com., für die SARL Art. L. 227-7 C. com.). Wird eine Haftung geltend gemacht, besteht allerdings eine gesamtschuldnerische Haftung mit der juristischen Person (siehe ausdrücklich für die SA Art. L. 225-20 Abs. 1 S. 2 C. com., 2. Halbsatz: für die SAS Art. L. 227-7 C. com., 2. Halbsatz). Diese Möglichkeit zur Haftungsdopplung lässt die Konstellation in Beherrschungssituationen eher als unattraktiv erscheinen. Der einzige Vorteil für die juristische Person in Leitungsposition kann aber in der Möglichkeit zum vereinfachten Austausch ihres Vertreters in Organstellung liegen (für die SA ausdrücklich in Art. L. 225-20 Abs. 2 C. com.).

[1476] So daher auch *Dammann/ Podeur*, RLDA Nr. 2007-16, étude 975, 65, Rn. 3.

[1477] Ausführlich zur Haftung von bestellten Geschäftsführern nach der *responsabilité pour insuffisance d'actif* etwa *Jacquemont/ Vabres*, Entreprises en difficulté, Rn. 1073 ff.; *Le Corre*, Droit et pratique des procédures collectives, Rn. 921.100 ff.; *Pérochon*, Entreprises en difficulté, Rn. 1681 ff.; *Saint-Alary Houin*, Entreprises en difficulté, Rn. 1432.

Der Begriff des faktischen Geschäftsführers eröffnet der Rechtsprechung aufgrund der weiten Begrifflichkeit und der fehlenden gesetzlichen Definition äußerst umfangreiche Möglichkeiten zum Auffinden der wirklichen Machtzentren in der Führung von Gesellschaften und dies weit über die bestellten Geschäftsführer hinaus[1478]. Unter einem faktischen Geschäftsführer wird eine Person verstanden, die in der Gesellschaftspraxis dieselben Handlungen ausführt wie ein bestellter Geschäftsführer[1479] und sich damit in ihren Aufgabenbereich einmischt[1480]. Dieser Begriff umfasst eine Situation, in welcher die betroffene Person in Bezug auf die Gesellschaft selbst oder durch eine zwischengeschaltete Person durch positives Tun und in unabhängiger Weise in Leitungs- und Verwaltungsfunktionen tätig wird[1481]. Die Rechtsprechung setzt für den durch den Anspruchssteller zu erbringenden Beweis[1482] dieser Position eine Darlegung konkreter Tatsachen voraus, in denen eine Person in der genannten Weise in die Sphäre der bestellten Geschäftsführer eingegriffen hat[1483]. Die Bewertung der dargelegten Tatsachen zum Nachweis der faktischen Geschäftsführung unterliegt der vollen Kontrolle des Kassationsgerichtshofs[1484].

Die Figur des faktischen Geschäftsführers ist nicht auf Konzern- und Beherrschungssituationen begrenzt, sondern umfasst ein weites Spektrum von Personen, die auf die Geschäftsleitung einer Gesellschaft entscheidenden Einfluss nehmen können[1485]; von externen Beratern[1486] bis hin zu Ehepartnern von

---

1478 Vgl. *Jacquemont/ Vabres*, Entreprises en difficulté, Rn. 1079.

1479 CA Paris 06.07.1993, Jurisdata-Nr. 1993-021957; *Jacquemont/ Vabres*, Entreprises en difficulté, Rn. 1079; *Le Corre*, Droit et pratique des procédures collectives, Rn. 921.211; *Pétel*, Procédures collectives, Rn. 419.

1480 *Saint-Alary Houin*, Entreprises en difficulté, Rn. 1433.

1481 Cass. com. 15.03.2005, Revisionsnummer 03-19577; 12.07.2005, Revisionsnummer 03-14045, Bull. civ. 2005, IV, S. 187, Nr. 187; *Dammann/ Podeur*, RLDA Nr. 2007-16, étude 975, 65, Rn. 3; *Fortis*, Entreprises en difficulté (Responsabilités et sanctions), in: Vogel/ Delpech (Hrsg.), Rép. commercial, Rn. 15; *Jacquemont/ Vabres*, Entreprises en difficulté, Rn. 1079; *Le Corre*, Droit et pratique des procédures collectives, Rn. 921.211; *Pétel*, Procédures collectives, Rn. 419; *Saint-Alary Houin*, Entreprises en difficulté, Rn. 1433.

1482 Cass. com. 06.05.1980, Revisionsnummer 78-15775, Bull, civ. 1980, IV, Nr. 175; siehe auch *Dammann/ Podeur*, RLDA Nr. 2007-16, étude 975, 65, Rn. 3; *Jacquemont/ Vabres*, Entreprises en difficulté, Rn. 1079.

1483 Siehe etwa Cass. com. 13.02.2007, Revisionsnummer 05-17987; 27.03.2007, Revisionsnummer 05-17311.

1484 Siehe Cass. com. 16.03.1999, Revisionsnummer 95-17420, Bull. civ. 1999, IV, S. 53, Nr. 64; vgl. ebenso die bereits zitierten Entscheidungen Cass. com. 13.02.2007, Revisionsnummer 05-17987; 27.03.2007, Revisionsnummer 05-17311; hierzu auch *Le Corre*, Droit et pratique des procédures collectives, Rn. 921.211.

1485 S., auch zur diesbezüglich ergangenen Rechtsprechung nur *Le Corre*, Droit et pratique des procédures collectives, Rn. 921.211; sowie *Jacquemont/ Vabres*, Entreprises en difficulté, Rn. 1082; *Saint-Alary Houin*, Entreprises en difficulté, Rn. 1433.

1486 Cass. com. 19.10.1993, Revisionsnummer 91-11073 unter den oben genannten Voraussetzungen der Einflussnahme.

bestellten Geschäftsführern[1487] sind die möglichen Anwendungsfälle unter den oben genannten Voraussetzungen nahezu unerschöpflich. Dennoch stellt eine Beherrschungssituation durch eine Muttergesellschaft im Kontext von Konzernen heutzutage eine wichtige Fallgruppe der faktischen Geschäftsführung dar[1488] – selbst wenn die ursprünglichen Anwendungsfälle der betroffenen Haftungstatbestände eher auf die Haftung natürlicher Personen abzielten[1489]. Diesbezüglich hat sich eine eigene Rechtsprechungslinie entwickelt, die über die Jahre einer durchgängigen Tendenz zu folgen scheint: Ähnlich wie bereits im Fall der Verfahrenserstreckung nach Art. L. 621-2 Abs. 2 C. com.[1490] verfolgt und überwacht der Kassationsgerichtshof eine enge Auslegung des Begriffs der faktischen Geschäftsführung in Konzernsituationen auch gegen ausbrechende Instanzgerichte und verlangt eine über die reine Kapitalbindung hinausgehende, qualifizierte Beherrschungssituation[1491]. Die Konturen dieser Rechtsprechung haben sich im Laufe der verschiedenen Entscheidungen des Kassationsgerichtshofs zur Haftung von Konzerngesellschaften als faktischer Geschäftsführer zu einem in Details immer noch fortentwickelten Richterrecht zusammengefügt.

Die erste in dieser Hinsicht erwähnenswerte Rechtsprechung betraf in einem Urteil des Kassationsgerichtshofs vom 06.06.2000[1492] zunächst einen ebenso einfachen wie klaren Ausgangsfall:

Eine Tochtergesellschaft verlangte, einem Liquidationsverfahren unterworfen, vertreten durch ihre Gläubigervertreter *(syndics)*, Schadensersatz für Managementfehler von ihrer Muttergesellschaft als faktischer Geschäftsführerin. Letztere hatte über eine zwischengeschaltete Beteiligungsgesellschaft nahezu einhundert Prozent ihrer Anteile gehalten. Um eine faktische Geschäftsführung durch die Muttergesellschaft zu bejahen, konnte sich der Kassationsgerichtshof auf relativ eindeutige Tatsachen stützen. So beschränkte sich die Handlungsfreiheit der Tochtergesellschaft lediglich auf einzelne Geschäfte der laufenden Verwaltung, während sämtliche unternehmerischen Entscheidungen – einschließlich derjenigen über die Einstellung des Geschäftsbetriebs – durch die Muttergesellschaft in Form von Handlungsanweisungen an die Geschäftsführung getroffen wurden.

Das bereits in der vorgenannten Entscheidung gelegte Augenmerk auf die konzerninternen Entscheidungsstrukturen bestätigte der Kassationsgerichtshof

1487 Cass. com. 10.07.2001, Revisionsnummer 98-12822.

1488 Vgl. *Le Corre*, Droit et pratique des procédures collectives, Rn. 921.241; *Pétel*, Procédures collectives, Rn. 419.

1489 Zur Entwicklung dieser Haftungstatbestände bereits oben, A. I.

1490 Siehe hierzu oben, insbesondere bei der Vermögensvermischung, § 4 B. II. 3. b) dd) f.

1491 Vgl. *Jacquemont/ Vabres*, Entreprises en difficulté, Rn. 1079 f.; zur Rechtsprechungsentwicklung auch *Le Corre*, Droit et pratique des procédures collectives, Rn. 921.241.

1492 Revisionsnummer 96-21134.

in einem Urteil vom 02.11.2005[1493] und erweiterte die Lösung auf Holdingstrukturen.

Im dort vorliegenden Fall waren zahlreiche Einzelweisungen von einer Holdinggesellschaft über eine zu knapp fünfzig Prozent von dieser gehaltenen Mutter- auf eine wiederum zu etwa 99 Prozent im Eigentum letzterer stehenden Tochtergesellschaft ergangen. Mehrere bestellte Geschäftsführer der Muttergesellschaft waren zugleich Verwaltungsratsmitglieder der Holding gewesen und aus diesem Grund von ihr abhängig. Liegt, wie es der Gerichtshof für diesen Fall bestätigte, damit die vollständige Entscheidungsmacht über die Tochter- bei der Holding, kann diese auch über eine zwischengeschaltete Muttergesellschaft nur als faktische Geschäftsführerin bezeichnet werden.

Gleichzeitig zeigte der Gerichtshof in diesem wichtigen Urteil aber auch die Grenzen des Begriffs der faktischen Geschäftsführung in Beherrschungssituationen auf und bekräftigte damit sein Festhalten am Grundsatz der rechtlichen Unabhängigkeit der Konzerngesellschaften[1494] auch im Bereich der Insolvenzhaftung[1495]:

Hatte der Appellationsgerichtshof in der Vorinstanz in Bezug auf andere von der Mutter- zu etwa 99 Prozent gehaltenen Tochtergesellschaften eine faktische Geschäftsführung nur auf diese Tatsache gestützt, machte der Kassationsgerichtshof im selben Urteil nochmals deutlich, dass diese reine Kapitalbindung ohne Berücksichtigung der Entscheidungsstrukturen nicht ausreicht, um die Stellung einer beherrschenden Gesellschaft als faktische Geschäftsführerin zu begründen. Er lehnte in Bezug auf diese Tochtergesellschaften die Stellung der Holding als faktische Geschäftsführerin aus Mangel an Beweisen ab.

Die in dieser Rechtsprechung entwickelten Grundsätze fasste der Gerichtshof in einem durch die Veröffentlichung in der Entscheidungssammlung *(Bulletin civil)* im Vergleich zu den Vorentscheidungen besonders herausgehobenen Urteil vom 27.06.2006 im Fall *Banque Worms*[1496] nochmals zusammen, indem er wie folgt formulierte:

„...die juristische Person, die, ohne bestellte Geschäftsführerin der einem Sanierungs- oder Liquidationsverfahren unterworfenen Gesellschaft[1497] zu sein, in Wahrheit über eine zwischengeschaltete natürliche Person, die sie ausgewählt und die unter ihrem Einfluss gehandelt hat, Leitungsmacht ausgeübt

---

[1493] Revisionsnummer 04-15831.

[1494] Hierzu ausführlich oben, § 1 B. I. 2.

[1495] So interpretieren die Entscheidung etwa *Dammann/ Podeur*, RLDA Nr. 2007-16, étude 975, 65, Rn. 3.

[1496] Revisionsnummer 04-15831, Bull. civ. 2006, IV, S. 161, Nr. 151, m. Bespr. *Poracchia*, Rev. sociétés 2006, 900.

[1497] Nach heute geltendem Recht hätte sich die Formulierung auf das Liquidationsverfahren beschränken müssen, siehe oben. aa).

hat, [ist faktische Geschäftsführerin, d. Verf.]“[1498]. Der vom Kassationsgerichtshof festgestellte Einfluss der beherrschenden juristischen Person – hier einer Bank, die in diesem Fall mangels eigener Kapitalbeteiligungen nicht Teil des Finanzkonzerns war – ergab sich aus engen Beziehungen zwischen der Muttergesellschaft und der Bank, die in der Besetzung von Führungspositionen bei ersterer durch Personen mündete, die durch einen Arbeitsvertrag mit der Bank verbunden waren. Die Bank bestritt allerdings, dass ein solcher Vertrag für eine entsprechende Einflussnahme ausreichend sei, worüber sich der Gerichtshof hinwegsetzte.

Schließlich hatte die Frage der faktischen Geschäftsführung durch Konzerngesellschaften auch eine entscheidende Rolle im für Fragen von Konzernhaftung so gewichtigen *Metaleurop*-Verfahren. Hatte der Kassationsgerichtshof im *obiter dictum* zu seiner Entscheidung vom 19.04.2005 noch die Anwendung der *responsabilité pour insuffisance d'actif* zur Auffüllung von ihm selbst durch die enge Auslegung des Tatbestandsmerkmals der Vermögensvermischung im Rahmen der Verfahrenserstreckung herbeigeführter Haftungslücken angeregt[1499], konnte seine Entscheidung im darauffolgenden Haftungsverfahren auf ebendieser Rechtsgrundlage[1500] für die Antragsteller nur mit großer Enttäuschung aufgenommen werden[1501]. Hätten letztere aufgrund dieser Empfehlung noch auf eine weitere Auslegung der Voraussetzungen der faktischen Geschäftsführung hoffen können, hielt der Gerichtshof an seiner bereits zur Verfahrenserstreckung gefundenen und auch in der soeben beschriebenen Rechtsprechung zu den Haftungsklagen angelegten Linie fest, „normal funktionierende“ Konzernstrukturen bestmöglich von Haftungsrisiken durch die Aufhebung der Haftungsbegrenzung konzernzugehöriger Kapitalgesellschaften zu befreien[1502]. Je nach Auslegung des vorherigen Richterrechts liegt in dem Urteil vom 19.11.2013 zumindest eine ausdrückliche Bestätigung der be-

[1498] „...la personne morale qui, sans être dirigeant de droit de la société en redressement ou liquidation judiciaire, a exercé en fait, par l'intermédiaire d'une personne physique qu'elle a choisie et qui a agi sous son emprise, des pouvoirs de direction sur la société...“.

[1499] Zu diesem Urteil und seinem *obiter dictum* oben, § 4 B. II. 3. b) dd) f.

[1500] Cass. com. 19.11.2013, Revisionsnummer 12-28367, m. Bespr. *Le Mesle*, Bull. Joly ED, Nr. 2014-1, 18; *Pelletier*, Bull. Joly Soc., Nr. 2014-2, 103.

[1501] Vgl. auch *Le Mesle*, Bull. Joly ED, Nr. 2014-1, 18, der die Haftungsklage mit der Empfehlung des Kassationsgerichtshofs in Verbindung bringt; ähnlich auch *Pelletier*, Bull. Joly Soc., Nr. 2014-2, 103, Fn. 3.

[1502] Zu dieser Zielsetzung und dem problematischen Begriff der Normalität in Konzernstrukturen ausführlich oben, § 4 B. II. 3. c); dies im Zusammenhang mit der *responsabilité pour insuffisance d'actif* wiederholend *Le Mesle*, Bull. Joly ED, Nr. 2014-1, 18; *Pelletier*, Bull. Joly Soc., Nr. 2014-2, 103.

reits vorher angelegten, konzernfreundlichen Rechtsprechungstendenz oder sogar eine weitere Einschränkung der möglichen Inanspruchnahme von Muttergesellschaften als faktische Geschäftsführer[1503]:

Wie vom Kassationsgerichtshof zumindest in Andeutung empfohlen, setzten die Liquidatoren der einem Liquidationsverfahren unterworfenen Gesellschaft Metaleurop Nord SAS, als Tochtergesellschaft zu 99 Prozent im Eigentum der inzwischen unter dem Namen Recyclex firmierenden Muttergesellschaft (vormals: Metaleurop SA), gegen Letztere ein Verfahren nach den Vorgängerregeln der Art. L. 651-1 ff. C. com. in Gange. Nach der Ansicht der Antragsteller hatte die Muttergesellschaft durch ihre zahlreichen Eingriffe in die wirtschaftliche Entscheidungssphäre[1504] als faktische Geschäftsführerin zum bei der Tochtergesellschaft aufgetretenen Aktivfehlbetrag beigetragen. Hierfür wurde dargelegt, die Umstände hätten dazu geführt, dass das Führungspersonal der Tochter über keinerlei Entscheidungsspielräume ohne Eingriffe der Konzernmutter verfügt hatte und dass insbesondere die rechtsträgerübergreifende Einteilung der Wirtschaftszweige des Konzerns in „Business Units" unter direkter Kontrolle der Muttergesellschaft zur faktischen Entmachtung der Tochtergesellschaften und ihrem Führungspersonal geführt hätten.

Der Kassationsgerichtshof aber bestätigte trotz dieser qualitativ wie quantitativ durchaus schwerwiegenden Eingriffe der Muttergesellschaft[1505] die Einschätzung der Vorinstanz und lehnte eine faktische Geschäftsführung ab. Bemerkenswert ist hierbei die Begründung, die größtenteils vom Appellationsgerichtshof übernommen wurde. Dieser hatte in dem auch im vorliegenden Urteil wiedergegebenen Wortlaut als Vorinstanz noch betont:

> „Metaleurop stellt einen Konzern dar, [ein, d. Verf.] Begriff, der einerseits das Vorhandensein von sich kreuzenden Beziehungen in Form von engen finanziellen Bindungen, wirtschaftlichen Vorzugs- und Handelsbeziehungen mit Präferenz einschließt, [sowie, d. Verf.] andererseits eine Beherrschung des Gesamten, eine Entscheidungseinheit und eine gemeinsame, von der Muttergesellschaft angeregte Strategie"[1506].

[1503] Als eine solche nochmalige Einschränkung des Begriffs schätzt auch *Le Corre*, Droit et pratique des procédures collectives, Rn. 921.241 die Rechtsprechung des Kassationsgerichtshofs ein; ähnlich und kritisch hierzu auch *Pelletier*, Bull. Joly Soc., Nr. 2014-2, 103, I; *Le Mesle*, Bull. Joly ED, Nr. 2014-1, 18 sieht die Entscheidung hingegen in einer Linie mit den bereits vorher zur *responsabilité pour insuffisance d'actif* bei Konzernen ergangenen Urteilen.

[1504] Genauer zu dem zugrundeliegenden Sachverhalt und der entsprechenden Beherrschungssituation bereits oben, § 4 B. II. 3. b) dd) f.

[1505] Dies betonend *Pelletier*, Bull. Joly Soc., Nr. 2014-2, 103, I.

[1506] „Métaleurop [sic, d. Verf.] constitue un groupe de sociétés, notion qui implique, d'une part, l'existence entre ses membres de relations croisées prenant la forme de liens financiers étroits, de liaisons économiques privilégiées et de rapports commerciaux préférentiels, d'autre part, un contrôle d'ensemble, une unité de décision et une stratégie commune impulsée par la société-mère".

Diese Formel übernahm auch der Kassationsgerichtshof ausdrücklich und fügte hinzu:

„...diese [hier vorliegende, d. Verf.] einfache Überwachung stellte keine [...] faktische Geschäftsführung dar“[1507].

Aus dieser Argumentation lässt sich abermals herauslesen, dass der Kassationsgerichtshof für die Inanspruchnahme einer Muttergesellschaft hohe Hürden aufstellt. Es scheint, als ob der Gerichtshof – wie in seinem ähnlich gelagerten Urteil zur Verfahrenserstreckung – auch in diesem Fall in der Konzernangehörigkeit der Tochtergesellschaft nahezu einen Rechtfertigungsgrund für Eingriffe durch die Konzernmutter erkennen will[1508].

Nach dieser Rechtsprechung dürfte auch die *responsabilité pour insuffisance d'actif* parallel zur Verfahrenserstreckung nur noch in den besonderen Ausnahmefällen in Frage kommen, die eine „grobe und wiederkehrende Einmischung in die Belange der Tochtergesellschaft“[1509] voraussetzen, durch ständige Einzelweisungen materialisiert werden und der beherrschten Gesellschaft jegliche Eigenständigkeit in ihren Belangen nehmen[1510].

Interessant ist allerdings der ebenfalls in diesem Urteil vorkommende Hinweis des Kassationsgerichtshofs auf eine zumindest für einzelne Gläubiger weiterhin mögliche „Hintertür“ für Fälle, in denen aufgrund der „Normalität“ der Konzernbeziehungen eine Haftung der Muttergesellschaft weder durch die Verfahrenserstreckung noch im Rahmen der *responsabilité pour insuffisance d'actif* erreicht werden kann: In einem Urteil vom 28.09.2011[1511] hatte die *Chambre sociale* des Kassationsgerichtshofs die Muttergesellschaft Metaleurop SA bzw. Recyclex unter Berücksichtigung derselben Tatsachen zur Begleichung der arbeitsrechtlichen Schulden ihrer Tochter Metaleurop SAS im Rahmen des Richterrechts zum *co-emploi* verurteilt. Im hier vorliegenden Urteil berufen sich die Kläger auf ebendieses Urteil, um aus den Voraussetzungen dieser Haftungsform[1512] auf das Vorliegen einer faktischen Geschäftsführung

---

[1507] „...cette simple supervision n'impliquant pas [...] la direction de fait“

[1508] Ähnlich, jedoch noch weitergehend *Pelletier*, Bull. Joly Soc., Nr. 2014-2, 103, Einführung, der den Gerichtshof in einer Linie der „Straflosigkeit“ für Konzerne sehen will („une véritable impunité“).

[1509] *Pelletier*, Bull. Joly Soc., Nr. 2014-2, 103, I: „En pratique, les requalifications sont rares et supposent une immixtion grossière et récurrente dans la gestion de la filiale.“

[1510] Siehe *Dammann/ Podeur*, RLDA Nr. 2007-16, étude 975, 65, B. 3.: „En pratique, le risque d'une gestion de fait par la maison mère pourra notamment se poser lorsque des salariés de la société mère sont nommés dirigeants de droit des filiales et reçoivent constamment des instructions précises, de sorte qu'ils sont privés de toute autonomie dans la gestion.“

[1511] Revisionsnummern 10-12278 ff.; nahezu wortgleich zu leitenden Angestellten auch Cass. soc. 12.09.2012, Revisionsnummern 11-12343 ff. Diese Urteile sind Anwendungsfälle der – inzwischen relativierten – *Jungheinrich*-Rechtsprechung, Cass. soc. 18.01.2011, Revisionsnummer 09-69199, Bull. civ. 2011, V, Nr. 23.; zu alledem unten § 5 C. III. 2.

[1512] Hierzu ausführlich unten, § 5 C. III. ff.

zu schließen. Dass der Gerichtshof, diesmal in der Formation seiner *Chambre commerciale,* eine solche Wirkung der Rechtskraft des vorangegangenen Urteils trotz der Nähe der Voraussetzungen der beiden Haftungsinstitute verweigert, deutete auf einen Konflikt zwischen beiden Kammern in dieser wichtigen Frage der Konzernhaftung hin[1513]. Dieser Konflikt ist jedoch – mit gewissen Einschränkungen – inzwischen ebenfalls zugunsten einer konzernfreundlicheren Rechtsprechung der Sozialkammer weitgehend aufgelöst[1514].

III. Voraussetzungen

In Beherrschungssachverhalten erscheinen die Eröffnung des Anwendungsbereichs und insbesondere der Beweis der Stellung einer beherrschenden Gesellschaft als faktische Geschäftsführerin als die größte Hürde zum Erfolg der Haftungsklage. Die materiellen und formellen Voraussetzungen kommen nach dieser Eröffnung noch hinzu.

1. Materielle Voraussetzungen des Haftungstatbestands

Als ein Sondertatbestand der allgemeinen Deliktshaftung[1515], deren Grundform im französischen Recht heute in Art. 1240 C. civ. geregelt ist[1516], folgt auch die Prüfung der materiellen Voraussetzungen grundsätzlich dem Schema der Deliktshaftung aus Schaden *(préjudice)*, Fehler *(faute)* und einer Kausalität zwischen diesen beiden Voraussetzungen *(lien de causalité)*[1517]. Das Gesetz passt diese Voraussetzungen in seinem Wortlaut nur der besonderen Anwendungssituation an und erleichtert damit im Ergebnis den Beweis einzelner Voraussetzungen teils erheblich. Der Schadensvoraussetzung entspricht in Art. L. 651-2 C. com. die Notwendigkeit eines Aktivfehlbetrags *(insuffisance d'actif)*[1518], der Fehler tritt in der Sonderform des Managementfehlers *(faute de gestion)* auf und die Kausalitätsvoraussetzung wird zu einem Beitrag des Fehlers zum Aktivfehlbetrag *(contribution à l'insuffisance d'actif)* abgeschwächt.

[1513] Siehe auch *Pelletier*, Bull. Joly Soc., Nr. 2014-2, 103, II.

[1514] Siehe hierzu ausführlich unten, § 5 C. III. 3. ff

[1515] Siehe nur *Le Corre*, Droit et pratique des procédures collectives, Rn. 921.091; zu den Folgen für die Anwendbarkeit anderer Haftungsgrundlagen bereits oben, II. 1.

[1516] Zuvor Art. 1382 C. civ., geändert durch Art. 2 der Ordonnance Nr. 2016-131 vom 10.02.2016 portant réforme du droit des contrats, du régime général et de la preuve des obligations, JORF, 11.02.2016, Nr. 26; in Kraft getreten am 01.10.2016, Art. 9 der Ordonnance.

[1517] Vgl. etwa den Aufbau bei *Saint-Alary Houin*, Entreprises en difficulté, Rn. 1440 ff.; andere Bezeichnungen jedoch bei *Jacquemont/ Vabres*, Entreprises en difficulté, Rn. 1084 ff.

[1518] Hierzu bereits oben zum Anwendungsbereich, II. 1.

a) Vorliegen eines Aktivfehlbetrags (insuffisance d'actif)

Das Vorliegen eines Aktivfehlbetrags *(insuffisance d'actif)* ist in der Formulierung des Art. L. 651-2 Abs. 1 S. 1 C. com. sowohl eine Anforderung für die Eröffnung des Anwendungsbereichs dieser Norm wie auch seine erste materielle Voraussetzung. Eine Definition des Begriffs findet sich im Gesetzeswortlaut allerdings nicht[1519]. Wie bereits einleitend dargelegt, versteht die französische Rechtsliteratur hierunter eine Abweichung zwischen dem Nominalwert der im Verfahren nach ihrer Anmeldung festgestellten und als solchen zugelassenen Gläubigerforderungen sowie den an die Gläubiger auskehrbaren Quotenerlösen aus der Veräußerung der im Gesellschaftsvermögen stehenden Aktiva[1520].

Schon aus diesem Definitionsansatz wird die praktische Schwierigkeit deutlich, der ein Gericht unterliegt, welches im Rahmen eines eröffneten Liquidationsverfahrens über die Verurteilung nach den Regeln der *responsabilité pour insuffisance d'actif* sowie der Höhe des entsprechenden Schadensersatzes entscheiden muss. Der Kassationsgerichtshof legte zur Beschleunigung entsprechender Verfahren daher fest, dass die Feststellung eines Aktivfehlbetrags und damit auch die Verurteilung der Geschäftsführer schon vor der Beendigung des Liquidationsverfahrens stattfinden kann, sofern das Eintreten eines solchen Zustands als sicher betrachtet werden kann[1521] – und dies, obwohl die genaue Höhe des Aktivfehlbetrags zu diesem Zeitpunkt noch nicht feststeht[1522]. In diesem Fall besteht für das Gericht die Möglichkeit, die Verurteilung auf einen bereits feststehenden Teil der Unzulänglichkeit zu beschränken oder ein vorläufiges Urteil *(condamnation provisionnelle)* zu sprechen[1523].

Als den Gläubigern entstandener Schaden stellt die Höhe des Aktivfehlbetrags gleichzeitig die materielle Grenze einer möglichen Verurteilung dar[1524].

1519 Hierauf hinweisend etwa *Coquelet*, Entreprises en difficulté, instruments de paiement et de crédit, Rn. 555.

1520 Siehe etwa *Fortis*, Entreprises en difficulté (Responsabilités et sanctions), in: Vogel/ Delpech (Hrsg.), Rép. commercial, Rn. 25; *Le Corre-Broly/ Le Corre*, Droit des Entreprises en difficulté, S. 206; *Le Corre,* Droit et pratique des procédures collectives, Rn. 922.311.

1521 Cass. com. 03.12.2003, Revisionsnummer 01-02046.

1522 Com. 07.06.2005, Revisionsnummer 04-13262; vgl. zu der Fragestellung insgesamt auch *Fortis*, Entreprises en difficulté (Responsabilités et sanctions), in: Vogel/ Delpech (Hrsg.), Rép. commercial, Rn. 27; *Le Corre*, Droit et pratique des procédures collectives, Rn. 921.091; *Voinot*, Procédures collectives, Rn. 870.

1523 So etwa in Cass. com. 23.09.1981, Revisionsnummer 80-11502; Bull. civ. 1981, IV, Nr. 334; siehe auch *Fortis*, Entreprises en difficulté (Responsabilités et sanctions), in: Vogel/ Delpech (Hrsg.), Rép. commercial, Rn. 28; *Jacquemont/ Vabres*, Entreprises en difficulté, Rn. 1084.

1524 Cass. com. 17.07.2001, Revisionsnummer 98-12780; siehe auch *Voinot*, Procédures collectives, Rn. 872; zu den Rechtsfolgen sogleich unten, IV.

b) Managementfehler (faute de gestion) auf Seiten des Antragsgegners

aa) Grundlagen und Definitionsansätze

Als mit der allgemeinen deliktsrechtlichen Haftung verwandter Tatbestand erhält auch bei der *responsabilité pour insuffisance d'actif* die Frage des Fehlers *(faute)* eine zentrale Rolle. Dieser Begriff enthält Elemente von Pflichtverletzung, Rechtswidrigkeit und Verschulden[1525] und wird von Art. L. 651-2 Abs. 1 S. 1 C. com. in Form eines Managementfehlers *(faute de gestion)* in Bezug genommen. Der – ebenfalls nicht legal definierte – Begriff ist als eine Form von Generalklausel äußerst facettenreich und weitläufig[1526] und geht über die reine Verletzung von Gesetz oder Gesellschaftsvertrag bzw. Satzung weit hinaus[1527]. Er wird etwa beschrieben als ein „Fehler, der in der allgemeinen Verwaltung der Gesellschaft [auftritt, d. Verf.], durch Tun oder Unterlassen“[1528]. Ein anderer, kaum weniger umfassender Definitionsansatz des Begriffs des Managementfehlers liegt etwa in der Formel eines „Fehlers in der Leitung [einer Gesellschaft, d. Verf.], einer Fahrlässigkeit, oder aber der Verletzung der gesetzlichen- oder Satzungsregeln“[1529]. Das hierauf beruhende Richterrecht hat sich nicht nur im Rahmen der *responsabilité pour insuffisance d'actif* herausgebildet, sondern auch im Rahmen von Haftungstatbeständen für die Geschäftsführerhaftung ohne das Vorliegen eines Insolvenzverfahren[1530].

Während die soeben genannten Definitionen der Rechtsprechung bewusst keine definitive Aussage über die Schwere des Verstoßes enthalten, ist die Darlegung eines entsprechenden Verhaltens trotzdem zwingend[1531]; aus der reinen negativen wirtschaftlichen Entwicklung eines Unternehmens lassen sich

---

[1525] Rechtsvergleichend und rechtshistorisch zu diesem Begriff etwa *Wagner*, in: MüKo-BGB, § 823 Rn. 1 f.

[1526] Siehe etwa *Saint-Alary Houin*, Entreprises en difficulté, Rn. 1441: „notion protéiforme“; *Le Corre*, Droit et pratique des procédures collectives, Rn. 921.211: „La notion de faute de gestion est particulièrement extensive“; krit. aus Gründen der Rechtssicherheit *Saintourens*, Act. proc. coll., Nr. 2014-09, repère 249.

[1527] Hierauf hinweisend *Fortis*, Entreprises en difficulté (Responsabilités et sanctions), in: Vogel/ Delpech (Hrsg.), Rép. commercial, Rn. 31; Gesetzesverletzungen sind allerdings ausdrücklich auch *fautes de gestion* im Sinne der Vorschrift, *Delebecque/ Germain/ Ripert/ Roblot*, Traité de droit commercial, Tome 2, Rn. 3285

[1528] *Delebecque/ Germain/ Ripert/ Roblot*, Traité de droit commercial, Tome 2, Rn. 3285; „toute faute commise dans l'administration générale de la société, par action ou omission“; vgl. auch *Fortis*, Entreprises en difficulté (Responsabilités et sanctions), in: Vogel/ Delpech (Hrsg.), Rép. commercial, Rn. 31.

[1529] *Saint-Alary Houin*, Entreprises en difficulté, Rn. 1441: „Il s'agira d'une erreur de gestion, d'une imprudence ou encore d'une violation des règles légales ou statutaires“.

[1530] So *Jacquemont/ Vabres*, Entreprises en difficulté, Rn. 1085.

[1531] Hierauf hinweisend *Fortis*, Entreprises en difficulté (Responsabilités et sanctions), in: Vogel/ Delpech (Hrsg.), Rép. commercial, Rn. 31; *Saint-Alary Houin*, Entreprises en difficulté, Rn. 1441.

ebenso wenig eindeutige Rückschlüsse auf ein Fehlverhalten der Unternehmensführung ziehen[1532] wie aus der nur im Rückblick sichtbaren Unzulänglichkeit von Sanierungsmaßnahmen[1533]. Vielmehr hat das Gericht zu fragen, ob das Verhalten des Betroffenen in der konkreten Situation dem Vergleichsmaßstab eines „guten Geschäftsführers" entsprochen hat[1534]. Der Kassationsgerichtshof prüft diesbezüglich nur die Stringenz des jeweiligen instanzgerichtlichen Begründungsansatzes und belässt den Instanzgerichten ansonsten einen Beurteilungsspielraum *(pouvoir souverain d'appréciation des faits)*[1535]. Über diese Maßgaben hinaus wird aber in der Literatur auf die ausgesprochen zahlreich vorhandenen Pflichten für Führungspersonal von Gesellschaften hingewiesen, was auch die Möglichkeit einer entsprechenden Verletzung im Einzelfall mehr als nur wahrscheinlich werden lässt – zumal urspünglich auch nur eine leichte Fahrlässigkeit zur Verwirklichung dieser Tatbestandsvoraussetzung ausreichte[1536]. Dies hat der Gesetzgeber durch den neuen Art. L. 651-2 Abs. 1 S. 3 C. com. nunmehr jedoch ausdrücklich ausgeschlossen[1537], sodass nunmehr ein erhöhter Fahrlässigkeitsmaßstab gilt. Hierin ist ein gewisses Gegensteuern des Gesetzgebers gegen eine zu weitreichende Anwendung der Haftungsnorm zu erkennen. Zu beachten ist jedoch für Konzernsachverhalte auch, dass die Definition des Begriffs der faktischen Geschäftsführung schon ein positives Tun erfordert[1538], was sich auch auf die Art des in solchen Fällen notwendigen Managementfehlers auswirkt. Der Fehler muss bei einer faktischen Geschäftsführung daher schon deshalb über eine rein passive Unachtsamkeit hinausgehen und sich vielmehr ebenfalls aus einem positiven Tun herleiten lassen[1539].

bb) Bedeutung im Rahmen von Konzernsachverhalten

Im Gegensatz zur seit kurzem eher restriktiv behandelten Frage der faktischen Geschäftsführung scheint der Begriff des Managementfehlers damit – trotz des

---

1532 Siehe Cass. com. 08.10.2003, Revisionsnummer 00-17105.

1533 Cass. com. 01.02.2005, Revisionsnummer 03-13140; zu alledem auch *Jacquemont/ Vabres*, Entreprises en difficulté, Rn. 1085; *Le Corre*, Droit et pratique des procédures collectives, Rn. 921.211.

1534 *Saint-Alary Houin*, Entreprises en difficulté, Rn. 1441.

1535 Siehe etwa Cass. com. 15.06.2011, Revisionsnummer 10-18585; vgl. auch *Fortis*, Entreprises en difficulté (Responsabilités et sanctions), in: Vogel/ Delpech (Hrsg.), Rép. commercial, Rn. 31; *Le Corre*, Droit et pratique des procédures collectives, Rn. 921.211; *Saint-Alary Houin*, Entreprises en difficulté, Rn. 1441.

1536 Siehe etwa *Le Corre*, Droit et pratique des procédures collectives, Rn. 921.211.

1537 Hierzu bereits einleitend oben, I. 1.

1538 Siehe bereits oben, II. 2.

1539 Siehe mit Hinweis auf eine gegenteilige Entscheidung für bestellte Geschäftsführer (Cass. com. 07.07.1992, Bull. civ. 1992, IV, S. 344, Nr. 473) und zum vorher gültigen Recht auch *Rivinius*, Konzernkonkurs, S. 220.

Eingreifens des Gesetzgebers im Hinblick auf den neuen Fahrlässigkeitsmaßstab – einer eher weiten Auslegung zu unterliegen[1540]. In Verbindung mit dem eingeschränkten Kausalitätserfordernis dieses Fehlers[1541] stellt damit die Eröffnung des persönlichen Anwendungsbereichs der Haftungsklage die wichtigste Weichenstellung für eine Haftung im Konzernbereich dar. Entsprechend selten sind in der jüngeren Rechtsprechung auch Fälle zu finden, in denen in Konzernsachverhalten etwa Muttergesellschaften zu einer Haftung als faktischer Geschäftsführerin verurteilt wurden[1542].

Unabhängig von einer Konzernsituation liegen Managementfehler durch positives Tun vor[1543], wenn etwa Geschäftsführer eine bereits defizitär arbeitende Gesellschaft in ihrem eigenen Interesse auf Kosten derselben und ihrer Gläubiger fortführen[1544], ihre Vermögenswerte vor einem Insolvenzverfahren auf andere Rechtsträger verschieben[1545] oder für die Gesellschaft ruinöse Investmententscheidungen treffen, ohne eine langfristige Finanzierungsperspektive entwickelt zu haben[1546]. Derartige Verstöße sind aber durchaus auch in Konzern- und Beherrschungssituationen denkbar und können in diesem Fall eine Verurteilung auch faktischer Geschäftsführer rechtfertigen. Darüber hinaus sind typische Fälle der Verurteilung von Konzerngesellschaften als faktische Geschäftsführer in Fällen zu erwarten, in denen ohne Rücksicht auf das Interesse der später liquidierten Gesellschaft andere Gesellschaften des Verbunds übervorteilt werden. Denkbar ist in diesem Zusammenhang etwa eine Situation, in der finanzielle Risiken ohne Gegenleistung auf entsprechend geschädigte Konzerngesellschaften verschoben[1547] und damit wirtschaftliche Grundlagen einer Konzerngesellschaft durch den Gesamtkonzern betreffende

---

[1540] So im Ergebnis auch *Rivinius*, Konzernkonkurs, S. 220; vgl. auch *Le Corre*, Droit et pratique des procédures collectives, Rn. 921.211.

[1541] Siehe sogleich unten, c).

[1542] Zu einer ähnlichen Einschätzung kommt auch *Pelletier*, Bull. Joly Soc., Nr. 2014-2, 103, I. Beispiele zur früheren Rechtsprechung, in denen die Vorgängerregelungen der *responsabilité pour insuffisance d'actif* noch häufiger auch in größeren Konzernen eingesetzt wurden, finden sich bei *Rivinius*, Konzernkonkurs, S. 228 ff.

[1543] Siehe für eine ausführlichere Übersicht auch von Managementfehlern durch Unterlassen etwa *Jacquemont/ Vabres*, Entreprises en difficulté, Rn. 1085 ff.; *Le Corre*, Droit et pratique des procédures collectives, Rn. 921.221 ff.

[1544] Cass. com. 27.04.1993, Revisionsnummer 91-14204, Bull. civ. 1993, IV, S. 104, Nr. 151.

[1545] So etwa in Cass. com. 30.07.2009, Revisionsnummer 08-13464.

[1546] Cass. com. 02.11.1993, Revisionsnummer 91-19292.

[1547] Siehe etwa Cass. com. 27.06.2006, Revisionsnummer 04-15831, Bull. civ. 2006, IV, S. 161, Nr. 151, in welchem allerdings eine Bank ohne jegliche Kapitalbeteiligung an der geschädigten Gesellschaft als faktische Geschäftsführerin wegen derartiger Managementfehler verurteilt wurde.

unternehmensstrategische Entscheidungen entzogen werden[1548] oder aber die Gesellschaft durch die Verteilung ihrer Aktiva auf andere Konzerngesellschaften informell liquidiert [1549] wird. Sind solche Handlungen wie im letzten Fall durch Vermögensabflüsse materialisiert, kann sich hier durchaus auch ein Überschneidungsbereich mit der Vermögensvermischung als Tatbestandsmerkmal der Verfahrenserstreckung nach Art. L. 621-2 Abs. 2 C. com. ergeben[1550].

Schließlich stellt sich die auch für Konzernsachverhalte besonders relevante Frage, ob bereits die Gründung einer materiell unterkapitalisierten (Konzern-) Gesellschaft selbst schon einen Managementfehler und gleichzeitig eine Begründung für daraus folgende Haftungsansprüche wegen Vorliegens eines Aktivfehlbetrags darstellen kann[1551].

Ein Urteil des Kassationsgerichtshofs vom 19.03.1996[1552] hatte diese Frage zunächst zustimmend beantwortet. In dem Verfahren wurde eine SA zum Bau eines Freizeitparks gegründet, jedoch nicht mit ausreichendem Kapital versehen. Die Klage nach der Vorgängerregelung der heutigen *responsabilité pour insuffisance d'actif* richtete sich sowohl gegen natürliche Personen als bestellte wie auch gegen juristische Personen als faktische Geschäftsführer. Die Vorinstanz hatte die Klage mit Hinweis auf die Zuständigkeit des Führungspersonals nur für den laufenden Geschäftsbetrieb, nicht jedoch für die Gründungsphase, abgelehnt. Der Kassationsgerichtshof sah dies anders und formulierte zur Kassation des Vorurteils:

„...die Auswahl von zum Zeitpunkt der Gründung des Unternehmens unpassender oder überschießender Investitionsmittel kann im Hinblick auf vorhersehbare Finanzierungsbedingungen [...] einen Managementfehler darstellen“[1553].

Schuldig blieb der Gerichtshof in seiner knappen Formulierung freilich eine Antwort auf die Frage, ob sich diese schon wegen der klaren gesetzlichen Mindestkapitalanforderungen[1554] problematische Beurteilung nur auf Gründer der

---

1548 CA Paris, 23.05.1997, RJDA Nr. 1997-10, Nr. 1277: Die Muttergesellschaft, die hier verurteilt wurde, hatte die Entscheidung getroffen, die Produktion des wichtigsten Produkts der Gesellschaft einzustellen und keine ausreichende Anschlussverwendung oder Anpassung der Betriebsstätten sichergestellt.

1549 Cass. com. 06.07.2000, Revisionsnummer 96-21134.

1550 Zu diesem Tatbestandsmerkmal bereits oben, § 4 B. II. 2.

1551 Zu dieser Fragestellung insgesamt auch *Jacquemont/ Vabres*, Entreprises en difficulté, Rn. 1086.

1552 Cass. com. Revisionsnummer 94-12004, Bull. civ. 1996, IV, S. 77, Nr. 91.

1553 „...le choix, lors de la création de l'entreprise, d'investissements inadaptés ou excessifs, compte tenu de leurs conditions prévisibles de financement, peut [...] constituer une faute de gestion...“

1554 Hierzu bereits oben, § 1 B. I. 2. b) cc) (3).

Gesellschaft, die gleichzeitig faktische oder bestellte Geschäftsführer sind, beschränkt bleibt oder auch solche Geschäftsführer betrifft, die eigentlich nicht für die Kapitalausstattung der Gesellschaft verantwortlich gemacht werden könnten[1555].

Zumindest die letzte Frage beantwortet der Kassationsgerichtshof in einem darüber hinaus „zweideutigen“[1556] Urteil vom 10.03.2015[1557]. In diesem Fall hatte der Gerichtshof über eine Haftungsklage gegen eine bestellte Geschäftsführerin zu entscheiden, welche als natürliche Person gleichzeitig Gesellschafterin der von ihr gegründeten materiell unterkapitalisiert gegründeten Gesellschaft gewesen war. In diesem Fall hatte der Appellationsgerichtshof – wohl in Anlehnung an die Rechtsprechung des Vorgängerurteils – den Klägern Recht gegeben und eine Haftung wegen mangelnder Ausstattung mit einem zur Funktionsfähigkeit der Gesellschaft ausreichenden Eigenkapital zum Zeitpunkt der Gesellschaftsgründung gerechtfertigt. Der Kassationsgerichtshof hob dieses Urteil mit folgender Formel auf:

„...die Unzulänglichkeit der Gesellschafterbeiträge, die der Gesellschaft zum Zeitpunkt ihrer Gründung beigetragen werden, [... ist, d. Verf.] Sache der Gesellschafter [...und, d. Verf.]stellt keinen Managementfehler dar“[1558].

Diese Argumentation stützt sich auf die Feststellung, dass die Beklagte hier in ihrer Rolle als bestellte Geschäftsführerin verklagt worden war, die Frage einer anfänglichen materiellen Unterkapitalisierung aber klar der Gesellschaftersphäre zuzuweisen sei[1559]. Nicht beantwortet wird im Rahmen dieser Argumentation allerdings die Frage, ob dies nur in Bezug auf bestellte Geschäftsführer gelten soll. Für mögliche Beherrschungssituationen etwa durch Konzerngesellschaften, die gleichzeitig auch faktische Geschäftsführer sind, besteht insofern ein gewisses Restrisiko einer Verurteilung. Schließlich gilt für alle Sachverhalte, dass im Falle einer zu geringen Anfangsfinanzierung durch Eigenkapital auch ein Geschäftsführer einer Gesellschaft alle ihm zumutbaren Schritte unternehmen muss, um die Kapitalsituation der Gesellschaft zu stärken. Eine Verletzung dieser Pflicht bleibt nach alledem ein potentiell der Sanktion des Art. L. 651-2 C. com. unterliegender Managementfehler.[1560]

[1555] Ihnen könnte höchstens der Unterlassungsvorwurf gemacht werden, nicht auf eine bessere Kapitalausstattung der Gesellschaft hingewirkt zu haben; zu dieser Überlegung auch *Henry*, Rev. sociétés 2015, 406.

[1556] *Jacquemont/ Vabres*, Entreprises en difficulté, Rn. 1086: „une formule pour le moins ambigue“.

[1557] Cass. com. Revisionsnummer 12-15505, m. Bespr. *Henry*, Rev. sociétés 2015, 406; *Poracchia*, Rev. sociétés 2015, 468.

[1558] „...l'insuffisance des apports consentis à une société lors de sa constitution, qui est imputable aux associés, ne constitue pas une faute de gestion...“

[1559] So auch *Henry*, Rev. sociétés 2015, 406; *Poracchia*, Rev. sociétés 2015, 468, Rn. 6.

[1560] Siehe auch *Henry*, Rev. sociétés 2015, 406; *Poracchia*, Rev. sociétés 2015, 468, Rn. 9 ff.

c) Abgeschwächtes Kausalitätserfordernis: Beitrag des Managementfehlers zum Vorliegen eines Aktivfehlbetrags (contribution à l'insuffisance d'actif)

Im Sinne des Art. L. 651-2 Abs. 1 S. 1 muss der Managementfehler zur Verwirklichung des Haftungstatbestands schließlich zum Vorliegen eines Aktivfehlbetrags „beigetragen" („contribué") haben. Aus dieser Formulierung schließt der Kassationsgerichtshof regelmäßig[1561], dass ein Geschäftsführer auch zum vollständigen Ausgleich des Aktivfehlbetrags verurteilt werden kann, *„selbst wenn der Managementfehler nur eine der Ursachen des* Aktivfehlbetrags*"* bzw. „nur der Ursprung eines Teils" dieses Betrags ist[1562]. Im Ergebnis handelt es sich somit um ein im Vergleich zum allgemeinen Haftungstatbestand des heutigen Art. 1240 C. civ.[1563] abgeschwächtes Kausalitätserfordernis[1564]. Sobald der enge persönliche Anwendungsbereich insbesondere für faktische Geschäftsführer eröffnet ist, kommt dem Gericht somit ein breiter Begründungsspielraum für das Zusammenspiel aus Fehler, Schaden und Kausalität zulasten des Geschäftsführers zugute. Dieser weit gefasste Tatbestand mag durchaus auch im Zusammenhang mit der Normgeschichte stehen, die in der Vorgängerregelung noch eine Fehler- und Kausalitätsvermutung aufgestellt hatte[1565]. Da im Rahmen der wirtschaftlichen Entwicklung von Unternehmen monokausale Zusammenhänge nur selten anzutreffen sind, ist diese Tatbestandsformulierung aber auch ein Zugeständnis an die juristisch zu erfassende, wirtschaftliche Unternehmensrealität[1566].

2. Prozessuale Voraussetzungen der Haftungsklage

Als selbständige Haftungsklage hat die *responsabilité pour insuffisance d'actif* eigene prozessuale Voraussetzungen, die das Gesetz in Art. L. 651-2 Abs. 2 bis L. 651-4 C. com. mit flankierenden Regelungen in Art. R. 651-1 bis -6

[1561] So zunächst Cass. com. 30.11.1993, Revisionsnummer 91-20554, Bull. civ. 1993, IV, S. 319, Nr. 440; seitdem regelmäßig wörtlich wiederkehrend, zuletzt etwa in Cass. com. 31.05.2011, Revisionsnummern 09-13975, 09-14026, 09-16522, 09-67661, Bull. civ. 2011, IV, Nr. 87; hierzu auch *Jacquemont/ Vabres*, Entreprises en difficulté, Rn. 1087; *Pérochon*, Entreprises en difficulté, Rn. 1708.

[1562] „...le dirigeant d'une personne morale peut être déclaré responsable [...] même si la faute de gestion qu'il a commise n'est que l'une des causes de l'insuffisance d'actif et [...] il peut être condamné à supporter la totalité des dettes sociales, même si sa faute n'est à l'origine que d'une partie d'entre elles...".

[1563] Zuvor Art. 1382 C. civ., geändert durch Art. 2 der Ordonnance Nr. 2016-131 vom 10.02.2016 portant réforme du droit des contrats, du régime général et de la preuve des obligations, JORF, 11.02.2016, Nr. 26; in Kraft getreten am 01.10.2016, Art. 9 der Ordonnance.

[1564] *Pérochon*, Entreprises en difficulté, Rn. 1708.

[1565] Siehe zu diesem Zusammenhang auch *Saint-Alary Houin*, Entreprises en difficulté, Rn. 1446; zur Normgeschichte auch oben, § 3 C. I. sowie § 5 A. I.

[1566] Vgl. *Jacquemont/ Vabres*, Entreprises en difficulté, Rn. 1087; *Pérochon*, Entreprises en difficulté, Rn. 1708; *Saint-Alary Houin*, Entreprises en difficulté, Rn. 1446.

C. com. aufstellt. Auch in diesem Zusammenhang fällt die geschäftsführerfreundliche Tendenz der Regeln seit der *loi de sauvegarde* auf, die sich etwa durch die Abschaffung der Klage von Amts wegen und strengerer Verjährungsfristen verdeutlicht[1567].

a) Antragsbefugnis

Die Antragsbefugnis für das Einbringen einer Haftungsklage nach Art. L. 651-1 ff. C. com. ist auf die Staatsanwaltschaft *(ministère public)* sowie den Liquidator *(liquidateur)* beschränkt[1568]. Einzelne Gläubiger sind nur dann antragsbefugt, wenn sie in ihrer Funktion als *contrôleurs* mehrheitlich einen solchen Antrag einreichen und der Liquidator nach einer Inverzugsetzung *(mise en demeure)* innerhalb einer Frist von zwei Monaten ab Empfang einer entsprechenden Mitteilung nicht selbst tätig geworden ist[1569]. Das Fehlen einer Möglichkeit zur Antragserhebung durch einzelne Gläubiger lässt sich aus der Zielsetzung der Klage herleiten, im Interesse aller Gläubiger die Haftungsmasse im Liquidationsverfahren zu erhöhen[1570].

b) National und international zuständiges Gericht, Form und Zeitraum der Antragstellung; Rechtsmittel

Wie es auch schon die Voraussetzung eines eröffneten Liquidationsverfahrens verdeutlicht[1571], handelt es sich bei der *responsabilité pour insuffisance d'actif* um eine mit einem solchen Verfahren eng verbundene Haftungsklage. Aus diesem Grund[1572] ist das Gericht, an dem das ursprüngliche Liquidationsverfahren über die Gesellschaft eröffnet wurde, auch für die Haftungsklage gegen die faktischen und bestellten Geschäftsführer zuständig[1573]. Anders als bei der Verfahrenserstreckung nach Art. L. 621-2 Abs. 2 C. com.[1574] ist diese Haftungsklage auch im als im Sinne der Annexkompetenz von heute Art. 6 Abs. 1

[1567] Siehe *Saint-Alary Houin*, Entreprises en difficulté, Rn. 1447; vgl. auch *Pérochon*, Entreprises en difficulté, Rn. 1690 f.

[1568] Art. L. 651-3 Abs. 1 C. com.

[1569] Art. L. 651-3 Abs. 2 i.V.m. Art. R. 651-4 C. com.

[1570] *Saint-Alary Houin*, Entreprises en difficulté, Rn. 1450. Auch Art. L. 651-3 Abs. 2 weist bei der Antragseinreichung durch die *contrôleurs* darauf hin, dass auch in diesem Falle die Klage „im gemeinsamen Interesse der Gläubiger" („dans l'intérêt collectif des créanciers") erfolgt.

[1571] Siehe oben, II. 1.

[1572] So auch *Pérochon*, Entreprises en difficulté, Rn. 1688.

[1573] Art. R. 651-1 C. com. Ausnahmen können sich nur für öffentlich-rechtliche juristische Personen ergeben, wo die Zuständigkeit von Verwaltungsgerichten *(tribunaux administratifs)* teils zugestanden wurde; hierzu genauer *Jacquemont/ Vabres*, Entreprises en difficulté, Rn. 1089.; vgl. auch *Saint-Alary Houin*, Entreprises en difficulté, Rn. 1452.

[1574] Siehe zur internationalen Zuständigkeit oben, § 4 C. V.

EuInsVO[1575] als „unmittelbar aus diesem [dem ursprünglichen, d. Verf.] Verfahren" hervorgehend „und in engem Zusammenhang mit diesem" stehend zu bewerten.[1576] Aus diesem Grund sieht sich die französische Gerichtsbarkeit ebenso für Fälle zuständig, in dem der Klagegegner eine nichtfranzösische Staatsangehörigkeit bzw. einen Wohnsitz außerhalb Frankreichs innehat[1577]. Aus diesem Grund kann die Haftungsbedrohung etwa für ausländische Muttergesellschaften im Rahmen einer Klage nach Art. L. 651-2 C. com. als wesentlich größer eingeschätzt werden als die einer Verfahrenserstreckung, wenn auch bei letzterer die Folgen einer Verurteilung ungleich schwerwiegender ausfallen.

Die Klageerhebung erfolgt wie bei der Verfahrenserstreckung[1578] grundsätzlich durch Einreichung eines Antrags im Klageverfahren *(assignation)*[1579]. Danach stehen dem Gericht umfassende Nachforschungsrechte zu[1580]. Ebenso kann der Gerichtspräsident – wiederum parallel zur Verfahrenserstreckung[1581] – jede ihm nützlich erscheinende Sicherungsmaßnahme in Bezug auf die Vermögensgegenstände des Beklagten treffen[1582]. Im Rahmen des Verfahrens darf der Insolvenzrichter *(juge commissaire)* des Liquidationsverfahrens nicht an der Urteilsfindung beteiligt werden[1583].

Die Möglichkeit zur Klageerhebung unterliegt gemäß Art. L. 651-2 Abs. 3 C. com. einer Verjährungsfrist von drei Jahren ab dem Eröffnungsurteil des Liquidationsverfahrens. Die hierin klar ersichtliche Privilegierung von Geschäftsführern wird durch die hierüber ergangene Rechtsprechung des Kassationsgerichtshofs noch verstärkt[1584]: In einem kürzlich ergangenen Urteil[1585] stellte der Gerichtshof fest, dass die soeben genannte Vorschrift günstig für

---

1575 Diese ursprünglich richterrechtliche entwickelte Annexkompetenz wurde mit Wirkung zum 26.06.2017 unverändert in dieser Kompetenznorm übernommen, vgl. *Legrand*, LPA, Nr. 2015-16, 8, II. Hierzu ausführlich bereits oben im Rahmen der Verfahrenserstreckung, § 4 C. V.

1576 EuGH, Urt. v. 22.02.1979 *(Gourdain/ Nadler)*, Rs. 133/78, Slg. 1979, 833, NJW 1979, 1771; hierzu auch *Jacquemont/ Vabres*, Entreprises en difficulté, Rn. 1088.

1577 Cass. com. 05.05.2004, Revisionsnummer 01-02041, Bull. civ. 2004, IV, S. 61, Nr. 78; auch hierzu *Jacquemont/ Vabres*, Entreprises en difficulté, Rn. 1088.

1578 Siehe auch dort, § 4 B. III. 2.

1579 Art. R. 651-2 C. com., 1. Fall. Wird der Antrag durch die Staatsanwaltschaft *(ministère public)* eingereicht, stellt letztere einen entsprechenden Antrag *(requête)*, welche – anders als im Fall der direkten Klageerhebung – eine Vorladung *(comparution)* des Beklagten nach sich zieht.

1580 Siehe Art. L. 651-4 Abs. 1 C. com.

1581 Siehe die ausführliche Darstellung oben, § 4 B. III. 6.

1582 Art. L. 651-4 Abs. 2 C. com.

1583 Art. L. 651-3 Abs. 3 C. com.

1584 So im Ergebnis auch *Henry*, Rev. sociétés 2015, 406.

1585 Cass. com. 08.04.2015, Revisionsnummer 13-28512, zur Publikation in Bull. civ. freigegeben.

den Beklagten auszulegen sei und die Verjährung damit unabhängig von dem Zeitpunkt des dem Geschäftsführer vorgeworfenen Verhaltens einzutreten hat.

Das entsprechende Urteil unterliegt den allgemeinen Rechtsmittelvorschriften – insbesondere Art. 543 CPC über die Berufung *(appel)*[1586].

IV. Rechtsfolgen

1. Ermessensentscheidung des erkennenden Gerichts

Schon aus dem Wortlaut des Art. L. 651-1 Abs. 1 S. 1 C. com wird deutlich, dass es sich bei der Entscheidung des Gerichts im Rahmen der *responsabilité pour insuffisance d'actif* – anders als bei der allgemeinen Deliktshaftung[1587] – nicht um eine gebundene Entscheidung des Gerichts handelt. Liegen die Haftungsvoraussetzungen vor, „kann" („peut") das Gericht nach dieser Vorschrift eine Verurteilung des beklagten Geschäftsführers in Betracht ziehen. Der sich hieraus ergebende Ermessensspielraum des Gerichts ist groß[1588]. So folgt bereits aus diesem Wortlaut, dass das Gericht in freiem Ermessen die Entscheidung treffen darf, von einer Verurteilung ganz abzusehen, obwohl sämtliche Voraussetzungen der Haftungsklage erfüllt sind. Die Rechtsprechung bestätigt diese Folgerung und gesteht dem Gericht diese Möglichkeit insbesondere zu, um besonderen Umständen Rechnung zu tragen, die zwar unter die Definition eines Managementfehlers[1589] fallen, jedoch im Nachhinein wegen ihrer Art und Schwere eine Verurteilung kaum gerechtfertigt erscheinen lassen[1590].

Ebenso gibt Art. L. 651-1 Abs. 1 S. 1 C. com dem Gericht die Möglichkeit zur in seinem Ermessen liegenden Entscheidung, den im Liquidationsverfahren Aktivfehlbetrag „ganz oder teilweise von allen bestellten oder faktischen Geschäftsführern oder von einzelnen unter ihnen" tragen zu lassen, sofern sie „zum Managementfehler beigetragen" haben[1591]. Satz 2 fügt hinzu: „Im Fall

---

[1586] Vgl. *Pérochon*, Entreprises en difficulté, Rn. 1695.

[1587] Auf diesen Unterschied hinweisend etwa *Coquelet*, Entreprises en difficulté, instruments de paiement et de crédit, Rn. 559.

[1588] Siehe etwa *Pérochon*, Entreprises en difficulté, Rn. 1711: „un immense pouvoir d'appréciation".

[1589] Zur Definition dieses Begriffs oben, III. 2.

[1590] So zuletzt etwa in Cass. com. 11.03.2013, Revisionsnummer 12-15034. In diesem Fall hatte der beklagte Geschäftsführer nach dem Begehen eines entsprechenden Fehlers zahlreiche Versuche durchgeführt, die Gesellschaft mit großer finanzieller Eigenanstrengung vor einer Zahlungsunfähigkeit zu bewahren. Obwohl ein Liquidationsverfahren nicht abgewendet werden konnte, sah das Gericht trotzdem von einer Verurteilung ab.

[1591] Im Originalwortlaut heißt es: „...décider que le montant de cette insuffisance d'actif sera supporté, en tout ou en partie, par tous les dirigeants de droit ou de fait, ou par certains d'entre eux, ayant contribué à la faute de gestion."

einer Mehrzahl von Geschäftsführern kann das Gericht sie durch begründete Entscheidung zu Gesamtschuldnern erklären"[1592].

Über das Für und Wider einer Verurteilung hinaus erhält das Gericht damit auch weite Entscheidungsbefugnisse über die Höhe des Verurteilungsbetrags sowie die Auswahl der zu verurteilenden Geschäftsführer. Zwar wird der Höchstbetrag durch die gesetzliche Formulierung auf den Aktivfehlbetrag begrenzt[1593], das Gericht kann aber diesen Betrag je nach seiner Einschätzung der Anzahl und Schwere der begangenen Fehler unterschreiten[1594]. Hält es zur Begründung seiner Entscheidung allerdings bestimmte Managementfehler fest, müssen sämtliche dieser Fehler auch vollständig erwiesen sein; ist dies nicht der Fall, wird die gesamte Entscheidung mangels ausreichender Begründung ungültig[1595]. Auch die Möglichkeit zur Unterschreitung des vollen Schadensbetrags stellt eine Abweichung zur allgemeinen Zivilhaftung dar, bei welcher das Vorliegen der Haftungsvoraussetzungen zwangsläufig eine Verurteilung zum Ersatz des vollständigen Schadensbetrags erfolgt[1596]. Werden mehrere Geschäftsführer unabhängig von ihrem Verursachungsbeitrag nach Satz 2 gesamtschuldnerisch verurteilt, setzt dies eine besondere, d.h. über das normale Maß hinausgehende Begründung voraus[1597]. Die Auswahl der Schuldner, die ebenfalls im Ermessen des Gerichts liegt, erfolgt regelmäßig in Ansehung der Schwere und Auswirkungen der jeweiligen Verursachungsbeiträge[1598].

[1592] „En cas de pluralité de dirigeants, le tribunal peut, par décision motivée, les déclarer solidairement responsables."

[1593] Vgl. auch *Pérochon*, Entreprises en difficulté, Rn. 1712; ausdrücklich zur Vorgängerregelung auch Cass. com. 30.10.2007, Revisionsnummer 06-15247.

[1594] Cass. com. 10.07.2012, Revisionsnummer 12-13256. Gleichzeitig schließt der Gerichtshof in seiner Entscheidung eine *QPC* u.a. über Art. L. 651-2 C. com. nicht beim Verfassungsrat vorzulegen aus der Möglichkeit für den Richter, den Betrag zu verringern oder von einer Verurteilung abzusehen, auf eine Verfassungskonformität im Hinblick auf Art. 8 DDHC, der für Strafen ein Proportionalitätsprinzip vorsieht.

[1595] Cass. com. 15.12.2009, Revisionsnummer 08-21906. Hierin wurde bereits vor der soeben genannten Entscheidung von 2012 ein besonders gelagerter Anwendungsfall des Proportionalitätsprinzips gesehen, siehe etwa *Nabet*, LPA, Nr. 2010-70, 3. *Jacquemont/ Vabres*, Entreprises en difficulté, Rn. 1092, Fn. 96, weist allerdings zutreffend darauf hin, dass in solchen Fällen bereits eine zur Aufhebung entsprechender Instanzurteile berechtigende, fehlerhafte Begründung *(motivation insuffisante)* vorliegt.

[1596] Auf dieses so genannte *principe de réparation intégrale* hinweisend *Nabet*, LPA, Nr. 2010-70, 3; kritisch daher zur Vorgängerregelung *Sortais*, in: Piniot/ Dumas/ Le Cannu (Hrsg.), FS-Bézard, S. 321, 322. Für letzteren sei die Möglichkeit zur Unterschreitung des Haftungsbetrags eine Folge der Fehlervermutung der Vorgängerregelung gewesen, die mit ihrer Abschaffung keine Rechtfertigung mehr finden könne.

[1597] Vgl. *Pérochon*, Entreprises en difficulté, Rn. 1712.

[1598] Hierzu ausführlich *Le Corre*, Droit et pratique des procédures collectives, Rn. 922.541.

Ein interessantes Sonderproblem betrifft schließlich Fälle, in denen eine Verfahrenserstreckung nach Art. L. 621-2 Abs. 2 C. com. zur Bildung eines gemeinsamen Aktiv- und Passivbestands mehrerer juristischer Personen geführt hat[1599]. Wird im Rahmen eines erstreckten Liquidationsverfahrens ein Antrag auf Haftung nach den Grundsätzen der *responsabilité pour insuffisance d'actif* gestellt, müsste sich hiernach auch der den verurteilten Geschäftsführern auferlegte Fehlbetrag vergrößern können. Eine solche Argumentation, die mit einer erheblichen Erhöhung des Haftungsrisikos für Geschäftsführer einhergehen würde, lehnt der Kassationsgerichtshof allerdings ab. Im Hinblick auf die Eröffnung des restriktiven persönlichen Anwendungsbereichs weist der Gerichtshof darauf hin, dass dem Geschäftsführer nur die Verbindlichkeiten auferlegt werden können, auf die dieser Anwendungsbereich zur Zeit des Managementfehlers auch eröffnet war[1600]. Nach dieser Argumentationsweise wäre eine entsprechende Vergrößerung des Haftungsbetrags nur dann in Betracht zu ziehen, wenn dem Geschäftsführer in Bezug auf die einbezogene Gesellschaft zumindest auch eine Stellung als faktischer Geschäftsführer nachgewiesen werden könnte.

2. Auskehr der Haftungssummen zugunsten der Gesellschaftsgläubiger

Art. L. 651-2 Abs. 4 regelt die Verteilung der erhaltenen Schadensersatzbeträge mit folgender Formel:

> „Die von den Geschäftsführern gezahlten Beträge [...] gehen in das Vermögen des Schuldners über. Sie werden anteilsmäßig zwischen den Gläubigern verteilt. Die Geschäftsführer [...] können nicht an den Verteilungen teilnehmen in Höhe der Zahlungsbeträge, zu denen sie verurteilt worden sind."[1601]

Mit der Beschränkung der Haftungsklage auf das Liquidationsverfahren[1602] änderte sich auch die Verteilung der Schadensersatzsummen. War es nach der Vorgängerregelung[1603] noch möglich, die im Rahmen der Haftungsklage eingenommenen Beträge zugunsten der Schuldenbereinigung und Fortführung der Schuldnergesellschaft einzusetzen, ist von dieser Regel nach dem heutigen Recht nur noch die Konstruktion dieser Schuldnergesellschaft als Begünstigte

---

[1599] Zu den Rechtsfolgen der Verfahrenserstreckung oben, § 4 C.

[1600] Cass. com. 23.05.2000, Revisionsnummer 97-21080, Bull. civ. 2000, IV, S. 97, Nr. 108 (zur Vorgängerregelung); hierzu auch *Jacquemont/ Vabres*, Entreprises en difficulté, Rn. 1093; *Le Corre*, Droit et pratique des procédures collectives, Rn. 922.541.

[1601] „Les sommes versées par les dirigeants [...] entrent dans le patrimoine du débiteur. Elles sont réparties au marc le franc entre tous les créanciers. Les dirigeants [...] ne peuvent pas participer aux répartitions à concurrence des sommes au versement desquelles ils ont été condamnés."

[1602] Hierzu bereits oben, A. II. 1.

[1603] Art. L. 624-3 Abs. 3 C. com. in der Fassung vor der loi de sauvegarde.

dieser Klage übrig geblieben[1604]. Nach dem heute geltenden Recht werden die entsprechenden Beträge allerdings über diesen „Umweg" im Rahmen einer gesonderten Liquidation anteilig je nach Höhe der Ansprüche[1605] gegen die Gesellschaft ausgekehrt. Die Gläubiger der Schuldnergesellschaft werden hierdurch nicht gleichzeitig auch selbständige Gläubiger der entsprechenden Haftungssumme; vielmehr ist es Aufgabe des Liquidators, die Haftungsbeträge zunächst zugunsten der Gesellschaft geltend zu machen und einzutreiben[1606].

Diese Art der Erlösauskehr bringt es mit sich, dass in Abweichung von allgemeinen Insolvenzverfahrensregeln[1607] keine Vorzugsrechte berücksichtigt werden können[1608]. Dieses Ergebnis wird in der Literatur unterschiedlich beurteilt: Während teilweise darauf verwiesen wird, dass eine Umgehung von Vorzugsrechten den ohnehin benachteiligten ungesicherten Gläubigern zumindest einen geringen Ausgleich ihrer Nachteile verschaffen kann[1609], fragen andere nach der materiellen Rechtfertigung für einen solchen Ausgleich gerade im Rahmen einer Haftung für Managementfehler[1610]. Der seit der Ordonnance vom 18.12.2008[1611] hinzugekommene Satz 3 des heutigen Art. L. 651-2 Abs. 4 C. com. schließt außerdem Geschäftsführer von der Erlösverteilung in der Höhe aus, in der sie im Rahmen derselben Haftungsklage verurteilt worden sind. Da die Erlöse nach Satz 2 der Vorschrift nur an Gesellschaftsgläubiger ausgekehrt werden, sind damit nur solche Geschäftsführer von der Regelung betroffen, die der Gesellschaft gegenüber eine – etwa durch gewährte Kredite begründete – Gläubigerstellung aufweisen[1612]. Zwar erscheint es zunächst logisch, dass die Verurteilung zum Schadensersatz auf Grundlage der *responsabilité pour insuffisance d'actif* nicht im Rahmen der Erlösauskehr wieder zunichte gemacht werden soll[1613]. Andererseits wird in der Literatur zutreffend darauf hingewiesen, dass Geschäftsführer in ihrer Stellung als Gläubiger ebenso geschädigt sind; werden sie durch diese Regelung im Vergleich zu gleichzeitig verurteilten Nichtgläubigern gleich doppelt benachteiligt, sei dies

---

[1604] Zu dieser Entwicklung auch *Le Corre*, Droit et pratique des procédures collectives, Rn. 922.611; *Saint-Alary Houin*, Entreprises en difficulté, Rn. 1460.

[1605] Vgl. *Pérochon*, Entreprises en difficulté, Rn. 1716.

[1606] Hierauf hinweisend *Pérochon*, Entreprises en difficulté, Rn. 1714.

[1607] Hierzu oben, § 1 A. II. 3. b) dd) f.

[1608] Siehe nur *Coquelet*, Entreprises en difficulté, instruments de paiement et de crédit, Rn. 559; *Le Corre*, Droit et pratique des procédures collectives, Rn. 922.611; *Pérochon*, Entreprises en difficulté, Rn. 1716.

[1609] So etwa *Saint-Alary Houin*, Entreprises en difficulté, Rn. 1460.

[1610] Äußerst kritisch etwa *Pérochon*, Entreprises en difficulté, Rn. 1716.

[1611] Ordonnance Nr. 2008-1345 portant réforme du droit des entreprises en difficulté, Art. 131.

[1612] Dies richtig hervorhebend *Saint-Alary Houin*, Entreprises en difficulté, Rn. 1460.

[1613] So etwa *Coquelet*, Entreprises en difficulté, instruments de paiement et de crédit, Rn. 559; *Mascala*, Dr. et patri. 2009, 187, B. 3.

kaum mit dem schadensersatzrechtlichen Charakter der *responsabilité pour insuffisance d'actif* zu vereinbaren und erinnere vielmehr an eine zivilrechtliche Strafnorm[1614]. Über ihren Haftungsbetrag hinaus sollte der Erlös der Haftungsklage aber auch an verurteilte Geschäftsführer auszukehren sein[1615].

Schließlich liegt eine letzte Besonderheit der *responsabilité pour insuffisance d'actif* im Vergleich zum allgemeinen Deliktsrecht[1616] im Bestehen einer besonderen Sanktionsnorm für Geschäftsführer, die ihrer Zahlungspflicht wegen einer Verurteilung aus dieser Haftungsklage nicht nachkommen. Nach Art. L. 653-6 C. com. sind sie mit der Sanktion der „persönlichen Pleite" *(faillite personnelle*, Art. L. 653-1 ff. C. com.) zu belegen, die als Rechtsfolge insbesondere weitreichende Geschäftsführungsverbote[1617] nach sich zieht.

V. Zwischenergebnis

Die *responsabilité pour insuffisance d'actif*, nach der Verfahrenserstreckung der zweite große rechtsträgerübergreifende Haftungskomplex im Insolvenzverfahren, vollzieht im Bereich der integriert geführten Konzerne eine ähnliche Entwicklung wie Art. L. 621-2 Abs. 2 C. com. nach. Später, auch durch den Gesetzgeber gestützt, der in seiner jüngsten Überarbeitung der Norm weitere Einschänkungen am Tatbestand des „Managementfehlers" *(faute de gestion)* vorgenommen hat, sah sich der Kassationsgerichtshof dazu veranlasst, den Begriff der „faktischen Geschäftsführung" *(dirigeance de fait)* bei Konzernen mehrere Jahre nach dem ersten *Metaleurop*-Urteil zur Verfahrenserstreckung ebenfalls besonders eng auszulegen und „normal funktionierende" Konzernstrukturen von einer Haftung so weit wie möglich freizustellen. Weiterhin bleiben jedoch die sonstigen Tatbestandsvoraussetzungen dieser auf das Liquidationsverfahren beschränkten Haftungsklage einer so weiten Auslegung zugänglich, dass sie besonders für natürliche Personen als bestellte oder – womöglich – faktische Geschäftsführer ein gefürchtetes Haftungsrisiko darstellen.

Nachdem der Kassationsgerichtshof in seinem *Metaleurop*-Urteil zur Verfahrenserstreckung allerdings durch ein *obiter dictum* mit Hinweis auf die *responsabilité pour insuffisance d'actif*[1618] bei manchen Verwaltern bzw. Liquidatoren Hoffnungen auf eine weite Auslegung dieses Tatbestands geweckt

---

[1614] So äußerst kritisch *Le Corre*, Droit et pratique des procédures collectives, Rn. 922.612; *Pérochon*, Entreprises en difficulté, Rn. 1716.

[1615] *Le Corre*, Droit et pratique des procédures collectives, Rn. 922.612; *Mascala*, Dr. et patri. 2009, 187, B. 3.

[1616] Vgl. *Coquelet*, Entreprises en difficulté, instruments de paiement et de crédit, Rn. 559.

[1617] Siehe Art. L. 653-2 C. com.

[1618] Siehe oben, § 4 B. II. 3. b) dd) f.

hatten, wurden diese mit einer gegenteiligen Entscheidung des Kassationsgerichtshofs enttäuscht. Das Risiko, insbesondere für beherrschende Gesellschaften, zur Vergrößerung des Haftungssubstrats bei Tochterinsolvenzen als faktische Gesellschafter in Anspruch genommen zu werden, hat sich seitdem stark reduziert. Nur noch bei weit über das Normalmaß hinausgehenden Beeinflussungen der Entscheidungssphären beherrschter Unternehmen ergeben sich hier weiterhin realistische Haftungschancen. Begrüßenswert ist es, dass die Kriterien für eine Haftung als faktischer Geschäftsführer im Konzernbereich durch ein inzwischen gefestigtes Richterrecht wesentlich klarer gefasst sind als etwa bei der Verfahrenserstreckung und ihrem Hauptmerkmal der „anormalen finanziellen Beziehungen“. Was in der Rechtsprechung als sanktionsfreier, da „normal funktionierender“ Konzern zu verstehen ist, ist für den Rechtsanwender zumindest in Bezug auf das Haftungsrisiko der *responsabilité pour insuffisance d'actif* weitgehend vorhersehbar.

Doch durch die große Anzahl weiterer in Konzernsachverhalten anwendbarer Haftungsnormen lassen sich entsprechende Begehrlichkeiten der Verfahrensbeteiligten auch auf andere Weise wecken. So konzentrierte sich die Suche nach alternativen Haftungsgrundlagen im Nachklang dieses einschränkenden Urteils zunächst auf speziellere Haftungsklagen, die nur bestimmten Gläubigern zugute kommen. Die Rolle dieser Klagen im heutigen Haftungsgefüge wird daher sogleich erläutert[1619].

VI. Rechtsvergleichende Anmerkungen zum deutschen Recht

1. Grundlagen und systematische Überlegungen

a) Funktionale Abgrenzung des Tatbestands und seiner Vergleichsgegenstände im deutschen Recht

Die Besonderheit der *responsabilité pour insuffisance d'actif* liegt in ihrer Position an der Schnittstelle zwischen zivilem Haftungs- und Insolvenzrecht. Zwar besteht ihr Hauptzweck in der Vergrößerung des Haftungssubstrats für die Gläubiger einem Liquidationsverfahren unterworfener[1620], zuvor durch den Haftungsverantwortlichen geschädigter, Rechtsträger; der große richterliche Beurteilungs- bzw. Ermessensspielraum sowohl im Tatbestand als auch – und besonders – in der Aussprache der Rechtsfolgen erlaubt es jedoch, auch die

[1619] Hierzu sogleich unten, B. f.

[1620] Auf den Sonderfall einer auch für das Sanierungsverfahren Haftungsklage seit der „loi Petroplus“, der so genannen „responsabilité pour la contribution à la cessation des paiements“ wird im Rahmen dieser Anmerkungen nicht eingegangen, da ihre Dogmatik noch nicht voll entwickelt ist und eine Anwendung in der Praxis sehr unwahrscheinlich erscheint. Zu dieser schon im Grundsatz umstrittenen Haftungsklage jedoch oben, I. 3.

wirtschaftspolitischen Zielvorstellungen des französischen *droit de l'entreprises en difficulté*[1621] in die Einzelentscheidungen Einzug nehmen zu lassen. So kann ein Richter die Entscheidung treffen, Bemühungen eines Beklagten bei der Sanierung eines geschädigten Unternehmensträgers beim Haftungsurteil zu berücksichtigen. Die *responsabilité pour insuffisance d'actif* stellt vom Grundsatz her eine Haftung des Geschäftsführers dar. Beherrschende Unternehmen können als juristische Personen im Rahmen dieses Tatbestands nur dann haften, wenn sie, wie nur sehr selten der Fall, direkt als Geschäftsführer einer beherrschten Gesellschaft bestellt worden sind[1622] oder, was etwas häufiger vorkommen kann, durch massive Einflussnahmen auf die Unternehmensführung als faktische Geschäftsführer zu qualifizieren sind.

Diese Art der insolvenzspezifischen Haftung von übergeordneten juristischen Personen ist im deutschen Recht unbekannt. Als Vergleichsgegenstände bieten sich aufgrund der tatbestandlichen Ähnlichkeit und dem bei allen dieser Rechtsinstitute eröffneten Anwendungsbereich in Konzernsachverhalten aber vor allem die Innenhaftung wegen existenzvernichtender Eingriffe nach § 826 BGB nach den Grundsätzen der *Trihotel*-Rechtsprechung[1623] sowie die umstrittene Problematik materiell unterkapitalisierter („Aschenputtel-") Gesellschaften an, die insbesondere im *Gamma*-Urteil des BGH[1624] ihre heutige Form erhalten hat. Der existenzvernichtende Eingriff wurde bereits im Rahmen des Rechtsvergleichs mit der Verfahrenserstreckung nach Art. L. 621-2 Abs. 2 C. com. ausführlich erläutert[1625], ist aber auch hier funktional vergleichbar.

Wichtiges Alleinstellungsmerkmal des deutschen Rechts ist allerdings das Bestehen eines geschriebenen Aktienkonzernrechts. Viele der eingangs genannten Fallgruppen einer Verwirklichung des Tatbestands der *responsabilité pour insuffisance d'actif* stellen eine typische Nachteilszufügung dar, die, sofern sie in entsprechenden Konzernstrukturen stattfindet, etwa durch die Ausgleichs- bzw. Schadensersatzansprüche der §§ 311, 317 AktG abzugelten sind[1626]. In der Definition einer übergeordneten Gesellschaft als faktische Geschäftsführerin und damit als potentielle Haftungsadressatin der *responsabilité*

[1621] Zu den heutigen Zielsetzungen des französischen Insolvenzrechts oben, § 1 A. II. 1.; zu ihrer historischen Entwicklung oben, § 1 A. I. 1. ff.

[1622] Diese Möglichkeit besteht im französischen Recht, siehe bereits oben, II. 2., was einen Gegensatz zum deutschen Gesellschaftsrecht darstellt, welches nur natürlichen Personen die Möglichkeit zu einer Bestellung als Geschäftsführer einer GmbH bzw. Vorstand einer AG einräumt (§ 6 Abs. 2 S. 1 GmbHG bzw. § 76 Abs. 3 S. 1 AktG).

[1623] BGH 16.07.2007 – II ZR 3/04, NJW 2007, 2689; hierzu ausführlich oben, § 4 E. II. 5. b) bb).

[1624] BGH 28.04.2008 – II ZR 264/06, NJW 2008, 2437.

[1625] Siehe oben, § 4 E., insbesondere II. 4. sowie II. 5.

[1626] Zur Rolle konzernrechtlicher Regeln im Rechtsvergleich mit dem französischen Konzernhaftungsrecht bereits oben, § 4 E. II. 2.; zu den konzernrechtlichen Ausgleichspflichten oben, § 4 E. II. 2. a) ff.

pour insuffisance d'actif lässt sich auch die Wertung des § 311 AkG wiederfinden, aus welchem bei faktischen Konzernen auf eine Pflicht zur dezentralen Konzernführung geschlossen wird[1627].

b) Flankierende Ansprüche ohne Qualifikationsmerkmale und weitere Haftungsansätze in beiden Rechtsordnungen

Die soeben genannten und zum Vergleich ausgewählten Tatbestände weisen eine Gemeinsamkeit auf. So beinhalten sie allesamt Qualifikationsmerkmale, die sie von anderen Rückerstattungs- und Ausgleichstatbeständen aufgrund einfacher Rechtsverletzungen gegenüber beherrschten Gesellschaften unterscheiden. Die hier dem Vergleich zugrundeliegende *responsabilité pour insuffisance d'actif* stellt im französischen Recht gleich in mehrfacher Hinsicht eine Qualifikation zur allgemeinen Deliktshaftung nach heutigem Art. 1240 C. civ.[1628] dar: Sie schränkt zunächst, insoweit sie für die Haftung beherrschender Gesellschaften genutzt werden soll, ihren Anwendungsbereich auf faktische Geschäftsführer ein, die in die Entscheidungssphären von beherrschten Gesellschaften eingegriffen haben. Auch der entstandene Schaden ist im Falle dieser Haftung von besonderer Natur: Die Haftung kann nur ausgesprochen werden, wenn ein Rechtsträger einem Liquidationsverfahren unterworfen ist, für dessen gläubigerschädigenden Aktivfehlbetrag der Antragsgegner zumindest mitverantwortlich gemacht werden kann. Die *responsabilité pour insuffisance d'actif* erscheint aus diesen Gründen – vor allem wegen der eng gefassten Definitionsmerkmale der Stellung einer Konzerngesellschaft als faktischer Geschäftsführerin – für den Bereich der Konzernhaftung als ein Ausnahmetatbestand für besonders schwere Einschränkungen gesellschaftsrechtlicher Integrität im Sonderfall der Eröffnung eines Liquidationsverfahrens.

Ähnliches trifft für die Vergleichstatbestände im deutschen Recht zu. Die Haftung für existenzvernichtende Eingriffe erhält ihre Qualifikation durch ihre tatbestandliche Anknüpfung an § 826 BGB, der Haftung für vorsätzliche, sittenwidrige Schädigungen. Auch hier bleibt eine Haftung für Gesellschafter durch die restriktiven Voraussetzungen dieses Haftungstatbestands, welcher zumindest Eventualvorsatz in Bezug auf die eine Sittenwidrigkeit begründenden Tatsachen voraussetzt, auf besondere Ausnahmefälle eines qualifizierten Eingriffs in das Gesellschaftsvermögen mit der Folge einer Existenzvernichtung beschränkt. Nahezu dasselbe gilt für die Haftung wegen materieller Unterkapitalisierung, die, so die hier befürwortete Auslegung des *Gamma*-Urteils,

---

[1627] Hierzu oben, § 4 E. II. 2. c).

[1628] Zuvor Art. 1382 C. civ., geändert durch Art. 2 der Ordonnance Nr. 2016-131 vom 10.02.2016 portant réforme du droit des contrats, du régime général et de la preuve des obligations, JORF, 11.02.2016, Nr. 26; in Kraft getreten am 01.10.2016, Art. 9 der Ordonnance.

ebenfalls in besonders qualifizierten Ausnahmefällen auf die tatbestandliche Grundlage des § 826 BGB zu stellen ist[1629].

Kommt diesen Ausnahmefällen somit in der Praxis nur ein geringer Anteil der denkbaren Fallgestaltungen zu, existieren in beiden Rechtsordnungen auch Ansprüche, die auf weniger schwerwiegenden Verletzungen aufbauen, gleichzeitig aber größtenteils auch mit weniger einschneidenden Rechtsfolgen verbunden sind. Je nach ihrer Ausgestaltung können sie funktional ebenso wichtig für das Gesamtverständnis der Ausmaße des Trennungs- und Rechtsträgerprinzips in der Konzerninsolvenz sein wie die Tatbestände an der Spitze des Haftungsarsenals. In Deutschland ist hier besonders an die flankierende Rolle der gesellschaftsrechtlichen Rückzahlungsansprüche der Kapitalerhaltung (§ 31 GmbHG und § 62 AktG) sowie insolvenzrechtlicher Anfechtungsansprüche gegenüber beherrschenden Gesellschaften (§§ 129 ff. InsO) zu denken, welche jeweils natürlich auf völlig anderen Tatbestandsvoraussetzungen beruhen. Methodisch bietet es sich allerdings an, die Funktion dieser zusätzlichen Tatbestände des deutschen Rechts, sofern sie für Konzernsinsolvenzen und die Haftung beherrschender Rechtsträger relevant sind, an anderer Stelle gemeinsam mit den funktionsäquivalenten Regeln des französischen Rechts darzustellen[1630].

Hinzuweisen ist schließlich noch auf die teils an ähnliche Tatbestände anknüpfenden Regeln zur Geschäftsführerhaftung. Diese können allerdings grundsätzlich keine Haftung von beherrschenden Gesellschaften herbeiführen und damit das konzernrechtliche Rechtsträgerprinzip nicht in direkter Form beeinträchtigen. Einschränkungen desselben betreffen nämlich die sonst vorhandene Trennung der Vermögensmassen unterschiedlicher Rechtsträger des Konzerns, nicht jedoch das Führungspersonal selbst. Die hier genauer betrachtete *responsabilité pour insuffisance d'actif* kann nur über den Umweg der Qualifikation als faktischer Geschäftsführer auch auf die im Konzernbereich relevanten Gesellschafter als Adressaten der Haftung angewendet werden[1631]. Im deutschen Recht wird hingegen streng zwischen der Haftung von Gesellschaftern sowie der Haftung von Geschäftsführern und Vorständen unterschieden. Während die Möglichkeiten zum Zugriff auf diese Gesellschafter durch das Trennungsprinzip stark eingeschränkt werden[1632], kann das Führungspersonal von Kapitalgesellschaften aufgrund von zahlreichen Vorschriften für Schadenszufügungen gegenüber der Gesellschaft und den Gläubigern auch im

---

[1629] Auch wenn der BGH in diesem Urteil (28.04.2008 – II ZR 264/06, NJW 2008, 2437) das Bestehen eines solchen Tatbestands offen ließ, schloss er eine Haftung auf dieser Grundlage in besonderen Extremfällen zumindest nicht aus, siehe sogleich unten, 2. b).

[1630] Siehe unten, D.

[1631] Die einzige Ausnahme gilt in dem seltenen Fall, dass juristische Personen zu Geschäftsführern berufen werden, siehe hierzu bereits oben, A. II. 2.

[1632] Siehe oben, § 2 B. II.

Kontext von Insolvenzen in Anspruch genommen werden. Überschneidungen mit der *responsabilité pour insuffisance d'actif* sind hier etwa bei Tatbeständen wie dem allgemeinen Schadensersatz für Managementfehler (§ 43 Abs. 1 GmbHG bzw. § 93 Abs. 3 AktG), der Haftung für Masseschmälerungen nach § 64 S. 1 GmbHG bzw. § 93 Abs. 3 Nr. 6 i.V.m. § 92 Abs. 2 AktG sowie der Haftung für Insolvenzverschleppung nach § 823 Abs. 2 BGB i.V.m § 15a InsO[1633], der Haftung für Sorgfaltspflichtsverletzungen von Vorstandsmitgliedern einer AG (§ 93 Abs. 3 AktG) und ähnlichen Tatbeständen bei der GmbH wie § 43 Abs. 1 und 64 GmbHG zu suchen. Trotz möglicher tatbestandlicher Überschneidungen betreffen diese Regeln mit dem jeweils zur Zahlung von Schadenersatz verpflichteten Führungspersonal einer Gesellschaft nur natürliche Personen. Aufgrund der Problemstellung dieser Arbeit, die sich mit den Grenzen der Haftungstrennung in der Konzerninsolvenz beschäftigt, müssen diese jedoch bei der rechtsvergleichenden Bewertung nicht weiter ausgeführt werden.

2. Rechtsvergleich mit der Existenzvernichtungshaftung und der Haftung wegen materieller Unterkapitalisierung

Da dem deutschen Recht ein einheitlicher, geschriebener Tatbestand einer Haftung von beherrschenden Gesellschaften für besonders qualifizierte Eingriffe in die Vermögenssphäre beherrschter Gesellschaften fehlt[1634], sind zur rechtsvergleichenden Bewertung funktionsäquivalenter deutscher Rechtsinstitute zwei Tatbestände der Gesellschafterhaftung in den Vordergrund zu rücken: Die Haftung für existenzvernichtende Eingriffe sowie die – wie auch im französischen Recht – bereits grundsätzlich umstrittene Haftung für materielle Unterkapitalisierung[1635].

[1633] Eine funktionale Verbindung zwischen Haftung nach Art. L. 651-2 C. com. und der Insolvenzverschleppungshaftung auf Grundlage des internationalen Privatrechts herstellend *Kindler*, in: MüKo-InsO, Art. 7 EuInsVO Rn. 77 f.

[1634] Zu inzwischen nach korrekter Ansicht überholten Überlegungen einer Haftung wegen einer Fallgruppe von „qualifiziert-faktischen Konzernen" jedoch bereits oben, § 4 E. II. 2. d)

[1635] Vgl. zu systematischen Überlegungen dieses Rechtsvergleichs bereits oben, 1. a). Beachte auch die ebenda hervorgehobene Rolle der Ausgleichstatbestände im deutschen Konzernrecht.

a) Zur Haftung für existenzvernichtende Eingriffe gemäß § 826 BGB nach den Grundsätzen der Trihotel-Rechtsprechung des BGH

aa) Funktion und Anwendungsbereich

Zunächst fallen im Vergleich mit der Haftung für existenzvernichtende Eingriffe als Möglichkeit zur Inanspruchnahme von Gesellschaftern einer Kapitalgesellschaft und der *responsabilité pour insuffisance d'actif* wichtige funktionale Unterschiede auf, die unterschiedliche Ergebnisse in Einzelproblemen leichter verständlich erscheinen lassen.

Als erstes bestehen bei beiden Rechtsinstituten Einschränkungen in Bezug auf den Anwendungsbereich, die auch die Ausmaße des Rechtsträgerprinzips bei Konzerninsolvenzen betreffen. So beschränkt sich die Haftung für existenzvernichtende Eingiffe zwar nicht mehr, wie noch das vorhergehende Haftungskonzept der qualifiziert faktischen Konzerne[1636], auf Konzernsachverhalte, dafür jedoch nach überzeugender Ansicht auf GmbH als geschädigte Rechtsträger[1637]. Für geschädigte AG lassen sich hingegen Lösungen über die Ausgleichsansprüche des auf sie anwendbaren, geschriebenen Rechts – insbesondere der faktischen Konzerne – anwenden[1638]. Die Existenzvernichtungshaftung setzt unter anderem das kausale Hervorrufen einer Zahlungsunfähigkeit voraus[1639], die in Deutschland eine mögliche Voraussetzung für die Eröffnung eines Einheitsinsolvenzverfahrens darstellt[1640]. Nach der Abkehr vom Haftungsmodell des qualifiziert faktischen Konzerns hat der Anwendungsbereich der Existenzvernichtungshaftung jeden ausdrücklichen Bezug zum Konzernrecht und zu Konzernsachverhalten verloren[1641]. Eine Anwendung auf Konzerne kann jedoch bei beherrschten GmbH immer noch dann erfolgen, wenn sich die konzernrechtliche Beherrschungssituation aus einer Stellung des Haftenden etwa als Mehrheitsgesellschafter (§§ 18 Abs. 1 S. 1, 17 Abs. 2, 16 Abs. 1 AktG) der GmbH ergibt[1642].

Anders als die Umwelthaftung für Muttergesellschaften nach Art. L. 512-17 C. env.[1643] ist auch die *responsabilité pour insuffisance d'actif* keine Form direkter Konzernhaftung in der Insolvenz. Vielmehr benötigt sie, wie auch die

---

1636 Hierzu oben, § 4 E. II. 2. d).

1637 Siehe oben, § 4 E. II. 5. b) bb).

1638 Siehe auch zu entsprechend in Betracht kommenden Beweiserleichterungen oben, § 4 E. II. 2. d) bb).

1639 Zu den Voraussetzungen der Haftung wegen existenzvernichtender Eingriffe oben, § 4 E. II. 5. b) bb) (1).

1640 Zu den Besonderheiten des deutschen Insolvenzverfahrens im Vergleich zum französischen *droit des entreprises en difficulté* oben, § 2 A.

1641 Siehe oben, § 4 E. II. 2. d) aa).

1642 Zum entsprechenden Konzernbegriff oben, § 2 B. III. 3.

1643 Hierzu sogleich unten, B.

Existenzvernichtungshaftung, einen Umweg zur Anwendung auf beherrschende Gesellschaften als Haftungsschuldner. Dieser liegt aber nicht in der Gesellschafter-, sondern vielmehr in der (größtenteils faktischen[1644]) Geschäftsführerstellung etwa von zur Haftung herangezogenen Muttergesellschaften. Im Hinblick auf die dogmatische Grundlage der *responsabilité pour insuffisance d'actif* als Geschäftsführer-, nicht als Gesellschafterhaftung werden auch die Unterschiede zwischen den wichtigsten Stellschrauben in Bezug auf die Voraussetzungen der jeweiligen Haftungsgrundlagen besonders deutlich. Während die Aussprache einer Haftung nach den Voraussetzungen der *responsabilité pour insuffisance d'actif* im Konzernbereich nach der Feststellung der faktischen Geschäftsführung einer beherrschenden Gesellschaft relativ einfach gelingt[1645], sind die an § 826 BGB angeknüpften Voraussetzungen der Existenzvernichtungshaftung streng und auf besondere Einzelfälle ausgelegt[1646].

Das französische Recht betrachtet nach alledem tiefgreifende Eingriffe in die Geschäftsführungsautonomie beherrschter Gesellschaften im Sinne einer faktischen Geschäftsführung als so anormal, dass sie im Falle eines Managementfehlers zu einer verschärften Haftung führen können. Ist diese Schwelle einmal überschritten, gelten im französischen Recht Gesellschafter bzw. beherrschende Gesellschaften trotz der Überschreitung des Trennungs- bzw. Rechtsträgerprinzips als legitime Haftungsadressaten, als „wahres Machtzentrum“ auch im Konzernsachverhalt, welches aufgrund seiner Machtausübung auch für entsprechende Fehler zu haften hat. Dieser Gedankengang gilt besonders nach der Verschärfung der Voraussetzungen einer faktischen Geschäftsführung im Konzern seit der *Metaleurop*-Rechtsprechung[1647], die eine Haftung für beherrschende Gesellschaften als faktische Geschäftsführer auf besondere, von normalen Konzerngestaltungen weit abweichende Fälle begrenzt.

Doch auch darüberhinausgehend zeugen Einschränkungen des Anwendungsbereichs der *responsabilité pour insuffisance d'actif* von unterschiedlichen dogmatischen Einordnungen der beiden Haftungstatbestände. So stellt die Haftung nach Art. L. 651-1 ff. C. com. durch ihre Beschränkung auf das Liquidationsverfahren[1648] nicht nur ein Instrument des Ausgleichs von Schäden im Rahmen dieser Verfahren, sondern gleichzeitig auch die Ausprägung einer Privilegierung des Rettungs- bzw. Sanierungsverfahrens dar, deren Durchführung

---

[1644] Zur Möglichkeit der Bestellung von juristischen Personen als Geschäftsführer im französischen Recht soeben unter rechtsvergleichenden Gesichtspunkten oben, 1. a).

[1645] Zum Vergleich der Voraussetzungen beider Haftungsinstitute sogleich unten, bb); zur kürzlich erfolgten Einschränkung des Tatbestands auf mehr als nur leicht fahrlässige Handlungen oben, A. I. 1.

[1646] Siehe hierzu bereits oben, § 4 E. II. 5. b) bb).

[1647] Zu ihren Auswirkungen in Bezug auf die *responsabilité pour insuffisance d'actif* oben, II. 2.

[1648] Hierzu im Rechtsvergleich bereits einleitend oben, 1. a).

eine weitreichende Haftungsfreistellung der beteiligten Geschäftsführer mit sich bringen soll[1649]. In Ermangelung derartiger dogmatischer Grundlagen stellen sich solche Fragen im deutschen Recht der existenzvernichtenden Eingriffe nicht.

Womöglich ebenfalls in diesem Kontext zu sehen ist die Rechtsgrundlage beider Haftungstatbstände selbst. Die Existenzvernichtungshaftung ist zwar an § 826 BGB angelehnt, stellt jedoch im Grundsatz ein Ergebnis richterlicher Rechtssetzung dar[1650]. Demgegenüber ist die Rechtsgrundlage der *responsabilité pour insuffisance d'actif* von einer wesentlich größeren gesetzlichen Regelungsdichte geprägt und die ihr zugrundeliegenden Regeln gehen auf eine äußerst reaktive gesetzgeberische Aktivität zurück[1651]. Der französische Insolvenzrechtsgesetzgeber sieht die zivilrechtlichen Sanktionen damit als wichtigen Teilbereich gesetzgeberischer Gestaltung und schreckt im Allgemeinen nicht vor einer ausführlichen Regelung zurück. Die Grundsätze einer Konzernhaftung über beherrschende Gesellschaften als faktische Geschäftsführer stellen freilich weiterhin eine richterrechtliche Schöpfung anhand des Tatbestandsmerkmals *„dirigeant de fait"* in Art. L. 651-2 Abs. 1 S. 1 dar.

bb) Voraussetzungen

Beide Haftungsgrundlagen folgen weitgehend dem in ihrer Rechtsordnung üblichen Grundschema der für ihre Anerkennung notwendigen Voraussetzungen, wobei es teils zu Anpassungen an die jeweils geltenden Besonderheiten der darunter subsumierbaren Fallgestaltungen kommt.

Besonders bedeutend sind diese Anpassungen im französischen Recht der *responsabilité pour insuffisance d'actif.* Das im französischen Deliktsrecht des Art. 1382 C. civ. bekannte Schema aus „Schaden" *(dommage)*, „Fehler" *(faute)* und „Kausalitätsbeziehung" *(lien de causalité)* erhält zwischen den ersten beiden Voraussetzungen bei diesem Sondertatbestand nahezu in allen Merkmalen bedeutende Erleichterungen, die die Aussprache einer Haftung bei Eröffnung des Anwendungsbereichs stark vereinfachen. So lässt sich der Aktivfehlbetrags *(insuffisance d'actif)* als Schadenselement durch einfache Durchsicht der Verteilungsergebnisse des Liquidationsverfahrens ermitteln und der „Fehler" in seiner Ausprägung als „Managementfehler" *(faute de gestion)* kann in jedem – auch fahrlässigen – Verstoß gegen Gesetz, Satzung oder allgemeine Geschäftsführerpflichten liegen. Lediglich die „leichte Nachlässigkeit" der Geschäftsführer wurde kürzlich von der Haftung ausgeschlossen. Einen ebenso weiten

---

[1649] Zur entsprechenden Systematik der unterschiedlichen Verfahrensarten oben, § 1 A. II. 2.; vgl. hierzu jedoch abweichend die Möglichkeit einer Verfahrenserstreckung insbesondere auch im Rettungsverfahren, oben § 4 B. I. 2. b).

[1650] Siehe oben, § 4 E. II. 5. b) bb) (1).

[1651] Siehe zur jüngeren Entwicklung der Rechtsgrundlagen der *responsabilité pour insuffisance d'actif* oben, § 3 C. II. sowie oben, I.

Ermessensspielraum wie bei der Frage des „Fehlers“ erhält das erkennende Gericht in Bezug auf die Kausalität, deren Voraussetzungen nicht im Sinne einer *condicio sine qua non*, sondern vielmehr im Sinne eines „Beitrags“ *(contribution)* zum Bestehen eines Aktivfehlbetrags vorzuliegen haben.

Wo die französische *responsabilité pour insuffisance d'actif* dem erkennenden Gericht mit Ermessensspielräumen und weit auszulegenden Tatbestandsvoraussetzungen entgegenkommt, wird die an § 826 BGB angeknüpfte Haftung für existenzvernichtende Eingriffe den Anforderungen an einen besonderen Ausnahmetatbestand in ihren materiellen Voraussetzungen gerecht[1652]. So ist die Existenzvernichtung auf Fälle beschränkt, in denen die „Verantwortlichkeit des Gesellschafters im Falle kompensationsloser, zur Insolvenz führender – oder diese vertiefender – Eingriffe in das auch als Haftungsfonds für die Gläubiger dienende Gesellschaftsvermögen“[1653] festgestellt werden kann. Dies setzt sowohl wenigstens einen Eventualvorsatz voraus als auch eine zumindest von einem Eventualvorsatz umfasste Sittenwidrigkeit der Schädigung, die durch eine Inkaufnahme der möglichen Gläubigerschädigung durch die Entnahmen indiziert wird. Ausgeschlossen sind hingegen rein fahrlässige Begehungsweisen und Fälle, die unter der Sittenwidrigkeitsschwelle rangieren.[1654]

Wichtige Unterschiede zeigen sich aber auch im objektiven Tatbestand der beiden Haftungsgrundlagen. Die Existenzvernichtungshaftung stellt sich als ein eng begrenzter Ausnahmetatbestand dar, dessen Beschränkung auf insolvenzauslösende Eingriffe in das Vermögen von Gesellschaften richterliche Fortentwicklungen über diese Definition hinaus stark erschweren dürften. Der Fehlerbegriff des Art. L. 651-2 Abs. 1 C. com. könnte hingegen offener kaum formuliert sein und hat der Rechtsprechung auch im Bereich von Konzernsachverhalten Gelegenheit zur Entwicklung zahlreicher Fallgruppen einer Haftung gegeben. Hierzu gehören, wie bereits oben erläutert, nicht nur die der Existenzvernichtungshaftung entsprechenden Vermögensverschiebungen auf andere Rechtsträger, sondern auch wirtschaftlich ruinöse Entscheidungen zulasten von beherrschten Gesellschaften oder jede zum Entstehen eines Aktivfehlbetrags beitragende Übervorteilung[1655].

Dieser Unterschied lässt sich durch die bereits erwähnten dogmatischen Unterschiede zwischen den beiden Rechtsinstrumenten erklären: Während die Existenzvernichtungshaftung als Ausnahmetatbestand zum Trennungs- und Rechtsträgerprinzip den bei der GmbH eigentlich durch § 13 Abs. 2 GmbHG versperrten Zugriff auf das Vermögen der Gesellschafter ermöglicht, stellt die *responsabilité pour insuffisance d'actif* in ihrer Grundform eigentlich einen

---

1652 Genauer zu den Voraussetzungen dieses Tatbestands nach dem *Trihotel*-Urteil bereits oben, § 4 E. II. 5. bb) (1).

1653 BGH 16.07.2007 – II ZR 3/04, NJW 2007, 2689, 2691.

1654 Zu den Voraussetzungen bereits oben, § 4 E. II. 5. bb) (1).

1655 Siehe zum Tatbestand oben, III. 1.

Haftungstatbestand für die Managerhaftung dar, welcher nur über den „Umweg“ der faktischen Geschäftsführung auch auf Gesellschafter und beherrschende Gesellschaften Anwendung findet[1656]. Derartige Fragen des Zusammenspiels zwischen ungerechtfertigten Einmischungen in die Sphäre etwa von beherrschten Gesellschaften zusammen mit dem Einfluss von Managementfehlern faktischer Geschäftsführer fallen im deutschen Recht eher in die dogmatischen Überlegungen zum Konzernrecht und dessen Ausgleichstatbeständen, die jedoch nach hier vertretener Ansicht bei faktischen Konzernen keine Anwendung auf GmbH finden[1657]. Großen Einfluss auf die Breite des Tatbestands der *responsabilité pour insuffisance d'actif* hat schließlich auch die Tatsache, dass dieser Haftungstatbestand ausschließlich auf das Liquidationsverfahren begrenzt ist, welches in dem auf die Unternehmenssanierung konzentrierten französischen Recht eine Sonderstellung als grundsätzlich unerwünschtes Verfahrensergebnis innehat[1658]. Haben faktische Geschäftsführer durch ihre Managementfehler Einfluss auf ein solches Ergebnis und gleichzeitig zu einem Aktivfehlbetrag zulasten der Gläubiger beigetragen, sieht das französische Recht ihre weitreichende Haftung als gerechtfertigt an.

cc) Rechtsfolgen

Die Rechtsfolgen der beiden Rechtsinstrumente weisen hingegen viele Ähnlichkeiten auf. Diese sind eng verbunden mit der prozessualen Voraussetzung ihrer jeweiligen Antragsbefugnis. So kann die *responsabilité pour insuffisance d'actif* im Grundsatz nicht durch einzelne Gläubiger beantragt werden, sondern nur durch die hiermit betrauten Verfahrensorgane des Gläubigervertreters *(mandataire judiciaire)* oder des Liquidators *(liquidateur)*.[1659] Dies zeigt, dass diese Haftungsform zwar einen Durchgriff auf Gesellschafter als faktische Geschäftsführer erlaubt, aber jedoch nur, wenn dadurch eine Erhöhung der Haftungsmasse im Liquidationsverfahren zugunsten der Gesamtheit der Gläubiger erreicht wird. Die Existenzvernichtungshaftung wird, sofern sie im Rahmen eines Insolvenzverfahrens geltend gemacht wird, vom Insolvenzverwalter geltend gemacht. Im Einzelfall kann jedoch außerhalb eines Insolvenzverfahrens auch eine Geltendmachung durch den Einzelgläubiger erfolgen, der sich den entsprechenden Innenhaftungsanspruch der Gesellschaft überweisen lassen kann.[1660] Dieser Unterschied lässt sich dadurch erklären, dass die Auskehr der Erlöse aus der *responsabilité pour insuffisance d'actif* zwar zunächst gegenüber der Gesellschaft erfolgt; da diese jedoch zwangsläufig einem Liquidati-

---

1656 Siehe hierzu soeben oben, aa).
1657 Siehe oben, § 4 E. II. 2. d).
1658 Siehe oben, § 1 A. II. 2.
1659 Siehe oben, III. 2. a).
1660 Siehe oben, § 4 E. II. 5. b) bb) (1).

onsverfahren unterliegt, werden die Erlöse daraufhin automatisch an die geschädigten Gläubgier ausgekehrt – und dies unabhängig von etwaigen Sicherungsrechten ausschließlich unter Anschauung der jeweiligen Forderungshöhe.

Die Existenzvernichtungshaftung im deutschen Recht ist hingegen seit dem *Trihotel*-Urteil als reine Innenhaftung konzipiert. Wird sie im Rahmen eines Insolvenzverfahrens durch den Verwalter geltend gemacht, fließen die entsprechenden Erlöse in die Insolvenzmasse und folgen keiner gesonderten Auskehr.[1661] Bis auf diesen Unterschied sind die praktischen Ergebnisse zwischen den beiden Haftungsarten somit auf den ersten Blick ähnlich.

Der wichtigste Unterschied in Bezug auf die Rechtsfolgen liegt trotz dieser konzeptionellen Ähnlichkeiten jedoch in der durch das Gericht zu treffenden Einzelfallentscheidung. Die Entscheidung des Gerichts ist im Falle der *responsabilité pour insuffisance d'actif* nämlich nicht von gebundener Natur. Wie in Art. L. 651-2 Abs. 1 C. com. festgelegt, „kann" („peut") das Gericht bei Vorliegen der Vorausetzungen den Aktivfehlbetrag „ganz oder teilweise" („en tout ou en partie") durch den Antragsgegner ersetzen lassen. Auch hierin spiegelt sich, wie bereits einleitend festgestellt[1662], die wirtschaftspolitische Zielsetzung des französischen Insolvenzrechts wider, nach welcher das Gericht etwa auf Sanierungsversuche des Antragsgegners Rücksicht nehmen, jedoch auch sonstige Gerechtigkeitserwägungen in die Rechtsfolge mit einfließen lassen kann. Eine solche Freiheit gibt die Existenzvernichtungshaftung den Gerichten nicht[1663].

b) Zur Haftung für materielle Unterkapitalisierung nach den Grundsätzen der Gamma-Rechtsprechung des BGH

Da, wie soeben gezeigt, der objektive Tatbestand der *responsabilité pour insuffisance d'actif* eine weitreichende Generalklausel darstellt[1664], kann auch die Gründung bzw. das Betreiben einer materiell unterkapitalisierten Gesellschaft[1665] zumindest theoretisch für einen Ausspruch dieser Haftungsart infrage kommen. Auch hier ergeben sich Überschneidungen zur Verfahrenserstreckung nach Art. L. 621-2 Abs. 2 C. com., da besonders ausgeprägte Fälle man-

---

1661 Siehe oben, § 4 E. II. 5. b) bb) (2).

1662 Siehe oben, aa).

1663 Die im *Trihotel*-Urteil verfassten Richtlinien sind seitdem bestätigt worden und sind damit von den Gerichten als geltendes Recht anzuwenden; nachfolgende Entscheidungen sind BGH 09.02.2009 – II ZR 292/07, BGHZ 179, 344, 349 ff. *(Sanitary)*; BGH 23.04.2012 – II ZR 252/10, BGHZ 193, 96, 99 ff.; BGH 21.02.2013 – IX ZR 52/10, ZIP 2013, 894, 895 ff.

1664 Siehe soeben oben, a) bb).

1665 Zu diesem Begriff und der in diesem Zusammenhang auftretenden Fragestellungen bereits oben, § 4 E. II. 4. b) cc).

gelnder Kapitalausstattung im französischen Recht auch als Indiz für das Vorliegen fiktiver Gesellschaften im Sinne dieser Vorschrift herangezogen werden können[1666].

aa) Nicht vollständig geklärte Rechtslage im deutschen Recht

In Deutschland wird die Problematik unter dem Stichwort einer materiellen Unterkapitalisierung[1667] von Gesellschaften schon seit langem kontrovers diskutiert[1668]. Unter einer solchen Unterkapitalisierung wird das Unterlassen einer für den jeweiligen Zweck der Gesellschaft ausreichenden Kapitalausstattung ab Gesellschaftsgründung verstanden[1669]. Wie bereits oben zur *fictivité* beschrieben, sind die Grundvoraussetzungen im deutschen und französischen Recht in Bezug auf die gesetzlich vorgeschriebene Mindestkapitalausstattung von Gesellschaften jedoch teils sehr unterschiedlich[1670]. Hieraus folgt für das deutsche Recht, dass über die gesetzlichen Anforderungen hinausgehende Kapitalausstattungspflichten für Gesellschaften – auch in Konzernsituationen – bereits aus systematischen Gründen fragwürdig erscheinen[1671]. Schon deshalb hat die rechtliche Diskussion über diese Fallgruppe ergeben, dass eine Haftung der Gesellschafter einer Kapitalgesellschaft für eine unzureichende Kapitalausstattung, wenn überhaupt, dann nur in besonders qualifizierten, offensichtlich erkennbaren Ausnahmefällen in Betracht kommen kann[1672]. Derartige Fälle dürften dann vor allem bei GmbH anzutreffen sein[1673].

[1666] Siehe bereits oben, § 4 E. II. 4. b) cc).

[1667] Die materielle Unterkapitalisierung betrifft die Frage, wie hoch der Betrag des der Gesellschaft zugeführten Kapitals sein muss, um nicht als rechtsmissbräuchlich zu erscheinen. Hiervon abgegrenzt wird der Begriff der so genannten nominellen Unterkapitalisierung, der das Problem der Form des zugefügten Kapitals insbesondere in Form von Gesellschafterdarlehen betrifft. Hierzu findet sich in dem neuen § 135 GmbHG in Verbindung mit § 39 InsO inzwischen eine gesetzliche Regelung. Zu diesen Begrifflichkeiten ausführlich *Lieder*, in: Michalski, GmbHG, § 13 Rn. 406 ff.

[1668] Ablehnend als Fallgruppe einer Durchgriffshaftung bereits BGH 14.12.1959 – II ZR 187/57, NJW 1960, 286, 287 f; 04.05.1977 – VIII ZR 298/75, NJW 1977, 1449, 1450; sowie zuletzt BGH 28.04.2008 – II ZR 264/06, NJW 2008, 2437 (*Gamma* – zu diesem sogleich); zum historischen Streitstand in Literatur und Rechtsprechung auch *Bachmann*, in: Hirte/ Mülbert/ Roth, AktG, § 1 Rn. 103; *Heider*, in: MüKo-AktG, § 1 Rn. 74; dagegen auch *Ehricke*, Das abhängige Konzernunternehmen in der Insolvenz, S. 148 ff.

[1669] *Hüffer/ Koch*, AktG, § 1 Rn. 19; *Heider*, in: MüKo-AktG, § 1 Rn. 74; *Westermann*, in: Bürgers/ Körber, AktG, § 1 Rn. 30.

[1670] Siehe oben § 4 E. II. 4. b) aa).

[1671] Vgl. zur Rolle von Mindestkapitalerfordernissen in der Diskussion um eine Haftung wegen materieller Unterkapitalisierung *Lieder*, in: Michalski, GmbHG, § 13 Rn. 407 f.

[1672] *Heider*, in: MüKo-AktG, § 1 Rn. 74; *Hüffer/ Koch*, AktG, § 1 Rn. 19; *Lieder*, in: Michalski, GmbHG, § 13 Rn. 412; *Verse*, in: Henssler/ Strohn, Gesellschaftsrecht, § 13 GmbHG Rn. 30.

[1673] *Hüffer/ Koch*, AktG, § 1 Rn. 19.

Über diese Grundfragen hinaus hatte sich insbesondere in der Literatur jedoch kein genereller Konsens herausbilden können, welche Rechtsfolgen die Gesellschafter bzw. Muttergesellschaften in diesen Sonderfällen betreffen sollten[1674]. Teils wurde die qualifizierte Form materieller Unterkapitalisierung etwa als Tatbestand einer echten Durchgriffshaftung aufgrund objektiver Kriterien betrachtet[1675]. Der BGH lehnte eine solche Einordnung in seinem *Gamma*-Urteil vom 28.04.2008[1676] und damit gleichzeitig auch jegliche Rechtsfortbildung in die Richtung eines entsprechenden Sondertatbestands jedoch vehement ab. Gegenstand des Urteils war die Gründung einer so genannten „Aschenputtelgesellschaft", eine Bezeichnung, die sich auf einen Anwendungsfall materieller Unterkapitalisierung im Konzernsachverhalt bezieht. Typisch ist es für solche Konstellationen, dass eine im Rahmen eines Konzernverbunds gegründete Gesellschaft dem jeweils beherrschenden Unternehmen alle Chancen, sich selbst jedoch alle Risiken zuteilwerden lässt, wobei die beherrschte Gesellschaft für die ihr zugemessene Aufgabe so stark unterkapitalisiert ist, dass jegliche Aktivität zulasten ihrer Gläubiger gehen muss[1677]. Häufiger kommen solche Konstellationen – ähnlich wie in Frankreich – im Baugewerbe und Handwerk vor[1678].

Im dem *Gamma*-Urteil zugrundeliegenden Fall ging es jedoch um eine von Anfang an materiell unterkapitalisierte Auffanggesellschaft, welche Arbeitnehmer eines in wirtschaftliche Schwierigkeiten geratenen Unternehmens aufnehmen sollte, aufgrund mangelnder Kapitalausstattung jedoch zahlungsunfähig geworden war[1679]. In seiner Entscheidung weist der BGH zunächst jegliche Erweiterung der kurz zuvor entwickelten Grundsätze der Existenzvernichtungshaftung[1680] um eine Fallgruppe der materiellen Unterkapitalisierung zurück. Hierfür fehle es bereits an einer dem Gesetzgeber als planwidrig unterstellbaren Regelungslücke; vielmehr habe dieser für den hier vorliegenden Fall

---

[1674] Auch hierzu ausführlicher *Heider*, in: MüKo-AktG, § 1 Rn. 74.

[1675] Innerhalb der unterschiedlich vertretenen Ansichten war es wiederum umstritten, ob es sich um eine Außen- oder Innenhaftung handeln sollte; siehe zu alledem die Nachweise bei *Altmeppen*, in: Roth/ Altmeppen, GmbHG, § 13 Rn. 142.

[1676] BGH 28.04.2008 – II ZR 264/06, NJW 2008, 2437.

[1677] Zu diesem Begriff etwa die Vorinstanz des *Gamma*-Urteils, OLG Düsseldorf 26.10.2006 – I-6 U 248/05, NZG 2007, 388, 390 (dort wurde im Ergebnis eine Haftung der Gesellschafter aus den Grundsätzen zu existenzvernichtenden Eingriffen festgestellt); *Altmeppen*, in: MüKo-AktG, Anhang § 317 Rn. 52; *Hüffer/ Koch*, AktG, § 1 Rn. 19; *Verse*, in: Henssler/ Strohn, Gesellschaftsrecht, § 13 GmbHG Rn. 29.

[1678] Siehe etwa BGH 25.04.1988 – II ZR 175/87, NJW-RR 1988, 1181 (dort allerdings keine Konzernkonstellation); zahlreiche weitere Nachweise bei *Verse*, in: Henssler/ Strohn, Gesellschaftsrecht, § 13 GmbHG Rn. 29.

[1679] Zu den arbeitsrechtlichen Implikationen dieser Entscheidungen im Vergleich zur *thérorie du co-emploi* unten, § 5 C. VI.

[1680] Zu BGH 16.07.2007 – II ZR 3/04, BGHZ 173, 246, 252 ff. *(Trihotel)* bereits oben, aa).

einer GmbH eine über das Mindestkapital und seine Erhaltung hinausgehende „‚Finanzausstattungspflicht‘ des Gesellschafters“ bewusst nicht vorgesehen und die Einführung eines solchen würde vielmehr „letztlich die GmbH als Gesellschaftsform selbst in Frage stellen“[1681]. Zweifel äußert der BGH schließlich an der Möglichkeit, eine solche Haftungsform ausreichend rechtssicher ausgestalten zu können. So sei es bisher nicht möglich gewesen, aus Sicht des BGH notwendige „abstrakte Normativbestimmungen über das betriebswirtschaftlich notwendige Eigenkapital bzw. die entsprechend erforderliche allgemeine Finanzausstattung der GmbH“ aufzuzeigen, um einer solchen Regelung einen ausreichend rechtssicheren Rahmen zu verleihen[1682]. Offener zeigt sich der BGH jedoch gegenüber einer möglichen deliktsrechtlichen Behandlung des Verhaltens von Gesellschaftern in Bezug auf unterkapitalisierte Gesellschaften. Insbesondere eine Haftung nach § 826 BGB komme aus Sicht des Gerichtshofs in Betracht, auch wenn es ausdrücklich offengelassen wird, ob die Begründung einer eigenständigen Fallgruppe in diesem gesetzlichen Rahmen gerechtfertigt sei[1683]. Im konkreten Fall kam es nämlich zu einer Lösung über eine darüberhinausgehende Aufklärungspflichtverletzung der Gesellschafter gegenüber den Arbeitnehmern, die für eine Haftung nach §§ 826, 830 BGB fruchtbar gemacht werden konnte[1684].

Lässt der BGH damit eine zumindest für Extremfälle einsetzbare Möglichkeit zu einer Haftung von Gesellschaftern bzw. Muttergesellschaften für die Gründung von unterkapitalisierten „Aschenputtelgesellschaften“ offen, unterscheidet sich diese nach zutreffender Ansicht erheblich von der als Innenhaftung ausgestalteten Haftung für existenzvernichtende Eingriffe[1685]. Der an die Gesellschafter gerichtete Vorwurf liegt hier nämlich in einem Unterlassen einer ausreichenden Kapitalausstattung und nicht, wie bei der Existenzvernichtungshaftung, in einer Entnahme von Vermögenswerten. Somit geht diese anfängliche Pflichtverletzung der Gesellschaftsgründer auch direkt zulasten ihrer Gläubiger, weshalb sich anders als bei existenzvernichtenden Eingriffen in diesem Fall bei entsprechendem Vorsatz eine Außenhaftung der Gesellschafter

---

[1681] BGH 28.04.2008 – II ZR 264/06, NJW 2008, 2437, 2439; zustimmend *Heider*, in: MüKo-AktG, § 1 Rn. 74; a.A. *Bachmann*, in: Hirte/ Mülbert/ Roth, AktG, § 1 Rn. 103 ff., 109 ff. unter ökonomischer Analyse einer Durchbrechung der Haftungsbegrenzung, soweit der Wohlfahrtsgewinn einer solchen (Überwindung einer wirtschaftsschädigenden Risikovermeidung der Gesellschafter) durch eine Externalisierung von Haftungsrisiken insbesondere auf unfreiwillige Gesellschaftsgläubiger aufgehoben würde.

[1682] BGH 28.04.2008 – II ZR 264/06, NJW 2008, 2437, 2439 f.

[1683] BGH 28.04.2008 – II ZR 264/06, NJW 2008. 2437, 2440.

[1684] BGH 28.04.2008 – II ZR 264/06, NJW 2008. 2437, 2440; hierzu ebenfalls unten im Vergleich zur *thérorie du co-emploi* unten, § 5 C. VI.

[1685] Hierzu oben, a).

nach § 826 BGB rechtfertigen lässt[1686] – freilich unter der Voraussetzung eines entsprechenden Vorsatzes.

Von besonderer Relevanz sind in derartigen Fällen daneben aber auch konzernrechtliche Vorschriften etwa über faktische Konzerne. Muss die „Aschenputtelgesellschaft“ ihrer Muttergesellschaft übermäßige Risiken abnehmen, die für sie nicht durch eigene Vorteile ausgeglichen werden, können Ausgleichspflichten nach §§ 311, 317 AktG durch sie gegenüber dem beherrschenden Unternehmen geltend gemacht werden[1687]. Schließlich können in derartigen Fällen auch insolvenzrechtliche Rechtsgrundlagen besondere Relevanz erlangen – und eine Haftung wegen materieller Unterkapitalisierung praktisch marginalisieren. Insbesondere ist in solchen Fallgestaltungen an eine Anwendung von §§ 39 Abs. 1 Nr. 5, 135 InsO zu denken, sofern Gesellschafter bzw. Muttergesellschaften die Finanzierung einer Gesellschaft im Sinne einer so genannten „nominellen Unterkapitalisierung“ nicht über Eigen-, sondern über Fremdkapital in Form von Darlehen durchgeführt haben. Die eventuellen Forderungen aus diesen Darlehen werden dann nach § 39 Abs. 1 Nr. 5 InsO wie das Eigenkapital nur nachrangig befriedigt und bereits erfolgte Befriedigungshandlungen können unter Umständen nach § 135 Abs. 1 Nr. 2 InsO angefochten werden. Soll eine Insolvenzantragspflicht nach § 15a InsO bei einer für einen Geschäftsbetrieb zu geringen Kapitalausstattung verhindert werden, bestünde für die Gesellschafter vor diesem Hintergrund zumindest eine große Motivation, entsprechend benötigte Nachschüsse zu gewähren.[1688]

bb) Vergleichbare Problematik im französischen Recht

Sehr ähnliche dogmatische Zweifel ergeben sich in Frankreich, wo die Rechtsprechung eine Anknüpfung an die materielle Unterkapitalisierung als einzigem Anhaltspunkt für das Vorliegen einer *responsabilité pour insuffisance d'actif* – wenn überhaupt – nur zögerlich durchführen möchte. Wie bereits beschrieben[1689], stiftete der Kassationsgerichtshof mit seinem Urteil vom 10.03.2015[1690] diesbezüglich eher Unklarheit, als er eine Kapitalausstattungspflicht für bestellte Geschäftsführer verneinte. Was dies für Gesellschafter als mögliche faktische Geschäftsführer bedeutet, bleibt jedoch weiterhin unklar.

1686 *Altmeppen*, in: MüKo-AktG, Anhang § 317 Rn. 52; *Möller*, BB 2008, 1701, 1702; *Verse*, in: Henssler/ Strohn, Gesellschaftsrecht, § 13 GmbHG Rn. 31.

1687 *Altmeppen*, in: MüKo-AktG, Anhang § 317 Rn. 53.

1688 Auf diesen Gesamtzusammenhang hinweisend *Bachmann*, in: Hirte/ Mülbert/ Roth, AktG, § 1 Rn. 103; zur Rolle der Insolvenzanfechtungsregeln im hier betrachteten Regelungsgefüge unten, § 5 D. I. 3. b).

1689 Siehe oben, A. III. 1. b) bb).

1690 Cass. com. Revisionsnummer 12-15505, m. Bespr. *Henry*, Rev. sociétés 2015, 406; *Poracchia*, Rev. sociétés 2015, 468.

Ginge man trotz der in beiden Rechtsordnungen vorhandenen, erheblichen Zweifel an der Existenz einer derartigen Haftungsfallgruppe zumindest theoretisch von deren Bestehen aus, stellten sich die Vergleichsaspekte ähnlich dar wie bei der bereits mit der *responsabilité pour insuffisance d'actif* verglichenen Haftung für existenzvernichtende Eingriffe[1691] – immerhin stehen beide in diesem Fall auf der vom Grundsatz her identischen Rechtsgrundlage des § 826 BGB. Somit scheinen die Voraussetzungen der *responsabilité pour insuffisance d'actif*, ihre Anwendung durch die enge Definition einer faktischen Geschäftsführung im Konzern unterstellt, leichter zu erfüllen sein als die einer vorsätzlichen sittenwidrigen Schädigung nach § 826 BGB. Nur bei den Rechtsfolgen nähern sich die Haftungsformen der beiden Rechtsformen in diesem Fall wieder an. Die Haftung für existenzvernichtende Eingriffe ist als Innenhaftung gegenüber der geschädigten Gesellschaft ausgestaltet und die Gläubiger können an die Haftungssummen nur über Umwege von Insolvenzmasse oder Überweisung des Anspruchs gelangen. Die vom BGH nicht ausgeschlossene Haftung für materielle Unterkapitalisierung wäre hingegen als Außenhaftung konzipiert, da sie – ähnlich wie die *responsabilité pour insuffisance d'actif* – die Gläubiger als eigentliche Geschädigte des haftungsauslösenden Verhaltens ansieht.

3. Rechtsvergleichende Bewertung und Zwischenergebnis

Aus deutscher Sicht erscheint die *responsabilité pour insuffisance d'actif* im Vergleich zur Verfahrenserstreckung als ein konventionelleres Mittel für Eingriffe in das Trennungs- und Rechtsträgerprinzip in der Konzerninsolvenz – lehnt die deutsche Rechtsordnung in diesen Fällen doch materielle Konsolidierungslösungen zugunsten von konventionelleren Ausgleichs- und Haftungstatbeständen für beherrschende Gesellschaften und ihr Führungspersonal ab[1692]. Doch bei genauerer Analyse lässt sich feststellen, dass es sich bei der Haftung nach Art. L. 651-1 ff. C. com. nicht vornehmlich um ein Instrument zur Überwindung ebendieses Prinizps handelt. Vielmehr wird die Ausfallhaftung für Managementfehler für den Fall der Eröffnung eines Liquidationsverfahrens größtenteils in Bezug auf gesellschaftsrechtlich legitimierte, also als solche bestellte Geschäftsführer angewendet, um ihre schädigenden Auswirkungen auf den Wert der Aktiva eines liquidierten Unternehmens durch einen entsprechenden Anspruch der Gläubiger auf Schadensersatz auszugleichen. Neben der praktisch äußerst seltenen Bestellung einer juristischen Person in eine Geschäftsführungsposition erfolgt eine Überschreitung des konzernrechtlichen Trennungs- und Rechtsträgerprinzips nur in den eng ausgelegten Ausnahme-

---

[1691] Siehe soeben oben, a).

[1692] Siehe hierzu oben, § 4 E. I., II.

fällen, in denen etwa ein beherrschendes Unternehmen ohne ein gesellschaftsrechtliches Mandat als faktische Geschäftsführerin in die Belange einer beherrschten Gesellschaft eingreift.

Die auf § 826 BGB aufbauende Existenzvernichtungshaftung, die funktional Teile des weiter formulierten Tatbestands der *responsabilité pour insuffisance d'actif* umfasst, kommt hingegen auf direktem Wege zu einer Überschreitung des Trennungs- und Rechtsträgerprinzips. Aus diesem Grund sind ihre Voraussetzungen schon in sich wesentlich restriktiver gestaltet und eine Stellschraube wie die der faktischen Geschäftsführung im Konzern wird nicht benötigt. Einschränkungen ergeben sich allerdings aufgrund des Anwendungsbereichs. Während die Existenzvernichtungshaftung nur für GmbH Anwendung findet, müssen funktionsäquivalente Regelungen für AG insbesondere bei den Ausgleichsansprüchen für faktische Konzerne gesucht werden. Hier ergeben sich zudem erstaunliche Schnittmengen bei den Grenzen, die alle Rechtsinstitute für Eingriffe in beherrschte Rechtsträger aufstellen.

Im Ergebnis kommt es – wie auch im Vergleich der deutschen Rechtsinstitute mit der Verfahrenserstreckung[1693] – zu einem bekannten Bild: Die großen Spielräume, die den Richtern bei der Definition der Tatbestände und der Aussprache der Rechtsfolgen im Einzelfall gelassen werden, schaden der Vorhersehbarkeit der Ergebnisse und damit auch der Rechtssicherheit. Sie erlauben es aber gleichzeitig, im Einzelfall der materiellen Gerechtigkeit durch flexiblere Lösungsansätze gerechter zu werden. Realitätsnäher erscheint die Einschätzung des französischen Rechts, die Herbeiführung eines Aktivfehlbetrags im Liquidationsverfahren im Ergebnis als Schaden der Gläubiger anzusehen und eine automatische Erlösauskehr an die Gläubiger herbeizuführen. Im Gegensatz hierzu wird die Existenzvernichtung dogmatisch als Fall einer Innenhaftung eingeordnet, auch wenn die Geltendmachung im Insolvenzverfahren durch den Verwalter und zugunsten der Masse erfolgt. Nicht zu unterschätzender Vorteil des deutschen Rechts ist es allerdings, dass hier bei der Erlösauskehr die Verteilung nach allgemeinen Grundsätzen erfolgt, während bei der *responsabilité pour insuffisance d'actif* Vorzugsrechte aller Art außer Acht gelassen werden[1694]. Eine Annäherung des französischen an das strengere deutsche Recht kann hingegen in der *Metaleurop*-Rechtsprechung gesehen werden, die die Anwendung der Regeln zur faktischen Geschäftsführung bei integriert geführten Konzernen weitgehend einschränkt[1695].

Schutzlücken bestehen allerdings in Bezug auf die Tatbestände als Reaktion auf qualifizierte Fehlverhalten insbesondere im deutschen Recht. So muss bei

---

1693 Siehe oben, § 4 E. II.

1694 Diese Besonderheit wird auch in Frankreich kritisch bewertet, siehe oben, IV. 2. Hinzuweisen ist jedoch darauf, dass das deutsche Recht als solches keine Vorzugsrechte kennt.

1695 Siehe oben, A. II. 2.

beherrschten GmbH auf die Effizienz anderer, weniger qualifizierter Ausgleichstatbestände wie etwa §§ 30, 31 GmbHG[1696] und, nicht zuletzt, auf die persönliche Haftung der Geschäftsführer vertraut werden. Letztere dürften aber eine weitaus geringere Vergrößerung des Haftungssubstrats versprechen als der in Frankreich mögliche Rückgriff auf beherrschende Gesellschaften mit größerer Finanzausstattung. Im Bereich der beherrschten AG schützen hingegen die konzernrechtlichen Ausgleichsansprüche vor existenzvernichtenden Eingriffen, im Grundsatz sogar präventiv nach jedem Geschäftsjahr. Allerdings ist das deutsche Recht in diesem Falle darauf angewiesen, dass diese Ansprüche auch regelmäßig von der beherrschten Gesellschaft geltend gemacht werden.

Parallel verlaufende Problemstellungen bei der Begutachtung eines sehr ähnlichen Rechtsproblems fallen hingegen bei der Frage der materiellen Unterkapitalisierung auf. Keine der Rechtsordnungen hat es bisher mit letzter Sicherheit vermocht, diesbezüglich verbindliche Lösungen auf der Grundlage höchstrichterlicher Rechtsprechung herbeizuführen; die Konfliktlage durch die Signalwirkung geringer gesetzlicher Mindestkapitalanforderungen stellt die höchsten Gerichte beider Rechtsordnungen vor verständliche Schwierigkeiten, die eindeutige Lösungen – trotz erster zaghafter, nicht verbindlicher Ansätze – momentan noch verhindern.

B. Die Haftung der Muttergesellschaft für durch insolvente Tochtergesellschaften verursachte Umweltschäden nach Art. L. 512-17 Code de l'environnement

Der Haftungstatbestand des Art. L. 512-17 C. env. ist auf eine im Jahr 2010 ergangene Gesetzgebungsreform zum Umweltrecht[1697] („loi Grenelle II") zurückzuführen. Die neue Haftungsklage erinnert an die *responsabilité pour insuffisance d'actif*[1698], auch wenn sich sowohl im Anwendungsbereich, wie auch in Tatbestand und Rechtsfolgen Unterschiede ergeben. Diese Unterschiede lassen die Klage in ihrem Teilbereich gar als eine speziell „Konzern[e] betreffende [...] *responsabilité pour insuffisance d'actif*"[1699] erscheinen: Während

---

[1696] Zu Tatbeständen ohne Qualifikation im funktionalen Überblick unten, § 5 D. I. 1.

[1697] Gesetz Nr. 2010-788 vom 12.07.2010 portant engagement national pour l'environnement, JORF, 13.07.2010, S. 12905, Nr. 0160. Art. L. 512-17 C. env. geht auf Art. 227 dieses Gesetzes zurück.

[1698] Auf die große Ähnlichkeit mit dieser soeben – oben unter A. – ausführlich dargestellten Haftungsklage hinweisend etwa *Le Corre*, Droit et pratique des procédures collectives, Rn. 925.093; *Voinot*, Procédures collectives, Rn. 863; ebenso der dem Gesetz vorgehende parlamentarische Bericht verkennt diese Ähnlichkeit nicht, siehe *Braye/ Nègre/ Sido/ Dubois*, Rapport Sénat Nr. 552, loi Grenelle II, S. 462.

[1699] *Voinot*, Procédures collectives, Rn. 863: „Action en responsabilité pour insuffisance d'actif visant un groupe de sociétés".

bei der letzteren etwa beherrschende Gesellschaften nur in dem Fall einer Haftung unterworfen werden können, dass sie entweder als Geschäftsführer bestellt worden sind oder dass sie die engen Voraussetzungen einer faktischen Geschäftsführung erfüllen[1700], knüpft die Umwelthaftung als erster derartiger Tatbestand direkt an das Vorhandensein von konzernrechtlichen Beherrschungsstrukturen an.

I. Grundlagen und Kontext der Entstehung der Haftungsgrundlage

Die umweltrechtliche Dimension des *Metaleurop*-Verfahrens im Hinblick auf die Verfahrenserstreckung im Sinne des Art. L. 621-2 Abs. 2 C. com.[1701] konnte nur zu deutlich aufzeigen, dass Haftungsfragen in diesem Bereich mit dieser Rechtsgrundlage nur unzureichend gelöst werden können. Zwar kann etwa die Einbeziehung einer Muttergesellschaft in ein bereits laufendes Insolvenzverfahren gegen eine Tochtergesellschaft mit umweltschädlicher Aktivität durch die damit einhergehende Vergrößerung der Haftungsmasse auch für eine bessere finanzielle Ausstattung zum Beispiel von Rückbau- und Entschädigungskosten gewinnbringend eingesetzt werden[1702]. Hierbei ist die Verfahrenserstreckung immer noch eine der jedenfalls zu prüfenden Rechtsgrundlagen[1703]; jedoch zeigte die enge Auslegung gerade des Tatbestands der Vermögensvermischung in Konzernsachverhalten durch das *Metaleurop*-Urteil vom 19.04.2005[1704] ergebnisorientiert denkenden Befürwortern einer Haftung der Muttergesellschaft klar ihre Grenzen auf. Ein solcher prozessualer Weg wird aus diesem Grund zur Sicherung von Umweltansprüchen durch Rückgriff auf Konzernmütter nur noch in Ausnahmefällen in Betracht kommen[1705]. Gleichzeitig bewies die Entscheidung im *Metaleurop*-Verfahren, wie schwierig sich

---

[1700] Zum persönlichen Anwendungsbereich der Art. L. 651-1 ff. C. com. bei Konzernen oben, A. II. 2.

[1701] Hierzu ausführlich oben, § 4 B. II. 3. b) dd) f.

[1702] Sofern die Kosten für den Rückbau einer umweltgefährdenden Einrichtung etwa von staatlicher Seite als Fortführungsvoraussetzung formuliert worden sind, kann ihnen in allen Verfahrensarten auch der privilegierte Status einer „für die Erfordernisse des Verfahrens" eingegangenen Verbindlichkeit (*créance née pour les besoins du déroulement de la procédure*, Art. L. 622-17-I) zufallen, was zu ihrer sofortigen Befriedigung führt, siehe *Blin-Franchomme*, RLDA Nr. 2009-42, 2506, I. A. 1.

[1703] Siehe instruktiv etwa *Rolland*, in: Roussel Galle (Hrsg.), Entreprises en difficulté, S. 681, 703 f.

[1704] Auch hierzu ausführlich oben, § 4 B. II. 3. c).

[1705] So auch *Blin-Franchomme*, RLDA Nr. 2009-42, 2506, I. A. 1; auf die enge Auslegung ebenso in diesem Zusammenhang hinweisend *Hannoun*, Dr. sociétés Nr. 2009-6, dossier 7, Rn. 1; *Rolland*, in: Roussel Galle (Hrsg.), Entreprises en difficulté, S. 681, 703 f.

die Vereinbarung von Interessen aller Beteiligten gerade bei Umweltproblematiken auf der Grundlage des reinen Insolvenzrechts lösen lässt[1706]. In dem zugrundeliegenden Sachverhalt machte die Frage des Rückbaus eines umweltschädlichen metallverarbeitenden Industriekomplexes einen wichtigen Teil des Verfahrens aus; gleichzeitig konnte und wollte der Kassationsgerichtshof trotz der Brisanz dieses Falls nicht den auch für umweltrechtliche Ansprüche geltenden Grundsatz der Haftungstrennung im Konzern[1707] außer Kraft setzen[1708]. Im Ergebnis führte dies zunächst dazu, dass sich im Fall *Metaleurop* die Muttergesellschaft durch die Filialisierung eines umweltgefährdenden Betriebsteils und die anschließende Stilllegung ebendieses Betriebs durch die insolvente Tochtergesellschaft von Umweltansprüchen faktisch befreien konnte[1709].

Die Geltung dieses Trennungs- und Rechtsträgerprinzips auch bei besonders gefährdenden Aktivitäten von Tochtergesellschaften verdeutlichte der Kassationsgerichtshof zudem in seinem etwa drei Jahre nach *Metaleurop* folgenden Urteil vom 26.03.2008 in der Rechtssache *ADEME c. Elf Aquitaine*[1710].

Die für die Durchsetzung von staatlichen Umweltansprüchen zuständige, staatliche „Agentur für Umwelt und Beherrschung der Energie“ *(Agence de l'environnement et de la maîtrise de l'énergie, ADEME)* war u.a. gegen eine Muttergesellschaft im Raffineriekonzern *Elf Aquitaine* vorgegangen, nachdem letztere in Bezug auf die Rückbaukosten einer ihrer in Liquidation befindlichen Tochtergesellschaften eine weitere finanzielle Unterstützung verweigert hatte. Die Tochtergesellschaft hatte eine Mülldeponie betrieben. Die Kosten der Beseitigung der Umweltschäden dieser Deponie mussten von der *ADEME* ausgelegt werden, welche bei der Muttergesellschaft in deliktsrechtlichen Regress ging. Die *ADEME* sah in der Verweigerung einer weitergehenden Finanzierung aufgrund dieser aus ihrer Sicht gemeinwohlschädigenden Entscheidung der Muttergesellschaft eine schuldhafte Verletzung ihres Pflichtenkanons *(faute)* und klagte auf Schadensersatz nach der allgemeinen zivilrechtlichen Grundlage des damaligen Art. 1382 C. civ. (heute Art. 1240 C. civ.). Der Kassationsgerichtshof verneinte hingegen jegliche zivilrechtliche Einstands- oder Schutzpflicht einer Muttergesellschaft für die Finanzierung des Betriebsrückbaus und betonte nochmals ausdrücklich, „eine Muttergesellschaft“ sei „nicht verpflichtet, ihre Tochtergesellschaft finanziell zu unterstützen, um es ihr zu erlauben, ihre Verpflichtungen zu erfüllen, selbst, wenn diese mit einer öffentlichen Aufgabe befasst ist, die eine Gefahr für das Allgemeinwohl herbeiführen kann“[1711]. Diese Entscheidung kann kaum erstaunen. Sie erscheint im Hinblick

---

[1706] Siehe ebenso *Blin-Franchomme*, RLDA Nr. 2009-42, 2506, I. A. 1.

[1707] Hierzu oben, § 1 B. 2.

[1708] Die Geltung dieses Prinzips auch im Bereich der Umwelthaftung besonders hervorhebend *Lienhard*, D. 2009, 2413; *Saintaman*, Gaz. Pal., Nr. 2010-268, 10.

[1709] So *Le Corre*, Droit et pratique des procédures collectives, Rn. 925.091; vgl. allgemeiner auch *Rolland*, in: Roussel Galle (Hrsg.), Entreprises en difficulté, S. 681, 702.

[1710] Revisionsnummer 07-11619; zu diesem Urteil auch *Lienhard*, D. 2009, 2413 sowie bereits oben, § 1 B. I. 2. b) cc).

[1711] „...une société mère n'est pas tenue de financer sa filiale pour lui permettre de remplir ses obligations même si celle-ci est chargée d'un service public pouvant présenter un risque pour l'intérêt général“.

auf den im französischen Konzernrecht – trotz einiger Ausnahmen – fest verankerten Grundsatz der Haftungstrennung[1712] auch als absolut konsequent. Es wäre zudem im Kontext einer seit der *Metaleurop*-Rechtsprechung zunehmend haftungseinschränkenden Rechtsprechung für Konzerne völlig überraschend gewesen, wenn der Gerichtshof für Fälle der Umwelthaftung zu einer richterrechtlichen und im allgemeinem Deliktsrecht verankerten Einstands- bzw. Schutzpflicht für Muttergesellschaften gekommen wäre. Auch ein deliktsrechtlich bewehrtes Recht der finanziellen Beziehungen von Konzerngesellschaften zueinander scheidet als Möglichkeit zum Haftungsdurchgriff damit aus.

Schließlich weist auch das im *obiter dictum* des *Metaleurop*-Urteils vom 19.04.2005 als möglicher Ausweg genannte Vorgehen gegen die Muttergesellschaft auf der Grundlage der *responsabilité pour insuffisance d'actif*[1713] für die Erweiterung des Umwelthaftungssubstrats in Konzernsachverhalten deutliche Einschränkungen auf[1714]: Zunächst wird die Haftungsklage nach Art. L. 652-1 C. com. grundsätzlich durch den Liquidator oder die Staatsanwaltschaft *(ministère public)* beantragt, welche jeweils im Interesse aller Gläubiger handeln und die Schadensersatzsummen über die in Liquidation befindliche Gesellschaft proportional auch an alle Gläubiger ausschütten müssen[1715]. Umwelthaftungsansprüche stellen aber typischerweise nur einen Teil der von einer insolventen Gesellschaft zu begleichenden Schulden dar und fallen nahezu immer zulasten des Staats, welcher in der Haftungsklage nach *responsabilité pour insuffisance d'actif* – wenn überhaupt – nur als ein Gläubiger unter vielen entschädigt werden kann. Ebenso sind besonders solvente Muttergesellschaften – anders als bestellte Geschäftsführer – im Regelfall nur über die Figur des faktischen Geschäftsführers für Haftungsansprüche greifbar[1716]. In Bezug auf ebendiesen Begriff wurden jedoch kürzlich auch solche Hoffnungen zerstreut, dass das *obiter dictum* im *Metaleurop*-Urteil vom 19.04.2005 ein offeneres Verständnis der faktischen Geschäftsführung ankündigen würde. Vielmehr machte der Kassationsgerichtshof in seinem Urteil vom 19.11.2013 in Fortsetzung des *Metaleurop*-Verfahrens auf der Haftungsgrundlage der *responsabilité pour insuffisance d'actif* deutlich, dass im Falle integrativ geführter Konzerne das genaue Gegenteil der Fall sei und der Begriff der faktischen Geschäftsführung hier einer engen Auslegung unterliege[1717]. Diese Einschränkung macht erfolgreiche Rückgriffe auf Muttergesellschaften auch für die Finanzierung von Umweltansprüchen weitaus weniger wahrscheinlich.

1712 Auch hierzu bereits oben, § 1 B. I. 2.

1713 Hierzu oben, § 4 B. II. 3. b) dd) f.

1714 Diese ähnlich zusammenfassend *Rolland*, in: Roussel Galle (Hrsg.), Entreprises en difficulté, S. 681, 705; zu Anwendungsbereich, Voraussetzungen und Rechtsfolgen der *responsabilité pour insuffisance d'actif* oben, A.

1715 Siehe oben, A. III. 2. a) sowie IV. 2.

1716 Einzige – und seltene – Ausnahme wäre die Bestellung einer juristischen Person als Geschäftsführerin der Tochtergesellschaft, siehe oben, A. II. 2.

1717 Hierzu ebenfalls oben, A. II. 2.

Auch unter dem Eindruck der bis zu diesem Zeitpunkt deutlich gewordenen Einschränkungen der Haftungstatbestände und der vergangenen Umweltbeeinträchtigungen[1718] mit unbefriedigendem Prozessausgang wie bei *Metaleurop,* sah sich zunächst die Politik zum Einschreiten bewegt. In der Debatte um ein zu reformierendes Umweltgesetz ließ der neu gewählte Staatspräsident im Jahr 2007 verlauten, es sei

> „...nicht akzeptabel, dass eine Muttergesellschaft nicht für die Angriffe ihrer Tochtergesellschaft auf die Umwelt haftbar gemacht werden kann [und..., d. Verf.] dass der Grundsatz der beschränkten Haftung zu einem Vorwand einer beschränkten Haftung wird. Wenn man eine Tochtergesellschaft beherrscht, muss man sich für Umweltkatastrophen verantwortlich fühlen, die sie verursachen kann.“[1719]

Mehrere Anläufe und Vorentwürfe später[1720] wies ein Programmgesetz *(loi de programmation)* vom 03.08.2009 *(Grenelle I)*[1721] Regierung und Gesetzgeber an, im europäischen und internationalen Kontext auf eine Haftung von Muttergesellschaften bei Umweltkatastrophen hinzuwirken. In der darauffolgenden parlamentarischen Diskussion zum Durchführungsgesetz *Grenelle II*[1722] bekamen Ansätze einer speziell umweltrechtlichen Durchgriffshaftung für Konzerne auch im nationalen Kontext immer größeren Zuspruch – mit direktem Verweis etwa auf die einschränkende Rechtsprechung in den Fällen *ADEME c. Elf Aquitaine* und *Metaleurop*[1723]. Das Gesetz übernahm die Vorschläge daraufhin in Art. L. 512-17 C. env. und führte einen auf den ersten Blick auf den genannten Kontext maßgeschneiderten Haftungstatbestand ein, der die entsprechenden Lücken der vorherigen Rechtslage füllen sollte. Er trat mit der Mehrzahl der weiteren Regeln der umfassenden *Grenelle-II*-Gesetzgebung am

---

[1718] Genauer findet sich deren Beschreibung etwa bei *Blin-Franchomme*, RLDA Nr. 2009-42, 2506, I. B.; *Hannoun*, Dr. sociétés Nr. 2009-6, dossier 7, Rn. 3 ff.; *Saintaman*, Gaz. Pal., Nr. 2010-268, 10.

[1719] „Il n'est pas admissible qu'une maison mère ne soit pas tenue pour responsable des atteintes portées à l'environnement par ses filiales. Il n'est pas acceptable que le principe de la responsabilité limitée devienne un prétexte à une responsabilité illimitée. Quand on contrôle une filiale, on doit se sentir responsable des catastrophes écologiques qu'elle peut causer“; zitiert nach Montéran, D. 2010, S. 2859.

[1720] Für weitere Details zur Genese der Regeln siehe *Hannoun*, Dr. sociétés Nr. 2009-6, dossier 7, Rn. 7 ff.

[1721] Gesetz Nr. 2009-967 de programmation relative à la mise en œuvre du Grenelle de l'environnement, JORF, 05.08.2009, Nr. 0179, S. 13031, Art. 53: „La France proposera l'introduction au niveau communautaire du principe de la reconnaissance de la responsabilité des sociétés mères à l'égard de leurs filiales en cas d'atteinte grave à l'environnement et elle soutiendra cette orientation au niveau international.“

[1722] Zur genauen Bezeichnung des Gesetzes bereits oben unter B.

[1723] Siehe *Braye/ Nègre/ Sido/ Dubois*, Rapport Sénat Nr. 552, loi Grenelle II, S. 457 bzw. 458.

12.07.2010 in Kraft und dürfte auf ab diesem Zeitraum eröffnete Verfahren beschränkt sein[1724].

II. Voraussetzungen und Rechtsfolgen

Die bereits eingangs erwähnte, bewusste Ähnlichkeit dieser Haftungsklage mit der allgemeineren *responsabilité pour insuffisance d'actif* lässt sich auch an der Formulierung des Tatbestands von Art. L. 512-17 C. env erkennen. In der aktuell gültigen Form lautet dessen erster Absatz wie folgt:

„Sofern der Betreiber [einer Anlage, die im Sinne des Art. L. 511-1 C. env. umweltrechtlichen Sonderregeln unterfällt, d. Verf.[1725]] eine Tochtergesellschaft im Sinne des Artikels L. 233-1 des *Code de commerce* ist und ein Liquidationsverfahren über ihn eröffnet oder erklärt worden ist, kann der Liquidator, die Staatsanwaltschaft oder der Vertreter des Staats im Département das Gericht anrufen, welches das Liquidationsverfahren eröffnet oder erklärt hat, um das Vorliegen eines durch die Muttergesellschaft begangenen, besonders schweren Fehlers feststellen zu lassen, der zum Aktivfehlbetrag bei der Tochtergesellschaft beigetragen hat, und um bei ihm [dem Gericht, d. Verf.] zu beantragen, dass, wenn ein solcher Fehler festgestellt worden ist, der Muttergesellschaft die Finanzierung der Rückbaukosten des oder der zu schließenden Standorte ganz oder teilweise aufzuerlegen.“[1726]

Aufgrund der Ähnlichkeit zu Art. L. 651-2 C. com. ist im Folgenden auf die nennenswerten Unterschiede zu dieser Haftungsklage einzugehen[1727]. Im Gegensatz zu ersterer sind Anwendungsbereich, Tatbestand und Rechtsfolgen des Art. L. 512-17 C. env. ausweislich der Gesetzesmaterialien im Hinblick auf das alleinige Ziel begrenzt, der Haftungsfreistellung von Muttergesellschaften entgegenzuwirken, deren Töchter durch den Rückbau von im Rahmen eines Liquidationsverfahrens geschlossener Betriebsteile begründete Umweltschulden aufgrund des unzureichenden Veräußerungswerts der Unternehmensaktiva nicht begleichen können. Die Haftungsklage soll es daher insbesondere dem Präfekten als Vertreter des Staats im jeweiligen Département erlauben, die

---

[1724] *Le Corre*, Droit et pratique des procédures collectives, Rn. 925.093.

[1725] Siehe *Montéran*, D. 2010, S. 2859, I. A.

[1726] „Lorsque l'exploitant est une société filiale au sens de l'article L. 233-1 du code de commerce et qu'une procédure de liquidation judiciaire a été ouverte ou prononcée à son encontre, le liquidateur, le ministère public ou le représentant de l'Etat dans le département peut saisir le tribunal ayant ouvert ou prononcé la liquidation judiciaire pour faire établir l'existence d'une faute caractérisée commise par la société mère qui a contribué à une insuffisance d'actif de la filiale et pour lui demander, lorsqu'une telle faute est établie, de mettre à la charge de la société mère tout ou partie du financement des mesures de remise en état du ou des sites en fin d'activité.“

[1727] Siehe zur ausführlichen Darstellung der *responsabilité pour insuffisance d'actif* oben, A.

Muttergesellschaft wegen Managementfehlern, die zumindest auch zum Aktivfehlbetrag geführt haben, zum Ersatz des für den Staat hierdurch entstandenen Schadens verklagen zu können.[1728]

1. Persönlicher Anwendungsbereich

Im Hinblick auf diese gesetzgeberische Zielvorstellung wurden Anpassungen zunächst am persönlichen Anwendungsbereich der Klage vorgenommen. Im Gegensatz zur *responsabilité pour insuffisance d'actif*, die sich grundsätzlich auf Geschäftsführer beschränkt und für eine Durchgriffshaftung im Konzern in der Mehrzahl der Fälle nahezu ausschließlich über den Umweg der faktischen Geschäftsführung anwenden lässt[1729], stellt Art. L. 512-17 C. env. auf das gesellschafts- bzw. konzernrechtliche Kriterium der Tochtergesellschaft *(filiale)* im Sinne von Art. L. 233-1 C. com. ab. Nach diesem weitreichendsten Tatbestandsmerkmal verbundener Gesellschaften im französischen Recht[1730] ist dies der Fall, sobald eine Gesellschaft mehr als die Hälfte des Kapitals einer anderen innehat. Diese Filiale muss nach Art. L. 512-17 C. env. zudem der Betreiber eines unter ihren Tatbestand fallenden Betriebs sein. Aus systematischen Gründen kommen hierfür sämtliche als *installations classées* bezeichneten Betriebe in Frage, die von Art. L. 511-1 C. com. wegen ihrer umweltbeeinträchtigen Wirkung umfasst werden[1731]. Dieses Kriterium ist vom reinen Eigentum eines solchen Betriebs unabhängig und stellt auf die wirklichen Betriebsverhältnisse ab[1732]. Nach den allgemeinen umweltrechtlichen Regeln ist dies derjenige, der nach einer Schließung eines solchen Betriebs gesetzlich zum Rückbau verpflichtet ist[1733]. Wie auch bei Art. L. 651-2 C. com.[1734] sieht Art. L. 512-17 C. env. vor, dass die Tochtergesellschaft einem Liquidationsverfahren unterworfen sein muss.

Zur Verhinderung von rechtsmissbräuchlichen Konzernkonstruktionen, die eine Umgehung der Haftung bezwecken[1735], erweitert der zweite Absatz des Art. L. 512-17 C. env. den persönlichen Anwendungsbereich des Haftungstatbestands. Sofern die Muttergesellschaft im Falle einer Verurteilung nicht für die Finanzierung der Instandsetzung aufkommen kann, lässt dieser Absatz ein Vorgehen gegen höhergelagerte Muttergesellschaften bis zu zwei weiteren

---

1728 *Braye/ Nègre/ Sido/ Dubois*, Rapport Sénat Nr. 552, loi Grenelle II, S. 462.

1729 Hierzu oben, A. II. 2.

1730 Zu den Art. L. 233-1 ff. C. com. bereits ausführlich oben, § 1 B. I. 1. b) bb).

1731 Siehe *Le Corre*, Droit et pratique des procédures collectives, Rn. 925.111; *Montéran*, D. 2010, S. 2859, I. A.

1732 Ebenda.

1733 Siehe je nach Kategorie des zu schließenden Betriebs Art. L. 512-6-1 bzw. L. 512-7-6 oder L. 512-12-1 C. env.

1734 Siehe oben, A. II. 1.

1735 Vgl. auch *Le Corre*, Droit et pratique des procédures collectives, Rn. 925.111.

Konzernebenen zu, sofern diese ebenso die Voraussetzungen des Art. L. 233-1 C. com. und die Haftungsvoraussetzungen des Art. L. 512-17 Abs. 1 C. env. erfüllen.

2. Materielle Voraussetzungen

Ziel des Gesetzgebers bei der Einführung des Umwelthaftungstatbestands war es ausdrücklich nicht, durch eine gleichsam systematische Haftung für Muttergesellschaften in diesem Bereich das Trennungs- und Rechtsträgerprinzip im Konzern auszuhebeln[1736]. Da eine Einschränkung des Anwendungsbereichs wie bei der *responsabilité pour insuffisance d'actif* aus konzeptionellen Gründen nicht in Frage kam, entschied sich der Gesetzgeber vielmehr für eine Beschränkung des haftungsbegründenden Tatbestands. Hiernach muss die Muttergesellschaft einen besonders schweren Fehler *(faute caractérisée)* begangen haben, der zu einem Aktivfehlbetrag bei der in Liquidation befindlichen Tochtergesellschaft beigetragen hat. Während der Aktivfehlbetrag und das abgeschwächte Kausalitätserfordernis den Voraussetzungen des Art. L. 651-2 C. com. wörtlich entspricht[1737], liegt die Einschränkung im Begriff der *faute caractérisée*[1738]. Dieser Fehlerbegriff ist ursprünglich im strafrechtlichen Kontext zu verorten[1739] und beinhaltet dort eine Qualifikation im Hinblick auf sein voluntatives wie auch sein qualitatives Element[1740]. Zwar sind die Voraussetzungen mangels einer gesetzlichen Definition im Bereich der Haftungsklagen weitgehend unklar[1741], im Ergebnis dürfte folgende Definition eines „besonders schweren und vorsätzlich begangenen Fehlers“[1742] dem in der Rechtsprechung zu erwartenden Ergebnis nahe kommen. Es handelt sich bei der *faute caractérisée* um besondere Ausnahmefälle, in denen eine Muttergesellschaft etwa die Reserven ihrer Tochter vorsätzlich angreift oder eine ihr besonders schädliche Geschäftspolitik durchführt und sie so in finanzielle Schwierigkeiten bringt[1743]. Besonders in der letztgenannten Fallgruppe kann sich ebenso ein Überschneidungsbereich mit der Haftung nach Art. L. 651-2 C. com. ergeben[1744].

[1736] So *Braye/ Nègre/ Sido/ Dubois*, Rapport Sénat Nr. 552, loi Grenelle II, S. 462 f.

[1737] Hierzu ausführlich oben, A. II. 1. a) und c).

[1738] *Le Corre*, Droit et pratique des procédures collectives, Rn. 925.121.

[1739] Hierauf hinweisend *Montéran*, D. 2010, S. 2859, II. A.; *Rolland*, in: Roussel Galle (Hrsg.), Entreprises en difficulté, S. 681, 706.

[1740] Siehe ebenso *Montéran*, D. 2010, S. 2859, II. A.

[1741] Diesbezüglich entsprechend kritisch *Dupouy*, Dr. sociétés Nr. 2012-11, étude 16, Rn. 18; *Montéran*, D. 2010, S. 2859, II. A.

[1742] *Le Corre*, Droit et pratique des procédures collectives, Rn. 925.121: „une faute particulièrement grave et intentionnelle“.

[1743] *Le Corre*, Droit et pratique des procédures collectives, Rn. 925.121; *Montéran*, D. 2010, S. 2859, II. A.

[1744] So *Montéran*, D. 2010, S. 2859, II. A.

3. Prozessuale Voraussetzungen

Auch im Bereich der prozessualen Voraussetzungen besteht große Ähnlichkeit zur *responsabilité pour insuffisance d'actif*. So ist zunächst das zuständige Gericht – wie bei der Haftungsklage nach Art. L. 651-2 C. com.[1745] – ausweislich des Art. L. 512-17 Abs. 1 C. env. dasjenige, welches das Liquidationsverfahren eröffnet hatte. Zwar liegt die Klagebefugnis wie bei der *responsabilité pour insuffisance d'actif*[1746] zunächst auch bei Liquidator und Staatsanwaltschaft. Hinzu tritt jedoch noch der „Vertreter des Staats im Département", also der Präfekt *(Préfet)*. Dieser dürfte aufgrund seiner umweltpolizeilichen Zuständigkeit in seinem Département[1747] das größte Interesse an einer Antragstellung haben und somit zum wichtigsten Antragsteller einer solchen Haftungsklage werden[1748]. Anders stellt sich die Interessenlage allerdings für den Liquidator dar. Seine Aufgabe liegt in der Sicherung der Ansprüche aller Gläubiger[1749]. Da allerdings eine Verurteilung im Rahmen dieser Haftungsklage nur dem Staat als einem unter vielen Gläubigern zugute kommt[1750] und damit die Verteilungsmasse für alle anderen Gläubiger eher schmälert, wird er als Antragsteller in der Praxis kaum zu erwarten sein[1751].

4. Rechtsfolgen

Während die Tochtergesellschaft im Grundsatz eine tätigkeitsbezogene Schuldnerin ist, zumindest im Hinblick auf die Wiederherstellung eines in Bezug auf zukünftig geplante Nutzung [1752], entschied sich der Gesetzgeber bei der Rechtsfolge der Haftungsklage für die Muttergesellschaft für eine rein finanzielle Kompensation der Kosten für eine solche Instandsetzung[1753]. Der Gesetzeswortlaut gibt dem zuständigen Gericht daher nunmehr die Möglichkeit, „der

[1745] Siehe oben, A. III. 2. b).

[1746] Siehe oben, A. III. 2. a).

[1747] Hierauf hinweisend *Le Corre*, Droit et pratique des procédures collectives, Rn. 925.321; *Montéran*, D. 2010, S. 2859, II. A.

[1748] So auch *Blin-Franchomme*, RLDA Nr. 2009-42, 2506, II. A. 2; *Le Corre*, Droit et pratique des procédures collectives, Rn. 925.211.

[1749] Siehe oben, § 1 A. II. 3. b) aa).

[1750] Hierzu sogleich unten 4.

[1751] *Le Corre*, Droit et pratique des procédures collectives, Rn. 925.321.

[1752] Je nach umweltrechtlicher Kategorie des Betriebs weicht diese Verpflichtung ab, siehe Art. L. 512-6-1 bzw. L. 512-7-6 oder L. 512-12-1 C. env.; hierzu ausführlich *Montéran*, D. 2010, S. 2859, I. B.

[1753] Vorher war vorgeschlagen worden, die Muttergesellschaft solle Direktschuldnerin in Bezug auf die Instandsetzungsarbeiten werden, siehe *Braye/ Nègre/ Sido/ Dubois*, Rapport Sénat Nr. 552, loi Grenelle II, S. 462.

Muttergesellschaft die Finanzierung der Rückbaukosten des oder der zu schließenden Standorte ganz oder teilweise aufzuerlegen“[1754]. In Ermangelung näherer gesetzlicher Ausführungen muss in Anlehnung an die verwandten Regeln des Art. L. 651-2 C. com. von einer Ermessensentscheidung des Gerichts ausgegangen werden[1755]. In der Praxis wird die Entscheidung über die Höhe des Entschädigungsbetrags wohl von der Schwere des Fehlers auf Seiten der Muttergesellschaft sowie ihren jeweils vorhandenen finanziellen Mitteln abhängen. Sie wird aber jedenfalls auf die Höhe des Aktivfehlbetrags bei der Tochtergesellschaft zu beschränken sein.[1756] Wird der Fehlbetrag nach diesen Grundsätzen nur teilweise ausgeglichen, bleibt die Restschuld weiterhin von staatlicher Seite zu tragen[1757].

Über die Erlösauskehr enthält der Gesetzestext nur den Hinweis, dass die eingezogenen Geldsummen im Ergebnis dazu verwendet werden müssen, „der Muttergesellschaft die Finanzierung der Rückbaukosten des [...zu schließenden Standorts, d. Verf.] oder der zu schließenden Standorte ganz oder teilweise aufzuerlegen“[1758]. Aus dieser Formulierung wie auch aus teleologischen Überlegungen folgt, dass die Auskehr daher nicht wie bei der *responsabilité pour insuffisance d'actif* über die in Liquidation befindliche Gesellschaft an die Gesamtheit der Gläubiger erfolgen kann[1759], sondern vielmehr dem im Gesetz genannten Ziel unterzuordnen ist[1760]. In der Praxis ist zu diesem Zweck eine Auskehr an staatliche Stellen zu erwarten. Für den Fall einer Insolvenz des Rückbauschuldners sieht das Umweltgesetz[1761] vor, dass die Leitung des Rückbaus im Regelfall durch die staatliche Agentur *ADEME* durchgeführt wird. Diese Agentur wäre damit auch der natürliche Gläubiger einer Erlösauskehr[1762].

III. Zwischenergebnis

Die Resonanz dieser neuen Haftungsgrundlage für Konzerne in der französischen Literatur kann als gemischt bezeichnet werden. So wird zwar darauf hingewiesen, dass allein schon die Existenz einer solchen Haftungsnorm dem französischen Umwelthaftungsrecht einen „Verdienst“ erweise, gleichzeitig

---

[1754] „...de mettre à la charge de la société mère tout ou partie du financement des mesures de remise en état du ou des sites en fin d'activité“.

[1755] *Le Corre*, Droit et pratique des procédures collectives, Rn. 925.311.

[1756] Ebenda.

[1757] Hierauf hinweisend *Blin-Franchomme*, RLDA Nr. 2009-42, 2506, II. A. 2.

[1758] „...mettre à la charge de la société mère tout ou partie du financement des mesures de remise en état du ou des sites en fin d'activité“.

[1759] Siehe oben, A. IV. 2.

[1760] Ähnlich *Le Corre*, Droit et pratique des procédures collectives, Rn. 925.321.

[1761] Art. L. 541-3-V C. env.

[1762] *Le Corre*, Droit et pratique des procédures collectives, Rn. 925.321; *Montéran*, D. 2010, S. 2859, II. B.

jedoch nicht derart weitgehend sei, um das Rechtsträgerprinzip und die konzerninterne Haftungstrennung im französischen Recht aufzuheben[1763]. Die zahlreich vorhandenen praktischen und rechtlichen Grenzen der Klage werden auch von anderen Autoren hervorgehoben[1764]. So werde die Zahl der möglicherweise von der Haftung umfassten Fallgruppen zunächst durch den auf ein Liquidationsverfahren der Tochtergesellschaft begrenzten Anwendungsbereich in Verbindung mit der Abhängigkeit von einem Fehler seitens der Muttergesellschaft merklich eingeschränkt[1765]. Letzteres steht allerdings in einer Kontinuität zum „Vorbild“ der Haftung nach den Grundsätzen der *responsabilité pour insuffisance d'actif*, deren Anwendungsbereich im Vergleich zu ihren Vorgängern ebenso bewusst eingeschränkt wurde[1766]. Über das teilweise als zu eng bezeichnete Anwendungskriterium der Tochtergesellschaft *(filiale)* im Sinne des Art. L. 233-1 C. com. lässt sich hingegen tatsächlich streiten: Will sich eine Muttergesellschaft von einer voraussehbaren Haftungssituation entlasten, dürfte es deshalb genügen, nicht mehr als die Hälfte des Kapitals einer Gesellschaft zu halten[1767]. Streitig ist hingegen, ob Art. L. 233-1 C. com. auf Auslandsgesellschaften anwendbar ist; wäre dies nicht der Fall, käme es hierdurch zu noch weiteren Umgehungsmöglichkeiten[1768]. Aus der Sicht einiger Autoren seien darüber hinaus aber auch die Rechtsfolgen zu eng gefasst, um eine umfassende Umwelthaftung von Konzernmüttern zu erlauben. Neben einer von Art. L. 512-17 C. env. umfassten Übernahme der Rückbau- und Instandsetzungskosten hätte der Gesetzgeber etwa auch an Ansprüche wegen Abfallentsorgung, Gewässer- und Bodenreinigung denken können[1769].

Besonders kritisch wird aber auch der im Rahmen der materiellen Voraussetzungen der Norm verwendete Fehlerbegriff der *faute caractérisée* gesehen[1770]. Sei bereits der Begriff des Managementfehlers *(faute de gestion)* im

---

1763 So *Saintaman*, Gaz. Pal., Nr. 2010-268, 10: „Si l'article L. 512-17 du Code de l'environnement a le mérite d'exister, il ne semble pas suffisant pour remettre en cause le principe de l'autonomie des sociétés membres d'un groupe“. Für die Autorin stellt sich die Haftungsklage im Ergebnis als „unzureichend“ („insuffisant“) dar.

1764 Siehe etwa *Blin-Franchomme*, RLDA Nr. 2009-42, 2506, II. A. 2; *Dupouy*, Dr. sociétés Nr. 2012-11, étude 16, Rn. 18; *Lienhard*, D. 2009, 2413; *Montéran*, D. 2010, S. 2859, II. A.

1765 *Lienhard*, D. 2009, 2413.

1766 Siehe oben, A. I.

1767 So *Montéran*, D. 2010, S. 2859, II. A.; ebenfalls kritisch in Bezug auf die Verwendung des Kriteriums von Art. L. 233-1 C. com. *Dupouy*, Dr. sociétés Nr. 2012-11, étude 16, Rn. 18.

1768 Dieses Problem aufwerfend *Le Cannu/ Dondero*, RTD Com. 2009, 759.

1769 *Blin-Franchomme*, RLDA Nr. 2009-42, 2506, II. A. 2; ebenso auf die restriktive Rechtsfolge hinweisend *Lienhard*, D. 2009, 2413.

1770 Kritisch insbesondere *Dupouy*, Dr. sociétés Nr. 2012-11, étude 16, Rn. 18. *Montéran*, D. 2010, S. 2859, II. A.

Rahmen der Klage nach Art. L. 651-2 C. com.[1771] komplex und entsprechende Entscheidungen auf der Grundlage dieses Tatbestands kaum vorhersehbar[1772], werde der Beweis bei der unstreitig als Qualifizierung verstandenen Formulierung einer *faute caractérisée* besonders schwer zu erbringen sein[1773]. Auch stellt sich die Frage, wie ein derart qualifizierter Fehler durch eine Muttergesellschaft ohne eigens festgelegte Geschäftsführungsbefugnisse überhaupt zu begehen sein soll. Zwar wird in der Literatur vorhergesagt, dass entsprechende Fehler eigentlich nur das Finanzgefüge bzw. filialschädigende Geschäftspraxen im Konzern betreffen können[1774]; andererseits müssen derartige Verstöße immer auch an der *Elf-Aquitaine*-Rechtsprechung des Kassationsgerichtshofs gemessen werden, der eine grundlegende Finanzierungspflicht für Tochtergesellschaften ausdrücklich ablehnte[1775].

Viele dieser kritisch betrachteten Entscheidungen scheinen vom Gesetzgeber aber bewusst vorgenommen worden und die von einigen Autoren vermisste, umfassende Umwelthaftung von Konzernmüttern vom Gesetzgeber erst recht nicht verfolgt worden zu sein. Wie sich aus dem der Verabschiedung des *Grenelle-II*-Gesetzes vorausgehenden Senatsbericht ergibt[1776], war es das Ziel des Gesetzgebers, „begründete Ängste einer zu systematischen Inanspruchnahme der Haftung von Muttergesellschaften zu zerstreuen“[1777]. Aus diesem Grund seien die Beschränkungen in Bezug auf die Fehlergebundenheit des Tatbestands und die von der Rechtsfolge umfassten Kosten in das Gesetz gelangt – all dies vor dem Hintergrund, „keinesfalls einen allgemeinen Grundsatz der Haftung von Muttergesellschaften für das Handeln ihrer Tochter einzuführen, welcher den fundamentalen Grundsatz der rechtlichen Selbständigkeit von Gesellschaften, die einem Konzern zugehören, in Frage stellen würde“[1778]. Dieses Ziel hat der Gesetzgeber durch die im Ergebnis eher zögerlich erscheinende Haftungsnorm des Art. Art. L. 512-17 C. env. erreicht; ihre zu erwartende praktische Relevanz wird aber insbesondere von der richterlichen Auslegung des aus heutiger Sicht unklar erscheinenden, haftungsauslösenden Fehlerbegriffs abhängen. Eine umfassende Anwendung der Klage ist

---

[1771] Siehe oben, A. III. 1. b).

[1772] Vgl. *Dupouy*, Dr. sociétés Nr. 2012-11, étude 16, Rn. 18.

[1773] *Montéran*, D. 2010, S. 2859, II. A. Dieser weist auch darauf hin, dass bisherige Rechtsprechung zu diesem Begriff hauptsächlich dem Strafrecht zu entnehmen ist, wo er für manche Tatbestände verwendet wird.

[1774] Hierzu soeben oben, II. 2.

[1775] So zutreffend *Dupouy*, Dr. sociétés Nr. 2012-11, étude 16, Rn. 18.

[1776] *Braye/ Nègre/ Sido/ Dubois*, Rapport Sénat Nr. 552, loi Grenelle II, S. 462 f.

[1777] „...dissiper les craintes légitimes d’une mise en cause trop systématique de la responsabilité des sociétés mères“.

[1778] „Il n’est donc nullement proposé de consacrer un principe général de responsabilité des sociétés mères du fait de leur filiale qui remettrait en cause le principe fondamental de l’autonomie juridique des sociétés appartenant à un même groupe.“

aufgrund ihrer restriktiven Voraussetzungen kaum zu erwarten. Der im Hinblick auf Ausnahmen vom Trennungs- und Rechtsträgerprinzip in Konzernen verfolgten, einschränkenden Linie der Rechtsprechung wurde im Ergebnis auch durch den Gesetzgeber nicht widersprochen.

IV. Rechtsvergleichende Anmerkungen zum deutschen Recht

Wie soeben dargestellt, liegt mit der Umwelthaftung nach Art. L. 512-17 C. env. nunmehr ein in mehrfacher Hinsicht besonderer Tatbestand der bereits einer rechtsvergleichenden Bewertung unterzogenen *responsabilité pour insuffisance d'actif*[1779] vor. Dieser Tatbestand soll ausweislich seiner Begründung Fälle einer Ausnutzung des konzernrechtlichen Rechtsträgerprinzips durch wirtschaftlich gesunde Muttergesellschaften einem Liquidationsverfahren unterworfener Tochtergesellschaften zulasten der Umwelt – und damit der Allgemeinheit – einem gerechten Ausgleich durch Überwindung der Haftungsbeschränkung im Konzern zukommen lassen. Derartige Fallgestaltungen sind in der Praxis häufig von politischer Symbolik und offensichtlichem Rechtsmissbrauch getragen und als solche auch aus politischer Sicht ein wilkommenes Ziel neuer Ausgleichsregeln. Das Zustandekommen dieser noch jungen Rechtsgrundlage, die aufgrund ihrer eng formulierten Voraussetzungen – insbesondere beim qualifizierten Begriff des Managementfehlers (*faute caractérisée*, einem Fehlerbegriff mit größerer Ähnlichkeit zur vorsätzlichen, sittenwidrigen Schädigung des § 826 BGB als der in Art. L. 651-2 C. com. verwendete) – in der Praxis wohl kaum zur Anwendung kommen wird, ist eng mit Einzelfällen wie *Elf Aquitaine* oder *Metaleurop* verbunden, die den öffentlichen Diskurs und die daraus erwachsenden gesetzgeberischen Maßnahmen entschieden geprägt haben.

Ein direkter, ausführlicher Vergleich mit deutschen Regeln erscheint an dieser Stelle aufgrund der offensichtlichen Beeinflussung des Gesetzgebers durch diese Einzelfälle, die kaum zu erwartende praktische Relevanz der Norm und die größtenteils symbolische Wirkung dieser neuen Haftungsform nicht angebracht. Aufgrund der großen Nähe zur bereits analysierten und mit dem deutschen Recht verglichenen *responsabilité pour insuffisance d'actif*[1780] lassen sich die meisten Vergleichsergebnisse zudem auch auf diesen Regelungskomplex übertragen. Im Sinne der Methodik eines funktional-rechtsvergleichender Anmerkungen[1781] ist jedoch ohne Ansehung konkreter Rechtsbegriffe auf funktional ähnliche Tatbestände des deutschen Rechts kurz einzugehen.

[1779] Siehe oben, A. VI.

[1780] Siehe oben, A. VI.

[1781] Zu dieser Methodik oben, Einleitung, B.

1. Anwendung allgemeiner Regeln mangels umfassender Spezialtatbestände

Das deutsche Insolvenzrecht sieht für die von Art. L. 512-17 C. env. umfassten, durch Tochter- bzw. Enkelgesellschaften verursachte Rückbau- und Instandsetzungskosen aus umweltbedenklicher Aktivität keine dieser Norm entsprechenden Sonderregeln vor. Vielmehr ist auch hier grundsätzlich auf allgemeine Regeln des Konzern- und Anfechtungsrechts, der Haftung nach § 826 BGB für existenzvernichtende Eingriffe bzw. ggfs. der womöglich aus derselben Rechtsgrundlage zu schließenden Haftung der Gesellschafter für die Gründung massiv unterkapitalisierter Gesellschaften zurückzugreifen. Ebenso kann das Haftungssubstrat ohne Überschreitungen des Rechtsträgerprinzips auch durch einen Zugriff auf Geschäftsführer oder Vorstände beherrschender Gesellschaften vergrößert werden, sofern die Voraussetzungen der entsprechenden Haftungstatbestände vorliegen.[1782] Speziell im umweltrechtlichen Bereich ergeben sich für einzelne Haftungsfragen Sondertatbestände, die hier jedoch im Hinblick auf die thematische Orientierung dieser Arbeit nicht erschöpfend dargestellt werden können[1783]. Für rechtsträgerübergreifende Durchgriffsansprüche lässt sich jedoch in diesem praktischen Anwendungsfall feststellen, dass das deutsche Recht insgesamt über ein deutlich kleineres Haftungsarsenal verfügt als das französische. Insbesondere die konzernrechtlichen Ausgleichspflichten, die eigentlich dem Gläubigerschutz auch in diesen Situationen dienen sollen, erreichen ihr Ziel nur in eingeschränkter Weise. So gilt etwa die Ausgleichspflicht nach § 302 AktG nur bis zur Beendigung des Beherrschungs- oder Gewinnabführungsvertrags und die Pflicht zur Sicherheitsleistung nach § 303 AktG wurde durch die Rechtsprechung auf Forderungen eingeschränkt, die innerhalb von fünf Jahren nach Eintragung der Beendigung solcher Verträge fällig werden[1784].

2. Sonderfall einer Durchgriffshaftung des Bodenschutzrechts (§ 4 Abs. 3 S. 4 Fall 1 BBodSchG)

Auf eine Art. L. 512-17 C. env. ähnliche Vorschrift sei aufgrund ihrer dogmatischen Nähe zu bereits angesprochenen Rechtsinstituten wie der Existenzvernichtungshaftung hingewiesen: So enthält das Bodenschutzrecht in § 4 Abs. 3

[1782] Zu diesem Regelungskonzept im Vergleich zur *responsabilité pour insuffisance d'actif* bereits oben, A. VI.

[1783] Allgemein zur Konzernhaftung in Umweltfragen etwa Ossenbühl, Umweltgefährdungshaftung im Konzern, S. 31 ff. (zu einer „primären Umweltgefährdungshaftung"), 183 ff. (zu einer „sekundären Umweltgefährdungshaftung auf konzernrechtlicher Grundlage").

[1784] Siehe hierzu bereits genauer oben, § 4 E. II. 2. b). Auf diese Einschränkungen im Bereich der Haftung für Rückbaukosten bei Kernenergiebetreibern hinweisend *König*, Der Konzern 2017, 61, 62 f.; zu diesem Thema auch sogleich unten, 3.

S. 4 Fall 1 BBodSchG eine Einstandsverantwortlichkeit für „von einem Grundstück drohende, schädliche Bodenveränderungen“ (§ 4 Abs. 2 BBodSchG) für denjenigen vor, der „aus handelsrechtlichem oder gesellschaftsrechtlichem Rechtsgrund für eine juristische Person einzustehen hat, der ein Grundstück, das mit einer schädlichen Bodenveränderung oder einer Altlast belastet ist, gehört“ (Abs. 3 S. 4, 1. Fall). Die Zielsetzung dieser Norm ist der des Art. L. 512-17 C. env. relativ ähnlich. So sollte durch ihre Einführung verhindert werden, dass gesellschaftsrechtliche Maßnahmen wie etwa Auslagerungen von Betriebsteilen ergriffen werden, um einer Zustandshaftung im Sinne des Bodenschutzrechts zu entkommen und Instandsetzungskosten der Allgemeinheit aufzuerlegen[1785]. Ursprünglich sollte die Einstandsverantwortlichkeit daher für alle Fälle einer durch die Fallgruppen der Rechtsprechung ausgeformten, gesellschaftsrechtlichen Durchgriffshaftung stattfinden[1786]. Ob dieser Bezug etwa auch für den durch das *Trihotel*-Urteil eingeführten Fall einer Innenhaftung wegen existenzvernichtender Eingriffe und der damit einhergehenden Marginalisierung der Fälle echter Durchgriffshaftung weiter fortgelten kann, wird in der Literatur kontrovers diskutiert[1787]. Unabhängig davon ist es jedoch interessant zu bemerken, dass der deutsche Gesetzgeber hier ausnahmsweise selbst – wenn auch durch einen Bezug auf die bereits bestehende Rechtsprechung – einen Sachverhalt zur Durchbrechung des Trennungs- und Rechtsträgerprinzips regelt und dies nicht, wie sonst typischerweise der Fall, der Entwicklung eines Richterrechts überlässt. Dies stellt ansonsten ein Wesensmerkmal des französischen Rechts dar, in welchem der Gesetzgeber wesentlich reaktiver auch diesbezüglich auftretende Einzelprobleme zu lösen versucht. Sowohl Art. L. 512-17 C. env. wie auch § 4 Abs. 3 S. 4 Fall 1 BBodSchG haben schließlich gemeinsam, dass ihre Rolle im Gefüge der praktisch anwendbaren Haftungsvorschriften äußerst marginal erscheint[1788].

3. Jüngster gesetzgeberischer Vorstoß: Dauerhafte, akzessorisch-subsidiäre Nachhaftung für beherrschende Unternehmen von Betreibergesellschaften deutscher Kernkraftwerke nach dem sog. Nachhaftungsgesetz vom 27.01.2017

Ein weiterer gesetzlicher Vorstoß aus jüngster Zeit zeigt jedoch, dass die Fragen materieller Konzernhaftung auch in Deutschland weiterhin aktuell bleiben. Dieser Vorstoß bezieht sich auf die in Deutschland besonders herausfordernde

---

1785 So die Gesetzesbegründung, BT-Drs. 13/7701, S. 51 f.; hierzu auch *Tiedemann*, NVwZ 2008, 257 f.; ähnlich auch *Schwartmann*, BBodSchG, § 4 Rn. 10.

1786 Siehe ebenfalls die Gesetzesbegründung, BT-Drs. 13/7701, S. 51 f.; *Schwartmann*, BBodSchG, § 4 Rn. 10.

1787 Dafür etwa *Oyda*, RNotZ 2008, 245, 258; dagegen *Tiedemann*, NVwZ 2008, 257, 259; zu alledem auch *Schwartmann*, BBodSchG, § 4 Rn. 10.

1788 Vgl. auch *Tiedemann*, NVwZ 2008, 257.

Frage einer Finanzierung von Kosten für die im Rahmen des Atomausstiegs notwendige Stillegung und den Rückbau von Kernkraftwerken sowie die Entsorgung und Endlagerung radioaktiver Abfälle[1789]. Die inzwischen als „Gesetz zur Nachhaftung für Abbau- und Entsorgungskosten im Kernenergiebereich (Nachhaftungsgesetz)“ vom 27.01.2017 verabschiedete und in Kraft getretene[1790] Regelung wurde auf die Konzernstrukturen der heutigen Kernkraftwerksbetreiber angepasst[1791]. Insofern besteht schon vom Ansatz her eine Ähnlichkeit zu zahlreichen Haftungsregeln des französischen Rechts, die in Reaktion auf einzelne Haftungsadressaten oder -situationen eingeführt oder fortentwickelt worden sind. Auch die Reaktion auf das Bestehen erheblicher Rückbaukosten und die Reaktion einer Anpassung der Rechtsträgergrenzen ist aus dem französischen Recht – nicht zuletzt aus der *Metaleurop*- und *Petroplus*-Problematik – bekannt.

Der deutsche Gesetzgeber reagiert namentlich auf die vorherige rechtliche Situation, in welcher die Ausgleichsnorm des § 302 AktG auf die Kernkraftwerksbetreiber und ihre durch Unternehmensverträge verbundenen Muttergesellschaften anwendbar ist. Für den Fall einer Aufhebung dieser Unternehmensverträge weist der Regierungsentwurf[1792] hingegen auf die Einschränkungen der an die Stelle des § 302 AktG tretenden Pflicht zur Sicherheitsleistung hin: Diese ist nach der Rechtsprechung des BGH zeitlich begrenzt[1793] und auch nicht auf die in den heutigen Energiekonzernen vorherrschende Struktur mehrstufiger Konzernverhältnisse anwendbar. Im Hinblick auf den langen Zeithorizont der möglichen Kosten – ein Endlager für die auftretenden radioaktiven Abfälle wird nicht vor 2050 gefunden sein –, soll das Gesetz eine Nachhaftung für diese Kosten sicherstellen und eine Beanspruchung des Staats zur Tragung dieser Kosten verhindern[1794]. Hierzu wird für Unternehmen, die nach dem

---

[1789] Begründung des Regierungsentwurfs vom 09.11.2015, BT-Drs. 18/6615, S. 7 sowie des zweiten Entwurfs der Fraktionen CDU/CSU, SPD und BÜNDNIS 90/DIE GRÜNEN vom 29.11.2016, BT-Drs. 18/10469, S. 23.

[1790] BGBl. I, S. 114, 127; geändert durch Art. 4 Abs. 3 des Gesetzes vom 5. Mai 2017, BGBl. I S. 1074, 1076; in Kraft getreten am 16.06.2017 laut Bekanntmachung in Art. 10 des Gesetzes zur Neuordnung der Verantwortung in der kerntechnischen Entsorgung vom 27. Januar 2017, BGBl. I S. 114, 1222.

[1791] Eine insoweit aufschlussreiche, graphische Darstellung der Eigentümerstruktur in den Konzernen RWE, E.ON, Vattenfall und EnBW findet sich bei *König*, Der Konzern 2017, 61, 62.

[1792] BT-Drs. 18/6615, S. 7.

[1793] Siehe bereits oben, § 4 E. II. 2. b).

[1794] Begründung Regierungsentwurf, BT-Drs. 18/6615, S. 7; Begründung 2. Entwurf, BT-Drs. 10469, S. 24 f.

Atomgesetz verpflichtete Gesellschaften[1795] unmittelbar oder mittelbar beherrschen[1796], ein verschuldensunabhängiger[1797] Außenhaftungsanspruch gegenüber Gläubigern begründet, die ihre Zahlungsverpflichtungen bei Fälligkeit nicht erfüllt haben (§ 1 Abs. 1 NachhG). Darüber hinaus richten sich die Haftungsfolgen, sofern ein herrschendes Unternehmen neben einem Betreiber haftet, nach den Regeln über die selbstschuldnerische Bürgschaft (§ 1 Abs. 4 S. 1 NachhG). Mehrere herrschende Unternehmen haften gesamtschuldnerisch (§ 1 Abs. 3 NachhG). Die Haftung ist subsidiär, da in diesem Fall eine Inanspruchnahme eines herrschenden Unternehmens eine ernsthafte und endgültige Zahlungsverweigerung eines Betreibers, dessen Zahlungseinstellung, drohende Zahlungsunfähigkeit, Zahlungsunfähigkeit oder Überschuldung, oder sonstige besondere Umstände voraussetzen, die die Inanspruchnahme eines herrschenden Unternehmens rechtfertigen (§ 1 Abs. 4 S. 2 NachhG). Sie erlischt – und ist damit grundsätzlich akzessorischer Natur[1798] –, sofern die Verpflichtungen bereits von anderer Seite erfüllt worden sind (§ 4 Fall 1 NachhG). Außerdem ist eine Nachhaftung ausgeschlossen, sobald die ablieferungspflichtigen Stoffe des Betreibers vollständig an eine Anlage des Bundes zur Endlagerung radioaktiver Abfälle abgeliefert wurden und diese Anlage verschlossen ist (§ 4 Fall 2 NachhG). Dies stellt in Anbetracht des langen Zeithorizonts bis zur erwarteten Festlegung einer Endlagerstätte in zeitlicher Hinsicht eine erhebliche Verpflichtung für beherrschende Unternehmen dar. In Abweichung von §§ 302, 303 AktG erlischt die Nachhaftung nicht dadurch, dass die Eigenschaft als herrschendes Unternehmen nach dem 1. Juni 2016 endet (§ 3 Abs. 1 NachhG). Das Gesetz entfaltet diesbezüglich eine Rückwirkung[1799].

Der Herangehensweise des Gesetzgebers fehlt es nicht an Originalität. Im Gegensatz zu den anderen bisher angesprochenen Haftungsnormen, die das Trennungs- und Rechtsträgerprinzip im Konzern berühren, stellt das Nachhaftungsgesetz an das Verhalten der im Ergebnis für die Schulden ihrer Tochter bürgenden Muttergesellschaft – außer der Zugehörigkeit zum Adressatenkreis – keine weiteren Voraussetzungen auf; die Haftung tritt vielmehr verschuldensunabhängig ein[1800]. Das deutsche Recht geht für diesen Bereich auch wesentlich weiter als alle bisher angsprochenen französischen Rechtsinstrumente.

[1795] Zu diesem Adressatenkreis genauer *König*, Der Konzern 2017, 61, 63 f.

[1796] § 2 Abs. 1 NachhG sieht für eine Beherrschung im Sinne des Gesetzes eine mindestens hälftige Beteiligung an einem Unternehmen vor, verweist darüber hinaus für die Berechnung des Kriteriums auf § 16 Abs. 2 bis 4 AktG. Nach § 2 Abs. 3 NachhG entfällt die Eigenschaft als herrschendes Unternehmen nicht allein dadurch, dass der Betreiber als Rechtsträger erlischt.

[1797] Hierauf hinweisend *König*, Der Konzern 2017, 61, 65.

[1798] So die Begründung 2. Entwurf, BT-Drs. 10469, S. 46; vgl. auch *König*, Der Konzern 2017, 61, 66.

[1799] *Leidinger*, NVwZ 2015, 1564.

[1800] Hierauf hinweisend *König*, Der Konzern 2017, 61, 65.

Zwar mag die Verfahrenserstreckung nach Art. L. 621-2 Abs. 2 C. com.[1801] im Einzelfall einschneidendere Folgen haben als eine Anwendung des Nachhaftungsgesetzes; jedoch wird dort – wie auch in allen anderen Haftungstatbeständen – zumindest an ein Fehlverhalten oder einen als gläubigerschädigend verstandenen Zustand angeknüpft. Systematisch folgerichtig erscheint das Nachhaftungsgesetz hingegen insofern, als auch für diese Regelung keine spezifisch insolvenzrechtliche Anknüpfung vorgenommen wird[1802].

Das Nachhaftungsgesetz stellt im Ergebnis eine sektorspezifische Aufhebung der Haftungstrennung im Konzern[1803] dar und kann somit als der in der jüngeren Zeit weitreichendste Vorstoß des Gesetzgebers im Hinblick auf eine Verschiebung der Haftungsgrenzen im Konzern verstanden werden. Der 2. Gesetzesentwurf[1804] sieht eine derart tiefgreifende Veränderung des Haftungsgefüges aufgrund der besonderen Gegebenheiten des Atomausstiegs als gerechtfertigt an. So stelle das Gesetz mit seinem subsidiären und akzessorischen Nachhaftungstatbestand die mildeste Lösung dar, die Kosten des Atomausstiegs nicht der Allgemeinheit aufzubürden und diene damit im Einklang mit dem atomrechtlichen Verursacherprinzip dem „Schutz von Staat und Gesellschaft vor den erheblichen finanziellen Risiken, die eine Zahlungsunfähigkeit der verantwortlichen Betreibergesellschaften mit sich brächte". Außerdem diene die Regelung „mittelbar dem überragend wichtigen öffentlichen Interesse des Schutzes vor Risiken der Kernenergie" und sei daher im Hinblick auf Art. 2 Abs. 2 S. 1 sowie Art. 20a GG gerechtfertigt.[1805]

Zu Recht wird diesbezüglich jedoch bemerkt, dass die Gefahr für Staat und Gesellschaft, wegen einer möglichen Insolvenz dieser Betreiberunternehmen weitreichenden Zahlungsverpflichtungen ausgesetzt zu sein, keinesfalls einmalig ist. Wie sich bereits in den zum französischen Recht dargestellten Fällen sehr anschaulich feststellen lässt, ist die Interessenlage auch in anderen Sektoren sehr ähnlich. In Frankreich haben gerade Konzerninsolvenzen von Industrieunternehmen die Rechtsentwicklung in Haftungsfragen vorangetrieben; zur Begründung von Bedenken gegen das NachhG und eines möglichen Verstoßes gegen den Gleichbehandlungsgrundsatz wird in der deutschen Literatur daneben auch auf vergleichbare Interessenlagen im Bankensektor hingewiesen.[1806]

Bemerkenswert ist es aus rechtsvergleichender Perspektive schließlich, dass sich Begründungsmuster, die die jüngeren rechtlichen Veränderungen in der

---

[1801] Hierzu oben, § 4

[1802] Zum Insolvenzrecht als Verfahrensrecht oben, § 2 A. II.

[1803] Ähnlich *König*, Der Konzern 2017, 61, 65; ebenda, m.w.N. zu grundrechtlichen Bedenken aus diesem Grund. Ebenfalls zu grundrechtlichen Bedenken gegen eine „de facto-Ewigkeitshaftung" *Leidinger*, NVwZ 2015, 1564 ff.

[1804] Begründung, BT-Drs. 10469, S. 42 f.

[1805] Ebenda.

[1806] *König*, Der Konzern 2017, 61, 66; *Leidinger*, NVwZ 2015, 1564, 1565.

französischen Rechtsordnung dominiert haben, nunmehr auch im deutschen Recht wiederfinden. In Frankreich war die Einführung oder Erweiterung von rechtsträgerübergreifenden Haftungsformen in Frankreich nahezu durchgängig in einem Versuch begründet, auf die gesellschaftlichen Auswirkungen von wirtschaftlichen Krisensituationen zu reagieren, deren Folgen bei Betriebsschließungen besonders deutlich wurden. Der deutsche Vorstoß reagiert ebenfalls auf eine große gesellschaftliche Herausforderung – hier des Ausstiegs aus der Atomenergie. In beiden Rechtsordnungen scheinen es damit gerade diese Fragestellungen von hoher gesamtgesellschaftlicher Tragweite zu sein, in denen eine Reaktion nicht zuletzt in Vorstößen zur Erweiterung rechtsträgerübergreifender Haftungsmethoden gesucht wird, um Stakeholderinteressen besser gerecht zu werden. Ob dieser Begründungsansatz nunmehr auch im deutschen Recht für andere vergleichbare Fallgestaltungen herangezogen werden wird, muss sich hingegen erst noch zeigen.

C. Haftungsdurchgriff auf Muttergesellschaften für Arbeitnehmeransprüche nach der théorie du co-emploi

Die arbeitsrechtliche Lehre der „Co-Arbeitgeberschaft" *(théorie du co-emploi*[1807], kurz *co-emploi, théorie des co-employeurs*[1808] oder auch *employeurs conjoints*[1809]*)* erlaubt beim Vorliegen ihrer Voraussetzungen[1810] teils erhebliche Abweichungen von herkömmlichen Grundsätzen des französischen Arbeitsrechts und kann nicht zuletzt für arbeitsrechtliche Haftungsdurchgriffe im Konzernkontext angewendet werden. Sie hat deshalb auch für das hier analysierte Thema der Haftungsregeln in der Insolvenz konzernangehöriger Gesellschaften große Relevanz.

I. Ausgangslage im französischen Individualarbeitsrecht

Bevor im Folgenden der Begriff der *théorie du co-emploi* definiert und die Voraussetzungen und Rechtsfolgen dieses Rechtsinstituts dargestellt werden können, erscheint eine kurze Darstellung wichtiger Grundbegriffe und -prinzipien des französischen Individualarbeitsrechts geboten. Dies erlaubt es auch die Abweichungen rechtlich einzuordnen, die eine Anwendung der *théorie du co-emploi* von den allgmeinen Grundsätzen ermöglicht.

[1807] Siehe *Favennec-Hery/ Verkindt*, Travail, Rn. 266; *Jeansen*, Salariat – Définition, in: JCl. Trav. Fasc. 17-1, Rn. 43; der Bindestrich wird teils weggelassen.

[1808] *Mazeaud*, Droit du travail, Rn. 838; vgl. auch Cass. soc. 15.03.2006, Revisionsnummer 04-45518.

[1809] So etwa in Cass. soc. 22.01.1992, Revisionsnummer 87-44284, Bull. civ. 1992, V, S. 14, Nr. 23; 12.07.2005, Revisionsnummer 03-45394, Bull. civ. 2005, V, S. 231, Nr. 244 sowie bei *Duquesne*, Droit du travail, S. 47.

[1810] Hierzu sogleich unten, II.

1. Arbeitsverhältnis und lien de subordination

Das französische Recht enthält keine geschriebene Definition von Arbeitsvertrag und Arbeitsverhältnis.[1811] Die gängige Definition von Literatur und Rechtsprechung setzt für das Bestehen eines Arbeitsverhältnisses einen Vertrag voraus, in dessen Rahmen „eine Person, der Arbeitnehmer, sich verpflichtet, eine Arbeitsleistung im Auftrag und unter der Leitung einer anderen Person, des Arbeitgebers, zu erbringen und Letzterer sich dazu verpflichtet, Ersterem im Gegenzug eine Vergütung zu zahlen."[1812] Nach der Rechtsprechung müssen drei Voraussetzungen erfüllt sein, um dieser Definition zu entsprechen: Eine Arbeitsleistung des Arbeitnehmers *(prestation de travail)*, eine durch den Arbeitgeber als Gegenleistung hierfür gezahlte Vergütung *(rémunération)*, sowie, allen voran, ein Unterordnungsverhältnis zwischen Arbeitnehmer und Arbeitgeber *(lien de subordination)*.[1813]

Der Begriff des *lien de subordination* entspricht in etwa dem aus dem deutschen Recht bekannten Abgrenzungsmerkmal der persönlichen Abhängigkeit, welche insbesondere durch eine Weisungsgebundenheit und die Eingliederung des Arbeitnehmers in eine betriebliche Organisation gekennzeichnet ist (vgl. § 611a Abs. 1 BGB). Die französische Rechtsprechung ermittelt das Bestehen eines *lien de subordination* unabhängig des von den Vertragsparteien geäußerten Willens bzw. der Vertragsbezeichnung. Sie knüpft vielmehr an die tatsächlichen Bedingungen an, unter denen die relevante Tätigkeit ausgeübt wird.[1814] Entscheidend ist in dieser Betrachtung die rechtliche Abhängigkeit der tätig werdenen Person *(dépendance juridique du travailleur)*. Diese wird vorrangig mit dem Vorliegen einer hierarchischen Verbindung zum Empfänger der geleisteten Dienste verbunden, welche durch ein Weisungsrecht und damit einhergehende Kontrollbefugnisse gekennzeichnet sein kann. Hilfsweise stellt die Rechtsprechung aber auch auf die Eingliederung der tätig werdenen Person in

---

[1811] Siehe m.w.N.. *Aubrée*, Contrat de travail (Existence – Formation), in: Lyon-Caen (Hrsg.), Rép. travail, Rn. 42: „une convention aux termes de laquelle une personne, dénommée le salarié, s'engage à accomplir une prestation de travail pour le compte et sous l'autorité d'une autre, dénommée l'employeur, qui consent à lui verser, en contrepartie, une rémunération".

[1812] So bereits der Kassationsgerichtshof in seinem *Bardou*-Urteil, Cass. civ. 06.07.1931, D.P. 1931, 1, 131; statt vieler auch *Aubrée*, Contrat de travail (Existence – Formation), in: Lyon-Caen (Hrsg.), Rép. travail, Rn. 42, m.w.N. auch zur Rechtsprechung.

[1813] Auch diese Krtierien definierte der Kassatiosngerichtsof erstmals in seinem *Bardou*-Urteil, Cass. civ. 06.07.1931, D.P. 1931, 1, 131; zu alledem auch *Dockès*, Dr. social 2011, 546, welcher für das letztgenannte Merkmal den Begriff eines „Unterordnungszustands" *(état de subordination)* für treffender hält.

[1814] Zu nennen ist insbesondere das *Labanne*-Urteil des Kassationsgerichtshofs, Cass. soc., 19.12.2000, Revisionsnummer 98-40572, Bull. civ. 2000, V, Nr. 437.

einen organisierten Betrieb ab, besonders wenn die Durchführung der vertraglichen Tätigkeit mit einem gewissen Grad an Selbständigkeit *(indépendance technique)* verbunden ist.[1815]

2. Grundstruktur des französischen Kündigungsrechts

Von besonderer Relevanz für eine Einordnung der *théorie du co-emploi* – gerade im Vergleich zum deutschen Recht – ist außerdem die Struktur des französischen Rechts der ordentlichen Kündigung von Arbeitsverhältnissen durch den Arbeitgeber. Ohne hier auf nähere Details dieser vielschichtigen Materie eingehen zu können[1816], sei im Rahmen des vorliegenden Überblicks darauf hingewiesen, dass sich die Grundstruktur des französischen Rechts hier teils deutlich vom deutschen Recht unterscheidet. So setzt die rechtmäßige Kündigung eines Arbeitsvertrags durch den Arbeitgeber im französischen Recht sowohl bei personenbedingten *(licenciement pour motif personnel)* als auch bei betrieblichen Beweggründen *(licenciement pour motif économique)* regelmäßig einen tatsächlichen und ernsthaften Grund *(cause réelle et sérieuse*, Art. L. 1232-1 C. trav. bzw. Art. L. 1233-2 C. trav.) voraus, dessen tatsächliches Vorliegen vom zuständigen Gericht überprüft wird. „Tatsächlich" ist der Grund, wenn er sich als feststehend (*réel*, also konkret und nachvollziehbar vorliegend), objektiv (*objectif*, mithin losgelöst von der subjektiven Meinung des Arbeitgebers) und genau (*exact*, also den tatsächlichen Anlass der Kündigung bildend) darstellt; als „ernsthaft" kann der Grund bewertet werden, wenn er aufgrund seiner Schwere einer Verhältnismäßigkeitsabwägung standhält.[1817]

Der wichtigste Unterschied zum deutschen Recht liegt in der gerichtlich ausgesprochenen Sanktion des Fehlens eines tatsächlichen und ernsthaften Grundes (*licenciement sans cause réelle et sérieuse*). So sieht das französische Recht für diesen Fall zwar die grundsätzliche Möglichkeit eines Fortbestands des Arbeitsverhältnisses unter Wiederaufnahme der ursprünglichen Tätigkeit vor (Art. L. 1235-3 Abs. 1 C. trav.), jedoch kann diese Möglichkeit sowohl vom zuständigen Richter als auch vom betroffenen Arbeitnehmer abgelehnt werden. In diesem Fall ist die Rechtsfolge des fehlenden tatsächlichen und ernsthaften Grundes ein Anspruch des gekündigten Arbeitnehmers auf eine

---

[1815] Zu alledem mit zahlreichen Nachweisen aus der Rechtsprechung *Aubrée*, Contrat de travail (Existence – Formation), in: Lyon-Caen (Hrsg.), Rép. travail, Rn. 297; zu diesem Grundsatz ebenda, Rn. 75 ff.; 92 ff.

[1816] Ein umfassenderer Überblick in deutscher Sprache findet sich bei *Welter/ Caron*, Arbeitsrecht in Frankreich, in: Henssler/ Braun, Arbeitsrecht in Europa, Rn. 99 ff.

[1817] Siehe hierzu mit zahlreichen Nachweisen *Fabre*, Contrat de travail à durée indéterminée : rupture – licenciement – droit commun, in: Lyon-Caen (Hrsg.), Rép. travail, Rn. 141 ff., 150. Vgl. überblicksartig in deutscher Sprache auch *Kammerer*, in : Rödl & Partner (Hrsg.) Handbuch internationales Arbeitsrecht, Frankreich, Stichwort: Kündigung durch den Arbeitnehmer.

Kündigungsentschädigung *(indemnité)* (Art. L. 1235-3 Abs. 2 C. trav.). Letzteres dürfte weiterhin statistisch den absoluten Regelfall darstellen.[1818] Im französischen Recht ist darüber hinaus die Unwirksamkeit einer Kündigung *(nullité)* mit der Rechtsfolge eines grundsätzlichen Anspruchs auf Wiederaufnahme der ursprünglichen Tätigkeit nur dann vorgesehen, wenn besondere Qualifikationsgründe vorliegen, wie etwa ein diskriminierender Hintergrund der Kündigung.[1819]

Das deutsche Recht des allgemeinen Kündigungsschutzes sieht hingegen als primäre Rechtsfolge sozial ungerechtfertigter Kündigungen ihre Rechtsunwirksamkeit vor (§ 1 Abs. 1 KSchG). Eine Kündigungsschutzklage (§ 4 S. 1 KSchG) wird deshalb auf die Feststellung erhoben, dass das Arbeitsverhältnis durch die rechtsunwirksame Kündigung nicht aufgelöst sei. Ein Abfindungsanspruch gemäß § 1a Abs. 1 S. 1 KSchG entsteht bei einer betriebsbedingten Kündigung regelmäßig dann, wenn der Arbeitnehmer in der Frist des § 4 S. 1 KSchG gerade keine solche Klage erhebt.[1820]

II. Definition, Zielsetzung und Relevanz der théorie du co-emploi in der Konzerninsolvenz

Die *théorie du co-emploi* stellt in diesem Rahmen eine Ausnahme vom im französischen Recht so genannten „individuellen Charakter" eines arbeitsvertraglichen Verhältnisses *(caractère individuel du contrat de travail)* dar, welches im Normalfall zwischen einer juristischen oder natürlichen Person als Arbeitgeber und einer natürlichen Person auf Arbeitnehmerseite begründet wird[1821].

Beim Vorliegen der Voraussetzungen[1822] der *théorie du co-emploi* kann dieser Grundsatz durch gerichtliches Urteil auf der Arbeitgeberseite außer Kraft gesetzt werden, sodass mehrere – insbesondere juristische – Personen ohne ausdrücklichen Abschluss eines weiteren Arbeitsvertrags[1823] in die Rechtsfolgen eines solchen Vertrags einbezogen werden. Die einbezogene Person erhält aus der Sicht des Arbeitnehmers gemeinsam mit dem ursprünglichen Arbeit-

---

[1818] Siehe *Fabre*, Contrat de travail à durée indéterminée : rupture – licenciement – droit commun, in: Lyon-Caen (Hrsg.), Rép. travail, Rn. 291, der aufgrund dieser doppelt fakultativen Regelung die Möglichkeit eines Fortbestehens des Arbeitsverhältnisses als „Illusion" beschreibt.

[1819] Siehe Art. L. 1132-1 ff., L. 1225-4 ff., L. 1226-9, L. 1226-13, L. 1226-18 C. trav.

[1820] Außerdem entsteht ein solcher Anspruch im deutschen Recht, wenn der Kläger mit seiner Klage durchdringt und einen Auflösungsantrag nach § 9 KSchG stellt.

[1821] Siehe *Aubrée*, Contrat de travail (Existence – Formation), in: Lyon-Caen (Hrsg.), Rép. travail, Rn. 297; zu diesem Grundsatz ebenda, Rn. 25.

[1822] Hierzu sogleich unten, III.

[1823] Dies betonend *Jeansen*, Salariat – Définition, in: JCl. Trav. Fasc. 17-1, Rn. 43.

geber eine Gesamtschuldnerstellung für sämtliche Ansprüche aus dem Arbeitsvertrag[1824]. Dies ist für den Arbeitnehmer von besonderem Vorteil, wenn sein ursprünglicher Vertragspartner etwa eine einem Liquidationsverfahren unterworfene Tochtergesellschaft ist, deren Muttergesellschaft jedoch weiterhin zahlungsfähig geblieben ist[1825]. Wird die Muttergesellschaft als *co-employeur* in die arbeitsvertraglichen Pflichten einbezogen, hat sie daraufhin Schuldnerin insbesondere der Pflicht zur Zahlung von Kündigungsentschädigungen oder Wiedereinstellungspflichten.[1826] Im Rahmen der Insolvenz von Konzerngesellschaften wird die *théorie du co-emploi* somit aus französischer Sicht faktisch zu einem Korrektiv für arbeitnehmerbenachteiligende Aspekte der Konzernbildung durch die Ausgliederung von Betrieben in Tochtergesellschaften, denen damit Rückgriffsmöglichkeiten auf zahlungsfähige Unternehmensteile abgeschnitten werden.

Dies betrifft vor allem den bei betriebsbedingten (Massen-) Kündigungen und Betriebsschließungen besonders relevanten Anspruch auf Kündigungsentschädigung[1827] *(indemnité pour licenciement sans cause réelle et sérieuse*[1828]*)*, dessen Höhe bei Rückgriff auf die zur Sicherung von Arbeitnehmerforderungen bestehende *Association pour la gestion du régime de garantie des créances des salariés (AGS)* auf einen bestimmten Deckelungsbetrag *(plafond)* begrenzt ist.[1829] Die *AGS* geht auf eine nach Art. L. 3253-6 C. trav. bestehende Verpflichtung von Arbeitgebern zur Versicherung von Arbeitnehmeransprüchen zurück. Gemäß Art. L. 3253-14 C. trav. wird diese Versicherung durch einen von den Arbeitgeberverbänden gegründeten Verein sichergestellt. Dieser besteht mit der *AGS* seit dem Jahr 1974. Die Begrenzung der hierdurch abgesicherten Ansprüche ergibt sich aus Art. L. 3253-17 C. trav. in Verbindung mit der jeweils gültigen Anwendungsverordnung. Die Muttergesellschaft als *co-*

1824 Zu den Rechtsfolgen sogleich unten, IV.

1825 Für *Loiseau*, JCP S 2011, 1528, Rn. 10 sind Durchgriffssituationen in Bezug auf Konzernmuttergesellschaften die wichtigsten Anwendungsfälle.

1826 So zusammenfassend *Peskine/ Wolmark*, Travail, Rn. 53; zur Relevanz im Bereich von Massenkündigungen im Konzernkontext auch *Favennec-Hery/ Verkindt*, Travail, Rn. 266; zu den soeben genannten Rechtsfolgen unten, III.

1827 Dies bezeichnet etwa *Reynès*, JCP S 2012, 1292, Rn. 1 als das wichtigste Anwendungsfeld der *théorie du co-emploi.*

1828 Art. L. 1235-3 C. trav. bestimmt in seinem ersten Absatz, dass eine ungerechtfertigte Kündigung dem Arbeitsgericht die Möglichkeit gibt, die Wiedereingliederung in den Betrieb vorzuschlagen; wird dies jedoch – wovon in der Praxis gerade bei Betriebsschließungen häufig auszugehen ist – abgelehnt, hat der Arbeitgeber nach Absatz 2 dieser Vorschrift die besagte Entschädigung zu leisten.

1829 Auf diesen Zusammenhang hinweisend *Dammann/ François*, D. 2012, 2212, II. A; zu praktischen Problemen beim Vorgehen der AGS gegen Muttergesellschaften ebenda, III; zur Korrektivfunktion der *théorie du co-emploi* auch *Loiseau*, JCP S 2011, 1528, Rn. 8.

employeur kann in solchen Fällen zur Zahlung von Entschädigungsleistungen, nicht zuletzt auch über diesen Deckelungsbetrag hinaus, herangezogen werden.

Daneben bestehen im geschriebenen französischen Recht – anders als im deutschen – bestimmte Regelungen, die zwar das mit der Konzernangehörigkeit eines Arbeitgebers verbundene Arbeitnehmerrisiko adressieren, im Ergebnis aber zu keiner Infragestellung des „individuellen Charakters" des Arbeitsverhältnisses im Konzern führen.[1830] Hierzu gehören etwa eine konzernweite Ausgestaltung des Weiterbeschäftigungsanspruchs *(obligation de reclassement)* nach Art. L. 1233-4 C. trav. und die Berücksichtigung der konzernweiten Leistungsfähigkeit bei der Errichtung von Sozialplänen gemäß Art. L. 1235-10 C. trav. *(plan de sauvegarde de l'emploi)*.

Die *théorie du co-emploi* erhält ihre herausgehobene Bedeutung für Arbeitnehmeransprüche auch aus der begrenzten Effektivität der bereits dargestellten Möglichkeiten zur Inanspruchnahme von Muttergesellschaften aus geschriebenem Recht – allen voran der speziell insolvenzrechtlichen Instrumente der Verfahrenserstreckung und der Haftungsklage nach den Grundsätzen der *responsabfilité pour insuffisance d'actif*[1831]. Zunächst dürfen Klagen auf diesen Rechtsgrundlagen nämlich weder von einem einzelnen Arbeitnehmer noch von ihren Vertretungsorganen in Betrieb und Konzern beantragt werden[1832]. Dies beschränkt ihre Anwendung daher auf Fälle, in denen es die Antragsberechtigten im Hinblick auf die jeweils von ihnen zu vertretenden Interessen für sinnvoll erachten, einen solchen Antrag zu stellen. Da etwa der Liquidator einer Tochtergesellschaft die Interessen aller Gläubiger an einer größtmöglichen Befriedigung zu beachten hat[1833], sind die Belange der Arbeitnehmer in einer entsprechend notwendigen Interessenabwägung zwangsläufig nur ein Faktor von vielen. Zudem könnte eine Erweiterung des Haftungssubstrats für nicht befriedigte Lohn- und Entschädigungsansprüche die Arbeitnehmer in der Praxis kaum besserstellen. Da ihre Ansprüche bei Nichterfüllung durch den Arbeitgeber zumindest teilweise von der *AGS* ausgeglichen werden, beträfe eine Vergrößerung des Haftungskapitals in der Praxis vielmehr diesen Versicherungsverein. Hat die *AGS* die Arbeitnehmeransprüche nämlich befriedigt, gehen

---

[1830] Hierauf hinweisend *Kettenberger*, EuZA 2013, 404, 409, m.w.N.

[1831] Vgl. *Reynès*, JCP S 2012, 1292, Rn. 5.

[1832] Siehe zu den Antragsbefugnissen dieser beiden Rechtsinstrumente oben, § 4 B. III. 1. bzw. § 5 A. III. 2. a). Auf eine derartige Begrenzung in Bezug auf die *responsabilité pour insuffisance d'actif* hinweisend *Urban*, in: Lyon-Caen/ Urban (Hrsg.), Les salariés et la défaillance de l'entreprise, S. 65, 71 – zum Zeitpunkt des Erscheinens dieses Werks war die Frage nach den möglichen Antragstellern einer Verfahrenserstreckung noch nicht gesetzlich geregelt und daher umstritten; der Autor vertritt die inzwischen durch den klaren Wortlaut ausgeschlossene Ansicht, ein Antrag auf Verfahrenserstreckung könne etwa auch von Betriebsräten ausgehen.

[1833] Siehe oben, § 1 A. II. 3. b).

diese zusammen mit ihrer privilegierten Stellung[1834] im Wege des gesetzlichen Forderungsübergangs[1835] auf sie über. Auch bei diesen Rechtsinstrumenten dürfte das vergrößerte Haftungssubstrat damit für die Arbeitnehmeransprüche in den meisten Fällen in Bezug auf die Differenz zum gedeckelten Ausgleichsbetrag der *AGS* relevant werden. Wird eine Situation des *co-emploi* allerdings festgestellt, dürften sich auch *AGS* und andere Kostenträger zur Rückerstattung von ihnen gezahlter Beträge an den hinzutretenden Arbeitgeber wenden können[1836].

Die rechtliche Grundlage der *théorie du co-emploi* und die daraus für die Rechtsbeziehungen der betroffenen Parteien zu ziehenden Schlüsse sind umstritten. Dies mag kaum erstaunen, greift sie als eine rein richterrechtliche Regel[1837] ohne genaue Erläuterung seitens ihrer Urheber doch in wichtige Grundsätze des Zivilrechts ein – allen voran in das Grundprinzip der Beschränkung von vertraglichen Bindungswirkungen auf seine Parteien[1838] (heute Art. 1193 i.V.m. Art. 1199 C. civ.[1839]) – sowie, bei Anwendung in einem Konzernsachverhalt, in das darauf aufbauende konzernrechtliche Trennungs- und Rechtsträgerprinzip. Insbesondere die Frage, wie vertragliche Beziehungen zu einem Rechtsträger konstruiert werden, der einer solchen Verbindung weder ausdrücklich noch konkludent zugestimmt hat, bleibt auch im heutigen Stand der französischen Rechtswissenschaft „mysteriös“ [1840]. Gesichert erscheint zwar[1841], dass im Rahmen des *co-emploi* kein weiterer bzw. erneuter Vertragsschluss zwischen dem Arbeitnehmer und dem Co-Arbeitgeber zustande

1834 Für bestimmte Gehalts- und einige Nebenansprüche des Arbeitnehmers gilt nach den Art. L. 3253-2, L. 3253-4 sowie L. 7313-8 C. trav. ein besonderer Vorrang vor allen anderen Gläubigern (sog. *superprivilège des créances salariales*).

1835 Dieser ergibt sich aus Art. L. 3253-16 f. C. trav.

1836 So *Aubrée*, Contrat de travail (Existence – Formation), in: Lyon-Caen (Hrsg.), Rép. travail, Rn. 302 ; vgl. auch *Gauriau*, Dr. social 2012, 995.

1837 Die richterrechtliche Natur der *théorie du co-emploi* beschreiben etwa *Cesaro*, in: *Cesaro/ Peskine*, Rev. trav. 2014, 661; *Favennec-Hery/ Verkindt*, Travail, Rn. 266.

1838 Auf diesen Zusammenhang hinweisend *Pagnerre*, JCP S 2015, 1436, Rn. 4. Im Arbeitsrecht ordnet Art. L. 1221-1 C. trav. die grundsätzliche Geltung des allgemeinen Vertragsrechts in Bezug auf den Abschluss des Arbeitsvertrags an.

1839 Zu diesem Grundsatz und seiner Anwendung im Bereich der Konzerne oben, § 1 B. I. 2. b) bb). Dort ebenfalls zur Reform des *Code civil*, der zu einer Neunummerierung der Artikel geführt hat.

1840 *Loiseau*, JCP S 2011, 1528, Rn. 12 beschreibt die Problematik treffend mit folgenden Worten: „...die [rechtliche, d. Verf.] Natur des Arbeitsverhältnisses zwischen dem Co-Arbeitgeber und den Arbeitnehmern, mit denen er keinen Vertrag abgeschlossen hat, ist hinreichend mysteriös“ („...la nature du lien d'emploi entre le coemployeur et les salariés avec lesquels il n'a pas contracté est assez mystérieuse“).

1841 So in Bezug auf beide Grundsätze *Pagnerre*, JCP S 2015, 1436, Rn. 3.

kommt, sondern dass „ein Arbeitnehmer mit Co-Arbeitgebern über einen einzigen Arbeitsvertrag verbunden ist“[1842]. Ebenso stellt die Rechtsprechung klar, dass die Schuldnerstellung der Co-Arbeitgeber gesamtschuldnerischer Natur ist[1843]. Über diese Grundsätze hinaus wird jedoch im Hinblick auf die dogmatische Herleitung der Rechtsfolgen kontrovers diskutiert, ob aus diesen Formulierungen der Rechtsprechung zu schließen ist, dass der hinzutretende Co-Arbeitgeber eine zusätzliche Vertragspartei dieses Arbeitsvertrags wird[1844] oder ihm diese Rechtsfolgen als „nicht-vertraglichem Arbeitgeber“[1845] auferlegt werden. Die neueste Rechtsprechung[1846] hat außerdem ergeben, dass die *théorie du co-emploi* nicht nur auf Konzernsachverhalte beschränkt ist, sondern auch natürliche Personen als *co-employeurs* einschließen kann. Ihr Hauptanwendungsfeld bleibt jedoch das der Krise und Insolvenz von Konzerngesellschaften; Zwar handelt es sich um ein arbeitsrechtliches Haftungsinstitut, welches auch vor der Arbeitsgerichtsbarkeit geltend zu machen ist; aufgrund seiner Auswirkungen auf das Rechtsträgerprinzip gehört die *théorie du co-emploi* aber dennoch zu den wesentlichen Haftungsinstituten, die Konzerne in derartigen Situationen betreffen[1847].

Die Anwendung dieser Regeln auf den Arbeitsvertrag ist trotz ihrer Sanktions- und Ausgleichsfunktion für die arbeitsrechtlichen Auswirkungen von Missbräuchen des Rechtsträgerprinzips durchaus bedenklich. Scheint die *théorie du co-emploi* einem „instinktiven Gerechtigkeitsgefühl“[1848] der Arbeitnehmer Rechnung zu tragen, kann ihre zu weite Auslegung über evidente Missbräuche hinaus – besonders zwischen 2011 und 2014 war beim Kassationsgerichtshof eine solche Tendenz zu beobachten[1849] –, in das Fundament synallagmatischer Bindungen zwischen Vertragsparteien eingreifen und das Risiko unübersichtlicher Vertragsbeziehungen in Konzernen mit gleichzeitig überbordenden Haftungsrisiken verursachen[1850]. Die Entwicklung insbesondere der Voraussetzungen dieser Rechtsprechung müssen gerade vor diesem Hintergrund betrachtet werden; aufgrund ihrer weitreichenden Folgen ist die *théorie du co-emploi* aber unabhängig von der Auslegung ihrer Voraussetzungen ein

---

[1842] So ausdrücklich etwa in Cass. soc. 01.06.2004, Revisionsnummer 01-47165.

[1843] Siehe etwa Cass. soc. 24.06.1998, Revisionsnummer 96-41993.

[1844] *Pagnerre*, JCP S 2015, 1436, Rn. 3 ff.

[1845] So *Loiseau*, JCP S 2015, 1414: „employeur non-contractuel“; zu alledem auch unten in Bezug auf die Rechtsfolgen des Richterrechts, III.

[1846] Cass. soc. 24.07.2014, Revisionsnummer 10-19776.

[1847] Vgl. *Couret/ Schramm*, Rev. sociétés 2014, 709, Rn. 1.

[1848] *Cesaro*, in: *Cesaro/ Peskine*, Rev. trav. 2014, 661: „La technique du coemploi répond en effet à un sentiment instinctif de justice permettant l'indemnisation des salariés victimes de licenciement“.

[1849] Hierzu sogleich unten, III. 2. f.

[1850] *Loiseau*, JCP S 2011, 1528, Rn. 9.

„unausweichlicher“ Faktor „im personal- und Restrukturierungsmanagement“, worduch sie „dem Leben von Konzernen seinen Rhythmus verleiht“[1851].

III. Voraussetzungen

1. Grundlagen und Entwicklung zweier alternativer Tatbestandsmerkmale

Ein Wie im Bereich der Verfahrenserstreckung[1852] liegt auch den Tatbestandsmerkmalen der *théorie du co-emploi* die richterliche Überlegung zugrunde, zumindest in Extremfällen die wirtschaftliche mit der rechtlichen Realität in eine bessere Kongruenz zu bringen und so den Arbeitnehmerrechten insbesondere in Konzernkonstellationen besser Geltung zu verschaffen[1853]. Dieser Gedanke ist in der arbeitsrechtlichen Rechtsprechung schon seit den 1960er-Jahren verankert. In ersten Urteilen wurde zur Begründung einer Co-Arbeitgeberstellung auf die individuelle Betrachtung des Arbeitsverhältnisses eines klagenden Arbeitnehmers zu den beklagten Konzerngesellschaften abgestellt (individuelles Tatbestandskriterium)[1854]. Der Begründungsansatz setzt voraus, dass der Arbeitnehmer direkt zumindest auch den Weisungen und der Kontrolle einer anderen Konzerngesellschaft unterworfen ist. Kann ein solches Weisungsverhältnis *(lien de subordination)* festgestellt werden, haben aus der Sicht des Kassationsgerichtshofs beide Gesellschaften damit das Verhalten eines Arbeitgebers an den Tag gelegt. Dies dient der Rechtsprechung dann als Rechtfertigung für die Erweiterung der Pflichten aus dem Arbeitsverhältnis auf die Gesellschaft, die nach Anwendung dieser ohnehin für den Begriff eines Arbeitsverhältnisses zentralen Definition des *lien de subordination*[1855] eine faktische Arbeitgeberstellung innehatte.

Um die Weisungsgebundenheit des Arbeitnehmers in Bezug auf eine weitere Konzerngesellschaft festzustellen, behalfen sich erste Urteile wiederum zweier unterschiedlicher Ansätze. Einerseits wird die individuelle Weisungsgebundenheit eines Arbeitnehmers teilweise dann festgestellt, wenn mehrere Gesellschaften so eng miteinander verwoben sind, dass eine operative Trennung ohnehin unmöglich erscheint – eine erste gerichtliche Entscheidung in

---

[1851] *Reynès*, JCP S 2012, 1292, Rn. 1: „...la théorie du coemploi est devenue incontournable dans la gestion de l'emploi et les restructurations qui rythment la vie des groupes“.

[1852] Siehe oben, § 4 A. I. f.

[1853] Vgl. *Reynès*, JCP S 2012, 1292, Rn. 2.

[1854] Zu diesem Kriterium und seiner Entwicklung auch *Aubrée*, Contrat de travail (Existence – Formation), in: Lyon-Caen (Hrsg.), Rép. travail, Rn. 299 f.; *Gauriau*, Dr. social 2012, 995, I. A.

[1855] Hierzu oben, I. 1.

diesem Sinne bezeichnet diese Sachlage als eine „faktische Konfusion“ *(confusion de fait)* der Konzerngesellschaften[1856]. Waren andererseits die Funktionsbereiche der Gesellschaften im Konzern sehr wohl einer getrennten Begutachtung zugänglich, analysierte die erste Rechtsprechung zum *co-emploi* hingegen das direkte Verhältnis des Arbeitnehmers zu einer weiteren Konzerngesellschaft und überprüfte, ob sich diese ebenfalls wie ein Arbeitgeber verhalten hatte. Die hierzu vorliegenden Entscheidungen sind weitaus zahlreicher als die zur „faktischen Konfusion“ und der Begründungsansatz scheint bis heute angewendet zu werden[1857].

Aus der Überlegung des ersten Urteils von 1966 wurde bereits deutlich, dass eine individuelle Weisungsgebundenheit des klagenden Arbeitnehmers auch aus der Beziehung der Gesellschaften zueinander geschlossen werden kann. Genau diese Vorgehensweise verselbständigte sich zunehmend zu einem eigenständigen kollektiven Kriterium als Begründungsansatz der *théorie du co-emploi*. Hatte der Kassationsgerichtshof in seinem Urteil vom 20.01.1994 noch eine „enge Verflechtung“ *(étroite imbrication)* der Gesellschaften zueinander festgehalten, begründete er in einem Urteil vom 11.07.2000[1858] erstmals das Tatbestandsmerkmal einer „Vermischung der Interessen, Betriebe und Leitung“ *(confusion d'intérêts, d'activités et de direction)* und machte durch die Formulierung seines Urteilssatzes („oder“) deutlich, dass dieses Tatbestandsmerkmal neben dem weiteren, herkömmlichen Merkmal eines individuell zu begründenden Unterordnungsverhältnisses *(lien de subordination)* des betroffenen Arbeitnehmers zu einer anderen Konzerngesellschaft gelten solle.[1859] Die Auswirkungen dieses Urteils blieben nur dadurch begrenzt, dass der Gerichtshof das Vorliegen beider Tatbestandsmerkmale in dem ihm vorgelegten Fall ablehnte und damit keine genaue Maßgabe für ihre instanzgerichtliche Anwendung abgab.

[1856] Cass. soc. 15.06.1966, Revisionsnummer 65-40384, Bull. civ. 1966, V, Nr. 587; eine spätere Entscheidung, Cass soc. 20.01.1994, Revisionsnummer 89-44841, begründet sehr ähnlich, bezeichnet die festgehaltene Sachlage aber als „enge Verflechtung“ („étroite imbrication“); Cass. soc. 22.01.1997, Revisionsnummern 93-43742 f. leitet die Co-Arbeitgeberstellung einer weiteren Konzerngesellschaft aus entsprechenden Beweggründen ab, benennt das verwendete Kriterium aber nicht weiter.

[1857] Siehe etwa Cass. soc. 13.05.1969, Revisionsnummer 68-40415, Bull. civ. 1969, V, Nr. 315; 03.02.1983, Revisionsnummer 80-41800, Bull. civ. 1983, V, Nr. 76; 01.06.2004, Revisionsnummer 01-47165; 19.06.2007, Revisionsnummer 05-42551.

[1858] Cass. soc. 11.07.2000, Revisionsnummer 98-40146; zur großen Bedeutung dieses Urteils für die Entwicklung eines kollektiven Tatbestandsmerkmals auch *Gauriau*, Dr. social 2012, 995, I. B. 1.

[1859] Dieser *lien de subordination* ist das zentrale Kriterium für das Vorliegen eines Arbeitsverhältnisses, siehe hierzu oben, I. 1.

Eine erstmalige höchstrichterliche Verurteilung nach dem neuen kollektiven Tatbestandsmerkmal erfolgte in einem Urteil vom 28.05.2008[1860], in dem allerdings nur die Rechtsprechung einer Vorinstanz ohne großen Begründungsaufwand und ohne die Analyse von Konzernstrukturen bestätigt wurde.

2. Wirtschaftliche Betrachtung von Konzernstrukturen und regelmäßige Anwendung der théorie du co-emploi seit dem Jungheinrich-Urteil vom 18.01.2011

Dies holte die Sozialkammer des Kassationsgerichtshof allerdings in einem vielbeachteten Urteil vom 18.01.2011 in der Rechtssache *Jungheinrich*[1861] nach und verhalf der *théorie du co-emploi* und ihrem kollektiven Kriterium der „Vermischung der Interessen, Betriebe und Leitung" zu einer großen Prominenz mit besonders zahlreicher Verwendung bei Instanzgerichten wie auch in der höchstrichterlichen Rechtsprechung[1862]. Die gesteigerte Bedeutung dieses Urteils stellte auch der Kassationsgerichtshof nicht in Abrede und wies eine Veröffentlichung in der Urteilssammlung *(bulletin des arrêts des chambres civiles) an.*

Grundlage dieses Urteils scheint zunächst ein klassischer Fall eines Betriebsübergangs innerhalb eines Konzerns zu sein. So kontrollierte die deutsche Gesellschaft *Jungheinrich AG* über eine Beteiligungsgesellschaft die Holding *Jungheinrich Finances Holding SAS* (kurz *JFH SAS*) die Gesellschaft *MIC SA* durch den Erwerb einer großen Mehrheit ihrer Anteile. Zu diesem Konzerngefüge gehörte auch die ebenso von der *JFH SAS* kontrollierte Gesellschaft *Jungheinrich France SAS*. Im Jahr 2003 wurde ein Teil der Verwaltung der *MIC SA* mit über 200 Mitarbeitern auf die Gesellschaft *Jungheinrich France SAS* übertragen. Da ein zuständiges Handelsgericht allerdings das Vorliegen der Voraussetzungen eines Betriebsübergangs nach Art. L. 1224-1 C. trav. verneinte, war es 61 Mitarbeitern möglich, den von der *MIC SA* angebotenen Wechsel des Vertragspartners auf die Gesellschaft *Jungheinrich France SAS* abzulehnen. Letztere beschäftigte diese Mitarbeiter bis zum Ausspruch betriebsbedingter Kündigungen im Rahmen des inzwischen eröffneten Liquidationsverfahrens über die *MIC SA* weiter. Nach ihrer Kündigung legten alle 61 Arbeitnehmer eine Kündigungsschutzklage sowohl gegen die in Liquidation befindliche *MIC SA* als auch die Holdinggesellschaft *JFH SAS* als *co-employeur* ein. Ziel war die Zahlung von Schadensersatz wegen unberechtigter Kündigungen *(licenciement sans cause réelle et sérieuse).*

Nachdem die Arbeitnehmer sowohl gegen *MIC SA* als auch gegen *JFH SAS* in den Vorinstanzen obsiegten und sich eine hohe Gesamtsumme an Schadensersatzansprüchen ergeben hatte, wandte sich letztere gegen ihre Verurteilung durch eine Einstufung als *co-employeur* an den Kassationsgerichtshof. Sie rügte die Verletzung des heutigen Art. 1199

[1860] Cass. soc. 28.05.2008, Revisionsnummer 06-45395; dort ging es um eine Vermischung der Interessen, Betriebe und Leitung zwischen mehreren Vereinen, die als Arbeitgeber fungiert hatten.

[1861] Cass. soc. 18.01.2011, Revisionsnummer 09-69199, Bull. civ. 2011, V, Nr. 23.

[1862] Die herausgehobene Bedeutung dieses Urteils betonen auch etwa *Gauriau*, Dr. social 2012, 995, I. B. 1.; *Pagnerre*, JCP S 2011, 1423, Rn. 1 ff.

C. civ.[1863] und des unter anderem darauf beruhenden Trennungs- und Rechtsträgerprinzips im Konzern[1864]. Hierfür bezog sie sich auf die ursprünglich zur *théorie du co-emploi* ergangene Rechtsprechung, die eine individuelle Weisungsgebundenheit des klagenden Arbeitnehmers voraussetzte und sich zur Beweiserleichterung auf die Betrachtung der Beziehung von Konzerngesellschaften zueinander nur auf das restriktive Kriterium einer „faktischen Konfusion" *(confusion de fait)* eingelassen hatte[1865]. Ebendieses Kriterium könne durch die einem gängigen Verhältnis zwischen Holding- und Tochtergesellschaften geprägte Beziehung zwischen *JFH SAS* und *MIC SA* nicht verwirklicht worden sein.

Der Kassationsgerichtshof schloss sich hingegen der Ansicht der Vorinstanzen an und ließ gleichzeitig sämtliche Zweifel an der Existenz eines kollektiven, von der individuellen Beziehung zwischen Co-Arbeitgeber und Arbeitnehmer losgelösten sowie des an einer Analyse der wirtschaftlichen Beziehungen zwischen Konzerngesellschaften[1866] orientierten Tatbestandsmerkmals der *théorie du co-emploi*, verstummen. Die von ihm herausgestellten Gründe der Co-Arbeitgeberstellung der Holding *JFH SAS* erscheinen vornehmlich durch das zu erreichende Ergebnis einer Haftung der Muttergesellschaft motiviert; ein Autor[1867] bezeichnete die hierdurch begründete Rechtsprechung des Gerichtshofs daher gar als einen „Zauberstab, der den Konzern praktisch in einen Arbeitgeber verwandelt"[1868]. Dies gelang dem Kassationsgerichtshof mit folgender Entscheidungsformel:

„der Appellationsgerichtshof [als Vorinstanz, d. Verf.] hat im Rahmen seines Beurteilungsspielraums in Bezug auf die ihm vorgelegten Tatsachen ohne sich zu widersprechen festgehalten, dass die wirtschaftliche Aktivität der Gesellschaft MIC vollständig unter der Abhängigkeit des Konzerns Jungheinrich stand, welcher 80 % ihrer Produktion[skapazität, d. Verf.] ausschöpfte und die Preise festlegte, dass die Gesellschaft JFH nahezu die Gesamtheit ihres Kapitals innehatte – die verbleibenden Anteile wurden vom Geschäftsführer der Holdinggesellschaft gehalten –, dass bei den Gesellschaften MIC und Jungheinrich France eine gemeinsame Personalverwaltung unter der Leitung der Gesellschaft JFH vorlag, dass letztere der Gesellschaft MIC strategische Entscheidungen auferlegte, insbesondere die Entscheidung, die Aktivität der Gesellschaft Jungheinrich in [der französischen Stadt, d. Verf.] Rungis an die Gesellschaft Jungheinrich France abzutreten, dass die Gesellschaft JFH ständig in Entscheidungen in Bezug auf finanzielle und arbeitsrechtliche Fragen der Gesellschaft MIC sowie in die Kündigungen ihres Personals eingriff und dass sie so in die operationelle und administrative Führung ihrer Filiale intervenierte, die keine Eigenständigkeit innehatte..." Die Vorinstanz habe daher zu Recht entscheiden dürfen, „dass zwischen der Gesellschaft JFH und der Gesellschaft MIC eine Vermischung der Interessen, Betriebe und Leitung

---

[1863] Vor dem 01.10.2016 Art. 1165 C. civ.

[1864] Hierzu in Bezug auf die *théorie du co-emploi* bereits oben, I. Im Arbeitsrecht ist Art. 1165 C. civ. aufgrund der Verweisung des Art. L. 1221-1 C. trav. anwendbar, der hier ebenfalls von der *JFH SAS* angeführt wird.

[1865] Zu dieser Rechtsprechung bereits oben, 1.

[1866] Vgl. etwa *Reynès*, JCP S 2012, 1292, Rn. 6: „...conception économique et sociale [de, d. Verf.] la qualification du coemployeur".

[1867] *Morvan*, JCP S 2011, 1065, 1.

[1868] „Une baguette magique qui transforme virtuellement le groupe en employeur"; a.A. mit Hinweis auf die Fortgeltung des Rechtsträgerprinzips trotz der *Jungheinrich*-Rechtsprechung *Bailly*, Sem. Soc. Lamy, Nr. 2011-1504, 6 f.

vorgelegen" habe und Erstere aus diesem Grund „für das Personal der Gesellschaft MIC eine Stellung als Co-Arbeitgeberin innehatte"[1869].

Die großen praktischen Auswirkungen dieser klar formulierten Rechtsprechung lassen sich bereits daran ermessen, wie stark sie es Arbeitnehmern erleichterte, gegen zahlungsfähige Muttergesellschaften in Konzernen vorzugehen. Die Abwesenheit jeglicher Einzelfallbetrachtung in Bezug auf die faktische Unterordnung des Arbeitnehmers erlaubt es zunächst, Klagen gegen Co-Arbeitgeber im Rahmen von Gruppenverfahren abzuwickeln und so das Prozessrisiko jedes einzelnen Klägers zu verringern[1870]. Sind die Voraussetzungen einer „Vermischung der Interessen, Betriebe und Leitung" in Bezug auf zwei (Konzern-) Gesellschaften erfüllt, gelten sie nämlich *ipso facto* als Co-Arbeitgeber aller klageerhebenden Arbeitnehmer.[1871] Wie es der zweite Teil des *Jungheinrich*-Urteils ausführt, setzt sich diese für Arbeitnehmer besonders günstige Rechtsprechung aber auch in den Rechtsfolgen fort, da es den Aufwand zur Darlegung einer unbegründeten Kündigung wesentlich verringert. Ebenso – und in Abweichung zu anderen insolvenzrechtlichen Haftungsklagen – ermöglicht die *théorie du co-emploi* ein vergleichsweise einfaches Vorgehen gegen ausländische Muttergesellschaften vor französischen Gerichten.[1872]

[1869] „...appréciant souverainement les éléments de fait qui lui étaient soumis, la cour d'appel a retenu, sans se contredire, que l'activité économique de la société MIC était entièrement sous la dépendance du groupe Jungheinrich, qui absorbait 80 % de sa production et fixait les prix, que la société JFH détenait la quasi-totalité de son capital, le reste étant détenu par le dirigeant de la société holding, qu'il existait une gestion commune du personnel des sociétés MIC et Jungheinrich France, sous l'autorité de la société JFH, que celle-ci dictait à la société MIC ses choix stratégiques, notamment la décision de transférer l'activité de Rungis à la société Jungheinrich France, que la société JFH intervenait de manière constante dans les décisions concernant la gestion financière et sociale de la cessation d'activité de la société MIC et le licenciement de son personnel, et qu'elle assurait ainsi la direction opérationnelle et la gestion administrative de sa filiale, qui ne disposait d'aucune autonomie ; qu'elle a pu en déduire qu'il existait entre la société JFH et la société MIC une confusion d'intérêts, d'activités et de direction et qu'en conséquence la société JFH avait la qualité de coemployeur à l'égard du personnel de la société MIC..." ; Hervorhebungen je vom Verfasser.

[1870] Vgl. zu dieser Möglichkeit *Reynès*, JCP S 2012, 1292, Rn. 5.

[1871] So geht es auch aus den ersten Massenverfahren hervor, in denen Kassationsgerichtshof über alle Arbeitnehmeranträge in einem übergreifenden Urteil entschied, siehe etwa im *Metaleurop*-Verfahren Cass. soc. 28.09.2011, Revisionsnummern 10-12278 ff.; 12.09.2012, Revisionsnummern 11-12351 ff. Zu den Entscheidungen im *Metaleurop*-Verfahren ausführlich sogleich weiter unten.

[1872] Zu diesen beiden und weiteren Rechtsfolgen sogleich unten, IV.; ausführlich bereits *Gauriau*, Dr. social 2012, 995, II.

All diese Faktoren führten in der Folge des *Jungheinrich*-Urteils zu einer „Ausweitung“[1873] oder gar einem „Wiederaufleben“[1874] der *théorie du co-emploi* in der instanzgerichtlichen wie auch höchstrichterlichen Rechtsprechung. Die nachfolgenden Urteile sind zahlreich und bestätigen die im *Jungheinrich*-Urteil festgelegten Tatbestandsvoraussetzungen sowie die darin begründete weite Auslegung des kollektiven Tatbestands dieses Richterrechts in vollem Maße[1875]. In ihrer Zusammenschau erlauben es all diese Entscheidungen, die Konturen dieses erweiterten Tatbestands sowie ihre weitreichende praktische Relevanz nachzuzeichnen.

Zur Beschreibung der materiellen Voraussetzungen der kollektiven Betrachtungsweise kann die auch vom Kassationsgerichtshof verwendete Trias der „Vermischung der Interessen, Betriebe und Leitung“ herangezogen werden[1876]. Schon das *Jungheinrich*-Urteil vom 18.01.2011 stellt diese Voraussetzung unter den Leitgedanken, dass vertraglicher Arbeitgeber und Co-Arbeitgeber durch autonomiebeschränkende Eingriffe des ersteren in die Entscheidungssphäre des letzteren[1877] aus der Sicht des Arbeitnehmers ein gemeinsames Unternehmen darstellen[1878]. Notwendig erscheint also eine qualifizierte Beherrschungssituation[1879], in der bei einer Verurteilung nach den Grundsätzen der *théorie du co-emploi* im Ergebnis derjenige Rechtsträger die rechtlichen Konsequenzen der unternehmerischen Entscheidung zur Kündigung von Arbeitsverträgen übernimmt, der sie tatsächlich getroffen hat[1880]. Die drei Bereiche

---

[1873] So der Titel des kritischen Aufsatzes von *Pagnerre*, JCP S 2011, 1423 : „L’extension de la théorie des coemployeurs, source de destruction du droit du travail ?“

[1874] *Reynès*, JCP S 2012, 1292, Rn. 4 :„La résurgence du recours à la notion de coemploi“

[1875] Eine Aufstellung, zumindest der höchstrichterlichen Rechtsprechung seit 2011, findet sich bei *Aubrée*, Contrat de travail (Existence – Formation), in: Lyon-Caen (Hrsg.), Rép. travail, Rn. 300; zu den Folgeurteilen der *Jungheinrich*-Rechtsprechung auch *Gauriau*, Dr. social 2012, 995, I. B. 2.

[1876] Eine solche Herangehensweise findet sich auch bei *Jeansen*, Salariat – Définition, in: JCl. Trav. Fasc. 17-1, Rn. 45, der die nachfolgend zitierten Entscheidungen ebenso nach Tatbestandskriterien einordnet.

[1877] Vgl. *Bailly*, Sem. Soc. Lamy, Nr. 2011-1504, 6, 7.

[1878] Siehe auch *Jeansen*, Salariat – Définition, in: JCl. Trav. Fasc. 17-1, Rn. 45.

[1879] Auch der Kassationsgerichtshof prüfte unter der *Jungheinrich*-Rechtsprechung und ihren Nachfolgern das wirkliche Vorliegen einer solchen Situation. So rechtfertigte er in Cass. soc. 22.06.2011, Revisionsnummer 09-69021, die Stellung einer Konzernmutter als *co-employeur* mit der fehlenden Entscheidungsautonomie ihrer Tochtergesellschaft, die vertragliche Arbeitgeberin der Kläger gewesen war. Gleichzeitig lehnt der Gerichtshof diese Einteilung aber für eine im Konzerngefüge weiter übergeordnete Gesellschaft mangels des Vorliegens einer solch qualifizierten Beherrschungssituation ab. Auf diese Einschränkung ebenso hinweisend *Bailly*, Sem. Soc. Lamy, Nr. 2011-1504, 6, 7; *Reynès*, JCP S 2012, 1292, Rn. 8.

[1880] *Bailly*, Sem. Soc. Lamy, Nr. 2011-1504, 6, 7.

der Vermischung scheinen trotz ihrer kumulativen Natur bei näherer Durchsicht allerdings eher wie ein Indizienbündel mit großer richterlicher Flexibilität angelegt zu sein; insgesamt ist diese Definition wesentlich weitreichender als der insolvenzrechtliche Begriff der Vermögensvermischung im Sinne des Art. L. 621-2 Abs. 2 C. com. seit seiner Begrenzung im *Metaleurop*-Verfahren[1881].

Der Begriff der „Vermischung der Interessen" deutet auf ein Parallellaufen der Interessenslagen der betroffenen Gesellschaften hin, welches durch Kapitalbindungen materialisiert ist[1882]. Umfasst wird von diesem Kriterium daher vornehmlich die Ausprägung des Finanzkonzerns[1883]. Die Kapitalbeteiligung der beherrschenden und als Co-Arbeitgeber qualifizierten Gesellschaft muss allerdings eine Bedeutsamkeitsschwelle überschreiten; entweder umfasst diese das direkte oder indirekte Halten „nahezu" aller Kapitalanteile[1884] – wie bereits im *Jungheinrich*-Urteil für ausreichend erachtet – oder die Gesamtheit aller Anteile.

Das Kriterium einer „Vermischung der Aktivitäten" bezieht sich seiner Bezeichnung entsprechend auf die wirtschaftlichen Beziehungen der betroffenen Gesellschaften, die diesbezüglich einen gewissen Grad an Verflechtung aufweisen müssen[1885]. Im *Jungheinrich*-Urteil war diese zwischen den Gesellschaften *JFH SAS* und *MIC SA* etwa in der mehrheitlichen Auslastung der Produktionskapazitäten von *MIC* durch die Aufträge der *JFH*-Holdinggesellschaft und die hierdurch ausgelöste wirtschaftliche Abhängigkeit der Tochtergesellschaft zu erblicken gewesen. Andere Beispiele für die Erfüllung dieses Merkmals liegen in der Entwicklung eines gemeinsamen Kunden- und Lieferantenstamms[1886] oder im Halten wichtiger, durch die Tochtergesellschaft genutzter, Immaterialgüterrechte durch die beherrschende Gesellschaft[1887].

Das letzte – und im Ergebnis häufig wohl entscheidende – Merkmal[1888] der „Vermischung der Leitung" bezieht sich schließlich auf die eigentliche Quali-

---

[1881] So *Reynès*, JCP S 2012, 1292, Rn. 8 ; zur Vermögensvermischung und der einschränkenden *Metaleurop*-Rechtsprechung oben, § 4 B. II. 3. b) dd).

[1882] *Jeansen*, Salariat – Définition, in: JCl. Trav. Fasc. 17-1, Rn. 45.

[1883] Hierzu genauer oben, § 1 B. I. 3 b) aa).

[1884] Cass. soc. 20.02.2013, Revisionsnummer 11-19305.

[1885] Siehe auch *Jeansen*, Salariat – Définition, in: JCl. Trav. Fasc. 17-1, Rn. 45.

[1886] Cass. soc. 22.06.2011, Revisionsnummer 09-69021; 20.02.2013, Revisionsnummer 11-19305.

[1887] Cass. soc. 30.11.2011, Revisionsnummern 10-22964 ff.

[1888] So *Jeansen*, Salariat – Définition, in: JCl. Trav. Fasc. 17-1, Rn. 45; siehe zum entscheidenden Charakter dieses Merkmals auch Cass. soc. 06.07.2011, Revisionsnummern 09-69689, 09-71746, Bull. civ 2011, V, Nr. 185; 25.09.2013, Revisionsnummern 11-25733 ff.; 18.12.2013, Revisionsnummern 12-25686 ff, Bull. civ. 2013, V, Nr. 312. In diesen Entscheidungen wird die Co-Arbeitgeberstellung der Muttergesellschaft mangels

fikation der Beherrschungssituation durch einen die Autonomie der Gesellschaft einschränkenden Eingriff in ihre Personalhoheit[1889] oder sogar durch eine vollständig gemeinsame Abwicklung der Personalentscheidungen[1890]. Dieser Eingriff wird in den meisten Fällen durch Führungspersonal durchgeführt worden sein, das entweder mit dem der beherrschenden Gesellschaft identisch war oder aber von letzterer bestellt worden ist[1891].

Diese Entscheidungskriterien lassen sich, so hat es die Rechtsprechung nach dem *Jungheinrich*-Urteil ebenso gezeigt, äußerst variabel und auf viele unterschiedliche Konzernkonstellationen anwenden. So wurden Muttergesellschaften in kleinen, als *microgroupe* betriebenen Familienunternehmen ebenso im Rahmen der *théorie du co-emploi* verurteilt[1892] wie auch Muttergesellschaften von internationalen Konzernen mit Sitz im Ausland[1893].

Auch in dem bereits mehrfach erwähnten *Metaleurop*-Verfahren[1894] fand die *théorie du co-emploi* nach den Grundsätzen der *Jungheinrich*-Rechtsprechung Anwendung.

Im Ergebnis konnte dort weder auf Grundlage der Verfahrenserstreckung nach Art. L. 621-2 Abs. 2 C. com. noch mittels einer Haftung durch die *responsabilité pour insuffisance d'actif*[1895] eine Einbeziehung des Haftungsvermögens der Muttergesellschaft *Metaleurop SA* zur Finanzierung der Folgen des Liquidationsverfahrens der Tochtergesellschaft *Metaleurop Nord SAS* erreicht werden. Daneben versuchten die Arbeitnehmer jedoch auch, ihre Rechte im Rahmen einer Haftungsklage gegen die inzwischen als *Recyclex SA* firmierende – und selbst einem Sanierungsverfahren mit anschließendem Sanierungsplan unterzogene – Konzernmutter durchzusetzen[1896]. Die Klage erfolgte wie auch bei anderen Anwendungsfällen der *théorie du co-emploi* gegen den vertraglichen wie den möglichen Co-Arbeitgeber. Auch dieses Verfahren wurde als Sammelverfahren geführt; so klagten bei den nicht leitenden Angestellten knapp 500 Arbeitnehmer, über welche der Kassationsgerichtshof dank der kollektiven Begutachtung seit dem *Jungheinrich*-Urteil ein gemeinsames Urteil sprechen konnte. Ziel der Arbeitnehmer war es insbesondere, eine Kündigungsentschädigung für die

---

Eingriffen in die Personalverantwortung der Tochtergesellschaft abgelehnt; das letztgenannte Urteil verweist zudem ausdrücklich auf das Fehlen einer Einmischung der Muttergesellschaft in diesem Gebiet.

[1889] So bereits im oben besprochenen *Jungheinrich*-Urteil vom 18.01.2011.

[1890] So in Cass. soc. 15.02.2012, Revisionsnummer 10-13897; 16.05.2013, Revisionsnummer 11-25711; zu alledem auch *Jeansen*, Salariat – Définition, in: JCl. Trav. Fasc. 17-1, Rn. 45.

[1891] Beide Fallgruppen lagen etwa im *Metaleurop*-Verfahren in der Entscheidung Cass. soc. 12.09.2012, Revisionsnummern 11-12351 ff. vor.

[1892] So in Cass. soc. 08.06.2011, Revisionsnummer 09-41019, Bull. civ. 2011, V, Nr. 148.

[1893] Cass. soc. 20.02.2013, Revisionsnummer 11-19305; zu den internationalen Zuständigkeitsregeln und der Anwendbarkeit der *théorie du co-emploi* auf Auslandsmuttergesellschaften sogleich unten, IV. 2.

[1894] Hierzu bereits oben, insbesondere unter § 4 B. II. 2. c) (zur fiktiven juristischen Person) sowie § 4 B. II. 3. b) dd) f. (zur Vermögensvermischung).

[1895] Hierzu oben, A. II. 2.

[1896] Cass. soc. 28.09.2011, Revisionsnummern 10-12278 ff. (Arbeitnehmer); 12.09.2012, Revisionsnummern 11-12343 ff. (leitende Angestellte); beide Urteile sind nahezu inhaltsgleich.

aus ihrer Sicht unbegründete betriebsbedingte Kündigung[1897] zu erreichen, die durch die Liquidatoren der *Metaleurop Nord SAS* kurz nach der Eröffnung des Liquidationsverfahrens ausgesprochen worden war. Während des Verfahrens war in Bezug auf diese Kündigungen deutlich geworden, dass die *Metaleurop SA* bereits vor der Eröffnung des Sanierungs- bzw. Liquidationsverfahrens gegenüber der *Metaleurop Nord SAS* ein konzernweites Restrukturierungsprogramm entworfen hatte.

Nachdem der Appellationsgerichtshof Douai in allen Verfahren den Anträgen der Kläger in der zweiten Instanz stattgegeben hatte, wandte sich unter anderem die verurteilte Muttergesellschaft gegen diese Entscheidung und legte einen Revisionsantrag beim Kassationsgerichtshof ein. Wie auch schon die Beklagte im *Jungheinrich*-Urteil wies sie zunächst auf das Fehlen einer individuell vorhandenen Weisungsgebundenheit der klagenden Arbeitnehmer hin. Hinzu kam jedoch das Argument, dass auch das kollektive Kriterium einer „Vermischung der Interessen, Betriebe und Leitung" hier im Ergebnis nicht vorgelegen habe. Zwar sei durch das Vorhandensein gemeinsamen Führungspersonals durchaus von einer „Vermischung der Leitung" zu sprechen; die verbliebenen zwei Merkmale, insbesondere der Leitung, seien aber nicht über das für Konzernverbünde typische Maß hinausgehend verwirklicht gewesen.

Auf diesen Begründungsansatz lässt sich der Kassationsgerichtshof in seinen beiden Urteilen allerdings nicht ein. Vielmehr folgt eine im Sinne der *Jungheinrich*-Rechtsprechung zu erwartende Anwendung des Kriteriums der „Vermischung der Interessen, Betriebe und Leitung". Um die Muttergesellschaft *Recyclex SA* im Ergebnis zum Co-Arbeitgeber der Arbeitnehmer von *Metaleurop Nord SAS* zu erklären, führt der Gerichtshof neben dem Vorhandensein gemeinsamen bzw. unter dem direkten Einfluss der Mutter stehenden Führungspersonals sowie einer *Cash-Pool*-Vereinbarung mehrere Einmischungen der Muttergesellschaft in die Personalverwaltung ihrer Tochter an. Dies betraf allerdings nur die Auswahl und Beförderung von leitenden Angestellten *(cadres)*, was aus der Sicht des Gerichtshofs allerdings ausreichte. Daneben führt der Gerichtshof zur Begründung seiner Entscheidung noch an, die Muttergesellschaft habe anstelle und mit Wirkung für ihre Tochter mit Gläubigern über eine Stundungsvereinbarung verhandelt.

Nicht nur nimmt der Kassationsgerichtshof mit diesem Urteil die Verselbständigung der kollektiven Betrachtungsweise vom individuellen Kriterium der *théorie du co-emploi* vor[1898]. Darüber hinaus wird aus dem Urteil ebenso deutlich, wie problematisch sich die *Jungheinrich*-Rechtsprechung in Bezug auf die Haftungsrisiken für Konzerne darstellt: Mit der Verweigerung einer Berücksichtigung typischer Beherrschungsverhältnisse in Konzernsachverhalten sah sich der Kassationsgerichtshof dem Vorwurf ausgesetzt, das konzernrechtliche Trennungs- und Rechtsträgerprinzip zumindest für den Bereich arbeitsrechtlicher Schadensersatzansprüche seines Kerns zu berauben[1899]. Zu dieser

---

[1897] Zu Besonderheiten der *théorie du co-emploi* in Bezug auf die Begründetheit von betriebsbedingten Kündigungen sogleich unten, IV. 1.

[1898] *Gauriau*, Dr. social 2012, 995, I. B. 2.

[1899] So *Lucas*, Bull. Joly Soc., Nr. 2013-5, 301; kritisch auch *Loiseau*, JCP S 2011, 1528, Rn. 9; JCP S 2014, 1311, 1; *Pagnerre*, JCP S 2011, 1423, Rn. 9; eine enge Auslegung der *théorie du co-emploi* anmahnend ebenfalls *Morvan*, JCP S 2011, 1065; kritisch bereits vor

Einschätzung kam ein Teil der französischen Literatur nicht nur wegen der qualitativen Verschiebung der Tatbestandsmerkmale hin zu einer Betrachtung der wirtschaftlichen Verhältnisse im Konzern, sondern auch und erst recht durch quantitative Aspekte – das in dieser Hinsicht „modernisierte *co-emploi*", so ein Autor[1900], sei „schnell zur Inspiration, wenn nicht zum Antrieb einer wachsenden Zahl von Streitfällen geworden" und gleichzeitig, so ein anderer Autor mit spürbarer Ironie „ein wahrhafter Glücksfall für Arbeitnehmer, deren Arbeitgeber eine Tochtergesellschaft eines zahlungsfähigen Konzerns ist"[1901]. Über seine ursprüngliche Ausgleichsfunktion für durch Beherrschungssituationen ausgelöste Härten im Einzelfall habe sich die *théorie du co-emploi* zu einem Instrument entwickelt, das für sämtliche Ansprüche des Arbeitnehmers die Suche nach einem zahlungsfähigen Schuldner auch im Ausland[1902] ermöglichte – „die Muttergesellschaft" werde nach dieser Sichtweise nur deshalb „zahlen, weil sie die Mittel dafür" habe[1903]. All dies geschah, wie ebenfalls in der Literatur angenommen, nicht zuletzt auf Kosten der Konkurrenzfähigkeit Frankreichs als Zielort für internationale Investoren, die die zunehmende Anwendung und materielle Erweiterung der *théorie du co-emploi* als ebenso hochgradiges wie unvorhersehbares Investmentrisiko sehen mussten.[1904]

3. Berücksichtigung notwendiger Koordinationsmechanismen in Konzernsachverhalten seit dem Molex-Urteil vom 02.07.2014

Auf diese Kritik scheint der Kassationsgerichtshof aber inzwischen reagiert zu haben. War es eigentlich auch sein eigener Anspruch gewesen – so lässt es sich dem Kommentar des Gerichtshofs zum *Jungheinrich*-Urteil in seinem Jahresbericht 2011 entnehmen –, das kollektiv betrachtete Tatbestandsmerkmal der *théorie du co-emploi* nur in solchen (Ausnahme-) Fällen anzuwenden, in denen

---

der *Jungheinrich*-Rechtsprechung *d'Ornano*, JCP S 2010, S. 1533, 1; vermittelnd und auf Risiken einer zu weiten Auslegung trotz möglicher Vorteile hinweisend *Dammann/ François*, D. 2012, 2212, II. A.; *Reynès*, JCP S 2012, 1292, Rn. 9.

1900 *Loiseau*, JCP S 2014, 1311, 1: „le coemploi modernisé est rapidement devenu l'inspirateur, sinon l'instigateur, de contentieux croissants".

1901 *Lucas*, Bull. Joly Soc., Nr. 2013-5, 301: „Véritable aubaine pour les salariés dont l'employeur est une filiale d'un groupe solvable...".

1902 Zur besonderen Rechtsfolge der Kompetenzverlagerung nach Frankreich sogleich unten, IV. 1.

1903 *Lucas*, Bull. Joly Soc., Nr. 2013-5, 301: „la société mère paiera car elle en a les moyens…".

1904 Siehe Ebenda sowie, aktueller, *Dammann/ François*, Bull. Joly Soc., Nr. 2016-4, 209: „Im Herzen der Problematik befindet sich die Attraktivität Frankreichs als Ort für Investitionen ausländischer Unternehmen, welche die *théorie du co-emploi* mit einem mit Unverständnis gemischten Misstrauen betrachten" („Au cœur de la problématique se trouve l'attractivité de la France comme terre d'investissement pour les sociétés étrangères, lesquelles regardent la théorie du co-emploi avec une méfiance mêlée d'incompréhension").

die „Beziehungen“ zwischen den Konzerngesellschaften „über die notwendige Zusammenarbeit zwischen Gesellschaften desselben Konzerns hinausgehen[1905], hatte die stark anwachsende Zahl ihrer Anwendungsfälle ab dem Jahr 2011[1906] dies aber als kaum realistische Einschätzung erscheinen lassen. Hinzu kam im Rahmen dieser Rechtsprechung das Problem einer immer deutlicher werdenden Abweichung in der Rechtsprechung zwischen der mit insolvenzrechtlichen Fragestellungen befassten Handelskammer *(chambre commerciale)* des Kassationsgerichtshofs und seiner arbeitsrechtliche Konflikte bearbeitenden Sozialkammer *(chambre sociale)*. Während erstere im Bereich von Verfahrenserstreckung und später auch der Haftungsklage nach den Grundsätzen der *responsabilité pour insuffisance d'actif* eine weitgehend konzernfreundliche und materiell einschränkende Rechtsprechung verfolgte, betrieb letztere mit ihrer ausweitenden Rechtsprechung für den Bereich der arbeitsrechtlichen Konzernhaftung das genaue Gegenteil.[1907]

Seit einem Urteil vom 02.07.2014 in der Rechtssache *Molex*[1908] geht aber selbst der Kassationsgerichtshof davon aus, dass „die Situation des *co-emploi* [...nun, d. Verf.] die Ausnahme bleiben dürfte“[1909].

Diesem bedeutenden Urteil lag ein Verfahren zugrunde, dessen Sachverhalt für die seit dem *Jungheinrich*-Urteil[1910] ergangenen Entscheidungen typisch sein mag[1911]. Die Gesellschaft *Molex Automotive SARL*, eine Tochter der US-amerikanischen Gesellschaft *Molex Inc.*, schloss ihren Betrieb und sprach allen Arbeitnehmern betriebsbedingte Kündigungen ihrer

---

[1905] *Cour de cassation*, Rapport annuel 2011 – Le risque, S. 456: „relations qui excèdent la nécessaire collaboration entre des entreprises d'un même groupe“.

[1906] Siehe soeben oben, 2.; die Einschätzung einer seitdem anwachsenden Verwendung teilend *Kocher*, Rev. trav. 2014, 625, Fn. 2 für die die *théorie du co-emploi* durch das *Jungheinrich*-Urteil „wieder in den Mittelpunkt gerückt“ wurde („Le coemploi a été remis sur les devants de la scène par l'arrêt *Jungheinrich*“)

[1907] Auf diesen Konflikt hinweisend *Le Mesle*, Bull. Joly ED, Nr. 2014-1, 18; siehe hierzu bereits oben, A. II. 2. Auch im *Metaleurop*-Urteil der *chambre commerciale* zur *responsabilité pour insuffisance d'actif* (19.11.2013, Revisionsnummer 12-28367) waren die Kläger zur Darlegung einer faktischen Geschäftsführung der Muttergesellschaft darauf eingegangen, dass die *chambre sociale Metaleurop SA und Metaleurop Nord SAS* als *co-employeurs* eingestuft hatte. Die Handelskammer wies dieses Argument allerdings mit Hinweis auf die Verschiedenartigkeit der Rechtsgrundlagen ab, hierzu ebenfalls oben, A. II. 2.

[1908] Revisionsnummern 13-15208 ff., Bull. civ. 2014, V, Nr. 159; m. Bespr. *Cesaro/ Peskine*, Rev. trav. 2014, 661; *Couret/ Schramm*, Rev. sociétés 2014, 709; *Kocher*, Rev. trav. 2014, 625; *Loiseau*, JCP S 2014, 1311; *Lucas*, in: *Le Corre/ Lucas*, D. 2014, 2147, II. B.

[1909] *Cour de cassation*, Mensuel du droit du travail Nr. 2014-56, A. 1.: „La situation de co-emploi devrait donc rester exceptionnelle“; im Ergebnis zustimmend *Couret/ Schramm*, Rev. sociétés 2014, 709, Rn. 3; *Loiseau*, JCP S 2014, 1311, 1.

[1910] Hierzu soeben oben, 2.

[1911] Ähnlich auch *Kocher*, Rev. trav. 2014, 625: „Le litige soumis à la Haute juridiction était tristement banal.“

Arbeitsverträge aus; wenig später wurde über die Tochtergesellschaft ein Liquidationsverfahren eröffnet. 190 Arbeitnehmer legten daraufhin Klagen beim zuständigen Arbeitsgericht ein, um Kündigungsentschädigungen zugesprochen zu bekommen. Diese Klagen richteten sich, ebenso üblich wie für Fälle auf der Grundlage der *théorie du co-emploi*, sowohl gegen die SARL als Vertragspartnerin als auch die Auslandsmuttergesellschaft als *co-employeur*.

Die Vorinstanz hatte diese Klage im Sinne der Arbeitnehmer entschieden und hierfür – wenig überraschend – das Kriterium der „Vermischung der Interessen, Betriebe und Leitung" herangezogen und die Gesellschaft *Molex Inc.* als *co-employeur* eingestuft.

Die Einschätzung des Kassationsgerichtshofs erhält ihre große Relevanz durch ihre Abweichung von der bisherigen Rechtsprechung zur „Vermischung der Interessen, Betriebe und Leitung". In seiner Urteilsformel nimmt der Gerichtshof nämlich folgende Einschränkung vor:

„...sofern kein Unterordnungsverhältnis *(lien de subordination)*[1912] vorliegt, kann eine Gesellschaft, die einem Konzern angehört, nur dann als *co-employeur* in Bezug auf die von einer anderen [Konzerngesellschaft, d. Verf.] angestellten Arbeitnehmer beurteilt werden, wenn zwischen ihnen, über die notwendige Koordination der wirtschaftlichen Aktivitäten der einem selben Konzern zugehörigen Gesellschaften und dem Zustand wirtschaftlicher Beherrschung, den eine solche Zugehörigkeit nach sich ziehen kann, eine Vermischung der Interessen, Betriebe und Leitung vorliegt, die sich durch eine Einmischung in die Wirtschafts- und Personalverwaltung letzterer ergibt;

[...] die Tatsache, dass die Geschäftsführer der Tochtergesellschaft aus dem Konzern stammten und dass die Muttergesellschaft im Rahmen der Konzernpolitik Entscheidungen mit Wirkung für das Fortbestehen der Tochtergesellschaft getroffen hat und dass sie sich dazu verpflichtet hatte, die für die Finanzierung der mit der Betriebsschließung und dem Abbau der Arbeitsplätze verbundenen Sozialmaßnahmen notwendigen Mittel zur Verfügung zu stellen, konnte nicht ausreichen, um eine Sachlage des *co-emploi* zu kennzeichnen..."[1913]

In einer mit den vorher im Sinne der Arbeitnehmer entschiedenen Fällen durchaus vergleichbaren Situation kommt der Gerichtshof jetzt zu einem wesentlich konzernfreundlicheren Ergebnis. Wohl in Anbetracht der zunehmenden Kritik aus Literatur und Praxis hatte der Kassationsgerichtshof zwar bereits vorher eine immer größere Anzahl von Urteilen gesprochen, aus denen eine zunehmend ablehnende Haltung in Bezug auf die weite Auslegung der *théorie du co-*

[1912] Zu diesem Merkmal bereits oben, I. 1.

[1913] „...hors l'existence d'un lien de subordination, une société faisant partie d'un groupe ne peut être considérée comme un co-employeur à l'égard du personnel employé par une autre, que s'il existe entre elles, au-delà de la nécessaire coordination des actions économiques entre les sociétés appartenant à un même groupe et de l'état de domination économique que cette appartenance peut engendrer, une confusion d'intérêts, d'activités et de direction se manifestant par une immixtion dans la gestion économique et sociale de cette dernière ; [...]le fait que les dirigeants de la filiale proviennent du groupe et que la société mère ait pris dans le cadre de la politique du groupe des décisions affectant le devenir de la filiale et se soit engagée à fournir les moyens nécessaires au financement des mesures sociales liées à la fermeture du site et à la suppression des emplois, ne pouvait suffire à caractériser une situation de co-emploi..."

emploi durch Instanzgerichte sowie erste Ansätze für die tatbestandliche Verengung hervorgingen[1914]. Erst das *Molex*-Urteil gibt dieser ersten Tendenz allerdings einen Rückhalt durch ein auch inhaltlich weiterentwickeltes Richterrecht, welches die vorher ergangenen, einschränkenden Entscheidungen zu einer nicht zuletzt für Instanzgerichte bindenden Entscheidungsformel zusammenfasst[1915]. Diese Formel baut auf dem Gedankenschritt auf, die *théorie du co-emploi* ähnlich wie die Tatbestände von Vermögensvermischung im Sinne des Art. L. 621-2 Abs. 2 C. com.[1916] sowie des faktischen Geschäftsführers im Sinne des Art. L. 652-1 Abs. 1 C. com[1917] als eine Rechtsfolge für die Anomalie der Beziehungen von Konzerngesellschaften und den damit verbundenen Missbrauch der konzernrechtlichen Beherrschungssituation anzuerkennen[1918]. Im Bereich der *théorie du co-emploi* wird diese Anomalie seit dem *Molex*-Urteil nun durch den Begriff der „Einmischung in die Wirtschafts- und Personalverwaltung" einer Tochtergesellschaft materialisiert[1919]. Der Gerichtshof stellt diese Einmischung unter die Maßgabe eines Vergleichs mit den Strukturen anderer integrativ geführter Konzerne, wobei „die Koordination wirtschaftlicher Aktivitäten" über einen „Zustand wirtschaftlicher Beherrschung" hinausgehen muss.

Da die Einmischung der beherrschenden Gesellschaft kumulativ sowohl in die Bereiche des Personals wie auch der allgemeinen Unternehmensleitung

---

[1914] In Cass. soc. 05.02.2014, Revisionsnummern 12-29703 ff. hatte der Gerichtshof ein die Voraussetzungen der *théorie du co-emploi* ablehnendes Urteil eines Instanzgerichts bereits mit dem Hinweis auf eine über die reine Kapitalbeteiligung der Mutter- an der Tochtergesellschaft hinausgehende, fehlende Einmischung in die Belange dieser Tochtergesellschaft bestätigt; andere Entscheidungen hatten Urteile der Vorinstanzen allein mit der Bemerkung aufgehoben, die Voraussetzungen dieser Theorie seien im Einzelfall nicht ausreichend belegt worden, so etwa in Cass. soc. 25.09.2013, Revisionsnummer 12-14353; 18.12.2013, Revisionsnummern 12-25686 ff. (die dort angeführten Gründe für das Vorliegen eines *co-emploi* zwischen einer französischen Tochter- und einer deutschen Muttergesellschaft erinnern eher an Argumente für das Vorliegen einer Vermögensvermischung oder einer faktischen Geschäftsführung vor der einschränkenden *Metaleurop*-Rechtsprechung); 20.05.2014, Revisionsnummer 12-20527.

[1915] Siehe mit Hinweis auf die ablehnende Rechtsprechung des Kassationsgerichtshofs seit Ende des Jahres 2013 *Loiseau*, JCP S 2014, 1311, 1; im Erg. zustimmend *Cesaro*, in: *Cesaro/ Peskine*, Rev. trav. 2014, 661; *Peskine*, in: *Cesaro/ Peskine*, Rev. trav. 2014, 661; *Lucas*, in: *Le Corre/ Lucas*, D. 2014, 2147, II. B.

[1916] Hierzu oben, insb. unter § 4 B. II. 3.

[1917] Hierzu oben, A. II. 2.; eine ebensolche Verbindung insbesondere mit der *direction de fait* stellt auch *Kocher*, Rev. trav. 2014, 625 her.

[1918] *Loiseau*, JCP S 2014, 1311, 1; ähnlich *Auzero*, Rev. trav. 2016, 27; *Peskine*, in: *Cesaro/ Peskine*, Rev. trav. 2014, 661.

[1919] Siehe *Kocher*, Rev. trav. 2014, 625; *Loiseau*, JCP S 2014, 1311, 1.

eingreifen muss, erscheint diese als ein besonders qualifiziertes Eingriffskriterium[1920]. Genaue Voraussagen, welche Fälle hierunter in Zukunft zu fassen sein werden, sind schwer zu treffen[1921]. Teilweise wird auf eine Parallele zu den Tatbeständen der Vermögensvermischung oder der faktischen Geschäftsführung bei der *responsabilité pour insuffisance d'actif* hingewiesen[1922]; eine vollständige Kongruenz der Begriffe scheint aber schon durch den Hinweis der Entscheidungsformel auf den Eingriff in die Personalhoheit der Gesellschaft kaum im Sinne des Kassationsgerichtshofs gewesen zu sein. Dieser hatte außerdem im *Molex*-Urteil darauf hingewiesen, dass den gesamten Konzern betreffende Orientierungen – wie etwa Entscheidungen im Hinblick auf das Fortbestehen einer Tochtergesellschaft oder die Zusage einer Finanzierung von Sozialplänen – ohne das Vorhandensein eines derartigen Eingriffs durch Mutter- bzw. Holdinggesellschaften getroffen werden können[1923]. Am ehesten dürfte der Begriff der „Einmischung in die Wirtschafts- und Personalverwaltung" damit dem der faktischen Geschäftsführung *(direction de fait)* nahekommen, sofern sich diese explizit auf Einzelentscheidungen der Tochtergesellschaft im Personalbereich beziehen[1924]. Versteht man diese Fortentwicklung der *théorie du co-emploi* als einen Eingriff in den auch im integrativ geführten Konzern fortbestehenden Kernbereich der Personalverwaltung, könnte sich das Haftungsrisiko für Muttergesellschaften dadurch reduzieren, dass sie sich für Einzelentscheidungen in diesem Kernbereich durch die Tochtergesellschaft ausdrücklich mandatieren lassen und so zumindest eine formelle Legitimation ihres Eingriffs herbeiführen.[1925] Dass hingegen allein die Mitfinanzierung eines Sozialplans durch eine Muttergesellschaft – dies wurde in der vom Kassationsgerichtshof im *Molex*-Verfahren abgeänderten Entscheidung der Vorinstanz als Indiz für das Vorliegen einer „Vermischung der Interessen, Betriebe und Leitung" gesehen – noch nicht als Eingriff in diesen Kernbereich gewertet wer-

---

[1920] Dies bemerkend *Peskine*, in: *Cesaro/ Peskine*, Rev. trav. 2014, 661.

[1921] Auf diese Schwierigkeit weist ebenso *Peskine*, in: *Cesaro/ Peskine*, Rev. trav. 2014, 661 hin.

[1922] Ebenda.

[1923] Hierauf hinweisend *Kocher*, Rev. trav. 2014, 625.

[1924] Ähnlich *Loiseau*, JCP S 2014, 1311, 1; eine Ähnlichkeit zur faktischen Geschäftsführung nahelegend auch *Auzero*, Rev. trav. 2016, 27, I; Letzterer geht allerdings noch weiter und möchte unter der „Einmischung in die Wirtschafts- und Personalverwaltung" allgemeinere „Missbräuche der Rechtspersönlichkeit" („abus de la personnalité morale") einer Tochtergesellschaft verstehen, was sich eher dem Tatbestand der fiktiven Gesellschaft *(fictivité de la personne morale)* annähert.

[1925] So im Ergebnis *Kocher*, Rev. trav. 2014, 625, die aber auch für diesen Fall ein Restrisiko für die Haftung der Muttergesellschaft nicht ausschließen will und für die Organisation der internen Entscheidungsabläufe im Konzern weiterhin „größte Vorsicht" („la plus grande prudence") anmahnt.

den kann, lässt sich auch vom Ergebnis her rechtfertigen: Hätte diese Rechtsprechung Bestand gehabt, würde eine Muttergesellschaft bei Betriebsschließungen vor die Wahl gestellt, durch eine solche Finanzierungshilfe über die *théorie du co-emploi* zur Haftung herangezogen zu werden oder eine derartige Unterstützung abzulehnen und durch die Öffentlichkeit als *„patron voyou“*[1926] diskreditiert zu werden[1927]. Im Ergebnis behält das Kernkriterium der „Einmischung“ *(immixtion)* aus dem *Molex*-Urteil aber den Makel eines Tatbestandsmerkmals ohne eindeutige Definition[1928].

So schwierig sich die Formulierung klarer Handlungsanweisungen für Konzerne zur vollständigen Haftungsvermeidung damit trotz der Entwicklung eines erweiterten richterrechtlichen Tatbestands gestaltet, so eindeutig erscheint jedoch zumindest die durch das *Molex*-Urteil erreichte Reduktion des Haftungsrisikos für beherrschende Gesellschaften im Rahmen der *théorie du co-emploi.*

So waren in der höchstrichterlichen Rechtsprechung seit dem 02.07.2014 zunächst ausschließlich Urteile zu finden, die die Voraussetzungen dieses Haftungsinstruments größtenteils unter Anwendung der Formel des *Molex*-Urteils ablehnten[1929]. Dies änderte sich erst in einem Urteil der Sozialkammer des Kassationsgerichtshofs vom 23.09.2015[1930], welches in Bezug auf die Fortdauer der *Molex*-Rechtsprechung wieder neue Fragen aufwirft. Der Gerichtshof ließ in diesem Urteil die Verurteilung einer Muttergesellschaft mit Hinweis auf eine freie Beweiswürdigung durch die Vorinstanz zu, welche zwischen zwei Konzerngesellschaften auf einen gemeinsamen Geschäftsführer, einen gemeinsamen Geschäftssitz, aufeinander aufbauende wirtschaftliche Interessen sowie das Bestehen eines Unterordnungsverhältnisses des klagenden Arbeitnehmers zu beiden Gesellschaften hingewiesen hatte. Bemerkenswerterweise erfolgt die Abweisung des entsprechenden Revisionsantrags der Arbeitgeberseite, ohne das Tatbestandsmerkmal einer „Einmischung in die Wirtschafts- und Personalverwaltung“ auch nur zu erwähnen. Erstaunlich erscheint zudem die anscheinend vorgenommene Vermischung des kollektiven und individuellen Kriteriums der *théorie du co-emploi*, da für die nach Ansicht des Kassationsgerichtshofs vorliegende „Vermischung der Interessen, Betriebe und Leitung“ auch das

---

[1926] Wörtlich: „ganovenhafter Chef“.

[1927] So in Bezug auf die Vorinstanz im *Molex*-Verfahren *Lucas*, Bull. Joly Soc., Nr. 2013-5, 301.

[1928] Vgl. *Dammann/ François*, Bull. Joly Soc., Nr. 2016-4, 209, I.

[1929] Siehe etwa Cass. soc. 02.07.2014, Revisionsnummern 13-15208 ff. (es handelt sich um ein weiteres Urteil im *Molex*-Verfahren); 03.12.2014, Revisionsnummer 13-20053; 18.02.2015, Revisionsnummer 13-22595; 04.02.2015, Revisionsnummer 13-22322; 18.02.2015, Revisionsnummer 13-22595; 04.03.2015, Revisionsnummern 13-28141 ff.; 12.03.2015, Revisionsnummern 13-25364 ff.; 09.06.2015, Revisionsnummern 13-26558 ff.; vgl. auch *Auzero*, Rev. trav. 2016, 27, I

[1930] Revisionsnummer 14-16538.

Vorliegen eines individuellen Unterordnungsverhältnisses *(lien de subordination individuel)*[1931] des Arbeitgebers zur Muttergesellschaft herangezogen wurde.

In Anbetracht der zahlreichen Anwendungsfälle der *Molex*-Rechtsprechung, die auch in Folge dieses Urteils zu beobachten waren[1932], scheint es sich hierbei aber eher um eine isolierte Einzelfallentscheidung zu handeln[1933]. Diese Vermutung bestätigt sich schließlich mit Blick auf die jüngste Rechtsprechung der Sozialkammer des Kassationsgerichtshofs. So lässt sich auch in einer Entscheidung dieser Kammer vom 06.07.2016 in der Rechtssache *Continental*[1934] eine zuverlässige Anwendung der *Molex*-Formel erkennen. Unter nahezu wortgleicher Übernahme der Urteilsformel dieser wegweisenden Entscheidung verweigerte die Kammer in diesem Fall die Ansprüche gegen eine deutsche Muttergesellschaft als *co-employeur*, da es für die in der *Molex*-Formel vorausgesetzte, qualifizierte Einmischung der Muttergesellschaft in die Belange ihrer Tochter nicht ausreiche, dass die erstere durch die Festlegung einer konzernweiten Unternehmenspolitik Einfluss auf die wirtschaftlichen und sozialen Aktivitäten der Tochter genommen und im Rahmen dieser Politik Entscheidungen mit Wirkung für das Fortbestehen dieser Gesellschaft getroffen und Sicherheiten u.a. für die arbeitsrechtlichen Ansprüche im Hinblick auf die Schließung des Betriebs dieser Tochtergesellschaft übernommen habe[1935]. Wie auch in den anderen Entscheidungen lässt es die Sozialkammer damit im Ergebnis für die im *Molex*-Urteil umrissene Ausnahmesituation, welche die Verurteilung einer Muttergesellschaft als *co-employeur* rechtfertigen kann, darauf ankommen, ob die Beherrschungssituation vom erkennenden Gericht im Einzelfall als anormal angesehen wird[1936].

1931 Zu diesem Tatbestandsmerkmal bereits oben, I. 1. sowie III.1.

1932 Siehe etwa Cass. soc. 22.10.2015, Revisionsnummern 14-15780 ff. (ebenfalls ein Urteil aus dem andauernden *Molex*-Verfahren); 10.12.2015, Revisionsnummer 14-19316 ff.; 04.02.2016, Revisionsnummer 14-24050; 12.02.2016, Revisionsnummer 14-19723; auch die Instanzgerichte scheinen die *Molex*-Rechtsprechung weiterhin zuverlässig anzuwenden, siehe zuletzt CA Paris 07.01.2016, Nr. 15/00275.

1933 *Dammann/ François*, Bull. Joly Soc., Nr. 2016-4, 209, I: „Aber wenn diese Entscheidung glauben lassen hätte können, dass die Sozialkammer die Beziehung zu ihren alten Dämonen wieder aufnähme, ist dieser Zweifel nunmehr überholt" („Mais si cette décision pouvait laisser croire que la chambre sociale avait renoué avec ses vieux démons, le doute n'est désormais plus permis"*);* wohl im Ergebnis ebenso *Auzero*, Rev. trav. 2016, 27, I.

1934 Revisionsnummern 14-27266 ff.

1935 „...le fait que la politique du groupe déterminée par la société mère ait une incidence sur l'activité économique et sociale de sa filiale, et que la société mère ait pris dans le cadre de cette politique des décisions affectant le devenir de sa filiale et se soit engagée à garantir l'exécution des obligations de sa filiale liées à la fermeture du site et à la suppression des emplois ne pouvaient suffire à caractériser une situation de coemploi…".

1936 *Peskine/ Wolmark*, Travail, Rn. 53.

Ein weiteres Indiz für die vollzogene Beschränkung der *théorie du co-emploi* lässt sich auch in der hohen Anzahl von seitdem ergangenen höchstrichterlichen Entscheidungen[1937] erkennen, in denen das Vorliegen der Voraussetzungen dieses Rechtsinstituts größtenteils unter Anwendung der bekannten Entscheidungsformel und auch entgegen anderslautender Entscheidungen der jeweiligen Vorinstanz abgelehnt worden ist.

4. Verlagerung des Schwerpunkts einer konzernspezifischen Arbeitgeberhaftung in den Bereich der Deliktshaftung des Artikels 1240 C. civ. – Das Sofarec-Urteil vom 08.07.2014

In den soeben genannten, engen Grenzen wird ein Fortbestehen der *théorie du co-emploi* und des damit verbundenen Restrisikos einer Durchgriffshaftung auf beherrschende Konzerngesellschaften kaum zu bestreiten sein[1938]. Zwei Autoren beschreiben die aktuelle Situation im Hinblick auf die zuletzt gesprochenen höchstrichterlichen Urteile sogar noch drastischer: „Die Rechtsfigur des *co-emploi* findet sich in Wirklichkeit weitestgehend von ihrer Substanz geleert, ohne dass sie im Grundsatz endgültig verworfen wäre“, was aber ausweislich der immer noch häufigen Notwendigkeit eines höchstrichterlichen Eingreifens zahlreiche Instanzgerichte nach wie vor nicht davon abhält, ihre inzwischen überholten Kriterien wiederaufleben zu lassen[1939].

Ein kurz nach dem *Molex*-Urteil vom 02.07.2014 ergangenes Urteil der Sozialkammer des Kassationsgerichtshofs vom 08.07.2014 in der Rechtssache *Sofarec*[1940] wirft nun allerdings ein Schlaglicht auf eine möglicherweise daneben hinzutretende Haftungsgrundlage für Arbeitnehmer aus einer deliktsrechtlichen Haftung aus den heutigen Artikeln 1240 f. C. civ.[1941]

[1937] Siehe etwa Cass. soc. 07.03.2017, Revisionsnummern 15-16865 ff.; 17.05.2017, Revisionsnummer 15-27766; 13.07.2017, Revisionsnummern 16-13699 ff.; 28.03.2018, Revisionsnummer 16-22188; 28.06.2018, Revisionsnummer 14-26542.

[1938] Siehe etwa *Auzero*, Rev. trav. 2016, 27, I; *Kocher*, Rev. trav. 2014, 625; *Loiseau*, JCP S 2014, 1311, 1; *Lucas*, in: *Le Corre/ Lucas*, D. 2014, 2147, II. B.; *Peskine,* in: *Cesaro/ Peskine*, Rev. trav. 2014, 661. Auch das soeben genannte Urteil der Sozialkammer vom 23.09.2015 zeugt von einer fortbestehenden Anwendung der *théorie du co-emploi* zur Rechtfertigung von Haftungsdurchgriffen.

[1939] *Dammann/ François*, Bull. Joly Soc., Nr. 2016-4, 209: „La figure du co-emploi se trouve en fait très largement vidée de sa substance sans que son principe ne soit définitivement condamné.“ Auch dort wird auf das weiter bestehende instanzgerichtliche Prozessrisiko hingewiesen.

[1940] Revisionsnummer 13-15573, Bull civ. 2014, V, Nr. 180; m. Bespr. *Couret/ Schramm*, Rev. sociétés 2014, 709; *Loiseau*, JCP S 2014, 1311; *Lucas*, in: *Le Corre/ Lucas*, D. 2014, 2147, II. B. sowie Revisionsnummer 13-15470.

[1941] Zuvor: Art. 1382 C. civ.; geändert durch Art. 2 der Ordonnance Nr. 2016-131 vom 10.02.2016 portant réforme du droit des contrats, du régime général et de la preuve des obligations, JORF, 11.02.2016, Nr. 26; in Kraft getreten am 01.10.2016, Art. 9 der Ordonnance.

In diesem Urteil bestätigt der Kassationsgerichtshof die Entscheidung der Vorinstanz, Arbeitnehmern einen Schadensersatzanspruch gegen die Mutter- sowie die übergeordnete Holdinggesellschaft – einen luxemburgischen Investmentfonds[1942] –, welche über eine Kapitalbindung in Höhe von jeweils 100 % miteinander verbunden waren, zuzusprechen. Die Tochtergesellschaft war nach der Eröffnung eines Sanierungsverfahrens einem Liquidationsverfahren unterzogen worden, im Rahmen dessen sämtlichen Arbeitnehmern eine betriebsbedingte Kündigung ausgesprochen worden war. Die klagenden Arbeitnehmer forderten von beiden Gesellschaften deliktischen Schadensersatz aufgrund des Verlusts einer Möglichkeit, im Rahmen eines Sozialplans *(plan de sauvegarde de l'emploi)* auf Wiedereingliederungsmaßnahmen zurückgreifen zu können, was das Liquidationsverfahren verhindert habe. Die Sozialkammer des Kassationsgerichtshofs spricht den Arbeitnehmern einen solchen Schadensersatzanspruch in Höhe von je 3.000 Euro auf der Grundlage der allgemeinen Deliktshaftung der heutigen Art. 1240 f. C. civ. zu und begründet ihn wie folgt:

Nach der Ansicht der Sozialkammer hatten die beherrschenden Gesellschaften „für die [...Tochtergesellschaft, d. Verf.] schadensauslösende Entscheidungen getroffen, durch die sich die schwierige wirtschaftliche Situation der Letzteren verschlimmerte", wobei diese Entscheidungen für die Tochtergesellschaft „keine Zweckmäßigkeit aufwiesen und ausschließlich dem einzigen Gesellschafter zum Vorteil gereichten". Aus diesem Grund hätten beide „Gesellschaften durch ihre schuldhafte Pflichtverletzung *(faute)* und [ihre, d. Verf.] tadelnswerte Leichtfertigkeit *(légèreté blâmable)* an der Insolvenz des Arbeitgebers und zum Verlust der Arbeitsplätze, die sich daraus ergab, mitgewirkt"[1943]

Diese Haftungsgrundlage lässt sich für betroffene Arbeitnehmer gerade aufgrund der zeitlichen Nähe der *Sofarec*- und *Molex*-Urteile als eine gangbare und vom Kassationsgerichtshof vorgezeichnete Alternative, denen dieser Weg damit indirekt anempfohlen worden sein könnte[1944]. Zwar erscheinen der der Entscheidung zugrundeliegende Sachverhalt und die entsprechende Interessenlage der Parteien einem typischen Anwendungsfall der *théorie du co-emploi* sehr ähnlich; immerhin geht es in beiden Fällen darum, auf Eingriffe einer beherrschenden Gesellschaft in die die Personalentscheidungen der beherrschten Gesellschaft mit einem Haftungsdurchgriff auf die erstere zu reagieren. Doch die Unterschiede zwischen den beiden Haftungsgrundlagen treten im *Sofarec*-Urteil ebenso deutlich zu Tage: Während der kollektive Ansatz der *théorie du co-emploi* ausschließlich auf einer Analyse der wirtschaftlichen Beziehungen zwischen Konzerngesellschaften basiert, ist die Deliktshaftung – anders der

[1942] Zum Sachverhalt auch *Couret/ Schramm*, Rev. sociétés 2014, 709, Rn. 14.

[1943] Die Entscheidungsformel lautet: „Mais attendu qu'ayant constaté que la société Sofarec, directement ou par l'intermédiaire de la société Financière GMS, avait pris des décisions dommageables pour la société X..., qui avaient aggravé la situation économique difficile de celle-ci, ne répondaient à aucune utilité pour elle et n'étaient profitables qu'à son actionnaire unique, la cour d'appel a pu en déduire, sans encourir les griefs du moyen, que ces sociétés avaient par leur faute et légèreté blâmable, concouru à la déconfiture de l'employeur et à la disparition des emplois qui en est résulté".

[1944] So *Cesaro,* in: *Cesaro/ Peskine*, Rev. trav. 2014, 661.

nunmehr zu dieser in Konkurrenz stehende Ansatz des *co-emploi* – eine Haftung für schuldhafte Pflichtverletzungen.[1945] Die Pflichtverletzung liegt in diesem speziellen Anwendungsfall ausweislich der Urteilsformel des *Sofarec*-Urteils in einer „Mitwirkung an der Insolvenz des Arbeitgebers" und des sich daraus ergebenden „Verlust[s] der Arbeitsplätze" der klagenden Arbeitnehmer mit dem einzigen Motiv der Suche nach dem eigenen Vorteil für die Eigentümer dieser Gesellschaft. Im Ergebnis misst sich die Sozialkammer, wie sie es in ihrer Urteilsbegründung selbst andeutet, damit eine deliktsrechtliche Kontrolle der Zweckmäßigkeit von unternehmerischen Entscheidungen durch beherrschende Gesellschaften zu[1946]. Der geltend zu machende Schaden liegt, wie von den Arbeitnehmern auch im vorliegenden Fall vertreten, in dem im Arbeitsrecht häufiger verwendeten „Verlust einer Chance" *(perte d'une chance)*[1947], die je nach Sachlage genauer zu bezeichnen ist.

Fraglich erscheint jedoch immer noch, welche Folgen diese Rechtsprechung für das Haftungsgefüge insbesondere bei durch Betriebsschließungen ausgelösten Kündigungen haben könnte. Da es sich bei der Deliktshaftung im französischen Recht um einen offenen Tatbestand handelt, erscheint es zunächst möglich, diese Haftungsgrundlage auch über Konzernsachverhalte hinaus auf jede Person anzuwenden, die – und sei es über Umwege – den Arbeitsplatzverlust möglicher Anspruchssteller zu verantworten hat[1948]. Dass dies, abhängig von der Definition der Pflichtverletzung, zu einer extensiven Haftung für Vermögensschäden fremder Rechtsträger führen könnte, versteht sich von selbst. Besonders problematisch erscheint diesbezüglich auch der Rückgriff auf das einer äußerst weiten Auslegung zugängliche Fahrlässigkeitskriterium der „tadelnswerten Leichtfertigkeit" *(légèreté blâmable)*[1949]. Dieses Erfordernis steht im Übrigen im Widerspruch zu einer ebenfalls im Jahr 2014 ergangenen Rechtsprechung der Handelskammer des Kassationsgerichtshofs[1950], in welcher eine allgemeine Deliktshaftung für Aktionäre nur im Fall einer „vorsätzlichen

---

[1945] Auf diese Gemeinsamkeiten und Unterschiede hinweisend *Loiseau*, JCP S 2014, 1311.

[1946] Diesbezüglich in Verbindung mit dem dazugehörigen Fahrlässigkeitskriterium kritisch *Lucas*, Bull. Joly Soc., Nr. 2014-10, S. 418 – die Führung eines Unternehmens könne nicht im Nachhinein zu einer „exakten Wissenschaft" („science exacte") gemacht werden.

[1947] Siehe *Couret/ Schramm*, Rev. sociétés 2014, 709, Rn. 16.

[1948] Dies mit einiger Vorsicht vorhersagend *Cesaro,* in: *Cesaro/ Peskine*, Rev. trav. 2014, 661.

[1949] Zu Recht kritisch diesbezüglich *Dammann/ François*, Bull. Joly Soc., Nr. 2016-4, 209, II; *Lucas*, in: *Le Corre/ Lucas*, D. 2014, 2147, II. B.; *ders.*, Bull. Joly Soc., Nr. 2014-10, S. 418.

[1950] Cass. com. 18.02.2014, Revisionsnummer 12-29752, Bull. civ. 2014, IV, Nr. 40.

Pflichtverletzung von besonderer Schwere“ *(faute intentionnelle d'une particulière gravité)*[1951] festgehalten wurde. Die Möglichkeit zum Beweis des „Verlusts einer Chance“ im Bereich der haftungsausfüllenden Kausalität erscheint zudem äußerst weitläufig; würde man entgegen der Anträge im *Sofarec*-Verfahren als Schaden den Verlust der Möglichkeit zur Fortsetzung des Arbeitsverhältnisses ansetzen, käme es sogar zu einer völlig unübersichtlichen Rechtslage[1952].

Obwohl diese Vorteile aus der Sicht klagender Arbeitnehmer der Anwendung einer allgemeinen Deliktshaftung auf den ersten Blick ein hohes Anwendungspotenzial versprechen, führen zahlreiche Einschränkungen und ungeklärte Fragen diesbezüglich zu einem etwas durchwachseneren Gesamtbild. Zunächst könnte das Schadenserfordernis in manchen Fällen von den Antragstellern schwer darzulegen sein: Haben die Arbeitnehmer bereits eine Kündigungsentschädigung erhalten, würde eine solche die haftungsausfüllende Kausalität diesbezüglich ausschließen[1953]. Wird hingegen das Argument des „Verlusts einer Chance“ im Bereich des Schadens angebracht, so führt dies nach gängiger Rechtsprechungspraxis zu einer drastischen Verringerung des möglichen Schadensersatzbetrags. Wurde den Klägern im *Sofarec*-Verfahren auf dieser Grundlage ein Betrag von jeweils 3.000 Euro zugesprochen, hätte diese Summe bei einem Verfahrensgewinn auf Grundlage der *théorie du co-emploi* mit größter Wahrscheinlichkeit ein Vielfaches dieser Summe betragen.[1954] Zudem erscheint diese Rechtsfolge einer Geldentschädigung als wesentlich weniger weitreichend als die vollständige Übernahme sämtlicher Pflichten eines Arbeitgebers bei Anwendung der *théorie du co-emploi*[1955]. Ebenso ist die Verfolgung von Arbeitnehmeransprüchen über die Deliktshaftung insgesamt wenig erprobt und mit zahlreichen zurzeit noch ungeklärten praktischen Fragen verbunden[1956]. Wurde dieser mögliche Fokuswechsel der Rechtsprechung in der Literatur aus der Arbeitgebersicht etwa als ein „Wechsel von Charybdis zu Skylla“ bezeichnet[1957], erscheint es in der Gesamtschau doch realistischer, dass das Instrument der Deliktshaftung für den hier bezeichneten Zweck – wie auch die *théorie du co-emploi* – ausschließlich besonders schweren Verstößen gegen

---

[1951] Vgl. *Auzero*, Rev. trav. 2016, 27, II.

[1952] Zu dieser Problematik *Loiseau*, JCP S 2014, 1311.

[1953] *Loiseau*, JCP S 2014, 1311.

[1954] *Couret/ Schramm*, Rev. sociétés 2014, 709, Rn. 16.

[1955] Zu den Auswirkungen der Co-Arbeitgeberstellung sogleich unten, IV.; diese Einschätzung teilen *Couret/ Schramm*, Rev. sociétés 2014, 709, Rn. 16.

[1956] Hierzu im Gesamtüberblick ausführlich *Fabre*, Rev. trav. 2014, 672.

[1957] So bei *Lucas*, Bull. Joly Soc., Nr. 2014-10, S. 418: „Pour autant, les actionnaires se garderont de se réjouir trop vite de cette dernière nouvelle du front du droit social car cette décision rassurante a coïncidé avec une autre qui elle apparaît autrement inquiétante, au point que l'on peut se demander si, dans bien des cas, les actionnaires n'éviteront le Charybde du co-emploi que pour mieux subir le Scylla de la responsabilité civile...“.

die Eigenständigkeit von Konzerngesellschaften – vor allem in Form von existenzvernichtenden Eingriffen[1958] – vorbehalten bleiben und seine Gesamtauswirkungen kaum über die eines Restrisikos für beherrschende Gesellschaften hinausgehen wird[1959]. Dies würde zudem eine Vereinheitlichung der Rechtsprechung zwischen der Sozial- und der Handelskammer mit sich bringen und der allgemeinen, konzernfreundlichen Tendenz in der Rechtsprechung der letzten Jahre entsprechen. Mangels aussagekräftiger höchstrichterlicher Entscheidungen mit entsprechender Tendenz bleibt dies allerdings eine Prognose, im Rahmen derer sich insbesondere eine fortschreitende weite Auslegung des Fahrlässigkeitskriteriums als besonders schädlich für den Stand des Trennungs- und Rechtsträgerprinzips in Konzernen erweisen würde[1960].

Auch in der jüngsten Rechtsprechung hat sich die Tendenz einer erweiterten Anwendung der Regeln des Deliktsrechts im Fall von betriebsbedingten Kündigungen anstelle der *théorie du co-emploi* bestätigt. So entschied die Sozialkammer des Kassationsgerichtshofs in einem Urteil vom 24.05.2018[1961] zulasten nicht etwa einer direkten Muttergesellschaft im Rechtssinn, sondern einer als „Hauptaktionär" *(actionnaire principal)* bezeichneten und über mehrere Zwischengbeteiligungen mit der Arbeitgeberin verbundenen Holdinggesellschaft. Nach Überzeugung des Gerichtshofs habe die von zahlreichen Arbeitnehmern wiederum auf deliktischen Schadensersatz in Anspruch genommene Holdinggesellschaft durch die indirekte Ausübung ihrer Leitungsmacht im Hinblick auf für die Vertragsarbeitgeberin nachteilige unternehmerische Entscheidungen „ausschließlich in ihrem Interesse als Aktionärin"[1962] zur Zahlungsunfähigkeit derselben beigetragen. Sie wurde deshalb – insofern analog zum *Sofarec*-Urteil – zum Ersatz des daraus entstandenen Schadens verurteilt.

IV. Rechtsfolgen

Im Falle einer Erfüllung der nunmehr besonders eng gezogenen Tatbestandsgrenzen sind die Rechtsfolgen der Stellung einer Konzerngesellschaft als *co-employeur* äußerst weitgehend. Unabhängig von der immer noch streitig diskutierten Frage, ob der *co-employeur* direkt in den bereits bestehenden Arbeitsvertrag eintritt oder „nur" die Rechtsfolgen dieses Vertrags auf ihn übertragen

---

[1958] Gerade für diesen Fall halten etwa *Dammann/ François*, Bull. Joly Soc., Nr. 2016-4, 209, I eine derartige Durchgriffshaftung für legitim.

[1959] Hiervon ausgehend *Couret/ Schramm*, Rev. sociétés 2014, 709, Rn. 16.

[1960] Im Hinblick auf die Haftungsbeschränkung von Aktionären eine klare Änderung der höchstrichterlichen Rechtsprechung in diese Richtung fordernd *Dammann/ François*, Bull. Joly Soc., Nr. 2016-4, 209, II; *Lucas*, Bull. Joly Soc., Nr. 2014-10, S. 418.

[1961] Revisionsnummern 16-22881 ff., *Sun Capital Partners*.

[1962] „...dans son seul intérêt d'actionnaire".

werden[1963], tritt er unabhängig von jeglicher Willensäußerung als Gesamtschuldner gemeinsam mit dem ursprünglichen Arbeitgeber in dessen gesamten Pflichtenkreis ein. Insbesondere im Fall einer Zahlungsunfähigkeit des Vertragspartners eines Arbeitnehmers wird es diesem hierdurch ermöglicht, sämtliche aus der Erfüllung bzw. Beendigung des Vertrags entstandenen Gegenleistungsansprüche gegenüber dem neu eintretenden Gesamtschuldner geltend zu machen – insbesondere gegenüber solventen Muttergesellschaften. Hierzu gehören etwa noch fällige Ansprüche auf Zahlung des Arbeitslohns, Ansprüche auf Ausgleichszahlungen für Überstunden und Urlaubstage sowie Ansprüche auf Abfindung und Schadensersatz im Fall ungerechtfertigter Kündigungen.[1964] Die Gesamtschuldnerstellung verbindet die beiden Arbeitgeber rechtlich miteinander; so tritt die Erfüllungswirkung in Bezug auf beide Co-Arbeitgeber ein, sobald einer von ihnen die Schuld getilgt hat und eine Nichterfüllung verpflichtet sie beide zur entsprechenden Leistung von Sekundäransprüchen[1965]. Ebenso wird zwischen beiden in Bezug auf die das Arbeitsverhältnis betreffenden Belange eine Vertretungsmacht fingiert, die etwa den Ausspruch von Kündigungen für sämtliche Parteien wirksam werden lässt[1966].

Dieser Eintritt in die Arbeitgeberpflichten erhielt gerade zur Zeit seiner größten Anwendungshäufigkeit eine besondere Schärfe im Bereich der Konzernhaftung, da sich nach dieser Rechtsprechung die Rechtsstellung eines hinzutretenden *co-employeurs* als Konzernunternehmen im Hinblick auf den Begründungsaufwand betriebsbedingter Kündigungen deutlich verschlechterte und damit die Zusprache von Kündigungsentschädigungen erleichtert wurde. Eine inzwischen erfolgte Neugestaltung des *Code du travail* – ein Teil der als *„Ordonnances Macron"* bekannten Reformen des Arbeitsrechts – hat diesbezüglich nunmehr klarere Regeln geschaffen[1967]. Darüber hinaus erlaubt es die *théorie du co-emploi* – soweit sie im Einzelfall noch Anwendung findet – nach Ansicht der Rechtsprechung jedoch weiterhin, eine internationale Zuständigkeit französischer Gerichte für im europäischen Ausland ansässige Muttergesellschaften zu begründen.

1963 Hierzu bereits oben, I.

1964 Siehe zu alledem *Aubrée*, Contrat de travail (Existence – Formation), in: Lyon-Caen (Hrsg.), Rép. travail, Rn. 301; *Gauriau*, Dr. social 2012, 995, II; *Jeansen*, Salariat – Définition, in: JCl. Trav. Fasc. 17-1, Rn. 46.

1965 Cass. soc. 08.11.2006, Revisionsnummer 04-43887.

1966 Cass. soc. 01.06.2004, Revisionsnummer 01-47165. Zu den Rechtsfolgen auch *Jeansen*, Salariat – Définition, in: JCl. Trav. Fasc. 17-1, Rn. 46.

1967 Zur neuen Rechtslage sogleich unten, 1. b).

1. Insbesondere: Beweiserleichterung für eine fehlende Rechtfertigung betriebsbedingter Kündigungen in Konzernsachverhalten und mögliche Neutralisierung dieser Rechtsprechung durch die Ordonnances Macron vom 20.12.2017

a) Rechtslage zum Zeitpunkt der Jungheinrich- und Metaleurop-Urteile der Sozialkammer des Kassationsgerichtshofs (2011 bis 2014)

Für die häufig bei der Eröffnung von Liquidationsverfahren über Konzerngesellschaften auftretende Frage von Kündigungsentschädigungen bot die Anwendung der *théorie du co-emploi* in ihrer Hochphase seit dem *Jungheinrich*-Urteil vom 18.01.2011[1968] eine große Erleichterung zum Beweis des Fehlens eines rechtlichen Grundes *(cause réelle et sérieuse)* für betriebsbedingte Kündigungen *(licenciements pour motif économique)*[1969]. Das französische Arbeitsrecht definierte in Art. L. 1233-3 Abs. 1 C. trav. in seiner zum Zeitpunkt des *Jungheinrich*-Urteils anwendbaren Fassung die betriebsbedingte Kündigung und ihren Kündigungsgrund *(motif économique)* wie folgt:

„Eine betriebsbedingte Kündigung ist die Kündigung, die von einem Arbeitgeber aufgrund einer oder mehrerer nicht in der Person des Arbeitgebers liegender Ursachen ausgesprochen wurde, die ihren Ursprung in einem Wegfall oder der Veränderung des Arbeitsplatzes oder einer vom Arbeitnehmer abgelehnten Abänderung eines wesentlichen Teils des Arbeitsvertrags haben, welche insbesondere infolge von wirtschaftlichen Schwierigkeiten oder technologischen Veränderungen [entstanden sind, d. Verf.]“[1970].

Zwar ist die Stilllegung eines Betriebs oder eines ganzen Unternehmens, wie sie im Falle eines Liquidationsverfahrens in aller Regel der (Massen-) Kündigung zugrunde liegt, im engen Wortsinn dieses Artikels kein selbständiger Kündigungsgrund. Die Rechtsprechung der Sozialkammer des Kassationsgerichtshofs hatte aber bereits in einem Urteil vom 16.01.2001[1971] aus der Formulierung „insbesondere“ („notamment“) im soeben genannten Gesetzestext geschlossen, dass die „wirtschaftlichen Schwierigkeiten“ bzw. die „technologischen Veränderungen“ nicht die einzigen gesetzlich zugelassenen wirtschaftlich bedingten Kündigungsgründe sein können. Vielmehr sei hiernach auch

[1968] Zu diesem Urteil und seiner Bedeutung bereits ausführlich oben, III. 2.

[1969] Vgl. zu dieser Einschätzung auch *Morvan*, JCP S 2011, 1065, 2.

[1970] „Constitue un licenciement pour motif économique le licenciement effectué par un employeur pour un ou plusieurs motifs non inhérents à la personne du salarié résultant d'une suppression ou transformation d'emploi ou d'une modification, refusée par le salarié, d'un élément essentiel du contrat de travail, consécutives notamment à des difficultés économiques ou à des mutations technologiques.“

[1971] Revisionsnummer 98-44647, Bull. civ. 2001, V, S. 7, Nr. 10.

„...die Einstellung der Tätigkeit des Unternehmens, wenn sie nicht auf eine schuldhafte Pflichtverletzung *(faute)* des Arbeitgebers oder seine tadelnswerte Leichtfertigkeit *(légèreté blâmable)* zurückzuführen ist“[1972], als Kündigungsgrund in diesem Sinne zu verstehen.

Daneben hatte die Sozialkammer des Kassationsgerichtshofs bereits vorher als weiteren Kündigungsgrund die „für die Rettung ihrer Wettbewerbsfähigkeit notwendige Sanierung des Unternehmens“ anerkannt[1973].

Für den Anwendungsfall der *théorie du co-emploi* veränderte sich nach dem *Jungheinrich*-Urteil allerdings der Entscheidungsmaßstab für die hiernach eingegrenzten Kündigungsgründe bei Betriebsschließungen. Die Beklagten hatten in diesem Verfahren der Vorinstanz vorgeworfen, die im Rahmen des Liquidationsverfahrens über die Tochtergesellschaft ausgesprochenen Kündigungen für ungerechtfertigt *(sans cause réelle et sérieuse)* erklärt zu haben, obwohl diese ohne Pflichtverletzung oder tadelnswerte Leichtfertigkeit ihren Betrieb geschlossen hatte, was einer Rechtfertigung nach dem Urteil von 2001 entsprochen hätte. Die Sozialkammer des Kassationsgerichtshofs hingegen entschied in dem Fall

„...in dem der Arbeitnehmer als Co-Arbeitgeber Einheiten desselben Konzerns hat, kann die Einstellung der Tätigkeit von einer unter ihnen nur dann den Grund für eine betriebsbedingte Kündigung darstellen, wenn sie durch wirtschaftliche Schwierigkeiten, technologische Veränderungen oder die für die Rettung der Wettbewerbsfähigkeit notwendige Sanierung des gesamten Tätigkeitssektors des Konzerns, dem sie zugehören, gerechtfertigt ist“[1974].

Einfacher ausgedrückt bedeutet diese Rechtsprechung bei einer Anwendung der *théorie du co-emploi*, dass die Kündigung von Arbeitnehmern nach zu diesem Zeitpunkt geltendem Recht nicht mehr nur mit der Begründung ausgesprochen werden konnte, dass die betreffende Gesellschaft ihre Tätigkeiten einstelle. In diesem Fall wurde der erleichterte Begründungsansatz des Urteils vom 16.01.2001 aufgehoben. Vielmehr wurde der ihre Tätigkeiten fortführenden Konzerngesellschaft der zusätzliche Begründungsaufwand auferlegt, in

---

[1972] „...la cessation d'activité de l'entreprise, quand elle n'est pas due à une faute de l'employeur ou à sa légèreté blâmable, constituait un motif économique de licenciement au sens du texte précité...“.

[1973] „Réorganisation de l'entreprise nécessaire à la sauvegarde de sa compétitivité“, *siehe* insbesondere Cass. soc. 05.04.1995, Revisionsnummer 03-42690, Bull. civ. 1995, V, S. 89, Nr. 123.

[1974] So das bereits genannte Jungheinrich-Urteil, Cass. com. 18.02.2011, Revisionsnummer 09-69199, Bull. civ. 2011, V, Nr. 23: „...lorsque le salarié a pour coemployeurs des entités faisant partie d'un même groupe, la cessation d'activité de l'une d'elles ne peut constituer une cause économique de licenciement qu'à la condition d'être justifiée par des difficultés économiques, par une mutation technologique ou par la nécessité de sauvegarder la compétitivité du secteur d'activité du groupe dont elles relèvent...“.

Bezug auf den Gesamtkonzern einen der anderen, herkömmlichen Kündigungsgründe darzulegen und zu beweisen.[1975] Im dem *Jungheinrich*-Urteil zugrundeliegenden Sachverhalt war eine derartige Darlegung nicht erfolgt und die Kündigungen aus diesem Grunde als unbegründet dargestellt. Dies hatte die Auferlegung eines entsprechenden Schadensersatzanspruchs *(indemnité pour licenciement sans cause réelle et sérieuse)* für die Muttergesellschaft als *co-employeur* zur Folge.

Noch ein weiterer Begründungsansatz für das Vorliegen einer ungerechtfertigten Kündigung wirkte sich bei einer Anwendung der *théorie du co-employeur* im Konzernbereich überaus günstig für Arbeitnehmer aus. Dieser wurde etwa in den *Metaleurop*-Urteilen vom 28.09.2011 sowie vom 12.09.2012[1976] von der Sozialkammer des Kassationsgerichtshofs zugrunde gelegt. Der Ansatz beruhte auf einer nach der damals anwendbaren Fassung des Art. 1233-4 Abs. 1 C. trav. jedem Arbeitgeber im Falle einer Kündigung zukommenden Verpflichtung einer internen Wiedereingliederung des zu kündigenden Arbeitnehmers, die ausweislich dieser Vorschrift konzernweite Geltung hatte. Deutlich verschärfende Wirkungen hatte diesbezüglich die Tatsache, dass die Rechtsprechung der *Metaleurop*-Urteile der beherrschenden Gesellschaft als *co-employeur* keinerlei Vertrauensschutz zukommen ließ. Vielmehr waren die ausgesprochenen Kündigungen wegen eines Verstoßes gegen die Wiedereingliederungspflicht durch den *co-employeur* auch dann unbegründet, wenn dieser von seiner Stellung als Arbeitgeber zum Zeitpunkt der Aussprache der Kündigungen keinerlei Kenntnis hatte. Der Vorwurf bestand dann darin, trotz einer Stellung als Arbeitgeber keine eigenen Wiedereingliederungsversuche vorgenommen und dies dem anderen *co-employeur* überlassen zu haben.

In diesem Zusammenhang stellte sich die internationale Dimension als besonderes Haftungsrisiko für Muttergesellschaften heraus. Klagen die Arbeitnehmer einer französischen Gesellschaft im Rahmen der nach einem einschlägigen Urteil benannten *Aspocomp*-Klage[1977] gegen eine im Ausland befindliche Gesellschaft, sieht sich nicht nur die französische Rechtsprechung als international zuständig an[1978]; wurde die beherrschende Auslandsgesellschaft als *co-employeur* für Entschädigungszahlungen wegen ungerechtfertigter betriebsbe-

---

[1975] Vgl. *Morvan*, JCP S 2011, 1065, 2: „Qu'un seul coemployeur soit reconnu en France ou à l'étranger dans le « groupe » (fût-ce à l'autre extrémité de la planète !) et le licenciement des salariés de la filiale fermée en France apparaîtra sans cause réelle et sérieuse".

[1976] Hierzu ausführlich oben, III. 2.

[1977] Hierzu sogleich unten, 2.

[1978] Zur Begründung der internationalen Zuständigkeit durch die Anwendung der *théorie du co-emploi* und die entsprechenden Klagemöglichkeiten für französische Arbeitnehmer ebenfalls ausführlich unten, 2).

dingter Kündigungen *(indemnités pour licenciement sans cause réelle et sérieuse)* in Anspruch genommen, änderte sich nach der hier dargestellten Rechtsprechung bei einer Erfüllung der Voraussetzungen der *théorie du co-emploi* rückwirkend – und ohne Vertrauensschutzelement – der Begründungsaufwand für diese Kündigungen. Da die alleinige Tätigkeitseinstellung einer Tochtergesellschaft nun nicht mehr für eine hinreichende Kündigungsbegründung ausreichte, hätte hiernach rückwirkend in Bezug auf die Auslandsgesellschaft sowohl eine herkömmliche Kündigungsbegründung gefunden als auch der Wiedereingliederungspflicht nachgekommen worden sein müssen. Hierbei hing der Umfang dieser Pflichten davon ab, gegen welche Gesellschaften der Arbeitnehmer vorging, wobei der *co-employeur* sich ohne weiteres „am anderen Ende der Erde" befinden konnte.[1979] Gerade dieser Ansatz in Bezug auf Auslandsgesellschaften verdeutlicht, wie sehr die Rechtsprechung im Fall einer Anwendung der *théorie du co-emploi* ihre Motivation vom Klageergebnis her zu erhalten schien.

b) Stärkung der Rechtssicherheit für Konzerne bei betriebsbedingten Kündigungen durch die Ordonnances Macron vom 22.09.2017

Nachdem die Sozialkammer des Kassationsgerichtshofs bereits in ihrem *Molex*-Urteil[1980] die tatbestandliche Reichweite der *théorie du co-emploi* eingeschränkt hatte, schreibt der Gesetzgeber der *Ordonnances Macron*[1981] die bereits hierdurch vergrößerte Rechtssicherheit für Konzerne durch klarere Voraussetzungen für betriebsbedingte Kündigungen noch fort.

So präzisiert der reformierte Art. L. 1233-3 C. trav. die Gründe für eine rechtmäßige betriebsbedingte Kündigung erheblich und schreibt nunmehr unter teilweisem Aufgreifen von Kriterien aus der Rechtsprechung in Abs. 3 genau fest, welche der Begründungsansätze auch konzernweit anzulegen sind. So sind nunmehr die Begründungskriterien der wirtschaftlichen Schwierigkeiten *(difficultés économiques)*, der technologischen Veränderungen *(mutations technologiques)* sowie der Notwendigkeit der Kündigung, um die wirtschaftli-

---

[1979] So *Morvan*, JCP S 2011, 1065, 2.

[1980] Hierzu oben, III. 3.

[1981] Hier betroffen Art. 1233-3 C. trav., geändert durch Art. 11, 15 der Ordonnance *Nr.* 2017-1387 vom 22.09.2017 relative à la prévisibilité et la sécurisation des relations de travail, JORF, 23.09.2017, Nr. 33, diese wiederum geändert durch Art. 1 der Ordonnance *Nr.* 2017-1718 vom 20.12.2017 visant à compléter et mettre en cohérence les dispositions prises en application de la loi n° 2017-1340 du 15 septembre 2017 d'habilitation à prendre par ordonnances les mesures pour le renforcement du dialogue social, JORF, 21.12.2017, Nr. 46; Art.1233-4 C. trav., geändert durch Art. 16 der Ordonnance *Nr.* 2017-1387 sowie Art. 1 der Ordonnance *Nr.* 2017-1718; Geltung für betriebsbedingte Kündigungen ausgesprochen ab dem 23.09.2017, Art. 40-V der Ordonnance *Nr.* 2017-1387.

che Konkurrenzfähigkeit des Unternehmens zu sichern (*nécessité de sauvegarder la compétitivité de l'entreprise* – nunmehr ausdrücklich von der Rechtsprechung ins Gesetz übernommen) bei gruppenangehörigen Unternehmen in Bezug auf den gesamten nationalen Sektor aller Gruppenunternehmen einzuordnen. Eine internationale Sektorenbetrachtung wird damit bewusst ausgeschlossen[1982]. Alle anderen Begründungskriterien, also das Wegfallen der Arbeitsstelle *(matérialité de la suppression)*, der Veränderung der Arbeitsstelle *(transformation d'emploi)* sowie die Änderung eines wesentlichen Vertragsbestandteils *(élément essentiel du contrat de travail),* sind nach Abs. 2 der Vorschrift nur noch unternehmensweit, also ohne Bezug auf die Gruppe anzulegen. Zur Festlegung des Gruppenbegriffs verweist Abs. 4 der Vorschrift auf die Definitionsnormen der Art. L. 233-1, L. 233-3-I und -II sowie L. 233-16 C. com.[1983]. In Konzernsachverhalten müsste sich die Rechtsprechung für weitere Ausdehnungsversuche der Begründungsvoraussetzungen betriebsbedingter Kündigungen in Konzernen – ob im Rahmen der *théorie du co-emploi* oder über sie hinausgehend – nunmehr deutlich gegen den Willen des Gesetzgebers stellen, welcher mit der Neuregelung gerade in diesen Situationen bereits mit dem Wortlaut der Norm offensichtlich für Klarheit sorgen wollte. Da die Formulierung „insbesondere" („notamment") in Abs. 1 der Vorschrift jedoch weiterhin bestehen bleibt und die Möglichkeit weiterer Begründungsansätze für betriebsbedingte Kündigungen damit nicht gänzlich ausschließt, wird abzuwarten sein, wie die Rechtsprechung ihre Entscheidungspraxis seit dem Urteil vom 16.01.2001[1984] bei Betriebsschließungen in Konzernen anwenden wird. Die seit dem *Molex*-Urteil diesbezüglich deutlich arbeitgeber- und vor allem konzernfreundlichere Richtung der Rechtsprechung deutet jedoch insgesamt kaum auf neue Vorstöße in Richtung einer arbeitsrechtlichen Erschwerung von Betriebsschließungen hin[1985].

Im Hinblick auf den zweiten oben genannten Begründungsansatz für ungerechtfertigte Kündigungen, den Verstoß gegen die Pflicht zur internen Wiedereingliederung, schaffen die neuen Vorschriften weitgehende Rechtssicherheit und erschweren zukünftige richterliche Begründungsansätze für Ansprüche auf Kündigungsentschädigungen wegen Verstößen gegen diese Pflichten. Nunmehr wird nämlich die Wiedereingliederungspflicht des betriebsbedingt kündigenden Arbeitgebers in Art. L. 1233-4 Abs. 2 C. trav. ausdrücklich auf Unternehmensteile in Frankreich beschränkt und das Antragsrecht des Arbeitnehmers auf Umsetzung in ausländische Betriebsteile (Art. L. 1233-4-1 C. trav.

1982 So die Begründung der Ordonnance, *Ministère de la justice*, JORF, 23.09.2017, Text 32, 2.

1983 Zu diesen Definitionsnormen bereits oben, § 1 B. I. 1. b) bb) (1) f.

1984 Revisionsnummer 98-44647, Bull. civ. 2001, V, S. 7, Nr. 10; zu diesem bereits oben, a).

1985 Dies ebenso vorhersagend *Fabre*, Sem. Soc. Lamy, Nr. 2017-1784, 3.

a.F.) aufgehoben. Die gefürchtete internationale Wiedereingliederungspflicht ohne Vertrauensschutz wird damit schon begrifflich ausgeschlossen. Darüberhinaus vereinfacht Art. L. 1233-4 Abs. 4 C. trav. die Vorgehensweise der Angebotsverteilung an zu kündigende Arbeitnehmer: anstatt individueller Angebote an jeden einzelnen Arbeitnehmer können jetzt gegebenenfalls konzernweite Listen mit zu besetzenden Arbeitsstellen ausgegeben werden, was den Raum für arbeitgeberseitige Pflichtverletzungen verringert. Der in dieser Vorschrift verwendete Konzernbegriff für die Wiedereingliederungspflichten entspricht im Ergebnis dem des Art. L. 1233-3 C. trav.[1986]

Insgesamt bleibt die zukünftige Entwicklung der Rechtsprechung abzuwarten. Es wird insbesondere genau zu beobachten sein, ob sich die bei der Genese der *Ordonnances Macron* deutlich gewordene Intention des Gesetzgebers, Frankreich gerade für internationale Investitionen attraktiver zu machen und damit den Arbeitsmarkt zu entlasten[1987], auch in der diesbezüglichen Rechtsprechung niederschlagen wird. Der Gesetzgeber hat mit seiner Reform jedenfalls explizit die auch im Rahmen der weitreichenden Anwendung der *théorie du co-emploi* auf Auslandsmuttergesellschaften diskutierten Effekte auf die Investitionssicherheit[1988] aufgegriffen, um entsprechende Haftungsrisiken möglichst zu reduzieren.

2. Insbesondere: Begründung einer internationalen Zuständigkeit französischer Gerichte für europäische Auslandsmuttergesellschaften als „Co-Arbeitgeber"

Eine weitere – nicht ersichtlich von den Änderungen des *Code du travail* eingeschränkte – Rechtsfolge einer Anwendung der *théorie du co-emploi* ist prozessualer Natur und verdeutlicht, warum dieses Rechtsinstitut zumindest während der Zeit seiner extensiven Anwendung aus der Sicht von ausländischen

---

[1986] In der Vorschrift wird für Konzerne mit Sitz der Muttergesellschaft in Frankreich auf die Regeln zum Konzernbetriebsrat *(comité de groupe)*, Art. L. 233-1-I C. trav., Bezug genommen, welche wiederum auf die Definitionsnormen der Art. L. 233-1, Art. L. 233-3-I und -II C. com. sowie auf Art. L. 233-16 C. com. verweisen. Für Konzerne mit Auslandsmuttergesellschaften ist die Formulierung widersprüchlich, dürfte aber im Ergebnis für die französischen Betriebsteile gleichbedeutend mit der soeben erläuterten Definition sein, vgl. *Fabre*, Sem. Soc. Lamy, Nr. 2017-1784, 3.

[1987] So die Begründung der Ordonnance, Begründung der Ordonnance, *Ministère de la justice*, JORF, 23.09.2017, Text 32, 2, in Bezug auf die nur frankreichweite sektorielle Begründung von betriebsbedingten Kündigungen nach Art. 1233-3 Abs. 3 C. trav.: „Cette disposition va accroître l'attractivité du territoire français pour les investissements internationaux, ce qui aura un impact bénéfique sur l'emploi sur notre sol."

[1988] Siehe oben, III. 3. f.

Muttergesellschaften ein besonderes Risiko entfaltete[1989]. Je nach – nicht zuletzt politischer – Sichtweise lässt sich gerade dieser Aspekt der *théorie du co-emploi* natürlich auch als eine Verteidigung der Grundsätze des französischen Arbeitsrechts gegen den Eingriff von durch das konzernrechtliche Trennungs- und Rechtsträgerprinzip vor Haftung geschützten Auslandsmüttern anerkennen; so erlaube es die Anwendung der *théorie du co-emploi*, aus der Sicht eines Autors[1990] nicht frei von „Genialität"[1991], „in der (ausländischen) beherrschenden Gesellschaft eines Konzerns einen Arbeitgeber qua Gelegenheit mit erprobter Zahlungsfähigkeit zu erkennen und ihm den Vorwurf zur Last zu legen, das (französische) Recht der betriebsbedingten Kündigungen bei der Kündigung der Arbeitsverträge der Arbeitnehmer einer ihrer Tochtergesellschaften missachtet zu haben"[1992]. Auch hier vertritt damit ein Teil der Literatur den Standpunkt, wonach in Fällen einer im Ausland durch eine Muttergesellschaft getroffenen, aber in Frankreich ihre Auswirkungen entfaltenden Entscheidung zur (Massen-) Kündigung von Arbeitsverträgen nur eine Erstreckung der Rechtsfolgen dieser Kündigungen auf den wirklich Entscheidenden zu materiell gerechten Ergebnissen führt[1993].

Dieses Risiko oder – je nach Sichtweise – diese Chance beruht auf der durch die Sozialkammer des Kassationsgerichtshofs in einem Urteil im *Aspocomp-*

[1989] Auf die deshalb möglicherweise investitionshemmende Wirkung hinweisend etwa *Dammann/ François*, Bull. Joly Soc., Nr. 2016-4, 209; eine besonders positive Einschätzung dieser Möglichkeit, Auslandsmuttergesellschaften für ihr „schwaches soziales Gewissen" („faible conscience sociale") trotz des durch die enge Auslegung der insolvenzrechtlichen Haftungsinstrumente bedingten „Versagen[s] des Handelsrechts" („défaillance du droit commercial") einer zumindest arbeitsrechtlichen Haftung zu unterwerfen *Morvan*, JCP S 2010, S. 1407, Rn. 2 f. Die Unterschiedlichkeit dieser Einschätzungen zeigt, wie weit sich die Rechtsprechung bei der Lösung konzerninsolvenzrechtlicher Probleme auf das Terrain wirtschaftspolitischer Fragestellungen bewegen musste.

[1990] *Morvan*, JCP S 2010, S. 1407, Rn. 4

[1991] „ingéniosité".

[1992] „...découvrir dans la société dominante (étrangère) d'un groupe de sociétés un employeur de circonstance, à la solvabilité éprouvée, et lui imputer le reproche de n'avoir pas respecté le droit (français) des licenciements pour motif économique lors de la rupture des contrats de travail des salariés de l'une de ses filiales".

[1993] Siehe ähnlich auch *Perrin*, D. actualité, 02.01.2012.

Verfahren vom 19.06.2007[1994] herbeigeführten Auslegung des Art. 19 EuGVVO a.F. (heute Art. 21 EuGVVO[1995]) und der nach diesem Verfahren benannten *Aspocomp*-Klage *(action Aspocomp)*[1996]. Nach diesem Artikel kann „ein Arbeitgeber, der seinen Wohnsitz im Hoheitsgebiet eines Mitgliedstaats hat" in Bezug auf Ansprüche aus „individuellen Arbeitsverträgen"[1997] unter anderem „vor den Gerichten des Mitgliedstaats, in dem er seinen Wohnsitz hat, oder[1998] [...] vor dem Gericht des Ortes, an dem der Arbeitnehmer gewöhnlich seine Arbeit verrichtet oder zuletzt gewöhnlich verrichtet hat [...]"[1999] verklagt werden. Im *Aspocomp*-Urteil legt der Kassationsgerichtshof diese Vorschrift hinsichtlich des Gerichtsstands des gewöhnlichen Arbeitsorts besonders günstig für die Begründung der internationalen Zuständigkeit französischer Gerichte im Falle einer Anwendung der *théorie du co-emploi* aus.

Dort war eine finnische Muttergesellschaft als *co-employeur* zusammen mit ihrer französischen Tochtergesellschaft von einem französischen Arbeitsgericht zur Zahlung von Kündigungsentschädigungen verurteilt worden. Gegen dieses Urteil legte sie Berufung und später Revision beim Kassationsgerichtshof ein. Dies geschah unter anderem mit dem Argument, der Begriff des Arbeitgebers im Sinne des Art. 19 EuGVVO a.F. könne sich nicht nach dem französischen Recht und seiner dort anwendbaren *théorie du co-emploi* richten. Die Sozialkammer des Kassationsgerichtshofs verweigerte allerdings den entsprechend gestellten Antrag auf Vorlage dieser Frage beim EuGH nach dem heutigen Art. 267 AEUV. Die Kammer legte in einer Kombination sowohl des individuellen wie auch des kollektiven Kriteriums[2000] der *théorie du co-emploi* fest, dass auch der *co-employeur* als „Arbeitgeber" im Sinne des Art. 19 EuGVVO a.F. zu gelten habe, da diese Definition mit einer nicht weiter bezeichneten Definition des EuGH in Bezug auf die Brüssel-I-Verordnung[2001] in Einklang zu bringen sei.

[1994] Revisionsnummer 05-42551, Bull. civ. 2007, V, Nr. 109.

[1995] Mit Wirkung zum 10.01.2015 neugefasst durch Verordnung (EU) Nr. 1215/2012 des Europäischen Parlements und des Rates vom 12. Dezember 2012 über die gerichtliche Zuständigkeit und die Anerkennung und Vollstreckung von Entscheidungen in Zivil- und Handelssachen, ABl. EU L 351/1.

[1996] Zu den prozessualen Voraussetzungen dieser Klage ausführlich *Morvan*, JCP S 2010, S. 1424; dort insb. Rn. 16 ff. zu Fragen des Internationalen Privatrechts.

[1997] So der übergeordnete Abschnitt 5 sowie Art. 18 Abs. 1 EuGVVO a.F. (Art. 20 Abs. 1 EuGVVO n.F.).

[1998] So in Nr. 1 des Art. 19 EuGVVO a.F. (Art. 20 Abs. 1 a) EuGVVO n.F.).

[1999] So in Nr. 2 a) des Art. 19 EuGVVO a.F. (Art. 20 Abs. 1 a) i) EuGVVO n.F.).

[2000] In Bezug auf die eigentlich vorgenommene Trennung der beiden Kriterien eine „Zweideutigkeit" („ambiguïté") dieser Entscheidung kritisierend *Morvan*, JCP S 2010, S. 1424, Rn. 20; zu den Tatbestandsvoraussetzungen der *théorie du co-emploi* oben, II.

[2001] Verordnung (EG) Nr. 44/2001 des Rates vom 22. Dezember 2000 über die gerichtliche Zuständigkeit und die Anerkennung und Vollstreckung von Entscheidungen in Zivil- und Handelssachen.

Aus diesem Grund kann nach seitdem bestätigtem Richterrecht[2002] jeder *co-employeur* mit Satzungssitz in der Europäischen Union vor dem französischen Arbeitsgericht an seinem so begründeten Gerichtsstand des Ortes der Arbeitsverrichtung durch den Arbeitnehmer gemäß Art. 19 Nr. 2 a) a.F. EuGVVO verklagt werden.

Die Ansprüche richten sich in diesem Fall ausschließlich nach französischem Recht, da das französische Arbeitsrecht nach Art. 8 Abs. 2 der Rom-I-Verordnung[2003] als *lex loci laboris* angewendet werden darf, wenn der Arbeitnehmer seine Arbeit in Frankreich oder von Frankreich aus verrichtet[2004]. Die richterliche Entscheidung etwa auf Zahlung einer Entschädigungssumme ist nach Art. 33 Abs. 1 EuGVVO a.F. (heute unverändert Art. 36 Abs. 1 EuGVVO) ohne *exequatur* im EU-Ausland vollstreckbar, sobald eine Vollstreckbarkeit im Urteil angeordnet worden ist[2005].

Inhaltlich erscheint die Auslegung dieser Norm durch den Kassationsgerichtshof im Hinblick auf das mit der weitreichenden Anwendung der *théorie du co-emploi* verfolgte Ziel zumindest als konsequent. Wie sich spätestens aus den das kollektive Kriterium dieses Rechtsinstruments beträchtlich erweiternden Urteilen ohne großen Zweifel entnehmen lässt, dürfte es dem Gerichtshof bereits hier darauf angekommen sein, die *théorie du co-emploi* zu einem Vehikel der Haftbarmachung von Auslandsmuttergesellschaften für Ansprüche aus mit französischen Arbeitnehmern geschlossenen Arbeitsverträgen auszubauen[2006]. Hätte der Gerichtshof seine Auslegung des für die Anwendung der Art. 18 ff. EuGVVO a.F. (Art. 20 ff. EuGVVO n.F.) entscheidenden Tatbestandsmerkmals eines „individuellen Arbeitsvertrags“ dem EuGH zur Vorabentscheidung vorgelegt, hätte er diese nur wenig später ausgenutzte Möglichkeit womöglich selbst von vornherein unterbunden. Dass eine entsprechende Einschränkung durch den EuGH eine realistische Perspektive darstellt,

---

2002 Vgl. etwa im *Jungheinrich*-Verfahren Cass. soc. 30.11.2011, Revisionsnummern 10-22964 ff., Bull. civ. 2011, V, Nr. 284, m. Bespr. *Perrin*, D. actualité, 02.01.2012. Das Gericht muss für das Vorliegen einer internationalen Zuständigkeit für Ansprüche gegen Auslandsmuttergesellschaften allerdings begründen, dass es für diese Gesellschaft die Voraussetzungen der *théorie du co-emploi* zweifelsfrei dargelegt sind; ist dies nicht der Fall, muss es sich für unzuständig erklären. Dies stellte der Kassationsgerichtshof eindeutig in dem Urteil Cass. soc. 19.12.2013, Revisionsnummern 12-25686 ff, Bull. civ. 2013, V, Nr. 312 in Bezug auf geltend gemachte Ansprüche von Arbeitnehmern der französischen Gesellschaft *Sodimedical* unter anderem gegenüber der deutschen Konzernmutter *Lohmann & Rauscher GmbH & Co. KG* heraus.

2003 Verordnung (EG) Nr. 593/2008 des Europäischen Parlaments und des Rates vom 17. Juni 2008 über das auf vertragliche Schuldverhältnisse anzuwendende Recht.

2004 So auch *Morvan*, JCP S 2010, S. 1424, Rn. 19 f.

2005 Vgl. *Morvan*, JCP S 2010, S. 1424, Rn. 17.

2006 Vgl. bereits oben, II. 2 sowie soeben III. 1. Auch im diesbezüglich wegweisenden *Jungheinrich*-Urteil wurde die Rechtsprechung des *Aspocomp*-Urteils wenig später bestätigt und entsprechend ausgenutzt.

sollte sich später im Hinblick auf die internationale Anwendungsperspektive der Verfahrenserstreckung zeigen: In seinem *Rastelli*-Urteil vom 15.12.2011[2007] hatte der EuGH nämlich die Möglichkeit der Erstreckung eines Liquidationsverfahrens auf eine im EU-Ausland ansässige Gesellschaft stark eingeschränkt.

Der Begründungsansatz des Gerichtshofs für das Unterbleiben einer Vorlage nach (heute) Art. 267 AEUV erscheint zudem als dogmatisch höchst zweifelhaft. So unterliegt die Frage der Definition eines Arbeitsverhältnisses im Rahmen europäischer Rechtsakte nach der Rechtsprechung des EuGH autonomer, also allen Mitgliedsstaten gemeinsamer und einheitlicher Auslegung[2008]. Das Unionsrecht versteht hiernach als Arbeitnehmer als jemanden, der „während einer bestimmten Zeit für einen Anderen nach dessen Weisung Leistungen erbringt, für die er als Gegenleistung eine Vergütung erhält"[2009]. Dass der Kassationsgerichtshof die Stellung als *co-employeur* ohne weitere Begründung für mit dieser Definition übereinstimmend hält, vermag zu erstaunen. So setzt das kollektive Kriterium der *théorie du co-emploi* im Widerspruch zu dieser Definition gerade keine individuelle Weisungsgebundenheit voraus[2010]; der Wortlaut der unionsrechtlichen Definition sieht jedoch gerade denjenigen als Arbeitgeber an „nach *dessen* Weisungen" Leistungen zu erbringen sind.[2011]

Die Neufassung der EuGVVO ändert an der durch die *Aspocomp*-Rechtsprechung herbeigeführten Rechtslage grundsätzlich nichts, da Art. 21 Abs. 1 a) i) EuGVVO n.F. den Inhalt des in der *Aspocomp*-Rechtsprechung herangezogenen Art. 19 Nr. 2 a) EuGVVO a.F. wortgleich übernimmt. Durch die zwischenzeitlich erfolgte Eingrenzung des kollektiven Kriteriums der *théorie du co-emploi*[2012] dürfte die praktische Relevanz dieser Normen für die Haftungspraxis auf dieser Rechtsgrundlage jedoch ohnehin abgenommen haben.

2007 EuGH, Urt. v. 15.12.2011 – Rs. C-191/10, ZIP 2012, 183 ff.; hierzu ausführlich oben, § 4 C. V.

2008 EuGH, Urt. v. 13.04.2000 – Rs. C-176/96 *(Lehtonen u. Castors Braine)*, Rn. 45; später bestätigt durch EuGH, Urt. v. 19.07.2012 – Rs. C-154/11 *(Mahamdia)*, Rn. 42; Urt. v. 10.09.2015 – Rs. C-47/14 *(Holterman Ferho Exploitatie)*, Rn. 37.

2009 EuGH, Urt. v. 03.07.1986 – Rs. C-66/85 *(Lawrie-Blum)*, Rn. 17; vgl. auch EuGH, Urt. v. 11.10.2010 – Rs. C-232/09 *(Danosa)*, Rn. 39; zu damals Art. 18 EuGVVO EuGH, Urt. v. 19.07.2012 – Rs. C-154/11 *(Mahamdia)*, Rn. 41.

2010 Siehe oben, II. 1. f.

2011 A.A. wonach Art. 20 ff. EuGVVO n.F. auch in „Arbeitgeberlösungen" wie der *théorie du co-emploi* anzuwenden seien, da trotz des Wortlauts nicht auf das Bestehen eines „Arbeitsvertrags" sondern auf die behauptete arbeitsrechtliche Natur der geltend gemachten Anprüche ankomme *Krebber*, IPRax 2017, 313, 316 f.

2012 Siehe oben, II. 3. f.

In einem seitdem ergangenen Urteil vom 28.01.2015 *(Comilog)*[2013] scheint der Kassationsgerichtshof hingegen seine wohlwollende Haltung gegenüber Arbeitnehmern konzernangehöriger Gesellschaften zu bestätigen. Er entschied, dass auch ausländische (hier: kongolesische) Arbeitnehmer, die ihre Arbeitsleistung ausschließlich im Ausland (vorliegend der Demokratischen Republik Kongo) verrichten, aufgrund der *théorie du co-emploi* französische Tochtergesellschaften einer ausländischen (hier in Gabun ansässigen) Muttergesellschaft auf die Erfüllung arbeitsrechtlicher Ansprüche wirksam vor französischen Gerichten verklagen dürfen. Zu diesem Ergebnis kam der Gerichtshof unter Anwendung des Wohnsitzkriteriums des Art. 2 Abs. 1 EuGVVO a.F. (Art. 4 EuGVVO n.F.). Der in den zuvor beschriebenen Entscheidungen herangezogene Art. 19 EuGVVO a.F. (Art. 21 EuGVVO n.F.) war vorliegend nicht anwendbar, da die Kläger weder ihre Arbeit regelmäßig in Frankreich verrichteten noch hierdurch die internationale Zuständigkeit des französischen Gerichts zu begründen suchten – es ging den Klägern vielmehr gerade darum, die kongolesische bzw. gabunische internationale Zuständigkeit auszuschließen.[2014] Eine Klärung der in den zuvor beschriebenen Fällen relevanten Frage, ob auch die Auslandsmuttergesellschaft über die Anwendung der *théorie du co-emploi* dem französischen Gerichtsstand (und damit dem französischen Sachrecht) unterfällt, lässt sich der Entscheidung aufgrund der gewohnt knappen Formulierung des Urteilstextes hingegen leider nicht entnehmen.[2015]

V. Zwischenergebnis

Mit der Beschränkung der *théorie du co-emploi* – zumindest in der Hochphase von 2011 bis 2014 das wohl größte rechtsträgerübergreifende Haftungsrisiko für Konzernverbünde – vollzieht die Sozialkammer des Kassationsgerichtshofs eine Entwicklung nach, die bereits knapp zehn Jahre früher auf Betreiben der Handelskammer desselben Gerichtshofs in Bezug auf die Verfahrenserstreckung sowie die *responsabilité pour insuffisance d'actif* im Konzern eingesetzt hatte. Es zeigt sich hier insbesondere, welche gravierenden Folgen es mit sich bringen kann, wenn Ausnahmen vom Grundsatz der konzerninternen Haftungstrennung zur Verfolgung insolvenzverfahrensfremder Ziele zu weit gezogen werden. Die ausgedehnten Möglichkeiten zu Haftungsdurchgriffen – kombiniert mit dem Fehlen jeglichen Vertrauensschutzes und einer erleichterten Begründung der französischen Gerichtszuständigkeit auch für Auslandsmuttergesellschaften – wurden von vielen Stimmen in der Rechtsliteratur zu Recht

---

2013 Cass. soc., 28.01.2015, Revisionsnummern 13-22994 ff., *Comilog*; zu diesem Urteil auch *Krebber*, IPRax 2017, 313.

2014 Dies bemerkend *Mastrullo*, Rev. sociétés 2015, 753.

2015 Hierauf hinweisend *Ines*, RDT 2015, 203.

als ein großes Hindernis für Investitionen in die französische Wirtschaft gesehen. Mit dem *Molex*-Urteil aus dem Jahr 2014 hat nunmehr auch die Sozialkammer des Kassationsgerichtshofs für größere Klarheit bei Konzernen gesorgt. Hiernach bleibt für Konzernorganisationen auch im Bereich von arbeitsrechtlichen Ansprüchen ein jedenfalls sanktionsfreier Spielraum, sofern die Leitungsstrukturen insbesondere im Hinblick auf Personalentscheidungen als „normal" verstanden werden können. Die Rechtssicherheit für Konzernunternehmen, betriebsbedingte Kündigungen ohne das Risiko erheblicher Schadenersatzleistungen an klagende Arbeitnehmer aussprechen zu können, hat sich durch die *Ordonnances Macron* des Jahres 2017 noch vergrößert.

Überlassen Muttergesellschaften ihren Töchtern in diesem Bereich ein Minimum an Selbständigkeit, ist das Haftungsrisiko im Hinblick auf eine Verurteilung nach den Grundsätzen der *théorie du co-emploi* nunmehr drastisch reduziert. Wie bei allen anderen Tatbeständen ist jedoch ein Restrisiko im Einzelfall weiterhin nicht auszuschließen. Mit der Möglichkeit eines Rückgriffs auf die allgemeine Deliktshaftung als alternativer Haftungsgrundlage seit dem *Sofarec*-Urteil desselben Jahres hat die Sozialkammer jedoch ein weiteres Mal bewiesen, dass die im französischen Recht vorhandenen Grundlagen zur Haftungsrealisierung in Konzernen einer kontinuierlichen Weiterentwicklung unterliegen und auch in der Zukunft Überraschungen nicht auszuschließen sind – bis hin zu einer deliktsrechtlichen Zweckmäßigkeitskontrolle unternehmerischer Entscheidungen. Die Folgen dieser Haftung sind jedoch aus heutiger Sicht im Vergleich zur besonders großzügig anwendbaren *théorie du co-emploi* deutlich begrenzt. Wie sich die Rechtsprechung diesbezüglich entwickeln wird, bleibt abzuwarten.

VI. Rechtsvergleichende Anmerkungen zum deutschen Recht

1. Vergleichsgegenstand

Die *théorie du co-emploi* ist ein Rechtsinstrument, das es dem Richter im Einzelfall erlaubt, von gleich zwei wichtigen Grundsätzen des französischen Zivilrechts in arbeitsrechtlichen Sachverhalten abzuweichen: dem konzernrechtlichen Rechtsträgerprinzip und dem Grundsatz der Beschränkung von vertraglichen Bindungswirkungen auf die Vertragsparteien (heute Art. 1103, 1199 C. civ.[2016]). Die rechtsdogmatische Begründung dieser richterrechtlichen Kreation ist weiterhin umstritten. Geklärt und zahlreich erprobt sind jedoch in jedem Fall die Folgen einer solchen Entscheidung. Der *co-employeur* – in vielen Fällen eine beherrschende Gesellschaft mit deutlich größerem finanziellen

---

[2016] Zuvor Art. 1134 Abs. 1, 1165 C. civ., geändert durch Art. 2 der Ordonnance Nr. 2016-131 vom 10.02.2016 portant réforme du droit des contrats, du régime général et de la preuve des obligations, JORF, 11.02.2016, Nr. 26; in Kraft getreten am 01.10.2016, Art. 9 der Ordonnance.

Spielraum als etwa eine insolvente Tochtergesellschaft als Vertragsarbeitgeberin – tritt als finanzkräftiger Gesamtschuldner in Bezug auf sämtliche Forderungen aus dem Arbeitsverhältnis neben den ursprünglichen Arbeitgeber. Aus praktischer Sicht geht es hierbei insbesondere um die im französischen Recht häufig zugesprochene Entschädigung wegen ungerechtfertigter Kündigungen *(indemnité pour licenciement sans cause réelle et sérieuse)*, deren Ausspruch durch die *théorie du co-emploi* noch vereinfacht wird: Wird eine Konzerngesellschaft zum *co-employeur* erklärt, sind die Voraussetzungen für betriebsbedingte Kündigungen *(licenciements pour motif économique)* durch eine rückwirkend fingierte, alle „Co-Arbeitgeber" betreffende Beurteilung des Kündigungsgrunds sowie eine rechtsträgerübergreifende Wiedereingliederungspflicht *(obligation de reclassement)* wesentlich erleichtert[2017]. Daneben erlaubt die *théorie du co-emploi* eine besonders vereinfachte Begründung einer internationalen Zuständigkeit für französische Gerichte und die Anwendung des französischen Arbeits- bzw. Kündigungsschutzrechts auf Auslandsmuttergesellschaften nach den Grundsätzen einer so genannten *Aspocomp*-Klage. Die beiden Tatbestandsmerkmale, individuell nach einer durch besondere Weisungen an bestimmte Arbeitnehmer manifestierten faktischen Arbeitgeberstellung einer anderen Gesellschaft bzw. kollektiv nach einer „Vermischung der Interessen, Betriebe und Leitung" zwischen mehreren Rechtsträgern fragend, haben eine wechselvolle Geschichte hinter sich. Gerade das zweite Kriterium war seit dem *Jungheinrich*-Urteil der Sozialkammer des Kassationsgerichtshofs vom 18.01.2011[2018] besonders extensiv und ergebnisorientiert angewendet worden, was in der Literatur als Aushöhlung des Rechtsträgerprinzips und Angriff auf die Wettbewerbsfähigkeit des französischen Rechts- und Wirtschaftsstandorts zum Teil heftig kritisiert wurde. Das *Molex*-Urteil der Sozialkammer des Kassationsgerichtshofs vom 02.07.2014[2019] reagierte auf die zunehmende Besorgnis insbesondere von internationalen Konzernen durch eine Berücksichtigung notwendiger Koordinationsmechanismen in integrativ geführten Konzernen. Sie holte damit eine Entwicklung nach, die die Handelskammer des Kassationsgerichtshofs bereits im Jahr 2005 mit seinem *Metaleurop*-Urteil für den Bereich der Verfahrenserstreckung nach Art. L. 621-2 Abs. 2 C. com vorgezeichnet hatte[2020]. In der Folge dieses Urteils entstanden jedoch weitere Haftungsrisiken durch einen Rückgriff auf das allgemeine Deliktsrecht mit dem

---

[2017] Siehe hierzu Art. L. 1233-4 Abs. 1 C. trav.

[2018] Cass. soc. 18.01.2011, Revisionsnummer 09-69199, Bull. civ. 2001, V, Nr. 23.

[2019] Cass. soc. 02.07.2014, Revisionsnummern 13-15208 ff., Bull. civ. 2014, V, Nr. 159.

[2020] Siehe zum *Metaleurop*-Urteil, Cass. com, 19.04.2005, Revisionsnummer 05-10094, Bull. civ. 2005 IV, S. 95, Nr. 92, oben, § 4 B. II. 3. b) dd).

Argument eines Eingriffs in die Belange von beherrschten Gesellschaften, welche zum „Verlust einer Chance" zur Weiterbeschäftigung führten[2021].

Die *théorie du co-emploi* ist damit ein Element des französischen Arbeitsrechts, das auch die Konturen des Rechtsträgerprinzips in der Konzerninsolvenz entscheidend prägt. Ihre weitreichenden Rechtsfolgen gehen zugunsten von Arbeitnehmern, die im Falle der Insolvenz ihres Arbeitgebers an die Haftungsgrenzen der Versicherung für Arbeitnehmerforderungen (AGS) gelangen und tragen aufgrund des gesetzlichen Forderungsübergangs auf diese Versicherung auch zur finanziellen Ausstattung dieses Trägers bei. Sie wirkt sich freilich äußerst negativ für nationale wie auch internationale Konzerne aus, die trotz der Durchführung von Massenentlassungen weiterhin auf das Bestehen einer Haftungstrennung im Konzern vertrauen.

2. Rechtsvergleichende Anmerkungen im Rahmen des Vergleichsgegenstands

Ein funktionaler Rechtsvergleich zwischen der *théorie du co-emploi* und entsprechenden deutschen Regelungen bereitet gleich aus mehreren Gründen Schwierigkeiten. Besonders erschweren das Fehlen einer klaren Rechtsgrundlage sowie das Fehlen einer gefestigten Rechtsprechung in Bezug auf die Voraussetzungen des französischen Rechtsinstituts das Aufstellen eines klaren Vergleichsrahmens. Außerdem besteht ein elementarer Unterschied zwischen dem deutschen und dem französischen Arbeitsrecht in dem mit Kündigungsschutzklagen regelmäßig erreichbaren Klageziel: So wird ein Antrag gegen einen *co-employeur* in der Regel mit dem Ziel eingebracht werden, in der Konzerninsolvenz das Haftungssubstrat für die Zahlung einer Kündigungsentschädigung zu erhöhen. Im deutschen Recht liegt hingegen das primäre Ziel eines gerichtlichen Vorgehens gegen die Kündigung eines Arbeitsverhältnisses in Feststellung der Unwirksamkeit dieser Kündigung[2022].

Unter diesen Einschränkungen kann jedoch zumindest in allgemeinerer Form gefragt werden, ob auch das deutsche Recht Tatbestände enthält, die im weiteren Sinne Korrektive für arbeitsrechtliche Nachteile einer Konzernorganisation darstellen und ob derartige Vorschriften sich auf das konzernrechtliche Trennungs- und Rechtsträgerprinzip auswirken.

[2021] So das *Sofarec*-Urteil Cass. soc. 08.07.2014, Revisionsnummer 13-15573, Bull. civ. 2014, V, Nr. 180.

[2022] Hierzu bereits oben, I. 2.

a) Geltung des Trennungs- und Rechtsträgerprinzips auch in arbeitsrechtlichen Sachverhalten; begrenzte Berücksichtigung des Konzernsachverhalts im Arbeitsrecht

Ausgangspunkt einer solchen Betrachtung ist auch im deutschen Arbeitsrecht der klar geltende Grundsatz des konzernrechtlichen Trennungs- und Rechtsträgerprinzips mit zugleich in Bezug auf arbeitsrechtliche Ansprüche geltender Haftungstrennung. Hieraus folgt, dass die vertragliche Beziehung eines Arbeitnehmers sich in einem Konzernsachverhalt im Grundsatz ausschließlich auf die juristische Person bezieht, mit welcher der Vertrag geschlossen worden ist. Die allgemeinen Regeln für die Kündigung von Arbeitsverträgen in der Unternehmensinsolvenz (§§ 108 Abs. 1 S. 1, 113 S. 1 InsO) gelten daher unabhängig von der Konzernzugehörigkeit des insolventen Unternehmens.[2023] Auch die Regeln zum Kündigungsschutz, allen voran § 1 KSchG, haben ohne zusätzliche Vereinbarungen – wie etwa konzernweiter Versetzungsklauseln – keine konzernweite Dimension[2024].

Im deutschen Arbeitsrecht haben durch die Konzernangehörigkeit eines Arbeitgebers ausgelöste Einzelprobleme allerdings ebenso wie im französischen Recht Berücksichtigung in Gesetz und Rechtsprechung gefunden. Beispiele gesetzlicher Regelungen sind etwa § 1 Abs. 2 BetrVG mit seiner betriebsverfassungsrechtlichen Berücksichtigung des Gemeinschaftsbetriebs mehrerer Unternehmen sowie der Arbeitnehmerbegriff des § 5 Abs. 1 BetrVG in der Rechtsprechung des BAG[2025]. In dieser Rechtsprechung wird die Problematik der so genannten „aufgespaltenen Arbeitgeberstellung" durch eine von der allgemeinen Definition des Arbeitsvertrags[2026] abweichende, differenzierte Beurteilung der betriebsverfassungsrechlichen Zuordnung von Fremdfirmen- und insbesondere Leiharbeitnehmern berücksichtigt. Ähnlich schlägt sich dies auch in der Neuregelung von § 14 Abs. 2 S. 4–6 AÜG zu Mitwirkungs- und Mitbestimmungsrechten von Leiharbeitnehmern nieder.[2027]

Auch die deutsche Rechtslehre beschäftigt sich regelmäßig und seit langer Zeit mit der arbeitsvertraglichen Zuordnung von Arbeitnehmern zu Konzernunternehmen. Dies hat jedoch in der Rechtsprechung nicht zu einer Aufweichung der vertraglichen Konzeption des Arbeitsverhältnisses in Konzernstrukturen geführt.[2028] Die hiermit verbundenen Rechtsprobleme sind in jüngerer

---

[2023] Zu alledem *Annuß*, in: Flöther, Handbuch zum Konzerninsolvenzrecht, § 4 Rn. 568, 576.

[2024] Ebenda, § 4 Rn. 571.

[2025] Siehe etwa BAG 13.03.2013 – 7 ABR 69/11, ZIP 2013, 1489; 05.12.2012 – 7 ABR 48/11, NZA 2013, 793.

[2026] Siehe hierzu oben, I. 1.

[2027] Zur Sonderregelung des § 112 Abs. 5 BetrVG sogleich unten, c).

[2028] Zu dieser Entwicklung mit zahlreichen Nachweisen *Kettenberger*, EuZA 2013, 404 f. Dort wird zutreffend von einer „Irrelevanz" des Konzerns im deutschen Arbeitsvertragsrecht

Zeit immer komplexer geworden; aktuell beschäftigen sich sowohl Literatur als auch Rechtsprechung im Bereich des Konzernarbeitsrechts insbesondere mit so genannten Matrixstrukturen.[2029] Derartige Strukturen sind von einem Auseinanderfallen von fachlicher und disziplinarischer Führung gekennzeichnet. Diese Ausgangslage führt wiederum zu einer faktischen Aufspaltung des Arbeitsverhältnisses und verursacht rechtliche Herausforderungen etwa im Bereich des arbeitgeberischen Weisungsrechts, des Kündigungsschutzes, des Betriebsverfassungsrechts sowie des Betriebsübergangs.[2030]

Darüber hinaus ist im geltenden deutschen Recht jedoch keine so umfassende Methode ersichtlich, die es wie die *théorie du co-emploi* erlauben würde, im Ergebnis sämtliche Rechtsfolgen eines zwischen einer Konzerngesellschaft und einer natürlichen Person abgeschlossenen Arbeitsvertrags bei einer Zahlungsunfähigkeit des vertraglichen Arbeitgebers ohne eine entsprechende Zustimmung auf eine andere Konzerngesellschaft anwenden zu können. Für eine direkte Durchgriffshaftung auf beherrschende Rechtsträger wären betroffene im deutschen Recht grundsätzlich auf die bereits beschriebenen – und für individuelle Anspruchssteller äußerst eingeschränkten – allgemeinen Regeln für alle Gläubiger angewiesen[2031].

b) Einfluss des Insolvenzgelds (§§ 165 ff., 358 ff. SGB III) auf die Interessenverteilung

Im Fall der Insolvenz eines konzernangehörigen Arbeitgebers ist aber trotzdem auf eine Gemeinsamkeit zwischen dem deutschen und dem französischen Arbeitsrecht hinzuweisen. Während im französischen Recht die *AGS* nach den entsprechenden Regeln des *Code du travail* eine beitragsfinanzierte Versicherung für den Zahlungsausfall von Arbeitgebern bereithält, liegt eine sehr ähnliche Regelung mit §§ 165 ff., 358 ff. SGB III und dem hierin geregelten, um-

---

ausgegangen, welche grundsätzlich auch dem französischen Recht entspricht. Ein entsprechender Vorstoß hinsichtlich einer stärkeren Berücksichtigung des Konzernsachverhalts in Arbeitsverhältnissen findet sich insbesondere in der Arbeit von *Henssler,* Der Arbeitsvertrag im Konzern (1983), der im Ergebnis sogar eine Gesamtarbeitgeberschaft aller im Konzern verbundenen Gesellschaften befürwortet (S. 39 f.). Zu nennen sind in diesem Zusammenhang auch die Untersuchungen von *Windbichler,* Arbeitsrecht im Konzern (1989); *Weber*, Das aufgespaltene Arbeitsverhältnis (1992); und *Vogt*, Arbeitsrecht im Konzern (2014).

2029 Hierzu statt vieler *Meyer*, NZA 2013, 1326 ff.; *Bachner*, NZA 2019, 134 ff. In der Rechtsprechung berücksichtigt etwa BAG 12.06.2019 – 1 ABR 5/18 Matrixstrukturen und legt den Begriff der „Einstellung" im Sinne von § 99 BetrVG flexibel und unabhängig von der Verrichtung der Arbeitsleistung auf dem Betriebsgelände anhand der Erfüllung eines arbeitstechnischen Zwecks durch weisungsgebundene Tätigkeit des Arbeitnehmers aus (Rn. 16 des Urteils).

2030 Ausführlich *Meyer*, NZA 2013, 1326, 1329 ff.

2031 Vgl. auch *Annuß*, in: Flöther, Handbuch zum Konzerninsolvenzrecht, § 4 Rn. 576.

lagefinanzierten Insolvenzgeld vor. Der entsprechende Anspruch des Arbeitnehmers ist – wie auch in Frankreich – begrenzt, in Deutschland auf die Beitragsbemessungsgrenze der Allgemeinen Rentenversicherung (§ 167 Abs. 1 i.V.m. § 341 Abs. 4 SGB III). Ebenfalls wie im französischen Recht besteht beim deutschen Insolvenzgeld ein gesetzlicher Anspruchsübergang auf die in Deutschland zuständige Bundesagentur für Arbeit (§ 169 SGB III).

Die Interessenverteilung im Hinblick auf eine Vergrößerung des Haftungssubstrats in Konzernsachverhalten verläuft daher im Grundsatz in beiden Rechtsordnungen parallel: Die ein Insolvenzgeld empfangenden Arbeitnehmer haben über die Begrenzung des Anspruchs nach SGB III ein Interesse an der Zahlung der Differenz zu eventuell ihrem Arbeitgeber gegenüber bestehenden Ansprüchen, die Arbeitsagentur als Verwalterin der Beitragsgelder an einer Erhöhung der Zahlungswahrscheinlichkeit für ihre Rückgriffsansprüche.

c) Eng begrenzte Möglichkeiten zu „Berechnungsdurchgriffen" bei der Dotierung von Sozialplänen konzernangehöriger Arbeitgeber (§ 112 Abs. 5 BetrVG)

Nicht zuletzt aufgrund dieser Interessenlagen erscheint in Deutschland die Vergrößerung des Haftungssubstrats in vielen Fällen nicht auf die in Frankreich vorherrschende Frage der Kündigungsentschädigungen abzuzielen, sondern auch auf die Finanzierung von Sozialplänen bei Betriebsänderungen in Form von Massenentlassungen (§ 112 BetrVG), welche ähnliche Ausgleichsansprüche für Arbeitnehmer bereitstellen können. Im Falle solcher Betriebsänderungen ist durch Verhandlungen zwischen Unternehmer und Betriebsrat (nach im Einzelfall gescheitertem Interessenausgleich) ein Sozialplan zu entwickeln (§ 112 Abs. 1 S. 1 und 2 BetrVG). Sofern eine Einigung über den Sozialplan zwischen diesen Parteien nicht zustande kommt, entscheidet die betriebsverfassungsrechtliche Einigungsstelle über seine Aufstellung (§ 112 Abs. 4 S. 1 BetrVG). Hierbei trifft sie eine Entscheidung nach billigem Ermessen (§ 112 Abs. 5 S. 2 BetrVG), welche gemäß § 112 Abs. 5 S. 1 BetrVG die sozialen Belange der betroffenen Arbeitnehmer wie auch die wirtschaftliche Vertretbarkeit ihrer Entscheidung für das Unternehmen zu beachten hat. Sie hat bei Leistungen zum Ausgleich oder der Milderung von Nachteilen für Arbeitnehmer einerseits zu berücksichtigen, inwieweit Aussichten der betroffenen Arbeitnehmer auf dem Arbeitsmarkt bestehen, darf jedoch andererseits durch die Höhe des Gesamtbetrags der Sozialplanleistungen den Fortbestand des Unternehmens oder die verbleibenden Arbeitsplätze nicht gefährden (§ 112 Abs. 5 S. 2 Nr. 1 bis 3), was ihre Ermessensentscheidung eingrenzt[2032]. Mit dem „Unternehmen" im Sinne dieser Vorschrift ist nach der Rechtsprechung des BAG[2033]

2032 BAG 15.03.2011 – 1 ABR 97/09, NZA 2011, 1112, 1113.

2033 Ebenda.

auch im Fall von konzernangehörigen Rechtsträgern lediglich auf den jeweiligen Arbeitgeber abzustellen. Hierfür wird auf den insoweit eindeutigen Wortlaut und die Systematik der Vorschrift hingewiesen, nach welcher gemäß § 112 Abs. 5 Nr. 2 S. 2 BetrVG das Vorhandensein von Konzernstrukturen lediglich in Bezug auf Weiterbeschäftigungsmöglichkeiten zu berücksichtigen ist.

Erweist sich ein unter diesen Voraussetzungen vertretbarer Sozialplan seiner Höhe nach jedoch als unzureichend, erlaubt das BAG[2034] bei der Frage der „wirtschaftlichen Vertretbarkeit" der Gesamthöhe einer Sozialplandotierung im Sinne des § 112 Abs. 5 S. 1 BetrVG in engen Grenzen eine Berücksichtigung der Konzernangehörigkeit (so genannter „Berechnungsdurchgriff").

Durchgriffe dieser Art werden aufgrund unterschiedlicher Rechtsgestaltungen im Einzelfall als zulässig erachtet, besonders wenn mehrere Unternehmen wirtschaftlich eng verbunden sind und eine Abstellung nur auf den vertraglichen Arbeitgeber aus diesem Grund künstlich und daher unbillig erscheinen würde[2035]:

Soweit etwa durch eine Spaltung des sozialplanpflichtigen Unternehmens in eine Anlage- und Betriebsgesellschaft Vermögensteile dem Haftungskapital der Arbeitgebergesellschaft entzogen worden sind, erlaubt das BAG einen solchen Durchgriff bei Vorliegen der sonstigen Voraussetzungen der gesamtschuldnerischen Haftung des § 134 UmwG. Hierbei soll nicht zuletzt eine spaltungsbedingte „Flucht aus der Haftung" im Hinblick auf die Sozialplandotierung verhindert werden.[2036]

Auch beim Vorliegen der engen Voraussetzungen eines existenzvernichtenden Eingriffs zu Lasten des sozialplanpflichtigen Unternehmens zeigt sich die Rechtsprechung für eine Durchführung von Berechnungsdurchgriffen zumindest offen[2037]. Durch hiermit begründete Innenhaftung[2038] gehört der Schadensersatzbetrag wirtschaftlich gesehen zum Vermögen der geschädigten Gesellschaft[2039]. Streng genommen wird aus diesem Grund jedoch kein echter „Berechnungsdurchgriff" durchgeführt, weil für die Bemessung dementsprechend

---

[2034] BAG 15.03.2011 – 1 ABR 97/09, NZA 2011, 1112, 1114 ff.

[2035] Zu den diesbezüglichen Gestaltungsmöglichkeiten ausführlich auch *Fröhlich*, ArbRB 2013, 161, 162 ff.; *Schweibert*, NZA 2016, 321, 322 ff.

[2036] BAG 15.03.2011 – 1 ABR 97/09, NZA 2011, 1112, 1114 f.; ablehnend *Schweibert*, NZA 2016, 321, 325.

[2037] So – allerdings im Hinblick auf die sich parallel zu den hier relevanten Fällen verhaltende Problematik der Anpassung einer Betriebsrente nach § 16 BetrAVG – BAG 15.01.2013 – 3 AZR 638/10, NZA 2014, 87, 91. Noch ohne endgültige Entscheidung, jedoch ebenfalls zu einer Zulässigkeit tendierend BAG 15.03.2011 – 1 ABR 97/09, NZA 2011, 1112, 1115. Zur Gesese dieser Rechtsprechung ausführlich und m.w.N. *Schipp*, in: Henssler/Willemsen/Kalb, Arbeitsrecht Kommentar, § 16 BetrAVG, Rn. 39 ff.

[2038] Zu Rechtsfigur des existenzvernichtenden Eingriffs oben, § 4 E. II. 5. b) bb).

[2039] So bereits BAG 15.03.2011 – 1 ABR 97/09, NZA 2011, 1112, 1115.

gerade nicht direkt auf ein rechtsträgerfremdes Vermögen abgestellt wird.[2040] Da die durch den Eingriff geschädigte Gesellschaft für die Verwirklichung des Tatbestands begriffsnotwendig zahlungsunfähig sein muss, ist der mögliche Umfang des Sozialplans insgesamt durch die so genannte Berichtigungssperre des § 123 InsO zudem erheblich begrenzt[2041].

Im Fall enger Konzernbindungen, etwa im Rahmen eines Beherrschungs- oder Gewinnabführungsvertrags, könnte man aufgrund der hiermit verbundenen Verlustausgleichspflicht nach § 302 AktG ebenfalls auf eine für einen Berechnungsdurchgriff hinreichend enge Verbindung zweier Unternehmen schießen[2042]. Diesbezüglich hatte das BAG[2043] zunächst im Falle einer „verdichteten Konzernverbindung" eine vom strengen Trennungs- und Rechtsträgerprinzip abweichende Rechtsprechungslinie verfolgt. Sofern diese Verdichtung durch einen Beherrschungs- oder Gewinnabführungsvertrag bzw. auch durch die Voraussetzungen eines qualifiziert-faktischen Konzerns[2044] materialisiert war, auf die Belange des abhängigen Unternehmens keine ausreichende Rücksicht genommen und hierdurch eine mangelnde Leistungsfähigkeit verursacht wurde, sah das BAG in der Parallelproblematik der Berechnung von Betriebsrenten nach § 16 BetrAVG einen Berechnungsdurchgriff auf eine beherrschende Gesellschaft als gerechtfertigt an. In einem späteren Urteil[2045] entschied das BAG, die durch einen Beherrschungs- oder Gewinnabführungsvertrag herbeifeführte „Fusion auf Zeit" würde einen Berechnungsdurchgriff auf das herrschende Unternehmen ohne das Vorliegen weiterer Voraussetzungen rechtfertigen. Diese Rechtsprechung wurde jedoch inzwischen abgeschwächt[2046], sodass sich nach Ansicht des BAG nunmehr eine „durch den Beherrschungsvertrag begründete Gefahrenlage" in der Schädigung der beherrschten Gesellschaft „verwirklichen" muss. Da ein derartiger Vertrag bei der Insolvenz entweder der beherrschten oder der herrschenden Gesellschaft ohnehin nicht fortbesteht[2047], dürfte ein Berechnungsdurchgriff für diese hier schwerpunktmäßig behandel-

---

[2040] Dies betonend *Fröhlich*, ArbRB 2013, 161, 163.

[2041] Hierauf hinweisend *Schweibert*, NZA 2016, 321, 325.

[2042] Zur Rechtsprechungsentwicklung diesbezüglich auch *Schweibert*, NZA 2016, 321, 322 f.; zu dieser Frage auch *Fröhlich*, ArbRB 2013, 161, 163 f.

[2043] 04.10.1994 – 3 AZR 910/93, NZA 1995, 368, 369 ff.

[2044] Diese Anknüpfung an Kriterien des qualifiziert-faktischen Konzerns ist, wie das Urteil BAG 15.01.2013 – 3 AZR 638/10, NZA 2014, 87, 91 gezeigt hat, seit der Rechtsprechung zur Existenzvernichtungshaftung allerdings überholt.

[2045] BAG 26.05.2009 – 3 AZR 369/07, NZA 2010, 641, 644.

[2046] Siehe BAG 10.03.2015 – 3 AZR 739/13, NZA 2015, 1187 (ebenfalls zu einer Betriebsrente); zu alledem auch *Schweibert*, NZA 2016, 321, 323 ausführlich und m.w.N. *Schipp*, in: Henssler/Willemsen/Kalb, Arbeitsrecht Kommentar, § 16 BetrAVG, Rn. 39 ff.

[2047] Siehe zu dieser herrschenden Meinung nur *Emmerich*, in: Emmerich/ Habersack, Aktien- und GmbH-Konzernrecht, § 297 AktG Rn. 52a f.

ten Fälle allerdings ohnehin nicht in Betracht kommen. Ist ein Beherrschungsvertrag zum Zeitpunkt der Entscheidung der Einigungsstelle nämlich beendet, scheidet ein Berechnungsdurchgriff nämlich regelmäßig aus[2048].

d) Pragmatische Lösungen zum Arbeitnehmerschutz im Einzelfall am Beispiel des Gamma-Urteils des BGH

Dass diese aus der Sicht eines individuellen Arbeitnehmers weniger umfassenden Möglichkeiten zum Ausgleich von Nachteilen einer Konzernorganisation im Ergebnis auch über den Sonderfall von Berechnungsdurchgriffen hinaus nicht immer zu einer Schlechterstellung im Vergleich zum französischen Recht führen müssen, bewies der BGH etwa in seinem *Gamma*-Urteil vom 28.04.2008[2049]. Das Urteil ordnete sich für den Fall einer materiellen Unterkapitalisierung in einer bereits durch das *Trihotel*-Urteil[2050] vorgezeichneten Richtung ein, die ein weitgehendes Abrücken von Tatbeständen einer echten Durchgriffshaftung signalisiert hatte. Für den Fall existenzvernichtender Eingriffe ging das *Trihotel*-Urteil nunmehr von einer Innenhaftung nach § 826 BGB aus[2051]; für den Fall einer materiellen Unterkapitalisierung schloss das *Gamma*-Urteil eine Durchgriffshaftung aus, verschloss sich jedoch nicht endgültig der Möglichkeit einer Außenhaftung nach § 826 BGB[2052]. Schon zuvor hatte das BAG in Bezug auf arbeitsrechtliche Ansprüche die Durchgriffshaftung wegen materieller Unterkapitalisierung abgelehnt und eine enge Auslegung anderer möglicher Anspruchsgrundlagen zum Durchgriff auf Gesellschafter durchgeführt[2053].

Doch der BGH zeigte sich beim *Gamma*-Urteil zur Herstellung einer materiell gerechten Lösung gegenüber den Arbeitnehmern trotz allem pragmatisch. In dem Urteil zugrunde liegenden Sachverhalt waren im Kontext finanzieller Schwierigkeiten bei einer GmbH & Co. KG Beschäftigte der KG mit ihrer Zustimmung im Wege eines Sozialplans über dreiseitige Verträge an eine Beschäftigungs- und Qualifizierungsgesellschaft (BQG) überführt worden, welche als materiell unterkapitalisiert galt. Ebenso waren die von der KG zugestandenen Ansprüche der BQG auf Finanzierung eines Anteils der so genannten Remanenzkosten – Aufstockungsbeträge zu den Leistungen nach SGB III – nicht, wie sonst üblich, etwa durch Bankbürgschaften abgesichert worden. Nachdem die KG Zahlungen für diese Beträge abgebrochen hatte, musste die

---

2048 So *Schweibert*, NZA 2016, 321, 323.

2049 BGH 28.04.2008 – II ZR 264/06, NJW 2008, 2437; zu diesem bereits oben, A. VI. 2. b) aa).

2050 BGH 16.07.2007 – II ZR 3/04, NJW 2007, 2689; hierzu ausführlich oben, § 4 E. II. 5. b) bb).

2051 Siehe oben, § 4 E. II. 5. b) bb).

2052 Siehe oben, A. VI. 2. b) aa).

2053 So in BAG 03.09.1998 – 8 AZR 189/97, NZG 1999, 116 ff.

BQG einen Insolvenzantrag stellen. Ihr Verwalter ging gegen die Gesellschafter der inzwischen ebenfalls insolventen KG vor, um die aus dem Vertrag noch ausstehenden Ansprüche der Arbeitnehmer und Sozialversicherungsträger geltend zu machen. Nachdem der BGH diese Ansprüche auf der Grundlage einer Durchgriffshaftung für materielle Unterkapitalisierung wie auch aufgrund einer Haftung für existenzvernichtende Eingriffe abgewiesen hatte[2054], zeigte er sich trotzdem ergebnisorientiert im Sinne der Arbeitnehmer (sowie der Sozialversicherungsträger) und stellte Erwägungen zur Erreichung einer größeren materiellen Einzelfallgerechtigkeit an. So knüpfte der Gerichtshof an eine durch die beim Abschluss der dreiseitigen Verträge vorliegendende Vorwerfbarkeit des Verschweigens einer branchenüblichen Absicherung der Ansprüche auf Tragung der Remanenzkosten an und sah hierin einen Grund zum Ausspruch einer Haftung nach § 826 BGB der Gesellschafter-Geschäftsführer der BQG sowie der Geschäftsführer der KG als „Beteiligte“ im Sinne des § 830 BGB. Im Interesse der geschädigten Arbeitnehmer konnte der BGH mit dieser Lösung auch einen der Hauptnachteile anderer Durchgriffslösungen abfedern: So sei der Anspruch nicht etwa durch den Insolvenzverwalter zugunsten der Masse geltend zu machen; vielmehr handele es sich um einen persönlichen Anspruch der Geschädigten, allerdings beschränkt auf einen „individuellen Kontrahierungsschaden“ im Sinne eines negativen Interesses. Die Arbeitnehmer seien so zu stellen, als wäre die arglistige Täuschung nicht erfolgt und ein Vertragsschluss nicht zustande gekommen.[2055]

Im Ergebnis zeugt das *Gamma*-Urteil zumindest davon, dass auch der BGH die Probleme und Einschränkungen der Durchgriffshaftungstatbestände für die Rechte von Arbeitnehmern in Insolvenzsachverhalten erkannt hat. Zwar ist die hier eingebrachte Lösungsmethode stark an den besonderen Umständen des Einzelfalls orientiert und hat – anders als mit der *théorie du co-emploi* im französischen Recht – keine übergreifende rechtsdogmatische Grundlage. Dennoch zeigt die hier gefundene Lösung, dass die Rechtsprechung auch in Deutschland dazu in der Lage ist, im Einzelfall lösungsorientiert zu argumentieren, ohne dass das Trennungs- bzw. Rechtsträgerprinzip hierdurch – wie teils in Frankreich geschehen – systematisch in Frage zu stellen wäre. Dieses Streben nach Einzelfallgerechtigkeit erinnert nicht zuletzt an die Lösung des *Sofarec*-Urteils des Kassationsgerichtshofs, welches als letzten Ausweg zugunsten von Arbeitnehmern ebenfalls auf allgemeine Deliktstatbestände zurückgriff[2056].

[2054] Hierzu bereits ausführlich oben, A. VI. 2. b) aa).

[2055] BGH 28.04.2008 – II ZR 264/06, NJW 2008, 2437, 2440.

[2056] Hierzu oben, III. 4.

3. Zwischenergebnis

Trotz alledem scheint das deutsche Recht mögliche Einschränkungen der Arbeitnehmerrechte durch gesellschafts- und konzernrechtliche Strukturen eher zu akzeptieren als das französische – kollektiv wirkende Möglichkeiten zum so genannten Berechnungsdurchgriff bei der Sozialplandotierung, die zwischenzeitlich auch im deutschen Recht durchaus weitreichend verstanden wurden, ausgenommen. Die konzeptionellen Unterschiede sind groß, auch wenn ähnliche Rechtsprobleme in beiden Rechtsordnungen erkannt und die Auswirkungen einer zu weitreichenden Ausnahmeregelung auf das Trennungs- und Rechtsträgerprinzip zugestanden werden. Die starke Ausweitung der Rechtsprechung zur *théorie du co-emploi* wurde auch in Frankreich von einem großen Teil der Literatur als exzessiver Angriff auf die Konzernfreundlichkeit der Rechtsordnung im Allgemeinen und das Trennungs- und Rechtsträgerprinzip im Speziellen zurückgewiesen. Zweifel in Bezug auf die Konkurrenzfähigkeit des französischen Rechts- und Wirtschaftsstandorts sowie umfassende Mitnahmeeffekte waren zwischen 2011 und 2014 die Folge. Dennoch bietet auch das heutige französische Recht nach der Eingrenzung des Tatbestands der *théorie du co-emploi* im Ergebnis größere und dogmatisch stärker untermauerte Möglichkeiten zur Überwindung dieses Prinzips im Einzelfall und zugunsten der Vergrößerung des Haftungssubstrats für Arbeitnehmeransprüche bei der Insolvenz des vertraglichen Arbeitgebers.

D. Überblick: Weitere Möglichkeiten zur Anreicherung des Haftungssubstrats konzernangehöriger Gesellschaften

Neben den in Frankreich am häufigsten diskutierten und verwendeten Mitteln zur Vergrößerung des Haftungssubstrats in Krise und Insolvenz von Konzerngesellschaften bieten sich dem nach einer Überwindung des strengen Trennungs- und Rechtsträgerprinzips in Konzernen[2057] strebenden Rechtsanwender zahlreiche weitere Angriffspunkte. Diese Ansätze sind dogmatisch wie rechtspraktisch äußerst vielfältig; ihre Anwendbarkeit in der Praxis hängt von den Umständen des jeweiligen Einzelfalls ab. Gemein ist ihnen jedoch, dass sie in der Debatte um materielle Regeln zur Konzerninsolvenz in Frankreich eine vergleichsweise untergeordnete Rolle spielen. Da sich jedoch gerade aus rechtsvergleichender Perspektive mit dem deutschen Recht wichtige Unterschiede in der Schwerpunktsetzung der beiden Rechtsordnungen ergeben, erscheint es sinnvoll, im Folgenden überblicksartig auf sie einzugehen. Grob einzuteilen sind diese Rechtsgrundlagen nach ihren Rechtsfolgen. Manche Tatbestände erlauben es, ohne das Vorliegen qualifizierter Voraussetzungen ledig-

[2057] Zu diesem Grundsatz ausführlich oben, § 1 B. I. 2., insb. a) sowie b) bb) ff.); siehe außerdem § 1 C. I.

lich einzelne Vermögenselemente in das Vermögen eines Rechtsträgers zurückzuführen; die Anwendung anderer, größtenteils qualifizierterer Tatbestände ermöglicht – darüber hinaus – eine Erweiterung des Haftungssubstrats durch die Übertragung ursprünglich rechtsträgerfremder Vermögensgegenstände.

I. Rückführung von Vermögenselementen in das Haftungsvermögen konzernangehöriger Gesellschaften

Während die bisher beschriebenen Haftungsinstrumente zwar teils auf Vermögensabflüsse von Rechtsträger zu Rechtsträger zurückzuführen sind, gehen die Rechtsfolgen etwa der Verfahrenserstreckung wegen anormaler finanzieller Beziehungen (*relations financières anormales* als Merkmal der Vermögensvermischung im Sinne des Art. L. 621-2 Abs. 2 C. com.)[2058] oder der *responsabilité pour insuffisance d'actif* (Art. L. 651-1 ff. C. com.)[2059] in den Rechtsfolgen entweder qualitativ oder quantitativ über die reine Rückführung der dem Vermögen entzogenen Elemente hinaus. Ohne derart qualifizierte Tatbestandsmerkmale enthält das französische Recht jedoch auch Tatbestände zu einer isolierten Rückabwicklung von rechtswidrigen bzw. vermögensschädigenden Handlungen. Im Ergebnis vergrößert die Anwendung dieser Tatbestände das Haftungssubstrat eines Rechtsträgers zwar nicht; sie stellt jedoch mindestens sein eigentliches Volumen vor dem tatbestandlich relevanten Verhalten wieder her. Die sogleich besprochenen[2060] Anfechtungsregeln etwa bestätigen diese Zielsetzung mit der in Art. L. 632-4 S. 2 C. com. festgehaltenen Formel, die entsprechend anzuwendende Klageart bewirke „die Wiederherstellung der Aktiva des Schuldners“[2061]. Die Grenzen können sich im Einzelfall als fließend herausstellen.

1. Allgemeine Regeln des Vermögensschutzes bei Kapitalgesellschaften

Im Grundsatz kommt dem Gesellschaftskapital *(capital social)* im französischen Gesellschaftsrecht eine zentrale Rolle als „Pfand der Gläubiger“ *(gage aux créanciers)*[2062] zu. Auszahlungen an Gesellschafter werden daher streng begrenzt, um eine Beeinträchtigung eines entsprechend notwendigen Grundstocks zu verhindern. Hierfür stellt der *Code de commerce* in den Artikeln L.

[2058] Siehe zu diesem Tatbestand oben, § 4 B. II. 3. b); zu den Rechtsfolgen der Verfahrenserstreckung oben, § 4 C.

[2059] Hierzu oben, § 5 A.

[2060] Siehe sogleich unten, 2.

[2061] „Elle a pour effet de reconstituer l'actif du débiteur.“

[2062] Siehe nur *Goffaux-Callebaut*, Apport, in: Magnier (Hrsg.), Rép. sociétés, Rn. 200, 208. Zum Gesellschaftskapital im Konzern bereits oben, § 1 B. I. 2. b) cc) (3).

232-11, L. 232-12 sowie L. 232-15 die Grundregeln für das Kapital von Handelsgesellschaften auf, die zusammen einen „Grundsatz der Unantastbarkeit" *(principe d'intangibilité)* des Kapitals begründen[2063]. Unter anderem wird hierin der ausschüttungsfähige Gewinn *(bénéfice distribuable)* beschrieben als der „Überschuss des Geschäftsjahrs, vermindert um vorangegangene Verluste sowie die nach gesetzlichen oder statutarischen Regeln rückzulegenden Geldsummen [und, d. Verf.] erhöht um den Gewinnvortrag"[2064] (Art. L. 232-11 Abs. 1 C. com.). Die Bestimmung der Höhe des Ausschüttungsbetrags wird einem Beschluss der Gesellschafterversammlung unterworfen (Art. L. 232-12 Abs. 1 C. com.). Verboten ist hingegen etwa das Versprechen einer fixen Dividendenhöhe (Art. L. 232-15 Abs. 1 S. 1 C. com.). Jeder Verstoß gegen diese und die anderen in diesen Normen festgelegten Regeln macht die Ausschüttung nach Art. L. 232-12 Abs. 3 zu einer „fiktiven Dividende" *(dividende fictive)*. Die Auszahlung einer solchen unter Verletzung der Artikel L. 232-11, L. 232-12 sowie L. 232-15 C. com hat, Kenntnis oder Kennenmüssen der Umstände seitens des Empfängers vorausgesetzt, einen Rückzahlungsanspruch seitens der Gesellschaft (*action en répetition des dividendes,* Art. L. 232-17 C. com.) zur Folge. Dieser kann im Rahmen einer so genannten *action oblique* auch durch Gläubiger einer diesbezüglich untätigen Gesellschaft gerichtlich geltend gemacht werden[2065]. Daneben ist die Auszahlung einer solchen Dividende für das Führungspersonal der Gesellschaft nach den Voraussetzungen der Art. L. 241-3 Nr. 2 (SARL), L. 242-6 Nr. 1 (SA) bzw. L. 243-1 C. com (SCA) strafbar[2066]. Verringert wird die Tragweite dieser Vorschriften jedoch dadurch, dass sie nur für einmal eingebrachte Kapitalgegenstände gelten. In Bezug auf die Höhe der Kapitalanforderungen ist das französische Recht für einen Großteil der Kapitalgesellschaften hingegen vergleichsweise wenig anspruchsvoll[2067].

2063 Hierzu und zum Ganzen ausführlich *Lecourt*, Capital social, in: Magnier (Hrsg.), Rép. sociétés, Rn. 144 ff.

2064 „Le bénéfice distribuable est constitué par le bénéfice de l'exercice, diminué des pertes antérieures, ainsi que des sommes à porter en réserve en application de la loi ou des statuts, et augmenté du report bénéficiaire."

2065 Hierzu *Lecourt*, Capital social, in: Magnier (Hrsg.), Rép. sociétés, Rn. 147.

2066 Auch hierzu ausführlich *Lecourt*, Capital social, in: Magnier (Hrsg.), Rép. sociétés, Rn. 146.

2067 Siehe auch hierzu oben § 1 B. I. 2. b) cc) (3).

2. Insolvenzliche und außerinsolvenzliche Anfechtungsregeln

a) Die eingeschränkten Insolvenzanfechtungsregeln des Sanierungs- und Liquidationsverfahrens (nullités de la période suspecte, Art. L. 632-1 ff. C. com.)

Innerhalb eines Sanierungs- oder Liquidations-, nicht jedoch eines Rettungsverfahrens[2068] besteht zum Ausgleich schuldnerschädigender Verhaltensweisen für den Verwalter, den Gläubigervertreter bzw. den Liquidator (vgl. Art. L. 641-4 Abs. 1 C. com.) oder den *commissaire à l'exécution du plan*[2069] die Möglichkeit der Beantragung einer Rückführung der entzogenen Vermögensbeträge an den Rechtsträger[2070] im Rahmen der so genannten *nullités de la période suspecte* („Nichtigkeitstatbestände des Verdächtigkeitszeitraums"). Diese dem deutschen Anfechtungsrecht ähnlichen[2071] Regelungen beinhalten eine eigene, komplexe Dogmatik, deren ausführliche Beschreibung den Rahmen dieser Arbeit übersteigen würde[2072]. Hinzuweisen ist jedoch insbesondere aus rechtsvergleichenden Gesichtspunkten[2073] auf wichtige Einschränkungen dieses Rechtsinstruments, die seine Anwendung im Rahmen der hier beschriebenen Sachverhalte weit weniger relevant erscheinen lassen als die bereits genauer ausgewerteten, besonderen Erstreckungs- und Haftungsklagen. Gleichzeitig ist jedoch auf einzelne Fallbeispiele einzugehen, in denen die Tatbestände auch in Frankreich Bedeutung für Konzernsachverhalte in der Insolvenz entfalten.

Zunächst handelt es sich bei den Tatbeständen der *nullités* in Art. L. 632-1-I C. com. um eine Aufzählung von zwölf Verhaltensweisen, die zwingend eine *nullité* nach sich ziehen (so genannte *nullités de droit)*. Hierzu gehören etwa die Eigentumsübertragung beweglicher oder unbeweglicher Sachen ohne Gegenleistung (Nr. 1)[2074], der Abschluss eines Vertrags mit vorbestimmten Leis-

---

2068 Vgl. die systematische Einordnung des Art. L. 632-1 ff. C. com.; die Anwendung auf das Liquidationsverfahren ergibt sich aus Art. L. 641-14 Abs. 1 C. com.

2069 Zu diesem Verfahrensbeteiligten oben, § 1 A. II. 3. dd).

2070 Sowohl diese Rechtsfolge als auch die Antragsberechtigten finden sich in Art. L. 632-4 C. com., für das Liquidationsverfahren in Verbindung mit Art. L. 641-14 Abs. 1 C. com

2071 Rechtsvergleichend sogleich unten, 3. b).

2072 Genauer hierzu jedoch *Martin-Serf*, Entreprises en difficulté (Nullités de la période suspecte), in: Magnier (Hrsg.), Rép. sociétés, Rn. 1 ff.; siehe in deutscher Sprache auch *Bauerreis*, in: Handbuch Insolvenzrecht in Europa, Frankreich, Rn. 199 ff.; *Kroh*, Der existenzvernichtende Eingriff, S. 290 ff.

2073 Zur wichtigen Rolle des deutschen Anfechtungsrechts auch in der Konzerninsolvenz sogleich unten, 3. b).

2074 Dieses Tatbestandsmerkmal wird sehr weit verstanden und kann auch etwa die Bestellung von Sicherheiten oder den Verzicht auf eine Forderung umfassen, siehe nur *Lienhard*, Procédures collectives, Rn. 117.28.

tungspflichten *(contrat commutatif)*, bei dem die Pflicht des Schuldners diejenige der anderen Partei merklich übersteigt (Nr. 2) oder die Zahlung auf unfällige Forderungen (Nr. 3). Die Tatbestände der Nummern 4-12 des Art. L. 632-1-I C. com. berücksichtigen hingegen besondere Geschäftstypen wie bestimmte Zahlungsweisen (Nr. 4), die Vornahme von Sicherungsmaßnahmen (Nr. 7) oder die Einlösung von Aktienoptionen nach bestimmten Vorschriften (Nr. 8).

Daneben finden sich in Art. L. 632-2 Abs. 1 C. com in richterliches Ermessen gestellte, so genannte *nullités facultatives*. Diese beziehen sich auf fällige Zahlungen und mit Gegenleistung erbrachte Leistungen, sofern die andere Partei Kenntnis von einer Zahlungsunfähigkeit hatte, beinhalten also im Gegensatz zu den *nullités de droit* ein subjektives Element. Die Tatbestände sind in Bezug auf den Empfänger der anzufechtenden Handlung nicht beschränkt, haben aber allesamt eine Inanspruchnahme des Insolvenzschuldners über Gebühr und damit eine potenziell gläubigerschädigende Wirkung gemeinsam. Aus der Formulierung des Art. L. 632-4 S. 2 C. com., die entsprechend anzuwendende Klageart bewirke „die Wiederherstellung der Aktiva des Schuldners“[2075] schließt die Rechtsprechung allerdings, dass eine erfolgreiche Nichtigkeitsklage nach Art. L. 632-4 C. com. keinen Beweis über das Vorliegen eines konkreten Schadens seitens des Insolvenzschuldners voraussetzt[2076]. Der Erlös aus der Rückgängigmachung kann besonders im Falle des Liquidationsverfahrens den Gläubigern zugute kommen; nachdem das französische Insolvenzrecht allerdings keine Insolvenzmassse mehr kennt, welcher Erlöse zugeschrieben werden könnten, ist eine Verwendung zugunsten der Fortführung der Unternehmensaktivität nicht ausgeschlossen[2077].

Die größte Einschränkung dieses Instruments zur Wiederauffüllung der Aktiva von zahlungsunfähigen Rechtsträgern liegt jedoch in ihrem begrenzten zeitlichen Anwendungsbereich. So ist die Nichtigkeit der aufgezählten Handlungen auf den „Verdächtigkeitszeitraum“ *(période suspecte)* beschränkt[2078]. Dieser liegt zwischen dem im Nachhinein festgestellten Zeitpunkt der Zah-

---

[2075] „Elle a pour effet de reconstituer l'actif du débiteur.“ Siehe bereits einleitend oben unter I.

[2076] Cass. com. 09.01.1996, Revisionsnummer 93-14933.

[2077] Hierauf hinweisend *Pelletier*, La responsabilité au sein des groupes de sociétés en cas de procédure collective, Rn. 189, Fn. 163.

[2078] Für bestimmte Handlungen ohne Gegenleistung sieht Art. L. 632-1-II eine Verlängerung der Frist auf sechs Monate vor der Zahlungsunfähigkeit vor, was allerdings wiederum ins Ermessen des Gerichts gestellt wird („peut...annuler“).

lungsunfähigkeit *(cessation des paiements)* und dem Zeitpunkt der Verfahrenseröffnung[2079]. Die vom Gesetz festgelegte Maximaldauer dieses Zeitraums liegt bei achtzehn Monaten vor dem Eröffnungsurteil[2080].

Trotz dieser Begrenzung ihrer Reichweite wird über einzelne Fragen der *nullités de la période suspecte* nicht zuletzt in Bezug auf Konzernsachverhalte diskutiert[2081] und auch die jüngere Rechtsprechung hat dieses Rechtsinstrument im Bereich der Konzerninsolvenzen bereits eingesetzt. Ein Beispiel liegt in der konzerninternen Veräußerung von Beteiligungen an andere Konzerngesellschaften[2082]. Wird eine solche etwa von einer wirtschaftlich gesunden an eine krisenbehaftete Gesellschaft desselben Konzerns veräußert, stellt die Rechtsprechung eine genaue Analyse des geleisteten Kaufpreises an. Liegt er unterhalb der Marktbedingungen, kann dieses Geschäft über die *nullité de la période suspecte* gemäß Art. L. 632-1-I Nr. 2 C. com. rückgängig gemacht werden; freilich nur unter der allgemeinen Voraussetzung, dass der Zessionar zu diesem Zeitpunkt zahlungsunfähig war[2083]. Dies kann etwa einer durch die Konzernstruktur erst ermöglichten Praxis entgegenstehen, Beteiligungen an wirtschaftlich geschwächten Gesellschaften gegen die Zahlung eines überhöhten Kaufpreises an und auf Kosten von bereits zahlungsunfähigen Konzerngesellschaften zu veräußern, bevor sich die Verluste der Beteiligung auf Seiten des Zedenten realisieren[2084].

Andere kürzlich ergangene Entscheidungen waren hingegen konzernfreundlicher. So entschied der Kassationsgerichtshof in Bezug auf die Bestellung von Sicherheiten im Konzern, dass die durch eine Tochtergesellschaft zugunsten einer mit Kapitalmehrheit beteiligten Muttergesellschaft ohne direkte Gegenleistung bestellte Bürgschaft nicht im Sinne des Art. L. 632-1-I Nr. 1 C. com. als „unentgeltlich" verstanden werden kann und damit keiner Anfechtung unterliegt[2085]. In diesem Fall bestünde bei der Tochtergesellschaft ein Interesse an der Finanzierung ihrer Muttergesellschaft, die indirekt auch ihr selbst zugute komme. Diese Entscheidung, die aufgrund der engen Verbindung der betreffenden Konzerngesellschaften im hier beurteilten Fall nicht unter allen Umständen einer Verallgemeinerung zugänglich erscheint[2086], erinnert an die

---

[2079] Art. L. 632-1-I C. com., für das Liquidationsverfahren in Verbindung mit Art. L. 641-14 Abs. 1 C. com.

[2080] Art. L. 631-8 Abs. 2 S. 1 C. com.

[2081] Siehe zur Rolle dieses Rechtsinstruments bei Konzernsachverhalten in der Insolvenz nur *Pelletier*, La responsabilité au sein des groupes de sociétés en cas de procédure collective, Rn. 189 ff. Auch in dieser umfassenden Studie stehen die Art. L. 632-1 ff. allerdings nicht im Zentrum der Darstellung.

[2082] So in Cass. com. 27.05.2014, Revisionsnummer 13-15540.

[2083] Ebenda.

[2084] So zum hier zitierten Urteil *Mouial-Bassilana*, Bull. Joly Soc., Nr. 2014-9, 522.

[2085] Cass. com. 19.11.2013, Revisionsnummer 12-23020, Bull. civ. 2013, IV, Nr. 168.

[2086] *Martin-Serf*, RTD Com. 2014, 697.

Rechtsprechung zum rechtfertigenden „Konzerninteresse“ *(intérêt de groupe)* im Strafrecht[2087] bzw. der damit verwandten Rechtfertigung von Finanzflüssen in Konzernen im Rahmen der Verfahrenserstreckung wegen anormaler finanzieller Beziehungen (Art. L. 621-2 Abs. 2 C. com.)[2088], indem sie das Vorhandensein normal funktionierender Konzernstrukturen zugunsten einer wirtschaftlicheren Betrachtungsweise als eine Ausnahme von hergebrachten Rechtsgrundsätzen ansieht.

Diese Wirkung hat das Bestehen eines Konzerns allerdings nicht in Bezug auf alle Tatbestandsmerkmale der *nullités de la période suspecte.* So können enge Konzernbindungen im Bereich der subjektiven Tatbestandsmerkmale der *nullité facultative* (Art. L. 632-2 C. com.) einen beweiserleichternden Hinweis auf die Kenntnis einer anderen Konzerngesellschaft der Zahlungsunfähigkeit des konzernangehörigen Schuldners darstellen[2089]. Angeknüpft wird für eine derartige Beweiserleichterung allerdings an die konkreten Beziehungen der betroffenen Gesellschaften und ihres Führungspersonals zueinander und nicht an feststehende Rechtsbegriffe wie etwa der „Beherrschung“ (*contrôle,* Art. L. 233-3 bzw. L. 233-16 C. com.) oder des im französischen Recht als Rechtsbegriff nicht direkt vorkommenden „Konzerns“ *(groupe de sociétés)*[2090].

Insgesamt fällt aber auf, dass die *nullités de la période suspecte* sich auch im Konzern auf die Rückgängigmachung einzelner, isolierbarer Geschäfte zulasten einer insolventen Gesellschaft konzentrieren, während die weiter oben angesprochenen Rechtsinstrumente[2091] sich – mit einer gewissen Abstufung – auf systematischere Fälle der Verletzung der Gesellschaftssphären von Konzerngesellschaften beziehen.

b) Die zivilrechtliche Paulianische Vorsatzanfechtungsklage (action paulienne, Art. 1341-2 C. civ)

Die einzige Möglichkeit für Gläubiger, die kurzen Anfechtungszeiträume der *nullités de la période suspecte* zu überwinden, liegt in der Anwendung einer so genannten Paulianischen Anfechtungsklage *(action paulienne)*[2092], welcher in

---

[2087] Zu dieser so genannten *Rozenblum*-Formel oben, § 1 B. I. 1. c) ff).

[2088] Siehe oben, § 4 B. II. 3. c).

[2089] So etwa in Cass. com. 26.10.1999, Revisionsnummer 97-14430; *Pelletier*, La responsabilité au sein des groupes de sociétés en cas de procédure collective, Rn. 191, möchte im Vorhandensein von Konzernstrukturen sogar eine (widerlegbare) Vermutung für die Kenntnis der Zahlungsunfähigkeit sehen.

[2090] Zu dieser bewussten Entscheidung des französischen Gesetzgebers oben, § 1 B. I. 1. a) und b).

[2091] Siehe § 4 sowie § 5 A. bis C.

[2092] Zu diesem Rechtsinstrument in deutscher Sprache auch *Kroh*, Der existenzvernichtende Eingriff, S. 304 ff.

diesem Sinne eine ergänzende Funktion zukommt[2093]. Mit der umfassenden Ordonnance vom 10.02.2016[2094] hat der französische Gesetzgeber diesem allgemein zivilrechtlichen Rechtsinstitut der im französischen Recht traditionsreichen, jedoch in Einzelfragen größtenteils durch die Rechtsprechung geprägten[2095] Klage in Art. 1341-2 C. civ. eine neue, genauer formulierte Rechtsgrundlage gegeben[2096].

Hiernach kann

„...der Gläubiger auch in eigenem Namen klagen, um Handlungen seines Schuldners unter betrügerischer Verletzung seiner Rechte ihm gegenüber für unwirksam erklären zu lassen, sofern er, wenn es sich um eine Handlung gegen Entgelt handelte, nachweist, dass der dritte Vertragspartner Kenntnis dieses Betrugs hatte.“[2097]

Anders als bei den insolvenzrechtlich einzuordnenden *nullités de la période suspecte* kommt es bei der allgemein zivilrechtlichen *action paulienne* auf eine (direkt) gläubigerschädigende Wirkung der Schuldnerhandlung an. Sie ist beschränkt auf Rechtshandlungen *(actes juridiques)* des Schuldners[2098]. Die Norm unterscheidet zwischen zwei Tatbestandsalternativen: der Anfechtungsklage bei Handlungen des Schuldners ohne Gegenleistung, die eine betrügerische Absicht des Schuldners im Sinne einer Kenntnis der gläubigerschädigenden Wirkung der Schuldnerhandlung[2099] voraussetzt, sowie, andererseits, der Klage bei Handlungen des Schuldners mit Gegenleistung, bei welcher zusätzlich eine genau wie die schuldnerseitige Betrugsabsicht verstandene[2100] Kenntnis dieses Vorsatzes seitens des Leistungsempfängers nachzuweisen ist. Auch im Bereich der Konzernsachverhalte sind derartige Gestaltungen durchaus

---

2093 So auch *Pelletier*, La responsabilité au sein des groupes de sociétés en cas de procédure collective, Rn. 192.

2094 Ordonnance Nr. 2016-131 portant réforme du droit des contrats, du régime général et de la preuve des obligations, Art. 3; in Kraft getreten am 01.10.2016, siehe Art. 9 Abs. 1 der Ordonnance.

2095 Vgl. zu Entwicklung und Rechtssystematik ausführlich *Sautonie-Laguionie*, Action paulienne, in: Savaux (Hrsg.), Rép. civil, Rn. 1 ff.

2096 Zuvor war die *action paulienne* auf den vom Wortlaut her weniger konkreten Art. 1167 C. civ. gestützt worden.

2097 *„Le créancier peut aussi agir en son nom personnel pour faire déclarer inopposables à son égard les actes faits par son débiteur en fraude de ses droits, à charge d'établir, s'il s'agit d'un acte à titre onéreux, que le tiers cocontractant avait connaissance de la fraude."*

2098 *Sautonie-Laguionie*, Action paulienne, in: Savaux (Hrsg.), Rép. civil, Rn. 12 f.

2099 Cass. com. 29.05.1985, Revisionsnummer 83-17329, Bull. civ. 1983, I, Nr. 163; 14.02.1995, Revisionsnummer 92-18886, 13.04.1988, Revisionsnummer 86-14.682, Bull. civ. 1988, I, Nr. 91; 12.12.2006, Revisionsnummer 04-11579, Bull. civ. 2006, I, Nr. 547. Eine Schädigungsabsicht wird entgegen früherer Rechtsprechung nicht mehr vorausgesetzt; zur Entwicklung m.w.N. *Sautonie-Laguionie*, Action paulienne, in: Savaux (Hrsg.), Rép. civil, Rn. 64.

2100 Cass. com. 12.12.2006, Revisionsnummer 04-11579, Bull. civ. 2006, I, Nr. 547.

denkbar. So ist hier besonders an solche Fälle zu denken, in denen sich etwa eine beherrschende Gesellschaft zeitlich weit im Vorfeld einer Insolvenz an Geschäften mit einer Tochtergesellschaft auf Kosten der Gläubiger bereichert hat. Allerdings werden in der Rechtsprechung nicht zu unterschätzende Hürden für den Beweis der subjektiven Merkmale des Tatbestands angelegt.[2101] Hierbei arbeitet die Rechtsprechung zwar mit objektiven Indizien, die in der Zeit nach der Schuldnerhandlung liegen können, um auf die subjektive Kenntnislage der Beteiligten zu schließen[2102]; bei Zahlungen auf objektiv fällige Schulden ist jedoch keine gerichtliche Entscheidung ersichtlich, in welcher auf das Vorliegen der subjektiven Voraussetzungen der *action paulienne* geschlossen wurde. Vielmehr lässt sich bei Fällen, in denen diese Klageart auch in Konzernen angewendet werden konnte, jedesmal ein objektives Missverhältnis zwischen Leistung und Gegenleistung erblicken, wie es etwa bei bei fehlender Gegenleistung[2103], Zahlungen auf nicht fällige Schulden oder Zahlungen mit ungewöhnlichen Zahlungsmitteln zutreffend sein kann.[2104] Dieses Kriterium der Rechtsprechung erinnert für den Konzernbereich an die Frage der „Normalität" der Beziehungen zwischen Konzerngesellschaften, wie sie allen voran bei der Rechtfertigung von Zahlungsflüssen im Konzern zum Ausschluss anormaler finanzieller Beziehungen im Sinne des Verfahrenserstreckungstatbestands Art. L. 621-2 Abs. 2 C. com. angelegt wird[2105]. Hohe Hürden baut die Rechtsprechung hingegen grundsätzlich beim Beweis der Kenntnis des Gläubigers von der Benachteiligung auf; gerade im Konzern können jedoch Umstände wie die Verflechtung von Entscheidungsstrukturen für eine Vereinfachung des Beweises entsprechender Kenntnis sprechen[2106]. Auch etwa die nachgewiesene Kenntnis des Gläubigers von einer Zahlungsunfähigkeit des Schuldners erfüllt die gläubigerseitigen subjektiven Voraussetzungen des Tatbestands[2107]. Ohne jegliche Nähebeziehung zwischen Schuldner und Leistungsempfänger ist eine

---

2101 *Pelletier*, La responsabilité au sein des groupes de sociétés en cas de procédure collective, Rn. 192 f.

2102 Cass. com. 03.05.1972, Revisionsnummer 70-14072, Bull. civ. 1972, I, S. 106, Nr. 117.

2103 In diesem Falle ist, wie es sich bereits aus Art. 1341-2 C. civ. ergibt, das subjektive Merkmal allerdings nur auf Seiten des Schuldners notwendig.

2104 *Pelletier*, La responsabilité au sein des groupes de sociétés en cas de procédure collective, Rn. 193; vgl. auch *Sautonie-Laguionie*, Action paulienne, in: Savaux (Hrsg.), Rép. civil, Rn. 65.

2105 Siehe oben, § 4 B. II. 3. b) dd) f.

2106 *Pelletier*, La responsabilité au sein des groupes de sociétés en cas de procédure collective, Rn. 193.

2107 Entsprechende Entscheidungen sind selten, so jedoch Cass. com. 04.04.1973, Revisionsnummer 70-12579, Bull. civ 1970, I, S. 113, Nr. 112.

derartige positive Beweisführung aber außerordentlich schwierig und in diesem Sinne lautende gerichtliche Entscheidungen überaus rar gesät[2108].

Im Falle einer erfolgreichen Klage liegt die Rechtsfolge des Art. 1341-2 C. civ. ausweislich seines Wortlauts in einer relativen Unwirksamkeit *(inopposabilité)* der Schädigungshandlung gegenüber dem Geschädigten. Wird die Klage im Verlauf eines Insolvenzverfahrens durch das zuständige Verfahrensorgan – in den meisten Fälle wohl durch den Gläubigervertreter – angestrengt, gilt diese Wirkung sämtlichen Insolvenzgläubigern gegenüber[2109]. Diese relative Unwirksamkeit erlaubt es den betroffenen Gläubigern, die schädigende Übertragungsakte zu ignorieren und gegen den Leistungsempfänger in Höhe der Schädigung bzw. in Bezug auf die jeweilige Sache zu vollstrecken[2110]. Die *action paulienne* unterliegt der Regelverjährung des *Code civil*, welche nach Art. 2224 C. civ. fünf Jahre ab Kenntnis oder Kennenmüssen der die Klage begründenden Tatsachen beträgt und damit im Regelfall einen wesentlich längeren Anfechtungszeitraum ermöglicht als die *nullités de la période suspecte.* Die Regelverjährung des französischen Zivilrechts hatte bis zum Inkrafttreten des Gesetzes vom 17.06.2008[2111] nach Art. 2262 C. civ. alter Fassung noch bei 30 Jahren gelegen.

Liegen die engeren Voraussetzungen dieser Anfechtungsklage vor, kann sie gerade durch die Beweiserleichterungen bei demselben Konzern angehörigen Schuldnern bzw. Leistungsempfängern ein wirksames Mittel darstellen, einzelne gläubigerschädigende Handlungen rückgängig zu machen und die verlorenen Werte dem Schuldnervermögen wieder zuzuführen.

3. Rechtsvergleichende Anmerkungen zum deutschen Recht

Da dem deutschen Recht materiell-insolvenzrechtliche Haftungsregeln im engeren Sinne fehlen[2112], kommt der Rückführung von Vermögenselementen in das Vermögen einer Gesellschaft auch im Rahmen einer Insolvenz von konzernangehörigen Rechtsträgern eine herausgehobenere Bedeutung als im französischen Recht zu.

a) Kapitalerhaltungsansprüche bei AG und GmbH

Im französischen Recht steht der Gesellschaft, deren Haftungskapital durch die Ausschüttung „fiktiver Dividenden" entgegen der Voraussetzungen des *Code de commerce* geschmälert wurde, ein Anspruch auf Rückzahlung (*action en*

2108 *Sautonie-Laguionie*, Action paulienne, in: Savaux (Hrsg.), Rép. civil, Rn. 71.

2109 Cass. com. 13.11.2001, Revisionsnnummer 98-18292, Bull. civ. 2001, IV, Nr. 178.

2110 *Sautonie-Laguionie*, Action paulienne, in: Savaux (Hrsg.), Rép. civil, Rn. 110 f.

2111 Art. 2, Gesetz Nr. 2008-561 vom 17.06.2008 portant réforme de la prescription en matière civile, JORF, 18.06.2008, S. 9856, Nr. 1.

2112 Siehe oben, § 2 A. II.

répetition des dividendes, Art. L. 232-17 C. com.) gegen den entsprechend begünstigten Gesellschafter zu. Der Anspruch betrifft die wichtigsten Kapitalgesellschaften im französischen Gesellschaftsrecht; seine Reichweite wird durch das subjektive Tatbestandsmerkmal der Kenntnis oder des Kennenmüssens der Umstände seitens des Zahlungsempfängers beschränkt.[2113]

Auch das deutsche Kapitalgesellschaftsrecht kennt Rückzahlungsansprüche des Kapitalerhaltungsrechts, die auch bei der Insolvenz konzernangehöriger Gesellschaften und Auszahlungen etwa an beherrschende Gesellschaften zu einer Rückführung der rechtswidrig ausgeschütteten Beträge in das Gesellschaftsvermögen – und damit des Haftungssubstrats in der Insolvenz – verwendet werden können[2114]. Anders als in Frankreich ist in Deutschland jedoch insbesondere zwischen den Gesellschaftsformen der GmbH und der AG als insolventem Rechtsträger zu unterscheiden.

aa) Recht der AG: umfassende konzernrechtliche Überlagerung möglicher Ansprüche der Gesellschaft aus §§ 57, 62 AktG wegen verdeckter Einlagenrückgewähr

Im Recht der AG bieten §§ 57, 62 AktG einen weitreichenden Schutz vor der unberechtigten Auszahlung des Kapitals. So ist eine Rückgewähr jeglicher von Aktionären geleisteter Einlagen gemäß § 57 Abs. 1 S. 1 AktG grundsätzlich untersagt. Hieraus ergibt sich ein umfassendes Verbot verdeckter Einlagenrückgewähr, welches über den Schutz des Grundkapitals und gesetzlicher Rücklagen (§§ 150, 300 AktG) an Aktionäre hinaus auch Ausschüttungen aus dem freien Vermögen der Gesellschaft verbietet, die nicht durch einen entsprechenden Hauptversammlungsbeschluss zur Gewinnverwendung gerechtfertigt sind[2115]. Erfolgt eine verbotswidrige Auszahlung, sieht § 62 Abs. 1 AktG einen Rückgewähranspruch der Gesellschaft vor[2116]; ist der Beitrag in Form eines Gewinnanteils ausgezahlt worden, gilt dieser Anspruch allerdings nur im Falle

---

[2113] Siehe soeben oben, 1.

[2114] Zur Relevanz dieser Ansprüche in der Konzerninsolvenz nach deutschem Recht auch *Thole*, in: Flöther, Handbuch zum Konzerninsolvenzrecht, § 4 Rn. 405.

[2115] Zu Grundsatz und Ausnahmen ausführlich *Cahn/ von Spannenberg*, in: Spindler/ Stilz, AktG, § 57 Rn. 14 ff.; *Fleischer*, in: Schmidt/ Lutter, AktG, § 57 Rn. 9 ff.; *Laubert*, in: Hölters, AktG, § 57 Rn. 7 ff.; *Lange*, in: Henssler/ Strohn, Gesellschaftsrecht, § 57 AktG Rn. 5 ff.

[2116] Der BGH sieht diese Regelung inzwischen als einzig anwendbares Spezialgesetz gegenüber anderen, etwa dinglichen oder bereicherungsrechtlichen Herausgabeansprüchen an, da ein Verstoß gegen § 57 AktG wegen der eindeutig geregelten Rechtsfolge des § 62 AktG keine Nichtigkeit von Verpflichtungs- oder Verfügungsgeschäft nach sich ziehen könne, BGH 20.06.2013 – VII ZR 4/12, NJW 2013, 1472, 1473; zum sonstigen Streitstand diesbezüglich *Bayer*, in: MüKo-AktG, § 57 Rn. 221 ff.; *Fleischer*, in: Schmidt/ Lutter, AktG, § 57 Rn. 73 ff.; *Laubert*, in: Hölters, AktG, § 57 Rn. 28.

der Kenntnis oder der fahrlässigen Unkenntnis der fehlenden Bezugsberechtigung (§ 62 Abs. 1 S. 2 AktG). Im Grundsatz können derartige Ansprüche auch von Gläubigern (§ 62 Abs. 2 S. 1 AktG) oder Insolvenzverwaltern (S. 2) geltend gemacht werden.

Beim Vorliegen eines AG-Konzerns wird die Anspruchsgrundlage des § 62 Abs. 1 AktG jedoch größtenteils von Sonderregeln überlagert[2117]:

Für Vertragskonzerne ergibt sich nämlich eine Ausnahme vom Verbot der Einlagenrückgewähr nach §§ 57 Abs. 1 S. 3 Fall 1, 291 Abs. 3 AktG nach dem Abschluss eines Beherrschungs- oder Gewinnabführungsvertrags (§ 291 AktG), dessen rechtliche Wirksamkeit unter anderem qualifizierte Mehrheitserfordernisse in der beschließenden Hauptversammlung voraussetzt (§ 293 AktG). Dieses so genannte „Konzernprivileg" rechtfertigt sich durch die weitreichende Verlustausgleichspflicht etwa einer beherrschenden Gesellschaft als „anderem Vertragsteil" gemäß § 302 Abs. 1 AktG. Hiernach hat diese Gesellschaft grundsätzlich jeden während der Vertragsdauer bei der beherrschten Gesellschaft entstehenden Jahresfehlbetrag auszugleichen. Der entsprechende Ausgleichsanspruch der beherrschten Gesellschaft tritt in diesem Fall funktional an die Stelle des Verbots der Einlagenrückgewähr aus § 57 Abs. 1 S. 1 AktG.[2118]

Auch bei faktischen AG-Konzernen bleiben die allgemeinen Vorschriften der Einlagenrückgewähr im Ergebnis nahezu vollständig unangewendet. So entschied der BGH zuletzt ausdrücklich, dass, solange eine faktische Beherrschung besteht, auch den Tatbestand des § 62 AktG erfüllende Abflüsse unter die insoweit vorrangige Ausgleichspflicht des § 311 AktG fallen. Nur in dem Fall, dass eine Leistung auf den Ausgleichsanspruch verweigert wird, lebt hiernach neben dem Schadenersatzanspruch des § 317 AktG der Anpruch aus § 62 Abs. 1 AktG wieder auf.[2119] Der wichtigste inhaltliche Unterschied zwischen Ansprüchen liegt in dem Zeitpunkt ihrer jeweiligen Fälligkeit: Während der Anspruch nach § 62 AktG unmittelbar nach der Erfüllung des Tatbestands des § 57 Abs. 1 AktG fällig wird[2120], sieht § 311 Abs. 2 AktG die Möglichkeit ei-

---

[2117] Vgl. bereits *Lange*, in: Henssler/ Strohn, Gesellschaftsrecht, § 62 AktG Rn. 2.

[2118] Zu alledem *Bayer*, in: MüKo-AktG, § 57 Rn. 136; *Lange*, in: Henssler/ Strohn, Gesellschaftsrecht, § 62 AktG Rn. 11; zum Konzernprivileg auch *Fleischer*, in: Schmidt/ Lutter, AktG, § 57 Rn. 35; hierzu auch bereits oben § 4 E. II. 2. b).

[2119] So nunmehr BGH 16.04.2009 – VII ZB 62/08, DNotZ 2009, 465, 466 f. (*MPS*); zuvor bereits *Habersack/ Schürnbrand*, NZG 2004, 689, 693; OLG München 15.12.2004 – 7 U 5665/03, NZG 2005, 181, 183; vgl. auch *Bayer*, in: MüKo-AktG, § 57 Rn. 7, 134; zu den Ausgleichspflichten im faktischen Konzern bereits oben, § 4 E. I. 2. b).

[2120] *Lange*, in: Henssler/ Strohn, Gesellschaftsrecht, § 62 AktG Rn. 8.

nes zeitlich gestreckten Ausgleichs bzw. der Einräumung eines Rechtsanspruchs auf künftigen Nachteilsausgleich je bis zum Ende des jeweiligen Geschäftsjahres vor[2121].

bb) Recht der GmbH: Kapitalerhaltungsvorschriften der §§ 30, 31 GmbHG mit größerer Relevanz in Konzernsachverhalten und flankierende Rechtsinstitute

Im Recht der GmbH sind die Vorschriften des Kapitalschutzes[2122] im Ergebnis weniger streng ausgestaltet als bei der Aktiengesellschaft. Zwar bestehen mit §§ 30, 31 GmbHG ebenfalls Kapitalerhaltungsvorschriften flankiert von einem Rückzahlungsanspruch; anders als bei der AG wird bei der GmbH jedoch eine Auszahlung gemäß § 30 Abs. 1 S. 1 GmbHG nur bis zu dem Betrag begrenzt, der zur Erhaltung des Stammkapitals erforderlich ist. Hierunter zu verstehen ist das Verbot der Herbeiführung einer so genannten Unterbilanz, im Rahmen welcher sich der Betrag des Stammkapitals nach der Auszahlung nicht mehr durch das Gesellschaftsvermögen decken ließe[2123].

Wie auch § 57 AktG[2124] enthält § 30 GmbHG in Abs. 1 S. 2 Fall 1 seit dem MoMiG[2125] eine Privilegierung für Vertragskonzerne. Im gleichen Zuge wurde dort eine Ausnahme für den Fall eingearbeitet, in dem die Auszahlung durch einen vollwertigen Gegenleistungs- oder Rückgewähranspruch gegen den betroffenen Gesellschafter gedeckt ist. Dies soll gerade für Konzerne weiterhin die Möglichkeit eröffnen, das vom Gesetzgeber als sinnvoll erachtete *Cash-Pooling* rechtssicher betreiben zu können[2126].

2121 Auf diesen materiellen Unterschied ebenfalls hinweisend BGH 16.04.2009 – VII ZB 62/08, DNotZ 2009, 465, 467 (*MPS*).

2122 Hierzu ausführlich *Kroh*, Der existenzvernichtende Eingriff, S. 29 ff.; im Konzernkontext *Ehricke*, Das abhängige Konzernunternehmen in der Insolvenz, S. 278 ff.

2123 *Altmeppen*, in: Roth/ Altmeppen, GmbHG, § 30 Rn. 9 ff.; *Fastrich*, in: Baumbach/ Hueck, GmbHG, § 30 GmbHG, Rn. 13; zum Begriff der Unterbilanz Rn. 19; zur Berechnung Rn. 14 ff.; *Heidinger*, in: Michalski, GmbHG, § 30 Rn. 27 ff.; *Hommelhoff*, in: Lutter/ Hommelhoff, GmbhG, § 30 Rn. 10 ff.; *Thiessen*, in: Bork/ Schäfer, GmbHG, § 30 Rn. 14.

2124 Dort in Abs. 1 S. 3 Fall 1; hierzu soeben, aa).

2125 Gesetz zur Modernisierung des GmbH-Rechts und zur Bekämpfung von Missbräuchen vom 23.10.2008, BGBl. I, S. 2026.

2126 *Altmeppen*, in: Roth/ Altmeppen, GmbHG, § 30 Rn. 78 ff.; *Heidinger*, in: Michalski, GmbHG, § 30 Rn. 11; *Hommelhoff*, in: Lutter/ Hommelhoff, GmbhG, § 30 Rn. 37. Diese Regelung stand im Zusammenhang mit der so genannten „November-Entscheidung" des BGH (24.11.2003 – II ZR 171/01, NJW 2004, 1111), welche über die Rechtmäßigkeit einzelner Formen des Cash-Poolings Zweifel hatte aufkommen lassen. Zu diesen Fragestellungen ausführlich *Altmeppen*, NZG 2010, 361, dort zur „November-Entscheidung" und der Intention des MoMiG-Gesetzgebers S. 362. Auch § 57 Abs. 1 S. 3 Fall 2 AktG enthält eine solche Regelung; wie oben unter aa) erläutert, wird § 57 Abs. 1 AktG bei hier relevanten Fällen von AG-Konzernen jedoch durch das speziellere Aktienkonzernrecht überlagert.

Wo § 30 GmbHG im Vergleich zu § 57 AktG wichtige Einschränkungen aufweist, gewinnt der Haftungstatbestand des § 31 GmbHG im Vergleich zu § 62 AktG an Schärfe[2127]. Der gegen den Zahlungsempfänger gerichtete Erstattungsanspruch in § 31 Abs. 1 GmbHG lässt ebenfalls Raum für das subjektive Tatbestandsmerkmal eines Gutglaubenserfordernisses (Abs. 2) des Auszahlungsempfängers, reduziert den Anspruch in diesem Fall allerdings nur auf das zur Befriedigung der Gesellschaftsgläubiger Notwendige. Ebenso beinhaltet der Anspruch jedoch eine Einstandspflicht für andere Gesellschafter, sofern die Zahlung vom Empfänger nicht zu erhalten sein sollte (Abs. 3). Der Anspruch ist als Innenhaftungsanspruch der Gesellschaft gegenüber dem Gesellschafter als Leistungsempfänger ausgestaltet, der damit eine direkte Außenhaftung ausschließt und bei einer Insolvenz durch den Verwalter geltend zu nachen ist[2128]. Zu beachten ist jedoch, dass das Auszahlungsverbot des § 30 Abs. 1 über § 43 Abs. 1, 3 GmbHG zunächst an die Geschäftsführer der GmbH gerichtet ist und der Ausgleich nach § 31 Abs. 1 GmbHG erst dann nötig wird, wenn diese ihre entsprechend lautende Pflicht verletzt haben[2129].

Im Gegensatz zu § 62 AktG kommt dem Anspruch aus § 31 GmbHG eine große Relevanz auch bei Konzernen zu. Zwar enthält § 30 Abs. 1 S. 2 Fall 1 GmbHG – wie bereits erläutert – nunmehr ebenfalls das Konzernprivileg für Vertragskonzerne; bei faktischen Konzernen lassen sich die Regeln des Aktiengesetzes, die § 62 AktG größtenteils überlagern, allerdings nicht auf die beherrschte GmbH übertragen[2130]. Aus diesem Grund bleibt es in diesen Fällen bei einem Kapitalschutz auf der Grundlage der §§ 30, 31 GmbHG und ein entsprechender Rückzahlungsanspruch kann auch gegenüber einer beherrschenden Gesellschaft geltend gemacht werden[2131].

Im Zusammenhang mit den Regeln zum Kapitalschutz bei der GmbH ist auch die Rechtsprechung des BGH zur Existenzvernichtungshaftung zu sehen: Der Gerichtshof sieht diese Haftungsform auf Grundlage des § 826 BGB als eine Verlängerung der Ansprüche aus §§ 30, 31 GmbHG an, sofern die Rechtsfolge einer reinen Rückerstattung des Kapitals aufgrund der Reichweite der Eingriffe in das Gesellschaftsvermögen zum Ausgleich des hierdurch entstandenen Schadens nicht ausreicht. Aufgrund der erkannten funktionalen Parallele der neuen Haftungsgrundlage mit §§ 30, 31 GmbHG gestaltete der BGH die Existenzvernichtungshaftung ebenso nunmehr als Innenhaftung gegenüber der

---

[2127] So *Heidinger*, in: Michalski, GmbHG, § 30 Rn. 3 f.

[2128] *Verse*, in: Scholz, GmbhG, § 31 Rn. 7 f.

[2129] *Hommelhoff*, in: Lutter/ Hommelhoff, GmbhG, § 30 Rn. 51

[2130] *Fastrich*, in: Baumbach/ Hueck, GmbHG, § 30 Rn. 44; *Fleischer*, in: Henssler/ Strohn, Gesellschaftsrecht, § 30 GmbHG Rn. 8; hierzu bereits oben, § 4 E. II. 2. d) aa).

[2131] *Ekkenga*, in: MüKo-GmbHG, § 30 Rn. 178.

geschädigten GmbH aus[2132]. Nach dem *Trihotel*-Urteil sollten beide Tatbestände nebeneinander geltend gemacht werden können[2133]; seit den Änderungen des MoMiG in und der Einführung von § 30 Abs. 1 S. 2 Fall 2 GmbHG werden in der Literatur hieran jedoch Zweifel hieran erhoben. So könne die Durchsetzung eines Anspruchs aus § 826 BGB wegen Existenzvernichtung nach dem Rechtsgedanken dieser neuen Regel des GmbHG einen „bilanziell messbaren Ausgleichseffekt" aufweisen und einen zusätzlichen Anspruch aus § 31 GmbHG ausschließen[2134].

Über diese Leitlinien hinaus besteht bei der GmbH – anders als bei der AG mit § 57 AktG – damit keine strenge Vermögensbindung mit der Pflicht, Verteilungen auf den Bilanzgewinn zu beschränken[2135]. Werden daher Leistungen der Gesellschaft an einen Gesellschafter ohne formale Ausschüttung und ohne gleichwertige Gegenleistung durch das Gesellschaftsverhältnis veranlasst und der Gesellschaft damit Vermögen entzogen, jedoch die Schwelle einer Unterbilanz oder gar eines existenzvernichtenen Eingriffs nicht erreicht, liegt der einzig in Betracht kommende Angriffspunkt in der gesetzlich nicht geregelten Fallgruppe so genannter verdeckter Gewinnausschüttungen[2136]. Dieser vornehmlich im Unternehmenssteuerrecht genutzte Begriff ist von seiner hier einschlägigen gesellschaftsrechtlichen Ausprägung zu unterscheiden[2137]. Je nach betroffenem Einzelfall können hier unterschiedliche Beanstandungsgründe gegen die entsprechende Zuwendung greifen. Insbesondere kann bei einer Mehrpersonengesellschaft in der Zubilligung eines Sondervorteils an einen Gesellschafter ohne die Einwilligung der übrigen Anteilseigner ein Verstoß gegen das Gleichbehandlungsgebot der Gesellschafter zu erblicken sein[2138]. Außerdem kann durch das Zuweisen eines Sondervorteils an einen der Gesellschafter die innergesellschaftliche Kompetenzordnung verletzt worden sein, da Entscheidungen über die Ergebnisverwendungen gemäß § 46 Nr. 1 GmbHG den

---

2132 BGH 16.07.2007 – II ZR 3/04, NJW 2007, 2689, 2691; zur Existenzvernichtungshaftung oben, § 4 E. II. 5. b) bb).

2133 BGH 16.07.2007 – II ZR 3/04, NJW 2007, 2689, 2693.

2134 So *Ekkenga*, in: MüKo-GmbHG, § 31 Rn. 37.

2135 *Ekkenga*, in: MüKo-GmbHG, § 29 Rn. 261; *Strohn*, in: Henssler/ Strohn, Gesellschaftsrecht, § 29 GmbHG Rn. 61.

2136 Vgl. zu diesem Begriff *Mock*, in: Michalski, GmbHG, § 29 Rn. 237; *Strohn*, in: Henssler/ Strohn, Gesellschaftsrecht, § 29 GmbHG Rn. 61 f.; vgl. auch bereits BGH 14.05.1990 – II ZR 126/89, NJW 1990, 2625 f.

2137 *Ekkenga*, in: MüKo-GmbHG, § 29 Rn. 256; *Heidinger*, in: Michalski, GmbHG, § 30 Rn. 145.

2138 *Ekkenga*, in: MüKo-GmbHG, § 29 Rn. 262; *Fastrich*, in: Baumbach/ Hueck, GmbHG, § 29 Rn. 73; *Strohn*, in: Henssler/ Strohn, Gesellschaftsrecht, § 29 GmbHG Rn. 66.

Gesellschaftern zugewiesen sind[2139]. Stimmen die potenziell benachteiligten Gesellschafter dem Geschäft in beiden Fällen – auch erst im Nachhinein – zu oder liegt eine Einpersonengesellschaft vor, ist ein Verstoß jedoch ausgeschlossen bzw. geheilt[2140]. Die Rechtsfolgen einer gesellschaftsrechtlichen verdeckten Gewinnausschüttung sind im Einzelnen streitig; diskutiert wird über eine Nichtigkeit des Gesellschafterbeschlusses bzw. der anschließenden Verfügung gemäß § 134 BGB bzw. § 138 BGB in Verbindung mit einer Rückabwicklung etwa nach Bereicherungsrecht oder nach § 985 BGB, eine analoge Anwendung von § 31 Abs. 1 GmbHG sowie Schadensersatzansprüche etwa der Gesellschaft gegenüber den jeweiligen Gesellschafter aus § 280 Abs. 1 BGB in Verbindung mit der Treuepflicht[2141].

b) Insolvenzanfechtung im Konzern

Das wichtigste insolvenzrechtsspezifische Instrument des deutschen Rechts, das auch bei Konzerninsolvenzen mit materieller Wirkung angewendet werden und sich rechtsträgerübergreifend auf die Zuordnung von Vermögensgegenständen auswirkt, ist das Recht der Insolvenzanfechtung (§§ 129 ff. InsO).

aa) Besondere Relevanz der §§ 129 ff. InsO im deutschen Recht: Weitreichende Tatbestände, Beweiserleichterungen und lang bemessene Anfechtungszeiträume

Weit formulierte Tatbestände, Vermutungen, Beweiserleichterungen und teils äußerst lange Anfechtungszeiträume geben dem deutschen Anfechtungsrecht bei der Insolvenz von konzernangehörigen Gesellschaften ein wesentlich größeres Gewicht als im französischen Recht.

Für den hier betrachteten Bereich der Konzernsachverhalte kommt noch erschwerend hinzu, dass in § 138 Abs. 2 Nr. 1 InsO mit mindestens einem Viertel an einer juristischen Person beteiligte Rechtsträger als „nahestehende Personen" verstanden werden. Dies ermöglicht eine besondere Erleichterung der Geltendmachung von Anfechtungsansprüchen für Rechtshandlungen innerhalb von durch derartige Kapitalbindungen begründeten Konzernen, da für die subjektiven Erfordernisse dieser Tatbestände umfassende Vermutungen aufgestellt werden (§ 130 Abs. 3 InsO; § 131 Abs. 2 InsO, ggfs. i.V.m. § 132 Abs. 3

2139 BGH 21.07.2008 – II ZR 39/07, NZG 2008, 783, 784 f.; *Ekkenga*, in: MüKo-GmbHG, § 29 Rn. 264; *Fastrich*, in: Baumbach/ Hueck, GmbHG, § 29 Rn. 75; *Strohn*, in: Henssler/ Strohn, Gesellschaftsrecht, § 29 GmbHG Rn. 65.

2140 *Ekkenga*, in: MüKo-GmbHG, § 29 Rn. 263; vgl. zur Einpersonengesellschaft auch BGH 21.06.1999 – II ZR 47/98, DStR 1999, 1366, 1367; 28.09.1992 – II ZR 299/91, DStR 1992, 1770, 1771.

2141 Ausführlich *Mock*, in: Michalski, GmbHG, § 29 Rn. 247 ff. mit zahlreichen Nachweisen zum Streitstand; hierzu auch *Ekkenga*, in: MüKo-GmbHG, § 29 Rn. 265 ff.; *Fastrich*, in: Baumbach/ Hueck, GmbHG, § 29 Rn. 68 ff.

InsO). Insbesondere bei der praktisch besonders relevanten Vorsatzanfechtung[2142] enthält § 133 Abs. 4 InsO als deren Unterfall im Ergebnis eine widerlegliche Vermutung, dass bei entgeltlichen Verträgen des Schuldners mit nahestehenden Personen Letzterer mit dem notwendigen Gläubigerbenachteiligungsvorsatz handelte und die nahestehende Person hiervon Kenntnis hatte[2143]. Teilweise[2144] wird darüber hinaus sogar vorgeschlagen, über § 138 Abs. 2 Nr. 2 InsO gar sämtliche konzernangehörige juristische Personen zu „nahestehenden Personen" zu erklären, sofern ihnen die Möglichkeit zusteht, sich über die wirtschaftlichen Verhältnisse des Schuldners einen Informationsvorsprung zu verschaffen.

Auch dem französischen Recht sind etwa in der mit § 133 InsO vergleichbaren *action paulienne* Vermutungstatbestände für Konzerne nicht fremd. So sprechen bei dieser Klage gerade beim Vorliegen verbundener Unternehmen häufig zahlreiche Hinweise dafür, dass die dort sonst äußerst schwer zu beweisende Gläubigerkenntnis vorliegt[2145]. Jedoch kommt der *action paulienne* im Kanon der Haftungs- und Ausgleichstatbestände in der Insolvenz eine bei weitem geringwertigere Rolle als insbesondere der Vorsatzanfechtung des deutschen Rechts zu[2146].

Der Grundtatbestand der Insolvenzanfechtung, § 129 InsO, setzt für ihre Anwendung das Vorliegen von Rechtshandlungen voraus, die vor Eröffnung des Insolvenzverfahrens stattgefunden haben und die Gläubiger beachteiligen. Schon hier fallen Unterschiede zum französischen Recht auf, welches in der Zweckbestimmung der Art. L. 632-1 ff. C. com. nicht direkt auf eine Benachteiligung der Gläubiger, sondern vielmehr auf eine Verringerung der Vermögenswerte des Schuldners hinweist, die diese Rechtsinstrumente wiederherzustellen suchen. Freilich bringt dies im Ergebnis eine Verringerung der Haftungsmasse mit sich, die sich auch nach französischem Verständnis wiederum mittelbar zulasten der Gläubiger auswirkt.

Die Bedeutung des Anfechtungsrechts im deutschen Insolvenzrecht – dessen komplexe Dogmatik an dieser Stelle nicht erschöpfend, sondern daher nur

2142 Zu dieser sogleich unten, cc).

2143 So zum identisch lautenden § 133 Abs. 2 InsO a.F. BGH 01.07.2010 – IX ZR 58/09, NZI 2010, 738, 739; *Ganter/ Weinland*, in: K. Schmidt, InsO, § 133 Rn. 92, 97 f.; beide m.w.N.

2144 So wohl *Paulus*, ZGR 2010, S. 270, 288 f.

2145 Siehe hierzu oben, 2. b).

2146 Hierzu sogleich unten, cc).

im Hinblick auf die wichtigsten Unterschiede zum französischen Recht erläutert werden kann[2147] – wird zunächst anhand der Bandbreite der einer Anfechtung unterfallenden Tatbestände deutlich. Die §§ 130 bis 136 InsO sind im Hinblick auf die anfechtungsbedrohten Handlungen im Vergleich zu den französischen Regeln zu den *nullités de la période suspecte* (Art. L. 632-1 ff. C. com.), welche einzelne Verhaltensweisen umschreiben[2148], größtenteils wesentlich genereller gefasst.

Bedeutend sind aber auch die aus rechtsvergleichender Perspektive besonders auffälligen Unterschiede im Bereich der Anfechtungszeiträume. Diese bestimmen den Anwendungsbereich der jeweiligen Rechtsinstrumente erheblich, da nur solche gläubigerschädigenden Handlungen von ihnen umfasst werden, die im jeweils relevanten Zeitraum vorgenommen worden sind. Nach Art. L. 632-1-I C. com. beginnt dieser Zeitraum für alle Tatbestände des französischen Rechts der *nullités de la période suspecte* einheitlich erst mit dem rückwirkend im Eröffnungsurteil festgestellten Zeitpunkt der schuldnerischen Zahlungsunfähigkeit *(cessation des paiements)*. Er hängt daher vom jeweils durch das Gericht festgestellten Einzelfall ab, kann jedoch im äußersten Fall achtzehn Monate vor diesem Zeitpunkt liegen (Art. L. 631-8 Abs. 2 S. 1 C. com.).

bb) Vergleichbarkeit einzelner Elemente der §§ 130 bis 132 und §§ 135 f. InsO mit den weniger umfassenden nullités des la période suspecte des französischen Rechts

Im deutschen Recht sind Teile der Tatbestände und insbesondere die Anfechtungszeiträume in den §§ 130 bis 132 InsO mit denen des französischen Rechts vergleichbar: Im Fall der kongruenten Deckung (§ 130 InsO), die insbesondere die Befriedigung oder Sicherung von Insolvenzgläubigern bei Zahlungsunfähigkeit und Kenntnis derselben zum Zeitpunkt des Erhalts beim Empfänger betrifft, liegt der Anfechtungszeitraum (Abs. 1 Nr. 1) bei drei Monaten vor Eröffnung des Verfahrens. Dies kann im Einzelfall etwa der Festlegung eines „Verdächtigkeitszeitraums" im französischen Recht entsprechen; dort kann die Frist allerdings mit bis zu achtzehn Monaten auch länger ausfallen. Dieser Tatbestand ist mit der *nullité facultative* nach Art. L. 632-2 C. com. vergleichbar, deren Ausspruch bei Vorliegen der Voraussetzungen – anders als bei § 130 InsO – allerdings in das Ermessen des erkennenden Gerichts gestellt ist.

[2147] Ausführlich zum Anfechtungsrecht in der Konzerninsolvenz *Thole*, in: Flöther, Handbuch zum Konzerninsolvenzrecht, § 4 Rn. 402 ff.; speziell im Hinblick auf die Zielsetzung einer Vergrößerung der Haftungsmasse eines insolventen konzernangehörigen Rechtsträgers *Ehricke*, Das abhängige Konzernunternehmen in der Insolvenz, S. 15 ff.

[2148] Hierzu soeben oben, 2; zu beachten ist jedoch insbesondere die Ausnahme des Art. L. 632-1-I Nr. 1 C. com., welcher für Rechtshandlungen ohne Gegenleistung weit ausgelegt wird. Hierzu ebenda.

Konnte der Insolvenzgläubiger die Befriedigung oder die Sicherung nicht in der erhaltenen Form beanspruchen (so genannte inkongruente Deckung, § 131 InsO), liegt der Anfechtungszeitraum in Abs. 1 bei einem Monat (Nr. 1), bzw. innerhalb von zwei bis drei Monaten vor dem Eröffnungszeitpunkt, wenn zur Zeit der Handlung zusätzlich Zahlungsunfähigkeit vorlag (Nr. 2) oder wenn beim Empfänger Kenntnis einer Gläubigerbenachteiligung vorhanden war (Nr. 3). Ohne Vorhandensein eines subjektiven Merkmals ist mit diesen Tatbeständen im französischen Recht die Regel des Art. L. 632-1-I Nr. 3 C. com. vergleichbar, welche sich allerdings auf Zahlungen auf unfällige Forderungen beschränkt. Eine Frist von drei Monaten vor dem Eröffnungsantrag gilt bei einer dem Empfänger bekannten Zahlungsunfähigkeit auch für unmittelbar gläubigerbenachteiligende Handlungen (§ 132 Abs. 1 Nr. 1 InsO). Ein direkt hiermit vergleichbarer Tatbestand ist im französischen Recht nicht ersichtlich; vielmehr zählt Art. L. 632-1-I C. com. einzelne Verhaltensweisen auf, die den Schuldner – und damit indirekt die Gläubiger – zu schädigen vermögen. Hierin stellen die Tatbestände der Nummern 4 bis 12 – anders als die allgemeiner gefassten Nummern 1 bis 3 – auf besondere Geschäftstypen wie etwa bestimmte Zahlungsweisen (Nr. 4) oder die Einlösung von Aktienoptionen nach bestimmten Vorschriften (Nr. 8) ab und beziehen sich damit nur auf besondere Einzelfälle.

Eine besondere Anfechtungsmöglichkeit für die Rückgewähr von Gesellschafterdarlehen sieht unter bestimmten Umständen § 135 Abs. 1 Nr. 2 InsO vor. Im französischen Recht besteht für diese Fallgruppe (dort so genanntes *compte courant d'associé*) grundsätzlich keine kenntnisunabhängige Vorschrift in Art. L. 632-1 C. com.[2149]. Hatte der Zahlungsempfänger allerdings Kenntnis von der Zahlungsunfähigkeit des Schuldners, kann der Darlehensbetrag über die *nullité facultative* des Art. L. 632-2 C. com. in das Schuldnervermögen zurückgeführt werden[2150]. § 136 InsO regelt schließlich den Sonderfall einer Einlagenrückgewährung an einen stillen Gesellschafter, welcher in dieser Form kein Gegenstück im französischen Recht hat.

cc) Herausgehobene Bedeutung der Schenkungs- und insbesondere der Vorsatzanfechtung (§§ 133 bzw. 134 InsO) im Vergleich zur im französischen Recht weniger praxisrelevanten action paulienne

Weit über die Tatbestände sowie die von ihnen umfassten Zeiträume des französische Rechts der *nullités de la période suspecte* hinaus gehen hingegen die Schenkungs- und Vorsatzanfechtung des § 133 bzw. § 134 InsO.

Für den Fall einer vorsätzlichen Benachteiligung sieht § 133 InsO im Grundfall seines Abs. 1 weiterhin einen zehnjährigen Anfechtungszeitraum

---

[2149] Zur Vorgängerregel des Art. L. 632-1-I Nr. 3 CA Paris 17.09.1999, D. 1999, 31

[2150] CA Metz 04.04.1991 *(Bacco c. Schaming)*, Dr. sociétés 1992, Nr. 80.

vor. Lediglich für Deckungshandlungen, also Rechtshandlungen, welche dem anderen Teil eine Sicherung oder Befriedigung gewährt oder ermöglicht haben, verkürzt der zum 05.04.2017 in Kraft getretene § 133 Abs. 2 InsO diesen Zeitraum auf vier Jahre[2151]. Für die Anfechtung unentgeltlicher Leistungen nach § 134 Abs. 1 InsO bleibt es unverändert bei einem Anfechtungszeitraum von vier Jahren.

Beide Tatbestände sind in ihrem Regelungsgehalt insgesamt nicht mit den *nullités de la période suspecte*, wohl aber mit der Paulianischen Anfechtungsklage *(action paulienne)* des Art. 1341-2 C. civ. vergleichbar. Die Ähnlichkeit insbesondere zu § 133 InsO ist nicht zufällig: So ist § 133 InsO im Ergebnis auf das römisch-rechtliche Institut der *actio Pauliana* zurückzuführen[2152]. Anders als bei den Art. L. 632-1 f. C. com. entspricht auch die Zielsetzung der *action paulienne*, Schädigungen von Gläubigern durch Abflüsse aus dem Schuldnervermögen rückgängig zu machen, der des deutschen Insolvenzanfechtungsrechts. Die beiden in Art. 1341-2 C. civ. beschriebenen Tatbestandsalternativen einer unentgeltlichen bzw. mit Betrugsabsicht durchgeführten Handlung finden sich im Grundsatz im deutschen Recht aufgeteilt in § 134 bzw. § 133 InsO wieder.

Die Schenkungsanfechtung (§ 134 InsO), verlangt zur Anfechtbarkeit einer Rechtshandlung lediglich die Unentgeltlichkeit dieser Handlung, welche sich aus der Aufgabe eines Vermögenswertes des Verfügenden zugunsten des Leistungsempfängers ergibt, sofern dem Verfügenden kein entsprechender Gegenwert zukommen soll[2153]. Eine Ausnahme stellt lediglich der in Abs. 2 vorgesehene Anfechtungsausschluss für gebräuchliche Gelegenheitsgeschenke geringen Werts dar. Die Tatbestandsalternative einer unentgeltlichen Schuldnerhandlung des Art. 1341-2 C. civ. ist hingegen eng mit der Anfechtung einer entgeltlichen Handlung verwandt; auch sie setzt daher für eine entsprechende Klage das Vorhandensein eines Betrugsvorsatzes voraus, dessen subjektiver Gehalt sich allerdings in der Kenntnis der die Gläubigerschädigung ausmachenden Umstände erschöpft. Verzichtet wird lediglich auf ein subjektives Merkmal beim Leistungsempfänger. Der relevante Zeitraum liegt in diesem Fall im französischen Recht mit fünf Jahren sogar ein Jahr länger als der vierjährige Zeitraum des § 134 InsO. Daneben existiert mit Art. L. 632-1-I Nr. 1 C. com. für den Fall einer Übereignung von beweglichen oder unbeweglichen Sachen ohne Gegenleistung jedoch noch ein Anfechtungstatbestand der *nullités de la période suspecte*; hierbei kann nach Art. L. 632-1-II C. com. eine in

---

2151 So seit dem Gesetz zur Verbesserung der Rechtssicherheit bei Anfechtungen nach der Insolvenzordnung und nach dem Anfechtungsgesetz vom 29.03.2017 (BGBl. I S. 654).

2152 Vgl. *Ganter/ Weinland*, in: K. Schmidt, InsO, § 133 Rn. 1.

2153 BGH 25.06.1992 – IX ZR 4/91, NJW 1992, 2421, 2422; zu den Anfechtungsvoraussetzungen ausführlich *Kayser/ Freudenberg*, in: MüKo-InsO, § 134 Rn. 5 ff.

das Ermessen des Gerichts gestellte Fristverlängerung um sechs auf dann insgesamt maximal 24 Monate vor dem Eröffnungsurteil durchgeführt werden.

Das notwendige Vorliegen eines subjektiven Merkmals auf Seiten des Gläubigers stellt den Hauptunterschied zur zweiten Tatbestandsalternative des Art. 1341-2 C. civ. dar, die bei Schuldnerhandlungen mit Gegenleistung eine Kenntnis der Willenslage des Leistenden voraussetzt. Bei diesem Tatbestand sind die größten Parallelen zum deutschen Recht erkennbar, welches in der Vorsatzanfechtung nach § 133 Abs. 1 InsO sehr ähnliche Voraussetzungen aufstellt. Auch im deutschen Recht verlangt die Vorsatzanfechtung neben einer objektiv vorliegenden, die Gläubiger benachteiligenden Rechtshandlung auch einen Gläubigerbenachteiligungsvorsatz beim Schuldner sowie eine Kenntnis dieses Umstands beim Leistungsempfänger zur Zeit der Handlung[2154].

Die in der Praxis des deutschen Rechts im Vergleich zum französischen Recht klar herausgehobene Relevanz der Vorsatzanfechtung wird hier nicht nur durch lange Anfechtungszeiträume, sondern auch durch die zahlreichen Vermutungstatbestände und Beweiserleichterungen aus Gesetz und Rechtsprechung erreicht. Die zum 05.04.2017 in Kraft getretene Neufassung des § 133 InsO, welche – so schon der Titel des der Reform zugrunde liegenden Gesetzes[2155] – eine „Verbesserung der Rechtssicherheit bei Anfechtungen" herbeiführen sollte, hat diese Vermutungstatbestände neben der bereits erwähnten Verkürzung des Anfechtungszeitraums bei Deckungshandlungen (§ 133 Abs. 2 InsO) teilweise entschärft[2156]. Trotzdem bleibt ihre Reichweite nicht zuletzt im Vergleich mit dem französischen Recht beträchtlich.

Wie im französischen Recht in Bezug auf den „Betrugsvorsatz", welcher nur die Kenntnis der Gläubigerschädigung umfasst, sind auch an den schuldnerischen Gläubigerbenachteiligungsvorsatz des § 133 Abs. 1 InsO keine zu weitreichenden Voraussetzungen anzulegen; es genügt hier, wenn er die Gläubigerschädigung als notwendige Folge seines Handelns wahrgenommen hat oder diese Folge billigt[2157]. Im Fall einer inkongruenten Deckung, also insbesondere einer rechtsgrundlosen Leistung des Schuldners[2158], wird diese Bevor-

---

[2154] Ausführlich *Borries/ Hirte*, in: Uhlenbruck, InsO, § 133 Rn. 8 ff.; *Ganter/ Weinland*, in: K. Schmidt, InsO, § 133 Rn. 15 ff.

[2155] Gesetz zur Verbesserung der Rechtssicherheit bei Anfechtungen nach der Insolvenzordnung und nach dem Anfechtungsgesetz vom 29.03.2017 (BGBl. I S. 654); hierzu bereits einleitend zu diesem Unterabschnitt.

[2156] Die Neuerungen insgesamt kritisch zusammenfassed etwa *Dahl/ Schmitz*, NJW 2017, 1505, 1506 ff.

[2157] BGH 18.12.2008 – IX ZR 79/07, NZI 2009, 239, 240; *Borries/ Hirte*, in: Uhlenbruck, InsO, § 133 Rn. 39.

[2158] Hierzu *Ganter/ Weinland*, in: K. Schmidt, InsO, § 133 Rn. 45.

zugung einzelner Gläubiger als ein erhebliches Beweiszeichen für den Benachteiligungsvorsatz gesehen[2159]. Liegt eine kongruente Deckung vor, reichen eine Kenntnis des Schuldners von seiner Zahlungsunfähigkeit[2160] oder sogar seiner nur drohenden Zahlungsunfähigkeit als erhebliche Beweiszeichen aus[2161].

Auch für die Gläubigerkenntnis[2162] hat die Rechtsprechung eine Reihe von Beweiszeichen entwickelt, die eine Beweisführung erleichtern. Hierfür werden insbesondere – das gerade in Konzernsachverhalten relevante[2163] – Näheverhältnis im Sinne von § 138 InsO[2164] oder eine inkongruente Deckung herangezogen[2165]. Daneben stellt § 133 Abs. 1 S. 2 InsO eine die Beweisführung weiter erleichternde Vermutung für die Gläubigerkenntnis für den Fall auf, dass der Leistungsempfänger wusste, dass die Zahlungsunfähigkeit des Schuldners drohte und dass die Handlung die Gläubiger benachteiligte. Über diese weitreichende Vermutung konnte nach inzwischen relativierter[2166] Ansicht des BGH bereits eine Ratenzahlungsvereinbarung für den Gläubiger als Hinweis auf eine zumindest drohende Zahlungsunfähigkeit des Schuldners hindeuten und, bei Vorliegen anderer Hinweise, die Kenntnis zumindest über § 133 Abs. 1 S. 2 InsO begründen – und dies trotz eines fälligen Anspruchs über die geleistete Zahlung[2167]. Nicht zuletzt derartig weite Auslegungen einschränkend gebietet der seit dem 05.04.2017 anwendbare § 133 Abs. 3 S. 1 InsO nunmehr, dass die Kenntnis des Leistungsempfängers einer nur drohenden Zahlungsunfähigkeit bei einer kongruenten Deckung für das Auslösen der Vermutung nicht mehr ausreicht. Ebenso stellt § 133 Abs. 3 S. 2 InsO eine widerlegliche Gegenvermutung dahingehend auf, dass der Leistungsempfänger die Zah-

---

[2159] BGH 14.02.2008 – IX ZR 38/04, NZI 2008, 299, 301; 08.12.2011 – IX ZR 156/09, NZI 2012, 142; 06.12.2012 – IX ZR 3/12, NZI 2013, 140, 144; 19.12.2013 – IX ZR 127/11, NZI 2014, 266, 268; alle m.w.N..

[2160] BGH 24.10.2013 – IX ZR 104/13, NZI 2014, 66; 12.02.2015 – IX ZR 180/12, NZI 2015, 320, 322; 07.05.2015 – IX ZR 95/14, NZI 2015, 717, 718; alle m.w.N.

[2161] So etwa BGH 13.04.2006 – IX ZR 158/05, NZI 2006, 469, 470; 08.01.2015 – IX ZR 203/12, NZI 2015, 369, 370..

[2162] Zu dieser ausführlich etwa *Ganter/ Weinland*, in: K. Schmidt, InsO, § 133 Rn. 70 ff.

[2163] Hierzu bereits oben, aa).

[2164] So BGH 15.11.2012 – IX ZR 205/11, NZI 2013, 39.

[2165] BGH 18.03.2010 – IX ZR 57/09, NZI 2010, 439, 440 f.; 06.12.2012 – IX ZR 3/12, NZI 2013, 140 Rn. 46

[2166] Inzwischen wurde diese Vermutungswirkung alleine der Ratenzahlungsvereinbarung mit BGH 14.07.2016 – IX ZR 188/15, NJW-RR 2016, 1140, 1141 f. allerdings abgeschwächt.

[2167] Eine Ratenzahlungsvereinbarung war etwa in BGH 06.12.2012 – IX ZR 3/12, NJW 2013, 940, 943 noch als ausreichendes Zeichen für die Auslösung der entsprechenden Vermutung gesehen worden.

lungsunfähigkeit des Schuldners nicht kannte, sofern mit ihm eine Zahlungsvereinbarung getroffen wurde oder er eine Zahlungserleichterung gewährt hat.[2168]

In Verbindung mit der zusätzlichen Beweiserleichterung für nahestehende Personen, darunter bestimmte Konzernunternehmen (§ 133 Abs. 4 InsO i.V.m. § 138 Abs. 2 Nr. 2 InsO)[2169], gehen diese Möglichkeiten auch unter Anwendung der neuen gesetzlichen Einschränkungen ganz erheblich über die Möglichkeiten der französischen *action paulienne* – und erst recht über die Gesamtheit aller *nullités de la période suspecte* – hinaus. So gelingt die *action paulienne* nach der bisherigen Auslegung in der Rechtsprechung lediglich im Falle einer Leistung auf objektiv nicht oder nicht in der erfolgten Form geschuldete Ansprüche. Auch erlaubt es gerade der lange Anfechtungszeitraum von zehn Jahren bei § 133 Abs. 1 InsO, eine Vielzahl von Fällen zu umfassen, die weit vor der Insolvenzeröffnung gelegen haben. Bei der *action paulienne* ist der Zeitraum zwar im Vergleich zu den *nullités de la période suspecte* immer noch lang, mit fünf Jahren vor dem Eröffnungsurteil jedoch wesentlich knapper bemessen als im deutschen Recht zumindest des § 133 Abs. 1 InsO. Die Rechtsfolgen – schuldrechtlicher Rückforderungsanspruch nach § 143 Abs. 1 S. 1 InsO im deutschen, Unanwendbarkeit der von der *action paulienne* umfassten Rechtsgeschäfte auf den Klagebegünstigten im französischen Recht – sind zwar rechtstechnisch unterschiedlich ausgestaltet, stellen aber im Grundsatz beide Mittel zu einer Rückforderung der gläubigerschädigend übertragenen Vermögenswerte dar.

Die Möglichkeiten zur Anfechtung insbesondere von im Konzern erteilten Darlehen, Besicherungen oder Schuldentilgungen für andere Rechtsträger[2170] sind im deutschen Recht im Ergebnis „eklatant" und anfechtbare Rechtshandlungen in Konzernen werden „praktisch tagtäglich und massenhaft vorgenommen"[2171]. Im Gegensatz hierzu bleibt die praktische Anwendung der *action paulienne* im Konzernbereich im Vergleich zu § 133 InsO weiterhin ein kaum ins Gewicht fallender Ausnahmefall – was nicht zuletzt durch die geringe Anzahl obergerichtlicher Entscheidungen zu dieser Rechtsgrundlage in diesem Bereich bestätigt wird.

4. Zwischenergebnis

Zwar bestehen mit den Kapitalschutz- und Anfechtungsvorschriften sowohl im französischen als auch im deutschen Recht umfangreiche Tatbestände zur

---

2168 Zu beiden Änderungen *Dahl/ Schmitz*, NJW 2017, 1505, 1506 ff.

2169 Hierzu bereits oben, aa).

2170 Zu praktischen Anwendungsfällen im Konzern ausführlich *Thole*, in: Flöther, Handbuch zum Konzerninsolvenzrecht, § 4 Rn. 408 ff.

2171 S., wenn auch vor der Neufassung, *Paulus*, ZGR 2010, 270, 289.

Rückführung von Vermögensgegenständen in das Haftungsvermögen konzernangehöriger Gesellschaften; die unterschiedlichen Schwerpunktsetzungen der Gesetzgeber werden aus rechtsvergleichender Perspektive auch hier besonders deutlich. Im französischen Recht spielen diese Tatbestände ohne Qualifikationsmerkmale für die Ausmaße des konzernrechtlichen Trennungs- und Rechtsträgerprinzips eine dogmatisch wie rechtspraktisch untergeordnete Rolle. Sie dienen in bestimmten Sonderfällen als Ergänzung der wesentlich prominenteren Verfahrenserstreckung und der speziellen Haftungsklagen. Das deutsche Recht lässt gerade diesen Tatbeständen eine herausragende Rolle zukommen. In dieser Form eingesetzt, prägen besonders die mit weitreichenden Vermutungstatbeständen und langen Anwendungszeiträumen ausgestatteten Anfechtungsregeln – allen voran die Vorsatzanfechtung des § 133 InsO – die Grenzen nicht zuletzt auch des Trennungs- und Rechtsträgerprinzips in Konzernen entscheidend mit. Wo deutscher Gesetzgeber und deutsche Rechtsprechung im Verhältnis zu den vergleichsweise tiefe Einschnitte erlaubenden Erstreckungs- und Haftungsklagen des französischen Rechts bei vergleichbaren Tatbestandssituationen mit eher harmlos und zielgenau erscheinenden Rechtsmitteln reagieren, erlaubt sich das deutsche Recht gerade bei den Anfechtungsregeln tiefe Einschränkungen bei der Rechtssicherheit rechtsträgerübergreifender Vermögensverschiebungen. Zwar handelt es sich – technisch gesprochen – „nur" um eine Rückabwicklung gläubigerschädigender Geschäfte; angesichts des – trotz gesetzgeberischer Intervention – weiterhin bis zu zehn Jahre andauernden Anfechtungszeitraums bei der Vorsatzanfechtung. Bei gleichzeitig verhältnismäßig einfach zu erfüllenden Vermutungsvoraussetzungen dürfte die Wirkung auf die alltägliche Risikoeinschätzung von konzernangehörigen Rechtsträgern hier ähnlich gravierend sein wie die von französischen Unternehmen, die etwa mit einer Verfahrenserstreckung oder dem Ausspruch einer insolvenzrechtlichen Haftungsklage zu rechnen haben. Die vergleichsweise selten angewendete Verfahrenserstreckung und andere Haftungsklagen des französischen Rechts erlangen ihre große Relevanz durch ihre folgenschweren Rechtsfolgen; besonders die Insolvenzanfechtung beeinflusst die Durchlässigkeit der Vermögen von Rechtsträgern durch die Häufigkeit ihrer praktischen Anwendung. Vor dem Hintergrund dieser praktischen Gegebenheiten erstaunt es nicht, dass etwa *Paulus* im Bestehen derart weitreichender Anwendungsregeln funktionale Ähnlichkeiten zu materiellen Konsolidierungslösungen erkennt – schließlich sei die deutsche Insolvenzanfechtung im Ergebnis „nichts Geringeres als Masseanreicherung mit Hilfe fremden Vermögens"[2172].

2172 *Paulus*, ZIP 2005, 1948, 1954.

II. Erweiterung des Haftungssubstrats auf Kosten anderer Rechtsträger im Konzern – nicht insolvenzspezifische Tatbestände im Überblick

Selbst wenn eine Konzerngesellschaft sich nicht in akuten Zahlungsschwierigkeiten befindet, die die Eröffnung eines Rettungs-, Sanierungs- oder Liquidationsverfahrens über sie rechtfertigen, kann es im Interesse der Gesellschaftsgläubiger sein, eine Inanspruchnahme anderer – insbesondere herrschender – Konzerngesellschaften anzustreben und die Begleichung ihrer Forderungen bei diesen Gesellschaften zusätzlich dort oder anstatt bei ihrem ursprünglichen Schuldner geltend zu machen. Dies gilt gerade dann, wenn ein Gläubiger das mögliche Haftungssubstrat in Voraussicht möglicher Zahlungsschwierigkeiten einer beherrschten Gesellschaft – etwa durch den Rückgriff auf eine zahlungsfähige Muttergesellschaft – vergrößern will oder bei der beherrschten Gesellschaft einen Zahlungsverzug vermutet oder feststellen muss[2173]. Trotzdem wird sich der Großteil der Gläubiger im Rahmen des im französischen Recht regelmäßig bestätigten Trennungs- und Rechtsträgerprinzips[2174] im Regelfall für die meisten Ansprüche mangels ausreichender Gründe zur Durchbrechung dieses Grundsatzes an einen einzelnen konzernangehörigen Rechtsträger halten müssen[2175]; doch kennt das französische Zivilrecht, wie auch im Bereich der insolvenzrechtlichen Haftung für Konzerngesellschaften, einzelne Ausnahmetatbestände, deren Anspruchsgrundlagen vor allem im allgemeinen Zivilrecht verankert sind. Im Unterschied zu den soeben angesprochenen Tatbeständen, die eine Rückführung von zuvor entzogenen Vermögenselementen in das Haftungsvermögen einer konzernangehörigen Gesellschaft erlauben[2176], ermöglichen es diese Rechtsinstrumente, das Haftungssubstrat einer konzernangehörigen Gesellschaft nicht nur durch die Rückführung widerrechtlich entzogener Vermögensgegenstände wieder aufzufüllen, sondern die Haftungsmasse auch noch darüber hinaus zu vergrößern. Aufgrund ihrer weniger herausgehobenen Relevanz im Fall der Insolvenz von Konzerngesellschaften – dort sind, wie bereits ausführlich gezeigt, speziellere und besonders wirkungsvolle Regeln vorhanden – wird im Folgenden auf eine ausführliche Darstellung dieser Fallgruppen verzichtet. Da sie aber trotzdem im Einzelfall ein ernstzunehmendes Haftungsrisiko für beherrschende Gesellschaften darstellen können und damit die Grenzen der Hafungstrennung im Konzern ebenso definieren wie die insolvenzspezifischen Tatbestände, erscheint es angebracht, diese Tatbestände im Rahmen eines Gesamtüberblicks kurz darzustellen.

2173 Siehe *Lecourt*, Groupe de sociétés, in: Magnier (Hrsg.), Rép. sociétés, Rn. 184.

2174 Hierzu ausführlich oben, § 1 B. I. 2.; dies besonders im Bereich der Haftung beherrschender Gesellschaften betonend *Schmeidler*, D. 2013, 584, I. A.; *Tabourot-Hyest*, Rev. sociétés 2013, 95, Rn. 4; vgl. auch *Dammann/ Podeur*, RLDA Nr. 2007-16, étude 975, 65, I.

2175 Siehe *Lecourt*, Groupe de sociétés, in: Magnier (Hrsg.), Rép. sociétés, Rn. 184.

2176 Hierzu soeben oben, I.

1. Vertragliche Haftung von Konzerngesellschaften für die Schulden anderer Rechtsträger im Konzern

a) Französisches Recht

Ein erster Begründungsansatz für das Vorliegen von Ansprüchen gegen andere Konzerngesellschaften ohne Rückgriff auf die insolvenzspezifischen Tatbestände des französischen Rechts liegt in einer möglichen vertragliche Haftung der in Anspruch zu nehmenden Gesellschaft. In den praktisch relevanten Fällen kommt es zur Bestellung von Sicherheiten durch Konzernmütter für die Verbindlichkeiten von Tochtergesellschaften. Die gebräuchlichsten Kreditsicherheiten bei Konzernen sind die grundsätzlich akzessorische Bürgschaft (*cautionnement,* Art. 2288 ff. C. civ.), die nicht akzessorische und ihre Rechtsfolgen ausschließlich aus dem Garantievertrag erhaltende „eigenständige Sicherheit" *(garantie autonome*, Art. 2321 C. civ.) sowie die sich inhaltlich in einer reinen Verpflichtung zum Tun oder Unterlassen zugunsten der Erfüllung der Verpflichtung eines Dritten erschöpfendende Absichtserklärung (*lettre d'intention,* Art. 2322 C. civ.).[2177] Diese Sicherheiten unterliegen je nach Gesellschaftsform besonderen Zustimmungserfordernissen innerhalb der sie bestellenden Gesellschaft[2178]. Die Bestellung einer Sicherheit durch eine Tochter- zugunsten ihrer Muttergesellschaft ist hingegen vor dem Hintergrund des durch die Gesellschaft zu verfolgenden Interesses schwerer zu rechtfertigen und wurde aufgrund eines Verstoßes hiergegen bereits in der Rechtsprechung als nichtig betrachtet[2179].

b) Rechtsvergleichende Anmerkungen zum deutschen Recht

Auch im deutschen Recht ist die Bestellung von Sicherheiten im Konzernbereich üblich[2180]. Häufig genutzte Sicherungsmittel sind, ähnlich wie in Frankreich, etwa Schuldübernahmen, Bürgschaften, Garantieversprechen, Patronatserklärungen oder Schuldbeitritte.[2181] In der Insolvenz von abhängigen Konzernunternehmen bieten diese Sicherheiten Gläubigern die Möglichkeit, sich

---

[2177] Zu alledem ausführlich *Hillion-Lécuyer*, Groupe de sociétés, in: Dictionnaire permanent Droit des affaires, Rn. 97 ff.

[2178] Auch hierzu *Hillion-Lécuyer*, Groupe de sociétés, in: Dictionnaire permanent Droit des affaires, Rn. 98 ff.

[2179] Cass. com. 13.11.2007, Revisionsnummer 06-15826; vgl. auch *Hillion-Lécuyer*, Groupe de sociétés, in: Dictionnaire permanent Droit des affaires, Rn. 97.

[2180] Zu einer Haftung anderer konzernangehöriger Rechtsträger auf Erfüllung durch Zurechnung von Willenserklärungen sowie zur Auslegung von Patronatserklärungen unten, 2. a) cc) (2).

[2181] Zu alledem etwa *Verse*, in: Henssler/ Strohn, Gesellschaftsrecht, § 13 GmbHG Rn. 20; siehe auch *Hüffer/ Koch*, AktG, § 302 Rn. 5; *Lieder*, in: Michalski, GmbHG, § 13 Rn. 368.

etwa an übergeordnete Konzernunternehmen zur Geltendmachung ihrer Ansprüche zu wenden. Viel diskutiert werden im deutschen Recht auch die Bestellungen von Sicherheiten einer Tochter- zugunsten einer Muttergesellschaft (hier so genannte *upstream*-Sicherheiten). Etwa bei einer AG als beherrschter Gesellschaft ist die Bestellung eines *upstream*-Darlehens aus der Sicht des BGH bei Vollwertigkeit der Rückzahlungsforderung im Hinblick auf § 57 AktG zulässig und im Sinne von § 311 AktG nicht per se als nachteilig zu verstehen[2182]. Unter Umständen kann eine Bestellung einer Sicherheit allerdings den Tatbestand der Existenzvernichtungshaftung erfüllen[2183] oder bei der Insolvenz der Muttergesellschaft angefochten werden[2184].

2. Sonstige rechtsträgerübergreifende Haftungsgrundlagen auf allgemein zivilrechtlicher Basis

a) Haftung wegen Pflichtverletzungen, Rechtsschein und verwandter Rechtsinstitute

Zahlreiche gerichtliche Entscheidungen begründen einen Haftungsdurchgriff für Gläubiger von konzernangehörigen Gesellschaften mit allgemeinen zivilrechtlichen Ansätzen. Ein uneinheitlicher, stark einzelfallabhängiger und teils überschneidender Gebrauch unterschiedlicher Begründungsansätze erschwert hier einen Gesamtüberblick; dennoch lassen sich die meisten Ansprüche entweder auf die allgemeine Deliktshaftung des Art. 1240 C. civ.[2185] oder eine Haftung aus Rechtsscheins- *(théorie de l'apparence)* oder Einmischungsgesichtspunkten *(immixtion)* bzw. aus einer Kombination mehrerer dieser Grundlagen zurückführen[2186]. Eine knappe Darstellung dieser Ansätze kann nach alledem nur die Funktion eines groben Überblicks über mögliche Argumentationsformen in der Prozessführung gegen beherrschende Gesellschaften bieten;

2182 So unter Berücksichtigung der Wertung des § 57 Abs. 1 S. 3 BGH 01.12.2008 – II ZR 102/07, DNotZ 2009, 465; zu Upstream-Sicherheiten unter Berücksichtigung des GmbH-Kapitalschutzes bereits oben, I. 3. a) bb).

2183 Hierzu *Liebscher*, in: MüKo-GmbHG, Anhang Abschnitt 2, GmbH-Konzernrecht, Rn. 622.

2184 Zu den hierfür notwendigen Voraussetzungen *Schade/ Nissen*, NZI 2015, 1010. Zu derartigen Fällen im französischen Recht oben, I. 2. a)

2185 Zuvor: Art. 1382 C. civ.; geändert durch Art. 2 der Ordonnance Nr. 2016-131 vom 10.02.2016 portant réforme du droit des contrats, du régime général et de la preuve des obligations, JORF, 11.02.2016, Nr. 26; in Kraft getreten am 01.10.2016, Art. 9 der Ordonnance.

2186 Vgl. auch *Schmeidler*, D. 2013, 584, I. B.; *Tabourot-Hyest*, Rev. sociétés 2013, 95, Rn. 6; ähnlich auch *Dammann/ Podeur*, RLDA Nr. 2007-16, étude 975, 65, I. B. 1.

ausführliche Darstellungen dieses Teilbereichs der Zivilhaftung existieren aber in der jüngeren französischen Literatur[2187].

aa) Allgemeine Deliktshaftung von beherrschenden Gesellschaften nach Art. 1240 C. civ. für schuldhafte Pflichtverletzungen

Da das konzernrechtliche Trennungs- und Rechtsträgerprinzip zu einem grundsätzlichen Ausschluss beherrschender Gesellschaften von den Vertragsbeziehungen untergeordneter Rechtsträger mit Dritten führt[2188], erscheint zunächst die Möglichkeit einer Anwendung der außervertraglichen, deliktischen Haftungsgrundlage des Art. 1240 C. civ.[2189] besonders naheliegend.[2190] Dieser wird in der Rechtsprechung nicht nur seit neuestem zur Durchsetzung von Arbeitnehmeransprüchen als Alternative zur nunmehr weitgehend eingeschränkten *théorie du co-emploi* genutzt[2191], sondern steht im Rahmen einer entsprechenden Haftungsklage auch anderen Dritten zu, die sich auf eine schuldhafte Pflichtverletzung *(faute)* etwa einer Muttergesellschaft berufen, die ihnen durch ein ihr zurechenbares Verhalten einen Schaden *(dommage)* zugefügt hat. Die Pflichtverletzung kann in diesen – seltenen[2192] – Fällen etwa in einem Missbrauch der Rechtspersönlichkeit oder einer für die Gesellschaft schädlichen Ausübung von Leitungsmacht bestehen.[2193]

Entsprechende Entscheidungen, die auf der Grundlage des heutigen Art. 1240 C. civ.[2194] gegen beherrschende Gesellschaften argumentieren, sind allerdings selten und vermischen teils unterschiedliche Haftungskriterien unter dem Oberbegriff der allgemeinen Deliktshaftung. Zu nennen ist hier etwa ein Urteil des Kassationsgerichtshofs vom 05.02.1991[2195], in welchem die Pflichtverletzung einer Konzerngesellschaft in der fehlenden Trennung der Gesellschaftssphären gesehen wurde, nachdem der Konzern durch die Aufspaltung dieser Gesellschaften gegründet worden war. Auf dieser Grundlage sah es der Gerichtshof als gerechtfertigt an, dem Kläger einen gegen die eine Gesellschaft begründeten Schadensersatzanspruch auch zulasten des anderen Rechtsträgers zuzusprechen.

[2187] Zuletzt ausführlich etwa *Ouassini Sahli*, La responsabilité de la société mère du fait de ses filiales, S. 56 ff.

[2188] Siehe oben, § 1 B. I. 2. b) bb) sowie cc) (2).

[2189] Zuvor: Art. 1382 C. civ.

[2190] Zu dieser Grundlage in deutscher Sprache auch auch *Kroh*, Der existenzvernichtende Eingriff, S. 297 ff.

[2191] Hierzu ausführlich oben, C. II. 4.

[2192] Vgl. *Demeyre*, D. 2009, 2297, Fn. 14.

[2193] Vgl. *Schmeidler*, D. 2013, 584, I. B. 1.

[2194] Zuvor: Art. 1382 C. civ.

[2195] Cass. com. 05.02.1991, Revisionsnummer 89-12232, Bull. civ. 1991, IV, S. 39, Nr. 58.

Grund zu der Annahme, dass die Möglichkeiten einer Durchgriffshaftung für schuldhafte Pflichtverletzungen nach heute Art. 1240 C. civ.[2196] im Konzernkontext zumindest im Bereich der durch Kapitalbeteiligungen begründeten Finanzkonzerne empfindlich verringert sein könnten, gibt allerdings ein Urteil des Kassationsgerichtshofs vom 18.02.2014[2197]. Zwar ging es dort um die Verurteilung des Mehrheitsgesellschafters einer SAS, der als natürliche Person im Rahmen einer Hauptversammlungsentscheidung die Durchführung einer vertraglichen Vereinbarung mit einem Dritten behindert hatte; jedoch erscheint der vom Kassationsgerichtshof angelegte Maßstab für eine Haftung von Gesellschaftern der SAS durchaus auch auf Situationen übertragbar, in denen eine Muttergesellschaft ihren durch Kapitalbindungen materialisierten Einfluss durch ihre Repräsentanten schädigend einsetzt. Sollte sich diese Vermutung bewahrheiten, würde eine Inanspruchnahme auch von Konzernmuttergesellschaften durch Dritte im Bereich der allgemeinen Deliktshaftung auf Fälle reduziert, in denen der Gesellschafter „eine vorsätzliche Pflichtverletzung von besonderer Schwere" begeht, welche als „unvereinbar mit der gewöhnlichen Ausübung der Rechte eines Gesellschafters" erscheint[2198].

Eine Ähnlichkeit derartiger Sachverhalte mit Fällen der *responsabilité pour insuffisance d'actif* des Art. L. 651-2 C. com. und insbesondere der Fallgruppe faktischer Geschäftsführer lässt sich in diesem Bereich nicht abstreiten; jedoch sind Anspruchssteller aufgrund des Ausschließlichkeitsverhältnisses dieser beiden Haftungsgrundlagen gehalten, hier eine Auswahl zu treffen. Da die Voraussetzungen einer *responsabilité pour insuffisance d'actif*, trotz der zuletzt eingetretenen Verschärfung des Begriffs der „faktischen Geschäftsführung", leichter darzulegen sind als die des nunmehr möglicherweise verengten Tatbestands der allgemeinen Deliktshaftung, dürfte letztere nur noch dann infrage kommen, wenn die Voraussetzungen des Anwendungsbereichs von Art. L. 651-2 C. com.[2199] im Einzelfall nicht vorliegen.

2196 Zuvor Art. 1382 C. civ., geändert durch Art. 2 der Ordonnance Nr. 2016-131 vom 10.02.2016 portant réforme du droit des contrats, du régime général et de la preuve des obligations, JORF, 11.02.2016, Nr. 26; in Kraft getreten am 01.10.2016, Art. 9 der Ordonnance.

2197 Cass com. 18.02.2014, Revisionsnummer 12-29752, Bull. civ. 2014, IV, Nr. 40; hierzu im Vergleich zum *Sofarec*-Urteil in Bezug auf Arbeitnehmeransprüche bereits oben, C. II. 4.

2198 So die Urteilsformel: „...une faute intentionnelle d'une particulière gravité, incompatible avec l'exercice normal des prérogatives attachées à la qualité d'associé, de nature à engager sa responsabilité personnelle envers le tiers cocontractant de la société...".

2199 Allen voran die Eröffnung eines Liquidationsverfahrens über die ursprüngliche Schuldnergesellschaft im Rahmen der *responsabilité pour insuffisance* d'actif – zum Anwendungsbereich dieser Haftungsklage oben, A. II. 1. –; die neuartige Haftung für das Sanierungsverfahren *(redressement judiciaire)* nach Art. L. 631-10-1 C. com erlaubt jedoch,

bb) Rechtsscheingesichtspunkte (théorie de l'apparence) und Einmischung (immixtion)

Anders als im Fall der auf Schadensersatz gerichteten Deliktshaftung besteht im französischen Zivilrecht ebenso die Möglichkeit, auf die Erfüllung vertraglicher Ansprüche gegenüber Tochtergesellschaften etwa durch die jeweilige Konzernmutter hinzuwirken. So erlauben es die richterrechtlichen Grundsätze der Rechtsscheinhaftung *(théorie de l'apparence)*, die Wirkung vertraglicher Ansprüche über den direkten Vertragspartner hinaus auf andere Rechtsträger zu erstrecken, sofern sie bei dem Dritten den wegen ihres guten Glaubens schützenswerten Rechtsschein hervorgerufen haben, alle betroffenen Rechtsträger seien Vertragspartei geworden[2200]. Die *théorie de l'apparence* gilt als allgemein zivilrechtliches Haftungsinstitut nicht nur für Konzernsachverhalte[2201], hat aber in Fällen der Konzernhaftung einen wichtigen Anwendungsbereich gefunden. Sie setzt in diesem Fall grundsätzlich ein vom subjektiv guten Glauben des Vertragspartners getragenes, objektives Vorhandensein von Anhaltspunkten voraus, die darauf schließen lassen, dass ein anderer Rechtsträger als der ursprüngliche Vertragspartner ebenfalls Teil einer vertraglichen Übereinkunft sein sollte. Hinweise hierfür können etwa eine scheinbare Verflechtung mehrerer Rechtsträger oder ein Verhalten eines Rechtsträgers sein, welches darauf hindeutet, sich trotz fehlender Verflechtung ebenfalls an einen Vertrag gebunden zu fühlen.[2202]

Auch wenn diesbezüglich noch nicht alle Einzelfragen geklärt sind und nicht von einer umfassenden, widerspruchsfreien und vorhersehbaren Rechtsprechung gesprochen werden kann[2203], können einige Fallgruppen zumindest als Ansatzpunkte auch für zukünftige Haftungsfälle zusammengefasst werden. So wurde eine Einbeziehung einer beherrschenden Konzerngesellschaft etwa in einem Fall bejaht, in dem mehrere Rechtsträger so eng verbunden waren, dass eine von ihnen als fiktive Gesellschaft erscheinen musste. Dieser Begriff entspricht dem des Artikels L. 621-2 Abs. 2 C. com., kann aber auch außerhalb eines Rettungs-, Sanierungs-, oder Liquidationsverfahrens als Anhaltspunkt für eine Anwendung der *théorie de l'apparence* herangezogen werden[2204].

---

sollte sie jemals angewendet werden, ähnliche Ergebnisse in dieser Verfahrensart, siehe oben, A. I. 3.

2200 So fassen es treffend zusammen *Dammann/ Podeur*, RLDA Nr. 2007-16, étude 975, 65, I. B. 1.

2201 Hierauf hinweisend *Schmeidler*, D. 2013, 584, I. B. 2.

2202 Ebenda, m.w.N.

2203 Vgl. *Dammann/ Podeur*, RLDA Nr. 2007-16, étude 975, 65, I. B. 1; *Schmeidler*, D. 2013, 584, I.; *Tabourot-Hyest*, Rev. sociétés 2013, 95, Rn. 1, 5 f.;

2204 Siehe hierzu bereits oben, § 4 B. II. b) sowie § 4 B. II. 2. d); siehe als Anwendungsfall etwa Cass. com. 02.12.1997, Revisionsnummer 95-17624, wo eine solche Haftung allerdings abgelehnt wurde.

Ebenso wird in der Literatur teilweise auch das Vorhandensein einer Vermögensvermischung als Begründungsansatz für eine – zivilrechtliche – Haftung anderer Konzerngesellschaften auf Leistung genannt[2205]. Doch auch über diese besonders engen Formen von Verflechtungen im Konzern hinaus kann eine fehlende Trennung der Gesellschaftssphären eine Gutglaubenshaftung begründen, so etwa wenn Anhaltspunkte wie ein zwischen zwei Gesellschaften identischer Sitz, gleichlautende Telefonnummern und eine parallele Besetzung der Führungsgremien beim Vertragspartner die Vorstellung hervorrufen, mit nur einem einheitlichen Rechtsträger kontrahiert zu haben[2206]. War eine derartige Sphärenvermischung nicht zu erkennen, kam es im Einzelfall ebenso zu einer Haftbarmachung einer weiteren Konzerngesellschaft, wenn sich beide Gesellschaften aus Sicht des Gläubigers in einer Weise verhalten haben, die auf den scheinbaren Abschluss eines Gesellschaftsvertrags zwischen diesen Rechtsträgern hindeutete[2207] (diese Fallgruppe wird zum Teil als *apparence de société créée de fait*[2208]) bezeichnet.

Neben dieser Rechtsscheinhaftung im engeren Sinne war es lange Zeit unklar, ob ein weiterer richterrechtlicher Haftungstatbestand in der Einmischung einer Muttergesellschaft *(immixtion de la société mère)* in den Abschluss oder die Ausführung vertraglicher Verpflichtungen ihrer Tochter gesehen werden konnte[2209]. In vielen der hier zu nennenden Fälle war die Muttergesellschaft zumindest bei der Erfüllung vertraglicher Verpflichtungen anstelle der Tochtergesellschaft tätig geworden, was aus Sicht der Richter zu einer Verurteilung aus einer hieraus zu schließenden – und dogmatisch nicht näher begründeten – vertraglichen Verpflichtung ausreichte[2210]. Das aktuell geltende Richterrecht scheint diese Form der Einmischung in die vertraglichen Belange der Tochter-

---

2205 So etwa bei *Lecourt*, Groupe de sociétés, in: Magnier (Hrsg.), Rép. sociétés, Rn. 184.

2206 So in Cass. 3e civ. 25.10.1973, Revisionsnummer 71-10586, Bull. civ. 1972, III, S. 405, Nr. 553; nicht ausreichend waren aus Sicht des Gerichtshofs in Cass. com. 25.02.2004, Revisionsnummer 01-11764, Bull. civ. 2004, III, S. 35, Nr. 38 jedoch u.a. eine gegenseitige Kapitalbeteiligung, die Nutzung desselben Firmenlogos, die Teilnahme von Führungspersonal der Muttergesellschaft an den Verwaltungsratssitzungen der Tochtergesellschaft.

2207 Siehe Cass. com. 11.07.2006, Revisionsnummer 05-15736.

2208 *Dammann/ Podeur*, RLDA Nr. 2007-16, étude 975, 65, I. B. 1.

2209 Einzelne Entscheidungen des Kassationsgerichtshofs konnten in diesem Sinne verstanden werden, so etwa Cass. com. 15.06.1993, Revisionsnummer 91-14404, Bull. civ. 1993, IV, S. 179, Nr. 253; 04.03.1997, Revisionsnummer 95-10756, Bull. civ. 1997, IV, S. 58, Nr. 65; 26.02.2008, Revisionsnummer 06-20310; siehe hierzu auch *Dammann/ Podeur*, RLDA Nr. 2007-16, étude 975, 65, I. B. 1.; *Schmeidler*, D. 2013, 584, I. B. 3.; *Tabourot-Hyest*, Rev. sociétés 2013, 95, Rn. 4 ff.

2210 So insbesondere im soeben genannten Urteil Cass. com. 04.03.1997, Revisionsnummer 95-10756, Bull. civ. 1997, IV, S. 58, Nr. 65, in dem allerdings auch Aspekte einer qualifizierten Beherrschung durch die Muttergesellschaft herangezogen werden.

gesellschaft als selbständige Haftungsgrundlage allerdings abzulehnen. Vielmehr geht aus einem Urteil des Kassationsgerichtshofs vom 12.06.2012 hervor, dass diese Einmischungshaftung unter strengeren Voraussetzungen nunmehr als Teilbereich der Rechtsscheinhaftung angesehen wird[2211]. So ist ausweislich der Urteilsformel für eine Haftung nunmehr dazulegen, dass die Einmischung „dazu geeignet ist, für [...den Gläubiger, d. Verf.] den irreführenden Anschein" herbeizuführen, nach welchem „er berechtigt daran glauben kann, dass [...die Muttergesellschaft, d. Verf.] auch sein Vertragspartner war"[2212]. Diese Rechtsprechung wurde mit ähnlicher Begründung in einem Urteil vom 03.02.2015[2213] wiederholt und eine Haftung im Ergebnis zugestanden. Das erlaubt es zu vermuten, welche Fälle der Gerichtshof auch zukünftig unter dieses reformierte Tatbestandsmerkmal gefasst sehen möchte. In diesem Fall sah er es als ausreichend für eine Rechtsscheinhaftung gegenüber einem Vertragspartner an, dass mehrere Gesellschaften eines Konzerns über Kapitalbeteiligungen verbunden waren, eine ähnliche Mailadresse, identische Sitze und Geschäftsführer innehatten und dass die Muttergesellschaft kurz vor einer Klage in Verhandlungen über die Höhe der vertraglichen Schuld ihrer Tochtergesellschaft eingetreten war.

cc) Rechtsvergleichende Anmerkungen zum deutschen Recht

Wie bereits an anderer Stelle angemerkt, erschweren weitreichende konzeptionelle Unterschiede im Bereich der Haftungsnormen eine trennscharfe rechtsvergleichende Untersuchung sämtlicher Fallgruppen des französischen

---

[2211] Cass. com. 12.06.2012, Revisionsnummer 11-16109, Bull. civ. 2012, IV, Nr. 121; diesem Urteil waren bereits Entscheidungen vorausgegangen, deren Wortlaut – weniger eindeutig – gegen eine Selbständigkeit dieses Haftungskriteriums sprach, so insbesondere Cass. AP 09.10.2006, Revisionsnummer 06-11056, Bull. AP 2006, 27, Nr. 11; die Rechtsprechungsentwicklung ebenso einschätzend, im Ergebnis jedoch kritisch sehend *Schmeidler*, D. 2013, 584, II.; *Tabourot-Hyest*, Rev. sociétés 2013, 95, Rn. 12 ff.

[2212] „Attendu qu'en se déterminant ainsi, sans constater que l'immixtion de la société PCAS avait été de nature à créer pour la société Markinter une apparence trompeuse propre à lui permettre de croire légitimement que cette société était aussi son cocontractant, la cour d'appel n'a pas donné de base légale à sa décision".

[2213] Cass. com. 03.02.2015, Revisionsnummer 13-24895; der Gerichtshof spricht hier, etwas weiter gefasst, allerdings nicht mehr von einem „irreführenden Anschein" („apparence trompeuse"), sondern nur noch von einem „Anschein", der es der Vertragspartnerin rechtmäßig erlaubte, davon auszugehen, die Muttergesellschaft sei diesbezüglich „an die Stelle der Tochtergesellschaft getreten" („...faisant ressortir que l'immixtion de la société mère avait été de nature à créer une apparence propre à faire croire à la société Devicelock qu'elle se substituait à sa filiale...").

Rechts[2214]. Die Tektonik der jeweils anwendbaren Haftungsgrundlagen verschiebt sich im Vergleich zwischen französischem und deutschem Recht schwerpunktmäßig von speziellen materiell-insolvenzrechtlichen Normen, die in Frankreich von allgemein zivilrechtlichen Rechtsnormen flankiert werden, im deutschen Recht zu konzernrechtlichen Ausgleichs- und Ersatzansprüchen auf der einen und allgemein zivilrechtlichen Anspruchsgrundlagen auf der anderen Seite. Aus diesem Grund wurden die im deutschen Recht im Bereich des Konzernhaftungsrechts besonders prominent zur Anwendung kommenden, allgemein zivilrechtlichen Rechtsinstitute gemeinsam mit einer Analyse des Stellenwerts konzernrechtlicher Regeln in dieser Rechtsordnung größtenteils bereits als Vergleichsaspekte zu französischen Spezialnormen herangezogen[2215]. Auch die Sonderstellung der Insolvenzanfechtung für das deutsche Recht wurde bereits angesprochen[2216]. Erschwerend kommt aus methodischer Sicht außerdem hinzu, dass das französische Recht selbst gerade im Bereich der richterrechtlich geprägten Tatbestände – etwa der allgemeinen Deliktshaftung[2217] – nicht immer genau nach Fallgruppen, sondern häufig nach den im jeweiligen Einzelfall auszugleichenden Partikularinteressen unterscheidet und eine übergreifende Einteilung in diesem Bereich ebenso häufig fehlgeht. Schließlich, und allen voran, haben die Möglichkeiten zur deliktischen Haftbarmachung von Muttergesellschaften im französischen Recht in den letzten Jahren weitreichende Einschränkungen durch Gesetzgeber und Rechtsprechung erfahren[2218].

Trotzdem lassen sich zumindest einzelne Argumente des französischen Rechts, die eine Erweiterung des Haftungssubstrats im Konzern außerhalb insolvenzrechtlicher Spezialnormen erlauben, teils auch im deutschen Recht wiederfinden.

2214 Zu konzeptionellen Unterschieden zwischen deutschem und französischem Recht in Bezug auf Haftungsnormen insbesondere oben, § 2 C. sowie auch § 4 II.

2215 Siehe im Rechtsvergleich mit der Verfahrenserstreckung nach Art. L. 621-2 Abs. 2 C. com. etwa zu rechtlichen Besonderheiten in Deutschland oben, § 4 E. II. 1. c), zur Rolle des geschriebenen Konzernrechts oben § 4 E. II. 2., zur Durchgriffshaftung wegen Vermögensvermischung oben, § 4 E. II. 3. b) f. sowie zur heute auf Grundlage des § 826 BGB beurteilten Existenzvernichtungshaftung oben, § 4 E. II. 5. b). Auch im Vergleich zu zivilrechtlichen Haftungsklagen (hier § 5) wurden diese Themenbereiche bereits rechtsvergleichend angeführt, siehe etwa A. VI. (Existenzvernichtungshaftung und Haftung wegen materieller Unterkapitalisierung im Vergleich mit der französischen *responsabilité pour insuffisance d'actif*).

2216 Siehe oben, I. 3. b).

2217 Hierzu soeben oben, aa).

2218 Siehe ebenfalls oben, aa).

(1) Deliktische Haftung beherrschender Gesellschaften

Die deliktische Haftung beherrschender Gesellschaften mit der Rechtsfolge eines ihr gegenüber bestehenden Schadensersatzanspruchs kann sich zunächst auch über die bereits angeführten Fallgruppen, insbesondere der Existenzvernichtungshaftung und der „Aschenputtelgesellschaften" hinaus ergeben. Anzumerken ist in diesem Bereich jedoch, dass den im Rahmen einer deliktischen Außenhaftung nach § 826 BGB herangezogenen Fällen in der historischen Rechtsprechung meistens eine gläubigerschädigende Entziehung von Vermögenswerten aus einem Rechtsträger mit der Folge einer „kalten Liquidation" zugrunde lag. Derartige Fallgestaltungen wären spätestens seit der „Trihotel"-Rechtsprechung heute jedoch in den Bereich der Innenhaftung wegen existenzvernichtender Eingriffe einzuordnen gewesen.[2219] Als Auffangtatbestand für den Fall nicht vorliegender Tatbestandsvoraussetzungen sonstiger Haftungsgrundlagen im Einzelfall lässt sich die Deliktshaftung jedoch auch gegenwärtig noch zur Überwindung des konzernrechtlichen Trennungsprinzips rechtsträgerübergreifend zulasten anderer Konzerngesellschaften einsetzen.[2220] Besondere Bedeutung kommt hier der Insolvenzverschleppungshaftung (§ 823 Abs. 2 BGB i.V.m. § 15a InsO) zu. Zwar kann die Insolvenzantragspflicht nach dem Wortlaut des § 15a Abs. 1 InsO in den hier relevanten Fällen nur durch Mitglieder des Verwaltungsorgans einer juristischen Person bestehen und somit auch nur für diese Personengruppe haftungsauslösend wirken. Da das deutsche Recht, anders als das französische[2221], eine Bestellung von juristischen Personen in Verwaltungsorgane von juristischen Personen nicht erlaubt, kommt eine Zurechnung der persönlichen Haftung eines Verwaltungsmitglieds unter den Voraussetzungen des § 31 BGB zwar in Bezug auf die direkt betroffene[2222], nicht jedoch auf eine andere Gesellschaft eines Konzernverbunds in Betracht. Die so angelegte Deliktshaftung bleibt somit im Grundsatz eine Frage der Geschäftsführer-, aber nicht der Gesellschafterhaftung[2223].

[2219] Unter Hinweis auf die Vorgängerurteile BGH 24.06.2002 – II ZR 300/00, NJW 2002, 3024 *(KBV)* sowie 20.09.2004 – II ZR 302/02, NJW 2005, 145 *(Klinik) Verse*, in: Henssler/ Strohn, Gesellschaftsrecht, § 13 GmbHG Rn. 32; siehe auch *Fastrich*, in: Baumbach/ Hueck, GmbHG, § 13 Rn. 72; zur heutigen Existenzvernichtungshaftung im deutschen Recht ausführlich oben, § 4 E. II. 5. b) sowie § 5

[2220] Zu diesen Möglichkeiten allgemein bei GmbH etwa *Bitter*, in: Scholz, GmbhG, § 13 Rn. 97 ff.; *Lieder*, in: Michalski, GmbHG, § 13 GmbHG Rn. 375; *Verse*, in: Henssler/ Strohn, Gesellschaftsrecht, § 13 GmbHG Rn. 27 f.

[2221] Zur Möglichkeit einer Bestellung von juristischen Personen als Mitglieder von Verwaltungsorganen im französischen Recht bereits oben, § 5 A. II. 2.

[2222] Auf die Möglichkeit dieser Zurechnung hinweisend *Verse*, in: Henssler/ Strohn, Gesellschaftsrecht, § 13 GmbHG Rn. 27. Die Rechtsfolge liegt daraufhin in einer gesamtschuldnerischen Haftung von Gesellschaft und Verwaltungsmitglied, § 840 Abs. 1 BGB.

[2223] *Bitter*, in: Scholz, GmbhG, § 13 Rn. 98 f.; auf die den Ausnahmefall der führungslosen Gesellschaft hinweisend ebenda, Rn. 99.

Möglich erscheint es jedoch, etwaige Einflussnahmen durch Führungspersonal beherrschender Gesellschaften, die zu einer Insolvenzverschleppung bei beherrschten Rechtsträgern führen oder zu ihnen auf sonstige Weise beitragen, im Wege der Teilnehmerhaftung (§ 830 Abs. 2 BGB i.V.m. § 31 BGB) auch der beherrschenden Gesellschaft selbst zuzurechnen und eine gesamtschuldnerische Außenhaftung aller beteiligten Rechtsträger nach dem Grundsatz des § 840 Abs. 1 BGB zu erreichen[2224]. In Ausnahmefällen kann über dasselbe Konstrukt eine Deliktshaftung der Muttergesellschaft wegen Betrugs (§ 823 Abs. 2 BGB i.V.m § 263 StGB, § 31 BGB) in Betracht kommen[2225]. Als Auffangtatbestand für sonstige gläubigerschädigende Verhaltensweisen von Muttergesellschaften kann allgemein schließlich wiederum § 826 BGB fungieren, wobei eine Nähe zur Fallgruppe der Existenzvernichtungshaftung im Einzelfall für die Annahme einer Innenhaftung sprechen mag[2226]. Eine deliktische Haftung einer Konzerngesellschaft für eine andere nach § 831 BGB scheidet hingegen aus, da ein Konzernverhältnis nicht die hierfür notwendigen Merkmale einer Abhängigkeit und Weisungsgebundenheit eines Verrichtungsgehilfen im Sinne dieser Vorschrift vermittelt[2227].

(2) Auslegung und Zurechnung von Willenserklärungen; Rechtsschein und (Konzern-) Vertrauen

Die im französischen Recht von der Rechtsprechung nur grob umrissene und daher weitgehend konturlos erscheinende deliktsrechtliche Fallgruppe eines „Missbrauchs der Rechtspersönlichkeit“ hat unterschiedliche Dimensionen. Einerseits wird unter dieser Fallgruppe als Begründungsansatz für eine mögliche Deliktshaftung der Missbrauch der Rechtsperson im engeren Sinn etwa durch beherrschte Gesellschaften verstanden. Derartige Fälle eines im deutschen Recht als „individueller Rechtsmissbrauch“ einer Gesellschaftsstruktur gesehenen Fallgruppe sind in dieser Rechtsordnung eher unter § 242 BGB zu fassen. Hiernach darf sich etwa ein Schuldner, der sich laufend auf eine wirtschaftliche Identität zwischen einer natürlichen und einer juristischen Person bezieht, aufgrund des Verbots widersprüchlichen Verhaltens nicht gegenüber Gläubigern auf die haftungsrechtliche Unabhängigkeit der juristischen Person

---

2224 Allgemein zur Möglichkeit der Teilnehmerhaftung nicht geschäftsführender Gesellschafter BGH 09.07.1979 – II ZR 118/77, NJW 1979, 1823, 1826 ff.; *Lieder*, in: Michalski, GmbHG, § 13 GmbHG Rn. 375.

2225 Hierzu ebenfalls allgemein *Lieder*, in: Michalski, GmbHG, § 13 GmbHG Rn. 375; *Verse*, in: Henssler/ Strohn, Gesellschaftsrecht, § 13 GmbHG Rn. 27.

2226 Vgl. auch *Verse*, in: Henssler/ Strohn, Gesellschaftsrecht, § 13 GmbHG Rn. 28.

2227 BGH 06.11.2012 – VI ZR 174/11, NZG 2013, 279, 280; *Habersack*, in: Emmerich/ Habersack, Aktien- und GmbH-Konzernrecht, § 311 AktG Rn. 92.

berufen.[2228] Die Anzahl möglicher Anwendungsfälle dieses Argumentationsmusters in Konzernsachverhalten erscheint im heutigen deutschen Recht sehr gering. Eine weitere Facette der französischen Fallgruppe eines „Missbrauchs der Rechtspersönlichkeit" ist durch eine für beherrschte Gesellschaften schädliche Ausübung konzernrechtlich vermittelter Leitungsmacht gekennzeichnet. Diese wird im deutschen Recht nahezu völlig durch bereits ausführlich dargestellte Rechtsinstrumente wie die Existenzvernichtungshaftung sowie, insbesondere, durch Ausgleichs- und Haftungsansprüche des Konzernrechts überlagert, die dem französischen Recht wiederum fremd sind.

Auch die Rechtsfragen, die das französische Recht unter dem Stichwort einer „Einmischung in die Geschäftsführung" beherrschter Gesellschaften *(immixtion)* teils unter deliktsrechtlichen, größtenteils jedoch unter Gesichtspunkten einer Rechtsscheinhaftung erörtert werden und damit eine vertragliche Haftung auf Erfüllung begründen, fallen im deutschen Recht in die organisationsrechtlichen Teilbereiche des Konzernrechts. Hiernach bestehen positive Richtlinien für das Maß und die inhaltliche Ausrichtung der ausgeübten Konzernleitungsmacht, die sich je nach Art des Konzerns (Eingliederung, Vertrags- bzw. faktischer Konzern) unterscheiden. Für dem jeweiligen Maßstab widersprechende Einmischungen bestehen entsprechende Abwehr-, für nachteilige Weisungen Ausgleichsansprüche.[2229] Auch wenn die geschriebenen Verhaltensregeln für beherrschende Gesellschaften – besonders im Bereich der faktischen Konzerne – kaum von einer hinreichenden Regelungsdichte getragen werden, ermöglicht die gesetzgeberische Einordnung dieser Fragestellungen zumindest beim AG-Konzern die Entwicklung einer in sich geschlossenen Dogmatik der konzernrechtlichen Leitungsmacht und ihrer Ausübung. Gerade hier zeigt das französische Recht – sei es noch so flexibel – die Nachteile des bewussten Verzichts auf derartige Regeln[2230] durch die kaum vorhersehbare Kasuistik der Rechtsprechung.

Schließlich kommt es im französischen Recht auch nach allgemeineren Regeln zu einer Einbeziehung von Rechtsträgern in die vertraglichen Verpflichtungen einer anderen, insbesondere beherrschten Gesellschaft auf der Grundlage von Rechtsscheingesichtspunkten *(théorie de l'apparence)*. Für eine solche Haftung sind im französischen Recht subjektiv beim Vertragspartner ein guter Glaube an die Verpflichtung des anderen Rechtsträgers bei gleichzeitigem Vorhandensein verständlicher objektiver Anhaltspunkte notwendig. Diese können sich aus einer scheinbaren Verflechtung der Rechtsträger ergeben oder,

---

[2228] Ausführlich zu alledem *Reuter*, in: MüKo-BGB, 7. Auflage, vor § 21 BGB Rn. 46, m.w.N.

[2229] Hierzu oben, § 4 E. II. 2. c).

[2230] Zum bewussten Verzicht des französischen Rechts auf ein geschriebenes Konzernrecht bereits oben, § 1 B. I. 1. a).

liegt eine solche nicht vor, aus dem Verhalten einer Gesellschaft und den Umständen eines individuellen Geschäfts, welche auf eine Gebundenheit einer anderen Konzerngesellschaft an einen bestehenden Vertrag hindeuten. Derartige Anhaltspunkte können sich etwa aus Voraussetzungen einer fiktiven Gesellschaft, aber auch aus dem scheinbaren Abschluss eines Gesellschaftsvertrags zwischen mehreren juristischen Personen sowie, allgemeiner, der gemeinsamen Nutzung von Adressen, Dokumenten, Logos etc. ergeben. Auch wenn sich einzelne Fallgruppen herausgebildet haben, sind auch hier die Übergänge fließend. Ob es sich hierbei um eine Ausfall- oder eine direkte Erfüllungshaftung handelt, hängt ebenfalls vom jeweils im Einzelfall gesetzten Rechtsschein ab.[2231]

Im deutschen Recht sind die Möglichkeiten einer Haftbarmachung etwa beherrschender Gesellschaften auf der vergleichbaren Grundlage von Rechtsschein oder Vertrauen – soweit sie überaupt bestehen – insgesamt enger gefasst als im französischen Recht[2232]. Um im Ergebnis vergleichbare Lösungswege für eine Haftbarmachung finanzkräftiger, etwa herrschender Gesellschaften im Konzern zu erschließen, ist daher ein Rückgriff auch auf andere Rechtsinstitute über den reinen Rechtsschein hinaus notwendig.

Für eine Primärhaftung einer anderen Konzerngesellschaft auf Erfüllung einer Verbindlichkeit ist zunächst an die Möglichkeit der Begründung einer direkten vertraglichen Verpflichtung dieser Gesellschaft denken. Bestehen bei der Frage nach dem konkreten Vertragspartner Unklarheiten in Bezug auf die Zurechnung von Willenserklärungen an bestimmte konzernangehörige Rechtsträger, sind die entsprechenden Erklärungen der Organwalter oder sonstigen Vertreter zunächst auszulegen[2233]. Bei der Zurechnung einer Willenserklärung zum einzelnen Rechtsträger gelten die Regeln der Stellvertretung, §§ 164 ff. BGB, wobei sich die Zurechnung der Willenserklärung zu einer anderen Person als dem Erklärenden gemäß § 164 Abs. 1 S. 2 BGB auch aus den Umständen ergeben kann. Insofern ist der Inhalt der jeweiligen Erklärung nach dem objektiven Empfängerhorizont maßgeblich; die Auslegung des Inhalts richtet sich zudem nach Treu und Glauben[2234]. Bei der Auslegung nach diesen werden auch die vom BGH[2235] regelmäßig zugrundegelegten Regeln zum unternehmensbezogenen Geschäft relevant. Hiernach sind Geschäfte, welche im Rahmen eines Unternehmens durch natürliche Personen geschlossen werden, im

---

[2231] Zu alledem oben, bb).

[2232] Zur Vertrauenshaftung auch *Bachmann*, in: Hirte/ Mülbert/ Roth, AktG, § 1 Rn. 99.

[2233] Vgl. zu dieser Problematik bei GmbH-Gesellschaftern und Geschäftsführern *Lieder*, in: Michalski, GmbHG, § 13 Rn. 369.

[2234] Allgemein *Schubert*, in: MüKo-BGB, § 164 Rn. 120; zu unternehmensbezogenen Geschäften Rn. 121 ff.

[2235] NJW 2008, 1214; NJW 2000, 2984, 2985; NJW 1998, 2897.

Zweifel für das Unternehmen oder dessen Inhaber geschlossen. Für eine Zurechnung der Willenserklärung zu einem bestimmten Unternehmen ist auf die konkreten Umstände des Einzelfalls abzustellen, insbesondere den Bezug zu welchem konzernangehörigen Rechtsträger der Verteter hergestellt hat. Dies kann unter anderem vom Ort des Geschehens, dem Inhalt der Erklärungen oder entsprechenden Vermerken in Vertragsurkunden abhängen.[2236] Ergibt sich im Einzelfall, dass die Erklärung eines Vertreters im Hinblick auf einen Vertragsschluss offenkundig einem anderen konzernangehörigen Rechtsträger zuzurechnen ist, kann eine fehlende Vertretungsmacht gegebenenfalls durch die Grundsätze von Anscheins- und Duldungsvollmacht überwunden werden[2237]. Ob etwa eine Haftung auf Erfüllung neben oder anstatt eines anderen Rechtsträgers erfolgen soll, ist wiederum Frage der Auslegung der entsprechenden Willenserklärungen[2238]. Sofern diese Voraussetzungen im Ausnahmefall vorliegen, liegt das Ergebnis in einer mit der *théorie de l'apparence* des französischen Rechts vergleichbaren Haftung der jeweils vertretenen Gesellschaft auf Erfüllung – dies allerdings auf der Grundlage wesentlich enger gefasster Voraussetzungen der Auslegung einer Willenserklärung und ihrer Zurechnung nach Treu und Glauben mit Rücksicht auf die Verkehrssitte, nicht des Rechtsscheins.

Ebenfalls durch Auslegung entsprechender Erklärungen zu ermitteln ist in solchen Fällen, ob bei einer herrschenden Gesellschaft ein Rechtsbindungswillen im Hinblick auf eine vertragliche Ausfallhaftung – je nach entsprechender Abrede zugunsten eines Dritten oder einer anderen Konzerngesellschaft – bestehen kann[2239]. Insbesondere ist bei den gebräuchlichen Sicherungsmitteln im Konzern regelmäßig eine Abgrenzung zwischen „harten“ bzw. „weichen“ Patronatserklärungen vorzunehmen. Eine mit Rechtsbindungswillen geschlossene, „harte“ Patronatserklärung führt bei dem Patron zu einer bürgschaftsähnlichen Kapitalausstattungspflicht, welche in der Insolvenz durch die begünstigte – etwa die beherrschte – Gesellschaft geltend zu machen ist[2240]. Eine „weiche“ Patronatserklärung einer herrschenden Gesellschaft stellt demgegenüber eine reine Informationserklärung über die Zahlungsfähigkeit einer beherrschten Gesellschaft bzw. eine allenfalls moralisch verpflichtende Goodwill-Erklärung mit erkennbar fehlendem rechtsgeschäftlich verpflichtenden Charakter

---

2236 BGH 04.04.2000 – XI ZR 152/99, NJW 2000, 2984, 2985; 11.12.1996 – IV ZR 284/95, NJW-RR 1997, 527, 528; 13.10.1994 – IX ZR 25/94, NJW 1995, 43, 44; 27.04.1983 – VIII ZR 328/81, NJW 1983, 1844 f.; zu alledem *Schubert*, in: MüKo-BGB, § 164 Rn. 121.

2237 Auf diese als Ansatzpunkt im Konzernsachverhalt hinweisend *Habersack*, in: Emmerich/ Habersack, Aktien- und GmbH-Konzernrecht, § 311 AktG Rn. 92.

2238 So zur Haftung von GmbH-Gesellschaftern *Lieder*, in: Michalski, GmbHG, § 13 Rn. 369; vgl. auch *Raiser*, in: Ulmer/ Habersack/ Löbbe, GmbHG, § 13 Rn. 113.

2239 Zur rechtsgeschäftlichen Sicherheitenbestellung im Konzern bereits oben, 1. b).

2240 So die Definition des BGH 19.05.2011 – IX ZR 9/10, NZG 2011, 913, 915.

dar.[2241] Im Ausnahmefall lassen sich auch aus einer solchen Erklärung Haftungsansprüche wegen Vertrauens auf fehlerhafte Auskünfte dieser Gesellschaft herleiten, welche fälschlicherweise darauf hindeuteten, die Gesellschaft sei auch zukünftig zahlungsfähig. Derartige Sachverhalte liegen dem sogleich erläuterten Tatbestand der Sachwalterhaftung (§§ 280 Abs. 1, 241 Abs. 2, 311 Abs. 2, Abs. 3 S. 2 BGB) nahe bzw. erfüllen je nach Einzelfall bereits die Voraussetzungen einer *culpa in contrahendo*.[2242]

Eine Entwicklung oder Ausdehnung weiterführender Anspruchsgrundlagen zulasten der Haftungstrennung in Konzernsachverhalten ist im deutschen Recht im Ergebnis nicht zu beobachten. Der letzte Vorstoß in Richtung einer weitreichenden Infragestellung der Haftungstrennung im Konzern ließ sich anhand einer durch die *Swissair*-Entscheidung des Schweizer Bundesgerichts aus dem Jahr 1996[2243] ausgelösten Debatte über eine Konzernvertrauenshaftung als Ausfallhaftung herrschender Gesellschaften[2244] erkennen, welche im Ergebnis ohne nachhaltige Folgen in der Rechtsprechungspraxis geblieben ist[2245]. Das Schweizer Bundesgericht hatte es in seiner *Swissair*-Entscheidung für möglich gehalten, ein erwecktes „Vertrauen in das Konzernverhalten der Muttergesellschaft" im Hinblick auf die Fortsetzung einer hinreichenden Finanzierung ihrer Tochter im Wege einer „Verallgemeinerung der Grundsätze über die Haftung aus *culpa in contrahendo*" auch dann zu einer Haftungsgrundlage im Konzern zu erheben, wenn vertragliche oder deliktische Haftungsgrundlagen fehlen[2246]. In dem diesem Urteil zugrunde liegenden Sachverhalt war lediglich die Kon-

---

[2241] So ebenfalls BGH 19.05.2011 – IX ZR 9/10, NZG 2011, 913, 915; vgl. zu beiden Begrifflichkeiten auch *Altmeppen*, in: Roth/ Altmeppen, GmbHG, § 13 Rn. 69; *Kersting*, Die Dritthaftung für Informationen im Bürgerlichen Recht, S. 488.

[2242] Zu dieser Problematik m.w.N. *Habersack*, in: MüKo-BGB, vor § 765 Rn. 57; vgl. auch *ders.*, in: Emmerich/ Habersack, Aktien- und GmbH-Konzernrecht, § 311 Rn. 92. Für eine Haftung aus *culpa in contrahendo* (§§ 280 Abs. 1, 241 Abs. 2, 311 Abs. 2, Abs. 3 S. 2 BGB) etwa bei einem Verstoß gegen die Pflicht zur wahrheitsgemäßen Aussage in Bezug auf zukünftig beabsichtigte Finanzierungshilfen sowie zur Offenlegung von Änderungen in dieser Verhaltensabsicht *Kersting*, Die Dritthaftung für Informationen im Bürgerlichen Recht, S. 489 ff.

[2243] BG, 15.11.1994, BGE 120 II 331, 332.

[2244] Vgl. mit zahlreichen Nachweisen zu dieser inzwischen nicht mehr ersichtlich fortgeführten Diskussion *Altmeppen*, in: MüKo-AktG, § 317 Rn. 121; *Emmerich*, in: Emmerich/ Habersack, Aktien- und GmbH-Konzernrecht, § 302 Rn. 16 f.; *Kersting*, Die Dritthaftung für Informationen im Bürgerlichen Recht, S. 490; ablehnend zunächst wohl OLG Düsseldorf 29.11.2000 – 5 U 104/99, NZG 2001, 368, 371.

[2245] Hierauf hinweisend *Mülbert/ Sajnovits*, ZfPW 2016, 1, 18.

[2246] BG, 15.11.1994, BGE 120 II 331, S. 332, 335.

zernzugehörigkeit der Tochter in ihrer Außendarstellung hervorgehoben worden. In einer Nachfolgeentscheidung[2247] wurde diese Rechtsprechung schließlich abgeschwächt und auf Fälle eingeschränkt, in denen eine Muttergesellschaft über eine allgemeine Außendarstellung hinaus auch durch ein ihr zurechenbares Verhalten „hinreichend konkrete und bestimmte Haftungserwartungen" weckte.

Einige Stimmen in Rechtsprechung und Literatur würden ein ähnliches Haftungskonzept einer Ausfallhaftung herrschender Gesellschaften für die Schulden beherrschter Gesellschaften gerne auch in Deutschland eingeführt sehen[2248]. Als bisher einzig ersichtliches Gericht in jüngerer Zeit befürwortete auch das OLG Düsseldorf in seinem Urteil zum Fall *Deutscher Herold* aus dem Jahr 2005[2249] die Existenz einer „Haftung nach den Grundsätzen der Konzernverantwortung". Nach Ansicht des Gerichts lasse sich eine solche Haftung aus einer „Reputationsleihe der Muttergesellschaft an die Tochtergesellschaft" herleiten und könne dann eingreifen, wenn die Mutter einen – im Urteil nicht näher beschriebenen – „falschen Rechtsschein" gesetzt habe, der wohl darauf zu beziehen wäre, dass sie im Ergebnis für die Schuld einer Tochtergesellschaft haften werde[2250]. Die wohl überwiegende Ansicht lehnt eine solche „Konzernvertrauenshaftung" hingegen ab.[2251] Sie weist darauf hin, dass das deutsche Recht bereits zahlreiche und im Ergebnis auch hinreichende Möglichkeiten habe, den Grundsatz der Haftungstrennung im Konzern im Extremfall zu überwinden. Genannt werden hier erneut gerade die – bereits ausführlich dargestellten – grundlegenden Wertungen und Ausgleichsansprüche des Konzernrechts bzw. der Existenzvernichtungshaftung als Grundgerüst der Leistungs- und Haftungsbeziehungen im Konzern. Darüber hinaus sei es dem Gläubiger selbst überlassen, nach dem Grundsatz *caveat creditor* auf eine ausdrückliche und von entsprechendem Rechtsbindungswillen getragene Sicherheitenbestellung seitens der Muttergesellschaft zu bestehen oder sonst vom entsprechenden Geschäft Abstand zu nehmen.[2252]

[2247] BG, 16.04.1998, BGE 124 III 297 *(Motor Columbus AG)*, Erwägung 6. Nicht als ausreichend wurde es erachtet, auf dem Briefpapier einer Tochtergesellschaft ein Hinweis auf die Gruppenzugehörigkeit aufgebracht war.

[2248] Zuletzt befürwortend in der Literatur *Broichmann/ Burmeister*, NZG 2006, 687; zuvor zurückhaltender *Fleischer*, NZG 1999, 685 ff.; offener, wenn auch im vorliegenden Fall ablehnend OLG Düsseldorf 15.07.2005 – 4 U 114/04, NJOZ 2005, 3430 – zu dieser Entscheidung sogleich.

[2249] OLG Düsseldorf 15.07.2005 – 4 U 114/04, NJOZ 2005, 3430.

[2250] OLG Düsseldorf 15.07.2005 – 4 U 114/04, NJOZ 2005, 3430, 3435.

[2251] Siehe statt vieler die Nachweise bei *Emmerich*, in: Emmerich/ Habersack, Aktien- und GmbH-Konzernrecht, § 302 Rn. 17; *Kersting*, Die Dritthaftung für Informationen im Bürgerlichen Recht, S. 490; sowie zuletzt – ebenfalls ablehnend – auch bei *Rieckers*, NZG 2007, 125.

[2252] *Rieckers*, NZG 2007, 125, 126 f., 128.

Übrig bleibt auch nach dieser wohl herrschenden Ansicht eine in engen Bahnen mögliche Inanspruchnahme von Muttergesellschaften nach sonstigen allgemeinen Regeln – dies jedoch im Ergebnis keinesfalls in der Ausdehnung einer wie vom Schweizer Bundesgericht postulierten allgemeinen Vertrauenshaftung; nur aus der Bekanntmachung einer Konzernzugehörigkeit lassen sich nach deutschem Recht jedenfalls keine Haftungsansprüche herleiten[2253].

Zumindest in Fällen, in denen eine herrschende Gesellschaft konkreter als im oben beschriebenen Fall in die Anbahnung oder Ausführung eines Geschäfts ihrer Tochter eingreift, ist an eine Haftung der herrschenden Gesellschaft aus *culpa in contrahendo* etwa in Form einer „Sachwalterhaftung" (§§ 280 Abs. 1, 241 Abs. 2, 311 Abs. 2, Abs. 3 S. 2 BGB) zu denken, die derartige Gesellschaften wie jeden anderen Dritten betreffen kann[2254]. Hierbei dürfte zunächst eine – weiterhin als Rechtsfigur grundsätzlich anerkannte[2255] – Haftung einer herrschenden Gesellschaft als ein so genannter *procurator in rem suam*, also als Person mit einem eigenen unmittelbaren wirtschaftlichen Interesse an einem Vertragsabschluss, schon aufgrund der hohen Anforderungen an ihr Vorliegen in Konzernsachverhalten regelmäßig ausscheiden[2256]: Um dieses ungeschriebene Begründungsmerkmal einer Haftung aus *culpa in contrahendo* zu erfüllen, muss der Dritte einem Verhandlungsgegenstand nämlich so nahe stehen, als habe er wirtschaftlich betrachtet „gleichsam in eigener Sache" verhandelt[2257]. Hierfür ist es, insofern auf die Stellung bzw. das mögliche Verhalten einer Konzernmutter übertragbar, nicht ausreichend, wenn lediglich Sicherheiten für eine andere Person bestellt worden sind oder der Dritte eine maßgebliche Beteiligung an einem Schuldner hält[2258]. Ein für ein Tätigwerden für andere Konzerngesellschaften typisches mittelbares wirtschaftliches Interesse an einem Geschäft reicht ebenfalls nicht aus[2259].

2253 *Altmeppen*, in: MüKo-AktG, § 317 Rn. 121.

2254 Zum Folgenden ausführlich *Rieckers*, NZG 2007, 125, 126; vgl. auch *Emmerich*, in: Emmerich/ Habersack, Aktien- und GmbH-Konzernrecht, § 302 Rn. 17; allgemeiner zur Haftung von GmbH-Gesellschaftern nach *culpa in contrahendo Lieder*, in: Michalski, GmbHG, § 13 Rn. 373 f.

2255 Vgl. zu dieser Fallgruppe im Allgemeinen statt vieler *Emmerich*, in: MüKo-BGB, § 311 Rn. 175 ff; kritisch in Bezug auf die früher häufig auf dieser Grundlage herbeigeführte Haftung von (Geschäftsführer-) Gesellschaftern von GmbH *Lieder*, in: Michalski, GmbHG, § 13 Rn. 374.

2256 Ebenso unter Übertragung der hier aufgeführten Kriterien auf Konzerngesellschaften *Rieckers*, NZG 2007, 125, 126.

2257 BGH 13.06.2002 – VII ZR 30/01, NJW-RR 2002, 1309; 05.10.2001 – V ZR 275/00, NJW 2002, 208, 212; 29.01.1997 – VIII ZR 356/95, NJW 1997, 1233.

2258 So zum Parallelfall eines GmbH-Gesellschafter-Geschäftsführers BGH 06.06.1994 – II ZR 292/91, NJW 1994, 2220 ff.

2259 So zuletzt allgemein zu einem nicht als hierfür ausreichend erachteten Konzerninteresse BGH 13.12.2005 – KZR 12/04, NJW-RR 2006, 993, 994; vgl. zu alledem auch *Emmerich*, in: MüKo-BGB, § 311 Rn. 175.

Praktisch kommt daher zur Begründung einer Haftung von herrschenden Gesellschaften nach *culpa in contrahendo* lediglich eine Sachwalterstellung dieser Gesellschaft in Betracht, welche sich im konkreten Fall gemäß § 311 Abs. 3 S. 2 BGB aus einer Inanspruchnahme besonderen Vertrauens bzw. der erheblichen Beeinflussung eines Vertragsschlusses gegenüber einem Gläubiger einer beherrschten Gesellschaft ergeben kann[2260]. Die Voraussetzungen dürften in der Praxis nur selten erfüllt sein; so setzt eine solche Stellung weit über nur allgemeine Aussagen hinausgehende Zusicherungen im Hinblick auf Bestand und Erfüllung des Geschäfts voraus, welche sich gleichermaßen „im Vorfeld" einer vertraglichen Garantie bewegen müssen[2261]. Dies mag etwa der Fall sein, wenn eine herrschende Gesellschaft im Rahmen von Vertragsverhandlungen konkrete Zweifel des Geschäftspartners an der Leistungsfähigkeit ihrer Tochter als zukünftiger Vertragspartnerin durch das Inaussichtstellen über das Normalmaß hinausgehender konzerninterner Unterstützungsmaßnahmen ausräumt[2262]. Freilich müsste in diesem Fall eine Pflichtverletzung in Form bereits anfänglich unrichtiger Aussagen als Informationspflichtverletzung nachgewiesen werden.[2263] Darüber hinaus hat der BGH[2264] eine Sachwalterhaftung im Konzernbereich ebenfalls in einem Sachverhalt für möglich gehalten, in dem ein Konzernunternehmen für ein anderes bei der Erfüllung eines Vertrages in Erscheinung getreten ist. Hierbei führte das Drittunternehmen die Abwicklung des Vertrages selbständig als eigene Angelegenheit durch, berief sich aber im nachfolgenden Mängelprozess – insoweit aus Sicht des BGH treuwidrig – auf seine fehlende Passivlegitimation, da es keine Vertragspartei geworden sei.

Bedient sich das herrschende Unternehmen eines Erfüllungsgehilfen, muss ihr sein Verhalten nach den Voraussetzungen des § 278 BGB zudem zurechenbar sein, was einen unmittelbaren inneren Sachzusammenhang zwischen der

---

[2260] So zum Konzern im Ergebnis ebenfalls *Altmeppen*, in: MüKo-AktG, § 317 Rn. 121; *Emmerich*, in: Emmerich/ Habersack, Aktien- und GmbH-Konzernrecht, § 302 Rn. 17; *Rieckers*, NZG 2007, 125, 126.

[2261] BGH 13.12.2005 – KZR 12/04, NJW-RR 2006, 993, 994; 24.05.2005 – IX ZR 114/01, NJW-RR 2005, 1137; 13.06.2002 – VII ZR 30/01; NJW-RR 2002, 1309, 1310; *Emmerich*, in: MüKo-BGB, § 311 Rn. 178.

[2262] So im Ergebnis auch *Kersting*, Die Dritthaftung für Informationen im Bürgerlichen Recht, S. 490 ff., welcher eine Sonderverbindung im Sinne von § 311 Abs. 3 S. 2 BGB im Einzelfall sogar bei gegenüber einem unbestimmten Personenkreis abgegebenen „weichen" Patronatserklärungen anerkennen will.

[2263] *Rieckers*, NZG 2007, 125, 126.

[2264] 23.10.1986 – VII ZR 195/85, NJW-RR 1987, 335 f.

schadensstiftenden Handlung des Erfüllungsgehilfen und seinem Aufgabenbereich voraussetzt[2265]. In keinem Fall sind hingegen sorgfaltswidrige Verhaltensweisen von Organen eines beherrschten Unternehmens einem herrschenden Unternehmen über § 31 BGB zuzurechnen[2266].

b) Zwischenergebnis zur Haftung wegen Pflichtverletzungen, Rechtsschein und verwandten Rechtsinstituten

Nach alledem zeigt sich – wie in den zahlreichen anderen analysierten Sachverhalten auch – dass ein Überschreiten von Rechtsträgergrenzen zur Haftung im deutschen Recht rechtsdogmatisch auf wesentlich größeren Widerstand stößt als im französischen. Das Vorhandensein geschriebener Regeln in den gewichtigsten Ausnahmen zum Grundsatz der konzernrechtlichen Haftungssegmentierung lenkt diese in geordnetere, enge Bahnen. Wenig Platz wird – anders als im französischen Recht – für einen richterlichen Rückgriff auf allgemeine Rechtsinstrumente gelassen, die im Einzelfall eine Anpassung des jeweiligen Ergebnisses an die wirtschaftlichen Verhältnisse eines Konzerns ermöglichen könnten[2267]. Wie sich schon anhand vieler anderer Vergleichsaspekte gezeigt hat, kommen die deutsche und die französische Rechtsordnung damit zu unterschiedlichen Ergebnissen, wenn es um die Ausgestaltung des Spannungsfelds zwischen Rechtssicherheit und dem Richter überlassener Rücksichtnahme auf möglicherweise vom Normalfall abweichende Interessen des Einzelfalles geht.

III. Zwischenergebnis zur Bedeutung weiterer Möglichkeiten einer Anreicherung des Haftungssubstrats konzernangehöriger Gesellschaften

Der jeweils abweichende Einfluss allgemeiner Haftungs- und Rückzahlungsansprüche auf das Haftungsgefüge in der Konzerninsolvenz stellt einen großen Unterschied zwischen dem deutschen und dem französischen Recht dar. Im französischen Recht spielen etwa die mit wenig qualifizierten Tatbestandsmerkmalen auskommenden Regeln des gesellschaftsrechtlichen Vermögensschutzes sowie die Haftung nach allgemein zivilrechtlichen Grundsätzen ab der Eröffnung eines Insolvenzverfahrens eine wesentlich geringere Rolle als im deutschen Recht. Dort werden diese Möglichkeiten sowohl vor als auch nach der Eröffnung eines solchen Verfahrens umfassend genutzt, um das Haftungssubstrat rechtsträgerübergreifend anzureichern. Besonders im deutschen Akti-

---

2265 BGH 29.01.1997 – VIII ZR 356/95, NJW 1997, 1233, 1234 f.

2266 BGH 02.12.2014 – VI ZR 501/13, GWR 2015, 32; *Habersack*, in: Emmerich/ Habersack, Aktien- und GmbH-Konzernrecht, § 311 Rn. 93, m.w.N.

2267 Zur wichtigen Ausnahme des Insolvenzanfechtungsrechts, welches im deutschen Recht auch bei Konzernen sehr häufig verwendet wird, oben, I. 3. b).

enkonzernrecht kommen darüberhinaus eigene Ausgleichs- und Schadenersatzansprüche zur Anwendung, die gesellschaftsrechtliche Ansprüche bei der AG größtenteils überlagern. Im französischen Recht, wo die Eröffnung einer *procédure collective* durch das Bestehen der vorinsolvenzlichen *procédure de sauvegarde* ohnehin in frühere Krisenstadien verlagert ist[2268] als im deutschen Recht, übernehmen die für diese Situationen entwickelten Sondertatbestände[2269] die zentrale Rolle. Derartige Tatbestände fehlen hingegen im deutschen Recht[2270].

Doch dies schließt es nicht aus, dass sich das französische Recht auch in diesem Bereich anpassungsfähig und auch allgemeiner gefassten Haftungsgrundlagen gegenüber aufgeschlossen zeigt. Nachdem beispielsweise der Kassationsgerichtshof die *théorie du co-emploi* tatbestandlich eingeschränkt hatte, ließ er aus Billigkeitserwägungen eine ähnliche rechtsträgerübergreifende Haftung für Arbeitnehmeransprüche aufgrund der allgemeinen Deliktshaftung zumindest im Einzelfall zu[2271]. Daneben erlaubt das französische Recht auch im Bereich der sonstigen Deliktshaftung sowie der weitreichenden Haftung aus Vertrauensgesichtspunkten größere Abweichungen vom herkömmlichen Haftungsregime als das deutsche Recht. Erscheint das französische Recht zumindest im Bereich der insolvenzspezifischen Haftungs- und Erstreckungsklagen im Ergebnis zunächst als wesentlich offener für die Überschreitung von Rechtsträgergrenzen, kehrt sich dieser Eindruck zumindest im Bereich des Rechts der Insolvenzanfechtung teilweise wieder um. Die weit gefassten Tatbestände insbesondere der Vorsatzanfechtung, zusammen mit zahlreichen Vermutungstatbeständen des Gesetzgebers und der Rechtsprechung sowie langen Anfechtungszeiträumen schränken bei der Anwendung auf Konzernsachverhalte das dortige Trennungs- und Rechtsträgerprinzip wesentlich weiter ein als die funktional ähnlichen *nullités de la période suspecte* bzw. die *action paulienne* des französischen Rechts. Diese Einschränkung wurde auch durch die kürzlich in Kraft getretene Reform des Anfechtungsrechts[2272] nicht grundsätzlich beseitigt. Nicht umsonst werden gerade die weitreichenden Anfechtungsregeln im deutschen Recht teils sogar praktisch-funktional auf eine ähnliche Stufe gestellt wie materielle Konsolidierungslösungen[2273] etwa einer Verfahrenserstreckung.

[2268] Zu diesem Schwerpunkt des französischen Insolvenzrechts oben, § 1 A. II. 1. und 2.

[2269] Hierzu bereits ausführlich oben, § 4 sowie § 5 A. bis C.

[2270] Siehe oben, § 2 C. II.

[2271] Hierzu ausführlich im Rahmen der *théorie du co-emploi*, oben, C. I.

[2272] Zu alledem oben, I. 3. b).

[2273] *Paulus*, ZIP 2005, 1948, 1953 f.

Kapitel 3:

Fazit, Ausblick und Zusammenfassung

§ 6 Fazit: Die Ausmaße des Rechtsträgerprinzips im französischen und deutschen Recht – Gemeinsamkeiten und Unterschiede, Lösungsansätze und Schlussfolgerungen

A. Einheitliche Analyse des Grundproblems: Auseinanderfallen von wirtschaftlicher und rechtlicher Realität und mögliche Externalisierung negativer Effekte von unternehmerischen Aktivitäten

Nach einer umfassenden Analyse der in der vorliegenden Arbeit aufgeworfenen Fragestellungen lässt sich in beiden Rechtsordnungen ein wirtschaftliches Problem und ein sich daraus ergebendes rechtliches Spannungsfeld erkennen, das den Hintergrund nahezu aller in diesem Themengebiet ausgetragenen Einzeldebatten darstellt. Dieses wird in einer bereits zuvor zitierten Frage zweier Autoren[1] auf den Punkt gebracht:

> „Ist es gerechtfertigt, dass der Gläubiger eines Unternehmens aus dem einzigen Grund keine Befriedigung [seiner Ansprüche] erhalten kann, dass dieses Unternehmen in unterschiedliche Gesellschaften aufgespalten ist und er das Pech hat, Gläubiger einer zahlungsunfähigen Tochtergesellschaft zu sein?“[2]

Zwar muss zunächst klargestellt werden, dass beide hier analysierte Rechtsordnungen eine Unternehmenshaftung allgemein ablehnen; vielmehr sieht es das konzernrechtliche Rechtsträgerprinzip vor, dass eine Gläubigerstellung sich grundsätzlich auf den oder die Rechtsträger des Konzerns bezieht, mit denen im Einzelfall tatsächlich kontrahiert worden ist. Da in der Praxis jedoch eine Vielzahl von Unternehmen gerade deshalb als – wirtschaftlich eigentlich voll integrierte – Konzerne geführt werden, um die mit der Haftungssegmentierung verbundene Risikominimierung dieser Konzernorganisation ausnutzen zu können, käme eine echte Unternehmenshaftung in diesen Fällen der Realität besonders nah. Das hiermit verbundene Auseinanderfallen von rechtlicher und

---

[1] *Le Cannu/ Dondero*, Sociétés, Rn. 1508.

[2] „Est-il légitime que le créancier d'une entreprise ne puisse obtenir satisfaction du seul fait que cette entreprise est fractionnée en plusieurs sociétés, et qu'il a le malheur d'avoir pour débiteur une filiale insolvable ?“

wirtschaftlicher Realität bei Konzernen (ein Unternehmen, mehrere Rechtsträger) stellt den Gesetzgeber und die zur Anwendung von insolvenz-, gesellschafts- und zivilrechtlichen Rechtsgrundlagen auch im Konzernbereich verpflichtete Rechtsprechung vor die Notwendigkeit eines ständigen Balanceakts. Unabhängig davon, ob in einer Rechtsordnung eine Entscheidung für oder wider ein geschriebenes Konzernrecht getroffen wurde, handelt es sich bei jedem Konzern als möglicher Organisationsform für Unternehmen stets um eine „unvollkommene juristische Situation“[3] in einem kaum je genau darstellbaren Spektrum zwischen Einheit und Vielfalt[4].

In jeder Konzernsituation stehen sich regelmäßig unterschiedliche Interessen kaum versöhnlich gegenüber; durch die Möglichkeit einer Ausnutzung der organisatorischen Freiheit eines Konzerns zur Abtrennung risikoträchtiger Unternehmensbereiche kann es einem Konzern gelingen, negative Effekte seiner Wirtschaftstätigkeit auf Gläubiger bzw. die Allgemeinheit auszulagern[5]. Besonders gravierend wird dieses Problem, wenn zusätzlich – wie es sich in Frankreich in zahlreichen praktischen Fällen gezeigt hat – abhängigen Gesellschaften mit als wenig zukunftsträchtig bewerteter Aktivität Vermögensgegenstände entzogen wurden. Im Ergebnis kommt es zu einem Missbrauch des Trennungs- und Rechtsträgerprinzips auf Kosten der Gläubiger der hiervon betroffenen Konzerngesellschaft unter Umgehung der eigentlichen gesetzlichen und vertraglichen Verpflichtungen der jeweils beteiligten Rechtsträger[6]. Dringlich erscheint eine rechtliche Reaktion besonders in derartigen Fällen, wenn über die Gläubiger hinaus auch die Allgemeinheit über Gebühr an den Kosten einer risikoreichen Operation beteiligt wird, wie es etwa in den Fällen von Betriebsschließungen mit umweltgefährdender Komponente allzu deutlich geworden ist. Diese Fragen stellten sich sowohl in Frankreich, wo Gesetzgeber und Rechtsprechung durch eine Herleitung und Anwendung stets wechselnder Rechtsgrundlagen auf solche Probleme zu reagieren versuchten[7], als auch in Deutschland, wo sie – zuletzt deutlich weniger intensiv diskutiert – unter anderem zu sektorbezogenen Vorstößen wie im Bodenschutzrecht und dem Recht kerntechnischer Anlagen[8] geführt hat.

---

[3] *Pelletier*, La responsabilité au sein des groupes de sociétés en cas de procédure collective, Rn. 22: „situation juridiquement imparfaite“.

[4] Vgl. *Schmidt*, Gesellschaftsrecht, § 17 I 2. b).

[5] Zur möglichen Externalisierung von Risiken auf Gläubiger als ökonomisches Problem einer Haftungsbeschränkung *Bitter*, Konzernrechtliche Durchgriffshaftung bei Personengesellschaften, S. 182 ff.; vgl. auch *Bachmann*, in: Hirte/ Mülbert/ Roth, AktG, Rn. 104 ff.;

[6] Vgl. zu dieser Problematik etwa *Thomas*, Rev. Proc. Coll., Nr. 2013-6, dossier 55, Rn. 11.

[7] Zu dieser von Einzelfällen bestärkten „Wellenbewegung“ der Diskussionsgrundlagen sogleich unten, B. I.

[8] Hierzu oben, § 5 B. IV (S. 461 ff.).

Gleichzeitig ist es einer am Wohlfahrtsgewinn der Gesamtgesellschaft interessierten Rechtsordnung jedoch auch daran gelegen, das Konzerninteresse an einer möglichst rechtssicheren Ausgestaltung der Rechtsbeziehungen zwischen konzernangehörigen Rechtsträgern nicht über Gebühr zu strapazieren. Eine Haftungsbegrenzung – ob im Hinblick auf Konzerne oder Kapitalgesellschaften im Allgemeinen – verfolgt nämlich das aus wirtschaftlicher Sicht legitime Ziel, Investitionen mit positiven Erwartungswert zu fördern, indem die Risikoaversität der Marktteilnehmer durch eine Senkung des Risikos aufgrund der hierduch ermöglichten Risikosegmentierung berücksichtigt wird.[9]

Teilaspekte dieser Gesamtproblematik finden sich auch in der in Deutschland geführten Diskussion um einen „Konzernkonflikt" wieder, dessen Bestehen die Grundlage für die Einführung geschriebener konzernrechtlicher Regeln war[10].

Im – sei es nur innereuropäischen – Wettbewerb der Standorte und Rechtsordnungen um Investitionen spielt daher die Sicherheit vor einer rechtsträgerübergreifenden „Ansteckung"[11] mit ursprünglich gegen Tochtergesellschaften gerichteten Haftungsansprüchen eine kaum zu unterschätzende Rolle. Vor dieser „Instrumentalisierung des Rechts durch wirtschaftliche Akteure"[12] kann sich keine europäische Rechtsordnung verschließen.

Hinsichtlich aller hierdurch aufgeworfenen Einzelprobleme obliegt es damit jeder einzelnen Rechtsordnung, sich im Spannungsfeld zwischen der Beförderung des Konzerninteresses und dem Schutz externer Interessen möglichst eindeutig und rechtssicher zu positionieren[13]. Auch hier scheint ein vollständig effizienter Ausgleich jedenfalls unmöglich; die Lösungen der Einzelprobleme sind immer ein nicht zuletzt rechtspolitischer Kompromiss.

---

[9] So die ökonomische Anlalyse von *Bitter*, Konzernrechtliche Durchgriffshaftung bei Personengesellschaften, S. 180; vgl. u.a. zur Perspektive des Wohlfahrtsgewinns auch *Bachmann*, in: Hirte/ Mülbert/ Roth, AktG, Rn. 104 ff. Dort, Rn. 110, wird auch darauf hingewiesen, dass eine Haftungsbeschränkung bei so genannten Geschäften mit negativem Erwartungswert, also solchen, bei denen Kosten vollständig auf unfreiwillige Gläubiger wie die Allgemeinheit abgewälzt werden, ohne dass sie hiervon einen Nutzen tragen, ihren Zweck verfehlt: eine Risikoaversion werde hier „überschießend kompensiert". Dies zeige sich insbesondere bei Fällen, in denen etwa Umweltrisiken auf Dritte ausgelagert würden.

[10] Zum über Haftungsfragen hinausgehenden Begriff und Inhalt des „Konzernkonflikts" oben, § 2 B. III. 2. (S. 145 ff.).

[11] „Contagion", *Dammann/ Podeur*, RLDA Nr. 2007-16, étude 975, 65.

[12] *Cuisinier*, Rev. Proc. Coll., Nr. 2013-6, dossier 54, Rn. 6; ebenda auch zum hier beschriebenen Gesamtzusammenhang.

[13] Vgl. *Hannoun*, Le droit et les groupes de sociétés, Rn. 104.

B. Abweichende rechtliche Lösungsansätze und Schwerpunktsetzungen unter dem Vorzeichen unterschiedlicher wirtschaftlicher Entwicklungen

I. Rechtliche Diskussion um wechselnde Tatbestandsgrundlagen mit allgemeiner Tendenz zur Stärkung des Trennungs- und Rechtsträgerprinzips im Konzern

Beide hier verglichenen Rechtsordnungen haben dieses Problem erkannt und mit einer klaren Grundsatzentscheidung beantwortet: Trotz bedeutender Abweichungen in zahlreichen Einzelfällen sind die Möglichkeiten einer Inanspruchnahme anderer Konzerngesellschaften zur Vergrößerung des Haftungssubstrats in der Insolvenz zuletzt weitgehend zurückgedrängt worden. Gleichzeitig wurde damit auch Durchlässigkeit des Trennungs- und Rechtsträgerprinzips im Konzern tendenziell eher geschwächt; die Räume zur sanktionsfreien Betätigung ohne Haftungsrisiken für Konzernunternehmen sind aus der jüngsten Rechtsentwicklung hingegen gestärkt hervorgegangen.

In Frankreich verlief die jüngere Diskussion um die Ausmaße des Trennungs- und Rechtsträgerprinzips in der Insolvenz mehrheitlich in klar nachvollziehbaren „Wellenbewegungen". So ließen sich immer wieder Vorstöße teils der Instanzgerichte, teils aber auch einzelner Kammern des Kassationsgerichtshofs in Bezug auf eine weitreichende Anwendung eines bestimmten Haftungstatbestands erkennen. Wurde sich daraufhin ein hinreichender Anteil an Stimmen aus Wirtschaft, Literatur und Praxis der jeweils erheblichen negativen Auswirkungen solcher Vorstöße auf die Rechts- und Investitionssicherheit für in Frankreich operierende Unternehmen sowie nicht zuletzt auch die internationale Konkurrenzfähigkeit des Rechtsstandorts Frankreich gewahr, kam es jedesmal zum Gegensteuern des Kassationsgerichtshofs. Dieser verbat sich am Ende jedes Diskussionsabschnitts im Ergebnis eine zu weitreichende Auslegung der zuvor gewissermaßen „in Mode gekommenen" Haftungstatbestände zumindest für den Bereich integriert geführter Konzerne. Dies geschah allerdings häufig nur, um wenig später weitere Vorstöße zugunsten anderer Haftungsformen zu wagen oder solche Ausschläge seitens der Instanzgerichte vorerst zu billigen. Dieses Muster ließ sich zunächst auch bei der Diskussion um die Verfahrenserstreckung gemäß Art. L. 621-2 Abs. 2 C. com. beobachten. Nachdem Instanzgerichte sowohl die Tatbestandskriterien der *fictivité* als auch der „anormalen finanziellen Beziehungen" *(relations financières anormales)* als Unterfall der Vermögensvermischung *(confusion des patrimoines)* über Gebühr zu einer rechtsträgerübergreifenden Auffüllung des Haftungssubstrats anwendeten, steuerte dem nicht zuletzt die Handelskammer des Kassationsgerichtshofs in ihrem berühmt gewordenen *Metaleurop*-Urteil vom 19.04.2005 entgegen und mahnte eine enge Auslegung besonders der „anormalen finanziellen Beziehungen" in Konzernsachverhalten an[14]. Die Diskussion und das praktische Interesse wurden jedoch durch das in diesem Urteil enthaltene *obiter dictum* der Handelskammer vom Urteil des Kassationsgerichtshofs vom 19.04.2005[15] zunehmend auf die konzernweite Anwendung der deliktischen Ausfallhaftung für Managementfehler *(responsabilité pour insuffisance d'actif)* auf juristische Personen als faktische Geschäftsführer *(dirigeants de fait)* gelenkt. Doch auch hier enttäuschte die Handelskammer des Kassationsgerichshofs spätestens durch ihr Urteil vom 19.11.2013[16] diejenigen, die sich eine breite Öffnung dieses Tatbestands im Konzern erhofft hatten, indem es die Definition der „faktischen Geschäftsführung" *(direction de fait)* durch Muttergesellschaften einer äußerst restriktiven Auslegung zuführte. Parallel dazu kam es bei der Sozialkammer des Kassationsgerichtshofs seit dem *Jungheinrich*-Urteil vom 18.01.2011[17] zu einer deutlichen Erweiterung des auf Durchgriffe im Hinblick auf arbeitsrechtliche Verpflichtungen von konzernangehörigen Gesellschaften anwendbaren kollektiven Begründungsansatzes der *théorie du co-emploi.* Dies konnte unter anderem als eine Reaktion auf die *Metaleurop*-Rechtsprechung der Handelskammer verstanden werden, um hierdurch aus Sicht der Sozialkammer wohl unzureichend berücksichtigte Arbeitnehmerinteressen in der Insolvenz kozernangehöriger Gesellschaften verstärkt zur Geltung kommen zu lassen. Doch auch diese Episode besonders entfesselter rechtsträgerübergreifender Haftung im Arbeitsrecht fand ihren vorläufigen Schlusspunkt für integriert geführte Konzerne nach weitreichenden Protesten von Literatur und Unternehmen. Schon mit einem Urteil vom 02.07.2014 in der Rechtssache *Molex*[18] mahnte die Sozialkammer des Kassationsgerichtshofs bei der Anwendung der *théorie du co-emploi* eine Berücksichtigung notwendiger Kooperationsmechanismen in Konzernen an und degradierte eine derartige Haftung in diesen Fällen zu einem seltenen Ausnahmefall. Dies geschah jedoch schließlich wieder mit einer Öffnung für eine weitere, wenn auch nach heute möglicher Einschätzung wesentlich eingeschränktere Haftungsart: Nur sechs

[14] Im viel diskutierten Urteil Cass. com, 19.04.2005, Revisionsnummer 05-10094, Bull. civ. 2005 IV, S. 95, Nr. 92 – hierzu oben, § 4 B. II. 3. b) dd) f. (S. 280 ff.) – bestätigte der Kassationsgerichtshof zunächst die bereits durch die Vorinstanz eingeführten Sonderregeln für Konzerne beim Ausspruch der *fictivité* und fügte diese ebenfalls bei den „anormalen finanziellen Beziehungen" hinzu.

[15] Zu alledem ausführlich oben, § 4 B. II. 3. c) (S. 289 ff.).

[16] Cass. com. 19.11.2013, Revisionsnummer 12-28367; siehe oben, § 5 A. II. 2. (S. 418 ff.)

[17] Cass. soc. 18.01.2011, Revisionsnummer 09-69199, Bull. civ. 2011, V, Nr. 23; siehe oben, § 5 C. III. 2. (S. 478 ff.).

[18] Cass. soc. 02.07.2014, Revisionsnummern 13-15208 ff., Bull. civ. 2014, V, Nr. 159; siehe oben, § 5 C. III. 3. (S. 485 ff.).

Tage nach dem *Molex*-Urteil eröffnete die Sozialkammer des Kassationsgerichtshofs mit einem Urteil vom 08.07.2014 in der Rechtssache *Sofarec*[19] Arbeitnehmern, die nicht mehr von einer erweiterten Haftung nach der *théorie du co-emploi* profitieren konnten, die Möglichkeit, gegen andere Konzernunternehmen auf Grundlage der allgemeinen Deliktshaftung nach heute Art. 1240 C. civ. vorzugehen und so zumindest den „Verlust einer Möglichkeit" *(perte d'une chance)* auf den Genuss von Wiedereingliederungsmaßnahmen im Rahmen eines Sozialplans (*plan de sauvegarde de l'emploi*) geltend zu machen. Diese so verlaufende Entwicklung erscheint keineswegs beendet; so kann es nicht ausgeschlossen werden, dass auch in Zukunft weitere Kunstgriffe dieser Art aufgrund von bestehenden oder neu hinzutretenden richterrechtlichen Haftungsgrundlagen in Betracht gezogen werden.

Der Kassationsgerichtshof hat sich im Rahmen dieser Entwicklung selbst immer mehr einer Doppelrolle verschrieben: Einerseits war es dieser Gerichtshof, der die wichtigsten Schritte der in dieser Arbeit näher beschriebenen rechtsträgerübergreifenden Haftungsgrundlagen entwickelte oder zumindest wohlwollend begleitete; gleichzeitig kam dem Gerichtshof jedoch zunehmend eine herausragende Funktion bei der Verteidigung des Trennungs- und Rechtsträgerprinzips im Konzern zu. Von der strafrechtlichen *Rozenblum*-Rechtsprechung[20] mit ihrer erstmaligen Anerkennung eines eigenständigen Konzerninteresses im französischen Recht über das Urteil in der Rechtssache *ADEME c. Elf Aquitaine*[21], in welchem der Gerichtshof ausdrücklich konzerninterne Verlustausgleichspflichten auch bei umweltgefährdenden Aktivitäten ausschloss, der Rechtssache *Coeur-Défense*, wo der Gerichtshof eine Konzernangehörigkeit bei der Auslegung der Eröffnungsvoraussetzungen einer *procédure collective* ausdrücklich nicht berücksichtigte, bis hin zur Ablehnung jeglicher Ansätze einer Verfahrenserstreckung aus dem rein wirtschaftlich-organisatorischen Kriterium der *unité d'entreprises*[22] – die vom Kassationsgerichtshof über Jahrzehnte herausgearbeiteten Ansätze eines richterrechtlichen „Konzernrechts" zeichnen sich trotz aller Ausnahmen zuletzt vor allem durch ihre „Strenge" („rigueur") bei der Annahme von Ausnahmen der rechtlichen Unabhängigkeit von Konzerngesellschaften aus[23]. Nicht ausräumen konnte der Gerichtshof jedoch bei allen von ihm entwickelten oder für eine insolvenzrechtliche Konzernhaftung instrumentalisierten Tatbeständen verbleibende Restrisi-

---

[19] Cass. soc. 08.07.2014, Revisionsnummer 13-15573, Bull civ. 2014, V, Nr. 180.

[20] Cass. crim. 04.02.1985, Bull. crim. 1985, Nr. 54, Revisionsnummer 84-91581; hierzu oben, § 1 B. I. 1. c) ff) (S. 68 ff.).

[21] Cass. com. 26.03.2008, Revisionsnummer 07-11619; hierzu oben, § 1 B. I. 2. b) cc) (S. 86 ff.) sowie § 5 B. I. (S. 460 ff.).

[22] Zuletzt bekräftigt in Cass. com. 16.12.2014, Revisionsnummer 13-24161, Bull. civ. 2014, IV, Nr. 190; zu dieser Problematik ausführlich oben, § 4 B. II. 1. c) (S. 231 ff.).

[23] *Cuisinier*, Rev. Proc. Coll., Nr. 2013-6, dossier 54, Rn. 6.

ken: Weder hat der Gerichtshof diese Haftungsgrundlagen für Konzerne vollständig aufgehoben noch sind zukünftige Änderungen der Rechtslage auszuschließen. Wurde daher in der französischen Literatur unmittelbar nach der Einschränkung der *responsabilité pour insuffisance d'actif* für Konzernsachverhalte geltend gemacht, zumindest die Handelskammer des Kassationsgerichtshof habe inzwischen im Hinblick auf eine größere Attraktivität des französischen Rechtsstandorts „zugunsten von Muttergesellschaften eine regelrechte Straflosigkeit" eingeführt[24], muss dies Aussage nach heutigem Sachstand weiterhin zumindest relativiert werden.

Die Rolle des französischen Gesetzgebers bei der Definition sowohl der Rechtsverhältnisse innerhalb von Konzernen als auch der Grenzen der Haftungstrennung erscheint demgegenüber stark begrenzt. Zwar sind auch im französischen Recht Einzelfragen der Rechtsbeziehungen zwischen Konzerngesellschaften einer gesetzlichen Regelung zugeführt worden[25]; die bewusste Zurückhaltung des Gesetzgebers[26] hat jedoch hier große Gestaltungsspielräume für die Rechtsprechung offen gelassen und nicht zuletzt die soeben beschriebene, zeitweise instabile rechtliche Situation auf der Suche nach dem richtigen Ausgleich der Interessen von Konzernen sowie der Allgemeinheit ermöglicht. Im Bereich der Verfahrenserstreckung erkennt etwa Art. L. 621-2 Abs. 2 C. com. lediglich die vorherige Entwicklung der Rechtsprechung an. Darüber hinaus zeigte der Gesetzgeber bei Regeln für die Insolvenz von Konzerngesellschaften zwar zuletzt eine gewisse Reaktivität – die Versuche, die Rechtsentwicklung etwa durch eine Öffnung der Verfahrenserstreckung zum Zwecke der Sanierung von (Konzern-) Gesellschaften[27] zu beeinflussen oder mit Art. L. 512-17 C. env. eine konzernrechtliche Umwelthaftung in der Insolvenz einzuführen[28], sind aus Sicht der meisten Beobachter jedoch aufgrund ihrer wenig praktikabel formulierten Anwendungsvoraussetzungen weitgehend gescheitert.

Lediglich die *Ordonnances Macron* vom 22.09.2017[29] weisen im Bereich der Investitionsrisiken gerade von Auslandsmuttergesellschaften auf eine womöglich einsetzende Gegenbewegung hin: Die dort eingeführten Änderungen

---

[24] *Pelletier*, Bull. Joly Soc., Nr. 2014-2, 103: „...à trop vouloir ménager l'attractivité du droit français des sociétés, la chambre commerciale de la Cour de cassation crée au profit des sociétés mères une véritable impunité."

[25] Siehe oben, § 1 B. I. 1. c) (S. 68 ff.).

[26] Siehe oben, § 1 B. I. 1. a) (S. 57 ff.).

[27] Siehe oben, § 4 B. I. 2. b) (S. 217 ff.).

[28] Siehe oben, § 5 B. (S. 450 ff.).

[29] Hier betroffen Ordonnance *Nr.* 2017-1387 vom 22.09.2017 relative à la prévisibilité et la sécurisation des relations de travail, JORF, 23.09.2017, Nr. 33, diese wiederum geändert durch Ordonnance *Nr.* 2017-1718 vom 20.12.2017 visant à compléter et mettre en cohérence

des Arbeitsgesetzbuches *Code du travail*[30] wirken auf eine Vergrößerung der auch durch die weitreichende Anwendung der *théorie du co-emploi* infrage gestellten Investitionssicherheit hin, um den Wirtschaftsstandort Frankreich für Auslandsinvestitionen attraktiver zu machen. Ob sich hieraus eine allgemeine Verstärkung der Rolle des Gesetzgebers nicht zuletzt auch im Bereich der Konzernhaftung entwickeln wird, bleibt abzuwarten.

Ähnliche Anpassungsprozesse an die in diesem Rechtsbereich vorkommenden, nahezu unauflöslichen Interessensgegensätze[31] kannte und kennt auch das deutsche Recht. Allerdings scheint es, als ob die für eine Stabilisierung der funktional ähnlichen Tatbestände notwendigen Weichenstellungen im deutschen Recht zeitlich früher erfolgt sind. Bereits die Debatte um ein geschriebenes Konzernrecht, die in den 1960er-Jahren zumindest zu grundlegenden Definitions- und Ausgleichsregeln für AG-Konzerne geführt hat[32], war hierfür maßgeblich. Die Diskussion um Haftungsregeln für Eingriffe in GmbH, die etwa mit der Rechtsfigur des „qualifiziert faktischen Konzerns" und ihren Vorgängern lange Zeit auf konzernrechtlicher Grundlage geführt wurden, konnte spätestens mit der *Trihotel*-Rechtsprechung durch den BGH entschärft werden[33]. Zuvor war es im Rahmen der Rechtsfigur des „qualifiziert faktischen Konzerns" durchaus zu Diskussionen etwa um die Haftungsauslösung „qualifizierter Leitungsstrukturen" gekommen, welche den in Frankreich aufkommenden Debatten um die *unité d'entreprises* ähnelten[34]. Insgesamt lassen sich gerade in diesem historischen Teil der Entwicklung des deutschen Rechts ähnliche Mechanismen wiederfinden wie im heutigen französischen Recht: Hatte der Gesetzgeber der Rechtsprechung beispielsweise durch das Fehlen eines geschriebenen GmbH-Konzernrechts größere Möglichkeiten zur Etablierung eines Richterrechts eröffnet, ließen sich auch hier die „Wellenbewegungen" um jeweils aufeinanderfolgende Haftungsgrundlagen nachzeichnen, die das französische Recht bis heute kennt. In anderen Bereichen – spätestens seit *Trihotel* allerdings vornehmlich ohne direkten Bezug zur konzernrechtlichen Dogmatik – wird hingegen über die Durchlässigkeit von Rechtsträgergrenzen in der Insolvenz weiterhin lebhaft diskutiert. Dies hat sich insbesondere am in der deutschen Rechtsordnung besonders tiefe Eingriffe erlaubenden Insolvenzanfechtungsrecht und seiner kürzlich erfolgten Überarbeitung gezeigt[35]. Die durch

---

les dispositions prises en application de la loi n° 2017-1340 du 15 septembre 2017 d'habilitation à prendre par ordonnances les mesures pour le renforcement du dialogue social, JORF, 21.12.2017, Nr. 46.

[30] Siehe oben, § 5 C. IV. 1. b) (S. 501 ff.).

[31] Hierzu bereits einleitend oben, A.

[32] Siehe oben, § 2 B. III. (S. 144 ff.).

[33] Zu BGH 16.07.2007 – II ZR 3/04, BGHZ 173, 246 *(Trihotel)* und der entsprechenden Debatte oben, § 4 E. II. 2. d) aa) (S. 345 ff.).

[34] Siehe oben, § 4 E. II. 2. d) cc) (S. 349 ff.).

[35] Siehe oben, § 5 D. I. 3. b) (S. 534 ff.).

entsprechende Präzedenzfälle in der schweizerischen Rechtsprechung ausgelöste kurze Debatte um eine „Konzernvertrauenshaftung“[36] hatte schließlich keine praktischen Konsequenzen. Sie zeigt jedoch, dass auch im deutschen Recht weiterhin nach Möglichkeiten gesucht wird, auf die von Konzernorganisationen hervorgerufenen Probleme nicht zuletzt durch Haftungserweiterungen zu reagieren. Dies hat sich in der jüngsten Entwicklung in der Einführung eines „Nachhaftungsgesetzes“ für Rückbaukosten im Rahmen des Ausstiegs aus der Atomenergie[37] gezeigt. Dieses Gesetz kommt einer konzernrechtlichen, verschuldensunabhängigen „Zwangsbürgschaft“ für beherrschende Unternehmen von Kernenergie-Betreibergesellschaften nahe und stellt – streng sektorbezogen – den seit langem folgenschwersten Eingriff in das Haftungsgefüge bei Konzernen dar.

II. Unterschiedliche Grundentscheidungen und Regelungstechniken mit dem Ziel einer Haftungsfreistellung für „normal funktionierende Konzerne“ in beiden verglichenen Rechtsordnungen

Trotz aller Unterschiede ist die grundlegende Antwort auf das einleitend beschriebene Grundproblem des Auseinanderfallens von wirtschaftlicher Realität und rechtlichem Postulat bei integriert geführten Konzernen[38], welches sich bei der Insolvenz konzernangehöriger Rechtsträger noch verschärft, in beiden hier beschriebenen Rechtsordnungen identisch. Sie liegt in einer grundsätzlichen Anerkennung des Trennungs- und Rechtsträgerprinzips und dem damit einhergehenden Vorrang von Postulat vor Realität. Zur Verbesserung der wirtschaftlichen Entfaltungsmöglichkeiten für Unternehmen verzichten beide Rechtsordnungen darauf, etwa aus einer durch Stimmrechte vermittelten wirtschaftlichen Entscheidungsmacht im Konzern automatisch auf eine Haftung nach außen zu schließen[39]. Die mit jeder Konzernorganisation verbundene Risikominimierung durch Haftungssegmentierung wird nicht als ein Missbrauch, sondern als ein legitimer Vorteil dieser Organisationsform verstanden[40]. Nur bei darüber

---

[36] Hierzu oben, § 5 D. II. 2. a) cc) (S. 550 ff.).

[37] Siehe oben, § 5 B. IV. 3. (S. 464 ff.).

[38] Siehe oben, A.

[39] Zur Diskussion etwa um die mehrheitlich abgelehnte Formel „Wer herrscht, haftet“ im deutschen Recht *Bachmann*, in: Hirte/ Mülbert/ Roth, AktG, § 1 Rn 100. Der BGH sprach sich zuletzt in einem Urteil vom 17.03.1966 – II ZR 282/63, NJW 1966, 1309 im so genannten „Reaktorfall“ anlässlich einer möglichen Außenhaftung von Kommanditisten gegen eine derartige Verknüpfung von Leitungsmacht und Haftungsverantwortung aus. In Frankreich hat der Kassationsgerichtshof parallel dazu erst kürzlich seine Ablehnung der so genannten „Unternehmenseinheit“ *(unité d'entreprises)* als Grund für eine Verfahrenserstreckung bekräftigt; hierzu oben, § 4 B. II. 1. c) (S. 231 ff.).

[40] Zu diesem wirtschaftlichen Vorteil aus Sicht des französischen Rechts oben, § 1 B. II. 2. (S. 107 ff.).

hinausgehenden, größtenteils qualifizierten Schädigungen der Vermögensintegrität oder Eingriffen in die Entscheidungssphären von Konzerngesellschaften sowie bei Verstößen gegen das Gebot rechtlicher Transparenz[41] sehen beide Rechtsordnungen die Schwelle überschritten, die eine rechtsträgerübergreifende Haftung, insbesondere in Insolvenzfällen, rechtfertigen kann.

Wie diese Durchlässigkeiten in der grundsätzlich ermöglichen Haftungstrennung zu definieren und rechtlich auszugestalten sind, wird in beiden Rechtsordnungen unterschiedlich beurteilt. Vieles hängt in diesem Bereich jedoch von einer Einzelfallbewertung ab, sodass an dieser Stelle nur die groben Leitlinien und Unterschiede bei Grundwertungen und Regelungstechnik dargestellt werden können, um eine zusammenfassende Bewertung zu ermöglichen.

Trotz der Grundtendenz einer zunehmenden Stärkung von Haftungsbarrieren im Konzern eröffnet das französische Recht vergleichsweise weitreichende und tiefgreifende Möglichkeiten rechtsträgerübergreifender Haftung in der Insolvenz. Bewertet man die dort bestehenden Haftungstatbestände und ihre Rechtsfolgen auf der bereits in den Ausführungen zur Verfahrenserstreckung herangezogenen Skala nach der Intensität der durch sie ermöglichten Eingriffe in die Haftungstrennung, erreichen diese in der Gesamtschau ein insgesamt hohes Eingriffsniveau[42]. So enthält das französische Recht bis heute auch im Konzern einsetzbare Tatbestände der Verfahrenserstreckung, die die Haftungstrennung zwischen den konzernangehörigen Rechtsträgern vollständig aufheben und sämtliche Forderungen und Vermögensgegenstände einer gemeinsamen Abwicklung zuführen[43]. Darüberhinaus wird ein Großteil der rechtsträgerübergreifenden Haftungstatbestände über den Weg einer Durchgriffshaftung[44] abgewickelt, für welche das Trennungsprinzip – im Gegensatz zur Verfahrenserstreckung – nur für einzelne Forderungen durchbrochen, Gläubigern jedoch ein direkter Zugriff von außen ermöglicht wird. Zu derartigen Tatbeständen gehören etwa die *responsabilité pour insuffisance d'actif*, die Umwelthaftung nach Art. L. 512-17 C. env. und die *théorie du co-emploi*. Als Reaktion auf weniger qualifizierte Eingriffe bestehen daneben noch weitere Ausgleichs- und Haftungsnormen wie die – stark eingeschränkten – Anfechtungstatbestände der zivilrechtlichen Vorsatzanfechtung *action paulienne* und der insolvenzrechtlichen *nullités de la période suspecte* sowie gesellschaftsrechtliche

---

[41] Zu diesen Fallgruppen bereits einleitend oben, A., sowie ausführlich oben, § 1 C. II. (S. 114 ff.).

[42] Hierzu bereits ausführlich oben, § 4 F. II. 1. (S. 388 ff.); dort auch bereits zu Unterschieden in der rechtstechnischen Umsetzung.

[43] Siehe hierzu oben, § 4 (S. 188 ff.).

[44] Siehe hierzu oben, § 5 A. bis C. (S. 397 ff.).

Kapitalschutz- und zivilrechtliche Haftungsnormen[45]. Missbräuchen zum Beispiel durch Ausgleichspflichten vorbeugende und entsprechend vor der Eröffnung eines Rettungs- Sanierungs- oder Liquidationsverfahrens eingreifende Tatbestände sind hingegen von geringerer Relevanz; zu nennen wären hier lediglich die inzwischen vereinzelt eingeführten Ausgleichs- und Schutznormen mit direkten Verhaltensregeln, die auf die Lösung von Einzelproblemen in Beherrschungssituationen zugeschnitten sind[46]. Die wichtigsten Haftungstatbestände mit rechtsträgerübergreifender Wirkung sind allerdings spezifisch insolvenzrechtlich qualifiziert und können erst nach der Eröffnung einer *procédure collective* und in ihrem Rahmen eröffnet werden.

Das französische Recht setzt damit im Hinblick auf den Schutz vor Missbräuchen der Konzernorganisation zulasten von Gläubigern bzw. der Allgemeinheit auch auf die verhaltenssteuernde Wirkung von – teils drastisch ausfallenden – Sanktionstatbeständen. Wie bereits bei den Ausführungen zu der Verfahrenserstreckung beschrieben, gehen die Rechtsfolgen dieses Rechtsinstituts weit über die reine Rückgängigmachung der tatbestandlichen Handlungen hinaus; ebenso lassen Tatbestände wie die *responsabilité pour insuffisance d'actif* im Ergebnis große Freiräume für eine Anpassung der Rechtsfolgen an die Schwere des Verstoßes mit richterlich anzustellenden Erwägungen, die denen des Strafrechts nicht unähnlich sind. Die Beurteilung der „Normalität" von Konzernstrukturen als haftungsfreies Betätigungsfeld wirtschaftlicher Akteure wird nicht geschriebenen Verhaltensregeln überlassen, sondern vielmehr den Gerichten bei der Anwendung der einzelnen Sanktionstatbestände im Rahmen von Insolvenzverfahren zugewiesen[47]. Die hierdurch gewonnene Flexibilität wird durch eine geringere Rechtssicherheit für Unternehmen erkauft, die eine letzte Sicherheit über die Sanktionsfreiheit der von ihnen errichteten Konzernstrukturen erst dann erhalten können, wenn die Eröffnung einer *procédure collective* andere Rechtsträger im Konzern durch die Anwendung von Haftungs- oder Erstreckungstatbestände „anzustecken" droht.

Das deutsche Recht verzichtet auf einen Großteil der im französischen Recht ermöglichten rechtsträgerübergreifenden Haftungs- und Sanktionstatbestände. Verfahrenserstreckungen sind nach heutigem Recht nicht möglich und werden auch *de lege ferenda* von der ganz herrschenden Meinung abgelehnt[48]. Außerdem wurden die Möglichkeiten einer echten Durchgriffshaftung spätestens seit der *Trihotel*-Rechtsprechung zumindest für GmbH-Konzerne marginalisiert[49].

---

45 Siehe im Überblick oben, § 5 D. (S. 519 ff.).

46 Hierzu oben, § 1 B. I. 1. c) (S. 68 ff.).

47 Rechtsvergleichend mit dem deutschen Recht bereits im Hinblick auf die Rechtslage im Jahr 1998 zu ähnlichen Bewertungen gelangend *Ehricke*, Das abhängige Konzernunternehmen in der Insolvenz, S. 592 ff.

48 Siehe oben, § 4 E. I. (S. 330 ff.).

49 Siehe zu diesem Gesamtzusammenhang oben, § 4 E. II. 2. d) (S. 344 ff.).

Die in dieser Arbeit jeweils als mit französischen Haftungsnormen als funktionsäquivalent identifizierten Tatbestände – nahezu allesamt[50] rechtsfolgenseitig wesentlich niederschwelliger als die Erstreckungs- und Durchgriffstatbestände des französischen Rechts – sind zudem größtenteils außerhalb insolvenzrechtlicher Regelungskomplexe zu verorten; ihre Auswahl hängt daher – anders als im französischen Recht – nicht zuletzt von der im Einzelfall vorhandenen Gesellschaftsform ab. Von nicht zu unterschätzender Bedeutung ist auch die Grundentscheidung des deutschen Gesetzgebers zur Einführung eines geschriebenen Aktienkonzernrechts. Zumindest im Bereich der Eingliederungs- und Vertragskonzerne – wo dieses Recht nach überwiegender Ansicht auch auf andere Gesellschaftsformen als die AG Anwendung findet – können die hierin vorhandenen Haftungs- und Ausgleichsregeln dem französischen Recht ähnelnde Sanktionstatbestände ohne größere Schutzlücken ersetzen. Anders liegt die Situation bei der praktisch häufigsten Konzernform der faktischen Konzerne, wo neben einfacheren Tatbetänden zum Nachteilsausgleich, je nach Gesellschaftsform, ein Geflecht aus allgemeinen Regeln des Gesellschafts- und allgemeinen Zivilrechts vor Missbräuchen der Konzernorganisation, insbesondere zulasten von Gläubigern, schützen soll[51]. Die Entscheidung, die zumindest auch in der Insolvenz konzernangehöriger Gesellschaften relevanten materiellen Haftungsregeln – im Gegensatz zur entsprechenden Anknüpfung im französischen Recht – außerhalb der Insolvenzordnung anzusiedeln, wird aufgrund der Konzentration dieses Rechtsbereichs auf die Herstellung einer möglichst effizienten Verfahrensordnung verständlich[52]. Die große Ausnahme zu diesem Grundsatz liegt jedoch in der im deutschen Recht auch im Konzernbereich vergleichsweise intensiv angewendeten Insolvenzanfechtung[53], die als insolvenzrechtliches Institut durch die Vielzahl der ihr unterfallenden Sachverhalte und trotz der begrenzten Einzelwirkung einer jeden Anfechtungsklage eine der bedeutendsten Möglichkeiten zur Überwindung von Rechtsträgergrenzen bei der Wiederherstellung des Haftungsvermögens darstellt. Davon abgesehen scheint es, als ob das deutsche Recht den Missbrauch von Konzernorganisationen zumindest für den Bereich der geschriebenen Regeln des Konzernrechts auch durch die Auferlegung konkreter Verhaltensregeln – und nicht nur durch die abstrakte Sanktionsdrohung wie im französischen Recht – zu verhindern sucht. Jedenfalls sind die verbliebenen Haftungs- und Ausgleichstatbestände im Ge-

---

[50] Zur für das deutsche Recht erstaunlich weitreichenden Haftung für herrschende Unternehmen von Betreibergesellschaften von Kernkraftwerken nach dem Nachhaftungsgesetz jedoch oben, § 5 B. IV. 3. (S. 464 ff.).

[51] Siehe insbesondere oben, § 4 E. II. 3. bis 5. (S. 352 ff.), § 5 A. VI. (S. 427 ff.), § 5 B. IV. (S. 461 ff.) sowie § 5 C. V. (S. 508).

[52] Hierzu bereits oben, § 2 A. II. (S. 132 ff.).

[53] Siehe oben, § 5 D. I. 3. b) (S. 534 ff.).

genzug insgesamt eher auf die Rückgängigmachung der Folgen von gläubigerschädigendem Fehlverhalten als auf präventive Gesichtspunkte abgestimmt. Diese Technik beruht im deutschen Recht auch auf der Erwägung, durch die Anwendung vorhandener allgemeiner Regeln tiefere Einschnitte in das Trennungs- und Rechtsträgerprinzip bei Konzernen verhindern zu können. So beschreibt es *Brinkmann* im Zusammenhang mit der Diskussion um die Einführung materiell-konzerninsolvenzrechtlicher Regeln wie etwa materieller Konsolidierungslösungen. Hiernach bestehe ein Zusammenhang „zwischen effektiven Anfechtungs- und Haftungsansprüchen der konzernangehörigen Gesellschaften untereinander [...] und der Erforderlichkeit oder Machbarkeit eines materiellen Konzerninsolvenzrechts im Sinne einer Zusammenfassung der Massen". „Je besser und überzeugender es" gelinge, „durch Instrumente wie den existenzvernichtenden Eingriff, das Kapitalerhaltungs- und gerade auch das Insolvenzanfechtungsrecht das Phänomen der wirtschaftlichen Einheit bei rechtlicher Vielfalt zu erfassen, desto weniger drängend wird die Einführung einer *substantive consolidation* für das deutsche Recht erscheinen."[54]

Insgesamt lassen beide Rechtsordnungen jedoch ein schlüssiges Gesamtkonzept für die Ausmaße der Haftungstrennung in der Insolvenz konzernangehöriger Rechtsträger für diese Rechtssubjekte vermissen. Zwar soll ein dem Leitbild eines „normal funktionierenden Konzerns" entsprechender Konzern in beiden Rechtsordnungen weitgehend von einer Haftungssegmentierung profitieren können; jedoch ist dieser Begriff aufgrund der zahlreichen Faktoren, nach denen sich eine Auswahl der Haftungstatbestände mit ihren voneinander abweichenden Voraussetzungen im Einzelfall richten kann, kaum überschaubar. Im französischen Recht kommt es für die Anwendbarkeit der einzelnen Tatbestände vornehmlich auf die Voraussetzungen der Eröffnung eines Rettungs-, Sanierungs- oder Liquidationsverfahrens an, da die meisten der hier angeführten Haftungsnormen die Eröffnung eines dieser Verfahren bedingen. Im deutschen Recht liegt eine der wichtigsten Weichenstellungen für die Auswahl der einschlägigen Haftungsregeln in der Gesellschaftsform des jeweiligen Rechtsträgers und, gegebenenfalls, in der Art des im Einzelfall begründeten Konzerns. In jedem der im Einzelfall anwendbaren Haftungsregeln unterscheiden sich jedoch die Haftungsvoraussetzungen teils erheblich. Nur teilweise wird in §§ 291 ff., 311 ff. AktG positiv geregelt, welche Handlungsmaximen einen regelkonformen Konzern zu steuern haben. So bleibt es insgesamt festzuhalten, dass in beiden Rechtsordnungen einzelfallübergreifend nur die Organisationsform als „normal" bezeichnet werden kann, die nach einer richterlichen Begutachtung keine rechtsträgerübergreifenden Haftungstatbestände erfüllt. Eindeutige Verhaltensregeln für das auf Haftungsvermeidung abzielende

[54] *Brinkmann*, in: Kübler/ Prütting/ Bork, InsO, § 135 Anhang 1, Rn. 5.

Führungspersonal konzernangehöriger Gesellschaften zur Herstellung „normaler“, also sanktionsfreier Verhältnisse lassen sich hieraus allein freilich nicht aufstellen.

III. Gesamtwirtschaftliche Faktoren und ihre mögliche Auswirkung auf die juristische und rechtspolitische Debatte um die Bewältigung von Konzerninsolvenzen

In den jüngeren Diskussionen um die richtige Bewältigung von Konzerninsolvenzen haben sich in Deutschland und Frankreich, trotz einiger Gemeinsamkeiten, unterschiedliche Schwerpunkte herausgebildet.

In Deutschland hat sie sich vornehmlich – und erst seit kurzem mit greifbaren Ergebnissen[55] – auf die prozessuale Seite dieses Problems konzentriert und insbesondere die Frage gestellt, welche Form von Verfahrenskoordination zu möglichst effizienten Ergebnissen bei der Erreichung der Verfahrensziele führen kann[56]. Gleichzeitig kann jedoch die materielle Seite der Problematik nicht ignoriert werden. Sie liegt in der jedem Konzern innewohnenden und sich in der Insolvenz von konzernangehörigen Gesellschaften Bahn brechenden Gefahr einer übermäßigen Verschiebung von Investitionsrisiken etwa von Gesellschaftern auf Gesellschaftsgläubiger bzw. die Allgemeinheit[57]. Hiermit geht die nicht zuletzt konzerninsolvenzrechtliche Frage nach Möglichkeiten zu einer auf Missbräuche folgenden Vergrößerung des Haftungssubstrats zulasten anderer konzernangehöriger Rechtsträger einher. Gerade diese Frage hat sich jedoch nach ersten Diskussionsansätzen gegen Ende der 1990er-Jahre vom Thema der Konzerninsolvenz abgelöst und stand seitdem nicht mehr im Zentrum der Debatte[58].

In Frankreich hingegen ist die Debatte sowohl auf ihrer prozessualen als auch auf ihrer materiellen Seite bis heute fortgeführt worden. Für die Frage prozessualer Hilfsmittel zur effizienteren Bewältigung von Konzerninsolvenzen hat das französische Insolvenzrecht mit erst kürzlich in den *Code de commerce* eingefügten, weitreichenden prozessualen Konzentrationsmaßnahmen seine Lösung gefunden[59]. Im Bereich der materiellen Probleme der Konzerninsolvenz scheint die Diskussion allerdings noch in vollem Gang zu sein; das

---

[55] Zum kürzlich verabschiedeten Gesetz zur Erleichterung der Bewältigung von Konzerninsolvenzen oben, § 2 C. I. (S. 158 ff.).

[56] Siehe ausführlich oben, Einleitung, A. I. 1. (S. 1 ff.) sowie § 2 C. (S. 158 ff.).

[57] Siehe bereits oben, A.

[58] Siehe ausführlich oben, Einleitung, A. I. 2. (S. 5 ff.); jedoch wurden ähnliche Fragestellungen erst vor kurzem im Rahmen der Debatte um das atomrechtliche Nachhaftungsgesetz virulent, hierzu oben, § 5 B. IV. 3. (S. 464 ff.).

[59] Hierzu oben, § 1 C. II. (S. 114 ff.).

französische Recht vollzieht weiterhin eine Rechtsentwicklung in „Wellenbewegungen" nach, die – wie eingangs beschrieben[60] – einerseits eine zunehmende Vergrößerung von Schutzlücken zugunsten des Konzerninteresses akzeptiert, andererseits Ausschläge in Richtung eines verstärkten Schutzes einzelner Gläubiger- oder Stakeholder durch Vorstöße aus der Rechtsprechung und von Seiten des Gesetzgebers jedoch immer wieder vorkommen lässt.

Ein Erklärungsansatz für dieses Phänomen voneinander abweichender Rechtsentwicklungen in beiden Ländern kann auch in der unterschiedlichen gesamtwirtschaftlichen Entwicklung erblickt werden, die beide Volkswirtschaften innerhalb des letzten Jahrzehnts erleben mussten. Die durchgängig vergleichsweise erhebliche Anzahl von Unternehmensinsolvenzen bei gleichzeitig stagnierender wirtschaftlicher Entwicklung und hoher Arbeitslosigkeit[61] hat auf den französischen Gesetzgeber einen erheblichen Anpassungsdruck ausgeübt, vor dem sich auch die Rechtsprechung im Einzelfall nicht verschließen konnte. Der Einfluss der durch spektakuläre Konzerninsolvenzen geformten öffentlichen Meinung war gerade bei großen Verfahren wie *Metaleurop* oder *Petroplus* mit ihrer Wirkung als Präzedenzfälle besonders spürbar[62], die Diskussion blieb durchgängig lebhaft und die hieraus folgenden rechtlichen Anpassungen durch Gesetzes- oder Richterrecht waren jedes Mal erheblich[63]. Vereinzelt vorkommende Ausschläge zulasten des Trennungs- und Rechtsträgerprinzips und zugunsten einer Vergrößerung des Haftungssubstrats mithilfe von Durchgriffen gerade auf wirtschaftlich gesunde (Auslands-) Muttergesellschaften lassen sich gerade in diesem wirtschaftlichen Kontext besser einordnen.

In Deutschland war dieser Anpassungsdruck im Hinblick auf eine Berücksichtigung von Gläubiger- und Allgemeininteressen zumindest durch den erheblichen Rückgang von Unternehmensinsolvenzen zuletzt wesentlich geringer. Dass sich die rechtlichen Tendenzen gerade dann verändern könnten, wenn

---

[60] Siehe soeben oben, I.

[61] Siehe zusammenfassend zu den Jahren 2012 bis 2016 nur *Creditreform Wirtschaftsforschung* (Hrsg.), Unternehmensinsolvenzen in Europa, Jahr 2016/2017, S. 2, 7; zu den Jahren 2007 bis 2011 *dies.* (Hrsg.), Insolvenzen in Europa, Jahr 2011/2012, S. 3, 29. Hiernach waren in Frankreich zwischen 2012 und 2016 nahezu doppelt so viele Unternehmensinsolvenzen festzustellen wie in Deutschland, wobei die Anzahl der Insolvenzen in Frankreich mit etwa 60.000 in diesem Zeitraum nahezu stabil blieb; erst 2017 ließ sich eine leichte Verbesserung auf knapp über 56.000 Unternehmensinsolvenzen feststellen. Währenddessen fiel die Anzahl in Deutschland von knapp 29.000 im Jahr 2012 auf knapp 22.000 im Jahr 2016. Zwischen 2007 und 2012 war der Abstand hingegen etwas geringer; gerade seit 2007 war in Frankreich jedoch ein erheblicher Anstieg der Unternehmensinsolvenzen zu verzeichnen.

[62] Zur Prägung insbesondere der Verfahrenserstreckung durch derartige Präzedenzfälle oben, § 4 B. II. 3. a) ff. (S. 224 ff.).

[63] Zum Einfluss der öffentlichen Meinung beim *Metaleurop*-Verfahren oben, § 4 B. II. 3. b) dd) (S. 280 ff.); zur Entstehung der Loi Petroplus oben, § 4 B. III. 6. (S. 303 ff.).

die Stakeholderorientierung des deutschen (Konzern-) Insolvenzrechts durch eine schlechtere wirtschaftliche Entwicklung auf die Probe gestellt werden sollte, ist freilich nicht auszuschließen. Die jüngere Entwicklung hat jedoch auch in Deutschland gezeigt, dass andere große gesellschaftliche Problemstellungen Begehrlichkeiten für eine stärkere Haftbarmachung wirtschaftlich gesunder Muttergesellschaften wecken können. In diesem Zusammenhang sind zuletzt die mit drastischen Lösungen verbundenen Gemeinwohlerwägungen zu sehen, die zur Rechtfertigung des atomrechtlichen Nachhaftungsgesetzes herangezogen worden sind[64]. Die große gesellschaftliche Herausforderung der Bewältigung des Atomausstiegs hat hier zu einer stärkeren Berücksichtigung von Stakeholderinteressen und der Einführung rechtsträgerübergreifender Haftungsinstrumente politisch herausgefordert. Dies mag sich in Zukunft durchaus auch bei anderen politisch brisanten Themen auch in Deutschland wiederholen. Die Orientierung an einem einzelnen gesellschaftlichen Problem zur Rechtfertigung neuer Haftungsformen erinnert jedoch an die in den letzten Jahren zahlreich geführten Debatten um die Reichweite der Haftungstrennung in französischen Konzernen.

C. Entwicklungspotenzial über nationale Rechtsordnungen hinaus

Trotz des unterschiedlichen Verlaufs der jüngeren rechtlichen und rechtspolitischen Debatten in Deutschland und Frankreich sowie der unterschiedlichen Prioritäten von Gesetzgebung und Rechtsprechung zeigen sich nach alledem wichtige Parallelen zwischen diesen beiden bedeutendsten kontinentaleuropäischen Rechtsordnungen. In beiden Ländern wurde das jedem Konzern besonders in der Insolvenz seiner Rechtsträger innewohnende Spannungsverhältnis zwischen wirtschaftlicher Einheit und rechtlicher Vielfalt, zwischen dem Bestreben beider Rechtsordnungen zur Beförderung des Konzerninteresses an der Minimierung von Risiken und dem gleichzeitig bestmöglichen Schutz externer Interessen erkannt. Beide Rechtsordnungen geben dem Interesse der Konzerne an einer wirksamen Haftungsbeschränkung den grundsätzlichen Vorrang, erkennen jedoch den Schutz vor Missbräuchen solcher Strukturen als ein wichtiges Ziel zugunsten von einzelnen Gläubigergruppen, Stakeholdern und der Allgemeinheit an. Beide Rechtsordnungen haben entsprechenden Handlungsbedarf in den hier als besonders relevant erkannten Problemkreisen der Schädigungen des Haftungssubstrats durch unausgeglichene Finanzflüsse, der über das Normalmaß reichenden Ausübungen von konzernrechtlicher Leitungsmacht sowie von Einschränkungen bei der Transparenz von rechtlichen Beziehungen im Konzern erkannt und entsprechende Sanktions-, Haftungs-, oder Ausgleichsansprüche eingeführt.

---

[64] Hierzu oben, § 5 B. IV. 3. (S. 464 ff.).

In beiden Rechtsordnungen sind die für diese Einzelprobleme gefundenen Lösungen jedoch in ihrer Gesamtschau im Ergebnis unbefriedigend. Die vorliegende Arbeit hat das Ziel verfolgt, die Ausmaße der Haftungstrennung in der Insolvenz von konzernangehörigen Gesellschaften im französischen wie auch im deutschen Recht zu untersuchen. Wie sich aus den Darstellungen dieser Arbeit ergibt, sind die Rechtsfragen in diesem für die Sicherheit von Unternehmensinvestitionen so wesentlichen Gebiet von Kleinteiligkeit und Unübersichtlichkeit geprägt[65]. Dabei wäre es im Wettbewerb der Rechtsstandorte im Interesse beider Länder, für Konzernorganisationen eine möglichst große Vorhersehbarkeit der sie in der Insolvenz eines ihrer Mitglieder möglicherweise belastenden Risiken herzustellen. Bisher gelingt es beiden Rechtsordnungen jedoch aufgrund einer weite Teile der rechtsübergreifenden Haftungstatbestände durchziehenden und kaum zu überblickenden Einzelfallrechtsprechung zu unterschiedlichsten Haftungsnormen nicht, dieses Ziel zu erreichen.

Zudem belastet die internationale Dimension der hier angesprochenen Problemkreise die Wirksamkeit der zum in den jeweiligen Rechtsordnungen verfolgten Schutz vor Missbräuchen der Konzernorganisation auserkorenen Rechtsinstrumente. Eine Vielzahl der im Rahmen dieser Arbeit dargestellten Präzedenzfälle des französischen Rechts betrafen nämlich die Beteiligung von Auslandsmutter- bzw. Holdinggesellschaften. Die hier anwendbaren Zuständigkeitsvorschriften verbaten den jeweils für die Tochtergesellschaft zuständigen Gerichten jedoch größtenteils einen direkten Zugriff auf ausländische Gesellschaften – so etwa bei der französischen Verfahrenserstreckung, deren unionsweite Anwendbarkeit durch das *Rastelli*-Urteil des EuGH weitgehend aufgehoben wurde. Dies war von Kommentatoren dieser Entscheidung geradezu als Einladung verstanden worden, gläubigerschädigende Verhaltensweisen im Konzern durch ins Ausland zu verlegende Gesellschaften durchführen zu lassen und die Schutzaspekte des französischen Rechts so im Ergebnis unwirksam zu machen.[66] Um auf ausländische Gesellschaften zurückzugreifen, die rechtsmissbräuchlich handelten, kam es bisweilen – so zeigte es gerade die weite

[65] Auf die zunehmende Diversifizierung und Kleinteiligkeit allgemein Konzerne betreffender Regeln und Rechtsnormen bereits hinweisend *Hannoun*, Le droit et les groupes de sociétés, Rn. 5, 9. Zur im Ergebnis auch Konzerne betreffenden Frage der Durchgriffs als ein „besonders delikates Problem [...] das durch eine kaum zu überschauende Literatur (bei magerer Rechtsprechung) überwuchert" werde *Bachmann*, in: Hirte/ Mülbert/ Roth, AktG, § 1 Rn. 77.

[66] Zum *Rastelli*-Urteil – EuGH, Urt. v. 15.12.2011 – Rs. C-191/10, ZIP 2012, 183 ff. – und seinen Konsequnezen für die unionsweite Anwendung der Verfahrenserstreckung nach Art. L. 621-2 Abs. 2 C. com. oben, § 4 C. V. (S. 325 ff.).

Auslegung der *théorie du co-emploi* nicht zuletzt gegenüber Auslandsmuttergesellschaften[67] – zu exzessiven Überschreitungen des Grundsatzes der Haftungstrennung; es schien zeitweilig in derartigen Fällen gar, als bestünde von Seiten der Sozialkammer des Kassationsgerichtshofs ein Bedarf zur überschießenden Erfüllung von Arbeitnehmeransprüchen angesichts der weitgehenden Unanwendbarkeit sonstiger Haftungsinstrumente zugunsten anderer Gläubiger im internationalen Kontext. Wird durch derartige Umgehungsmöglichkeiten der Schutz vor dem Missbrauch von Konzernorganisationen vor einer unverhältnismäßigen Externalisierung von Haftungsrisiken ausgehöhlt, lässt sich die durch entsprechende Haftungsnormen eigentlich zu verhindernde Verzerrung von Marktmechanismen nicht wirksam aufhalten. Ebenso ist es bei dieser Sachlage nicht auszuschließen, dass sich im europäischen Wettbewerb der Rechtsordnungen zur Verfolgung nationaler Standortvorteile immer weitere Umgehungsmöglichkeiten in bestimmten Rechtsordnungen bilden, die zum Zwecke der Begehung solcher Missbräuche gegründete Gesellschaften besonders anziehen dürften.

Eine Wirksamkeit von konzerninternen Haftungsbarrieren kann für die von der jeweiligen Rechtsordnung zu schützende Allgemeinheit nur dann noch einen Gewinn versprechen, wenn sich nicht die möglichen Missbräuche dieses Grundsatzes zu weit zu ihren Lasten auswirken. Hier einen richtigen Mittelweg zu finden, bedarf gesetzgeberischen Fingerspitzengefühls. Angesichts der zunehmenden internationalen Dimension dieses Problems – nicht zuletzt aufgrund der weitreichenden Freiheiten innerhalb des Europäischen Binnenmarkts – erscheint es für den nationalen Gesetzgeber schlechthin unmöglich, hier zufriedenstellende Lösungen zu entwickeln.

Zur Herstellung einer möglichst transparenten Ausgestaltung der Haftungstrennung für Konzerngesellschaften wie auch eines möglichst effizienten Schutzes vor Missbräuchen würde es daher einer geschriebenen Regelung im Hinblick auf die Ausnahmen der Haftungstrennung bedürfen – und dies möglichst auf europäischer Ebene.

Der Zeitpunkt, sich nunmehr wieder verstärkt den materiellen Fragen der Konzerninsolvenz zuzuwenden, erscheint günstig: Sowohl die deutsche als auch die französische Rechtsordnung haben nunmehr umfassende prozessuale Regeln Konzerninsolvenz eingeführt, die auf eine effizientere Abwicklung solcher Verfahren hinwirken sollen. Außerdem hat auch das diesbezüglich bisher eher zurückhaltende deutsche Recht durch jüngste Entwicklungen gezeigt, dass es im Rahmen von Finanzierungsfragen des Atomausstiegs auf rechtsträgerübergreifende Haftungsinstrumente im Konzern setzt[68]. Die Verfassungsgemäßheit dieses Gesetzes wurde nicht zuletzt deshalb in Frage gestellt, weil es

---

[67] Zur Begründung einer internationalen Zuständigkeit französischer Gerichte durch die Anwendung der *théorie du co-emploi* oben, § 5 C. IV. 2. (S. 503 ff.).

[68] Zum Nachhaftungsgesetz oben, § 5 B. IV. 2. (S. 463 ff.).

sich hierbei um eine auf einen wirtschaftlichen Sektor beschränkte Ausnahme vom Grundsatz der Haftungstrennung handelt, was die ähnlichen Interessensgegensätze in anderen Wirtschaftsbereichen verkennt und einen Verstoß gegen den Gleichheitssatz nahelegt[69]. Ein gerechter Ausgleich zwischen den widerstreitenden materiellen Interessen, die durch die Insolvenz konzernangehöriger Rechtsträger hervorgerufen werden, lässt sich hingegen nur durch allgemeine und an gläubigerschädigende Verhaltensweisen bzw. Zustände anknüpfende Regeln erreichen[70]. Dass rechtsträgerübergreifende Haftungstatbestände funktional auch als eine materielle Seite der Konzerninsolvenz verstanden werden können, zeigt der hier ausführlich erfolgte Blick in die französische Rechtsordnung; dass derartige Einordnungen nicht zwingend sind und eher auf die dahinter liegenden funktionalen Problemstellungen zu blicken ist, wird durch die funktional-rechtsvergleichende Methode dieser Arbeit deutlich[71]. In Zukunft zu findende Lösungen in diesem Problemkreis können sich methodisch nach den Fallgruppen richten, die in beiden Rechtsordnungen als problematisch und daher sanktionswürdig verstanden worden sind[72].

Dass auch das europäische Recht vor materiell-rechtsträgerübergreifenden Ansätzen nicht zurückschreckt, hat sich bereits im Recht der Kartellgeldbußen gezeigt. So hat es sich der EuGH bereits zugemessen – wenn auch aufgrund speziell kartellrechtlicher Definitionen – Haftungstatbestände für wettbewerbsrechtliche Geldbußen in Ansehung der wahren wirtschaftlichen Verhältnisse bei Beherrschungssachverhalten anzuwenden und hierdurch die Grenzen der Haftungstrennung im Konzern auf materielle Art und Weise zu verschie-

---

69 Ebenda.

70 Vgl. in diesem Zusammenhang auch *König*, Der Konzern 2017, 61, 66: „Es spricht daher einiges dafür, eine Außenhaftung von Konzernmuttergesellschaften entweder generell für geboten zu halten oder aber generell abzulehnen. Zwischen verschiedenen Schuldnern oder Gläubigern zu differenzieren, führt unweigerlich zu Abgrenzungsproblemen und bedarf schon wegen Art. 3 Abs. 1 GG stets einer sachlichen Rechtfertigung. Sektorspezifische Einzelregelungen wie das Nachhaftungsgesetz, aber auch die erwähnten Regelungen im Kartellrecht und im Bodenschutzrecht, führen zu einer schleichenden Erosion des gesellschaftsrechtlichen Trennungsprinzips und damit letztlich zu Rechtsunsicherheit. Der Gesetzgeber gerät zunehmend unter Rechtfertigungsdruck, wenn er für bestimmte Bereiche eine echte Konzernaußenhaftung schafft, ‚im Grundsatz' aber eine unbeschränkte Haftung von Gesellschaftern auch in Konzernverhältnissen weiter ablehnt."

71 Dass perspektivisch für eine zufriedenstellende Haftungsregelung im Konzern auch aus französischer Sicht eine direkte Anknüpfung an die Eröffnung eines Insolvenzverfahrens nicht unbedingt notwendig ist, zeigt der Vorschlag von *Pelletier*, La responsabilité au sein des groupes de sociétés en cas de procédure collective, S. 223 ff., eine auf bestimmte Beherrschungskriterien gestützte Haftung der Muttergesellschaft für die Schulden ihrer Tochtergesellschaft auf Grundlage allgemeiner zivilrechtlicher Haftung *(responsabilité de la société mère du fait de sa filiale)* einzuführen.

72 Siehe oben unter § 6 (S. 563 ff.).

ben. Die Umsetzung der Kartellschadenersatzrichtlinie im Recht der Mitgliedsstaaten hat diese Möglichkeit direkter rechtsträgerübergreifender Außenhaftung nunmehr auch auf den Bereich der von ihr umfassten Schadenersatzansprüche erweitert.[73] Darüber hinaus haben sich, wie auch zuletzt[74], europäische Regelungen größtenteils der Lösung von rechtsordnungsübergreifenden verfahrensrechtlichen Problemen verschrieben. Dass auch für die materielle Dimension der Konzerninsolvenz eine einheitliche europäische Regelung äußerst hilfreich wäre, wird durch die soeben beschriebene grenzüberschreitende Problematik deutlich.

Die Unterschiede zwischen den bedeutendsten kontinentaleuropäischen Rechtsordnungen des deutschen und des französischen Rechts stehen einer solchen Regelung aufgrund ihrer grundsätzlichen Ähnlichkeit in der Bewertung von Einzelfragen – und trotz der unterschiedlichen rechtlichen Ausgestaltungen von Einzelproblemen – grundsätzlich nicht im Wege. Beide hier analysierte Rechtsordnungen erlauben teils weitreichende Eingriffe in das konzernrechtliche Trennungs- und Rechtsträgerprinzip. Eine europäische Regelung könnte auf die im gesamten Unionsgebiet einzuhaltenden Mindeststandards im Hinblick auf die Finanzbeziehungen zwischen Konzerngesellschaften, die Ausübung von Leitungsmacht in (Finanz-) Konzernen sowie die Transparenz konzerninterner Rechtsbeziehungen hinwirken und so versuchen, der Unübersichtlichkeit in den nationalen Rechtsordnungen zumindest entgegenzuwirken. Auch bei den hierbei auszusprechenden Rechtsfolgen hat diese Arbeit gezeigt, dass dogmatische Scheuklappen bei der Auswahl zwischen Innenausgleich, Außenhaftung und – gegebenenfalls in extremen Sonderfällen – Verfahrenserstreckung[75] unangebracht sind. Die Regelungskompetenz der Europäischen Union ließe sich in diesem Fall wegen der großen Relevanz für das Funktionieren des Europäischen Binnenmarkts (Art. 114 AEUV) stützen – die negativen Auswirkungen fehlender materieller Regeln auf europäischer Ebene im

[73] Zu beiden Fragestellungen oben, § 1 B. I. 1. c) ee) (S. 73 ff.). Die Rechtsprechung des EuGH zum kartellrechtlichen Unternehmensbegriff als Fallgruppe einer materiellen Konzernhaftung bei Überschreitung des Trennungsprinzips im Konzern einschätzend *Emmerich*, in: Emmerich/ Habersack, Aktien- und GmbH-Konzernrecht, § 302 AktG Rn. 7.

[74] Siehe oben, Einleitung, A. I. 1. (S. 1 ff.)

[75] Zur Gesamtbewertung der Rechtsfolgen einer Verfahrenserstreckung und einer möglichen Übertragungsperspektive dieses Rechtsinstruments zur Verfahrensvereinfachung oben, § 4 F. II. 3. b) (S. 393 ff.). Dies entspricht im Ergebnis auch den Empfehlungen des *UNCITRAL Legislative Guide on Insolvency Law* zum internationalen Konzerninsolvenzrecht, welcher in Empfehlung Nr. 220 dem französischen Recht ähnliche, eingeschränkte Möglichkeiten zur materiellen Konsolidierung von Vermögen in der Konzerninsolvenz vorsieht. Dies gilt insbesondere für den Fall, in dem eine Trennung der Vermögen zwischen unterschiedlichen konzernangehörigen Rechtsträgern kaum noch möglich ist; genauer – wenn auch insgesamt kritisch – hierzu *Holzer*, ZIP 2011, 1894, 1897 f. Als guter Kompromiss kann die bereits beschriebene spanische Regelung nach dem *Ley Concursal* gelten – hierzu oben, § 4 E. II. 3. b) f. (S. 352 ff.).

Hinblick auf das Funktionieren des Binnenmarkts werden durch die soeben gemachten Ausführungen jedenfalls mehr als deutlich[76].

Hannoun formulierte bereits im Jahr 1991, vor welch große Herausforderungen der Spagat zwischen notwendiger Anerkennung und bewusster Ignoranz des Konzerns als wirtschaftliches und rechtliches Phänomens nationale Rechtsordnungen wie die Frankreichs stellen kann – und was gleichzeitig den besonderen Reiz einer Beschäftigung mit ihren rechtlichen Problemen ausmacht:

> „Uneinheitlich, widersprüchlich, über die unterschiedlichen Rechtsgebiete versprengt, hinterlässt [...das Recht der Konzerne, d. Verf.] einen Eindruck des Unbehagens bei jedem, der die Grundlagen seines Gesamtzusammenhangs erfassen will. Zu gewichtig, um auf eine Gesamtheit von Einzelfällen reduziert zu werden, stellt das Recht der Konzerne mehr als eine einfache Trübung der klaren Gewässer des allgemeinen Rechts dar. Besser noch, als ein echtes juristisches Phänomen ist es ein Forschungssubjekt für denjenigen, der sich Fragen über den Sinn des zeitgenössischen Rechts stellt."[77]

Fast zwei Jahrzehnte später kann dieser in der Dissertation *Hannouns* geäußerte Gedanke nur inhaltlich bestätigt werden. Auch in Zukunft muss weiter in diesem Rechtsgebiet nicht zuletzt rechtsvergleichend geforscht werden. Es bleibt dabei zu hoffen, dass die weitreichende gesetzgeberische Scheu vor der Einführung umfassenderer und vorhersehbarerer Verhaltensregeln auch durch Arbeiten wie die vorliegende reduziert werden möge.

---

[76] Schon für die Auch die Neufassung der EuInsVO, die zum 27.06.2017 in Kraft getreten ist (hierzu oben, Einleitung, A. I. 1., S. 1 ff.) und prozessuale Probleme der grenzüberschreitenden Konzerninsolvenz regelt, wird auf ein „reibungsloses Funktionieren des Binnenmarkts" und die Verhinderung eines so genannten „Forum Shoppings" hingewiesen (siehe Erwägungsgründe 3 bis 5 der Verordnung (EU) 2015/848 des Europäischen Parlaments und des Rates vom 20. Mai 2015 über Insolvenzverfahren, ABl. EU, 05.06.2015, L 141/19). Ähnliche Probleme der Rechtswahl ergeben sich, wie gezeigt, auch durch die Möglichkeit einer Gründung von EU-Auslandsmuttergesellschaften zur Umgehung nationaler Haftungsordnungen.

[77] *Hannoun*, Le droit et les groupes de sociétés, Rn. 5: „Hétéroclite, contradictoire, éclaté dans les diverses branches du droit, il laisse une impression de malaise à qui veut en saisir le principe de cohérence. Trop important pour être réduit à un ensemble de cas d'espèce, le droit des groupes est plus qu'une simple impureté dans les eaux claires du droit commun. Mieux, véritable phénomène juridique, il se pose en objet de recherche privilégié pour qui s'interroge sur le sens du droit contemporain."

§ 7 Zusammenfassung der Forschungsergebnisse

Einführung – Problemstellung, Aufbau und Methodik der Arbeit

1a. In Deutschland ist die Insolvenz konzernangehöriger Rechtsträger ein in weiten Teilen ungelöstes wirtschaftliches und rechtliches Problem. Die Herausforderungen, die mit der Insolvenz konzernangehöriger Rechtsträger in Verbindung gebracht werden können, sind vielgestaltig. Sie lassen sich größtenteils darauf zurückführen, dass der Konzern als Zusammenschluss mehrerer rechtlich selbständiger, aber wirtschaftlich verbundener Gesellschaften in wirtschaftlicher Betrachtungsweise in vielen Fällen faktisch ein gemeinsames Unternehmen darstellt. Der rechtlichen Betrachtung der Außenbeziehungen dieses Wirtschaftsgebildes liegt auch heute noch der Grundsatz des Trennungs- und Rechtsträgerprinzips zugrunde, nach welchem nur die Konzernglieder handeln, kontrahieren und haften können, nicht jedoch der Konzern als Gesamtgebilde ohne eigene Rechtspersönlichkeit. Dieses Prinzip hat bei der Insolvenz einer oder mehrerer Konzerngesellschaften weitreichende Konsequenzen. Es gilt nämlich in diesem Fall wegen der mangelnden Insolvenzfähigkeit (§ 11 InsO) des Konzerns der Grundsatz: „Eine juristische Person, eine Insolvenz, ein Verfahren" mit jeweils gesonderter Berücksichtigung von Gerichtsstand, Verwalterbestellung, Insolvenzgründen und -massen für jede einzelne Konzerngesellschaft.

1b. Hieraus ergeben sich zwei unterschiedliche Hauptprobleme der Konzerninsolvenz nach deutschem Verständnis. Einerseits lässt sich die Konzerninsolvenz als prozessuales Problem der Effizienz von Gruppeninsolvenzverfahren auffassen. Mögliche Lösungen zur Vermeidung sogenannter „Domino-Effekte" liegen in der Einführung von Kooperationspflichten zwischen den Verfahrensbeteiligten unterschiedlicher Insolvenzverfahren über konzernangehörige Rechtsträger und in der Konzentration von Zuständigkeiten an einem bestimmten Insolvenzgericht bei Bestellung personengleicher Verwalter. Die greifbarste Auswirkung dieser Debatte lag in Deutschland in einem Gesetz zur Erleichterung der Bewältigung von Konzerninsolvenzen, welches am 13.04.2017 verabschiedet wurde. Dieses Gesetz dürfte die Diskussion um verfahrensrechtliche Aspekte der Konzerninsolvenz wenn nicht beendet, dann zumindest beruhigt haben. Daneben lässt sich die Konzerninsolvenz jedoch auch als materielles Haftungsproblem verstehen. Dieses Verständnis hatte die Debatte in Deutschland bis in die 1990er-Jahre hinein beherrscht. Sie betraf insbesondere die Frage, wie im Falle der Insolvenz von konzernangehörigen Unternehmen andere – vornehmlich das herrschende – Unternehmen des Konzerns bei Überwindung der Rechtsträgergrenzen für eine Haftung herangezogen werden können. Diese Diskussion wird inzwischen unter anderen Oberbegriffen wie etwa der Durchgriffshaftung, des qualifiziert-faktischen Konzerns oder der existenzvernichtenden Eingriffe geführt. Beide Themenbereiche verbindet die Problematik der so genannten „materiellen Konsolidierung" – im US-amerikanischen Recht als *substantive consolidiation* bekannt. Dieser Ansatz führt zu einer Zusammenlegung aller Haftungsmassen, über deren weitergehende Verwendung daraufhin in einem gemeinsamen Insolvenzverfahren entschieden wird. In Deutschland lehnt ihn die überwiegende Ansicht in der Literatur – zumeist kategorisch – ab. Auch das Gesetz zur Erleichterung der Bewältigung von Konzerninsolvenzen schließt jegliche Konsolidierungsansätze als Antwort auf die hierin aufgegriffene Frage nach einem möglichst effizienten wie auch einzelfallgerechten Konzerninsolvenzrecht aus.

1c. Im französischen Recht wurden große Teile der jüngeren Entwicklung konzerninsolvenzrechtlicher Normen durch die rechtliche Aufarbeitung einiger spektakulärer Haftungsfälle bestimmt. Es bestehen dort inzwischen auch Regeln zur prozessualen Konzentration bei Konzerninsolvenzen; die aktivsten Diskussionen betreffen dort jedoch die materielle Problematik. Zwar verfügt das französische Recht – anders als das deutsche – nicht über ein geschriebenes Konzernrecht, dafür jedoch über eine eigene Dogmatik insolvenzrechtlicher Haftungsnormen, die insbesondere in der Insolvenz konzernangehöriger Rechtsträger ihre Anwendung finden. Auch verfügt die französische Rechtsordnung mit der Verfahrenserstreckung *(extension de procédure)* über einen Tatbestand zur materiellen Konsolidierung.

1d. Die hier vorliegende Arbeit widmet sich aufgrund der hier vorhandenen großen Unterschiede zwischen den beiden Rechtsordnungen vornehmlich der materiellen Problematik der Insolvenz konzernangehöriger Rechtsträger. Sie stellt die Frage, inwiefern die Insolvenz dieser Rechtsträger den Grundsatz der Haftungstrennung im Konzern in beiden Rechtsordnungen einzuschränken vermag und ob die Ausmaße des Rechtsträgerprinzips in beiden Rechtsordnungen nachvollziehbar zu begründen sind. Dies erfolgt mit der Zielsetzung, deutschen Unternehmen mit Tochtergesellschaften in Frankreich einen Überblick über mögliche Haftungsrisiken zu verschaffen und, gleichzeitig, mögliche Potenziale einer Rechtsvereinheitlichung auf EU-rechtlicher Grundlage auszuloten. Schließlich wird in der Arbeit die Frage gestellt, ob sich die unterschiedlichen wirtschaftlichen Entwicklungen in den beiden Ländern womöglich auch auf die Rechtsentwicklung ausgewirkt haben.

2. Die rechtsvergleichende Komponente der Arbeit wird grundsätzlich methodisch als ein so genannter Mikrovergleich im Sinne eines funktionalen Rechtsvergleichs nach *Zweigert* und *Kötz* ausgestaltet, weicht aber im Einzelnen von der dort beschriebenen Vorgehensweise ab. Im Sinne dieser Methodik sind Rechtsprobleme funktional, d.h. ohne Anschauung konkreter Rechtsbegriffe vor dem Hintergrund etwa wirtschaftlicher, soziologischer oder politischer Hintergründe zu vergleichen. Der Begriff des „Mikrovergleichs" bezieht sich auf einen Vergleich nicht zweier Rechtsordnungen in ihrer Gänze, sondern im Hinblick auf ausgewählte Rechtsprobleme. Vom herkömmlichen Schema

einer Gegenüberstellung zweier Länderberichte gefolgt von einer wertenden Analyse und, schließlich, einer kritischen Würdigung wird in dieser Arbeit bewusst abgewichen. Die Arbeit stellt vielmehr das französische Recht sowohl qualitativ als auch quantitativ in den Mittelpunkt der Betrachtung, da nur dieses über eine umfängliche eigene, sehr differenzierte nachinsolvenzliche Haftungsdogmatik nicht zuletzt für Konzerne verfügt; im deutschen Recht müssen entsprechende Vergleichsgegenstände je nach einzelner Problemstellung gesucht werden. Hier werden Haftungsnormen auch im Fall der Insolvenz von Konzerngesellschaften größtenteils aus anderen Rechtsgebieten „zugeliefert". Diese Vergleichsaspekte werden in der vorliegenden Arbeit zur Beantwortung der oben genannten Problemstellung sowie zum besseren Verständnis der komplexen Dogmatik des französischen Rechts für einen mit den Grundlagen des deutschen Rechts bereits bewanderten Leser kompakt und jeweils im Anschluss an die französischen Tatbestände erläutert und, wo möglich, verglichen. Um einen aussagekräftigen Vergleichsrahmen zu ziehen, ist es zudem notwendig, zunächst detailliert auf die Bedeutung der Grundbegriffe „Konzern", „Insolvenzrecht" sowie „Konzerninsolvenzrecht" in der französischen Rechtsordnung einzugehen. Darüber hinaus folgt der Gang der Untersuchung dem Prinzip „Grundsatz" – „Ausnahme": nach der Erläuterung der Grundbegriffe werden die Grundlagen und Ausmaße des Rechtsträgerprinzips in beiden Rechtsordnungen definiert; daraufhin wird anhand des französischen Rechts auf Sondertatbestände eingegangen, die bei der Insolvenz konzernangehöriger Rechtsträger Ausnahmen von einer strengen Haftungstrennung erlauben. Die Ausführungen zum deutschen Recht erfolgen dann anhand von rechtsvergleichenden Anmerkungen zu den einzelnen Tatbeständen. Zum Schluss der Arbeit wird eine zusammenfassende Bewertung im Hinblick auf die soeben dargelegten Grundfragestellungen vorgenommen

Der rechtliche und wirtschaftliche Kontext in Frankreich – Konzern, Insolvenz, „Konzerninsolvenz" und Haftungstrennung im Konzern

Das französische Insolvenzrecht

3. Das französische Insolvenzrecht hat in seiner bis auf das römische Recht zurückgehenden Regelungstradition seine Zielsetzungen und Methoden vollständig verändert. Der von *Napoléon* zu Beginn des 19. Jahrhunderts eingeführte *Code de commerce* sah das Insolvenzrecht noch als ein handelsrechtliches Sanktionenrecht an, mit dem neben der Bestrafung des zahlungsunfähigen Kaufmanns auch die Befriedigung seiner Gläubiger durch ein kollektives Verfahren erreicht werden sollte. Die weitgehende praktische Erfolglosigkeit dieser Regeln, deren Anwendung von einer weitreichenden Umgehung der Verfahren zur Vermeidung von Sanktionen geprägt war, führte vom späten 19. bis hin zur Mitte des 20. Jahrhunderts zu einer Lockerung der Sanktionskomponenten bei gleichzeitiger Beibehaltung der grundsätzlichen Zielvorstellungen.

Erst das wegweisende Gesetz vom 13.07.1967 bewirkte einen Paradigmenwechsel in Form einer Trennung der insolvenzrechtlichen Behandlung von Unternehmen, deren Zukunft sich nunmehr aufgrund einer Fortführungsprognose entschied, und Unternehmern, deren Vorverhalten persönliche Sanktionen mit sich bringen konnte. Seit diesem Gesetz wurde die Prägung des französischen Insolvenzrechts als „Recht der Unternehmen in Schwierigkeit" *(droit des entreprises en difficulté)* mit seiner wirtschaftspolitischen Zielsetzung immer deutlicher. Zu weit ging nach überwiegender Ansicht eine Reform durch die Gesetze vom 01.03.1984 sowie vom 25.01.1985, die zwar mit einer Verallgemeinerung vorinsolvenzlicher Sanierungsverfahren aufwartete, die politische Zielsetzung einer möglichst weitreichenden Rettung von Unternehmen und Arbeitsplätzen jedoch zu sehr auf Kosten der Gläubiger verfolgte. Ein Gesetz vom 10.06.1994, der direkte Vorgänger des heute anwendbaren Rechts, besserte nach weitreichender Kritik unter Beibehaltung der grundlegenden Zielsetzung zumindest die Situation der Sicherungsgläubiger nach. Ein nahezu durchgängiges Charakteristikum dieses Rechtszweigs war und ist bis heute die Abwesenheit eines Einheitsinsolvenzverfahrens.

4. Die Grundlage des heutigen, im VI. Buch des französischen Handelsgesetzbuchs *(Code de commerce)* verankerten *droit des entreprises en difficulté* liegt im so genannten „Unternehmensrettungsgesetz" *(loi de sauvegarde des entreprises)* vom 26.07.2005. Die Bezeichnung dieses Gesetzes erweist sich als programmatisch. Die trotz der seit langem bestehenden Zielsetzung, die Unternehmenssanierung über die „Bereinigung" der Schulden zu stellen, ließ den Gesetzgeber angesichts immer noch geringer Sanierungsquoten nunmehr den Fokus auf vorinsolvenzliche, möglichst frühzeitig eingreifende Verfahren zur Krisenbeseitigung legen. Das Gesetz möchte Krisenunternehmen einen prozessualen „Werkzeugkasten" überlassen, der in einer Vielzahl von Verfahren die jeweils auf die Situation des Unternehmens maßgeschneiderte *procédure* beinhalten soll. Im Zentrum dieses Kanons stehen die ordentlichen Insolvenzverfahren *(procédures collectives)*, deren Grundform, das Rettungsverfahren *(procédure de sauvegarde)* vorinsolvenzlich ist, während das Sanierungs- *(redressement judiciaire)* wie auch das Liquidationsverfahren *(liquidation judiciaire)* trotz ihrer abweichenden Zielsetzungen – je nach Fortführungsprognose – beide eine Zahlungsunfähigkeit *(cessation des paiements)* des Schuldners voraussetzen. Die Zahlungsunfähigkeit wird als Weichenstellung aufgrund der Ähnlichkeit der drei Verfahrensarten immer mehr zurückgedrängt. Daneben existieren zahlreiche andere Verfahrensarten wie das Schlichtungsverfahren *(procédure de conciliation)*, die mit der Zielsetzung einer Einigung zwischen Schuldner und Gläubigern eine geringere gerichtliche Eingriffsintensität mit sich bringen. Die Wahl des passenden Verfahrens liegt größtenteils beim Schuldner. In der Praxis lässt sich trotz der Bemühungen des

Gesetzgebers immer noch eine Dominanz des Liquidationsverfahrens *(liquidation judiciaire)* feststellen, obwohl auch die neuen Verfahrensarten durchaus ihre praktische Anwendungsfähigkeit bewiesen haben.

5. Die hier vorliegende Arbeit konzentriert sich auf die ordentlichen Insolvenzverfahren, deren praktische Relevanz am größten ist und in deren Rahmen zahlreiche Tatbestände anwendbar sind, die Ausnahmen in Bezug auf die konzernrechtliche Haftungstrennung zulassen. Die drei Verfahrensarten Rettungs- *(procédure de sauvegarde)*, Sanierungs- *(redressement judiciaire)*, sowie Liquidationsverfahren *(liquidation judiciaire)* ähneln sich, bauen aufeinander auf und sind miteinander verzahnt. Die Wahl des jeweiligen Verfahrens hängt von der Situation des Schuldners und der verfolgten Verfahrensziele ab. Rettungs- und Sanierungsverfahren zielen je als vor- bzw. nachinsolvenzliches Verfahren auf eine Fortführung des Unternehmens unter schuldnerischer Eigenverwaltung ab, während das Liquidationsverfahren unter neuer Unternehmensführung sowohl eine übertragende Sanierung als auch die Liquidation der Unternehmensaktiva bei negativer Fortführungsprognose zulässt. Sie stehen im Grundsatz allen Unternehmensformen offen, nicht jedoch Konzernen als solchen, bei welchen mangels eigener Rechtspersönlichkeit gegebenenfalls so viele Verfahren wie Rechtsträger eröffnet werden können.

6. Am Beginn eines Rettungs- oder Sanierungsverfahrens steht das Eröffnungsurteil, in dem das zuständige Insolvenzgericht einen Insolvenzrichter *(juge-commissaire)* ernennt, welcher neben der Beaufsichtigung der anderen Verfahrensorgane im Hinblick auf ein zügiges Verfahren und einen möglichst vollständigen Interessenausgleich – insbesondere durch den endgültigen Beschluss des Insolvenzplans –auch über einen Gestaltungsauftrag verfügt. Weitere Verfahrensbeteiligte sind der Verwalter *(administrateur judiciaire)*, welcher den oder die Gläubigerausschüsse *(comités de créanciers)* einsetzt und wegen der Eigenverwaltung des Schuldners eher überwachende und beratende Funktionen innehat. Ebenso wird im Eröffnungsurteil ein Gläubigervertreter *(mandataire judiciaire)* ernannt, der mit der Erstellung eines Gläubigerverzeichnisses sowie der Kommunikation mit den Gläubigern betraut ist. Auch der Staatsanwaltschaft *(ministère public)* kommt ein umfassendes Informationsrecht insbesondere zur Einlegung von Rechtsmitteln zu. Auf das Eröffnungsurteil folgt die Beobachtungsphase *(période d'observation)*, welche der Ermöglichung eines Fortführens der wirtschaftlichen Aktivitäten durch weitreichende Schuldnerschutzregeln sowie dem Sammeln der zur Erstellung eines Rettungs- bzw. Sanierungsplans notwendigen Informationen dienen soll. Auf der Grundlage dieser Informationen sowie der beim Gläubigervertreter eingegangenen Forderungsanmeldungen erarbeitet der Verwalter eine Bilanz der wirtschaftlichen, sozialen und ggfs. auch die Umwelt betreffenden Auswirkungen des Verfahrens *(bilan économique, social et environnemental)*, welche wiederum die Basis des später zu erstellenden Entwurfs eines *plan de sauvegarde* bzw. *plan de redressement* darstellt. Damit die Maßnahmen dieses

Plans rechtskräftig werden, muss dem Plan bei Veränderung der Rechtspositionen der Gläubiger grundsätzlich von diesen zugestimmt werden; nach einer eingängigen Prüfung der Rechtmäßigkeit und Plausibilität insbesondere des Sanierungsziels kann der Insolvenzrichter den Plan daraufhin per Urteil *(jugement arrêtant le plan)* für rechtskräftig erklären. Er kann sich hierbei unter Umständen auch über die fehlende Zustimmung einzelner Gläubiger hinwegsetzen. Die praktische Umsetzung der Planbestandteile wird durch einen „Planausführungskommissar" *(commissaire à l'exécution du plan)* überwacht.

7. Auch dem Liquidationsverfahren liegt die grundsätzliche Verfahrensstruktur von Rettungs- und Sanierungsverfahren zugrunde; rechtstechnisch verweist der Gesetzgeber auch für dieses Verfahren im Grundsatz auf die Regeln zum Rettungsverfahren. Die grundsätzliche Abwesenheit eines Sanierungsziels führt jedoch zu Anpassungen etwa bei Verfahrensorganen – so wird etwa der Verwalter in diesem Verfahren als Liquidator *(liquidateur)* bezeichnet – und es fallen sowohl *bilan économique et social* als auch Beobachtungsphase *(période d'observation)* weg. Zudem wird das Verfahren folgerichtig nicht in Eigenverwaltung des Schuldners, sondern in Fremdverwaltung durch den *liquidateur* durchgeführt, dessen Aufgabe sich je nach Zielsetzung im Grundsatz in der Prüfung der Forderungen und der zusammenhängenden oder einzelnen Veräußerung der Unternehmensaktiva zur Auskehr des Erlöses an die Gläubiger erschöpft. Statistisch am häufigsten endet das Liquidationsverfahren mit einem Aktivfehlbetrag *(insuffisance d'actif)*.

Das französische „Konzernrecht"

8. Der Konzern *(groupe de sociétés)* ist im französischen Recht von einem Auseinanderfallen der wirtschaftlichen und rechtlichen Realität geprägt. Während die Wirtschaft die Vorteile von Konzernen als Organisationsform für Unternehmen zahl- und variantenreich ausnutzt, verzichtet das Wirtschafts- und Gesellschaftsrecht bewusst auf eine vollständige Regelung. So wird der Konzern vom französischen Recht zwar als eine ökonomische Realität toleriert und anerkannt, zu einer vollständigen Ausgestaltung dieser Organisationsform im Rahmen einer zusammenhängend kodifizierten und rechtsgebietsübergreifenden Regelung kam es in Frankreich jedoch nie. Weder enthält das französische Handelsgesetzbuch *Code de commerce* daher die Definition eines Konzernbegriffs, noch einen einheitlichen Regelungskanon, der auf einem solchen Begriff fußen könnte. Auch wenn zahlreiche Konzerne als einheitliche Unternehmen geführt werden, greift das französische Recht diesen Aspekt der Unternehmensgestaltung nur überaus lückenhaft auf. Das Europäische Kartellrecht hingegen erkennt Haftungssachverhalte des Gesamtkonzerns bereits heute an und wirkt sich damit auch auf das französische und das deutsche Recht aus: der kartellrechtliche „Unternehmensbegriff" umfasst beim Bestehen einer „wirtschaftlichen Einheit" auch den Konzern, welcher damit Gesamtschuldner von

Bußgeldern und Schadensersatzansprüchen sein kann. Sowohl das deutsche als auch das französische Recht haben diese Definition im Ergebnis – teils über Umwege – auch in das nationale Recht übernommen.

9. Der Verzicht auf ein zusammenhängendes Konzernrecht in Frankreich erfolgte aufgrund einer bewussten gesetzgeberischen Entscheidung auch in Abgrenzung zum deutschen Recht, welches seit der Reform des Aktiengesetzes von 1965 über ein geschriebenes (Aktien-) Konzernrecht verfügt. Diese gesetzgeberische Zurückhaltung folgt aus der grundsätzlichen Konzernfreundlichkeit des französischen Gesellschaftsrechts, welches die private rechtsgestalterische Innovationskraft nicht durch eine Gesamtregelung dieses vielfältigen Phänomens überlagern wollte. Das deutsche Konzernrecht wird in Frankreich häufig als zu starr und unflexibel verstanden; ebenso weist die Literatur auf strukturelle Unterschiede in Bezug auf in Deutschland und Frankreich gängige Beteiligungsformen hin, welche aus französischer Sicht eine Übernahme der deutschen Regelungsideen verhindern.

10. Der Konzernbegriff des französischen Rechts geht damit auf Definitionsansätze aus der Literatur zurück und hat selbst keine Rechtswirkungen. Er umfasst trotz einiger Abweichungen in Details das Vorhandensein einer Mehrzahl von Gesellschaften, die zwar ihre juristische Unabhängigkeit voneinander bewahren, gleichzeitig aber eine Verflechtung durch unterschiedliche Arten von (wirtschaftlichen oder rechtlichen) Bindungen aufweisen. Das Gesetz erlaubt durch entsprechende Definitionsnormen lediglich eine Anknüpfung an sich jeweils überschneidende Teilaspekte wie „Beherrschung“ *(contrôle)*, „Tochtergesellschaften“ *(filiales)* und „Beteiligungen“ *(participations)*. Der Begriff der Beherrschung, der an die Machtausübung in beherrschten Gesellschaften anknüpft, kommt der wirtschaftlichen Realität noch am nächsten. Abzugrenzen ist der Konzern, welcher durch eine Vielzahl von mit eigener Rechtspersönlichkeit ausgestatteten beherrschenden bzw. beherrschten Gesellschaften geprägt ist, von einer einheitlichen Gesellschaftsstruktur mit Zweigniederlassungen *(succursales)* ohne eigene Rechtspersönlichkeit.

11. Als wegweisend auch für andere Rechtsbereiche erwies sich das *Rozenblum*-Urteil der Strafkammer des Kassationsgerichtshofs vom 04.02.1985, in welchem der Gerichtshof erstmals das Vorhandensein eines „Konzerninteresses“ als tatbestandseinschränkenden Grund für die strafrechtliche Sanktionsnorm der Veruntreuung von Gesellschaftsvermögen *(abus de biens sociaux)* anerkannte. Diese Einschränkung wurde unter drei Voraussetzungen gewährt: dem Vorliegen eines Finanzflusses innerhalb eines Konzerns, der Rechtfertigung des Finanzflusses durch ein gemeinsames, unter anderem wirtschaftliches Interesse sowie einer Form des Nachteilsausgleichs.

Der Konzern als Organisationsform ohne Rechtssubjektsqualität – der Grundsatz der konzernrechtlichen Haftungstrennung und verwandte Rechtsfolgen

12. Das französische Recht überträgt dem Konzern nach ausdrücklicher Entscheidung der Rechtsprechung keine eigene Rechtspersönlichkeit. Er ist als solcher nicht geschäftsfähig und kann daher weder wirksam Rechtsgeschäfte abschließen noch in einem Prozess als Partei auftreten. Für derartige Handlungen ist der Konzern auf die Gesellschaften angewiesen, aus denen er sich zusammensetzt.

13. Umgekehrt bleiben die Konzerngesellschaften rechtlich selbständig: im Grundsatz wird etwa nur die Konzerngesellschaft Vertragspartnerin eines Dritten, mit der ein Vertragsschluss vorliegt; ohnedies besteht grundsätzlich keine rechtliche Beziehung zu anderen Gesellschaften eines selben Konzerns. Dies gilt unabhängig vom Grad ihrer gegenseitigen Beherrschung oder sonstiger Annäherung. Aus diesem Zusammenhang ergibt sich auch der Grundsatz der konzerninternen Haftungstrennung, der die Beziehungen des Konzerns nach außen prägt. Dieses für alle Arten von Beherrschungssituationen geltende Prinzip lässt sich rechtlich auch in der in Art. 1103 C. civ. festgelegten relativen Wirkung von vertraglichen Vereinbarungen verorten.

14. Gerade in der Insolvenz des eigentlich für eine Haftung in Betracht kommenden Rechtsträgers im Konzernverbund stellt sich die Frage, ob sich der Interessenskonflikt zwischen wirtschaftlicher und rechtlicher Realität, zwischen Einheitlichkeit des Unternehmens und Haftung für Verbindlichkeiten einer anderen Konzerngesellschaft im Einzelfall durch Haftungsdurchgriffe auflösen lassen kann. Diese Problematik stellt eine wichtige Grundfrage dar, die sich auch auf die Bewertung zahlreicher Einzelprobleme im Verlaufe dieser Arbeit auswirkt. Im Grundsatz bleibt es zwar auch in der Insolvenz des einzelnen Rechtsträgers bei einer vollständigen rechtlichen Trennung zwischen den Gesellschaften – weder hat die Insolvenz einer Konzerngesellschaft direkte rechtliche Folgen für eine andere, noch ist grundsätzlich ein einheitliches Insolvenzverfahren zu führen –; gerade die im zweiten Teil dieser Arbeit beschriebenen Ausnahmen von diesem Grundsatz prägen die Reichweite der Haftungstrennung im Konzern jedoch in entscheidender Weise.

15. Auch für die Ausgestaltung der Rechtsbeziehungen innerhalb von Konzernen haben diese Organisationsgrundsätze Konsequenzen. So besteht im französischen Recht keinerlei Verlustausgleichspflicht zwischen Konzerngesellschaften für nachteilige Geschäfte und auch im Grundsatz keine Haftung von Muttergesellschaften für eine fehlende finanzielle Ausstattung von beherrschten Tochtergesellschaften – lediglich auf der Sanktionsseite – insbesondere im später folgenden Insolvenzverfahren – lassen sich im Nachhinein Haftungsszenarien gegenüber solventen Konzerngesellschaften für eventuelle

Fehlverhalten entwickeln. Ebenso kann eine Konzerngesellschaft für die andere ohne besondere Vertretungsmacht nicht rechtswirksam handeln. Schließlich gilt ein Trennungsgrundsatz auch für das „Konzernvermögen", welches lediglich aus den jeweiligen Vermögensgegenständen der einzelnen Konzerngesellschaften besteht.

16. Aufgrund der stetigen Zurückdrängung der Bedeutung von Mindestkapitalerfordernissen durch den französischen Gesetzgeber hat sich der materielle Schutzbereich von gläubigerschützenden Vorschriften auch im Konzern vom reinen Grund- bzw. Stammkapital auf das gesamte liquidierbare Aktivvermögen *(capitaux propres)* von Gesellschaften als faktischer Haftungsmasse erweitert. Ausnahmen vom Grundsatz der Haftungssegmentierung im Konzern erfolgen daher unter anderem bei Verstößen gegen die vermögensrechtliche Selbständigkeit auch abhängiger Gesellschaften zum Schutz dieses erweiterten „Pfands der Gläubiger".

Die Konzernorganisation in der französischen Rechts- und Wirtschaftspraxis

17. Der fehlende gesetzliche *numerus clausus* für den Konzern als Organisationsform führt zu einer weiten Gestaltungsfreiheit für Konzernstrukturen und großen Anzahl von Gestaltungen, die unter diesen Begriff fallen. Sowohl in Bezug auf die Tiefe der Integration als auch auf die Größe der geschaffenen Strukturen lassen sich fast alle denkbaren Möglichkeiten in der Praxis auffinden.

18. Grob zu unterscheiden ist bei den in Frankreich vorkommenden Konzerntypen zwischen aus Kapitalbeteiligungen hervorgehenden Finanzkonzernen *(groupes financiers)*, durch Unternehmensverträge begründeten Vertragskonzernen *(groupes contractuels)* sowie den über persönliche Bindungen der wichtigsten Akteure zusammengehaltenen personenbezogenen Konzernen *(groupes personnels)*. Die meisten gesetzlichen Vorschriften beziehen sich, freilich ohne diese ausdrücklich als solche zu definieren, auf die Finanzkonzerne. Das größte Missbrauchspotenzial lässt sich bei den *groupes personnels* erkennen, bei denen Rechtsträgergrenzen in Abwesenheit offizieller Bindungen aus rechtlicher Sicht am wenigsten durchlässig sein müssten, gleichzeitig jedoch in der Praxis als Vehikel für zahlreiche zweckentfremdende Maßnahmen in Bezug auf das Trennungsprinzip zur Verfügung stehen. Besonders zahlreich sind *groupes personnels* in sehr kleinen Unternehmensstrukturen *(microgroupes)* aufzufinden, die insbesondere aus Gründen der Steuerersparnis und der Haftungsabschirmung am häufigsten in Form von Betriebsaufspaltungen in eine Handelsgesellschaft und einer separaten Immobilieninvestitionsgesellschaft (SCI) aufgebaut werden.

19. Konzerne sind in der statistisch darstellbaren Wirtschaftslandschaft Frankreich größtenteils ein Phänomen der wirtschaftlichen Extreme. Eine überwältigende Mehrheit der Konzerne machen *microgroupes* mit insgesamt

je weniger als 500 Arbeitnehmern und größtenteils weniger als fünf juristischen Personen aus. Am anderen Ende des wirtschaftlichen Spektrums befinden sich die sehr großen Unternehmen, die in Frankreich traditionell die Wirtschaftsordnung dominieren. Trotz ihrer geringen Anzahl sind nahezu alle französischen Gesamtunternehmen mit mehr als 10.000 Mitarbeitern als Konzerne organisiert und geben dieser Organisationsform damit ihre große volkswirtschaftliche Relevanz.

20. Das weitgehende Fehlen zwingender Regeln machen den Konzern zu einer besonders flexiblen Organisationsform für Unternehmen, welche von diesen sowohl für Unternehmensübernahmen als auch im Rahmen einer Umgestaltung der Organisation von Einzelunternehmen genutzt werden kann. Besonderen Wert legen die Unternehmen auf die im Trennungs- und Rechtsträgerprinzip verankerte Einrichtung von „Schutzwällen" gegen die Insolvenz einzelner konzernangehöriger Rechtsträger und der damit einhergehenden Risikominimierung.

Überblick: Grundsätze und Ausnahmen von den allgemeinen Regeln im Fall der Insolvenz konzernangehöriger Rechtsträger

21. Auch die Insolvenz konzernangehöriger Gesellschaften bedingt im französischen Recht keine systematische Abweichung vom konzernrechtlichen Trennungs- und Rechtsträgerprinzip und dem daraus folgenden Grundsatz der Beschränkung eines Insolvenzverfahrens auf die einzelne Konzerngesellschaft („eine Konzerngesellschaft – ein Insolvenzverfahren") bei gleichzeitiger Beibehaltung einer konzerninternen Haftungstrennung.

22. Doch haben der Gesetzgeber und die Rechtsprechung in Frankreich Ausnahmen von diesem Grundsatz gerade im Insolvenzverfahren zugelassen. Mit der Eröffnung eines Rettungs-, Sanierungs- oder Liquidationsverfahrens verschieben sich daher auch die Grenzen dieses Grundsatzes.

23. In der prozessualen Dimension der Konzerninsolvenz war die Rechtsprechung und ist der Gesetzgeber auf der Suche nach Möglichkeiten, um der wirtschaftlichen Verflechtung des Konzerns durch die Koordination bzw. die Konzentration dieser Verfahren Rechnung zu tragen und so Reibungsverluste mit der Folge einer Reduktion der allen Gläubigern zur Verfügung stehenden Haftungsmasse zu verhindern. Vorstöße in diese Richtung waren zunächst, das Ziel überschießend, von Teilen der Rechtsprechung zu vernehmen, die beim Fehlen gesetzlicher Regeln die auch materiell wirkende Erstreckung eines solchen Verfahrens durch das Tatbestandsmerkmal der so genannten „Unternehmenseinheit" (*unité d'entreprises*) für prozessuale Zwecke zu instrumentalisieren. Im Ergebnis konnte sie so jedoch teils die Eröffnung konzernweiter Rettungs-, Sanierungs- oder Liquidationsverfahren unter der Leitung eines gemeinsamen Gerichts und der Mitarbeit derselben Verfahrensorgane erwirken. Der Gesetzgeber versuchte sich mit einem heute in Art. R. 662-7 i.V.m.

Art. L. 662-2 C. com zunächst an einer im Ergebnis zu komplexen Lösung eines Verweisungsverfahrens, führte dann jedoch seit der *„Loi Macron"* vom 06.08.2015 in Art. L. 662-8 C. com. einen für das französische Recht völlig neuartigen, obligatorischen Gruppengerichtsstand ein, der in eine Regelung über spezialisierte Insolvenzgerichte für größere Unternehmensinsolvenzen eingebettet wird. Dieser greift für diesen ausschließlichen Gerichtsstand die gesetzlichen Kriterien der „Tochtergesellschaft" (Art. L. 233-1 C. com., *filiale*) bzw. der „Beherrschung" (Art. L. 233-3 C. com., *contrôle*) auf.

24. Die Konzerninsolvenz als materiellrechtliches Problem wird vom Gesetzgeber nicht in derart umfassender Weise geregelt. Vielmehr ist für die hierin begründeten Ausnahmen vom Grundsatz der konzerninternen Haftungstrennung an unterschiedliche Fallgruppen anzuknüpfen, in welchen hauptsächlich insolvenzrechtliche Tatbestände (auch) im Falle von Konzerninsolvenzen Anwendung finden können. Alle Tatbestände haben gemeinsam, dass sie vom Leitbild eines „normal funktionierenden Konzerns" abweichen, also vorrangig von evidenten Missbrauchsszenarien geprägt sind. Die hier aufgeführten Fallgruppen dienen der Orientierung zu den weiter unten detailliert erarbeiteten Ausnahmetatbeständen zu den bereits dargestellten konzernrechtlichen Grundsätze.

25. Mögliche, vom französischen Recht mit Haftungsfolgen belegte Abweichungen vom Idealbild einer „normal funktionierenden Konzernorganisation" lassen sich in drei allgemeine Fallgruppen einteilen, die sich im Einzelfall jeweils ganz oder teilweise überschneiden können:

25a. Zunächst können Finanzbeziehungen zwischen konzernangehörigen Gesellschaften auf gläubigerschädigende Weise von der Norm abweichen. Diese Abweichung ergibt sich im extremsten Fall aus existenzvernichtenden Eingriffen, in welchen bei einer beherrschten Gesellschaft durch den Abzug von Vermögenswerten eine Zahlungsunfähigkeit herbeigeführt wird. Typischerweise reagiert das französische Recht auf derartige Angriffe auf den selbständigen Bestand einer Gesellschaft mit einer Erstreckung, insbesondere von Sanierungs- bzw. Liquidationsverfahren (*extension de procédure*, Art. L. 621-2 Abs. 2 C. com.) auf der Grundlage des Tatbestandsmerkmals der Vermögensvermischung *(confusion des patrimoines)* und seinem Unterfall der „anormalen finanziellen Beziehungen" *(relations financières anormales)*. Ebenso kann in diesen Fällen bei Eröffnung eines Liquidationsverfahrens die allgemeine Ausfallhaftung der *responsabilité pour insuffisance d'actif* (Art. L. 651-2 ff. C. com.) in Bezug auf eine Muttergesellschaft als faktischer Geschäftsführerin bzw. – bei besonderen Umweltschäden und unter weiteren, engen Voraussetzungen – die konzernrechtliche Umwelthaftung nach Art. L. 512-17 C. env. zur Anwendung kommen. Kann keine Form der Kausalität eines solchen Eingriffs für die zur Erfüllung der Voraussetzungen zur Eröffnung eines Rettungs-, Sanierungs- oder Liquidationsverfahrens über die den Eingriff in ihre Vermögenswerte erleidende Gesellschaft nachgewiesen werden, liegt eine sonstige gläubigerschädigende Vermögensverlagerung ohne ausreichende Gegenleistung vor. Die möglichen Rechtsfolgen sind abhängig von der Schwere des Eingriffs und seiner Folgen und können von einer Nichtigerklärung im Rahmen der Vorschriften zum „Verdächtigkeitszeitraum" (*nullités de la période suspecte*, Art. L. 632-1 ff. C. com.) oder einer so genannten Paulianischen Anfechtungsklage *(action paulienne*, Art. 1341-2 C. civ.) bis hin zur Verfahrenserstreckung nach Art. L. 621-2 Abs. 2 C. com. reichen.

25b. Weiterhin können sich die Abweichungen vom Leitbild des „normal funktionierenden Konzerns" aus der Art der Ausübung von konzernrechtlicher Leitungsmacht ergeben. Erfolgen Eingriffe in die Entscheidungssphären einer Konzerngesellschaft unter Infragestellung der Selbständigkeit der Gesellschaft als solcher, liegt typischerweise der Fall einer fiktiven Gesellschaft *(fictivité de la personne morale)* vor, welcher zur Verfahrenserstreckung nach Art. L. 621-2 Abs. 2 C. com. führen kann. Sind die Eingriffe von punktuellerer Natur, kann auch dies eine Stellung als faktische Geschäftsführerin begründen und damit im Einzelfall die Haftungsvoraussetzungen *der responsabilité pour insuffisance d'actif* nach Art. L. 652-1 ff. C. com. bzw. der umweltrechtlichen Konzernhaftung nach Art. L. 512-17 C. env. erfüllen. Beziehen sich die Weisungen auf die Personalverwaltung der beherrschten Gesellschaft, kommt zudem eine Haftung der beherrschenden Gesellschaft für arbeitsrechtliche Verpflichtungen ersterer nach dem kollektiven Begründungsansatz der *théorie du co-emploi* (so genannte *confusion des intérêts, d'activités et de direction*) in Betracht. Die Grenzen zu einer vom Gesetz geduldeten Einflussnahme auf beherrschte Gesellschaften sind fließend und eine Bewertung im Einzelfall setzt eine Gesamtbetrachtung aller finanziellen Verflechtungen und Entscheidungsstrukturen innerhalb des Konzerns voraus.

25c. Schließlich können Anomalien im Hinblick auf die Transparenz der Vermögenszuordnung zwischen konzernangehörigen Rechtsträgern und von Entscheidungsstrukturen entstehen. Der Schwerpunkt der Vorwerfbarkeit liegt hier in einer Verschränkung der Gesellschaftssphären mit möglichen Auswirkungen auch auf das Gläubigervertrauen. Hier kann es zum Vorliegen von Scheingesellschaften und Vermögensvermischungen kommen, wird ein entsprechender Rechtsschein gesetzt, können jedoch auch die allgemeinen Grundsätze einer Rechtsscheinhaftung *(théorie de l'apparence)* angewendet werden.

Rechtsvergleichende Anmerkungen zum Rechtsrahmen für Konzerne in Krise und Insolvenz im deutschen Recht

Das deutsche Insolvenzrecht

26. Das deutsche Insolvenzrecht unterscheidet sich vom französischen *droit des entreprises en difficulté* insbesondere in seiner Zielsetzung. Während das heutige französische Recht sich vornehmlich als Hilfsmittel zur Sanierung und

Fortführung im Dienste der Unternehmen sieht, ist das deutsche Insolvenzrecht grundsätzlich am Interesse der Gläubiger an einer Befriedigung ihrer Forderungen gegenüber dem Insolvenzschuldner orientiert. Vielmehr soll das deutsche Insolvenzrecht der Allgemeinheit mit der Durchsetzung von Marktmechanismen dienen, was sich auch am Wortlaut von § 1 S. 1 InsO ablesen lässt. Auch die Idee des französischen Gesetzgebers, durch eine Multiplikation der Verfahrensarten einen „Werkzeugkasten" *(boîte à outils)* bereitzustellen, wird im deutschen Recht zugunsten eines Einheitsinsolvenzverfahrens abgelehnt. Schließlich fällt im Vergleich der beiden Rechtsordnungen im französischen Recht in vielen Fällen eine stärkere, verfahrenssteuernde Rolle des Insolvenzgerichts in Verbindung mit einer stärkeren Stellung von Schuldner, Verwalter und Gläubigervertreter auf, während das deutsche Insolvenzrecht zahlreiche Entscheidungen zum Fortgang des Verfahrens einer Entscheidung der Gläubiger überlässt.

27. Auch inhaltlich weicht das deutsche Insolvenzrecht vom französischen *droit des entreprises en difficulté* ab. Im Vergleich zu seinem französischen Funktionsäquivalent ist – trotz einiger Abweichungen seit dem MoMiG – im deutschen Insolvenzrecht eine gesetzgeberische Zurückhaltung mit der Tendenz zu beobachten, es bei der Bereitstellung eines Verfahrensrahmens zur Verwirklichung der Ansprüche von Insolvenzgläubigern zu belassen. Das deutsche Insolvenzrecht enthält damit keine materiellen Haftungsnormen, die andere Rechtsträger als den Insolvenzschuldner betreffen, sondern beschränkt sich funktional auf die Durchsetzung von in anderen Rechtsgebieten bereits begründeter Ansprüche. Das französische Recht hingegen sieht sich einem ganzheitlicheren Ansatz verpflichtet, der die rechtlichen Beziehungen zwischen Schuldnern, Gläubigern und, zum Teil, Dritten möglichst vollständig zu regeln versucht. Dies beinhaltet ausdrücklich auch Vorschriften, die eine Haftung von Dritten begründen und sich damit auch auf das Haftungsgefüge im Konzern auswirken können.

Das deutsche Konzernrecht

28. Die Bedeutung von Konzernen in der deutschen Wirtschaftslandschaft ist mit Frankreich vergleichbar. So gehört nur eine kleine Minderheit von im statistischen Unternehmensregister eingetragenen Unternehmen einer Unternehmensgruppe an; gerade diese Einheiten tragen jedoch in weit überwiegendem Maße zum volkswirtschaftlichen Gesamtergebnis bei und beschäftigen eine Mehrheit der Arbeitnehmer in Deutschland. Auch in Deutschland kann der Konzern nicht zuletzt als Phänomen der wirtschaftlichen Extreme hinsichtlich Unternehmensgröße und Anzahl der Beschäftigten bezeichnet werden, doch mittelständische Konzernstrukturen, die häufig aus GmbH bestehen, sind in Deutschland stärker als in Frankreich vertreten.

29. Auch in deutschen Konzernen gilt wie im französischen Recht der Grundsatz „rechtliche Vielfalt bei wirtschaftlicher Einheit". Der Konzern hat keine eigentliche Rechtspersönlichkeit und bei aus haftungsbeschränkten Gesellschaften zusammengesetzten Konzernen ist die Haftung zwischen den Rechtsträgern wie im französischen Recht grundsätzlich getrennt. Der Konzern ist damit wie in Frankreich ein Mittel zur Reduktion von unternehmerischen Haftungsrisiken.

30. Anders als im französischen Recht besteht im deutschen Recht mit dem „Recht der verbundenen Unternehmen" ein geschriebenes Aktienkonzernrecht. Der in dieser Arbeit verwendete Begriff des Konzerns entspricht für das deutsche Recht dem weiten Konzernbegriff der „verbundenen Unternehmen" in den §§ 15 ff. AktG. Das Konzernrecht verfolgt die Zielsetzung, dem „Konzernkonflikt", eine Gefahr einer Verschiebung der Interessenssphären zulasten einer beherrschten Gesellschaft im Konzern, abzuhelfen. Besonderen Schutz sollen nach diesem Recht die Gläubiger und Minderheitsgesellschafter von konzernangehörigen Gesellschaften genießen. Das in dieser Form seit 1965 bestehende Konzernrecht ist neben den Definitionsnormen in den §§ 15 ff. AktG materiell zweigeteilt in Regeln zum „rechtlich verfassten Konzern", also durch konstitutive Rechtsakte begründete Vertrags- und Eingliederungskonzerne (§§ 291 ff. bzw. §§ 319 ff. AktG), sowie den Vorschriften zum Nachteilsausgleich in faktischen Konzernen (§§ 311 ff. AktG). Im Bereich der GmbH-Konzerne wurde die fehlende Tätigkeit des Gesetzgebers durch die Rechtsprechung aufgefangen. Das deutsche Aktienkonzernrecht stellt im internationalen Vergleich eine Ausnahmeerscheinung dar. Auch das französische Recht behilft sich in Fällen, in denen Konzernsachverhalte zu einer strukturellen Benachteiligung einzelner Beteiligter führen können, allgemeiner Regeln des Zivil-, Gesellschafts- und Insolvenzrechts.

31. Doch auch das deutsche Aktienkonzernrecht erweist sich trotz seiner vergleichsweise hohen Regelungsdichte immer noch als lückenhaft. Während die Definitionsnormen der §§ 15 AktG – mit Art. L. 233-1 bis L. 233-3 sowie L. 233-16 C. com. vergleichbar – rechtsformunabhängig sind, gelten die materiellen konzernrechtlichen Vorschriften der §§ 291 ff. AktG, eine deutsche Besonderheit, ihrem Wortlaut nach nur für Aktiengesellschaften. Für Eingliederungs- und Vertragskonzerne gelten sie jedoch auch etwa für konzernangehörige GmbH analog. Verzichtet wird allerdings auch in Deutschland auf eine umfassende „Konzernbildungskontrolle", und ein weitreichendes „Konzernorganisationsrecht". Auch für das Problem einer qualifizierten, d.h. einem Einzelausgleich nicht zugänglichen Nachteilszufügung bei faktischen Konzernen, musste die Rechtsprechung anstelle des Gesetzgebers Lösungen finden. Nach alledem trifft trotz der größeren Regelungsdichte im deutschen Konzernrecht die französische Beschreibung des Konzerns als „Begriff von veränderlicher Geometrie" auch im Kontext des deutschen Rechts zu. Auch das geschriebene

deutsche Recht wird dem Phänomen des Konzerns als „unvollkommene[r] rechtliche[r] Situation“ damit nur teilweise gerecht.

Die Insolvenz konzernangehöriger Rechtsträger im deutschen Recht

32. Deutschland verfügt über ein kodifiziertes Aktienkonzernrecht und führte mit dem „Gesetz zur Erleichterung der Bewältigung von Konzerninsolvenzen“ vom 13.04.2017 erst kürzlich neue Regeln für die Insolvenz konzernangehöriger Rechtsträger ein. Diese stellen jedoch kein vollständiges „Konzerninsolvenzrecht“ im ganzheitlichen Sinne dar, sondern betreffen lediglich prozessuale Regeln. In Frankreich besteht hingegen zwar keine konzernrechtliche Kodifizierung, der Gesetzgeber hat sich jedoch schon früher als in Deutschland für die Einführung prozessualer Sonderregeln für Konzerninsolvenzen entschieden wie auch die Konzerninsolvenz als materielles Problem begriffen und mit teils eigenständigen, teils mit anderen Sachverhalten zusammenfallenden Sonderregeln versehen. Zurückgewiesen werden in Deutschland insbesondere auch materielle Konsolidierungslösungen, die eine rechtsträgerübergreifende Zusammenlegung von Haftungsmassen in der Konzerninsolvenz erlauben. Die prozessualen Sonderregeln des französischen Rechts seit der *Loi Macron* vom 06.08.2015 setzen insgesamt einen weitaus verbindlicheren Prozessrahmen für Konzerninsolvenzen fest als das deutsche Gesetz zur Erleichterung von Konzerninsolvenzen.

33. Für materielle Regeln im Bereich der Konzerninsolvenz muss hingegen anders als im französischen Recht größtenteils auf allgemeine Vorschriften zurückgegriffen werden; hier wird die Konzerninsolvenz im engeren Sinne nicht als Haftungsproblem verstanden.

Die Überschreitung von Rechtsträgergrenzen in der Konzerninsolvenz

Die historische Entwicklung rechtsträgerübergreifender Haftungstatbestände in der Insolvenz

34. Die Behandlung rechtsträgerübergreifender Haftungsfragen im Rahmen von Insolvenzen geht im französischen Recht auf eine lange Tradition zurück. Erste Entscheidungen des Kassationsgerichtshofs, die schon Anfang des 20. Jahrhunderts ergingen, betrafen jedoch nicht die zu diesem Zeitpunkt noch kaum entwickelten Konzerne. Vielmehr zogen erste Entscheidungen, allen voran in der Rechtssache *Mary-Raynaud* von 1908, das Merkmal einer nur zum Schein bestehenden Gesellschaft heran, um die Eröffnung eines Insolvenzverfahrens, grundsätzlich als Sonderrecht der Kaufleute ausgestaltet, auch auf Hintermänner zu ermöglichen, die keine Kaufmannseigenschaft innehatten. Die zum Schein gegründete Gesellschaft wurde hierdurch rechtlich vollständig als transparent betrachtet. Etwa 25 Jahre später nahm sich der Kassationsgerichtshof daraufhin in der Rechtssache *Vidal* der auch heutzutage wohl noch

häufiger anzutreffenden Sachlage an, in welcher eine Gesellschaft zwar wirksam gegründet wurde, jedoch vollständig im Dienste eines Hintermannes steht. Hierbei wurde erstmals ein laufendes Insolvenzverfahren auf eine andere Person, in diesem Fall einen Geschäftsführer, erstreckt (so genannte *faillite commune*). Auf dieser Gemengelage bauten erste gesetzgeberische Vorstöße auf. Ab Mitte der 1930er-Jahre entwickelten sich hierbei immer stärker differenzierte Rechtsgrundlagen mit insolvenzrechtlicher Anknüpfung: verschärfte deliktsrechtliche Haftungstatbestände für das Führungspersonal insolventer Rechtsträger und „unechte" Verfahrenserstreckungen mit der Folge der Eröffnung eines unabhängigen Insolvenzverfahrens als Sanktion – beide als Tatbestände des geschriebenen Rechts – sowie, daneben, die „echte" Verfahrenserstreckung als Richterrecht. Letztere beinhaltete keinen Verschuldensvorwurf und zog die Erweiterung der Rechtsfolgen eines bereits eröffneten Verfahrens auf einen oder mehrere andere Rechtsträge nach sich

35. Diese Rechtslage hat sich seit *loi de sauvegarde* des Jahres 2005 und ihren Folgeregelungen stark vereinfacht. Im Lichte der Zielsetzung dieses und nahezu aller folgenden Gesetze, die Sanierung von Unternehmen zu vereinfachen und die möglichen Sanktionen zu erleichtern, wurden sukzessive alle „unechten" Verfahrenserstreckungen abgeschafft und die Eröffnung eines Insolvenzverfahrens folgerichtig nur noch unabhängig von einem Verschuldensvorwurf zugelassen. In der heute geltenden Rechtslage wurden Haftungsfragen für das Führungspersonal von insolventen Gesellschaften folgerichtig in die verschärfte Schadensersatzhaftung der *responsabilité pour insuffisance d'actif* sowie in die persönlichen Sanktionen der *faillite personnelle* überführt.

Die Verfahrenserstreckung (extension de procédure) wegen Vermögensvermischung und Fiktivität der Gesellschaft nach Art. L. 621-2 Abs. 2 C. com.

Grundlagen und Entwicklung der Verfahrenserstreckung

36. Die Verfahrenserstreckung (*extension de procédure*) eines Rettungs-, Sanierungs-, oder Liquidationsverfahrens auf eine andere Person, heute vorgesehen in Art. L. 621-2 Abs. 2 C. com., kann mit der durch sie bewirkten Aufhebung der Haftungsbarrieren zwischen den von ihr betroffenen Rechtsträgern als der weitreichendste Tatbestand einer Insolvenzhaftung im französischen Recht bezeichnet werden. Die Verfahrenserstreckung findet auch im Bereich der Konzerne regelmäßige Anwendung und kehrt in diesem Fall den Grundsatz der konzerninternen Haftungstrennung vollständig ins Gegenteil um. Sie wird damit zu einem Instrument materieller Konzernhaftung in Unternehmenskrise und -insolvenz.

37. Zielsetzung der Verfahrenserstreckung ist es aus Sicht des Kassationsgerichtshofs, „das Vermögen von Personen wiederherzustellen, die die ihnen zukommende Rechtspersönlichkeit durch die Vermischung ihrer Güter oder

die Gründung einer Scheingesellschaft missbraucht haben". Sie ist damit als Reaktion auf Strukturen von Rechtsträgern oder Verhaltensweisen ihres Leitungspersonals zu verstehen, die von der als normal verstandenen Situation entweder in Bezug auf die Realität des Gesellschaftszwecks oder die Vermögensverteilung abweichen und durch die vollständig rechtsträgerübergreifende Abwicklung einer *procédure collective* rückgängig zu machen seien. Diese Rechtsfolge entspricht der des im amerikanischen Recht bekannten, so genannten *substantive consolidation* mehrerer Insolvenzverfahren. Zumindest reflexhaft kommt der Verfahrenserstreckung mit ihrer bedrohlich erscheinenden Rechtsfolge nicht zuletzt auch eine generalpräventive Wirkung zu.

38. In der Insolvenz konzernangehöriger Unternehmen erhält die Verfahrenserstreckung ihre Relevanz durch die Erstreckung des Verfahrens von einer Konzerngesellschaft auf eine oder mehrere andere. Die Verfahrenserstreckung stellt ein Mittel dar, „die wahren Inhaber der Leitungsmacht und ihr Vermögen" anstatt eine von vielen Konzerngesellschaften im Rahmen der Insolvenz anzugreifen und insbesondere Fälle von Muttergesellschaften sachgerecht zu handhaben, die ihre Tochtergesellschaften *(filiales)* wie unselbständige Zweigniederlassungen *(succursales)* behandeln. Die Folgen einer solchen Erstreckung sind gerade für die Gläubiger der einbezogenen Gesellschaft drastisch: ihnen wird durch das Erstreckungsurteil die Stellung als Gläubiger einer solventen Gesellschaft entzogen und sie erleiden durch die Stellung als Gläubiger des einer *procédure collective* unterzogenen Schuldners das ernste Risiko eines Zahlungsausfalls. Bei der Aussprache von Erstreckungsurteilen ist daher äußerste Zurückhaltung geboten.

39. Mit seiner Einführung durch die *Loi de sauvegarde* von 2005 greift Art. L. 621-2 Abs. 2 C. com. eine lange richterrechtliche Entwicklung auf. Die hierin geregelte „echte" Verfahrenserstreckung entstammt allein der Vorarbeit der Richter, die diese neben unterschiedlichen, weniger einschneidenden gesetzlichen Tatbeständen fortentwickelt hatten. Materielle Änderungen im Vergleich zum Richterrecht waren hiermit allerdings zunächst nicht verbunden. Die Verfahrenserstreckung war seitdem zu einem im französischen Recht kaum ersetzlichen Mittel zur Bewältigung von Konzerninsolvenzen geworden. Diese hohe Bedeutung war insbesondere auf ihren praktischen Vorteil zurückzuführen, sowohl prozessual als auch materiell einheitliche Lösungen für Konzerne herbeiführen zu können. Erst im *Metaleurop*-Verfahren ab dem Jahr 2005 bestand der Kassationsgerichtshof auf einer stark eingeschränkten Auslegung der Voraussetzungen. Seit seiner Einführung wurde Art. L. 621-2 Abs. 2 C. com. durch zahlreiche Gesetzesänderungen immer wieder angepasst. In einer Entscheidung aus dem Jahr 2012 wurde Art. L. 621-2 Abs. 2 C. com. durch den Kassationsgerichtshof zudem im Hinblick auf die verfassungsrechtliche Eigentumsgarantie als verfassungsgemäß bewertet.

Anwendungsbereich der Verfahrenserstreckung

40. Der Anwendungsbereich der Verfahrenserstreckung hat sich auch durch die gesetzgeberischen Interventionen immer weiter vergrößert. Art. L. 621-2 Abs. 2 C. com. beschränkt den persönlichen Anwendungsbereich eines erstreckten Verfahrens nur auf „eine oder mehrere Personen", was eine Erstreckung auf natürliche wie auch juristische Personen ermöglicht. Letztere ist die Anwendungshypothese in der Insolvenz konzernangehöriger Gesellschaften. Materiell erlaubt die Vorschrift eine Erstreckung aller Verfahrensarten der *procédures collectives*. In den nachinsolvenzlichen Sanierungs- und Liquidationsverfahren liegt die Zielsetzung in einer Ermöglichung von Haftungsdurchgriffen insbesondere auf Muttergesellschaften.

41. Die Möglichkeit einer Anwendung der Verfahrenserstreckung im vorinsolvenzlichen Sanierungsverfahren wirft jedoch darüber hinaus die Frage auf, ob sich dieses Rechtsinstrument auch zu einer Verbesserung der Sanierungschancen von als gemeinsames Unternehmen geführten Gesamtkonzernen eignet. Das Rettungsverfahren ist vom Schuldner zu beantragen und seine Durchführung ist freiwillig. Seit kurzem lässt das französische Recht jedoch auch eine Verfahrenserstreckung auf Schuldnerantrag zu und soll ihm damit die Möglichkeit geben, durch einen entsprechenden Antrag ganzheitliche Sanierungskonzepte konzernweit steuern zu können. Die Anwendungsperspektiven der Verfahrenserstreckung in ihrer heutigen Form auf das Rettungsverfahren werden in der Literatur als äußerst gering eingeschätzt und die Eröffnung dieser Möglichkeit mehrheitlich kritisiert. Insbesondere die beiden Tatbestandshypothesen einer fiktiven Gesellschaft sowie einer Vermögensvermischung, beide eher auf einen Sanktionscharakter hindeutend, sind mit der schuldnerfreundlichen Zielsetzung des Rettungsverfahrens kaum ohne Wertungswidersprüche in Einklang zu bringen. Ebenso wären die möglichen Vorteile einer besseren Koordination der Rettungsmaßnahmen durch weitreichende Opfer der Gläubiger wohl unverhältnismäßig teuer erkauft. Gerade die kürzlich erfolgte Einführung weitreichender Koordinations- und Konzentrationslösungen lässt die materielle Konsolidierung als Sanierungswerkzeug aus gesamtwirtschaftlicher Sicht wesentlich unattraktiver erscheinen.

Materielle Voraussetzungen der Verfahrenserstreckung

42. Der französische Gesetzgeber griff mit der Einführung des Art. L. 621-2 Abs. 2 C. com. zwei klar voneinander abzugrenzende Tatbestandsalternativen aus der Rechtsprechung auf: die fiktive juristische Person („Fiktivität" – „fictivité") und die Vermögensvermischung *(confusion des patrimoines)*. Die *fictivité* greift eher zum Ausgleich einer fehlerhaften Gesellschaftsgründung ein, während die Vermögensvermischung an Funktionsstörungen bestehender Gesellschaften anknüpft. Letztere hat sich in jüngerer Zeit als die praxisrelevantere Alternative herausgestellt. Das Gesetz beinhaltet keine Legaldefinition;

die in der Rechtsprechung entwickelten Definitionsansätze bleiben somit bestehen.

43. Die *fictivité* setzt die Gründung einer Scheingesellschaft voraus, der es am so genannten *affectio societatis* als Rechtsbindungswillen im Hinblick auf den Abschluss eines Gesellschaftsvertrags fehlt. In der Praxis kommt die Gründung fiktiver Gesellschaften eher bei der Erstreckung auf natürliche Personen, bei Betriebsaufspaltungen und *microgroupes* vor. Obwohl die *fictivité* auf eine längere Rechtsentwicklung zurückblicken kann als die Vermögensvermischung, stellt sie heute einen nur noch äußerst seltenen Ausnahmefall in betrugsähnlichen Sachverhalten dar. Zum Beweis der *fictivité* wendet die Rechtsprechung eine kasuistische Gesamtbetrachtung an, die auch nachträgliche Rückschlüsse auf das zurückliegende Fehlen eines *affectio societatis* zulässt. Hierbei geht sie allen Hinweisen nach, die auf eine fehlende Autonomie der betroffenen Gesellschaft gegenüber ihrem Hintermann hindeuten. Bei Konzernen müssen hierfür weit über die reine Konzernzugehörigkeit hinausgehende, konkrete Hinweise für systematische Verletzungen des Gesellschaftsinteresses beherrschter Gesellschaften vorliegen.

44. Die Vermögensvermischung *(confusion des patrimoines)* ist die insbesondere in Konzernsachverhalten deutlich praxisrelevantere Tatbestandsalternative des Art. L. 621-2 Abs. 2 C. com. Ihr liegt der Beweis einer künstlichen Verteilung von Vermögen über einen Rechtsträger hinaus zugrunde, welche eine für rechtlich unabhängige Gesellschaften exzessive finanzielle Durchlässigkeit dieser Rechtsträger mit sich bringt. Das traditionelle Richterrecht der Vermögensvermischung setzt für das Vorliegen einer Vermögensvermischung eine durch die Unmöglichkeit buchhalterischer Trennung von Vermögensgegenständen unterschiedlicher Rechtsträger charakterisierte Vermögensvermischung im engeren Sinne *(confusion des comptes)* oder die besonders Vermögensverschiebungen ohne Gegenleistung umfassenden anormalen finanziellen Beziehungen *(relations financières anormales)* voraus. Das erste Kriterium der Vermögensvermischung im engeren Sinne betraf ursprünglich größtenteils natürliche Personen, die gemeinsam ein Handelsgeschäft oder eine Handelsgesellschaft (so genannte *exploitation en commun*) betrieben, ihre Vermögensgegenstände bilanziell jedoch nicht oder nur unzureichend abgrenzten. Da die Vermögensvermischung im engeren Sinne schwere buchhalterische Defizite voraussetzt, welche in größeren Unternehmensverbänden kaum zu erwarten sind, liegen die seltenen Beispiele für ihre Anwendung bei Konzernen meistens kleineren *groupes personnels*, die einer *exploitation en commun* strukturell ähneln. Sie liegt vor, wenn es faktisch unmöglich ist, die den in der Insolvenz verwertbaren Unternehmensaktiva unterfallenden Vermögensgegenstände einem bestimmten Rechtsträger zuzuordnen.

45. Von größerer Relevanz in Konzernsachverhalten ist jedoch das Merkmal der anormalen finanziellen Beziehungen *(relations financières anormales)*.

Dem Grundsatz nach umfasst dieses Tatbestandsmerkmal Fallgruppen, in denen die Verfahrenserstreckung als Ausgleich für ungerechtfertigte und unausgeglichene Vermögensabflüsse von einem auf einen anderen, in das Insolvenzverfahren einbezogenen Rechtsträger erfolgen soll. Anders als die Vermögensvermischung im engeren Sinne sind die anormalen finanziellen Beziehungen nicht rein buchhalterisch festzustellen. Nach heutigem Verständnis setzen anormale finanzielle Beziehungen vielmehr eine „materielle Verflechtung" von mehreren Vermögensmassen und somit sowohl objektive als auch subjektive Merkmale voraus. Auf objektiver Seite liegt eine solche Verflechtung vor bei jeder Art einer – direkten oder indirekten – Übertragung von Vermögensmassen von Rechtsträger zu Rechtsträger und eines dadurch herbeigeführten, bedeutsamen Ungleichgewichts der Vermögenslagen *(déséquilibre patrimonial significatif)*, welches mit dem Fehlen eines finanziellen Ausgleichs von Seiten des Zuwendungsempfängers beschrieben werden kann. Es kommt damit insgesamt zu einer Herabsetzung der Haftungsmasse des Zuwendungsgebers. Das Fehlen eines Ausgleichs begründet eine implizite Vermutung für das Vorliegen der subjektiven Voraussetzung der *anormalité*. Sie kann ausnahmsweise entfallen, wenn aus Sicht des Zuwendungsgebers ein auch nur potentielles oder indirektes Interesse an der Zuwendung erkennbar ist. Häufig liegt gerade in diesem subjektiven Merkmal der größte Begründungsaufwand, um darzulegen, warum Vermögensabflüsse im Einzelfall etwa durch die vertraglichen Beziehungen oder sonstige Interessen der Parteien gerechtfertigt sind. In neueren gerichtlichen Entscheidungen wird zudem zusätzlich als einschränkendes Merkmal auf die Notwendigkeit eines „systematischen Willens" *(volonté systématique)* seitens des Zuwendungsgebers hingewiesen. Dieses ist eher als ein objektives Bedeutsamkeitskriterium zu verstehen und kann entweder durch häufig wiederkehrende und miteinander verknüpfte Vermögensabflüsse oder aber durch eine einmalige, jedoch besonders werthaltige und dadurch signifikant erscheinende Vermögensverschiebung ohne ausreichende Gegenleistung erfüllt werden. Auch der Tatbestand der *relations financières anormales* wird in der Praxis häufig bei *groupes personnels, microgroupes* sowie Betriebsaufspaltungen angewendet, um das Haftungsvermögen allen voran bei Betriebsgesellschaften zu erhöhen. Regelmäßig geht die Rechtsprechung trotzdem von der Zulässigkeit entsprechender Konstruktionen aus und gesteht eine Verfahrenserstreckung nur in besonderen Missbrauchsfällen zu, in denen die Unabhängigkeit der Gesellschaftsvermögen missachtet wird.

46. Eine Anwendung des Tatbestandsmerkmals der anormalen finanziellen Beziehungen im Kontext von größeren, meist arbeitsteilig und integrativ organisierten sowie häufig durch Kapitalbeteiligungen und Holding-Strukturen verbundenen Konzernen (insbesondere so genannter *groupes financiers*) erfolgt nach der neuen Rechtsprechung des Kassationsgerichtshofs unter besonderen Vorzeichen. Besonders seit dem *Metaleurop*-Verfahren und dem wegweisenden Urteil des Kassationsgerichtshofs vom 19.04.2005 hat sich demnach eine

einschränkende Rechtsprechung zum Tatbestand in diesen Anwendungsfällen über eine besondere Auslegung des subjektiven Merkmals der *anormalité* entwickelt. Hintergrund dieser einschränkenden Rechtsprechung ist es, die trotz einer fehlenden Gesamtregelung des Konzernrechts vorhandene „Interessengemeinschaft" integrativ geführter Konzerne nicht durch eine zu weite Auslegung der Anwendungshypothesen einer Verfahrenserstreckung in ihrer Existenz zu bedrohen und gleichzeitig die konzerninterne Haftungstrennung als solche in Frage zu stellen. Während im Fall *Metaleurop* vorliegende Abflüsse von finanziellen Werten und Cash-Pool-Vereinbarungen, der Austausch von Personal oder zur Stützung des Unternehmens gezahlte Vorschüsse bei Gesellschaften als Einzelunternehmen mangels ausreichenden Interesses des vorteilsgewährenden Rechtsträgers anormal wären, sind solche Operationen im Rahmen rechtsgültiger vertraglicher Vereinbarungen für Konzerngesellschaften nach dieser Rechtsprechung gerechtfertigt, also nicht anormal. In einem *obiter dictum* wies der Kassationsgerichtshof zudem darauf hin, in solchen Fällen eher die Haftung der Muttergesellschaft als faktische Geschäftsführerin im Rahmen der *responsabilité pour insuffisance d'actif* zu suchen.

47. Insgesamt hat die jüngere Rechtsprechung mit einer Einschränkung der Anwendungshypothesen des Art. L. 621-2 Abs. 2 C. com. zu einer Stärkung der Haftungstrennung im Konzern beigetragen. Unklarheit besteht jedoch immer noch über die Frage, in welchen Fällen bei großen, arbeitsteilig organisierten Konzernstrukturen und *groupes financiers* Raum für eine Anwendung der Verfahrenserstreckung wegen anormaler finanzieller Beziehungen verbleibt und welche Handlungsanweisungen sich hieraus für Konzerne in der Praxis ergeben. Nach der herrschenden Ansicht in der französischen Literatur ist im Rahmen des Rechtfertigungskriteriums der *anormalité* der Vermögensverschiebungen zu fragen, ob mit der Verschiebung im Rahmen eines Konzernverhältnisses ein gemeinsamer Vorteil, so die Maßgabe des Art. 1832 C. civ. über den Zweck einer Gesellschaft, verfolgt werden konnte. Ein somit über das eigene Geschäftsrisiko hinausgehender, „anormaler" Schaden wäre gläubigerschädigend und über die Verfahrenserstreckung auszugleichen. Solange die Gesellschaft widerspruchsfrei nachweisen kann, dass sie durch den Vermögensabfluss zumindest auch ihren eigenen Vorteil verfolgte – und dieser kann bei Konzerngesellschaften auch von indirekter Natur sein, wenn sich der Vorteil aus der Zugehörigkeit zu einem funktionsfähigen Konzern ergibt –, ist dieser Abfluss im Sinne dieser überzeugenden Ansicht nicht als „anormal" zu bezeichnen und damit gerechtfertigt. Eine praktische Handlungsanweisung an Konzerngesellschaften lässt sich nur in groben Leitlinien formulieren. Nicht einer Rechtfertigung zugänglich wären etwa Vermögensflüsse, die einem Rechtsträger zukommen, dessen Rettung unmöglich erscheint oder solche, die gegen gesetzliche Vorschriften etwa zu *Cash-Pools* widersprechen. Ebenso kommt eine Verfahrenserstreckung nur dann infrage, wenn die Vermögensverschiebungen systematisch und geplant die Gesellschaftssphären überschreiten.

Auch eine wirksame vertragliche Grundlage mit einem ausgeglichenen Leistungsgefüge kann wirksam vor einer Verfahrenserstreckung schützen.

48. In der umstrittenen *„Loi Petroplus"* vom 12.03.2012 wurden durch den Gesetzgeber in einem stark durch die Umstände eines Einzelfalls geprägten, neu gefassten Art. L. 621-2 Abs. 4 C. com. äußerst weitreichende Sicherungsmaßnahmen eingeführt, die die praktische Durchsetzung von Erstreckungsurteilen und Verurteilungen nach *responsabilité pour insuffisance d'actif* (dort in Art. L. 631-10-1 C. com.) vereinfachen sollten. Das Gesetz war rückwirkend auf den Einzelfall der Schließung einer *„Petroplus"*-Raffinerie anwendbar und wurde deshalb von Vielen als eine politische Instrumentalisierung wahrgenommen. Das Gesetz ermöglicht als Sicherungsmaßnahme die vorläufige Beschlagnahme von Gegenständen auch potenzieller in ein Verfahren einzubeziehender Schuldner sowie eine Veräußerung dieser Gegenstände noch vor einem rechtskräftigen Urteil. Letztere Möglichkeit wurde seitdem wieder gestrichen, die Kritik an diesen überschießenden und möglicherweise verfassungswidrigen Rechtsfolgen einer möglichen Verfahrenserstreckung ist aber trotzdem nicht verstummt. Mit einem praktischen Einsatz dieser Rechtsgrundlage ist aufgrund ihres engen Anwendungsbereichs jedoch kaum zu rechnen.

49. Die Rechtsfolgen einer Verfahrenserstreckung ergeben sich ausschließlich aus Richterrecht. Verfahrensrechtlich bringt die Verfahrenserstreckung die Einheit aller betroffenen Verfahren vor einem Gericht mit sich; materiellrechtlich werden die Vermögens- bzw. Haftungsmassen aller betroffenen Rechtsträger zusammengefasst, ohne dass die gesellschaftsrechtliche Struktur dieser Rechtsträger jedoch nachhaltig aufgehoben würde. Schwierige Einzelprobleme ergeben sich in Bezug auf die Beziehungen dieser Masse zu den Gläubigern. Diese Rechtsfolgen führen zu einer Ungleichbehandlung der Gläubigergruppen je nach betroffenem Rechtsträger: Die Dynamik einer Verfahrenserstreckung kommt grundsätzlich Gläubigern des ursprünglich verfahrensunterworfenen Rechtsträgers durch die Vergrößerung der Gesamthaftungsmasse zugute; die Gläubiger des hinzugetretenen Insolvenzschuldners oder der neu hinzutretenden Insolvenzschuldner haben hingegen unter den Folgen eines Insolvenzverfahrens zu leiden, obwohl sich ihr Schuldner nicht zwangsläufig zahlungsunfähig oder in wirtschaftlichen Schwierigkeiten befand.

50. Die mögliche Wirkung einer Verfahrenserstreckung auf Muttergesellschaften mit Sitz im EU-Ausland wurde durch den EuGH in seinem *Rastelli*-Urteil vom 15.12.2011 weitgehend neutralisiert, sodass entsprechende Haftungsrisiken etwa für Auslandsholdinggesellschaften in Bezug auf französische Tochtergesellschaften kaum bestehen. Der EuGH entschied, dass ein mögliches Verfahren gegen in dasselbe einzubeziehende EU-Auslandsgesellschaften unter Anwendung von Art. 3 Abs. 1 EuInsVO nur dann vor französischen Gerichten und unter Anwendung des französischen Insolvenzrechts als *lex fori* stattfinden kann, wenn die dort aufgestellte Vermutung für den Mittel-

punkt des wirtschaftlichen Interesses (COMI) einer Gesellschaft an deren Satzungssitz beispielsweise durch den Beweis außer Kraft gesetzt werden kann, dass am Satzungssitz keine wirtschaftliche Aktivität vorliegt. Dies führt zu einer nicht unerheblichen Ungleichbehandlung französischer Gesellschaften mit EU-Auslandsgesellschaften und wurde teils als Anreiz interpretiert, beherrschende Gesellschaften wegen schwächerer Haftungsaussichten ins EU-Ausland zu verlegen.

Rechtsvergleichende Anmerkungen zum deutschen Recht

51. In der deutschen Rechtsliteratur werden materielle Konsolidierungsmodelle wie die französische Verfahrenserstreckung weit überwiegend abgelehnt und auch das aktuelle positive Recht sieht eine rechtsträgerübergreifende Zusammenfassung der Insolvenzmassen nicht vor. Gegen derartige Instrumente wird angeführt, sie widersprächen der Gläubigererwartung an eine konzerninterne Haftungstrennung sowie der Eigentumsgarantie des Art. 14 GG. Die mit einer materiellen Konsolidierung verbundenen Umverteilungseffekte beeinträchtigen aus Sicht der herrschenden Meinung in Deutschland die vorinsolvenzliche Risikobewertung beim Kontrahieren und besonders der Vergabe von Krediten. Hiermit erschwere bzw. verteuere sich im Ergebnis die Kreditvergabe und erhöhe die Rechtsunsicherheit.

52. Ein fehlendes Bedürfnis für materielle Konsolidierungslösungen wird ebenfalls von ihren Gegnern im deutschen Recht als Gegenargument angebracht. In der Tat wird in den von besonders qualifizierten Verstößen geprägten Sachverhalten, die das französische Recht in Art. L. 621-2 Abs. 2 C. com. als Sammeltatbestand mit einer Verfahrenserstreckung belegt, im deutschen Recht auf allgemeine Regeln zurückgegriffen. Diese wirken im Zusammenspiel mit anderen Sonderregeln, wie sie wiederum im französischen Recht nicht vorhanden sind, allen voran den Ausgleichspflichten des Aktienkonzernrechts. Wegen der Ablehnung materieller Konsolidierungslösungen muss die Ausgestaltung von Tatbeständen zur Überwindung von Rechtsträgergrenzen im Konzernsachverhalt über alternative Regeln erfolgen. Soll über die daneben stets mögliche Organhaftung natürlicher Personen hinaus auch auf andere konzernangehörige juristische Personen zurückgegriffen werden, müssen sich die Lösungen in einem Spektrum zwischen direkter und unbegrenzter Außenhaftung für die Ansprüche von Dritten sowie einem punktuellen und konzerninternen Nachteilsausgleich bewegen. Der in diesem Zusammenhang verwendete Begriff einer „Durchgriffshaftung" wird für die Zwecke des Rechtsvergleichs als der Fall verstanden, in dem Anteilsinhaber ohne das Vorhandensein besonderer Verpflichtungsgründe für Gesellschaftsschulden aufkommen müssen.

53. Eine Besonderheit des deutschen Rechts, die einen Rückgriff auf sonstige Regeln unnötig machen kann, liegt hier in den Ausgleichspflichten, Grenzziehungen und Rechtfertigungsmöglichkeiten des Konzernrechts. In praktisch

seltenen Eingliederungskonzernen sieht § 322 AktG eine gesamtschuldnerische Haftung der Hauptgesellschaft für alle vor und nach der Eingliederung eingegangenen Verpflichtungen der eingegliederten Gesellschaft vor – den einzigen „echten“ Durchgriffshaftungstatbestand des Konzernrechts. Dieser gilt direkt für Aktiengesellschaften, im Wege der Analogie jedoch auch für GmbH. Bei Vertragskonzernen ergibt sich aus § 308 Abs. 1 S. 2 AktG ein Weisungsrecht für beherrschende Unternehmen. Ebenso werden in § 291 Abs. 3 AktG als so genanntes „Konzernprivileg“ Vermögensabflüsse im Rahmen eines Unternehmensvertrags im Hinblick auf die Kapitalerhaltungsvorschriften der §§ 57, 58 und 60 AktG gerechtfertigt. Der Begriff eines „Konzerninteresses“ im Sinne von § 308 Abs. 1 S. 2 AktG ist mit der *Rozenblum*-Formel des französischen Rechts vergleichbar. Im Gegenzug ergeben sich aus den §§ 300 ff. AktG weitreichende Ausgleichsansprüche zugunsten der beherrschten Gesellschaft, wobei etwa § 302 Abs. 1 AktG als Innenhaftungstatbestand ausgestaltet ist. Das konzernrechtliche Trennungs- und Rechtsträgerprinzip wird hierdurch nicht vom Grundsatz her infrage gestellt. Vielmehr soll etwa durch § 302 Abs. 1 AktG die Insolvenz einer beherrschten Gesellschaft durch eine für sie womöglich nachteilige Integration in einen Konzern verhindert werden. Im Gegensatz zum französischen Recht, das missbräuchliches Verhalten gegenüber beherrschten Gesellschaften nicht zuletzt durch die Schärfe der etwaigen Sanktionen im Falle einer Insolvenz zu verhindern sucht, scheint das deutsche Recht damit einen präventiver orientierten Regelungsansatz zu verfolgen. Trotzdem verbleiben auch bei Vertragskonzernen Schutzlücken – insbesondere, wenn Ausgleichsforderungen der beherrschten Gesellschaft nicht einbringlich oder Weisungen existenzvernichtend sind –, die eine Anwendung allgemeiner Regeln nötig machen kann.

54. Für faktische Konzerne, die ohne den Abschluss eines Beherrschungs- oder Gewinnabführungsvertrags zustande kommen und die große Mehrheit der Konzerne in Deutschland darstellen, verringert sich die aktienrechtliche Regelungsdichte erheblich. § 311 Abs. 1 AktG verleiht faktisch beherrschenden Gesellschaften keine eigene Leitungsmacht und zwingt daher zu einer „dezentralen Konzernführung“, verlangt jedoch gleichzeitig für nachteilige Weisungen einen entsprechenden Ausgleich. Die Nachteilsausgleichspflicht ist durch § 317 Abs. 1 AktG im Rahmen einer Innenhaftung schadenersatzbewehrt. Dieses System weist noch größere Schutzlücken auf als die Ausgleichsregeln zu faktischen Konzernen, da es insbesondere auf beherrschte GmbH keine Anwendung findet und bei nicht quantifizierbaren, qualifizierten Nachteilszufügungen, die einem Einzelausgleich von Natur aus nicht zugänglich sind, versagt. Diesbezüglich hat sich zunächst zur GmbH eine lang andauernde Rechtsprechungsentwicklung ergeben, die von gesellschaftsrechtlichen Ausgleichsmodellen des u.a. auf besonders intensiver Beherrschung fußenden „qualifiziert faktischen Konzerns“ und einer analogen Anwendung der §§ 302 f. AktG heute zum Konstrukt der Existenzvernichtungshaftung als Anwendungsfall des

§ 826 BGB übergegangen ist, welche nach aktueller Rechtslage als Innenhaftung ausgestaltet ist. Für die AG ist es jedoch bis heute noch umstritten, ob der BGH auch in Bezug auf diese „Abschied vom qualifiziert faktischen Konzern genommen“ hat. Eine überzeugende Ansicht hält jedoch bei Aktiengesellschaften einen Rückgriff auf Schadensersatzregeln wie die §§ 117, 317 AktG mit Beweiserleichterungen für zielführender und schließt auch einen Rückgriff auf die Existenzvernichtungshaftung zugunsten dieses AG-spezifischen Haftungsrechts aus. Ist damit die Möglichkeit von Haftungsdurchgriffen auch aufgrund von besonders intensiver Beherrschung weitgehend ausgeschlossen, wird Konzernen heute im Ergebnis eine große Freiheit eingeräumt, auch tiefgreifende Unternehmenskonzentrationen in dieser Rechtsform auszugestalten. Ein Auseinanderfallen wirtschaftlicher und rechtlicher Realität, welches für Konzernsituationen charakteristisch ist, wird auch in der deutschen Rechtsordnung toleriert und ohne das Vorliegen besonderer Rechtsgründe im Ausnahmefall nicht durch eine Durchbrechung der Haftungstrennung geahndet.

55a. Für die Fallgruppe der Unmöglichkeit buchhalterischer Trennung zwischen Konzerngesellschaften ist ein Rechtsvergleich zwischen der Verfahrenserstreckung nach Art. L. 621-2 Abs. 2 C. com. wegen Vermögensvermischung im engeren Sinne *(confusion des comptes)* und der Durchgriffshaftung wegen Vermögensvermischung im deutschen Recht durchzuführen. Im deutschen Recht handelt es sich hierbei um den letzten verbliebenen Tatbestand einer (echten) Durchgriffshaftung, die jedoch nicht wie im französischen Recht insolvenzrechtlich qualifiziert wird. Die Tatbestandsvoraussetzungen sind in beiden Rechtsordnungen sehr ähnlich, wobei das deutsche Recht von einer Verhaltens-, das französische Recht von einer Zustandshaftung ausgeht. Es kommt im deutschen Recht auch nicht zu einer materiellen Konsolidierung von Haftungsmassen, sondern zu einer analogen Anwendung von § 128 f. HGB, die auch einen Bezug auf einzelne Vermögensgegenstände ermöglicht. Stellt diese Haftung im deutschen Recht damit den im Ergebnis folgenschwersten Tatbestand des deutschen Rechts dar, bleibt er von seinen praktischen Auswirkungen her trotzdem noch hinter denen des Art. L. 621-2 Abs. 2 C. com. zurück. Das deutsche Recht ist hier anpassungsfähiger bei nur teilweiser Vermischung bzw. fehlender Insolvenz eines Rechtsträgers; das französische Recht vereinfacht hingegen den gerichtlichen Prozess bei vollständiger Verschränkung der Aktiva, in denen mehrere Verfahren nicht sinnvoll erscheinen.

55b. Die Gründung und Unterhaltung von Scheingesellschaften wird im französischen Recht unter den Begriff der *„fictivité“* gefasst, der sowohl eine Anwendung der Scheingeschäftslehre als auch eine Verfahrenserstreckung nach Art. L. 621-2 Abs. 2 C. com. rechtfertigen kann. Mit der Verdeckung eines fehlenden *affectio societatis* besteht bei Hintermännern ein Willen zum Missbrauch der Rechtsform für eigennützige Zwecke der dahinterstehenden Rechtsträger, der durch Indizien bewiesen wird, die auf eine völlige Unselbständigkeit der Strukturen hindeuten. Hierzu kann auch eine extreme materielle

Unterkapitalisierung gehören. Im deutschen Recht fällt zunächst auf, dass zwar auch hier sanktionslose Freiräume für das „normale Funktionieren" von Konzernen offengelassen werden sollen; diese werden jedoch – anders als im französischen Recht – in den §§ 291 ff, 311 ff. AktG positiv formuliert und nicht nur auf die Sanktionsebene verschoben. Ebenso hat das deutsche Recht größere Hürden für die Gründung von Gesellschaften, insbesondere im Bereich der Mindestkapitalerfordernisse, die – außerhalb des Rechts der Unternehmergesellschaft (UG) – eine „Seriositätsschwelle" darstellen und die Gründung von Scheingesellschaften erschweren können. Schon hieraus werden die stärkeren Sanktionen des französischen Rechts verständlich. Darüber hinaus lässt sich ein Vergleich mit dem im deutschen Recht bekannten Begriff der Scheingesellschaft anstellen, deren Rechtsfolgen mit einer Anwendung von § 117 Abs. 2 BGB im Innen- und, grundsätzlich, § 128 HGB im Außenverhältnis konsequenter erscheinen als das Wahlrecht im französischen Recht. Es erscheint aus rechtsvergleichender Perspektive logischer, eine fiktive Gesellschaft als Nullum zu betrachten und im Falle der Insolvenz allein auf ihre Hintermänner zurückzugreifen. Die *fictivité* als Merkmal von Art. L. 621-2 Abs. 2 C. com. lässt sich jedoch als einzige Möglichkeit im französischen Recht erklären, ein Kaufmannsinsolvenzverfahren auf Gesellschafter anzuwenden.

55c. Schließlich werden im französischen Recht unter dem Merkmal der anormalen finanziellen Beziehungen *(relations financières anormales)* unter Art. L. 621-2 Abs. 2 C. com. unter anderem systematische, missbräuchliche Vermögensverlagerungen mit Existenzbedrohung beherrschter Gesellschaften subsumiert. Hierbei geht es um Vermögensverschiebungen von Rechtsträger zu Rechtsträger, die ohne Rechtfertigung und ohne hinreichende Gegenleistung geschehen. Im deutschen Recht existiert hingegen kein der Verfahrenserstreckung entsprechender Tatbestand für schwerste Verstöße gegen die vermögensrechtliche Integrität von Rechtsträgern. Gegenüberzustellen ist daher die zumindest tatbestandlich ähnliche Existenzvernichtungshaftung auf Grundlage von § 826 BGB seit dem *Trihotel*-Urteil des BGH vom 16.07.2007. Im Unterschied zum französischen Recht gilt diese Haftungsform ausschließlich für GmbH als geschädigte Rechtsträger. Das Ziel einer „Entnahmesperre" für Gesellschaftsvermögen über die §§ 30, 31 GmbHG hinaus ist mit dem der *relations financières anormales* vergleichbar. Anders als der französische Tatbestand setzt die Existenzvernichtungshaftung allerdings einen Eventualvorsatz in Bezug auf den Eingriff und die Sittenwidrigkeit vor; die *relations financières anormales* werden hingegen als „Vermögensvermischung im weiten Sinn" nicht von einem subjektiven Tatbestand getragen. Ebenso ist der französische Tatbestand nicht am Vorliegen eines konkreten Schadens der betroffenen Gesellschaft orientiert, sondern vielmehr an einer Auffüllung der Haftungsreserven zugunsten der durch die Finanzflüsse geschädigten Gläubiger.

Gesamtbewertung der Verfahrenserstreckung und ihrer Anwendungsperspektiven

56. Anhand der ausdrücklich genannten oder implizit vorausgesetzten Zielsetzungen der Verfahrenserstreckung im französischen Recht lässt sich die Schlüssigkeit der Rechtfertigungsansätze für die besonders einschneidende Rechtsfolge überprüfen. Offiziell soll die Verfahrenserstreckung im Falle von Missbräuchen der Rechtspersönlichkeit zu einer Wiederherstellung des Vermögens im Interesse der Gesamtheit der Gläubiger beitragen. Damit soll die ursprüngliche Vermögensbindung des Haftungskapitals wiederherstellt werden. Dies geschieht freilich auf Kosten der Gläubiger von Rechtsträgern, die trotz wirtschaftlicher Gesundheit in eine *procédure collective* einbezogen werden. Daneben kommt der Verfahrenserstreckung zumindest implizit die generalpräventive Wirkung einer zivilrechtlichen Sanktion zu. Schließlich können manche Aspekte dieses Rechtsinstituts auch einer Erhöhung der Verfahrenseffizienz zugutekommen.

57. Die Rechtfertigungsansätze der Verfahrenserstreckung unterscheiden sich nach dem jeweils angewendeten Tatbestandsmerkmal. Die *fictivité* lässt sich anhand der oben genannten Zielsetzungen kaum rechtfertigen und ist von Widersprüchen geprägt. Dadurch, dass die Rechtsfolge der Erstreckung in der Durchführung eines gemeinsamen Verfahrens über fiktiven Rechtsträger und Hintermann besteht, erkennt die Rechtsprechung der Scheingesellschaft die ihr zugrundeliegende Fiktion im Ergebnis rechtlich an und verleiht ihr damit eine Rechtswirkung, die ihr eigentlich nicht zustehen dürfte. Durch die daneben bestehende gesellschaftsrechtliche Spielart der *fictivité* kann außerdem die Rechtsfolge durch die Art der Antragsstellung gesteuert werden. Diese widersprüchlichen Ergebnisse lassen sich wohl dadurch erklären, dass die Rechtsprechung hierdurch mit der Richtlinie 2017/1132/EU konforme Rechtsfolgen herstellen und auch Gesellschaftern die Möglichkeit eröffnen möchte, einer *procédure collective* unterzogen werden zu können. Die einzige widerspruchsfreie Rechtfertigung einer abstrakten Gläubigergefährdung durch die Gründung von Scheingesellschaften vermag im Hinblick auf die Schwere der damit verbundenen Rechtsfolge allein nicht zu überzeugen. Die Verfahrenserstreckung wegen einer Vermögensvermischung im engeren Sinne *(confusion des comptes)* ist sowohl im Hinblick auf den Grundzweck einer Rückführung von Vermögensgütern im Interesse einer möglichst großen Anzahl von Gläubigern als auch auf Aspekte der Verfahrenseffizienz gerechtfertigt. Die zweite Spielart der Vermögensvermischung, die „anormalen finanziellen Beziehungen" *(relations financières anormales),* werden auch als eine „materielle Verflechtung" *(imbrication matérielle)* von Vermögensmassen bezeichnet und so an die mögliche Wiederherstellung einer künstlich getrennten Vermögenseinheit herangeführt. Dies kann, wie etwa im Bereich der Betriebsaufspaltungen, durchaus zu effizienteren Ergebnissen führen, muss allerdings – gerade bei integrativ

geführten Konzernen aufgrund des hohen Missbrauchsrisikos – eine eng eingeschränkte Ausnahme bleiben. Hier wird auch besonders der generalpräventive Effekt deutlich, der bei zu weiter Auslegung des Tatbestandsmerkmals jedoch in eine zivilrechtliche Generalprävention zulasten Dritter – nämlich der in das Verfahren einbezogenen Gläubiger – degenerieren würde. Insgesamt hat die Möglichkeit einer Verfahrenserstreckung auch einen Einfluss auf mögliche außergerichtliche Verhandlungen, da einer entsprechenden Antragsstellung ein erhebliches Drohpotenzial zukommt.

58. Für eine nachhaltige, rechtsträgerübergreifende Sanierung von Konzerngesellschaften ist die heutige Form der Verfahrenserstreckung im französischen Recht hingegen ungeeignet – obwohl dies vom Gesetzgeber ein ausdrücklich verfolgtes Ziel darstellt und eigentlich dem Zweck des *droit des entreprises en difficulté*, einen möglichst weitreichenden „Werkzeugkasten" zur Sanierung bereitzustellen, entsprechen würde. Die fortgesetzte Verfolgung dieses gesetzgeberischen Ziels lässt sich anhand der Fortgeltung der Verfahrenserstreckung für das vorinsolvenzliche Rettungsverfahren ablesen. Problematisch ist diesbezüglich jedoch, dass der Tatbestand des Art. L. 621-2 Abs. 2 C. com. nach der Ablehnung der instanzgerichtlichen Rechtsprechung zur „Unternehmenseinheit" *(unité d'entreprises)* nicht mehr vorrangig auf wirtschaftlichen Erwägungen fußt und die Merkmale von Vermögensvermischung und *fictivité* eher einer Sanktionslogik folgen. Die Gefahr einer möglichen, ungewollten „Ansteckung" anderer Gesellschaften wird auch durch die inzwischen erfolgte Abschaffung der Verfahrenserstreckung von Amts wegen nicht völlig ausgeschlossen und reduziert damit im Ergebnis noch die Attraktivität der *procédures collectives* als Sanierungsinstrument. Will der französische Gesetzgeber hier Abhilfe schaffen, muss er zum Zweck der Sanierung eigene Tatbestandsmerkmale als Voraussetzung für eine rechtsträgerübergreifende Anwendung etwa des Rettungsverfahrens einführen.

59. Begrüßenswert ist es hingegen, dass die Verfahrenserstreckung insgesamt zugunsten zielgenauer wirkender Haftungsformen immer mehr zurückgedrängt wird. Das französische Recht bewegt sich mit der Verfahrenserstreckung nämlich auf einem schmalen Grat: Will es mit der Verfahrenserstreckung das Trennungs- und Rechtsträgerprinzip eigentlich stärken, darf selbiges durch eine zu weitreichende Anwendung dieses Rechtsinstruments nicht sinnentleert werden. Gerade für integrierte Konzernunternehmen hat der Kassationsgerichtshof mit der *Metaleurop*-Rechtsprechung aber ein entsprechend angepasstes System herausgearbeitet: die Verfahrenserstreckung ist damit als Maximalsanktion nur noch besonders schweren Ausnahmefällen vorbehalten; in anderen Haftungsfällen wird auf zielgenauere Sondertatbestände zurückgegriffen. Dieses Vorgehen ist auch wegen der mit dem *Rastelli*-Urteil begründeten, nahezu fehlenden Anwendungsperspektive der Verfahrenserstreckung

im EU-Ausland zu begrüßen. Diese setzt im Ergebnis gerade französische Muttergesellschaften im Vergleich etwa zu Auslandsholdings einem wesentlich größeren Restrisiko aus, einer Verfahrenserstreckung zu unterfallen.

60. Aus rechtsvergleichender Perspektive stellt sich die Frage, ob sich auch vor dem Hintergrund einer möglichen zukünftigen europäischen Vereinheitlichungstendenz ein Potenzial zur Annäherung der deutschen und der französischen Rechtsordnung bieten könnte. Die jeweils ganz herrschenden Ansichten zu materiellen Konsolidierungslösungen gehen in den beiden Ländern nämlich völlig auseinander. Auch stellt sich die Frage, worin diese grundsätzlich unterschiedlichen Einschätzungen begründet liegen können. Hierzu ist zunächst festzuhalten, dass auch das französische Recht dem Konzern nie eine Form der Rechtspersönlichkeit verleiht und auch Billigkeitslösungen wie etwa im US-amerikanischen Recht nicht infrage kommen. Das französische Recht liegt daher in der maximalen Intensität der Anpassungen des Trennungs- und Rechtsträgerprinzips im Konzern unter der häufig zum Vergleich herangezogenen US-amerikanischen Rechtsordnung. Zwar werden darüber hinaus alle tatbestandlichen Verhaltensweisen des Art. L. 621-2 Abs. 2 C. com. auch im deutschen Recht als schwerwiegend genug aufgefasst, um rechtliche Reaktionen zu ihrem Ausgleich hervorzurufen; diese bewegen sich jedoch im möglichen Spektrum der Eingriffsintensität sämtlich in geringfügigeren Bereichen als im französischen Recht. Dies lässt sich allerdings zumindest teilweise durch die weiterreichenden, „vorbeugenden" Normen des Gläubigerschutzes im deutschen Recht erklären, in welchem etwa das (Aktien-) Konzernrecht und die höheren Mindestkapitalanforderungen bei Kapitalgesellschaften bereits eine eigene verhaltenssteuernde Wirkung innehaben. Insgesamt lässt sich jedoch im französischen Recht eine Tendenz zu einer erhöhten Flexibilität bei der Errichtung von Gesellschaftsstrukturen feststellen, die durch eine größere Rechtsunsicherheit im nachinsolvenzlichen Bereich erkauft wird. Im deutschen Recht ist die Tendenz gegenläufig. Im Allgemeinen können jedoch keine größeren Schutzlücken für Gläubiger im deutschen Recht erkannt werden, die durch das Fehlen einer Verfahrenserstreckung hervorgerufen würden.

61. Für einen dogmatischen Brückenschlag verbleiben daher nur enge Spielräume. Wichtig zu bemerken ist es zunächst, dass die wichtigsten Details der Ausgestaltung der hier verglichenen Regelungskomplexe auf Richterrecht aufbauen. Dieses ist wiederum stark von den Einzelfällen geprägt, die diesem zugrunde lagen sowie den unterschiedlichen gesamtwirtschaftlichen Voraussetzungen, welche die Richter zwangsläufig beeinflussten. Soweit richterrechtliche Prägungen betroffen sind, lässt sich zumindest festhalten, dass keine der beiden Rechtsordnungen es sich bisher zugetraut hat, die genaue Reichweite des Trennungs- und Rechtsträgerprinzips in der Insolvenz konzernangehöriger Unternehmen vollständig anhand von geschriebenen Regeln auszugestalten. Außerdem wird die Ablehnung in Bezug auf materielle Konsolidierungslösun-

gen im deutschen Recht zwar weit mehrheitlich, nicht jedoch einstimmig geäußert. Vereinzelte Stimmen, die sich für solche Modelle auch im deutschen Recht einsetzen, weisen etwa darauf hin, dass innerhalb von Konzernen in der Praxis häufig Vermögenstransfers stattfänden, die einer Kontrolle der Gläubiger entzogen seien und nicht einem – wie jedoch im Konzernrecht teilweise vorgesehenen – hinreichenden Ausgleich zugeführt würden. Dies führe dazu, dass die jeweilige wirtschaftliche Situation der einzelnen Konzerngesellschaften zum gegebenen Zeitpunkt eher dem Zufall als der konkreten Lage einer vom Insolvenzverfahren betroffenen Gesellschaft geschuldet sei. Ferner wirke sich dies auch auf das Gläubigervertrauen aus. Insgesamt können die größten Überschneidungen zwischen den zum französischen und deutschen Recht geäußerten Argumenten bei materiellen Konsolidierungslösungen wegen Vermögensvermischungen (im engeren Sinn) erblickt werden. Doch auch darüber hinaus zeigen diese Stimmen in der deutschen Literatur, dass sich das deutsche Recht einer grundsätzlichen Diskussion über die Zweckmäßigkeit materieller Konsolidierungsmodelle auch im Rahmen zukünftiger Harmonisierungsbestrebungen zumindest nicht vollständig verschließen muss.

Zivilrechtliche Haftungstatbestände und -klagen in der Insolvenz konzernangehöriger Rechtsträger

62. Zwar bleibt die Verfahrenserstreckung wegen ihrer herausragenden Stellung als größtmögliche Einschränkung des kapitalgesellschaftlichen Trennungs- wie auch des konzernrechtlichen Rechtsträgerprinzips im Zentrum des Interesses vieler Urteile und rechtswissenschaftlicher Abhandlungen in Frankreich. Gleichzeitig wird sie auch immer noch als die wohl größte Haftungsbedrohung für in der Form von Konzernen organisiertes Unternehmen wahrgenommen. Darüberhinausgehend haben aber wesentlich zielgerichteter wirkende zivilrechtliche Haftungsklagen eine wachsende Bedeutung in einem zunehmend differenzierten Kanon der Haftungsnormen erhalten. Die Bestätigung dieser Entwicklung durch die Rechtsprechung lässt sich spätestens anhand des *Metaleurop*-Urteils des Kassationsgerichtshofs vom 19.04.2005 mit zugehörigem *obiter dictum* nachvollziehen. Dieses wurde dahingehend interpretiert, dass der Kassationsgerichtshof jetzt die Verfahrenserstreckung im Konzernkontext nur noch für besonders schwere Verstöße gegen die Vermögenstrennung in Konzernen aussprechen wird, für punktuellere Eingriffe nunmehr hingegen auf Haftungsklagen auch gegen beherrschende Gesellschaften zu setzen ist. Welche der Haftungsklagen im Einzelfall anzustrengen ist, hängt teils von ihrem persönlichen und materiellen Anwendungsbereich, teils von dem mit der Klage auszugleichenden Schaden, teils von der Person des Antragstellers ab.

Die Deliktische Ausfallhaftung für Managementfehler (responsabilité pour insuffisance d'actif) nach Art. L. 651-1 ff. C. com.

63. Die *responsabilité pour insuffisance d'actif* ist eine besondere Form der Deliktshaftung. Sie wird gleichzeitig als eine Form der das Vermögen der in Anspruch genommenen Gesellschaft betreffenden insolvenzrechtlichen Sanktion *(sanction patrimoniale)* verstanden. Ihre Anwendung geht weit über den Bereich der Insolvenz von Konzerngesellschaften hinaus. Im Grundsatz handelt es sich nämlich um eine Haftungsklage zur Inanspruchnahme des – grundsätzlich von einer Haftung ausgeschlossenen – Führungspersonals von (Kapital-) Gesellschaften für den besonderen Fall der Eröffnung eines Liquidationsverfahrens, für den sie eine verschärfte Haftung vorsieht. Ihr Einsatz in der rechtsträgerübergreifenden Haftung von Konzerngesellschaften kann durch den (seltenen) Rückgriff auf juristische Personen als bestellte Geschäftsführer oder – häufiger – durch eine Haftung von beherrschenden Gesellschaften als faktische Geschäftsführer erreicht werden. Gerade für bestellte Geschäftsführer als natürliche Personen stellt die *responsabilité pour insuffisance d'actif* eine schwere Haftungsbedrohung dar, obwohl ihre praktische Anwendung lange Zeit äußerst selten geblieben ist. In jüngerer Zeit ist aber eine erhöhte Offenheit zur Anwendung dieser Haftungsklage ersichtlich geworden, da sie es erlaubt, das Haftungssubstrat liquidationsreifer Gesellschaften zugunsten der Gläubiger aufzufüllen. Seit den durch das *Metaleurop*-Urteil aus dem Jahr 2005 hervorgerufenen Verschiebungen im Haftungsgefüge zulasten der Verfahrenserstreckung nach Art. L. 621-2 Abs. 2 C. com. kann auch in der Konzernhaftung mit einem gesteigerten Interesse zur rechtsträgerübergreifenden Konzernhaftung gerechnet werden. Gleichzeitig ist die *responsabilité pour insuffisance d'actif* die einzige noch verbliebene persönliche insolvenzrechtliche Sanktion, nachdem die *loi de sauvegarde* von 2005 und ihre Nachfolger ähnliche Tatbestände wie die „unechten" Verfahrenserstreckungen oder die *obligation aux dettes sociales* aufgehoben haben. Außerdem wurde die *responsabilité pour insuffisance d'actif* seitdem ausdrücklich auf das Liquidationsverfahren begrenzt und die Verfassungsgemäßheit dieser neuen Regel vom Verfassungsrat trotz Zweifeln im Hinblick auf das weite richterliche Ermessen bei einer Verurteilung bestätigt. Aus der – ohnehin schon in Bezug auf die hierin enthaltenen Sicherungsmaßnahmen u.a. für die Verfahrenserstreckung kritisch beurteilten – *loi Petroplus* aus dem Jahr 2012 ergeben sich hingegen neue Unsicherheiten. So nimmt ein neuer Art. L. 631-10-1 C. com. für Sicherungsmaßnahmen Bezug auf eine für das Sanierungsverfahren geltende Haftung für „Fehler, die zur Zahlungsunfähigkeit des Schuldners beigetragen" haben. Ob sich hieraus eine Anwendung der Regeln zur *responsabilité pour insuffisance d'actif* auf das Sanierungsverfahren ergeben wird, ist mangels praktischer An-

wendungsfälle nicht absehbar; ob diese jemals Anwendung finden wird, erscheint jedoch aufgrund kaum ersichtlicher praktischer Notwendigkeit einer solchen Klageart ohnehin äußerst zweifelhaft.

64. Der Anwendungsbereich der *responsabilité pour insuffisance d'actif* ist doppelt eingeschränkt: Einerseits kann die Haftungsklage nur aus einem Liquidationsverfahren heraus eingereicht werden, in welchem ein Aktivfehlbetrag aufgetreten ist. Dies stellt eine Privilegierung der sanierenden Verfahren dar. Im Fall der Eröffnung eines Liquidationsverfahrens ist dieser Tatbestand grundsätzlich *lex specialis* zu anderen Haftungsnormen des Zivilrechts. Andererseits sind die Haftungsadressaten nur bestellte oder faktische Geschäftsführer einer Gesellschaft des Privatrechts. Für den Bereich der Konzernhaftung beschränkt sich die *responsabilité pour insuffisance d'actif* damit nahezu ausschließlich auf die Hypothese einer anderen Konzerngesellschaft – vornehmlich einer Gesellschaft in beherrschender Position – als faktischer Geschäftsführerin. Zwar besteht im französischen Recht die Besonderheit, dass auch juristische Personen in Leitungsfunktionen bei manchen Gesellschaftsformen bestellt werden können; dies ist jedoch praktisch nur sehr selten der Fall. Bei der Konzernhaftung ist die faktische Geschäftsführerstellung einer anderen Gesellschaft des Konzerns die wichtigste und am schwersten zu erfüllende Haftungsvoraussetzung. Unter einem faktischen Geschäftsführer *(dirigeant de fait)* wird eine Person verstanden, die in der Gesellschaftspraxis dieselben Handlungen ausführt wie ein bestellter Geschäftsführer und sich damit in ihren Aufgabenbereich einmischt. Dieser Begriff umfasst eine Situation, in welcher die betroffene Person in Bezug auf die Gesellschaft selbst oder durch eine zwischengeschaltete Person durch positives Tun und in unabhängiger Weise in Leitungs- und Verwaltungsfunktionen tätig wird. Eine Beherrschungssituation durch eine Muttergesellschaft im Kontext von Konzernen stellt eine Fallgruppe der faktischen Geschäftsführung dar. Diesbezüglich hat sich eine eigene Rechtsprechungslinie entwickelt, die über die Jahre einer durchgängigen Tendenz zu folgen scheint: Ähnlich wie bereits im Fall der Verfahrenserstreckung nach Art. L. 621-2 Abs. 2 C. com. verfolgt und überwacht der Kassationsgerichtshof eine enge Auslegung des Begriffs der faktischen Geschäftsführung in Konzernsituationen auch gegen ausbrechende Tatsacheninstanzen und verlangt eine über die reine Kapitalbindung hinausgehende, qualifizierte Beherrschungssituation. Besonderes Augenmerk wird hier auf konzerninterne Entscheidungsstrukturen gelegt und gefragt, ob etwa einer beherrschten Gesellschaft eigene Spielräume für wirtschaftliche Entscheidungen überlassen werden. Die konzernfreundliche Rechtsprechungstendenz bestätigte sich in einem zum *Metaleurop*-Verfahren gehörenden Urteil vom 19.11.2013. Dieses Urteil wurde teils so verstanden, als ob das Vorhandensein integrierter Konzernstrukturen eine Art haftungsausschließenden Rechtfertigungsgrund darstellen könnte.

65. In Beherrschungssachverhalten erscheint die Eröffnung des Anwendungsbereichs und insbesondere der Beweis der Stellung einer beherrschenden

Gesellschaft als faktische Geschäftsführerin als die größte Hürde zum Erfolg der Haftungsklage. Die Voraussetzungen der Haftungsnorm des Art. L. 651-2 C. com. kommen nach dieser Eröffnung noch hinzu. Diese bestehen – erstens – im Vorliegen eines Aktivfehlbetrags *(insuffisance d'actif)* sowie – zweitens – eines Managementfehlers *(faute de gestion)*, welcher – drittens – zum Vorliegen des Aktivfehlbetrags beigetragen haben muss. Letzteres stellt ein abgeschwächtes Kausalitätserfordernis dar, welches der verschärften Haftung im Liquidationsverfahren entspricht. Der Managementfehler – weitläufig und facettenreich – orientiert sich am Vergleichsmaßstab eines „guten Geschäftsführers". Zuletzt hat der Gesetzgeber die Anwendung der Haftungsnorm jedoch für eine nur „einfache Nachlässigkeit" ausgeschlossen. Wichtigste Weichenstellung für die Möglichkeit einer Haftung bleibt im Konzernbereich jedoch die Eröffnung des persönlichen Anwendungsbereichs. Typische Anwendungsfälle liegen bei Konzernen in der Existenzvernichtung von beherrschten Gesellschaften; die Indizwirkung einer materiellen Unterkapitalisierung von Gesellschaften ist hingegen für beherrschende Gesellschaften als faktische Geschäftsführer unklar. Die Haftungsklage lässt sich nur durch Staatsanwalt und Liquidator, nicht jedoch durch den einzelnen Gläubiger beantragen. Die Klage kann – im Gegensatz zur Verfahrenserstreckung – wegen der Begründbarkeit einer Annexkompetenz aus heute Art. 6 Abs. 1 EuInsVO problemlos auch Auslandsmuttergesellschaften betreffen.

66. Als Rechtsfolge der Haftung steht dem erkennenden Gericht eine Ermessensentscheidung zu. Bis zur Höhe des Aktivfehlbetrags kann das Gericht in Anschauung der besonderen Verhältnisse des Einzelfalls von der Verurteilung einzelner oder aller Beklagten absehen oder den Haftungsbetrag jeweils reduzieren. Dies unterscheidet die *responsabilité pour insuffisance d'actif* von allgemeinen zivilrechtlichen Haftungsklagen und hebt die sanktionsrechtliche Grundlage dieser Haftungsnorm hervor. Die Erlösauskehr erfolgt gemäß Art. L. 651-2 Abs. 4 C. com. zunächst an den geschädigten Rechtsträger. Über diesen „Umweg" kommt es dann zu einer anteiligen Verteilung an die Gläubiger. Hierbei werden etwaige Vorzugsrechte einzelner Gläubiger nicht berücksichtigt, was teils kritisiert wird. Auch die verurteilten Geschäftsführer sind bis zur Höhe des Betrags ihrer Verurteilung von einer Erlösverteilung ausgenommen.

67. Aus rechtsvergleichender Perspektive lässt sich feststellen, dass eine insolvenzspezifische Haftung wie die der *responsabilité pour insuffisance d'actif* im deutschen Recht unbekannt ist. Als Vergleichsgegenstand bieten sich an aufgrund der tatbestandlichen Ähnlichkeit und dem bei allen diesen Rechtsinstituten eröffneten Anwendungsbereich in Konzernsachverhalten zum einen die Innenhaftung wegen existenzvernichtender Eingriffe nach § 826 BGB nach den Grundsätzen der *Trihotel*-Rechtsprechung sowie die umstrittene Problematik materiell unterkapitalisierter („Aschenputtel-") Gesellschaften, die insbesondere im *Gamma*-Urteil des BGH ihre heutige Form erhalten hat. Beide

Rechtsinstrumente wurden bereits im Rahmen des Rechtsvergleichs mit der Verfahrenserstreckung nach Art. L. 621-2 Abs. 2 C. com. erläutert, sind aber auch hier funktional vergleichbar. Zu beachten ist die Besonderheit des deutschen Rechts, welches ein geschriebenes Aktienkonzernrecht enthält. Einige der möglichen Fallgruppen der *responsabilité pour insuffisance d'actif* können auch den Ausgleichs-bzw. Schadensersatzansprüchen des Konzernrechts (etwa §§ 311, 317 AktG) unterfallen. Die hier gewählten Vergleichsgegenstände sind allerdings allesamt qualifizierte Haftungstatbestände, was auch der systematischen Stellung der *responsabilité pour insuffisance d'actif* im französischen Insolvenzrecht entspricht. Funktional ähnlich, flankierend, jedoch nicht qualifiziert – und daher mit anderen derartigen Tatbeständen des französischen Rechts zu vergleichen – sind die gesellschaftsrechtlichen Rückzahlungsansprüche des Kapitalerhaltungsrechts (§ 31 GmbHG und § 62 AktG) sowie insolvenzrechtliche Anfechtungsansprüche gegenüber beherrschenden Gesellschaften (§§ 129 ff. InsO). Haftungsansprüche gegenüber natürlichen Personen bleiben aufgrund der Problemstellung dieser Arbeit außer Betracht.

68. Im Vergleich mit der deutschen Existenzvernichtungshaftung auf Grundlage des § 826 BGB nach den Grundsätzen der *Trihotel*-Rechtsprechung des BGH fällt auf, dass der Anwendungsbereich dieser Haftung nur für geschädigte GmbH erschlossen ist; für Aktiengesellschaften lassen sich hingegen Lösungen über die Ausgleichsansprüche des auf sie anwendbaren, geschriebenen Rechts – insbesondere der faktischen Konzerne – herleiten. Die Existenzvernichtungshaftung ist – wie die *responsabilité pour insuffisance d'actif* – keine speziell an den Konzern anknüpfende Haftungsgrundlage. Die französische Haftungsgrundlage basiert auf einem Einsatz der Regeln zur (größtenteils faktischen) Geschäftsführung auf beherrschende Gesellschaften. Die Frage, ob eine Gesellschaft im Haftungssachverhalt als faktische Geschäftsführerin zu bezeichnen ist, stellt gleichzeitig die wichtigste Stellschraube für einen Ausspruch der Haftung dar – die weiteren Haftungsvoraussetzungen sind vergleichsweise einfach zu erfüllen. Im Gegensatz zur *responsabilité pour insuffisance d'actif* ist die Existenzvernichtungshaftung – zwar formell an § 826 BGB angelehnt – größtenteils richterrechtlicher Prägung. Die Voraussetzungen beider Haftungsinstitute knüpfen an das in der jeweiligen Rechtsordnung übliche tatbestandliche Schema der deliktischen Haftungsnormen an, wandeln es jedoch teilweise ab. Im französischen Recht sind diese Haftungsvoraussetzungen im Hinblick auf den Ausspruch dieser Haftung stark erleichtert, sobald der Anwendungsbereich der *responsabilité pour insuffisance d'actif* eröffnet ist. Der Existenzvernichtungshaftung kommt hingegen durch ihre äußerst qualifizierten Voraussetzungen – insbesondere im Hinblick auf ihr Vorsatzerfordernis – die klare Rolle eines besonderen Ausnahmetatbestands zu. Auch der objektive Tatbestand der Existenzvernichtungshaftung ist wesentlich enger gefasst und lässt – im Gegensatz zu den offen gehaltenen Voraussetzungen der *responsabilité pour insuffisance d'actif* – für spätere Weiterentwicklungen nur

wenig Raum. Diese Unterschiede lassen sich aus dogmatischer Sicht dadurch erklären, dass die Existenzvernichtungshaftung eine direkte Durchbrechung des durch § 13 Abs. 2 GmbHG versperrten Zugriffs auf Gesellschaftervermögen darstellt, während die *responsabilité pour insuffisance d'actif* im Grundsatz eine auf das Liquidationsverfahren beschränkte, verschärfte Haftung für Geschäftsführer darstellt, die nur über enge Umwege auf Gesellschafter angewendet werden kann. Die Rechtsfolgen der beiden Rechtsinstrumente weisen hingegen zahlreiche Ähnlichkeiten auf; die praktischen Ergebnisse sind auf den ersten Blick trotz dogmatischer Unterschiede – die Existenzvernichtungshaftung ist im Gegensatz zur *responsabilité pour insuffisance d'actif* eine reine Innenhaftung – ähnlich. Im deutschen Recht handelt es sich allerdings bei Vorliegen der Voraussetzungen um eine gebundene Entscheidung, während französischen Richtern ein weiter Ermessensspielraum bei der Aussprache der Rechtsfolgen zugemessen wird.

69. Weil der objektive Tatbestand der *responsabilité pour insuffisance d'actif* eine weitreichende Generalklausel darstellt, kann auch die Gründung bzw. das Betreiben einer materiell unterkapitalisierten Gesellschaft zumindest theoretisch für einen Ausspruch dieser Haftungsart infrage kommen. In Deutschland wird die Frage einer materiellen Unterkapitalisierung ebenfalls kontrovers diskutiert. Im Konzernsachverhalt wird etwa bei der Auslagerung von Risiken auf unterkapitalisierte Gesellschaften von der Gründung einer „Aschenputtelgesellschaft" gesprochen. Das *Gamma*-Urteil des BGH lehnte im Ergebnis zwar eine echte Durchgriffshaftung wegen eines Unterlassens ausreichender Kapitalausstattung ab, nicht jedoch die Möglichkeit einer deliktischen Außenhaftung der Gründer nach § 826 BGB. In beiden Ländern bestehen jedoch erhebliche dogmatische Zweifel an der Angemessenheit einer derartigen Haftungsgrundlage als einzigem Anknüpfungspunkt; auch der Kassationsgerichtshof hat sich nicht ausdrücklich für eine Haftung der Gesellschafter in diesem Fall ausgesprochen. Ginge man zumindest theoretisch von einem Bestehen dieser Haftung in beiden Rechtsordnungen aus, wären sie sich jedoch konzeptionell ähnlicher als *responsabilité pour insuffisance d'actif* und Existenzvernichtungshaftung, die als Innenhaftung ausgestaltet ist.

70. Im Ergebnis kommt es – wie auch im Vergleich der deutschen Rechtsinstitute mit der Verfahrenserstreckung – zu einem bekannten Bild: Die großen Spielräume, die den Richtern bei der Definition der Tatbestände und der Aussprache der Rechtsfolgen im Einzelfall gelassen werden, schaden der Vorhersehbarkeit der Ergebnisse und damit auch der Rechtssicherheit. Sie erlauben es aber gleichzeitig, im Einzelfall der materiellen Gerechtigkeit durch flexiblere Lösungsansätze besser zu entsprechen. Realitätsnäher erscheint die Einschätzung des französischen Rechts, die Herbeiführung eines Aktivfehlbetrags im Liquidationsverfahren im Ergebnis als Schaden der Gläubiger anzusehen und eine automatische Erlösauskehr an die Gläubiger herbeizuführen. Im Gegen-

satz hierzu wird die Existenzvernichtung dogmatisch als Fall einer Innenhaftung eingeordnet, auch wenn die Geltendmachung im Insolvenzverfahren durch den Verwalter und zugunsten der Gläubiger erfolgt. Hinzuweisen ist allerdings darauf, dass bei der *responsabilité pour insuffisance d'actif* Vorzugsrechte aller Art außer Acht gelassen werden. Schutzlücken bestehen allerdings insoweit, als dass gerade die deutschen Tatbestände sich als Reaktion auf qualifizierte Fehlverhalten verstehen. So muss bei beherrschten GmbH auf die Effizienz anderer, weniger qualifizierte Ausgleichstatbestände wie etwa §§ 30, 31 GmbHG und, nicht zuletzt, auf die persönliche Haftung der Geschäftsführer vertraut werden. Letztere dürften aber eine weitaus geringere Vergrößerung des Haftungssubstrats versprechen als der in Frankreich mögliche Rückgriff auf beherrschende Gesellschaften mit größerer Finanzausstattung. Im Bereich der beherrschten AG schützen hingegen die konzernrechtlichen Ausgleichsansprüche vor existenzvernichtenden Eingriffen, im Grundsatz sogar präventiv nach jedem Geschäftsjahr. Allerdings ist das deutsche Recht in diesem Falle darauf angewiesen, dass diese Ansprüche auch regelmäßig von der beherrschten Gesellschaft geltend gemacht werden.

Die Haftung der Muttergesellschaft für durch insolvente Tochtergesellschaften verursachte Umweltschäden nach Art. L. 512-17 Code de l'environnement

71. Der Haftungstatbestand des Art. L. 512-17 C. env. ist auf eine im Jahr 2010 ergangene Gesetzgebungsreform zum Umweltrecht („loi Grenelle II") zurückzuführen. Die neue Haftungsklage ist der *responsabilité pour insuffisance d'actif* nachempfunden, jedoch durch eine tatbestandliche Anknüpfung an konzernrechtliche Beherrschungsstrukturen gemäß Art. L. 233-1 C. com. ausschließlich auf Konzernsachverhalte anwendbar. Der Tatbestand wurde unter anderem im Hinblick auf die Umweltschäden entwickelt, die im *Metaleurop*-Verfahren keiner als befriedigend empfundenen Lösung zugeführt werden konnten. Wegen der engen Auslegung besonders des Tatbestands der Verfahrenserstreckung in Konzernsachverhalten kann eine Erweiterung des Haftungssubstrats für den Ausgleich von Umweltschäden über eine Verfahrenserstreckung etwa auf beherrschende Gesellschaften nämlich nur noch im Ausnahmefall durchgeführt werden. Gleiches gilt für die ebenfalls tatbestandlich eingeschränkte *responsabilité pour insuffisance d'actif*. Dies wiederum erlaubt es Unternehmen, umwelt- und rückbaurechtliche Ansprüche durch die Filialisierung umweltgefährdender Betriebsteile und ihrer anschließenden Stilllegung zu umgehen. Die Geltung des strengen Trennungs- und Rechtsträgerprinzips auch bei besonders gefährdenden Aktivitäten hatte der Kassationsgerichtshof in einem Urteil vom 26.03.2008 in der Rechtssache *ADEME c. Elf Aquitaine* nochmals bestätigt. Hierin verneinte der Gerichtshof jegliche zivilrechtliche Einstands-

oder Schutzpflicht einer Muttergesellschaft für die Finanzierung eines Betriebsrückbaus. Art. L. 512-17 C. env. sollte diese Schutzlücke zunächst füllen. Dies gelingt der Norm jedoch nur in begrenzter Weise. Hiernach kann u.a. der Vertreter des Staats im Département diese der *responsabilité pour insuffisance d'actif* nachempfundene Haftungsklage gegenüber beherrschenden Gesellschaften (Art. L. 233-1 C. com.), deren Tochtergesellschaft einem Liquidationsverfahren unterworfen ist, für die Finanzierung von Rückbaukosten einlegen. Möglich ist auch ein Durchgriff auf höhere Konzernebenen. All dies gilt allerdings nur, wenn der Muttergesellschaft ein besonders schwerer und wohl vorsätzlich begangener Fehler *(faute caractérisée)* nachgewiesen werden kann. Auch der persönliche Anwendungsbereich ist nur dann eröffnet, wenn die Muttergesellschaft mehr als 50 % der Anteile der dem Liquidationsverfahren unterworfenen Gesellschaft hält. Aus diesen Gründen dürfte eine praktische Anwendung des Art. L. 512-17 C. env. nur äußerst selten überhaupt in Betracht kommen; die Auswirkungen auf den Fortbestand des Trennungs- und Rechtsträgerprinzips im Konzern sind insgesamt gering. Ein Schritt in die Kodifizierung konzernrechtlicher Haftungsansprüche lässt sich wegen der weiterhin zögerlichen Haltung des Gesetzgebers und des Drucks politisch instrumentalisierter Einzelfälle hierin wohl ebenfalls kaum erkennen.

72. Ein direkter, ausführlicher Rechtsvergleich mit deutschen Regeln erscheint aufgrund der offensichtlichen Beeinflussung des französischen Gesetzgebers durch Einzelfälle, der kaum zu erwartenden praktischen Relevanz dieser neuen Haftungsnorm und ihrer größtenteils nur symbolischen Wirkung nicht angebracht. Das deutsche Insolvenzrecht sieht für Rückbau- und Instandsetzungskosten aus umweltbedenklicher Aktivität keine Sonderregeln vor, sodass die bereits zu anderen Rechtsinstituten angebrachten Vergleichssubjekte auch hier gelten. Hinzuweisen ist im Rahmen des hier vorgenommenen funktionalen Rechtsvergleichs lediglich auf zwei Sondertatbestände, die auf die Ausmaße der Haftungstrennung im Konzern im deutschen Recht Einfluss haben.

72a. So sieht zunächst § 4 Abs. 3 S. 4 Fall 1 BBodSchG eine bodenschutzrechtliche Einstandsverantwortlichkeit für „von einem Grundstück drohende, schädliche Bodenveränderungen“ (§ 4 Abs. 2 BBodSchG) für denjenigen vor, der „aus handelsrechtlichem oder gesellschaftsrechtlichem Rechtsgrund für eine juristische Person einzustehen hat, der ein Grundstück, das mit einer schädlichen Bodenveränderung oder einer Altlast belastet ist, gehört“ (Abs. 3 S. 4, 1. Fall). Wegen der zunehmenden Marginalisierung der Durchgriffshaftung im deutschen Gesellschaftsrecht ist es allerdings umstritten, ob diese umweltrechtliche Durchgriffsnorm weiterhin überhaupt über einen gesellschaftsrechtlichen Anknüpfungspunkt verfügt. Interessant ist es aber jedenfalls, dass der deutsche Gesetzgeber – ähnlich wie der französische – hier einen Sachverhalt zur Durchbrechung des Trennungs- und Rechtsträgerprinzips selbst regelt und ihn nicht, wie sonst, dem Richterrecht überlässt.

72b. Ein neuer Vorstoß, der erhebliche Auswirkungen auf die Haftungstrennung im Konzern entfaltet, liegt in der Einführung eines Gesetzes zur Nachhaftung für Abbau- und Entsorgungskosten im Kernenergiebereich (Nachhaftungsgesetz) vom 27.01.2017. Es handelt sich hierbei im Ergebnis um eine sektorspezifische Aufhebung der Haftungstrennung zur Absicherung der Übernahme von Rückbaukosten an Kernenergieanlagen. Diese Regelung soll die diesbezüglich vorhandenen Lücken, insbesondere des Vertragskonzernrechts, schließen, da alle betroffenen Haftungsadressaten Teile von Vertragskonzernen sind. Die Nachhaftung der beherrschenden Unternehmen von Betreibergesellschaften erfolgt – einer selbstschuldnerischen Bürgschaft ähnlich – grundsätzlich subsidiär-akzessorisch, jedoch zeitlich und inhaltlich unbegrenzt. Es bestehen in der Literatur Bedenken gegen die Verfassungsgemäßheit des Gesetzes. Bemerkenswert ist es aus rechtsvergleichender Perspektive, dass sich Begründungsmuster, die die jüngeren rechtlichen Veränderungen in der französischen Rechtsordnung dominiert haben, nunmehr auch im deutschen Recht wiederfinden. In Frankreich war die Einführung oder Erweiterung von rechtsträgerübergreifenden Haftungsformen in Frankreich nahezu durchgängig in einem Versuch begründet, auf die gesellschaftlichen Auswirkungen von wirtschaftlichen Krisensituationen zu reagieren, deren Folgen bei Betriebsschließungen besonders deutlich wurden. Der deutsche Vorstoß reagiert ebenfalls auf eine große gesellschaftliche Herausforderung – hier auf den Ausstieg aus der Atomenergie. In beiden Rechtsordnungen scheinen es damit gerade diese Fragestellungen von hoher gesamtgesellschaftlicher Tragweite zu sein, in denen eine Reaktion – nicht zuletzt – in Vorstößen zur Erweiterung rechtsträgerübergreifender Haftungsmethoden gesucht wird, um Stakeholderinteressen besser gerecht zu werden. Ob dieser Begründungsansatz nunmehr auch im deutschen Recht für andere vergleichbare Fallgestaltungen herangezogen werden wird, muss sich hingegen noch zeigen müssen.

Arbeitsrechtlicher Haftungsdurchgriff auf Muttergesellschaften bei Wegfall von Arbeitsplätzen nach der théorie du co-emploi

73. Die *théorie du co-emploi* ist ein Rechtsinstrument, welches es dem Richter im Einzelfall erlaubt, von gleich zwei wichtigen Grundsätzen des französischen Zivilrechts in arbeitsrechtlichen Sachverhalten abzuweichen: dem konzernrechtlichen Trennungs- und Rechtsträgerprinzip sowie dem Grundsatz der Beschränkung von vertraglichen Bindungswirkungen auf seine Parteien (heute Art. 1103, 1199 C. civ.). Die rechtsdogmatische Begründung dieser richterrechtlichen Kreation ist dabei weiterhin umstritten – so ist es bis heute nicht vollständig geklärt, ob der „Co-Arbeitgeber" als Vertragspartei in einen bereits bestehenden Arbeitsvertrag einbezogen wird, oder ob eine entsprechende Entscheidung des Arbeitsgerichts die Rechtsfolgen eines Arbeitsverhältnisses auf den *co-employeur* überträgt, ohne dass dieser Teil des Vertragsverhältnisses

wird. Geklärt und zahlreich erprobt sind jedoch in jedem Fall die Folgen einer solchen Entscheidung. Der *co-employeur* – in vielen Fällen eine beherrschende Gesellschaft mit deutlich größerem finanziellen Spielraum als etwa eine insolvente Tochtergesellschaft als Vertragsarbeitgeberin – tritt als finanzkräftiger Gesamtschuldner in Bezug auf sämtliche Forderungen aus dem Arbeitsverhältnis neben den ursprünglichen Arbeitgeber. Aus praktischer Sicht geht es hierbei insbesondere um die im französischen Recht häufig zugesprochene Entschädigung wegen ungerechtfertigter Kündigungen *(indemnité pour licenciement sans cause réelle et sérieuse)*, deren Ausspruch nach bisher geltendem Recht durch die *théorie du co-emploi* noch vereinfacht wurde: Erklärte die Rechtsprechung eine Konzerngesellschaft zum *co-employeur*, waren die Voraussetzungen für betriebsbedingte Kündigungen *(licenciements pour motif économique)* durch eine rückwirkend fingierte, alle „Co-Arbeitgeber" betreffende Beurteilung des Kündigungsgrunds sowie eine rechtsträgerübergreifende Wiedereingliederungspflicht *(obligation de reclassement)* wesentlich erleichtert. Diese Folgen wurden durch die Einführung neuer gesetzlicher Kriterien durch die für ab dem 23.09.2017 ausgesprochene Kündigungen geltenden Änderungen der *Ordonnances Macron* allerdings deutlich infrage gestellt. Daneben erlaubt die *théorie du co-emploi* eine besonders vereinfachte Begründung einer internationalen Zuständigkeit für französische Gerichte und die Anwendung des französischen Arbeits- bzw. Kündigungsschutzrechts auf EU-Auslandsmuttergesellschaften nach den Grundsätzen einer so genannten *Aspocomp*-Klage, wobei die Begründung des Kassationsgerichtshofs für die Verweigerung einer Überprüfung dieser Möglichkeit beim EuGH auf Grundlage der EuGVVO dogmatische Zweifel aufwirft.

74. Die beiden Tatbestandsmerkmale, individuell nach einer durch besondere Weisungen an bestimmte Arbeitnehmer manifestierten faktischen Arbeitgeberstellung einer anderen Gesellschaft oder kollektiv nach einer „Vermischung der Interessen, Betriebe und Leitung" zwischen mehreren Rechtsträgern fragend, haben eine wechselvolle Geschichte hinter sich. Gerade das zweite Kriterium war seit dem *Jungheinrich*-Urteil der Sozialkammer des Kassationsgerichtshofs vom 18.01.2011 besonders extensiv und ergebnisorientiert angewendet worden, was in der Literatur als Aushöhlung des Trennungs- und Rechtsträgerprinzips sowie als Angriff auf die Wettbewerbsfähigkeit des französischen Rechts- und Wirtschaftsstandorts zum Teil heftig kritisiert wurde. Das *Molex*-Urteil der Sozialkammer des Kassationsgerichtshofs vom 02.07.2014 reagierte auf die zunehmende Besorgnis insbesondere von internationalen Konzernen durch eine Berücksichtigung notwendiger Koordinationsmechanismen in integrativ geführten Konzernen. Sie holte damit eine Entwicklung nach, die die Handelskammer des Kassationsgerichtshofs bereits im Jahr 2005 mit seinem *Metaleurop*-Urteil für den Bereich der Verfahrenserstreckung nach Art. L. 621-2 Abs. 2 C. com vorgezeichnet hatte. In der Folge dieses Urteils entstanden jedoch weitere Haftungsrisiken durch einen Rückgriff auf das

allgemeine Deliktsrecht (heute Art. 1240 C. civ.) mit dem Argument eines Eingriffs in die Belange von beherrschten Gesellschaften, welche zum „Verlust einer Chance" *(perte d'une chance)* zur Weiterbeschäftigung beitrugen.

75. Die Reichweite der *théorie du co-emploi* ist damit ein Element des französischen Arbeitsrechts, das auch die Konturen des Trennungs- und Rechtsträgerprinzips in der Konzerninsolvenz entscheidend prägt. Ihre weitreichenden Rechtsfolgen gehen zugunsten von Arbeitnehmern, die im Falle der Insolvenz ihres Arbeitgebers an die Haftungsgrenzen der Versicherung für Arbeitnehmerforderungen (AGS) gelangen, und tragen aufgrund des gesetzlichen Forderungsübergangs auf diese Versicherung auch zur finanziellen Ausstattung dieses Trägers bei. Ihre weitreichende Anwendung wirkte sich äußerst negativ für nationale wie auch internationale Konzerne aus, die trotz der Durchführung von Massenentlassungen weiterhin auf das Bestehen einer Haftungstrennung im Konzern vertrauten. Durch die mit den *Molex-* und *Sofarec*-Urteilen verbundene, mögliche Verschiebung der zentralen Haftungsgrundlage für Durchgriffe zugunsten von Arbeitnehmeransprüchen auf die allgemeine Deliktshaftung zeigt die Rechtsprechung wiederum aufs Neue, wie Haftungserleichterungen auf der einen Seite durch die Schöpfung neuer Haftungsgrundlagen auf der anderen Seite entgegengesteuert werden kann. Jüngste höchstrichterliche Entscheidungen bestätigen die nunmehr einschränkende Auslegung der *théorie du co-emploi* zugunsten der allgemeinen Deliktshaftung.

76. Ein funktionaler Rechtsvergleich zwischen der *théorie du co-emploi* und entsprechenden deutschen Regelungen gestaltet sich gleich aus mehreren Gründen schwierig: Die Wechselhaftigkeit der französischen Rechtsprechung erschwert das Aufstellen eines klaren Vergleichsrahmens; auch wird im Rahmen deutscher Kündigungsschutzklagen grundsätzlich auf die Rechtsunwirksamkeit – und nicht, wie im französischen Recht, grundsätzlich auf Entschädigungszahlungen – der Kündigung hingewirkt. Unter diesen Einschränkungen kann jedoch zumindest in allgemeinerer Form gefragt werden, ob auch das deutsche Recht Tatbestände enthält, die im weiteren Sinne Korrektive für arbeitsrechtliche Nachteile einer Konzernorganisation darstellen und ob derartige Vorschriften sich auf das konzernrechtliche Trennungs- und Rechtsträgerprinzip auswirken. Dieses Prinzip gilt im deutschen Recht auch in Bezug auf Arbeitsverhältnisse unbeschränkt; die vertragliche Bindung im Konzern und die Geltung sämtlicher Ansprüche des Kündigungsschutzrechts bestehen in Bezug auf die Konzerngesellschaft, mit der ein Arbeitsvertrag geschlossen worden ist. Die Motivation zur Vergrößerung des Haftungssubstrats bei Massenentlassungen zielt in Deutschland häufig auf die Finanzierung von Sozialplänen ab, in welche Ausgleichsansprüche für Arbeitnehmer aufgenommen werden können. Im Rahmen der Berechnung von Ausgleichsansprüchen kann es zu einem so genannten „Berechnungsdurchgriff" zulasten beherrschender Gesellschaften bei der Dotierung von Sozialplänen durch Einigungsstellen

kommen, der nur unter engen Voraussetzungen etwa eines existenzvernichtenden Eingriffs beschränkt ist. Die Zulässigkeit anderer Fallgruppen für Berechnungsdurchgriffe wird kontrovers diskutiert. Für individuelle Ansprüche sind Arbeitnehmer grundsätzlich auf allgemeine Regeln angewiesen, die mit großen Einschränkungen verbunden sind; insbesondere kommen die Erlöse der im deutschen Recht mit besonders strengen Voraussetzungen verbundenen Durchgriffshaftungstatbestände allen Gläubigern – nicht nur Arbeitnehmern – zugute. Auch konzernrechtliche Ansprüche erlauben keinen direkten Zugriff der Arbeitnehmer. Im Ergebnis müssen Arbeitnehmer insolventer Gesellschaften zur Erweiterung des Haftungssubstrats entweder auf die freiwillige Haftungsübernahme seitens anderer Konzerngesellschaften oder auf ergebnisorientiert konstruierte Rechtsprechungslösungen im Einzelfall vertrauen. Letzteres zeigte sich etwa im *Gamma*-Urteil des BGH. Dort erlaubte das Gericht eine rechtsträgerübergreifende Lösung mithilfe des Tatbestands einer arglistigen Täuschung bei einem dreiseitigen Vertrag über die Gründung einer so genannten Beschäftigungs- und Qualifizierungsgesellschaft und sprach den Arbeitnehmern u.a. einen persönlichen Anspruch aus § 826 BGB gegenüber dem Geschäftsführer-Gesellschafter der anderen Vertragspartei zu. Dieses Streben nach Einzelfallgerechtigkeit erinnert an die Lösung des *Sofarec*-Urteils des Kassationsgerichtshofs, welches als letzten Ausweg zugunsten von Arbeitnehmern ebenfalls auf allgemeine Deliktstatbestände zurückgriff. Im Übrigen sind die möglichen Arbeitnehmeransprüche zur Vergrößerung des Haftungssubstrats bei der Insolvenz des Arbeitgebers im deutschen Recht wesentlich weniger weitreichend als in Frankreich.

Überblick: Weitere Möglichkeiten zur Anreicherung des Haftungssubstrats konzernangehöriger Gesellschaften

77. Neben den in Frankreich am häufigsten diskutierten und verwendeten Mitteln zur Vergrößerung des Haftungssubstrats in Krise und Insolvenz von Konzerngesellschaften bieten sich dem nach einer Überwindung des strengen Trennungs- und Rechtsträgerprinzips in Konzernen strebenden Rechtsanwender zahlreiche weitere Lösungen. Diese Ansätze sind dogmatisch wie rechtspraktisch äußerst vielfältig; ihre Anwendbarkeit in der Praxis hängt von den Umständen des jeweiligen Einzelfalls ab. Insgesamt spielen sie in der Debatte um materielle Regeln zur Konzerninsolvenz in Frankreich jedoch eine eher untergeordnete Rolle. Gerade im deutschen Recht bieten sich jedoch wichtige rechtsvergleichende Anknüpfungspunkte. Grob einzuteilen sind diese Rechtsgrundlagen nach ihren Rechtsfolgen: Manche Tatbestände erlauben es lediglich, ohne das Vorliegen qualifizierter Voraussetzungen einzelne Vermögenselemente in das Vermögen eines Rechtsträgers zurückzuführen; die An-

wendung anderer, größtenteils qualifizierterer, Tatbestände ermöglicht – darüber hinaus – eine Erweiterung des Haftungssubstrats durch die Übertragung ursprünglich rechtsträgerfremder Vermögensgegenstände.

Rückführung von Vermögenselementen in das Haftungsvermögen konzernangehöriger Gesellschaften

78. Im französischen Recht ist zur Rückführung rechtswidrig übertragener Vermögensgegenstände innerhalb von Konzernen zunächst an die Regeln des kapitalgesellschaftsrechtlichen Vermögensschutzes zu denken, welche bei der Zahlung „fiktiver Dividenden" (dividendes fictives) entsprechende Rückzahlungsansprüche (actions en répétition des dividendes) beinhalten, um das Haftungskapital als „Pfand der Gläubiger" (gage aux créanciers) wiederherzustellen und den Grundsatz der Unantastbarkeit (principe d'intangibilité) des Kapitals aufrecht zu erhalten. Verringert wird die Tragweite dieser Vorschriften dadurch, dass sie nur für einmal eingebrachte Kapitalgegenstände gelten. Auch die Mindestkapitalanforderungen sind im französischen Recht vergleichsweise niedrig. Schließlich liegt ein einschränkendes, subjektives Tatbestandsmerkmal in der notwendigen Kenntnis bzw. des Kennenmüssens der Umstände seitens des Zahlungsempfängers.

79. Darüber hinaus bestehen im französischen Recht insolvenzliche und außerinsolvenzliche Anfechtungsregeln, um schuldnerschädigende Verhaltensweisen rückgängig zu machen. Die insolvenzrechtlichen „Nichtigkeitstatbestände des Verdächtigkeitszeitraums" (nullités de la période suspecte, Art. L. 632-1 ff. C. com.) sind im Vergleich zu den bereits angesprochenen Haftungsklagen von untergeordneter Relevanz. Dies ist auf ihre Einschränkungen zurückzuführen. Die Tatbestände der zwingenden oder fakultativen Nichtigkeit (nullités de droit bzw. facultatives) sind im Gesetz aufgezählt; zu den zwingenden Tatbeständen gehört etwa die Eigentumsübertragung an Sachen ohne Gegenleistung. Die mit richterlichem Ermessen versehenen nullités facultatives sind hingegen mit einem subjektiven Tatbestandselement verbunden. Alle Tatbestände haben ein zumindest abstrakt gläubigerschädigendes Verhalten gemeinsam. Sie sind nicht im Rettungsverfahren anwendbar, das keine Zahlungsunfähigkeit voraussetzt. Die größte Einschränkung dieses Rechtsinstituts liegt im kurz bemessenen „Verdächtigkeitszeitraum" zwischen Zahlungsunfähigkeit und Verfahrenseröffnung, welcher maximal 18 Monate betragen kann. In der Praxis vorkommende Anwendungsbeispiele dieser Tatbestände liegen in der konzerninternen Veräußerung von Beteiligungen unter Marktpreis oder der Bestellung von Sicherheiten etwa für Muttergesellschaften – letztere allerdings wird von der Rechtsprechung wegen eines Interesses an der Finanzierung der Muttergesellschaft grundsätzlich als rechtmäßig erachtet. Daneben besteht die dem allgemeinen Zivilrecht zuzuordnende Paulianische Vorsatzanfechtungs-

klage (action paulienne, Art. 1341-2 C. civ.). Hiermit kann der kurze Anfechtungszeitraum der nullités de la période suspecte überwunden werden. Die Norm unterscheidet zwischen zwei Tatbestandsalternativen: der Anfechtungsklage bei Handlungen des Schuldners ohne Gegenleistung, die eine betrügerische Absicht des Schuldners im Sinne einer Kenntnis der gläubigerschädigenden Wirkung der Schuldnerhandlung voraussetzt sowie andererseits der Klage bei Handlungen des Schuldners mit Gegenleistung, bei welcher zusätzlich eine genau wie die schuldnerseitige Betrugsabsicht verstandene Kenntnis dieses Vorsatzes seitens des Leistungsempfängers nachzuweisen ist. Wird die Klage in Konzernsachverhalten angewendet, lässt sich in der Rechtsprechung jedes Mal ein objektives Missverhältnis zwischen Leistung und Gegenleistung erkennen. Hohe Hürden baut die Rechtsprechung grundsätzlich beim Beweis der Kenntnis des Gläubigers von der Benachteiligung auf; gerade im Konzern können jedoch Umstände wie die Verflechtung von Entscheidungsstrukturen für eine Vereinfachung des Beweises entsprechender Kenntnis sprechen. Ohne jegliche Nähebeziehung zwischen Schuldner und Leistungsempfänger ist eine derartige positive Beweisführung aber außerordentlich schwierig und in diesem Sinne lautende gerichtliche Entscheidungen überaus rar gesät. Die Rechtsfolge der action paulienne liegt in einer relativen Unwirksamkeit (inopposabilité) der Schädigungshandlung gegenüber dem Geschädigten; im Insolvenzverfahren sind dies sämtliche Insolvenzgläubiger. Die action paulienne unterliegt der Regelverjährung des Code civil, welche nach Art. 2224 C. civ. fünf Jahre ab Kenntnis oder Kennenmüssen der die Klage begründenden Tatsachen beträgt. Liegen die engeren Voraussetzungen dieser Anfechtungsklage vor, kann sie gerade durch die Beweiserleichterungen bei demselben Konzern angehörigen Schuldnern bzw. Leistungsempfängern ein wirksames Mittel darstellen, einzelne gläubigerschädigende Handlungen rückgängig zu machen und die verlorenen Werte dem Schuldnervermögen wieder zuzuführen.

80. Da dem deutschen Recht materiell-insolvenzrechtliche Haftungsregeln im engeren Sinne fehlen, kommt der Rückführung von Vermögenselementen in das Vermögen einer Gesellschaft auch im Rahmen einer Insolvenz von konzernangehörigen Rechtsträgern eine herausgehobenere Bedeutung als im französischen Recht zu. Auch das deutsche Kapitalgesellschaftsrecht kennt Rückzahlungsansprüche des Kapitalerhaltungsrechts, die auch bei der Insolvenz konzernangehöriger Gesellschaften und Auszahlungen etwa an beherrschende Gesellschaften zu einer Rückführung der rechtswidrig ausgeschütteten Beträge in das Gesellschaftsvermögen – und damit des Haftungssubstrats in der Insolvenz – verwendet werden können. Anders als in Frankreich ist in Deutschland jedoch insbesondere zwischen den Gesellschaftsformen der GmbH und der AG als insolventem Rechtsträger zu unterscheiden. Die entsprechenden Regeln erscheinen im deutschen Recht auch für den Fall der Insolvenz eines Konzernunternehmens umfassender als im französischen Recht, welches über zahlrei-

che insolvenzrechtliche Sondertatbestände zur Anreicherung des Haftungssubstrats verfügt. Im Recht der AG liegt mit den §§ 57, 62 AktG ein weitreichender Schutz vor Auszahlung des Kapitals vor, welcher allerdings im Bereich der AG-Konzerne durch Ausgleichsansprüche wie § 302 AktG – im Übrigen durch ein „Konzernprivileg“ abgeschwächt – oder § 311 AktG überlagert werden. Im Recht der GmbH sind die Vorschriften des Kapitalschutzes im Ergebnis weniger streng als bei der Aktiengesellschaft. Zwar bestehen mit den §§ 30, 31 GmbHG ebenfalls Kapitalerhaltungsvorschriften flankiert von einem Rückzahlungsanspruch; anders als bei der AG wird bei der GmbH jedoch nach dem Wortlaut des § 30 Abs. 1 S. 1 GmbHG eine Auszahlung nur bis zu dem Betrag begrenzt, der zur Erhaltung des Stammkapitals bis hin zu einer Unterbilanz erforderlich ist. Wie auch § 57 AktG enthält § 30 GmbHG in Abs. 1 S. 2 seit dem MoMiG eine Privilegierung für Vertragskonzerne. Im Gegensatz zu § 62 AktG kommt dem Anspruch aus § 31 GmbHG eine große Relevanz auch bei Konzernen zu: Bei faktischen Konzernen lassen sich die Regeln des Aktiengesetzes, die etwa § 62 AktG überlagern, nämlich nicht auf die beherrschte GmbH übertragen. Aus diesem Grund bleibt es in diesen Fällen bei einem Kapitalschutz auf der Grundlage der §§ 30, 31 GmbHG und ein entsprechender Rückzahlungsanspruch kann auch gegenüber einer beherrschenden Gesellschaft geltend gemacht werden. Aufgrund der erkannten funktionalen Parallele der neuen Haftungsgrundlage mit den §§ 30, 31 GmbHG gestaltete der BGH seit dem Trihotel-Urteil die Existenzvernichtungshaftung ebenso nunmehr als Innenhaftung gegenüber der geschädigten GmbH aus. Wie auch im französischen Recht werden die jeweiligen Rückzahlungsansprüche durch subjektive Gutglaubenserfordernisse eingeschränkt. Zu beachten sind daneben im deutschen Recht auch mögliche Ansprüche aus dem Rechtsinstitut der „verdeckten Gewinnausschüttung“.

81. Von größter Relevanz im deutschen Recht ist – auch im Konzernsachverhalt – das Recht der Insolvenzanfechtung (§§ 129 ff. InsO). Der Grundtatbestand der Insolvenzanfechtung, § 129 InsO, verlangt für ihre Anwendung das Vorliegen von Rechtshandlungen, die vor Eröffnung des Insolvenzverfahrens stattgefunden haben und die Gläubiger benachteiligen. Die Anfechtungstatbestände der §§ 130 bis 136 InsO sind im Gegensatz zum französischen Recht stärker generalklauselartig formuliert. Ebenfalls bestehen weitreichenden Unterschiede im Bereich des Anfechtungszeitraums, die sich auf die Frage auswirken, wie weit in der Vergangenheit die gläubigerschädigende Handlung stattgefunden haben darf, um noch der Insolvenzanfechtung zu unterliegen. Dieser geht insbesondere bei der Vorsatzanfechtung des § 133 InsO mit zurzeit bis zu zehn Jahren ab dem Zeitpunkt der gläubigerschädigenden Handlung weit über die maximal 18 Monate der nullités de la période suspecte hinaus. Auch die mit der Vorsatzanfechtung noch eher vergleichbare action paulienne liegt mit einer Verjährungsfrist von maximal fünf Jahren noch weit darunter. Bei der mit § 134 InsO vergleichbaren Tatbestandsalternative der unentgeltlichen

Schuldnerhandlung bei der action paulienne liegt diese Frist hingegen über dem vierjährigen Anfechtungszeitraum des § 134 InsO. Von kaum zu unterschätzender Relevanz sind auch die zahlreichen Vermutungstatbestände insbesondere für den Großteil der Tatbestandsmerkmale des § 133 InsO, die zu einer besonders weitreichenden und häufigen praktischen Anwendung dieses Tatbestands auch im Konzernbereich beitragen und weit über alle anderen Möglichkeiten des französischen Anfechtungsrechts hinausgehen. Zu einer weiteren Vereinfachung im Konzernbereich führt § 138 Abs. 2 Nr. 1 InsO, welcher ab einer Beteiligung von einem Viertel der Anteile an einer juristischen Person den Anteilsinhaber als „nahestehende Person" versteht und in Bezug auf die subjektiven Voraussetzungen einzelner Anfechtungstatbestände weitreichende Vermutungen begründet.

Erweiterung des Haftungssubstrats auf Kosten anderer Rechtsträger im Konzern – nicht insolvenzspezifische Tatbestände im Überblick

82. Nicht insolvenzspezifische Tatbestände zur Erweiterung des Haftungssubstrats anderer konzernangehöriger Rechtsträger spielen im französischen Recht besonders im Vorfeld der Eröffnung eines Rettungs-, Sanierungs- oder Liquidationsverfahrens eine Rolle. Sie erlauben es, etwa in Voraussicht zukünftiger Zahlungsschwierigkeiten, eine Inanspruchnahme anderer – insbesondere herrschender – Konzerngesellschaften anzustreben und die Begleichung ihrer Forderungen bei diesen Gesellschaften zusätzlich dort oder ersatzweise bei ihrem ursprünglichen Schuldner geltend zu machen. Diese Rechtsinstrumente ermöglichen es, das Haftungssubstrat einer konzernangehörigen Gesellschaft nicht nur durch die Rückführung widerrechtlich entzogener Vermögensgegenstände wieder aufzufüllen, sondern die Haftungsmasse auch noch darüber hinaus zu vergrößern.

83. Sowohl im französischen als auch im deutschen Recht ist es zunächst üblich, für andere Konzerngesellschaften vertraglich einzustehen, insbesondere Sicherheiten zu bestellen. Diese können aufgrund der in beiden Rechtsordnungen herrschenden Vertragsfreiheit unterschiedlichste Formen annehmen. Viel diskutiert werden im deutschen Recht auch die Bestellungen von Sicherheiten einer Tochter- zugunsten einer Muttergesellschaft (hier so genannte upstream-Sicherheiten). Etwa bei einer AG als beherrschte Gesellschaft ist die Bestellung eines upstream-Darlehens aus der Sicht des BGH bei Vollwertigkeit der Rückzahlungsforderung im Hinblick auf § 57 AktG zulässig und im Sinne von § 311 AktG nicht per se als nachteilig zu verstehen. Unter Umständen kann eine Bestellung einer Sicherheit allerdings den Tatbestand der Existenzvernichtungshaftung erfüllen oder bei der Insolvenz der Muttergesellschaft angefochten werden.

84. Auch eine Haftung nach allgemeinen zivilrechtlichen Ansätzen kommt im französischen Recht in Betracht. Die Argumentationsmuster sind stark einzelfallabhängig und überschneiden sich teilweise. Die meisten Ansprüche sind entweder auf die allgemeine Deliktshaftung des Art. 1240 C. civ. oder eine Haftung aus Rechtsscheins- (théorie de l'apparence) oder Einmischungsgesichtspunkten (immixtion) bzw. aus einer Kombination mehrerer dieser Grundlagen zurückführen. Eine allgemeine Deliktshaftung wird, wie bereits festgestellt, als Alternative zur Anwendung der théorie du co-emploi gesehen. Darüber hinaus kann sie – ein entsprechender Schadensbeweis vorausgesetzt – auch durch einen Missbrauch der Rechtspersönlichkeit oder einer für die Gesellschaft schädlichen Ausübung von Leitungsmacht etwa durch eine fehlende Trennung von Gesellschaftssphären im Konzern ausgelöst werden. Eine neuere Rechtsprechung, deren Tragweite noch nicht abgesehen werden kann, legt für eine deliktische Haftung von Gesellschaftern den Maßstab einer „vorsätzlichen Pflichtverletzung von besonderer Schwere" an, „welche als „unvereinbar mit der gewöhnlichen Ausübung der Rechte eines Gesellschafters" erscheinen muss. Liegt das Anspruchsziel in einer Erfüllung vertraglicher Ansprüche gegenüber anderer Konzerngesellschaften, können außerdem die richterrechtlichen Grundsätze der Rechtsscheinhaftung (théorie de l'apparence) eingesetzt werden, sofern – unter anderem – eine Vorstellung hervorgerufen wurde, es sei nur mit einem einheitlichen Rechtsträger kontrahiert worden.

85. Einzelne Argumente des französischen Rechts, die eine Erweiterung des Haftungssubstrats im Konzern außerhalb insolvenzrechtlicher Spezialnormen erlauben, lassen sich – trotz großer Unterschiede im Detail – teils auch im deutschen Recht wiederfinden. Als Auffangtatbestand ist hier zunächst die Insolvenzverschleppungshaftung (§ 823 Abs. 2 BGB i.V.m. § 15a InsO) zu nennen, die auf andere juristische Personen jedoch nur über den Weg der Teilnehmerhaftung (§ 830 Abs. 2 BGB i.V.m. § 31 BGB) anwendbar sein dürfte. Ein „Missbrauch der Rechtspersönlichkeit" kann sich im Einzelfall höchstens durch einen Verstoß gegen das Verbot widersprüchlichen Verhaltens (§ 242 BGB) darstellen. Über eine – ähnlich wie die französische théorie de l'apparence – an Rechtsscheingesichtspunkten orientierte Form der Anscheins- oder Vertrauenshaftung im Konzern wird unter dem Begriff der „Konzernverantwortung" kontrovers diskutiert; die herrschende Meinung lehnt eine solche, auf einer „Reputationsleihe" anderer Konzerngesellschaften fußende Haftung aus culpa in contrahendo mit Hinweis auf vorrangige Regeln des Konzernrechts bzw. der Existenzvernichtung ab. Übrig bleibt eine in engen Bahnen mögliche Inanspruchnahme (auch) einer Muttergesellschaft nach den allgemeinen Regeln der „Sachwalterhaftung" (§§ 280 Abs. 1, 241 Abs. 2, 311 Abs. 3 S. 2 BGB), wobei die Sachwalterstellung anderer Konzerngesellschaften im Regelfall ausscheiden dürfte. Soll hingegen wie im französischen Recht eine Haftung auf Erfüllung durch die Muttergesellschaft erreicht werden, muss im Einzelfall nach den Regeln „unternehmensbezogener Geschäfte" ausgelegt werden, ob

die Willenserklärung eines Vertreters dieser womöglich vertretungsrechtlich zurechenbar ist. In diesem Fall ist auch ein Rückgriff auf eine Vertretungsmacht aus Duldungs- oder Anscheinsvollmacht zumindest nicht als ausgeschlossen. Insgesamt scheint ein Überschreiten von Rechtsträgergrenzen zur Haftung im deutschen Recht rechtsdogmatisch jedoch auch hier auf wesentlich größeren Widerstand zu stoßen als im französischen.

Fazit und Ausblick

86. Die vorliegende Arbeit geht von dem sowohl in der französischen als auch in der deutschen Rechtsordnung intensiv diskutierten Problem der Insolvenz konzernangehöriger Rechtsträger aus. Sie konzentriert sich in diesem weiten Themenspektrum auf die Frage, inwieweit die Eröffnung eines Insolvenzverfahrens zu Anpassungen oder Durchbrechungen der im Trennungs- und Rechtsträgerprinzip rechtlich materialisierten Haftungstrennung im Konzern führen kann. Sie stellt, um diese Fragestellung rechtsvergleichend aufzuarbeiten, das französische Recht ins Zentrum der Betrachtung und reichert diese Darstellung zum besseren Verständnis über rechtsvergleichende Anmerkungen zum deutschen Recht an. Das französische Recht ist nämlich größtenteils von materiell-insolvenzrechtlichen Spezialregeln geprägt, während im deutschen Recht lediglich ein Geflecht allgemeiner vor- und nachinsolvenzlicher Rechtsinstitute funktional vergleichbar ist. Die größten Unterschiede zwischen beiden Rechtsordnungen liegen darüber hinaus in der Ausgestaltung des französischen Insolvenzrechts als „Recht der Unternehmen in Schwierigkeit" im Dienste der Sanierung des Schuldners – während sich das deutsche Insolvenzrecht als Gesamtvollstreckungsverfahren im Dienste der Gläubiger sieht. Das französische Recht hat sich außerdem bewusst gegen ein geschriebenes Konzernrecht entschieden, wohingegen dieses in Deutschland für Aktienkonzerne existiert. Beide Rechtsordnungen behalten jedoch gleichermaßen in der Insolvenz die grundsätzliche Haftungstrennung zwischen Konzerngesellschaften bei. Ausnahmen in Form von Überschreitungen von Rechtsträgergrenzen lassen sich in beiden Rechtsordnungen bei gläubigerschädigenden Eingriffen in das Haftungssubstrat einer Gesellschaft, bei über das Normalmaß hinausgehenden Eingriffen in Entscheidungssphären konzernangehöriger Gesellschaften sowie bei Verstößen gegen die Transparenz von Entscheidungsprozessen oder der Vermögenszuordnung feststellen.

87. Ein wirtschaftliches und rechtspolitisches Grundproblem wird in dieser Problemstellung in beiden Rechtsordnungen ähnlich analysiert. Das Auseinanderfallen von wirtschaftlicher und rechtlicher Realität bei Konzernsachverhalten zwingt Gesetzgeber und Rechtsprechungen zu einem ständigen Balanceakt zwischen dem Konzerninteresse an einer möglichst wirksamen Haftungstrennung und dem Allgemein- bzw. Gläubigerinteresse an einer Vergrößerung des

Haftungssubstrats bei der Insolvenz konzernangehöriger Rechtsträger, andererseits gleichzeitig einer damit verbundenen, größtmöglichen rechtlichen Anerkennung der wirtschaftlichen Realität von Entscheidungsstrukturen in Konzernen als Gesamtunternehmen. Möchte der Gesetzgeber einen Wohlfahrtsgewinn für die Gesellschaft erreichen, ist er zu Kompromissen verpflichtet; eine zu weitreichende Missachtung des Konzerninteresses kann sich nämlich als Hindernis für Investitionen herausstellen und volkswirtschaftlich sinnvolle Risikoanreize vermindern.

88. Angesichts dieses Grundproblems lassen sich in beiden Rechtsordnungen unterschiedliche Lösungsansätze feststellen, die in der vorliegenden Arbeit ausführlich erläutert wurden. Auffällig ist jedoch, dass sich in beiden Rechtsordnungen die Räume für eine sanktionsfreie Betätigung durch Konzerne ohne Haftungsrisiken vergrößert haben. In Frankreich ließ sich hierbei eine rechtliche „Wellenbewegung" in der Diskussion um die richtigen Lösungen für die eingangs erläuterte Problemstellung erkennen. Von der Verfahrenserstreckung über die *responsabilité pour insuffisance d'actif* zur *théorie du co-emploi* und nunmehr anderen, allgemeineren Haftungsgrundlagen – die jüngere rechtliche Debatte war durch weitreichende Vorstöße zur Öffnung von Haftungstatbeständen, einer daraufhin erfolgten Einschränkung allen voran durch den Kassationsgerichtshof und, schließlich, durch die Eröffnung neuer Haftungsmöglichkeiten geprägt. Dabei haben sich in den letzten Jahren die Möglichkeiten einer rechtsträgerübergreifenden Haftung bei der Insolvenz von konzernangehörigen Unternehmen deutlich verringert; in keiner der hier angesprochenen Haftungsgrundlagen kam es jedoch zu einem völligen Ausschluss der Anwendungsmöglichkeiten in der Konzerninsolvenz, wodurch jeweils ein Restrisiko verbleibt. Auch in Deutschland waren derartige Anpassungsprozesse zu beobachten; die Debatte um die Einführung eines geschriebenen Aktienkonzernrechts oder die Urteilsketten zum qualifiziert-faktischen Konzern bzw. der Existenzvernichtungshaftung ließen die Debatte allerdings zeitlich früher aufkommen. Die Diskussion um eine rechtsträgerübergreifende Haftung als Problem der Konzerninsolvenz in Deutschland war – bis auf einzelne Ausnahmen wie im Bereich der „Konzernvertrauenshaftung" – nahezu zum Stillstand gekommen. Ein vor kurzem erfolgter Vorstoß im Hinblick auf die Haftung für herrschende Unternehmen von Betreibergesellschaften von Kernkraftwerken durch das Nachhaftungsgesetz erstaunt jedoch in diesem Zusammenhang mit seinen für das deutsche Recht ungewöhnlich weitreichenden Haftungsfolgen, auch wenn diese Haftung nicht als konzerninsolvenzrechtliches Problem im engeren Sinne verstanden und ausgestaltet worden ist.

89. Trotz aller Unterschiede ist die grundlegende Antwort auf das einleitend beschriebene Grundproblem des Auseinanderfallens von wirtschaftlicher Realität und rechtlichem Postulat bei integriert geführten Konzernen, welches sich bei der Insolvenz konzernangehöriger Rechtsträger noch verschärft, in beiden hier verglichenen Rechtsordnungen identisch. Sie liegt in einer grundsätzlichen

Anerkennung des Trennungs- und Rechtsträgerprinzips und dem damit einhergehenden Vorrang von Postulat über Realität. Zur Verbesserung der wirtschaftlichen Entfaltungsmöglichkeiten für Unternehmen verzichten beide Rechtsordnungen darauf, etwa aus einer durch Stimmrechte vermittelten wirtschaftlichen Entscheidungsmacht im Konzern, automatisch auf eine Haftung nach außen zu schließen. Die mit jeder Konzernorganisation verbundene Risikominimierung durch Haftungssegmentierung wird zunächst nicht als ein Missbrauch, sondern als ein durchaus legitimer Vorteil dieser Organisationsform verstanden. Nur bei darüberhinausgehenden, größtenteils qualifizierten Schädigungen der Vermögensintegrität oder Eingriffen in die Entscheidungssphären von Konzerngesellschaften sowie bei Verstößen gegen das Gebot rechtlicher Transparenz sehen beide Rechtsordnungen die Schwelle überschritten, die eine rechtsträgerübergreifende Haftung, insbesondere in Insolvenzfällen, rechtfertigen kann. Hierbei sind im französischen Recht insgesamt weiterreichende Eingriffe in das Trennungs- und Rechtsträgerprinzip möglich, da es sowohl eine Verfahrenserstreckung als auch Durchgriffs- und Innenhaftungstatbestände in der Insolvenz bereithält. Aus der entsprechenden Sanktionsandrohung ergibt sich auch die vom französischen Recht erhoffte, verhaltenssteuernde Wirkung bei gleichzeitig maximaler Flexibilität zur Errichtung von Organisationsstrukturen – auf Kosten von Vorhersehbarkeit und Rechtssicherheit. Das deutsche Recht setzt mit einer Kombination aus konkreten Verhaltensregeln (etwa im AG-Konzernrecht) und eingriffsschwächeren Haftungsnormen andere Prioritäten zur Vermeidung von Missbräuchen von Konzernorganisationen. Dies erhöht die Rechtssicherheit, führt jedoch – ohne ein Restrisiko der Haftung gerade im Bereich der weitreichenden Tatbestände der Insolvenzanfechtung vermeiden zu können – zu weniger flexiblen Gestaltungsmöglichkeiten für konzerninterne Organisationsstrukturen. Völlig rechtssichere Verhaltensanweisungen zur Vermeidung jeglicher Haftung im Sinne von Richtlinien zur Gestaltung „normal funktionierender Konzernstrukturen" kann jedoch keine der beiden Rechtsordnungen bieten.

90. Die juristische und rechtspolitische Debatte über die Konzerninsolvenz hat in beiden Ländern einen abweichenden Verlauf genommen. In Deutschland hat sie sich vornehmlich – und erst kürzlich mit greifbaren Ergebnissen – auf die prozessuale Seite dieses Problems konzentriert und insbesondere die Frage gestellt, welche Form von Verfahrenskoordination zu möglichst effizienten Resultaten bei der Erreichung der Verfahrensziele führen kann. Fragen von rechtsmissbräuchlichen Verhaltensweisen in Konzern und Insolvenz sowie materiellrechtlich ausgestaltete Lösungswege kamen bis zum Ende der 1990er-Jahre auf, wurden dann jedoch kaum als Problem der Konzerninsolvenz weitergeführt. In Frankreich waren sowohl die Diskussion als auch die hieraus folgenden praktischen Folgen für beide Bereiche weitaus intensiver. Dies mag auch mit der voneinander abweichenden wirtschaftlichen Entwicklung der bei-

den Länder zusammenhängen. Eine im Vergleich zu Deutschland zuletzt weitaus größere Anzahl von Insolvenzfällen hat in Frankreich auch die Stakeholderthematik von Konzerninsolvenzen in das öffentliche Interesse gerückt und hier auf die Rechtsentwicklung einen erheblichen Anpassungsdruck erzeugt. Sollten sich die wirtschaftlichen Faktoren in Zukunft verschieben, kann eine ähnliche Entwicklung für das deutsche Recht nicht ausgeschlossen werden. Die jüngere Entwicklung im Hinblick auf die mit drastischen Lösungen verbundenen Gemeinwohlerwägungen, die zur Rechtfertigung des atomrechtlichen Nachhaftungsgesetzes herangezogen worden sind, hat zudem gezeigt, dass auch in Deutschland die großen gesellschaftlichen Herausforderungen – hier der Bewältigung des Atomausstiegs – ebenfalls zu einer größeren Berücksichtigung von Stakeholderinteressen und der Einführung rechtsträgerübergreifender Haftungsinstrumente herausfordern. Dies mag sich in Zukunft durchaus auch bei anderen politisch brisanten Themen in Deutschland wiederholen. Die Orientierung an einem einzelnen gesellschaftlichen Problem zur Rechtfertigung neuer Haftungsformen erinnert jedoch an die zuletzt zahlreich geführten Debatten um die Reichweite der Haftungstrennung in französischen Konzernen.

91. Zur Herstellung einer möglichst transparenten Ausgestaltung der Haftungstrennung für Konzerngesellschaften wie auch eines möglichst effizienten Schutzes vor Missbräuchen würde es einer geschriebenen Regelung im Hinblick auf die Ausnahmen der Haftungstrennung bedürfen – und dies möglichst auf europäischer Ebene. Trotz des unterschiedlichen Verlaufs der jüngeren rechtlichen und rechtspolitischen Debatten in Deutschland und Frankreich sowie der unterschiedlichen Prioritäten von Gesetzgebung und Rechtsprechung zeigen sich weitreichende Parallelen zwischen diesen beiden bedeutendsten kontinentaleuropäischen Rechtsordnungen. In beiden Ländern wurde das jedem Konzern besonders in der Insolvenz seiner Rechtsträger innewohnende Spannungsverhältnis zwischen wirtschaftlicher Einheit und rechtlicher Vielfalt, zwischen dem Bestreben beider Rechtsordnungen zur Beförderung des Konzerninteresses an der Minimierung von Risiken und dem gleichzeitig bestmöglichen Schutz externer Interessen erkannt. Beide Rechtsordnungen geben dem Interesse der Konzerne an einer wirksamen Haftungsbeschränkung den grundsätzlichen Vorrang, erkennen jedoch den Schutz vor Missbräuchen solcher Strukturen als ein wichtiges Ziel zugunsten von Gläubigern, Stakeholdern und der Allgemeinheit an. Weiterhin haben beide Rechtsordnungen diesbezüglich entsprechenden Handlungsbedarf in den hier als besonders relevant erkannten Problemkreisen der Schädigungen des Haftungssubstrats durch unausgeglichene Finanzflüsse, der über das Normalmaß reichenden Ausübung von konzernrechtlicher Leitungsmacht sowie von Einschränkungen bei der Transparenz von rechtlichen Beziehungen im Konzern erkannt und entsprechende Sanktions-, Haftungs-, oder Ausgleichsansprüche eingeführt. Keine der Rechtsordnungen hat hier vollständig zufriedenstellende Lösungen entwickeln

können. Sowohl im französischen als auch im deutschen Recht sind Einzelregelungen zu kleinteilig und ihre Ergebnisse im Einzelfall zu wenig vorhersehbar. Außerdem ergeben sich durch ihre jeweils begrenzte grenzüberschreitende Anwendungsperspektive – die hier anhand der Tatbestände des französischen Rechts exemplarisch erläutert worden ist – weitreichende Umgehungsmöglichkeiten der nationalen Haftungsinstitute. Die sich hieraus abzeichnende Gefahr liegt in einer zunehmenden Verringerung des Schutzniveaus vor als missbräuchlich erkannten Verhaltensweisen und einer Verzerrung von Marktmechanismen. Vor einer umfassenden, geschriebenen Regelung, die die Grenzen der Haftungstrennung unter anderem in der Konzerninsolvenz genau definiert und zur Verhinderung von Missbräuchen unionsweite Mindeststandards einführt, sollte das europäische Recht daher nicht zurückschrecken. Die Parallelen zwischen den beiden bedeutendsten kontinentaleuropäischen Rechtsordnungen bei den Grundfragen sind ein guter Ausgangspunkt – die verbleibenden Unterschiede zwischen denselben ein Ansporn, auch in Detailfragen noch stärker aufeinander zuzugehen. Auch der Zeitpunkt, sich nunmehr wieder verstärkt den materiellen Fragen der Konzerninsolvenz zuzuwenden, erscheint günstig: Sowohl die deutsche als auch die französische Rechtsordnung haben inzwischen umfassende prozessuale Regeln für die Konzerninsolvenz eingeführt, die auf eine effizientere Abwicklung solcher Verfahren hinwirken sollen. Außerdem hat auch das diesbezüglich bisher eher zurückhaltende deutsche Recht durch jüngste Entwicklungen gezeigt, dass es neuerdings im Rahmen von Finanzierungsfragen des Atomausstiegs auf rechtsträgerübergreifende Haftungsinstrumente im Konzern setzt. In Zukunft zu findende, gemeinsame Lösungen in diesem Problemkreis können sich methodisch nach den Fallgruppen richten, die in beiden Rechtsordnungen als problematisch und daher sanktionswürdig verstanden worden sind – mit Abstufungen je nach Schwere des erkannten Verstoßes gegen die Haftungsordnung.

Literaturverzeichnis

Accardo, Gérôme/ Cordellier, Christian: Les entreprises indépendantes d'un groupe: un renouvellement continu et important, INSEE Première, März 2013, Nr. 1438.

Almeras, Christelle/ Brasseur, Jacqueline/ Brunel, Catherine: Images économiques des entreprises et des groupes au 1er janvier 2008, INSEE Résultats, April 2010, Nr. 46 économie.

Almeras, Christelle/ Brasseur, Jacqueline/ Strauss, Jean-Paul: Images économiques des entreprises et des groupes au 1er janvier 2007, INSEE Résultats, April 2009, Nr. 42 économie.

Altmeppen, Holger: Gesetz betreffend die Gesellschaften mit beschränkter Haftung, Kommentar, 9. Auflage, München 2019 [zitiert: *Bearbeiter*, in: Roth/ Altmeppen, GmbHG].

–: Cash Pooling und Kapitalerhaltung bei bestehendem Beherrschungs- oder Gewinnabführungsvertrag, NZG 2010, S. 361–368.

–: Interessenkonflikte im Konzern, ZHR 171 (2007), S. 320–342.

Andres, Dirk/ Leithaus, Rolf/ Dahl, Michael: Insolvenzordnung (InsO): Kommentar, 4. Auflage, München 2018 [zitiert: *Bearbeiter*, in: Andres/ Leithaus, InsO].

Aubert, Françoise/ Piniot, Marie-Charlotte: La personnalité morale des sociétés face au droit des procédures collectives dans la jurisprudence de la chambre commerciale de la Cour de cassation: de la confrontation à la conciliation, in: Dumas, Jean-Pierre/ Le Cannu, Paul/ Piniot, Marie-Charlotte (Hrsg.), Le juge et le droit de l'économie: mélanges en l'honneur de Pierre Bézard, Paris 2002, S. 287 [zitiert: *Aubert/ Piniot,* in: FS-Bézard].

Aubrée, Yann: Contrat de travail (Existence – Formation), in: Lyon-Caen, Antoine (Hrsg.), Rép. travail, Paris, letzte laufende Aktualisierung 06/2018.

Auzero, Gilles: Co-emploi : en finir avec les approximations !, Rev. trav. 2016, S. 27.

Bachner, Michael: Die Matrixorganisation in der Betriebsverfassung, NZA 2019, 134–141.

Bailly, Pierre: Actualité des licenciements économiques, Sem. Soc. Lamy, Nr. 2011-1504, S. 6.

Barbièri, Jean-François: Confusion des patrimoines et fictivité des sociétés, LPA, Nr. 1996-129, S. 9.

Baumbach, Adolf/ Hopt, Klaus J./ Kumpan, Christoph/ Merkt, Hanno/ Roth, Markus: Handelsgesetzbuch, mit GmbH & Co., Handelsklauseln, Bank- und Börsenrecht, Transportrecht (ohne Seerecht), 39. Auflage, München 2020 [zitiert: *Bearbeiter,* in: Baumbach/ Hopt, HGB].

Baumbach, Adolf/ Hueck, Alfred/ Beurskens, Michael/ Fastrich, Lorenz/ Haas, Ulrich/ Noack, Ulrich (Hrsg.): GmbHG: Gesetz betreffend die Gesellschaften mit beschränkter Haftung, 22. Auflage, München 2019 [zitiert: *Bearbeiter*, in: Baumbach/ Hueck, GmbHG].

Beaubrun, Marcel: La confusion des patrimoines au regard des procédures collectives de liquidation du passif, RJ com 1980, S. 41.

Beck'scher Online-Kommentar InsO: Hg. von Fridgen, Alexander/ Geiwitz, Arndt/ Göpfert, Burkard, 19. Edition, München, Stand: 15.04.2020 [zitiert: *Bearbeiter*, in: BeckOK InsO].

Bitter, Georg: Konzernrechtliche Durchgriffshaftung bei Personengesellschaften, Köln 2000.

Blin-Franchomme, Marie-Pierre: De l'"évolution des espèces" : vers une responsabilité environnementale des groupes de sociétés, RLDA Nr. 2009-42, S. 2506.

Bonnard, Jérôme: Droit des entreprises en difficulté, 7. Auflage, Paris 2016.

Bork, Reinhard/ Schäfer, Carsten (Hrsg.):, Kommentar zum GmbH-Gesetz, 4. Auflage, Köln 2019 [zitiert: *Bearbeiter*, in: Bork/ Schäfer, GmbhG].

Bouloc, Bernard: Abus de biens sociaux, in: Magnier, Véronique (Hrsg.), Rép. sociétés, Paris, letzte laufende Aktualisierung 06/2018.

Bouru, Olivier/ Menjucq, Michel: Anmerkung zu Cass. com., 19.04.2005, Revisionsnummer 05-10094, Bull. civ. 2005 IV, S. 95, Nr. 92 (Metaleurop), JCP G Nr. 2005-26, II, S. 10088.

Braun, Eberhard (Hrsg.): Insolvenzordnung (InsO), Kommentar, 8. Auflage, München 2020 [zitiert: *Bearbeiter*, in: Braun, InsO].

Bravard-Veyrières, Pierre/ Demangeat, Charles: Traité de droit commercial, Paris 1891.

Braye, Dominique/ Nègre, Louis/ Sido, Bruno/ Dubois, Daniel: Rapport n° 552 au nom de la commission de l'économie, du développement durable et de l'aménagement du territoire sur le projet de loi portant engagement national pour l'environnement (urgence déclarée), la proposition de loi présentée par MM. Philippe MARINI et plusieurs de ses collègues tendant à rendre obligatoire la consultation des citoyens préalablement à l'implantation d'éoliennes de grande hauteur; la proposition de loi présentée par M. Jean DESESSARD, et plusieurs de ses collègues relative à la réglementation de l'implantation des antennes-relais de téléphonie mobile et à la réduction de l'exposition des personnes aux champs électromagnétiques, Paris 2009 [zitiert: *Braye/ Nègre/ Sido/ Dubois*, Rapport Sénat Nr. 552, loi Grenelle II].

Broichmann, Alice/ Burmeister, Julian: Konzernvertrauenshaftung – zahnloser Tiger oder tragfähiges Haftungskonzept?, NZG 2006, S. 687–691.

Brun, Brigitte: La prise en compte toujours accrue des groupes de sociétés en droit de la concurrence, Dr. sociétés Nr. 2006-6, étude 13.

Bürgers, Tobias/ Körber, Torsten (Hrsg.): Aktiengesetz, 4. Auflage, Heidelberg 2017 [zitiert: *Bearbeiter*, in: Bürgers/ Körber, AktG].

Business France (Hrsg.): Rapport sur l'internationalisation de l'économie française – Bilan 2016 des investissements étrangers en France, Paris 2017.

Cabrillac, Michel: L'Extension de la procédure collective du commerçant à son conjoint collaborateur, in: Procédures collectives et droit des affaires: morceaux choisis – Mélanges en l'honneur d'Adrienne Honorat, Paris 2000, S. 81 [zitiert: *Cabrillac*, in: FS-Honorat].

Cagnoli, Pierre: La loi Pétroplus a son décret d'application ! Phase 1 : l'obtention des mesures conservatoires, Act. proc. coll., Nr. 2012-18, alerte 272.

Calendini, Jean-Michel: Conditions d'ouverture, Rev. Proc. Coll., Nr. 1994-3, S. 36.

Campana, Marie-Jeanne/ Dizel, Martine/ Barratin, Laurent-Philippe/ Fernandez, Reine: Entreprises en difficulté – Redressement judiciaire (Conditions d'ouverture), in: Vogel, Louis/ Delpech, Xavier (Hrsg.), Rép. commercial, Paris, letzte laufende Aktualisierung 07/2018.

Cesaro, Jean-François/ Peskine, Elsa: Le coemploi sur la sellette, Rev. trav. 2014, S. 661.

Chaput, Yves: Une nouvelle architecture du droit français des procédures dites collectives, JCP G 2005, S. I 184.

Clavel, Sandrine: Groupement européen d'intérêt économique, in: Poillot-Peruzzetto, Sylvaine/ Simon, Denys (Hrsg.), Rép. européen, Paris, letzte laufende Aktualisierung 10/2012.

Code des procédures collectives: Bearb. von Lienhard, Alain/ Pisoni, Pascal, 17. Auflage, Paris 2019.

Comanges, Laurent: Le dangereux paradoxe de la nullité des sociétés fictives, Bull. Joly Soc., Nr. 2003-1, S. 12.

Commandeur, Anja/ Römer, Alexander: Insolvenzanfechtung von Upstream Guarantees in der Insolvenz der Konzernmutter, NZG 2017, S. 776–779.

Constantin, Alexis: Droit des sociétés, 6. Auflage, Paris 2014.

Coquelet, Marie-Laure: Entreprises en difficulté, instruments de paiement et de crédit, 6. Auflage, Paris 2017.

Cour de cassation (Hrsg.): Contrat de travail, organisation et exécution du travail – Emploi et formation, Mensuel du droit de travail Nr. 2014-56, S. A. 1.

–: (Hrsg.): Rapport annuel 2011 – Le risque, Paris 2011.

Couret, Alain: Vers un nouveau droit des groupes ?, LPA, Nr. 1997-47, S. 4.

Couret, Alain/ Schramm, Marie-Pierre: L'indemnisation par une autre société du groupe des salariés d'une filiale en difficulté, Rev. sociétés 2014, S. 709.

Cozian, Maurice: Comment pratiquer l'intégration „sauvage" là où l'intégration légale n'est pas possible ?, LPA, Nr. 1994-38, S. 4.

Cozian, Maurice/ Viandier, Alain/ Deboissy, Florence: Droit des sociétés, 31. Auflage, Paris 2018.

Cozian, Maurice/ Viandier, Alain/ Deboissy, Florence: Droit des sociétés, 29. Auflage, Paris 2016.

Creditreform Wirtschaftsforschung (Hrsg.): Insolvenzen in Europa, Jahr 2011/2012, Neuss 2012.

– (Hrsg.): Unternehmensinsolvenzen in Europa, Jahr 2016/2017, Neuss 2017.

Cuisinier, Vincent: Les groupes et la responsabilité de la société mère, Rev. Proc. Coll., Nr. 2013-6, dossier 54.

Cutajar, Chantal: Le montage société civile immobilière/ société d'exploitation à l'épreuve de l'extension jurisprudentielle de la procédure collective, Bull. Joly Soc., Nr. 1999-11, S. 1057.

d'Ornano, Pierre-Henri: Le coemployeur, JCP S 2010, S. 1533.

Dahl, Michael/ Schmitz, Daniel: Das neue Insolvenzanfechtungsrecht, NJW 2017, S. 1505.

Daigre, Jean-Jacques: Entreprises en difficulté – Redressement judiciaire (Personnes morales et dirigeants), in: Magnier, Véronique (Hrsg.), Rép. sociétés, Paris, letzte laufende Aktualisierung 04/2018.

–: Le risque d'extension de la procédure collective à l'époux in bonis, LPA, Nr. 1998-102, S. 5.

Dammann, Reinhard: Faut-il encadrer davantage le recours à l'action en extension de procédure ?, Bull. Joly ED, Nr. 2017-3, S. 175.

Dammann, Reinhard/ François, Samuel: Le co-emploi : la fin de l'exception française ?, Bull. Joly Soc., Nr. 2016-4, S. 209.

–: Le droit social à l'épreuve de l'instrumentalisation des procédures collectives, D. 2012, S. 2212.

Dammann, Reinhard/ Podeur, Gilles: Les groupes de sociétés face aux procédures d'insolvabilité, RLDA Nr. 2007-16, Studie 975, S. 65.

Dammann, Reinhard/ Schneider, Sophia: La sauvegarde financière accélérée – analyse et perspectives d'avenir, D. 2011, S. 1429.

de Juglart, Michel/ Ippolito, Benjamin/ Kerckhove, Eric: Traité de droit commercial, Tome 6: Procédures collectives de paiement, 3. Auflage, Paris 1998.

de la Villeguérin, Yves (Hrsg.): Groupe de PME, in: Revue Fiduciaire Hors Série Nr. 2012-5.

Degenhardt, J. Ernst: Die Reform des französischen Insolvenzrechts durch die Gesetze für „Wachstum, Aktivität und Gleichheit der wirtschaftlichen Chancen" und zur „Modernisierung der Justiz des 21. Jahrhunderts", NZI 2017, S. 134–142.

Deharo, Gaëlle: Question prioritaire de constitutionnalité (QPC), in: Guinchard, Serge (Hrsg.), Rép. procédure civile, Paris, letzte laufende Aktualisierung 05/2013.

Delebecque, Philippe: Groupes de sociétés et procédures collectives: confusion de patrimoines et responsabilité des membres du groupe, Rev. Proc. Coll., Nr. 1998-2, S. 129.

Delebecque, Philippe/ Germain, Michel/ Ripert, G./ Roblot, R.: Traité de droit commercial : Tome 2, Effets de commerce, banque, contrats commerciaux, procédures collectives, 17. Auflage, Paris 2004.

Deleneuville, Jean-Michel: Critères de la confusion des patrimoines entre sociétés commerciales et personnes physiques, ou le fabuleux destin de l'article L. 621-5 du Code de commerce, Rev. Proc. Coll., Nr. 2002-3, S. 157.

–: L'extension de procédure pour confusion, fictivité ou fiction, Rev. Proc. Coll., Nr. 1999-2/3, S. 63.

–: La qualité de débiteur – Des difficultés de l'extension de procédure au sein des groupes de sociétés, Rev. Proc. Coll., Nr. 2001-2, S. 61.

Delmotte, Philippe, Les critères de la confusion des patrimoines dans la jurisprudence de la chambre commerciale de la Cour de cassation. Panorama de jurisprudence 1998–2006, RJDA 2006, S. 549.

Demeyre, Dominique: Le maintien par l'ordonnance du 18 décembre 2008 du dispositif de l'extension de procédure dans la sauvegarde : pour quoi faire ?, D. 2009, S. 2297.

Derrida, Fernand: A propos de l'extension des procédures de redressement et de liquidation judiciaires, in: Mélanges Michel Cabrillac, Paris 1999, S. 687 [zitiert: *Derrida*, in FS-Cabrillac].

Derrida, Fernand: L'unité d'entreprise est-elle une cause autonome d'extension de la procédure de redressement judiciaire? – Etude de jurisprudence, in: Les activités et les biens de l'entreprise – Mélanges offerts à Jean Derruppé, Paris 1991, S. 29 [zitiert: *Derrida*, in: FS-Derruppé].

Derrida, Fernand/ Sortais, Jean-Pierre/ Godé, Pierre/ Honorat, Adrienne: Redressement et liquidation judiciaires des entreprises: cinq années d'application de la loi du 25 janvier 1985, 3. Auflage, Paris 1991.

Desmond, Nelly: Répertoire des entreprises contrôlées majoritairement par l'État au 31 décembre 2011, INSEE Résultats, Dezember 2012, Nr. 63 économie.

Dockès, Emmanuel: Notion de contrat de travail, Dr. social 2011, 546.

Dom, Jean-Philippe: Le gouvernement d'entreprise, technique d'anticipation des risques, Dr. sociétés Nr. 2012-8, étude 12.

–: Les dimensions du groupe de sociétés après les réformes de l'année 2001, Rev. sociétés 2002, S. 1.

–: Anmerkung zu Cass. Com., 20.01.1998, Revisionsnummer 94-21811, Bull. Joly soc. Nr. 1998-5, S. 474.

Dondero, Bruno: Droit des sociétés, 6. Auflage, Paris 2019.

Droege Gagnier, Anja: „Lex Petroplus" – Neue Sicherungsmaßnahmen im Sanierungsverfahren nach französischem Insolvenzrecht, NZI 2012, S. 449–452.

Druey, Jean Nicolas: Pour la protection des mères – À quoi bon un droit sur les groupes de sociétés, in: Antaki, Nabil/ Béguin, Jacques/ Bouloc, Bernard (Hrsg.), Aspects actuels du droit des affaires – Mélanges en l'honneur de Yves Guyon, Paris 2012, S. 349 [zitiert: *Druey*, in: FS-Guyon].

Drygala, Tim/ Staake, Marco/ Szalai, Stephan: Kapitalgesellschaftsrecht: mit Grundzügen des Konzern- und Umwandlungsrechts, Heidelberg 2012.

Dupouy, Sabrina: La responsabilisation environnementale des groupes de sociétés par le Grenelle : enjeux et perspectives, Dr. sociétés Nr. 2012-11, étude 16.

Duquesne, François: Droit du travail, Issy-les-Moulineaux 2015.

Duvivier, Henri: De la faillite des sociétés, Paris 1887.

Ehricke, Ulrich: Zur Begründbarkeit der Durchgriffshaftung in der GmbH, insbesondere aus methodischer Sicht, AcP 199 (1999), S. 257–304

–: Das abhängige Konzernunternehmen in der Insolvenz: Wege zur Vergrößerung der Haftungsmasse abhängiger Konzernunternehmen im Konkurs und Verfahrensfragen – eine rechtsvergleichende Analyse, Tübingen 1998.

Eidenmüller, Horst: Verfahrenskoordination bei Konzerninsolvenzen, ZHR 169 (2005), S. 528–569.

Eidenmüller, Horst/ Frobenius, Tilmann: Ein Regulierungskonzept zur Bewältigung von Gruppeninsolvenzen: Verfahrenskonsolidierung im Kontext nationaler und internationaler Reformvorhaben, ZIP 2013, Beilage Heft 22, S. 1–20.

Emmerich, Volker/ Habersack, Mathias: Konzernrecht, 10. Auflage, München 2013.

Emmerich, Volker/ Habersack, Mathias/ Schürnbrand, Jan: Aktien- und GmbH-Konzernrecht: Kommentar, 9. Auflage, München 2019 [zitiert: *Bearbeiter*, in: Emmerich/ Habersack, Aktien- und GmbH-Konzernrecht].

Erman: Hg. von Westermann, Harm Peter/ Maier-Reimer, Georg/ Grunewald, Barbara, Bürgerliches Gesetzbuch, 16. Auflage, Köln 2020 [zitiert: *Bearbeiter*, in: Erman, BGB].

Fabre, Alexandre: Contrat de travail à durée indéterminée: rupture – licenciement – droit commun, in: Lyon-Caen, Antoine (Hrsg.), Rép. travail, Paris, letzte laufende Aktualisierung 04/2020.

–: Ordonnances Macron – Que reste-t-il du droit du licenciement pour motif économique ?, Sem. Soc. Lamy, Nr. 2017-1784, S. 3.

–: La responsabilité délictuelle pour faute au secours des salariés victimes d'une société tierce, Rev. trav. 2014, S. 672.

Favario, Thierry: Anmerkung zu Cass. Com., 11.02.2014, Revisionsnummer 13-12270, Bull. Joly ED Nr. 2014-1, S. 147.

Favennec-Héry, Françoise/ Verkindt, Pierre-Yves: Droit du travail, 6. Auflage, Paris 2018.

Firley, Loïc: L'extension de procédure à la demande du débiteur instaurée par l'ordonnance du 12 mars 2014 : une réforme à la portée limitée, Rev. Proc. Coll., Nr. 2014-3, étude 13.

Fleck, Klaus: Wörterbuch Recht: Französisch-Deutsch, Deutsch-Französisch, 2. Auflage, München/ Basel 2013.

Fleischer, Holger: Konzernvertrauenshaftung und corporate advertising – ein aktueller Streifzug durch die schweizerische Spruchpraxis zum Konzernaußenrecht, NZG 1999, S. 685–692.

Flöther, Lucas (Hrsg.): Handbuch zum Konzerninsolvenzrecht, 2. Auflage, München 2018 [zitiert: *Bearbeiter*, in: Flöther, Handbuch zum Konzerninsolvenzrecht].

Fortis, Élisabeth: Entreprises en difficulté (Responsabilités et sanctions), in: Vogel, Louis/ Delpech, Xavier (Hrsg.), Rép. commercial, Paris, letzte laufende Aktualisierung 06/2015.

Frison-Roche, Marie-Anne: Les difficultés méthodologiques d'une réforme du droit des faillites, D. 1994, S. 17.

Fröhlich, Oliver: Berechnungsdurchgriff bei der Sozialplandotierung – Wann kommt eine (Mit-)Haftung von übergeordneten Konzernunternehmen in Betracht?, ArbRB 2013, S. 161–164.

Gauriau, Bernard: Le co-employeur – Étude de jurisprudence, Dr. social 2012, S. 995.

Germain, Michel/ Magnier, Véronique: Traité de droit des affaires, Tome 2, Les sociétés commerciales, 22. Auflage, Paris 2017.

–: Propos introductifs – Les apports : entre passé et avenir, Bull. Joly Soc., Nr. 2009-12, S. 1148.

Gibirila, Deen: Groupes de sociétés – Présentation, JCl. Com., Fasc. 1574, Paris, letzte laufende Aktualisierung 07/2017.

–: Droit des entreprises en difficulté, Paris 2009.

–: Anmerkung zu Cass. com., 19.04.2005, Revisionsnummer 05-10094, Bull. civ. 2005 IV, S. 95, Nr. 92 (Metaleurop), Def., Nr. 2005-23, S. 1932.

Gisserot, Florence, La confusion des patrimoines est-elle une source autonome d'extension de faillite ?, RTD Com. 1979, S. 49.

Goffaux-Callebaut, Géraldine: Apport, in: Magnier, Véronique (Hrsg.), Rép. sociétés, Paris, letzte laufende Aktualisierung 11/2017.

Gottwald, Peter/ Haas, Ulrich (Hrsg.): Insolvenzrechts-Handbuch, 6. Auflage, München 2020 [zitiert: *Bearbeiter*, in: Gottwald/ Haas, Insolvenzrechts-Handbuch].

Gottwald, Peter (Hrsg.): Insolvenzrechts-Handbuch, 5. Auflage, München 2020 [zitiert: *Bearbeiter*, in: Gottwald, Insolvenzrechts-Handbuch, 5. Auflage].

Grelon, Bernard/ Dessus-Larrivé, Carole: La confusion des patrimoines au sein d'un groupe, Rev. sociétés 2006, S. 281.

Guégot, Françoise (Hrsg.): Rapport n° 4411 fait au nom de la Commission des lois constitutionnelles, de la législation et de l'administration générale de la république sur la proposition de loi (N° 4400) de Mme Françoise Guégot relative aux mesures conservatoires en matière de procédures de sauvegarde, de redressement judiciaire ou de liquidation judiciaire et aux biens qui en font l'objet, Paris 2012 [zitiert: *Guégot*, Rapport Assemblée nationale Nr. 4411, loi Petroplus].

Guyon, Yves: Anmerkung zu CA Paris, 04.05.1990, Rev. sociétés 1990, S. 449.

–: Groupement d'intérêt économique, in: Magnier, Véronique (Hrsg.), Rép. sociétés, Paris, letzte laufende Aktualisierung 04/2018.

–: Assemblées d'actionnaires, in: Magnier, Véronique (Hrsg.), Rép. sociétés, Paris, letzte laufende Aktualisierung 03/2018.

–: Droit des affaires, Tome 1, Droit commercial général et Sociétés, 12. Auflage, Paris 2003.

–: Droit des affaires, Tome 2, Entreprises en difficultés – Redressement judiciaire – Failllite, 9. Auflage, Paris 2003.

Habersack, Mathias/ Schürnbrand, Jan: Cash Management und Sicherheitenbestellung bei AG und GmbH im Lichte des richterrechtlichen Verbots der Kreditvergabe an Gesellschafter, NZG 2004, S. 689–696.

Handbuch Insolvenzrecht in Europa: Hg. von Kindler, Peter/ Nachmann, Josef/ Blitzer, Fabian, Loseblatt, 4. Auflage, 7. Ergänzung, München 2020 [zitiert: *Bearbeiter*, in: Handbuch Insolvenzrecht in Europa].

Hannoun, Charley: La responsabilité environnementale des société-mères, Dr. sociétés Nr. 2009-6, dossier 7.

–: Anmerkung zu Cass. com. 17.12.1991, Revisionsnummer 89-21607, Bull. Joly Soc. 1992, S. 186.

–: Le droit et les groupes de sociétés, Paris 1991.

Häsemeyer, Ludwig: Insolvenzrecht, 4. Auflage, Köln 2007.

Hecquet, Vincent: Quatre nouvelles catégories d'entreprise – Une meilleure vision du tissu productif, INSEE Première, November 2010, Nr. 1321.

Henry, Laurence Caroline: De l'encadrement de l'action en responsabilité pour insuffisance d'actif..., Rev. sociétés 2015, S. 406.

–: Le décret „Petroplus" du 25 octobre 2012: encadrement salutaire de la loi, Rev. sociétés 2012, S. 726.

Henssler, Martin: Der Arbeitsvertrag im Konzern, Berlin 1983.

Henssler, Martin/ Braun, Axel (Hrsg.): Arbeitsrecht in Europa, 3. Aufl., Köln 2011 [zitiert: *Bearbeiter*, in: Henssler/ Braun, Arbeitsrecht in Europa]

Henssler, Martin/ Strohn, Lutz (Hrsg.): Gesellschaftsrecht, 4. Aufl., München 2019 [zitiert: *Bearbeiter*, in: Henssler/ Strohn, Gesellschaftsrecht].

Henssler, Martin/ Willemsen, Josef/ Kalb, Heinz-Jürgen (Hrsg.), Arbeitsrecht Kommentar, 9. Aufl., Köln 2020 [zitiert: *Bearbeiter*, in: Henssler/Willemsen/Kalb, Arbeitsrecht Kommentar].

Heussen, Benno/ Hamm, Christoph (Hrsg.): Beck'sches Rechtsanwalts-Handbuch, 11. Auflage, München 2016 [zitiert: *Bearbeiter*, in: Heussen/ Hamm, Rechtsanwalts-Handbuch].

Hillion-Lécuyer, Marie-Laure (Hrsg.): Groupe de sociétés, Dictionnaire permanent Droit des affaires, Paris, laufend aktualisiert, Stand: 09/2018.

Hirte, Heribert: Kapitalgesellschaftsrecht, 8. Auflage, Köln 2016.

–: Die Tochtergesellschaft in der Insolvenz der Muttergesellschaft als Verpfändung von „Konzern"-Aktiva an Dritte – Überlegungen zur Entwicklung eines Konzerninsolvenzrechts, in: Bitter, Georg/ Lutter, Marcus/ Priester, Hans-Joachim/ Schön, Wolfgang/ Ulmer, Peter (Hrsg.), Festschrift für Karsten Schmidt zum 70. Geburtstag, Köln 2009, S. 641–656 [zitiert: *Hirte*, in: FS-Schmidt].

–: Towards a Framework for the Regulation of Corporate Groups' Insolvencies, ECFR 2008, S. 213–236.

Hirte, Heribert/ Mülbert, Peter/ Roth, Markus (Hrsg.): Aktiengesetz, Großkommentar, Band 1, §§ 1–22, 5. Auflage, Berlin/ Boston 2017 [zitiert: *Bearbeiter*, in: Hirte/ Mülbert/ Roth, AktG].

Hölters, Wolfgang (Hrsg.): Aktiengesetz, Kommentar, 3. Auflage, München 2017 [zitiert: *Bearbeiter*, in: Hölters, AktG].

Holzer, Johannes: Die Empfehlungen der UNCITRAL zum nationalen und internationalen Konzerninsolvenzrecht, ZIP 2011, S. 1894–1900.

Houtcieff, Dimitri: Entreprise individuelle à responsabilité limitée (EIRL), in: Vogel, Louis/ Delpech, Xavier (Hrsg.), Rép. commercial, Paris, letzte laufende Aktualisierung 03/2018.

Hübler, Julia: Aktuelles internationales und ausländisches Insolvenzrecht – Dezember 2012/ Januar 2013, NZI 2013, S. 124–128.

Hüffer, Uwe/ Koch, Jens: Aktiengesetz, 12. Auflage, München 2020.

Hyest, Jean-Jacques (Hrsg.): Rapport n° 335 fait au nom de la commission des Lois constitutionnelles, de législation, du suffrage universel, du Règlement et d'administration générale sur le projet de loi, adopté par l'assemblée nationale après déclaration d'urgence, de sauvegarde des entreprises, Paris 2005 [zitiert: *Hyest*, Rapport Sénat Nr. 335, loi de sauvegarde].

Ines, Bertrand: Coemploi international : juridiction territorialement compétente, RDT 2015, S. 203.

INSEE (Hrsg.): Tableaux de l'économie française, Edition 2014, Paris 2014.

– (Hrsg.): Tableaux de l'économie française, Edition 2011, Paris 2011.

Jacquemont, André: Sauvegarde, redressement et liquidations judiciaires – Exploitation en commun et confusion des patrimoines, JCl. Com., Fasc. 2165, Paris, letzte laufende Aktualisierung 04/2018.

Jacquemont, André/ Vabres, Régis/ Mastrullo, Thomas: Droit des entreprises en difficulté, 10. Auflage, Paris 2017 [zitiert: *Jacquemont/ Vabres,* Entreprises en difficulté].

Jeansen, Emeric: Salariat – Définition, JCl. Trav. Fasc. 17-1, Paris, letzte laufende Aktualisierung 05/2016.

Jeantin, Michel/ Le Cannu, Paul: Droit commercial: entreprises en difficulté, 7. Auflage, Paris 2007.

Kersting, Christian: Haftung von Schwester- und Tochtergesellschaften im europäischen Kartellrecht, ZHR 182 (2018), S. 8–31.

–: Kartellschadensersatzrecht nach der 9. GWB-Novelle, VersR 2017, S. 581–596.

–: Konzernhaftung im Kartellrecht, GesRZ 2015, 377–383.

–: Die neue Richtlinie zur privaten Rechtsdurchsetzung im Kartellrecht, WuW 2014, S. 564–575.

–: Wettbewerbsrechtliche Haftung im Konzern, Der Konzern 2011, S. 445–510.

–: Die Dritthaftung für Informationen im Bürgerlichen Recht, München 2007.

Kersting, Christian/ Podszun, Rupprecht (Hrsg.): Die 9. GWB-Novelle, Kartellschadensersatz, Digitale Ökonomie, Fusionskontrolle, Bußgeldrecht, Verbraucherschutz, München 2017 [zitiert: *Bearbeiter*, in: Kersting/ Podszun (Hrsg.), Die 9. GWB-Novelle].

Kersting, Christian/ Preuß, Nicola: Umsetzung der Kartellschadensersatzrichtlinie durch die 9. GWB-Novelle, WuW 2016, S. 394–403.

Kettenberger, Karoline: Der konzerninterne Mitarbeitgeber in der französischen Rechtsprechung – eine Bedrohung für deutsche Konzerngesellschaften und/oder Wegweiser für ein künftiges deutsches Konzernarbeitsrecht?, EuZA 2013, 404–416.

–: Umsetzung der Kartellschadensersatzrichtlinie (2014/104/EU), Ein Gesetzgebungsvorschlag aus der Wissenschaft, Baden-Baden 2015 [zitiert: *Kersting/ Preuß*, Umsetzung der Kartellschadensersatzrichtlinie (2014/104/EU)].

Kindler, Peter/ Sakka, Samy: Die Neufassung der Europäischen Insolvenzverordnung, EuZW 2015, S. 460–466.

Kleber, Birgit/ Sturm, Roland/ Tümmler, Thorsten: Ergebnisse zu Unternehmensgruppen aus dem Unternehmensregister, Wirtschaft und Statistik Nr. 2010-6, S. 527–536.

Kocher, Marguerite: Le coemploi à l'âge de raison, Rev. trav. 2014, S. 625.

Koller, Ingo/ Kindler, Peter/ Roth, Wulf-Henning/ Drüen, Klaus-Dieter: Handelsgesetzbuch, Kommentar, 9. Auflage, München 2019 [zitiert: *Bearbeiter*, in: Koller/ Kindler/ Roth/ Drüen, HGB].

König, Carsten: Wettbewerbsrechtliche Haftung im Konzern, Der Konzern 2017, S. 61–67.

Krebber, Sebastian: Internationale Zuständigkeit bei Klagen des Arbeitnehmers gegen den Dritten in arbeitsrechtlichen Drittbeziehungen, IPRax 2017, 313–317.

Kroh, Johanna: Der existenzvernichtende Eingriff: eine vergleichende Untersuchung zum deutschen, englischen, französischen und niederländischen Recht, Tübingen 2013.

Kübler, Bruno: Konzern und Insolvenz – Zur Durchsetzung konzernmäßiger Sanierungsziele an den Beispielsfällen AEG und Korf, ZGR 1984, S. 560–593.

Kübler, Bruno/ Prütting, Hanns/ Bork, Reinhard (Hrsg.): InsO: Kommentar zur Insolvenzordnung, Köln, laufend aktualisiert, Stand: 81. Ergänzungslieferung 08/2019 [zitiert: Bearbeiter, in: Kübler/ Prütting/ Bork, InsO].

Kübler, Friedrich/ Assmann, Heinz-Dieter: Gesellschaftsrecht, die privatrechtlichen Ordnungsstrukturen und Regelungsprobleme von Verbänden und Unternehmen, 6. Auflage, Heidelberg 2006.

Kuhlmann, Jens/ Ahnis, Erik: Konzern- und Umwandlungsrecht, 4. Auflage, Heidelberg 2016.
Lamy Droit Commercial: Bearb. von Martin, Jean-François/ Vallens, Jean-François, Paris 2018 [zitiert: Lamy Commercial].
Latina, Mathias: Contrat (Généralités), in: Savaux, Eric (Hrsg.), Rép. civil, Paris, letzte laufende Aktualisierung 05/2017.
Le Cannu, Paul: La société et les groupes de sociétés pendant la période d'observation, LPA, Nr. 2002-7, S. 43.
–: Les organes de groupe, LPA, Nr. 2001-89, S. 43.
Le Cannu, Paul/ Dondero, Bruno: Droit des sociétés, 7. Auflage, Paris 2018.
–: Haro sur le groupe de sociétés ?, RTD Com. 2009, S. 759.
Le Corre, Pierre-Michel: Droit et pratique des procédures collectives, 10. Auflage, Paris 2018.
–: Droit des entreprises en difficulté, 7. Auflage, Paris 2015.
–: Etude: L'ouverture des procédures par extension, in: Le Corre, Pierre-Michel (Hrsg.), Lexbase encyclopédie, Paris 2015.
–: L'incessante réforme de la réforme des procédures collectives, Gaz. Pal., Nr. 2013-274, S. 3.
–: Pour quelques barils de plus chez la fille, et pour quelques dollars de moins...chez la mère : la loi Petroplus du 12 mars 2012, Rev. sociétés 2012, S. 412.
–: L'apparition de l'état de cessation des paiements et la résolution d'un plan arrêté au profit de diverses sociétés à patrimoines confondus, Bull. Joly Soc., Nr. 2009-12, S. 1137.
–: La réforme du droit des entreprises en difficulté, Paris 2009.
–: 1807-2007: 200 ans pour passer du droit de la faillite du débiteur au droit de sauvegarde de l'entreprise, Gaz. Pal., Nr. 2007-202, S. 3.
–: Le sort des créances en cas d'extension d'une procédure collective, D. 2002, S. 1122.
Le Corre-Broly, Emmanuelle/ Le Corre, Pierre-Michel: Droit des entreprises en difficulté, 8. Auflage, Paris 2018.
–: Droit du commerce et des affaires : Droit des entreprises en difficulté, 2. Auflage, Paris 2006.
Le Mesle, Laurent: Groupes de sociétés et procédures collectives : rigueur et contradictions, Bull. Joly ED, Nr. 2014-1, S. 18.
Lebel, Christine: Anmerkung zu Cass. com., 19.04.2005, Revisionsnummer 05-10094, Bull. civ. 2005 IV, S. 95, Nr. 92 (Metaleurop), Gaz. Pal., Nr. 2005-309, S. 3.
Lecourt, Arnaud: Groupe de sociétés, in: Magnier, Véronique (Hrsg.), Rép. sociétés, Paris, letzte laufende Aktualisierung 01/2018.
–: Capital social, in: Magnier, Véronique (Hrsg.), Rép. sociétés, Paris, letzte laufende Aktualisierung 05/2017.
Lécuyer, Hervé/ Lucas, François-Xavier: La loi de sauvegarde article par article, LPA, Nr. 2006-28, S. 4.
Lefebvre, Francis (Hrsg.): Mémento Groupes de sociétés: juridique, fiscal, social 2019–2020, Levallois 2019.
– (Hrsg.): Anmerkung zu Cass. soc., 28.09.2011, Revisionsnummern 10-12278 ff., RJDA 2012-1, S. 57.
– (Hrsg.): Anmerkung zu Cass. Com., 26.03.2008, Revisionsnummer 07-11619, RJDA 2008-8, S. 804.
Legrand, Véronique: Le nouveau Règlement Européen relatif aux procédures d'insolvabilité transfrontalières : premier aperçu, LPA, Nr. 2015-16, S. 8.

Legros, Jean-Pierre: Mesures conservatoires : le décret d'application de la loi dite „Petroplus" du 12 mars 2012, Dr. sociétés Nr. 2012-1, commentaire 13.

–: Anmerkung zu Cass. Com., 08.10.2012, Revisionsnummer 12-40058, QPC, Dr. sociétés Nr. 2013-3, S. 5.

–: La loi du 26 juillet 2005 de sauvegarde des entreprises – Le sort des membres et dirigeants des personnes morales, Dr. sociétés Nr. 2006-1, étude 2.

Leidinger, Tobias: Der Gesetzentwurf zur Nachhaftung für Rückbau- und Entsorgungskosten im Kernenergiebereich – Verfassungswidriges Sonderrecht, NVwZ 2015, S. 1564–1567.

Leparmentier, Arnaud: Les entreprises françaises n'utilisent pas la Bourse pour augmenter leurs fonds propres, Le Monde, 05.02.1997.

Lethielleux, Laëtitia: Droit des entreprises en difficulté, 3. Auflage, Paris 2012.

Levratto, Nadine: Les groupes d'entreprises : entre exception théorique et règle managériale, RDT 2012, S. 536.

Lezec, Florian/ Montagnier, Pierre: La concentration des groupes, au centre des évolutions des secteurs de l'industrie, SESSI, Le 4 pages, Nr. 2006-219.

Lienhard, Alain: Procédures collectives, Prévention et conciliation, sauvegarde, sauvegarde accélérée, redressement judiciaire, liquidation judiciaire, rétablissement professionnel, sanctions, procédure, 8. Auflage, Paris 2018 [zitiert: *Lienhard*, Procédures collectives].

–: Anmerkung zu Cass. Com., 03.07.2012 (Sodimedical), Revisionsnummer 11-18026, D. 2012, 2212.

–: Responsabilité de la société mère en cas de pollution causée par une de ses filiales, D. 2009, S. 2413.

–: Sauvegarde des entreprises en difficulté: nouvelles pratiques issues de la réforme, Paris 2007.

–: Anmerkung zu CA Douai, 16.12.2004, RG-Nr. 03/02333, 03/02334, 03/02893, Gaz. Pal., Nr. 2006-173, S. 39.

–: Anmerkung zu Cass. com., 19.04.2005, Revisionsnummer 05-10094, Bull. civ. 2005 IV, S. 95, Nr. 92 (Metaleurop), D. 2005, 1225.

–: Anmerkung zu CA Douai, 02.10.2003, D. 2003, 2571.

Locré de Roissy, Jean Guillaume: Législation civile, commerciale et criminelle, ou commentaire et complément des codes français, Tome 11, Paris 1837.

Loiseau, Grégoire: Le coemploi : une compétence réservée du juge judiciaire ?, JCP S 2015, S. 1414.

–: Le coemploi est mort, vive la responsabilité délictuelle, JCP S 2014, S. 1311.

–: Coemploi et groupes de sociétés, JCP S 2011, S. 1528.

Loiseau, Hervé: Des groupes de la taille d'une PME – Un phénomène en plein essor, INSEE Première, März 2001, Nr. 764.

Lucas, François-Xavier: Co-emploi et responsabilité de l'actionnaire, Bull. Joly Soc., Nr. 2014-10, S. 418.

–: Molex, Acte II (La grande scène du co-emploi), Bull. Joly Soc., Nr. 2013-5, S. 301.

–: L'autonomie patrimoniale des filiales d'un groupe, Bull. Joly Soc., Nr. 2010-1, S. 3.

–: Le sort du débiteur, LPA, Nr. 2007-119, S. 60.

–: Les associés et la procédure collective, LPA, Nr. 2002-7, S. 7.

–: Les filiales en difficulté, LPA, Nr. 2001-89, S. 66.

Lutter, Marcus/ Hommelhoff, Peter/ Bayer, Walter/ Kleindiek, Detlef: GmbH-Gesetz, Kommentar, 20. Auflage, Köln 2020 [zitiert: *Bearbeiter*, in: Lutter/ Hommelhoff, GmbHG].

Lutter, Marcus/ Timm, Wolfram: Konzernrechtlicher Präventivschutz im GmbH-Recht, NJW 1982, S. 409–420.

Magnier, Véronique: Droit des sociétés, 8. Auflage, Paris 2017.
Marini, Philippe: La Modernisation du droit des sociétés : rapport au premier ministre, Paris 1996.
Martin-Serf, Arlette: Entreprises en difficulté (Nullités de la période suspecte), in: Magnier, Véronique (Hrsg.), Rép. sociétés, Paris, letzte laufende Aktualisierung 10/2017.
–: Consentement des parties – Sociétés fictives et frauduleuses, JCl. Soc. traité, Fasc. 7-40, Paris, letzte laufende Aktualisierung 06/2017.
–: Période suspecte. Nullité de droit des actes à titre gratuit. Appréciation du caractère gratuit d'un cautionnement fourni par une filiale au bénéfice de sa société mère, RTD Com. 2014, S. 697.
Mascala, Corinne: La réforme du régime des sanctions, Dr. et patri. 2009, S. 187.
Mastrullo, Thomas: Compétence des juridictions françaises et groupes de sociétés : entre litispendance et co-emploi, Rev. sociétés 2015, S. 753.
Mathey, Nicolas: Anmerkung zu Cass. com., 09.06.2009, Revisionsnummer 07-20937, Rev. sociétés 2009, S. 781.
Mazeaud, Antoine: Droit du travail, 10. Auflage, 2016.
Merle, Philippe/ Fauchon, Anne: Droit commercial – Sociétés commerciales, 23. Auflage, Paris 2019.
Mertens, Hans-Joachim: Empfiehlt sich die Einführung eines konzernbezogenen Reorganisationsverfahrens?, ZGR 1984, S. 542–559.
Meyer, Cord: Von Mehrfachbeschäftigungsverhältnissen bis hin zu Matrix-Strukturen im Konzern – Herausforderungen auch für den Arbeitsrechtler, NZA 2013, 1326–1332.
Michalski, Lutz/ Heidinger, Andreas/ Leible, Stefan/ Schmidt, Jessica (Hrsg.): Kommentar zum Gesetz betreffend die Gesellschaften mit beschränkter Haftung (GmbH-Gesetz), Band I, Systematische Darstellungen, §§ 1–34 GmbHG, 3. Auflage, München 2017 [zitiert: *Bearbeiter*, in: Michalski, GmbHG]
Ministère de l'écononomie et des finances/ Ministère du redressement productif (Hrsg.): L'Etat actionnaire – Rapport 2013, Paris 2014.
Ministère de la justice (Hrsg.): Rapport au Président de la République relatif à l'ordonnance n° 2017-1387 du 22 septembre 2017 relative à la prévisibilité et la sécurisation des relations de travail, JORF, 23.09.2017, Text 32.
– (Hrsg.): Rapport au Président de la République relatif à l'ordonnance n° 2014-326 du 12 mars 2014 portant réforme de la prévention des difficultés des entreprises et des procédures collectives, JORF, 14.03.2014, Text 2, S. 57.
– (Hrsg.): Rapport au Président de la République relatif à l'ordonnance n° 2008-1345 du 18 décembre 2008 portant réforme du droit des entreprises en difficulté, JORF, 19.12.2008, Text 28.
Möller, Christian: Materielle Unterkapitalisierung: Die Geschäftsführung im Visier der Rechtsprechung, BB 2008, S. 1701 f.
Monsèrié-Bon, Marie-Hélène: Entreprises en difficulté (Période d'observation), in: Vogel, Louis/ Delpech, Xavier (Hrsg.), Rép. commercial, Paris, letzte laufende Aktualisierung 05/2018.
–: Entreprises en difficulté (Détection des difficultés), in: Vogel, Louis/ Delpech, Xavier (Hrsg.), Rép. commercial, Paris, letzte laufende Aktualisierung 01/2017.
–: Entreprises en difficulté (Mandat ad hoc – Conciliation), in: Vogel, Louis/ Delpech, Xavier (Hrsg.), Rép. commercial, Paris, letzte laufende Aktualisierung 01/2017.
–: Le montage à l'épreuve des procédures collectives. La situation de la société holding, Rev. Proc. Coll., Nr. 2013-3, dossier 15.

Monsèrié-Bon, Marie-Hélène/ Grosclaude, Laurent: Droit des sociétés et des groupements, 3. Auflage, Paris 2016.

Monsèrié-Bon, Marie-Hélène/ Saint-Alary Houin, Corinne: La loi de sauvegarde des entreprises : nécessité et intérêts d'une réforme annoncée, D. 2008, S. 941.

Montéran, Thierry: Liquidation judiciaire et sites pollués : une action en recherche de maternité, D. 2010, S. 2859.

–: Pour améliorer le droit des entreprises en difficulté, osons la réforme, Gaz. Pal., Nr. 2008-24, S. 3.

Morvan, Patrick: Coemploi et licenciement économique dans les groupes de sociétés : des liaisons dangereuses, Commentaire, JCP S 2011, S. 1065.

–: Le licenciement des salariés d'une filiale (action Aspocomp) – Procédure collective, garantie AGS et conflits de juridictions, JCP S 2010, S. 1424.

–: Le licenciement des salariés d'une filiale (action Aspocomp) – Entre employeur et coemployeurs, JCP S 2010, S. 1407.

Mouial-Bassilana, Eva: Le groupe de sociétés face aux nullités de la période suspecte, Bull. Joly Soc., Nr. 2014-9, S. 522.

Moulin, Jean-Marc: Fusion, scission et apport partiel d'actif, in: Magnier, Véronique (Hrsg.), Rép. sociétés, Paris, letzte laufende Aktualisierung 07/2018.

–: Droit des sociétés et des groupes, 3. Auflage, Paris 2013.

Mülbert, Peter O./ Sajnovits, Alexander: Vertrauen und Finanzmarktrecht, ZfPW 2016, S. 1–51.

Münchener Kommentar zum AktG: Hg. von Goette, Wulf/ Habersack, Mathias, Band 1, §§ 1–75, 5. Auflage, München 2019 [zitiert: *Bearbeiter*, in: MüKo-AktG].

–: Hg. von Goette, Wulf/ Habersack, Mathias, Band 5: §§ 278–328, SpruchG, ÖGesAusG, Österreichisches Konzernrecht, 5. Auflage, München 2020 [zitiert: *Bearbeiter*, in: MüKo-AktG].

–: Hg. von Goette, Wulf/ Habersack, Mathias, Band 5: §§ 278–328, SpruchG, ÖGesAusG, Österreichisches Konzernrecht, 4. Auflage, München 2015 [zitiert: *Bearbeiter*, in: MüKo-AktG].

Münchener Kommentar zum BGB: Hg. von Säcker, Franz-Jürgen/ Rixecker, Roland/ Oetker, Hartmut/ Limperg, Bettina, Band 1, Allgemeiner Teil §§ 1–240, AllgPersönlR, ProstG, AGG, 8. Auflage, München 2018 [zitiert: *Bearbeiter*, in: MüKo-BGB].

–: Hg. von Säcker, Franz-Jürgen/ Rixecker, Roland/ Oetker, Hartmut/ Limperg, Bettina, Münchener Kommentar zum Bürgerlichen Gesetzbuch, Band 1, Allgemeiner Teil §§ 1–240, ProstG, AGG, 7. Auflage, München 2015 [zitiert: *Bearbeiter*, in: MüKo-BGB].

–: Hg. von Säcker, Franz-Jürgen/ Rixecker, Roland/ Oetker, Hartmut/ Limperg, Bettina, Münchener Kommentar zum Bürgerlichen Gesetzbuch, Band 7, Schuldrecht, Besonderer Teil IV, §§ 705–853, Partnerschaftsgesellschaftsgesetz, Produkthaftungsgesetz, 8. Auflage, München 2020 [zitiert: *Bearbeiter*, in: MüKo-BGB].

–: Hg. von Säcker, Franz-Jürgen/ Rixecker, Roland/ Oetker, Hartmut/ Limperg, Bettina, Band 12, Internationales Privatrecht II, Internationales Wirtschaftsrecht, Einführungsgesetz zum Bürgerlichen Gesetzbuche (Art. 50–253), 8. Auflage, München 2020 [zitiert: *Bearbeiter*, in: MüKo-BGB].

Münchener Kommentar zum GmbHG: Hg. von Fleischer, Holger/ Goette, Wulf, Band 1, §§ 1–34, 3. Auflage, München 2018 [zitiert: Bearbeiter, in: MüKo-GmbHG].

Münchener Kommentar zum HGB: Hg. von Schmidt, Karsten, Band 1, Erstes Buch, Handelsstand, §§ 1–104 a, 4. Auflage, München 2016 [zitiert: *Bearbeiter*, in: MüKo-HGB].

–: Hg. von Schmidt, Karsten Band 2, Zweites Buch, Handelsgesellschaften und stille Gesellschaft, Erster Abschnitt, Offene Handelsgesellschaft, §§ 105-160, 4. Auflage, München 2016 [zitiert: *Bearbeiter*, in: MüKo-HGB].

Münchener Kommentar zur InsO: Hg. von Eidenmüller, Horst/ Kirchhof, Hans-Peter/ Stürner, Rolf, Band 1, §§ 1–79 InsO, Insolvenzrechtliche Vergütungsverordnung (InsVV), 4. Auflage, München 2019 [zitiert: *Bearbeiter*, in: MüKo-InsO].

–: Hg. von Eidenmüller, Horst/ Kirchhof, Hans-Peter/ Stürner, Rolf, Band 2, §§ 80–216 InsO, 4. Auflage, München 2019 [zitiert: *Bearbeiter*, in: MüKo-InsO].

–: Hg. von Eidenmüller, Horst/ Kirchhof, Hans-Peter/ Stürner, Rolf, Band 3, §§ 217–359 InsO, Art. 103a-110 EGInsO, Konzerninsolvenzrecht, Insolvenzsteuerrecht, 4. Auflage, München 2020 [zitiert: *Bearbeiter*, in: MüKo-InsO].

–: Hg. von Eidenmüller, Horst/ Kirchhof, Hans-Peter/ Stürner, Rolf, Band 3, §§ 217–359 InsO, Art. 103a-110 EGInsO, Konzerninsolvenzrecht, Insolvenzsteuerrecht, 3. Auflage, München 2014 [zitiert: *Bearbeiter*, in: MüKo-InsO].

–: Hg. von Eidenmüller, Horst/ Kirchhof, Hans-Peter/ Stürner, Rolf, Band 3, §§ 270–359 InsO, Internationales Insolvenzrecht, Insolvenzsteuerrecht, Sachverzeichnis für die Bände 1–3, 2. Auflage, München 2008 [zitiert: *Bearbeiter*, in: MüKo-InsO].

–: Hg. von Eidenmüller, Horst/ Kirchhof, Hans-Peter/ Stürner, Rolf, Band 4, EuInsVO 2000, Art. 102 und 102a EGInsO, EuInsVO 2015, Länderberichte, 3. Auflage, München 2016 [zitiert: *Bearbeiter*, in: MüKo-InsO].

Nabet, Paola: Le principe de proportionnalité s'invite en droit des procédures collectives, LPA, Nr. 2010-70, S. 3.

Nahmias, Laurent: Groupes de sociétés et analyse du tissu productif: enjeux et premiers constats, Bull. Banque de France, Nr. 2007-159, S. 23.

Nefussi, Benjamin: Les groupes absorbent des sociétés à fort potentiel, INSEE Première, Nr. 2007-1144.

Ophèle, Claude: Simulation, in: Savaux, Eric (Hrsg.), Rép. civil, Paris, letzte laufende Aktualisierung 04/2016.

Ouassini Sahli, Meriem: La responsabilité de la société mère du fait de ses filiales, Paris 2016.

Oyda, Michael: Altlastenklauseln in Grundstückskaufverträgen, RNotZ 2008, S. 245–292.

Paerels, Hélène: Le dépassement de la personnalité morale – Contribution à l'étude des atteintes à l'autonomie des personnes morales en droit privé et droit fiscal français, Lille 2008.

Pagnerre, Yannick: Coemployeur : tiers ou partie au contrat de travail ?, JCP S 2015, S. 1436.

–: L'extension de la théorie des coemployeurs, source de destruction du droit du travail ?, JCP S 2011, S. 1423.

Paillusseau, Jean: Du droit des faillites au droit des entreprises en difficulté – Quelques réflexions sur la renaissance (?)... d'un droit en dérive, in: Etudes offertes à Roger Houin – Problèmes d'actualité posés par les entreprises, Paris 1985, S. 110 [zitiert: *Paillusseau*, in: FS-Houin].

–: Faut-il en France un droit des groupes de sociétés (à propos de la proposition de loi Cousté)?, JCP G 1971, Etude 2401 bis.

Pariente, Maggy: Anmerkung zu Cass. Com., 14.09.2010, Revisionsnummer 09-14564, Rev. sociétés 2011 284.

–: Les groupes de sociétés: aspects juridique, social, comptable et fiscal, Paris 1993.

Paulus, Christoph: § 1 InsO und sein Insolvenzmodell, NZI 2015, S. 1001–1006.

–: Wege zu einem Konzerninsolvenzrecht, ZGR 2010, S. 270–294.

–: Überlegungen zu einem modernen Konzerninsolvenzrecht, ZIP 2005, S. 1948–1955.
Pelletier, Nicolas: Le droit de la société mère à superviser l'activité de ses filiales, Bull. Joly Soc., Nr. 2014-2, S. 103.
–: La responsabilité au sein des groupes de sociétés en cas de procédure collective, Paris 2011.
Percerou, Jean: Anmerkung zu Cass. Req., 29.06.1908 (Mary-Raynaud C. Maillard ès qualités), D. 1910, 1. Teil, S. 30.
Pérochon, Françoise: Entreprises en difficulté, 10. Auflage, Paris 2014.
Perrin, Laurent: Compétence juridictionnelle et co-employeur: confirmation de l'arrêt Aspocomp, D. actualité, 02.01.2012.
Peskine, Elsa/ Wolmark, Cyril: Droit du travail, 13. Auflage, Paris 2019.
Pétel, Philippe: Procédures collectives, 9. Auflage, Paris 2017.
–: Procédures collectives, 8. Auflage, Paris 2014.
–: La vie après la confusion des patrimoines, in: Mélanges en l'honneur de Philippe Merle – Liber amicorum, Paris 2012, S. 577 [*Pétel*, in: FS-Merle].
Petit, Bruno: Droit des sociétés, 6. Auflage, Paris 2015.
Poracchia, Didier: L'action en comblement de l'insuffisance d'actif ne peut sanctionner que les fautes commises par le dirigeant de la personne morale en cette qualité, Rev. sociétés 2015, S. 468.
–: Le dirigeant de fait personne morale par l'intermédiaire d'une personne physique administrateur à titre personnel, Rev. sociétés 2006, S. 900.
Poracchia, Didier/ Merland, Laure: LBO (Acquisition avec effet de levier), in: Magnier, Véronique (Hrsg.), Rép. sociétés, Paris, letzte laufende Aktualisierung 04/2018.
Présidence du conseil, ministère des affaires étrangères (Hrsg.): Décrets pris en vue de la protection de l'épargne, Rapport au Président de la République française, JORF, 09.08.1935, Nr. 8682.
Prévost, Stéphane: Anmerkung zu Cass. Com., 15.11.2011, Revisionsnummer 10-21701, Rev. sociétés. 2012, S. 37.
Reboul, Nadège: Remarques sur une notion conceptuelle et fonctionnelle : l'affectio societatis, Rev. sociétés 2012, S. 728.
Reille, Florence: La notion de confusion des patrimoines, cause d'extension des procédures collectives, Paris 2007.
Retailleau, Bruno/ Kirsch, Alain-Roland/ Faucheux, Marianne/ Magné, Yves: Les entreprises de taille intermédiaire au coeur d'une nouvelle dynamique de croissance – Rapport au Premier ministre, Paris 2010.
Reynès, Brigitte: Groupes de sociétés : la théorie du coemploi, JCP S 2012, S. 1292.
Rieckers, Oliver: Nochmals: Konzernvertrauenshaftung, NZG 2007, S. 125.
Rivinius, Leo: Der Konzernkonkurs in Frankreich: Grundlagen und Möglichkeiten der Insolvenzerstreckung, Verfahrensvereinheitlichung, Zentralisierung getrennter Insolvenzverfahren und zivilrechtlichen Konzernhaftung nach französischem Richter- und Gesetzesrecht, Frankfurt am Main, New York 2000 [zitiert: *Rivinius*, Konzernkonkurs].
Robine, David: Anmerkung zu Cass. com., 19.04.2005, Revisionsnummer 05-10094, Bull. civ. 2005 IV, S. 95, Nr. 92 (Metaleurop), Gaz. Pal., Nr. 2006-173, S. 39.
–: L'extension de la procédure de redressement ou de liquidation judiciaire, in: Daigre, Jean-Jacques/ de Vauplane, Hubert (Hrsg.), Droit bancaire et financier: mélanges AEDBF-France, Paris 2004, S. 325 [zitiert: *Robine*, in: FS-AEDBF-France].
Robine, David/ Marotte, Julien: Anmerkung zu Cass. com., 19.04.2005, Revisionsnummer 05-10094, Bull. civ. 2005 IV, S. 95, Nr. 92 (Metaleurop), Rev. sociétés 2005, S. 897.
Rödl & Partner (Hrsg.): Handbuch internationales Arbeitsrecht, 2. Aufl., Köln 2019.

Röhricht, Volker/ Graf von Westphalen, Friedich/ Haas, Ulrich (Hrsg.): Handelsgesetzbuch: Kommentar zu Handelsstand, Handelsgesellschaften, Handelsgeschäften und besonderen Handelsverträgen (ohne Bilanz-, Transport- und Seerecht), 5. Auflage, Köln 2019 [zitiert: *Bearbeiter*, in: Röhricht/ Graf von Westphalen/ Haas, HGB].

Rolland, Blandine: Publication du décret d'application de la loi dite Petroplus, Procédures, Nr. 2013-1, S. 1.

–: Environnement et droit des entreprises en difficulté, Entreprises en difficulté 2012, 681.

–: Anmerkung zu Cass. com., 19.04.2005, Revisionsnummer 05-10094, Bull. civ. 2005 IV, S. 95, Nr. 92 sowie CA Douai, 16.12.2004 (Metaleurop), JCP E Nr. 2005-20, S. 721.

Römermann, Volker: Konzerninsolvenz auf der Agenda des Gesetzgebers – Der Regierungsentwurf eines Gesetzes zur Erleichterung der Bewältigung von Konzerninsolvenzen, ZRP 2013, S. 201–205.

Roussel Galle, Philippe: La loi du 12 mars 2012 : halte au pillage des entreprises en difficulté !, JCP E 2012, S. 192.

–: Le décret Petroplus est arrivé !, Rev. Proc. Coll., Nr. 2012-6, étude 40.

–: La loi Petroplus : quelques réflexions... avec un peu de recul, Rev. Proc. Coll., Nr. 2012-3, étude 16.

–: Pas de transmission de la QPC sur l'extension pour confusion des patrimoines ou fictivité de la personne morale, Rev. sociétés 2012, S. 728.

–: QPC et droit des procédures collectives, LPA, Nr. 2011-194, S. 66.

–: Premier aperçu sur l'ordonnance du 18 décembre 2008 réformant le droit des entreprises en difficulté, LPA, Nr. 2008-257, S. 3.

–: La procédure civile dans les responsabilités et les sanctions civiles, LPA, Nr. 2008-239, S. 80.

–: Anmerkung zu Cass. com., 10.01.2006, Revisionsnummer 04-18917 (AOM Air Liberté), Rev. sociétés 2006, S. 629.

Roussel Galle, Philippe/ Bourbouloux, Hélène/ Couturier, Gaël: Le groupe de sociétés en procédure collective, LPA, Nr. 2010-80, S. 53.

Roussel Galle, Philippe/ Cadic, Cathérine/ Bardi-René-Bazin, Olfa (Hrsg.): Groupe de sociétés, Dictionnaire permanent Difficultés des entreprises, Paris, letzte laufende Aktualisierung: 03/2017.

Saint-Alary Houin, Corinne: Droit des entreprises en difficulté, 11. Auflage, Paris 2018.

–: L'action en extension d'une procédure collective dans les groupes de sociétés : une action à parfaire!, in: Mélanges en l'honneur de Philippe Merle – Liber amicorum, Paris 2012, S. 637 [zitiert: *Saint-Alary Houin*, in: FS-Merle].

–: Anmerkung zu Cass. com., 19.04.2005, Revisionsnummer 05-10094, Bull. civ. 2005 IV, S. 95, Nr. 92 (Metaleurop), Bull. Joly Soc., Nr. 2005-6, S. 690.

–: Les effets de la confusion des patrimoines et de la fictivité des sociétés en redressement judiciaire – Unité ou dualisme?, in: Prospectives du droit économique: dialogues avec Michel Jeantin, Paris 1999, S. 453 [zitiert: *Saint-Alary Houin*, in: FS-Jeantin].

Saintaman, Valérie: La responsabilité environnementale des sociétés mères après la loi Grenelle II, Gaz. Pal., Nr. 2010-268, S. 10.

Saintourens, Bernard: Société civile, in: Magnier, Véronique (Hrsg.), Rép. sociétés, Paris, letzte laufende Aktualisierung 07/2018.

–: Ouverture des procédures : mise aux normes constitutionnelles et nouveautés procédurales, Rev. Proc. Coll., Nr. 2014-2, dossier 16.

–: L'action en responsabilité du dirigeant pour insuffisance d'actif est conforme à la Constitution, Act. proc. coll., Nr. 2014-11, repère 311.

–: L'action en comblement de passif à l'épreuve de la QPC, Act. proc. coll., Nr. 2014-09, repère 249.

–: EIRL : le risque de réunion des patrimoines, Rev. Proc. Coll., Nr. 2011-2, S. 106.

Salgado, Maria Beatriz: Droit commercial: droit des entreprises en difficulté, 3. Auflage, Rosny-Sous-Bois 2013.

Sautonie-Laguionie, Laura: Action paulienne, in: Savaux, Eric (Hrsg.), Rép. civil, Paris, letzte laufende Aktualisierung 11/2016.

Schade, Friedemann/ Nissen, Timm: Insolvenzanfechtung von Upstream Guarantees in der Insolvenz der Konzernmutter, NZI 2015, S. 1010–1015.

Schmidt, Karsten (Hrsg.): Insolvenzordnung: InsO mit EuInsVO, 19. Auflage, München 2016 [zitiert: *Bearbeiter*, in: K. Schmidt, InsO].

–: Konzern-Insolvenzrecht – Entwicklungsstand und Perspektiven, KTS 2010, S. 1–37.

–: Flexibilität und Praktikabilität im Konzerninsolvenzrecht – Die Zuständigkeitsfrage als Beispiel, ZIP 2012, S. 1053–1058.

–: Gesellschaftsrecht, 4. Auflage, Köln 2002.

Schmidt, Karsten/ Lutter, Marcus (Hrsg.): Aktiengesetz, Kommentar, 4. Auflage, Köln 2020 [zitiert: *Bearbeiter*, in: Schmidt/ Lutter, AktG].

Scholz, Franz (Hrsg.): GmbHG, Band 1, §§ 1–34, 12. Auflage, Köln 2018 [zitiert: *Bearbeiter*, in: Scholz, GmbhG].

Schwartmann, Rolf: Bundes-Bodenschutzgesetz, Baden-Baden 2012.

Schweibert, Ulrike: Berechnungsdurchgriff im Konzern zum Zwecke der Sozialplanfinanzierung – Schimäre oder reale Chance?, NZA 2016, S. 321–327.

Schwerdtfeger, Armin (Hrsg.): Gesellschaftsrecht: Kommentar, 3. Auflage, Köln 2015 [zitiert: *Bearbeiter*, in: Schwerdtfeger, Gesellschaftsrecht].

Serlooten, Patrick: Groupe de sociétés (Régime fiscal), in: Magnier, Véronique (Hrsg.), Rép. sociétés, Paris, letzte laufende Aktualisierung 10/2016.

–: L'affectio societatis, une notion à revisiter, in: Antaki, Nabil/ Béguin, Jacques/ Bouloc, Bernard (Hrsg.), Aspects actuels du droit des affaires – Mélanges en l'honneur de Yves Guyon, Paris 2012, S. 1007 [zitiert: *Serlooten*, in: FS-Guyon].

Sester, Peter: Plädoyer gegen ein materielles Konzerninsolvenzrecht, ZIP 2005, S. 2099–2101.

Siemon, Klaus: Konzerninsolvenzverfahren – wird jetzt alles besser?, NZI 2014, S. 55–61.

Siemon, Klaus/ Frind, Frank: Der Konzern in der Insolvenz – Zur Überwindung des Dominoeffekts in der (internationalen) Konzerninsolvenz, NZI 2013, S. 1–11.

Soinne, Bernard: Les modifications envisagées de la loi du 26 juillet 2005, Rev. Proc. Coll., Nr. 2008-2, étude 16.

–: Unité ou diversité des notions de fictivité et de confusion des patrimoines: péripétie ou point final?, LPA, Nr. 1998-70, S. 22.

Soinne, Bernard/ Kerckhove, Eric: Traité des procédures collectives: commentaires des textes, formules, Paris 1995 [zit. *Soinne/ Kerckhove*, Traité des procédures collectives].

Sortais, Jean-Pierre: Les contours de l'action en comblement de l'insuffisance d'actif, in: Dumas, Jean-Pierre/ Le Cannu, Paul/ Piniot, Marie-Charlotte (Hrsg.), Le juge et le droit de l'économie: mélanges en l'honneur de Pierre Bézard, Paris 2002, S. 321 [zitiert: *Sortais*, in: FS-Bézard].

–: Anmerkung zu CA Paris, 08.09.2000, D. 2002, 76.

Spindler, Gerald/ Stilz, Eberhard (Hrsg.): Kommentar zum Aktiengesetz, Band 1, §§ 1–149, 4. Auflage, München 2019 [zitiert: *Bearbeiter*, in: Spindler/ Stilz, AktG].

– (Hrsg.): Kommentar zum Aktiengesetz, Band 2, §§ 150–410, SpruchG, SE-VO, 4. Auflage, München 2019 [zitiert: *Bearbeiter*, in: Spindler/ Stilz, AktG].

Statistisches Bundesamt (Destatis) (Hrsg.): Außenhandel – Rangfolge der Handelspartner im Außenhandel der Bundesrepublik Deutschland (2016), Bonn 2017.

Storck, Michel: Définition légale du contrôle d'une société en droit français, Rev. sociétés 1986, S. 385.

Sturm, Roland/ Redecker, Matthias: Das EU-Konzept des Unternehmens, Wirtschaft und Statistik Nr. 2016-3, S. 57–71.

Sturm, Roland/ Tümmler, Thorsten/ Opfermann, Rainer: Unternehmensverflechtungen im statistischen Unternehmensregister, Wirtschaft und Statistik Nr. 2009-8, S. 764–773.

Tabourot-Hyest, Caroline: L'exception d'immixtion de la mère dans les affaires de sa filiale n'est plus..., Rev. sociétés 2013, S. 95.

Teboul, Georges: Le renforcement du rôle des créanciers dans le cadre de la nouvelle réforme du droit des entreprises en difficulté (1re partie), LPA, Nr. 2014-15, S. 6.

–: Les conventions intragroupes et les procédures collectives, LPA, Nr. 2005-157, S. 3.

Thomas, Vincent: La responsabilité de la société mère pour faute dans l'exercice du pouvoir de contrôle de la filiale, Rev. Proc. Coll., Nr. 2013-6, dossier 55.

Tiedemann, Michael: Die bodenschutzrechtliche Einstandsverantwortlichkeit und der existenzvernichtende Eingriff – Öffentlich-rechtliche Auswirkungen der Änderung der Rechtsprechung des BGH zur gesellschaftsrechtlichen Durchgriffshaftung, NVwZ 2008, S. 257–261.

Tricot, Daniel: La confusion des patrimoines et les procédures collectives, in: Rapport annuel de la cour de cassation 1997, Paris 1998, S. 165.

Uettwiller, Jean-Jacques: Les risques liés aux LBO, La fusion de la cible et du holding, Rev. sociétés 1996, S. 196.

Uhlenbruck, Insolvenzordnung: Hg. von Hirte, Heribert/ Vallender, Heinz , Band 1, InsO, 15. Auflage, München 2019 [zitiert: *Bearbeiter*, in: Uhlenbruck, InsO].

Ulmer, Peter/ Habersack, Mathias/ Löbbe, Marc (Hrsg.): GmbHG – Gesetz betreffend die Gesellschaften mit beschränkter Haftung, Band 1, Einleitung § 1-28, 2. Auflage, Tübingen 2015 [zitiert: *Bearbeiter*, in: Ulmer/ Habersack/ Löbbe, GmbHG].

Urbain-Parleani, Isabelle: Regards croisés français et allemands sur le droit applicable aux groupes des sociétés, in: Menjucq, Michel/ Fages, Betrand (Hrsg.), Actualité et évolutions comparées du droit allemand et français des sociétés, Paris 2010, S. 91 [zitiert: *Urbain-Parleani*, Regards croisés, in: Menjucq/ Fages (Hrsg.)].

Urban, Quentin: Intérêts des salariés et procédures collectives dans les entreprises à structures complexes, in: Lyon-Caen, Antoine (Hrsg.), Les salariés et la défaillance de l'entreprise, Paris 2008, S. 65.

–: La "communauté d'intérêts", un outil de régulation du fonctionnement du groupe de sociétés, RTD Com. 2000, S. 1.

Vaillant, Betty: Le cas de figure de confusion des patrimoines au regard des procédures collectives, D. Affaires Nr. 1999-146, S. 154.

Vallansan, Jocelyne: L'extension de procédure pour confusion des patrimoines est considérablement limitée lorsque la société cible ne se situe pas dans le même État, Act. proc. coll., Nr. 2012-1, alerte 17.

–: L'évolution des personnes assujetties à la procédure collective : 1985-2005, RLDA Nr. 2005-80, supplément, S. 12.

Vallansan, Jocelyne/ Cagnoli, Pierre/ Fin-Langer, Laurence: Difficultés des entreprises: Commentaire article par article du Livre VI du Code de commerce, 6. Auflage, Paris 2012 [zitiert: *Vallansan/ Cagnoli/ Fin-Langer*, Difficultés des entreprises].

Vallender, Heinz: Insolvenzkultur gestern, heute und morgen, NZI 2010, S. 838.

Vallender, Heinz/ Deyda, Stephan: Brauchen wir einen Konzerninsolvenzgerichtsstand?, NZI 2010, S. 825.

Vallens, Jean-Luc: L'insolvabilité des entreprises en droit comparé, Paris 2011.

Vamparys, Xavier: Extension de la procédure collective aux sociétés d'un groupe et droit de la faillite aux États-Unis : la substantive consolidation., Bull. Joly Soc., Nr. 2006-4, S. 437.

Vergeau, Eric/ Chabanas, Nicole: Le nombre de groupes d'entreprises a explosé en 15 ans, INSEE Première, November 1997, Nr. 553.

Vidal, Dominique: Droit des sociétés, 7. Auflage, Paris 2010.

Vincenti, Charles: Le sort des associés indéfiniment responsables des dettes sociales, LPA, Nr. 2006-35, S. 52.

Vogt, Volker: Arbeitsrecht im Konzern, Baden-Baden 2014.

Voinot, Denis: Procédures collectives, 2. Auflage, Paris 2013.

Wachter, Thomas (Hrsg.): Kommentar zum Aktiengesetz, 2. Auflage, Köln 2014 [zitiert: *Bearbeiter*, in: Wachter, AktG].

Wackerbarth, Ulrich/ Eisenhardt, Ulrich: Gesellschaftsrecht II – Recht der Kapitalgesellschaften: mit Bezügen zum Bilanz-, Insolvenz- und Kapitalmarktrecht, Heidelberg, Hamburg 2013 [zitiert: *Wackerbarth/ Eisenhardt*, Recht der Kapitalgesellschaften].

Weber, Christoph: Das aufgespaltene Arbeitsverhältnis, Berlin 1992.

Wicker, Guillaume/ Pagnucco, Jean-Christophe: Personne morale, in: Savaux, Eric (Hrsg.), Rép. civil, Paris, letzte laufende Aktualisierung 05/2018.

Wiedemann, Herbert: Aufstieg und Krise des GmbH-Konzernrechts, GmbHR 2011, S. 1009–1016.

Wilhelm, Jan: Kapitalgesellschaftsrecht, 3. Auflage, Berlin 2009.

Windbichler, Christine: Arbeitsrecht im Konzern, München 1989.

Wittkowski, Ansas: Grenzüberschreitende Verlustverrechnung in Deutschland und Europa: eine ökonomische, europa- und verfassungsrechtliche Analyse, Wiesbaden 2008.

Zahn, Philipp Johannes: Geschäftsleiterhaftung und Gläubigerschutz bei Kapitalgesellschaften in Frankreich: eine rechtsvergleichende Untersuchung, Frankfurt am Main 1986.

Zweigert, Konrad/ Kötz, Hein: Einführung in die Rechtsvergleichung auf dem Gebiete des Privatrechts, 3. Auflage, Tübingen 1996.

Sachregister

Studien zum ausländischen und internationalen Privatrecht

Herausgegeben vom
Max-Planck-Institut für ausländisches
und internationales Privatrecht

Direktoren:
Holger Fleischer, Ralf Michaels und Reinhard Zimmermann

Die Schriftenreihe *Studien zum ausländischen und internationalen Privatrecht (StudIPR)* wurde 1980 gegründet. Als Äquivalent zur Reihe *Beiträge zum ausländischen und internationalen Privatrecht (BtrIPR)* befasst sich die Reihe *StudIPR* mit allen Themen aus den Aufgabengebieten des *Max-Planck-Instituts für ausländisches und internationales Privatrecht* und versammelt vor allem herausragende Dissertationen, aber auch Sammelbände verschiedenster Art, so zum Beispiel die Ergebnisse von Symposien, etwa zur Reform des Internationalen Privatrechts oder zur empirischen Rechtsforschung.

ISSN: 0720-1141
Zitiervorschlag: StudIPR

Alle lieferbaren Bände finden Sie unter *www.mohrsiebeck.com/studipr*

Mohr Siebeck
www.mohrsiebeck.com